U0945626

最新执法办案实务丛书

精装典藏版

图解

立案证据定罪量刑标准与法律适用

TUJIE LI'AN ZHENGJU DINGZUI LIANGXING BIAOZHUN YU FALÜ SHIYONG

第四分册

妨害社会管理秩序案

《最新执法办案实务丛书》编写组/编

中国法制出版社
CHINA LEGAL PUBLISHING HOUSE

图书在版编目（CIP）数据

图解立案证据定罪量刑标准与法律适用：精装典藏版．第四分册，妨害社会管理秩序案／《最新执法办案实务丛书》编写组编．—北京：中国法制出版社，2021.7

ISBN 978－7－5216－2063－4

Ⅰ.①图… Ⅱ.①最… Ⅲ.①刑事犯罪－法律适用－中国－图解②妨害社会管理秩序罪－法律适用－中国－图解 Ⅳ.①D924.305－64

中国版本图书馆 CIP 数据核字（2021）第 144693 号

责任编辑　黄丹丹　刘海龙　　封面设计　李　宁

图解立案证据定罪量刑标准与法律适用：精装典藏版．
第四分册，妨害社会管理秩序案

TUJIE LI'AN ZHENGJU DINGZUI LIANGXING BIAOZHUN YU FALÜ SHIYONG：JINGZHUANG DIANCANGBAN. DISIFENCE，FANGHAI SHEHUI GUANLI ZHIXU AN

编／《最新执法办案实务丛书》编写组
经销／新华书店
印刷／三河市紫恒印装有限公司
开本／787 毫米×1092 毫米　16 开　　印张／57.25　字数／1524 千
版次／2021 年 7 月第 1 版　　2021 年 7 月第 1 次印刷

中国法制出版社出版
书号 ISBN 978－7－5216－2063－4　　（全五册）定价：860.00 元

北京西单横二条 2 号
邮政编码 100031　　传真：010－66031119
网址：http：//www.zgfzs.com　　**编辑部电话：010－63141814**
市场营销部电话：010－66033393　　**邮购部电话：010－66033288**

（如有印装质量问题，请与本社印务部联系调换。电话：010－66032926）

编写说明

公安机关、人民检察院、人民法院等在实现依法治国、建设社会主义法治国家这一基本国策中发挥着重要的职能作用。对法律的正确理解和准确适用是法治意识形成的源泉，是实现法治目标的基本保障。公安、司法、监察等机关的工作人员要顺利履行职责，必须准确理解、全面掌握刑事法律知识。惟其如此，才能做到依法及时打击犯罪，维护社会治安秩序。

为满足上述机关工作人员刑事办案的需要，我们编写了这套《图解立案证据定罪量刑标准与法律适用》。

本书具有以下几个特点：

新颖。全书采用图表的形式，一目了然，便于快速查阅。在体例编排上，按照【概念】【立案标准】【定罪标准】【证据参考标准】【量刑标准】【法律适用】的体例结构形式，根据最新颁布的法律法规、司法解释、部门规章和规范性文件对相关罪案进行逐一全面的释解。

准确。本书根据权威资料精心编撰。撰写者来自实务机关及有关院校长期从事刑事法律理论研究的法学博士、硕士，法学理论功底扎实，了解司法实践情况，解说准确，结构严谨，能够确保本书的权威性和准确性。

实用。本书紧密结合刑事办案工作实际，对办案中涉及的关于立案标准、罪名认定、罪与非罪、此罪与彼罪、一罪与数罪、罪重罪轻、证据范围和法律适用等问题进行了详细介绍，逻辑清晰，语言流畅，针对性强，有利于办案时参考。

需要说明的是，本书体例中所指的立案标准、证据标准、定罪标准和量刑标准等法律术语，其含义如下：

1. 立案标准，从广义上讲，包括立案所应当具备的一切法律和事实的标准，它是立案条件的具体化、规范化。从狭义上看，是指构成犯罪客观方面所要求达到的数额、情节、行为等的界限。本书中的立案标准是指狭义的立案标准。从刑法的规定看，立案标准可分为数额标准、情节标准、行为标准、结果标准、危险标准等。司法实践中，立案标准是办案的起点，与量刑标准有一定的区别。

2. 定罪标准，即犯罪构成，包括犯罪客体、犯罪客观方面、犯罪主体、犯罪主观方面四个要件。定罪，要注意区别罪与非罪的界限。衡量一个行为是否构成犯罪，首先要看该行为是否具有社会危害性，以及社会危害性的程度如何。其次，既要从刑法总则关于犯罪构成的原则规定进行认定，也要从刑法分则关于某种犯罪的具体构成上进行认定。最后，认定罪名，还要注意区别此罪与彼罪、一罪与数罪的问题。

3. 证据标准，是指监察机关在调查、侦查机关在立案、批捕、侦查终结移送审查起诉、人民检察院对被告人提起公诉、人民法院认定被告人构成犯罪以及构成何种犯罪、罪轻、罪重时所需要提供的证据材料。司法实践中，证据的收集应当围绕定罪量刑要求依法进行。为此，本书按照定罪证据标准即犯罪构成四个要件的证据和量刑证据标准进行列举。

理解证据标准，要注意以下三点：第一，证据的目的是证明犯罪事实。犯罪事实成为证据证明的对象。第二，证据的收集应当充分、确实。证据充分、确实意味着事实的认定要有充分的证据基础，即足够的证据使案件事实得到证明，达到证明标准，同时，证据本身要确实。具体应当包括以下内容：(1) 某一犯罪事实客观存在的证据；(2) 证明审查对象确实是犯罪嫌疑人的证据；(3) 犯罪嫌疑人实施犯罪行为的证据；(4) 犯罪嫌疑人已达到刑事责任年龄，应负刑事责任的证据；(5) 证明犯罪嫌疑人主观罪过的证据。证据充分并不是看证据的数量、种类有多少，关键在于证据的证明力。不同性质的案件对充分的要求不同，不同种类、数量的证据相互印证所产生的证明力也不相同，只要达到足够即可。充分的证据还应当包括：(1) 准备移送审查起诉的全部犯罪事实的证据；(2) 证明犯罪行为、方法、手段、过程及犯罪时间、地点等相关的证据；(3) 犯罪嫌疑人身份情况的证据；(4) 犯罪嫌疑人主观罪过（包括动机、目的）的证据；(5) 证明犯罪起因、结果、侵害对象等的证据；(6) 法定情节、酌定情节的证据。证据充分要求案件事实和情节都必须有相应的证据予以证明，证据之间能够形成严密的证据链，相互补充、印证，不能存在矛盾，得出的结论也必须是唯一的，具有排他性。第三，证明犯罪嫌疑人依法应当追究刑事责任。通过收集的证据证明犯罪嫌疑人所实施的行为，构成了刑法分则所规定的犯罪，应当判处刑罚。

4. 量刑标准，是指人民法院在定罪的基础上，予以裁量刑罚的尺度。量刑标准分为法定量刑情节和酌定量刑情节、从宽的量刑情节和从严的量刑情节。本书依照刑法确定的类别对量刑标准进行了详细列举。

本书根据《刑法修正案（十一）》《民用航空法》《教育法》《军事设施保护法》《档案法》《最高人民法院、最高人民检察院关于常见犯罪的量刑指导意见（试行）》《最高人民法院、最高人民检察院、公安部关于办理电信网络诈骗等刑事案件适用法律若干问题的意见（二）》《最高人民法院关于审理掩饰、隐瞒犯罪所得、犯罪所得收益刑事案件适用法律若干问题的解释（2021 年修正）》《最高人民法院、最高人民检察院、公安部、司法部关于进一步加强虚假诉讼犯罪惩治工作的意见》《最高人民法院、最高人民检察院、公安部、司法部关于依法严惩利用未成年人实施黑恶势力犯罪的意见》《最高人民法院、最高人民检察院关于适用〈中华人民共和国刑法〉第三百四十四条有关问题的批复》等最新修订、公布的法律、法规、规章、司法解释编写。同时，我们将根据有关法律、司法解释、行政法规、部门规章和政策的制定、修改、废止等情况及时对本书进行修订。

书中引用的罪名，根据1997年12月11日最高人民法院《关于执行〈中华人民共和国刑法〉确定罪名的规定》、2002年3月15日最高人民法院、最高人民检察院《关于执行〈中华人民共和国刑法〉确定罪名的补充规定》、2003年8月15日最高人民法院、最高人民检察院《关于执行〈中华人民共和国刑法〉确定罪名的补充规定（二）》、2007年10月25日最高人民法院、最高人民检察院《关于执行〈中华人民共和国刑法〉确定罪名的补充规定（三）》、2009年10月14日最高人民法院、最高人民检察院《关于执行〈中华人民共和国刑法〉确定罪名的补充规定（四）》、2011年4月27日最高人民法院、最高人民检察院《关于执行〈中华人民共和国刑法〉确定罪名的补充规定（五）》、2015年10月30日最高人民法院、最高人民检察院《关于执行〈中华人民共和国刑法〉确定罪名的补充规定（六）》、2021年2月26日最高人民法院、最高人民检察院《关于执行〈中华人民共和国刑法〉确定罪名的补充规定（七）》确定。

本书采用全新的版式设计和装帧形式，内文双色印刷，排版更加舒朗，装帧更为精美。期待这些设计能给广大读者带来更好的阅读体验。

因时间仓促，编者水平有限，疏漏之处在所难免，敬请广大读者批评指正。

《最新执法办案实务丛书》编写组

目录

1 妨害公务案

概念

本罪是指以暴力、威胁的方法，阻碍国家机关工作人员依法执行职务的行为。

立案标准

根据《刑法》第277条的规定，有下列行为之一的，应当立案：

（1）以暴力、威胁的方法阻碍国家机关工作人员依法执行职务的；

（2）以暴力、威胁方法阻碍全国人民代表大会和地方各级人民代表大会代表依法执行代表职务的；

（3）在自然灾害和突发事件中，以暴力、威胁方法阻碍红十字会工作人员依法履行职责的；

（4）故意阻碍国家安全机关、公安机关依法执行国家安全工作任务，未使用暴力、威胁方法，造成严重后果的。

定罪标准

犯罪客体

本罪侵犯的是复杂客体，既侵犯了国家的正常管理活动，又侵犯了国家机关工作人员、人大代表等人的人身权利。

妨害公务罪侵犯了国家的正常管理活动。任何一个国家欲求得稳定有序的存在与发展，都必须享有一系列的管理职能，进行一系列的管理活动，而这些管理活动通常是通过国家机关等组织机构中的工作人员依法执行职务、履行职责来实现的。因此，妨害国家机关工作人员和红十字会工作人员依法执行公务的犯罪行为，必然是对国家正常管理活动的干扰和破坏。这是本罪区别于单纯侵害公务人员人身、财产的犯罪行为的关键所在。

妨害公务罪通常还侵犯国家机关工作人员以及红十字会工作人员的人身权利。本罪的构成必须以行为人使用暴力、威胁手段为要件。而在行为人以暴力、威胁手段妨害公务时，其所造成的危害结果除了能使被妨害的国家机关工作人员或红十字会工作人员的公务活动受到干扰无法正常进行，从而给国家的正常管理活动造成不利影响外，也必然会给上述公务人员的身体健康或者其他人身权利造成侵害。

本罪侵害的对象是依法正在执行职务的国家机关工作人员。阻碍非国家机关工作人员从事某种活动的，或者虽是国家机关工作人员，但其执行的不是职务活动，或者其活动不是依法正在进行的职务范围内的活动，均不构成本罪。这就是说，成为本罪侵害对象的，第一，必须是在国家机关工作人员已经着手执行职务、尚未结束之前；第二，必须是依法进行的、而不是超越职权范围的活动。“执行职务”，既包括在国家机关工作时间和场所内的公务活动，也包括根据特定的命令在其他场所的公务活动。比如，公安人员不论在何时何地抓捕正在实施犯罪的犯罪嫌疑人，都是依法执行职务。但是，超越职权范围的活动，或者滥用职权侵犯国家和群众利益的活动，受到他人阻止的，不构成妨害公务罪。依《刑法》第277条第2款、第3款的规定，本罪的犯罪对象还包括人大代表和红十字会工作人员。所谓人大代表，是指依照我国《宪法》与《选举法》的规定，按照法定程序当选的全国人民代表大会和地方各级人民

定罪标准	犯罪客体	代表大会的代表。所谓红十字会，是指一种国际性的志愿救济团体，主要是救护战时伤、病军人和平民，也救济其他灾害的受难者。行为人只有在上述人员依法履行职务、职责时才能构成本罪。《刑法》第277条第4款规定，故意阻碍国家安全机关、公安机关依法执行国家安全工作任务的，即使未使用暴力、威胁方法，只要造成严重后果的，也构成本罪。
	犯罪客观方面	本罪在客观方面表现为以下几种情形： 1. 以暴力或者威胁的方法阻碍国家机关工作人员依法执行职务的行为。所谓依法执行职务，是指国家机关工作人员在国家规定的范围内，运用其合法职权从事公务活动。这种公务活动，不仅包括国家机关工作人员在工作时间或工作单位中所进行的公务活动，而且还包括国家工作人员根据有关规定或命令在其他时间或场所内的公务活动。其次，国家机关工作人员必须是在依法执行职务，即其所进行的管理活动，确实属于他的合法职权范围，并且活动的方式符合法律规定的条件。例如，市场监管人员依法对市场贸易进行监督管理，海关人员依法进行进出口物品检验等。如果国家工作人员超越其职务范围进行其他非法活动，或者滥用职权，以权谋私，违法乱纪，侵犯国家和人民群众利益，激起民愤，受到阻碍的不能视为妨害公务。同时，行为人必须是以暴力或者威胁的方法阻碍执行公务。《刑法》第277条所称暴力，是指行为人对正在依法执行职务的国家工作人员的身体实施了暴力打击或者人身强制，如殴打行为、捆绑行为等。如果行为人的暴力行为造成国家机关工作人员重伤结果或因重伤导致死亡结果，甚至故意杀害国家机关工作人员的，应按处理吸收犯的原则，以重罪吸收轻罪，按故意伤害（重伤）罪或者故意杀人罪定罪，从重处罚。本罪所称威胁，是指行为人以杀害、伤害、毁坏财产、破坏名誉、扣押人质等对正在依法执行职务的国家机关工作人员进行威逼、胁迫，企图迫使国家机关工作人员放弃执行职务。行为人如果并未采用暴力或威胁方法，而是用其他方法干扰国家机关工作人员执行职务，如谩骂、吵闹等行为，虽然对执行职务有一定程度的妨害，但也不能构成本罪。对此种行为可以批评教育，或进行治安管理处罚，其情节恶劣者，则可能构成侮辱罪或其他犯罪。 以暴力、威胁方法阻碍国家机关工作人员（含在依照法律、法规规定行使国家有关疫情防控行政管理职权的组织中从事公务的人员，在受国家机关委托代表国家机关行使疫情防控职权的组织中从事公务的人员，虽未列入国家机关人员编制但在国家机关中从事疫情防控公务的人员）依法履行为防控疫情而采取的防疫、检疫、强制隔离、隔离治疗等措施的，依照《刑法》第277条第1款、第3款的规定，以妨害公务罪定罪处罚。 2. 以暴力、威胁方法阻碍各级人民代表大会代表执行代表职务。各级人民代表大会的代表，包括乡、镇、县、市、旗、地、市、盟、省、自治区、直辖市乃至全国人民代表大会的代表。所谓代表职务，是指全国人民代表大会和地方各级人民代表大会组织法规定的人民代表在各所在的各级人民代表大会有权执行的职务，如保守国家秘密；在自己参加的生产、工作和社会活动中，协助宪法和法律的实施；列席原选举单位的人民代表大会会议；听取和反映人民的意见和要求；列席人民代表大会会议；向本级人民代表大会及其常务委员会提出对各方面工作的建议、批评和意见；对于确定的候选人参加投票选举；宣传法律和政策；协助本级人民政府推行工作；向人民代表

定罪标准

犯罪客观方面

大会及其常务委员会、人民政府反映群众的意见和要求；依法与选民联系；检查、考察、视察工作；等等。无论是本级人民代表大会会议期间依法执行职务，还是在本级人民代表大会闭会期间依法执行职务，只要属于代表职务，对其以暴力、威胁方法进行阻碍的，就可构成本罪。应当指出，有的代表本身属于国家机关工作人员。如果其是在执行其工作职务，对其进行阻碍的，应是本罪客观方面的第一种情况，即阻碍国家机关工作人员依法执行职务。如果其不是在执行工作职务，而是在执行代表职务，就构成本罪的这种情况。代表如属非国家机关工作人员，则只有执行代表职务时才可构成本罪。

3. 在自然灾害和突发事件中，以暴力、威胁方法阻碍红十字会工作人员依法履行职责。根据《红十字会法》规定，中国红十字会是中华人民共和国统一的红十字组织，是从事人道主义工作的社会救助团体。其活动宗旨是为了保护人的生命和健康，发扬人道主义精神，促进和平进步事业。其遵循国际红十字会和红新月运动确立的基本原则，依照我国参加的日内瓦公约及其附加议定书和中国红十字会章程独立自主地开展工作，履行自己的职责。根据《红十字会法》的规定，红十字会履行下列职责：(1) 开展救灾的准备工作；在自然灾害和突发事件中，对伤病人员和其他受害者进行救助；(2) 普及卫生救护和防病知识，进行初级卫生救护培训，组织群众参加现场救护；参与输血献血工作，推动无偿献血；开展其他人道主义服务活动；(3) 开展红十字青少年活动；(4) 参加国际人道主义救援工作；(5) 宣传国际红十字会和红新月运动的基本原则和日内瓦公约及其附加议定书；(6) 依照国际红十字会和红新月运动的基本原则，完成人民政府委托事宜；(7) 依照日内瓦公约及其附加议定书的有关规定开展工作。红十字会有权处分其接受的救助物资；在自然灾害和突发事件中，执行救助任务并标有红十字标志的人员、物资的交通工具有优先通行的权利。在自然灾害和突发事件中，对红十字会工作人员以暴力、威胁方法阻碍其履行职责，可构成妨害公务罪。对于这种情况必须注意把握三个方面：(1) 行为对象必须是红十字会的工作人员。如果不是红十字会的工作人员，即使从事一些人道主义工作，对其进行暴力、威胁阻碍的，也不能构成本罪。(2) 红十字会的工作人员必须是正在依法履行自己的职责。(3) 行为人必须是在自然灾害或突发事件中，以暴力、威胁方法阻碍红十字会工作人员履行职责。虽以暴力、威胁方法阻碍了红十字会工作人员依法履行职责，但如不是在自然灾害或突发事件中，亦不能构成本罪。

4. 故意阻碍国家安全机关、公安机关依法执行国家安全工作任务，未使用暴力、威胁方法，但造成严重后果的。此种情况是上述暴力、威胁方法以外的手段，如围攻、哄闹，对执行国家安全工作任务的有关国家机关工作人员要求提供方便条件置之不理或拖延不办等而阻碍执行有关国家安全公务。如果是以暴力、威胁方法直接阻碍，则属于本罪客观方面的第一种情况，即以暴力、威胁方法阻碍国家机关工作人员依法执行职务，而不能以此种情况论处。行为人必须阻碍了执行国家安全工作的人员依法执行国家安全公务。所谓阻碍，是指行为人通过种种方式使执行国家安全工作的人员不能正常地行使自己的职权、履行其职责。其既表现为执行国家安全工作的人员被迫停止执行国家安全公务，亦表现为其被迫变更依法应当执行的国家安全公务的内容。如果不是阻碍国家安全机关、公安机关的工作人员执行职务或者虽是阻碍上述机关的工作人员执行职务，但不是执行国家安全职务，如公安机关在抓捕故意杀人犯或者虽欲阻碍其执行国家安全职务，但没有对其公务造成阻碍，则不构成本罪。如先拒

<table>
<tr><td rowspan="6">定罪标准</td><td>犯罪客观方面</td><td>绝执行国家安全工作人员的要求，经做工作后，能及时让其执行国家安全公务的，亦不构成犯罪。阻碍执行国家安全工作的人员执行国家安全公务，还必须造成严重的后果，才构成此种行为方式的本罪。所谓严重后果，是指耽误了国家安全工作，放纵了犯罪分子，或者给国家安全造成了严重损害，具体则如致使犯罪嫌疑人逃跑，侦查线索中断，犯罪证据灭失，赃款、赃物被转移，等等。</td></tr>
<tr><td>犯罪主体</td><td>本罪的主体为一般主体，凡达到刑事责任年龄且具备刑事责任能力的自然人均能构成本罪。</td></tr>
<tr><td>犯罪主观方面</td><td>本罪在主观方面表现为故意，即明知对方是正依法执行职务的国家机关工作人员、人大代表、红十字会工作人员，而故意对其实施暴力或者威胁，使其不能执行职务。行为人的动机，往往多种多样。比如事关行为人的利益；为了维护他人；与该工作人员有私怨，趁机发泄，进行报复；等等。但动机不影响本罪的成立，可作为情节在量刑时考虑。但是，如果行为人不知对方是正在依法执行职务的国家机关工作人员、人大代表、红十字会工作人员，而加以阻挠的，不构成犯罪。</td></tr>
<tr><td>罪与非罪</td><td>区分罪与非罪的界限，要把握两点：
一、本罪与人民群众抵制国家工作人员违法乱纪行为的界限。极少数国家机关工作人员，在执行公务过程中，假公济私，滥用职权，违法乱纪，损害群众的利益，引起公愤，群众对之进行抵制、斗争是应当支持、引导的。
二、本罪与人民群众因提出合理要求，或者对政策不理解或者态度生硬而与国家机关工作人员发生争吵、围攻顶撞、纠缠行为的界限。群众围攻、顶撞国家工作人员，通常是由于群众对国家工作人员依法宣布的某项政策、决定、措施不理解，有意见，向国家工作人员提出质问，要求说明、解释、答复，由于情绪偏激、态度不冷静、方法不得当而形成的对国家工作人员的围攻、顶撞行为。在围攻、顶撞过程中，常伴有威胁性语言和类似暴力的推搡、拉扯行为，在客观上妨害了公务。</td></tr>
<tr><td>此罪与彼罪</td><td>一、本罪与分裂国家罪、武装叛乱、暴乱罪、颠覆国家政权罪等危害国家安全罪的界限。这些犯罪具有某些共同点，如都危害了国家利益，都必然会对国家的正常管理活动造成干扰和破坏；在行为方式、行为指向上有一些交叉；主体都是一般主体；主观方面都是出自故意。这些犯罪之间的区别点在于：（1）犯罪的直接客体不同。前者侵害的主要客体是国家的正常管理活动；后者则是国家安全。（2）犯罪的客观方面不同。首先在行为指向上，前者的行为指向往往具有特定性，即是某个具体的正在依法执行公务的国家机关工作人员或红十字会工作人员；后者的行为指向则是整个国家政权，就具体的侵害对象而言，通常具有随机性和不确定性。在犯罪方法上，前者通常必须以暴力、威胁方法实施；后者则不限于此，以和平演变等方式危害国家政权、破坏国家统一的，也构成犯罪（武装叛乱、暴乱罪除外）。最后，从犯罪的危害结果看，前者系刑法理论中的抽象危险犯或实害犯，对于后一情形，必须以造成实际危害后果且达严重之程度为必要；后者则系行为犯，即一经实施即达既遂，并不要求发生</td></tr>
</table>

定罪标准

此罪与彼罪

现实的危害结果，也不需要考察行为是否已引致危害国家安全的危险。(3) 犯罪主体不同。二者虽都可由任何具备刑事责任能力的自然人构成，但在实践中，后者的主体特别是其中的首要分子多是那些窃据国家重要职位，具有较大政治影响力的人；而前者的主体多见为普通公民。(4) 犯罪的主观方面不同。这是二者最本质、最关键的区别。前者在主观方面既可以表现为直接故意也可以表现为间接故意，行为人通常有妨害公务执行的目的，但不限于此；后者则只能出自直接故意，且行为人必须具有危害国家安全的目的。在实践中，会遇有危害国家安全的犯罪分子以暴力、威胁方法妨害、抗拒国家机关工作人员或红十字会工作人员依法执行公务的情形，这是妨害公务罪与分裂国家罪、武装叛乱、暴乱罪、颠覆国家政权罪等的法规竞合犯，对之应按法规竞合犯的基本法律适用规则，重法优于轻法，以后者论处。

二、本罪与聚众阻碍解救被收买的妇女、儿童罪的界限。二者在犯罪构成上的区别比较容易认识。二者的区别点在于：(1) 犯罪的主要客体不同。前者系妨害社会管理秩序罪，侵害的主要客体是国家的正常管理活动；后者则属侵犯公民人身权利罪，侵害的主要客体是被收买的妇女、儿童的人身自由权。(2) 犯罪的客体要件不同。前者通常表现为以暴力、威胁方法阻碍国家机关工作人员依法执行职务或红十字会工作人员依法履行职责等行为，聚众不聚众均无不可；后者则只能是以聚众方式阻碍国家机关工作人员解救被收买的妇女、儿童的行为，至于犯罪方法，则不以暴力、威胁为必要，以非强制手段进行的，也可构成犯罪。对于少数人（3 人以下）以暴力、威胁方法阻碍国家机关工作人员解救被收买的妇女、儿童的，应依照《刑法》第 242 条第 1 款的规定，以妨害公务罪论处。(3) 犯罪的主体不同。前者的主体是一般主体，任何具备刑事责任能力的自然人均可构成该罪；后者则是特殊主体，只有在聚众阻碍解救被收买的妇女、儿童的活动中起组织、策划、指挥作用的首要分子才能成为其主体。对于其他参与阻碍活动，若未使用暴力、威胁方法的，应依法不认定为犯罪。如使用暴力、威胁方法的，则应根据《刑法》第 242 条第 2 款的规定以妨害公务罪论处。此外，二者在犯罪主观方面也有一些差别。

三、本罪与拒不执行判决、裁定罪的界限。拒不执行判决、裁定罪，是指对人民法院的判决、裁定有能力执行而拒不执行，情节严重的行为。妨害公务罪与拒不执行判决、裁定罪有一定的相似之处，表现在：其一，两者都有可能是妨害国家机关正常行使职权、发挥职能的行为；其二，二者都是故意犯罪，且都有可能存在对抗国家公务活动的故意；其三，当拒不执行判决、裁定罪表现为行为人以暴力、威胁方法阻碍人民法院的强制执行活动时，其客观行为表现就与妨害公务罪完全相同。二者相区分的关键在于其犯罪的客观方面、犯罪主体不同：妨害公务罪通常必须是以暴力、威胁方法实施，且行为人侵害公务人员的行为必须发生在后者依法执行公务期间，而拒不执行判决、裁定罪则不要求必须使用暴力、威胁的方法，可以是能够损害法院裁判约束力、权威性的任何方法，比如欺骗隐瞒、消极抵制、无理取闹，等等；而且，拒不执行判决、裁定罪也不要求必须发生在人民法院依法执行职务期间；妨害公务罪的主体是一般主体，而拒不执行判决、裁定罪的主体则是特殊主体，即必须具有执行判决、裁定义务的当事人或者依照法律对判决、裁定负有协助执行义务的人。就《刑法》第 277 条（妨害公务罪）与第 313 条（拒不执行判决、裁定罪）而言，前者应系普通法，后者应系特别法。故对这类案件应该依《刑法》第 313 条的规定，以拒不执行判决、裁定罪定罪量刑。

证据参考标准	主体方面的证据	**一、证明行为人刑事责任年龄、身份等自然情况的证据。** 包括身份证明、户籍证明、任职证明、工作经历证明、特定职责证明等，主要是证明行为人的姓名（曾用名）、性别、出生年月日、民族、籍贯、出生地、职业（或职务）、住所地（或居所地）等证据材料，如户口簿、居民身份证、工作证、出生证、专业或技术等级证、干部履历表、职工登记表、护照等。 对于户籍、出生证等材料内容不实的，应提供其他证据材料。外国人犯罪的案件，应有护照等身份证明材料。人大代表、政协委员犯罪的案件，应注明身份，并附身份证明材料。 **二、证明行为人刑事责任能力的证据。** 证明行为人对自己的行为是否具有辨认能力与控制能力，如是否属于间歇性精神病人、尚未完全丧失辨认或者控制自己行为能力的精神病人的证明材料。
	主观方面的证据	证明行为人故意的证据：1. 证明行为人明知的证据：证明行为人明知自己的行为会发生危害社会的结果；2. 证明直接故意的证据：证明行为人希望危害结果发生；3. 证明间接故意的证据：证明行为人放任危害结果发生。
	客观方面的证据	证明行为人妨害公务犯罪行为的证据。 具体证据包括：1. 证明行为人妨害国家机关工作人员依法执行职务行为的证据；2. 证明行为人以暴力方法阻碍国家机关工作人员依法执行职务行为的证据；3. 证明行为人以威胁方法阻碍国家机关工作人员依法执行职务行为的证据；4. 证明行为人以暴力方法阻碍全国人大代表执行代表职务行为的证据；5. 证明行为人以威胁方法阻碍全国人大代表执行代表职务行为的证据；6. 证明行为人以暴力方法阻碍地方各级人大代表执行代表职务行为的证据；7. 证明行为人以威胁方法阻碍地方各级人大代表执行代表职务行为的证据；8. 证明行为人以暴力方法阻碍红十字会工作人员依法履行职责行为的证据；9. 证明行为人以威胁方法阻碍红十字会工作人员依法履行职责行为的证据；10. 证明行为人阻碍国家安全、公安机关依法执行国家安全工作任务的行为的证据；11. 证明行为人阻碍国家安全、公安机关依法执行国家安全工作任务“造成严重后果”行为的证据。
	量刑方面的证据	**一、法定量刑情节证据。** 1. 事实情节。2. 法定从重情节。3. 法定从轻减轻情节：（1）可以从轻；（2）可以从轻或减轻；（3）应当从轻或者减轻。4. 法定从轻减轻免除情节：（1）可以从轻、减轻或者免除处罚；（2）应当从轻、减轻或者免除处罚。5. 法定减轻免除情节：（1）可以减轻或者免除处罚；（2）应当减轻或者免除处罚；（3）可以免除处罚。6. 酌定情节：被害人有过错。 **二、酌定量刑情节证据。** 1. 犯罪手段：（1）暴力；（2）威胁；（3）阻碍。2. 犯罪对象。3. 危害结果。4. 动机。5. 平时表现。6. 认罪态度。7. 是否有前科。8. 其他证据。
量刑标准	犯本罪的	处三年以下有期徒刑、拘役、管制或者罚金

刑法条文

第二百七十七条第一款 以暴力、威胁方法阻碍国家机关工作人员依法执行职务的，处三年以下有期徒刑、拘役、管制或者罚金。

第二款 以暴力、威胁方法阻碍全国人民代表大会和地方各级人民代表大会代表依法执行代表职务的，依照前款的规定处罚。

第三款 在自然灾害和突发事件中，以暴力、威胁方法阻碍红十字会工作人员依法履行职责的，依照第一款的规定处罚。

第四款 故意阻碍国家安全机关、公安机关依法执行国家安全工作任务，未使用暴力、威胁方法，造成严重后果的，依照第一款的规定处罚。

第二百四十二条 以暴力、威胁方法阻碍国家机关工作人员解救被收买的妇女、儿童的，依照本法第二百七十七条的规定定罪处罚。

聚众阻碍国家机关工作人员解救被收买的妇女、儿童的首要分子，处五年以下有期徒刑或者拘役；其他参与者使用暴力、威胁方法的，依照前款的规定处罚。

法律适用

司法解释

一、最高人民法院、最高人民检察院、公安部、国家工商行政管理局（已撤销）《关于依法查处盗窃、抢劫机动车案件的规定》（节录）（1998年5月8日公布 自公布之日起施行 公通字〔1998〕31号）

一、司法机关依法查处盗窃、抢劫机动车案件，任何单位和个人都应当予以协助。以暴力、威胁方法阻碍司法工作人员依法办案的，依照《刑法》第二百七十七条第一款的规定处罚。

二、最高人民检察院《关于以暴力威胁方法阻碍事业编制人员依法执行行政执法职务是否可对侵害人以妨害公务罪论处的批复》（2000年4月24日最高人民检察院公布 自公布之日起施行 高检发释字〔2000〕2号）

重庆市人民检察院：

你院《关于以暴力、威胁方法阻碍事业编制人员行政执法活动是否可以对侵害人适用妨害公务罪的请示》收悉。经研究，批复如下：

对于以暴力、威胁方法阻碍国有事业单位人员依照法律、行政法规的规定执行行政执法职务的，或者以暴力、威胁方法阻碍国家机关中受委托从事行政执法活动的事业编制人员执行行政执法职务的，可以对侵害人以妨害公务罪追究刑事责任。

三、最高人民法院、最高人民检察院《关于办理妨害预防、控制突发传染病疫情等灾害的刑事案件具体应用法律若干问题的解释》（节录）（2003年5月14日最高人民法院、最高人民检察院公布 自2003年5月15日起施行 法释〔2003〕8号）

第八条 以暴力、威胁方法阻碍国家机关工作人员、红十字会工作人员依法履行为防治突发传染病疫情等灾害而采取的防疫、检疫、强制隔离、隔离治疗等预防、控制措施的，依照刑法第二百七十七条第一款、第三款的规定，以妨害公务罪定罪处罚。

四、最高人民法院、最高人民检察院、公安部、国家烟草专卖局《关于办理假冒伪劣烟草制品等刑事案件适用法律问题座谈会纪要》（节录）（2003年12月23日公布 自公布之日起施行 商检会〔2003〕4号）

八、关于以暴力、威胁方法阻碍烟草专卖执法人员依法执行职务行为的定罪处罚问题以暴力、威胁方法阻碍烟草专卖执法人员依法执行职务的，依照刑法第二百七十七条的规定，以妨害公务罪定罪处罚。

五、最高人民法院、最高人民检察院《关于办理非法生产、销售烟草专卖品等刑事案件具体应用法律若干问题的解释》（节录）（2010年3月2日最高人民法院、最高人民检察院公布 自2010年3月26日起施行 法释〔2010〕7号）

第八条第一款 以暴力、威胁方法阻碍烟草专卖执法人员依法执行职务，构成犯罪的，以妨害公务罪追究刑事责任。

六、最高人民法院《关于审理破坏草原资源刑事案件应用法律若干问题的解释》（节录）（2012年11月2日最高人民法院公布 自2012年11月22日起施行 法释〔2012〕15号）

第四条第一款 以暴力、威胁方法阻碍草原监督检查人员依法执行职务，构成犯罪的，依照刑法第二百七十七条的规定，以妨害公务罪追究刑事责任。

七、最高人民法院、最高人民检察院《关于常见犯罪的量刑指导意见（试行）》（节录）（2021年6月17日最高人民法院、最高人民检察院公布 自2021年7月1日起施行 法发〔2021〕21号）

四、常见犯罪的量刑

（十六）妨害公务罪

1. 构成妨害公务罪的，在二年以下有期徒刑、拘役幅度内确定量刑起点。

2. 在量刑起点的基础上，根据妨害公务造成的后果、犯罪情节严重程度等其他影响犯罪构成的犯罪事实增加刑罚量，确定基准刑。

3. 构成妨害公务罪，依法单处罚金的，根据妨害公务的手段、危害后果、造成的人身伤害以及财物毁损情况等犯罪情节，综合考虑被告人缴纳罚金的能力，决定罚金数额。

4. 构成妨碍公务罪的，综合考虑妨害公务的手段、造成的人身伤害、财物的毁损及社会影响等犯罪事实、量刑情节，以及被告人的主观恶性、人身危险性、认罪悔罪表现等因素，决定缓刑的适用。

八、最高人民法院、最高人民检察院、公安部《关于办理醉酒驾驶机动车刑事案件适用法律若干问题的意见》（节录）（2013年12月18日最高人民法院、最高人民检察院、公安部公布 自公布之日起施行 法发〔2013〕15号）

三、醉酒驾驶机动车，以暴力、威胁方法阻碍公安机关依法检查，又构成妨害公务罪等其他犯罪的，依照数罪并罚的规定处罚。

九、最高人民法院、最高人民检察院、公安部《关于办理组织领导传销活动刑事案件适用法律若干问题的意见》（节录）（2013年11月14日最高人法院、最高人民检察院、公安部公布 自公布之日起施行 公通字〔2013〕37号）

六、关于罪名的适用问题

以非法占有为目的，组织、领导传销活动，同时构成组织、领导传销活动罪和集资诈骗罪的，依照处罚较重的规定定罪处罚。

法律适用 司法解释

法律适用

司法解释

犯组织、领导传销活动罪，并实施故意伤害、非法拘禁、敲诈勒索、妨害公务、聚众扰乱社会秩序、聚众冲击国家机关、聚众扰乱公共场所秩序、交通秩序等行为，构成犯罪的，依照数罪并罚的规定处罚。

十、最高人民法院、最高人民检察院、公安部、司法部《关于依法惩治妨害新型冠状病毒感染肺炎疫情防控违法犯罪的意见》（节录）（2020年2月6日最高人民法院、最高人民检察院、公安部、司法部公布　自公布之日起施行　法发〔2020〕7号）

二、准确适用法律，依法严惩妨害疫情防控的各类违法犯罪

（一）依法严惩抗拒疫情防控措施犯罪。故意传播新型冠状病毒感染肺炎病原体，具有下列情形之一，危害公共安全的，依照刑法第一百一十四条、第一百一十五条第一款的规定，以以危险方法危害公共安全罪定罪处罚：

1. 已经确诊的新型冠状病毒感染肺炎病人、病原携带者，拒绝隔离治疗或者隔离期未满擅自脱离隔离治疗，并进入公共场所或者公共交通工具的；

2. 新型冠状病毒感染肺炎疑似病人拒绝隔离治疗或者隔离期未满擅自脱离隔离治疗，并进入公共场所或者公共交通工具，造成新型冠状病毒传播的。

其他拒绝执行卫生防疫机构依照传染病防治法提出的防控措施，引起新型冠状病毒传播或者有传播严重危险的，依照刑法第三百三十条的规定，以妨害传染病防治罪定罪处罚。

以暴力、威胁方法阻碍国家机关工作人员（含在依照法律、法规规定行使国家有关疫情防控行政管理职权的组织中从事公务的人员，在受国家机关委托代表国家机关行使疫情防控职权的组织中从事公务的人员，虽未列入国家机关人员编制但在国家机关中从事疫情防控公务的人员）依法履行为防控疫情而采取的防疫、检疫、强制隔离、隔离治疗等措施的，依照刑法第二百七十七条第一款、第三款的规定，以妨害公务罪定罪处罚。暴力袭击正在依法执行职务的人民警察的，以妨害公务罪定罪，从重处罚。

相关法律法规

一、《中华人民共和国全民所有制工业企业法》（节录）（1988年4月13日中华人民共和国主席令第3号公布　自1988年8月1日起施行　2009年8月27日修正）

第六十四条　扰乱企业的秩序，致使生产、营业、工作不能正常进行，尚未造成严重损失的，由企业所在地公安机关依照《中华人民共和国治安管理处罚法》的规定处罚。

二、《中华人民共和国烟草专卖法》（节录）（1991年6月29日中华人民共和国主席令第46号公布　自1992年1月1日起施行　2009年8月27日第一次修正　2013年12月28日第二次修正　2015年4月24日第三次修正）

第二十八条　烟草专卖行政主管部门有权对本法实施情况进行检查。以暴力、威胁方法阻碍烟草专卖检查人员依法执行职务的，依法追究刑事责任；拒绝、阻碍烟草专卖检查人员依法执行职务未使用暴力、威胁方法的，由公安机关依照治安管理处罚法的规定处罚。

三、《中华人民共和国全国人民代表大会和地方各级人民代表大会代表法》（节录）（1992年4月3日中华人民共和国主席令第56号公布　自公布之日起施行　2009年8月27日第一次修正　2010年10月28日第二次修正　2015年8月29日第三次修正）

第四十四条　一切组织和个人都必须尊重代表的权利，支持代表执行代表职务。

有义务协助代表执行代表职务而拒绝履行义务的，有关单位应当予以批评教育，直至给予行政处分。

阻碍代表依法执行代表职务的，根据情节，由所在单位或者上级机关给予行政处分，或者适用《中华人民共和国治安管理处罚法》第五十条的处罚规定；以暴力、威胁方法阻碍代表依法执行代表职务的，依照刑法有关规定追究刑事责任。

……

四、《中华人民共和国红十字会法》（节录）（1993 年 10 月 31 日中华人民共和国主席令第 14 号公布　自公布之日起施行　2009 年 8 月 27 日修正　2017 年 2 月 24 日修订）

第十三条　任何组织和个人不得阻碍红十字会工作人员依法履行救援、救助、救护职责。

第二十七条　自然人、法人或者其他组织有下列情形之一，造成损害的，依法承担民事责任；构成违反治安管理行为的，依法给予治安管理处罚；构成犯罪的，依法追究刑事责任：

（一）冒用、滥用、篡改红十字标志和名称的；

（二）利用红十字标志和名称牟利的；

（三）制造、发布、传播虚假信息，损害红十字会名誉的；

（四）盗窃、损毁或者以其他方式侵害红十字会财产的；

（五）阻碍红十字会工作人员依法履行救援、救助、救护职责的；

（六）法律、法规规定的其他情形。

红十字会及其工作人员有前款第一项、第二项所列行为的，按照前款规定处罚。

五、《中华人民共和国消费者权益保护法》（节录）（1993 年 10 月 31 日中华人民共和国主席令第 11 号公布　自 1994 年 1 月 1 日起施行　2009 年 8 月 27 日第一次修正　2013 年 10 月 25 日第二次修正）

第六十条　以暴力、威胁等方法阻碍有关行政部门工作人员依法执行职务的，依法追究刑事责任；拒绝、阻碍有关行政部门工作人员依法执行职务，未使用暴力、威胁方法的，由公安机关依照《中华人民共和国治安管理处罚法》的规定处罚。

六、《中华人民共和国人民警察法》（节录）（1995 年 2 月 28 日中华人民共和国主席令第 40 号公布　自公布之日起施行　2012 年 10 月 26 日修正）

第三十五条　拒绝或者阻碍人民警察依法执行职务，有下列行为之一的，给予治安管理处罚：

（一）公然侮辱正在执行职务的人民警察的；

（二）阻碍人民警察调查取证的；

（三）拒绝或者阻碍人民警察执行追捕、搜查、救险等任务进入有关住所、场所的；

（四）对执行救人、救险、追捕、警卫等紧急任务的警车故意设置障碍的；

（五）有拒绝或者阻碍人民警察执行职务的其他行为的。

以暴力、威胁方法实施前款规定的行为，构成犯罪的，依法追究刑事责任。

七、《中华人民共和国电力法》（节录）（1995 年 12 月 28 日中华人民共和国主席令第 60 号公布　自 1996 年 4 月 1 日起施行　2009 年 8 月 27 日第一次修正　2015 年 4 月 24 日第二次修正　2018 年 12 月 29 日第三次修正）

第七十条　有下列行为之一，应当给予治安管理处罚的，由公安机关依照治安管理处罚法的有关规定予以处罚；构成犯罪的，依法追究刑事责任：

（一）阻碍电力建设或者电力设施抢修，致使电力建设或者电力设施抢修不能正常进行的；

（二）扰乱电力生产企业、变电所、电力调度机构和供电企业的秩序，致使生产、工作和营业不能正常进行的；

（三）殴打、公然侮辱履行职务的查电人员或者抄表收费人员的；

（四）拒绝、阻碍电力监督检查人员依法执行职务的。

八、《中华人民共和国矿产资源法》（节录）（1986 年 3 月 19 日中华人民共和国主席令第 36 号公布　自 1986 年 10 月 1 日起施行　1996 年 8 月 29 日第一次修正　2009 年 8 月 27 日第二次修正）

第四十八条　以暴力、威胁方法阻碍从事矿产资源勘查、开采监督管理工作的国家工作人员依法执行职务的，依照刑法有关规定追究刑事责任；拒绝、阻碍从事矿产资源勘查、开采监督管理工作的国家工作人员依法执行职务未使用暴力、威胁方法的，由公安机关依照治安管理处罚法的规定处罚。

九、《中华人民共和国煤炭法》（节录）（1996 年 8 月 29 日中华人民共和国主席令第 75 号公布　自 1996 年 12 月 1 日起施行　2009 年 8 月 27 日第一次修正　2011 年 4 月 22 日第二次修正　2013 年 6 月 29 日第三次修正　2016 年 11 月 7 日第四次修正）

第六十五条　有下列行为之一的，由公安机关依照治安管理处罚法的有关规定处罚；构成犯罪的，由司法机关依法追究刑事责任：

（一）阻碍煤矿建设，致使煤矿建设不能正常进行的；

（二）故意损坏煤矿矿区的电力、通讯、水源、交通及其他生产设施的；

（三）扰乱煤矿矿区秩序，致使生产、工作不能正常进行的；

（四）拒绝、阻碍监督检查人员依法执行职务的。

十、《中华人民共和国动物防疫法》（节录）（1997 年 7 月 3 日中华人民共和国主席令第 87 号公布　2007 年 8 月 30 日第一次修订　2013 年 6 月 29 日第一次修正　2015 年 4 月 24 日第二次修正　2021 年 1 月 22 日第二次修订）

第一百零八条　违反本法规定，从事动物疫病研究、诊疗和动物饲养、屠宰、经营、隔离、运输，以及动物产品生产、经营、加工、贮藏、无害化处理等活动的单位和个人，有下列行为之一的，由县级以上地方人民政府农业农村主管部门责令改正，可以处一万元以下罚款；拒不改正的，处一万元以上五万元以下罚款，并可以责令停业整顿：

（一）发现动物染疫、疑似染疫未报告，或者未采取隔离等控制措施的；

（二）不如实提供与动物防疫有关的资料的；

（三）拒绝或者阻碍农业农村主管部门进行监督检查的；

（四）拒绝或者阻碍动物疫病预防控制机构进行动物疫病监测、检测、评估的；

（五）拒绝或者阻碍官方兽医依法履行职责的。

法律适用

相关法律法规

第一百零九条 违反本法规定，造成人畜共患传染病传播、流行的，依法从重给予处分、处罚。

违反本法规定，构成违反治安管理行为的，依法给予治安管理处罚；构成犯罪的，依法追究刑事责任。

违反本法规定，给他人人身、财产造成损害的，依法承担民事责任。

十一、《中华人民共和国防洪法》（节录）（1997年8月29日中华人民共和国主席令第88号公布　自1998年1月1日起施行　2009年8月27日第一次修正　2015年4月24日第二次修正　2016年7月2日第三次修正）

第六十二条 阻碍、威胁防汛指挥机构、水行政主管部门或者流域管理机构的工作人员依法执行职务，构成犯罪的，依法追究刑事责任；尚不构成犯罪，应当给予治安管理处罚的，依照治安管理处罚法的规定处罚。

十二、《中华人民共和国产品质量法》（节录）（1993年2月22日中华人民共和国主席令第71号公布　自1993年9月1日起施行　2000年7月8日第一次修正　2009年8月27日第二次修正　2018年12月29日第三次修正）

第六十九条 以暴力、威胁方法阻碍产品质量监督部门或者工商行政管理部门的工作人员依法执行职务的，依法追究刑事责任；拒绝、阻碍未使用暴力、威胁方法的，由公安机关依照治安管理处罚法的规定处罚。

2 袭警案

概念

本罪是指暴力袭击正在依法执行职务的人民警察的行为。

立案标准

暴力袭击正在依法执行职务的人民警察的，应当立案。

定罪标准		
定罪标准	犯罪客体	本罪的客体是复杂客体，既侵犯了人民警察依法进行的职务活动，也侵犯了人民警察的人身权利。
定罪标准	犯罪客观方面	对正在依法执行职务的民警实施下列行为的，属于《刑法》第277条第5款规定的“暴力袭击正在依法执行职务的人民警察”，应当以袭警罪定罪处罚：（1）实施撕咬、踢打、抱摔、投掷等，对民警人身进行攻击的。（2）实施打砸、毁坏、抢夺民警正在使用的警用车辆、警械等警用装备，对民警人身进行攻击的。对正在依法执行职务的民警虽未实施暴力袭击，但以实施暴力相威胁，符合《刑法》第277条第1款规定的，以妨害公务罪定罪处罚。醉酒的人实施袭警犯罪行为，应当负刑事责任。教唆、煽动他人实施袭警犯罪行为或者为他人实施袭警犯罪行为提供工具、帮助的，以共同犯罪论处。对袭警情节轻微或者辱骂民警，尚不构成犯罪，但构成违反治安管理行为的，应当依法从重给予治安管理处罚。 实施暴力袭警行为，具有下列情形之一的，在上述规定的基础上酌情从重处罚：（1）使用凶器或者危险物品袭警、驾驶机动车袭警的；（2）造成民警轻微伤或者警用装备严重毁损的；（3）妨害民警依法执行职务，造成他人伤亡、公私财产损失或者造成犯罪嫌疑人脱逃、毁灭证据等严重后果的；（4）造成多人围观、交通堵塞等恶劣社会影响的；（5）纠集多人袭警或者袭击民警二人以上的；（6）曾因袭警受过处罚，再次袭警的；（7）实施其他严重袭警行为的。实施上述行为，构成犯罪的，一般不得适用缓刑。
定罪标准	犯罪主体	本罪的主体为一般主体，凡达到刑事责任年龄且具备刑事责任能力的自然人均能构成本罪。
定罪标准	犯罪主观方面	本罪的主观方面是故意，行为人需明知对方为正在依法执行职务的人民警察，仍对其实施暴力袭击的。
定罪标准	罪与非罪	罪与非罪的区分。如果暴力袭击的人民警察并非正在依法执行职务，或者并非其职务的活动，则不构成本罪。如果行为人只是口头辱骂或者袭警情节轻微，如抓挠、拉扯等一般肢体冲突，尚不构成犯罪但构成违反治安管理行为的，可以根据《治安管理处罚法》等相关规定予以治安管理处罚。

<table>
<tr><td>定罪标准</td><td>此罪与彼罪</td><td colspan="2">行为人对正在依法执行职务的民警虽未实施暴力袭击，但通过言语威胁实施侵害，或者以其他方法阻碍人民警察依法执行职务的，不符合袭警罪的犯罪构成，应以《刑法》第277条第1款规定的妨害公务罪处理；行为人暴力袭击正在依法执行职务的人民警察，造成其重伤、死亡等严重后果的，构成故意伤害罪、故意伤人罪的，应以处罚较重的规定定罪处罚；行为人在走私犯罪中以暴力袭击人民警察的方式抗拒缉私的，根据《刑法》第157条的规定，应以走私罪和本罪数罪并罚。</td></tr>
<tr><td rowspan="4">证据参考标准</td><td>主体方面的证据</td><td colspan="2">一、证明行为人刑事责任年龄、身份等自然情况的证据。
包括身份证明、户籍证明、任职证明、工作经历证明、特定职责证明等，主要是证明行为人的姓名（曾用名）、性别、出生年月日、民族、籍贯、出生地、职业（或职务）、住所地（或居所地）等证据材料，如户口簿、居民身份证、工作证、出生证、专业或技术等级证、干部履历表、职工登记表、护照等。
对于户籍、出生证等材料内容不实的，应提供其他证据材料。外国人犯罪的案件，应有护照等身份证明材料。人大代表、政协委员犯罪的案件，应注明身份，并附身份证明材料。
二、证明行为人刑事责任能力的证据。
证明行为人对自己的行为是否具有辨认能力与控制能力，如是否属于间歇性精神病人、尚未完全丧失辨认或者控制自己行为能力的精神病人的证明材料。</td></tr>
<tr><td>主观方面的证据</td><td colspan="2">证明行为人故意的证据：1. 证明行为人明知的证据：证明行为人明知自己的行为会发生危害社会的结果；2. 证明直接故意的证据：证明行为人希望危害结果发生；3. 证明间接故意的证据：证明行为人放任危害结果发生。</td></tr>
<tr><td>客观方面的证据</td><td colspan="2">1. 证明行为人暴力袭击正在依法执行职务的人民警察的证据；2. 证明行为人使用枪支、管制刀具，或者以驾驶机动车撞击等手段，严重危及正在依法执行职务的人民警察人身安全的证据。</td></tr>
<tr><td>量刑方面的证据</td><td colspan="2">一、法定量刑情节证据。
1. 事实情节。2. 法定从重情节。3. 法定从轻减轻情节：（1）可以从轻；（2）可以从轻或减轻；（3）应当从轻或者减轻。4. 法定从轻减轻免除情节：（1）可以从轻、减轻或者免除处罚；（2）应当从轻、减轻或者免除处罚。5. 法定减轻免除情节：（1）可以减轻或者免除处罚；（2）应当减轻或者免除处罚；（3）可以免除处罚。6. 酌定情节：被害人有过错。
二、酌定量刑情节证据。
1. 犯罪手段：暴力。2. 犯罪对象。3. 危害结果。4. 动机。5. 平时表现。6. 认罪态度。7. 是否有前科。8. 其他证据。</td></tr>
<tr><td rowspan="2">量刑标准</td><td colspan="2">犯本罪的</td><td>处三年以下有期徒刑、拘役或者管制</td></tr>
<tr><td colspan="2">使用枪支、管制刀具，或者以驾驶机动车撞击等手段，严重危及警察人身安全的</td><td>处三年以上七年以下有期徒刑</td></tr>
</table>

法律适用		
	刑法条文	**第二百七十七条第五款** 暴力袭击正在依法执行职务的人民警察的，处三年以下有期徒刑、拘役或者管制；使用枪支、管制刀具，或者以驾驶机动车撞击等手段，严重危及其人身安全的，处三年以上七年以下有期徒刑。
	规章及规范性文件	**最高人民法院、最高人民检察院、公安部《关于依法惩治袭警违法犯罪行为的指导意见》①（节录）**（2020 年 1 月 10 日最高人民法院、最高人民检察院、公安部公布 自公布之日起施行） 一、对正在依法执行职务的民警实施下列行为的，属于刑法第二百七十七条第五款规定的“暴力袭击正在依法执行职务的人民警察”，应当以妨害公务罪定罪从重处罚： 1. 实施撕咬、踢打、抱摔、投掷等，对民警人身进行攻击的； 2. 实施打砸、毁坏、抢夺民警正在使用的警用车辆、警械等警用装备，对民警人身进行攻击的； 对正在依法执行职务的民警虽未实施暴力袭击，但以实施暴力相威胁，符合刑法第二百七十七条第一款规定的，以妨害公务罪定罪处罚。 醉酒的人实施袭警犯罪行为，应当负刑事责任。 教唆、煽动他人实施袭警犯罪行为或者为他人实施袭警犯罪行为提供工具、帮助的，以共同犯罪论处。 对袭警情节轻微或者辱骂民警，尚不构成犯罪，但构成违反治安管理行为的，应当依法从重给予治安管理处罚。 二、实施暴力袭警行为，具有下列情形之一的，在第一条规定的基础上酌情从重处罚： 1. 使用凶器或者危险物品袭警、驾驶机动车袭警的； 2. 造成民警轻微伤或者警用装备严重毁损的； 3. 妨害民警依法执行职务，造成他人伤亡、公私财产损失或者造成犯罪嫌疑人脱逃、毁灭证据等严重后果的； 4. 造成多人围观、交通堵塞等恶劣社会影响的； 5. 纠集多人袭警或者袭击民警二人以上的； 6. 曾因袭警受过处罚，再次袭警的； 7. 实施其他严重袭警行为的。 实施上述行为，构成犯罪的，一般不得适用缓刑。 三、驾车冲撞、碾轧、拖拽、剐蹭民警，或者挤别、碰撞正在执行职务的警用车辆，危害公共安全或者民警生命、健康安全，符合刑法第一百一十四条、第一百一十五条、第二百三十二条、第二百三十四条规定的，应当以以危险方法危害公共安全罪、故意杀人罪或者故意伤害罪定罪，酌情从重处罚。 暴力袭警，致使民警重伤、死亡，符合刑法第二百三十四条、第二百三十二条规定的，应当以故意伤害罪、故意杀人罪定罪，酌情从重处罚。 四、抢劫、抢夺民警枪支，符合刑法第一百二十七条第二款规定的，应当以抢劫枪支罪、抢夺枪支罪定罪。 五、民警在非工作时间，依照《中华人民共和国人民警察法》等法律履行职责的，应当视为执行职务。 六、在民警非执行职务期间，因其职务行为对其实施暴力袭击、拦截、恐吓等行为，符合刑法第二百三十四条、第二百三十二条、第二百九十三条等规定的，应当以故意伤害罪、故意杀人罪、寻衅滋事罪等定罪，并根据袭警的具体情节酌情从重处罚。

① 2020 年 12 月 26 日公布的《刑法修正案（十一）》规定了袭警罪，此司法解释可参考适用。

3 煽动暴力抗拒法律实施案

概念 | **本罪是指故意煽惑、挑动群众抗拒国家法律、行政法规实施的行为。**

立案标准

根据《刑法》第278条的规定，煽动群众暴力抗拒国家法律、行政法规实施的，应当立案。

本罪属于行为犯，只要行为人实施了煽动群众暴力抗拒国家法律、行政法规实施的行为，原则上就构成犯罪，无论群众是否听信其煽动，是否实际上造成危害后果，都应当立案追究。

定罪标准		
	犯罪客体	本罪侵犯的客体是国家法律、行政法规的实施秩序。所谓法律、行政法规的实施，指法律、行政法规在社会生活中的贯彻。法律、行政法规是我国法律渊源中效力等级比较高的两个层次。法律，在本罪中仅指狭义的法律，包括基本法律和基本法律以外的法律。基本法律，是指规定和调整国家和社会生活中某一方面带有根本性、全局性的社会关系的法律。根据《宪法》第62条第3项规定，刑事、民事、国家机构的和其他的基本法律由全国人民代表大会制定和修改，如《刑法》《民法典》等。基本法律以外的法律，是指规定和调整由基本法律调整以外的国家和社会生活中的某一方面的社会关系的法律，如《商标法》《专利法》等，由全国人大常委会制定和修改。行政法规，根据《宪法》第89条第1项的规定，指国务院根据宪法和法律，制定的有关国家行政管理活动的各种规范性文件，如《外汇管理条例》《金银管理条例》等。煽动暴力抗拒的法律、行政法规包括现行的法律、行政法规和已经颁布尚未施行的法律和行政法规。例如，某人对修改后的《土地管理法》不满，在看到报纸发布的法律条文后即煽动群众，该法一旦施行即以暴力抗拒其实施，即属煽动暴力抗拒已经颁布但尚未施行的法律的情形。
	犯罪客观方面	本罪在客观方面表现为煽动群众暴力抗拒国家法律、行政法规实施的行为。 煽动，即煽惑、鼓动，是指以鼓动性言语或文字劝诱、引导促使他人去实施犯罪活动的行为。煽动的方式，包括用语言、文字、图形等，通过广播、电视、报刊、网络等媒体，或者利用演说、张贴、散发、邮寄等形式，煽惑、鼓动群众以暴力方式抗拒国家法律、行政法规的实施。 本罪所指群众，一般应理解为3人以上的特定的或不特定的多数人，也就是说煽动的对象至少是3人，否则不构成本罪。 暴力，是指用武力或者其他强制性手段；“抗拒”，指抵抗拒绝，即故意不遵守法律、行政法规，违反公民的守法义务，并公然对抗并拒绝法律、行政法规的强行性施行。
	犯罪主体	本罪的主体是一般主体。凡达到刑事责任年龄、具有刑事责任能力的自然人，均能成为本罪主体。
	犯罪主观方面	本罪在主观方面是故意，并且具有煽动群众暴力抗拒国家法律、行政法规实施的目的，即行为人实施煽动行为，其目的在于混淆视听，蛊惑人心，煽动群众暴力抗拒国家法律、行政法规实施。

<table>
<tr><td rowspan="2">定罪标准</td><td>罪与非罪</td><td>区分罪与非罪的界限，要注意：本罪是行为犯，只要行为人实施了煽动群众暴力抗拒国家法律、行政法规实施的行为，无论其结果如何，都构成本罪。如果行为人实施了煽动行为，而被煽动群众没有实施或没有完全实施暴力抗拒国家法律、行政法规实施的行为，不影响犯罪的构成，但可根据其产生的结果从轻、减轻或者免除处罚。</td></tr>
<tr><td>此罪与彼罪</td><td>一、本罪与煽动分裂国家罪、煽动颠覆国家政权罪的界限。两罪的区别主要表现在三个方面：（1）侵犯的客体不同，后二罪侵犯的客体是国家安全；（2）煽动的内容不同；（3）对犯罪主观方面的要求不同，后二罪一般要求行为人有危害国家安全的目的。如果以煽动暴力抗拒法律、行政法规的实施为方式，其根本目的在于分裂国家、颠覆国家政权的，应按想象竞合犯的原则从一重处断，因而应适用煽动分裂国家罪、煽动颠覆国家政权罪追究行为人的刑事责任。
二、本罪与煽动民族仇恨、民族歧视罪的界限。两罪的区别主要表现为：（1）侵犯的客体不同，后者侵犯的客体是民族平等和民族团结；（2）煽动的内容不同；（3）主观方面不同，后罪一般以激起民族仇恨、民族歧视为目的。如果以煽动暴力抗拒法律、行政法规的实施为方式，其根本目的在于激起民族仇恨、民族歧视，应按想象竞合犯的原则从一重处断，以煽动民族仇恨、民族歧视罪定罪处罚。
三、本罪与妨害公务罪的界限。《刑法》第 277 条妨害公务罪第 1 款“以暴力、威胁方法阻碍国家机关工作人员依法执行职务的”和第 4 款“故意阻碍国家安全机关、公安机关依法执行国家安全工作的任务，未使用暴力、威胁方法，造成严重后果的”，是妨害公务罪的两种客观表现。法律、行政法规的实施是通过行政执法人员、司法人员履行公务来进行的，因而阻碍其公务执行也可看作阻碍法律、行政法规实施。但本罪所针对的不是具体的公务行为，而是国家法律、行政法规的实施。再者，两罪的客观表现不同，后者表现为行为人以暴力、威胁的方法阻碍国家机关工作人员、人大代表、红十字会工作人员，或未使用暴力、威胁方法阻碍安全机关、公安机关依法执行职务或履行职责。如果行为人在煽动特定的多数人暴力抗拒法律、行政法规实施时，在煽动的具体内容中又有以暴力等方法阻碍公务行为的，应按想象竞合犯的原则从一重处断，以煽动暴力抗拒法律实施罪定罪处罚。</td></tr>
<tr><td rowspan="2">证据参考标准</td><td>主体方面的证据</td><td>一、证明行为人刑事责任年龄、身份等自然情况的证据。
包括身份证明、户籍证明、任职证明、工作经历证明、特定职责证明等，主要是证明行为人的姓名（曾用名）、性别、出生年月日、民族、籍贯、出生地、职业（或职务）、住所地（或居所地）等证据材料，如户口簿、居民身份证、工作证、出生证、专业或技术等级证、干部履历表、职工登记表、护照等。
对于户籍、出生证等材料内容不实的，应提供其他证据材料。外国人犯罪的案件，应有护照等身份证明材料。人大代表、政协委员犯罪的案件，应注明身份，并附身份证明材料。
二、证明行为人刑事责任能力的证据。
证明行为人对自己的行为是否具有辨认能力与控制能力，如是否属于间歇性精神病人、尚未完全丧失辨认或者控制自己行为能力的精神病人的证明材料。</td></tr>
<tr><td>主观方面的证据</td><td>证明行为人故意的证据：1. 证明行为人明知的证据：证明行为人明知自己的行为会发生危害社会的结果；2. 证明直接故意的证据：证明行为人希望危害结果发生。</td></tr>
</table>

<table>
<tr><td rowspan="2">证据参考标准</td><td>客观方面的证据</td><td colspan="2">证明行为人煽动暴力抗拒法律实施犯罪行为的证据。
具体证据包括：1. 证明行为人煽动暴力抗拒法律实施行为的证据：（1）利用电台；（2）利用电视；（3）利用报纸；（4）利用刊物；（5）通过网络；（6）通过演说；（7）通过张贴；（8）通过散布；（9）通过邮寄；（10）其他。2. 证明行为人煽动暴力抗拒行政法规实施行为的证据：（1）利用电台；（2）利用电视；（3）利用报纸；（4）利用刊物；（5）通过网络；（6）通过演说；（7）通过张贴；（8）通过散布；（9）通过邮寄；（10）其他。3. 证明行为人煽动暴力抗拒法律、行政法规实施造成严重后果行为的证据。4. 证明行为人煽动暴力抗拒法律、行政法规实施其他行为的证据。</td></tr>
<tr><td>量刑方面的证据</td><td colspan="2">一、法定量刑情节证据。
1. 事实情节。2. 法定从重情节。3. 法定从轻减轻情节：（1）可以从轻；（2）可以从轻或减轻；（3）应当从轻或者减轻。4. 法定从轻减轻免除情节：（1）可以从轻、减轻或者免除处罚；（2）应当从轻、减轻或者免除处罚。5. 法定减轻免除情节：（1）可以减轻或者免除处罚；（2）应当减轻或者免除处罚；（3）可以免除处罚。
二、酌定量刑情节证据。
1. 犯罪手段：（1）煽动暴力；（2）抗拒实施。2. 犯罪对象。3. 危害结果。4. 动机。5. 平时表现。6. 认罪态度。7. 是否有前科。8. 其他证据。</td></tr>
<tr><td rowspan="2">量刑标准</td><td colspan="2">犯本罪的</td><td>处三年以下有期徒刑、拘役、管制或者剥夺政治权利</td></tr>
<tr><td colspan="2">造成严重后果的</td><td>处三年以上七年以下有期徒刑</td></tr>
<tr><td rowspan="2">法律适用</td><td>刑法条文</td><td colspan="2">第二百七十八条　煽动群众暴力抗拒国家法律、行政法规实施的，处三年以下有期徒刑、拘役、管制或者剥夺政治权利；造成严重后果的，处三年以上七年以下有期徒刑。</td></tr>
<tr><td>司法解释</td><td colspan="2">一、最高人民法院、最高人民检察院《关于办理非法生产、销售烟草专卖品等刑事案件具体应用法律若干问题的解释》（节录）（2010年3月2日最高人民法院、最高人民检察院公布　自2010年3月26日起施行　法释〔2010〕7号）
第八条第二款　煽动群众暴力抗拒烟草专卖法律实施，构成犯罪的，以煽动暴力抗拒法律实施罪追究刑事责任。

二、最高人民法院《关于审理破坏草原资源刑事案件应用法律若干问题的解释》（节录）（2012年11月2日最高人民法院公布　自2012年11月22日起施行　法释〔2012〕15号）
第四条第二款　煽动群众暴力抗拒草原法律、行政法规实施，构成犯罪的，依照刑法第二百七十八条的规定，以煽动暴力抗拒法律实施罪追究刑事责任。

三、最高人民法院、最高人民检察院《关于办理利用信息网络实施诽谤等刑事案件适用法律若干问题的解释》（节录）（2013年9月6日最高人民法院、最高人民检察院公布　自2013年9月10日起施行　法释〔2013〕21号）
第九条　利用信息网络实施诽谤、寻衅滋事、敲诈勒索、非法经营犯罪，同时又构成刑法第二百二十一条规定的损害商业信誉、商品声誉罪，第二百七十八条规定的煽动暴力抗拒法律实施罪，第二百九十一条之一规定的编造、故意传播虚假恐怖信息罪等犯罪的，依照处罚较重的规定定罪处罚。</td></tr>
</table>

4 招摇撞骗案

概念

本罪是指为谋取非法利益，假冒国家机关工作人员的身份或职称，进行诈骗，损害国家机关的威信及其正常活动的行为。

立案标准

冒充国家机关工作人员进行招摇撞骗的，应当立案。

本罪属于行为犯，只要行为人冒充国家机关工作人员进行招摇撞骗，原则上就应当以犯罪论处，应当立案侦查。

<table>
<tr><td rowspan="4">定罪标准</td><td>犯罪客体</td><td>本罪侵犯的客体是国家机关的威信及其正常活动。这是本罪同侵犯财产权利的诈骗罪的主要区别之一。尽管行为人的招摇撞骗行为也可能骗取财物，但由于行为人采用的是冒充国家机关工作人员的手段致使人民群众以为这些不法行为是国家机关工作人员所为，直接破坏了国家机关的威信及其正常的活动，这也是本罪特殊的、实质的危害所在。</td></tr>
<tr><td>犯罪客观方面</td><td>本罪在客观方面表现为行为人具有冒充国家机关工作人员的身份或职称，进行诈骗的行为。
1. 行为人必须具有冒充国家机关工作人员的身份或者职称的行为。所谓冒充国家机关工作人员的身份或者职称，不单是指非国家机关工作人员冒充国家机关工作人员，而且也包括此种国家机关工作人员冒充彼种国家机关工作人员的身份或者职称，例如，普通机关的行政干部冒充公安机关的干部，普通国家干部冒充高级职务的国家干部等。如果行为人冒充的是非国家工作人员的身份，如冒充党团员、高干子弟、烈士子弟、私营或集体企业单位的管理人员、采购员等，进行招摇撞骗活动的，不能构成本罪，达到犯罪程度的可能构成诈骗罪或其他犯罪。
2. 行为人必须具有招摇撞骗的行为，即行为人要以假冒国家机关工作人员身份或职称，招摇炫耀，利用人民群众对国家机关工作人员的信任，实施骗取非法利益的行为。所谓招摇撞骗，即到处行骗，因而构成犯罪的行为。一般都具有连续性、多次性的特点。如果行为人只有一次这种行为的，原则上不宜以犯罪论处。上述两种要素必须同时具备并存在有机的联系，才符合招摇撞骗的客观要求。如果行为人仅仅出于虚荣心冒充国家机关工作人员的身份或职称，但并未借此实施骗取非法利益的行为，不构成招摇撞骗罪。如果行为人既有冒充国家机关工作人员的行为，又有骗取非法利益的行为，但骗取非法利益的行为未以冒充国家机关工作人员为手段的，即两行为之间不存在有机联系的，也不构成招摇撞骗罪，其骗取非法利益的行为可能构成其他犯罪。</td></tr>
<tr><td>犯罪主体</td><td>本罪的主体为一般主体，即任何达到刑事责任年龄、具备刑事责任能力的人都可以成为本罪的主体。非国家工作人员和国家工作人员均可构成本罪。</td></tr>
<tr><td>犯罪主观方面</td><td>本罪在主观方面只能是出于故意，其犯罪目的是为了谋取非法利益。这里所说的非法利益，不单指物质利益，也包括各种非物质利益，例如，为了骗取某种政治待遇或者荣誉待遇，甚至是为了骗取“爱情”，玩弄异性等。但本罪的主观恶性一般限制</td></tr>
</table>

定罪标准	犯罪主观方面	在“骗”的范围内，如果行为人主观上具有抢劫、强奸的故意，冒充国家机关工作人员只是一种给受害人心理上造成威胁，使之不敢反抗的手段，属于一种更为严重的犯罪。例如，冒充缉私人员，威胁走私分子交出走私物品；冒充司法人员，逼迫被告人家属与之发生性关系等，都应分别以抢劫罪、强奸罪等论处。如果没有谋取非法利益的目的，例如，行为人冒充国家机关工作人员只是出于虚荣心，单纯为了达到与他人结婚的目的而冒充国家机关工作人员的，为了顺利住宿或购买车船票而冒充国家机关工作人员身份的，都不构成本罪。
	罪与非罪	区分罪与非罪的界限，关键看是否冒充国家机关工作人员进行招摇撞骗。
	此罪与彼罪	一、本罪与诈骗罪的界限。两者都表现为欺骗行为，而且招摇撞骗罪也可以如诈骗罪那样骗取财物，因而容易混淆。两者的区别主要表现在：(1) 侵害的客体不同。招摇撞骗罪侵犯的客体主要是国家机关的威信及其正常活动；而诈骗罪侵犯的客体仅限于公私财产权利。(2) 行为手段不同。招摇撞骗罪的手段只限于冒充国家机关工作人员的身份或职称进行诈骗；诈骗罪的手段并无此限制，而可以利用任何虚构事实、隐瞒真相的手段和方式进行。(3) 犯罪的主观目的不同。诈骗罪的犯罪目的，是希望非法占有公私财物；而招摇撞骗罪的犯罪目的，是追求非法利益，其内容较诈骗罪的目的广泛一些，它可以包括非法占有公私财物，也可以包括其他非法利益。(4) 构成犯罪有无数额限制的不同。只有诈骗数额较大以上的公私财物的，才可构成诈骗罪；而法律对招摇撞骗罪的构成并无数额较大的要求，这是因为，这种犯罪未必一定表现为诈骗财物，而有可能是骗取其他非法利益，其严重的社会危害性，首先集中地表现为由特定的犯罪手段所决定的对国家机关的威信和正常活动的破坏。尽管招摇撞骗罪与诈骗罪有上述区别，但在行为人冒充国家机关工作人员的身份或职称去骗取财物的情况下，一个行为同时触犯了两个罪名，属于想象竞合犯。处理想象竞合犯的案件应当按照从一重罪处断的原则。 二、本罪与敲诈勒索罪的界限。两者的区别在于：(1) 前罪是以“骗”为特征的，被害人在受骗后往往是“自愿”交出财物或出让其他合法权益；而后罪虽然也有“诈”的成分，但却是以“恫吓”被害人为特征，即对财物的持有者施以恫吓，造成其精神上的恐惧，出于无奈，被迫交出财物。这是两者最主要的区别。(2) 前罪侵犯的客体是社会管理秩序，是国家机关的威信及其正常的活动，其直接侵犯的不仅可能是财产权，也可能是公共利益和公民的其他合法权益；而后罪侵犯的客体只能是公私财产所有权。
证据参考标准	主体方面的证据	**一、证明行为人刑事责任年龄、身份等自然情况的证据。** 包括身份证明、户籍证明、任职证明、工作经历证明、特定职责证明等，主要是证明行为人的姓名（曾用名）、性别、出生年月日、民族、籍贯、出生地、职业（或职务）、住所地（或居所地）等证据材料，如户口簿、居民身份证、工作证、出生证、专业或技术等级证、干部履历表、职工登记表、护照等。 对于户籍、出生证等材料内容不实的，应提供其他证据材料。外国人犯罪的案件，应有护照等身份证明材料。人大代表、政协委员犯罪的案件，应注明身份，并附身份证明材料。

<table>
<tr><td rowspan="4">证据参考标准</td><td>主体方面的证据</td><td colspan="2">二、证明行为人刑事责任能力的证据。
证明行为人对自己的行为是否具有辨认能力与控制能力，如是否属于间歇性精神病人、尚未完全丧失辨认或者控制自己行为能力的精神病人的证明材料。</td></tr>
<tr><td>主观方面的证据</td><td colspan="2">证明行为人故意的证据：1. 证明行为人明知的证据：证明行为人明知自己的行为会发生危害社会的结果；2. 证明直接故意的证据：证明行为人希望危害结果发生；3. 目的：谋取非法利益。</td></tr>
<tr><td>客观方面的证据</td><td colspan="2">证明行为人招摇撞骗犯罪行为的证据。
具体证据包括：1. 证明行为人冒充国家机关工作人员行为的证据：（1）冒充国家机关工作人员。（2）冒充某领导。（3）某一机关工作人员冒充另一国家机关工作人员。（4）冒充人民警察。（5）其他。2. 证明行为人撞骗行为的证据：（1）骗取钱财：①人民币；②外币；③债券；④金、银、玉首饰；⑤其他。（2）骗取物品：①工业品；②农副产品；③生活日用品；④生产资料；⑤其他。（3）骗取政治待遇。（4）骗取政治荣誉。（5）骗取爱情。（6）骗取物质享受。（7）骗取知识产权。（8）骗取技术职称。3. 证明行为人招摇撞骗情节严重行为的证据。</td></tr>
<tr><td>量刑方面的证据</td><td colspan="2">一、法定量刑情节证据。
1. 事实情节。2. 法定从重情节。3. 法定从轻减轻情节：（1）可以从轻；（2）可以从轻或减轻；（3）应当从轻或者减轻。4. 法定从轻减轻免除情节：（1）可以从轻、减轻或者免除处罚；（2）应当从轻、减轻或者免除处罚。5. 法定减轻免除情节：（1）可以减轻或者免除处罚；（2）应当减轻或者免除处罚；（3）可以免除处罚。
二、酌定量刑情节证据。
1. 犯罪手段：（1）冒充国家机关工作人员；（2）招摇撞骗。2. 犯罪对象。3. 危害结果。4. 动机。5. 平时表现。6. 认罪态度。7. 是否有前科。8. 其他证据。</td></tr>
<tr><td rowspan="3">量刑标准</td><td colspan="2">犯本罪的</td><td>处三年以下有期徒刑、拘役、管制或者剥夺政治权利</td></tr>
<tr><td colspan="2">情节严重的</td><td>处三年以上十年以下有期徒刑</td></tr>
<tr><td colspan="2">冒充人民警察招摇撞骗的</td><td>依照上述规定从重处罚</td></tr>
<tr><td>法律适用</td><td>刑法条文</td><td colspan="2">第二百七十九条　冒充国家机关工作人员招摇撞骗的，处三年以下有期徒刑、拘役、管制或者剥夺政治权利；情节严重的，处三年以上十年以下有期徒刑。
冒充人民警察招摇撞骗的，依照前款的规定从重处罚。</td></tr>
</table>

法律适用 司法解释

一、最高人民法院、最高人民检察院《关于办理诈骗刑事案件具体应用法律若干问题的解释》（节录）（2011年3月1日最高人民法院、最高人民检察院公布　自2011年4月8日起施行　法释〔2011〕7号）

第八条　冒充国家机关工作人员进行诈骗，同时构成诈骗罪和招摇撞骗罪的，依照处罚较重的规定定罪处罚。

二、最高人民法院、最高人民检察院《关于办理妨害武装部队制式服装、车辆号牌管理秩序等刑事案件具体应用法律若干问题的解释》（节录）（2011年7月20日最高人民法院、最高人民检察院公布　自2011年8月1日起施行　法释〔2011〕16号）

第六条　实施刑法第三百七十五条规定的犯罪行为，同时又构成逃税、诈骗、冒充军人招摇撞骗等犯罪的，依照处罚较重的规定定罪处罚。

三、最高人民法院《关于审理抢劫、抢夺刑事案件适用法律若干问题的意见》（节录）（2005年6月8日最高人民法院公布　自公布之日起施行　法发〔2005〕8号）

九、关于抢劫罪与相似犯罪的界限

1. 冒充正在执行公务的人民警察、联防人员，以抓卖淫嫖娼、赌博等违法行为为名非法占有财物的行为定性

行为人冒充正在执行公务的人民警察“抓赌”、“抓嫖”，没收赌资或者罚款的行为，构成犯罪的，以招摇撞骗罪从重处罚；在实施上述行为中使用暴力或者暴力威胁的，以抢劫罪定罪处罚。行为人冒充治安联防队员“抓赌”、“抓嫖”、没收赌资或者罚款的行为，构成犯罪的，以敲诈勒索罪定罪处罚；在实施上述行为中使用暴力或者暴力威胁的，以抢劫罪定罪处罚。

四、最高人民法院《关于进一步发挥职能作用维护国防利益和军人军属合法权益的意见》（节录）（2014年10月29日最高人民法院公布　自公布之日起实施　法〔2014〕271号）

5. 依法审理好各类涉军案件。依法严厉打击破坏武器装备、军事设施、军事通信，聚众冲击军事禁区，聚众扰乱军事管理区秩序等侵害国防利益的犯罪，切实维护军事安全；依法严惩冒充军人招摇撞骗，伪造、变造、买卖或者盗窃、抢夺部队公文、证件、印章，非法生产、买卖部队制式服装，伪造、盗窃、买卖或者非法提供、使用武装部队专用标志等涉军造假犯罪，维护军队声誉、形象；依法惩处侵害军人军属人身财产权益的犯罪活动，有效保障军人军属合法权益。依法妥善处理涉及国防工程建设、军事设施保护、军用土地权属、军事禁区管理等涉军民事案件，保障部队正常的战备、训练和工作秩序；依法稳妥处理涉及军人军属的各类民事纠纷，维护好军人军属合法权益；依法审慎解决可能导致群体性事件以及因历史遗留问题引发的重大纠纷案件，维护军队的良好声誉。依法为军队核心产业、军工企业的科学发展提供司法支持，保障优势资源真正依法依规应用于充实核心国防力量。

5 伪造、变造、买卖国家机关公文、证件、印章案

概念

本罪是指非法制造、变造、买卖国家机关公文、证件、印章的行为。

立案标准

根据《刑法》第 280 条第 1 款的规定，伪造、变造或者买卖国家机关的公文、证件、印章的，应当立案。

本罪是行为犯，只要行为人实施了伪造、变造或者买卖国家机关公文、证件、印章的行为，原则上就构成犯罪，应当立案追究。

定罪标准		
	犯罪客体	本罪侵犯的客体是国家机关的正常管理活动和信誉。国家机关制作的公文、使用的印章和证件是其在社会的一定领域、一定方面实行管理活动的重要凭证和手段。任何伪造、变造、买卖国家机关的公文、证件、印章的行为，都会影响其正常管理活动，损害其名誉，从而破坏社会管理秩序。 本罪侵犯的对象是公文、证件、印章，且仅限于国家机关的公文、证件和印章。所谓公文，一般是指国家机关制作的，用以联系事务、指导工作、处理问题的书面文件，如命令、指示、决定、通知、函电等。某些以负责人名义代表单位签发的文件，也属于公文。公文的文字可以是中文，也可以是外文；可以是印刷的，也可以是手写的，都具有公文的法律效力。所谓证件，是指国家机关制作、颁发的，用以证明身份、职务、权利义务关系或其他有关事实的凭证，如结婚证、工作证、学生证、护照、户口迁移证、营业执照、驾驶证等。对于伪造、变造护照、签证等出入境证件和居民身份证的行为，因《刑法》另有规定，不以本罪论处。所谓印章，是指国家机关刻制的以文字与图记表明主体同一性的公章或专用章，他们是国家机关行使职权的符号和标记，公文在加盖公章后始能生效。用于国家机关事务的私人印鉴、图章也应视为本款所称印章。
	犯罪客观方面	本罪在客观方面表现为伪造、变造、买卖国家机关公文、证件、印章的行为。所谓伪造，是指无权制作者制作假的公文、证件或印章，既包括根本不存在某一公文、证件或印章而非法制作出一种假的公文、证件和印章，又包括在存在某一公文、证件或印章的情况下而模仿其特征而复印、伪造另一假的公文、证件或印章。既包括非国家机关工作人员的伪造或制作，又包括国家机关工作人员未经批准而擅自制造。另外，模仿有权签发公文、证件的负责人的手迹签发公文、证件的，亦应以伪造论处。所谓变造，则是对真实的公文、证件或印章利用涂改、擦消、拼接等方法进行加工、改制，以改变其真实内容。所谓买卖，即对国家机关公文、证件或者印章实行有偿转让，包括购买和销售两种行为。至于买卖的公文、证件或印章，既可以是真实的，也可以是伪造或者变造的。
	犯罪主体	本罪的主体是一般主体，即凡是达到法定刑事责任年龄、具有刑事责任能力的人，均可构成本罪。

定罪标准	犯罪主观方面	本罪在主观方面只能出于直接故意，间接故意和过失不构成本罪。如行为人盗窃某甲的手提包，意图偷窃钱财，没想到包中装有某甲单位的公文及甲的证件。如此，行为人只构成盗窃罪，不构成本罪。
	罪与非罪	区分罪与非罪的界限，关键看是否实施伪造、变造、买卖国家机关公文、证件、印章的行为。
证据参考标准	主体方面的证据	**一、证明行为人刑事责任年龄、身份等自然情况的证据。** 包括身份证明、户籍证明、任职证明、工作经历证明、特定职责证明等，主要是证明行为人的姓名（曾用名）、性别、出生年月日、民族、籍贯、出生地、职业（或职务）、住所地（或居所地）等证据材料，如户口簿、居民身份证、工作证、出生证、专业或技术等级证、干部履历表、职工登记表、护照等。 对于户籍、出生证等材料内容不实的，应提供其他证据材料。外国人犯罪的案件，应有护照等身份证明材料。人大代表、政协委员犯罪的案件，应注明身份，并附身份证明材料。 **二、证明行为人刑事责任能力的证据。** 证明行为人对自己的行为是否具有辨认能力与控制能力，如是否属于间歇性精神病人、尚未完全丧失辨认或者控制自己行为能力的精神病人的证明材料。
	主观方面的证据	证明行为人故意的证据：1. 证明行为人明知的证据：证明行为人明知自己的行为会发生危害社会的结果；2. 证明直接故意的证据：证明行为人希望危害结果发生。
	客观方面的证据	证明行为人伪造、变造、买卖国家机关公文、证件、印章犯罪行为的证据。 具体证据包括：1. 证明行为人伪造行为的证据：（1）国家机关公文；（2）国家机关证件；（3）国家机关印章。2. 证明行为人变造行为的证据：（1）国家机关公文；（2）国家机关证件；（3）国家机关印章。3. 证明行为人买卖行为的证据：（1）国家机关公文；（2）国家机关证件；（3）国家机关印章。4. 证明行为人伪造、变造、买卖国家机关公文、证件、印章情节严重行为的证据。5. 证明行为人“伪造方式”行为的证据：（1）非法制造；（2）非法仿造。6. 证明行为人“变造方式”行为的证据：（1）涂改；（2）擦消；（3）拼接。7. 证明行为人伪造、变造、买卖国家机关公文、证件、印章其他行为的证据。
	量刑方面的证据	**一、法定量刑情节证据。** 1. 事实情节。2. 法定从重情节。3. 法定从轻减轻情节：（1）可以从轻；（2）可以从轻或减轻；（3）应当从轻或者减轻。4. 法定从轻减轻免除情节：（1）可以从轻、减轻或者免除处罚；（2）应当从轻、减轻或者免除处罚。5. 法定减轻免除情节：（1）可以减轻或者免除处罚；（2）应当减轻或者免除处罚；（3）可以免除处罚。 **二、酌定量刑情节证据。** 1. 犯罪手段：（1）伪造；（2）变造；（3）买卖。2. 犯罪对象。3. 危害结果。4. 动机。5. 平时表现。6. 认罪态度。7. 是否有前科。8. 其他证据。

量刑标准

犯本罪的	处三年以下有期徒刑、拘役、管制或者剥夺政治权利，并处罚金
情节严重的	处三年以上十年以下有期徒刑，并处罚金

法律适用

刑法条文

第二百八十条第一款 伪造、变造、买卖或者盗窃、抢夺、毁灭国家机关的公文、证件、印章的，处三年以下有期徒刑、拘役、管制或者剥夺政治权利，并处罚金；情节严重的，处三年以上十年以下有期徒刑，并处罚金。

司法解释

一、最高人民法院《关于审理骗购外汇、非法买卖外汇刑事案件具体应用法律若干问题的解释》（节录）（1998年8月28日最高人民法院公布 自1998年9月1日起施行 法释〔1998〕20号）

第二条 伪造、变造、买卖海关签发的报关单、进口证明、外汇管理机关的核准件等凭证或者购买伪造、变造的上述凭证的，按照刑法第二百八十条第一款的规定定罪处罚。

二、最高人民法院《关于审理破坏森林资源刑事案件具体应用法律若干问题的解释》（节录）（2000年11月22日最高人民法院公布 自2000年12月11日起施行 法释〔2000〕36号）

第十三条 对于伪造、变造、买卖林木采伐许可证、木材运输证件，森林、林木、林地权属证书，占用或者征用林地审核同意书、育林基金等缴费收据以及其他国家机关批准的林业证件构成犯罪的，依照刑法第二百八十条第一款的规定，以伪造、变造、买卖国家机关公文、证件罪定罪处罚。

对于买卖允许进出口证明书等经营许可证明，同时触犯刑法第二百二十五条、第二百八十条规定之罪的，依照处罚较重的规定定罪处罚。

三、最高人民法院《关于审理破坏野生动物资源刑事案件具体应用法律若干问题的解释》（节录）（2000年11月27日最高人民法院公布 自2000年12月11日起施行 法释〔2000〕37号）

第九条 伪造、变造、买卖国家机关颁发的野生动物允许进出口证明书、特许猎捕证、狩猎证、驯养繁殖许可证等公文、证件构成犯罪的，依照刑法第二百八十条第一款的规定以伪造、变造、买卖国家机关公文、证件罪定罪处罚。

实施上述行为构成犯罪，同时构成刑法第二百二十五条第二项规定的非法经营罪的，依照处罚较重的规定定罪处罚。

四、最高人民法院、最高人民检察院《关于办理伪造、贩卖伪造的高等院校学历、学位证明刑事案件如何适用法律问题的解释》（2001年7月3日最高人民法院、最高人民检察院公布 自2001年7月5日起施行 法释〔2001〕22号）

为依法惩处伪造、贩卖伪造的高等院校学历、学位证明的犯罪活动，现就办理这类案件适用法律的有关问题解释如下：

法律适用 司法解释

对于伪造高等院校印章制作学历、学位证明的行为，应当依照刑法第二百八十条第二款的规定，以伪造事业单位印章罪定罪处罚。

明知是伪造高等院校印章制作的学历、学位证明而贩卖的，以伪造事业单位印章罪的共犯论处。

五、最高人民法院、最高人民检察院《关于办理与盗窃、抢劫、诈骗、抢夺机动车相关刑事案件具体应用法律若干问题的解释》（节录）（2007年5月9日最高人民法院、最高人民检察院公布　自2007年5月11日起施行　法释〔2007〕11号）

第二条　伪造、变造、买卖机动车行驶证、登记证书，累计三本以上的，依照刑法第二百八十条第一款的规定，以伪造、变造、买卖国家机关证件罪定罪，处三年以下有期徒刑、拘役、管制或者剥夺政治权利。

伪造、变造、买卖机动车行驶证、登记证书，累计达到第一款规定数量标准五倍以上的，属于刑法第二百八十条第一款规定中的“情节严重”，处三年以上十年以下有期徒刑。

六、最高人民检察院法律政策研究室《关于伪造、变造、买卖政府设立的临时性机构的公文、证件、印章行为如何适用法律问题的答复》（2003年6月3日最高人民检察院公布　自公布之日起施行）

江苏省人民检察院研究室：

你院《关于伪造、变造、买卖政府设立的临时性机构公文、证件、印章的行为能否适用刑法第二百八十条第一款规定的请示》（苏检发研字〔2003〕4号）收悉。经研究，答复如下：

伪造、变造、买卖各级人民政府设立的行使行政管理权的临时性机构的公文、证件、印章行为，构成犯罪的，应当依照刑法第二百八十条第一款的规定，以伪造、变造、买卖国家机关公文、证件、印章罪追究刑事责任。

七、最高人民检察院研究室《关于买卖尚未加盖印章的空白〈边境证〉行为如何适用法律问题的答复》（2002年9月25日最高人民检察院公布　自公布之日起施行　〔2002〕高检研发第19号）

重庆市人民检察院研究室：

你院《关于对买卖尚未加盖印章的空白〈边境证〉案件适用法律问题的请示》（渝检（研）〔2002〕11号）收悉。经研究，答复如下：

对买卖尚未加盖发证机关的行政印章或者通行专用章印鉴的空白《中华人民共和国边境管理区通行证》的行为，不宜以买卖国家机关证件罪追究刑事责任。国家机关工作人员实施上述行为，构成犯罪的，可以按滥用职权等相关犯罪依法追究刑事责任。

八、最高人民法院研究室《关于对行为人通过伪造国家机关公文、证件担任国家工作人员职务并利用职务上的便利侵占本单位财物、收受贿赂、挪用本单位资金等行为如何适用法律问题的答复》（2004年3月30日最高人民法院公布　自公布之日起施行　法研〔2004〕38号）

北京市高级人民法院：

法律适用

司法解释

你院〔2004〕15号《关于通过伪造国家机关公文、证件担任国家工作人员职务后利用职务便利侵占本单位财物、收受贿赂、挪用本单位资金的行为如何定性的请示》收悉。经研究，答复如下：

行为人通过伪造国家机关公文、证件担任国家工作人员职务以后，又利用职务上的便利实施侵占本单位财物、收受贿赂、挪用本单位资金等行为，构成犯罪的，应当分别以伪造国家机关公文、证件罪和相应的贪污罪、受贿罪、挪用公款罪等追究刑事责任，实行数罪并罚。

九、最高人民法院、最高人民检察院《关于办理妨害信用卡管理刑事案件具体应用法律若干问题的解释》（节录）（2009年12月3日最高人民法院、最高人民检察院公布　自2009年12月16日起施行　法释〔2009〕19号　2018年11月28日修正）

第四条第一款　为信用卡申请人制作、提供虚假的财产状况、收入、职务等资信证明材料，涉及伪造、变造、买卖国家机关公文、证件、印章，或者涉及伪造公司、企业、事业单位、人民团体印章，应当追究刑事责任的，依照刑法第二百八十条的规定，分别以伪造、变造、买卖国家机关公文、证件、印章罪和伪造公司、企业、事业单位、人民团体印章罪定罪处罚。

相关法律法规

一、全国人民代表大会常务委员会《关于惩治骗购外汇、逃汇和非法买卖外汇犯罪的决定》（节录）（1998年12月29日中华人民共和国主席令第14号公布　自公布之日起施行）

二、买卖伪造、变造的海关签发的报关单、进口证明、外汇管理部门核准件等凭证和单据或者国家机关的其他公文、证件、印章的，依照刑法第二百八十条的规定定罪处罚。

二、《中华人民共和国进出境动植物检疫法》（节录）（1991年10月30日中华人民共和国主席令第53号公布　自1992年4月1日起施行　2009年8月27日修正）

第四十三条　伪造、变造检疫单证、印章、标志、封识，依照刑法有关规定追究刑事责任。

三、《中华人民共和国野生动物保护法》（节录）（1988年11月8日中华人民共和国主席令第9号公布　自1989年3月1日起施行　2004年8月28日第一次修正　2009年8月27日第二次修正　2016年7月2日修订　2018年12月26日第三次修正）

第三十九条　禁止伪造、变造、买卖、转让、租借特许猎捕证、狩猎证、人工繁育许可证及专用标识，出售、购买、利用国家重点保护野生动物及其制品的批准文件，或者允许进出口证明书、进出口等批准文件。

前款规定的有关许可证书、专用标识、批准文件的发放情况，应当依法公开。

第五十五条　违反本法第三十九条第一款规定，伪造、变造、买卖、转让、租借有关证件、专用标识或者有关批准文件的，由县级以上人民政府野生动物保护主管部门没收违法证件、专用标识、有关批准文件和违法所得，并处五万元以上二十五万元以下的罚款；构成违反治安管理行为的，由公安机关依法给予治安管理处罚；构成犯罪的，依法追究刑事责任。

法律适用 相关法律法规

四、《中华人民共和国进出口商品检验法》（节录）（1989年2月21日中华人民共和国主席令第14号公布 自1989年8月1日起施行 2002年4月28日第一次修正 2013年6月29日第二次修正 2018年4月27日第三次修正 2018年12月29日第四次修正 2021年4月29日第五次修正）

第三十四条 伪造、变造、买卖或者盗窃商检单证、印章、标志、封识、质量认证标志的，依法追究刑事责任；尚不够刑事处罚的，由商检机构、认证认可监督管理部门依据各自职责责令改正，没收违法所得，并处货值金额等值以下的罚款。

五、《中华人民共和国烟草专卖法》（节录）（1991年6月29日中华人民共和国主席令第46号公布 自1992年1月1日起施行 2009年8月27日第一次修正 2013年12月28日第二次修正 2015年4月24日第三次修正）

第三十六条 伪造、变造、买卖本法规定的烟草专卖生产企业许可证、烟草专卖经营许可证等许可证件和准运证的，依照刑法有关规定追究刑事责任。

烟草专卖行政主管部门和烟草公司工作人员利用职务上的便利犯前款罪的，依法从重处罚。

六、《中华人民共和国对外贸易法》（节录）（2004年4月6日中华人民共和国主席令第15号公布 自2004年7月1日起施行 2016年11月7日修正）

第三十四条 在对外贸易活动中，不得有下列行为：

（一）伪造、变造进出口货物原产地标记，伪造、变造或者买卖进出口货物原产地证书、进出口许可证、进出口配额证明或者其他进出口证明文件；

（二）骗取出口退税；

（三）走私；

（四）逃避法律、行政法规规定的认证、检验、检疫；

（五）违反法律、行政法规规定的其他行为。

第六十三条 违反本法第三十四条规定，依照有关法律、行政法规的规定处罚；构成犯罪的，依法追究刑事责任。

国务院对外贸易主管部门可以禁止违法行为人自前款规定的行政处罚决定生效之日或者刑事处罚判决生效之日起一年以上三年以下的期限内从事有关的对外贸易经营活动。

七、《中华人民共和国公司登记管理条例》（节录）（1994年6月24日国务院令第156号公布 自1994年7月1日起施行 2005年12月18日第一次修订 2014年2月19日第二次修订 2016年2月6日第三次修订）

第七十二条 伪造、涂改、出租、出借、转让营业执照的，由公司登记机关处以1万元以上10万元以下的罚款；情节严重的，吊销营业执照。

八、《中华人民共和国广告法》（节录）（1994年10月27日中华人民共和国主席令第34号公布 自1995年2月1日起施行 2015年4月24日修订 2018年10月26日第一次修正 2021年4月29日第二次修正）

第六十五条 违反本法规定，伪造、变造或者转让广告审查批准文件的，由市场监督管理部门没收违法所得，并处一万元以上十万元以下的罚款。

法律适用

相关法律法规

九、《中华人民共和国野生植物保护条例》（节录）（1996年9月30日国务院令第204号公布　自1997年1月1日起施行　2017年10月7日修正）

第二十六条　伪造、倒卖、转让采集证、允许进出口证明书或者有关批准文件、标签的，由野生植物行政主管部门或者工商行政管理部门按照职责分工收缴，没收违法所得，可以并处5万元以下的罚款。

第二十八条　违反本条例规定，构成犯罪的，依法追究刑事责任。

十、《中华人民共和国动物防疫法》（节录）（1997年7月3日中华人民共和国主席令第87号公布　2007年8月30日第一次修订　2013年6月29日第一次修正　2015年4月24日第二次修正　2021年1月22日第二次修订）

第一百零三条　违反本法规定，转让、伪造或者变造检疫证明、检疫标志或者畜禽标识的，由县级以上地方人民政府农业农村主管部门没收违法所得和检疫证明、检疫标志、畜禽标识，并处五千元以上五万元以下罚款。

持有、使用伪造或者变造的检疫证明、检疫标志或者畜禽标识的，由县级以上人民政府农业农村主管部门没收检疫证明、检疫标志、畜禽标识和对应的动物、动物产品，并处三千元以上三万元以下罚款。

第一百零九条　违反本法规定，造成人畜共患传染病传播、流行的，依法从重给予处分、处罚。

违反本法规定，构成违反治安管理行为的，依法给予治安管理处罚；构成犯罪的，依法追究刑事责任。

违反本法规定，给他人人身、财产造成损害的，依法承担民事责任。

十一、《中华人民共和国森林法》（节录）（1984年9月20日中华人民共和国主席令第17号公布　自1985年1月1日起施行　1998年4月29日第一次修正　2009年8月27日第二次修正　2019年12月28日修订）

第七十七条　违反本法规定，伪造、变造、买卖、租借采伐许可证的，由县级以上人民政府林业主管部门没收证件和违法所得，并处违法所得一倍以上三倍以下的罚款；没有违法所得的，可以处二万元以下的罚款。

十二、《中华人民共和国人口与计划生育法》（节录）（2001年12月29日中华人民共和国主席令第63号公布　自2002年9月1日起施行　2015年12月27日修正）

第三十七条　伪造、变造、买卖计划生育证明，由计划生育行政部门没收违法所得，违法所得五千元以上的，处违法所得二倍以上十倍以下的罚款；没有违法所得或者违法所得不足五千元的，处五千元以上二万元以下的罚款；构成犯罪的，依法追究刑事责任。

以不正当手段取得计划生育证明的，由计划生育行政部门取消其计划生育证明；出具证明的单位有过错的，对直接负责的主管人员和其他直接责任人员依法给予行政处分。

法律适用 相关法律法规

十三、《中华人民共和国行政许可法》（节录）（2003年8月27日中华人民共和国主席令第7号公布 自2004年7月1日起施行 2019年4月23日修正）

第八十条 被许可人有下列行为之一的，行政机关应当依法给予行政处罚；构成犯罪的，依法追究刑事责任：

（一）涂改、倒卖、出租、出借行政许可证件，或者以其他形式非法转让行政许可的；

（二）超越行政许可范围进行活动的；

（三）向负责监督检查的行政机关隐瞒有关情况、提供虚假材料或者拒绝提供反映其活动情况的真实材料的；

（四）法律、法规、规章规定的其他违法行为。

十四、《地质灾害防治条例》（节录）（2003年11月24日中华人民共和国国务院令第394号公布 自2004年3月1日起施行）

第四十五条 违反本条例规定，伪造、变造、买卖地质灾害危险性评估资质证书、地质灾害治理工程勘查、设计、施工和监理资质证书的，由省级以上人民政府国土资源主管部门收缴或者吊销其资质证书，没收违法所得，并处5万元以上10万元以下的罚款；构成犯罪的，依法追究刑事责任。

十五、《中华人民共和国进出口货物原产地条例》（节录）（2004年9月3日中华人民共和国国务院令第416号公布 自2005年1月1日起施行 2019年3月2日修正）

第二十三条 提供虚假材料骗取出口货物原产地证书或者伪造、变造、买卖或者盗窃出口货物原产地证书的，由海关处5000元以上10万元以下的罚款；骗取、伪造、变造、买卖或者盗窃作为海关放行凭证的出口货物原产地证书的，处货值金额等值以下的罚款，但货值金额低于5000元的，处5000元罚款。有违法所得的，由海关没收违法所得。构成犯罪的，依法追究刑事责任。

第二十六条 本条例下列用语的含义：

获得，是指捕捉、捕捞、搜集、收获、采掘、加工或者生产等。

货物原产地，是指依照本条例确定的获得某一货物的国家（地区）。

原产地证书，是指出口国（地区）根据原产地规则和有关要求签发的，明确指出该证中所列货物原产于某一特定国家（地区）的书面文件。

原产地标记，是指在货物或者包装上用来表明该货物原产地的文字和图形。

十六、《中华人民共和国电子签名法》（节录）（2004年8月28日中华人民共和国主席令第18号公布 自2005年4月1日起施行 2015年4月24日第一次修正 2019年4月23日第二次修正）

第二条 本法所称电子签名，是指数据电文中以电子形式所含、所附用于识别签名人身份并表明签名人认可其中内容的数据。

本法所称数据电文，是指以电子、光学、磁或者类似手段生成、发送、接收或者储存的信息。

第三十二条 伪造、冒用、盗用他人的电子签名，构成犯罪的，依法追究刑事责任；给他人造成损失的，依法承担民事责任。

法律适用

相关法律法规

十七、《中华人民共和国进出口商品检验法实施条例》(节录)(2005 年 8 月 31 日中华人民共和国国务院令第 447 号公布 自 2005 年 12 月 1 日起施行 2013 年 7 月 18 日第一次修订 2016 年 2 月 6 日第二次修订 2017 年 3 月 1 日第三次修订 2019 年 3 月 2 日修正)

第四十七条 伪造、变造、买卖或者盗窃检验证单、印章、标志、封识、货物通关单或者使用伪造、变造的检验证单、印章、标志、封识、货物通关单，构成犯罪的，依法追究刑事责任；尚不够刑事处罚的，由出入境检验检疫机构责令改正，没收违法所得，并处商品货值金额等值以下罚款。

规章及规范性文件

一、最高人民法院、最高人民检察院、公安部、国家工商行政管理局（已撤销）《关于依法查处盗窃、抢劫机动车案件的规定》(节录)(1998 年 5 月 8 日公布 自公布之日起施行 公通字〔1998〕31 号)

七、伪造、变造、买卖机动车牌证及机动车入户、过户、验证的有关证明文件的，依照《刑法》第二百八十条第一款的规定处罚。

二、《个人独资企业登记管理办法》(节录)(2000 年 1 月 13 日公布 自公布之日起施行 2014 年 2 月 20 日第一次修订 2019 年 8 月 8 日第二次修订)

第三十九条 伪造营业执照的，由登记机关责令停业，没收违法所得，处以 5000 元以下的罚款；构成犯罪的，依法追究刑事责任。

6 盗窃、抢夺、毁灭国家机关公文、证件、印章案

概念

本罪是指秘密窃取、公然夺取或者损坏灭失国家机关公文、证件、印章的行为。本罪为选择性罪名，包括盗窃国家机关公文罪、盗窃国家机关证件罪、盗窃国家机关印章罪、抢夺国家机关公文罪、抢夺国家机关证件罪、抢夺国家机关印章罪、毁灭国家机关公文罪、毁灭国家机关证件罪及毁灭国家机关印章罪。

立案标准

根据《刑法》第280条第1款的规定，盗窃、抢夺、毁灭国家机关的公文、证件、印章的，应当立案。

本罪是行为犯，只要行为人实施了盗窃、抢夺、毁灭国家机关的公文、证件、印章的行为，原则上就构成犯罪，应当立案追究刑事责任。

定罪标准		
	犯罪客体	本罪所侵害的客体是国家机关的正常活动。
	犯罪客观方面	本罪在客观方面表现为盗窃、抢夺或者毁灭国家机关公文、证件或印章的行为。 所谓盗窃，即秘密窃取，是指行为人采取自认为不被公文、证件、印章的保管者、使用人、所有人发觉的方法暗中将公文、证件、印章取走的行为。盗窃的必须是国家机关的公文、证件或印章，才能构成本罪。如果所盗窃的不是公文、证件、印章或者虽是公文、证件、印章但不属于国家机关的公文、证件、印章，亦不能构成本罪。构成犯罪的，应当以他罪如盗窃罪、盗窃武装部队公文、证件、印章罪等治罪。 所谓抢夺，即公然夺取，是指当着公文、证件、印章所有人、保管者、使用者的面而突然夺取公文、证件、印章的行为。既可以是趁人不备，又可以是在他人有备的情况下公然夺取，如在保管人患病、中轻度醉酒减弱防护能力但神志清醒的情况下公开夺取等。公然夺取必须针对国家机关的公文、证件、印章而实施。不然，虽有抢夺行为，但不是抢夺公文、证件及印章或虽是公文、证件或印章但不是国家机关的公文、证件或印章，也不能构成本罪。构成犯罪的，应是构成他罪如抢夺罪、抢夺武装部队公文、证件、印章罪等。 所谓毁灭，其方式多种多样，如撕、扯、烧、浸、涂、污等。既可以表现为作为，又可以表现为不作为，如不小心将公文掉入水中、火中而不立即采取措施让其随水漂流、浸湿或烧掉，亦可构成本罪。至于国家机关公文、证件、印章的概念，已在伪造、变造、买卖国家机关公文、证件、印章罪中做过介绍，这里就不再赘述。
	犯罪主体	本罪的主体为一般主体，即年满16周岁、具有刑事责任能力的自然人，均可构成本罪。既可以是军人，也可以是非军人。
	犯罪主观方面	本罪在主观方面必须出于故意，即明知是国家机关的公文、证件及印章而仍决意盗窃、抢夺或毁灭。过失不能构成本罪。如果不知是公文、证件、印章而盗窃、抢夺或毁灭的，不能构成本罪，但可构成他罪如盗窃罪、抢夺罪等。至于其动机可多种多

定罪标准	犯罪主观方面	样，或为了招摇撞骗；或为了出卖牟利；或为了自用；等等。不论动机如何，均不影响本罪成立。
	罪与非罪	区分罪与非罪的界限，关键看是否实施盗窃、抢夺、毁灭行为。
	此罪与彼罪	一、本罪与伪造、变造、买卖国家机关公文、证件、印章罪的界限。二者在犯罪的客体、主体、主观方面都是一致的，主要区别在于客观方面的差别，后罪表现为伪造、变造、买卖国家机关公文、证件、印章的行为。行为人盗窃、抢夺真实的国家机关公文、证件、印章后加以变造、买卖的，或毁灭买卖的国家机关公文、证件、印章的，由于行为人先后触犯两种犯罪，而二罪又具有牵连关系，因此应按牵连犯的原则论处。但二罪的法定刑是一致的，因而我们认为，应以其中目的行为触犯的罪名论处，如果行为人实施两罪的数个行为没有牵连关系的，应以二罪并罚。 二、本罪与盗窃罪、抢夺罪、故意毁坏财物罪的界限。区别表现在：（1）侵犯的客体不同。后三罪侵犯的客体是公私财物的所有权。（2）侵犯的对象不同。后三罪侵犯的对象是一定的公私财物。（3）犯罪目的不同。后三罪的犯罪目的意在非法占有或毁坏公私财物。如果行为人意欲盗窃、抢夺公私财物，但窃取、夺取的是国家机关公文、证件、印章，或同时又盗窃、抢夺国家机关公文、证件、印章，而后予以毁灭、买卖或加以变造的，应当以盗窃罪、抢夺罪与本罪或与变造国家机关公文、证件、印章罪进行并罚。 三、本罪与盗窃、抢夺武装部队公文、证件、印章罪的界限。两罪的区别表现在：（1）侵犯的客体不同。后罪侵犯的是国家武装部队的信誉和正常管理活动。（2）侵犯的对象不同。后罪侵犯的是武装部队的公文、证件、印章。依据《刑法》第375条第1款规定，毁灭武装部队公文、证件、印章的，不构成该罪。如果毁灭军事机关的公文、证件、印章的，可考虑以本罪论处。
证据参考标准	主体方面的证据	**一、证明行为人刑事责任年龄、身份等自然情况的证据。** 包括身份证明、户籍证明、任职证明、工作经历证明、特定职责证明等，主要是证明行为人的姓名（曾用名）、性别、出生年月日、民族、籍贯、出生地、职业（或职务）、住所地（或居所地）等证据材料，如户口簿、居民身份证、工作证、出生证、专业或技术等级证、干部履历表、职工登记表、护照等。 对于户籍、出生证等材料内容不实的，应提供其他证据材料。外国人犯罪的案件，应有护照等身份证明材料。人大代表、政协委员犯罪的案件，应注明身份，并附身份证明材料。 **二、证明行为人刑事责任能力的证据。** 证明行为人对自己的行为是否具有辨认能力与控制能力，如是否属于间歇性精神病人、尚未完全丧失辨认或者控制自己行为能力的精神病人的证明材料。
	主观方面的证据	证明行为人故意的证据：1. 证明行为人明知的证据：证明行为人明知自己的行为会发生危害社会的结果；2. 证明直接故意的证据：证明行为人希望危害结果发生；3. 目的：非法占有。

证据参考标准	客观方面的证据	证明行为人盗窃、抢夺、毁灭国家机关公文、证件、印章犯罪行为的证据。 具体证据包括：1. 证明行为人秘密窃取、公然夺取或毁灭国家机关公文行为的证据：(1) 指示；(2) 决议；(3) 通知；(4) 命令；(5) 决定；(6) 请示报告；(7) 批复；(8) 电函；(9) 信函；(10) 其他。2. 证明行为人秘密窃取、公然夺取或毁灭国家机关证件行为的证据：(1) 工作证；(2) 执行公务证；(3) 持枪证；(4) 护照；(5) 户口迁移证；(6) 驾驶证；(7) 营业执照；(8) 结婚证；(9) 其他。3. 证明行为人秘密窃取、公然夺取或毁灭国家机关印章行为的证据。4. 证明行为人秘密窃取、公然夺取或毁灭国家机关公文、证件、印章情节严重行为的证据。
	量刑方面的证据	**一、法定量刑情节证据。** 1. 事实情节：(1) 情节严重；(2) 其他。2. 法定从重情节。3. 法定从轻减轻情节：(1) 可以从轻；(2) 可以从轻或减轻；(3) 应当从轻或者减轻。4. 法定从轻减轻免除情节：(1) 可以从轻、减轻或者免除处罚；(2) 应当从轻、减轻或者免除处罚。5. 法定减轻免除情节：(1) 可以减轻或者免除处罚；(2) 应当减轻或者免除处罚；(3) 可以免除处罚。 **二、酌定量刑情节证据。** 1. 犯罪手段：(1) 撬门破锁；(2) 切割门窗；(3) 顺手牵羊。2. 犯罪对象。3. 危害结果。4. 动机。5. 平时表现。6. 认罪态度。7. 是否有前科。8. 其他证据。
量刑标准	犯本罪的	处三年以下有期徒刑、拘役、管制或者剥夺政治权利，并处罚金
	情节严重的	处三年以上十年以下有期徒刑，并处罚金
法律适用	刑法条文	**第二百八十条第一款** 伪造、变造、买卖或者盗窃、抢夺、毁灭国家机关的公文、证件、印章的，处三年以下有期徒刑、拘役、管制或者剥夺政治权利，并处罚金；情节严重的，处三年以上十年以下有期徒刑，并处罚金。

7 伪造公司、企业、事业单位、人民团体印章案

概念

本罪是指伪造公司、企业、事业单位、人民团体的印章的行为。

立案标准

根据《刑法》第280条第2款的规定，伪造公司、企业、事业单位、人民团体印章的，应当立案。

本罪是行为犯，只要行为人实施了伪造公司、企业、事业单位、人民团体印章的行为，原则上就构成犯罪，应当立案追究。

定罪标准		
	犯罪客体	本罪所侵犯的直接客体是公司、企业、事业单位、人民团体的正常活动的声誉和社会公共秩序。 本罪的犯罪对象是公司、企业、事业单位、人民团体的印章。所谓印章，是指公司、企业、事业单位、人民团体刻制的以文字、图记表明主体同一性的公章、专用章，它是公司、企业、事业单位、人民团体从事民事活动、行政活动的符号和标记。作为本罪犯罪对象的印章，须是公司、企业、事业单位、人民团体的印章，侵犯国家机关的印章不构成本罪。
	犯罪客观方面	本罪在客观方面表现为行为人实施了伪造公司、企业、事业单位、人民团体的印章的行为。所谓“印章”，是指上述单位依法刻制的以文字与图记表明主体同一性的公章或专用章，是上述单位行使管理本单位事务、对外承担法律规定的权利义务和法律后果的符号和标记。一般说来，公文要在加盖印章后始能生效。因此《刑法》第280条仅对伪造上述单位印章的行为明确规定为犯罪。如果行为人实施了伪造上述单位公文、证件的行为的，则不构成本罪。所谓“伪造”，是指无制作权的人，冒用名义，非法制作上述单位的印章的行为。 本罪是选择性罪名，只要行为人实施了伪造印章的行为，就可构成本罪。具体罪名可根据所伪造单位的印章来定，如伪造公司印章罪、伪造公司、人民团体印章罪，等等。
	犯罪主体	本罪的主体属一般主体，凡年满16周岁且具备刑事责任能力的自然人均能构成本罪。
	犯罪主观方面	本罪在主观方面是故意，即行为人明知自己无权制作上述单位的印章但为了某种目的而进行伪造。如行为人根本就不知道所承制的印章是他人无权要求制作的，不构成本罪。行为人犯罪的动机是多种多样的，有的是为了取得某种利益；有的是为了营利；有的是为了实施其他犯罪活动而做准备；等等。
	罪与非罪	区分罪与非罪的界限，关键看是否实施伪造公司、企业、事业单位、人民团体的印章的行为。

证据参考标准	主体方面的证据	**一、证明行为人刑事责任年龄、身份等自然情况的证据。** 包括身份证明、户籍证明、任职证明、工作经历证明、特定职责证明等，主要是证明行为人的姓名（曾用名）、性别、出生年月日、民族、籍贯、出生地、职业（或职务）、住所地（或居所地）等证据材料，如户口簿、居民身份证、工作证、出生证、专业或技术等级证、干部履历表、职工登记表、护照等。 对于户籍、出生证等材料内容不实的，应提供其他证据材料。外国人犯罪的案件，应有护照等身份证明材料。人大代表、政协委员犯罪的案件，应注明身份，并附身份证明材料。 **二、证明行为人刑事责任能力的证据。** 证明行为人对自己的行为是否具有辨认能力与控制能力，如是否属于间歇性精神病人、尚未完全丧失辨认或者控制自己行为能力的精神病人的证明材料。
	主观方面的证据	证明行为人故意的证据：1. 证明行为人明知的证据：证明行为人明知自己的行为会发生危害社会的结果；2. 证明直接故意的证据：证明行为人希望危害结果发生。
	客观方面的证据	证明行为人伪造公司、企业、事业单位、人民团体印章犯罪行为的证据。 具体证据包括：1. 证明行为人伪造单位印章行为的证据：（1）公司；（2）企业；（3）事业单位；（4）人民团体。2. 证明行为人伪造单位印章“伪造方式”行为的证据：（1）制造；（2）仿造。3. 证明行为人伪造公司、企业、事业单位、人民团体印章其他行为的证据。
	量刑方面的证据	**一、法定量刑情节证据。** 1. 事实情节：（1）情节严重；（2）其他。2. 法定从重情节。3. 法定从轻减轻情节：（1）可以从轻；（2）可以从轻或减轻；（3）应当从轻或者减轻。4. 法定从轻减轻免除情节：（1）可以从轻、减轻或者免除处罚；（2）应当从轻、减轻或者免除处罚。5. 法定减轻免除情节：（1）可以减轻或者免除处罚；（2）应当减轻或者免除处罚；（3）可以免除处罚。 **二、酌定量刑情节证据。** 1. 犯罪手段：（1）制造；（2）仿造。2. 犯罪对象。3. 危害结果。4. 动机。5. 平时表现。6. 认罪态度。7. 是否有前科。8. 其他证据。
量刑标准	犯本罪的	处三年以下有期徒刑、拘役、管制或者剥夺政治权利，并处罚金

法律适用		
	刑法条文	**第二百八十条第二款** 伪造公司、企业、事业单位、人民团体的印章的，处三年以下有期徒刑、拘役、管制或者剥夺政治权利，并处罚金。
	司法解释	**最高人民法院、最高人民检察院《关于办理伪造、贩卖伪造的高等院校学历、学位证明刑事案件如何适用法律问题的解释》**（2001年7月3日最高人民法院、最高人民检察院公布 自2001年7月5日起施行 法释〔2001〕22号） 为依法惩处伪造、贩卖伪造的高等院校学历、学位证明的犯罪活动，现就办理这类案件适用法律的有关问题解释如下： 对于伪造高等院校印章制作学历、学位证明的行为，应当依照刑法第二百八十条第二款的规定，以伪造事业单位印章罪定罪处罚。 明知是伪造高等院校印章制作的学历、学位证明而贩卖的，以伪造事业单位印章罪的共犯论处。

8 伪造、变造、买卖身份证件案

概念

本罪是指伪造、变造、买卖居民身份证、护照、社会保障卡、驾驶证等依法可以用于证明身份的证件的行为。

立案标准

根据《刑法》第280条第3款的规定，伪造、变造、买卖居民身份证、护照、社会保障卡、驾驶证等依法可以用于证明身份的证件的，应当立案。

本罪是行为犯，只要行为人实施了伪造、变造、买卖居民身份证、护照、社会保障卡、驾驶证等依法可以用于证明身份的证件的行为，原则上就构成犯罪，应当立案追究刑事责任。

定罪标准		
	犯罪客体	本罪侵犯的客体是国家的证件管理制度。身份，表明一种关系，即与其他人或组织之间的关系；居民身份，则表明其与国家、一定的地域和行政管辖范围存在的确定的联系，因而国家通过居民身份证件制度来使这种关系形式化，从而公民在办理涉及政治、经济、社会生活等权益的事务时，居民身份证件能起到证明身份的作用。
	犯罪客观方面	本罪的客观方面表现为伪造、变造、买卖居民身份证、护照、社会保障卡、驾驶证等依法可以用于证明身份的证件的行为。“伪造”是指制作虚假的居民身份证、护照、驾驶证、社会保障卡等依法可以用于证明身份的证件；“变造”是对真的证件进行改制，变更其原有的真实内容的行为；“买卖”是指出于某种目的，非法购买或者销售居民身份证、护照、驾驶证、社会保障卡等依法可以用于证明身份的证件的行为。买卖居民身份证、护照、社会保障卡、驾驶证，既包括买卖真证，也包括买卖伪造、变造的证件。 本罪的行为对象包括居民身份证、护照、驾驶证和社会保障卡。居民身份证，是指由公安机关负责印制、管理、颁发的，发放给境内的年满16周岁的中国公民以证明本人身份的证件。《居民身份证法》第2条规定：“居住在中华人民共和国境内的年满十六周岁的中国公民，应当依照本法的规定申请领取居民身份证；未满十六周岁的中国公民，可以依照本法的规定申请领取居民身份证。”第13条规定：“公民从事有关活动，需要证明身份的，有权使用居民身份证证明身份，有关单位及其工作人员不得拒绝。有关单位及其工作人员对履行职责或者提供服务过程中获得的居民身份证记载的公民个人信息，应当予以保密。”护照是指由公民国籍所在国发给公民的一种能在国外证明自己身份的证件，是公民出入本国国境口岸和到国外旅行、居留时的必备证件。包括中国公民依法申领的由中国有关主管部门发放的护照，也包括外国人持有的相关国家主管部门发放的护照。社会保障卡是社会保障主管部门依照规定向社会保障对象发放的拥有多种功能的证件。驾驶证是指机动车驾驶证。
	犯罪主体	本罪的主体为一般主体，即年满16周岁、具有刑事责任能力的自然人均能构成本罪。

<table>
<tr><td rowspan="3">定罪标准</td><td>犯罪主观方面</td><td>本罪的主观方面是故意，而且只能是直接故意，即明知是伪造、变造、买卖居民身份证件的行为而实施该行为，并积极追求相应结果。</td></tr>
<tr><td>罪与非罪</td><td>区分罪与非罪的界限，要注意：对于伪造、变造、买卖行为情节轻微、社会危害性不大的，不认为是犯罪。例如，出于个人癖好，模仿真居民身份证、护照、驾驶证、社会保障卡制造摹本，并未使之流入社会而仅是个人收藏的；行为人认为自己的居民身份证、护照、驾驶证、社会保障卡字迹不清，擅自加以深涂的，或认为证件姓名用字有误，擅自涂改的，不应认为是犯罪。</td></tr>
<tr><td>此罪与彼罪</td><td>一、本罪与伪造、变造、买卖国家机关公文、证件、印章罪的界限。二罪的区别表现为：（1）侵犯的直接客体不同。后罪侵犯的直接客体是国家机关的信誉和正常的管理活动。（2）侵犯的对象不同。后罪侵犯的对象是国家机关的公文、证件、印章。
二、本罪与伪造公司、企业、事业单位、人民团体印章罪的界限。主要表现在：（1）侵犯的客体不同。后罪侵犯的客体是公司、企业、事业单位、人民团体的信誉和正常活动。（2）行为手段不同。后罪行为手段仅限于伪造一种。（3）侵犯的对象不同。后罪侵犯的对象是公司、企业、事业单位、人民团体的印章。</td></tr>
<tr><td rowspan="3">证据参考标准</td><td>主体方面的证据</td><td>一、证明行为人刑事责任年龄、身份等自然情况的证据。
包括身份证明、户籍证明、任职证明、工作经历证明、特定职责证明等，主要是证明行为人的姓名（曾用名）、性别、出生年月日、民族、籍贯、出生地、职业（或职务）、住所地（或居所地）等证据材料，如户口簿、居民身份证、工作证、出生证、专业或技术等级证、干部履历表、职工登记表、护照等。
对于户籍、出生证等材料内容不实的，应提供其他证据材料。外国人犯罪的案件，应有护照等身份证明材料。人大代表、政协委员犯罪的案件，应注明身份，并附身份证明材料。
二、证明行为人刑事责任能力的证据。
证明行为人对自己的行为是否具有辨认能力与控制能力，如是否属于间歇性精神病人、尚未完全丧失辨认或者控制自己行为能力的精神病人的证明材料。</td></tr>
<tr><td>主观方面的证据</td><td>证明行为人故意的证据：1. 证明行为人明知的证据：证明行为人明知自己的行为会发生危害社会的结果；2. 证明直接故意的证据：证明行为人希望危害结果发生。</td></tr>
<tr><td>客观方面的证据</td><td>证明行为人伪造、变造、买卖居民身份证、护照、驾驶证、社会保障卡等依法可以用于证明身份的证件犯罪行为的证据。
具体证据包括：1. 证明行为人伪造居民身份证、护照、驾驶证、社会保障卡等证件行为的证据：（1）非法印制；（2）非法仿制。2. 证明行为人变造居民身份证、护照、驾驶证、社会保障卡等证件行为的证据：（1）涂改；（2）挖补；（3）剪贴；（4）拼接。3. 证明行为人买卖居民身份证、护照、驾驶证、社会保障卡等证件行为的证据。4. 证明行为人伪造、变造、买卖居民身份证、护照、驾驶证、社会保障卡等证件情节严重的证据。</td></tr>
</table>

<table>
<tr><td rowspan="1">证据参考标准</td><td>量刑方面的证据</td><td colspan="2">一、法定量刑情节证据。
1. 事实情节：（1）情节严重；（2）其他。2. 法定从重情节。3. 法定从轻减轻情节：（1）可以从轻；（2）可以从轻或减轻；（3）应当从轻或者减轻。4. 法定从轻减轻免除情节：（1）可以从轻、减轻或者免除处罚；（2）应当从轻、减轻或者免除处罚。5. 法定减轻免除情节：（1）可以减轻或者免除处罚；（2）应当减轻或者免除处罚；（3）可以免除处罚。
二、酌定量刑情节证据。
1. 犯罪手段：（1）伪造；（2）变造；（3）买卖。2. 犯罪对象。3. 危害结果。4. 动机。5. 平时表现。6. 认罪态度。7. 是否有前科。8. 其他证据。</td></tr>
<tr><td rowspan="2">量刑标准</td><td colspan="2">犯本罪的</td><td>处三年以下有期徒刑、拘役、管制或者剥夺政治权利</td></tr>
<tr><td colspan="2">情节严重的</td><td>处三年以上七年以下有期徒刑</td></tr>
<tr><td rowspan="2">法律适用</td><td>刑法条文</td><td colspan="2">第二百八十条第三款 伪造、变造、买卖居民身份证、护照、社会保障卡、驾驶证等依法可以用于证明身份的证件的，处三年以下有期徒刑、拘役、管制或者剥夺政治权利，并处罚金；情节严重的，处三年以上七年以下有期徒刑，并处罚金。</td></tr>
<tr><td>司法解释</td><td colspan="2">最高人民法院、最高人民检察院、公安部《关于办理电信网络诈骗等刑事案件适用法律若干问题的意见（二）》（节录）（2021年6月17日最高人民法院、最高人民检察院、公安部公布 自公布之日起施行 法发〔2021〕22号）
六、在网上注册办理手机卡、信用卡、银行账户、非银行支付账户时，为通过网上认证，使用他人身份证件信息并替换他人身份证件相片，属于伪造身份证件行为，符合刑法第二百八十条第三款规定的，以伪造身份证件罪追究刑事责任。
使用伪造、变造的身份证件或者盗用他人身份证件办理手机卡、信用卡、银行账户、非银行支付账户，符合刑法第二百八十条之一第一款规定的，以使用虚假身份证件、盗用身份证件罪追究刑事责任。
实施上述两款行为，同时构成其他犯罪的，依照处罚较重的规定定罪处罚。法律和司法解释另有规定的除外。
十二、为他人实施电信网络诈骗犯罪提供技术支持、广告推广、支付结算等帮助，或者窝藏、转移、收购、代为销售及以其他方法掩饰、隐瞒电信网络诈骗犯罪所得及其产生的收益，诈骗犯罪行为可以确认，但实施诈骗的行为人尚未到案，可以依法先行追究已到案的上述犯罪嫌疑人、被告人的刑事责任。
十六、办理电信网络诈骗犯罪案件，应当充分贯彻宽严相济刑事政策。在侦查、审查起诉、审判过程中，应当全面收集证据、准确甄别犯罪嫌疑人、被告人在共同犯罪中的层级地位及作用大小，结合其认罪态度和悔罪表现，区别对待，宽严并用，科学量刑，确保罚当其罪。
对于电信网络诈骗犯罪集团、犯罪团伙的组织者、策划者、指挥者和骨干分子，以及利用未成年人、在校学生、老年人、残疾人实施电信网络诈骗的，依法从严惩处。
对于电信网络诈骗犯罪集团、犯罪团伙中的从犯，特别是其中参与时间相对较短、诈骗数额相对较低或者从事辅助性工作并领取少量报酬，以及初犯、偶犯、未成年人、在校学生等，应当综合考虑其在共同犯罪中的地位作用、社会危害程度、主观恶性、人身危险性、认罪悔罪表现等情节，可以依法从轻、减轻处罚。犯罪情节轻微的，可以依法不起诉或者免予刑事处罚；情节显著轻微危害不大的，不以犯罪论处。</td></tr>
</table>

一、《中华人民共和国居民身份证法》(2003 年 6 月 28 日中华人民共和国主席令第 4 号公布 自 2004 年 1 月 1 日起施行 2011 年 10 月 29 日修正)

第一章 总 则

第一条 为了证明居住在中华人民共和国境内的公民的身份，保障公民的合法权益，便利公民进行社会活动，维护社会秩序，制定本法。

第二条 居住在中华人民共和国境内的年满十六周岁的中国公民，应当依照本法的规定申请领取居民身份证；未满十六周岁的中国公民，可以依照本法的规定申请领取居民身份证。

第三条 居民身份证登记的项目包括：姓名、性别、民族、出生日期、常住户口所在地住址、公民身份号码、本人相片、指纹信息、证件的有效期和签发机关。

公民身份号码是每个公民唯一的、终身不变的身份代码，由公安机关按照公民身份号码国家标准编制。

公民申请领取、换领、补领居民身份证，应当登记指纹信息。

第四条 居民身份证使用规范汉字和符合国家标准的数字符号填写。

民族自治地方的自治机关根据本地区的实际情况，对居民身份证用汉字登记的内容，可以决定同时使用实行区域自治的民族的文字或者选用一种当地通用的文字。

第五条 十六周岁以上公民的居民身份证的有效期为十年、二十年、长期。十六周岁至二十五周岁的，发给有效期十年的居民身份证；二十六周岁至四十五周岁的，发给有效期二十年的居民身份证；四十六周岁以上的，发给长期有效的居民身份证。

未满十六周岁的公民，自愿申请领取居民身份证的，发给有效期五年的居民身份证。

第六条 居民身份证式样由国务院公安部门制定。居民身份证由公安机关统一制作、发放。

居民身份证具备视读与机读两种功能，视读、机读的内容限于本法第三条第一款规定的项目。

公安机关及其人民警察对因制作、发放、查验、扣押居民身份证而知悉的公民的个人信息，应当予以保密。

第二章 申领和发放

第七条 公民应当自年满十六周岁之日起三个月内，向常住户口所在地的公安机关申请领取居民身份证。

未满十六周岁的公民，由监护人代为申请领取居民身份证。

第八条 居民身份证由居民常住户口所在地的县级人民政府公安机关签发。

第九条 香港同胞、澳门同胞、台湾同胞迁入内地定居的，华侨回国定居的，以及外国人、无国籍人在中华人民共和国境内定居并被批准加入或者恢复中华人民共和国国籍的，在办理常住户口登记时，应当依照本法规定申请领取居民身份证。

第十条 申请领取居民身份证，应当填写《居民身份证申领登记表》，交验居民户口簿。

第十一条 国家决定换发新一代居民身份证、居民身份证有效期满、公民姓名变更或者证件严重损坏不能辨认的，公民应当换领新证；居民身份证登记项目出现错误的，公安机关应当及时更正，换发新证；领取新证时，必须交回原证。居民身份证丢失的，应当申请补领。

未满十六周岁公民的居民身份证有前款情形的，可以申请换领、换发或者补领新证。

法律适用 相关法律法规

公民办理常住户口迁移手续时，公安机关应当在居民身份证的机读项目中记载公民常住户口所在地住址变动的情况，并告知本人。

第十二条 公民申请领取、换领、补领居民身份证，公安机关应当按照规定及时予以办理。公安机关应当自公民提交《居民身份证申领登记表》之日起六十日内发放居民身份证；交通不便的地区，办理时间可以适当延长，但延长的时间不得超过三十日。

公民在申请领取、换领、补领居民身份证期间，急需使用居民身份证的，可以申请领取临时居民身份证，公安机关应当按照规定及时予以办理。具体办法由国务院公安部门规定。

第三章 使用和查验

第十三条 公民从事有关活动，需要证明身份的，有权使用居民身份证证明身份，有关单位及其工作人员不得拒绝。

有关单位及其工作人员对履行职责或者提供服务过程中获得的居民身份证记载的公民个人信息，应当予以保密。

第十四条 有下列情形之一的，公民应当出示居民身份证证明身份：

（一）常住户口登记项目变更；

（二）兵役登记；

（三）婚姻登记、收养登记；

（四）申请办理出境手续；

（五）法律、行政法规规定需要用居民身份证证明身份的其他情形。

依照本法规定未取得居民身份证的公民，从事前款规定的有关活动，可以使用符合国家规定的其他证明方式证明身份。

第十五条 人民警察依法执行职务，遇有下列情形之一的，经出示执法证件，可以查验居民身份证：

（一）对有违法犯罪嫌疑的人员，需要查明身份的；

（二）依法实施现场管制时，需要查明有关人员身份的；

（三）发生严重危害社会治安突发事件时，需要查明现场有关人员身份的；

（四）在火车站、长途汽车站、港口、码头、机场或者在重大活动期间设区的市级人民政府规定的场所，需要查明有关人员身份的；

（五）法律规定需要查明身份的其他情形。

有前款所列情形之一，拒绝人民警察查验居民身份证的，依照有关法律规定，分别不同情形，采取措施予以处理。

任何组织或者个人不得扣押居民身份证。但是，公安机关依照《中华人民共和国刑事诉讼法》执行监视居住强制措施的情形除外。

第四章 法律责任

第十六条 有下列行为之一的，由公安机关给予警告，并处二百元以下罚款，有违法所得的，没收违法所得：

（一）使用虚假证明材料骗领居民身份证的；

（二）出租、出借、转让居民身份证的；

（三）非法扣押他人居民身份证的。

第十七条 有下列行为之一的，由公安机关处二百元以上一千元以下罚款，或者处十日以下拘留，有违法所得的，没收违法所得：

（一）冒用他人居民身份证或者使用骗领的居民身份证的；

（二）购买、出售、使用伪造、变造的居民身份证的。

伪造、变造的居民身份证和骗领的居民身份证，由公安机关予以收缴。

第十八条 伪造、变造居民身份证的，依法追究刑事责任。

有本法第十六条、第十七条所列行为之一，从事犯罪活动的，依法追究刑事责任。

第十九条 国家机关或者金融、电信、交通、教育、医疗等单位的工作人员泄露在履行职责或者提供服务过程中获得的居民身份证记载的公民个人信息，构成犯罪的，依法追究刑事责任；尚不构成犯罪的，由公安机关处十日以上十五日以下拘留，并处五千元罚款，有违法所得的，没收违法所得。

单位有前款行为，构成犯罪的，依法追究刑事责任；尚不构成犯罪的，由公安机关对其直接负责的主管人员和其他直接责任人员，处十日以上十五日以下拘留，并处十万元以上五十万元以下罚款，有违法所得的，没收违法所得。

有前两款行为，对他人造成损害的，依法承担民事责任。

第二十条 人民警察有下列行为之一的，根据情节轻重，依法给予行政处分；构成犯罪的，依法追究刑事责任：

（一）利用制作、发放、查验居民身份证的便利，收受他人财物或者谋取其他利益的；

（二）非法变更公民身份号码，或者在居民身份证上登载本法第三条第一款规定项目以外的信息或者故意登载虚假信息的；

（三）无正当理由不在法定期限内发放居民身份证的；

（四）违反规定查验、扣押居民身份证，侵害公民合法权益的；

（五）泄露因制作、发放、查验、扣押居民身份证而知悉的公民个人信息，侵害公民合法权益的。

第五章 附 则

第二十一条 公民申请领取、换领、补领居民身份证，应当缴纳证件工本费。居民身份证工本费标准，由国务院价格主管部门会同国务院财政部门核定。

对城市中领取最低生活保障金的居民、农村中有特殊生活困难的居民，在其初次申请领取和换领居民身份证时，免收工本费。对其他生活确有困难的居民，在其初次申请领取和换领居民身份证时，可以减收工本费。免收和减收工本费的具体办法，由国务院财政部门会同国务院价格主管部门规定。

公安机关收取的居民身份证工本费，全部上缴国库。

第二十二条 现役的人民解放军军人、人民武装警察申请领取和发放居民身份证的具体办法，由国务院和中央军事委员会另行规定。

第二十三条 本法自2004年1月1日起施行，《中华人民共和国居民身份证条例》同时废止。

依照《中华人民共和国居民身份证条例》领取的居民身份证，自2013年1月1日起停止使用。依照本法在2012年1月1日以前领取的居民身份证，在其有效期内，继续有效。

国家决定换发新一代居民身份证后，原居民身份证的停止使用日期由国务院决定。

法律适用 相关法律法规

二、《中华人民共和国护照法》（2006年4月29日中华人民共和国主席令第50号公布 自2007年1月1日起施行）

第一条 为了规范中华人民共和国护照的申请、签发和管理，保障中华人民共和国公民出入中华人民共和国国境的权益，促进对外交往，制定本法。

第二条 中华人民共和国护照是中华人民共和国公民出入国境和在国外证明国籍和身份的证件。

任何组织或者个人不得伪造、变造、转让、故意损毁或者非法扣押护照。

第三条 护照分为普通护照、外交护照和公务护照。

护照由外交部通过外交途径向外国政府推介。

第四条 普通护照由公安部出入境管理机构或者公安部委托的县级以上地方人民政府公安机关出入境管理机构以及中华人民共和国驻外使馆、领馆和外交部委托的其他驻外机构签发。

外交护照由外交部签发。

公务护照由外交部、中华人民共和国驻外使馆、领馆或者外交部委托的其他驻外机构以及外交部委托的省、自治区、直辖市和设区的市人民政府外事部门签发。

第五条 公民因前往外国定居、探亲、学习、就业、旅行、从事商务活动等非公务原因出国的，由本人向户籍所在地的县级以上地方人民政府公安机关出入境管理机构申请普通护照。

第六条 公民申请普通护照，应当提交本人的居民身份证、户口簿、近期免冠照片以及申请事由的相关材料。国家工作人员因本法第五条规定的原因出境申请普通护照的，还应当按照国家有关规定提交相关证明文件。

公安机关出入境管理机构应当自收到申请材料之日起十五日内签发普通护照；对不符合规定不予签发的，应当书面说明理由，并告知申请人享有依法申请行政复议或者提起行政诉讼的权利。

在偏远地区或者交通不便的地区或者因特殊情况，不能按期签发护照的，经护照签发机关负责人批准，签发时间可以延长至三十日。

公民因合理紧急事由请求加急办理的，公安机关出入境管理机构应当及时办理。

第七条 普通护照的登记项目包括：护照持有人的姓名、性别、出生日期、出生地，护照的签发日期、有效期、签发地点和签发机关。

普通护照的有效期为：护照持有人未满十六周岁的五年，十六周岁以上的十年。

普通护照的具体签发办法，由公安部规定。

第八条 外交官员、领事官员及其随行配偶、未成年子女和外交信使持用外交护照。

在中华人民共和国驻外使馆、领馆或者联合国、联合国专门机构以及其他政府间国际组织中工作的中国政府派出的职员及其随行配偶、未成年子女持用公务护照。

前两款规定之外的公民出国执行公务的，由其工作单位依照本法第四条第二款、第三款的规定向外交部门提出申请，由外交部门根据需要签发外交护照或者公务护照。

第九条 外交护照、公务护照的登记项目包括：护照持有人的姓名、性别、出生日期、出生地，护照的签发日期、有效期和签发机关。

外交护照、公务护照的签发范围、签发办法、有效期以及公务护照的具体类别，由外交部规定。

法律适用

相关法律法规

第十条 护照持有人所持护照的登记事项发生变更时，应当持相关证明材料，向护照签发机关申请护照变更加注。

第十一条 有下列情形之一的，护照持有人可以按照规定申请换发或者补发护照：

（一）护照有效期即将届满的；

（二）护照签证页即将使用完毕的；

（三）护照损毁不能使用的；

（四）护照遗失或者被盗的；

（五）有正当理由需要换发或者补发护照的其他情形。

护照持有人申请换发或者补发普通护照，在国内，由本人向户籍所在地的县级以上地方人民政府公安机关出入境管理机构提出；在国外，由本人向中华人民共和国驻外使馆、领馆或者外交部委托的其他驻外机构提出。定居国外的中国公民回国后申请换发或者补发普通护照的，由本人向暂住地的县级以上地方人民政府公安机关出入境管理机构提出。

外交护照、公务护照的换发或者补发，按照外交部的有关规定办理。

第十二条 护照具备视读与机读两种功能。

护照的防伪性能参照国际技术标准制定。

护照签发机关及其工作人员对因制作、签发护照而知悉的公民个人信息，应当予以保密。

第十三条 申请人有下列情形之一的，护照签发机关不予签发护照：

（一）不具有中华人民共和国国籍的；

（二）无法证明身份的；

（三）在申请过程中弄虚作假的；

（四）被判处刑罚正在服刑的；

（五）人民法院通知有未了结的民事案件不能出境的；

（六）属于刑事案件被告人或者犯罪嫌疑人的；

（七）国务院有关主管部门认为出境后将对国家安全造成危害或者对国家利益造成重大损失的。

第十四条 申请人有下列情形之一的，护照签发机关自其刑罚执行完毕或者被遣返回国之日起六个月至三年以内不予签发护照：

（一）因妨害国（边）境管理受到刑事处罚的；

（二）因非法出境、非法居留、非法就业被遣返回国的。

第十五条 人民法院、人民检察院、公安机关、国家安全机关、行政监察机关因办理案件需要，可以依法扣押案件当事人的护照。

案件当事人拒不交出护照的，前款规定的国家机关可以提请护照签发机关宣布案件当事人的护照作废。

第十六条 护照持有人丧失中华人民共和国国籍，或者护照遗失、被盗等情形，由护照签发机关宣布该护照作废。

伪造、变造、骗取或者被签发机关宣布作废的护照无效。

第十七条 弄虚作假骗取护照的，由护照签发机关收缴护照或者宣布护照作废；由公安机关处二千元以上五千元以下罚款；构成犯罪的，依法追究刑事责任。

法律适用 相关法律法规

第十八条 为他人提供伪造、变造的护照，或者出售护照的，依法追究刑事责任；尚不够刑事处罚的，由公安机关没收违法所得，处十日以上十五日以下拘留，并处二千元以上五千元以下罚款；非法护照及其印制设备由公安机关收缴。

第十九条 持用伪造或者变造的护照或者冒用他人护照出入国（边）境的，由公安机关依照出境入境管理的法律规定予以处罚；非法护照由公安机关收缴。

第二十条 护照签发机关工作人员在办理护照过程中有下列行为之一的，依法给予行政处分；构成犯罪的，依法追究刑事责任：

（一）应当受理而不予受理的；

（二）无正当理由不在法定期限内签发的；

（三）超出国家规定标准收取费用的；

（四）向申请人索取或者收受贿赂的；

（五）泄露因制作、签发护照而知悉的公民个人信息，侵害公民合法权益的；

（六）滥用职权、玩忽职守、徇私舞弊的其他行为。

第二十一条 普通护照由公安部规定式样并监制；外交护照、公务护照由外交部规定式样并监制。

第二十二条 护照签发机关可以收取护照的工本费、加注费。收取的工本费和加注费上缴国库。

护照工本费和加注费的标准由国务院价格行政部门会同国务院财政部门规定、公布。

第二十三条 短期出国的公民在国外发生护照遗失、被盗或者损毁不能使用等情形，应当向中华人民共和国驻外使馆、领馆或者外交部委托的其他驻外机构申请中华人民共和国旅行证。

第二十四条 公民从事边境贸易、边境旅游服务或者参加边境旅游等情形，可以向公安部委托的县级以上地方人民政府公安机关出入境管理机构申请中华人民共和国出入境通行证。

第二十五条 公民以海员身份出入国境和在国外船舶上从事工作的，应当向交通部委托的海事管理机构申请中华人民共和国海员证。

第二十六条 本法自2007年1月1日起施行。本法施行前签发的护照在有效期内继续有效。

三、《中华人民共和国社会保险法》（节录）（2010年10月28日中华人民共和国主席令第35号公布　自2011年7月1日起施行　2018年12月29日修正）

第五十八条 用人单位应当自用工之日起三十日内为其职工向社会保险经办机构申请办理社会保险登记。未办理社会保险登记的，由社会保险经办机构核定其应当缴纳的社会保险费。

自愿参加社会保险的无雇工的个体工商户、未在用人单位参加社会保险的非全日制从业人员以及其他灵活就业人员，应当向社会保险经办机构申请办理社会保险登记。

国家建立全国统一的个人社会保障号码。个人社会保障号码为公民身份号码。

9 使用虚假身份证件、盗用身份证件案

概念

本罪是指行为人在依照国家规定应当提供真实身份证明的情况下，使用伪造、变造的居民身份证、护照、社会保障卡、驾驶证等虚假身份证件，或者盗用他人上述依法可以用于证明身份的证件的行为。

立案标准

根据《刑法》第280条之一的规定，在依照国家规定应当提供真实身份证明的情况下，行为人只要使用伪造、变造的身份证件，或者盗用他人身份证件，情节严重的，即成立本罪。使用虚假身份证件、盗用身份证件的行为只有达到情节严重，才能构成本罪。而情节是否严重，要根据行为人利用虚假的或者盗用的身份证件所实施的具体行为，具体分析认定。例如：(1) 行为人使用虚假身份证件或者盗用身份证件数量大、次数多的；(2) 行为人使用虚假身份证件、盗用身份证件非法牟利数额大的；(3) 使用虚假身份证件、盗用身份证件的行为严重损害第三人的人身或者财产权益的；(4) 使用虚假身份证件、盗用身份证件严重扰乱社会某领域的管理秩序的；(5) 使用虚假身份证件、盗用身份证件严重影响某种身份证件社会公信力的。

定罪标准		
	犯罪客体	本罪侵犯的客体是社会公共信用。公民的身份证件是能够证明其真实身份的重要证件，身份证件是社会公共信用的象征，在国家规定应当提供真实身份证明的情况下，使用伪造、变造的虚假身份证件，或者盗用他人身份证件的，都会使身份证件的真实性受到质疑，而身份证明的真实性是塑造完整的社会公共信用的前提，因此，使用虚假身份证件、盗用身份证件的行为必将侵害社会公共信用。
	犯罪客观方面	本罪的客观方面表现有两种，一是行为人使用伪造、变造的居民身份证、护照、社会保障卡、驾驶证等虚假身份证件的行为；二是盗用他人上述依法可以用于证明身份的证件的行为。 本罪的犯罪对象是居民身份证、护照、社会保障卡、驾驶证等身份证件，这些身份证件是由国家机关制作、颁发的，记载了公民大量的个人信息，能够证明公民的真实身份或证明其具有某种资格，可以行使某种权利的重要证件，具有很强的社会公信力。以社会保障卡为例，社会保障卡是由人力资源和社会保障部统一规划，由各地人力资源和社会保障部门面向社会发行，用于人力资源和社会保障各项业务领域的集成电路（IC）卡。社会保障卡卡面和卡内均记载持卡人姓名、性别、公民身份号码等基本信息，卡内标识了持卡人的个人状态（就业、失业、退休等），可以记录持卡人社会保险缴费情况、养老保险个人账户信息、医疗保险个人账户信息、职业资格和技能、就业经历、工伤及职业病伤残程度等。可见，社会保障卡记载了大量的公民个人信息。社会保障卡作用十分广泛，持卡人不仅可以凭卡就医进行医疗保险个人账户实时结算，还可以办理养老保险事务；办理求职登记和失业登记手续，申领失业保险金，申请参加就业培训；申请劳动能力鉴定和申领享受工伤保险待遇；在网上办理有关劳动和社会保障事务等。可见，社会保障卡记载了公民大量的个人信息，且决定了公民能否实施具有重大意义的行为，具有很强的社会公信力。

定罪标准	犯罪客观方面	“伪造、变造的居民身份证、护照、社会保障卡、驾驶证等虚假身份证件”，是指不是由国家机关制作、颁发的，而是伪造、变造的虚假证件，证件上所记载的公民个人信息可以是真实的也可以是虚构的，只要是伪造、变造的身份证件，是否为行为人的真实身份信息，不影响本罪的成立。这里的“盗用”是指盗用他人名义，使用他人真实的居民身份证、护照、社会保障卡、驾驶证等依法可以用于证明身份的证件的行为，包括捡拾、购买、盗窃他人身份证件后冒用的情况。如果是在身份证件本人同意的情况下冒用，虽然不构成本罪，但根据《居民身份证法》第 17 条规定，冒用他人居民身份证的，由公安机关处 200 元以上 1000 元以下罚款，或者处 10 日以下拘留，有违法所得的，没收违法所得。 现实生活中公民需要出示身份证的情形很多，如：（1）选民登记；（2）户口登记；（3）兵役登记；（4）婚姻登记；（5）入学、就业；（6）办理公证事务；（7）前往边境管理区；（8）办理申请出境手续；（9）参与诉讼活动；（10）办理机动车、船驾驶证和行驶证，非机动车执照；（11）办理个体营业执照；（12）办理个人信贷事务；（13）参加社会保险，领取社会救济；（14）办理搭乘民航飞机手续；（15）投宿旅店办理登记手续；（16）提取汇款，邮件；（17）寄卖物品；（18）办理其他事务；（19）身份证可用来参加各种职业。依照国家规定应当提供身份证明的活动一般都是比较重要的经济社会活动或者管理事项，在这些活动中使用虚假身份证件，会严重扰乱相关管理秩序，具有较为严重的社会危害性。如果是在日常生活中需要证明自己身份的一般场合使用虚假身份证件、盗用他人身份证件的，虽然不构成本罪，但属于违反治安管理处罚法和相关证件管理或者行政管理事项的法律法规的行为，应根据具体情况依照不同的法律法规予以治安管理处罚或者其他行政处罚。例如，根据《公务员考试录用违纪违规行为处理办法》第 7 条之规定，报考者在考试过程中持伪造证件参加考试的，给予其取消本次考试资格的处理，并记入公务员考试录用诚信档案库，记录期限为 5 年。 本罪在居民身份证、护照、社会保障卡、驾驶证后设置了“等依法可以用于证明身份的证件”进行概括性的规定，采用了兜底条款的模式进一步严密了刑事法网。因此，对“依法可以用于证明身份的证件”在实践中应从严掌握，不能做扩大解释，身份证件的范围只能限于那些记载了公民个人信息，具有社会公信力，且公信力与身份证、护照、社会保障卡、驾驶证相当的身份证件，否则会导致打击范围过大。例如，使用伪造、变造的图书借阅证、就诊卡，或者盗用他人的此类证件，一般不会造成与使用伪造、变造的居民身份证、护照同等的社会危害性，因此，不作为犯罪处理。 需要注意的是，未来的身份证件将开放向其他公共服务领域的集成应用，逐步实现“一卡通”的功能。例如，把社保卡、就诊卡和银行卡三合一，实现就医“一卡通”，加载金融功能后的社会保障卡在具有信息记录、信息查询、业务办理等功能的同时，还可作为银行卡使用，具有现金存取、转账、消费等金融功能。所以，《刑法修正案（九）》对使用虚假身份证件、盗用身份证件的情节严重的行为加以严惩，对进一步维护以实名制为基础的社会管理制度意义重大。
	犯罪主体	本罪的主体为一般主体，即年满 16 周岁、具有刑事责任能力的自然人都可以成为本罪的主体。

<table>
<tr><td rowspan="3">定罪标准</td><td>犯罪主观方面</td><td>本罪在主观方面表现为故意，且只能是直接故意，即行为人明知使用伪造、变造的或者盗用他人的居民身份证、护照、社会保障卡、驾驶证等会产生危害社会的结果，而希望这种结果发生。行为人的动机不影响本罪的成立。</td></tr>
<tr><td>罪与非罪</td><td>区分罪与非罪的界限，需要注意：
以下两种情况虽不构成本罪，但应根据相应的法律法规，给予相应的行政处罚。1. 如果行为人不是在“依照国家规定应当提供身份证明”的场合使用伪造、变造的身份证件或者盗用他人身份证件的，不作犯罪处理；2. 如果行为人使用虚假身份证件、盗用身份证件的行为没有达到情节严重的，同样也不构成犯罪。</td></tr>
<tr><td>此罪与彼罪</td><td>行为人使用虚假身份证件、盗用身份证件并不是没有目的的使用、盗用，且目的多数是非法的，虽然是何目的不影响本罪的成立，但本罪往往是行为人实施相关犯罪的方法行为。如为了诈骗财物使用虚假身份证件、盗用身份证件与他人签订合同的，构成本罪与合同诈骗罪的牵连犯；为了和他人重婚而使用伪造的身份证件办理结婚登记的，构成本罪与重婚罪的牵连犯；使用虚假身份证件、盗用身份证件偷越国边境情节严重的，构成本罪与偷越国边境罪的牵连犯等。依照本罪第 2 款的规定，使用虚假身份证件、盗用身份证件，同时构成其他犯罪的，依照处罚较重的规定定罪处罚。</td></tr>
<tr><td rowspan="3">证据参考标准</td><td>主体方面的证据</td><td>一、证明行为人刑事责任年龄、身份等自然情况的证据。
包括身份证明、户籍证明、任职证明、工作经历证明、特定职责证明等，主要是证明行为人的姓名（曾用名）、性别、出生年月日、民族、籍贯、出生地、职业（或职务）、住所地（或居住地）等证据材料，如户口簿、居民身份证、工作证、出生证、专业或技术等级证、干部履历表、职工登记表、护照等。
对于户籍、出生证等材料内容不实的，应提供其他证据材料。外国人犯罪的案件，应有护照等身份证明材料。人大代表、政协委员犯罪的案件，应注明身份，并附身份证明材料。
二、证明行为人刑事责任能力的证据。
证明行为人对自己的行为是否具有辨认能力与控制能力，如是否属于间歇性精神病人、尚未完全丧失辨认或者控制自己行为能力的精神病人的证明材料。</td></tr>
<tr><td>主观方面的证据</td><td>证明行为人故意的证据：1. 证明行为人明知的证据：证明行为人明知自己的行为会发生危害社会的结果，本罪包括两种情况：（1）证明行为人明知身份证件是伪造、变造或者可能是伪造、变造的证据；（2）证明行为人明知是他人身份证件的证据。2. 证明直接故意的证据：证明行为人希望危害结果发生。</td></tr>
<tr><td>客观方面的证据</td><td>证明行为人在依照国家规定应当提供身份证明的活动中，使用伪造、变造的或者盗用他人的居民身份证、护照、社会保障卡、驾驶证等依法可以用于证明身份的证件的证据。
具体证据包括：1. 证明行为人使用伪造、变造的身份证件数量较大的证据；2. 证明行为人多次使用伪造、变造的身份证件的证据；3. 证明行为人多次盗用他人身份证件的证据；4. 证明行为人使用虚假身份证件、盗用身份证件非法牟利数额较大的证据；5. 证明行为人使用虚假身份证件、盗用身份证件严重扰乱社会管理秩序的证据；6. 证明行为人使用虚假身份证件、盗用身份证件严重损害第三人的人身或者财产权益的；7. 证明行为人使用虚假身份证件、盗用身份证件同时构成其他犯罪的证据。</td></tr>
</table>

证据参考标准

量刑方面的证据

一、法定量刑情节证据。

1. 事实情节：情节严重。2. 法定从重情节。3. 法定从轻减轻情节：（1）可以从轻；（2）可以从轻或减轻；（3）应当从轻或者减轻。4. 法定从轻减轻免除情节：（1）可以从轻、减轻或者免除处罚；（2）应当从轻、减轻或者免除处罚。5. 法定减轻免除情节：（1）可以减轻或者免除处罚；（2）应当减轻或者免除处罚；（3）可以免除处罚。

二、酌定量刑情节证据。

1. 犯罪手段；2. 犯罪对象；3. 危害结果；4. 动机；5. 平时表现；6. 认罪态度；7. 是否有前科；8. 其他证据。

量刑标准

犯本罪的	处拘役或者管制，并处或者单处罚金
同时构成其他犯罪的	依照处罚较重的规定定罪处罚

法律适用

刑法条文

第二百八十条之一　在依照国家规定应当提供身份证明的活动中，使用伪造、变造的或者盗用他人的居民身份证、护照、社会保障卡、驾驶证等依法可以用于证明身份的证件，情节严重的，处拘役或者管制，并处或者单处罚金。

有前款行为，同时构成其他犯罪的，依照处罚较重的规定定罪处罚。

立法解释

全国人民代表大会常务委员会《关于〈中华人民共和国刑法〉第二百六十六条的解释》（2014年4月24日公布　自公布之日起施行）

全国人民代表大会常务委员会根据司法实践中遇到的情况，讨论了刑法第二百六十六条的含义及骗取养老、医疗、工伤、失业、生育等社会保险金或者其他社会保障待遇的行为如何适用刑法有关规定的问题，解释如下：

以欺诈、伪造证明材料或者其他手段骗取养老、医疗、工伤、失业、生育等社会保险金或者其他社会保障待遇的，属于刑法第二百六十六条规定的诈骗公私财物的行为。

现予公告。

司法解释

最高人民法院、最高人民检察院、公安部《关于办理电信网络诈骗等刑事案件适用法律若干问题的意见（二）》（节录）（2021年6月17日最高人民法院、最高人民检察院、公安部公布　自公布之日起施行　法发〔2021〕22号）

六、在网上注册办理手机卡、信用卡、银行账户、非银行支付账户时，为通过网上认证，使用他人身份证件信息并替换他人身份证件相片，属于伪造身份证件行为，符合刑法第二百八十条第三款规定的，以伪造身份证件罪追究刑事责任。

使用伪造、变造的身份证件或者盗用他人身份证件办理手机卡、信用卡、银行账户、非银行支付账户，符合刑法第二百八十条之一第一款规定的，以使用虚假身份证件、盗用身份证件罪追究刑事责任。

实施上述两款行为，同时构成其他犯罪的，依照处罚较重的规定定罪处罚。法律和司法解释另有规定的除外。

相关法律法规

一、《中华人民共和国治安管理处罚法》（节录）（2005年8月28日中华人民共和国主席令第38号公布　自2006年3月1日起施行　2012年10月26日修正）

第五十二条　有下列行为之一的，处十日以上十五日以下拘留，可以并处一千元以下罚款；情节较轻的，处五日以上十日以下拘留，可以并处五百元以下罚款：

（一）伪造、变造或者买卖国家机关、人民团体、企业、事业单位或者其他组织的公文、证件、证明文件、印章的；

（二）买卖或者使用伪造、变造的国家机关、人民团体、企业、事业单位或者其他组织的公文、证件、证明文件的；

（三）伪造、变造、倒卖车票、船票、航空客票、文艺演出票、体育比赛入场券或者其他有价票证、凭证的；

（四）伪造、变造船舶户牌，买卖或者使用伪造、变造的船舶户牌，或者涂改船舶发动机号码的。

二、《中华人民共和国居民身份证法》（节录）（2003 年 6 月 28 日中华人民共和国主席令第 4 号公布　自 2004 年 1 月 1 日起施行　2011 年 10 月 29 日修正）

第十四条　有下列情形之一的，公民应当出示居民身份证证明身份：

（一）常住户口登记项目变更；

（二）兵役登记；

（三）婚姻登记、收养登记；

（四）申请办理出境手续；

（五）法律、行政法规规定需要用居民身份证证明身份的其他情形。

依照本法规定未取得居民身份证的公民，从事前款规定的有关活动，可以使用符合国家规定的其他证明方式证明身份。

第十七条　有下列行为之一的，由公安机关处二百元以上一千元以下罚款，或者处十日以下拘留，有违法所得的，没收违法所得：

（一）冒用他人居民身份证或者使用骗领的居民身份证的；

（二）购买、出售、使用伪造、变造的居民身份证的。

伪造、变造的居民身份证和骗领的居民身份证，由公安机关予以收缴。

第十八条　伪造、变造居民身份证的，依法追究刑事责任。

有本法第十六条、第十七条所列行为之一，从事犯罪活动的，依法追究刑事责任。

三、《中华人民共和国反洗钱法》（节录）（2006 年 10 月 31 日中华人民共和国主席令第 56 号公布　自 2007 年 1 月 1 日起施行）

第十六条　金融机构应当按照规定建立客户身份识别制度。

金融机构在与客户建立业务关系或者为客户提供规定金额以上的现金汇款、现钞兑换、票据兑付等一次性金融服务时，应当要求客户出示真实有效的身份证件或者其他身份证明文件，进行核对并登记。

客户由他人代理办理业务的，金融机构应当同时对代理人和被代理人的身份证件或者其他身份证明文件进行核对并登记。

与客户建立人身保险、信托等业务关系，合同的受益人不是客户本人的，金融机构还应当对受益人的身份证件或者其他身份证明文件进行核对并登记。

金融机构不得为身份不明的客户提供服务或者与其进行交易，不得为客户开立匿名账户或者假名账户。

金融机构对先前获得的客户身份资料的真实性、有效性或者完整性有疑问的，应当重新识别客户身份。

任何单位和个人在与金融机构建立业务关系或者要求金融机构为其提供一次性金融服务时，都应当提供真实有效的身份证件或者其他身份证明文件。

10 冒名顶替案

概念

本罪是指盗用、冒用他人身份，顶替他人取得的高等学历教育入学资格、公务员录用资格、就业安置待遇或者组织、指使他人盗用、冒用他人身份，顶替他人取得的高等学历教育入学资格、公务员录用资格、就业安置待遇的行为。

立案标准

盗用、冒用他人身份，顶替他人取得的高等学历教育入学资格、公务员录用资格、就业安置待遇或者组织、指使他人盗用、冒用他人身份，顶替他人取得的高等学历教育入学资格、公务员录用资格、就业安置待遇的，应当立案。

定罪标准		
	犯罪客体	本罪侵犯的客体是他人获得高等学历教育入学资格、公务员录用资格、就业安置待遇时的真实身份。
	犯罪客观方面	本罪客观上表现为盗用、冒用他人身份，顶替他人取得的高等学历教育入学资格、公务员录用资格、就业安置待遇或者组织、指使他人盗用、冒用他人身份，顶替他人取得的高等学历教育入学资格、公务员录用资格、就业安置待遇的行为。 这里规定的“盗用、冒用他人身份”是指盗用、冒用能够证明他人身份的证件、证明文件、身份档案、材料信息以达到自己替代他人的社会或法律地位，行使他人相关权利的目的。这里的“盗用、冒用”包括采用非法手段获取用于证明他人身份的证件、证明文件、身份档案、材料信息后使用；也包括以其他方式获取用于证明他人身份的证件、证明文件、身份档案、材料信息后使用。这里的“他人身份”是指通过证件、证明文件、身份档案、信息材料等方式予以核实和证实的他人的法律地位。根据实践中的情况，这些证件、证明文件、身份档案、信息材料等包括出生证明、身份证、户口簿、护照、军官证、学籍档案、录取通知书、数字证件等。盗用、冒用的一般是他人真实的身份。 “顶替他人取得的高等学历教育入学资格、公务员录用资格、就业安置待遇”。这里的“高等学历教育入学资格”是指经过考试合格等程序依法获取的高等学历教育（专科教育、本科教育和研究生教育）的入学资格。这里的“公务员录用资格”主要是根据《公务员法》规定的公务员录用程序取得的公务员录用资格。这里的“就业安置待遇”是根据法律法规和相关政策规定由各级人民政府对特殊主体予以安排就业、照顾就业等优待。如《退役军人保障法》第22条第4款规定的对退役军士以安排工作方式的安置；《英雄烈士保护法》第21条规定的对英雄烈士遗属按照国家规定享受的就业方面的优待，可能涉及的就业安置；以及国家或地方的相关政策规定的对饮用水水源地迁出原住民的就业安置待遇、受地震等自然灾害袭击地区的受灾群众的就业安置待遇等。
	犯罪主体	本罪的主体是一般主体，即凡是达到法定刑事责任年龄、具有刑事责任能力的人，均可构成本罪。 值得注意的是，国家机关工作人员实施本罪行为，又构成其他犯罪的，依照数罪并罚的规定处罚。

<table>
<tr><td rowspan="3">定罪标准</td><td>犯罪主观方面</td><td>本罪的主观方面是故意。</td></tr>
<tr><td>罪与非罪</td><td>区分罪与非罪。需要注意的是，由于历史原因，现实中存在一些冒名但未顶替他人的行为，如冒名高中应届生参加高考，但通过自己正常考试入学，没有顶替他人入学资格的情况，此时不宜一刀切认为构成本罪，对于行为人违反学籍管理制度的行为，可以通过行政处罚处理。</td></tr>
<tr><td>此罪与彼罪</td><td>国家工作人员有本罪前两款行为，又构成其他犯罪的，依照数罪并罚的规定处罚。</td></tr>
<tr><td rowspan="4">证据参考标准</td><td>主体方面的证据</td><td>一、证明行为人刑事责任年龄、身份等事实情况的证据。
包括但不限于身份证明、户籍证明、任职证明、工作经历证明、特定职责证明等，主要用于证明行为人的姓名（曾用名）、性别、出生年月日、民族、机关、出生地、职业（职务）、住所地（居住地）等的证据材料，具体如居民身份证、户口簿、工作证、出生证、专业或技术等级证、干部履历表、职工登记表、护照等。
对于户籍、身份证等材料内容不是的，应提供其他证据材料。外国人犯罪的案件，需要有护照等身份证明材料。人大代表、政协委员犯罪的案件，应当注明身份并附上身份证明材料。
二、证明行为人刑事责任能力的证据。
证明行为人对自己的行为具有辨认、控制能力，如是否属于间歇性精神病人、尚未完全丧失辨认或者控制自己行为能力的精神病人的证明材料。</td></tr>
<tr><td>主观方面的证据</td><td>证明行为人故意的证据：1. 证明行为人明知的证据：证明行为人明知自己的行为会发生危害社会的结果；2. 证明直接故意的证据：证明行为人希望危害结果发生；3. 证明间接故意的证据：证明行为人犯人危害结果发生。</td></tr>
<tr><td>客观方面的证据</td><td>证明行为人冒名顶替行为的证据：1. 证明行为人盗用、冒用他人身份，顶替他人取得的高等学历教育入学资格、公务员录用资格、就业安置待遇的证据；2. 证明行为人组织、指使他人盗用、冒用他人身份，顶替他人取得的高等学历教育入学资格、公务员录用资格、就业安置待遇的证据。</td></tr>
<tr><td>量刑方面的证据</td><td>一、法定量刑情节证据。
1. 事实情节。2. 法定从重情节。3. 法定从轻减轻情节：（1）可以从轻；（2）可以从轻或减轻；（3）应当从轻或者减轻。4. 法定从轻减轻免除情节：（1）可以从轻、减轻或者免除处罚；（2）应当从轻、减轻或者免除处罚。5. 法定减轻免除情节：（1）可以减轻或者免除处罚；（2）应当减轻或者免除处罚；（3）可以免除处罚。
二、酌定量刑情节证据。
1. 犯罪手段；2. 犯罪对象；3. 危害结果；4. 动机；5. 平时表现；6. 认罪态度；7. 是否有前科；8. 其他证据。</td></tr>
</table>

<table>
<tr><td rowspan="2">量刑标准</td><td colspan="2">犯本罪的</td><td>处三年以下有期徒刑、拘役或者管制，并处罚金</td></tr>
<tr><td colspan="2">组织、指使他人实施本罪的</td><td>依照上述规定从重处罚</td></tr>
<tr><td rowspan="2">法律适用</td><td>刑法条文</td><td colspan="2">**第二百八十条之二** 盗用、冒用他人身份，顶替他人取得的高等学历教育入学资格、公务员录用资格、就业安置待遇的，处三年以下有期徒刑、拘役或者管制，并处罚金。
组织、指使他人实施前款行为的，依照前款的规定从重处罚。
国家工作人员有前两款行为，又构成其他犯罪的，依照数罪并罚的规定处罚。</td></tr>
<tr><td>相关法律法规</td><td colspan="2">**一、《中华人民共和国高等教育法》（节录）**（1998 年 8 月 29 日中华人民共和国主席令第 7 号公布　自 1999 年 1 月 1 日起施行　2015 年 12 月 27 日第一次修正　2018 年 12 月 29 日第二次修正）
第十六条 高等学历教育分为专科教育、本科教育和研究生教育。
高等学历教育应当符合下列学业标准：
（一）专科教育应当使学生掌握本专业必备的基础理论、专门知识，具有从事本专业实际工作的基本技能和初步能力；
（二）本科教育应当使学生比较系统地掌握本学科、专业必需的基础理论、基本知识，掌握本专业必要的基本技能、方法和相关知识，具有从事本专业实际工作和研究工作的初步能力；
（三）硕士研究生教育应当使学生掌握本学科坚实的基础理论、系统的专业知识，掌握相应的技能、方法和相关知识，具有从事本专业实际工作和科学研究工作的能力。博士研究生教育应当使学生掌握本学科坚实宽广的基础理论、系统深入的专业知识、相应的技能和方法，具有独立从事本学科创造性科学研究工作和实际工作的能力。

二、《中华人民共和国公务员法》（节录）（2005 年 4 月 27 日中华人民共和国主席令第 35 号公布　自 2006 年 1 月 1 日起施行　2017 年 9 月 1 日修正　2018 年 12 月 29 日修订）
第一百零九条 在公务员录用、聘任等工作中，有隐瞒真实信息、弄虚作假、考试作弊、扰乱考试秩序等行为的，由公务员主管部门根据情节作出考试成绩无效、取消资格、限制报考等处理；情节严重的，依法追究法律责任。

三、《中华人民共和国退役军人保障法》（节录）（2020 年 11 月 11 日中华人民共和国主席令第 63 号公布　自 2021 年 1 月 1 日起施行）
第二十二条 对退役的军士，国家采取逐月领取退役金、自主就业、安排工作、退休、供养等方式妥善安置。
服现役满规定年限，以逐月领取退役金方式安置的，按照国家有关规定逐月领取退役金。
服现役不满规定年限，以自主就业方式安置的，领取一次性退役金。
以安排工作方式安置的，由安置地人民政府根据其服现役期间所做贡献、专长等安排工作岗位。
以退休方式安置的，由安置地人民政府按照国家保障与社会化服务相结合的方式，做好服务管理工作，保障其待遇。
以供养方式安置的，由国家供养终身。</td></tr>
</table>

11 非法生产、买卖警用装备案

概念

本罪是指非法制造、买卖人民警察制式服装、车辆牌号等专用标志（如警徽、警衔、警号等）、警械，情节严重的行为。

立案标准

非法生产、买卖人民警察制式服装、车辆号牌等专用标志、警械，情节严重的，应当立案。

定罪标准

犯罪客体

本罪侵犯的客体是人民警察制式服装、车辆号牌等专用标志、警械的监管制度和警用物品的专用性。人民警察的警用标志、制式服装和警械，是人民警察执行职务的专用物品，它的生产、销售是有严格的管理制度的。《人民警察法》第36条第1款规定："人民警察的警用标志、制式服装和警械，由国务院公安部门统一监制，会同其他有关国家机关管理，其他个人和组织不得非法制造、贩卖。"非法制造、买卖警服、警用的标志、警械的行为，侵犯了人民警察专用物品的监制和人民警察对警用物品的专用性。

本罪的犯罪对象是人民警察制式服装、专用标志、警械。警用装备，是人民警察制式服装、车辆号牌等专用标志、警械的归纳总称。具体包括：(1) 制式服装，通常简称为制服，指人民警察穿戴的规定式样的服装。我国人民警察现行制式服装为九九式。制式服装作为统一整体，还包括现行帽徽、领带、铜色纽扣、领带、领带卡等。非法生产制式服装，指非法将一定的原材料加以组合形成成品的、半成品的制式服装，不要求同时将服装应附戴的徽章同时制造出来。非法生产制式服装的原材料的，不构成本罪。非法生产警用鞋类、棉衣、手套等警用物品，因生产的衣物不具有人民警察身份的专用标志性，其行为对本罪的客体不能形成危害，因而不能构成本罪。(2) 人民警察专用标志的范围。广义上讲，制式服装上的徽章、领花、纽扣等警服专用标志，也是人民警察专用标志。但从法条表述来看，人民警察专用标志应将制式服装上的一般的附戴物排除在外，属狭义上而言。因此，我们认为专用标志应包括两种：一是警衔标志。警衔标志虽佩戴在服装上，但各级衔级的警察标志不一，而且警校学员一般没有警衔，因而归于狭义的专用标志。《人民警察警衔标志式样和佩带办法》对此作了专门规定，其中第8条规定："人民警察的警衔标志由公安部负责制作和管理。其他单位和个人不得制作、伪造和买卖、使用警衔标志，也不得使用与警衔标志相类似的标志。"二是车辆号牌、警灯、警用警报器等专用标志。车辆号牌，即指公安专用车辆的号牌。(3) 警械，是指人民警察按照规定装配的警用器械。1996年1月16日国务院发布《人民警察使用警械和武器条例》第3条规定："本条例所称警械，是指人民警察按照规定装备的警棍、催泪弹、高压水枪、特种防暴枪、手铐、脚镣、警绳等警用器械……"本罪所指警用装备仅限上述三种，非法制造、买卖其他警用物品的，不构成本罪。如非法制造警用武器的、人民警察证件的、公安车辆驾驶证照的，如果触犯其他犯罪，以相应的犯罪论处。

<table>
<tr><td rowspan="5">定罪标准</td><td>犯罪客观方面</td><td>本罪客观方面表现为非法制造、买卖人民警察制式服装、车辆号牌等专用警用装备，并达到情节严重的行为。非法制造，是指未经公安部门批准的单位擅自制造，或者是经公安部门批准的单位超出规定的范围生产警用物品；买卖警用物品是指将警用物品作为商品出售或购买的。非法制造、买卖人民警察专用物品的行为，情节严重的，才构成犯罪。情节严重，是指非法买卖人民警察制式服装、专用标志、警械数量较大的；或是影响极为恶劣的，如购买者冒充警察招摇撞骗造成严重后果等。</td></tr>
<tr><td>犯罪主体</td><td>本罪主体是一般主体，既可以是自然人，也可以是单位。</td></tr>
<tr><td>犯罪主观方面</td><td>本罪主观方面表现为故意，并具有营利的目的。如果购买警服、警用标志、警械的目的是为了冒充人民警察招摇撞骗，则构成招摇撞骗罪。</td></tr>
<tr><td>罪与非罪</td><td>区分罪与非罪的界限，关键是看情节是否严重。本罪是情节犯，行为人实施《刑法》规定的行为，必须是情节严重才构成犯罪。</td></tr>
<tr><td>此罪与彼罪</td><td>本罪与伪造、变造、买卖国家机关公文、证件、印章罪的界限。区分二者的关键在于，犯罪对象不同及行为方式不尽相同。</td></tr>
<tr><td>证据参考标准</td><td>主体方面的证据</td><td>一、证明行为人刑事责任年龄、身份等自然情况的证据。
包括身份证明、户籍证明、任职证明、工作经历证明、特定职责证明等，主要是证明行为人的姓名（曾用名）、性别、出生年月日、民族、籍贯、出生地、职业（或职务）、住所地（或居所地）等证据材料，如户口簿、居民身份证、工作证、出生证、专业或技术等级证、干部履历表、职工登记表、护照等。
对于户籍、出生证等材料内容不实的，应提供其他证据材料。外国人犯罪的案件，应有护照等身份证明材料。人大代表、政协委员犯罪的案件，应注明身份，并附身份证明材料。
二、证明行为人刑事责任能力的证据。
证明行为人对自己的行为是否具有辨认能力与控制能力，如是否属于间歇性精神病人、尚未完全丧失辨认或者控制自己行为能力的精神病人的证明材料。
三、证明单位的证据。
证明是否属于依法成立并有合法经营、管理范围的公司、企业、事业单位、机关、团体。
证明单位的名称、住所地、性质、法定代表人、单位负责人、业务范围、成立时间等证据材料，如企业营业执照、国有公司性质证明及非法人单位的身份证明等。
四、证明法定代表人、单位负责人或直接责任人员等的身份证据。
法定代表人、直接负责的主管人员和其他直接责任人在单位的任职、职责、负责权限的证明材料等。包括身份证明、户籍证明、任职证明等，如户口簿、居民身份证、工作证、护照、专业或技术等级证、干部履历表、职工登记表、任命书、业务分工文件、委派文件、单位证明、单位规章制度等。</td></tr>
</table>

<table>
<tr><td rowspan="3">证据参考标准</td><td>主观方面的证据</td><td colspan="2">证明行为人故意的证据：1. 证明行为人明知的证据：证明行为人明知自己的行为会发生危害社会的结果；2. 证明直接故意的证据：证明行为人希望危害结果发生。</td></tr>
<tr><td>客观方面的证据</td><td colspan="2">证明行为人非法生产、买卖警用装备犯罪行为的证据。
具体证据包括：1. 证明行为人非法生产人民警察制式服装行为的证据；2. 证明行为人非法生产警车号牌标志行为的证据；3. 证明行为人非法生产警械行为的证据；4. 证明行为人非法买卖警察制式服装行为的证据；5. 证明行为人非法买卖警车号牌标志行为的证据；6. 证明行为人非法买卖警械行为的证据；7. 证明行为人非法生产警用装备情节严重行为的证据；8. 证明行为人非法买卖警用装备情节严重行为的证据。</td></tr>
<tr><td>量刑方面的证据</td><td colspan="2">一、法定量刑情节证据。
1. 事实情节。2. 法定从重情节。3. 法定从轻减轻情节：（1）可以从轻；（2）可以从轻或减轻；（3）应当从轻或者减轻。4. 法定从轻减轻免除情节：（1）可以从轻、减轻或者免除处罚；（2）应当从轻、减轻或者免除处罚。5. 法定减轻免除情节：（1）可以减轻或者免除处罚；（2）应当减轻或者免除处罚；（3）可以免除处罚。
二、酌定量刑情节证据。
1. 犯罪手段：（1）非法生产；（2）非法买卖。2. 犯罪对象。3. 危害结果。4. 动机。5. 平时表现。6. 认罪态度。7. 是否有前科。8. 其他证据。</td></tr>
<tr><td rowspan="2">量刑标准</td><td colspan="2">犯本罪的</td><td>处三年以下有期徒刑、拘役或者管制，并处或者单处罚金</td></tr>
<tr><td colspan="2">单位犯本罪的</td><td>对单位判处罚金，并对其直接负责的主管人员和其他直接责任人员，依上述规定处罚</td></tr>
<tr><td rowspan="2">法律适用</td><td>刑法条文</td><td colspan="2">第二百八十一条　非法生产、买卖人民警察制式服装、车辆号牌等专用标志、警械，情节严重的，处三年以下有期徒刑、拘役或者管制，并处或者单处罚金。
单位犯前款罪的，对单位判处罚金，并对其直接负责的主管人员和其他直接责任人员，依照前款的规定处罚。</td></tr>
<tr><td>司法解释</td><td colspan="2">最高人民检察院、公安部《关于公安机关管辖的刑事案件立案追诉标准的规定（一）》（节录）（2008年6月25日最高人民检察院、公安部公布　自公布之日起施行　公通字〔2008〕36号　2017年4月27日修正）
第三十五条　［非法生产、买卖警用装备案（刑法第二百八十一条）］非法生产、买卖人民警察制式服装、车辆号牌等专用标志、警械，涉嫌下列情形之一的，应予立案追诉：
（一）成套制式服装三十套以上，或者非成套制式服装一百件以上的；
（二）手铐、脚镣、警用抓捕网、警用催泪喷射器、警灯、警报器单种或者合计十件以上的；
（三）警棍五十根以上的；
（四）警衔、警号、胸章、臂章、帽徽等警用标志单种或者合计一百件以上的；
（五）警用号牌、省级以上公安机关专段民用车辆号牌一副以上，或者其他公安机关专段民用车辆号牌三副以上的；
（六）非法经营数额五千元以上，或者非法获利一千元以上的；
（七）被他人利用进行违法犯罪活动的；
（八）其他情节严重的情形。</td></tr>
</table>

法律适用

相关法律法规

一、《中华人民共和国人民警察法》（节录）（1995年2月28日中华人民共和国主席令第40号公布　自公布之日起施行　2012年10月26日修正）

第三十六条　人民警察的警用标志、制式服装和警械，由国务院公安部门统一监制，会同其他有关国家机关管理，其他个人和组织不得非法制造、贩卖。

人民警察的警用标志、制式服装、警械、证件为人民警察专用，其他个人和组织不得持有和使用。

违反前两款规定的，没收非法制造、贩卖、持有、使用的人民警察警用标志、制式服装、警械、证件，由公安机关处15日以下拘留或者警告，可以并处违法所得5倍以下的罚款；构成犯罪的，依法追究刑事责任。

二、《人民警察警衔标志式样和佩带办法》（节录）（2000年8月18日中华人民共和国国务院令第289号公布　自2000年10月1日起施行）

第八条　人民警察的警衔标志由公安部负责制作和管理。其他单位和个人不得制作、仿造、伪造和买卖、使用警衔标志，也不得使用与警衔标志相类似的标志。

规章及规范性文件

一、《人民警察警徽使用管理规定》（节录）（2000年3月27日中华人民共和国公安部令第48号公布　自公布之日起施行）

第六条　警徽及其图案不得用于：

（一）商标、商业广告；

（二）日常生活的陈设布置；

（三）私人婚、丧、庆、悼活动；

（四）娱乐活动；

（五）其他有碍于警徽庄严的场合或者物品。

第九条　对非法持有、使用、制作、仿造、伪造或者买卖警徽的，依照《中华人民共和国人民警察法》第三十六条的规定予以处罚；构成犯罪的，依照《中华人民共和国刑法》第二百八十一条的规定追究刑事责任。

二、公安部《关于严禁私自生产、销售、使用警械、警车、警灯、警用警报器和警服的通告》（节录）（1986年10月10日中华人民共和国公安部公布　自公布之日起施行）

为了便于人民群众正确识别人民警察，保障人民警察庄严地维护社会治安秩序，防止不法之徒利用人民警察的专用装备及其仿制品进行违法犯罪活动，特通告如下：

一、警械、警车、警灯、警用警报器和警服是国家规定的人民警察专用装备，“公安”标志是公安机关的专用标志，除经特许批准的以外，其他任何单位和个人一律不准使用。

二、除经公安机关批准的单位以外，严禁任何企业事业单位和个人私自生产、销售警械、警车、警灯、警用警报器、警服（含现行帽徽、领章、符号、纽扣等专用标志）及其仿制品（颜色相同，制式相仿）。

三、严禁在非警用物品和车辆上涂印“公安”标志。违者，除责令其涂掉“公安”标志外，并追究有关人员的责任。

四、经指定和委托生产警械、警车、警灯、警用警报器和警服的单位，要严格执行生产供应计划，不得进行计划外生产，不得自行销售或调拨给其他单位。

五、凡违反本通告的规定，非法制作、销售和使用人民警察专用装备和“公安”标志的，一经发现，由公安机关全部没收制品，并可视情节轻重，对有关人员严肃处理。

六、对于违反本通告的单位和个人，任何公民都有检举告发的责任。

12 非法获取国家秘密案

概念

本罪是指以窃取、刺探、收买的方法，非法获取国家秘密的行为。

立案标准

根据《刑法》第 282 条第 1 款的规定，以窃取、刺探、收买的方法，非法获取国家秘密的，应当立案。

本罪是行为犯，只要行为人以窃取、刺探、收买的方法，实施了非法获取国家秘密的行为，原则上就构成犯罪，应当立案追究。但是，对于情节显著轻微危害不大的，可以依照《刑法》第 13 条的规定，不以犯罪论处。

定罪标准		
	犯罪客体	本罪侵犯的客体是复杂客体。一是国家的安全和利益。当今世界仍存在许多的矛盾和不稳定因素，因此，保证国家秘密的安全，不仅关系到我国的长治久安，而且关系到我国在国际事务中的地位。此外，国家秘密还关系着国民经济和社会发展，尤其是在全球“经济战”、“技术战”、“贸易战”日趋激烈的今天，获取他国秘密已成为国际科技竞争、市场竞争的重要手段。二是国家保密制度。我国一系列保密法律、法规均明确规定了保密的范围、事项，非法获取国家秘密行为违反我国的保密法规，应依法追究其刑事责任。 本罪的犯罪对象是国家秘密。《保守国家秘密法》第 2 条规定，国家秘密是关系国家安全和利益，依照法定程序确定，在一定时间内只限一定范围的人员知悉的事项。该法第 9 条对国家秘密的范围作了具体规定，主要包括：（1）国家事务重大决策中的秘密事项；（2）国防建设和武装力量活动中的秘密事项；（3）外交和外事活动中的秘密事项以及对外承担保密义务的秘密事项；（4）国民经济和社会发展中的秘密事项；（5）科学技术中的秘密事项；（6）维护国家安全活动和追查刑事犯罪中的秘密事项；（7）经国家保密行政管理部门确定的其他秘密事项。政党的秘密事项中符合前款规定的，属于国家秘密。
	犯罪客观方面	本罪客观方面表现为行为人以窃取、刺探、收买方法，非法获取国家秘密的行为。所谓窃取，是指采取秘密的方式，偷取属于国家秘密的文件、资料和其他物品的行为。窃取的形式包括：直接窃取国家秘密文件，用计算机网络窃取国家秘密；通过电磁波窃取国家秘密；采用照相的形式偷拍国家秘密。所谓刺探，是指行为人暗中对掌握国家秘密的人，采取各种手段探听、侦察、了解国家秘密的行为。探听的方式主要包括：利用与知密者的特殊身份关系向知密者探询国家秘密；利用社交手段打通关系，向知密者探问国家秘密；利用公开合法形式，例如，贸易洽谈会、学术交流会等探听国家秘密。侦察的方式主要包括：使用窃听装置侦察国家秘密；使用电子监控及远红外线扫描等高科技手段侦察国家秘密；采用色情引诱，向有关部门渗透等形式侦察国家秘密。所谓收买，是指用金钱、物质、色情以及其他方法，向掌有国家秘密的人交换国家秘密的行为。收买的形式有采用小恩小惠、低价收买的，也有采用重金收

定罪标准	犯罪客观方面	买、高价拉拢的。所谓非法获取，是指依法不应知悉、取得某项国家秘密的人从知悉、取得某项国家秘密的人那里知悉、取得该项国家秘密或者可以知悉某项国家秘密的人未经办理手续取得该项国家秘密。只有以窃取、刺探、收买这三种法定方法之一“非法获取”国家秘密的，本罪才可成立。另外，应注意本罪不是为境外的机构、组织、个人窃取、刺探、收买国家秘密，否则，就以《刑法》第111条的规定定罪处罚。
	犯罪主体	本罪主体是一般主体，即达到刑事责任年龄、具有刑事责任能力的自然人，都可以成为本罪的主体。也就是说，可以是中国人，也可以是外国人或者无国籍人；可以是国家工作人员，也可以是普通公民，或者是华侨以及港、澳、台人员。
	犯罪主观方面	本罪主观方面是故意犯罪。行为人明知是国家秘密，却故意以窃取、刺探、收买方法非法获取，非法获取国家秘密主观动机可以是多种多样的，可能是为了金钱，也可能是出于对国家政府某领导人的不满，或者是为了出国。但动机不影响构成本罪。
	罪与非罪	区分罪与非罪的界限，关键是看：一是持有的文件、资料、物品的秘密是否属于国家秘密，必须根据国家秘密的范围、密级和保密期限予以认定；二是其行为是否已达到构成犯罪的情节，如果情节显著轻微，对国家和人民利益危害不大，则不应以犯罪论处。
	此罪与彼罪	本罪与泄露国家秘密罪的界限。二者犯罪对象都是国家秘密，客观上都违反了保密法规。但是二者的社会危害性不同，应注意区分。它们的区别表现在以下几个方面：(1) 在主体要件方面，泄露国家秘密罪是职务犯罪，其主体主要是国家机关工作人员；本罪的主体是一般主体。(2) 客观要件不同，泄露国家秘密罪表现为“泄露”；而非法获取国家秘密罪表现为“获取”。(3) 在主观方面，泄露国家秘密罪可以是故意的，也可以是过失的；而非法获取国家秘密罪必须是故意。
证据参考标准	主体方面的证据	**一、证明行为人刑事责任年龄、身份等自然情况的证据。** 包括身份证明、户籍证明、任职证明、工作经历证明、特定职责证明等，主要是证明行为人的姓名（曾用名）、性别、出生年月日、民族、籍贯、出生地、职业（或职务）、住所地（或居所地）等证据材料，如户口簿、居民身份证、工作证、出生证、专业或技术等级证、干部履历表、职工登记表、护照等。 对于户籍、出生证等材料内容不实的，应提供其他证据材料。外国人犯罪的案件，应有护照等身份证明材料。人大代表、政协委员犯罪的案件，应注明身份，并附身份证明材料。 **二、证明行为人刑事责任能力的证据。** 证明行为人对自己的行为是否具有辨认能力与控制能力，如是否属于间歇性精神病人、尚未完全丧失辨认或者控制自己行为能力的精神病人的证明材料。
	主观方面的证据	证明行为人故意的证据：1. 证明行为人明知的证据：证明行为人明知自己的行为会发生危害社会的结果；2. 证明直接故意的证据：证明行为人希望危害结果发生；3. 目的：知悉国家秘密。

<table>
<tr><td rowspan="2">证据参考标准</td><td>客观方面的证据</td><td colspan="2">证明行为人非法获取国家秘密犯罪行为的证据。
具体证据包括：
1. 证明行为人窃取国家秘密行为的证据：（1）国家秘密文件：①绝密；②机密；③秘密。（2）国家秘密资料：①绝密；②机密；③秘密。（3）国家秘密物：①绝密；②机密；③秘密。2. 证明行为人刺探国家秘密行为的证据：（1）国家重大决策。（2）国防建设。（3）外交及其活动。（4）国防建设及武装力量。（5）国民经济及社会发展。（6）国家安全及打击刑事犯罪。（7）其他。3. 证明行为人收买国家秘密行为的证据：（1）绝密、机密、秘密文件。（2）绝密、机密、秘密资料。（3）绝密、机密、秘密物品。4. 证明行为人非法获取国家秘密情节严重行为的证据。</td></tr>
<tr><td>量刑方面的证据</td><td colspan="2">一、法定量刑情节证据。
1. 事实情节：（1）情节严重；（2）其他。2. 法定从重情节。3. 法定从轻减轻情节：（1）可以从轻；（2）可以从轻或减轻；（3）应当从轻或者减轻。4. 法定从轻减轻免除情节：（1）可以从轻、减轻或者免除处罚；（2）应当从轻、减轻或者免除处罚。5. 法定减轻免除情节：（1）可以减轻或者免除处罚；（2）应当减轻或者免除处罚；（3）可以免除处罚。
二、酌定量刑情节证据。
1. 犯罪手段：（1）窃取；（2）刺探；（3）收买。2. 犯罪对象。3. 危害结果。4. 动机。5. 平时表现。6. 认罪态度。7. 是否有前科。8. 其他证据。</td></tr>
<tr><td rowspan="2">量刑标准</td><td colspan="2">犯本罪的</td><td>处三年以下有期徒刑、拘役、管制或者剥夺政治权利</td></tr>
<tr><td colspan="2">情节严重的</td><td>处三年以上七年以下有期徒刑</td></tr>
<tr><td rowspan="2">法律适用</td><td>刑法条文</td><td colspan="2">第二百八十二条第一款　以窃取、刺探、收买方法，非法获取国家秘密的，处三年以下有期徒刑、拘役、管制或者剥夺政治权利；情节严重的，处三年以上七年以下有期徒刑。
第二百八十七条　利用计算机实施金融诈骗、盗窃、贪污、挪用公款、窃取国家秘密或者其他犯罪的，依照本法有关规定定罪处罚。</td></tr>
<tr><td>相关法律法规</td><td colspan="2">《中华人民共和国保守国家秘密法》（1988年9月5日中华人民共和国主席令第6号公布　自1989年5月1日起施行　2010年4月29日修订）
第一章　总　　则
第一条　为了保守国家秘密，维护国家安全和利益，保障改革开放和社会主义建设事业的顺利进行，制定本法。
第二条　国家秘密是关系国家安全和利益，依照法定程序确定，在一定时间内只限一定范围的人员知悉的事项。
第三条　国家秘密受法律保护。
一切国家机关、武装力量、政党、社会团体、企业事业单位和公民都有保守国家秘密的义务。
任何危害国家秘密安全的行为，都必须受到法律追究。</td></tr>
</table>

法律适用 相关法律法规

第四条 保守国家秘密的工作（以下简称保密工作），实行积极防范、突出重点、依法管理的方针，既确保国家秘密安全，又便利信息资源合理利用。

法律、行政法规规定公开的事项，应当依法公开。

第五条 国家保密行政管理部门主管全国的保密工作。县级以上地方各级保密行政管理部门主管本行政区域的保密工作。

第六条 国家机关和涉及国家秘密的单位（以下简称机关、单位）管理本机关和本单位的保密工作。

中央国家机关在其职权范围内，管理或者指导本系统的保密工作。

第七条 机关、单位应当实行保密工作责任制，健全保密管理制度，完善保密防护措施，开展保密宣传教育，加强保密检查。

第八条 国家对在保守、保护国家秘密以及改进保密技术、措施等方面成绩显著的单位或者个人给予奖励。

第二章 国家秘密的范围和密级

第九条 下列涉及国家安全和利益的事项，泄露后可能损害国家在政治、经济、国防、外交等领域的安全和利益的，应当确定为国家秘密：

（一）国家事务重大决策中的秘密事项；

（二）国防建设和武装力量活动中的秘密事项；

（三）外交和外事活动中的秘密事项以及对外承担保密义务的秘密事项；

（四）国民经济和社会发展中的秘密事项；

（五）科学技术中的秘密事项；

（六）维护国家安全活动和追查刑事犯罪中的秘密事项；

（七）经国家保密行政管理部门确定的其他秘密事项。

政党的秘密事项中符合前款规定的，属于国家秘密。

第十条 国家秘密的密级分为绝密、机密、秘密三级。

绝密级国家秘密是最重要的国家秘密，泄露会使国家安全和利益遭受特别严重的损害；机密级国家秘密是重要的国家秘密，泄露会使国家安全和利益遭受严重的损害；秘密级国家秘密是一般的国家秘密，泄露会使国家安全和利益遭受损害。

第十一条 国家秘密及其密级的具体范围，由国家保密行政管理部门分别会同外交、公安、国家安全和其他中央有关机关规定。

军事方面的国家秘密及其密级的具体范围，由中央军事委员会规定。

国家秘密及其密级的具体范围的规定，应当在有关范围内公布，并根据情况变化及时调整。

第十二条 机关、单位负责人及其指定的人员为定密责任人，负责本机关、本单位的国家秘密确定、变更和解除工作。

机关、单位确定、变更和解除本机关、本单位的国家秘密，应当由承办人提出具体意见，经定密责任人审核批准。

第十三条 确定国家秘密的密级，应当遵守定密权限。

中央国家机关、省级机关及其授权的机关、单位可以确定绝密级、机密级和秘密级国家秘密；设区的市、自治州一级的机关及其授权的机关、单位可以确定机密级和秘密级国家秘密。具体的定密权限、授权范围由国家保密行政管理部门规定。

机关、单位执行上级确定的国家秘密事项，需要定密的，根据所执行的国家秘密事项的密级确定。下级机关、单位认为本机关、本单位产生的有关定密事项属于上级机关、单位的定密权限，应当先行采取保密措施，并立即报请上级机关、单位确定；没有上级机关、单位的，应当立即提请有相应定密权限的业务主管部门或者保密行政管理部门确定。

公安、国家安全机关在其工作范围内按照规定的权限确定国家秘密的密级。

第十四条 机关、单位对所产生的国家秘密事项，应当按照国家秘密及其密级的具体范围的规定确定密级，同时确定保密期限和知悉范围。

第十五条 国家秘密的保密期限，应当根据事项的性质和特点，按照维护国家安全和利益的需要，限定在必要的期限内；不能确定期限的，应当确定解密的条件。

国家秘密的保密期限，除另有规定外，绝密级不超过三十年，机密级不超过二十年，秘密级不超过十年。

机关、单位应当根据工作需要，确定具体的保密期限、解密时间或者解密条件。

机关、单位对在决定和处理有关事项工作过程中确定需要保密的事项，根据工作需要决定公开的，正式公布时即视为解密。

第十六条 国家秘密的知悉范围，应当根据工作需要限定在最小范围。

国家秘密的知悉范围能够限定到具体人员的，限定到具体人员；不能限定到具体人员的，限定到机关、单位，由机关、单位限定到具体人员。

国家秘密的知悉范围以外的人员，因工作需要知悉国家秘密的，应当经过机关、单位负责人批准。

第十七条 机关、单位对承载国家秘密的纸介质、光介质、电磁介质等载体（以下简称国家秘密载体）以及属于国家秘密的设备、产品，应当做出国家秘密标志。

不属于国家秘密的，不应当做出国家秘密标志。

第十八条 国家秘密的密级、保密期限和知悉范围，应当根据情况变化及时变更。国家秘密的密级、保密期限和知悉范围的变更，由原定密机关、单位决定，也可以由其上级机关决定。

国家秘密的密级、保密期限和知悉范围变更的，应当及时书面通知知悉范围内的机关、单位或者人员。

第十九条 国家秘密的保密期限已满的，自行解密。

机关、单位应当定期审核所确定的国家秘密。对在保密期限内因保密事项范围调整不再作为国家秘密事项，或者公开后不会损害国家安全和利益，不需要继续保密的，应当及时解密；对需要延长保密期限的，应当在原保密期限届满前重新确定保密期限。提前解密或者延长保密期限的，由原定密机关、单位决定，也可以由其上级机关决定。

第二十条 机关、单位对是否属于国家秘密或者属于何种密级不明确或者有争议的，由国家保密行政管理部门或者省、自治区、直辖市保密行政管理部门确定。

第三章 保密制度

第二十一条 国家秘密载体的制作、收发、传递、使用、复制、保存、维修和销毁，应当符合国家保密规定。

绝密级国家秘密载体应当在符合国家保密标准的设施、设备中保存，并指定专人管理；未经原定密机关、单位或者其上级机关批准，不得复制和摘抄；收发、传递和外出携带，应当指定人员负责，并采取必要的安全措施。

第二十二条 属于国家秘密的设备、产品的研制、生产、运输、使用、保存、维修和销毁，应当符合国家保密规定。

法律适用

相关法律法规

第二十三条 存储、处理国家秘密的计算机信息系统（以下简称涉密信息系统）按照涉密程度实行分级保护。

涉密信息系统应当按照国家保密标准配备保密设施、设备。保密设施、设备应当与涉密信息系统同步规划，同步建设，同步运行。

涉密信息系统应当按照规定，经检查合格后，方可投入使用。

第二十四条 机关、单位应当加强对涉密信息系统的管理，任何组织和个人不得有下列行为：

（一）将涉密计算机、涉密存储设备接入互联网及其他公共信息网络；

（二）在未采取防护措施的情况下，在涉密信息系统与互联网及其他公共信息网络之间进行信息交换；

（三）使用非涉密计算机、非涉密存储设备存储、处理国家秘密信息；

（四）擅自卸载、修改涉密信息系统的安全技术程序、管理程序；

（五）将未经安全技术处理的退出使用的涉密计算机、涉密存储设备赠送、出售、丢弃或者改作其他用途。

第二十五条 机关、单位应当加强对国家秘密载体的管理，任何组织和个人不得有下列行为：

（一）非法获取、持有国家秘密载体；

（二）买卖、转送或者私自销毁国家秘密载体；

（三）通过普通邮政、快递等无保密措施的渠道传递国家秘密载体；

（四）邮寄、托运国家秘密载体出境；

（五）未经有关主管部门批准，携带、传递国家秘密载体出境。

第二十六条 禁止非法复制、记录、存储国家秘密。

禁止在互联网及其他公共信息网络或者未采取保密措施的有线和无线通信中传递国家秘密。

禁止在私人交往和通信中涉及国家秘密。

第二十七条 报刊、图书、音像制品、电子出版物的编辑、出版、印制、发行，广播节目、电视节目、电影的制作和播放，互联网、移动通信网等公共信息网络及其他传媒的信息编辑、发布，应当遵守有关保密规定。

第二十八条 互联网及其他公共信息网络运营商、服务商应当配合公安机关、国家安全机关、检察机关对泄密案件进行调查；发现利用互联网及其他公共信息网络发布的信息涉及泄露国家秘密的，应当立即停止传输，保存有关记录，向公安机关、国家安全机关或者保密行政管理部门报告；应当根据公安机关、国家安全机关或者保密行政管理部门的要求，删除涉及泄露国家秘密的信息。

第二十九条 机关、单位公开发布信息以及对涉及国家秘密的工程、货物、服务进行采购时，应当遵守保密规定。

第三十条 机关、单位对外交往与合作中需要提供国家秘密事项，或者任用、聘用的境外人员因工作需要知悉国家秘密的，应当报国务院有关主管部门或者省、自治区、直辖市人民政府有关主管部门批准，并与对方签订保密协议。

第三十一条 举办会议或者其他活动涉及国家秘密的，主办单位应当采取保密措施，并对参加人员进行保密教育，提出具体保密要求。

第三十二条 机关、单位应当将涉及绝密级或者较多机密级、秘密级国家秘密的机构确定为保密要害部门，将集中制作、存放、保管国家秘密载体的专门场所确定为保密要害部位，按照国家保密规定和标准配备、使用必要的技术防护设施、设备。

第三十三条 军事禁区和属于国家秘密不对外开放的其他场所、部位，应当采取保密措施，未经有关部门批准，不得擅自决定对外开放或者扩大开放范围。

第三十四条 从事国家秘密载体制作、复制、维修、销毁，涉密信息系统集成，或者武器装备科研生产等涉及国家秘密业务的企业事业单位，应当经过保密审查，具体办法由国务院规定。

机关、单位委托企业事业单位从事前款规定的业务，应当与其签订保密协议，提出保密要求，采取保密措施。

第三十五条 在涉密岗位工作的人员（以下简称涉密人员），按照涉密程度分为核心涉密人员、重要涉密人员和一般涉密人员，实行分类管理。

任用、聘用涉密人员应当按照有关规定进行审查。

涉密人员应当具有良好的政治素质和品行，具有胜任涉密岗位所要求的工作能力。

涉密人员的合法权益受法律保护。

第三十六条 涉密人员上岗应当经过保密教育培训，掌握保密知识技能，签订保密承诺书，严格遵守保密规章制度，不得以任何方式泄露国家秘密。

第三十七条 涉密人员出境应当经有关部门批准，有关机关认为涉密人员出境将对国家安全造成危害或者对国家利益造成重大损失的，不得批准出境。

第三十八条 涉密人员离岗离职实行脱密期管理。涉密人员在脱密期内，应当按照规定履行保密义务，不得违反规定就业，不得以任何方式泄露国家秘密。

第三十九条 机关、单位应当建立健全涉密人员管理制度，明确涉密人员的权利、岗位责任和要求，对涉密人员履行职责情况开展经常性的监督检查。

第四十条 国家工作人员或者其他公民发现国家秘密已经泄露或者可能泄露时，应当立即采取补救措施并及时报告有关机关、单位。机关、单位接到报告后，应当立即作出处理，并及时向保密行政管理部门报告。

第四章 监督管理

第四十一条 国家保密行政管理部门依照法律、行政法规的规定，制定保密规章和国家保密标准。

第四十二条 保密行政管理部门依法组织开展保密宣传教育、保密检查、保密技术防护和泄密案件查处工作，对机关、单位的保密工作进行指导和监督。

第四十三条 保密行政管理部门发现国家秘密确定、变更或者解除不当的，应当及时通知有关机关、单位予以纠正。

第四十四条 保密行政管理部门对机关、单位遵守保密制度的情况进行检查，有关机关、单位应当配合。保密行政管理部门发现机关、单位存在泄密隐患的，应当要求其采取措施，限期整改；对存在泄密隐患的设施、设备、场所，应当责令停止使用；对严重违反保密规定的涉密人员，应当建议有关机关、单位给予处分并调离涉密岗位；发现涉嫌泄露国家秘密的，应当督促、指导有关机关、单位进行调查处理。涉嫌犯罪的，移送司法机关处理。

第四十五条 保密行政管理部门对保密检查中发现的非法获取、持有的国家秘密载体，应当予以收缴。

第四十六条 办理涉嫌泄露国家秘密案件的机关，需要对有关事项是否属于国家秘密以及属于何种密级进行鉴定的，由国家保密行政管理部门或者省、自治区、直辖市保密行政管理部门鉴定。

第四十七条 机关、单位对违反保密规定的人员不依法给予处分的，保密行政管理部门应当建议纠正，对拒不纠正的，提请其上一级机关或者监察机关对该机关、单位负有责任的领导人员和直接责任人员依法予以处理。

第五章 法律责任

第四十八条 违反本法规定，有下列行为之一的，依法给予处分；构成犯罪的，依法追究刑事责任：

（一）非法获取、持有国家秘密载体的；

（二）买卖、转送或者私自销毁国家秘密载体的；

（三）通过普通邮政、快递等无保密措施的渠道传递国家秘密载体的；

（四）邮寄、托运国家秘密载体出境，或者未经有关主管部门批准，携带、传递国家秘密载体出境的；

（五）非法复制、记录、存储国家秘密的；

（六）在私人交往和通信中涉及国家秘密的；

（七）在互联网及其他公共信息网络或者未采取保密措施的有线和无线通信中传递国家秘密的；

（八）将涉密计算机、涉密存储设备接入互联网及其他公共信息网络的；

（九）在未采取防护措施的情况下，在涉密信息系统与互联网及其他公共信息网络之间进行信息交换的；

（十）使用非涉密计算机、非涉密存储设备存储、处理国家秘密信息的；

（十一）擅自卸载、修改涉密信息系统的安全技术程序、管理程序的；

（十二）将未经安全技术处理的退出使用的涉密计算机、涉密存储设备赠送、出售、丢弃或者改作其他用途的。

有前款行为尚不构成犯罪，且不适用处分的人员，由保密行政管理部门督促其所在机关、单位予以处理。

第四十九条 机关、单位违反本法规定，发生重大泄密案件的，由有关机关、单位依法对直接负责的主管人员和其他直接责任人员给予处分；不适用处分的人员，由保密行政管理部门督促其主管部门予以处理。

机关、单位违反本法规定，对应当定密的事项不定密，或者对不应当定密的事项定密，造成严重后果的，由有关机关、单位依法对直接负责的主管人员和其他直接责任人员给予处分。

第五十条 互联网及其他公共信息网络运营商、服务商违反本法第二十八条规定的，由公安机关或者国家安全机关、信息产业主管部门按照各自职责分工依法予以处罚。

第五十一条 保密行政管理部门的工作人员在履行保密管理职责中滥用职权、玩忽职守、徇私舞弊的，依法给予处分；构成犯罪的，依法追究刑事责任。

第六章 附 则

第五十二条 中央军事委员会根据本法制定中国人民解放军保密条例。

第五十三条 本法自2010年10月1日起施行。

13 非法持有国家绝密、机密文件、资料、物品案

概念

本罪是指非法持有属于国家绝密、机密的文件、资料或者其他物品，拒不说明来源与用途的行为。

立案标准

根据《刑法》第282条第2款的规定，非法持有属于国家绝密、机密的文件、资料或者其他物品，拒不说明来源与用途的，应当立案。

本罪的立案标准应当同时具备两个条件：一是行为人客观上非法持有属于国家绝密、机密的文件、资料或者其他物品。二是行为人拒不说明该国家绝密、机密文件、资料或者其他物品的来源与用途。同时具备上述两个条件的，应当立案。对于情节显著轻微危害不大的，可以按照《刑法》第13条的规定不以犯罪论处，但是，应当由有关部门给予行政处分。

定罪标准		
定罪标准	犯罪客体	本罪侵犯的客体是国家的安全和利益。本罪的犯罪对象是属于国家绝密、机密的文件、资料或者其他物品。根据《保守国家秘密法》规定，国家秘密的密级分为“绝密”、“机密”、“秘密”三级。“绝密”是最重要的国家秘密，泄露会使国家的安全和利益遭受特别严重的损害；“机密”是重要的国家秘密，泄露会使国家的安全和利益遭受严重的损害；“秘密”是一般的国家秘密，泄露会使国家的安全和利益遭受损害。非法持有秘密级国家秘密的行为也具有一定的社会危害性，应当予以法律制裁，但从其社会危害性的程度来看，尚不到犯罪的程度，不应以犯罪论处。
	犯罪客观方面	本罪客观方面表现为非法持有属于国家绝密、机密的文件、资料或者其他物品，并拒不说明来源与用途的行为。 所谓非法是指根据国家保密法律、法规和具体的规章制度，不属于接触、保管国家秘密文件、资料或者其他物品的人员而持有属于国家绝密、机密文件、资料或其他物品，或者虽属于保密工作人员，但其持有该绝密、机密文件、资料、物品没有合法根据。比如根据《保守国家秘密法》的规定，绝密级的国家秘密文件、资料和其他物品，非经原确定密级的机关、单位或其上级机关批准，不得复制、摘抄、收发、传递、外出携带，应由指定人员把持等。对一般人员而言，持有国家秘密本身即为非法，对于有保密人员身份的人，有关机关未曾批准复制、摘抄，行为人却持有复制件、摘抄件；有关机关未指定或者不属于有关机关指定人员而持有绝密、机密文件、资料、物品等就属于非法。总而言之，行为人没有合法根据而持有国家绝密、机密文件、资料、其他物品即为非法。 所谓持有，是指以占有的意思实际支配。不论是行为人随身携带，或者隐藏、存放于其住处、工作场所，寄存在他人之处等，只要行为人明知是国家绝密、机密文件、资料、物品而置于自己控制之中即为持有。如夹藏在自己的行李、邮件当中，虽然并不亲自持有，但行李、邮件最终仍然要回到自己手中，并未脱离自己的控制，仍为持有。 在行为人非法持有国家绝密、机密文件、资料、其他物品的既定事实下，当有关机关调查时，行为人拒不说明其来源与用途。所谓拒不说明，既包括根本就不予配合，什么也不说，又包括未能说明。如编造谎言、借口或者提供的来源与用途经查不实或无法查证的。

定罪标准	犯罪主体	本罪的犯罪主体为年满16周岁、具有刑事责任能力的自然人，包括中国公民、外国人、无国籍人。一般来说，行为人身份如何不影响成立本罪。但是，如果行为人是间谍组织成员或者接受了间谍组织及其代理人的任务的人员，符合间谍罪构成特征的，则应以间谍罪论处，不构成本罪。
	犯罪主观方面	本罪行为人主观方面表现为直接故意。从其主观方面的认识因素来看，行为人只需认识到自己无权持有国家秘密文件、资料、其他物品，认识到自己持有的文件、资料、物品属于国家秘密即可，无须确切地认识该国家秘密属于什么密级；从其主观方面的意志因素来看，行为人持有本身就意味着其希望该国家秘密处于自己的支配之下，因而不存在间接故意。 实际占有国家秘密的人员有说明其来源与用途的义务，如果行为人能够说明自己占有国家秘密的来源与用途，且能够证明自己确实不知其为国家秘密，那么其实际占有行为不是本罪的“持有”，可以根据其实际来源与用途，依法处理。比如，系盗窃所得，行为人不知为国家秘密而窃取，应以盗窃论；又如，行为人系捡得且不知其为国家秘密的，不构成犯罪等。
	罪与非罪	区分罪与非罪的关键是看是否实施《刑法》第282条第2款规定的行为。
	此罪与彼罪	本罪与非法获取国家秘密罪的界限。二者在客体、主体、主观方面、危害程度等方面都很相似，但两者也有明显的不同。主要区别在于：(1)犯罪对象不同。本罪的对象只限于属于国家绝密、机密的文件、资料或其他物品；而后者的犯罪对象要更广泛和全面，任何一级的国家秘密均可成为后罪的对象。(2)行为方式不同。本罪的行为方式是非法持有并拒不说明来源与用途；后罪的行为方式是以窃取、刺探、收买方法非法获取。前者多为不作为；后者必须是以作为的方式才能实施。
证据参考标准	主体方面的证据	**一、证明行为人刑事责任年龄、身份等自然情况的证据。** 包括身份证明、户籍证明、任职证明、工作经历证明、特定职责证明等，主要是证明行为人的姓名（曾用名）、性别、出生年月日、民族、籍贯、出生地、职业（或职务）、住所地（或居所地）等证据材料，如户口簿、居民身份证、工作证、出生证、专业或技术等级证、干部履历表、职工登记表、护照等。 对于户籍、出生证等材料内容不实的，应提供其他证据材料。外国人犯罪的案件，应有护照等身份证明材料。人大代表、政协委员犯罪的案件，应注明身份，并附身份证明材料。 **二、证明行为人刑事责任能力的证据。** 证明行为人对自己的行为是否具有辨认能力与控制能力，如是否属于间歇性精神病人、尚未完全丧失辨认或者控制自己行为能力的精神病人的证明材料。
	主观方面的证据	证明行为人故意的证据：1. 证明行为人明知的证据：证明行为人明知自己的行为会发生危害社会的结果；2. 证明直接故意的证据：证明行为人希望危害结果发生。

<table>
<tr><td rowspan="2">证据参考标准</td><td>客观方面的证据</td><td colspan="2">证明行为人非法持有国家绝密、机密文件、资料、物品犯罪行为的证据。
具体证据包括：1. 证明行为人非法持有国家绝密、机密行为的证据：（1）文件：①绝密；②机密。（2）资料：①绝密；②机密。（3）物品：①绝密；②机密。2. 证明行为人拒不说明来源行为的证据：（1）绝密、机密文件。（2）绝密、机密资料。（3）绝密、机密物品。3. 证明行为人拒不说明用途行为的证据：（1）绝密文件。（2）机密文件。（3）绝密资料。（4）机密资料。（5）绝密物品。（6）机密物品。4. 证明行为人非法持有国家绝密、机密文件、资料以及其他物品等其他行为的证据。</td></tr>
<tr><td>量刑方面的证据</td><td colspan="2">一、法定量刑情节证据。
1. 事实情节：（1）情节严重；（2）其他。2. 法定从重情节。3. 法定从轻减轻情节：（1）可以从轻；（2）可以从轻或减轻；（3）应当从轻或者减轻。4. 法定从轻减轻免除情节：（1）可以从轻、减轻或者免除处罚；（2）应当从轻、减轻或者免除处罚。5. 法定减轻免除情节：（1）可以减轻或者免除处罚；（2）应当减轻或者免除处罚；（3）可以免除处罚。
二、酌定量刑情节证据。
1. 犯罪手段：（1）非法持有；（2）其他。2. 犯罪对象。3. 危害结果。4. 动机。5. 平时表现。6. 认罪态度。7. 是否有前科。8. 其他证据。</td></tr>
<tr><td>量刑标准</td><td colspan="2">犯本罪的</td><td>处三年以下有期徒刑、拘役或者管制</td></tr>
<tr><td>法律适用</td><td>刑法条文</td><td colspan="2">第二百八十二条第二款　非法持有属于国家绝密、机密的文件、资料或者其他物品，拒不说明来源与用途的，处三年以下有期徒刑、拘役或者管制。</td></tr>
<tr><td>法律适用</td><td>相关法律法规</td><td colspan="2">《中华人民共和国保守国家秘密法》（节录）（1988 年 9 月 5 日中华人民共和国主席令第 6 号公布　自 1989 年 5 月 1 日起施行　2010 年 4 月 29 日修订）
第九条　下列涉及国家安全和利益的事项，泄露后可能损害国家在政治、经济、国防、外交等领域的安全和利益的，应当确定为国家秘密：
（一）国家事务重大决策中的秘密事项；
（二）国防建设和武装力量活动中的秘密事项；
（三）外交和外事活动中的秘密事项以及对外承担保密义务的秘密事项；
（四）国民经济和社会发展中的秘密事项；
（五）科学技术中的秘密事项；
（六）维护国家安全活动和追查刑事犯罪中的秘密事项；
（七）经国家保密行政管理部门确定的其他秘密事项。
政党的秘密事项中符合前款规定的，属于国家秘密。
第十条　国家秘密的密级分为绝密、机密、秘密三级。
绝密级国家秘密是最重要的国家秘密，泄露会使国家安全和利益遭受特别严重的损害；机密级国家秘密是重要的国家秘密，泄露会使国家安全和利益遭受严重的损害；秘密级国家秘密是一般的国家秘密，泄露会使国家安全和利益遭受损害。
第十一条　国家秘密及其密级的具体范围，由国家保密行政管理部门分别会同外交、公安、国家安全和其他中央有关机关规定。
军事方面的国家秘密及其密级的具体范围，由中央军事委员会规定。
国家秘密及其密级的具体范围的规定，应当在有关范围内公布，并根据情况变化及时调整。</td></tr>
</table>

14 非法生产、销售专用间谍器材、窃听、窃照专用器材案

概念

本罪是指违反法律规定，非法生产、销售专用间谍器材或者窃听、窃照专用器材的行为。

立案标准

根据《刑法》第283条的规定，非法生产、销售专用间谍器材或者窃听、窃照专用器材的，应当立案。

本罪是行为犯，只要行为人实施了非法生产、销售专用间谍器材或者窃听、窃照专用器材的行为，原则上就构成犯罪，应当立案追究。但是，对于情节显著轻微危害不大的，可以根据《刑法》第13条的规定，不以犯罪论处。

定罪标准		
定罪标准	犯罪客体	本罪侵犯的客体是国家对间谍专用器材及窃听、窃照专用器材的生产、销售管理制度。间谍专用器材是国家安全机关用来进行秘密侦察、联络的工具。这些工具是国家安全机关进行技术侦察，履行安全保卫工作不可缺少的手段，但是这些手段使用不当则会侵犯公民隐私、企业的商业秘密等。间谍专用器材作为一种特殊用途的商品，它的生产、销售有严格的限制。另外，秘密联络、截密等器材直接关乎国家安全利益，因此，对这些间谍器材的生产、配售、使用都必须进行严格的管理。非法生产、销售间谍专用器材的行为违反了国家有关规定，扰乱了国家对间谍专用器材的管理秩序。非法间谍专用器材流入社会，严重侵犯公民个人隐私、侵害商业秘密，同时将会给国家安全利益造成损失，尤其是秘密联络、截密电子设备等流入社会将给社会秩序和国家安全利益构成严重的威胁。 根据《刑法》第283条的规定，本罪的犯罪对象是国家予以特别管理的专用间谍器材及窃听、窃照专用器材，窃听、窃照专用器材是用来秘密侦听、拍摄侦查对象的言语、行动的工具，其余如空发式收发报机、密码本、密写工具、电子监听、截收器材等是用来进行秘密联络、破译密码、截密的工具。包括：(1) 暗藏式窃听、窃照器材；(2) 突发式收发报机、一次性密码本、密写工具；(3) 用于获取情报的电子监听、截收器材；(4) 其他专用器材。
	犯罪客观方面	本罪在客观方面表现为行为人非法生产、销售专用间谍器材及窃听、窃照专用器材的行为。“非法”是指未经国家有关主管部门批准擅自生产、销售或者虽经国家有关部门批准生产、销售但擅自超计划生产、超范围销售。专用间谍器材是国家安全部门进行侦查、保卫工作的专用工具，其生产、销售均由国家安全部门严格控制。专用间谍器材的生产、销售在法律上属于一般禁止的事项，因此除非已有国家安全部门明确的指定、批准，原则上均属于非法生产、销售。实践中对于涉嫌非法生产、销售专用间谍器材的，行为人必须提供其生产、销售行为已经国家安全部门指定、批准的证据，不能证明其行为为合法的，应当认定其为非法生产、销售。值得注意的是，证明生产、销售专用间谍器材是否属于非法行为的证据规则不同于一般案件，这是因为专用间谍器材的生产、销售除经专门特许外，均为非法，即国家一般性地禁止。而国家安全部门指定、特许专用间谍器材生产、销售是不同于其他行业管理的，其指定、特

定罪标准	犯罪客观方面	许行为一般是不对外公布的，所以，行为人不能提供国家安全部门指定、批准的证据，本身就说明其行为是非法的；同样，即便经过指定、批准的，如果其行为超出指定、批准范围，超出部分仍应认定为非法。“非法生产”是指未经批准，运用各种手段加工、制作专用间谍器材或者窃听、窃照专用器材的行为，实践中常用的手段有自行设计加工，如设计加工窃听装置；自行编制，如编制一次性密码本；组装，如购买电子元器件组装窃听装置；改装，如把一般民用电子设备改装成电子窃听设备等，不论行为人采取何种手段，只要从无到有地制造出专用间谍器材或者窃听、窃照专用器材或者把普通民用设备经过改造变为专用间谍器材或窃听、窃照专用器材，就构成非法生产专用间谍器材或窃听、窃照专用器材，只要行为人生产的产品属于国家安全部确认的专用间谍器材，即使其产品质量、性能低于合法生产的专用间谍器材或窃听、窃照专用器材，也不影响本罪的成立。“非法销售”是指未经批准擅自经营专用间谍器材或窃听、窃照专用器材或者向没有法定使用许可手续的单位或个人出售专用间谍器材或窃听、窃照专用器材的行为。为了出售而走私、购买专用间谍器材或窃听、窃照专用器材的，以“非法销售”论。但如果走私专用间谍器材或窃听、窃照专用器材达到走私罪标准的，应作为法条竞合犯比较两罪分别可能判处的刑罚，从一重罪处罚。
	犯罪主体	本罪主体是一般主体，即达到刑事责任年龄、具有刑事责任能力的自然人，均可成为本罪的主体。单位犯本罪的，实行双罚制，即对单位判处罚金，并对单位的直接负责的主管人员和其他直接责任人员，按照第一款的规定处刑。
	犯罪主观方面	本罪主观方面表现为故意。如果是出于爱钻研，无意之中将普通收音机改变成了发报机，或根本不知道销售的是间谍器材或窃听、窃照专用器材的，则不构成本罪。
	罪与非罪	区分罪与非罪的关键是看是否实施非法生产、销售专用间谍器材或窃听、窃照专用器材的行为。
	此罪与彼罪	本罪与间谍罪的界限。二者在行为方式上有可能出现交叉的地方，但二者的主要区别在于侵犯的直接客体不同、犯罪的目的不同。同时，要注意把生产、销售间谍器材与利用这些间谍器材进行间谍活动区别开来。根本区别在于主观方面内容不同。如果生产、销售间谍器材的目的不是为了营利，而是为了从事间谍活动，则不能以本罪论处，而应依间谍罪处罚。
证据参考标准	主体方面的证据	**一、证明行为人刑事责任年龄、身份等自然情况的证据。** 包括身份证明、户籍证明、任职证明、工作经历证明、特定职责证明等，主要是证明行为人的姓名（曾用名）、性别、出生年月日、民族、籍贯、出生地、职业（或职务）、住所地（或居所地）等证据材料，如户口簿、居民身份证、工作证、出生证、专业或技术等级证、干部履历表、职工登记表、护照等。 对于户籍、出生证等材料内容不实的，应提供其他证据材料。外国人犯罪的案件，应有护照等身份证明材料。人大代表、政协委员犯罪的案件，应注明身份，并附身份证明材料。 **二、证明行为人刑事责任能力的证据。** 证明行为人对自己的行为是否具有辨认能力与控制能力，如是否属于间歇性精神病人、尚未完全丧失辨认或者控制自己行为能力的精神病人的证明材料。

<table>
<tr><td rowspan="4">证据参考标准</td><td>主体方面的证据</td><td colspan="2">三、证明单位的证据。
证明是否属于依法成立并有合法经营、管理范围的公司、企业、事业单位、机关、团体。
证明单位的名称、住所地、性质、法定代表人、单位负责人、业务范围、成立时间等证据材料，如企业营业执照、国有公司性质证明及非法人单位的身份证明等。
四、证明法定代表人、单位负责人或直接责任人员等身份的证据。
法定代表人、直接负责的主管人员和其他直接责任人在单位的任职、职责、负责权限的证明材料等。包括身份证明、户籍证明、任职证明等，如户口簿、居民身份证、工作证、护照、专业或技术等级证、干部履历表、职工登记表、任命书、业务分工文件、委派文件、单位证明、单位规章制度等。</td></tr>
<tr><td>主观方面的证据</td><td colspan="2">证明行为人故意的证据：1. 证明行为人明知的证据：证明行为人明知自己的行为会发生危害社会的结果；2. 证明直接故意的证据：证明行为人希望危害结果发生；3. 目的：非法营利。</td></tr>
<tr><td>客观方面的证据</td><td colspan="2">证明行为人非法生产、销售间谍专用器材犯罪行为的证据：
具体证据包括：1. 证明行为人未经有关部门批准擅自生产、销售专用间谍器材或窃听、窃照专用器材行为的证据；2. 证明行为人非法生产窃听专用器材或窃听、窃照专用器材行为的证据；3. 证明行为人非法生产窃照专用器材行为的证据；4. 证明行为人非法生产其他专用间谍器材行为的证据；5. 证明行为人非法销售窃听专用器材行为的证据；6. 证明行为人非法销售窃照专用器材行为的证据；7. 证明行为人非法销售其他专用间谍器材行为的证据。</td></tr>
<tr><td>量刑方面的证据</td><td colspan="2">一、法定量刑情节证据。
1. 事实情节：（1）情节严重；（2）其他。2. 法定从重情节。3. 法定从轻减轻情节：（1）可以从轻；（2）可以从轻或减轻；（3）应当从轻或者减轻。4. 法定从轻减轻免除情节：（1）可以从轻、减轻或者免除处罚；（2）应当从轻、减轻或者免除处罚。5. 法定减轻免除情节：（1）可以减轻或者免除处罚；（2）应当减轻或者免除处罚；（3）可以免除处罚。
二、酌定量刑情节证据。
1. 犯罪手段：（1）非法生产；（2）非法销售；（3）其他。2. 犯罪对象。3. 危害结果。4. 动机。5. 平时表现。6. 认罪态度。7. 是否有前科。8. 其他证据。</td></tr>
<tr><td rowspan="3">量刑标准</td><td colspan="2">犯本罪的</td><td>处三年以下有期徒刑、拘役或者管制，并处或者单处罚金</td></tr>
<tr><td colspan="2">情节严重的</td><td>处三年以上七年以下有期徒刑，并处罚金</td></tr>
<tr><td colspan="2">单位犯本罪的</td><td>对单位判处罚金，并对其直接负责的主管人员和其他直接责任人员，依照上述的规定处罚</td></tr>
<tr><td>法律适用</td><td>刑法条文</td><td colspan="2">第二百八十三条　非法生产、销售专用间谍器材或者窃听、窃照专用器材的，处三年以下有期徒刑、拘役或者管制，并处或者单处罚金；情节严重的，处三年以上七年以下有期徒刑，并处罚金。
单位犯前款罪的，对单位判处罚金，并对其直接负责的主管人员和其他直接责任人员，依照前款的规定处罚。</td></tr>
</table>

最高人民法院、最高人民检察院、公安部、国家安全部《关于依法办理非法生产销售使用“伪基站”设备案件的意见》（2014年3月14日最高人民法院、最高人民检察院、公安部、国家安全部公布　自公布之日起施行　公通字〔2014〕13号）

各省、自治区、直辖市高级人民法院，人民检察院，公安厅、局，国家安全厅、局，新疆维吾尔自治区高级人民法院生产建设兵团分院，新疆生产建设兵团人民检察院、公安局、国家安全局：

近年来，各地非法生产、销售、使用“伪基站”设备违法犯罪活动日益猖獗，有的借以非法获取公民个人信息，有的非法经营广告业务，或者发送虚假广告，甚至实施诈骗等犯罪活动。“伪基站”设备是未取得电信设备进网许可和无线电发射设备型号核准的非法无线电通信设备，具有搜取手机用户信息，强行向不特定用户手机发送短信息等功能，使用过程中会非法占用公众移动通信频率，局部阻断公众移动通信网络信号。非法生产、销售、使用“伪基站”设备，不仅破坏正常电信秩序，影响电信运营商正常经营活动，危害公共安全，扰乱市场秩序，而且严重影响用户手机使用，损害公民财产权益，侵犯公民隐私，社会危害性严重。为依法办理非法生产、销售、使用“伪基站”设备案件，保障国家正常电信秩序，维护市场经济秩序，保护公民合法权益，根据有关法律规定，制定本意见。

一、准确认定行为性质

（一）非法生产、销售“伪基站”设备，具有以下情形之一的，依照《刑法》第二百二十五条的规定，以非法经营罪追究刑事责任：

1. 个人非法生产、销售“伪基站”设备三套以上，或者非法经营数额五万元以上，或者违法所得数额二万元以上的；

2. 单位非法生产、销售“伪基站”设备十套以上，或者非法经营数额十五万元以上，或者违法所得数额五万元以上的；

3. 虽未达到上述数额标准，但两年内曾因非法生产、销售“伪基站”设备受过两次以上行政处罚，又非法生产、销售“伪基站”设备的。

实施前款规定的行为，数量、数额达到前款规定的数量、数额五倍以上的，应当认定为《刑法》第二百二十五条规定的“情节特别严重”。

非法生产、销售“伪基站”设备，经鉴定为专用间谍器材的，依照《刑法》第二百八十三条的规定，以非法生产、销售间谍专用器材罪追究刑事责任；同时构成非法经营罪的，以非法经营罪追究刑事责任。

（二）非法使用“伪基站”设备干扰公用电信网络信号，危害公共安全的，依照《刑法》第一百二十四条第一款的规定，以破坏公用电信设施罪追究刑事责任；同时构成虚假广告罪、非法获取公民个人信息罪、破坏计算机信息系统罪、扰乱无线电通讯管理秩序罪的，依照处罚较重的规定追究刑事责任。

除法律、司法解释另有规定外，利用“伪基站”设备实施诈骗等其他犯罪行为，同时构成破坏公用电信设施罪的，依照处罚较重的规定追究刑事责任。

（三）明知他人实施非法生产、销售“伪基站”设备，或者非法使用“伪基站”设备干扰公用电信网络信号等犯罪，为其提供资金、场所、技术、设备等帮助的，以共同犯罪论处。

（四）对于非法使用“伪基站”设备扰乱公共秩序，侵犯他人人身权利、财产权利，情节较轻，尚不构成犯罪，但构成违反治安管理行为的，依法予以治安管理处罚。

法律适用　司法解释

二、严格贯彻宽严相济刑事政策

对犯罪嫌疑人、被告人的处理，应当结合其主观恶性大小、行为危害程度以及在案件中所起的作用等因素，切实做到区别对待。对组织指挥、实施非法生产、销售、使用"伪基站"设备的首要分子、积极参加的犯罪分子，以及曾因非法生产、销售、使用"伪基站"设备受到行政处罚或者刑事处罚，又实施非法生产、销售、使用"伪基站"设备的犯罪分子，应当作为打击重点依法予以严惩；对具有自首、立功、从犯等法定情节的犯罪分子，可以依法从宽处理。对情节显著轻微、危害不大的，依法不作为犯罪处理。

三、合理确定管辖

（一）案件一般由犯罪地公安机关管辖，犯罪嫌疑人居住地公安机关管辖更为适宜的，也可以由犯罪嫌疑人居住地公安机关管辖。对案件管辖有争议的，可以由共同的上级公安机关指定管辖；情况特殊的，上级公安机关可以指定其他公安机关管辖。

（二）上级公安机关指定下级公安机关立案侦查的案件，需要逮捕犯罪嫌疑人的，由侦查该案件的公安机关提请同级人民检察院审查批准，人民检察院应当依法作出批准逮捕或者不批准逮捕的决定；需要移送审查起诉的，由侦查该案件的公安机关移送同级人民检察院审查起诉。

（三）人民检察院对于审查起诉的案件，按照《刑事诉讼法》的管辖规定，认为应当由上级人民检察院或者同级其他人民检察院起诉的，将案件移送有管辖权的人民检察院，或者报上级检察机关指定管辖。

（四）符合最高人民法院、最高人民检察院、公安部、国家安全部、司法部、全国人大法工委《关于实施刑事诉讼法若干问题的规定》有关并案处理规定的，人民法院、人民检察院、公安机关可以在职责范围内并案处理。

四、加强协作配合

人民法院、人民检察院、公安机关、国家安全机关要认真履行职责，加强协调配合，形成工作合力。国家安全机关要依法做好相关鉴定工作；公安机关要全面收集证据，特别是注意做好相关电子数据的收集、固定工作，对疑难、复杂案件，及时向人民检察院、人民法院通报情况，对已经提请批准逮捕的案件，积极跟进、配合人民检察院的审查批捕工作，认真听取意见；人民检察院对于公安机关提请批准逮捕、移送审查起诉的案件，符合批捕、起诉条件的，应当依法尽快予以批捕、起诉；人民法院应当加强审判力量，制订庭审预案，并依法及时审结。

15 非法使用窃听、窃照专用器材案

概念

本罪是指违反国家有关法律规定，非法使用窃听、窃照专用器材，造成严重后果的行为。

立案标准

非法使用窃听、窃照专用器材，符合下列条件：

（1）行为人实施了非法使用窃听、窃照专用器材的行为；

（2）必须造成严重后果。

同时具备上述两个条件的，应当立案。本罪是结果犯。对于未造成严重后果的，则不构成犯罪，不予立案。

定罪标准		
定罪标准	犯罪客体	本罪侵犯的客体是国家对窃听、窃照专用器材的管理秩序。根据《国家安全法》和其他法律、法规的规定，任何组织和个人均不得非法持有、使用窃听、窃照等专用器材，因此在我国，窃听、窃照专用器材是一般被禁止持有、使用的物品，除非法律特别授权，否则即为非法。对于有关机关确有需要的，其具体使用程序也应做严格的限制，这些程序规定目的在于防止有关机关滥用国家权力，侵犯公民权利。所有这些法律、法规和其他规范性文件构成了国家对窃听、窃照专用器材的管理秩序。窃听是指秘密监听、偷录他人言谈、动静，窃照是指秘密拍摄他人行为举止。窃听既包括行为人亲自偷听，也包括行为人利用各种工具偷听、偷录，窃照是用各种照相器材偷拍、偷摄。窃听、窃照关乎公民个人私生活自由权和企事业单位自主进行经营活动，不受非法干扰的权利，因而除非有权机关依法进行，均为非法。但是一般来说，行为人亲自偷听，或者用一般器材偷拍、偷照的，限于条件，危害不会太大，因此不认为是犯罪，构成行政违法，或者民事侵权的，应承担相应的行政责任或民事责任。然而运用窃听、窃照专用器材进行窃听、窃照的，行为人的破坏能力极大，给公民生活自由和企事业单位的正常经营活动构成很大威胁。同时一些不法分子如果将窃听、窃照专用器材用于危害国家安全的活动，则会损害国家的安全和利益。
定罪标准	犯罪客观方面	本罪客观方面表现为非法使用窃听、窃照专用器材，造成严重后果的行为。使用窃听、窃照专用器材是技术侦查工作中的重要手段。技术侦查，是指国家有关部门根据法律规定，运用现代科学技术手段，侦破刑事案件，发现犯罪和查找罪证的措施。国家有关部门因侦查犯罪的需要，根据国家有关规定，经过严格的批准手续，可以采取技术侦查措施。任何未经批准，擅自使用窃听、窃照专用器材的行为，都是违反规定的行为。主要包括两种情形：一是有权使用窃听、窃照专用器材，未经批准擅自使用窃听、窃照专用器材的；二是无权使用窃听、窃照专用器材而擅自使用窃听、窃照专用器材的。行为人使用普通的录音、摄影器材非法窃听、窃照的，不构成本罪。 非法使用是指非法窃听、窃照。窃听、窃照专用器材是用来进行秘密监听、录音、拍摄影像的专用工具，所以非法使用是指用窃听、窃照专用器材进行非法窃听、窃照。如果使用窃听、窃照专用器材公开录音、拍摄影像，其持有窃听、窃照专用器材的行为可能是非法的，但其使用行为不属于本罪客观方面的“非法使用”。

<table>
<tr><td rowspan="5">定罪标准</td><td>犯罪客观方面</td><td>非法窃听是指非法使用窃听专用器材，秘密监听、窃听对象的言谈、动静。监听对象既可以是我国公民，也可以是外国人、无国籍人、企事业单位。监听内容包括私人谈话、电话、日常生活起居、会议等。当然，如果行为人利用窃听专用器材窃听国家秘密的，则构成国家秘密相关的犯罪。
非法窃照是指行为人非法使用窃照专用器材偷拍、偷录他人活动或其他目标的行为，窃照的对象包括日常生活起居、个人交往活动、企事业单位经营活动等。如果行为人用窃照专用器材偷拍、偷摄国家秘密的，构成妨害国家秘密的犯罪。
本罪属结果犯，非法使用窃听、窃照专用器材，造成严重后果的，才构成本罪。所谓严重后果，是指由于行为人非法窃听、窃照行为而致使窃听、窃照对象伤、亡、遭受重大财产损失，严重损害国家政治利益等情形。这里的严重后果是指与行为人窃听、窃照有关的危害结果，行为与结果之间既可以是直接因果关系，也可以是间接因果关系。</td></tr>
<tr><td>犯罪主体</td><td>本罪主体是一般主体，即达到刑事责任年龄、具有刑事责任能力的自然人，均可成为本罪的主体。</td></tr>
<tr><td>犯罪主观方面</td><td>本罪主观方面表现为故意，过失不构成本罪。在司法实践中，行为人实施这种窃听、窃照的行为，一般是出于某种非法的目的，有的则是出于好奇，不论行为人出于何种目的和动机，都不影响本罪的成立。</td></tr>
<tr><td>罪与非罪</td><td>区分罪与非罪的关键是看是否造成严重后果。</td></tr>
<tr><td>此罪与彼罪</td><td>本罪与间谍罪的界限。两罪的主要区别在于：后罪的犯罪主体是参加了间谍组织或者接受了间谍组织及其代理人任务的人，或者为敌人指示轰击目标的人，其犯罪目的是完成间谍任务。本罪不具备这些条件。若行为人是为了完成上述间谍任务，而使用窃听、窃照专用器材的，属于法条竞合，应定间谍罪，不构成本罪。若行为人既使用窃听、窃照专用器材，又从事间谍活动，二者之间没有关联，则构成非法使用窃听、窃照专用器材罪及间谍罪，应实行数罪并罚。</td></tr>
<tr><td>证据参考标准</td><td>主体方面的证据</td><td>一、证明行为人刑事责任年龄、身份等自然情况的证据。
包括身份证明、户籍证明、任职证明、工作经历证明、特定职责证明等，主要是证明行为人的姓名（曾用名）、性别、出生年月日、民族、籍贯、出生地、职业（或职务）、住所地（或居所地）等证据材料，如户口簿、居民身份证、工作证、出生证、专业或技术等级证、干部履历表、职工登记表、护照等。
对于户籍、出生证等材料内容不实的，应提供其他证据材料。外国人犯罪的案件，应有护照等身份证明材料。人大代表、政协委员犯罪的案件，应注明身份，并附身份证明材料。
二、证明行为人刑事责任能力的证据。
证明行为人对自己的行为是否具有辨认能力与控制能力，如是否属于间歇性精神病人、尚未完全丧失辨认或者控制自己行为能力的精神病人的证明材料。</td></tr>
</table>

<table>
<tr><td rowspan="3">证据参考标准</td><td>主观方面的证据</td><td colspan="2">证明行为人故意的证据：1. 证明行为人明知的证据：证明行为人明知自己的行为会发生危害社会的结果；2. 证明直接故意的证据：证明行为人希望危害结果发生；3. 目的：知悉国家秘密、窃取其他单位商业秘密、窃取其他单位内部秘密、窃取他人隐私。</td></tr>
<tr><td>客观方面的证据</td><td colspan="2">证明行为人非法使用窃听、窃照专用器材犯罪行为的证据。
具体证据包括：1. 证明行为人无权使用窃听、窃照专用器材行为的证据。2. 证明行为人虽有权使用窃听、窃照专用器材，但不是工作需要，而是出于非法目的行为的证据：（1）国家安全人员；（2）公安人员；（3）检察人员；（4）军事人员；（5）国防人员；（6）其他。3. 证明行为人非法使用窃听、窃照专用器材行为的证据：（1）非法知悉国家秘密；（2）窃取其他单位商业秘密；（3）窃取他人隐私；（4）其他。4. 证明行为人非法使用窃听、窃照专用器材造成严重后果行为的证据：（1）严重危害国家安全；（2）严重侵犯企业的商业秘密；（3）严重侵犯其他单位的内部秘密；（4）严重侵犯公民的个人隐私；（5）造成受害人自杀或精神失常；（6）给国家、集体或公民财产造成严重损失；（7）多次使用窃听、窃照专用器材，屡教不改。5. 证明行为人非法使用窃听、窃照专用器材其他行为的证据。</td></tr>
<tr><td>量刑方面的证据</td><td colspan="2">一、法定量刑情节证据。
1. 事实情节：（1）情节严重；（2）其他。2. 法定从重情节。3. 法定从轻减轻情节：（1）可以从轻；（2）可以从轻或减轻；（3）应当从轻或者减轻。4. 法定从轻减轻免除情节：（1）可以从轻、减轻或者免除处罚；（2）应当从轻、减轻或者免除处罚。5. 法定减轻免除情节：（1）可以减轻或者免除处罚；（2）应当减轻或者免除处罚；（3）可以免除处罚。
二、酌定量刑情节证据。
1. 犯罪手段：（1）窃听；（2）窃照；（3）其他。2. 犯罪对象。3. 危害结果。4. 动机。5. 平时表现。6. 认罪态度。7. 是否有前科。8. 其他证据。</td></tr>
<tr><td>量刑标准</td><td colspan="2">犯本罪的</td><td>处二年以下有期徒刑、拘役或者管制</td></tr>
<tr><td>法律适用</td><td>刑法条文</td><td colspan="2">第二百八十四条　非法使用窃听、窃照专用器材，造成严重后果的，处二年以下有期徒刑、拘役或者管制。</td></tr>
</table>

16 组织考试作弊案

概念

本罪是指行为人在法律规定的国家考试中，组织考生作弊的行为，或者为组织作弊者提供作弊器材或者其他帮助的行为。

立案标准

根据《刑法》第 284 条之一第 1 款和第 2 款的规定，行为人在法律规定的国家考试中发动、策划、指挥他人进行作弊的，或者为组织作弊者提供作弊器材或其他帮助行为的，构成本罪。

定罪标准	犯罪客体	本罪侵犯的客体是国家对考试组织的管理秩序和他人公平参与考试的权利。
	犯罪客观方面	本罪的客观方面表现在两方面，一是组织考生作弊的行为，二是为组织作弊者提供帮助的行为。 一、组织考生作弊的行为。首先需要明确的是“考试”的范围，《刑法修正案(九)》将本罪“考试”的范围限定为“法律规定的国家考试”。这里的“国家考试”仅限于全国人民代表大会及其常务委员会制定的法律所规定的考试。根据有关法律规定，下列考试属于“法律规定的国家考试”：(1) 普通高等学校招生考试、研究生招生考试、高等教育自学考试、成人高等学校招生考试等国家教育考试；(2) 中央和地方公务员录用考试；(3) 国家统一法律职业资格考试、国家教师资格考试、注册会计师全国统一考试、会计专业技术资格考试、资产评估师资格考试、医师资格考试、执业药师职业资格考试、注册建筑师考试、建造师执业资格考试等专业技术资格考试；(4) 其他依照法律由中央或者地方主管部门以及行业组织的国家考试。前款规定的考试涉及的特殊类型招生、特殊技能测试、面试等考试，属于“法律规定的国家考试”。 “组织作弊”是指发动、策划、指挥他人进行作弊的行为。组织对象不限于考生，还包括教职人员。近年来，高科技化“助考团伙”已经具备了产业化模式，提供作弊器材、窃取试题、雇佣枪手答题、传播答案等各个环节分工明确且隐秘性强，社会危害性严重，应当作为打击的重点予以从严惩处。 对于作弊行为，根据《国家教育考试违规处理办法》第6条的规定，考生违背考试公平、公正原则，在考试过程中有下列行为之一的，应当认定为考试作弊：(1) 携带与考试内容相关的材料或者存储有与考试内容相关资料的电子设备参加考试的；(2) 抄袭或者协助他人抄袭试题答案或者与考试内容相关的资料的；(3) 抢夺、窃取他人试卷、答卷或者胁迫他人为自己抄袭提供方便的；(4) 携带具有发送或者接收信息功能的设备的；(5) 由他人冒名代替参加考试的；(6) 故意销毁试卷、答卷或者考试材料的；(7) 在答卷上填写与本人身份不符的姓名、考号等信息的；(8) 传、接物品或者交换试卷、答卷、草稿纸的；(9) 其他以不正当手段获得或者试图获得试题答案、考试成绩的行为。 二、为组织作弊者提供帮助的行为。本款作为组织作弊行为的帮助行为，之所以不作为组织作弊行为的共犯处理，是因为实践中诸如提供作弊器材之类的帮助行为已经具有独立性、规模化、市场化的特征，已经成为组织作弊行为不可缺少的环节，具有典型性。为组织者提供帮助的行为与组织作弊行为二者之间相互依赖、分工严密且形成利益链条，惩罚难度越来越大，因此有必要对其进行专门的规定。

定罪标准	犯罪客观方面	为组织作弊者提供帮助的行为分为两类：一是提供作弊器材。“作弊器材”，即具有避开或者突破考场防范作弊的安全管理措施，获取、记录、传递、接收、存储考试试题、答案等功能的程序、工具，以及专门设计用于作弊的程序、工具。对于是否属于《刑法》第284条之一第2款规定的“作弊器材”难以确定的，依据省级以上公安机关或者考试主管部门出具的报告，结合其他证据作出认定；涉及专用间谍器材、窃听、窃照专用器材、“伪基站”等器材的，依照相关规定作出认定。主要包括：偷拍偷录设备、发送设备、接收设备。“偷拍偷录设备”，一般是将具有扫描功能或偷拍偷录功能的设备隐藏于可以随身携带进入考场的日常用品内，如纽扣式数码相机、钢笔式扫描器等，还可以隐藏于眼镜、手表等物品中。“发送设备”包括各种大功率发射机，负责将答案传送到考场中。“接收设备”目前有语音型接收器和数据型接收器两种类型，一般可接收超高频信号，自设接收频率，有些还能够防无线电屏蔽。如微型耳机、牙齿接收器等。“提供作弊器材”包括为组织作弊者制作、生产或者向其出租、出借作弊器材的行为。实践中，利用上述器材作弊的一般流程是：（1）考场内一名考生使用扫描设备将试卷内容发射出去；（2）考场外的接收者可以同步看到考卷，并马上做出答案；（3）通过高频对讲或者数据传输的形式将答案传递给考场内佩戴有隐形耳机的考生。二是提供其他帮助。“其他帮助”是指除了为组织作弊者提供作弊器材外的其他帮助行为，如指派“枪手”替考、提供资金支持、提供场所、帮助宣传、培训等行为。 在法律规定的国家考试中，组织作弊，具有下列情形之一的，应当认定为《刑法》第284条之一第1款规定的“情节严重”：（1）在普通高等学校招生考试、研究生招生考试、公务员录用考试中组织考试作弊的；（2）导致考试推迟、取消或者启用备用试题的；（3）考试工作人员组织考试作弊的；（4）组织考生跨省、自治区、直辖市作弊的；（5）多次组织考试作弊的；（6）组织30人次以上作弊的；（7）提供作弊器材50件以上的；（8）违法所得30万元以上的；（9）其他情节严重的情形。
	犯罪主体	本罪的主体为一般主体，即年满16周岁具有刑事责任能力的自然人都可以成为本罪的主体。本罪只处罚组织作弊者和为组织作弊者提供帮助的人，不处罚参与作弊的考生。 单位实施组织考试作弊的，依照相应定罪量刑标准，追究组织者、策划者、实施者的刑事责任。
	犯罪主观方面	本罪在主观方面表现为故意，即明知自己组织考生作弊的行为，或者为组织作弊者提供帮助的行为会损害国家的考试管理秩序和他人公平参与考试的权利，却希望或者放任这种危害结果的发生。
	罪与非罪	构成本罪，组织作弊的行为必须针对的是“法律规定的国家考试”，在法律规定的国家考试以外的其他考试中，组织作弊，为他人组织作弊提供作弊器材或者其他帮助，符合非法获取国家秘密罪、非法生产、销售窃听、窃照专用器材罪、非法使用窃听、窃照专用器材罪、非法利用信息网络罪、扰乱无线电通讯管理秩序罪等犯罪构成要件的，依法追究刑事责任。行为违反相关法律或部门规章的，按照相应的规定处罚。组织作弊以行为人实施“组织”行为为既遂标准，考生是否作弊成功不影响既遂的认定。组织考试作弊，在考试开始之前被查获，但已经非法获取考试试题、答案或者具有其他严重扰乱考试秩序情形的，应当认定为组织考试作弊罪既遂。为组织者提供作弊器材或者提供其他帮助的，只要帮助行为实施完毕即构成本罪，作弊行为是否成功或者考生是否使用作弊器械不影响既遂的认定。

<table>
<tr><td rowspan="1">定罪标准</td><td>此罪与彼罪</td><td>行为人以窃取、刺探、收买方法非法获取国家考试的试题、答案后，组织考生作弊的，同时构成非法获取国家秘密罪和组织考试作弊罪的，成立牵连犯，应当择一重罪处罚。
以窃取、刺探、收买方法非法获取法律规定的国家考试的试题、答案，又组织考试作弊，分别符合《刑法》第282条和第284条之一规定的，以非法获取国家秘密罪和组织考试作弊罪数罪并罚。
设立用于实施考试作弊的网站、通讯群组或者发布有关考试作弊的信息，情节严重的，应当依照《刑法》第287条之一的规定，以非法利用信息网络罪定罪处罚；同时构成组织考试作弊罪、非法获取国家秘密罪等其他犯罪的，依照处罚较重的规定定罪处罚。</td></tr>
<tr><td rowspan="4">证据参考标准</td><td>主体方面的证据</td><td>一、证明行为人刑事责任年龄、身份等自然情况的证据。
包括身份证明、户籍证明、任职证明、工作经历证明、特定职责证明等，主要是证明行为人的姓名（曾用名）、性别、出生年月日、民族、籍贯、出生地、职业（或职务）、住所地（或居住地）等证据材料，如户口簿、居民身份证、工作证、出生证、专业或技术等级证、干部履历表、职工登记表、护照等。
对于户籍、出生证等材料内容不实的，应提供其他证据材料。外国人犯罪的案件，应有护照等身份证明材料。人大代表、政协委员犯罪的案件，应注明身份，并附身份证明材料。
二、证明行为人刑事责任能力的证据。
证明行为人对自己的行为是否具有辨认能力与控制能力，如是否属于间歇性精神病人、尚未完全丧失辨认或者控制自己行为能力的精神病人的证明材料。</td></tr>
<tr><td>主观方面的证据</td><td>证明行为人故意的证据：1. 证明行为人明知的证据：证明行为人明知自己的行为会发生危害社会的结果；2. 证明故意的证据：证明行为人希望或者放任危害结果的发生。</td></tr>
<tr><td>客观方面的证据</td><td>证明行为人在法律规定的国家考试中，组织考生作弊的行为，或者为组织作弊者提供作弊器材或者其他帮助的行为。
具体证据包括：1. 证明行为人发动他人进行作弊的行为；2. 证明行为人策划他人进行作弊的行为；3. 证明行为人指挥他人进行作弊的行为；4. 证明行为人为组织作弊者提供作弊器材的行为；5. 证明行为人为组织作弊者提供替考者的证据；6. 证明行为人为组织作弊者提供资金支持的行为；7. 证明行为人为组织作弊者提供组织场所的行为；8. 证明行为人帮助组织作弊者宣传作弊服务的行为；9. 证明行为人为组织作弊者提供培训服务的行为；10. 证明行为人组织作弊人数众多的证据；11. 证明行为人多次组织作弊的证据；12. 证明行为人组织作弊影响巨大的证据；13. 证明行为人为组织作弊者多次提供作弊器材的证据；14. 证明行为人为组织作弊者提供帮助影响巨大的证据。</td></tr>
<tr><td>量刑方面的证据</td><td>一、法定量刑情节证据。
1. 事实情节。2. 法定从重情节。3. 法定从轻减轻情节：（1）可以从轻；（2）可以从轻或减轻；（3）应当从轻或者减轻。4. 法定从轻减轻免除情节：（1）可以从轻、减轻或者免除处罚；（2）应当从轻、减轻或者免除处罚。5. 法定减轻免除情节：（1）可以减轻或者免除处罚；（2）应当减轻或者免除处罚；（3）可以免除处罚。
二、酌定量刑情节证据。
1. 犯罪手段；2. 犯罪对象；3. 危害结果；4. 动机；5. 平时表现；6. 认罪态度；7. 是否有前科；8. 其他证据。</td></tr>
</table>

量刑标准

犯本罪的	处三年以下有期徒刑或者拘役，并处或者单处罚金
情节严重的	处三年以上七年以下有期徒刑，并处罚金

法律适用

刑法条文

第二百八十四条之一第一款、第二款 在法律规定的国家考试中，组织作弊的，处三年以下有期徒刑或者拘役，并处或者单处罚金；情节严重的，处三年以上七年以下有期徒刑，并处罚金。

为他人实施前款犯罪提供作弊器材或者其他帮助的，依照前款的规定处罚。

司法解释

一、最高人民法院《关于〈中华人民共和国刑法修正案（九）〉时间效力问题的解释》（节录）（2015年10月29日最高人民法院公布 自2015年11月1日起施行 法释〔2015〕19号）

第六条 对于2015年10月31日以前组织考试作弊，为他人组织考试作弊提供作弊器材或者其他帮助，以及非法向他人出售或者提供考试试题、答案，根据修正前刑法应当以非法获取国家秘密罪、非法生产、销售间谍专用器材罪或者故意泄露国家秘密罪等追究刑事责任的，适用修正前刑法的有关规定。但是，根据修正后刑法第二百八十四条之一的规定处刑较轻的，适用修正后刑法的有关规定。

二、最高人民法院、最高人民检察院《关于办理组织考试作弊等刑事案件适用法律若干问题的解释》（2019年9月2日最高人民法院、最高人民检察院公布 自2019年9月4日起施行 法释〔2019〕13号）

为依法惩治组织考试作弊、非法出售、提供试题、答案、代替考试等犯罪，维护考试公平与秩序，根据《中华人民共和国刑法》《中华人民共和国刑事诉讼法》的规定，现就办理此类刑事案件适用法律的若干问题解释如下：

第一条 刑法第二百八十四条之一规定的“法律规定的国家考试”，仅限于全国人民代表大会及其常务委员会制定的法律所规定的考试。

根据有关法律规定，下列考试属于“法律规定的国家考试”：

（一）普通高等学校招生考试、研究生招生考试、高等教育自学考试、成人高等学校招生考试等国家教育考试；

（二）中央和地方公务员录用考试；

（三）国家统一法律职业资格考试、国家教师资格考试、注册会计师全国统一考试、会计专业技术资格考试、资产评估师资格考试、医师资格考试、执业药师职业资格考试、注册建筑师考试、建造师执业资格考试等专业技术资格考试；

（四）其他依照法律由中央或者地方主管部门以及行业组织的国家考试。

前款规定的考试涉及的特殊类型招生、特殊技能测试、面试等考试，属于“法律规定的国家考试”。

第二条 在法律规定的国家考试中，组织作弊，具有下列情形之一的，应当认定为刑法第二百八十四条之一第一款规定的“情节严重”：

（一）在普通高等学校招生考试、研究生招生考试、公务员录用考试中组织考试作弊的；

（二）导致考试推迟、取消或者启用备用试题的；

（三）考试工作人员组织考试作弊的；

（四）组织考生跨省、自治区、直辖市作弊的；

法律适用　司法解释

（五）多次组织考试作弊的；

（六）组织三十人次以上作弊的；

（七）提供作弊器材五十件以上的；

（八）违法所得三十万元以上的；

（九）其他情节严重的情形。

第三条　具有避开或者突破考场防范作弊的安全管理措施，获取、记录、传递、接收、存储考试试题、答案等功能的程序、工具，以及专门设计用于作弊的程序、工具，应当认定为刑法第二百八十四条之一第二款规定的“作弊器材”。

对于是否属于刑法第二百八十四条之一第二款规定的“作弊器材”难以确定的，依据省级以上公安机关或者考试主管部门出具的报告，结合其他证据作出认定；涉及专用间谍器材、窃听、窃照专用器材、“伪基站”等器材的，依照相关规定作出认定。

第四条　组织考试作弊，在考试开始之前被查获，但已经非法获取考试试题、答案或者具有其他严重扰乱考试秩序情形的，应当认定为组织考试作弊罪既遂。

第五条　为实施考试作弊行为，非法出售或者提供法律规定的国家考试的试题、答案，具有下列情形之一的，应当认定为刑法第二百八十四条之一第三款规定的“情节严重”：

（一）非法出售或者提供普通高等学校招生考试、研究生招生考试、公务员录用考试的试题、答案的；

（二）导致考试推迟、取消或者启用备用试题的；

（三）考试工作人员非法出售或者提供试题、答案的；

（四）多次非法出售或者提供试题、答案的；

（五）向三十人次以上非法出售或者提供试题、答案的；

（六）违法所得三十万元以上的；

（七）其他情节严重的情形。

第六条　为实施考试作弊行为，向他人非法出售或者提供法律规定的国家考试的试题、答案，试题不完整或者答案与标准答案不完全一致的，不影响非法出售、提供试题、答案罪的认定。

第七条　代替他人或者让他人代替自己参加法律规定的国家考试的，应当依照刑法第二百八十四条之一第四款的规定，以代替考试罪定罪处罚。

对于行为人犯罪情节较轻，确有悔罪表现，综合考虑行为人替考情况以及考试类型等因素，认为符合缓刑适用条件的，可以宣告缓刑；犯罪情节轻微的，可以不起诉或者免予刑事处罚；情节显著轻微危害不大的，不以犯罪论处。

第八条　单位实施组织考试作弊、非法出售、提供试题、答案等行为的，依照本解释规定的相应定罪量刑标准，追究组织者、策划者、实施者的刑事责任。

第九条　以窃取、刺探、收买方法非法获取法律规定的国家考试的试题、答案，又组织考试作弊或者非法出售、提供试题、答案，分别符合刑法第二百八十二条和刑法第二百八十四条之一规定的，以非法获取国家秘密罪和组织考试作弊罪或者非法出售、提供试题、答案罪数罪并罚。

第十条　在法律规定的国家考试以外的其他考试中，组织作弊，为他人组织作弊提供作弊器材或者其他帮助，或者非法出售、提供试题、答案，符合非法获取国家秘密罪、非法生产、销售窃听、窃照专用器材罪、非法使用窃听、窃照专用器材罪、非法利用信息网络罪、扰乱无线电通讯管理秩序罪等犯罪构成要件的，依法追究刑事责任。

司法解释

第十一条 设立用于实施考试作弊的网站、通讯群组或者发布有关考试作弊的信息，情节严重的，应当依照刑法第二百八十七条之一的规定，以非法利用信息网络罪定罪处罚；同时构成组织考试作弊罪、非法出售、提供试题、答案罪、非法获取国家秘密罪等其他犯罪的，依照处罚较重的规定定罪处罚。

第十二条 对于实施本解释规定的犯罪被判处刑罚的，可以根据犯罪情况和预防再犯罪的需要，依法宣告职业禁止；被判处管制、宣告缓刑的，可以根据犯罪情况，依法宣告禁止令。

第十三条 对于实施本解释规定的行为构成犯罪的，应当综合考虑犯罪的危害程度、违法所得数额以及被告人的前科情况、认罪悔罪态度等，依法判处罚金。

第十四条 本解释自2019年9月4日起施行。

三、最高人民法院《关于审理走私、非法经营、非法使用兴奋剂刑事案件适用法律若干问题的解释》（节录）（2019年11月18日最高人民法院公布 自2020年1月1日起施行 法释〔2019〕16号）

第四条 在普通高等学校招生、公务员录用等法律规定的国家考试涉及的体育、体能测试等体育运动中，组织考生非法使用兴奋剂的，应当依照刑法第二百八十四条之一的规定，以组织考试作弊罪定罪处罚。

明知他人实施前款犯罪而为其提供兴奋剂的，依照前款的规定定罪处罚。

法律适用

相关法律法规

一、《中华人民共和国公务员法》（节录）（2005年4月27日中华人民共和国主席令第35号公布 自2006年1月1日起施行 2017年9月1日修正 2018年12月29日修订）

第二十四条 中央机关及其直属机构公务员的录用，由中央公务员主管部门负责组织。地方各级机关公务员的录用，由省级公务员主管部门负责组织，必要时省级公务员主管部门可以授权设区的市级公务员主管部门组织。

第三十条 公务员录用考试采取笔试和面试的方式进行，考试内容根据公务员应当具备的基本能力和不同职位类别、不同层级机关分别设置。

第三十一条 招录机关根据考试成绩确定考察人选，并对其进行报考资格复审、考察和体检。

体检的项目和标准根据职位要求确定。具体办法由中央公务员主管部门会同国务院卫生健康行政部门规定。

第三十二条 招录机关根据考试成绩、考察情况和体检结果，提出拟录用人员名单，并予以公示。公示期不少于五个工作日。

公示期满，中央一级招录机关将拟录用人员名单报中央公务员主管部门备案；地方各级招录机关将拟录用人员名单报省级或者设区的市级公务员主管部门审批。

二、《中华人民共和国法官法》（节录）（1995年2月28中华人民共和国主席令第38号公布 自1995年7月1日起施行 2001年6月30日第一次修正 2017年9月1日第二次修正 2019年4月23日修订）

第十四条 初任法官采用考试、考核的办法，按照德才兼备的标准，从具备法官条件的人员中择优提出人选。

人民法院的院长应当具有法学专业知识和法律职业经历。副院长、审判委员会委员应当从法官、检察官或者其他具备法官条件的人员中产生。

法律适用 相关法律法规

三、《中华人民共和国检察官法》（节录）（1995年2月28日中华人民共和国主席令第39号公布　自1995年7月1日起施行　2001年6月30日第一次修正　2017年9月1日第二次修正　2019年4月23日修订）

第十四条　初任检察官采用考试、考核的办法，按照德才兼备的标准，从具备检察官条件的人员中择优提出人选。

人民检察院的检察长应当具有法学专业知识和法律职业经历。副检察长、检察委员会委员应当从检察官、法官或者其他具备检察官条件的人员中产生。

四、《中华人民共和国人民警察法》（节录）（1995年2月28日中华人民共和国主席令第40号公布　自公布之日起施行　2012年10月26日修正）

第二十七条　录用人民警察，必须按照国家规定，公开考试，严格考核，择优选用。

五、《中华人民共和国律师法》（节录）（1996年5月15日中华人民共和国主席令第67号公布　自1997年1月1日起施行　2001年12月29日第一次修正　2007年10月28日修订　2012年10月26日第二次修正　2017年9月1日第三次修正）

第五条　申请律师执业，应当具备下列条件：

（一）拥护中华人民共和国宪法；

（二）通过国家统一法律职业资格考试取得法律职业资格；

（三）在律师事务所实习满一年；

（四）品行良好。

实行国家统一法律职业资格考试前取得的国家统一司法考试合格证书、律师资格凭证，与国家统一法律职业资格考试证书具有同等效力。

六、《中华人民共和国注册会计师法》（节录）（1993年10月31日中华人民共和国主席令第13号公布　自1994年1月1日起施行　2014年8月31日修正）

第七条　国家实行注册会计师全国统一考试制度。注册会计师全国统一考试办法，由国务院财政部门制定，由中国注册会计师协会组织实施。

七、《中华人民共和国教师法》（节录）（1993年10月31日中华人民共和国主席令第15号公布　自1994年1月1日起施行　2009年8月27日修正）

第十条　国家实行教师资格制度。

中国公民凡遵守宪法和法律，热爱教育事业，具有良好的思想品德，具备本法规定的学历或者经国家教师资格考试合格，有教育教学能力，经认定合格的，可以取得教师资格。

第十一条　取得教师资格应当具备的相应学历是：

（一）取得幼儿园教师资格，应当具备幼儿师范学校毕业及其以上学历；

（二）取得小学教师资格，应当具备中等师范学校毕业及其以上学历；

（三）取得初级中学教师，初级职业学校文化、专业课教师资格，应当具备高等师范专科学校或者其他大学专科毕业及其以上学历；

（四）取得高级中学教师资格和中等专业学校、技工学校、职业高中文化课、专业课教师资格，应当具备高等师范院校本科或者其他大学本科毕业及其以上学历；取得中等专业学校、技工学校和职业高中学生实习指导教师资格应当具备的学历，由国务院教育行政部门规定；

（五）取得高等学校教师资格，应当具备研究生或者大学本科毕业学历；

（六）取得成人教育教师资格，应当按照成人教育的层次、类别，分别具备高等、中等学校毕业及其以上学历。

不具备本法规定的教师资格学历的公民，申请获取教师资格，必须通过国家教师资格考试。国家教师资格考试制度由国务院规定。

八、《中华人民共和国执业医师法》（节录）（1998年6月26日中华人民共和国主席令第5号公布 自1999年5月1日起施行 2009年8月27日修正）

第八条 国家实行医师资格考试制度。医师资格考试分为执业医师资格考试和执业助理医师资格考试。

医师资格统一考试的办法，由国务院卫生行政部门制定。医师资格考试由省级以上人民政府卫生行政部门组织实施。

第九条 具有下列条件之一的，可以参加执业医师资格考试：

（一）具有高等学校医学专业本科以上学历，在执业医师指导下，在医疗、预防、保健机构中试用期满一年的；

（二）取得执业助理医师执业证书后，具有高等学校医学专科学历，在医疗、预防、保健机构中工作满二年的；具有中等专业学校医学专业学历，在医疗、预防、保健机构中工作满五年的。

第十条 具有高等学校医学专科学历或者中等专业学校医学专业学历，在执业医师指导下，在医疗、预防、保健机构中试用期满一年的，可以参加执业助理医师资格考试。

九、《中华人民共和国海关法》（节录）（1987年1月22日中华人民共和国主席令第51号公布 自1987年7月1日起施行 2000年7月8日第一次修正 2013年6月29日第二次修正 2013年12月28日第三次修正 2016年11月7日第四次修正 2017年11月4日第五次修正 2021年4月29日第六次修正）

第七十三条 海关应当根据依法履行职责的需要，加强队伍建设，使海关工作人员具有良好的政治、业务素质。

海关专业人员应当具有法律和相关专业知识，符合海关规定的专业岗位任职要求。

海关招收工作人员应当按照国家规定，公开考试，严格考核，择优录用。

海关应当有计划地对其工作人员进行政治思想、法制、海关业务培训和考核。海关工作人员必须定期接受培训和考核，经考核不合格的，不得继续上岗执行职务。

十、《中华人民共和国动物防疫法》（节录）（1997年7月3日中华人民共和国主席令第87号公布 2007年8月30日第一次修订 2013年6月29日第一次修正 2015年4月24日第二次修正 2021年1月22日第二次修订）

第六十九条 国家实行执业兽医资格考试制度。具有兽医相关专业大学专科以上学历的人员或者符合条件的乡村兽医，通过执业兽医资格考试的，由省、自治区、直辖市人民政府农业农村主管部门颁发执业兽医资格证书；从事动物诊疗等经营活动的，还应当向所在地县级人民政府农业农村主管部门备案。

执业兽医资格考试办法由国务院农业农村主管部门商国务院人力资源主管部门制定。

法律适用 相关法律法规

十一、《中华人民共和国旅游法》（节录）（2013年4月25日中华人民共和国主席令第3号公布　自2013年10月1日起施行　2016年11月7日第一次修正　2018年10月26日第二次修正）

第三十七条　参加导游资格考试成绩合格，与旅行社订立劳动合同或者在相关旅游行业组织注册的人员，可以申请取得导游证。

十二、《中华人民共和国证券投资基金法》（节录）（2003年10月28日中华人民共和国主席令第9号公布　自2004年6月1日起施行　2012年10月28日修订　2015年4月24日修正）

第一百一十一条　基金行业协会履行下列职责：

（一）教育和组织会员遵守有关证券投资的法律、行政法规，维护投资人合法权益；

（二）依法维护会员的合法权益，反映会员的建议和要求；

（三）制定和实施行业自律规则，监督、检查会员及其从业人员的执业行为，对违反自律规则和协会章程的，按照规定给予纪律处分；

（四）制定行业执业标准和业务规范，组织基金从业人员的从业考试、资质管理和业务培训；

（五）提供会员服务，组织行业交流，推动行业创新，开展行业宣传和投资人教育活动；

（六）对会员之间、会员与客户之间发生的基金业务纠纷进行调解；

（七）依法办理非公开募集基金的登记、备案；

（八）协会章程规定的其他职责。

十三、《中华人民共和国统计法》（节录）（1983年12月8日中华人民共和国主席令第9号公布　1996年5月15日修正　2009年6月27日修订）

第三十一条　国家实行统计专业技术职务资格考试、评聘制度，提高统计人员的专业素质，保障统计队伍的稳定性。

统计人员应当具备与其从事的统计工作相适应的专业知识和业务能力。

县级以上人民政府统计机构和有关部门应当加强对统计人员的专业培训和职业道德教育。

十四、《中华人民共和国公证法》（节录）（2005年8月28日中华人民共和国主席令第39号公布　自2006年3月1日起施行　2015年4月24日第一次修正　2017年9月1日第二次修正）

第十八条　担任公证员，应当具备下列条件：

（一）具有中华人民共和国国籍；

（二）年龄二十五周岁以上六十五周岁以下；

（三）公道正派，遵纪守法，品行良好；

（四）通过国家统一法律职业资格考试取得法律职业资格；

（五）在公证机构实习二年以上或者具有三年以上其他法律职业经历并在公证机构实习一年以上，经考核合格。

相关法律法规

十五、《中华人民共和国教育法》（节录）（1995 年 3 月 18 日中华人民共和国主席令第 45 号公布　自 1995 年 9 月 1 日起施行　2009 年 8 月 27 日第一次修正　2015 年 12 月 27 日第二次修正　2021 年 4 月 29 日第三次修正）

第二十一条　国家实行国家教育考试制度。

国家教育考试由国务院教育行政部门确定种类，并由国家批准的实施教育考试的机构承办。

法律适用　规章及规范性文件

一、《国家教育考试违规处理办法》（节录）（2004 年 5 月 19 日中华人民共和国教育部令第 18 号公布　自公布之日起施行　2012 年 1 月 5 日修正）

第三条　对参加国家教育考试的考生以及考试工作人员、其他相关人员，违反考试管理规定和考场纪律，影响考试公平、公正行为的认定与处理，适用本办法。

对国家教育考试违规行为的认定与处理应当公开公平、合法适当。

第五条　考生不遵守考场纪律，不服从考试工作人员的安排与要求，有下列行为之一的，应当认定为考试违纪：

（一）携带规定以外的物品进入考场或者未放在指定位置的；

（二）未在规定的座位参加考试的；

（三）考试开始信号发出前答题或者考试结束信号发出后继续答题的；

（四）在考试过程中旁窥、交头接耳、互打暗号或者手势的；

（五）在考场或者教育考试机构禁止的范围内，喧哗、吸烟或者实施其他影响考场秩序的行为的；

（六）未经考试工作人员同意在考试过程中擅自离开考场的；

（七）将试卷、答卷（含答题卡、答题纸等，下同）、草稿纸等考试用纸带出考场的；

（八）用规定以外的笔或者纸答题或者在试卷规定以外的地方书写姓名、考号或者以其他方式在答卷上标记信息的；

（九）其他违反考场规则但尚未构成作弊的行为。

第六条　考生违背考试公平、公正原则，在考试过程中有下列行为之一的，应当认定为考试作弊：

（一）携带与考试内容相关的材料或者存储有与考试内容相关资料的电子设备参加考试的；

（二）抄袭或者协助他人抄袭试题答案或者与考试内容相关的资料的；

（三）抢夺、窃取他人试卷、答卷或者胁迫他人为自己抄袭提供方便的；

（四）携带具有发送或者接收信息功能的设备的；

（五）由他人冒名代替参加考试的；

（六）故意销毁试卷、答卷或者考试材料的；

（七）在答卷上填写与本人身份不符的姓名、考号等信息的；

（八）传、接物品或者交换试卷、答卷、草稿纸的；

（九）其他以不正当手段获得或者试图获得试题答案、考试成绩的行为。

第七条　教育考试机构、考试工作人员在考试过程中或者在考试结束后发现下列行为之一的，应当认定相关的考生实施了考试作弊行为：

（一）通过伪造证件、证明、档案及其他材料获得考试资格、加分资格和考试成绩的；

（二）评卷过程中被认定为答案雷同的；

（三）考场纪律混乱、考试秩序失控，出现大面积考试作弊现象的；

（四）考试工作人员协助实施作弊行为，事后查实的；

（五）其他应认定为作弊的行为。

第九条 考生有第五条所列考试违纪行为之一的，取消该科目的考试成绩。

考生有第六条、第七条所列考试作弊行为之一的，其所报名参加考试的各阶段、各科成绩无效；参加高等教育自学考试的，当次考试成绩各科成绩无效。

有下列情形之一的，可以视情节轻重，同时给予暂停参加该项考试 1 至 3 年的处理；情节特别严重的，可以同时给予暂停参加各种国家教育考试 1 至 3 年的处理：

（一）组织团伙作弊的；

（二）向考场外发送、传递试题信息的；

（三）使用相关设备接收信息实施作弊的；

（四）伪造、变造身份证、准考证及其他证明材料，由他人代替或者代替考生参加考试的。

参加高等教育自学考试的考生有前款严重作弊行为的，也可以给予延迟毕业时间 1 至 3 年的处理，延迟期间考试成绩无效。

第十条 考生有第八条所列行为之一的，应当终止其继续参加本科目考试，其当次报名参加考试的各科成绩无效；考生及其他人员的行为违反《中华人民共和国治安管理处罚法》的，由公安机关进行处理；构成犯罪的，由司法机关依法追究刑事责任。

第十一条 考生以作弊行为获得的考试成绩并由此取得相应的学位证书、学历证书及其他学业证书、资格资质证书或者入学资格的，由证书颁发机关宣布证书无效，责令收回证书或者予以没收；已经被录取或者入学的，由录取学校取消录取资格或者其学籍。

第十二条 在校学生、在职教师有下列情形之一的，教育考试机构应当通报其所在学校，由学校根据有关规定严肃处理，直至开除学籍或者予以解聘：

（一）代替考生或者由他人代替参加考试的；

（二）组织团伙作弊的；

（三）为作弊组织者提供试题信息、答案及相应设备等参与团伙作弊行为的。

第十七条 有下列行为之一的，由教育考试机构建议行为人所在单位给予行政处分；违反《中华人民共和国治安管理处罚法》的，由公安机关依法处理；构成犯罪的，由司法机关依法追究刑事责任：

（一）指使、纵容、授意考试工作人员放松考试纪律，致使考场秩序混乱、作弊严重的；

（二）代替考生或者由他人代替参加国家教育考试的；

（三）组织或者参与团伙作弊的；

（四）利用职权，包庇、掩盖作弊行为或者胁迫他人作弊的；

（五）以打击、报复、诬陷、威胁等手段侵犯考试工作人员、考生人身权利的；

（六）向考试工作人员行贿的；

（七）故意损坏考试设施的；

（八）扰乱、妨害考场、评卷点及有关考试工作场所秩序后果严重的。

国家工作人员有前款行为的，教育考试机构应当建议有关纪检、监察部门，根据有关规定从重处理。

第十八条 考试工作人员在考试过程中发现考生实施本办法第五条、第六条所列考试违纪、作弊行为的，应当及时予以纠正并如实记录；对考生用于作弊的材料、工具等，应予暂扣。

考生违规记录作为认定考生违规事实的依据，应当由2名以上监考员或者考场巡视员、督考员签字确认。

考试工作人员应当向违纪考生告知违规记录的内容，对暂扣的考生物品应填写收据。

二、《公务员考试录用违纪违规行为处理办法》（节录）（2016年8月19日人力资源和社会保障部令第30号公布 自2016年10月1日起施行）

第五条 报考者提供的涉及报考资格的申请材料或者信息不实的，由负责资格审查工作的招录机关或者公务员主管部门给予其取消本次报考资格的处理。

报考者有恶意注册报名信息，扰乱报名秩序或者伪造学历证明及其他有关材料骗取考试资格等严重违纪违规行为的，由中央一级招录机关或者设区的市级以上公务员主管部门给予其取消本次报考资格的处理，并记入公务员考试录用诚信档案库，记录期限为五年。

第六条 报考者在考试过程中有下列违纪违规行为之一的，由具体组织实施考试的考试机构、招录机关或者公务员主管部门给予其当次该科目（场次）考试成绩无效的处理：

（一）将规定以外的物品带入考场且未按要求放在指定位置，经提醒仍不改正的；

（二）未在指定座位参加考试，或者未经工作人员允许擅自离开座位或者考场，经提醒仍不改正的；

（三）经提醒仍不按规定填写（填涂）本人信息的；

（四）将试卷、答题纸、答题卡带出考场，或者故意损毁试卷、答题纸、答题卡的；

（五）在试卷、答题纸、答题卡规定以外位置标注本人信息或者其他特殊标记的；

（六）在考试开始信号发出前答题的，或者在考试结束信号发出后继续答题的；

（七）其他应给予当次该科目（场次）考试成绩无效处理的违纪违规行为。

第七条 报考者在考试过程中有下列严重违纪违规行为之一的，给予其取消本次考试资格的处理，并记入公务员考试录用诚信档案库，记录期限为五年：

（一）抄袭、协助抄袭的；

（二）持伪造证件参加考试的；

（三）使用禁止自带的通讯设备或者具有计算、存储功能电子设备的；

（四）其他应给予取消本次考试资格处理的严重违纪违规行为。

报考中央机关及其直属机构公务员的，由中央公务员主管部门或者中央一级招录机关作出处理。报考地方各级机关公务员的，由省级公务员主管部门或者设区的市级公务员主管部门作出处理。

第八条 报考者在考试过程中有下列特别严重违纪违规行为之一的，由中央公务员主管部门或者省级公务员主管部门给予其取消本次考试资格的处理，并记入公务员考试录用诚信档案库，长期记录：

（一）串通作弊或者参与有组织作弊的；

（二）代替他人或者让他人代替自己参加考试的；

（三）其他情节特别严重、影响恶劣的违纪违规行为。

第九条 在阅卷过程中发现报考者之间同一科目作答内容雷同，并经阅卷专家组确认的，由具体组织实施考试的考试机构给予其该科目（场次）考试成绩无效的处理。省级以上考试机构确定作答内容雷同的具体方法和标准。

报考者之间同一科目作答内容雷同，并有其他相关证据证明其作弊行为成立的，视具体情形按照本办法第七条、第八条的规定处理。

第十条 报考者在体检过程中隐瞒影响录用的疾病或者病史的，由招录机关或者公务员主管部门给予其不予录用的处理。有串通工作人员作弊或者请他人顶替体检以及交换、替换化验样本等严重违纪违规行为的，由招录机关或者公务员主管部门给予其不予录用的处理，并由中央一级招录机关或者设区的市级以上公务员主管部门记入公务员考试录用诚信档案库，记录期限为五年。

第十一条 报考者在考察过程中有弄虚作假、隐瞒事实真相或者其他妨碍考察工作正常进行行为的，由负责组织考察的招录机关或者公务员主管部门给予其不予录用的处理。情节严重、影响恶劣的严重违纪违规行为，由中央一级招录机关或者设区的市级以上公务员主管部门记入公务员考试录用诚信档案库，记录期限为五年。

第十二条 报考者的违纪违规行为被当场发现的，工作人员应当予以制止或者终止其继续参加考试，并收集、保存相应证据材料，如实记录违纪违规事实和现场处理情况，由两名以上工作人员签字，报送负责组织考试录用的部门。

第十三条 对报考者违纪违规行为作出处理决定前，应当告知报考者拟作出的处理决定及相关事实、理由和依据，并告知报考者依法享有陈述和申辩的权利。作出处理决定的公务员主管部门、招录机关或者考试机构对报考者提出的事实、理由和证据，应当进行复核。

第十四条 对报考者违纪违规行为作出处理决定的，应当制作公务员考试录用违纪违规行为处理决定书，依法送达报考者。

第十六条 报考者应当自觉维护考试录用工作秩序，服从工作人员管理，有下列行为之一的，责令离开考场；情节严重的，按照本办法第七条、第八条的规定处理；违反《中华人民共和国治安管理处罚法》的，交由公安机关依法处理；构成犯罪的，依法追究刑事责任：

（一）故意扰乱考点、考场等考试录用工作场所秩序的；

（二）拒绝、妨碍工作人员履行管理职责的；

（三）威胁、侮辱、诽谤、诬陷工作人员或者其他报考者的；

（四）其他扰乱考试录用管理秩序的行为。

第十七条 录用工作人员违反有关法律法规，或者有《公务员录用规定（试行）》第三十三条、第三十四条规定情形的，按照有关规定给予处分。其中，公务员组织、策划有组织作弊或者在有组织作弊中起主要作用的，给予开除处分。构成犯罪的，依法追究刑事责任。

第十八条 报考者对违纪违规行为处理决定不服的，可以依法申请行政复议或者提起行政诉讼。

录用工作人员因违纪违规行为受到处分不服的，可以依法申请复核或者提出申诉。

第十九条 参照公务员法管理的机关（单位）工作人员录用中违纪违规行为的认定与处理适用本办法。

17 非法出售、提供试题、答案案

概念

本罪是指为实施考试作弊行为，行为人向他人非法出售或者提供法律规定的国家考试的试题、答案的行为。

立案标准

根据《刑法》第 284 条之一第 3 款的规定，行为人为实施考试作弊行为向他人非法出售或者提供法律规定的国家考试的试题、答案的，即构成本罪。

定罪标准		
定罪标准	犯罪客体	本罪侵犯的客体是国家对考试组织的管理秩序和他人公平参与考试的权利。
	犯罪客观方面	本罪的客观方面表现为，行为人向他人出售或者提供法律规定的国家考试的试题、答案的行为。首先，行为人出售或者提供的试题、答案必须属于《刑法》第 284 条之一第 1 款中“法律规定的国家考试”的范围，法律规定的国家考试在组织作弊罪中已作说明，此处不再赘述。其次，行为人可以以牟利为目的向他人出售考试试题、答案，也可以不以牟利为目的单纯的向他人提供考试试题、答案。最后，行为人提供、出售的可以是试题，可以是答案，或者是试题和答案。 为实施考试作弊行为，非法出售或者提供法律规定的国家考试的试题、答案，具有下列情形之一的，应当认定为《刑法》第 284 条之一第 3 款规定的“情节严重”：（1）非法出售或者提供普通高等学校招生考试、研究生招生考试、公务员录用考试的试题、答案的；（2）导致考试推迟、取消或者启用备用试题的；（3）考试工作人员非法出售或者提供试题、答案的；（4）多次非法出售或者提供试题、答案的；（5）向 30 人次以上非法出售或者提供试题、答案的；（6）违法所得 30 万元以上的；（7）其他情节严重的情形。
	犯罪主体	本罪的主体为一般主体，即年满 16 周岁具有刑事责任能力的自然人都可以成为本罪的主体。单位实施非法出售、提供试题、答案等行为的，依照本解释规定的相应定罪量刑标准，追究组织者、策划者、实施者的刑事责任。
	犯罪主观方面	本罪在主观方面表现为故意，即明知自己出售或者提供的是法律规定的国家考试的试题、答案，并且希望或者放任这种结果的发生。目的是实施考试作弊行为。行为人向他人出售法律规定的国家考试的试题、答案进行牟利的，则可以推定行为人主观上有为实施考试作弊的目的。
	罪与非罪	构成本罪，必须针对的是“法律规定的国家考试”，在法律规定的国家考试以外的其他考试中，非法出售、提供试题、答案，符合非法获取国家秘密罪、非法生产、销售窃听、窃照专用器材罪、非法使用窃听、窃照专用器材罪、非法利用信息网络罪、扰乱无线电通讯管理秩序罪等犯罪构成要件的，依法追究刑事责任。行为违反相关法律或部门规章的，按照相应的规定处罚。非法出售、提供试题、答案罪以行为人实施“出售”、“提供”行为完成，即对方获得试题、答案为既遂标准，作弊行为是否成功不影响本罪既遂的认定。行为人出售试题、答案的，也以对方获得试题、答案为既遂标准，行为人是否获得报酬，不影响本罪既遂的认定。为实施考试作弊行为，向他人非法出售或者提供法律规定的国家考试的试题、答案，试题不完整或者答案与标准答案不完全一致的，不影响非法出售、提供试题、答案罪的认定。

<table>
<tr><td rowspan="1">定罪标准</td><td>此罪与彼罪</td><td>本罪与故意泄露国家秘密罪的界限。
根据《刑法》第398条之规定，故意泄露国家秘密罪是指国家机关工作人员或者其他有关人员，违反保守国家秘密法的规定，故意泄露国家秘密，情节严重的行为。国家秘密，是指关于国家的安全和利益，依照法定程序确定，在一定时间内只限一定范围的人知悉的事项。法律规定的国家考试的试题、答案多属于国家秘密，二者的区别有：（1）本罪侵犯的客体是复杂客体，即国家对考试组织的管理秩序和他人公平参与考试的权利，故意泄露国家秘密罪所侵犯的客体是国家的保密制度。（2）本罪的客观方面表现为向他人非法出售或提供试题、答案，而故意泄露国家秘密罪的客观方面是泄露国家秘密，泄露的方式没有限制，可以是口头泄露或者书面方式泄露，也可以是秘密泄露或者公开披露。如私下交谈泄露、通信泄露、提供阅读、准许复制、在报刊网络上披露等等。（3）两罪的犯罪主体不同。故意泄露国家秘密罪的主体是国家机关工作人员，非国家机关工作人员也可以构成。本罪的主体是一般主体。（4）两罪的主观方面均为故意，但是本罪的目的是为了实施考试作弊行为，故意泄露国家秘密罪对动机、目的没有要求。
如果行为人为实施考试作弊行为，向他人非法出售或者提供属于国家秘密的试题、答案，情节严重的，构成本罪与故意泄露国家秘密罪的想象竞合犯，应当从一重罪论处，未达到情节严重，以本罪论处。如果行为人不是为实施考试作弊行为，而向他人非法提供属于国家秘密的试题、答案的，没有达到情节严重的，不以犯罪论处，情节严重的，以故意泄露国家秘密罪论处。
以窃取、刺探、收买方法非法获取法律规定的国家考试的试题、答案，又非法出售、提供试题、答案，分别符合《刑法》第282条和第284条之一规定的，以非法获取国家秘密罪和非法出售、提供试题、答案罪数罪并罚。
设立用于实施考试作弊的网站、通讯群组或者发布有关考试作弊的信息，情节严重的，应当依照《刑法》第287条之一的规定，以非法利用信息网络罪定罪处罚；同时构成非法出售、提供试题、答案罪、非法获取国家秘密罪等其他犯罪的，依照处罚较重的规定定罪处罚。</td></tr>
<tr><td rowspan="2">证据参考标准</td><td>主体方面的证据</td><td>一、证明行为人刑事责任年龄、身份等自然情况的证据。
包括身份证明、户籍证明、任职证明、工作经历证明、特定职责证明等，主要是证明行为人的姓名（曾用名）、性别、出生年月日、民族、籍贯、出生地、职业（或职务）、住所地（或居住地）等证据材料，如户口簿、居民身份证、工作证、出生证、专业或技术等级证、干部履历表、职工登记表、护照等。
对于户籍、出生证等材料内容不实的，应提供其他证据材料。外国人犯罪的案件，应有护照等身份证明材料。人大代表、政协委员犯罪的案件，应注明身份，并附身份证明材料。
二、证明行为人刑事责任能力的证据。
证明行为人对自己的行为是否具有辨认能力与控制能力，如是否属于间歇性精神病人、尚未完全丧失辨认或者控制自己行为能力的精神病人的证明材料。</td></tr>
<tr><td>主观方面的证据</td><td>证明行为人故意的证据：1. 证明行为人明知的证据：证明行为人明知自己的行为会发生危害社会的结果；2. 证明故意的证据：证明行为人希望或者放任危害结果的发生。</td></tr>
</table>

<table>
<tr><td rowspan="2">证据参考标准</td><td>客观方面的证据</td><td colspan="2">证明行为人为实施考试作弊行为向他人非法出售或者提供法律规定的国家考试的试题、答案的证据。
具体证据包括：1. 证明行为人为实施考试作弊行为向他人非法出售法律规定的国家考试的试题或者答案的证据；2. 证明行为人为实施考试作弊行为向他人非法提供法律规定的国家考试的试题或者答案的证据；3. 证明行为人多次向他人出售、提供试题、答案的证据；4. 证明行为人向他人出售试题、答案牟利数额巨大的证据；5. 证明行为人向他人出售、提供试题、答案严重影响考试管理秩序的证据；6. 证明行为人向他人出售、提供试题、答案影响恶劣的证据。</td></tr>
<tr><td>量刑方面的证据</td><td colspan="2">一、法定量刑情节证据。
1. 事实情节。2. 法定从重情节。3. 法定从轻减轻情节：(1) 可以从轻；(2) 可以从轻或减轻；(3) 应当从轻或者减轻。4. 法定从轻减轻免除情节：(1) 可以从轻、减轻或者免除处罚；(2) 应当从轻、减轻或者免除处罚。5. 法定减轻免除情节：(1) 可以减轻或者免除处罚；(2) 应当减轻或者免除处罚；(3) 可以免除处罚。
二、酌定量刑情节证据。
1. 犯罪手段；2. 犯罪对象；3. 危害结果；4. 动机；5. 平时表现；6. 认罪态度；7. 是否有前科；8. 其他证据。</td></tr>
<tr><td rowspan="2">量刑标准</td><td colspan="2">犯本罪的</td><td>处三年以下有期徒刑或者拘役，并处或者单处罚金</td></tr>
<tr><td colspan="2">情节严重的</td><td>处三年以上七年以下有期徒刑，并处罚金</td></tr>
<tr><td rowspan="2">法律适用</td><td>刑法条文</td><td colspan="2">第二百八十四条之一第三款　为实施考试作弊行为，向他人非法出售或者提供第一款规定的考试的试题、答案的，依照第一款的规定处罚。</td></tr>
<tr><td>司法解释</td><td colspan="2">最高人民法院、最高人民检察院《关于办理组织考试作弊等刑事案件适用法律若干问题的解释》（节录）（2019年9月2日最高人民法院、最高人民检察院公布　自2019年9月4日起施行　法释〔2019〕13号）
第五条　为实施考试作弊行为，非法出售或者提供法律规定的国家考试的试题、答案，具有下列情形之一的，应当认定为刑法第二百八十四条之一第三款规定的“情节严重”：
（一）非法出售或者提供普通高等学校招生考试、研究生招生考试、公务员录用考试的试题、答案的；
（二）导致考试推迟、取消或者启用备用试题的；
（三）考试工作人员非法出售或者提供试题、答案的；
（四）多次非法出售或者提供试题、答案的；
（五）向三十人次以上非法出售或者提供试题、答案的；
（六）违法所得三十万元以上的；
（七）其他情节严重的情形。
第六条　为实施考试作弊行为，向他人非法出售或者提供法律规定的国家考试的试题、答案，试题不完整或者答案与标准答案不完全一致的，不影响非法出售、提供试题、答案罪的认定。
第九条　以窃取、刺探、收买方法非法获取法律规定的国家考试的试题、答案，又组织考试作弊或者非法出售、提供试题、答案，分别符合刑法第二百八十二条和刑法第二百八十四条之一规定的，以非法获取国家秘密罪和组织考试作弊罪或者非法出售、提供试题、答案罪数罪并罚。</td></tr>
</table>

法律适用

司法解释

第十条 在法律规定的国家考试以外的其他考试中，组织作弊，为他人组织作弊提供作弊器材或者其他帮助，或者非法出售、提供试题、答案，符合非法获取国家秘密罪、非法生产、销售窃听、窃照专用器材罪、非法使用窃听、窃照专用器材罪、非法利用信息网络罪、扰乱无线电通讯管理秩序罪等犯罪构成要件的，依法追究刑事责任。

第十一条 设立用于实施考试作弊的网站、通讯群组或者发布有关考试作弊的信息，情节严重的，应当依照刑法第二百八十七条之一的规定，以非法利用信息网络罪定罪处罚；同时构成组织考试作弊罪、非法出售、提供试题、答案罪、非法获取国家秘密罪等其他犯罪的，依照处罚较重的规定定罪处罚。

第十二条 对于实施本解释规定的犯罪被判处刑罚的，可以根据犯罪情况和预防再犯罪的需要，依法宣告职业禁止；被判处管制、宣告缓刑的，可以根据犯罪情况，依法宣告禁止令。

第十三条 对于实施本解释规定的行为构成犯罪的，应当综合考虑犯罪的危害程度、违法所得数额以及被告人的前科情况、认罪悔罪态度等，依法判处罚金。

规章及规范性文件

《国家教育考试违规处理办法》（节录）（2004年5月19日中华人民共和国教育部令第18号发布　自公布之日起施行　2012年1月5日修正）

第三条 对参加国家教育考试的考生以及考试工作人员、其他相关人员，违反考试管理规定和考场纪律，影响考试公平、公正行为的认定与处理，适用本办法。

对国家教育考试违规行为的认定与处理应当公开公平、合法适当。

第七条 教育考试机构、考试工作人员在考试过程中或者在考试结束后发现下列行为之一的，应当认定相关的考生实施了考试作弊行为：

（一）通过伪造证件、证明、档案及其他材料获得考试资格、加分资格和考试成绩的；

（二）评卷过程中被认定为答案雷同的；

（三）考场纪律混乱、考试秩序失控，出现大面积考试作弊现象的；

（四）考试工作人员协助实施作弊行为，事后查实的；

（五）其他应认定为作弊的行为。

第十二条 在校学生、在职教师有下列情形之一的，教育考试机构应当通报其所在学校，由学校根据有关规定严肃处理，直至开除学籍或者予以解聘：

（一）代替考生或者由他人代替参加考试的；

（二）组织团伙作弊的；

（三）为作弊组织者提供试题信息、答案及相应设备等参与团伙作弊行为的。

第十七条 有下列行为之一的，由教育考试机构建议行为人所在单位给予行政处分；违反《中华人民共和国治安管理处罚法》的，由公安机关依法处理；构成犯罪的，由司法机关依法追究刑事责任：

（一）指使、纵容、授意考试工作人员放松考试纪律，致使考场秩序混乱、作弊严重的；

（二）代替考生或者由他人代替参加国家教育考试的；

（三）组织或者参与团伙作弊的；

（四）利用职权，包庇、掩盖作弊行为或者胁迫他人作弊的；

（五）以打击、报复、诬陷、威胁等手段侵犯考试工作人员、考生人身权利的；

（六）向考试工作人员行贿的；

（七）故意损坏考试设施的；

（八）扰乱、妨害考场、评卷点及有关考试工作场所秩序后果严重的。

国家工作人员有前款行为的，教育考试机构应当建议有关纪检、监察部门，根据有关规定从重处理。

18 代替考试案

概念 本罪是指代替他人或者让他人代替自己参加法律规定的国家考试的行为。

立案标准 根据《刑法》第284条之一第4款的规定，在法律规定的国家考试中，行为人代替他人或者让他人代替自己参加考试的，构成本罪。

<table>
<tr><td rowspan="4">定罪标准</td><td>犯罪客体</td><td>本罪侵犯的客体是国家对考试组织的管理秩序和他人公平参与考试的权利。</td></tr>
<tr><td>犯罪客观方面</td><td>本罪的客观方面表现为代替他人考试，或者让他人代替自己考试。“代替他人”是指冒名顶替考生去参加考试。“让他人代替自己”是指指使他人代替自己参加考试。这里的“考试”仍旧是《刑法》第284条之一第1款中所规定的“法律规定的国家考试”。
在《刑法修正案（九）》对刑法进行修正之前，并没有专门的罪名对一般的考试作弊行为进行规制，能够对考试作弊行为加以规制的罪名有：故意泄露国家秘密罪、过失泄露国家秘密罪、非法获取国家秘密罪、伪造、变造、买卖身份证件罪、招收公务员、学生徇私舞弊罪等。对涉及参与替考行为的人员一般通过取消考试成绩、限考、禁考等方式处理。如《国家教育考试违规处理办法》第9条规定，考生伪造、变造身份证、准考证及其他证明材料，由他人代替或者代替考生参加考试的，可以视情节轻重，同时给予暂停参加该项考试1至3年的处理；情节特别严重的，可以同时给予暂停参加各种国家教育考试1至3年的处理。第12条规定，在校学生、在职教师有代替考生或者由他人代替参加考试的情形的，教育考试机构应当通报其所在学校，由学校根据有关规定严肃处理，直至开除学籍或者予以解聘。可见，对参与替考的人员已经有相关的规章予以惩戒。然而，实践中越来越多的替考者并非独立个体，他们多数来自“助考团伙”，是组织作弊者招募的在校学生、在职教师或其他一般主体，具有组织性、规模性、固定性等特征。这些被组织起来进行作弊的替考者不能成为《刑法》第284条之一第1款组织作弊罪中的犯罪主体，但从社会危害性的角度而言，组织作弊者与参与替考者对考试组织的管理秩序和他人公平参与考试的权利的危害是相当的。因此，从维护社会诚信，惩治失信、背信行为的角度，有必要对这部分行为人进行刑法处罚。</td></tr>
<tr><td>犯罪主体</td><td>本罪的主体为一般主体，即年满16周岁具有刑事责任能力的自然人都可以成为本罪的主体。本罪的主体包括两种，一是应试者，二是替考者。被组织起来进行作弊的替考者不能成为《刑法》第284条之一第1款组织作弊罪中犯罪主体，但是可以依本罪定罪处罚。</td></tr>
<tr><td>犯罪主观方面</td><td>本罪在主观方面表现为故意，即明知自己代替他人或者让他人代替自己参加法律规定的国家考试是具有社会危害性的违法行为，并且希望或者放任这种结果的发生。</td></tr>
</table>

定罪标准	罪与非罪	构成本罪，必须针对的是“法律规定的国家考试”，非法律规定的国家考试中的替考行为，不以本罪论处。行为违反相关法律或部门规章的，按照相应的规定给予取消考试成绩、限考、禁考等处罚。代替考试罪是否成立关键看替考者是否实际参加考试，替考者是否实际完成考试不影响既遂的认定。如替考者在进入考场进行身份核验时被识破，未能实际完成考试，也应视为本罪的既遂。 对于行为人犯罪情节较轻，确有悔罪表现，综合考虑行为人替考情况以及考试类型等因素，认为符合缓刑适用条件的，可以宣告缓刑；犯罪情节轻微的，可以不起诉或者免予刑事处罚；情节显著轻微危害不大的，不以犯罪论处。
	此罪与彼罪	如果行为人在法律规定的同一国家考试中，既组织考生作弊，又同时参与实施代替他人参加考试的行为，则既构成代替考试罪，也构成组织考试作弊罪，两罪属于吸收关系，根据重罪吸收轻罪的处罚原则，应以组织作弊罪论处。相反，如果行为人组织考生作弊的行为，与代替他人考试的行为没有同时发生在同一国家考试中，则既构成组织考试作弊罪，又构成代替考试罪，应当数罪并罚。 行为人使用伪造、变造的居民身份证代替他人参加法律规定的国家考试，则根据《刑法》第280条之一的规定，其手段行为构成使用虚假身份证件罪，其目的行为构成代替考试罪。根据牵连犯的处罚原则，两罪法定刑一致，应当以行为人的目的行为论处，即构成代替考试罪。
证据参考标准	主体方面的证据	**一、证明行为人刑事责任年龄、身份等自然情况的证据。** 包括身份证明、户籍证明、任职证明、工作经历证明、特定职责证明等，主要是证明行为人的姓名（曾用名）、性别、出生年月日、民族、籍贯、出生地、职业（或职务）、住所地（或居住地）等证据材料，如户口簿、居民身份证、工作证、出生证、专业或技术等级证、干部履历表、职工登记表、护照等。 对于户籍、出生证等材料内容不实的，应提供其他证据材料。外国人犯罪的案件，应有护照等身份证明材料。人大代表、政协委员犯罪的案件，应注明身份，并附身份证明材料。 **二、证明行为人刑事责任能力的证据。** 证明行为人对自己的行为是否具有辨认能力与控制能力，如是否属于间歇性精神病人、尚未完全丧失辨认或者控制自己行为能力的精神病人的证明材料。
	主观方面的证据	证明行为人故意的证据：1. 证明行为人明知的证据：证明行为人明知自己的行为会发生危害社会的结果；2. 证明故意的证据：证明行为人希望或者放任危害结果的发生。
	客观方面的证据	证明行为人代替他人或者让他人代替自己参加法律规定的国家考试的行为的证据。 具体证据包括：1. 证明发生替考的考试是法律规定的国家考试的证据；2. 证明行为人冒名顶替他人参加考试的证据；3. 证明行为人指使他人代替自己参加考试的证据。
	量刑方面的证据	**一、法定量刑情节证据。** 1. 事实情节。2. 法定从重情节。3. 法定从轻减轻情节：（1）可以从轻；（2）可以从轻或减轻；（3）应当从轻或者减轻。4. 法定从轻减轻免除情节：（1）可以从轻、减轻或者免除处罚；（2）应当从轻、减轻或者免除处罚。5. 法定减轻免除情节：（1）可以减轻或者免除处罚；（2）应当减轻或者免除处罚；（3）可以免除处罚。 **二、酌定量刑情节证据。** 1. 犯罪手段；2. 犯罪对象；3. 危害结果；4. 动机；5. 平时表现；6. 认罪态度；7. 是否有前科；8. 其他证据。

量刑标准	犯本罪的	处拘役或者管制，并处或者单处罚金

法律适用

刑法条文

第二百八十四条之一第四款 代替他人或者让他人代替自己参加第一款规定的考试的，处拘役或者管制，并处或者单处罚金。

司法解释

最高人民法院、最高人民检察院《关于办理组织考试作弊等刑事案件适用法律若干问题的解释》（节录）（2019年9月2日最高人民法院、最高人民检察院公布 自2019年9月4日起施行 法释〔2019〕13号）

第七条 代替他人或者让他人代替自己参加法律规定的国家考试的，应当依照刑法第二百八十四条之一第四款的规定，以代替考试罪定罪处罚。

对于行为人犯罪情节较轻，确有悔罪表现，综合考虑行为人替考情况以及考试类型等因素，认为符合缓刑适用条件的，可以宣告缓刑；犯罪情节轻微的，可以不起诉或者免予刑事处罚；情节显著轻微危害不大的，不以犯罪论处。

规章及规范性文件

《国家教育考试违规处理办法》（节录）（2004年5月19日中华人民共和国教育部令第18号公布 自公布之日起施行 2012年1月5日修正）

第三条 对参加国家教育考试的考生以及考试工作人员、其他相关人员，违反考试管理规定和考场纪律，影响考试公平、公正行为的认定与处理，适用本办法。

对国家教育考试违规行为的认定与处理应当公开公平、合法适当。

第五条 考生不遵守考场纪律，不服从考试工作人员的安排与要求，有下列行为之一的，应当认定为考试违纪：

（一）携带规定以外的物品进入考场或者未放在指定位置的；

（二）未在规定的座位参加考试的；

（三）考试开始信号发出前答题或者考试结束信号发出后继续答题的；

（四）在考试过程中旁窥、交头接耳、互打暗号或者手势的；

（五）在考场或者教育考试机构禁止的范围内，喧哗、吸烟或者实施其他影响考场秩序的行为的；

（六）未经考试工作人员同意在考试过程中擅自离开考场的；

（七）将试卷、答卷（含答题卡、答题纸等，下同）、草稿纸等考试用纸带出考场的；

（八）用规定以外的笔或者纸答题或者在试卷规定以外的地方书写姓名、考号或者以其他方式在答卷上标记信息的；

（九）其他违反考场规则但尚未构成作弊的行为。

第六条 考生违背考试公平、公正原则，在考试过程中有下列行为之一的，应当认定为考试作弊：

（一）携带与考试内容相关的材料或者存储有与考试内容相关资料的电子设备参加考试的；

（二）抄袭或者协助他人抄袭试题答案或者与考试内容相关的资料的；

（三）抢夺、窃取他人试卷、答卷或者胁迫他人为自己抄袭提供方便的；

（四）携带具有发送或者接收信息功能的设备的；

（五）由他人冒名代替参加考试的；

（六）故意销毁试卷、答卷或者考试材料的；

（七）在答卷上填写与本人身份不符的姓名、考号等信息的；

（八）传、接物品或者交换试卷、答卷、草稿纸的；

（九）其他以不正当手段获得或者试图获得试题答案、考试成绩的行为。

第九条 考生有第五条所列考试违纪行为之一的，取消该科目的考试成绩。

考生有第六条、第七条所列考试作弊行为之一的，其所报名参加考试的各阶段、各科成绩无效；参加高等教育自学考试的，当次考试成绩各科成绩无效。

有下列情形之一的，可以视情节轻重，同时给予暂停参加该项考试 1 至 3 年的处理；情节特别严重的，可以同时给予暂停参加各种国家教育考试 1 至 3 年的处理：

（一）组织团伙作弊的；

（二）向考场外发送、传递试题信息的；

（三）使用相关设备接收信息实施作弊的；

（四）伪造、变造身份证、准考证及其他证明材料，由他人代替或者代替考生参加考试的。

参加高等教育自学考试的考生有前款严重作弊行为的，也可以给予延迟毕业时间 1 至 3 年的处理，延迟期间考试成绩无效。

第十一条 考生以作弊行为获得的考试成绩并由此取得相应的学位证书、学历证书及其他学业证书、资格资质证书或者入学资格的，由证书颁发机关宣布证书无效，责令收回证书或者予以没收；已经被录取或者入学的，由录取学校取消录取资格或者其学籍。

第十二条 在校学生、在职教师有下列情形之一的，教育考试机构应当通报其所在学校，由学校根据有关规定严肃处理，直至开除学籍或者予以解聘：

（一）代替考生或者由他人代替参加考试的；

（二）组织团伙作弊的；

（三）为作弊组织者提供试题信息、答案及相应设备等参与团伙作弊行为的。

第十七条 有下列行为之一的，由教育考试机构建议行为人所在单位给予行政处分；违反《中华人民共和国治安管理处罚法》的，由公安机关依法处理；构成犯罪的，由司法机关依法追究刑事责任：

（一）指使、纵容、授意考试工作人员放松考试纪律，致使考场秩序混乱、作弊严重的；

（二）代替考生或者由他人代替参加国家教育考试的；

（三）组织或者参与团伙作弊的；

（四）利用职权，包庇、掩盖作弊行为或者胁迫他人作弊的；

（五）以打击、报复、诬陷、威胁等手段侵犯考试工作人员、考生人身权利的；

（六）向考试工作人员行贿的；

（七）故意损坏考试设施的；

（八）扰乱、妨害考场、评卷点及有关考试工作场所秩序后果严重的。

国家工作人员有前款行为的，教育考试机构应当建议有关纪检、监察部门，根据有关规定从重处理。

第十八条 考试工作人员在考试过程中发现考生实施本办法第五条、第六条所列考试违纪、作弊行为的，应当及时予以纠正并如实记录；对考生用于作弊的材料、工具等，应予暂扣。

考生违规记录作为认定考生违规事实的依据，应当由 2 名以上监考员或者考场巡视员、督考员签字确认。

考试工作人员应当向违纪考生告知违规记录的内容，对暂扣的考生物品应填写收据。

19 非法侵入计算机信息系统案

概念

本罪是指违反国家规定，侵入国家事务、国防建设、尖端科学技术领域的计算机信息系统的行为。

立案标准

根据《刑法》第285条的规定，违反国家规定，故意侵入国家事务、国防建设、尖端科学技术领域的计算机信息系统的，应当立案。

本罪是行为犯，只要行为人违反国家规定，故意实施了侵入国家事务、国防建设、尖端科学技术领域的计算机信息系统的行为，原则上就构成犯罪，应当立案追究。

定罪标准		
定罪标准	犯罪客体	本罪侵犯的客体是国家重要领域和要害部门的计算机信息系统安全。计算机信息系统是指由计算机及其相关的和配套的设备、设施（含网络）构成的，按照一定的应用目标和规则对信息进行采集、加工、存储、传输、检索等处理的人机系统。随着计算机技术以及网络技术的发展和网络的普及应用，国家对网络的依赖性有所加大，在国家事务管理、国防、经济建设、尖端科学技术领域都广泛建立了计算机信息系统，特别是在关系到国计民生的民航、电力、海关、证券、铁路、银行或者其他经济管理、政府办公、军事指挥控制、科研等重要领域。国家的重要部门都普遍建立了本部门、本系统的计算机信息系统，这些计算机信息系统的正常运行对于保障国家安全、经济发展和保护人民生命财产安全等方面都起着十分重要的作用。但是，这些重要的计算机信息系统一旦被非法侵入，就可能导致计算机信息系统被破坏，其中的重要数据遭受破坏或者某些重要、敏感的信息被泄露，不但系统内可能产生灾难性的连锁反应，还会造成严重的政治、经济损失，甚至还可能危及人民的生命财产安全。对这种非法侵入国家重要计算机信息系统的行为必须予以严厉打击。
	犯罪客观方面	本罪在客观方面表现为行为人实施了违反国家规定，侵入国家重要计算机信息系统的行为。所谓"违反国家规定"，是指违反《计算机信息系统安全保护条例》的规定，该条例第4条规定："计算机信息系统的安全保护工作，重点维护国家事务、经济建设、国防建设、尖端科学技术等重要领域的计算机信息系统的安全。"本罪的对象是国家重要的计算机信息系统。所谓国家重要的计算机信息系统，是指国家事务、国防建设、尖端科学技术领域的计算机信息系统。所谓"侵入"，是指未取得国家有关主管部门依法授权或批准，通过计算机网络侵入国家重要计算机信息系统进行数据截收的行为。在实践中，行为人往往利用自己所掌握的计算机知识、网络、技术，通过非法手段获取口令或者许可证明后冒充合法使用者进入国家重要计算机信息系统，有的甚至将自己的计算机与国家重要的计算机信息系统联网。
	犯罪主体	本罪的主体是一般主体。本罪的主体往往具有计算机知识和娴熟的计算机操作技能。《刑法修正案（九）》发布之前，本条前3款规定的非法侵入计算机信息系统罪，非法获取计算机信息系统数据、非法控制计算机信息系统罪和提供侵入、非法控制计算机信息系统程序、工具罪只规定了自然人犯罪。实践中，单位实施上述犯罪的案件呈上升趋势，单位实施上述犯罪往往影响范围更广，造成的危害更为严重。《刑法修正案（九）》将前3款犯罪增加规定单位犯罪，对单位实行双罚制，对单位判处罚金，使其不能通过犯罪得到非法利益，并对单位直接负责的主管人员和其他直接责任人员判处相应的刑罚。

定罪标准	犯罪主观方面	本罪在主观方面是故意，即行为人明知自己的行为违反国家规定会产生非法侵入国家重要计算机信息系统的危害结果，而希望这种结果发生。过失侵入国家重要的计算机信息系统的，不构成本罪。行为人实施本罪的动机和目的是多种多样的，有的是出于好奇，有的是为了泄愤报复，有的是为了炫耀自己的才能，等等。这些对构成犯罪均无影响。
	罪与非罪	区分罪与非罪的界限，要注意：本罪的设立是出于对国家事务、国防建设、尖端科学技术领域的计算机信息系统安全的特殊保护。只有侵入这些领域的计算机信息系统，才构成犯罪。对侵入其他领域的计算机信息系统的，不以本罪论。虽然本罪是行为犯，但是，对于情节显著轻微危害不大的，可以不以犯罪论处。
证据参考标准	主体方面的证据	**一、证明行为人刑事责任年龄、身份等自然情况的证据。** 包括身份证明、户籍证明、任职证明、工作经历证明、特定职责证明等，主要是证明行为人的姓名（曾用名）、性别、出生年月日、民族、籍贯、出生地、职业（或职务）、住所地（或居所地）等证据材料，如户口簿、居民身份证、工作证、出生证、专业或技术等级证、干部履历表、职工登记表、护照等。 对于户籍、出生证等材料内容不实的，应提供其他证据材料。外国人犯罪的案件，应有护照等身份证明材料。人大代表、政协委员犯罪的案件，应注明身份，并附身份证明材料。 **二、证明行为人刑事责任能力的证据。** 证明行为人对自己的行为是否具有辨认能力与控制能力，如是否属于间歇性精神病人、尚未完全丧失辨认或者控制自己行为能力的精神病人的证明材料。 **三、证明单位的证据。** 证明是否属于依法成立并有合法经营、管理范围的公司、企业、事业单位、机关、团体。 证明单位的名称、住所地、性质、法定代表人、单位负责人、业务范围、成立时间等证据材料，如企业营业执照、国有公司性质证明及非法人单位的身份证明等。 **四、证明法定代表人、单位负责人或直接责任人员等身份的证据。** 法定代表人、直接负责的主管人员和其他直接责任人在单位的任职、职责、负责权限的证明材料等。包括身份证明、户籍证明、任职证明等，如户口簿、居民身份证、工作证、护照、专业或技术等级证、干部履历表、职工登记表、任命书、业务分工文件、委派文件、单位证明、单位规章制度等。
	主观方面的证据	证明行为人故意的证据：1. 证明行为人明知的证据：证明行为人明知自己的行为会发生危害社会的结果；2. 证明直接故意的证据：证明行为人希望危害结果发生。
	客观方面的证据	证明行为人非法侵入计算机信息系统犯罪行为的证据。 具体证据包括：1. 证明行为人具有计算机知识的证据。2. 证明行为人操作计算机行为的证据。3. 证明行为人侵入国家事务领域行为的证据：（1）浏览；（2）检索；（3）打印；（4）传输；（5）下载。4. 证明行为人侵入国防建设领域行为的证据：（1）浏览；（2）检索；（3）打印；（4）传输；（5）下载。5. 证明行为人侵入尖端科学技术领域行为的证据：（1）浏览；（2）检索；（3）打印；（4）传输；（5）下载。6. 证明行为人系非法故意侵入计算机信息系统行为的证据：（1）国家事务；（2）国防建设；（3）下载。

<table>
<tr><td rowspan="1">证据参考标准</td><td>量刑方面的证据</td><td colspan="2">

一、法定量刑情节证据。

1. 事实情节。2. 法定从重情节。3. 法定从轻减轻情节：（1）可以从轻；（2）可以从轻或减轻；（3）应当从轻或者减轻。4. 法定从轻减轻免除情节：（1）可以从轻、减轻或者免除处罚；（2）应当从轻、减轻或者免除处罚。5. 法定减轻免除情节：（1）可以减轻或者免除处罚；（2）应当减轻或者免除处罚；（3）可以免除处罚。

二、酌定量刑情节证据。

1. 犯罪手段：（1）破译密码；（2）操作计算机。2. 犯罪对象。3. 危害结果。4. 动机。5. 平时表现。6. 认罪态度。7. 是否有前科。8. 其他证据。

</td></tr>
<tr><td rowspan="2">量刑标准</td><td colspan="2">犯本罪的</td><td>处三年以下有期徒刑或者拘役</td></tr>
<tr><td colspan="2">单位犯本罪的</td><td>对单位判处罚金，并对其直接负责的主管人员和其他直接责任人员，依照上述规定处罚</td></tr>
<tr><td rowspan="2">法律适用</td><td>刑法条文</td><td colspan="2">

第二百八十五条第一款 违反国家规定，侵入国家事务、国防建设、尖端科学技术领域的计算机信息系统的，处三年以下有期徒刑或者拘役。

第四款 单位犯前三款罪的，对单位判处罚金，并对其直接负责的主管人员和其他直接责任人员，依照各该款的规定处罚。

</td></tr>
<tr><td>司法解释</td><td colspan="2">

一、最高人民法院、最高人民检察院《关于办理危害计算机信息系统安全刑事案件应用法律若干问题的解释》（2011年8月1日最高人民法院、最高人民检察院公布 自2011年9月1日起施行 法释〔2011〕19号）

为依法惩治危害计算机信息系统安全的犯罪活动，根据《中华人民共和国刑法》《全国人民代表大会常务委员会关于维护互联网安全的决定》的规定，现就办理这类刑事案件应用法律的若干问题解释如下：

第一条 非法获取计算机信息系统数据或者非法控制计算机信息系统，具有下列情形之一的，应当认定为刑法第二百八十五条第二款规定的“情节严重”：

（一）获取支付结算、证券交易、期货交易等网络金融服务的身份认证信息十组以上的；

（二）获取第（一）项以外的身份认证信息五百组以上的；

（三）非法控制计算机信息系统二十台以上的；

（四）违法所得五千元以上或者造成经济损失一万元以上的；

（五）其他情节严重的情形。

实施前款规定行为，具有下列情形之一的，应当认定为刑法第二百八十五条第二款规定的“情节特别严重”：

（一）数量或者数额达到前款第（一）项至第（四）项规定标准五倍以上的；

（二）其他情节特别严重的情形。

明知是他人非法控制的计算机信息系统，而对该计算机信息系统的控制权加以利用的，依照前两款的规定定罪处罚。

第二条 具有下列情形之一的程序、工具，应当认定为刑法第二百八十五条第三款规定的“专门用于侵入、非法控制计算机信息系统的程序、工具”：

（一）具有避开或者突破计算机信息系统安全保护措施，未经授权或者超越授权获取计算机信息系统数据的功能的；

</td></tr>
</table>

法律适用

司法解释

（二）具有避开或者突破计算机信息系统安全保护措施，未经授权或者超越授权对计算机信息系统实施控制的功能的；

（三）其他专门设计用于侵入、非法控制计算机信息系统、非法获取计算机信息系统数据的程序、工具。

第三条 提供侵入、非法控制计算机信息系统的程序、工具，具有下列情形之一的，应当认定为刑法第二百八十五条第三款规定的“情节严重”：

（一）提供能够用于非法获取支付结算、证券交易、期货交易等网络金融服务身份认证信息的专门性程序、工具五人次以上的；

（二）提供第（一）项以外的专门用于侵入、非法控制计算机信息系统的程序、工具二十人次以上的；

（三）明知他人实施非法获取支付结算、证券交易、期货交易等网络金融服务身份认证信息的违法犯罪行为而为其提供程序、工具五人次以上的；

（四）明知他人实施第（三）项以外的侵入、非法控制计算机信息系统的违法犯罪行为而为其提供程序、工具二十人次以上的；

（五）违法所得五千元以上或者造成经济损失一万元以上的；

（六）其他情节严重的情形。

实施前款规定行为，具有下列情形之一的，应当认定为提供侵入、非法控制计算机信息系统的程序、工具“情节特别严重”：

（一）数量或者数额达到前款第（一）项至第（五）项规定标准五倍以上的；

（二）其他情节特别严重的情形。

第四条 破坏计算机信息系统功能、数据或者应用程序，具有下列情形之一的，应当认定为刑法第二百八十六条第一款和第二款规定的“后果严重”：

（一）造成十台以上计算机信息系统的主要软件或者硬件不能正常运行的；

（二）对二十台以上计算机信息系统中存储、处理或者传输的数据进行删除、修改、增加操作的；

（三）违法所得五千元以上或者造成经济损失一万元以上的；

（四）造成为一百台以上计算机信息系统提供域名解析、身份认证、计费等基础服务或者为一万以上用户提供服务的计算机信息系统不能正常运行累计一小时以上的；

（五）造成其他严重后果的。

实施前款规定行为，具有下列情形之一的，应当认定为破坏计算机信息系统“后果特别严重”：

（一）数量或者数额达到前款第（一）项至第（三）项规定标准五倍以上的；

（二）造成为五百台以上计算机信息系统提供域名解析、身份认证、计费等基础服务或者为五万以上用户提供服务的计算机信息系统不能正常运行累计一小时以上的；

（三）破坏国家机关或者金融、电信、交通、教育、医疗、能源等领域提供公共服务的计算机信息系统的功能、数据或者应用程序，致使生产、生活受到严重影响或者造成恶劣社会影响的；

（四）造成其他特别严重后果的。

第五条 具有下列情形之一的程序，应当认定为刑法第二百八十六条第三款规定的“计算机病毒等破坏性程序”：

（一）能够通过网络、存储介质、文件等媒介，将自身的部分、全部或者变种进行复制、传播，并破坏计算机系统功能、数据或者应用程序的；

（二）能够在预先设定条件下自动触发，并破坏计算机系统功能、数据或者应用程序的；

（三）其他专门设计用于破坏计算机系统功能、数据或者应用程序的程序。

第六条 故意制作、传播计算机病毒等破坏性程序，影响计算机系统正常运行，具有下列情形之一的，应当认定为刑法第二百八十六条第三款规定的“后果严重”：

（一）制作、提供、传输第五条第（一）项规定的程序，导致该程序通过网络、存储介质、文件等媒介传播的；

（二）造成二十台以上计算机系统被植入第五条第（二）、（三）项规定的程序的；

（三）提供计算机病毒等破坏性程序十人次以上的；

（四）违法所得五千元以上或者造成经济损失一万元以上的；

（五）造成其他严重后果的。

实施前款规定行为，具有下列情形之一的，应当认定为破坏计算机信息系统“后果特别严重”：

（一）制作、提供、传输第五条第（一）项规定的程序，导致该程序通过网络、存储介质、文件等媒介传播，致使生产、生活受到严重影响或者造成恶劣社会影响的；

（二）数量或者数额达到前款第（二）项至第（四）项规定标准五倍以上的；

（三）造成其他特别严重后果的。

第七条 明知是非法获取计算机信息系统数据犯罪所获取的数据、非法控制计算机信息系统犯罪所获取的计算机信息系统控制权，而予以转移、收购、代为销售或者以其他方法掩饰、隐瞒，违法所得五千元以上的，应当依照刑法第三百一十二条第一款的规定，以掩饰、隐瞒犯罪所得罪定罪处罚。

实施前款规定行为，违法所得五万元以上的，应当认定为刑法第三百一十二条第一款规定的“情节严重”。

单位实施第一款规定行为的，定罪量刑标准依照第一款、第二款的规定执行。

第八条 以单位名义或者单位形式实施危害计算机信息系统安全犯罪，达到本解释规定的定罪量刑标准的，应当依照刑法第二百八十五条、第二百八十六条的规定追究直接负责的主管人员和其他直接责任人员的刑事责任。

第九条 明知他人实施刑法第二百八十五条、第二百八十六条规定的行为，具有下列情形之一的，应当认定为共同犯罪，依照刑法第二百八十五条、第二百八十六条的规定处罚：

（一）为其提供用于破坏计算机信息系统功能、数据或者应用程序的程序、工具，违法所得五千元以上或者提供十人次以上的；

（二）为其提供互联网接入、服务器托管、网络存储空间、通讯传输通道、费用结算、交易服务、广告服务、技术培训、技术支持等帮助，违法所得五千元以上的；

（三）通过委托推广软件、投放广告等方式向其提供资金五千元以上的。

实施前款规定行为，数量或者数额达到前款规定标准五倍以上的，应当认定为刑法第二百八十五条、第二百八十六条规定的“情节特别严重”或者“后果特别严重”。

第十条 对于是否属于刑法第二百八十五条、第二百八十六条规定的“国家事务、国防建设、尖端科学技术领域的计算机信息系统”、“专门用于侵入、非法控制计

法律适用

司法解释

算机信息系统的程序、工具”、“计算机病毒等破坏性程序”难以确定的，应当委托省级以上负责计算机信息系统安全保护管理工作的部门检验。司法机关根据检验结论，并结合案件具体情况认定。

第十一条 本解释所称“计算机信息系统”和“计算机系统”，是指具备自动处理数据功能的系统，包括计算机、网络设备、通信设备、自动化控制设备等。

本解释所称“身份认证信息”，是指用于确认用户在计算机信息系统上操作权限的数据，包括账号、口令、密码、数字证书等。

本解释所称“经济损失”，包括危害计算机信息系统犯罪行为给用户直接造成的经济损失，以及用户为恢复数据、功能而支出的必要费用。

二、最高人民法院《关于审理危害军事通信刑事案件具体应用法律若干问题的解释》（节录）（2007年6月26日最高人民法院公布　自2007年6月29日起施行　法释〔2007〕13号）

第六条第三款 违反国家规定，侵入国防建设、尖端科学技术领域的军事通信计算机信息系统，尚未对军事通信造成破坏的，依照刑法第二百八十五条的规定定罪处罚；对军事通信造成破坏，同时构成刑法第二百八十五条、第二百八十六条、第三百六十九条第一款规定的犯罪的，依照处罚较重的规定定罪处罚。

相关法律法规

一、全国人民代表大会常务委员会《关于维护互联网安全的决定》（节录）（2000年12月28日全国人民代表大会常务委员会公布　自公布之日起施行　2009年8月27日修正）

一、为了保障互联网的运行安全，对有下列行为之一，构成犯罪的，依照刑法有关规定追究刑事责任：

（一）侵入国家事务、国防建设、尖端科学技术领域的计算机信息系统；

（二）故意制作、传播计算机病毒等破坏性程序，攻击计算机系统及通信网络，致使计算机系统及通信网络遭受损害；

（三）违反国家规定，擅自中断计算机网络或者通信服务，造成计算机网络或者通信系统不能正常运行。

二、《中华人民共和国计算机信息系统安全保护条例》（节录）（1994年2月18日中华人民共和国国务院令第147号公布　自公布之日起施行　2011年1月8日修正）

第二条 本条例所称的计算机信息系统，是指由计算机及其相关的和配套的设备、设施（含网络）构成的，按照一定的应用目标和规则对信息进行采集、加工、存储、传输、检索等处理的人机系统。

第七条 任何组织或者个人，不得利用计算机信息系统从事危害国家利益、集体利益和公民合法利益的活动，不得危害计算机信息系统的安全。

第二十条 违反本条例的规定，有下列行为之一的，由公安机关处以警告或者停机整顿：

（一）违反计算机信息系统安全等级保护制度，危害计算机信息系统安全的；

（二）违反计算机信息系统国际联网备案制度的；

（三）不按照规定时间报告计算机信息系统中发生的案件的；

（四）接到公安机关要求改进安全状况的通知后，在限期内拒不改进的；

相关法律法规

（五）有危害计算机信息系统安全的其他行为的。

第二十四条 违反本条例的规定，构成违反治安管理行为的，依照《中华人民共和国治安管理处罚法》的有关规定处罚；构成犯罪的，依法追究刑事责任。

三、《中华人民共和国网络安全法》（节录）（2016年11月7日中华人民共和国主席令第53号公布　自2017年6月1日起施行）

第二十七条 任何个人和组织不得从事非法侵入他人网络、干扰他人网络正常功能、窃取网络数据等危害网络安全的活动；不得提供专门用于从事侵入网络、干扰网络正常功能及防护措施、窃取网络数据等危害网络安全活动的程序、工具；明知他人从事危害网络安全的活动的，不得为其提供技术支持、广告推广、支付结算等帮助。

第七十四条 违反本法规定，给他人造成损害的，依法承担民事责任。

违反本法规定，构成违反治安管理行为的，依法给予治安管理处罚；构成犯罪的，依法追究刑事责任。

法律适用

规章及规范性文件

一、公安部《关于执行〈计算机信息网络国际联网安全保护管理办法〉中有关问题的通知》（2000年2月13日公安部公布　自公布之日起施行　公信安〔2000〕21号）

各省、自治区、直辖市公安厅、局，新疆生产建设兵团公安局：

经国务院批准，公安部于1997年12月30日发布实施了《计算机信息网络国际联网安全保护管理办法》（以下简称《办法》）。该《办法》的实施，对于加强计算机信息网络国际联网安全保护工作发挥了重要作用，但各地在执行过程中也反映出部分规定不够明确和具体、处罚难以操作等问题。为了更好地实施该《办法》，现将执行《办法》中的有关问题通知如下：

一、关于“安全保护管理制度”问题

《办法》第十条第一项和第二十一条第一项中的“安全保护管理制度”主要包括：（1）信息发布审核、登记制度；（2）信息监视、保存、清除和备份制度；（3）病毒检测和网络安全漏洞检测制度；（4）违法案件报告和协助查处制度；（5）账号使用登记和操作权限管理制度；（6）安全管理人员岗位工作职责；（7）安全教育和培训制度；（8）其他与安全保护相关的管理制度。

二、关于“安全保护技术措施”问题

《办法》第十条第二项中的“安全保护技术措施”和第二十一条第二项中的“安全技术保护措施”主要包括：（1）具有保存3个月以上系统网络运行日志和用户使用日志记录功能，内容包括IP地址分配及使用情况，交互式信息发布者、主页维护者、邮箱使用者和拨号用户上网的起止时间和对应IP地址，交互式栏目的信息等；（2）具有安全审计或预警功能；（3）开设邮件服务的，具有垃圾邮件清理功能；（4）开设交互式信息栏目的，具有身份登记和识别确认功能；（5）计算机病毒防护功能；（6）其他保护信息和系统网络安全的技术措施。

三、关于“安全保护管理所需信息、资料及数据文件”问题

《办法》第八条中的“有关安全保护的信息、资料及数据文件”和第二十一条第四项中的“安全保护管理所需信息、资料及数据文件”主要包括：（1）用户注册登记、使用与变更情况（含用户账号、IP与EMAIL地址等）；（2）IP地址分配、使用及变更情况；（3）网页栏目设置与变更及栏目负责人情况；（4）网络服务功能设置情况；（5）与安全保护相关的其他信息。

法律适用 规章及规范性文件

四、关于"保留有关原始记录"问题

《办法》第十条第六项中的"有关原始记录"是指有关信息或行为在网上出现或发生时；计算机记录、存贮的所有相关数据，包括时间、内容（如图像、文字、声音等）、来源（如源IP地址、EMAIL地址等）及系统网络运行日志、用户使用日志等。

五、关于"停机整顿"处罚的执行问题

按照《办法》规定作出"停机整顿"的处罚决定，可采取的执行措施包括：(1)停止计算机信息系统运行；(2)停止部分计算机信息系统功能；(3)冻结用户联网账号；(4)其他有效执行措施。

各地接到本通知后，要以适当的形式将其内容向社会公布，并结合实际贯彻落实。工作中遇到的重要问题，请及时报部。

二、《计算机信息网络国际联网安全保护管理办法》（节录）（1997年12月16日中华人民共和国公安部令第33号公布　自1997年12月30日起施行　2011年1月8日修订）

第四条　任何单位和个人不得利用国际联网危害国家安全、泄露国家秘密，不得侵犯国家的、社会的、集体的利益和公民的合法权益，不得从事违法犯罪活动。

第六条　任何单位和个人不得从事下列危害计算机信息网络安全的活动：

（一）未经允许，进入计算机信息网络或者使用计算机信息网络资源的；

（二）未经允许，对计算机信息网络功能进行删除、修改或者增加的；

（三）未经允许，对计算机信息网络中存储、处理或者传输的数据和应用程序进行删除、修改或者增加的；

（四）故意制作、传播计算机病毒等破坏性程序的；

（五）其他危害计算机信息网络安全的。

第二十条　违反法律、行政法规，有本办法第五条、第六条所列行为之一的，由公安机关给予警告，有违法所得的，没收违法所得，对个人可以并处五千元以下的罚款，对单位可以并处一万五千元以下的罚款；情节严重的，并可以给予六个月以内停止联网、停机整顿的处罚，必要时可以建议原发证、审批机构吊销经营许可证或者取消联网资格；构成违反治安管理行为的，依照治安管理处罚法的规定处罚；构成犯罪的，依法追究刑事责任。

20 非法获取计算机信息系统数据、非法控制计算机信息系统案

概念

本罪是指违反国家规定，侵入国家事务、国防建设、尖端科学技术领域以外的计算机信息系统或者采用其他技术手段，获取该计算机信息系统中存储、处理或者传输的数据，或者对该计算机信息系统实施非法控制，情节严重的行为。

立案标准

违反国家规定，侵入国家事务、国防建设、尖端科学技术领域以外的计算机信息系统或者采用其他技术手段，获取该计算机信息系统中存储、处理或者传输的数据，或者对该计算机信息系统实施非法控制，情节严重的，应当立案追究。

本罪是情节犯，要求情节严重。如果情节显著轻微，危害不大的，可以不作为犯罪处理。

本罪是选择性罪名，可以分为非法获取计算机信息系统数据罪和非法控制计算机信息系统罪两个选择支罪名。

定罪标准		
定罪标准	犯罪客体	本罪侵犯的客体是计算机信息系统安全和数据安全。
定罪标准	犯罪客观方面	本罪在客观方面表现为违反国家规定，侵入国家事务、国防建设、尖端科学技术领域以外的计算机信息系统或者采用其他技术手段，获取该计算机信息系统中存储、处理或者传输的数据，或者对该计算机信息系统实施非法控制，情节严重的行为。 一、违反国家规定，侵入国家事务、国防建设、尖端科学技术领域以外的计算机信息系统，获取该计算机信息系统中存储、处理或者传输的数据，或者对该计算机信息系统实施非法控制。本罪的对象是国家事务、国防建设、尖端科学技术领域以外的计算机信息系统，即普通的计算机信息系统。所谓“侵入”，是指未取得国家有关主管部门依法授权或批准，通过计算机网络侵入普通计算机信息系统进行数据截收的行为。 二、违反国家规定，采用其他技术手段，获取该计算机信息系统中存储、处理或者传输的数据，或者对该计算机信息系统实施非法控制。所谓“采用其他技术手段”，是指采用侵入手段以外的其他技术手段，如建立虚假网站，假冒网站等。 三、上述行为必须达到“情节严重”，才能构成本罪。
定罪标准	犯罪主体	本罪主体是一般主体。本罪的主体往往具有计算机知识和娴熟的计算机操作技能。《刑法修正案（九）》对本罪增加规定单位犯罪，实行双罚制，即对单位判处罚金，使其不能通过犯罪得到非法利益，并对单位直接负责的主管人员和其他直接责任人员判处相应的刑罚。
定罪标准	犯罪主观方面	本罪的主观方面是故意。过失不构成本罪。

定罪标准	罪与非罪	区分罪与非罪的界限主要在于情节是否严重。如果情节显著轻微，危害不大，可以不作为犯罪处理。
	此罪与彼罪	本罪与非法侵入计算机信息系统罪的界限。非法侵入计算机信息系统罪，是指侵入国家事务、国防建设、尖端科学技术领域的计算机信息系统的行为。两罪在主体、主观方面、客体上相似，区别主要在于侵犯对象不同。本罪侵犯的对象是国家事务、国防建设、尖端科学技术领域以外的计算机信息系统；而后罪侵犯的对象是国家事务、国防建设、尖端科学技术领域的计算机信息系统。此外，本罪是情节犯，要求情节严重，才能构成本罪；后罪是行为犯，只要有故意侵入国家事务、国防建设、尖端科学技术领域的计算机信息系统的行为，原则上就构成犯罪。
证据参考标准	主体方面的证据	**一、证明行为人刑事责任年龄、身份等自然情况的证据。** 包括身份证明、户籍证明、任职证明、工作经历证明、特定职责证明等，主要是证明行为人的姓名（曾用名）、性别、出生年月日、民族、籍贯、出生地、职业（或职务）、住所地（或居住地）等证据材料，如户口簿、居民身份证、工作证、出生证、专业或技术等级证、干部履历表、职工登记表、护照等。 对于户籍、出生证等材料内容不实的，应提供其他证据材料。外国人犯罪的案件，应有护照等身份证明材料。人大代表、政协委员犯罪的案件，应注明身份，并附身份证明材料。 **二、证明行为人刑事责任能力的证据。** 证明行为人对自己的行为是否具有辨认能力与控制能力，如是否属于间歇性精神病人、尚未完全丧失辨认或者控制自己行为能力的精神病人的证明材料。 **三、证明单位的证据。** 证明是否属于依法成立并有合法经营、管理范围的公司、企业、事业单位、机关、团体。 证明单位的名称、住所地、性质、法定代表人、单位负责人、业务范围、成立时间等证据材料，如企业营业执照、国有公司性质证明及非法人单位的身份证明等。 **四、证明法定代表人、单位负责人或直接责任人员等身份的证据。** 法定代表人、直接负责的主管人员和其他直接责任人在单位的任职、职责、负责权限的证明材料等。包括身份证明、户籍证明、任职证明等，如户口簿、居民身份证、工作证、护照、专业或技术等级证、干部履历表、职工登记表、任命书、业务分工文件、委派文件、单位证明、单位规章制度等。
	主观方面的证据	证明行为人故意的证据：1. 证明行为人明知的证据：证明行为人明知自己的行为会发生危害社会的结果；2. 证明直接故意的证据：证明行为人希望危害结果发生。
	客观方面的证据	证明行为人非法获取计算机信息系统数据、非法控制计算机信息系统犯罪行为的证据。 具体证据包括：1. 证明行为人侵入国家事务、国防建设、尖端科学技术领域以外的计算机信息系统的证据；2. 证明行为人采用其他技术手段的证据；3. 证明行为人获取该计算机信息系统中存储、处理或者传输的数据的证据；4. 证明行为人对该计算机信息系统实施非法控制的证据；5. 证明行为人非法获取计算机信息系统数据、非法控制计算机信息系统，情节严重的证据；6. 证明行为人非法获取计算机信息系统数据、非法控制计算机信息系统，情节特别严重的证据。

证据参考标准

量刑方面的证据

一、法定量刑情节证据。

1. 事实情节。2. 法定从重情节。3. 法定从轻情节：（1）可以从轻；（2）可以从轻或减轻；（3）应当从轻或者减轻。4. 法定从轻减轻免除情节：（1）可以从轻、减轻或者免除处罚；（2）应当从轻、减轻或者免除处罚。5. 法定减轻免除情节：（1）可以减轻或者免除处罚；（2）应当减轻或者免除处罚；（3）可以免除处罚。

二、酌定量刑情节证据。

1. 犯罪手段：（1）非法获取；（2）非法控制。2. 犯罪对象。3. 危害结果。4. 动机。5. 平时表现。6. 认罪态度。7. 是否有前科。8. 其他证据。

量刑标准

犯本罪的	处三年以下有期徒刑或者拘役，并处或者单处罚金
情节特别严重的	处三年以上七年以下有期徒刑，并处罚金
单位犯本罪的	对单位判处罚金，并对其直接负责的主管人员和其他直接责任人员，依照上述规定处罚

法律适用

刑法条文

第二百八十五条第二款 违反国家规定，侵入前款规定以外的计算机信息系统或者采用其他技术手段，获取该计算机信息系统中存储、处理或者传输的数据，或者对该计算机信息系统实施非法控制，情节严重的，处三年以下有期徒刑或者拘役，并处或者单处罚金；情节特别严重的，处三年以上七年以下有期徒刑，并处罚金。

第四款 单位犯前三款罪的，对单位判处罚金，并对其直接负责的主管人员和其他直接责任人员，依照各该款的规定处罚。

司法解释

最高人民法院、最高人民检察院《关于办理危害计算机信息系统安全刑事案件应用法律若干问题的解释》（节录）（2011年8月1日最高人民法院、最高人民检察院公布 自2011年9月1日起施行 法释〔2011〕19号）

第一条 非法获取计算机信息系统数据或者非法控制计算机信息系统，具有下列情形之一的，应当认定为刑法第二百八十五条第二款规定的“情节严重”：

（一）获取支付结算、证券交易、期货交易等网络金融服务的身份认证信息十组以上的；

（二）获取第（一）项以外的身份认证信息五百组以上的；

（三）非法控制计算机信息系统二十台以上的；

（四）违法所得五千元以上或者造成经济损失一万元以上的；

（五）其他情节严重的情形。

实施前款规定行为，具有下列情形之一的，应当认定为刑法第二百八十五条第二款规定的“情节特别严重”：

（一）数量或者数额达到前款第（一）项至第（四）项规定标准五倍以上的；

（二）其他情节特别严重的情形。

明知是他人非法控制的计算机信息系统，而对该计算机信息系统的控制权加以利用的，依照前两款的规定定罪处罚。

第七条 明知是非法获取计算机信息系统数据犯罪所获取的数据、非法控制计算机信息系统犯罪所获取的计算机信息系统控制权，而予以转移、收购、代为销售或者以其他方法掩饰、隐瞒，违法所得五千元以上的，应当依照刑法第三百一十二条第一款的规定，以掩饰、隐瞒犯罪所得罪定罪处罚。

法律适用

司法解释

实施前款规定行为，违法所得五万元以上的，应当认定为刑法第三百一十二条第一款规定的“情节严重”。

单位实施第一款规定行为的，定罪量刑标准依照第一款、第二款的规定执行。

第八条 以单位名义或者单位形式实施危害计算机信息系统安全犯罪，达到本解释规定的定罪量刑标准的，应当依照刑法第二百八十五条、第二百八十六条的规定追究直接负责的主管人员和其他直接责任人员的刑事责任。

第九条 明知他人实施刑法第二百八十五条、第二百八十六条规定的行为，具有下列情形之一的，应当认定为共同犯罪，依照刑法第二百八十五条、第二百八十六条的规定处罚：

（一）为其提供用于破坏计算机信息系统功能、数据或者应用程序的程序、工具，违法所得五千元以上或者提供十人次以上的；

（二）为其提供互联网接入、服务器托管、网络存储空间、通讯传输通道、费用结算、交易服务、广告服务、技术培训、技术支持等帮助，违法所得五千元以上的；

（三）通过委托推广软件、投放广告等方式向其提供资金五千元以上的。

实施前款规定行为，数量或者数额达到前款规定标准五倍以上的，应当认定为刑法第二百八十五条、第二百八十六条规定的“情节特别严重”或者“后果特别严重”。

第十条 对于是否属于刑法第二百八十五条、第二百八十六条规定的“国家事务、国防建设、尖端科学技术领域的计算机信息系统”、“专门用于侵入、非法控制计算机信息系统的程序、工具”、“计算机病毒等破坏性程序”难以确定的，应当委托省级以上负责计算机信息系统安全保护管理工作的部门检验。司法机关根据检验结论，并结合案件具体情况认定。

第十一条 本解释所称“计算机信息系统”和“计算机系统”，是指具备自动处理数据功能的系统，包括计算机、网络设备、通信设备、自动化控制设备等。

本解释所称“身份认证信息”，是指用于确认用户在计算机信息系统上操作权限的数据，包括账号、口令、密码、数字证书等。

本解释所称“经济损失”，包括危害计算机信息系统犯罪行为给用户直接造成的经济损失，以及用户为恢复数据、功能而支出的必要费用。

21 提供侵入、非法控制计算机信息系统程序、工具案

概念

本罪是指提供专门用于侵入、非法控制计算机信息系统的程序、工具，或者明知他人实施侵入、非法控制计算机信息系统的违法犯罪行为而为其提供程序、工具，情节严重的行为。

立案标准

提供专门用于侵入、非法控制计算机信息系统的程序、工具，或者明知他人实施侵入、非法控制计算机信息系统的违法犯罪行为而为其提供程序、工具，情节严重的，应当立案追究。

本罪是情节犯，要求情节严重。如果显著情节轻微，危害不大的，可以不作为犯罪处理。

定罪标准		
定罪标准	犯罪客体	本罪侵犯的客体是计算机信息系统安全。
	犯罪客观方面	本罪在客观方面表现为提供专门用于侵入、非法控制计算机信息系统的程序、工具，或者明知他人实施侵入、非法控制计算机信息系统的违法犯罪行为而为其提供程序、工具，情节严重的行为。 一、提供专门用于侵入、非法控制计算机信息系统的程序、工具。所谓提供，是指给实施侵入、非法控制计算机信息系统的行为人提供专门的程序、工具。本罪要求提供的必须是专门用于侵入、非法控制计算机信息系统的程序、工具，而不是其他程序、工具。 二、明知他人实施侵入、非法控制计算机信息系统的违法犯罪行为而为其提供程序、工具。本罪要求行为人必须“明知”他人实施的是侵入、非法控制计算机信息系统的违法犯罪行为，而为其提供程序、工具。如果行为人不明知，则不能构成此罪。 三、上述行为必须达到“情节严重”，才能构成本罪。 注意：关于何谓“专门用于侵入、非法控制计算机信息系统的程序、工具”和“情节严重”可参见《关于办理危害计算机信息系统安全刑事案件应用法律若干问题的解释》第 2 条和第 3 条的规定。
	犯罪主体	本罪主体是一般主体。本罪的主体往往具有计算机知识和娴熟的计算机操作技能。《刑法修正案（九）》对本罪增加规定单位犯罪，实行双罚制，即对单位判处罚金，使其不能通过犯罪得到非法利益，并对单位直接负责的主管人员和其他直接责任人员判处相应的刑罚。
	犯罪主观方面	本罪的主观方面是故意。过失不构成本罪。
	罪与非罪	区分罪与非罪的界限主要在于情节是否严重。如果情节显著轻微，危害不大，可以不作为犯罪处理。

<table>
<tr><td rowspan="4">证据参考标准</td><td>主体方面的证据</td><td>

一、证明行为人刑事责任年龄、身份等自然情况的证据。

包括身份证明、户籍证明、任职证明、工作经历证明、特定职责证明等，主要是证明行为人的姓名（曾用名）、性别、出生年月日、民族、籍贯、出生地、职业（或职务）、住所地（或居住地）等证据材料，如户口簿、居民身份证、工作证、出生证、专业或技术等级证、干部履历表、职工登记表、护照等。

对于户籍、出生证等材料内容不实的，应提供其他证据材料。外国人犯罪的案件，应有护照等身份证明材料。人大代表、政协委员犯罪的案件，应注明身份，并附身份证明材料。

二、证明行为人刑事责任能力的证据。

证明行为人对自己的行为是否具有辨认能力与控制能力，如是否属于间歇性精神病人、尚未完全丧失辨认或者控制自己行为能力的精神病人的证明材料。

三、证明单位的证据。

证明是否属于依法成立并有合法经营、管理范围的公司、企业、事业单位、机关、团体。

证明单位的名称、住所地、性质、法定代表人、单位负责人、业务范围、成立时间等证据材料，如企业营业执照、国有公司性质证明及非法人单位的身份证明等。

四、证明法定代表人、单位负责人或直接责任人员等身份的证据。

法定代表人、直接负责的主管人员和其他直接责任人在单位的任职、职责、负责权限的证明材料等。包括身份证明、户籍证明、任职证明等，如户口簿、居民身份证、工作证、护照、专业或技术等级证、干部履历表、职工登记表、任命书、业务分工文件、委派文件、单位证明、单位规章制度等。

</td></tr>
<tr><td>主观方面的证据</td><td>证明行为人故意的证据：1. 证明行为人明知的证据：证明行为人明知自己的行为会发生危害社会的结果；2. 证明直接故意的证据：证明行为人希望危害结果发生。</td></tr>
<tr><td>客观方面的证据</td><td>

证明行为人提供侵入、非法控制计算机信息系统程序、工具犯罪行为的证据。

具体证据包括：1. 证明行为人提供侵入计算机信息系统程序行为的证据；2. 证明行为人提供侵入计算机信息系统工具行为的证据；3. 证明行为人提供非法控制计算机信息系统程序行为的证据；4. 证明行为人提供非法控制计算机信息系统工具行为的证据；5. 证明行为人提供侵入、非法控制计算机信息系统程序、工具，情节严重行为的证据；6. 证明行为人提供侵入、非法控制计算机信息系统程序、工具，情节特别严重行为的证据。

</td></tr>
<tr><td>量刑方面的证据</td><td>

一、法定量刑情节证据。

1. 事实情节。2. 法定从重情节。3. 法定从轻情节：（1）可以从轻；（2）可以从轻或减轻；（3）应当从轻或者减轻。4. 法定从轻减轻免除情节：（1）可以从轻、减轻或者免除处罚；（2）应当从轻、减轻或者免除处罚。5. 法定减轻免除情节：（1）可以减轻或者免除处罚；（2）应当减轻或者免除处罚；（3）可以免除处罚。

二、酌定量刑情节证据。

1. 犯罪手段：提供；2. 犯罪对象；3. 危害结果；4. 动机；5. 平时表现；6. 认罪态度；7. 是否有前科；8. 其他证据。

</td></tr>
</table>

量刑标准		
	犯本罪的	处三年以下有期徒刑或者拘役，并处或者单处罚金
	情节特别严重的	处三年以上七年以下有期徒刑，并处罚金
	单位犯本罪的	对单位判处罚金，并对其直接负责的主管人员和其他直接责任人员，依照上述规定处罚

法律适用

刑法条文

第二百八十五条第三款 提供专门用于侵入、非法控制计算机信息系统的程序、工具，或者明知他人实施侵入、非法控制计算机信息系统的违法犯罪行为而为其提供程序、工具，情节严重的，依照前款的规定处罚。

第四款 单位犯前三款罪的，对单位判处罚金，并对其直接负责的主管人员和其他直接责任人员，依照各该款的规定处罚。

司法解释

最高人民法院、最高人民检察院《关于办理危害计算机信息系统安全刑事案件应用法律若干问题的解释》（节录）（2011年8月1日最高人民法院、最高人民检察院公布 自2011年9月1日起施行 法释〔2011〕19号）

第二条 具有下列情形之一的程序、工具，应当认定为刑法第二百八十五条第三款规定的“专门用于侵入、非法控制计算机信息系统的程序、工具”：

（一）具有避开或者突破计算机信息系统安全保护措施，未经授权或者超越授权获取计算机信息系统数据的功能的；

（二）具有避开或者突破计算机信息系统安全保护措施，未经授权或者超越授权对计算机信息系统实施控制的功能的；

（三）其他专门设计用于侵入、非法控制计算机信息系统、非法获取计算机信息系统数据的程序、工具。

第三条 提供侵入、非法控制计算机信息系统的程序、工具，具有下列情形之一的，应当认定为刑法第二百八十五条第三款规定的“情节严重”：

（一）提供能够用于非法获取支付结算、证券交易、期货交易等网络金融服务身份认证信息的专门性程序、工具五人次以上的；

（二）提供第（一）项以外的专门用于侵入、非法控制计算机信息系统的程序、工具二十人次以上的；

（三）明知他人实施非法获取支付结算、证券交易、期货交易等网络金融服务身份认证信息的违法犯罪行为而为其提供程序、工具五人次以上的；

（四）明知他人实施第（三）项以外的侵入、非法控制计算机信息系统的违法犯罪行为而为其提供程序、工具二十人次以上的；

（五）违法所得五千元以上或者造成经济损失一万元以上的；

（六）其他情节严重的情形。

实施前款规定行为，具有下列情形之一的，应当认定为提供侵入、非法控制计算机信息系统的程序、工具“情节特别严重”：

（一）数量或者数额达到前款第（一）项至第（五）项规定标准五倍以上的；

（二）其他情节特别严重的情形。

第八条 以单位名义或者单位形式实施危害计算机信息系统安全犯罪，达到本解释规定的定罪量刑标准的，应当依照刑法第二百八十五条、第二百八十六条的规定追究直接负责的主管人员和其他直接责任人员的刑事责任。

法律适用　司法解释

第九条　明知他人实施刑法第二百八十五条、第二百八十六条规定的行为，具有下列情形之一的，应当认定为共同犯罪，依照刑法第二百八十五条、第二百八十六条的规定处罚：

（一）为其提供用于破坏计算机信息系统功能、数据或者应用程序的程序、工具，违法所得五千元以上或者提供十人次以上的；

（二）为其提供互联网接入、服务器托管、网络存储空间、通讯传输通道、费用结算、交易服务、广告服务、技术培训、技术支持等帮助，违法所得五千元以上的；

（三）通过委托推广软件、投放广告等方式向其提供资金五千元以上的。

实施前款规定行为，数量或者数额达到前款规定标准五倍以上的，应当认定为刑法第二百八十五条、第二百八十六条规定的“情节特别严重”或者“后果特别严重”。

第十条　对于是否属于刑法第二百八十五条、第二百八十六条规定的“国家事务、国防建设、尖端科学技术领域的计算机信息系统”、“专门用于侵入、非法控制计算机信息系统的程序、工具”、“计算机病毒等破坏性程序”难以确定的，应当委托省级以上负责计算机信息系统安全保护管理工作的部门检验。司法机关根据检验结论，并结合案件具体情况认定。

第十一条　本解释所称“计算机信息系统”和“计算机系统”，是指具备自动处理数据功能的系统，包括计算机、网络设备、通信设备、自动化控制设备等。

本解释所称“身份认证信息”，是指用于确认用户在计算机信息系统上操作权限的数据，包括账号、口令、密码、数字证书等。

本解释所称“经济损失”，包括危害计算机信息系统犯罪行为给用户直接造成的经济损失，以及用户为恢复数据、功能而支出的必要费用。

22 破坏计算机信息系统案

概念

本罪是指违反国家规定，对计算机信息系统功能或计算机信息系统中存储、处理或者传输的数据和应用程序进行破坏，后果严重的行为。

立案标准

根据《刑法》第286条的规定，违反国家规定，对计算机信息系统功能进行删除、修改、增加、干扰，造成计算机信息系统不能正常运行，后果严重的，应当立案。

本罪是结果犯，本罪的立案标准要同时具备两个条件：一是行为人违反国家规定，实施了对计算机信息系统功能进行删除、修改、增加、干扰的行为。二是行为人的行为造成了计算机信息系统不能正常运行，后果严重。同时具备上述两个条件的，应当立案追究。

注意：具体规定可参见《关于办理危害计算机信息系统安全刑事案件应用法律若干问题的解释》第4条至第6条的规定。

定罪标准	犯罪客体	本罪所侵害的客体是计算机信息系统的安全。本罪的犯罪对象为各种计算机信息系统功能及计算机信息系统中存储、处理或者传输的数据和应用程序。
	犯罪客观方面	本罪在客观方面表现为违反国家规定，破坏计算机信息系统功能和信息系统中存储、处理、传输的数据和应用程序，后果严重的行为。 一、破坏计算机信息系统功能。即对计算机信息系统功能进行删除、修改、增加、干扰，造成计算机信息系统不能正常运行。所谓计算机信息系统，是指由计算机及其相关的和配套的设备含网络、设施构成的，按照一定的应用目标和规则，对信息进行采集、加工、存储、传输、检索等处理的人机系统。其功能多种多样，如进行文件编辑、采集、加工、存储、打印、传输、检索或者绘图、显像、游戏等，可用于不同行业、不同目标。同行业、不同目标的计算机系统其具体功能又会有所差别，如航空铁路售票、气象形势分析、预测、图书、报刊管理、企业经营管理等等。无论用于何种行业或者用于何种目标，只要对其功能进行破坏即可构成本罪。破坏计算机信息系统的方法，包括对功能进行删除、修改、增加、干扰等具体行为，其中，删除，是指将计算机信息系统应有的功能加以取消，既可以是取消其中的一项，也可以是其中的几项或者全部。修改，是指将计算机信息系统的功能部分或者全部地进行改变，或者将原程序用另一种程序加以替代，改变其功能。增加，是指通过增加磁记录等手段为计算机信息系统添加其原本没有的功能。至于干扰，则是通过一定手段，如输入一个新的程序干扰原程序，以影响计算机系统正常运转，发挥其功能。 二、破坏计算机信息系统中存储、处理或者传输的数据和应用程序。所谓数据，在这里是指计算机用以表示一定意思内容或者由其进行实际处理的一切文字、符号、数字、图形等有意义的组合。所谓计算机中存储、处理、传输的数据，则是指固定存储中计算机内部随时可供提取、查阅、使用的数据，或者已经进入计算机正在进行加工、处理以及通过线路而由其他计算机信息系统传递过来的数据。所谓计算机程序，是指为了得到某种结果而可以由计算机等具有信息处理能力的装置执行的代码化指令

定罪标准	犯罪客观方面	序列，或者可被自动转换成代码化指令序列的符号化指令序列或者符号化语序列。至于计算机应用程序则是指用户使用数据的一种方式，是用户按数据库授予的子模式的逻辑结构，收发室对数据进行操作和运算的程序。对计算机信息系统的数据、应用程序进行破坏，是指通过输入删除、修改、增加的操作指令而对计算机信息系统中存储、处理或者传输的数据和应用程序进行破坏的行为。 三、故意制作、传播计算机病毒等破坏性程序，影响计算机系统正常运行。所谓破坏性程序，是指隐藏于计算机信息系统中的数据文件、执行程序里的能够在计算机内部运行，对其功能进行干扰、影响的一种程序。计算机病毒，作为一种破坏性程序的典型，是指编制或者在计算机程序中插入的破坏计算机功能或者毁坏数据，影响计算机使用，并能自我复制的一组计算机指令或者程序代码。所谓制作，是指创制、发明、设计、编造破坏性程序或者获悉技术制作破坏性程序的行为。所谓传播，则是指通过计算机信息系统含网络输入、输出计算机病毒等破坏性程序，以及将已输入的破坏性程序软件加以派送、散发等的行为。 四、破坏行为必须造成严重后果，才能构成本罪。否则，如果没有造成危害后果或者虽有危害后果但不是严重后果，即使有破坏计算机信息系统的行为，也不能构成本罪。
	犯罪主体	本罪的主体为一般主体，即年满16周岁、具有刑事责任能力的自然人均可构成本罪。实际能构成本罪的，通常是那些精通计算机和网络技术、知识的专业人员，如计算机程序设计人员、计算机操作、管理维修人员等。《刑法修正案（九）》对本罪增加规定单位犯罪，实行双罚制，即对单位判处罚金，使其不能通过犯罪得到非法利益，并对单位直接负责的主管人员和其他直接责任人员判处相应的刑罚。
	犯罪主观方面	本罪在主观方面必须出于故意，过失不能构成本罪。如果因操作疏忽大意或者技术不熟练或失误而致使计算机信息系统功能，或计算机信息系统中存储、处理或者传输的数据、应用程序遭受破坏，则不构成本罪。至于其动机，有的是显示自己在计算机方面的高超才能，有的是想泄愤报复，有的是想窃取秘密，有的是想谋取利益，等等，但动机如何，不会影响本罪成立。
	罪与非罪	区分罪与非罪的界限，关键是看是否造成严重后果。
	此罪与彼罪	本罪与非法侵入计算机信息系统罪的界限。区分二者的关键主要在于犯罪对象不同。后者是涉及国家事务、国防建设、尖端科学技术领域等具有对国家安全和秘密产生重大影响或破坏性的犯罪，犯罪行为一旦发生，性质就比较严重，因而《刑法》未规定必须造成严重后果；本罪的犯罪对象是一般计算机信息系统，因而《刑法》规定了以造成严重后果为构成犯罪的条件。
证据参考标准	主体方面的证据	**一、证明行为人刑事责任年龄、身份等自然情况的证据。** 包括身份证明、户籍证明、任职证明、工作经历证明、特定职责证明等，主要是证明行为人的姓名（曾用名）、性别、出生年月日、民族、籍贯、出生地、职业（或职务）、住所地（或居所地）等证据材料，如户口簿、居民身份证、工作证、出生证、专业或技术等级证、干部履历表、职工登记表、护照等。 对于户籍、出生证等材料内容不实的，应提供其他证据材料。外国人犯罪的案件，应有护照等身份证明材料。人大代表、政协委员犯罪的案件，应注明身份，并附身份证明材料。

证据参考标准	主体方面的证据	**二、证明行为人刑事责任能力的证据。** 证明行为人对自己的行为是否具有辨认能力与控制能力，如是否属于间歇性精神病人、尚未完全丧失辨认或者控制自己行为能力的精神病人的证明材料。 **三、证明单位的证据。** 证明是否属于依法成立并有合法经营、管理范围的公司、企业、事业单位、机关、团体。 证明单位的名称、住所地、性质、法定代表人、单位负责人、业务范围、成立时间等证据材料，如企业营业执照、国有公司性质证明及非法人单位的身份证明等。 **四、证明法定代表人、单位负责人或直接责任人员等身份的证据。** 法定代表人、直接负责的主管人员和其他直接责任人在单位的任职、职责、负责权限的证明材料等。包括身份证明、户籍证明、任职证明等，如户口簿、居民身份证、工作证、护照、专业或技术等级证、干部履历表、职工登记表、任命书、业务分工文件、委派文件、单位证明、单位规章制度等。
	主观方面的证据	证明行为人故意的证据：1. 证明行为人明知的证据：证明行为人明知自己的行为会发生危害社会的结果；2. 证明直接故意的证据：证明行为人希望危害结果发生。
	客观方面的证据	证明行为人破坏计算机信息系统犯罪行为的证据。 具体证据包括：1. 证明行为人具备计算机知识和技术的证据。2. 证明行为人操作计算机进行犯罪行为的证据。3. 证明行为人对计算机信息系统功能破坏行为的证据：（1）对输入程序的删除；（2）对输入程序的修改；（3）对计算机的干扰；（4）增加磁记录；（5）造成计算机信息系统不能正常运行。4. 证明行为人对计算机信息系统中存储、处理或传输的数据和应用程序破坏行为的证据：（1）对数据和应用程序进行删除的操作；（2）对数据和应用程序进行修改的操作；（3）对数据和应用程序进行增加的操作；（4）遭受破坏程度。5. 证明行为人制作计算机病毒行为的证据：（1）在计算机上制作；（2）在磁盘、光盘上制作。6. 证明行为人传播计算机病毒行为的证据：（1）通过网络；（2）通过磁盘、光盘；（3）将病毒输入计算机；（4）变更、删除、毁损、分解计算机中存储的数据。7. 证明行为人破坏计算机信息系统“后果严重”行为的证据。8. 证明行为人破坏计算机信息系统“后果特别严重”行为的证据。
	量刑方面的证据	**一、法定量刑情节证据。** 1. 事实情节：（1）后果严重；（2）后果特别严重。2. 法定从重情节。3. 法定从轻减轻情节：（1）可以从轻；（2）可以从轻或减轻；（3）应当从轻或者减轻。4. 法定从轻减轻免除情节：（1）可以从轻、减轻或者免除处罚；（2）应当从轻、减轻或者免除处罚。5. 法定减轻免除情节：（1）可以减轻或者免除处罚；（2）应当减轻或者免除处罚；（3）可以免除处罚。 **二、酌定量刑情节证据。** 1. 犯罪手段：（1）技术；（2）操作。2. 犯罪对象。3. 危害结果。4. 动机。5. 平时表现。6. 认罪态度。7. 是否有前科。8. 其他证据。
量刑标准	犯本罪的	处五年以下有期徒刑或者拘役
	后果特别严重的	处五年以上有期徒刑
	单位犯本罪的	对单位判处罚金，并对其直接负责的主管人员和其他直接责任人员，依照上述规定处罚

法律适用

刑法条文

第二百八十六条 违反国家规定，对计算机信息系统功能进行删除、修改、增加、干扰，造成计算机信息系统不能正常运行，后果严重的，处五年以下有期徒刑或者拘役；后果特别严重的，处五年以上有期徒刑。

违反国家规定，对计算机信息系统中存储、处理或者传输的数据和应用程序进行删除、修改、增加的操作，后果严重的，依照前款的规定处罚。

故意制作、传播计算机病毒等破坏性程序，影响计算机系统正常运行，后果严重的，依照第一款的规定处罚。

单位犯前三款罪的，对单位判处罚金，并对其直接负责的主管人员和其他直接责任人员，依照第一款的规定处罚。

司法解释

一、最高人民法院、最高人民检察院《关于办理环境污染刑事案件适用法律若干问题的解释》（节录）（2016年12月23日最高人民法院、最高人民检察院公布　自2017年1月1日起施行　法释〔2016〕29号）

第十条 违反国家规定，针对环境质量监测系统实施下列行为，或者强令、指使、授意他人实施下列行为的，应当依照刑法第二百八十六条的规定，以破坏计算机信息系统罪论处：

（一）修改参数或者监测数据的；

（二）干扰采样，致使监测数据严重失真的；

（三）其他破坏环境质量监测系统的行为。

重点排污单位篡改、伪造自动监测数据或者干扰自动监测设施，排放化学需氧量、氨氮、二氧化硫、氮氧化物等污染物，同时构成污染环境罪和破坏计算机信息系统罪的，依照处罚较重的规定定罪处罚。

从事环境监测设施维护、运营的人员实施或者参与实施篡改、伪造自动监测数据、干扰自动监测设施、破坏环境质量监测系统等行为的，应当从重处罚。

二、最高人民法院、最高人民检察院《关于办理危害计算机信息系统安全刑事案件应用法律若干问题的解释》（节录）（2011年8月1日最高人民法院、最高人民检察院公布　自2011年9月1日起施行　法释〔2011〕19号）

第四条 破坏计算机信息系统功能、数据或者应用程序，具有下列情形之一的，应当认定为刑法第二百八十六条第一款和第二款规定的“后果严重”：

（一）造成十台以上计算机信息系统的主要软件或者硬件不能正常运行的；

（二）对二十台以上计算机信息系统中存储、处理或者传输的数据进行删除、修改、增加操作的；

（三）违法所得五千元以上或者造成经济损失一万元以上的；

（四）造成为一百台以上计算机信息系统提供域名解析、身份认证、计费等基础服务或者为一万以上用户提供服务的计算机信息系统不能正常运行累计一小时以上的；

（五）造成其他严重后果的。

实施前款规定行为，具有下列情形之一的，应当认定为破坏计算机信息系统“后果特别严重”：

（一）数量或者数额达到前款第（一）项至第（三）项规定标准五倍以上的；

（二）造成为五百台以上计算机信息系统提供域名解析、身份认证、计费等基础服务或者为五万以上用户提供服务的计算机信息系统不能正常运行累计一小时以上的；

（三）破坏国家机关或者金融、电信、交通、教育、医疗、能源等领域提供公共服务的计算机信息系统的功能、数据或者应用程序，致使生产、生活受到严重影响或者造成恶劣社会影响的；

（四）造成其他特别严重后果的。

第五条 具有下列情形之一的程序，应当认定为刑法第二百八十六条第三款规定的“计算机病毒等破坏性程序”：

（一）能够通过网络、存储介质、文件等媒介，将自身的部分、全部或者变种进行复制、传播，并破坏计算机系统功能、数据或者应用程序的；

（二）能够在预先设定条件下自动触发，并破坏计算机系统功能、数据或者应用程序的；

（三）其他专门设计用于破坏计算机系统功能、数据或者应用程序的程序。

第八条 以单位名义或者单位形式实施危害计算机信息系统安全犯罪，达到本解释规定的定罪量刑标准的，应当依照刑法第二百八十五条、第二百八十六条的规定追究直接负责的主管人员和其他直接责任人员的刑事责任。

第九条 明知他人实施刑法第二百八十五条、第二百八十六条规定的行为，具有下列情形之一的，应当认定为共同犯罪，依照刑法第二百八十五条、第二百八十六条的规定处罚：

（一）为其提供用于破坏计算机信息系统功能、数据或者应用程序的程序、工具，违法所得五千元以上或者提供十人次以上的；

（二）为其提供互联网接入、服务器托管、网络存储空间、通讯传输通道、费用结算、交易服务、广告服务、技术培训、技术支持等帮助，违法所得五千元以上的；

（三）通过委托推广软件、投放广告等方式向其提供资金五千元以上的。

实施前款规定行为，数量或者数额达到前款规定标准五倍以上的，应当认定为刑法第二百八十五条、第二百八十六条规定的“情节特别严重”或者“后果特别严重”。

第十条 对于是否属于刑法第二百八十五条、第二百八十六条规定的“国家事务、国防建设、尖端科学技术领域的计算机信息系统”、“专门用于侵入、非法控制计算机信息系统的程序、工具”、“计算机病毒等破坏性程序”难以确定的，应当委托省级以上负责计算机信息系统安全保护管理工作的部门检验。司法机关根据检验结论，并结合案件具体情况认定。

第十一条 本解释所称“计算机信息系统”和“计算机系统”，是指具备自动处理数据功能的系统，包括计算机、网络设备、通信设备、自动化控制设备等。

本解释所称“身份认证信息”，是指用于确认用户在计算机信息系统上操作权限的数据，包括账号、口令、密码、数字证书等。

本解释所称“经济损失”，包括危害计算机信息系统犯罪行为给用户直接造成的经济损失，以及用户为恢复数据、功能而支出的必要费用。

三、最高人民法院、最高人民检察院、公安部、国家安全部《关于依法办理非法生产销售使用“伪基站”设备案件的意见》（节录）（2014年3月14日最高人民法院、最高人民检察院、公安部、国家安全部公布 自公布之日起施行 公通字〔2014〕13号）

各省、自治区、直辖市高级人民法院，人民检察院，公安厅、局，国家安全厅、局，新疆维吾尔自治区高级人民法院生产建设兵团分院，新疆生产建设兵团人民检察院、公安局、国家安全局：

近年来，各地非法生产、销售、使用“伪基站”设备违法犯罪活动日益猖獗，有的借以非法获取公民个人信息，有的非法经营广告业务，或者发送虚假广告，甚至实

法律适用

司法解释

施诈骗等犯罪活动。“伪基站”设备是未取得电信设备进网许可和无线电发射设备型号核准的非法无线电通信设备，具有搜取手机用户信息，强行向不特定用户手机发送短信息等功能，使用过程中会非法占用公众移动通信频率，局部阻断公众移动通信网络信号。非法生产、销售、使用“伪基站”设备，不仅破坏正常电信秩序，影响电信运营商正常经营活动，危害公共安全，扰乱市场秩序，而且严重影响用户手机使用，损害公民财产权益，侵犯公民隐私，社会危害性严重。为依法办理非法生产、销售、使用“伪基站”设备案件，保障国家正常电信秩序，维护市场经济秩序，保护公民合法权益，根据有关法律规定，制定本意见。

一、准确认定行为性质

（一）非法生产、销售“伪基站”设备，具有以下情形之一的，依照《刑法》第二百二十五条的规定，以非法经营罪追究刑事责任：

1. 个人非法生产、销售“伪基站”设备三套以上，或者非法经营数额五万元以上，或者违法所得数额二万元以上的；

2. 单位非法生产、销售“伪基站”设备十套以上，或者非法经营数额十五万元以上，或者违法所得数额五万元以上的；

3. 虽未达到上述数额标准，但两年内曾因非法生产、销售“伪基站”设备受过两次以上行政处罚，又非法生产、销售“伪基站”设备的。

实施前款规定的行为，数量、数额达到前款规定的数量、数额五倍以上的，应当认定为《刑法》第二百二十五条规定的“情节特别严重”。

非法生产、销售“伪基站”设备，经鉴定为专用间谍器材的，依照《刑法》第二百八十三条的规定，以非法生产、销售间谍专用器材罪追究刑事责任；同时构成非法经营罪的，以非法经营罪追究刑事责任。

（二）非法使用“伪基站”设备干扰公用电信网络信号，危害公共安全的，依照《刑法》第一百二十四条第一款的规定，以破坏公用电信设施罪追究刑事责任；同时构成虚假广告罪、非法获取公民个人信息罪、破坏计算机信息系统罪、扰乱无线电通讯管理秩序罪的，依照处罚较重的规定追究刑事责任。

除法律、司法解释另有规定外，利用“伪基站”设备实施诈骗等其他犯罪行为，同时构成破坏公用电信设施罪的，依照处罚较重的规定追究刑事责任。

（三）明知他人实施非法生产、销售“伪基站”设备，或者非法使用“伪基站”设备干扰公用电信网络信号等犯罪，为其提供资金、场所、技术、设备等帮助的，以共同犯罪论处。

相关法律法规

《中华人民共和国计算机信息系统安全保护条例》（节录）（1994年2月18日中华人民共和国国务院令第147号公布　自公布之日起施行　2011年1月8日修正）

第二十三条　故意输入计算机病毒以及其他有害数据危害计算机信息系统安全的，或者未经许可出售计算机信息系统安全专用产品的，由公安机关处以警告或者对个人处以5000元以下的罚款、对单位处以15000元以下的罚款；有违反所得的，除予以没收外，可以处以违法所得1至3倍的罚款。

第二十四条　违反本条例的规定，构成违反治安管理行为的，依照《中华人民共和国治安管理处罚法》的有关规定处罚；构成犯罪的，依法追究刑事责任。

法律适用

规章及规范性文件

一、《计算机信息网络国际联网安全保护管理办法》(节录)(1997年12月16日公安部令第33号公布　自1997年12月30日起施行　2011年1月8日修正)

第四条　任何单位和个人不得利用国际联网危害国家安全、泄露国家秘密，不得侵犯国家的、社会的、集体的利益和公民的合法权益，不得从事违法犯罪活动。

第六条　任何单位和个人不得从事下列危害计算机信息网络安全的活动：

(一)未经允许，进入计算机信息网络或者使用计算机信息网络资源的；

(二)未经允许，对计算机信息网络功能进行删除、修改或者增加的；

(三)未经允许，对计算机信息网络中存储、处理或者传输的数据和应用程序进行删除、修改或者增加的；

(四)故意制作、传播计算机病毒等破坏性程序的；

(五)其他危害计算机信息网络安全的。

第二十条　违反法律、行政法规，有本办法第五条、第六条所列行为之一的，由公安机关给予警告，有违法所得的，没收违法所得，对个人可以并处5000元以下的罚款，对单位可以并处15000元以下的罚款；情节严重的，并可以给予六个月以内停止联网、停机整顿的处罚，必要时可以建议原发证、审批机构吊销经营许可证或者取消联网资格；构成违反治安管理行为的，依照治安管理处罚法的规定处罚；构成犯罪的，依法追究刑事责任。

二、《计算机病毒防治管理办法》(节录)(2000年4月26日公安部令第51号公布　自公布之日起施行)

第二条　本办法所称的计算机病毒，是指编制或者在计算机程序中插入的破坏计算机功能或者毁坏数据，影响计算机使用，并能自我复制的一组计算机指令或者程序代码。

第五条　任何单位和个人不得制作计算机病毒。

第六条　任何单位和个人不得有下列传播计算机病毒的行为：

(一)故意输入计算机病毒，危害计算机信息系统安全；

(二)向他人提供含有计算机病毒的文件、软件、媒体；

(三)销售、出租、附赠含有计算机病毒的媒体；

(四)其他传播计算机病毒的行为。

第十一条　计算机信息系统的使用单位在计算机病毒防治工作中应当履行下列职责：

(一)建立本单位的计算机病毒防治管理制度；

(二)采取计算机病毒安全技术防治措施；

(三)对本单位计算机信息系统使用人员进行计算机病毒防治教育和培训；

(四)及时检测、清除计算机信息系统中的计算机病毒，并备有检测、清除的记录；

(五)使用具有计算机信息系统安全专用产品销售许可证的计算机病毒防治产品；

(六)对因计算机病毒引起的计算机信息系统瘫痪、程序和数据严重破坏等重大事故及时向公安机关报告，并保护现场。

第十二条　任何单位和个人在从计算机信息网络上下载程序、数据或者购置、维修、借入计算机设备时，应当进行计算机病毒检测。

第二十一条　本办法所称计算机病毒疫情，是指某种计算机病毒爆发、流行的时间、范围、破坏特点、破坏后果等情况的报告或者预报。

本办法所称媒体，是指计算机软盘、硬盘、磁带、光盘等。

23 拒不履行信息网络安全管理义务案

概念

本罪是指网络服务提供者不履行法律、行政法规规定的信息网络安全管理义务，经监管部门责令采取改正措施而拒不改正，导致特定危害结果发生的行为。

立案标准

根据《刑法》第286条之一的规定，本罪是结果犯，构成本罪须出现严重后果或者行为达到严重的程度，有下列情形之一的，应当予以立案：

（1）致使违法信息大量传播的；

（2）致使用户信息泄露，造成严重后果的；

（3）致使刑事案件证据灭失，情节严重的；

（4）有其他严重情节的。

定罪标准		
定罪标准	犯罪客体	本罪侵犯的客体是国家对网络信息的监管制度。
定罪标准	犯罪客观方面	本罪的客观方面需要具备以下三个条件：一是网络服务提供者不履行法律、行政法规规定的信息网络安全管理义务；二是经监管部门责令采取改正措施而拒不改正；三是网络服务提供者拒不改正的行为导致特定危害结果的发生。 一、网络服务提供者不履行法律、行政法规规定的信息网络安全管理义务。 网络服务提供者是指通过信息网络向公众提供信息或者为获取网络信息等目的提供服务的机构，包括网络上的一切提供设施、信息和中介、接入等技术服务的个人用户、网络服务商以及非营利组织。根据其提供的“服务”不同，网络服务提供者具体可以分为网络接入服务提供者、网络平台服务提供者、网络内容及产品服务提供者。 网络服务提供者是否履行了法律、行政法规规定的义务，关键要结合相关法律、行政法规关于信息网络安全管理义务的具体规定来认定。具体法律法规包括：《网络安全法》《侵权责任法》《全国人民代表大会常务委员会关于加强网络信息保护的决定》《电信条例》《互联网信息服务管理办法》《计算机信息网络国际联网安全保护管理办法》等。根据以上法律、行政法规，网络服务提供者的信息网络安全管理义务主要有： 一是基本注意义务。网络服务提供者作为信息的提供者，其所提供的信息越多，由其所产生的风险就越多，相应的网络服务提供者所应尽的注意义务就越高。网络服务提供者应当从以下几个方面落实基本注意义务：落实信息网络安全管理制度，并建立相应的网络安全保障制度、信息安全保密管理制度、用户信息安全管理制度；完善计算机信息网络电子公告系统、用户登记系统；落实安全保护技术措施，保障本网络的运行安全和信息安全；负责对本网络用户的安全教育和培训；对委托发布信息的单位和个人进行登记，并对所提供的信息内容是否违法进行审核。 二是安全保障义务。在落实基本注意义务的前提下，网络服务提供者应当尽到具体的安全保障义务。如《全国人民代表大会常务委员会关于加强网络信息保护的决定》明确规定，网络服务提供者和其他企业事业单位应当采取技术措施和其他必要措施，确保信息安全，防止在业务活动中收集的公民个人电子信息泄露、毁损、丢失。

定罪标准

犯罪客观方面

在发生或者可能发生信息泄露、毁损、丢失的情况时，应当立即采取补救措施。

三是协助、配合及报告义务。如《全国人民代表大会常务委员会关于加强网络信息保护的决定》明确规定，网络服务提供者应当加强对其用户发布的信息的管理，发现法律、法规禁止发布或者传输的信息的，应当立即停止传输该信息，采取消除等处置措施，保存有关记录，并向有关主管部门报告。《电信条例》第61条规定，在公共信息服务中，电信业务经营者发现电信网络中传输的信息明显属于本条例第56条所列内容的，应当立即停止传输，保存有关记录，并向国家有关机关报告。《互联网信息服务管理办法》第16条规定，互联网信息服务提供者发现其网站传输的信息明显属于本办法第15条所列内容之一的，应当立即停止传输，保存有关记录，并向国家有关机关报告。《计算机信息网络国际联网安全保护管理办法》第8条规定，从事国际联网业务的单位和个人应当接受公安机关的安全监督、检查和指导，如实向公安机关提供有关安全保护的信息、资料及数据文件，协助公安机关查处通过国际联网的计算机信息网络的违法犯罪行为。

网络服务提供者不履行法律、行政法规规定的信息网络安全管理义务，经监管部门责令采取改正措施而拒不改正，致使虚假疫情信息或者其他违法信息大量传播的，依照《刑法》第286条之一的规定，以拒不履行信息网络安全管理义务罪定罪处罚。

二、经监管部门责令采取改正措施而拒不改正。

这里的“监管部门”是指法律、行政法规规定的对网络服务提供者负有监督管理职责的各部门。如《互联网信息服务管理办法》第18条规定，国务院信息产业主管部门和省、自治区、直辖市电信管理机构，依法对互联网信息服务实施监督管理。新闻、出版、教育、卫生、药品监督管理、工商行政管理和公安、国家安全等有关主管部门，在各自职责范围内依法对互联网信息内容实施监督管理。

本罪属于纯正的不作为犯，不作为表现为以下两个方面：一是网络服务的提供者在有履行法律、行政法规规定的信息网络安全管理义务的前提下，在能够履行的情况下拒不履行该义务；二是在接到监管部门责令采取改正措施的通知后，在有能力执行改正措施的情况下，拒不改正。网络服务的提供者在接到监管部门责令其采取改正措施的通知后，应严格按照通知的内容和要求积极采取相应措施，如立即停止对相关信息的传播，采取删除或屏蔽网络中含有相关内容的网址、目录或者关闭服务器等措施，对相关信息的传播途径进行有效的控制。

三、网络服务提供者拒不改正的行为导致特定危害结果的发生。

本罪属于结果犯，要求出现严重后果或者行为达到严重程度才能成立，具体而言，网络服务提供者拒不改正的行为需导致以下结果发生，才能追究其刑事责任。

1. 致使违法信息大量传播的。根据《电信条例》第56条的规定，这里的“违法信息”是指含有下列内容的信息：反对宪法所确定的基本原则的；危害国家安全，泄露国家秘密，颠覆国家政权，破坏国家统一的；损害国家荣誉和利益的；煽动民族仇恨、民族歧视，破坏民族团结的；破坏国家宗教政策，宣扬邪教和封建迷信的；散布谣言，扰乱社会秩序，破坏社会稳定的；散布淫秽、色情、赌博、暴力、凶杀、恐怖或者教唆犯罪的；侮辱或者诽谤他人，侵害他人合法权益的；含有法律、行政法规禁止的其他内容的。认定违法信息被大量传播，主要根据违法信息的数量、被阅读的次数、被转载、转发的次数、受众人数、传播的主要渠道、后果及社会影响等因素综合考量。

2. 致使用户信息泄露，造成严重后果的。这里的“用户信息”主要分为描述类信息、行为类信息和关联类信息三种类型。所谓描述类信息，主要指网络服务提供者

<table>
<tr>
<td rowspan="5">定罪标准</td>
<td>犯罪客观方面</td>
<td>在服务过程中收集的用户的基本信息，个人信息如姓名、出生日期、身份证号码、住所、联络方式、收入等信息；企业信息主要以企业商业信息为主。由于信息的内容往往涉及到用户的隐私，所以个人信息是法律所保护的重点。所谓行为类信息，主要指用户在互联网购买服务或产品的消费记录、用户的消费行为、偏好、生活方式等相关信息。如用户购买的商品、交易的时间、购物的频率等。对于移动通信用户来说，其行为信息包括通话的时间、通话时长、呼叫客户号码、呼叫状态、通话频率等。所谓关联类信息是指与用户行为相关的，反映和影响用户行为和心理等因素的相关信息，包括用户满意度、用户忠诚度、用户对产品与服务的偏好或态度、竞争对手行为等。这里的“造成严重后果”包括：导致用户遭到人身伤害、名誉受到严重损害、受到较大经济损失、正常生活或者生产经营受到严重影响等后果。
3. 致使刑事案件证据灭失，情节严重的。网络服务的提供者具有安全保障义务和协助、配合及报告义务，对涉及违法的信息应当保留有关原始记录，并及时向国家有关机关报告。这里的“情节严重”在实践中可以根据刑事案件所灭失证据的重要性，证据对案件的影响以及案件的重大程度等因素综合考量。
4. 有其他严重情节的。囿于互联网传播信息种类的复杂性和网络服务提供者的多样性，刑法有必要设置这一兜底规定，以应对实践中可能出现的复杂状况。“其他严重情节”在具体适用时，应当参考本款前三项的规定，对社会危害性程度相当的行为予以追诉。</td>
</tr>
<tr>
<td>犯罪主体</td>
<td>本罪的主体为特殊主体，即网络服务提供者，包括通过计算机互联网、广播电视网、固定通信网、移动通信网等信息网络，向公众提供网络服务的机构或个人。单位犯本罪的，对单位实行双罚制。</td>
</tr>
<tr>
<td>犯罪主观方面</td>
<td>本罪在主观方面表现为故意，即行为人明知不履行法律、行政法规规定的信息网络安全管理义务，且经监管部门责令采取改正措施后仍不改正并且希望或者放任危害结果的发生。此外，行为人对法律、行政法规规定的信息网络安全管理义务必须是明知，即知道或者应当知道。</td>
</tr>
<tr>
<td>罪与非罪</td>
<td>是否构成本罪，关键要看行为人是否同时具备犯罪客观方面的三个条件。
如果网络服务的提供者履行了法律、行政法规规定的信息网络安全的管理义务，尽到了安全注意义务，即便出现了本罪规定的几种特定严重后果，也不构成本罪。
如果网络服务的提供者没有履行法律、行政法规规定的信息网络安全的管理义务，监管部门尚未通知其采取改正措施，或者接到监管部门责令采取改正措施后，虽然积极改正，但危害结果依然发生的，都不能认定构成本罪。因没有尽到相应的安全管理义务违反相关法律、行政法规的，应当依法给予警告、罚款、没收违法所得、吊销许可证或者取消备案、关闭网站、禁止有关责任人员从事网络服务业务等处罚；致使用户信息泄露，对被害人的人身、财产、名誉等权益造成严重侵害的，被害人可以依法追究网络服务的提供者承担相应的民事责任。</td>
</tr>
<tr>
<td>此罪与彼罪</td>
<td>网络服务的提供者作为网络信息的传播者，在构成本罪的同时如果参与对网络信息的发布行为，通过发布信息等方式宣扬恐怖主义、极端主义的，或者通过网络煽动实施恐怖活动的，根据《刑法》第120条之三的规定，同时构成宣扬恐怖主义、极端主义、煽动实施恐怖活动罪。</td>
</tr>
</table>

定罪标准	此罪与彼罪	网络服务的提供者构成本罪的同时违反国家有关规定，将在履行职责或者提供服务过程中获得的公民个人信息，出售或者提供给他人的，致使用户信息泄露，根据《刑法》第 253 条之一的规定构成侵犯公民个人信息罪。 网络服务的提供者发现法律、法规禁止发布或者传输的信息，非但没有履行其协助、配合及报告义务，即没有保存有关记录，并及时向有关主管部门报告，反而帮助诉讼活动的当事人毁灭、伪造与诉讼案件相关的证据，情节严重的，根据《刑法》第 307 条构成帮助毁灭、伪造证据罪。 网络服务的提供者在构成本罪的同时，明知他人有间谍犯罪或者恐怖主义、极端主义犯罪行为，在司法机关向其调查有关情况、收集有关证据时，拒绝提供，情节严重的，根据《刑法》第 311 条的规定，同时构成拒绝提供间谍犯罪、恐怖主义犯罪、极端主义犯罪证据罪。 网络服务的提供者在构成本罪的同时，利用互联网、移动通讯终端传播淫秽电子信息，以牟利为目的传播的，根据《刑法》第 363 条构成传播淫秽物品牟利罪；不以牟利为目的传播，情节严重的，根据《刑法》第 364 条构成传播淫秽物品罪。 网络服务的提供者在构成本罪的同时，违反保守国家秘密法的规定，明知传播的信息涉及国家秘密，故意或者过失泄露国家秘密，情节严重的，根据《刑法》第 398 条的规定，构成故意或过失泄露国家秘密罪。 根据本罪第 3 款的规定，网络服务的提供者构成本罪的同时又构成其他犯罪的，依照处罚较重的规定定罪处罚。
证据参考标准	主体方面的证据	**一、证明行为人刑事责任年龄、身份等自然情况的证据。** 包括身份证明、户籍证明、任职证明、工作经历证明、特定职责证明等，主要是证明行为人的姓名（曾用名）、性别、出生年月日、民族、籍贯、出生地、职业（或职务）、住所地（或居住地）等证据材料，如户口簿、居民身份证、工作证、出生证、专业或技术等级证、干部履历表、职工登记表、护照等。 对于户籍、出生证等材料内容不实的，应提供其他证据材料。外国人犯罪的案件，应有护照等身份证明材料。人大代表、政协委员犯罪的案件，应注明身份，并附身份证明材料。 **二、证明行为人刑事责任能力的证据。** 证明行为人对自己的行为是否具有辨认能力与控制能力，如是否属于间歇性精神病人、尚未完全丧失辨认或者控制自己行为能力的精神病人的证明材料。 **三、证明单位的证据。** 证明是否属于依法成立并有合法经营、管理范围的公司、企业、事业单位、机关、团体。 证明单位的名称、住所地、性质、法定代表人、单位负责人、业务范围、成立时间等证据材料，如企业营业执照、国有公司性质证明及非法人单位的身份证明等。 **四、证明法定代表人、单位负责人或直接责任人员等身份的证据。** 法定代表人、直接负责的主管人员和其他直接责任人在单位的任职、职责、负责权限的证明材料等。包括身份证明、户籍证明、任职证明等，如户口簿、居民身份证、工作证、护照、专业或技术等级证、干部履历表、职工登记表、任命书、业务分工文件、委派文件、单位证明、单位规章制度等。

证据参考标准	主观方面的证据	证明行为人故意的证据：1. 证明行为人明知的证据：（1）证明行为人明知自己不履行法律、行政法规规定的信息网络安全管理义务，且经监管部门责令采取改正措施后仍不改正的证据；（2）证明行为人知道或者应当知道法律、行政法规规定的信息网络安全管理义务的证据。2. 证明故意的证据：证明行为人希望或者放任危害结果的发生。
	客观方面的证据	证明行为人具有以下三方面的证据：一是网络服务提供者不履行法律、行政法规规定的信息网络安全管理义务的证据；二是经监管部门责令采取改正措施而拒不改正的证据；三是网络服务提供者拒不改正的行为导致特定危害结果的发生的证据。 具体证据包括：1. 证明网络服务提供者没有履行法律、行政法规规定的信息网络安全管理义务；2. 证明监管部门责令网络服务提供者采取改正措施的证据；3. 证明网络服务提供者接到监管部门责令采取改正措施的通知的证据；4. 证明网络服务提供者拒不改正的证据；5. 证明网络服务提供者拒不改正的行为导致违法信息大量传播的证据；6. 证明网络服务提供者拒不改正的行为导致用户信息泄露，造成严重后果的证据；7. 证明网络服务提供者拒不改正的行为导致刑事案件证据灭失，情节严重的证据；8. 证明有其他严重情节的证据；9. 证明网络服务提供者同时构成其他犯罪的证据。
	量刑方面的证据	**一、法定量刑情节证据。** 1. 事实情节：（1）致使违法信息大量传播的；（2）致使用户信息泄露，造成严重后果的；（3）致使刑事案件证据灭失，情节严重的；（4）有其他严重情节的。2. 法定从重情节。3. 法定从轻减轻情节：（1）可以从轻；（2）可以从轻或减轻；（3）应当从轻或者减轻。4. 法定从轻减轻免除情节：（1）可以从轻、减轻或者免除处罚；（2）应当从轻、减轻或者免除处罚。5. 法定减轻免除情节：（1）可以减轻或者免除处罚；（2）应当减轻或者免除处罚；（3）可以免除处罚。 **二、酌定量刑情节证据。** 1. 犯罪手段；2. 犯罪对象；3. 危害结果；4. 动机；5. 平时表现；6. 认罪态度；7. 是否有前科；8. 其他证据。
量刑标准	犯本罪的	处三年以下有期徒刑、拘役或者管制，并处或者单处罚金
	单位犯本罪的	对单位判处罚金，并对其直接负责的主管人员和其他直接责任人员，依照上述规定处罚
	犯本罪，同时构成其他犯罪的	依照处罚较重的规定定罪处罚
法律适用	刑法条文	**第二百八十六条之一** 网络服务提供者不履行法律、行政法规规定的信息网络安全管理义务，经监管部门责令采取改正措施而拒不改正，有下列情形之一的，处三年以下有期徒刑、拘役或者管制，并处或者单处罚金： （一）致使违法信息大量传播的； （二）致使用户信息泄露，造成严重后果的； （三）致使刑事案件证据灭失，情节严重的； （四）有其他严重情节的。 单位犯前款罪的，对单位判处罚金，并对其直接负责的主管人员和其他直接责任人员，依照前款的规定处罚。 有前两款行为，同时构成其他犯罪的，依照处罚较重的规定定罪处罚。

一、最高人民法院、最高人民检察院《关于办理非法利用信息网络、帮助信息网络犯罪活动等刑事案件适用法律若干问题的解释》（节录）（2019年10月21日最高人民法院、最高人民检察院公布　自2019年11月1日起施行　法释〔2019〕15号）

第一条　提供下列服务的单位和个人，应当认定为刑法第二百八十六条之一第一款规定的“网络服务提供者”：

（一）网络接入、域名注册解析等信息网络接入、计算、存储、传输服务；

（二）信息发布、搜索引擎、即时通讯、网络支付、网络预约、网络购物、网络游戏、网络直播、网站建设、安全防护、广告推广、应用商店等信息网络应用服务；

（三）利用信息网络提供的电子政务、通信、能源、交通、水利、金融、教育、医疗等公共服务。

第二条　刑法第二百八十六条之一第一款规定的“监管部门责令采取改正措施”，是指网信、电信、公安等依照法律、行政法规的规定承担信息网络安全监管职责的部门，以责令整改通知书或者其他文书形式，责令网络服务提供者采取改正措施。

认定“经监管部门责令采取改正措施而拒不改正”，应当综合考虑监管部门责令改正是否具有法律、行政法规依据，改正措施及期限要求是否明确、合理，网络服务提供者是否具有按照要求采取改正措施的能力等因素进行判断。

第三条　拒不履行信息网络安全管理义务，具有下列情形之一的，应当认定为刑法第二百八十六条之一第一款第一项规定的“致使违法信息大量传播”：

（一）致使传播违法视频文件二百个以上的；

（二）致使传播违法视频文件以外的其他违法信息二千个以上的；

（三）致使传播违法信息，数量虽未达到第一项、第二项规定标准，但是按相应比例折算合计达到有关数量标准的；

（四）致使向二千个以上用户账号传播违法信息的；

（五）致使利用群组成员账号数累计三千以上的通讯群组或者关注人员账号数累计三万以上的社交网络传播违法信息的；

（六）致使违法信息实际被点击数达到五万以上的；

（七）其他致使违法信息大量传播的情形。

第四条　拒不履行信息网络安全管理义务，致使用户信息泄露，具有下列情形之一的，应当认定为刑法第二百八十六条之一第一款第二项规定的“造成严重后果”：

（一）致使泄露行踪轨迹信息、通信内容、征信信息、财产信息五百条以上的；

（二）致使泄露住宿信息、通信记录、健康生理信息、交易信息等其他可能影响人身、财产安全的用户信息五千条以上的；

（三）致使泄露第一项、第二项规定以外的用户信息五万条以上的；

（四）数量虽未达到第一项至第三项规定标准，但是按相应比例折算合计达到有关数量标准的；

（五）造成他人死亡、重伤、精神失常或者被绑架等严重后果的；

（六）造成重大经济损失的；

（七）严重扰乱社会秩序的；

（八）造成其他严重后果的。

第五条　拒不履行信息网络安全管理义务，致使影响定罪量刑的刑事案件证据灭失，具有下列情形之一的，应当认定为刑法第二百八十六条之一第一款第三项规定的“情节严重”：

法律适用 司法解释

（一）造成危害国家安全犯罪、恐怖活动犯罪、黑社会性质组织犯罪、贪污贿赂犯罪案件的证据灭失的；

（二）造成可能判处五年有期徒刑以上刑罚犯罪案件的证据灭失的；

（三）多次造成刑事案件证据灭失的；

（四）致使刑事诉讼程序受到严重影响的；

（五）其他情节严重的情形。

第六条 拒不履行信息网络安全管理义务，具有下列情形之一的，应当认定为刑法第二百八十六条之一第一款第四项规定的“有其他严重情节”：

（一）对绝大多数用户日志未留存或者未落实真实身份信息认证义务的；

（二）二年内经多次责令改正拒不改正的；

（三）致使信息网络服务被主要用于违法犯罪的；

（四）致使信息网络服务、网络设施被用于实施网络攻击，严重影响生产、生活的；

（五）致使信息网络服务被用于实施危害国家安全犯罪、恐怖活动犯罪、黑社会性质组织犯罪、贪污贿赂犯罪或者其他重大犯罪的；

（六）致使国家机关或者通信、能源、交通、水利、金融、教育、医疗等领域提供公共服务的信息网络受到破坏，严重影响生产、生活的；

（七）其他严重违反信息网络安全管理义务的情形。

第十六条 多次拒不履行信息网络安全管理义务、非法利用信息网络、帮助信息网络犯罪活动构成犯罪，依法应当追诉的，或者二年内多次实施前述行为未经处理的，数量或者数额累计计算。

二、最高人民法院、最高人民检察院《关于办理侵犯公民个人信息刑事案件适用法律若干问题的解释》（节录）（2017年5月8日最高人民法院、最高人民检察院公布 自2017年6月1日起施行 法释〔2017〕10号）

第九条 网络服务提供者拒不履行法律、行政法规规定的信息网络安全管理义务，经监管部门责令采取改正措施而拒不改正，致使用户的公民个人信息泄露，造成严重后果的，应当依照刑法第二百八十六条之一的规定，以拒不履行信息网络安全管理义务罪定罪处罚。

三、最高人民法院、最高人民检察院、公安部、司法部《关于依法惩治妨害新型冠状病毒感染肺炎疫情防控违法犯罪的意见》（节录）（2020年2月6日最高人民法院、最高人民检察院、公安部、司法部公布 自公布之日起施行 法发〔2020〕7号）

二、准确适用法律，依法严惩妨害疫情防控的各类违法犯罪

（六）依法严惩造谣传谣犯罪。编造虚假的疫情信息，在信息网络或者其他媒体上传播，或者明知是虚假疫情信息，故意在信息网络或者其他媒体上传播，严重扰乱社会秩序的，依照刑法第二百九十一条之一第二款的规定，以编造、故意传播虚假信息罪定罪处罚。

编造虚假信息，或者明知是编造的虚假信息，在信息网络上散布，或者组织、指使人员在信息网络上散布，起哄闹事，造成公共秩序严重混乱的，依照刑法第二百九十三条第一款第四项的规定，以寻衅滋事罪定罪处罚。

利用新型冠状病毒感染肺炎疫情，制造、传播谣言，煽动分裂国家、破坏国家统一，或者煽动颠覆国家政权、推翻社会主义制度的，依照刑法第一百零三条第二款、第一百零五条第二款的规定，以煽动分裂国家罪或者煽动颠覆国家政权罪定罪处罚。

司法解释

网络服务提供者不履行法律、行政法规规定的信息网络安全管理义务，经监管部门责令采取改正措施而拒不改正，致使虚假疫情信息或者其他违法信息大量传播的，依照刑法第二百八十六条之一的规定，以拒不履行信息网络安全管理义务罪定罪处罚。

对虚假疫情信息案件，要依法、精准、恰当处置。对恶意编造虚假疫情信息，制造社会恐慌，挑动社会情绪，扰乱公共秩序，特别是恶意攻击党和政府，借机煽动颠覆国家政权、推翻社会主义制度的，要依法严惩。对于因轻信而传播虚假信息，危害不大的，不以犯罪论处。

法律适用

相关法律法规

一、全国人民代表大会常务委员会《关于加强网络信息保护的决定》（节录）

（2012年12月28日公布　自公布之日起施行）

一、国家保护能够识别公民个人身份和涉及公民个人隐私的电子信息。

任何组织和个人不得窃取或者以其他非法方式获取公民个人电子信息，不得出售或者非法向他人提供公民个人电子信息。

二、网络服务提供者和其他企业事业单位在业务活动中收集、使用公民个人电子信息，应当遵循合法、正当、必要的原则，明示收集、使用信息的目的、方式和范围，并经被收集者同意，不得违反法律、法规的规定和双方的约定收集、使用信息。

网络服务提供者和其他企业事业单位收集、使用公民个人电子信息，应当公开其收集、使用规则。

三、网络服务提供者和其他企业事业单位及其工作人员对在业务活动中收集的公民个人电子信息必须严格保密，不得泄露、篡改、毁损，不得出售或者非法向他人提供。

四、网络服务提供者和其他企业事业单位应当采取技术措施和其他必要措施，确保信息安全，防止在业务活动中收集的公民个人电子信息泄露、毁损、丢失。在发生或者可能发生信息泄露、毁损、丢失的情况时，应当立即采取补救措施。

五、网络服务提供者应当加强对其用户发布的信息的管理，发现法律、法规禁止发布或者传输的信息的，应当立即停止传输该信息，采取消除等处置措施，保存有关记录，并向有关主管部门报告。

六、网络服务提供者为用户办理网站接入服务，办理固定电话、移动电话等入网手续，或者为用户提供信息发布服务，应当在与用户签订协议或者确认提供服务时，要求用户提供真实身份信息。

十、有关主管部门应当在各自职权范围内依法履行职责，采取技术措施和其他必要措施，防范、制止和查处窃取或者以其他非法方式获取、出售或者非法向他人提供公民个人电子信息的违法犯罪行为以及其他网络信息违法犯罪行为。有关主管部门依法履行职责时，网络服务提供者应当予以配合，提供技术支持。

国家机关及其工作人员对在履行职责中知悉的公民个人电子信息应当予以保密，不得泄露、篡改、毁损，不得出售或者非法向他人提供。

十一、对有违反本决定行为的，依法给予警告、罚款、没收违法所得、吊销许可证或者取消备案、关闭网站、禁止有关责任人员从事网络服务业务等处罚，记入社会信用档案并予以公布；构成违反治安管理行为的，依法给予治安管理处罚。构成犯罪的，依法追究刑事责任。侵害他人民事权益的，依法承担民事责任。

法律适用　相关法律法规

二、《中华人民共和国电信条例》（节录）（2000年9月25日中华人民共和国国务院令第291号公布　自公布之日起施行　2014年7月29日第一次修订　2016年2月6日第二次修订）

第二条　在中华人民共和国境内从事电信活动或者与电信有关的活动，必须遵守本条例。

本条例所称电信，是指利用有线、无线的电磁系统或者光电系统，传送、发射或者接收语音、文字、数据、图像以及其他任何形式信息的活动。

第五十六条　任何组织或者个人不得利用电信网络制作、复制、发布、传播含有下列内容的信息：

（一）反对宪法所确定的基本原则的；

（二）危害国家安全，泄露国家秘密，颠覆国家政权，破坏国家统一的；

（三）损害国家荣誉和利益的；

（四）煽动民族仇恨、民族歧视，破坏民族团结的；

（五）破坏国家宗教政策，宣扬邪教和封建迷信的；

（六）散布谣言，扰乱社会秩序，破坏社会稳定的；

（七）散布淫秽、色情、赌博、暴力、凶杀、恐怖或者教唆犯罪的；

（八）侮辱或者诽谤他人，侵害他人合法权益的；

（九）含有法律、行政法规禁止的其他内容的。

第五十七条　任何组织或者个人不得有下列危害电信网络安全和信息安全的行为：

（一）对电信网的功能或者存储、处理、传输的数据和应用程序进行删除或者修改；

（二）利用电信网从事窃取或者破坏他人信息、损害他人合法权益的活动；

（三）故意制作、复制、传播计算机病毒或者以其他方式攻击他人电信网络等电信设施；

（四）危害电信网络安全和信息安全的其他行为。

第六十一条　在公共信息服务中，电信业务经营者发现电信网络中传输的信息明显属于本条例第五十六条所列内容的，应当立即停止传输，保存有关记录，并向国家有关机关报告。

第六十六条　违反本条例第五十六条、第五十七条的规定，构成犯罪的，依法追究刑事责任；尚不构成犯罪的，由公安机关、国家安全机关依照有关法律、行政法规的规定予以处罚。

第七十七条　有本条例第五十六条、第五十七条和第五十八条所列禁止行为之一，情节严重的，由原发证机关吊销电信业务经营许可证。

三、《互联网信息服务管理办法》（节录）（2000年9月25日中华人民共和国国务院令第292号公布　自公布之日起施行　2011年1月8日修订）

第三条　互联网信息服务分为经营性和非经营性两类。

经营性互联网信息服务，是指通过互联网向上网用户有偿提供信息或者网页制作等服务活动。

非经营性互联网信息服务，是指通过互联网向上网用户无偿提供具有公开性、共享性信息的服务活动。

第十五条　互联网信息服务提供者不得制作、复制、发布、传播含有下列内容的信息：

（一）反对宪法所确定的基本原则的；

（二）危害国家安全，泄露国家秘密，颠覆国家政权，破坏国家统一的；

（三）损害国家荣誉和利益的；

（四）煽动民族仇恨、民族歧视，破坏民族团结的；

（五）破坏国家宗教政策，宣扬邪教和封建迷信的；

（六）散布谣言，扰乱社会秩序，破坏社会稳定的；

（七）散布淫秽、色情、赌博、暴力、凶杀、恐怖或者教唆犯罪的；

（八）侮辱或者诽谤他人，侵害他人合法权益的；

（九）含有法律、行政法规禁止的其他内容的。

第十六条 互联网信息服务提供者发现其网站传输的信息明显属于本办法第十五条所列内容之一的，应当立即停止传输，保存有关记录，并向国家有关机关报告。

第十八条 国务院信息产业主管部门和省、自治区、直辖市电信管理机构，依法对互联网信息服务实施监督管理。

新闻、出版、教育、卫生、药品监督管理、工商行政管理和公安、国家安全等有关主管部门，在各自职责范围内依法对互联网信息内容实施监督管理。

第二十条 制作、复制、发布、传播本办法第十五条所列内容之一的信息，构成犯罪的，依法追究刑事责任；尚不构成犯罪的，由公安机关、国家安全机关依照《中华人民共和国治安管理处罚法》、《计算机信息网络国际联网安全保护管理办法》等有关法律、行政法规的规定予以处罚；对经营性互联网信息服务提供者，并由发证机关责令停业整顿直至吊销经营许可证，通知企业登记机关；对非经营性互联网信息服务提供者，并由备案机关责令暂时关闭网站直至关闭网站。

四、《计算机信息网络国际联网安全保护管理办法》（节录）（1997年12月16日公安部令第33号发布 自1997年12月30日起施行 2011年1月8日修订）

第三条 公安部计算机管理监察机构负责计算机信息网络国际联网的安全保护管理工作。

公安机关计算机管理监察机构应当保护计算机信息网络国际联网的公共安全，维护从事国际联网业务的单位和个人的合法权益和公众利益。

第四条 任何单位和个人不得利用国际联网危害国家安全、泄露国家秘密，不得侵犯国家的、社会的、集体的利益和公民的合法权益，不得从事违法犯罪活动。

第五条 任何单位和个人不得利用国际联网制作、复制、查阅和传播下列信息：

（一）煽动抗拒、破坏宪法和法律、行政法规实施的；

（二）煽动颠覆国家政权，推翻社会主义制度的；

（三）煽动分裂国家、破坏国家统一的；

（四）煽动民族仇恨、民族歧视，破坏民族团结的；

（五）捏造或者歪曲事实，散布谣言，扰乱社会秩序的；

（六）宣扬封建迷信、淫秽、色情、赌博、暴力、凶杀、恐怖，教唆犯罪的；

（七）公然侮辱他人或者捏造事实诽谤他人的；

（八）损害国家机关信誉的；

（九）其他违反宪法和法律、行政法规的。

第八条 从事国际联网业务的单位和个人应当接受公安机关的安全监督、检查和指导，如实向公安机关提供有关安全保护的信息、资料及数据文件，协助公安机关查处通过国际联网的计算机信息网络的违法犯罪行为。

法律适用 相关法律法规

第十条 互联单位、接入单位及使用计算机信息网络国际联网的法人和其他组织应当履行下列安全保护职责：

（一）负责本网络的安全保护管理工作，建立健全安全保护管理制度；

（二）落实安全保护技术措施，保障本网络的运行安全和信息安全；

（三）负责对本网络用户的安全教育和培训；

（四）对委托发布信息的单位和个人进行登记，并对所提供的信息内容按照本办法第五条进行审核；

（五）建立计算机信息网络电子公告系统的用户登记和信息管理制度；

（六）发现有本办法第四条、第五条、第六条、第七条所列情形之一的，应当保留有关原始记录，并在24小时内向当地公安机关报告；

（七）按照国家有关规定，删除本网络中含有本办法第五条内容的地址、目录或者关闭服务器。

第十八条 公安机关计算机管理监察机构发现含有本办法第五条所列内容的地址、目录或者服务器时，应当通知有关单位关闭或者删除。

第二十条 违反法律、行政法规，有本办法第五条、第六条所列行为之一的，由公安机关给予警告，有违法所得的，没收违法所得，对个人可以并处5000元以下的罚款，对单位可以并处1.5万元以下的罚款；情节严重的，并可以给予6个月以内停止联网、停机整顿的处罚，必要时可以建议原发证、审批机构吊销经营许可证或者取消联网资格；构成违反治安管理行为的，依照治安管理处罚法的规定处罚；构成犯罪的，依法追究刑事责任。

第二十一条 有下列行为之一的，由公安机关责令限期改正，给予警告，有违法所得的，没收违法所得；在规定的限期内未改正的，对单位的主管负责人员和其他直接责任人员可以并处5000元以下的罚款，对单位可以并处1.5万元以下的罚款；情节严重的，并可以给予6个月以内的停止联网、停机整顿的处罚，必要时可以建议原发证、审批机构吊销经营许可证或者取消联网资格。

（一）未建立安全保护管理制度的；

（二）未采取安全技术保护措施的；

（三）未对网络用户进行安全教育和培训的；

（四）未提供安全保护管理所需信息、资料及数据文件，或者所提供内容不真实的；

（五）对委托其发布的信息内容未进行审核或者对委托单位和个人未进行登记的；

（六）未建立电子公告系统的用户登记和信息管理制度的；

（七）未按照国家有关规定，删除网络地址、目录或者关闭服务器的；

（八）未建立公用账号使用登记制度的；

（九）转借、转让用户账号的。

24 非法利用信息网络案

概念

本罪是指利用信息网络，设立用于实施诈骗、传授犯罪方法、制作或者销售违禁物品、管制物品等违法犯罪活动的网站、通讯群组；发布有关制作或者销售毒品、枪支、淫秽物品等违禁物品、管制物品或者其他违法犯罪信息；为实施诈骗等违法犯罪活动发布信息；情节严重的行为。

立案标准

根据《刑法》第 287 条之一的规定，只要行为人利用信息网络，设立用于实施诈骗、传授犯罪方法、制作或者销售违禁物品、管制物品等违法犯罪活动的网站、通讯群组；发布有关制作或者销售毒品、枪支、淫秽物品等违禁物品、管制物品或者其他违法犯罪信息；为实施诈骗等违法犯罪活动发布信息；情节严重的，就构成本罪，并不要求行为人实现具体的犯罪目的。

定罪标准		
	犯罪客体	本罪侵犯的客体是国家对信息网络的管理秩序。
	犯罪客观方面	本罪的犯罪客观方面表现为利用信息网络，设立用于实施诈骗、传授犯罪方法、制作或者销售违禁物品、管制物品等违法犯罪活动的网站、通讯群组；发布有关制作或者销售毒品、枪支、淫秽物品等违禁物品、管制物品或者其他违法犯罪信息；为实施诈骗等违法犯罪活动发布信息的行为。简而言之包括三种行为方式：（1）设立用于实施违法犯罪活动的网站、通讯群组；（2）发布违法犯罪信息；（3）为实施违法犯罪活动发布信息。需要明确的是，行为人利用的工具必须是信息网络，"信息网络"包括以计算机、电视机、固定电话机、移动电话机等电子设备为终端的计算机互联网、广播电视网、固定通信网、移动通信网等信息网络，以及向公众开放的局域网络。行为人并非利用信息网络实施的上述犯罪行为，不以本罪论处。本罪的客观方面具体包括： 一、行为人利用信息网络，设立用于实施诈骗、传授犯罪方法、制作或者销售违禁物品、管制物品等违法犯罪活动的网站、通讯群组的行为。 1. "网站"与"通讯群组"的含义。"网站"是指在互联网上根据一定的规则制作的用于展示特定内容相关网页的集合。网站是一种沟通工具，人们可以通过网站来发布自己想要公开的资讯，或者利用网站来提供相关的网络服务，也可以通过网页浏览器来访问网站，获取自己需要的资讯或者享受网络服务。"通讯群组"是指在互联网上供某类型人群进行交流的平台和工具，即将有相同爱好或者特征的人群集合到一起可以聊天和交流的平台就是群组，每个群组都有一定的主题以及相关的组织规则。比较常见的有 QQ 群组、微信群组、飞信群组等。通讯群组是多人聊天交流的一个公众平台，群主在创建群以后，可以邀请朋友或者有共同兴趣爱好的人到一个群里面聊天。不仅如此，在群组空间中，用户还可以使用"群硬盘"、"群相册"、"群视频"、"群邮件"等功能实现分享、共享资源，从而进行更广泛的交流。可见，网站、通讯群组在为即时通讯、获取、共享资源、资讯提供了极大便利的同时，也成了一些不法分子实施犯罪的工具和手段。

定罪标准	犯罪客观方面	2. 实践中认定这类行为需要注意以下几点：（1）行为人设立网站、通讯群组的目的是用于实施违法犯罪活动。如果行为人出于合法目的设立网站、通讯群组，并从事正常的社交或者网络经营行为，后被他人用于实施违法犯罪活动的，设立网站、通讯群组的行为人不构成本罪。但若行为人在得知他人利用网站、通讯群组实施违法犯罪活动后，仍旧为其提供技术支持或者广告推广、支付结算等帮助行为，情节严重的，构成《刑法修正案（九）》增设的第287条之二帮助信息网络犯罪活动罪。如果行为人出于合法目的设立网站、通讯群组，但事后利用网站、通讯群组实施诈骗、传授犯罪方法、制作或者销售违禁物品、管制物品等违法犯罪活动的，应当认定其构成本罪。（2）行为人以实施违法犯罪为目的设立的网站、通讯群组，主要从事实施诈骗、传授犯罪方法、制作或者销售违禁物品、管制物品等违法犯罪活动。本项明确列举了几种常见的违法犯罪活动，即诈骗、传授犯罪方法以及制作或者销售违禁物品、管制物品。其一，这里的诈骗行为主要通过专门设立的网站、通讯群组实施，如通过设立的网站、通讯群组窃取用户网上交易所使用的银行账号、密码等数据，进而实施诈骗活动；或者通过设立的假冒的购物网站、支付网站，欺骗用户购买、转账付款的行为。其二，这里的传授犯罪方法行为，是指通过设立的网站、通讯群组传授各种违法犯罪的方法、技巧，以及交流犯罪经验的行为。其三，设立用于制造或者销售违禁物品、管制物品的网站、通讯群组，在侵犯国家对正常信息网络的管理秩序的同时，严重破坏了国家对相关物品的管理秩序，违禁物品和管制物品通过网站、通讯群组流入社会，成为不法分子从事违法犯罪活动的工具，对国家、公共安全、公民的人身、财产安全造成严重威胁。“违禁物品”是指国家规定限制生产、购买、运输和持有的枪支弹药、刀具、爆炸物品、剧毒化学品、窃听窃照专用器材、迷药、毒品、固体等。“管制物品”是指国家对其制造、购买、使用、持有、储存、运输、进出口有严格管控制度，须经有关部门批准、备案、检查的物品。 二、行为人利用信息网络，发布有关制作或者销售毒品、枪支、淫秽物品等违禁物品、管制物品或者其他违法犯罪信息的行为。 本项是对利用信息网络发布相关违法犯罪信息的规定，除通过计算机互联网发布，还可通过广播电视网、固定通信网、移动通信网等信息网络发布违法犯罪信息。本项列举了几种常见的违法犯罪信息，即涉及制作或者销售毒品、枪支、淫秽物品等违禁物品和管制物品的信息。实践中，涉及违法犯罪的信息并不限于上述几种，还包括发布制造或者销售假票据、假证件、传销以及发布涉黄赌毒的信息等，所以本项规定了“其他违法犯罪信息”，以应对实践中可能出现的复杂状况。 三、行为人利用信息网络，为实施诈骗等违法犯罪活动发布信息的行为。 从行为方式上看，本款的第二项与第三项都是利用信息网络发布信息的行为，不同之处在于，第二项中行为人发布的是违法犯罪信息，发布信息本身就是违法犯罪行为。如发布涉及黄赌毒、枪支、淫秽物品的信息。第三项中行为人是为了实施违法犯罪行为发布信息，所发布的信息本身不具有违法性，但是行为人发布信息的目的是为了实施诈骗等违法犯罪活动。如通过发布招聘信息、招商信息、低价促销信息等吸引他人咨询或者购买，从而进一步实施诈骗等违法犯罪活动。本项将行为人为实施某项具体犯罪，利用信息网络发布信息的行为独立出来作为犯罪加以规制，主要是考虑到这类行为具有取证难、受害者众多、跨地域等问题，从而将对法益的保护提前化，以便司法机关有效打击利用信息网络实施违法犯罪活动的行为。对经过调查有证据证明行为人实施了诈骗等违法犯罪行为的，应当依照行为人所实施的具体犯罪定罪处罚。

定罪标准	犯罪客观方面	相反，如果因证据不足无法按照诈骗等具体的违法犯罪活动追究行为人刑事责任的，可以根据本项的规定，以非法利用信息网络罪追究行为人的刑事责任。 四、构成本罪需要达到情节严重的程度。 利用信息网络实施的上述行为需要达到情节严重的程度才构成犯罪。关于"情节严重"的具体认定，针对第一项可以根据行为人所设立的网站、通讯群组的数量、规模大小、受众多少、网站浏览量、点击量等因素来认定；针对第二项可以根据行为人所发布的违法犯罪信息的数量、扩散范围、具体内容以及所发布的违法犯罪信息被他人用于实施违反犯罪行为等因素来认定；针对第三项可以根据行为人发布信息所准备实施的犯罪的严重程度来认定。
	犯罪主体	本罪的主体为一般主体，包括单位和年满16周岁具有刑事责任能力的自然人。
	犯罪主观方面	本罪在主观方面表现为故意，即明知设立用于实施违法犯罪活动的网站、通讯群组会产生危害社会的结果，而希望或者放任这种结果发生的；或者明知发布违法犯罪信息会产生危害社会的结果；而希望或者放任这种结果发生的；或者行为人的主观目的是为实施诈骗等违法犯罪活动而发布信息的。
	罪与非罪	是否构成本罪，主要看是否达到情节严重的程度。此外，还需要注意以下几个问题：第一，行为人必须利用的是信息网络，利用普通传播、宣传手法不构成本罪，如散发、张贴小广告等。第二，行为人设立网站、通讯群组的目的是用于实施违法犯罪活动。如果行为人出于合法目的设立网站、通讯群组，并从事正常的社交或者网络经营行为，后被他人用于实施违法犯罪活动的，设立网站、通讯群组的行为人不构成本罪。
	此罪与彼罪	根据本条规定，只要行为人利用信息网络设立了用于实施违法犯罪活动的网站、通讯群组，或者发布违法犯罪信息，或者为实施违法犯罪活动发布信息，达到情节严重程度的，就构成本罪，行为人是否实现了具体的犯罪目的，不影响本罪的成立。如果在构成本罪的同时实施了相关犯罪行为且构成犯罪的，则根据本条第3款的规定，犯本罪同时构成其他犯罪的，依照处罚较重的规定定罪处罚。 例如，行为人利用信息网络设立用于传授犯罪方法网站、通讯群组的行为。传授犯罪方法罪，是指故意使用各种手段向他人传授犯罪方法的行为，对传授犯罪方法的手段没有限制，包括口头传授、书面传授与动作示范传授，包括公开传授与秘密传授、直接传授与间接传授等。本罪的客观方面是利用信息网络设立用于传授犯罪方法的网站、通讯群组，行为的关键在于设立了用于传授方法的网站、通讯群组，对是否具体实现了传授犯罪方法的目的并无要求，而传授犯罪方法罪是使用各种手段向他人传授犯罪方法，行为的重点在实施了传授犯罪方法的行为，对以何种手段传授并没有限制。因此，如果事后查明行为人利用信息网络设立了用于传授犯罪方法的网站、通讯群组，且有证据证明行为人通过网站、通讯群组实施了传授犯罪方法的行为，则根据《刑法》第295条之规定，同时构成传授犯罪方法罪。 如果行为人在利用信息网络设立用于制作或者销售毒品的网站、通讯群组，或者利用信息网络发布有关制造、销售毒品的相关信息的同时，有证据证明行为人实际上实施了制造、销售毒品的行为，则根据《刑法》第347条之规定，同时构成制造、贩卖毒品罪。

<table>
<tr><td>定罪标准</td><td>此罪与彼罪</td><td>同理，如果行为人利用信息网络设立用于实施诈骗的网站、通讯群组，或者为实施诈骗等违法犯罪活动发布信息后，对经过调查有证据证明行为人实施了诈骗等违法犯罪行为的，根据《刑法》第266条之规定，同时构成诈骗罪。
以上情形根据本条第3款的规定，依照处罚较重的规定定罪处罚。</td></tr>
<tr><td rowspan="4">证据参考标准</td><td>主体方面的证据</td><td>一、证明行为人刑事责任年龄、身份等自然情况的证据。
包括身份证明、户籍证明、任职证明、工作经历证明、特定职责证明等，主要是证明行为人的姓名（曾用名）、性别、出生年月日、民族、籍贯、出生地、职业（或职务）、住所地（或居住地）等证据材料，如户口簿、居民身份证、工作证、出生证、专业或技术等级证、干部履历表、职工登记表、护照等。
对于户籍、出生证等材料内容不实的，应提供其他证据材料。外国人犯罪的案件，应有护照等身份证明材料。人大代表、政协委员犯罪的案件，应注明身份，并附身份证明材料。
二、证明行为人刑事责任能力的证据。
证明行为人对自己的行为是否具有辨认能力与控制能力，如是否属于间歇性精神病人、尚未完全丧失辨认或者控制自己行为能力的精神病人的证明材料。
三、证明单位的证据。
证明是否属于依法成立并有合法经营、管理范围的公司、企业、事业单位、机关、团体。
证明单位的名称、住所地、性质、法定代表人、单位负责人、业务范围、成立时间等证据材料，如企业营业执照、国有公司性质证明及非法人单位的身份证明等。
四、证明法定代表人、单位负责人或直接责任人员等身份的证据。
法定代表人、直接负责的主管人员和其他直接责任人在单位的任职、职责、负责权限的证明材料等。包括身份证明、户籍证明、任职证明等，如户口簿、居民身份证、工作证、护照、专业或技术等级证、干部履历表、职工登记表、任命书、业务分工文件、委派文件、单位证明、单位规章制度等。</td></tr>
<tr><td>主观方面的证据</td><td>证明行为人故意的证据：1. 证明行为人明知的证据：证明行为人明知自己的行为会发生危害社会的结果；2. 证明故意的证据：证明行为人希望或者放任危害结果的发生。</td></tr>
<tr><td>客观方面的证据</td><td>证明行为人具有非法利用信息网络实施违法犯罪活动的证据。
具体证据包括：1. 证明行为人利用了以计算机、电视机、固定电话机、移动电话机等电子设备为终端的计算机互联网、广播电视网、固定通信网、移动通信网等信息网络，以及向公众开放的局域网络；2. 证明行为人设立网站、通讯群组用以实施违法犯罪活动的证据；3. 证明行为人发布了违法犯罪信息的证据；4. 证明行为人非法利用信息网络实施违法犯罪活动情节严重的证据。</td></tr>
<tr><td>量刑方面的证据</td><td>一、法定量刑情节证据。
1. 事实情节。2. 法定从重情节。3. 法定从轻减轻情节：（1）可以从轻；（2）可以从轻或减轻；（3）应当从轻或者减轻。4. 法定从轻减轻免除情节：（1）可以从轻、减轻或者免除处罚；（2）应当从轻、减轻或者免除处罚。5. 法定减轻免除情节：（1）可以减轻或者免除处罚；（2）应当减轻或者免除处罚；（3）可以免除处罚。
二、酌定量刑情节证据。
1. 犯罪手段；2. 犯罪对象；3. 危害结果；4. 动机；5. 平时表现；6. 认罪态度；7. 是否有前科；8. 其他证据。</td></tr>
</table>

量刑标准

情节严重的	处三年以下有期徒刑或者拘役，并处或者单处罚金
单位犯本罪的	对单位判处罚金，并对其直接负责的主管人员和其他直接责任人员，依照上述规定处罚
犯本罪，同时构成其他犯罪的	依照处罚较重的规定定罪处罚

法律适用

刑法条文

第二百八十七条之一 利用信息网络实施下列行为之一，情节严重的，处三年以下有期徒刑或者拘役，并处或者单处罚金：

（一）设立用于实施诈骗、传授犯罪方法、制作或者销售违禁物品、管制物品等违法犯罪活动的网站、通讯群组的；

（二）发布有关制作或者销售毒品、枪支、淫秽物品等违禁物品、管制物品或者其他违法犯罪信息的；

（三）为实施诈骗等违法犯罪活动发布信息的。

单位犯前款罪的，对单位判处罚金，并对其直接负责的主管人员和其他直接责任人员，依照第一款的规定处罚。

有前两款行为，同时构成其他犯罪的，依照处罚较重的规定定罪处罚。

司法解释

一、最高人民法院、最高人民检察院《关于办理诈骗刑事案件具体应用法律若干问题的解释》（节录）（2011年3月1日最高人民法院、最高人民检察院公布 自2011年4月8日起施行 法释〔2011〕7号）

第一条 诈骗公私财物价值三千元至一万元以上、三万元至十万元以上、五十万元以上的，应当分别认定为刑法第二百六十六条规定的“数额较大”、“数额巨大”、“数额特别巨大”。

各省、自治区、直辖市高级人民法院、人民检察院可以结合本地区经济社会发展状况，在前款规定的数额幅度内，共同研究确定本地区执行的具体数额标准，报最高人民法院、最高人民检察院备案。

第二条 诈骗公私财物达到本解释第一条规定的数额标准，具有下列情形之一的，可以依照刑法第二百六十六条的规定酌情从严惩处：

（一）通过发送短信、拨打电话或者利用互联网、广播电视、报刊杂志等发布虚假信息，对不特定多数人实施诈骗的；

（二）诈骗救灾、抢险、防汛、优抚、扶贫、移民、救济、医疗款物的；

（三）以赈灾募捐名义实施诈骗的；

（四）诈骗残疾人、老年人或者丧失劳动能力人的财物的；

（五）造成被害人自杀、精神失常或者其他严重后果的。

诈骗数额接近本解释第一条规定的“数额巨大”、“数额特别巨大”的标准，并具有前款规定的情形之一或者属于诈骗集团首要分子的，应当分别认定为刑法第二百六十六条规定的“其他严重情节”、“其他特别严重情节”。

第五条 诈骗未遂，以数额巨大的财物为诈骗目标的，或者具有其他严重情节的，应当定罪处罚。

利用发送短信、拨打电话、互联网等电信技术手段对不特定多数人实施诈骗，诈骗数额难以查证，但具有下列情形之一的，应当认定为刑法第二百六十六条规定的“其他严重情节”，以诈骗罪（未遂）定罪处罚：

（一）发送诈骗信息五千条以上的；

（二）拨打诈骗电话五百人次以上的；

法律适用 司法解释

（三）诈骗手段恶劣、危害严重的。

实施前款规定行为，数量达到前款第（一）、（二）项规定标准十倍以上的，或者诈骗手段特别恶劣、危害特别严重的，应当认定为刑法第二百六十六条规定的“其他特别严重情节”，以诈骗罪（未遂）定罪处罚。

第七条 明知他人实施诈骗犯罪，为其提供信用卡、手机卡、通讯工具、通讯传输通道、网络技术支持、费用结算等帮助的，以共同犯罪论处。

二、最高人民法院《关于审理毒品犯罪案件适用法律若干问题的解释》（节录）（2016年4月6日最高人民法院公布　自2016年4月11日起施行　法释〔2016〕8号）

第十四条 利用信息网络，设立用于实施传授制造毒品、非法生产制毒物品的方法，贩卖毒品，非法买卖制毒物品或者组织他人吸食、注射毒品等违法犯罪活动的网站、通讯群组，或者发布实施前述违法犯罪活动的信息，情节严重的，应当依照刑法第二百八十七条之一的规定，以非法利用信息网络罪定罪处罚。

实施刑法第二百八十七条之一、第二百八十七条之二规定的行为，同时构成贩卖毒品罪、非法买卖制毒物品罪、传授犯罪方法罪等犯罪的，依照处罚较重的规定定罪处罚。

三、最高人民法院、最高人民检察院《关于办理侵犯公民个人信息刑事案件适用法律若干问题的解释》（节录）（2017年5月8日最高人民法院、最高人民检察院公布　自2017年6月1日起施行　法释〔2017〕10号）

第八条 设立用于实施非法获取、出售或者提供公民个人信息违法犯罪活动的网站、通讯群组，情节严重的，应当依照刑法第二百八十七条之一的规定，以非法利用信息网络罪定罪处罚；同时构成侵犯公民个人信息罪的，依照侵犯公民个人信息罪定罪处罚。

四、最高人民法院、最高人民检察院《关于办理非法利用信息网络、帮助信息网络犯罪活动等刑事案件适用法律若干问题的解释》（节录）（2019年10月21日最高人民法院、最高人民检察院公布　自2019年11月1日起施行　法释〔2019〕15号）

第七条 刑法第二百八十七条之一规定的“违法犯罪”，包括犯罪行为和属于刑法分则规定的行为类型但尚未构成犯罪的违法行为。

第八条 以实施违法犯罪活动为目的而设立或者设立后主要用于实施违法犯罪活动的网站、通讯群组，应当认定为刑法第二百八十七条之一第一款第一项规定的“用于实施诈骗、传授犯罪方法、制作或者销售违禁物品、管制物品等违法犯罪活动的网站、通讯群组”。

第九条 利用信息网络提供信息的链接、截屏、二维码、访问账号密码及其他指引访问服务的，应当认定为刑法第二百八十七条之一第一款第二项、第三项规定的“发布信息”。

第十条 非法利用信息网络，具有下列情形之一的，应当认定为刑法第二百八十七条之一第一款规定的“情节严重”：

（一）假冒国家机关、金融机构名义，设立用于实施违法犯罪活动的网站的；

（二）设立用于实施违法犯罪活动的网站，数量达到三个以上或者注册账号数累计达到二千以上的；

（三）设立用于实施违法犯罪活动的通讯群组，数量达到五个以上或者群组成员账号数累计达到一千以上的；

（四）发布有关违法犯罪的信息或者为实施违法犯罪活动发布信息，具有下列情形之一的：

司法解释

1. 在网站上发布有关信息一百条以上的；
2. 向二千个以上用户账号发送有关信息的；
3. 向群组成员数累计达到三千以上的通讯群组发送有关信息的；
4. 利用关注人员账号数累计达到三万以上的社交网络传播有关信息的；

（五）违法所得一万元以上的；

（六）二年内曾因非法利用信息网络、帮助信息网络犯罪活动、危害计算机信息系统安全受过行政处罚，又非法利用信息网络的；

（七）其他情节严重的情形。

第十一条 为他人实施犯罪提供技术支持或者帮助，具有下列情形之一的，可以认定行为人明知他人利用信息网络实施犯罪，但是有相反证据的除外：

（一）经监管部门告知后仍然实施有关行为的；

（二）接到举报后不履行法定管理职责的；

（三）交易价格或者方式明显异常的；

（四）提供专门用于违法犯罪的程序、工具或者其他技术支持、帮助的；

（五）频繁采用隐蔽上网、加密通信、销毁数据等措施或者使用虚假身份，逃避监管或者规避调查的；

（六）为他人逃避监管或者规避调查提供技术支持、帮助的；

（七）其他足以认定行为人明知的情形。

第十六条 多次拒不履行信息网络安全管理义务、非法利用信息网络、帮助信息网络犯罪活动构成犯罪，依法应当追诉的，或者二年内多次实施前述行为未经处理的，数量或者数额累计计算。

法律适用

相关法律法规

一、《中华人民共和国电信条例》（节录）（2000年9月25日中华人民共和国国务院令第291号公布　自公布之日起施行　2014年7月29日第一次修订　2016年2月6日第二次修订）

第五十六条 任何组织或者个人不得利用电信网络制作、复制、发布、传播含有下列内容的信息：

（一）反对宪法所确定的基本原则的；

（二）危害国家安全，泄露国家秘密，颠覆国家政权，破坏国家统一的；

（三）损害国家荣誉和利益的；

（四）煽动民族仇恨、民族歧视，破坏民族团结的；

（五）破坏国家宗教政策，宣扬邪教和封建迷信的；

（六）散布谣言，扰乱社会秩序，破坏社会稳定的；

（七）散布淫秽、色情、赌博、暴力、凶杀、恐怖或者教唆犯罪的；

（八）侮辱或者诽谤他人，侵害他人合法权益的；

（九）含有法律、行政法规禁止的其他内容的。

第六十一条 在公共信息服务中，电信业务经营者发现电信网络中传输的信息明显属于本条例第五十六条所列内容的，应当立即停止传输，保存有关记录，并向国家有关机关报告。

第六十六条 违反本条例第五十六条、第五十七条的规定，构成犯罪的，依法追究刑事责任；尚不构成犯罪的，由公安机关、国家安全机关依照有关法律、行政法规的规定予以处罚。

第七十七条 有本条例第五十六条、第五十七条和第五十八条所列禁止行为之一，情节严重的，由原发证机关吊销电信业务经营许可证。

二、《互联网信息服务管理办法》(节录)(2000年9月25日中华人民共和国国务院令第292号公布　自公布之日起施行　2011年1月8日国务院令第588号修订)

第十五条　互联网信息服务提供者不得制作、复制、发布、传播含有下列内容的信息:

(一)反对宪法所确定的基本原则的;

(二)危害国家安全,泄露国家秘密,颠覆国家政权,破坏国家统一的;

(三)损害国家荣誉和利益的;

(四)煽动民族仇恨、民族歧视,破坏民族团结的;

(五)破坏国家宗教政策,宣扬邪教和封建迷信的;

(六)散布谣言,扰乱社会秩序,破坏社会稳定的;

(七)散布淫秽、色情、赌博、暴力、凶杀、恐怖或者教唆犯罪的;

(八)侮辱或者诽谤他人,侵害他人合法权益的;

(九)含有法律、行政法规禁止的其他内容的。

第十六条　互联网信息服务提供者发现其网站传输的信息明显属于本办法第十五条所列内容之一的,应当立即停止传输,保存有关记录,并向国家有关机关报告。

第二十条　制作、复制、发布、传播本办法第十五条所列内容之一的信息,构成犯罪的,依法追究刑事责任;尚不构成犯罪的,由公安机关、国家安全机关依照《中华人民共和国治安管理处罚法》、《计算机信息网络国际联网安全保护管理办法》等有关法律、行政法规的规定予以处罚;对经营性互联网信息服务提供者,并由发证机关责令停业整顿直至吊销经营许可证,通知企业登记机关;对非经营性互联网信息服务提供者,并由备案机关责令暂时关闭网站直至关闭网站。

三、《计算机信息网络国际联网安全保护管理办法》(节录)(1997年12月16日公安部令第33号发布　自1997年12月30日起施行　2011年1月8日修订)

第四条　任何单位和个人不得利用国际联网危害国家安全、泄露国家秘密,不得侵犯国家的、社会的、集体的利益和公民的合法权益,不得从事违法犯罪活动。

第五条　任何单位和个人不得利用国际联网制作、复制、查阅和传播下列信息:

(一)煽动抗拒、破坏宪法和法律、行政法规实施的;

(二)煽动颠覆国家政权,推翻社会主义制度的;

(三)煽动分裂国家、破坏国家统一的;

(四)煽动民族仇恨、民族歧视,破坏民族团结的;

(五)捏造或者歪曲事实,散布谣言,扰乱社会秩序的;

(六)宣扬封建迷信、淫秽、色情、赌博、暴力、凶杀、恐怖,教唆犯罪的;

(七)公然侮辱他人或者捏造事实诽谤他人的;

(八)损害国家机关信誉的;

(九)其他违反宪法和法律、行政法规的。

第十八条　公安机关计算机管理监察机构发现含有本办法第五条所列内容的地址、目录或者服务器时,应当通知有关单位关闭或者删除。

第二十条　违反法律、行政法规,有本办法第五条、第六条所列行为之一的,由公安机关给予警告,有违法所得的,没收违法所得,对个人可以并处5000元以下的罚款,对单位可以并处1.5万元以下的罚款;情节严重的,并可以给予6个月以内停止联网、停机整顿的处罚,必要时可以建议原发证、审批机构吊销经营许可证或者取消联网资格;构成违反治安管理行为的,依照治安管理处罚法的规定处罚;构成犯罪的,依法追究刑事责任。

25 帮助信息网络犯罪活动案

概念

本罪是指行为人明知他人利用信息网络实施犯罪，为其犯罪提供互联网接入、服务器托管、网络存储、通讯传输等技术支持，或者提供广告推广、支付结算等帮助，情节严重的行为。

立案标准

根据《刑法》第 287 条之二的规定，行为人在明知他人利用信息网络实施犯罪的前提下，仍然为其提供各种帮助行为，情节严重的，即构成本罪的既遂，被帮助人是否在行为人的帮助下成功实施犯罪不影响本罪的成立。

<table>
<tr><td rowspan="2">定罪标准</td><td>犯罪客体</td><td>本罪侵犯的客体是国家对信息网络的管理秩序。</td></tr>
<tr><td>犯罪客观方面</td><td>本罪的客观方面表现为，为他人利用信息网络实施犯罪提供帮助，情节严重的行为。具体包括：(1) 为他人利用信息网络实施犯罪提供互联网接入、服务器托管、网络存储、通讯传输等技术支持；(2) 为他人利用信息网络实施犯罪提供广告推广；(3) 为他人利用信息网络实施犯罪提供支付结算等。
为了利用信息网络实施犯罪，犯罪分子往往会雇他人为自己提供相关技术维护，或者利用网络进行广告推广、支付结算等帮助。在信息网络和电子商务越来越发达的新情况下，较难认定的是网络、通讯或资金支付、结算服务的提供者的共同犯罪行为和相关人员的刑事责任问题。鉴于这类行为对利用信息网络实施犯罪的帮助很大，《刑法修正案（九）》增加了本条规定，切断其中的利益链条，遏制网络犯罪的泛滥，从而实现对网络犯罪的预防。
一、为他人利用信息网络实施犯罪提供互联网接入、服务器托管、网络存储、通讯传输等技术支持。“互联网接入”是指互联网接入服务商为他人提供访问互联网或者在互联网发布信息的通信线路，是通过特定的信息采集与共享的传输通道，利用传输技术完成用户与 IP 广域网的高带宽、高速度的物理连接。目前常用的互联网接入方式有：普通拨号接入、ADSL 拨号接入、宽带接入、无线网络接入等。用户必须通过这些特定的通信线路连接到互联网服务提供商，享受其提供的互联网入网连接和信息服务，才能连接使用互联网或者建立服务器发布消息。“服务器托管”，或称“主机托管”，是指为了提高网站的访问速度，将用户的服务器及相关设备托管到具有完善机房设施、高品质网络环境、丰富带宽资源和运营经验以及可对用户的网络和设备进行实时监控的网络数据中心内，以此使系统达到安全、可靠、稳定、高效运行的目的。一般是由用户自行购买服务器设备放到当地电信、网通或其他 ISP 运营商的 IDC 机房，托管的服务器由用户自己进行维护，或者由其他的授权人进行远程维护。“网络存储”是一种特殊的专用数据存储服务器，允许用户在网络上上传、下载及共享数据，可提供跨平台文件存储、访问、备份、共享功能。比较常见的有百度网盘、新浪微盘、360 云盘等。“通讯传输”是指用户之间的信息交流与传递。</td></tr>
</table>

定罪标准	犯罪客观方面	二、为他人利用信息网络实施犯罪提供广告推广。“广告推广”可以分为网络推广和网下推广。网络推广常见的形式有：利用论坛或者博客推广，通过群发信息、视频进行推广，设立网站、群组推广，在网站上提供广告链接进行推广等。网下推广常见的形式有：媒体宣传、传单、名片、赞助活动等。鉴于本罪侵犯的客体是国家对信息网络的管理秩序，因此这里的广告推广仅限于通过信息网络实施的推广行为。例如，利用信息网络实施犯罪的行为人通过雇佣他人在其他网站上刊登宣传广告，提供网站的链接或者雇佣他人发展会员。 三、为他人利用信息网络实施犯罪提供支付结算。利用信息网络实施犯罪所得收益，最终都需要通过各种资金流转渠道实现支付、结算、流转。因此，往往需要借助网络支付结算服务提供者的帮助，依靠第三方支付平台来获取经济利益，即完成收款、转账、取现等活动。“支付结算”就是在经济活动中，进行货币给付及资金结算，完成资金由一方转向另一方的业务活动。实践中，已经有一些人员或组织，专门为网络诈骗集团提供收付款、转账、结算、现金提取服务等帮助。《刑法修正案（九）》对这一行为加以规制，有利于切断网络犯罪的资金流动。 四、对情节严重的认定，应当结合行为人所帮助的具体网络犯罪的性质、社会危害性，行为人的帮助行为在相关网络犯罪中起到的实际所用，帮助行为非法获利的数额等因素综合考量。
	犯罪主体	本罪的主体为一般主体，包括单位和年满16周岁具有刑事责任能力的自然人。实践中，为信息网络犯罪提供帮助的大多是一些提供互联网服务的公司、企业，为了牟取非法利益而实施的，为此有必要对单位实施此类犯罪进行特别规定。
	犯罪主观方面	本罪在主观方面表现为故意，即行为人明知自己为他人利用信息网络实施犯罪提供帮助的行为会给国家的信息网络管理秩序造成损害，仍然希望或者放任这种危害结果的发生。此外，行为人对他人利用信息网络实施犯罪活动的事实必须明知，即知道或者应当知道。
	罪与非罪	是否构成本罪，应当从以下几个方面具体认定：第一，行为人必须对他人利用信息网络实施犯罪的事实明知，如果行为人不知道他人利用信息网络实施的行为是犯罪行为，则不构成本罪。造成严重损失的，网络运营服务商要对自己监管不力、审核不严的行为承担相应的民事侵权责任，或者接受相应的行政处罚。第二，行为人所实施的广告推广、支付结算等帮助行为均应在信息网络环境下实施，如果行为人通过非网络途径为他人提供帮助的，则不构成本罪。第三，行为人的帮助行为必须达到情节严重的程度。
	此罪与彼罪	本罪的行为从本质上看属于利用信息网络实施犯罪的帮助犯，行为人为他人实施网络犯罪提供技术支持、广告推广或者支付结算等帮助行为的，可能构成相关犯罪的共犯。 为利用信息网络实施金融诈骗的犯罪分子提供支付结算帮助，从而为犯罪分子掩饰、隐瞒犯罪所得及收益来源的，根据《刑法》第191条的规定，同时构成洗钱罪，根据本条第3款的规定，犯本罪同时构成其他犯罪的，依照处罚较重的规定定罪处罚。

<table>
<tr><td rowspan="1">定罪标准</td><td>此罪与彼罪</td><td>为利用信息网络实施犯罪的犯罪分子提供技术支持、广告推广的同时，侵入国家事务、国防建设、尖端科学技术领域的计算机信息系统；或者侵入其他计算机信息系统或者采用其他技术手段，获取该计算机信息系统中存储、处理或者传输的数据，或者对该计算机信息系统实施非法控制；或者提供专门用于侵入、非法控制计算机信息系统的程序、工具，或者明知他人实施侵入、非法控制计算机信息系统的违法犯罪行为而为其提供程序、工具，情节严重的，根据《刑法》第285条的规定，同时构成提供侵入、非法控制计算机信息系统程序、工具罪，根据本条第3款的规定，犯本罪同时构成其他犯罪的，依照处罚较重的规定定罪处罚。</td></tr>
<tr><td rowspan="2">证据参考标准</td><td>主体方面的证据</td><td>一、证明行为人刑事责任年龄、身份等自然情况的证据。
包括身份证明、户籍证明、任职证明、工作经历证明、特定职责证明等，主要是证明行为人的姓名（曾用名）、性别、出生年月日、民族、籍贯、出生地、职业（或职务）、住所地（或居住地）等证据材料，如户口簿、居民身份证、工作证、出生证、专业或技术等级证、干部履历表、职工登记表、护照等。
对于户籍、出生证等材料内容不实的，应提供其他证据材料。外国人犯罪的案件，应有护照等身份证明材料。人大代表、政协委员犯罪的案件，应注明身份，并附身份证明材料。
二、证明行为人刑事责任能力的证据。
证明行为人对自己的行为是否具有辨认能力与控制能力，如是否属于间歇性精神病人、尚未完全丧失辨认或者控制自己行为能力的精神病人的证明材料。
三、证明单位的证据。
证明是否属于依法成立并有合法经营、管理范围的公司、企业、事业单位、机关、团体。
证明单位的名称、住所地、性质、法定代表人、单位负责人、业务范围、成立时间等证据材料，如企业营业执照、国有公司性质证明及非法人单位的身份证明等。
四、证明法定代表人、单位负责人或直接责任人员等身份的证据。
法定代表人、直接负责的主管人员和其他直接责任人在单位的任职、职责、负责权限的证明材料等。包括身份证明、户籍证明、任职证明等，如户口簿、居民身份证、工作证、护照、专业或技术等级证、干部履历表、职工登记表、任命书、业务分工文件、委派文件、单位证明、单位规章制度等。</td></tr>
<tr><td>主观方面的证据</td><td>证明行为人故意的证据：1. 证明行为人明知的证据：（1）证明行为人明知自己为他人利用信息网络实施犯罪提供帮助的行为会发生危害社会的结果；（2）证明行为人对他人利用信息网络实施犯罪活动的事实明知，即知道或者应当知道。2. 证明故意的证据：证明行为人希望或者放任危害结果的发生。
司法实践中，认定行为人主观上是否明知，应当结合行为人对他人所实际从事活动的认知情况，往来、联络情况，收取费用的情况等因素综合认定。例如，根据《最高人民法院、最高人民检察院、公安部关于办理网络赌博犯罪案件适用法律若干问题的意见》，为赌博网站提供下列服务或者帮助，具有下列情形之一的，应当认定行为人“明知”，但是有证据证明确实不知道的除外：（1）收到行政主管机关书面等方式的告知后，仍然实施上述行为的；（2）为赌博网站提供互联网接入、服务器托管、网络存储空间、通讯传输通道、投放广告、软件开发、技术支持、资金支付结算等服务，收取服务费明显异常的；（3）在执法人员调查时，通过销毁、修改数据、账本等方式故意规避调查或者向犯罪嫌疑人通风报信的；（4）其他有证据证明行为人明知的。</td></tr>
</table>

<table>
<tr><td rowspan="2">证据参考标准</td><td>客观方面的证据</td><td colspan="2">证明行为人为他人利用信息网络实施犯罪提供技术支持、广告推广、支付结算等帮助的行为。
具体证据包括：1. 证明行为人为他人利用信息网络实施犯罪提供互联网接入的证据；2. 证明行为人为他人利用信息网络实施犯罪提供服务器托管的证据；3. 证明行为人为他人利用信息网络实施犯罪提供网络存储服务的证据；4. 证明行为人为他人利用信息网络实施犯罪提供通讯传输服务的证据；5. 证明行为人为利用信息网络实施犯罪的个体或单位进行网络广告推广的证据；6. 证明行为人为他人所设立的用于实施违法犯罪活动的网站进行网络广告推广的证据；7. 证明行为人为他人利用信息网络实施犯罪提供支付结算服务的证据；8. 证明行为人在实施帮助行为的同时构成其他犯罪的证据。</td></tr>
<tr><td>量刑方面的证据</td><td colspan="2">一、法定量刑情节证据。
1. 事实情节。2. 法定从重情节。3. 法定从轻减轻情节：（1）可以从轻；（2）可以从轻或减轻；（3）应当从轻或者减轻。4. 法定从轻减轻免除情节：（1）可以从轻、减轻或者免除处罚；（2）应当从轻、减轻或者免除处罚。5. 法定减轻免除情节：（1）可以减轻或者免除处罚；（2）应当减轻或者免除处罚；（3）可以免除处罚。
二、酌定量刑情节证据。
1. 犯罪手段；2. 犯罪对象；3. 危害结果；4. 动机；5. 平时表现；6. 认罪态度；7. 是否有前科；8. 其他证据。</td></tr>
<tr><td rowspan="3">量刑标准</td><td colspan="2">情节严重的</td><td>处三年以下有期徒刑或者拘役，并处或者单处罚金</td></tr>
<tr><td colspan="2">单位犯本罪的</td><td>对单位判处罚金，并对其直接负责的主管人员和其他直接责任人员，依照上述规定处罚</td></tr>
<tr><td colspan="2">犯本罪，同时构成其他犯罪的</td><td>依照处罚较重的规定定罪处罚</td></tr>
<tr><td rowspan="2">法律适用</td><td>刑法条文</td><td colspan="2">第二百八十七条之二　明知他人利用信息网络实施犯罪，为其犯罪提供互联网接入、服务器托管、网络存储、通讯传输等技术支持，或者提供广告推广、支付结算等帮助，情节严重的，处三年以下有期徒刑或者拘役，并处或者单处罚金。
单位犯前款罪的，对单位判处罚金，并对其直接负责的主管人员和其他直接责任人员，依照第一款的规定处罚。
有前两款行为，同时构成其他犯罪的，依照处罚较重的规定定罪处罚。</td></tr>
<tr><td>司法解释</td><td colspan="2">一、最高人民法院、最高人民检察院《关于办理非法利用信息网络、帮助信息网络犯罪活动等刑事案件适用法律若干问题的解释》（节录）（2019年10月21日最高人民法院、最高人民检察院公布　自2019年11月1日起施行　法释〔2019〕15号）
第十二条　明知他人利用信息网络实施犯罪，为其犯罪提供帮助，具有下列情形之一的，应当认定为刑法第二百八十七条之二第一款规定的“情节严重”：
（一）为三个以上对象提供帮助的；
（二）支付结算金额二十万元以上的；
（三）以投放广告等方式提供资金五万元以上的；
（四）违法所得一万元以上的；
（五）二年内曾因非法利用信息网络、帮助信息网络犯罪活动、危害计算机信息系统安全受过行政处罚，又帮助信息网络犯罪活动的；</td></tr>
</table>

（六）被帮助对象实施的犯罪造成严重后果的；

（七）其他情节严重的情形。

实施前款规定的行为，确因客观条件限制无法查证被帮助对象是否达到犯罪的程度，但相关数额总计达到前款第二项至第四项规定标准五倍以上，或者造成特别严重后果的，应当以帮助信息网络犯罪活动罪追究行为人的刑事责任。

第十三条 被帮助对象实施的犯罪行为可以确认，但尚未到案、尚未依法裁判或者因未达到刑事责任年龄等原因依法未予追究刑事责任的，不影响帮助信息网络犯罪活动罪的认定。

第十六条 多次拒不履行信息网络安全管理义务、非法利用信息网络、帮助信息网络犯罪活动构成犯罪，依法应当追诉的，或者二年内多次实施前述行为未经处理的，数量或者数额累计计算。

二、最高人民法院、最高人民检察院、公安部《关于办理电信网络诈骗等刑事案件适用法律若干问题的意见（二）》（节录）（2021年6月17日最高人民法院、最高人民检察院、公安部公布　自公布之日起施行　法发〔2021〕22号）

七、为他人利用信息网络实施犯罪而实施下列行为，可以认定为刑法第二百八十七条之二规定的“帮助”行为：

（一）收购、出售、出租信用卡、银行账户、非银行支付账户、具有支付结算功能的互联网账号密码、网络支付接口、网上银行数字证书的；

（二）收购、出售、出租他人手机卡、流量卡、物联网卡的。

八、认定刑法第二百八十七条之二规定的行为人明知他人利用信息网络实施犯罪，应当根据行为人收购、出售、出租前述第七条规定的信用卡、银行账户、非银行支付账户、具有支付结算功能的互联网账号密码、网络支付接口、网上银行数字证书，或者他人手机卡、流量卡、物联网卡等的次数、张数、个数，并结合行为人的认知能力、既往经历、交易对象、与实施信息网络犯罪的行为人的关系、提供技术支持或者帮助的时间和方式、获利情况以及行为人的供述等主客观因素，予以综合认定。

收购、出售、出租单位银行结算账户、非银行支付机构单位支付账户，或者电信、银行、网络支付等行业从业人员利用履行职责或提供服务便利，非法开办并出售、出租他人手机卡、信用卡、银行账户、非银行支付账户等的，可以认定为《最高人民法院、最高人民检察院关于办理非法利用信息网络、帮助信息网络犯罪活动等刑事案件适用法律若干问题的解释》第十一条第（七）项规定的“其他足以认定行为人明知的情形”。但有相反证据的除外。

九、明知他人利用信息网络实施犯罪，为其犯罪提供下列帮助之一的，可以认定为《最高人民法院、最高人民检察院关于办理非法利用信息网络、帮助信息网络犯罪活动等刑事案件适用法律若干问题的解释》第十二条第一款第（七）项规定的“其他情节严重的情形”：

（一）收购、出售、出租信用卡、银行账户、非银行支付账户、具有支付结算功能的互联网账号密码、网络支付接口、网上银行数字证书5张（个）以上的；

（二）收购、出售、出租他人手机卡、流量卡、物联网卡20张以上的。

十、电商平台预付卡、虚拟货币、手机充值卡、游戏点卡、游戏装备等经销商，在公安机关调查案件过程中，被明确告知其交易对象涉嫌电信网络诈骗犯罪，仍与其继续交易，符合刑法第二百八十七条之二规定的，以帮助信息网络犯罪活动罪追究刑

法律适用

司法解释

事责任。同时构成其他犯罪的，依照处罚较重的规定定罪处罚。

十二、为他人实施电信网络诈骗犯罪提供技术支持、广告推广、支付结算等帮助，或者窝藏、转移、收购、代为销售及以其他方法掩饰、隐瞒电信网络诈骗犯罪所得及其产生的收益，诈骗犯罪行为可以确认，但实施诈骗的行为人尚未到案，可以依法先行追究已到案的上述犯罪嫌疑人、被告人的刑事责任。

十六、办理电信网络诈骗犯罪案件，应当充分贯彻宽严相济刑事政策。在侦查、审查起诉、审判过程中，应当全面收集证据、准确甄别犯罪嫌疑人、被告人在共同犯罪中的层级地位及作用大小，结合其认罪态度和悔罪表现，区别对待，宽严并用，科学量刑，确保罚当其罪。

对于电信网络诈骗犯罪集团、犯罪团伙的组织者、策划者、指挥者和骨干分子，以及利用未成年人、在校学生、老年人、残疾人实施电信网络诈骗的，依法从严惩处。

对于电信网络诈骗犯罪集团、犯罪团伙中的从犯，特别是其中参与时间相对较短、诈骗数额相对较低或者从事辅助性工作并领取少量报酬，以及初犯、偶犯、未成年人、在校学生等，应当综合考虑其在共同犯罪中的地位作用、社会危害程度、主观恶性、人身危险性、认罪悔罪表现等情节，可以依法从轻、减轻处罚。犯罪情节轻微的，可以依法不起诉或者免予刑事处罚；情节显著轻微危害不大的，不以犯罪论处。

规章及规范性文件

最高人民法院、最高人民检察院、公安部《关于办理网络赌博犯罪案件适用法律若干问题的意见》（节录）（2010年8月31日最高人民法院、最高人民检察院、公安部公布　自公布之日起施行　公通字〔2010〕40号）

二、关于网上开设赌场共同犯罪的认定和处罚

明知是赌博网站，而为其提供下列服务或者帮助的，属于开设赌场罪的共同犯罪，依照刑法第三百零三条第二款的规定处罚：

（一）为赌博网站提供互联网接入、服务器托管、网络存储空间、通讯传输通道、投放广告、发展会员、软件开发、技术支持等服务，收取服务费数额在2万元以上的；

（二）为赌博网站提供资金支付结算服务，收取服务费数额在1万元以上或者帮助收取赌资20万元以上的；

（三）为10个以上赌博网站投放与网址、赔率等信息有关的广告或者为赌博网站投放广告累计100条以上的。

实施前款规定的行为，数量或者数额达到前款规定标准5倍以上的，应当认定为刑法第三百零三条第二款规定的“情节严重”。

实施本条第一款规定的行为，具有下列情形之一的，应当认定行为人“明知”，但是有证据证明确实不知道的除外：

（一）收到行政主管机关书面等方式的告知后，仍然实施上述行为的；

（二）为赌博网站提供互联网接入、服务器托管、网络存储空间、通讯传输通道、投放广告、软件开发、技术支持、资金支付结算等服务，收取服务费明显异常的；

（三）在执法人员调查时，通过销毁、修改数据、账本等方式故意规避调查或者向犯罪嫌疑人通风报信的；

（四）其他有证据证明行为人明知的。

如果有开设赌场的犯罪嫌疑人尚未到案，但是不影响对已到案共同犯罪嫌疑人、被告人的犯罪事实认定的，可以依法对已到案者定罪处罚。

26 扰乱无线电通讯管理秩序案

概念

本罪是指违反国家规定，擅自设置、使用无线电台（站），或者擅自使用无线电频率，干扰无线电通讯秩序，情节严重的行为。

立案标准

根据《刑法》第288条的规定，违反国家规定，擅自设置、使用无线电台（站），或者擅自使用无线电频率，干扰无线电通讯秩序，情节严重的，应当立案。

1. 具有下列情形之一的，应当认定为“擅自设置、使用无线电台（站），或者擅自使用无线电频率，干扰无线电通讯秩序”：

（1）未经批准设置无线电广播电台（“黑广播”），非法使用广播电视专用频段的频率的；

（2）未经批准设置通信基站（“伪基站”），强行向不特定用户发送信息，非法使用公众移动通信频率的；

（3）未经批准使用卫星无线电频率的；

（4）非法设置、使用无线电干扰器的；

（5）其他擅自设置、使用无线电台（站），或者擅自使用无线电频率，干扰无线电通讯秩序的情形。

2. 违反国家规定，擅自设置、使用无线电台（站），或者擅自使用无线电频率，干扰无线电通讯秩序，具有下列情形之一的，应当认定为“情节严重”：

（1）影响航天器、航空器、铁路机车、船舶专用无线电导航、遇险救助和安全通信等涉及公共安全的无线电频率正常使用的；

（2）自然灾害、事故灾难、公共卫生事件、社会安全事件等突发事件期间，在事件发生地使用“黑广播”“伪基站”的；

（3）举办国家或者省级重大活动期间，在活动场所及周边使用“黑广播”“伪基站”的；

（4）同时使用3个以上“黑广播”“伪基站”的；

（5）“黑广播”的实测发射功率500瓦以上，或者覆盖范围10公里以上的；

（6）使用“伪基站”发送诈骗、赌博、招嫖、木马病毒、钓鱼网站链接等违法犯罪信息，数量在5000条以上，或者销毁发送数量等记录的；

（7）雇佣、指使未成年人、残疾人等特定人员使用“伪基站”的；

（8）违法所得3万元以上的；

（9）曾因扰乱无线电通讯管理秩序受过刑事处罚，或者2年内曾因扰乱无线电通讯管理秩序受过行政处罚，又实施《刑法》第288条规定的行为的；

（10）其他情节严重的情形。

定罪标准

犯罪客体

本罪侵犯的是国家无线电管理制度。为了加强无线电管理，保护空中电波秩序，有效利用无线电频谱资源，保证各种无线电业务的正常进行，国务院颁布了《无线电管理条例》。根据该条例的规定，在中华人民共和国境内设置、使用无线电台（站）和研制、生产、进口无线电发射设备以及使用辐射无线电波的非无线电设备，都必须遵守国家有关规定。无线电频谱资源属国家所有。国家对无线电频谱实行统一规划、合理开发、有偿使用的原则。无线电通讯攸关人们的日常生活与社会的发展进步，任何有碍无线电通讯的行为均应受到法律的制裁。

定罪标准		
定罪标准	犯罪客观方面	本罪在客观方面表现为违反国家规定，擅自设置、使用无线电台（站），或者擅自使用无线电频率，干扰无线电通讯秩序，情节严重的行为。 一、擅自设置、使用无线电台（站）的行为。根据《无线电管理条例》的规定，设置、使用无线电台（站）应当向无线电管理机构申请取得无线电台执照，但设置、使用下列无线电台（站）的除外：（1）地面公众移动通信终端；（2）单收无线电台（站）；（3）国家无线电管理机构规定的微功率短距离无线电台（站）。除《无线电管理条例》第29条规定的业余无线电台外，设置、使用无线电台（站），应当符合下列条件：（1）有可用的无线电频率；（2）所使用的无线电发射设备依法取得无线电发射设备型号核准证且符合国家规定的产品质量要求；（3）有熟悉无线电管理规定、具备相关业务技能的人员；（4）有明确具体的用途，且技术方案可行；（5）有能够保证无线电台（站）正常使用的电磁环境，拟设置的无线电台（站）对依法使用的其他无线电台（站）不会产生有害干扰。申请设置、使用空间无线电台，除应当符合前述规定的条件外，还应当有可利用的卫星无线电频率和卫星轨道资源。 二、擅自使用无线电频率。《无线电管理条例》规定，使用无线电频率应当取得许可，但下列频率除外：（1）业余无线电台、公众对讲机、制式无线电台使用的频率；（2）国际安全与遇险系统，用于航空、水上移动业务和无线电导航业务的国际固定频率；（3）国家无线电管理机构规定的微功率短距离无线电发射设备使用的频率。取得无线电频率使用许可，应当符合下列条件：（1）所申请的无线电频率符合无线电频率划分和使用规定，有明确具体的用途；（2）使用无线电频率的技术方案可行；（3）有相应的专业技术人员；（4）对依法使用的其他无线电频率不会产生有害干扰。 三、本罪属于情节犯，擅自设置、使用无线电台（站）的行为，或者擅自使用无线电频率的行为，都必须达到干扰无线电通讯秩序，情节严重的程度才构成犯罪。根据司法解释的规定，“情节严重”是指具有下列情形之一的：（1）影响航天器、航空器、铁路机车、船舶专用无线电导航、遇险救助和安全通信等涉及公共安全的无线电频率正常使用的；（2）自然灾害、事故灾难、公共卫生事件、社会安全事件等突发事件期间，在事件发生地使用“黑广播”“伪基站”的；（3）举办国家或者省级重大活动期间，在活动场所及周边使用“黑广播”“伪基站”的；（4）同时使用3个以上“黑广播”“伪基站”的；（5）“黑广播”的实测发射功率500瓦以上，或者覆盖范围10公里以上的；（6）使用“伪基站”发送诈骗、赌博、招嫖、木马病毒、钓鱼网站链接等违法犯罪信息，数量在5000条以上，或者销毁发送数量等记录的；（7）雇佣、指使未成年人、残疾人等特定人员使用“伪基站”的；（8）违法所得3万元以上的；（9）曾因扰乱无线电通讯管理秩序受过刑事处罚，或者2年内曾因扰乱无线电通讯管理秩序受过行政处罚，又实施《刑法》第288条规定的行为的；（10）其他情节严重的情形。
定罪标准	犯罪主体	本罪的主体为一般主体，凡达到刑事责任年龄且具备刑事责任能力的自然人，均能构成本罪，单位亦能成为本罪的主体。单位犯本罪时，实行双罚制，即对单位判处罚金，并对其直接负责的主管人员和其他直接责任人员判处相应的刑罚。
定罪标准	犯罪主观方面	本罪在主观方面表现为直接故意，即明知其擅自设置、使用无线电站（台），或者擅自使用无线电频率的行为会产生干扰无线电通讯秩序的后果而依然决意为之。间接故意和过失均不构成本罪。

<table>
<tr><td>定罪标准</td><td>罪与非罪</td><td>区分罪与非罪的界限，一要看行为人主观上是否具有犯罪的故意，如果是由于过失造成对其他频率的占用，不应以犯罪论处；二要看行为造成的影响和破坏是否严重，如果行为轻微，社会危害不大，也不应以犯罪论处。</td></tr>
<tr><td rowspan="4">证据参考标准</td><td>主体方面的证据</td><td>一、证明行为人刑事责任年龄、身份等自然情况的证据。
包括身份证明、户籍证明、任职证明、工作经历证明、特定职责证明等，主要是证明行为人的姓名（曾用名）、性别、出生年月日、民族、籍贯、出生地、职业（或职务）、住所地（或居所地）等证据材料，如户口簿、居民身份证、工作证、出生证、专业或技术等级证、干部履历表、职工登记表、护照等。
对于户籍、出生证等材料内容不实的，应提供其他证据材料。外国人犯罪的案件，应有护照等身份证明材料。人大代表、政协委员犯罪的案件，应注明身份，并附身份证明材料。
二、证明行为人刑事责任能力的证据。
证明行为人对自己的行为是否具有辨认能力与控制能力，如是否属于间歇性精神病人、尚未完全丧失辨认或者控制自己行为能力的精神病人的证明材料。
三、证明单位的证据。
证明是否属于依法成立并有合法经营、管理范围的公司、企业、事业单位、机关、团体。
证明单位的名称、住所地、性质、法定代表人、单位负责人、业务范围、成立时间等证据材料，如企业营业执照、国有公司性质证明及非法人单位的身份证明等。
四、证明法定代表人、单位负责人或直接责任人员等的身份证据。
法定代表人、直接负责的主管人员和其他直接责任人在单位的任职、职责、负责权限的证明材料等。包括身份证明、户籍证明、任职证明等，如户口簿、居民身份证、工作证、护照、专业或技术等级证、干部履历表、职工登记表、任命书、业务分工文件、委派文件、单位证明、单位规章制度等。</td></tr>
<tr><td>主观方面的证据</td><td>证明行为人故意的证据：1. 证明行为人明知的证据：证明行为人明知自己的行为会发生危害社会的结果。2. 证明直接故意的证据：证明行为人希望危害结果发生。3. 目的：（1）获取非法利润；（2）牟利；（3）营利。</td></tr>
<tr><td>客观方面的证据</td><td>证明行为人扰乱无线电通讯管理秩序的证据。
具体证据包括：1. 证明行为人擅自设置无线电台（站）的证据：（1）广播电台；（2）电视台；（3）移动通信；（4）步话机台。2. 证明行为人擅自使用无线电台（站）的证据。3. 证明行为人擅自使用无线电频率的证据。4. 证明行为人的上述干扰无线电通讯秩序的行为达到情节严重的证据。</td></tr>
<tr><td>量刑方面的证据</td><td>一、法定量刑情节证据。
1. 事实情节：（1）严重后果；（2）其他。2. 法定从重情节；3. 法定从轻减轻情节：（1）可以从轻；（2）可以从轻或减轻；（3）应当从轻或者减轻。4. 法定从轻减轻免除情节：（1）可以从轻、减轻或者免除处罚；（2）应当从轻、减轻或者免除处罚。5. 法定减轻免除情节：（1）可以减轻或者免除处罚；（2）应当减轻或者免除处罚；（3）可以免除处罚。
二、酌定量刑情节证据。
1. 犯罪手段：（1）擅自设置；（2）擅自使用。2. 犯罪对象。3. 危害结果。4. 动机。5. 平时表现。6. 认罪态度。7. 是否有前科。8. 其他证据。</td></tr>
</table>

量刑标准

犯本罪的	处三年以下有期徒刑、拘役或者管制，并处或者单处罚金
情节特别严重的	处三年以上七年以下有期徒刑，并处罚金
单位犯本罪的	对单位判处罚金，并对其直接负责的主管人员和其他直接责任人员，依照上述的规定处罚

法律适用

刑法条文

第二百八十八条 违反国家规定，擅自设置、使用无线电台（站），或者擅自使用无线电频率，干扰无线电通讯秩序，情节严重的，处三年以下有期徒刑、拘役或者管制，并处或者单处罚金；情节特别严重的，处三年以上七年以下有期徒刑，并处罚金。

单位犯前款罪的，对单位判处罚金，并对其直接负责的主管人员和其他直接责任人员，依照前款的规定处罚。

司法解释

一、最高人民法院、最高人民检察院《关于办理扰乱无线电通讯管理秩序等刑事案件适用法律若干问题的解释》（2017年6月27日最高人民法院、最高人民检察院公布　自2017年7月1日起施行）

为依法惩治扰乱无线电通讯管理秩序犯罪，根据《中华人民共和国刑法》《中华人民共和国刑事诉讼法》的有关规定，现就办理此类刑事案件适用法律的若干问题解释如下：

第一条 具有下列情形之一的，应当认定为刑法第二百八十八条第一款规定的“擅自设置、使用无线电台（站），或者擅自使用无线电频率，干扰无线电通讯秩序”：

（一）未经批准设置无线电广播电台（以下简称“黑广播”），非法使用广播电视专用频段的频率的；

（二）未经批准设置通信基站（以下简称“伪基站”），强行向不特定用户发送信息，非法使用公众移动通信频率的；

（三）未经批准使用卫星无线电频率的；

（四）非法设置、使用无线电干扰器的；

（五）其他擅自设置、使用无线电台（站），或者擅自使用无线电频率，干扰无线电通讯秩序的情形。

第二条 违反国家规定，擅自设置、使用无线电台（站），或者擅自使用无线电频率，干扰无线电通讯秩序，具有下列情形之一的，应当认定为刑法第二百八十八条第一款规定的“情节严重”：

（一）影响航天器、航空器、铁路机车、船舶专用无线电导航、遇险救助和安全通信等涉及公共安全的无线电频率正常使用的；

（二）自然灾害、事故灾难、公共卫生事件、社会安全事件等突发事件期间，在事件发生地使用“黑广播”“伪基站”的；

（三）举办国家或者省级重大活动期间，在活动场所及周边使用“黑广播”“伪基站”的；

（四）同时使用三个以上“黑广播”“伪基站”的；

（五）“黑广播”的实测发射功率五百瓦以上，或者覆盖范围十公里以上的；

（六）使用“伪基站”发送诈骗、赌博、招嫖、木马病毒、钓鱼网站链接等违法犯罪信息，数量在五千条以上，或者销毁发送数量等记录的；

（七）雇佣、指使未成年人、残疾人等特定人员使用“伪基站”的；

（八）违法所得三万元以上的；

（九）曾因扰乱无线电通讯管理秩序受过刑事处罚，或者二年内曾因扰乱无线电通讯管理秩序受过行政处罚，又实施刑法第二百八十八条规定的行为的；

（十）其他情节严重的情形。

第三条 违反国家规定，擅自设置、使用无线电台（站），或者擅自使用无线电频率，干扰无线电通讯秩序，具有下列情形之一的，应当认定为刑法第二百八十八条第一款规定的"情节特别严重"：

（一）影响航天器、航空器、铁路机车、船舶专用无线电导航、遇险救助和安全通信等涉及公共安全的无线电频率正常使用，危及公共安全的；

（二）造成公共秩序混乱等严重后果的；

（三）自然灾害、事故灾难、公共卫生事件和社会安全事件等突发事件期间，在事件发生地使用"黑广播""伪基站"，造成严重影响的；

（四）对国家或者省级重大活动造成严重影响的；

（五）同时使用十个以上"黑广播""伪基站"的；

（六）"黑广播"的实测发射功率三千瓦以上，或者覆盖范围二十公里以上的；

（七）违法所得十五万元以上的；

（八）其他情节特别严重的情形。

第四条 非法生产、销售"黑广播""伪基站"、无线电干扰器等无线电设备，具有下列情形之一的，应当认定为刑法第二百二十五条规定的"情节严重"：

（一）非法生产、销售无线电设备三套以上的；

（二）非法经营数额五万元以上的；

（三）其他情节严重的情形。

实施前款规定的行为，数量或者数额达到前款第一项、第二项规定标准五倍以上，或者具有其他情节特别严重的情形的，应当认定为刑法第二百二十五条规定的"情节特别严重"。

在非法生产、销售无线电设备窝点查扣的零件，以组装完成的套数以及能够组装的套数认定；无法组装为成套设备的，每三套广播信号调制器（激励器）认定为一套"黑广播"设备，每三块主板认定为一套"伪基站"设备。

第五条 单位犯本解释规定之罪的，对单位判处罚金，并对直接负责的主管人员和其他直接责任人员，依照本解释规定的自然人犯罪的定罪量刑标准定罪处罚。

第六条 擅自设置、使用无线电台（站），或者擅自使用无线电频率，同时构成其他犯罪的，按照处罚较重的规定定罪处罚。

明知他人实施诈骗等犯罪，使用"黑广播""伪基站"等无线电设备为其发送信息或者提供其他帮助，同时构成其他犯罪的，按照处罚较重的规定定罪处罚。

第七条 负有无线电监督管理职责的国家机关工作人员滥用职权或者玩忽职守，致使公共财产、国家和人民利益遭受重大损失的，应当依照刑法第三百九十七条的规定，以滥用职权罪或者玩忽职守罪追究刑事责任。

有查禁扰乱无线电管理秩序犯罪活动职责的国家机关工作人员，向犯罪分子通风报信、提供便利，帮助犯罪分子逃避处罚的，应当依照刑法第四百一十七条的规定，以帮助犯罪分子逃避处罚罪追究刑事责任；事先通谋的，以共同犯罪论处。

第八条 为合法经营活动，使用"黑广播""伪基站"或者实施其他扰乱无线电通讯管理秩序的行为，构成扰乱无线电通讯管理秩序罪，但不属于"情节特别严重"，行为人系初犯，并确有悔罪表现的，可以认定为情节轻微，不起诉或者免予刑事处罚；

确有必要判处刑罚的，应当从宽处罚。

第九条 对案件所涉的有关专门性问题难以确定的，依据司法鉴定机构出具的鉴定意见，或者下列机构出具的报告，结合其他证据作出认定：

（一）省级以上无线电管理机构、省级无线电管理机构依法设立的派出机构、地市级以上广播电视主管部门就是否系“伪基站”“黑广播”出具的报告；

（二）省级以上广播电视主管部门及其指定的检测机构就“黑广播”功率、覆盖范围出具的报告；

（三）省级以上航空、铁路、船舶等主管部门就是否干扰导航、通信等出具的报告。

对移动终端用户受影响的情况，可以依据相关通信运营商出具的证明，结合被告人供述、终端用户证言等证据作出认定。

第十条 本解释自2017年7月1日起施行。

二、最高人民法院《关于审理扰乱电信市场管理秩序案件具体应用法律若干问题的解释》（节录）（2000年5月12日最高人民法院公布 自2000年5月24日起施行 法释〔2000〕12号）

第五条 违反国家规定，擅自设置、使用无线电台（站），或者擅自占用频率，非法经营国际电信业务或者涉港澳台电信业务进行营利活动，同时构成非法经营罪和刑法第二百八十八条规定的扰乱无线电通讯管理秩序罪的，依照处罚较重的规定定罪处罚。

三、最高人民法院《关于审理危害军事通信刑事案件具体应用法律若干问题的解释》（节录）（2007年6月26日最高人民法院公布 自2007年6月29日起施行 法释〔2007〕13号）

第六条第四款 违反国家规定，擅自设置、使用无线电台、站，或者擅自占用频率，经责令停止使用后拒不停止使用，干扰无线电通讯正常进行，构成犯罪的，依照刑法第二百八十八条的规定定罪处罚；造成军事通信中断或者严重障碍，同时构成刑法第二百八十八条、第三百六十九条第一款规定的犯罪的，依照处罚较重的规定定罪处罚。

第七条 本解释所称“重要军事通信”，是指军事首脑机关及重要指挥中心的通信，部队作战中的通信，等级战备通信，飞行航行训练、抢险救灾、军事演习或者处置突发性事件中的通信，以及执行试飞试航、武器装备科研试验或者远洋航行等重要军事任务中的通信。

本解释所称军事通信的具体范围、通信中断和严重障碍的标准，参照中国人民解放军通信主管部门的有关规定确定。

四、最高人民法院、最高人民检察院、公安部、国家安全部《关于依法办理非法生产销售使用“伪基站”设备案件的意见》（节录）（2014年3月14日发布 自发布之日起施行 公通字〔2014〕13号）

各省、自治区、直辖市高级人民法院，人民检察院，公安厅、局，国家安全厅、局，新疆维吾尔自治区高级人民法院生产建设兵团分院，新疆生产建设兵团人民检察院、公安局、国家安全局：

近年来，各地非法生产、销售、使用“伪基站”设备违法犯罪活动日益猖獗，有的借以非法获取公民个人信息，有的非法经营广告业务，或者发送虚假广告，甚至实

司法解释

施诈骗等犯罪活动。“伪基站”设备是未取得电信设备进网许可和无线电发射设备型号核准的非法无线电通信设备，具有搜取手机用户信息，强行向不特定用户手机发送短信息等功能，使用过程中会非法占用公众移动通信频率，局部阻断公众移动通信网络信号。非法生产、销售、使用“伪基站”设备，不仅破坏正常电信秩序，影响电信运营商正常经营活动，危害公共安全，扰乱市场秩序，而且严重影响用户手机使用，损害公民财产权益，侵犯公民隐私，社会危害性严重。为依法办理非法生产、销售、使用“伪基站”设备案件，保障国家正常电信秩序，维护市场经济秩序，保护公民合法权益，根据有关法律规定，制定本意见。

一、准确认定行为性质

（二）非法使用“伪基站”设备干扰公用电信网络信号，危害公共安全的，依照《刑法》第一百二十四条第一款的规定，以破坏公用电信设施罪追究刑事责任；同时构成虚假广告罪、非法获取公民个人信息罪、破坏计算机信息系统罪、扰乱无线电通讯管理秩序罪的，依照处罚较重的规定追究刑事责任。

除法律、司法解释另有规定外，利用“伪基站”设备实施诈骗等其他犯罪行为，同时构成破坏公用电信设施罪的，依照处罚较重的规定追究刑事责任。

（三）明知他人实施非法生产、销售“伪基站”设备，或者非法使用“伪基站”设备干扰公用电信网络信号等犯罪，为其提供资金、场所、技术、设备等帮助的，以共同犯罪论处。

法律适用

相关法律法规

《中华人民共和国无线电管理条例》（节录）（1993年9月11日中华人民共和国国务院、中华人民共和国中央军事委员会令第128号公布　2016年11月11日中华人民共和国国务院、中华人民共和国中央军事委员会令第672号修订）

第十三条　国家无线电管理机构负责制定无线电频率划分规定，并向社会公布。

制定无线电频率划分规定应当征求国务院有关部门和军队有关单位的意见，充分考虑国家安全和经济社会、科学技术发展以及频谱资源有效利用的需要。

第十四条　使用无线电频率应当取得许可，但下列频率除外：

（一）业余无线电台、公众对讲机、制式无线电台使用的频率；

（二）国际安全与遇险系统，用于航空、水上移动业务和无线电导航业务的国际固定频率；

（三）国家无线电管理机构规定的微功率短距离无线电发射设备使用的频率。

第十五条　取得无线电频率使用许可，应当符合下列条件：

（一）所申请的无线电频率符合无线电频率划分和使用规定，有明确具体的用途；

（二）使用无线电频率的技术方案可行；

（三）有相应的专业技术人员；

（四）对依法使用的其他无线电频率不会产生有害干扰。

第十六条　无线电管理机构应当自受理无线电频率使用许可申请之日起20个工作日内审查完毕，依照本条例第十五条规定的条件，并综合考虑国家安全需要和可用频率的情况，作出许可或者不予许可的决定。予以许可的，颁发无线电频率使用许可证；不予许可的，书面通知申请人并说明理由。

无线电频率使用许可证应当载明无线电频率的用途、使用范围、使用率要求、使用期限等事项。

法律适用　相关法律法规

第十七条 地面公众移动通信使用频率等商用无线电频率的使用许可，可以依照有关法律、行政法规的规定采取招标、拍卖的方式。

无线电管理机构采取招标、拍卖的方式确定中标人、买受人后，应当作出许可的决定，并依法向中标人、买受人颁发无线电频率使用许可证。

第十八条 无线电频率使用许可由国家无线电管理机构实施。国家无线电管理机构确定范围内的无线电频率使用许可，由省、自治区、直辖市无线电管理机构实施。

国家无线电管理机构分配给交通运输、渔业、海洋系统（行业）使用的水上无线电专用频率，由所在地省、自治区、直辖市无线电管理机构分别会同相关主管部门实施许可；国家无线电管理机构分配给民用航空系统使用的航空无线电专用频率，由国务院民用航空主管部门实施许可。

第二十七条 设置、使用无线电台（站）应当向无线电管理机构申请取得无线电台执照，但设置、使用下列无线电台（站）的除外：

（一）地面公众移动通信终端；

（二）单收无线电台（站）；

（三）国家无线电管理机构规定的微功率短距离无线电台（站）。

第二十八条 除本条例第二十九条规定的业余无线电台外，设置、使用无线电台（站），应当符合下列条件：

（一）有可用的无线电频率；

（二）所使用的无线电发射设备依法取得无线电发射设备型号核准证且符合国家规定的产品质量要求；

（三）有熟悉无线电管理规定、具备相关业务技能的人员；

（四）有明确具体的用途，且技术方案可行；

（五）有能够保证无线电台（站）正常使用的电磁环境，拟设置的无线电台（站）对依法使用的其他无线电台（站）不会产生有害干扰。

申请设置、使用空间无线电台，除应当符合前款规定的条件外，还应当有可利用的卫星无线电频率和卫星轨道资源。

第二十九条 申请设置、使用业余无线电台的，应当熟悉无线电管理规定，具有相应的操作技术能力，所使用的无线电发射设备应当符合国家标准和国家无线电管理的有关规定。

第三十条 设置、使用有固定台址的无线电台（站），由无线电台（站）所在地的省、自治区、直辖市无线电管理机构实施许可。设置、使用没有固定台址的无线电台，由申请人住所地的省、自治区、直辖市无线电管理机构实施许可。

设置、使用空间无线电台、卫星测控（导航）站、卫星关口站、卫星国际专线地球站、15瓦以上的短波无线电台（站）以及涉及国家主权、安全的其他重要无线电台（站），由国家无线电管理机构实施许可。

第三十一条 无线电管理机构应当自受理申请之日起30个工作日内审查完毕，依照本条例第二十八条、第二十九条规定的条件，作出许可或者不予许可的决定。予以许可的，颁发无线电台执照，需要使用无线电台识别码的，同时核发无线电台识别码；不予许可的，书面通知申请人并说明理由。

无线电台（站）需要变更、增加无线电台识别码的，由无线电管理机构核发。

第三十二条 无线电台执照应当载明无线电台（站）的台址、使用频率、发射功率、有效期、使用要求等事项。

法律适用

相关法律法规

无线电台执照的样式由国家无线电管理机构统一规定。

第三十三条 无线电台（站）使用的无线电频率需要取得无线电频率使用许可的，其无线电台执照有效期不得超过无线电频率使用许可证规定的期限；依照本条例第十四条规定不需要取得无线电频率使用许可的，其无线电台执照有效期不得超过5年。

无线电台执照有效期届满后需要继续使用无线电台（站）的，应当在期限届满30个工作日前向作出许可决定的无线电管理机构申请更换无线电台执照。受理申请的无线电管理机构应当依照本条例第三十一条的规定作出决定。

第三十四条 国家无线电管理机构向国际电信联盟统一申请无线电台识别码序列，并对无线电台识别码进行编制和分配。

第三十五条 建设固定台址的无线电台（站）的选址，应当符合城乡规划的要求，避开影响其功能发挥的建筑物、设施等。地方人民政府制定、修改城乡规划，安排可能影响大型无线电台（站）功能发挥的建设项目的，应当考虑其功能发挥的需要，并征求所在地无线电管理机构和军队电磁频谱管理机构的意见。

设置大型无线电台（站）、地面公众移动通信基站，其台址布局规划应当符合资源共享和电磁环境保护的要求。

规章及规范性文件

国家无线电管理委员会（已撤销）、公安部《关于坚决取缔私设电台并查处有关人员的通知》（1995年2月16日公布　自公布之日起施行　国无管〔1995〕6号）

各省、自治区、直辖市无线电管理委员会、公安厅（局），中国人民解放军无线电管理委员会，国务院有关部委及直属机构无线电管理机构：

近来，沿海有些县市非法私设电台现象严重，有的乡镇私设电台达数百部，其发射功率较大，能直接与周边国家或地区联络；一些不法分子频繁利用电台从事走私、偷渡等违法犯罪活动；类似情况在其他地区也存在。这不仅扰乱了空中电波秩序，而且危害社会的安全与稳定。

根据中央、国务院领导关于要立即采取措施，取缔私设电台，查处有关人员的指示精神，为加强无线电管理，维护空中电波秩序，更好地为国民经济建设服务，各级无线电管理机构要结合本地区、本单位的实际情况，加强无线电监测和监督检查，组织力量，采取有力措施，坚决取缔私设电台，查处有关人员。无线电管理委员会和公安机关等部门要紧密配合，根据《中华人民共和国无线电管理条例》和有关法律规定，对私设电台，一经发现应立即取缔和查处，决不能姑息迁就。在无委执行《条例》取缔私设电台，查处有关人员的过程中，对拒绝、阻碍依法执行公务的，由公安机关依照《治安管理处罚条例》① 予以处罚；构成犯罪的，依法追究刑事责任。各省、自治区、直辖市无线电管理委员会、公安厅（局）要将查处情况及时报国家无线电管理委员会办公室、公安部办公厅。

① 《中华人民共和国治安管理处罚条例》已被《中华人民共和国治安管理处罚法》废止。

27 聚众扰乱社会秩序案

概念

本罪是指聚众扰乱社会秩序，情节严重，致使工作、生产、营业和教学、科研、医疗无法进行，造成严重损失的行为。

立案标准

聚众扰乱社会秩序，情节严重，造成严重损失的，应当立案。

定罪标准		
定罪标准	犯罪客体	本罪侵犯的客体是社会秩序。广而言之，任何犯罪都是对社会秩序的侵犯，本罪规定的扰乱社会秩序，是从狭义上讲的，有其特定的含义。根据《刑法》第290条的规定，本罪的危害在于“致使工作、生产、营业和教学、科研、医疗无法进行”。作为本罪客体的社会秩序的特定含义是指国家机关、企业、事业单位和人民团体的工作、生产、营业和教学、科研、医疗秩序。侵犯的对象不是党政机关、企业、事业单位和人民团体，不构成本罪。
	犯罪客观方面	本罪在客观方面表现为聚众扰乱社会秩序，情节严重，致使工作、生产、营业和教学、科研、医疗都无法进行，造成严重损失的行为。本罪所指的扰乱社会秩序的行为必须具备聚众形式。“聚众”，众的人数《刑法》没有明确规定。学理上一般认为，3人以上为众。一人闹事引起多人围观的，不应视为聚众。“聚众扰乱社会秩序”，是指在首要分子的煽动、策划下，纠集多人共同扰乱党政机关、企业、事业单位和人民团体的工作、生产、营业和教学、科研、医疗秩序，如聚众侵入、占领党政机关、企业、事业单位和人民团体的工作场所，封闭其出入通道，进行纠缠、哄闹、辱骂等。行为人聚众扰乱社会秩序的手段是多种多样的，例如，在一些单位、团体门前、戏院内大肆喧嚣哄闹；强占或封锁一个部门的工作、生产、营业或科研、教学场所；围攻甚至侮辱，殴打有关负责人和工作人员；封锁出入通道、毁坏公私财物等等。所谓“情节严重”，尚无司法解释，一般学理意见认为，情节是否严重，应综合其纠集人数的多少、扰乱的对象、扰乱的程度、扰乱持续的时间、扰乱的范围以及扰乱的动机目的等多方面来分析。据此，“情节严重”，主要是指扰乱的时间长，纠集的人数多，扰乱重要的工作、生产、营业和教学、科研、医疗秩序，造成的影响恶劣等。所谓“无法进行”，指由其扰乱致使上述各项工作未能按期开展、开始或致使已经开展、开始的工作被迫非正常地中止、停业。何谓“造成严重损失”，迄今为止，尚无有关立法或司法解释。从学理上看，由于生产、营业、教学、科研、医疗工作及其他一般工作，在工作方式、性质上的差异性很大，“严重损失”的表现形式也就相应各异。因而所谓“严重损失”，从总体上看，其固然应为可借助一定计量手段衡定其损失大小额度的有形损失；但实践中也不排除难以量定的无形损失，例如，对新闻单位、教学单位的冲击，导致其工作、教学不能进行或中止者，其损失几何，就很难定量分析。因而，一般以定性分析与定量分析相结合的手段来衡定人的行为所导致的损失大小。据此，“严重损失”，主要是指公私财物或者经济建设、教学科研、医疗等受到严重的损失和破坏等。“情节严重”、“致使工作、生产、营业和教学、科研、医疗都无法进行”和“造成严重损失”三者都是构成本罪的要件，必须同时具备、缺一不可。

<table>
<tr><td rowspan="5">定罪标准</td><td>犯罪主体</td><td>本罪的主体是一般主体，即符合《刑法》规定犯罪一般主体条件的任何自然人。在本罪中只指两种人，一种是聚众扰乱社会秩序的首要分子，另一种是其他积极参加分子。所谓首要分子，是指在聚众扰乱社会秩序的犯罪活动中起组织、策划、指挥作用的犯罪分子。所谓积极参加者，是指在聚众扰乱社会秩序的犯罪活动中，虽非首要分子，但积极参与犯罪活动，行动特别卖力、情节比较严重的犯罪分子。</td></tr>
<tr><td>犯罪主观方面</td><td>本罪在主观方面是故意。行为人往往是意图通过扰乱活动给有关单位和领导施加压力，以实现自己的无理要求，或者发泄自己的不满情绪。</td></tr>
<tr><td>罪与非罪</td><td>区分罪与非罪的界限，主要看两方面：第一，本罪与扰乱社会秩序的一般违法行为的界限。两者在表现形式上有相似之处，其主要区别在于是否情节严重，致使生产、工作、营业和教学、科研、医疗无法进行，造成严重损失，以及是否属于首要分子和积极参加者。如不具备上述条件，则为一般违反治安管理行为，不构成犯罪。第二，本罪与群体性闹事事件的界限。近年来，集体上访、群众性闹事等突发性事件屡有发生，已成为一种不容忽视的社会问题。实践中，由于领导上的官僚主义、腐败问题或者工作失误等原因引起群众不满闹事的，主要靠改进工作和说服教育，不宜按犯罪论处。要充分调动各级机关和基层组织的积极性，发挥各自承担的解决问题的应有作用。除已有的信访、申诉等制度要充实、完善外，重点要使各基层单位、组织内部工、青、妇等机构的职能充分发挥起来。能解决的尽快解决，不能解决的说明原因，对无理取闹的，要进行耐心细致的说服教育。但对于借机煽动群众聚众扰乱社会秩序，符合本罪构成条件的，应当依法追究刑事责任。</td></tr>
<tr><td>此罪与彼罪</td><td>一、本罪与聚众扰乱公共场所秩序、交通秩序罪和聚众冲击国家机关罪的界限。这些犯罪的形式、手段基本相同，其主观方面和主体也基本相同，所不同的是犯罪场所。
二、本罪与妨害公务罪的界限。两者的主要区别是：（1）侵犯的对象不同。前者侵犯的对象是国家机关、公司、企业、事业单位和人民团体；而后者针对的是正在执行公务的特定的国家机关工作人员。（2）犯罪主体情况不同。前者的主体是聚众进行；而后者的主体可以是聚众，也可以是几个人或单个人。（3）前者可以是暴力扰乱，也可以是非暴力扰乱；后者除了故意阻碍国家安全机关、公安机关依法执行国家安全工作任务外，均已使用暴力、威胁的方法。
三、本罪与破坏生产经营罪的界限。两者的主要区别是：（1）聚众扰乱社会秩序罪要求首要分子组织、纠集3人以上进行扰乱活动，一人或两人的扰乱活动，不能构成本罪。破坏生产经营罪则不要求多人，一人就构成此罪。（2）聚众扰乱社会秩序罪行为人的意图是想通过聚众扰乱，迫使机关、企业等满足其无理要求，侵害的客体是社会管理秩序，具体则是机关、企业、人民团体等单位的工作生产及科研秩序。而破坏生产经营罪则是行为人出于泄愤报复或者其他个人目的，实施破坏机器设备等破坏生产经营的行为，侵害的客体是生产经营的正常活动。（3）聚众扰乱社会秩序罪要求情节严重，并且造成严重后果，破坏生产经营罪则并不要求情节严重。（4）聚众扰乱社会秩序罪虽然可能会存在正常的生产活动被破坏的情形，但这与破坏生产经营罪不一样，在破坏生产经营罪中，破坏正常的生产活动是行为人追求的直接目的，而在聚众扰乱社会秩序罪中，则由于行为人聚众扰乱，在客观上造成了企业无法生产的结果，二者有着本质的不同。</td></tr>
</table>

<table>
<tr><td rowspan="4">证据参考标准</td><td>主体方面的证据</td><td colspan="2">一、证明行为人刑事责任年龄、身份等自然情况的证据。
包括身份证明、户籍证明、任职证明、工作经历证明、特定职责证明等，主要是证明行为人的姓名（曾用名）、性别、出生年月日、民族、籍贯、出生地、职业（或职务）、住所地（或居所地）等证据材料，如户口簿、居民身份证、工作证、出生证、专业或技术等级证、干部履历表、职工登记表、护照等。
对于户籍、出生证等材料内容不实的，应提供其他证据材料。外国人犯罪的案件，应有护照等身份证明材料。人大代表、政协委员犯罪的案件，应注明身份，并附身份证明材料。
二、证明行为人刑事责任能力的证据。
证明行为人对自己的行为是否具有辨认能力与控制能力，如是否属于间歇性精神病人、尚未完全丧失辨认或者控制自己行为能力的精神病人的证明材料。</td></tr>
<tr><td>主观方面的证据</td><td colspan="2">证明行为人故意的证据：1. 证明行为人明知的证据：证明行为人明知自己的行为会发生危害社会的结果；2. 证明直接故意的证据：证明行为人希望危害结果发生。</td></tr>
<tr><td>客观方面的证据</td><td colspan="2">证明行为人聚众扰乱社会秩序犯罪行为的证据。
具体证据包括：1. 证明行为人聚众扰乱社会秩序行为的证据：（1）国家机关；（2）企业；（3）事业单位；（4）人民团体；（5）学校；（6）科研单位；（7）医疗机构；（8）其他。2. 证明行为人聚众扰乱社会秩序情节严重，造成严重损失行为的证据：（1）工作；（2）生产；（3）营业；（4）教学；（5）科研；（6）医疗；（7）其他。3. 证明行为人构成聚众扰乱社会秩序犯罪主体的证据：（1）首要分子；（2）积极参加者。4. 证明行为人聚众实施暴力性扰乱行为的证据：（1）强占、殴打、威胁；（2）冲砸；（3）强行留置人员。5. 证明行为人聚众实施非暴力性扰乱行为的证据：（1）哄闹、纠缠、辱骂；（2）封闭通道；（3）占据场所。</td></tr>
<tr><td>量刑方面的证据</td><td colspan="2">一、法定量刑情节证据。
1. 事实情节：（1）情节严重：①造成严重损失；②积极参加者；③首要分子。（2）其他。2. 法定从重情节。3. 法定从轻减轻情节：（1）可以从轻。（2）可以从轻或减轻。（3）应当从轻或者减轻。4. 法定从轻减轻免除情节：（1）可以从轻、减轻或者免除处罚。（2）应当从轻、减轻或者免除处罚。5. 法定减轻免除情节：（1）可以减轻或者免除处罚。（2）应当减轻或者免除处罚。（3）可以免除处罚。
二、酌定量刑情节证据。
1. 犯罪手段：（1）聚众；（2）扰乱。2. 犯罪对象。3. 危害结果。4. 动机。5. 平时表现。6. 认罪态度。7. 是否有前科。8. 其他证据。</td></tr>
<tr><td rowspan="2">量刑标准</td><td colspan="2">情节严重，造成严重损失的，对首要分子</td><td>处三年以上七年以下有期徒刑</td></tr>
<tr><td colspan="2">对其他积极参加的</td><td>处三年以下有期徒刑、拘役、管制或者剥夺政治权利</td></tr>
</table>

法律适用

刑法条文

第二百九十条第一款 聚众扰乱社会秩序，情节严重，致使工作、生产、营业和教学、科研、医疗无法进行，造成严重损失的，对首要分子，处三年以上七年以下有期徒刑；对其他积极参加的，处三年以下有期徒刑、拘役、管制或者剥夺政治权利。

司法解释

一、最高人民法院、最高人民检察院、公安部《关于办理组织领导传销活动刑事案件适用法律若干问题的意见》（节录）（2013年11月14日最高人民法院、最高人民检察院、公安部公布 自公布之日起实施 公通字〔2013〕37号）

六、关于罪名的适用问题

以非法占有为目的，组织、领导传销活动，同时构成组织、领导传销活动罪和集资诈骗罪的，依照处罚较重的规定定罪处罚。

犯组织、领导传销活动罪，并实施故意伤害、非法拘禁、敲诈勒索、妨害公务、聚众扰乱社会秩序、聚众冲击国家机关、聚众扰乱公共场所秩序、交通秩序等行为，构成犯罪的，依照数罪并罚的规定处罚。

二、最高人民法院、最高人民检察院、公安部、司法部、国家卫生和计划生育委员会（已撤销）《关于依法惩处涉医违法犯罪维护正常医疗秩序的意见》（节录）（2014年4月22日公布 自公布之日起施行 法发〔2014〕5号）

二、严格依法惩处涉医违法犯罪

（二）在医疗机构私设灵堂、摆放花圈、焚烧纸钱、悬挂横幅、堵塞大门或者以其他方式扰乱医疗秩序，尚未造成严重损失，经劝说、警告无效的，要依法驱散，对拒不服从的人员要依法带离现场，依照治安管理处罚法第二十三条的规定处罚；聚众实施的，对首要分子和其他积极参加者依法予以治安处罚；造成严重损失或者扰乱其他公共秩序情节严重，构成寻衅滋事罪、聚众扰乱社会秩序罪、聚众扰乱公共场所秩序、交通秩序罪的，依照刑法的有关规定定罪处罚。

在医疗机构的病房、抢救室、重症监护室等场所及医疗机构的公共开放区域违规停放尸体，影响医疗秩序，经劝说、警告无效的，依照治安管理处罚法第六十五条的规定处罚；严重扰乱医疗秩序或者其他公共秩序，构成犯罪的，依照前款的规定定罪处罚。

相关法律法规

一、《中华人民共和国全民所有制工业企业法》（节录）（1988年4月13日中华人民共和国主席令第3号公布 自1988年8月1日起施行 2009年8月27日修正）

第六十四条 扰乱企业的秩序，致使生产、营业、工作不能正常进行，尚未造成严重损失的，由企业所在地公安机关依照《中华人民共和国治安管理处罚法》的规定处罚。

二、《中华人民共和国体育法》（节录）（1995年8月29日中华人民共和国主席令第55号公布 自1995年10月1日起施行 2009年8月27日第一次修正 2016年11月7日第二次修正）

第五十三条 在体育活动中，寻衅滋事、扰乱公共秩序的，给予批评、教育并予以制止；违反治安管理的，由公安机关依照治安管理处罚法的规定给予处罚；构成犯罪的，依法追究刑事责任。

法律适用

相关法律法规

三、《中华人民共和国民用航空法》（节录）（1995年10月30日中华人民共和国主席令第56号公布　自1996年3月1日起施行　2009年8月27日第一次修正　2015年4月24日第二次修正　2016年11月7日第三次修正　2017年11月4日第四次修正　2018年12月29日第五次修正　2021年4月29日第六次修正）

第一百九十六条　故意传递虚假情报，扰乱正常飞行秩序，使公私财产遭受重大损失的，依照刑法有关规定追究刑事责任。

第一百九十八条　聚众扰乱民用机场秩序的，依照刑法有关规定追究刑事责任。

四、《中华人民共和国矿产资源法》（节录）（1986年3月19日中华人民共和国主席令第36号公布　自1986年10月1日起施行　1996年8月29日第一次修正　2009年8月27日第二次修正）

第四十一条　盗窃、抢夺矿山企业和勘查单位的矿产品和其他财物的，破坏采矿、勘查设施的，扰乱矿区和勘查作业区的生产秩序、工作秩序的，分别依照刑法有关规定追究刑事责任；情节显著轻微的，依照治安管理处罚法有关规定予以处罚。

规章及规范性文件

《关于公安机关处置信访活动中违法犯罪行为适用法律的指导意见》（节录）（2013年7月19日公安部公布　自公布之日起施行　公通字〔2013〕25号）

一、对扰乱信访工作秩序违法犯罪行为的处理

6. 聚众扰乱信访工作秩序，情节严重，符合《刑法》第二百九十条第一款规定的，对首要分子和其他积极参加者以聚众扰乱社会秩序罪追究刑事责任。

28 聚众冲击国家机关案

概念 | **本罪是指聚众冲击国家机关，致使国家机关工作无法进行，造成严重损失的行为。**

立案标准 | **聚众冲击国家机关，致使国家机关工作无法进行，造成严重损失的，应当立案。**

定罪标准		
定罪标准	犯罪客体	本罪侵犯的客体是国家机关的正常工作秩序。犯罪对象是国家机关。国家机关是指具有特定职权、管理国家某一方面事务的具体工作部门，是国家机构的重要组成部分，包括各级国家权力机关、党政机关、监察机关、司法机关和军事机关。但是，如果军事机关位于军事禁区或者军事管理区，应按《刑法》第371条的规定定罪处罚。聚众冲击国家机关必然要危害其正常的工作秩序，使国家机关的工作秩序受到严重的破坏和影响。因此，对聚众冲击国家机关，致使国家机关工作无法进行，造成严重损失的行为，必须予以惩罚。
	犯罪客观方面	本罪在客观方面表现为聚众冲击国家机关，致使国家机关工作无法进行，造成严重损失的行为。"聚众冲击国家机关"，是指聚集多人（一般为3人以上）强行冲入国家机关的行为。所谓冲击国家机关，是指具有一定暴力性的扰乱行为。其行为在实践中表现不一，如在国家机关单位门前静坐示威，摇旗呐喊，肆意哄闹；强占或冲击国家机关单位的办公室、会议室、实验室、营业室、工作场所；封锁出入通道，毁坏公共财物等。"致使国家机关工作无法进行"，是指国家机关及其工作人员行使管理职权、执行职务的活动，因受到冲击而被迫中断或者停止。"造成严重损失"，主要是指妨害国家机关重要公务活动的；政治影响恶劣的；致使国家机关长时间无法行使管理职权；严重影响工作秩序的；给国家、集体和个人造成严重损失的；等等。冲击国家机关只有情节严重的情况才能构成本罪。所谓情节严重，是指冲击国家机关致使国家工作无法进行，遭受严重损失的行为。
	犯罪主体	本罪的主体是一般主体，即达到刑事责任年龄、具有刑事责任能力者，即可构成本罪的主体。但根据《刑法》的规定，构成本罪的主体又有特定的限制，只限于冲击国家机关的首要分子和其他积极参加者。
	犯罪主观方面	本罪的主观方面是故意。行为人往往意图通过冲击国家机关发泄不满情绪或实现个人某种无理要求。
	罪与非罪	一、区分罪与非罪的界限，主要看情节是否严重。尚未达到严重程度的，不应作为犯罪论处，构成犯罪的，也只限于追究首要分子和其他积极参加者的刑事责任。对一般参加者，可酌情予以批评教育或适当的违纪、违法处理。

定罪标准	罪与非罪	二、本罪与群众闹事的界限。对于因领导上的官僚主义，对涉及群众利益的事处理不当，或者工作上的失误，以致引起群众闹事的，主要靠改进工作和说服教育，不能动辄以犯罪论处。但对于借群众闹事之机，煽动群众，提出无理要求，破坏社会正常秩序，符合《刑法》第290条规定的，应以聚众扰乱社会秩序罪依法追究刑事责任。
	此罪与彼罪	本罪与妨害公务罪的界限。两者的区别是：（1）侵犯对象不同。本罪以国家机关为侵犯对象；后者以个别正在依法执行职务的国家工作人员为侵害对象。（2）犯罪方法不同。本罪可以采用暴力、威胁的方法，也可以采用非暴力、非威胁的方法如起哄闹事；后者一般只限于使用暴力、威胁的方法。（3）犯罪形式不同。本罪要求聚众形式；后者不要求具备聚众形式。
证据参考标准	主体方面的证据	**一、证明行为人刑事责任年龄、身份等自然情况的证据**。 包括身份证明、户籍证明、任职证明、工作经历证明、特定职责证明等，主要是证明行为人的姓名（曾用名）、性别、出生年月日、民族、籍贯、出生地、职业（或职务）、住所地（或居所地）等证据材料，如户口簿、居民身份证、工作证、出生证、专业或技术等级证、干部履历表、职工登记表、护照等。 对于户籍、出生证等材料内容不实的，应提供其他证据材料。外国人犯罪的案件，应有护照等身份证明材料。人大代表、政协委员犯罪的案件，应注明身份，并附身份证明材料。 **二、证明行为人刑事责任能力的证据**。 证明行为人对自己的行为是否具有辨认能力与控制能力，如是否属于间歇性精神病人、尚未完全丧失辨认或者控制自己行为能力的精神病人的证明材料。
	主观方面的证据	证明行为人故意的证据：1. 证明行为人明知的证据：证明行为人明知自己的行为会发生危害社会的结果；2. 证明直接故意的证据：证明行为人希望危害结果发生；3. 目的：（1）受人挑唆；（2）闹事；（3）施加压力。
	客观方面的证据	证明行为人聚众冲击国家机关犯罪行为的证据。 具体证据包括：1. 证明行为人冲击国家机关行为的证据：（1）在国家机关门前或院内静坐示威；（2）摇旗呐喊，蓄意哄闹；（3）强占或毁坏办公室、工作场所；（4）切断通讯联系、封锁出入通道；（5）毁损国家机关财物；（6）其他。2. 证明行为人聚众冲击国家机关造成严重损失的行为的证据：（1）致使国家机关工作无法开展；（2）严重损害国家机关形象；（3）其他。3. 证明行为人构成聚众冲击国家机关犯罪主体的证据：（1）首要分子；（2）其他积极参加者。4. 证明行为人聚众冲击国家机关其他行为的证据。
	量刑方面的证据	**一、法定量刑情节证据**。 1. 事实情节：（1）造成严重损失；（2）积极参加者；（3）首要分子。2. 法定从重情节。3. 法定从轻减轻情节：（1）可以从轻；（2）可以从轻或减轻；（3）应当从轻或者减轻。4. 法定从轻减轻免除情节：（1）可以从轻、减轻或者免除处罚；（2）应当从轻、减轻或者免除处罚。5. 法定减轻免除情节：（1）可以减轻或者免除处罚；（2）应当减轻或者免除处罚；（3）可以免除处罚。

<table>
<tr><td rowspan="1">证据参考标准</td><td>量刑方面的证据</td><td colspan="2">二、酌定量刑情节证据。
1. 犯罪手段：（1）聚众；（2）冲击。2. 犯罪对象。3. 危害结果。4. 动机。5. 平时表现。6. 认罪态度。7. 是否有前科。8. 其他证据。</td></tr>
<tr><td rowspan="2">量刑标准</td><td colspan="2">犯本罪的，对首要分子</td><td>处五年以上十年以下有期徒刑</td></tr>
<tr><td colspan="2">对于其他积极参加者</td><td>处五年以下有期徒刑、拘役、管制或者剥夺政治权利</td></tr>
<tr><td rowspan="3">法律适用</td><td>刑法条文</td><td colspan="2">第二百九十条第二款　聚众冲击国家机关，致使国家机关工作无法进行，造成严重损失的，对首要分子，处五年以上十年以下有期徒刑；对其他积极参加的，处五年以下有期徒刑、拘役、管制或者剥夺政治权利。</td></tr>
<tr><td>司法解释</td><td colspan="2">最高人民法院、最高人民检察院、公安部《关于办理组织领导传销活动刑事案件适用法律若干问题的意见》（节录）（2013年11月14日最高人民法院、最高人民检察院、公安部发布　自发布之日起施行　公通字〔2013〕37号）
六、关于罪名的适用问题
以非法占有为目的，组织、领导传销活动，同时构成组织、领导传销活动罪和集资诈骗罪的，依照处罚较重的规定定罪处罚。
犯组织、领导传销活动罪，并实施故意伤害、非法拘禁、敲诈勒索、妨害公务、聚众扰乱社会秩序、聚众冲击国家机关、聚众扰乱公共场所秩序、交通秩序等行为，构成犯罪的，依照数罪并罚的规定处罚。</td></tr>
<tr><td>相关法律法规</td><td colspan="2">一、《中华人民共和国集会游行示威法》（节录）（1989年10月31日中华人民共和国主席令第20号公布　自公布之日起施行　2009年8月27日修正）
第二十九条　举行集会、游行、示威，有犯罪行为的，依照刑法有关规定追究刑事责任。
携带武器、管制刀具或者爆炸物的，依照刑法有关规定追究刑事责任。
未依照本法规定申请或者申请未获许可，或者未按照主管机关许可的起止时间、地点、路线进行，又拒不服从解散命令，严重破坏社会秩序的，对集会、游行、示威的负责人和直接责任人员依照刑法有关规定追究刑事责任。
包围、冲击国家机关，致使国家机关的公务活动或者国事活动不能正常进行的，对集会、游行、示威的负责人和直接责任人员依照刑法有关规定追究刑事责任。
占领公共场所，拦截车辆行人或者聚众堵塞交通，严重破坏公共场所秩序、交通秩序的，对集会、游行、示威的负责人和直接责任人员依照刑法有关规定追究刑事责任。

二、《中华人民共和国军事设施保护法》（节录）（1990年2月23日中华人民共和国主席令第25号公布　自1990年8月1日起施行　2009年8月27日第一次修正　2014年6月27日第二次修正　2021年6月10日修订）
第六十三条　有下列行为之一，构成犯罪的，依法追究刑事责任：</td></tr>
</table>

法律适用　相关法律法规

（一）破坏军事设施的；

（二）过失损坏军事设施，造成严重后果的；

（三）盗窃、抢夺、抢劫军事设施的装备、物资、器材的；

（四）泄露军事设施秘密，或者为境外的机构、组织、人员窃取、刺探、收买、非法提供军事设施秘密的；

（五）破坏军用无线电固定设施电磁环境，干扰军用无线电通讯，情节严重的；

（六）其他扰乱军事禁区、军事管理区管理秩序和危害军事设施安全的行为，情节严重的。

三、《中华人民共和国铁路法》（节录）（1990年9月7日中华人民共和国主席令第32号公布　自1991年5月1日起施行　2009年8月27日第一次修正　2015年4月24日第二次修正）

第六十三条　聚众拦截列车、冲击铁路行车调度机构不听制止的，对首要分子和骨干分子依照刑法有关规定追究刑事责任。

四、《信访条例》（节录）（2005年1月10日中华人民共和国国务院令第431号公布　自2005年5月1日起施行）

第二十条　信访人在信访过程中应当遵守法律、法规，不得损害国家、社会、集体的利益和其他公民的合法权利，自觉维护社会公共秩序和信访秩序，不得有下列行为：

（一）在国家机关办公场所周围、公共场所非法聚集，围堵、冲击国家机关，拦截公务车辆，或者堵塞、阻断交通的；

（二）携带危险物品、管制器具的；

（三）侮辱、殴打、威胁国家机关工作人员，或者非法限制他人人身自由的；

（四）在信访接待场所滞留、滋事，或者将生活不能自理的人弃留在信访接待场所的；

（五）煽动、串联、胁迫、以财物诱使、幕后操纵他人信访或者以信访为名借机敛财的；

（六）扰乱公共秩序、妨害国家和公共安全的其他行为。

第四十七条　违反本条例第十八条、第二十条规定的，有关国家机关工作人员应当对信访人进行劝阻、批评或者教育。

经劝阻、批评和教育无效的，由公安机关予以警告、训诫或者制止；违反集会游行示威的法律、行政法规，或者构成违反治安管理行为的，由公安机关依法采取必要的现场处置措施、给予治安管理处罚；构成犯罪的，依法追究刑事责任。

29 扰乱国家机关工作秩序案

概念

本罪是指行为人多次扰乱国家机关工作秩序，经行政处罚后仍不改正，造成严重后果的行为。

立案标准

根据《刑法》第290条第3款的规定，行为人多次扰乱国家机关工作秩序，经行政处罚后仍不改正，造成严重后果的，即构成本罪。构成本罪行为人需要同时齐备三个条件：行为人多次实施扰乱国家机关工作秩序的行为；行为人经行政处罚后仍不改正；造成严重后果。

<table>
<tr><td rowspan="4">定罪标准</td><td>犯罪客体</td><td>本罪侵犯的客体是国家机关的正常工作秩序。国家机关是指从事国家管理和行使国家权力的机关。包括国家元首、权力机关、行政机关、监察机关、审判机关、检察机关和军事机关。</td></tr>
<tr><td>犯罪客观方面</td><td>本罪的犯罪客观方面表现为行为人多次扰乱国家机关工作秩序，经行政处罚后仍不改正，造成严重后果的行为。
一、多次扰乱国家机关工作秩序。这里的“多次”应当理解为3次以上，处罚前后总计超过三次以上即可。与《刑法》第290条第1款、第2款不同，本款主要针对的不是以聚众形式实施的扰乱国家机关工作秩序的行为，而是个人以各种极端方式冲击、扰乱国家机关工作秩序的行为。此外，本罪对行为人的具体扰乱方式并没有限制，只要行为可以导致国家机关的正常工作秩序遭到破坏即可。例如，冲击、占据国家机关的办公场所、出入通道；向国家机关抛掷石块、杂物；纠缠、哄闹、殴打、辱骂国家机关工作人员等。
二、经行政处罚后仍不改正。经行政处罚后仍不改正，是指行为人之前的扰乱国家机关工作秩序的行为已经受到过相关的行政处罚，仍不改正，继续实施扰乱国家机关工作秩序的行为。
三、造成严重后果。本罪属于结果犯，行为人实施扰乱国家机关工作秩序的行为，必须造成严重后果才能构成犯罪。这里的“严重后果”包括：行为人扰乱国家机关工作秩序的行为导致多人受伤的；造成严重财产损失的；导致国家机关设施遭受严重破坏的；造成国家机关工作人员精神上损害的；严重影响检察机关正常追诉犯罪的；严重影响审判机关进行正常审判活动的等。</td></tr>
<tr><td>犯罪主体</td><td>本罪的主体为一般主体，即年满16周岁具有刑事责任能力的自然人。</td></tr>
<tr><td>犯罪主观方面</td><td>本罪在主观方面表现为故意，即明知自己多次扰乱国家机关工作秩序会造成严重后果，经行政处罚后仍不改正，造成严重后果的行为。</td></tr>
</table>

<table>
<tr><td rowspan="2">定罪标准</td><td>罪与非罪</td><td>是否构成本罪，需要同时齐备三个条件：行为人多次实施扰乱国家机关工作秩序的行为；行为人经行政处罚后仍不改正；造成严重后果。
实践中，对于由于因待业下岗生活困难或者因不公众待遇而到有关部门上访、抗议、示威、请愿，影响有关国家机关工作秩序的，不应按犯罪处理；对于扰乱活动尚未达到情节严重程度的，不应作为犯罪案件处理。</td></tr>
<tr><td>此罪与彼罪</td><td>本罪与聚众冲击国家机关罪的相同之处在于，所侵犯的客体均为国家机关正常的工作秩序。不同之处主要有：聚众冲击国家机关罪的处罚对象是首要分子和其他积极参加者，对于一般的参加者不进行处罚；聚众冲击国家机关要求首要分子必须纠集3人以上，包括特定或者不特定之多数人于一地点，而成为可以从事共同行为的一群人，而本罪行为人的数量不能超过3人；聚众冲击国家机关罪的客观表现只能是冲击行为，而本罪对行为人的具体扰乱方式并没有限制，可以是暴力性的或者非暴力性的，只要行为可以导致国家机关的正常工作秩序遭到破坏即可；本罪要求行为人曾因扰乱国家机关受过行政处罚的前提条件，而聚众冲击国家机关罪没有要求。
本罪与聚众扰乱社会秩序罪的不同之处是，侵犯的客体不同，本罪侵犯的客体是国家机关的正常工作秩序，聚众扰乱社会秩序罪所侵犯的客体是社会正常秩序，不包括国家机关的正常工作秩序。聚众扰乱社会秩序罪的处罚对象是首要分子和其他积极参加者，对于一般的参加者不进行处罚；聚众扰乱社会秩序必须纠集3人以上，而本罪行为人的数量不能超过3人；本罪要求行为人曾因扰乱国家机关受过行政处罚的前提条件，而聚众扰乱社会秩序罪没有要求。
行为人在实施扰乱国家机关工作秩序的同时，导致国家机关财物遭受重大损失，国家机关工作人员的生命健康和人身、财产安全遭到损害，或者导致国家机关设施遭受严重破坏，同时构成其他犯罪的，应当择一重罪论处。</td></tr>
<tr><td rowspan="2">证据参考标准</td><td>主体方面的证据</td><td>一、证明行为人刑事责任年龄、身份等自然情况的证据。
包括身份证明、户籍证明、任职证明、工作经历证明、特定职责证明等，主要是证明行为人的姓名（曾用名）、性别、出生年月日、民族、籍贯、出生地、职业（或职务）、住所地（或居住地）等证据材料，如户口簿、居民身份证、工作证、出生证、专业或技术等级证、干部履历表、职工登记表、护照等。
对于户籍、出生证等材料内容不实的，应提供其他证据材料。外国人犯罪的案件，应有护照等身份证明材料。人大代表、政协委员犯罪的案件，应注明身份，并附身份证明材料。
二、证明行为人刑事责任能力的证据。
证明行为人对自己的行为是否具有辨认能力与控制能力，如是否属于间歇性精神病人、尚未完全丧失辨认或者控制自己行为能力的精神病人的证明材料。</td></tr>
<tr><td>主观方面的证据</td><td>证明行为人故意的证据：1. 证明行为人明知的证据：证明行为人明知自己的行为会发生危害社会的结果；2. 证明故意的证据：证明行为人希望或者放任危害结果的发生。</td></tr>
</table>

<table>
<tr><td rowspan="2">证据参考标准</td><td>客观方面的证据</td><td colspan="2">证明行为人具有多次扰乱国家机关工作秩序，经行政处罚后仍不改正的证据。
具体证据包括：1. 证明行为人有三次以上扰乱国家机关工作秩序的证据；2. 证明行为人在之前受到过相关行政处罚的证据；3. 证明行为人不知悔改，仍然实施扰乱国家机关工作秩序的行为；4. 证明行为人扰乱国家机关工作秩序的行为导致多人受伤的证据；5. 证明行为人扰乱国家机关工作秩序的行为造成严重财产损失的证据；6. 证明行为人扰乱国家机关工作正常秩序的行为导致国家机关设施遭受严重破坏的证据；7. 证明行为人扰乱国家机关工作秩序的行为造成国家机关工作人员精神上损害的证据；8. 证明行为人严重影响检察机关正常追诉犯罪的证据；9. 证明行为人严重影响审判机关进行正常审判活动的证据等。</td></tr>
<tr><td>量刑方面的证据</td><td colspan="2">一、法定量刑情节证据。
1. 事实情节。2. 法定从重情节。3. 法定从轻减轻情节：（1）可以从轻；（2）可以从轻或减轻；（3）应当从轻或者减轻。4. 法定从轻减轻免除情节：（1）可以从轻、减轻或者免除处罚；（2）应当从轻、减轻或者免除处罚。5. 法定减轻免除情节：（1）可以减轻或者免除处罚；（2）应当减轻或者免除处罚；（3）可以免除处罚。
二、酌定量刑情节证据。
1. 犯罪手段；2. 犯罪对象；3. 危害结果；4. 动机；5. 平时表现；6. 认罪态度；7. 是否有前科；8. 其他证据。</td></tr>
<tr><td>量刑标准</td><td colspan="2">造成严重后果的</td><td>处三年以下有期徒刑、拘役或者管制</td></tr>
<tr><td rowspan="2">法律适用</td><td>刑法条文</td><td colspan="2">第二百九十条第三款　多次扰乱国家机关工作秩序，经行政处罚后仍不改正，造成严重后果的，处三年以下有期徒刑、拘役或者管制。</td></tr>
<tr><td>相关法律法规</td><td colspan="2">《中华人民共和国民事诉讼法》（节录）（1991 年 4 月 9 日中华人民共和国主席令第 44 号公布　自公布之日起施行　2007 年 10 月 28 日第一次修正　2012 年 8 月 31 日第二次修正　2017 年 6 月 27 日第三次修正）
第一百一十条　诉讼参与人和其他人应当遵守法庭规则。
人民法院对违反法庭规则的人，可以予以训诫，责令退出法庭或者予以罚款、拘留。
人民法院对哄闹、冲击法庭，侮辱、诽谤、威胁、殴打审判人员，严重扰乱法庭秩序的人，依法追究刑事责任；情节较轻的，予以罚款、拘留。</td></tr>
</table>

30 组织、资助非法聚集案

概念

本罪是指行为人多次组织、资助他人非法聚集，扰乱社会秩序，情节严重的行为。

立案标准

根据《刑法》第 290 条第 4 款的规定，构成本罪需要同时齐备三个要素：多次组织、资助他人非法聚集；扰乱社会秩序；情节严重。

<table>
<tr><td rowspan="5">定罪标准</td><td>犯罪客体</td><td>本罪侵犯的客体是正常的社会秩序，即正常社会秩序的有序性和稳定性。非法聚集所针对的对象包括公司、企业、事业单位、人民团体等正常的工作秩序，公司、企业等正常的生产、经营秩序，医院、学校、科研单位等正常的医疗、教学、科研秩序等。</td></tr>
<tr><td>犯罪客观方面</td><td>本罪的犯罪客观方面表现为行为人多次组织、资助他人非法聚集，扰乱社会秩序，情节严重的行为。具体表现为以下三方面：
一、多次组织他人非法聚集或者多次资助他人非法聚集。这里的“多次”应当指三次以上。“组织”，是指组织、策划、指挥、协调非法聚集活动的行为。“资助”是指筹集、提供活动经费、物资以及其他物质便利的行为。“非法聚集”是指未经主管机关批准在公共场所集会、集结的行为。
二、扰乱社会秩序。扰乱社会秩序，是指造成社会秩序混乱，致使公司、企业、事业单位、人民团体等正常的工作秩序，公司、企业等正常的生产、经营秩序，医院、学校、科研单位等正常的医疗、教学、科研秩序受到严重干扰，甚至无法正常进行的情况。对扰乱社会秩序的方式没有限制，可以是暴力性的，也可以是非暴力性的。
三、情节严重。情节是否严重，可以通过行为人组织的次数、组织的规模、资助活动经费的数额、资助的次数以及组织、资助他人非法聚集所实施的扰乱社会秩序行为所造成的社会危害性等因素综合考量。</td></tr>
<tr><td>犯罪主体</td><td>本罪的主体为一般主体，即年满 16 周岁具有刑事责任能力的自然人。</td></tr>
<tr><td>犯罪主观方面</td><td>本罪在主观方面表现为故意，即明知自己组织、资助他人非法聚集，扰乱社会秩序的行为会造成危害社会的结果，并且多次组织、资助，希望或者放任危害结果的产生。</td></tr>
<tr><td>罪与非罪</td><td>是否构成本罪，关键看是否达到情节严重的程度。此外，行为人实施 3 次以上的组织、资助行为，不论是组织还是资助行为，只要达到 3 次以上就可以；3 次以上组织、资助他人非法聚集，必须有 3 次以上聚集活动实施了扰乱社会秩序的行为。</td></tr>
</table>

证据参考标准	主体方面的证据	**一、证明行为人刑事责任年龄、身份等自然情况的证据。** 包括身份证明、户籍证明、任职证明、工作经历证明、特定职责证明等，主要是证明行为人的姓名（曾用名）、性别、出生年月日、民族、籍贯、出生地、职业（或职务）、住所地（或居住地）等证据材料，如户口簿、居民身份证、工作证、出生证、专业或技术等级证、干部履历表、职工登记表、护照等。 对于户籍、出生证等材料内容不实的，应提供其他证据材料。外国人犯罪的案件，应有护照等身份证明材料。人大代表、政协委员犯罪的案件，应注明身份，并附身份证明材料。 **二、证明行为人刑事责任能力的证据。** 证明行为人对自己的行为是否具有辨认能力与控制能力，如是否属于间歇性精神病人、尚未完全丧失辨认或者控制自己行为能力的精神病人的证明材料。
	主观方面的证据	证明行为人故意的证据：1. 证明行为人明知的证据：证明行为人明知自己的行为会发生危害社会的结果；2. 证明故意的证据：证明行为人希望或者放任危害结果的发生。
	客观方面的证据	证明行为人组织、资助他人非法聚集扰乱社会秩序的证据。 具体证据包括：1. 证明行为人组织、策划、指挥、协调他人非法聚集达到三次以上的证据；2. 证明行为人资助他人非法聚集达到三次以上的证据；3. 证明行为人组织、资助他人非法聚集共达到三次以上的证据；4. 证明被聚集的人实施了扰乱社会秩序的证据；5. 证明行为人多次组织他人聚集规模较大的证据；6. 证明行为人多次资助聚集活动数额巨大的证据；7. 证明行为人组织、资助他人非法聚集所实施的扰乱社会秩序行为所造成的社会危害较大的证据。
	量刑方面的证据	**一、法定量刑情节证据。** 1. 事实情节。2. 法定从重情节。3. 法定从轻减轻情节：（1）可以从轻；（2）可以从轻或减轻；（3）应当从轻或者减轻。4. 法定从轻减轻免除情节：（1）可以从轻、减轻或者免除处罚；（2）应当从轻、减轻或者免除处罚。5. 法定减轻免除情节：（1）可以减轻或者免除处罚；（2）应当减轻或者免除处罚；（3）可以免除处罚。 **二、酌定量刑情节证据。** 1. 犯罪手段；2. 犯罪对象；3. 危害结果；4. 动机；5. 平时表现；6. 认罪态度；7. 是否有前科；8. 其他证据。
量刑标准	犯本罪的	处三年以下有期徒刑、拘役或者管制
法律适用	刑法条文	**第二百九十条第四款** 多次组织、资助他人非法聚集，扰乱社会秩序，情节严重的，依照前款的规定处罚。

法律适用

司法解释

最高人民法院、最高人民检察院、公安部、司法部、国家卫生和计划生育委员会（已撤销）《关于依法惩处涉医违法犯罪维护正常医疗秩序的意见》（节录）（2014年4月22日公布　自公布之日起施行　法发〔2014〕5号）

（二）在医疗机构私设灵堂、摆放花圈、焚烧纸钱、悬挂横幅、堵塞大门或者以其他方式扰乱医疗秩序，尚未造成严重损失，经劝说、警告无效的，要依法驱散，对拒不服从的人员要依法带离现场，依照治安管理处罚法第二十三条的规定处罚；聚众实施的，对首要分子和其他积极参加者依法予以治安处罚；造成严重损失或者扰乱其他公共秩序情节严重，构成寻衅滋事罪、聚众扰乱社会秩序罪、聚众扰乱公共场所秩序、交通秩序罪的，依照刑法的有关规定定罪处罚。

相关法律法规

《中华人民共和国集会游行示威法》（节录）（1989年10月31日中华人民共和国主席令第20号公布　自公布之日起施行　2009年8月27日修正）

第二十八条　举行集会、游行、示威，有违反治安管理行为的，依照治安管理处罚法有关规定予以处罚。

举行集会、游行、示威，有下列情形之一的，公安机关可以对其负责人和直接责任人员处以警告或者十五日以下拘留。

（一）未依照本法规定申请或者申请未获许可的；

（二）未按照主管机关许可的目的、方式、标语、口号、起止时间、地点、路线进行，不听制止的。

第二十九条　举行集会、游行、示威，有犯罪行为的，依照刑法有关规定追究刑事责任。

携带武器、管制刀具或者爆炸物的，依照刑法有关规定追究刑事责任。

未依照本法规定申请或者申请未获许可，或者未按照主管机关许可的起止时间、地点、路线进行，又拒不服从解散命令，严重破坏社会秩序的，对集会、游行、示威的负责人和直接责任人员依照刑法有关规定追究刑事责任。

包围、冲击国家机关，致使国家机关的公务活动或者国事活动不能正常进行的，对集会、游行、示威的负责人和直接责任人员依照刑法有关规定追究刑事责任。

占领公共场所、拦截车辆行人或者聚众堵塞交通，严重破坏公共场所秩序、交通秩序的，对集会、游行、示威的负责人和直接责任人员依照刑法有关规定追究刑事责任。

第三十条　扰乱、冲击或者以其他方法破坏依法举行的集会、游行、示威的，公安机关可以处以警告或者十五日以下拘留；情节严重，构成犯罪的，依照刑法有关规定追究刑事责任。

第三十一条　当事人对公安机关依照本法第二十八条第二款或者第三十条的规定给予的拘留处罚决定不服的，可以自接到处罚决定通知之日起五日内，向上一级公安机关提出申诉，上一级公安机关应当自接到申诉之日起五日内作出裁决；对上一级公安机关裁决不服的，可以自接到裁决通知之日起五日内，向人民法院提起诉讼。

第三十二条　在举行集会、游行、示威过程中，破坏公私财物或者侵害他人身体造成伤亡的，除依照刑法或者治安管理处罚法的有关规定可以予以处罚外，还应当依法承担赔偿责任。

第三十三条　公民在本人居住地以外的城市发动、组织当地公民的集会、游行、示威的，公安机关有权予以拘留或者强行遣回原地。

31 聚众扰乱公共场所秩序、交通秩序案

概念

本罪是指聚众扰乱车站、码头、民用航空站、商场、公园、影剧院、展览会、运动场或者其他公共场所的秩序，聚众堵塞交通或者破坏交通秩序，抗拒、阻碍国家治安管理人员依法执行职务，情节严重的行为。

立案标准

有下列行为之一，并且情节严重的，应当立案：

（1）聚众扰乱车站、码头、民用航空站、商场、公园、影剧院、展览会、运动场或者其他公共场所秩序；

（2）聚众堵塞交通或者破坏交通秩序；

（3）抗拒、阻碍国家治安管理工作人员依法执行职务。

定罪标准		
	犯罪客体	本罪侵犯的客体是公共场所秩序或者交通秩序。“公共场所秩序”，是指保证公众安全顺利地出入、使用公共场所所规定的公共行为规则。“公共场所”，是指具有公共性的特点，对外开放，能为不特定的多数人随意出入、停留、使用的场所，主要有车站、码头、民用航空站、商场、公园、影剧院、展览会、运动场等；本罪中的“其他公共场所”，主要是指礼堂、公共食堂、游泳池、浴池、农村集市等。“交通秩序”，是指交通工具与行人在交通线路上安全顺利通行的规则。
	犯罪客观方面	本罪在客观方面表现为行为人聚众扰乱公共场所秩序，抗拒、阻碍国家治安管理人员依法执行职务，情节严重的行为。具体而言，是指在公共场所和交通线上，聚众哄闹、静坐示威、堵塞交通、拦截火车、汽车、电车、轮船；聚众封锁交通要道、车站、码头；强占交通指挥设施；围攻、殴打国家治安管理人员，阻碍交通民警指挥交通等。扰乱公共场所秩序或交通秩序，必须具有抗拒、阻碍国家治安管理工作人员依法执行职务的行为，且达到了情节严重。如果聚众哄闹，扰乱公共场所或交通秩序，经治安管理人员劝阻后，马上散去，并无抗拒、阻碍国家治安管理工作人员执行职务，就不构成犯罪。因此，本罪与非罪的界限，就是要看行为人是否抗拒治安人员执行职务达到情节严重的行为。具体表现为以下两种行为：（1）聚众扰乱公共场所秩序或者聚众堵塞交通、破坏交通秩序。“聚众扰乱”公共场所秩序，是指纠集多人以各种方法对公共场所秩序进行干扰和捣乱，主要是故意在公共场所聚众起哄闹事；“聚众堵塞交通、破坏交通秩序”，是指纠集多人堵塞交通致使车辆、行人不能通过，或者故意违反交通规则，破坏正常的交通秩序，影响顺利通行和通行安全的行为。（2）抗拒、阻碍国家治安管理工作人员依法执行职务。即抗拒、阻碍治安民警、交通民警和其他依法执行治安管理职务的工作人员依法维护公共场所秩序或者交通秩序的行为。上述两种行为都是构成本罪的要件，缺一不可。 根据法律规定，聚众扰乱公共场所秩序的行为，必须达到“情节严重”的程度才构成犯罪。所谓情节严重，在司法实践中，一般是指聚众扰乱公共场所秩序、交通秩序人数多或者时间长的；造成人员伤亡或者公私财物重大损失的；影响或者行为手段恶劣的；等等。

<table>
<tr><td rowspan="5">定罪标准</td><td>犯罪主体</td><td>本罪主体是一般主体，但只有聚众扰乱公共场所秩序或交通秩序的首要分子，即扰乱活动的组织者、策划者、指挥者才构成本罪。一般的参与者，不构成犯罪。</td></tr>
<tr><td>犯罪主观方面</td><td>本罪主观方面是故意，而且行为人通常通过聚众扰乱的方式对有关方面特别是政府施加压力，迫使解决有关问题，以实现个人目的。行为人的要求是否正当，一般不影响本罪的成立，但可以作为量刑时的参考。</td></tr>
<tr><td>罪与非罪</td><td>区分罪与非罪的界限，要注意：构成本罪，要求聚众扰乱公共场所秩序、交通秩序，抗拒、阻碍国家治安管理人员依法执行职务，情节严重三个条件同时具备，且行为人必须是首要分子。缺少其中的一项，情节较轻，或者属于一般参与者，则属于一般违反治安管理行为，不构成本罪。</td></tr>
<tr><td>此罪与彼罪</td><td>本罪与聚众扰乱社会秩序罪的界限。两者的相同点是：从客观方面看，两者的扰乱行为都是聚众进行的；主观上，都是出于故意，而且都以某种借口，意图通过聚众扰乱活动来对有关部门施加压力，以实现自己的某种要求；情节要求上，都要求“情节严重”才能构成犯罪。两者的主要区别是：一是犯罪行为发生的场所不同。本罪发生在车站、码头、公园、运动场、展览会、影剧院等公共场所或者交通要道等人员集结和通行的地方；而聚众扰乱社会秩序罪发生的场所一般在机关、单位、团体的门前、院内。二是侵犯的直接客体不同。本罪侵犯的直接客体是公共场所秩序或者交通秩序；而聚众扰乱社会秩序罪侵犯的直接客体是机关、单位、团体的生产、工作、营业和教学、科研的秩序。三是对犯罪主体的具体要求不同。本罪的主体仅限于首要分子；而聚众扰乱社会秩序罪的主体则既有首要分子，又有其他积极参加者。</td></tr>
<tr><td></td><td></td></tr>
<tr><td rowspan="2">证据参考标准</td><td>主体方面的证据</td><td>一、证明行为人刑事责任年龄、身份等自然情况的证据。
包括身份证明、户籍证明、任职证明、工作经历证明、特定职责证明等，主要是证明行为人的姓名（曾用名）、性别、出生年月日、民族、籍贯、出生地、职业（或职务）、住所地（或居所地）等证据材料，如户口簿、居民身份证、工作证、出生证、专业或技术等级证、干部履历表、职工登记表、护照等。
对于户籍、出生证等材料内容不实的，应提供其他证据材料。外国人犯罪的案件，应有护照等身份证明材料。人大代表、政协委员犯罪的案件，应注明身份，并附身份证明材料。
二、证明行为人刑事责任能力的证据。
证明行为人对自己的行为是否具有辨认能力与控制能力，如是否属于间歇性精神病人、尚未完全丧失辨认或者控制自己行为能力的精神病人的证明材料。</td></tr>
<tr><td>主观方面的证据</td><td>证明行为人故意的证据：1. 证明行为人明知的证据：证明行为人明知自己的行为会发生危害社会的结果。2. 证明直接故意的证据：证明行为人希望危害结果发生。3. 目的：（1）制造事端；（2）向政府施加压力；（3）发泄不满；（4）无理要求。</td></tr>
</table>

<table>
<tr><td rowspan="2">证据参考标准</td><td>客观方面的证据</td><td colspan="2">证明行为人聚众扰乱公共场所秩序、交通秩序犯罪行为的证据。
具体证据包括：1. 证明行为人聚众扰乱公共场所秩序行为的证据：（1）车站；（2）码头；（3）民用航空站；（4）商场；（5）公园；（6）影剧院；（7）展览会；（8）运动场；（9）其他。2. 证明行为人聚众堵塞交通行为的证据：（1）铁路；（2）公路；（3）街道；（4）交通要道；（5）其他。3. 证明行为人聚众破坏交通秩序行为的证据：（1）铁路；（2）公路；（3）其他。4. 证明行为人聚众妨害国家治安管理工作人员执行职务行为的证据：（1）抗拒；（2）阻碍。5. 证明行为人聚众扰乱公共场所或交通秩序情节严重行为的证据：（1）公共场所；（2）破坏交通秩序。6. 证明行为人系首要分子的证据。</td></tr>
<tr><td>量刑方面的证据</td><td colspan="2">一、法定量刑情节证据。
1. 事实情节：（1）情节严重；（2）首要分子。2. 法定从重情节。3. 法定从轻减轻情节：（1）可以从轻；（2）可以从轻或减轻；（3）应当从轻或者减轻。4. 法定从轻减轻免除情节：（1）可以从轻、减轻或者免除处罚；（2）应当从轻、减轻或者免除处罚。5. 法定减轻免除情节：（1）可以减轻或者免除处罚；（2）应当减轻或者免除处罚；（3）可以免除处罚。
二、酌定量刑情节证据。
1. 犯罪手段：（1）扰乱秩序；（2）堵塞交通；（3）破坏交通秩序。2. 犯罪对象。3. 危害结果。4. 动机。5. 平时表现。6. 认罪态度。7. 是否有前科。8. 其他证据。</td></tr>
<tr><td>量刑标准</td><td colspan="2">犯本罪的，对首要分子</td><td>处五年以下有期徒刑、拘役或者管制</td></tr>
<tr><td rowspan="2">法律适用</td><td>刑法条文</td><td colspan="2">第二百九十一条　聚众扰乱车站、码头、民用航空站、商场、公园、影剧院、展览会、运动场或者其他公共场所秩序，聚众堵塞交通或者破坏交通秩序，抗拒、阻碍国家治安管理工作人员依法执行职务，情节严重的，对首要分子，处五年以下有期徒刑、拘役或者管制。</td></tr>
<tr><td>司法解释</td><td colspan="2">最高人民法院、最高人民检察院、公安部《关于办理组织领导传销活动刑事案件适用法律若干问题的意见》（节录）（2013 年 11 月 14 日最高人民法院、最高人民检察院、公安部公布　自公布之日起施行　公通字〔2013〕37 号）
六、关于罪名的适用问题
以非法占有为目的，组织、领导传销活动，同时构成组织、领导传销活动罪和集资诈骗罪的，依照处罚较重的规定定罪处罚。
犯组织、领导传销活动罪，并实施故意伤害、非法拘禁、敲诈勒索、妨害公务、聚众扰乱社会秩序、聚众冲击国家机关、聚众扰乱公共场所秩序、交通秩序等行为，构成犯罪的，依照数罪并罚的规定处罚。</td></tr>
</table>

法律适用

相关法律法规

一、《中华人民共和国集会游行示威法》(节录)(1989年10月31日中华人民共和国主席令第20号公布 自公布之日起施行 2009年8月27日修正)

第二十九条 举行集会、游行、示威,有犯罪行为的,依照刑法有关规定追究刑事责任。

携带武器、管制刀具或者爆炸物的,依照刑法有关规定追究刑事责任。

未依照本法规定申请或者申请未获许可,或者未按照主管机关许可的起止时间、地点、路线进行,又拒不服从解散命令,严重破坏社会秩序的,对集会、游行、示威的负责人和直接责任人员依照刑法有关规定追究刑事责任。

包围、冲击国家机关,致使国家机关的公务活动或者国事活动不能正常进行的,对集会、游行、示威的负责人和直接责任人员依照刑法有关规定追究刑事责任。

占领公共场所,拦截车辆行人或者聚众堵塞交通,严重破坏公共场所秩序、交通秩序的,对集会、游行、示威的负责人和直接责任人员依照刑法有关规定追究刑事责任。

二、《中华人民共和国铁路法》(节录)(1990年9月7日中华人民共和国主席令第32号公布 自1991年5月1日起施行 2009年8月27日第一次修正 2015年4月24日第二次修正)

第六十三条 聚众拦截列车、冲击铁路行车调度机构不听制止的,对首要分子和骨干分子依照刑法有关规定追究刑事责任。

三、《中华人民共和国民用航空法》(节录)(1995年10月30日中华人民共和国主席令第56号公布 自1996年3月1日起施行 2009年8月27日第一次修正 2015年4月24日第二次修正 2016年11月7日第三次修正 2017年11月4日第四次修正 2018年12月29日第五次修正 2021年4月29日第六次修正)

第一百九十八条 聚众扰乱民用机场秩序的,依照刑法有关规定追究刑事责任。

四、《信访条例》(节录)(2005年1月10日中华人民共和国国务院令第431号公布 自2005年5月1日起施行)

第二十条 信访人在信访过程中应当遵守法律、法规,不得损害国家、社会、集体的利益和其他公民的合法权利,自觉维护社会公共秩序和信访秩序,不得有下列行为:

(一)在国家机关办公场所周围、公共场所非法聚集,围堵、冲击国家机关,拦截公务车辆,或者堵塞、阻断交通的;

(二)携带危险物品、管制器具的;

(三)侮辱、殴打、威胁国家机关工作人员,或者非法限制他人人身自由的;

(四)在信访接待场所滞留、滋事,或者将生活不能自理的人弃留在信访接待场所的;

(五)煽动、串联、胁迫、以财物诱使、幕后操纵他人信访或者以信访为名借机敛财的;

(六)扰乱公共秩序、妨害国家和公共安全的其他行为。

第四十七条 违反本条例第十八条、第二十条规定的,有关国家机关工作人员应当对信访人进行劝阻、批评或者教育。

经劝阻、批评和教育无效的,由公安机关予以警告、训诫或者制止;违反集会游行示威的法律、行政法规,或者构成违反治安管理行为的,由公安机关依法采取必要的现场处置措施、给予治安管理处罚;构成犯罪的,依法追究刑事责任。

32 投放虚假危险物质案

概念

本罪是指投放虚假的爆炸性、毒害性、放射性、传染病病原体等危险物质，严重扰乱社会秩序的行为。

立案标准

投放虚假的爆炸性、毒害性、放射性、传染病病原体等危险物质，严重扰乱社会秩序的，应当立案。

本罪是结果犯，本罪的立案标准要求同时具备两个条件：

(1) 行为人实施了投放虚假危险物质的行为；

(2) 导致了严重扰乱社会秩序的结果发生。

定罪标准		
	犯罪客体	本罪所侵害的客体为社会秩序。既包括国家机关、企业、事业单位、人民团体等单位的工作、生产、营业及教学、科研秩序，又包括车站、码头、民用航空站、商场、公园、影剧院、展览会、运动场等公共场所的秩序及交通秩序，还包括人民群众的日常工作、生活秩序。
	犯罪客观方面	本罪在客观方面表现为投放虚假的爆炸性、毒害性、放射性、传染病病原体等危险物质，严重扰乱社会秩序的行为。 一、有投放的行为。所谓投放，是指采取各种方法如放置、放入、喷撒、投递等将虚假的爆炸性、毒害性、放射性、传染病病原体等危险物质置于人们的生活、工作或社会环境中，以扰乱社会秩序。如将某种非危险物质投入公用水井、水池、水缸、饭菜中，谎称投入的是毒害性危险物质；将某种非危险物质的粉末夹在信件、邮物中，到处邮寄，谎称信件、邮物中含有某种传染病如炭疽热病病原体；在歌厅、舞厅、夜总会、饭馆、酒吧等人员集中的地方，放入某种非危险气体，谎称是毒害性气体；在公共汽车上放置某种非爆炸性机械装置，谎称是炸弹，等等。投放行为使得一些非危险物质置于某一地方中，人们能够感觉到，但不知真相，误认为是危险物质，从而造成慌乱不安。如果没有投放行为或者在人们面前实施虚假的投放行为，仅是借某种本身存在的状态谎称已经投放了危险物质，则因缺少本罪的必要行为而不能构成本罪，构成犯罪的，应当以编造、故意传播虚假恐怖信息罪论处。至于投放的地点，一般是工厂、矿场、油田、港口、河流、水源、仓库、住宅、森林、农场、谷场、牧场、重要建筑物、公用水池、舞厅、夜总会、医院、学校、展览馆、博物馆等公共场所。当然，在非公共场所如在非特定的他人家里投放虚假的危险物质，同样可以借之扰乱社会秩序，引起社会公众恐慌，因此，也可以构成本罪。 二、投放的必须是虚假的危险物质。如果投放的是真实的危险物质，则应根据行为是否有罪过，有罪过是故意还是过失而以投放危险物质罪、过失投放危险物质罪、过失致人死亡罪、过失致人重伤罪等论处或者不构成犯罪。虚假的危险物质，是指非真实的、假的危险物质。既包括根本没有危险因素的一般性物质，又包括含有危险因素的非危险物质，如含有人工放射性核素或含天然放射性核素的放射性废物、非传染病的病原体等。司法实践中，行为人投放的一般是后者那种具有危险性因素但不能归

<table>
<tr><td rowspan="3">定罪标准</td><td>犯罪客观方面</td><td>属于危险物质范围的非危险物质。因为投放这种虚假的非危险物质更易使人们误认为是真实的危险物质，从而引起公众恐慌，进而达到行为人扰乱社会秩序的目的。危险物质的概念，参见投放危险物质案的介绍。
三、投放虚假危险物质的行为必须严重扰乱了社会秩序。虽有投放虚假危险物质的行为，但没有因此扰乱社会秩序，或者虽然扰乱了社会秩序，但没有达到严重的程度，都不能以犯罪论处。所谓扰乱社会秩序，是指正常的社会秩序受到干扰、破坏，变得混乱、无序，人民群众的工作、生活、生产、经营、教学、科研等活动受到了较大影响。所谓严重扰乱社会秩序，则是指社会秩序已不是一般性地被干扰、破坏，而是达到了相当的程度，如在学校、医院投放虚假的危险物质，引起学生、病人恐慌，致使学校停课、医院无法给病人看病；在公共水池、食物饭菜中投放了有一定危害但不属于毒害性的物质，致使他人食后中毒；因为投放虚假危险物质，造成恐慌，被不法分子趁机打劫，造成恶劣影响；因其投放虚假危险物质行为，造成警察频繁出动，严重影响公安正常的执法活动；因为投放虚假危险物质致使社会秩序恶化，影响本地区与外地之间正常的经济贸易关系，如造成招商引资困难，等等。
行为人投放了虚假的危险物质后，往往还要采取各种方式让他人认为投放的是真实的危险物质，如加以明示，或散布、传播有人投放了危险物质的消息，等等。这一行为并不为本罪所要求，只要其行为足以使人们误认为有人投放了真实的危险物质，并且严重扰乱社会秩序的，即可构成本罪。如有后面这些散布、传播虚假恐怖信息的行为，又触犯编造、故意传播虚假恐怖信息罪，属于本罪的事后不可罚的从行为，为吸收犯，应以本罪一罪论处。投放了虚假的危险物质后，又叫他人散布、传播，或他人主动捏造传播说投放的是真实的危险物质，他人如果知道所投放的为虚假危险物质，则他人的行为属于独立的编造、故意传播虚假的恐怖信息行为，构成犯罪的，属于编造、故意传播虚假恐怖信息罪。</td></tr>
<tr><td>犯罪主体</td><td>本罪的主体为一般主体。年满 16 周岁、具有刑事责任能力的自然人，只要出于故意实施了投放虚假的爆炸性、毒害性、放射性、传染病病原体等物质的行为，并且严重扰乱了社会秩序，即构成本罪。</td></tr>
<tr><td>犯罪主观方面</td><td>本罪在主观方面必须出于故意，即明知是虚假的爆炸性、毒害性、放射性、传染病病原体等物质，也知道自己的投放行为会扰乱社会秩序，而仍决意为之。过失不能构成本罪。不知道是虚假的危险物质，以为是其他非危险物质，如被骗而为他人投放的，则不能构成犯罪。不知道是虚假的危险物质，以为是真实的危险物质而出于故意投放的，则属于投放危险物质罪未遂，不能以本罪论处。本是真实的危险物质，因受欺骗误认为是虚假的危险物质而出于投放虚假危险物质、扰乱社会秩序的故意投放的，即使对危险物质的认识存在过失，也因行为人出于本罪的故意实施了投放行为，应以本罪行为论，不能以过失投放危险物质行为论。本是真实的危险物质，误认为是爆炸性、毒害性、放射性、传染病病原体等危险物质以外的其他物质，并不出于本罪故意而投放的，如果存在过失，并且致人重伤、死亡或使公私财产遭受重大损失的，应以过失投放危险物质罪、过失致人重伤罪等依法追究行为人的刑事责任；没有过失或者虽有过失但未造成严重后果即未致人重伤、死亡也未使公私财产遭受重大损失的，则不构成犯罪。至于其动机，可多种多样，有的是为了发泄不满，扰乱社会秩序；有的是精神空虚，寻求畸形的心理满足；有的是借机向社会施压，以满足其某种要求；等等。动机如何，不影响本罪成立。</td></tr>
</table>

<table>
<tr><td rowspan="2">定罪标准</td><td>罪与非罪</td><td>区分罪与非罪的界限，一要看是否实施投放行为，二要看是否严重扰乱了社会秩序。</td></tr>
<tr><td>此罪与彼罪</td><td>一、本罪与投放危险物质罪的界限。二者的区别主要是：（1）主体不同。本罪的主体为年满16周岁、具有刑事责任能力的自然人；而后罪中的投放毒害性物质的行为，年满14周岁不满16周岁、具有刑事责任能力的人亦可构成其罪。（2）主观故意的内容不同。本罪主观故意的内容表现为明知是虚假的危险物质即知道不是真实的危险物质而投放，是行为人出于某种动机企图造成恐怖气氛，严重扰乱了社会秩序；而后罪则是明知是真实的危险物质而决意投放，其意在危害不特定人身、财产的公共安全。（3）客观方面表现不同。本罪在客观方面表现为投放虚假的危险物质，并且严重扰乱了社会秩序的行为，仅有投放行为不能构成本罪；而后罪在客观方面表现为投放危险物质的行为，属行为犯，只要有投放危险物质的行为，除非情节显著轻微危害不大，即可构成其罪。（4）犯罪对象不同。本罪行为的对象为虚假的爆炸性、毒害性、放射性、传染病病原体等危险物质；而后罪的对象则是真实的毒害性、放射性、传染病病原体等危险物质。（5）侵害的客体不同。本罪的客体为社会秩序；后罪在客观上虽然也会严重扰乱社会秩序，但这是对不特定人身、财产安全这一客体侵害的自然结果，行为直接指向公共安全，而非社会秩序。
二、本罪与过失投放危险物质罪的界限。二者的区别主要是：（1）主观方面不同。本罪必须出于故意，即明知是虚假的危险物质而决意投放。过失不能构成本罪。本是真实的危险物质误认为是虚假的危险物质而决意投放的，也可构成本罪；而后罪必须出于过失，即确实不知道是危险物质而投放，或者误认为是虚假的危险物质并不出于本罪扰乱社会秩序的目的而投放的，则属过失投放危险物质行为，构成犯罪的，应以过失投放危险物质罪、过失致人死亡罪等论处，而不是构成本罪。（2）客观方面表现不同。本罪在客观方面表现为投放虚假危险物质，并且严重扰乱社会秩序的行为，并不以造成严重后果为必要，造成严重后果为本罪的重罪情节，属于量刑情节的范畴；而后罪在客观方面表现为投放危险物质，造成严重后果的行为，造成严重后果，是其定罪情节而非量刑情节。就造成严重后果的内容而言，两者也有区别。在后罪中，造成严重后果，是指致人重伤、死亡或者使公私财产遭受重大损失；在本罪中，造成严重后果，既包括致人重伤、死亡，又包括使公私财物遭受重大损失，还包括其他利益如机关、企业、事业单位因投放虚假危险物质而停工、停产造成的经济利益损失，以及非物质性损失和恶劣影响等。（3）犯罪对象不同。本罪的对象为虚假的危险物质；后罪的对象则为真实的危险物质。（4）客体不同。本罪所侵害的客体为社会秩序；后罪所侵害的客体为不特定人身、财产的公共安全。
三、本罪与聚众扰乱社会秩序罪的界限。两者在主体、主观方面、客体等方面有相同或类似之处。二者之间的区别是：（1）主体的身份不同。本罪的主体为一般主体，年满16周岁、具有刑事责任能力的人实施了本罪行为，即可构成本罪。在共同犯罪中，构成主体也不以首要分子为必要；后罪的主体虽然也为一般主体，但必是聚众扰乱社会秩序的首要分子或其他积极参加者，非首要分子和其他积极参加者不能构成其罪。（2）主观故意的内容不同。本罪为明知是虚假的危险物质为扰乱社会秩序而故意投放；后罪则为明知自己聚众实施的行为会扰乱社会秩序而决意实施。（3）客观方面表现不同。本罪表现为投放虚假危险物质，严重扰乱社会秩序的行为；后罪表现为聚众实施各种各样的扰乱社会秩序行为，致使工作、生产、营业和教学、科研无法进行，造成严重损失的行为。（4）客体的范围不同。两罪的客体虽然都为社会秩序，</td></tr>
</table>

<table>
<tr><td>定罪标准</td><td>此罪与彼罪</td><td>但本罪所侵害的比后罪广泛得多。后者仅为社会秩序中的一部分，为机关、企业、事业单位、人民团体等单位的工作、生产、营业和教学、科研秩序。前者除后者外，还包括公共场所秩序、交通秩序以及人民群众的工作、生活秩序等。行为人如果采取投放虚假的爆炸性、毒害性、放射性、传染病病原体等危险物质的方法，聚众扰乱社会秩序，致使工作、生产、营业和教学、科研无法进行，造成严重损失的，既触犯本罪即投放虚假危险物质罪，又触犯后罪即聚众扰乱社会秩序罪，属牵连犯，应择重罪以本罪定罪处罚。
四、投放虚假的爆炸性、毒害性、放射性、传染病病原体等危险物质的行为，可以用来煽动他人进行其他犯罪，如煽动分裂国家，煽动颠覆国家政权，煽动民族仇恨、民族歧视，煽动暴力抗拒法律实施，煽动聚众扰乱社会秩序，煽动聚众冲击国家机关，煽动聚众扰乱公共场所秩序、交通秩序，等等，这时既会触犯本罪，又会触犯他罪，如煽动分裂国家罪、煽动颠覆国家政权罪、煽动民族仇恨、民族歧视罪、聚众扰乱社会秩序罪等，属牵连犯，对之应当择一重罪定罪处罚，不能实行并罚。</td></tr>
<tr><td rowspan="3">证据参考标准</td><td>主体方面的证据</td><td>一、证明行为人刑事责任年龄、身份等自然情况的证据。
包括身份证明、户籍证明、任职证明、工作经历证明、特定职责证明等，主要是证明行为人的姓名（曾用名）、性别、出生年月日、民族、籍贯、出生地、职业（或职务）、住所地（或居所地）等证据材料，如户口簿、居民身份证、工作证、出生证、专业或技术等级证、干部履历表、职工登记表、护照等。
对于户籍、出生证等材料内容不实的，应提供其他证据材料。外国人犯罪的案件，应有护照等身份证明材料。人大代表、政协委员犯罪的案件，应注明身份，并附身份证明材料。
二、证明行为人刑事责任能力的证据。
证明行为人对自己的行为是否具有辨认能力与控制能力，如是否属于间歇性精神病人、尚未完全丧失辨认或者控制自己行为能力的精神病人的证明材料。</td></tr>
<tr><td>主观方面的证据</td><td>证明行为人故意的证据：1. 证明行为人明知的证据：证明行为人明知自己的行为会发生危害社会的结果；2. 证明直接故意的证据：证明行为人希望危害结果发生。</td></tr>
<tr><td>客观方面的证据</td><td>证明行为人投放虚假危险物质犯罪行为的证据。
具体证据包括：1. 证明行为人持有的虚假危险物质来源行为的证据；2. 证明行为人在公用的自来水池投放虚假危险物质行为的证据；3. 证明行为人在公用的水渠、水井、自来水管道投放虚假危险物质行为的证据；4. 证明行为人在公共食堂的水缸中投放虚假危险物质行为的证据；5. 证明行为人在公共食堂的面粉、饭锅中投放虚假危险物质行为的证据；6. 证明行为人在牧场的饮水池中投放虚假危险物质行为的证据；7. 证明行为人在牲畜饲料中投放虚假危险物质行为的证据；8. 证明行为人在储存粮食、副食品和果品的仓库中投放虚假危险物质行为的证据；9. 证明行为人在大众的食品中（如油料、糕点、糖果、水果、饮料）投放虚假危险物质行为的证据；10. 证明行为人投放虚假危险物质后造成人员死、伤后果行为的证据；11. 证明行为人投放虚假危险物质后造成极坏的社会影响后果行为的证据；12. 证明行为人投放虚假危险物质后造成公私财产遭受重大损失的证据；13. 证明行为人投放虚假危险物质后造成严重后果的证据。</td></tr>
</table>

<table>
<tr><td rowspan="1">证据参考标准</td><td>量刑方面的证据</td><td colspan="2">一、法定量刑情节证据。
1. 事实情节：(1) 造成严重后果的；(2) 其他。2. 法定从重情节。3. 法定从轻减轻情节：(1) 可以从轻；(2) 可以从轻或减轻；(3) 应当从轻或者减轻。4. 法定从轻减轻免除情节：(1) 可以从轻、减轻或者免除处罚；(2) 应当从轻、减轻或者免除处罚。5. 法定减轻免除情节：(1) 可以减轻或者免除处罚；(2) 应当减轻或者免除处罚；(3) 可以免除处罚。
二、酌定量刑情节证据。
1. 犯罪手段；2. 犯罪对象；3. 危害结果；4. 动机；5. 平时表现；6. 认罪态度；7. 是否有前科；8. 其他证据。</td></tr>
<tr><td rowspan="2">量刑标准</td><td colspan="2">犯本罪的</td><td>处五年以下有期徒刑、拘役或者管制</td></tr>
<tr><td colspan="2">造成严重后果的</td><td>处五年以上有期徒刑</td></tr>
<tr><td>法律适用</td><td>刑法条文</td><td colspan="2">第二百九十一条之一第一款　投放虚假的爆炸性、毒害性、放射性、传染病病原体等物质，或者编造爆炸威胁、生化威胁、放射威胁等恐怖信息，或者明知是编造的恐怖信息而故意传播，严重扰乱社会秩序的，处五年以下有期徒刑、拘役或者管制；造成严重后果的，处五年以上有期徒刑。</td></tr>
</table>

33 编造、故意传播虚假恐怖信息案

概念

本罪是指编造爆炸威胁、生化威胁、放射威胁等恐怖信息，或者明知是编造的恐怖信息而故意传播，严重扰乱社会秩序的行为。

立案标准

编造爆炸威胁、生化威胁、放射威胁等恐怖信息，或者明知是编造的恐怖信息而故意传播，严重扰乱社会秩序的，应当立案。

本罪是结果犯，本罪的立案标准要求同时具备两个条件：

（1）行为人实施了编造爆炸威胁、生化威胁、放射威胁等恐怖信息，或者明知是编造的恐怖信息而故意传播的行为。

（2）导致了严重扰乱社会秩序的结果发生。严重扰乱社会秩序包括以下情形：①致使机场、车站、码头、商场、影剧院、运动场馆等人员密集场所秩序混乱，或者采取紧急疏散措施的；②影响航空器、列车、船舶等大型客运交通工具正常运行的；③致使国家机关、学校、医院、厂矿企业等单位的工作、生产、经营、教学、科研等活动中断的；④造成行政村或者社区居民生活秩序严重混乱的；⑤致使公安、武警、消防、卫生检疫等职能部门采取紧急应对措施的；⑥其他严重扰乱社会秩序的。

定罪标准		
	犯罪客体	本罪所侵害的客体为社会秩序，包括机关、企业、事业单位、人民团体等单位的工作、生产、营业、教学、科研等秩序，公共场所、交通秩序，以及人民群众正常的工作、生活秩序。
	犯罪客观方面	本罪在客观方面表现为编造爆炸威胁、生化威胁、放射威胁等恐怖信息，或者传播编造的恐怖信息，严重扰乱社会秩序的行为。 一、必须具有编造、传播虚假恐怖信息的行为。所谓编造，是指毫无根据的、无中生有的凭空捏造、胡编乱造。其结果是产生虚假的即不存在、不真实、与事实不符的信息。所谓传播，是指采取各种方式将恐怖信息广泛加以宣扬、散布、扩散，以让公众知道。如只是在个别亲友之间加以议论，没有广泛散布、宣扬的，则不能构成本罪的传播。至于编造、传播方式，可多种多样。有的采取口头方式编造、宣扬，或通过他人向外扩散等；有的采取书面方式，如在报纸、书刊、杂志、布告、标语、广告、信件等编造、散布；有的采用电话、电视、电影、录音、录像、互联网、电子邮件、手机短信、传真等现代化的信息传播手段编造、扩散，等等。无论其方式如何，只要是将并不存在的恐怖信息杜撰出来，或者传播出去让不特定的公众知道，引起了恐慌，扰乱了社会秩序，即可构成本罪。至于传播是单个传播，还是当众向多人传播；是当面传播，还是以不当面的方式如将编造的恐怖信息通过电话、传真、电子邮件、手机短信扩散等，则不影响本罪传播行为的认定。 编造出来的虚假恐怖信息，必须经过传播出去，让公众知道，才能制造恐怖气氛，引起恐怖，进而扰乱社会秩序。只有编造行为，如果未传播出去，则不能构成本罪。但是，构成本罪，并不要求行为人既有编造行为，又有传播行为。编造了恐怖信息，然后自行加以传播，严重扰乱社会秩序的，固然构成本罪，罪名则为编造、故意

定罪标准		
	犯罪客观方面	传播虚假恐怖信息罪。编造出恐怖信息，有意让他人知道，他人明知是编造的恐怖信息而予以传播，严重扰乱了社会秩序的，编造者、传播者这时均构成本罪。对编造者应以编造虚假恐怖信息罪治罪，对传播者则以故意传播虚假恐怖信息罪治罪。编造者编造之后又指使他人传播，他人明知的，则编造者应以编造、故意传播虚假恐怖信息罪适用罪名；他人则构成故意传播虚假恐怖信息罪。两人共谋，分工负责，一个编造，一个传播，则都应以编造、故意传播虚假恐怖信息罪治罪。将他人编造的恐怖信息传播，但确实不知是虚假的恐怖信息的，则不能构成本罪。构成犯罪的，应以他罪如故意泄露国家秘密罪等论处。 编造、传播行为要达到其目的，通常会借助一定的假象，如某地经常在公共汽车上发生的爆炸案，已经引起一定程度上的恐慌，再利用某公共汽车上的某一机械装置说是爆炸装置，制造混乱。但是，这不是本罪构成所要求的必要条件。行为人只要实施了编造恐怖信息或者传播了编造的恐怖信息，并且严重扰乱了社会秩序的，即可构成本罪，是否借用了其他假象并不影响本罪成立。 二、编造或传播的必须是虚假的恐怖信息。编造或传播的不是有关恐怖活动的信息，或者编造、传播的虽是有关恐怖信息但不是虚假的恐怖信息，即使造成了一定社会秩序的混乱，也不构成本罪，构成他罪的，应以他罪论处。如编造并传播证券、期货交易方面的虚假信息，扰乱证券、期货交易市场，造成严重后果的，应以编造并传播证券、期货交易虚假信息罪治罪科刑。如果编造或传播的为真实的恐怖信息，即使严重扰乱了社会秩序，也不能构成本罪，构成犯罪的，也是以他罪如故意泄露国家秘密罪、过失泄露国家秘密罪等论处。所谓恐怖信息，是指爆炸威胁、生化威胁、放射威胁等能使公众为自己生命、健康、财产惶恐不安由此产生恐怖气氛的信息。爆炸威胁、放射威胁，是指有人借用爆炸性、放射性物质进行恐怖活动威胁。生化威胁，则是指有人借用细菌、病毒如鼠疫杆菌、肉毒杆菌、炭疽杆菌、天花病毒、沙门氏菌、霍乱病菌等乃至生化武器（以细菌或病毒为制剂研制而成的大规模杀伤性武器，又称细菌武器或病毒武器）进行恐怖活动，危及不特定人身、财产安全的威胁。其危害更大，范围更广，尚无切实有效的应对措施，极易引起公众恐慌，严重扰乱社会秩序。 恐怖行为直接指向不特定人身、财产的安全，并借之制造恐怖气氛，因此，恐怖信息一般应当属于有关危及不特定人身、财产安全并能制造恐怖气氛的犯罪行为的信息，如有关恐怖分子实施爆炸、投放毒害性、放射性、传染病病原体等危险物质、放火、绑架、暗杀政要、外交代表、经济界巨头等方面的信息。有关不能危及不特定人身、财产安全的犯罪活动信息，一般情况下，不能构成恐怖信息。放火、爆炸、投放危险物质等危害公共安全的行为，虽然是恐怖分子用于恐怖行动的主要手段，但不是一切有关放火、爆炸等危害公共安全犯罪的信息都为恐怖信息。编造的虚假恐怖信息，既可以是编造将要发生的虚假恐怖信息，又可以是编造正在发生的虚假恐怖信息，如本是一般的放火犯罪行为，却编造为恐怖分子所为，还可以是编造已经发生的虚假恐怖信息。无论属于哪种虚假恐怖信息，只要能够借之制造恐怖气氛，并且严重扰乱了社会秩序，即可构成本罪。 三、编造或传播编造的恐怖信息的行为必须严重扰乱了社会秩序，才可构成本罪。虽有编造恐怖信息或者传播编造的恐怖信息的行为，但没有扰乱社会秩序，如编造了但没有传播出去，或只是在特定的亲戚朋友中谈论并未扩散的，或者虽然扰乱了社会秩序，但没有严重扰乱社会秩序的，也不能构成本罪。
	犯罪主体	本罪的主体为一般主体。年满16周岁、具有刑事责任能力的自然人，均可构成本罪。

<table>
<tr><td rowspan="3">定罪标准</td><td>犯罪主观方面</td><td>本罪在主观方面必须出于故意，即为了扰乱社会秩序，明知没有爆炸威胁、生化威胁、放射威胁等恐怖威胁，却加以编造，或者明知是编造的虚假恐怖信息而加以传播。过失不能构成本罪。确实不知是虚假的恐怖信息而误认为是真实的恐怖信息，或者将某种非恐怖威胁的行动误认为是恐怖行动而加以编辑、发布，不构成本罪。至于其动机，可多种多样，有的是想制造恐怖气氛；有的是对社会不满，制造混乱，发泄私愤；有的是想借此向社会施压企图满足自己的某种要求；有的是精神空虚无聊，借之寻找畸形乐趣，等等。动机如何，并不影响本罪成立。</td></tr>
<tr><td>罪与非罪</td><td>区分罪与非罪的界限，一要看是否实施编造、故意传播虚假的恐怖信息的行为；二要看是否严重扰乱了社会秩序。</td></tr>
<tr><td>此罪与彼罪</td><td>一、本罪与投放虚假危险物质罪的界限。本罪与后罪在主体、主观方面、所侵犯的客体等方面有相同或类似之处。二者之间的区别是：(1) 主观故意的内容不同。本罪的主观故意内容为明知编造、传播的是虚假恐怖信息而仍决意为之；后罪的主观故意内容却表现为明知是虚假的危险物质而决意投放。(2) 行为方式不同。本罪的行为方式表现为编造爆炸威胁、生化威胁、放射威胁等恐怖信息，或者故意传播编造的恐怖信息；后罪的行为方式表现为投放虚假的爆炸性、毒害性、放射性、传染病病原体等危险物质。(3) 犯罪对象不同。本罪的对象为虚假的恐怖信息；后罪的对象则为虚假的危险物质，等等。行为人如果投放虚假的爆炸性、毒害性、放射性、传染病病原体等危险物质后，再编造成为恐怖信息传播出去，后面的编造并传播行为乃为前面的投放虚假危险物质的自然结果，属事后不可罚行为，应以后罪即投放虚假危险物质罪定罪处罚。但是，行为人投放虚假危险物质之后，不是以此进行编造恐怖信息或传播，而是编造另外的虚假恐怖信息或者传播编造的另外的虚假恐怖信息，由于后行为与前行为并不存在必要的按一罪处罚的关系，两者都构成犯罪的，则应以本罪与后罪实行并罚，不能以一罪论处。
二、本罪与编造并传播证券、期货交易虚假信息罪的界限。后罪是指编造并且传播影响证券、期货交易的虚假信息，扰乱证券、期货交易市场，造成严重后果的行为。二者的区别主要有：(1) 主体不同。本罪主体为自然人，单位不能构成本罪；后罪主体却既包括自然人，又包括单位。(2) 主观故意内容不同。本罪的主观故意内容为明知编造或传播的是虚假的恐怖信息，为扰乱社会秩序而决意为之；后罪的主观故意内容却为明知编造并传播的是虚假的证券、期货交易信息，为扰乱证券、期货交易秩序而决意为之。(3) 行为方式不同。本罪的行为方式为编造或传播虚假恐怖信息的行为。编造虚假恐怖信息和传播虚假恐怖信息两行为只要具有其中之一，即可构成本罪；后罪的行为方式则表现为编造并且传播影响证券、期货交易的虚假信息。编造行为和传播行为必须同时具备，才能构成其罪。只有其中之一的，不能以犯罪论处。(4) 定罪情节不同。本罪的定罪情节为严重扰乱社会秩序，并不要求造成严重后果，造成严重后果乃为量刑情节，非定罪情节；对后罪而言，造成严重后果乃为定罪情节，未造成严重后果就不能构成其罪。(5) 犯罪对象不同。本罪的对象为虚假的爆炸威胁、生化威胁、放射威胁等恐怖信息；后罪的对象则为虚假的影响证券、期货交易的信息。(6) 侵害的客体范围不同。本罪所侵害的客体为社会秩序，包括社会各方面的秩序；后者则为特定的证券、期货交易秩序，为前者即社会秩序所包含。行为人如果针对证券、期货交易市场编造且传播虚假的恐怖信息，如称恐怖分子会针对证券、期货市场的计算机系统发动病毒攻击，扰乱证券、期货交易市场，并且造成严重后果的，既触犯本罪，又触犯后罪，属想象竞合，应择重罪以本罪治罪科刑，不实行并罚。</td></tr>
</table>

定罪标准	此罪与彼罪	三、本罪与聚众扰乱社会秩序罪的界限。聚众扰乱社会秩序罪，是指聚众扰乱社会秩序，情节严重，致使工作、生产、营业和教学、科研无法进行，造成严重损失的行为。二者之间的区别是：(1) 主观故意内容不同。后罪在主观上表现为聚众实施各种扰乱社会秩序的行为；本罪在主观上表现为明知编造或传播的为虚假恐怖信息仍决意为之。(2) 行为方式不同。后罪的行为方式为聚众采取各种方法扰乱社会秩序，方法多种多样；本罪的行为方式则为编造恐怖信息或者传播编造的恐怖信息以扰乱社会秩序。(3) 定罪情节不同。后罪的定罪情节为情节严重，并且造成严重后果，未造成严重后果，则不能构成其罪；本罪的定罪情节则为严重扰乱社会秩序，不以造成严重后果为构成其罪的必要，造成严重后果乃为重罪情节，不属定罪情节。(4) 侵害的客体不同。后罪所侵害的客体为机关、企业、事业单位、人民团体等单位的工作、生产、营业及教学、科研秩序，为社会秩序的一部分；后者则为包括前者在内的一切社会秩序。行为人如果采取编造爆炸威胁、生化威胁、放射威胁等恐怖信息，或者传播明知是编造的恐怖信息的方法聚众扰乱社会秩序，情节严重，致使工作、生产、营业和教学、科研无法进行，造成严重后果的，既触犯本罪，又触犯聚众扰乱社会秩序罪，属牵连犯，应择重罪以本罪定罪处罚。 四、编造爆炸威胁、生化威胁、放射威胁等恐怖信息，或者传播编造的恐怖信息的行为，可以被用来煽动他人进行其他犯罪，如煽动分裂国家，煽动颠覆国家政权，煽动民族仇恨、民族歧视，煽动聚众扰乱社会秩序，煽动聚众冲击国家机关，煽动聚众扰乱公共场所、交通秩序，等等，此时，既会触犯本罪，又会触犯他罪，如煽动分裂国家罪、煽动颠覆国家政权罪、煽动民族仇恨、民族歧视罪等，为牵连犯，应择一重罪定罪科刑，不实行并罚。
证据参考标准	主体方面的证据	**一、证明行为人刑事责任年龄、身份等自然情况的证据。** 包括身份证明、户籍证明、任职证明、工作经历证明、特定职责证明等，主要是证明行为人的姓名（曾用名）、性别、出生年月日、民族、籍贯、出生地、职业（或职务）、住所地（或居所地）等证据材料，如户口簿、居民身份证、工作证、出生证、专业或技术等级证、干部履历表、职工登记表、护照等。 对于户籍、出生证等材料内容不实的，应提供其他证据材料。外国人犯罪的案件，应有护照等身份证明材料。人大代表、政协委员犯罪的案件，应注明身份，并附身份证明材料。 **二、证明行为人刑事责任能力的证据。** 证明行为人对自己的行为是否具有辨认能力与控制能力，如是否属于间歇性精神病人、尚未完全丧失辨认或者控制自己行为能力的精神病人的证明材料。
	主观方面的证据	证明行为人故意的证据：1. 证明行为人明知的证据：证明行为人明知自己的行为会发生危害社会的结果；2. 证明直接故意的证据：证明行为人希望危害结果发生。
	客观方面的证据	证明行为人编造、传播虚假恐怖信息犯罪行为的证据。 具体证据包括：1. 证明行为人编造、传播虚假恐怖信息来源行为的证据；2. 证明行为人编造、传播虚假恐怖信息后造成人员死、伤后果行为的证据；3. 证明行为人

<table>
<tr><td rowspan="2">证据参考标准</td><td>客观方面的证据</td><td colspan="2">编造、传播虚假恐怖信息后危害公共安全行为的证据；4. 证明行为人编造、传播虚假恐怖信息后造成公私财产遭受重大损失的证据；5. 证明行为人编造、传播虚假恐怖信息后造成其他严重后果的证据。</td></tr>
<tr><td>量刑方面的证据</td><td colspan="2">一、法定量刑情节证据。
1. 事实情节。2. 法定从重情节。3. 法定从轻减轻情节：（1）可以从轻；（2）可以从轻或减轻；（3）应当从轻或者减轻。4. 法定从轻减轻免除情节：（1）可以从轻、减轻或者免除处罚；（2）应当从轻、减轻或者免除处罚。5. 法定减轻免除情节：（1）可以减轻或者免除处罚；（2）应当减轻或者免除处罚；（3）可以免除处罚。
二、酌定量刑情节证据。
1. 犯罪手段：（1）制造；（2）散布。2. 犯罪对象。3. 危害结果。4. 动机。5. 平时表现。6. 认罪态度。7. 是否有前科。8. 其他证据。</td></tr>
<tr><td rowspan="2">量刑标准</td><td colspan="2">犯本罪的</td><td>处五年以下有期徒刑、拘役或者管制</td></tr>
<tr><td colspan="2">造成严重后果的</td><td>处五年以上有期徒刑</td></tr>
<tr><td rowspan="2">法律适用</td><td>刑法条文</td><td colspan="2">第二百九十一条之一第一款 投放虚假的爆炸性、毒害性、放射性、传染病病原体等物质，或者编造爆炸威胁、生化威胁、放射威胁等恐怖信息，或者明知是编造的恐怖信息而故意传播，严重扰乱社会秩序的，处五年以下有期徒刑、拘役或者管制；造成严重后果的，处五年以上有期徒刑。</td></tr>
<tr><td>司法解释</td><td colspan="2">一、最高人民法院、最高人民检察院《关于办理妨害预防、控制突发传染病疫情等灾害的刑事案件具体应用法律若干问题的解释》（节录）（2003年5月14日最高人民法院、最高人民检察院公布　自2003年5月15日起施行　法释〔2003〕8号）
第十条第一款 编造与突发传染病疫情等灾害有关的恐怖信息，或者明知是编造的此类恐怖信息而故意传播，严重扰乱社会秩序的，依照刑法第二百九十一条之一的规定，以编造、故意传播虚假恐怖信息罪定罪处罚。

二、最高人民法院《关于审理编造、故意传播虚假恐怖信息刑事案件适用法律若干问题的解释》（2013年9月18日最高人民法院公布　自2013年9月30日起施行　法释〔2013〕24号）
为依法惩治编造、故意传播虚假恐怖信息犯罪活动，维护社会秩序，维护人民群众生命、财产安全，根据刑法有关规定，现对审理此类案件具体适用法律的若干问题解释如下：
第一条 编造恐怖信息，传播或者放任传播，严重扰乱社会秩序的，依照刑法第二百九十一条之一的规定，应认定为编造虚假恐怖信息罪。
明知是他人编造的恐怖信息而故意传播，严重扰乱社会秩序的，依照刑法第二百九十一条之一的规定，应认定为故意传播虚假恐怖信息罪。</td></tr>
</table>

第二条 编造、故意传播虚假恐怖信息，具有下列情形之一的，应当认定为刑法第二百九十一条之一的“严重扰乱社会秩序”：

（一）致使机场、车站、码头、商场、影剧院、运动场馆等人员密集场所秩序混乱，或者采取紧急疏散措施的；

（二）影响航空器、列车、船舶等大型客运交通工具正常运行的；

（三）致使国家机关、学校、医院、厂矿企业等单位的工作、生产、经营、教学、科研等活动中断的；

（四）造成行政村或者社区居民生活秩序严重混乱的；

（五）致使公安、武警、消防、卫生检疫等职能部门采取紧急应对措施的；

（六）其他严重扰乱社会秩序的。

第三条 编造、故意传播虚假恐怖信息，严重扰乱社会秩序，具有下列情形之一的，应当依照刑法第二百九十一条之一的规定，在五年以下有期徒刑范围内酌情从重处罚：

（一）致使航班备降或返航；或者致使列车、船舶等大型客运交通工具中断运行的；

（二）多次编造、故意传播虚假恐怖信息的；

（三）造成直接经济损失二十万元以上的；

（四）造成乡镇、街道区域范围居民生活秩序严重混乱的；

（五）具有其他酌情从重处罚情节的。

第四条 编造、故意传播虚假恐怖信息，严重扰乱社会秩序，具有下列情形之一的，应当认定为刑法第二百九十一条之一的“造成严重后果”，处五年以上有期徒刑：

（一）造成三人以上轻伤或者一人以上重伤的；

（二）造成直接经济损失五十万元以上的；

（三）造成县级以上区域范围居民生活秩序严重混乱的；

（四）妨碍国家重大活动进行的；

（五）造成其他严重后果的。

第五条 编造、故意传播虚假恐怖信息，严重扰乱社会秩序，同时又构成其他犯罪的，择一重罪处罚。

第六条 本解释所称的“虚假恐怖信息”，是指以发生爆炸威胁、生化威胁、放射威胁、劫持航空器威胁、重大灾情、重大疫情等严重威胁公共安全的事件为内容，可能引起社会恐慌或者公共安全危机的不真实信息。

三、最高人民法院、最高人民检察院《关于办理利用信息网络实施诽谤等刑事案件适用法律若干问题的解释》（节录）（2013年9月6日最高人民法院、最高人民检察院公布 自2013年9月10日起施行 法释〔2013〕21号）

第九条 利用信息网络实施诽谤、寻衅滋事、敲诈勒索、非法经营犯罪，同时又构成刑法第二百二十一条规定的损害商业信誉、商品声誉罪，第二百七十八条规定的煽动暴力抗拒法律实施罪，第二百九十一条之一规定的编造、故意传播虚假恐怖信息罪等犯罪的，依照处罚较重的规定定罪处罚。

34 编造、故意传播虚假信息案

概念

本罪是指行为人编造虚假的险情、疫情、灾情、警情，在信息网络或者其他媒体上传播，或者明知是上述虚假信息，故意在信息网络或者其他媒体上传播，严重扰乱社会秩序的行为。

立案标准

根据《刑法》第291条之一第2款的规定，构成本罪需要齐备三方面要素：行为人编造或者故意传播虚假信息；通过信息网络或者其他媒体传播；严重扰乱社会秩序。

<table>
<tr><td rowspan="2">定罪标准</td><td>犯罪客体</td><td>本罪侵犯的客体是正常的社会管理秩序。编造、故意传播虚假信息的行为，虽然没有对公共安全造成有形的损害，但是，虚假险情、疫情、灾情、警情的传播会对公共秩序和公众心理造成无形的危害，如引起大范围恐慌或者导致正常的工作、生产、生活、医疗、教学、科研等秩序无法正常进行等。</td></tr>
<tr><td>犯罪客观方面</td><td>本罪的客观方面表现为编造虚假的险情、疫情、灾情、警情，在信息网络或者其他媒体上传播，或者明知是上述虚假信息，故意在信息网络或者其他媒体上传播，严重扰乱社会秩序的行为。具体包括以下几个方面：
一、行为人要有编造虚假的险情、疫情、灾情、警情，或者明知是上述虚假信息而传播的行为。这里的“编造”，是指出于各种目的故意虚构并不存在的险情、疫情、灾情、警情。这里的“传播”，是指向不特定或者多数人散布虚假险情、疫情、灾情、警情的行为。
二、行为人编造、传播的必须是虚假信息。虚假信息的范围包括险情、疫情、灾情、警情。“险情”，即危险的情况，包括突发可能造成重大人员伤亡或者财产损失的情况以及其他危险情况等。如交通事故、建筑物倒塌、建筑事故等。“疫情”，是指疫病的发生和发展情况，主要指传染病。如H1N1流感、SARS、HIV等各种传染性疾病。“灾情”，即受灾的情况。如火灾、洪灾、地质灾害等。“警情”，是指社会发生治安、犯罪事件后，必须由警察来维护社会稳定的突发性事件，或者说是危害公共安全的事件。如各种治安案件、刑事案件等。
三、行为人传播的方式必须是通过信息网络或者其他媒体上传播。信息网络，包括以计算机、电视机、固定电话机、移动电话机等电子设备为终端的计算机互联网、广播电视网、固定通信网、移动通信网等信息网络，以及向公众开放的局域网络。“其他媒体”主要指除了信息网络之外的传统的纸面媒体，如报纸、杂志等。
四、编造、故意传播虚假信息的行为必须严重扰乱社会秩序。扰乱社会秩序，是指造成社会秩序混乱，致使公司、企业、事业单位、人民团体等正常的工作秩序，公司、企业等正常的生产、经营秩序，医院、学校、科研单位等正常的医疗、教学、科研秩序受到严重干扰，甚至无法正常进行的情况。
五、编造虚假的疫情信息，在信息网络或者其他媒体上传播，或者明知是虚假疫情信息，故意在信息网络或者其他媒体上传播，严重扰乱社会秩序的，依照《刑法》第291之一第2款的规定，以编造、故意传播虚假信息罪定罪处罚。</td></tr>
</table>

<table>
<tr><td rowspan="4">定罪标准</td><td>犯罪主体</td><td>本罪的主体为一般主体，即年满16周岁具有刑事责任能力的自然人。</td></tr>
<tr><td>犯罪主观方面</td><td>本罪在主观方面表现为故意，即行为人明知自己编造虚假的险情、疫情、灾情、警情，在信息网络或者其他媒体上传播会造成危害社会的结果，并且希望或者放任这种结果的发生；行为人明知是虚假的险情、疫情、灾情、警情，而自己故意在信息网络或者其他媒体上传播的行为会造成危害社会的结果，并且希望或者放任这种结果的发生。编造、故意传播虚假信息的动机有很多，如恶意中伤、制造恐慌、报复社会等，何种动机不影响本罪的认定。</td></tr>
<tr><td>罪与非罪</td><td>行为人因误听、误信谣言，确实不知相关信息是虚假险情、疫情、灾情或警情而传播的，不构成犯罪。</td></tr>
<tr><td>此罪与彼罪</td><td>本罪与编造、故意传播虚假恐怖信息罪的界限。
编造、故意传播虚假恐怖信息罪，是指故意编造爆炸威胁、生化威胁、放射威胁等恐怖信息，或者明知是编造的恐怖信息而故意传播，严重扰乱社会秩序的行为。两罪所侵犯的客体都是社会公共秩序，主体均为一般主体，主观方面均为故意。两罪的不同之处在于客观方面：第一，两罪编造、故意传播的信息类型不同，本罪虚假信息的范围包括险情、疫情、灾情、警情，编造、故意传播虚假恐怖信息罪所涉及的信息包括爆炸威胁、生化威胁、放射威胁等恐怖信息。第二，本罪不处罚单纯的编造行为，行为人编造虚假的险情、疫情、灾情、警情后，必须在信息网络或者其他媒体上传播，才能构成犯罪；而编造、故意传播虚假恐怖信息罪处罚单纯的编造行为，只要行为人编造了爆炸威胁、生化威胁、放射威胁等恐怖信息，不论是否实施传播行为，都构成犯罪。第三，两罪的信息传播途径不同。本罪的传播途径必须是信息网络或者其他媒体；编造、故意传播虚假恐怖信息罪中的传播途径没有限制，可以是口头的，也可以是书面的，或者通过信息网络的。</td></tr>
<tr><td rowspan="2">证据参考标准</td><td>主体方面的证据</td><td>一、证明行为人刑事责任年龄、身份等自然情况的证据。
包括身份证明、户籍证明、任职证明、工作经历证明、特定职责证明等，主要是证明行为人的姓名（曾用名）、性别、出生年月日、民族、籍贯、出生地、职业（或职务）、住所地（或居住地）等证据材料，如户口簿、居民身份证、工作证、出生证、专业或技术等级证、干部履历表、职工登记表、护照等。
对于户籍、出生证等材料内容不实的，应提供其他证据材料。外国人犯罪的案件，应有护照等身份证明材料。人大代表、政协委员犯罪的案件，应注明身份，并附身份证明材料。
二、证明行为人刑事责任能力的证据。
证明行为人对自己的行为是否具有辨认能力与控制能力，如是否属于间歇性精神病人、尚未完全丧失辨认或者控制自己行为能力的精神病人的证明材料。</td></tr>
<tr><td>主观方面的证据</td><td>证明行为人故意的证据：1. 证明行为人明知的证据：证明行为人明知自己编造的是虚假的险情、疫情、灾情、警情的证据；证明行为人明知是虚假的险情、疫情、灾情、警情而故意在信息网络或者其他媒体上传播的证据。2. 证明故意的证据：证明行为人希望或者放任危害结果的发生。</td></tr>
</table>

<table>
<tr><td rowspan="2">证据参考标准</td><td>客观方面的证据</td><td colspan="2">证明行为人有编造、故意传播虚假信息的证据。
具体证据包括：1. 证明行为人虚构、编造险情、疫情、灾情、警情的证据；2. 证明行为人在信息网络或者其他媒体上传播的证据；3. 证明行为人编造、传播的行为严重扰乱社会秩序的证据；4. 证明行为人编造、传播虚假信息造成严重后果的证据。</td></tr>
<tr><td>量刑方面的证据</td><td colspan="2">一、法定量刑情节证据。
1. 事实情节。2. 法定从重情节。3. 法定从轻减轻情节：（1）可以从轻；（2）可以从轻或减轻；（3）应当从轻或者减轻。4. 法定从轻减轻免除情节：（1）可以从轻、减轻或者免除处罚；（2）应当从轻、减轻或者免除处罚。5. 法定减轻免除情节：（1）可以减轻或者免除处罚；（2）应当减轻或者免除处罚；（3）可以免除处罚。
二、酌定量刑情节证据。
1. 犯罪手段；2. 犯罪对象；3. 危害结果；4. 动机；5. 平时表现；6. 认罪态度；7. 是否有前科；8. 其他证据。</td></tr>
<tr><td rowspan="2">量刑标准</td><td colspan="2">犯本罪的</td><td>处三年以下有期徒刑、拘役或者管制</td></tr>
<tr><td colspan="2">造成严重后果的</td><td>处三年以上七年以下有期徒刑</td></tr>
<tr><td rowspan="2">法律适用</td><td>刑法条文</td><td colspan="2">第二百九十一条之一第二款　编造虚假的险情、疫情、灾情、警情，在信息网络或者其他媒体上传播，或者明知是上述虚假信息，故意在信息网络或者其他媒体上传播，严重扰乱社会秩序的，处三年以下有期徒刑、拘役或者管制；造成严重后果的，处三年以上七年以下有期徒刑。</td></tr>
<tr><td>司法解释</td><td colspan="2">最高人民法院、最高人民检察院、公安部、司法部《关于依法惩治妨害新型冠状病毒感染肺炎疫情防控违法犯罪的意见》（节录）（2020年2月6日最高人民法院、最高人民检察院、公安部、司法部公布　自公布之日起施行　法发〔2020〕7号）
二、准确适用法律，依法严惩妨害疫情防控的各类违法犯罪
（六）依法严惩造谣传谣犯罪。编造虚假的疫情信息，在信息网络或者其他媒体上传播，或者明知是虚假疫情信息，故意在信息网络或者其他媒体上传播，严重扰乱社会秩序的，依照刑法第二百九十一条之一第二款的规定，以编造、故意传播虚假信息罪定罪处罚。
编造虚假信息，或者明知是编造的虚假信息，在信息网络上散布，或者组织、指使人员在信息网络上散布，起哄闹事，造成公共秩序严重混乱的，依照刑法第二百九十三条第一款第四项的规定，以寻衅滋事罪定罪处罚。
利用新型冠状病毒感染肺炎疫情，制造、传播谣言，煽动分裂国家、破坏国家统一，或者煽动颠覆国家政权、推翻社会主义制度的，依照刑法第一百零三条第二款、第一百零五条第二款的规定，以煽动分裂国家罪或者煽动颠覆国家政权罪定罪处罚。
网络服务提供者不履行法律、行政法规规定的信息网络安全管理义务，经监管部门责令采取改正措施而拒不改正，致使虚假疫情信息或者其他违法信息大量传播的，依照刑法第二百八十六条之一的规定，以拒不履行信息网络安全管理义务罪定罪处罚。</td></tr>
</table>

法律适用

司法解释

对虚假疫情信息案件，要依法、精准、恰当处置。对恶意编造虚假疫情信息，制造社会恐慌，挑动社会情绪，扰乱公共秩序，特别是恶意攻击党和政府，借机煽动颠覆国家政权、推翻社会主义制度的，要依法严惩。对于因轻信而传播虚假信息，危害不大的，不以犯罪论处。

相关法律法规

一、《中华人民共和国治安管理处罚法》（节录）（2005年8月28日中华人民共和国主席令第38号公布　自2006年3月1日起施行　2012年10月26日修正）

第二十五条　有下列行为之一的，处五日以上十日以下拘留，可以并处五百元以下罚款；情节较轻的，处五日以下拘留或者五百元以下罚款：

（一）散布谣言，谎报险情、疫情、警情或者以其他方法故意扰乱公共秩序的；

（二）投放虚假的爆炸性、毒害性、放射性、腐蚀性物质或者传染病病原体等危险物质扰乱公共秩序的；

（三）扬言实施放火、爆炸、投放危险物质扰乱公共秩序的。

二、《中华人民共和国突发事件应对法》（节录）（2007年8月30日中华人民共和国主席令第69号公布　自2007年11月1日起施行）

第五十四条　任何单位和个人不得编造、传播有关突发事件事态发展或者应急处置工作的虚假信息。

第六十五条　违反本法规定，编造并传播有关突发事件事态发展或者应急处置工作的虚假信息，或者明知是有关突发事件事态发展或者应急处置工作的虚假信息而进行传播的，责令改正，给予警告；造成严重后果的，依法暂停其业务活动或者吊销其执业许可证；负有直接责任的人员是国家工作人员的，还应当对其依法给予处分；构成违反治安管理行为的，由公安机关依法给予处罚。

35 高空抛物案

概念 | **本罪是指从建筑物或者其他高空抛掷物品，情节严重的行为。**

立案标准 | **从建筑物或者其他高空抛掷物品，情节严重的，应当立案。**

<table>
<tr><td rowspan="6">定罪标准</td><td>犯罪客体</td><td>本罪侵犯的客体是建筑物和其他高空以下空间的社会管理秩序。</td></tr>
<tr><td>犯罪客观方面</td><td>本罪客观上表现为从建筑物或者其他高空抛掷物品，情节严重的行为。
行为人实施了从建筑物或者其他高空抛掷物品的行为。这里包含两层意思：一是，物品必须是从建筑物或者其他高空抛掷，如果不是从建筑物或者其他高空抛掷的，不构成本罪。这里所说的“建筑物”，是指人工建筑而成的东西，既包括居住建筑、公共建筑，也包括构筑物。二是，行为人必须是实施了抛掷物品的行为。这里所说的“抛掷物品”，是指向外投、扔、丢弃物品的行为。如果行为人没有实施抛掷物品的行为，物品是由于刮风、下雨等原因，从建筑物或高空中坠落的，即使该物品是行为人的，也不构成本罪，如果给受害人造成损害的，可以依照《民法典》的有关规定处理。
必须是情节严重的，这是给该罪设定的入罪门槛，只有情节严重的才能构成本罪，情节一般，危害不大的，不宜作为犯罪，符合违反《治安管理处罚法》规定的，应当依法予以治安处罚；需要承担民事责任的，应当依照《民法典》的有关规定处理。这里所说的“情节严重”，主要是指多次实施高空抛掷物品行为；高空抛掷物品数量较大的；在人员密集场所实施的；造成一定损害等，具体可以视情节依照相关规定处理。</td></tr>
<tr><td>犯罪主体</td><td>本罪的主体是一般主体，即凡是达到法定刑事责任年龄、具有刑事责任能力的人，均可构成本罪。</td></tr>
<tr><td>犯罪主观方面</td><td>本罪的主观方面是故意。</td></tr>
<tr><td>罪与非罪</td><td>区分罪与非罪。需要注意的是：1. 物品必须是从建筑物或者其他高空抛掷，如果不是从建筑物或者其他高空抛掷，不构成本罪；2. 行为人必须实施了抛掷的行为，如果是由于自然原因（如大风骤雨）导致物品坠落的，不构成本罪；3. 行为人从建筑物或者其他高空抛掷物品的行为还需达到情节严重的程度，情节轻微的，不构成本罪。</td></tr>
</table>

<table>
<tr><td rowspan="1">定罪标准</td><td>此罪与彼罪</td><td colspan="2">行为人如出于伤害、杀人的故意，或者出于侵害不特定多数人的生命财产安全的故意从建筑物或者其他高空抛掷物品的，分别构成故意伤害罪、故意杀人罪、以危险方法危害公共安全罪等其他犯罪的，依照处罚较重的规定定罪处罚。</td></tr>
<tr><td rowspan="4">证据参考标准</td><td>主体方面的证据</td><td colspan="2">一、证明行为人刑事责任年龄、身份等事实情况的证据。
包括但不限于身份证明、户籍证明、任职证明、工作经历证明、特定职责证明等，主要用于证明行为人的姓名（曾用名）、性别、出生年月日、民族、机关、出生地、职业（职务）、住所地（居住地）等的证据材料，具体如居民身份证、户口簿、工作证、出生证、专业或技术等级证、干部履历表、职工登记表、护照等。
对于户籍、身份证等材料内容不是的，应提供其他证据材料。外国人犯罪的案件，需要有护照等身份证明材料。人大代表、政协委员犯罪的案件，应当注明身份并附上身份证明材料。
二、证明行为人刑事责任能力的证据。
证明行为人对自己的行为具有辨认、控制能力，如是否属于间歇性精神病人、尚未完全丧失辨认或者控制自己行为能力的精神病人的证明材料。</td></tr>
<tr><td>主观方面的证据</td><td colspan="2">证明行为人故意的证据：1. 证明行为人明知的证据：证明行为人明知自己的行为会发生危害社会的结果；2. 证明直接故意的证据：证明行为人希望危害结果发生；3. 证明间接故意的证据：证明行为人犯人危害结果发生。</td></tr>
<tr><td>客观方面的证据</td><td colspan="2">证明行为人从建筑物或者其他高空抛掷物品，情节严重的证据。
具体证据包括：1. 证明行为人从建筑物抛掷物品的证据；2. 证明行为人从其他高空抛掷物品的证据；3. 证明行为人情节严重的证据。</td></tr>
<tr><td>量刑方面的证据</td><td colspan="2">一、法定量刑情节证据。
1. 事实情节。2. 法定从重情节。3. 法定从轻减轻情节：（1）可以从轻；（2）可以从轻或减轻；（3）应当从轻或者减轻。4. 法定从轻减轻免除情节：（1）可以从轻、减轻或者免除处罚；（2）应当从轻、减轻或者免除处罚。5. 法定减轻免除情节：（1）可以减轻或者免除处罚；（2）应当减轻或者免除处罚；（3）可以免除处罚。
二、酌定量刑情节证据。
1. 犯罪手段：抛掷物品；2. 犯罪对象；3. 危害结果；4. 动机；5. 平时表现；6. 认罪态度；7. 是否有前科；8. 其他证据。</td></tr>
<tr><td rowspan="2">量刑标准</td><td colspan="2">犯本罪的</td><td>处一年以下有期徒刑、拘役或者管制，并处或单处罚金</td></tr>
<tr><td colspan="2">有前款行为，同时构成其他犯罪的</td><td>依照处罚较重的规定定罪处罚</td></tr>
<tr><td>法律适用</td><td>刑法条文</td><td colspan="2">第二百九十一条之二　从建筑物或者其他高空抛掷物品，情节严重的，处一年以下有期徒刑、拘役或者管制，并处或者单处罚金。
有前款行为，同时构成其他犯罪的，依照处罚较重的规定定罪处罚。</td></tr>
</table>

法律适用　司法解释

《最高人民法院关于依法妥善审理高空抛物、坠物案件的意见》①（2019 年 10 月 21 日最高人民法院公布　自公布之日起施行　法发〔2019〕25 号）

近年来，高空抛物、坠物事件不断发生，严重危害公共安全，侵害人民群众合法权益，影响社会和谐稳定。为充分发挥司法审判的惩罚、规范和预防功能，依法妥善审理高空抛物、坠物案件，切实维护人民群众“头顶上的安全”，保障人民安居乐业，维护社会公平正义，依据《中华人民共和国刑法》《中华人民共和国侵权责任法》等相关法律，提出如下意见。

一、加强源头治理，监督支持依法行政，有效预防和惩治高空抛物、坠物行为

1. 树立预防和惩治高空抛物、坠物行为的基本理念。人民法院要切实贯彻以人民为中心的发展理念，将预防和惩治高空抛物、坠物行为作为当前和今后一段时期的重要任务，充分发挥司法职能作用，保护人民群众生命财产安全。要积极推动预防和惩治高空抛物、坠物行为的综合治理、协同治理工作，及时排查整治安全隐患，确保人民群众“头顶上的安全”，不断增强人民群众的幸福感、安全感。要努力实现依法制裁、救济损害与维护公共安全、保障人民群众安居乐业的有机统一，促进社会和谐稳定。

2. 积极推动将高空抛物、坠物行为的预防与惩治纳入诉源治理机制建设。切实发挥人民法院在诉源治理中的参与、推动、规范和保障作用，加强与公安、基层组织等的联动，积极推动和助力有关部门完善防范高空抛物、坠物的工作举措，形成有效合力。注重发挥司法建议作用，对在审理高空抛物、坠物案件中发现行政机关、基层组织、物业服务企业等有关单位存在的工作疏漏、隐患风险等问题，及时提出司法建议，督促整改。

3. 充分发挥行政审判促进依法行政的职能作用。注重发挥行政审判对预防和惩治高空抛物、坠物行为的积极作用，切实保护受害人依法申请行政机关履行保护其人身权、财产权等合法权益法定职责的权利，监督行政机关依法行使行政职权、履行相应职责。受害人等行政相对方对行政机关在履职过程中违法行使职权或者不作为提起行政诉讼的，人民法院应当依法及时受理。

二、依法惩处构成犯罪的高空抛物、坠物行为，切实维护人民群众生命财产安全

4. 充分认识高空抛物、坠物行为的社会危害性。高空抛物、坠物行为损害人民群众人身、财产安全，极易造成人身伤亡和财产损失，引发社会矛盾纠纷。人民法院要高度重视高空抛物、坠物行为的现实危害，深刻认识运用刑罚手段惩治情节和后果严重的高空抛物、坠物行为的必要性和重要性，依法惩治此类犯罪行为，有效防范、坚决遏制此类行为发生。

5. 准确认定高空抛物犯罪。对于高空抛物行为，应当根据行为人的动机、抛物场所、抛掷物的情况以及造成的后果等因素，全面考量行为的社会危害程度，准确判断行为性质，正确适用罪名，准确裁量刑罚。

故意从高空抛弃物品，尚未造成严重后果，但足以危害公共安全的，依照刑法第一百一十四条规定的以危险方法危害公共安全罪定罪处罚；致人重伤、死亡或者使公私财产遭受重大损失的，依照刑法第一百一十五条第一款的规定处罚。为伤害、杀害特定人员实施上述行为的，依照故意伤害罪、故意杀人罪定罪处罚。

6. 依法从重惩治高空抛物犯罪。具有下列情形之一的，应当从重处罚，一般不得适用缓刑：（1）多次实施的；（2）经劝阻仍继续实施的；（3）受过刑事处罚或者行政处罚后又实施的；（4）在人员密集场所实施的；（5）其他情节严重的情形。

① 2020 年 12 月 26 日公布的《刑法修正案（十一）》规定了高空抛物罪，此司法解释可参考适用。

7. 准确认定高空坠物犯罪。过失导致物品从高空坠落，致人死亡、重伤，符合刑法第二百三十三条、第二百三十五条规定的，依照过失致人死亡罪、过失致人重伤罪定罪处罚。在生产、作业中违反有关安全管理规定，从高空坠落物品，发生重大伤亡事故或者造成其他严重后果的，依照刑法第一百三十四条第一款的规定，以重大责任事故罪定罪处罚。

三、坚持司法为民、公正司法，依法妥善审理高空抛物、坠物民事案件

8. 加强高空抛物、坠物民事案件的审判工作。人民法院在处理高空抛物、坠物民事案件时，要充分认识此类案件中侵权行为给人民群众生命、健康、财产造成的严重损害，把维护人民群众合法权益放在首位。针对此类案件直接侵权人查找难、影响面广、处理难度大等特点，要创新审判方式，坚持多措并举，依法严惩高空抛物行为人，充分保护受害人。

9. 做好诉讼服务与立案释明工作。人民法院对高空抛物、坠物案件，要坚持有案必立、有诉必理，为受害人线上线下立案提供方便。在受理从建筑物中抛掷物品、坠落物品造成他人损害的纠纷案件时，要向当事人释明尽量提供具体明确的侵权人，尽量限缩“可能加害的建筑物使用人”范围，减轻当事人诉累。对侵权人不明又不能依法追加其他责任人的，引导当事人通过多元化纠纷解决机制化解矛盾、补偿损失。

10. 综合运用民事诉讼证据规则。人民法院在适用侵权责任法第八十七条裁判案件时，对能够证明自己不是侵权人的“可能加害的建筑物使用人”，依法予以免责。要加大依职权调查取证力度，积极主动向物业服务企业、周边群众、技术专家等询问查证，加强与公安部门、基层组织等沟通协调，充分运用日常生活经验法则，最大限度查找确定直接侵权人并依法判决其承担侵权责任。

11. 区分坠落物、抛掷物的不同法律适用规则。建筑物及其搁置物、悬挂物发生脱落、坠落造成他人损害的，所有人、管理人或者使用人不能证明自己没有过错的，人民法院应当适用侵权责任法第八十五条的规定，依法判决其承担侵权责任；有其他责任人的，所有人、管理人或者使用人赔偿后向其他责任人主张追偿权的，人民法院应予支持。从建筑物中抛掷物品造成他人损害的，应当尽量查明直接侵权人，并依法判决其承担侵权责任。

12. 依法确定物业服务企业的责任。物业服务企业不履行或者不完全履行物业服务合同约定或者法律法规规定、相关行业规范确定的维修、养护、管理和维护义务，造成建筑物及其搁置物、悬挂物发生脱落、坠落致使他人损害的，人民法院依法判决其承担侵权责任。有其他责任人的，物业服务企业承担责任后，向其他责任人行使追偿权的，人民法院应予支持。物业服务企业隐匿、销毁、篡改或者拒不向人民法院提供相应证据，导致案件事实难以认定的，应当承担相应的不利后果。

13. 完善相关的审判程序机制。人民法院在审理疑难复杂或社会影响较大的高空抛物、坠物民事案件时，要充分运用人民陪审员、合议庭、主审法官会议等机制，充分发挥院、庭长的监督职责。涉及侵权责任法第八十七条适用的，可以提交院审判委员会讨论决定。

四、注重多元化解，坚持多措并举，不断完善预防和调处高空抛物、坠物纠纷的工作机制

14. 充分发挥多元解纷机制的作用。人民法院应当将高空抛物、坠物民事案件的处理纳入到建设一站式多元解纷机制的整体工作中，加强诉前、诉中调解工作，有效化解矛盾纠纷，努力实现法律效果与社会效果相统一。要根据每一个高空抛物、坠物

<table>
<tr><td rowspan="2">法律适用</td><td>司法解释</td><td>案件的具体特点，带着对受害人的真挚感情，为当事人解难题、办实事，尽力做好调解工作，力促案结事了人和。
15. 推动完善社会救助工作。要充分运用诉讼费缓减免和司法救助制度，依法及时对经济上确有困难的高空抛物、坠物案件受害人给予救济。通过案件裁判、规则指引积极引导当事人参加社会保险转移风险、分担损失。支持各级政府有关部门探索建立高空抛物事故社会救助基金或者进行试点工作，对受害人损害进行合理分担。
16. 积极完善工作举措。要通过多种形式特别是人民群众喜闻乐见的方式加强法治宣传，持续强化以案释法工作，充分发挥司法裁判规范、指导、评价、引领社会价值的重要作用，大力弘扬社会主义核心价值观，形成良好社会风尚。要深入调研高空抛物、坠物案件的司法适用疑难问题，认真总结审判经验。对审理高空抛物、坠物案件中发现的新情况、新问题，及时层报最高人民法院。</td></tr>
<tr><td>相关法律法规</td><td>《中华人民共和国民法典》（节录）（2020年5月28日中华人民共和国主席令第45号公布　自2021年1月1日起施行）
第一千二百五十四条　禁止从建筑物中抛掷物品。从建筑物中抛掷物品或者从建筑物上坠落的物品造成他人损害的，由侵权人依法承担侵权责任；经调查难以确定具体侵权人的，除能够证明自己不是侵权人的外，由可能加害的建筑物使用人给予补偿。可能加害的建筑物使用人补偿后，有权向侵权人追偿。
物业服务企业等建筑物管理人应当采取必要的安全保障措施防止前款规定情形的发生；未采取必要的安全保障措施的，应当依法承担未履行安全保障义务的侵权责任。
发生本条第一款规定的情形的，公安等机关应当依法及时调查，查清责任人。</td></tr>
</table>

36 聚众斗殴案

概念

本罪是指出于私仇、争霸或者其他流氓动机而成帮结伙进行殴斗，破坏公共秩序的行为。

立案标准

对实施了聚众斗殴行为的首要分子和其他积极参加者，应当立案。本罪是行为犯，只要行为人实施了聚众斗殴行为，原则上就构成犯罪。

定罪标准		
	犯罪客体	本罪侵犯的客体是公共秩序。所谓公共秩序，是指人们在社会公共生活中应当遵守的共同准则，不应简单地理解为公共场所的秩序。司法实践中，聚众斗殴行为较多地发生在公共场所，往往同时造成对公私财产和公民人身权利的侵犯，但其侵犯的主要不是特定的个人或者特定的公私财物，而是由于行为人公然藐视法纪和社会公德，公然向社会挑战，破坏公共秩序。聚众斗殴的行为，虽然也可能伤害他人身体，但其主要侵害的还是公共秩序，这是本罪的重要特征。
	犯罪客观方面	本罪在客观方面表现为行为人聚众斗殴的行为。也就是说，行为人聚在一起，或为私仇或为争霸等原因，而大打出手。聚众斗殴罪的重要特征有两个：一是聚众，即拉帮结伙，纠集多人；二是斗殴，即双方互相厮打。在司法实践中，“聚众斗殴”大多表现为不法集团或者团伙之间出于报复、争霸一方等动机，成帮结伙地打群架、互相殴斗的行为。斗殴的双方都可以构成本罪。这种大规模或者持械进行的殴斗，不仅参加人数多，而且双方事先通常都有一定准备，带有刀枪棍棒等凶器，极易造成一方或双方的人身伤亡，甚至会造成周围无辜群众的伤亡或财产损失。如果出现致人重伤、死亡的，则分别按故意伤害罪和故意杀人罪处罚。根据《刑法》第 292 条规定，只要是聚众斗殴，其首要分子和其他积极参与者就构成犯罪。如果是有下列情节之一的，则加重其刑罚：多次聚众斗殴；聚众斗殴人数多、规模大、社会影响恶劣的；在公共场所或者交通要道聚众斗殴，造成社会秩序严重混乱的；持械聚众斗殴的。
	犯罪主体	本罪主体是一般主体，但只能由聚众斗殴的首要分子和积极参加者两种人构成。所谓首要分子，是指聚众斗殴各方的组织者、策划者、指挥者。所谓积极参加者，是指除首要分子以外其他在斗殴中发挥重要作用或者直接致死、致伤他人者。参与斗殴态度一般或者尾随参与，且在斗殴中作用不大者不构成本罪。
	犯罪主观方面	本罪主观方面表现为故意。一般是出于为了争霸一方抢占地盘，或为了报复他人，或为了寻求刺激等公然藐视国家法纪和社会公德的犯罪动机。双方斗殴的目的有的是为争夺势力范围，制服对手，以便称霸一方；有的因团伙成员受到侵害，出于“哥们儿义气”，进行报复，逞强称霸；有的为争风吃醋而大打出手。过失不构成本罪。

定罪标准	罪与非罪	区分罪与非罪的界限，要注意以下三点： 一、本罪与因民事纠纷而发生的一般斗殴或者结伙械斗的行为的界限。二者在互相殴斗的形式上很相似，但有本质的区别。后者一般是事出有因，不具有争霸一方、报复他人、寻求刺激等犯罪动机，其行为没有对社会公共秩序构成威胁，所以不能以本罪定罪。 二、本罪属于行为犯。只要实施了聚众斗殴的行为，首要分子和积极参加者即构成本罪。但是情节显著轻微，危害不大的，则不应按犯罪处理。要注意以下几点： 1. 如何理解“聚众”。聚众就是拉帮结伙，人数达3人以上。对斗殴双方均有聚众斗殴故意的，只要一方达到3人以上的，对双方均应认定聚众斗殴，但没有聚众斗殴故意的一方，不应当认定聚众斗殴。如没有聚众故意的一方造成对方重伤、死亡构成犯罪的，按照法律规定定罪处罚。 2. 如何认定聚众斗殴的首要分子和其他积极参加者。聚众斗殴首要分子是指聚众斗殴的组织者、策划者、纠集者、指挥者；积极参加者是指在聚众斗殴中发挥主要作用或者在斗殴中直接致死、致伤他人者。在幕后教唆起组织、策划、指挥作用或在聚众及准备斗殴中行为积极并起重要作用的，不论其是否直接实施斗殴行为，应认定为首要分子或积极参加者。 3. 如何理解聚众斗殴中“人数多、规模大、社会影响恶劣”。“人数多、规模大、社会影响恶劣”是指参加聚众斗殴的人数达10人左右，或者斗殴场所涉及多处或者斗殴持续时间较长，或者聚众斗殴行为在当地造成恶劣影响、民愤较大的情形。 4. 如何掌握社会秩序严重混乱的程度。“造成社会秩序严重混乱”是指人们的生活、工作、学习、教育、科研等秩序被破坏，造成学校停课，商店停业，厂矿、停工，交通严重阻塞，公共秩序严重混乱等。 5. 如何理解“持械聚众斗殴”。“持械”是指在聚众斗殴中使用器械或携带器械且主观上有使用的企图，但实际未使用的。这里的“器械”包括治安管制刀具以及枪支、棍棒等足以致人伤亡的工具。参与预谋持械聚众斗殴，构成聚众斗殴罪的，应认定为持械聚众斗殴。在聚众斗殴中，斗殴一方持械而另一方未持械的，对持械一方依照上述第2款的规定认定是否属于持械聚众斗殴；对未持械一方不应认定为持械聚众斗殴。 6. 聚众斗殴中，致人重伤、死亡的，应如何定罪量刑的问题。根据《刑法》第292条的规定，聚众斗殴，致人重伤、死亡的，依照《刑法》第234条、第232条的规定，则不再是聚众斗殴，应直接以故意伤害罪、故意杀人罪处罚。聚众斗殴中致人重伤、死亡，对明确的直接责任人，应以故意伤害罪或故意杀人罪定罪处罚。如果是在聚众斗殴中致人轻伤的，则应按聚众斗殴罪从重处罚。聚众斗殴罪虽然没有死刑，但如果在聚众斗殴中致人重伤、死亡、罪行极其严重的，也可以依法判处死刑。对首要分子，在聚众斗殴中有致人重伤、死亡直接故意的或对伤亡结果持放任态度的，应以故意伤害罪或故意杀人罪定罪处罚；对明确表示不能致他人重伤、死亡的，按聚众斗殴罪定罪处罚。对其他积极参加者仍以聚众斗殴罪定罪处罚。 聚众斗殴中，难以分清致人重伤、死亡直接责任人的，应对共同加害人按故意伤害罪或故意杀人罪定罪处罚，但在处罚时应根据其在犯罪中所处的地位、作用等情况区别对待；如既不能分清致人重伤、死亡的直接责任人，又确实不能查清共同加害人的，对参加聚众斗殴的均以聚众斗殴罪定罪处罚；聚众斗殴的首要分子按前款规定定罪处罚。

<table>
<tr>
<td rowspan="2">定罪标准</td>
<td>罪与非罪</td>
<td>对于犯罪分子参加聚众斗殴多起，其中一起或数起中致人重伤、死亡的，按故意伤害罪或故意杀人罪定罪，对其他未造成重伤、死亡后果的，按聚众斗殴罪定罪，实行数罪并罚。
三、对参与斗殴态度一般或者尾随参与，且在斗殴中作用不大者；情节显著轻微，危害不大的，不应按犯罪处理，可予以治安处罚。</td>
</tr>
<tr>
<td>此罪与彼罪</td>
<td>一、本罪与聚众扰乱公共场所秩序、交通秩序罪的界限。二者的区别是：(1) 犯罪的动机、目的不同。聚众斗殴罪是基于流氓动机，在实施各种流氓活动时破坏公共秩序；后罪则是基于某种个人动机、目的，用聚众闹事方式，要挟国家机关或有关部门，以满足个人的要求为目的。(2) 犯罪形式不同。本罪以双方互相厮打为基本形式，而后罪并不要求互相厮打。
二、本罪与故意杀人罪、故意伤害罪的界限。二者区别的根本标志在于犯罪动机。聚众斗殴罪中的杀人、伤害行为，虽然与其他故意杀人、故意伤害行为一样，都侵犯了他人身体健康，但是它有一个显著的特点，即在杀人、伤害行为中，通常表现为为了称王称霸，充英雄好汉而惹是生非，与对方争个高低。所以，凡是为了争霸“势力范围”，或者明确表示要打服对方，而行凶伤人的都是聚众斗殴中的伤人行为。而其他故意杀人、故意伤害罪中的伤害行为，则往往是对自己或自己一方所认识的人，由于宿仇旧恨而起意伤害对方，它在事先具有明确的伤害对象和伤害故意；如果是临时起意伤害对方，也往往是因为双方发生纠纷的原因明显地在对方一边，或者在互殴中伤害他人，这种情况往往是双方都有过错，责任不易分清。《刑法》第 292 条第 2 款明文规定：“聚众斗殴，致人重伤、死亡的，依照本法第二百三十四条、第二百三十二条的规定定罪处罚。”这说明在聚众斗殴活动中，一旦造成他人重伤、死亡的，一律按故意伤害罪、故意杀人罪定罪处罚。这是对犯罪的一种转化型规定。
三、本罪与聚众扰乱社会秩序罪的界限。聚众斗殴罪与聚众扰乱社会秩序罪两者在客观方面有相同之处，如犯罪形式都是聚众，但两者存在明显不同：(1) 犯罪动机不同。前者大多是为了争霸一方、私仇宿怨和寻求精神刺激等流氓动机而破坏公共秩序；后者则多是为了实现个人某种不合理的要求，如分房、调工作等而破坏公共秩序。(2) 情节要求不同。前者不要求情节严重；后者要求情节严重，必须致使工作、生产、营业和教学、科研无法进行，造成严重损失，否则不构成犯罪。(3) 两者犯罪方法不同。聚众斗殴罪的犯罪方法一般是暴力方法；而聚众扰乱社会秩序罪除了暴力方法外，还可以是非暴力方法。</td>
</tr>
<tr>
<td>证据参考标准</td>
<td>主体方面的证据</td>
<td>一、证明行为人刑事责任年龄、身份等自然情况的证据。
包括身份证明、户籍证明、任职证明、工作经历证明、特定职责证明等，主要是证明行为人的姓名（曾用名）、性别、出生年月日、民族、籍贯、出生地、职业（或职务）、住所地（或居所地）等证据材料，如户口簿、居民身份证、工作证、出生证、专业或技术等级证、干部履历表、职工登记表、护照等。
对于户籍、出生证等材料内容不实的，应提供其他证据材料。外国人犯罪的案件，应有护照等身份证明材料。人大代表、政协委员犯罪的案件，应注明身份，并附身份证明材料。
二、证明行为人刑事责任能力的证据。
证明行为人对自己的行为是否具有辨认能力与控制能力，如是否属于间歇性精神病人、尚未完全丧失辨认或者控制自己行为能力的精神病人的证明材料。</td>
</tr>
</table>

<table>
<tr><td rowspan="3">证据参考标准</td><td>主观方面的证据</td><td colspan="2">证明行为人故意的证据：1. 证明行为人明知的证据：证明行为人明知自己的行为会发生危害社会的结果。2. 证明直接故意的证据：证明行为人希望危害结果发生。3. 目的：（1）报复；（2）争霸一方；（3）寻求刺激；（4）公然藐视国家法纪和社会公德。</td></tr>
<tr><td>客观方面的证据</td><td colspan="2">证明行为人聚众斗殴犯罪行为的证据。
具体证据包括：1. 证明行为人聚众斗殴行为的证据：（1）出于报复；（2）争霸一方；（3）多次聚众；（4）斗殴人数多、规模大、影响恶劣；（5）公共场所；（6）交通要道；（7）持械聚众斗殴；（8）其他证据。2. 证明行为人聚众斗殴造成伤亡行为的证据：（1）一方；（2）双方；（3）无辜群众。3. 证明行为人聚众斗殴造成财产损失的证据：（1）国家；（2）集体；（3）公民。4. 证明行为人构成聚众斗殴犯罪主体的证据：（1）首要分子；（2）积极参加者。5. 证明行为人聚众斗殴其他行为的证据。</td></tr>
<tr><td>量刑方面的证据</td><td colspan="2">一、法定量刑情节证据。
1. 事实情节：（1）首要分子；（2）积极参加者。2. 法定从重情节。3. 法定从轻减轻情节：（1）可以从轻；（2）可以从轻或减轻；（3）应当从轻或者减轻。4. 法定从轻减轻免除情节：（1）可以从轻、减轻或者免除处罚；（2）应当从轻、减轻或者免除处罚。5. 法定减轻免除情节：（1）可以减轻或者免除处罚；（2）应当减轻或者免除处罚；（3）可以免除处罚。
二、酌定量刑情节证据。
1. 犯罪手段：（1）持械；（2）其他。2. 犯罪对象。3. 危害结果。4. 动机。5. 平时表现。6. 认罪态度。7. 是否有前科。8. 其他证据。</td></tr>
<tr><td rowspan="2">量刑标准</td><td colspan="2">犯本罪，对首要分子和其他积极参加的</td><td>处三年以下有期徒刑、拘役或者管制</td></tr>
<tr><td colspan="2">情节严重的（即本条第一款规定的四项情形之一的），对首要分子和积极参加的</td><td>处三年以上十年以下有期徒刑</td></tr>
<tr><td>法律适用</td><td>刑法条文</td><td colspan="2">第二百九十二条　聚众斗殴的，对首要分子和其他积极参加的，处三年以下有期徒刑、拘役或者管制；有下列情形之一的，对首要分子和其他积极参加的，处三年以上十年以下有期徒刑：
（一）多次聚众斗殴的；
（二）聚众斗殴人数多，规模大，社会影响恶劣的；
（三）在公共场所或者交通要道聚众斗殴，造成社会秩序严重混乱的；
（四）持械聚众斗殴的。
聚众斗殴，致人重伤、死亡的，依照本法第二百三十四条、第二百三十二条的规定定罪处罚。</td></tr>
</table>

法律适用

司法解释

一、最高人民检察院、公安部《关于公安机关管辖的刑事案件立案追诉标准的规定（一）》（节录）（2008年6月25日最高人民检察院、公安部公布　自公布之日起施行　公通字〔2008〕36号　2017年4月27日修正）

第三十六条　［聚众斗殴案（刑法第二百九十二条第一款）］组织、策划、指挥或者积极参加聚众斗殴的，应予立案追诉。

二、最高人民法院、最高人民检察院《关于常见犯罪的量刑指导意见（试行）》（节录）（2021年6月17日最高人民法院、最高人民检察院公布　自2021年7月1日起施行　法发〔2021〕21号）

四、常见犯罪的量刑

（十七）聚众斗殴罪

1. 构成聚众斗殴罪的，根据下列情形在相应的幅度内确定量刑起点：

（1）犯罪情节一般的，在二年以下有期徒刑、拘役幅度内确定量刑起点。

（2）有下列情形之一的，在三年至五年有期徒刑幅度内确定量刑起点：聚众斗殴三次的；聚众斗殴人数多，规模大，社会影响恶劣的；在公共场所或者交通要道聚众斗殴，造成社会秩序严重混乱的；持械聚众斗殴的。

2. 在量刑起点的基础上，根据聚众斗殴人数、次数、手段严重程度等其他影响犯罪构成的犯罪事实增加刑罚量，确定基准刑。

3. 构成聚众斗殴罪的，综合考虑聚众斗殴的手段、危害后果等犯罪事实、量刑情节，以及被告人的主观恶性、人身危险性、认罪悔罪表现等因素，决定缓刑的适用。

相关法律法规

《中华人民共和国教育法》（节录）（1995年3月18日中华人民共和国主席令第45号公布　自1995年9月1日起施行　2009年8月27日第一次修正　2015年12月27日第二次修正　2021年4月29日第三次修正）

第七十二条　结伙斗殴、寻衅滋事，扰乱学校及其他教育机构教育教学秩序或者破坏校舍、场地及其他财产的，由公安机关给予治安管理处罚；构成犯罪的，依法追究刑事责任。

侵占学校及其他教育机构的校舍、场地及其他财产的，依法承担民事责任。

37 寻衅滋事案

概念

本罪是指在公共场所无事生非，起哄闹事，随意殴打、追逐、拦截、辱骂他人，强拿硬要，任意损毁、占用公私财物，破坏社会秩序，情节恶劣或后果严重的行为。

立案标准

1. 随意殴打他人，破坏社会秩序，涉嫌下列情形之一的，应予立案追诉：

（1）致 1 人以上轻伤或者 2 人以上轻微伤的；

（2）引起他人精神失常、自杀等严重后果的；

（3）多次随意殴打他人的；

（4）持凶器随意殴打他人的；

（5）随意殴打精神病人、残疾人、流浪乞讨人员、老年人、孕妇、未成年人，造成恶劣社会影响的；

（6）在公共场所随意殴打他人，造成公共场所秩序严重混乱的；

（7）其他情节恶劣的情形。

2. 追逐、拦截、辱骂、恐吓他人，破坏社会秩序，涉嫌下列情形之一的，应予立案追诉：

（1）多次追逐、拦截、辱骂、恐吓他人，造成恶劣社会影响的；

（2）持凶器追逐、拦截、辱骂、恐吓他人的；

（3）追逐、拦截、辱骂、恐吓精神病人、残疾人、流浪乞讨人员、老年人、孕妇、未成年人，造成恶劣社会影响的；

（4）引起他人精神失常、自杀等严重后果的；

（5）严重影响他人的工作、生活、生产、经营的；

（6）其他情节恶劣的情形。

3. 强拿硬要或者任意损毁、占用公私财物，破坏社会秩序，涉嫌下列情形之一的，应予立案追诉：

（1）强拿硬要公私财物价值 1000 元以上，或者任意损毁、占用公私财物价值 2000 元以上的；

（2）多次强拿硬要或者任意损毁、占用公私财物，造成恶劣社会影响的；

（3）强拿硬要或者任意损毁、占用精神病人、残疾人、流浪乞讨人员、老年人、孕妇、未成年人的财物，造成恶劣社会影响的；

（4）引起他人精神失常、自杀等严重后果的；

（5）严重影响他人的工作、生活、生产、经营的；

（6）其他情节严重的情形。

4. 在车站、码头、机场、医院、商场、公园、影剧院、展览会、运动场或者其他公共场所起哄闹事，应当根据公共场所的性质、公共活动的重要程度、公共场所的人数、起哄闹事的时间、公共场所受影响的范围与程度等因素，综合判断是否造成公共场所秩序严重混乱。

<table>
<tr><td rowspan="2">定罪标准</td><td>犯罪客体</td><td>本罪侵犯的客体是公共秩序。这是一种危害社会治安，威胁人民群众人身和财产安全，影响社会稳定的犯罪。</td></tr>
<tr><td>犯罪客观方面</td><td>本罪客观方面表现为寻衅滋事，破坏社会秩序，情节恶劣或者后果严重的行为。所谓“寻衅滋事”，是指在公共场所肆意挑衅，无事生非，起哄捣乱，进行破坏骚扰的行为。具体表现为以下四种行为：
一、随意殴打他人，情节恶劣的。“随意殴打他人”，是指出于耍威风、取乐等不健康目的，无故、无理殴打相识或者素不相识的人。考察殴打行为是否为“随意”，大致可从行为人的下述特性去分析：首先，看行为是否是“即时起意”、“一时性起”。殴打行为并非是因情势的发展而发生，而是由行为人的“心情”和“脾气”所致。其次，看行为人是否是“动辄”殴打他人，是否是“一贯性的”、“经常性”的行为。“情节恶劣”，主要是随意殴打他人致1人以上轻伤或者2人以上轻微伤；引起他人精神失常、自杀等严重后果；多次随意殴打他人，等等。在疫情防控期间，随意殴打医务人员，情节恶劣的，依照《刑法》第293条的规定，以寻衅滋事罪定罪处罚。
二、追逐、拦截、辱骂、恐吓他人，情节恶劣的。“追逐、拦截、辱骂、恐吓他人”，是指出于取乐、寻求精神刺激等不健康的目的，无故、无理追赶、拦挡、侮辱、谩骂、吓唬他人，往往表现为追逐、拦截、辱骂、吓唬妇女。“情节恶劣”，主要指多次追逐、拦截、辱骂、恐吓他人，造成恶劣社会影响的；持凶器追逐、拦截、辱骂、恐吓他人的；追逐、拦截、辱骂、恐吓精神病人、残疾人、流浪乞讨人员、老年人、孕妇、未成年人，造成恶劣社会影响的；引起他人精神失常、自杀等严重后果的；严重影响他人的工作、生活、生产、经营的；等等。利用信息网络辱骂、恐吓他人，情节恶劣，破坏社会秩序的，依照《刑法》第293条第1款第2项的规定，以寻衅滋事罪定罪处罚。在疫情防控期间，采取暴力或者其他方法公然侮辱、恐吓医务人员，符合《刑法》第246条、第293条规定的，以侮辱罪或者寻衅滋事罪定罪处罚。
三、强拿硬要或任意损毁、占用公私财物，情节严重的。“强拿硬要或任意损毁、占用公私财物”，是指以蛮不讲理的手段，强行索要市场、商店的商品以及他人的财物，或者随心所欲损坏、毁灭公私财物。“情节严重”，主要是指强拿硬要公私财物价值1000元以上，或者任意损毁、占用公私财物价值2000元以上的；多次强拿硬要或者任意损毁、占用公私财物，造成恶劣社会影响的；强拿硬要或者任意损毁、占用精神病人、残疾人、流浪乞讨人员、老年人、孕妇、未成年人的财物，造成恶劣社会影响的；引起他人精神失常、自杀等严重后果的；严重影响他人的工作、生活、生产、经营的；等等。
四、在公共场所起哄闹事，造成公共场所秩序严重混乱的。“在公共场所起哄闹事”，是指出于取乐、寻求精神刺激等不健康的目的，在公共场所无事生非，制造事端，扰乱公共场所秩序的。“造成公共场所秩序严重混乱的”，主要是指公共场所正常的秩序受到破坏，引起群众惊慌等混乱局面的。编造虚假信息，或者明知是编造的虚假信息，在信息网络上散布，或者组织、指使人员在信息网络上散布，起哄闹事，造成公共秩序严重混乱的，依照《刑法》第293条第1款第4项的规定，以寻衅滋事罪定罪处罚。编造虚假信息，或者明知是编造的虚假信息，在信息网络上散布，或者组织、指使人员在信息网络上散布，起哄闹事，造成公共秩序严重混乱的，依照《刑法》第293条第1款第4项的规定，以寻衅滋事罪定罪处罚。
上述行为如果情节较轻的，不构成犯罪，必须达到一定危害程度才能构成犯罪。也就是说，第一、二项行为必须达到“情节恶劣”的程度，第三项行为必须达到“情节严重”的程度，第四项行为必须达到“造成公共场所秩序严重混乱”的程度。</td></tr>
</table>

<table>
<tr><td rowspan="5">定罪标准</td><td>犯罪主体</td><td>本罪的主体是一般主体，即达到法定刑事责任年龄、具有刑事责任能力的自然人，均可成为本罪主体。</td></tr>
<tr><td>犯罪主观方面</td><td>本罪在主观方面表现为故意。犯罪动机有的是为逞强争霸，显示威风；有的是为了发泄不满情绪，报复社会；有的为了开心取乐，寻求刺激，获取某种精神上的满足。过失不构成本罪。</td></tr>
<tr><td>罪与非罪</td><td>区分罪与非罪的界限，要注意以下两点：
一、行为人只要实施了《刑法》第293条列举的四种寻衅滋事行为之一的，即可构成本罪。实施这四种行为以外的其他寻衅滋事行为，不能按本罪处理。而且即使是实施了四种法定的行为，也必须是分别达到“情节恶劣”、“情节严重”、“造成公共场所秩序严重混乱”的程度，才能构成犯罪。对于未达到上述规定程度的一般寻衅滋事行为，只能由公安机关给予治安处罚，不能以犯罪论处。
二、本罪与民事纠纷引发的闹事行为的界限。一些公民因民事纠纷或个人恩怨在公共场所殴打、辱骂他人，在路上拦截、追逐他人，或为索要债务而强行拿走、毁坏、占有他人财产等行为，虽然在行为方式上与寻衅滋事犯罪相似，但都是事出有因，没有无事生非、寻衅滋事的动机，一般不能作为本罪处理。</td></tr>
<tr><td>此罪与彼罪</td><td>一、本罪与故意伤害罪、故意杀人罪的界限。随意殴打他人，致人轻伤的，以本罪论。但殴打他人致人重伤或者死亡的，应视具体情况按故意伤害罪、故意杀人罪定罪量刑。如何区别寻衅滋事与故意伤害行为呢？可以从以下三点辨析：第一，看案件发生场所。随意殴打他人一般发生在公共场所。在这些地方，行为人为了建立和巩固“势力范围”，需要更多的人对其“服气”、“敬畏”，所以动辄殴打他人。而故意伤害行为人往往对于伤害场所精心选择，有时为追求犯罪更易得手，会挑选人少、偏僻的场所。第二，看被害对象的特定与否。故意伤害的被害对象是特定的，寻衅滋事的被害对象一般是不特定的。从行为人与被害人的关系来看，故意伤害行为人与被害人一般存在纠纷或互有宿怨；寻衅滋事的侵犯对象往往是可以“置换”的，也就是不特定的。第三，看行为人对伤害结果所持的态度。随意殴打他人致轻伤，行为人是基于逞强斗狠、称霸一方等目的，但对于致人伤害的后果，行为人则一般持放任的态度，为间接故意。而故意伤害的主观故意内容，一般以直接故意为主。
二、本罪与聚众扰乱社会秩序罪、聚众扰乱公共场所秩序、交通秩序罪的界限。犯寻衅滋事罪有时也会造成交通堵塞、公共场所秩序混乱，甚至会造成国家机关、企业、事业单位、人民团体停工、停产，学校停课等后果，在形式上与聚众扰乱社会秩序罪、聚众扰乱公共场所秩序、交通秩序罪基本相同。其主要区别在于：本罪的行为人多是无事生非、肆意挑拨事端，具有寻求刺激的动机；而聚众扰乱社会秩序罪、聚众扰乱公共场所秩序、交通秩序罪，行为人往往是事出有因，要达到某种个人目的，用聚众闹事的方式来要挟政府，施加压力，没有寻衅滋事的动机。</td></tr>
<tr><td colspan="2"></td></tr>
<tr><td>证据参考标准</td><td>主体方面的证据</td><td>一、证明行为人刑事责任年龄、身份等自然情况的证据。
包括身份证明、户籍证明、任职证明、工作经历证明、特定职责证明等，主要是证明行为人的姓名（曾用名）、性别、出生年月日、民族、籍贯、出生地、职业（或职务）、住所地（或居所地）等证据材料，如户口簿、居民身份证、工作证、出生证、专业或技术等级证、干部履历表、职工登记表、护照等。</td></tr>
</table>

证据参考标准	主体方面的证据	对于户籍、出生证等材料内容不实的，应提供其他证据材料。外国人犯罪的案件，应有护照等身份证明材料。人大代表、政协委员犯罪的案件，应注明身份，并附身份证明材料。 **二、证明行为人刑事责任能力的证据。** 证明行为人对自己的行为是否具有辨认能力与控制能力，如是否属于间歇性精神病人、尚未完全丧失辨认或者控制自己行为能力的精神病人的证明材料。
	主观方面的证据	证明行为人故意的证据：1. 证明行为人明知的证据：证明行为人明知自己的行为会发生危害社会的结果；2. 证明直接故意的证据：证明行为人希望危害结果发生。
	客观方面的证据	证明行为人寻衅滋事犯罪行为的证据。 具体证据包括：1. 证明行为人寻衅滋事，破坏社会秩序行为的证据。2. 证明行为人随意殴打他人，情节恶劣行为的证据。3. 证明行为人如下行为“情节恶劣”的证据：（1）追逐他人；（2）拦截他人；（3）辱骂他人；（4）恐吓他人。4. 证明行为人如下行为“情节严重”的证据：（1）强拿硬要公私财物的；（2）任意损毁公私财物的；（3）占用公私财物的。5. 证明行为人在公共场所起哄闹事，造成公共场所秩序严重混乱的证据：（1）商店；（2）饭店；（3）舞厅；（4）影剧院；（5）展览馆；（6）运动场；（7）车站候车室；（8）公园；（9）其他。6. 证明行为人寻衅滋事其他行为的证据。
	量刑方面的证据	**一、法定量刑情节证据。** 1. 事实情节：（1）情节恶劣；（2）情节严重；（3）造成社会秩序严重混乱。2. 法定从重情节。3. 法定从轻减轻情节：（1）可以从轻；（2）可以从轻或减轻；（3）应当从轻或者减轻。4. 法定从轻减轻免除情节：（1）可以从轻、减轻或者免除处罚；（2）应当从轻、减轻或者免除处罚。5. 法定减轻免除情节：（1）可以减轻或者免除处罚；（2）应当减轻或者免除处罚；（3）可以免除处罚。 **二、酌定量刑情节证据。** 1. 犯罪手段：（1）肆意挑衅；（2）无事生非；（3）起哄捣乱；（4）其他。2. 犯罪对象。3. 危害结果。4. 动机。5. 平时表现。6. 认罪态度。7. 是否有前科。8. 其他证据。
量刑标准	犯本罪的	处五年以下有期徒刑、拘役或者管制
	纠集他人多次实施前款行为，严重破坏社会秩序的	处五年以上十年以下有期徒刑，可以并处罚金
法律适用	刑法条文	**第二百九十三条** 有下列寻衅滋事行为之一，破坏社会秩序的，处五年以下有期徒刑、拘役或者管制： （一）随意殴打他人，情节恶劣的； （二）追逐、拦截、辱骂、恐吓他人，情节恶劣的； （三）强拿硬要或者任意损毁、占用公私财物，情节严重的； （四）在公共场所起哄闹事，造成公共场所秩序严重混乱的。 纠集他人多次实施前款行为，严重破坏社会秩序的，处五年以上十年以下有期徒刑，可以并处罚金。

法律适用 司法解释

一、最高人民法院、最高人民检察院、公安部、司法部《关于办理利用信息网络实施黑恶势力犯罪刑事案件若干问题的意见》（节录）（2019年7月23日最高人民法院、最高人民检察院、公安部、司法部公布 自2019年10月21日起施行）

7. 利用信息网络辱骂、恐吓他人，情节恶劣，破坏社会秩序的，依照刑法第二百九十三条第一款第二项的规定，以寻衅滋事罪定罪处罚。

编造虚假信息，或者明知是编造的虚假信息，在信息网络上散布，或者组织、指使人员在信息网络上散布，起哄闹事，造成公共秩序严重混乱的，依照刑法第二百九十三条第一款第四项的规定，以寻衅滋事罪定罪处罚。

二、最高人民法院、最高人民检察院、公安部、司法部《关于办理实施"软暴力"的刑事案件若干问题的意见》（节录）（2019年4月9日最高人民法院、最高人民检察院、公安部、司法部公布 自公布之日起施行）

一、"软暴力"是指行为人为谋取不法利益或形成非法影响，对他人或者在有关场所进行滋扰、纠缠、哄闹、聚众造势等，足以使他人产生恐惧、恐慌进而形成心理强制，或者足以影响、限制人身自由、危及人身财产安全，影响正常生活、工作、生产、经营的违法犯罪手段。

二、"软暴力"违法犯罪手段通常的表现形式有：

（一）侵犯人身权利、民主权利、财产权利的手段，包括但不限于跟踪贴靠、扬言传播疾病、揭发隐私、恶意举报、诬告陷害、破坏、霸占财物等；

（二）扰乱正常生活、工作、生产、经营秩序的手段，包括但不限于非法侵入他人住宅、破坏生活设施、设置生活障碍、贴报喷字、拉挂横幅、燃放鞭炮、播放哀乐、摆放花圈、泼洒污物、断水断电、堵门阻工，以及通过驱赶从业人员、派驻人员据守等方式直接或间接地控制厂房、办公区、经营场所等；

（三）扰乱社会秩序的手段，包括但不限于摆场架势示威、聚众哄闹滋扰、拦路闹事等；

（四）其他符合本意见第一条规定的"软暴力"手段。

通过信息网络或者通讯工具实施，符合本意见第一条规定的违法犯罪手段，应当认定为"软暴力"。

三、行为人实施"软暴力"，具有下列情形之一，可以认定为足以使他人产生恐惧、恐慌进而形成心理强制或者足以影响、限制人身自由、危及人身财产安全或者影响正常生活、工作、生产、经营：

（一）黑恶势力实施的；

（二）以黑恶势力名义实施的；

（三）曾因组织、领导、参加黑社会性质组织、恶势力犯罪集团、恶势力以及因强迫交易、非法拘禁、敲诈勒索、聚众斗殴、寻衅滋事等犯罪受过刑事处罚后又实施的；

（四）携带凶器实施的；

（五）有组织地实施的或者足以使他人认为暴力、威胁具有现实可能性的；

（六）其他足以使他人产生恐惧、恐慌进而形成心理强制或者足以影响、限制人身自由、危及人身财产安全或者影响正常生活、工作、生产、经营的情形。

由多人实施的，编造或明示暴力违法犯罪经历进行恐吓的，或者以自报组织、头目名号、统一着装、显露纹身、特殊标识以及其他明示、暗示方式，足以使他人感知相关行为的有组织性的，应当认定为"以黑恶势力名义实施"。

由多人实施的，只要有部分行为人符合本条第一款第（一）项至第（四）项所列情形的，该项即成立。

虽然具体实施“软暴力”的行为人不符合本条第一款第（一）项、第（三）项所列情形，但雇佣者、指使者或者纠集者符合的，该项成立。

五、采用“软暴力”手段，使他人产生心理恐惧或者形成心理强制，分别属于《刑法》第二百二十六条规定的“威胁”、《刑法》第二百九十三条第一款第（二）项规定的“恐吓”，同时符合其他犯罪构成要件的，应当分别以强迫交易罪、寻衅滋事罪定罪处罚。

《关于办理寻衅滋事刑事案件适用法律若干问题的解释》第二条至第四条中的“多次”一般应当理解为二年内实施寻衅滋事行为三次以上。三次以上寻衅滋事行为既包括同一类别的行为，也包括不同类别的行为；既包括未受行政处罚的行为，也包括已受行政处罚的行为。

九、采用“软暴力”手段，同时构成两种以上犯罪的，依法按照处罚较重的犯罪定罪处罚，法律另有规定的除外。

十、根据本意见第五条、第八条规定，对已受行政处罚的行为追究刑事责任的，行为人先前所受的行政拘留处罚应当折抵刑期，罚款应当抵扣罚金。

十一、雇佣、指使他人采用“软暴力”手段强迫交易、敲诈勒索，构成强迫交易罪、敲诈勒索罪的，对雇佣者、指使者，一般应当以共同犯罪中的主犯论处。

为强索不受法律保护的债务或者因其他非法目的，雇佣、指使他人采用“软暴力”手段非法剥夺他人人身自由构成非法拘禁罪，或者非法侵入他人住宅、寻衅滋事，构成非法侵入住宅罪、寻衅滋事罪的，对雇佣者、指使者，一般应当以共同犯罪中的主犯论处；因本人及近亲属合法债务、婚恋、家庭、邻里纠纷等民间矛盾而雇佣、指使，没有造成严重后果的，一般不作为犯罪处理，但经有关部门批评制止或者处理处罚后仍继续实施的除外。

三、最高人民法院、最高人民检察院《关于办理妨害预防、控制突发传染病疫情等灾害的刑事案件具体应用法律若干问题的解释》（节录）（2003年5月14日最高人民法院、最高人民检察院公布　自2003年5月15日起施行　法释〔2003〕8号）

第十一条　在预防、控制突发传染病疫情等灾害期间，强拿硬要或者任意损毁、占用公私财物情节严重，或者在公共场所起哄闹事，造成公共场所秩序严重混乱的，依照刑法第二百九十三条的规定，以寻衅滋事罪定罪，依法从重处罚。

四、最高人民法院《关于审理未成年人刑事案件具体应用法律若干问题的解释》（节录）（2006年1月11日最高人民法院公布　自2006年1月23日起施行　法释〔2006〕1号）

第七条　已满14周岁不满16周岁的人使用轻微暴力或者威胁，强行索要其他未成年人随身携带的生活、学习用品或者钱财数量不大，且未造成被害人轻微伤以上或者不敢正常到校学习、生活等危害后果的，不认为是犯罪。

已满16周岁不满18周岁的人具有前款规定情形的，一般也不认为是犯罪。

第八条　已满16周岁不满18周岁的人出于以大欺小、以强凌弱或者寻求精神刺激，随意殴打其他未成年人、多次对其他未成年人强拿硬要或者任意损毁公私财物，扰乱学校及其他公共场所秩序，情节严重的，以寻衅滋事罪定罪处罚。

法律适用 司法解释

五、最高人民检察院、公安部《关于公安机关管辖的刑事案件立案追诉标准的规定（一）》（节录）（2008年6月25日最高人民检察院、公安部公布 自公布之日起施行 公通字〔2008〕36号 2017年4月27日修正）

第三十七条 ［寻衅滋事案（刑法第二百九十三条）］随意殴打他人，破坏社会秩序，涉嫌下列情形之一的，应予立案追诉：

（一）致一人以上轻伤或者2人以上轻微伤的；

（二）引起他人精神失常、自杀等严重后果的；

（三）多次随意殴打他人的；

（四）持凶器随意殴打他人的；

（五）随意殴打精神病人、残疾人、流浪乞讨人员、老年人、孕妇、未成年人，造成恶劣社会影响的；

（六）在公共场所随意殴打他人，造成公共场所秩序严重混乱的；

（七）其他情节恶劣的情形。

追逐、拦截、辱骂、恐吓他人，破坏社会秩序，涉嫌下列情形之一的，应予立案追诉：

（一）多次追逐、拦截、辱骂、恐吓他人，造成恶劣社会影响的；

（二）持凶器追逐、拦截、辱骂、恐吓他人的；

（三）追逐、拦截、辱骂、恐吓精神病人、残疾人、流浪乞讨人员、老年人、孕妇、未成年人，造成恶劣社会影响的；

（四）引起他人精神失常、自杀等严重后果的；

（五）严重影响他人的工作、生活、生产、经营的；

（六）其他情节恶劣的情形。

强拿硬要或者任意损毁、占用公私财物，破坏社会秩序，涉嫌下列情形之一的，应予立案追诉：

（一）强拿硬要公私财物价值1千元以上，或者任意损毁、占用公私财物价值2千元以上的；

（二）多次强拿硬要或者任意损毁、占用公私财物，造成恶劣社会影响的；

（三）强拿硬要或者任意损毁、占用精神病人、残疾人、流浪乞讨人员、老年人、孕妇、未成年人的财物，造成恶劣社会影响的；

（四）引起他人精神失常、自杀等严重后果的；

（五）严重影响他人的工作、生活、生产、经营的；

（六）其他情节严重的情形。

在车站、码头、机场、医院、商场、公园、影剧院、展览会、运动场或者其他公共场所起哄闹事，应当根据公共场所的性质、公共活动的重要程度、公共场所的人数、起哄闹事的时间、公共场所受影响的范围与程度等因素，综合判断是否造成公共场所秩序严重混乱。

六、最高人民法院、最高人民检察院《关于办理寻衅滋事刑事案件适用法律若干问题的解释》（2013年7月15日最高人民法院、最高人民检察院公布 自2013年7月22日起施行 法释〔2013〕18号）

为依法惩治寻衅滋事犯罪，维护社会秩序，根据《中华人民共和国刑法》的有关规定，现就办理寻衅滋事刑事案件适用法律的若干问题解释如下：

第一条 行为人为寻求刺激、发泄情绪、逞强耍横等，无事生非，实施刑法第二百九十三条规定的行为的，应当认定为“寻衅滋事”。

行为人因日常生活中的偶发矛盾纠纷，借故生非，实施刑法第二百九十三条规定的行为的，应当认定为“寻衅滋事”，但矛盾系由被害人故意引发或者被害人对矛盾激化负有主要责任的除外。

行为人因婚恋、家庭、邻里、债务等纠纷，实施殴打、辱骂、恐吓他人或者损毁、占用他人财物等行为的，一般不认定为“寻衅滋事”，但经有关部门批评制止或者处理处罚后，继续实施前列行为，破坏社会秩序的除外。

第二条 随意殴打他人，破坏社会秩序，具有下列情形之一的，应当认定为刑法第二百九十三条第一款第一项规定的“情节恶劣”：

（一）致一人以上轻伤或者二人以上轻微伤的；

（二）引起他人精神失常、自杀等严重后果的；

（三）多次随意殴打他人的；

（四）持凶器随意殴打他人的；

（五）随意殴打精神病人、残疾人、流浪乞讨人员、老年人、孕妇、未成年人，造成恶劣社会影响的；

（六）在公共场所随意殴打他人，造成公共场所秩序严重混乱的；

（七）其他情节恶劣的情形。

第三条 追逐、拦截、辱骂、恐吓他人，破坏社会秩序，具有下列情形之一的，应当认定为刑法第二百九十三条第一款第二项规定的“情节恶劣”：

（一）多次追逐、拦截、辱骂、恐吓他人，造成恶劣社会影响的；

（二）持凶器追逐、拦截、辱骂、恐吓他人的；

（三）追逐、拦截、辱骂、恐吓精神病人、残疾人、流浪乞讨人员、老年人、孕妇、未成年人，造成恶劣社会影响的；

（四）引起他人精神失常、自杀等严重后果的；

（五）严重影响他人的工作、生活、生产、经营的；

（六）其他情节恶劣的情形。

第四条 强拿硬要或者任意损毁、占用公私财物，破坏社会秩序，具有下列情形之一的，应当认定为刑法第二百九十三条第一款第三项规定的“情节严重”：

（一）强拿硬要公私财物价值一千元以上，或者任意损毁、占用公私财物价值二千元以上的；

（二）多次强拿硬要或者任意损毁、占用公私财物，造成恶劣社会影响的；

（三）强拿硬要或者任意损毁、占用精神病人、残疾人、流浪乞讨人员、老年人、孕妇、未成年人的财物，造成恶劣社会影响的；

（四）引起他人精神失常、自杀等严重后果的；

（五）严重影响他人的工作、生活、生产、经营的；

（六）其他情节严重的情形。

第五条 在车站、码头、机场、医院、商场、公园、影剧院、展览会、运动场或者其他公共场所起哄闹事，应当根据公共场所的性质、公共活动的重要程度、公共场所的人数、起哄闹事的时间、公共场所受影响的范围与程度等因素，综合判断是否“造成公共场所秩序严重混乱”。

法律适用 司法解释

第六条 纠集他人三次以上实施寻衅滋事犯罪，未经处理的，应当依照刑法第二百九十三条第二款的规定处罚。

第七条 实施寻衅滋事行为，同时符合寻衅滋事罪和故意杀人罪、故意伤害罪、故意毁坏财物罪、敲诈勒索罪、抢夺罪、抢劫罪等罪的构成要件的，依照处罚较重的犯罪定罪处罚。

第八条 行为人认罪、悔罪，积极赔偿被害人损失或者取得被害人谅解的，可以从轻处罚；犯罪情节轻微的，可以不起诉或者免予刑事处罚。

七、最高人民法院、最高人民检察院《关于常见犯罪的量刑指导意见（试行）》（节录）（2021年6月17日最高人民法院、最高人民检察院公布 自2021年7月1日起施行 法发〔2021〕21号）

四、常见犯罪的量刑

（十八）寻衅滋事罪

1. 构成寻衅滋事罪的，根据下列情形在相应的幅度内确定量刑起点：

（1）寻衅滋事一次的，在三年以下有期徒刑、拘役幅度内确定量刑起点。

（2）纠集他人三次寻衅滋事（每次都构成犯罪），严重破坏社会秩序的，在五年至七年有期徒刑幅度内确定量刑起点。

2. 在量刑起点的基础上，根据寻衅滋事次数、伤害后果、强拿硬要他人财物或任意损毁、占用公私财物数额等其他影响犯罪构成的犯罪事实增加刑罚量，确定基准刑。

3. 构成寻衅滋事罪，判处五年以上十年以下有期徒刑，并处罚金的，根据寻衅滋事的次数、危害后果、对社会秩序的破坏程度等犯罪情节，综合考虑被告人缴纳罚金的能力，决定罚金数额。

4. 构成寻衅滋事罪的，综合考虑寻衅滋事的具体行为、危害后果、对社会秩序的破坏程度等犯罪事实、量刑情节，以及被告人的主观恶性、人身危险性、认罪悔罪表现等因素，决定缓刑的适用。

八、最高人民法院、最高人民检察院《关于办理利用信息网络实施诽谤等刑事案件适用法律若干问题的解释》（节录）（2013年9月6日最高人民法院、最高人民检察院公布 自2013年9月10日起施行 法释〔2013〕21号）

第五条 利用信息网络辱骂、恐吓他人，情节恶劣，破坏社会秩序的，依照刑法第二百九十三条第一款第（二）项的规定，以寻衅滋事罪定罪处罚。

编造虚假信息，或者明知是编造的虚假信息，在信息网络上散布，或者组织、指使人员在信息网络上散布，起哄闹事，造成公共秩序严重混乱的，依照刑法第二百九十三条第一款第（四）项的规定，以寻衅滋事罪定罪处罚。

九、最高人民法院《关于审理抢劫、抢夺刑事案件适用法律若干问题的意见》（节录）（2005年6月8日最高人民法院公布 自公布之日起施行 法发〔2005〕8号）

九、关于抢劫罪与相似犯罪的界限

4. 抢劫罪与寻衅滋事罪的界限

寻衅滋事罪是严重扰乱社会秩序的犯罪，行为人实施寻衅滋事的行为时，客观上也可能表现为强拿硬要公私财物的特征。这种强拿硬要的行为与抢劫罪的区别在于：前者行为人主观上还具有逞强好胜和通过强拿硬要来填补其精神空虚等目的，后者行为人一般只具有非法占有他人财物的目的；前者行为人客观上一般不以严重侵犯他人

法律适用 司法解释

人身权利的方法强拿硬要财物，而后者行为人则以暴力、胁迫等方式作为劫取他人财物的手段。司法实践中，对于未成年人使用或威胁使用轻微暴力强抢少量财物的行为，一般不宜以抢劫罪定罪处罚。其行为符合寻衅滋事罪特征的，可以寻衅滋事罪定罪处罚。

十、最高人民法院、最高人民检察院、公安部、司法部、国家卫生和计划生育委员会（已撤销）等《关于依法惩处涉医违法犯罪维护正常医疗秩序的意见》（节录）（2014年4月22日公布　自公布之日起施行　法发〔2014〕5号）

二、严格依法惩处涉医违法犯罪

对涉医违法犯罪行为，要依法严肃追究、坚决打击。公安机关要加大对暴力杀医、伤医、扰乱医疗秩序等违法犯罪活动的查处力度，接到报警后应当及时出警、快速处置，需要追究刑事责任的，及时立案侦查，全面、客观地收集、调取证据，确保侦查质量。人民检察院应当及时依法批捕、起诉，对于重大涉医犯罪案件要加强法律监督，必要时可以对收集证据、适用法律提出意见。人民法院应当加快审理进度，在全面查明案件事实的基础上依法准确定罪量刑，对于犯罪手段残忍、主观恶性深、人身危险性大的被告人或者社会影响恶劣的涉医犯罪行为，要依法从严惩处。

（一）在医疗机构内殴打医务人员或者故意伤害医务人员身体、故意损毁公私财物，尚未造成严重后果的，分别依照治安管理处罚法第四十三条、第四十九条的规定处罚；故意杀害医务人员，或者故意伤害医务人员造成轻伤以上严重后果，或者随意殴打医务人员情节恶劣、任意损毁公私财物情节严重，构成故意杀人罪、故意伤害罪、故意毁坏财物罪、寻衅滋事罪的，依照刑法的有关规定定罪处罚。

（二）在医疗机构私设灵堂、摆放花圈、焚烧纸钱、悬挂横幅、堵塞大门或者以其他方式扰乱医疗秩序，尚未造成严重损失，经劝说、警告无效的，要依法驱散，对拒不服从的人员要依法带离现场，依照治安管理处罚法第二十三条的规定处罚；聚众实施的，对首要分子和其他积极参加者依法予以治安处罚；造成严重损失或者扰乱其他公共秩序情节严重，构成寻衅滋事罪、聚众扰乱社会秩序罪、聚众扰乱公共场所秩序、交通秩序罪的，依照刑法的有关规定定罪处罚。

十一、最高人民法院、最高人民检察院、公安部、司法部《关于依法惩治妨害新型冠状病毒感染肺炎疫情防控违法犯罪的意见》（节录）（2020年2月6日最高人民法院、最高人民检察院、公安部、司法部公布　自公布之日起施行　法发〔2020〕7号）

二、准确适用法律，依法严惩妨害疫情防控的各类违法犯罪

（二）依法严惩暴力伤医犯罪。在疫情防控期间，故意伤害医务人员造成轻伤以上的严重后果，或者对医务人员实施撕扯防护装备、吐口水等行为，致使医务人员感染新型冠状病毒的，依照刑法第二百三十四条的规定，以故意伤害罪定罪处罚。

随意殴打医务人员，情节恶劣的，依照刑法第二百九十三条的规定，以寻衅滋事罪定罪处罚。

采取暴力或者其他方法公然侮辱、恐吓医务人员，符合刑法第二百四十六条、第二百九十三条规定的，以侮辱罪或者寻衅滋事罪定罪处罚。

以不准离开工作场所等方式非法限制医务人员人身自由，符合刑法第二百三十八条规定的，以非法拘禁罪定罪处罚。

（六）依法严惩造谣传谣犯罪。编造虚假的疫情信息，在信息网络或者其他媒体

法律适用

司法解释

上传播，或者明知是虚假疫情信息，故意在信息网络或者其他媒体上传播，严重扰乱社会秩序的，依照刑法第二百九十一条之一第二款的规定，以编造、故意传播虚假信息罪定罪处罚。

编造虚假信息，或者明知是编造的虚假信息，在信息网络上散布，或者组织、指使人员在信息网络上散布，起哄闹事，造成公共秩序严重混乱的，依照刑法第二百九十三条第一款第四项的规定，以寻衅滋事罪定罪处罚。

利用新型冠状病毒感染肺炎疫情，制造、传播谣言，煽动分裂国家、破坏国家统一，或者煽动颠覆国家政权、推翻社会主义制度的，依照刑法第一百零三条第二款、第一百零五条第二款的规定，以煽动分裂国家罪或者煽动颠覆国家政权罪定罪处罚。

网络服务提供者不履行法律、行政法规规定的信息网络安全管理义务，经监管部门责令采取改正措施而拒不改正，致使虚假疫情信息或者其他违法信息大量传播的，依照刑法第二百八十六条之一的规定，以拒不履行信息网络安全管理义务罪定罪处罚。

对虚假疫情信息案件，要依法、精准、恰当处置。对恶意编造虚假疫情信息，制造社会恐慌，挑动社会情绪，扰乱公共秩序，特别是恶意攻击党和政府，借机煽动颠覆国家政权、推翻社会主义制度的，要依法严惩。对于因轻信而传播虚假信息，危害不大的，不以犯罪论处。

相关法律法规

一、《中华人民共和国铁路法》（节录）（1990年9月7日中华人民共和国主席令第32号公布　自1991年5月1日起施行　2009年8月27日第一次修正　2015年4月24日第二次修正）

第六十五条　在列车内，抢劫旅客财物，伤害旅客的，依照刑法有关规定从重处罚。

在列车内，寻衅滋事，侮辱妇女，情节恶劣的，依照刑法有关规定追究刑事责任；敲诈勒索旅客财物的，依照刑法有关规定追究刑事责任。

二、《中华人民共和国教育法》（节录）（1995年3月18日中华人民共和国主席令第45号公布　自1995年9月1日起施行　2009年8月27日第一次修正　2015年12月27日第二次修正　2021年4月29日第三次修正）

第七十二条　结伙斗殴、寻衅滋事，扰乱学校及其他教育机构教育教学秩序或者破坏校舍、场地及其他财产的，由公安机关给予治安管理处罚；构成犯罪的，依法追究刑事责任。

侵占学校及其他教育机构的校舍、场地及其他财产的，依法承担民事责任。

三、《中华人民共和国体育法》（节录）（1995年8月29日中华人民共和国主席令第55号公布自1995年10月1日起施行　2009年8月27日第一次修正　2016年11月7日第二次修正）

第五十三条　在体育活动中，寻衅滋事、扰乱公共秩序的，给予批评、教育并予以制止；违反治安管理的，由公安机关依照治安管理处罚法的规定给予处罚；构成犯罪的，依法追究刑事责任。

38 催收非法债务案

概念

本罪是指使用暴力、胁迫方法或限制他人人身自由或者侵入他人住宅又或者恐吓、跟踪、骚扰他人，催收高利放贷等产生的非法债务，情节严重的行为。

立案标准

有下列情形之一，催收高利放贷等产生的非法债务，情节严重的，应当立案：

（1）**使用暴力、胁迫方法的；**

（2）**限制他人人身自由或者侵入他人住宅的；**

（3）**恐吓、跟踪、骚扰他人的。**

定罪标准

犯罪客体

本罪侵犯的客体是社会管理秩序。

犯罪客观方面

本罪客观方面表现为催收高利放贷等产生的非法债务，情节严重的行为。

一、"催收高利放贷等产生的非法债务"有以下含义：一是，行为人实施了"催收"行为，"催"是方式，"收"是目的。《刑法》第293条之一对催收高利放贷等产生的非法债务，情节严重的行为作了具体列举。行为人实施这些行为的目的就是为了将高利放贷等产生的非法债务明确化、固定化、收讫化。二是，行为人催收的是"高利放贷等产生的非法债务"。《民法典》第680条第1款规定，禁止高利放贷，借款的利率不得违反国家有关规定。对于违反国家规定的借款利率，实施高利放贷产生的债务，就属于本条规定的非法债务。这里的"产生"既包括因高利放贷等非法行为直接产生，也包括由非法债务产生、延伸的所谓孳息、利息等。这里的"等"，根据实践中的情况，包括赌债、毒债等违法行为产生的债务，以及其他违法犯罪行为产生的债务。

二、三种具体的行为方式：

1. 使用暴力、胁迫方法。"暴力"是指以殴打、伤害他人身体的方法，使被害人不能抗拒。"胁迫"是指对被害人施以威胁、压迫，进行精神上的强制，迫使被害人就范，不敢抗拒，如威胁伤害被害人及其亲属；威胁要对被害人及其亲属施以暴力；威胁要对被害人及其亲属予以奸淫、猥亵；以披露被害人及其亲属的隐私相威胁；利用被害人危难或者孤立无援的境地迫使其服从等。

2. 限制他人人身自由或者侵入他人住宅。这里规定了两种行为，"限制他人人身自由"和"侵入他人住宅"。（1）限制他人人身自由。在我国，对逮捕、拘留、拘传等限制他人人身自由的强制措施有严格的法律规定，必须由专门机关按照法律规定的程序进行。《宪法》第37条规定，中华人民共和国公民的人身自由不受侵犯。任何公民，非经人民检察院批准或者决定或者人民法院决定，并由公安机关执行，不受逮捕。禁止非法拘禁和以其他方法非法剥夺或者限制公民的人身自由，禁止非法搜查公民的身体。非法限制他人人身自由是一种严重剥夺公民身体自由的行为。任何单位和

<table>
<tr><td rowspan="5">定罪标准</td><td>犯罪客观方面</td><td>个人不依照法律规定或者不依照法律规定的程序限制他人人身自由都是非法的，应当予以惩处。限制他人人身自由的方式多样，如捆绑、关押、扣留身份证件不让随意外出或者与外界联系等。（2）侵入他人住宅。《宪法》第39条规定，中华人民共和国公民的住宅不受侵犯。禁止非法搜查或者非法侵入公民的住宅。住宅是公民生活的处所，非法侵入他人住宅，必然会使公民的正常生活受到干扰，严重侵犯公民的合法权益。侵入他人住宅表现为未经住宅内用户同意，非法强行闯入他人住宅，或者无正当理由进入他人住宅，经住宅用户要求其退出仍拒不退出的行为。如果实施侵入他人住宅的行为，只造成一般危害的，可以根据《治安管理处罚法》第40条的规定，给予治安处罚。需要注意的是，《刑法》第245条规定了非法侵入住宅罪。如果行为人侵入他人住宅，具有严重危害性的，则可依法按照《刑法》第245条非法侵入住宅罪定罪处罚。如果行为人侵入他人住宅的目的是为了催收非法债务，且具有多次、恶劣手段等严重情节的，则可依法按照本罪规定处罚。
3. 恐吓、跟踪、骚扰他人。这里的“恐吓”有多种形式，如以邮寄恐吓物、子弹等威胁他人人身安全；故意携带、展示管制刀具、枪械；使用凶猛动物；宣扬传播疾病等。这里的“跟踪”为对他人及其亲属实施尾随、守候、贴靠、盯梢等行为，使被害人在内心产生恐惧不安。这里的“骚扰”有多种形式，如以破坏生活设施、设置生活障碍、贴报喷字、拉挂横幅、燃放鞭炮、播放哀乐、摆放花圈、泼洒污物、断水断电、堵门阻工，以及通过摆场架势示威、聚众哄闹滋扰、拦路闹事、驱赶从业人员、派驻人员据守等方式直接或间接地控制厂房、办公区、经营场所等扰乱他人正常生活、工作、生产、经营秩序等。
三、情节严重。催收高利放贷等产生的非法债务要“情节严重”才能构成本罪，对于具有一定的社会危害性，但情节不算严重的，违反《治安管理处罚法》的，可根据《治安管理处罚法》的有关规定予以行政处罚。“情节严重”的具体情况，可由司法机关通过司法解释的方式作进一步细化。</td></tr>
<tr><td>犯罪主体</td><td>本罪的主体是一般主体，即凡是达到法定刑事责任年龄、具有刑事责任能力的人，均可构成本罪。</td></tr>
<tr><td>犯罪主观方面</td><td>本罪的主观方面是故意。</td></tr>
<tr><td>罪与非罪</td><td>区分罪与非罪。需要注意的是，催收高利放贷等产生的非法债务需要“情节严重”才能构成本罪。</td></tr>
<tr><td>此罪与彼罪</td><td>行为人实施本罪行为，同时其非法放贷又构成非法经营罪的，应当数罪并罚。有组织地非法放贷，同时又实施本罪行为，符合黑社会性质组织或者恶势力、恶势力犯罪集团认定标准的，应当分别按照黑社会性质组织或者恶势力、恶势力犯罪集团处理。</td></tr>
</table>

证据参考标准	主体方面的证据	**一、证明行为人刑事责任年龄、身份等事实情况的证据。** 包括但不限于身份证明、户籍证明、任职证明、工作经历证明、特定职责证明等，主要用于证明行为人的姓名（曾用名）、性别、出生年月日、民族、机关、出生地、职业（职务）、住所地（居住地）等的证据材料，具体如居民身份证、户口簿、工作证、出生证、专业或技术等级证、干部履历表、职工登记表、护照等。 对于户籍、身份证等材料内容不是的，应提供其他证据材料。外国人犯罪的案件，需要有护照等身份证明材料。人大代表、政协委员犯罪的案件，应当注明身份并附上身份证明材料。 **二、证明行为人刑事责任能力的证据。** 证明行为人对自己的行为具有辨认、控制能力，如是否属于间歇性精神病人、尚未完全丧失辨认或者控制自己行为能力的精神病人的证明材料。
	主观方面的证据	证明行为人故意的证据：1. 证明行为人明知的证据：证明行为人明知自己的行为会发生危害社会的结果；2. 证明直接故意的证据：证明行为人希望危害结果发生；3. 证明间接故意的证据：证明行为人犯人危害结果发生。
	客观方面的证据	证明行为人催收非法债务的证据：1. 证明行为人使用暴力、胁迫方法催收高利放贷等产生的非法债务的证据；2. 证明行为人通过限制他人人身自由或者侵入他人住宅催收高利放贷等产生的非法债务的证据；3. 证明行为人通过恐吓、跟踪、骚扰他人催收高利放贷等产生的非法债务的证据；4. 证明行为人催收高利放贷等产生的非法债务，情节严重的证据。
	量刑方面的证据	**一、法定量刑情节证据。** 1. 事实情节：情节严重。2. 法定从重情节。3. 法定从轻减轻情节：（1）可以从轻；（2）可以从轻或减轻；（3）应当从轻或者减轻。4. 法定从轻减轻免除情节：（1）可以从轻、减轻或者免除处罚；（2）应当从轻、减轻或者免除处罚。5. 法定减轻免除情节：（1）可以减轻或者免除处罚；（2）应当减轻或者免除处罚；（3）可以免除处罚。 **二、酌定量刑情节证据。** 1. 犯罪手段：（1）暴力，胁迫；（2）限制他人人身自由；（3）侵入他人住宅；（4）恐吓、跟踪、骚扰；（5）其他。2. 犯罪对象。3. 危害结果。4. 动机。5. 平时表现。6. 认罪态度。7. 是否有前科。8. 其他证据。
量刑标准	犯本罪的	处三年以下有期徒刑、拘役或者管制，并金或者单处罚金
法律适用	刑法条文	**第二百九十三条之一** 具有下列情形之一，催收高利放贷等产生的非法债务，情节严重的，处三年以下有期徒刑、拘役或者管制，并处或者单处罚金： （一）使用暴力、胁迫方法的； （二）限制他人人身自由或者侵入他人住宅的； （三）恐吓、跟踪、骚扰他人的。

法律适用

司法解释

《最高人民法院、最高人民检察院、公安部、司法部关于办理“套路贷”刑事案件若干问题的意见》（节录）（2019年2月28日最高人民法院、最高人民检察院、公安部、司法部公布　自2019年4月9日起施行　法发〔2019〕11号）

为持续深入开展扫黑除恶专项斗争，准确甄别和依法严厉惩处“套路贷”违法犯罪分子，根据刑法、刑事诉讼法、有关司法解释以及最高人民法院、最高人民检察院、公安部、司法部《关于办理黑恶势力犯罪案件若干问题的指导意见》等规范性文件的规定，现对办理“套路贷”刑事案件若干问题提出如下意见：

一、准确把握“套路贷”与民间借贷的区别

3. 实践中，“套路贷”的常见犯罪手法和步骤包括但不限于以下情形：

（1）制造民间借贷假象。犯罪嫌疑人、被告人往往以“小额贷款公司”“投资公司”“咨询公司”“担保公司”“网络借贷平台”等名义对外宣传，以低息、无抵押、无担保、快速放款等为诱饵吸引被害人借款，继而以“保证金”“行规”等虚假理由诱使被害人基于错误认识签订金额虚高的“借贷”协议或相关协议。有的犯罪嫌疑人、被告人还会以被害人先前借贷违约等理由，迫使对方签订金额虚高的“借贷”协议或相关协议。

（2）制造资金走账流水等虚假给付事实。犯罪嫌疑人、被告人按照虚高的“借贷”协议金额将资金转入被害人账户，制造已将全部借款交付被害人的银行流水痕迹，随后便采取各种手段将其中全部或者部分资金收回，被害人实际上并未取得或者完全取得“借贷”协议、银行流水上显示的钱款。

（3）故意制造违约或者肆意认定违约。犯罪嫌疑人、被告人往往会以设置违约陷阱、制造还款障碍等方式，故意造成被害人违约，或者通过肆意认定违约，强行要求被害人偿还虚假债务。

（4）恶意垒高借款金额。当被害人无力偿还时，有的犯罪嫌疑人、被告人会安排其所属公司或者指定的关联公司、关联人员为被害人偿还“借款”，继而与被害人签订金额更大的虚高“借贷”协议或相关协议，通过这种“转单平账”“以贷还贷”的方式不断垒高“债务”。

（5）软硬兼施“索债”。在被害人未偿还虚高“借款”的情况下，犯罪嫌疑人、被告人借助诉讼、仲裁、公证或者采用暴力、威胁以及其他手段向被害人或者被害人的特定关系人索取“债务”。

二、依法严惩“套路贷”犯罪

4. 实施“套路贷”过程中，未采用明显的暴力或者威胁手段，其行为特征从整体上表现为以非法占有为目的，通过虚构事实、隐瞒真相骗取被害人财物的，一般以诈骗罪定罪处罚；对于在实施“套路贷”过程中多种手段并用，构成诈骗、敲诈勒索、非法拘禁、虚假诉讼、寻衅滋事、强迫交易、抢劫、绑架等多种犯罪的，应当根据具体案件事实，区分不同情况，依照刑法及有关司法解释的规定数罪并罚或者择一重处。

5. 多人共同实施“套路贷”犯罪，犯罪嫌疑人、被告人在所参与的犯罪中起主要作用的，应当认定为主犯，对其参与或组织、指挥的全部犯罪承担刑事责任；起次要或辅助作用的，应当认定为从犯。

明知他人实施“套路贷”犯罪，具有以下情形之一的，以相关犯罪的共犯论处，但刑法和司法解释等另有规定的除外：

（1）组织发送“贷款”信息、广告，吸引、介绍被害人“借款”的；

（2）提供资金、场所、银行卡、账号、交通工具等帮助的；

（3）出售、提供、帮助获取公民个人信息的；

（4）协助制造走账记录等虚假给付事实的；

（5）协助办理公证的；

（6）协助以虚假事实提起诉讼或者仲裁的；

（7）协助套现、取现、办理动产或不动产过户等，转移犯罪所得及其产生的收益的；

（8）其他符合共同犯罪规定的情形。

上述规定中的“明知他人实施‘套路贷’犯罪”，应当结合行为人的认知能力、既往经历、行为次数和手段、与同案人、被害人的关系、获利情况、是否曾因“套路贷”受过处罚、是否故意规避查处等主客观因素综合分析认定。

6. 在认定“套路贷”犯罪数额时，应当与民间借贷相区别，从整体上予以否定性评价，“虚高债务”和以“利息”“保证金”“中介费”“服务费”“违约金”等名目被犯罪嫌疑人、被告人非法占有的财物，均应计入犯罪数额。

犯罪嫌疑人、被告人实际给付被害人的本金数额，不计入犯罪数额。

已经着手实施“套路贷”，但因意志以外原因未得逞的，可以根据相关罪名所涉及的刑法、司法解释规定，按照已着手非法占有的财物数额认定犯罪未遂。既有既遂，又有未遂，犯罪既遂部分与未遂部分分别对应不同法定刑幅度的，应当先决定对未遂部分是否减轻处罚，确定未遂部分对应的法定刑幅度，再与既遂部分对应的法定刑幅度进行比较，选择处罚较重的法定刑幅度，并酌情从重处罚；二者在同一量刑幅度的，以犯罪既遂酌情从重处罚。

7. 犯罪嫌疑人、被告人实施“套路贷”违法所得的一切财物，应当予以追缴或者责令退赔；对被害人的合法财产，应当及时返还。有证据证明是犯罪嫌疑人、被告人为实施“套路贷”而交付给被害人的本金，赔偿被害人损失后如有剩余，应依法予以没收。

犯罪嫌疑人、被告人已将违法所得的财物用于清偿债务、转让或者设置其他权利负担，具有下列情形之一的，应当依法追缴：

（1）第三人明知是违法所得财物而接受的；

（2）第三人无偿取得或者以明显低于市场的价格取得违法所得财物的；

（3）第三人通过非法债务清偿或者违法犯罪活动取得违法所得财物的；

（4）其他应当依法追缴的情形。

8. 以老年人、未成年人、在校学生、丧失劳动能力的人为对象实施“套路贷”，或者因实施“套路贷”造成被害人或其特定关系人自杀、死亡、精神失常、为偿还“债务”而实施犯罪活动的，除刑法、司法解释另有规定的外，应当酌情从重处罚。

在坚持依法从严惩处的同时，对于认罪认罚、积极退赃、真诚悔罪或者具有其他法定、酌定从轻处罚情节的被告人，可以依法从宽处罚。

9. 对于“套路贷”犯罪分子，应当根据其所触犯的具体罪名，依法加大财产刑适用力度。符合刑法第三十七条之一规定的，可以依法禁止从事相关职业。

10. 三人以上为实施“套路贷”而组成的较为固定的犯罪组织，应当认定为犯罪集团。对首要分子应按照集团所犯全部罪行处罚。

符合黑恶势力认定标准的，应当按照黑社会性质组织、恶势力或者恶势力犯罪集团侦查、起诉、审判。

39 组织、领导、参加黑社会性质组织案

概念

本罪是指组织、领导和参加黑社会性质组织的行为。本罪为选择性罪名，具体可分解为组织黑社会性质组织罪、领导黑社会性质组织罪及参加黑社会性质组织罪3个独立的选择性罪名。

立案标准

组织、领导或者参加黑社会性质的组织的，应当立案。

本罪为行为犯，只要组织、领导了黑社会性质的组织或者参加了该组织，并不要求再实施其他犯罪行为和造成犯罪结果，原则上就构成犯罪，应当立案追究。

定罪标准		
定罪标准	犯罪客体	本罪侵害的客体是社会治安管理秩序。黑社会性质的组织对社会危害性极大。黑社会性质的组织为了达到罪恶目的而干的非法勾当带来了贩卖武器、助长暴力、城乡失去安全，甚至干预政治事务，引起社会治安恶化、社会秩序的混乱。黑社会性质的组织犯罪的价值取向是企图在以刑罚等国家强制力为后盾的法律秩序中建立以暴力等犯罪手段为后盾的反社会秩序，因此黑社会性质组织的存在是对以《宪法》为基础的法治秩序的极大威胁，它对社会的破坏是自觉的、全方位的。它动摇的是社会的根基，是社会群体的信念，给人民心理上造成一种邪恶当道、正义不存，善良的人们只能向邪恶低头的错觉。 “黑社会”为外来语，主要指秘密从事卖淫、盗窃等非法活动的社会集团。在国际社会中，包括联合国预防与控制犯罪机构的官方文件中，均视有组织犯罪为黑社会犯罪。所谓黑社会性质的组织是指3人以上不特定多数人，以获取非法的经济、政治利益为目的，用犯罪手段，按照企业化或帮会等方式组成的犯罪组织。依《刑法》第294条的规定，黑社会性质的组织，是指以暴力、威胁或者其他手段，有组织地进行违法犯罪活动，称霸一方，为非作恶，欺压、残害群众，严重破坏经济、社会生活秩序的组织。 黑社会性质组织，既不同于黑社会的有组织犯罪，也不同于我国《刑法》规定的“犯罪集团”。根据2011年2月25日通过，自2011年5月1日起施行的《刑法修正案(八)》对第294条的修改，黑社会性质的组织应当同时具备以下特征：(1)形成较稳定的犯罪组织，人数较多，有明确的组织者、领导者，骨干成员基本固定；(2)有组织地通过违法犯罪活动或者其他手段获取经济利益，具有一定的经济实力，以支持该组织的活动；(3)以暴力、威胁或者其他手段，有组织地多次进行违法犯罪活动，为非作恶，欺压、残害群众；(4)通过实施违法犯罪活动，或者利用国家工作人员的包庇或者纵容，称霸一方，在一定区域或者行业内，形成非法控制或者重大影响，严重破坏经济、社会生活秩序。
	犯罪客观方面	本罪在客观方面表现为组织、领导或者参加黑社会性质组织的行为。 一、必须具有组织、领导或参加的行为。 所谓组织，在这里是指为进行黑社会性质活动而鼓动、召集、纠合他人建立或组成一个比较稳定的组织以及发展、壮大该组织而开展的各种活动。从行为的实施者来

定罪标准

犯罪客观方面

说，一般是在黑道上具有一定影响力、号召力与经济实力的人。从实施组织行为的目的来说，则是出于违法犯罪，为非作歹，控制称霸一方，牟取钱财，具有多重性、复杂性等特点。从组织行为发生的时间来看，既包括在组织成立前而进行的组织活动，又包括在组织成立后为发展、壮大组织而发展成员的活动。从组织行为的方式来说，则多种多样，五花八门。有的是以江湖义气摇旗呐喊；有的是以金钱美色进行拉拢诱惑；有的是以暴力、威胁加以逼迫；有的是穿针引线牵线搭桥；有的是软硬兼施，一方面，进行劝说拉拢，另一方面，进行暴力威胁；有的是策划、指挥、领导他人建立黑社会性质组织，等等。不论方式如何，只要其行为实际是为黑社会性质组织的成立、发展、壮大而进行，并能对之产生因果关系，即构成黑社会性质的组织行为，应依法以本罪追究行为人的刑事责任。

所谓领导，是指对黑社会性质组织进行指挥、率领、协调、安排、调度、策划、决策等活动，从而使自己在黑社会性质组织中起着领导和支配地位的行为。

所谓参加，是指参与、加入黑社会性质组织而成为其中一员的行为。既包括主动地、积极地参加，如主动、坚决、反复要求加入，参加组织后积极进行各种违法犯罪或者其他某一方面的重要活动，又包括被动地、消极地参加，如受他人欺骗、胁迫参与，参加后未积极进行各种违法犯罪活动或者其他重要活动，等等。既可以是以书面形式提出申请，经过黑社会性质组织的组织、领导人员批准，取得会籍，并被指定从事某一方面的工作，又可以采取宣誓等履行某一加入组织所需要的仪式加入；既可以是按照黑社会性质组织的头目、“老大”的要求事先完成某一任务如故意伤害、杀害某人来加入，又可以是明知是黑社会性质组织而追随、参与其活动，从而为组织所认可，实际成为其中的一员。加入的方式、途径如何，并不影响本罪成立。

二、组织、领导或者参加的必须是黑社会性质组织。所谓黑社会性质组织，是指出于控制一方、谋取非法经济利益的目的，采取暴力、威胁或者其他手段，有组织地进行各种违法犯罪活动，在一定范围内形成了一定势力，欲与社会相抗衡，称王称霸，为非作歹，欺压、残害群众，严重破坏经济、社会生活秩序的专业性违法犯罪集团。全国人大常委会 2002 年 4 月 28 日通过的《关于〈中华人民共和国刑法〉第二百九十四条第一款的解释》规定，黑社会性质组织应当同时具备以下特征：（1）形成较稳定的犯罪组织，人数较多，有明确的组织者、领导者，骨干成员基本固定；（2）有组织地通过违法犯罪活动或者其他手段获取经济利益，具有一定的经济实力，以支持该组织的活动；（3）以暴力、威胁或者其他手段，有组织地多次进行违法犯罪活动，为非作恶，欺压、残害群众；（4）通过实施违法犯罪活动，或者利用国家工作人员的包庇或者纵容，称霸一方，在一定区域或者行业内，形成非法控制或者重大影响，严重破坏经济、社会生活秩序。2011 年 2 月 25 日通过，自 2011 年 5 月 1 日起施行的《刑法修正案（八）》对黑社会性质组织的特征作了明确规定，与全国人大常委会《关于〈中华人民共和国刑法〉第二百九十四条第一款的解释》的规定一致。据此，黑社会性质组织作为一种具有较高组织、稳定程度的犯罪集团，既有与其他犯罪集团相同或类似的共同形式特征，又有区别于其他犯罪集团的自身本质特征。

利用信息网络实施违法犯罪活动，符合刑法、《关于办理黑恶势力犯罪案件若干问题的指导意见》以及《关于办理恶势力刑事案件若干问题的意见》等规定的恶势力、恶势力犯罪集团、黑社会性质组织特征和认定标准的，应当依法认定为恶势力、恶势力犯罪集团、黑社会性质组织。

<table>
<tr><td rowspan="4">定罪标准</td><td>犯罪客观方面</td><td>认定利用信息网络实施违法犯罪活动的黑社会性质组织时，应当依照《刑法》第294条第5款规定的“四个特征”进行综合审查判断，分析“四个特征”相互间的内在联系，根据在网络空间和现实社会中实施违法犯罪活动对公民人身、财产、民主权利和经济、社会生活秩序所造成的危害，准确评价，依法予以认定。
利用信息网络有组织地通过实施违法犯罪活动或者其他手段获取一定数量的经济利益，用于违法犯罪活动或者支持该组织生存、发展的，应当认定为符合《刑法》第294条第5款第2项规定的黑社会性质组织经济特征。
通过线上线下相结合的方式，有组织地多次利用信息网络实施违法犯罪活动，侵犯不特定多人的人身权利、民主权利、财产权利，破坏经济秩序、社会秩序的，应当认定为符合《刑法》第294条第5款第3项规定的黑社会性质组织行为特征。单纯通过线上方式实施的违法犯罪活动，且不具有为非作恶、欺压残害群众特征的，一般不应作为黑社会性质组织行为特征的认定依据。</td></tr>
<tr><td>犯罪主体</td><td>本罪的主体为一般主体。凡年满16周岁，具有刑事责任能力的自然人，均可构成本罪。既可以是无业游民甚至流氓地痞、未改造好的累犯、惯犯，身份如何并不影响本罪成立。既可以是我国公民，包括香港、澳门、台湾地区的公民，也可以是外国公民，包括有外国国籍的人和无国籍人。外国公民与香港、澳门、台湾地区的公民进入我国境内组织黑社会性质组织，这一组织与境外黑社会组织没有隶属关系的，应以本罪论处。但是，境外人员进入我国境内为境外黑社会组织组织、发展成员的，构成犯罪，不是本罪，对之应以入境发展黑社会组织罪定罪处罚。境外人员入境不是为境外黑社会组织发展成员，而是仅仅参加境内的与境外黑社会组织存在隶属关系的黑社会性质组织，构成犯罪的，仍是构成本罪。</td></tr>
<tr><td>犯罪主观方面</td><td>本罪在主观方面必须出于故意，即明知自己在非法组织、领导、参加黑社会性质组织，也明知这种非法组织、领导、参加黑社会性质组织的行为，为社会、法纪所不容，具有相当的社会危害性，而仍置之不顾决意为之，并且希望或者放任这种危害社会结果的发生。过失不能构成本罪。至于其动机则多种多样，如对黑社会性质的组织者、领导者来说，一般出于建立自己势力范围的动机，企图控制、称霸一方，肆意攫取非法利益；对于参加者来说，通常是好逸恶劳、贪图享受、追求畸形的精神需求，企图通过违法犯罪手段获取物质利益以满足自己的物质欲望。动机如何，不会影响本罪成立。</td></tr>
<tr><td>罪与非罪</td><td>区分罪与非罪的界限，要注意：
一、2000年12月10日起施行的最高人民法院《关于审理黑社会性质组织犯罪的案件具体应用法律若干问题的解释》第3条第2款规定，对于参加黑社会性质组织，没有实施其他违法犯罪活动的，或者受蒙蔽、胁迫参加黑社会性质的组织，情节轻微，如参加黑社会性质组织后虽有不良行为或者一般性的违法活动但危害不大的，可以不作为犯罪处理。
二、本罪的既遂与未遂。本罪为行为犯，只要实施完毕了组织、领导、参加黑社会性质组织之一的行为，即构成本罪且为既遂。就本罪而言，包括组织、领导、参加行为。三种行为着手进行至完成的确定都不相同，判断既遂的标准自然也不相同。组织黑社会性质组织，其包括三个部分：一是纠集、寻找对象；二是向纠集、寻找的对象表达组建黑社会性质组织的意思；三是被纠集、寻找的对象自愿或不自愿地同意加</td></tr>
</table>

定罪标准

罪与非罪

人。对于组建黑社会性质组织的最初行为，还至少要有3人，一般应有10人以上包括组织者本人共同为进行黑社会性质的活动而结成一体。因此，对于组建黑社会性质组织之初即在黑社会性质组织成立之前的组织行为，应以黑社会性质组织最终成立为完成标志。如甲一人欲组建黑社会性质组织，就必使2人以上加入而成立黑社会性质组织，才告既遂；而甲、乙两人共同策划组建黑社会性质组织，则只要使1人以上加入就可成立黑社会性质组织，因而既遂。对于黑社会性质组织成立之后的组织行为，则只要被纠集的人中有人加入了黑社会性质组织即告既遂。两人共同策划建立黑社会性质组织，只要其中一人使他人加入了黑社会性质组织，则两人均构成既遂。着手实施组织行为，如果在未完成之前就被查获，或者被其他组织阻挠破坏未果，或者被纠集的人拒不相从就被发现，构成犯罪的，则应以组织黑社会性质组织罪未遂论处。至于黑社会性质组织的组织行为，以何时才算着手开始实施，我们认为，应以组织者向寻找、纠集的对象通过言语、行动等明示或暗示的方式表达组建黑社会性质组织或让其加入已经组建成立的黑社会性质组织的意思为准。虽有寻找、纠集行为，但未向其表达上述意思，这时还与其他组织一般犯罪集团的行为没有质的区别，还难以认定为本罪组织行为的开始，宜以组织黑社会性质组织行为的预备行为论。

此罪与彼罪

本罪与普通集团犯罪、单位犯罪、恶势力以及其他有组织犯罪如黑社会组织犯罪、恐怖组织犯罪、邪教组织犯罪等的界限。它们之间既有联系，又相区别。

一、黑社会性质组织与普通犯罪集团的界限。黑社会性质组织，具有犯罪集团的所有特征，同时又具有决定、反映其自身本质的、其他普通犯罪集团所没有的特征。主要是：（1）犯罪目的的复杂性不同。普通犯罪集团的目的比较单纯，一般是为了追求经济利益，没有控制、影响社会的政治化倾向；而黑社会性质组织虽然以追求经济利益为主要目的，但是企图通过控制、影响社会某一区域、某一行业来实现，从而具有欲与国家、政府依法调控的社会分庭抗礼的政治化色彩。（2）实现犯罪目的所采取的手段方法不同。普通犯罪集团与之比较单纯的目的相适应，一般是实行一类犯罪，或以一种或数种犯罪为重点，进行的犯罪较为单一、固定，如走私集团、贩毒集团、抢劫集团、盗窃集团、贪污集团等，都以一类或一种、数种犯罪为主要行为，且通过这些具体的犯罪行为直接获取经济利益；而黑社会性质组织，为实现其攫取经济利益和控制、影响一定区域、行业的意图，实施的违法犯罪活动如走私、贩毒、强迫交易，等等，极为广泛，并且伴有欺压、残害群众的杀人、伤害、绑架、聚众斗殴、寻衅滋事等各种各样的暴力违法犯罪行为。有的还以个人或单位的名义进行一些单独看来并不违法的经营，掩盖其黑社会性质，或者采用贿赂、美色诱惑等手段拉拢、腐蚀国家工作人员，向党政机关不断渗透，求得保护、包庇和纵容，违法犯罪活动的多样性、复杂性远非普通犯罪集团所能比。其所实施的行为，有的是为了直接凭之获取经济利益，有的则是借此树立自己的威信、地位，借以形成控制、影响社会的一种非法地下秩序，进而通过这种不法秩序坐收渔利，不劳而获，危害性自然更大。（3）有无公开的相对固定的势力范围不同。黑社会性质组织为了极大限度地攫取经济利益，不仅直接通过一些违法犯罪的活动进行，而且通过控制、影响一定区域、一定行业即建立一定的势力范围来进行。在势力范围内，其称王称霸，为非作歹，按已意志为所欲为，群众迫于其淫威，无奈服从其控制、影响，在一定程度上已经形成另一种排斥、否定正常的秩序，即与国家、政府分庭抗礼的非法地下

定罪标准

此罪与彼罪

黑秩序，具有公然性、相对稳定性；普通犯罪集团则不具有这一特征，其犯罪一般具有隐蔽性、流动性。

二、黑社会性质组织与犯罪单位的界限。在司法实践中，一些黑社会性质组织常常以单位的名义进行各种违法犯罪活动。单位犯罪，是指公司、企业、事业单位、机关、团体为单位谋取不正当利益，经单位集体研究决定或者由其负责人决定实施的，触犯刑律应受刑罚惩治的危害社会的行为。作为单位犯罪主体的犯罪单位与黑社会性质组织，具有以下主要区别：(1) 非法性质不同。犯罪单位在设立时应当具有合法性，即必须依法经过批准，具有正常的目的，以依法进行活动为其存在的基础，如果为了进行违法犯罪活动而设立公司、企业等单位，或者单位设立后以实施犯罪为主要活动，其所实施的犯罪，就不应以单位犯罪论。另外，单位基于合法意图设立后，即使实施了单位犯罪，并不必然产生整个单位即属非法的后果，有的只是依法处罚，更换其中人员，仍然承担其原有职能，有的则依法撤销、解散；而黑社会性质组织一成立始具有非法性，其目的是为了进行违法犯罪，从而不可能成为单位犯罪的主体，即不能以单位犯罪论。不论是否实行具体犯罪，都应彻底铲除，加以取缔。(2) 犯罪主体不同。犯罪单位进行单位犯罪需以单位名义进行，构成该单位犯罪的主体乃为整个单位，具有主体的整体性、单一性；而黑社会性质组织则是较多的人员为了共同实施犯罪而组成的具有法定特征的犯罪组织，是共同犯罪的一种组织形式，为共同犯罪人的集合，因此，其所实施的犯罪乃为该组织成员的共同所为，犯罪主体并不是黑社会性质组织，而是其中的成员即组织者、领导者和参加者，具有分散性、复合性。(3) 实施的犯罪范围不同。黑社会性质组织实施犯罪乃为自然人共同实施犯罪，因此，从理论上来说，其可以进行除了只有单位犯罪才能构成的犯罪之外的其他可由自然人实施的所有犯罪，犯罪范围极为广泛；犯罪单位则只能构成刑法分则明文规定可以由单位进行的犯罪。《刑法》规定只有自然人才能构成的单位就不能成立其罪。(4) 刑事责任的方式不同。黑社会性质组织作为共同犯罪的集合体，除本罪外，都应依照《刑法》有关共同犯罪的规定承担刑事责任，即对组织、领导犯罪集团的首要分子，按照集团所犯的全部罪行处罚，其他主犯，应当按照其所参与的或者组织、指挥的全部犯罪处罚；对于从犯，应当从轻、减轻处罚或者免除处罚；而犯罪单位作为犯罪主体则应依照单位犯罪的有关规定依法承担刑事责任，或者实行双罚制，既处罚单位，又处罚直接责任人员，或者实行单罚制，即只处罚直接责任人员，而不处罚单位。在司法实践中，有的黑社会性质组织也通过合法途径建立公司、企业等单位进行一些正常的活动，既掩盖其黑社会性质，又进行洗钱、聚敛财富的勾当。对之，如何认定其性质，应当具体情况具体分析：(1) 公司、企业等单位完全由黑社会性质组织成员经营、管理，对该单位所实施的犯罪行为都应以黑社会性质组织实施的犯罪论，不以单位犯罪追究刑事责任。(2) 公司、企业等单位的领导层的主要成员或大多数成员为黑社会性质的组织成员，并完全或者基本按照黑社会性质组织的意图实施，对所犯之罪也应以黑社会性质组织所犯之罪论。对其中的黑社会性质组织成员应当按照有关规定依法承担刑事责任。对黑社会性质组织以外的其他成员如果明知是黑社会性质组织所为的，以有关具体犯罪的共犯论，但不以本罪治罪；如果确实不知是黑社会性质组织的行为，误认为是合法单位进行的某一具体犯罪的，则根据其主观认识程度以单位犯罪的直接责任人员论。(3) 对于虽有黑社会性质组织成员参与经营、管理，但由聘请的其他成员完全或者基本控制具体经营活动的决策权，或者完全聘请非组织成员经营管理，进行有关犯罪的，则以单位犯罪论。对于非组织成员以直接责任人员论，对于组

定罪标准

此罪与彼罪

织成员仍应以黑社会性质组织的成员所进行的犯罪论。如果明知是黑社会性质组织经营的单位以不加入组织为条件而接受其聘请，但按组织意图进行犯罪的，则可视为单位与黑社会性质组织的成员进行共同犯罪，依法分别追究刑事责任。

三、黑社会性质组织与恶势力的界限。恶势力并非法律概念，但在司法实践中已被广泛使用。恶势力，是指以暴力、威胁、滋扰等手段，在相对固定的区域或行业内为所欲为，欺压群众，打架斗殴，强买强卖，扰乱公共秩序的团伙。其由较多人数组成，经常进行一些违法犯罪活动。其与黑社会性质组织的区别在于：(1) 在组织结构上，恶势力团伙相对松散，只是在实施犯罪活动时才纠集在一起，成员之间一般没有明确的分工。或者只是在具体行动时才有分工，组织者、领导者常常直接参与或者指挥作案；(2) 在犯罪目的及经济实力方面，恶势力的违法犯罪目的具有多样性，不一定以追求非法经济利益为目的，缺乏使组织长期存续的经济实力，没有形成大规模的经济实体；(3) 在渗透能力方面，恶势力的保护伞和关系网不明确或层次较低，有的还没有形成保护伞和关系网，对抗社会的实力稍弱；(4) 在危害程度上，恶势力实施的违法犯罪行为以扰乱社会秩序的违法犯罪为主，影响市场秩序和社会治安，势力范围相对较小。

四、黑社会性质组织与邪教组织的界限。邪教组织，是指冒用宗教、气功或者其他名义建立，神化首要分子等来顶礼膜拜；唯其语录代表“上帝”的宗旨、声音，不管是否正确，都绝对服从、照办，有的甚至每天诵读，对“神像”烧香磕拜。两者的不同点表现为：(1) 组织发展成员的手段与对象不同。黑社会性质组织发展成员的方法多种多样，但一般不会隐瞒其真实目的，即使首先采用了欺骗手段，后来最终也会让参加者知道真相，其对象是为了谋取非法经济利益或者寻求“保护”的各种意志薄弱的人，成员身份层次通常较低；邪教组织则是采取迷信邪说、灌输荒唐信仰等欺骗手段蛊惑、诱骗他人，不会向信徒说明首要分子的真实意图，对象因此乃多为受骗上当不明真相的人，信徒身份复杂，包括各种层次的人员，如农民、工人、干部、知识分子等。(2) 犯罪手段不同。黑社会性质组织基于其目的，肆意进行各种各样的违法犯罪活动，如走私、贩毒、非法经营、强迫交易、开设赌场、经营色情场所，以及杀人、伤害、绑架、聚众斗殴、寻衅滋事，等等，趋利性、暴力性、物质性明显；而邪教组织进行的违法犯罪活动多为传播封建迷信，攻击国家法律、法规；制造、散行“人类将遭受大劫”、“地球即将毁灭”等谣言，制造混乱，抗拒、干扰执法、司法活动；从事诸如“升天”、“寻主”等迷信宗教活动；鼓动群众放弃工作、生产、学习，逃避现实，消极处世，抗拒法律、法规实施；灌输、宣扬鬼魂、色情等荒唐的违反社会道德、法律的信仰，如教唆、鼓励信徒乱伦、猥亵儿童、卖淫、吃人肉、喝人血等诡异行为，等等。此外，有的邪教组织基于崇尚恐怖等原因，非法组织武装，研制武器、贩运枪支弹药、肆意进行暗杀、绑架、投放毒气、奸淫妇女、骗钱敛财、残害生命等违法犯罪。其精神特征都比较明显，即在一种共同的、歪曲的信仰支配下实施。这与基于现实的物质利益，追求称霸一方的目的而进行各种违法犯罪的黑社会性质组织有着本质的区别。(3) 组织影响的范围不同。黑社会性质组织不仅控制、影响其成员，而且对其所在地区、行业产生强迫的非法控制和重要影响，具有一定的势力范围；而邪教组织主要控制、影响信徒，对外界社会一般不会产生强迫的非法控制力。但是，由于其以精神力量为主要武器，一旦成立，极易感染周围之人，并使他人自愿加入成为信徒。组织规模容易迅速膨胀、扩大，往往具有跨地域、跨行业的广泛色彩。(4) 组织成员的处罚范围不同。黑社会性质组织，其成员除情节显著轻微危害不

定罪标准	此罪与彼罪	大的参加者外，都是危害社会的犯罪分子，应当依法承担刑事责任；邪教组织的成员，大多作为信徒为受害者，不属犯罪分子。只有利用邪教组织进行违法犯罪的人，一般为首要分子和积极参加者，才依法以犯罪追究其刑事责任。
	一罪与数罪	一、行为人只要实施了组织、领导或者参加黑社会性质组织的行为，即可构成本罪，而不要求具体实施其他某种犯罪行为。如果在组织、领导或者参加黑社会性质组织的同时，又进行其他诸如杀人、伤害、强奸、抢劫、敲诈勒索、聚众斗殴、寻衅滋事等犯罪行为的，则应以本罪与其他所实施的具体犯罪实行并罚。根据《关于审理黑社会性质组织犯罪的案件具体应用法律若干问题的解释》第3条第1款规定，组织、领导、参加黑社会性质的组织又有其他犯罪行为的，按照《刑法》第294条第3款的规定，依照数罪并罚的规定处罚。对于黑社会性质组织的组织者、领导者，应当按照其所组织、领导的黑社会性质组织所犯的全部罪行处罚；对于黑社会性质组织的参加者，应当按照其所参与的犯罪处罚。 二、黑社会性质组织成立后，有的人想加入该组织，组织者让其完成某一犯罪如故意杀人、伤害等作为加入该组织的前提条件，为此，参加者完成了犯罪行为并由此取得该组织成员的资格而成为组织的一员，对此，有的人认为属于想象竞合，应当从一重罪处罚，不实行并罚。我们认为，这时仍然存在两种行为：一是为取得资格而实施某一前提犯罪的行为；二是加入黑社会性质组织成为其中一员的行为。这种行为不可能与为参加黑社会性质组织而完成其他犯罪行为合二为一。因为，即使是完成了某一犯罪行为就可加入黑社会性质组织，但仍离不开其表示加入组织的意思，以及组织承诺、允许的行为，否则仍不可能加入该组织。为此，为了加入黑社会性质组织而按组织者的意图首先完成某一犯罪行为与参加者加入该组织后又实施其他犯罪行为，同样存在手段与目的牵连关系，基于《刑法》对之作出了应当数罪并罚的明确规定，就应依照《刑法》规定实行数罪并罚，而不从一重罪处断。
证据参考标准	主体方面的证据	**一、证明行为人刑事责任年龄、身份等自然情况的证据。** 包括身份证明、户籍证明、任职证明、工作经历证明、特定职责证明等，主要是证明行为人的姓名（曾用名）、性别、出生年月日、民族、籍贯、出生地、职业（或职务）、住所地（或居所地）等证据材料，如户口簿、居民身份证、工作证、出生证、专业或技术等级证、干部履历表、职工登记表、护照等。 对于户籍、出生证等材料内容不实的，应提供其他证据材料。外国人犯罪的案件，应有护照等身份证明材料。人大代表、政协委员犯罪的案件，应注明身份，并附身份证明材料。 **二、证明行为人刑事责任能力的证据。** 证明行为人对自己的行为是否具有辨认能力与控制能力，如是否属于间歇性精神病人、尚未完全丧失辨认或者控制自己行为能力的精神病人的证明材料。
	主观方面的证据	证明行为人故意的证据：1. 证明行为人明知的证据：证明行为人明知自己的行为会发生危害社会的结果。2. 证明直接故意的证据：证明行为人希望危害结果发生。3. 目的：（1）攫取金钱；（2）攫取权力；（3）称霸一方。

<table>
<tr><td rowspan="2">证据参考标准</td><td>客观方面的证据</td><td colspan="2">证明行为人组织、领导、参加黑社会性质组织犯罪行为的证据。
具体证据包括：1. 证明行为人构成组织、领导、参加黑社会性质组织犯罪主体的证据：（1）组织者；（2）领导者；（3）积极参加者；（4）其他参加者。2. 证明行为人组织、领导、参加黑社会性质组织具有下列犯罪手段的证据：（1）暴力；（2）威胁；（3）其他方法。3. 证明行为人组织、领导、参加黑社会性质组织犯罪行为的证据：（1）称霸一方；（2）为非作恶；（3）欺压、残害群众；（4）其他。4. 证明行为人组织、领导、参加的黑社会性质组织具有破坏社会主义市场经济秩序行为的证据：（1）走私；（2）贩毒；（3）传播、贩卖淫秽物品；（4）其他。5. 证明行为人组织、领导、参加的黑社会性质组织具有破坏社会生活秩序行为的证据：（1）设赌场；（2）开妓院、色情场所；（3）组织、容留妇女卖淫；（4）绑架人质；（5）把持、控制乡村政权；（6）其他。6. 证明行为人组织、领导、参加的黑社会性质组织实施非法保障手段行为的证据：（1）暴力、威胁；（2）物质利诱；（3）金钱收买；（4）美色勾引；（5）其他。</td></tr>
<tr><td>量刑方面的证据</td><td colspan="2">一、法定量刑情节证据。
1. 事实情节：（1）组织、领导者；（2）积极参加者；（3）其他参加者。2. 法定从重情节。3. 法定从轻减轻情节：（1）可以从轻；（2）可以从轻或减轻；（3）应当从轻或者减轻。4. 法定从轻减轻免除情节：（1）可以从轻、减轻或者免除处罚；（2）应当从轻、减轻或者免除处罚。5. 法定减轻免除情节：（1）可以减轻或者免除处罚；（2）应当减轻或者免除处罚；（3）可以免除处罚。
二、酌定量刑情节证据。
1. 犯罪手段：（1）暴力；（2）威胁。2. 犯罪对象。3. 危害结果。4. 动机。5. 平时表现。6. 认罪态度。7. 是否有前科。8. 其他证据。</td></tr>
<tr><td rowspan="3">量刑标准</td><td colspan="2">组织、领导黑社会性质的组织的</td><td>处七年以上有期徒刑，并处没收财产</td></tr>
<tr><td colspan="2">积极参加的</td><td>处三年以上七年以下有期徒刑，可以并处罚金或者没收财产</td></tr>
<tr><td colspan="2">其他参加的</td><td>处三年以下有期徒刑、拘役、管制或者剥夺政治权利，可以并处罚金</td></tr>
<tr><td>法律适用</td><td>刑法条文</td><td colspan="2">第二百九十四条第一款　组织、领导黑社会性质的组织的，处七年以上有期徒刑，并处没收财产；积极参加的，处三年以上七年以下有期徒刑，可以并处罚金或者没收财产；其他参加的，处三年以下有期徒刑、拘役、管制或者剥夺政治权利，可以并处罚金。
第二百九十四条第四款、第五款　犯前三款罪又有其他犯罪行为的，依照数罪并罚的规定处罚。
黑社会性质的组织应当同时具备以下特征：
（一）形成较稳定的犯罪组织，人数较多，有明确的组织者、领导者，骨干成员基本固定；
（二）有组织地通过违法犯罪活动或者其他手段获取经济利益，具有一定的经济实力，以支持该组织的活动；
（三）以暴力、威胁或者其他手段，有组织地多次进行违法犯罪活动，为非作恶，欺压、残害群众；
（四）通过实施违法犯罪活动，或者利用国家工作人员的包庇或者纵容，称霸一方，在一定区域或者行业内，形成非法控制或者重大影响，严重破坏经济、社会生活秩序。</td></tr>
</table>

法律适用

司法解释

一、最高人民法院、最高人民检察院、公安部、司法部《关于依法严惩利用未成年人实施黑恶势力犯罪的意见》（节录）（2020年3月23日最高人民法院、最高人民检察院、公安部、司法部发布　自发布之日起施行　高检发〔2020〕4号）

一、突出打击重点，依法严惩利用未成年人实施黑恶势力犯罪的行为

（一）黑社会性质组织、恶势力犯罪集团、恶势力，实施下列行为之一的，应当认定为“利用未成年人实施黑恶势力犯罪”：

1. 胁迫、教唆未成年人参加黑社会性质组织、恶势力犯罪集团、恶势力，或者实施黑恶势力违法犯罪活动的；

2. 拉拢、引诱、欺骗未成年人参加黑社会性质组织、恶势力犯罪集团、恶势力，或者实施黑恶势力违法犯罪活动的；

3. 招募、吸收、介绍未成年人参加黑社会性质组织、恶势力犯罪集团、恶势力，或者实施黑恶势力违法犯罪活动的；

4. 雇用未成年人实施黑恶势力违法犯罪活动的；

5. 其他利用未成年人实施黑恶势力犯罪的情形。

黑社会性质组织、恶势力犯罪集团、恶势力，根据刑法和《最高人民法院、最高人民检察院、公安部、司法部关于办理黑恶势力犯罪案件若干问题的指导意见》《最高人民法院、最高人民检察院、公安部、司法部关于办理恶势力刑事案件若干问题的意见》等法律、司法解释性质文件的规定认定。

（二）利用未成年人实施黑恶势力犯罪，具有下列情形之一的，应当从重处罚：

1. 组织、指挥未成年人实施故意杀人、故意伤害致人重伤或者死亡、强奸、绑架、抢劫等严重暴力犯罪的；

2. 向未成年人传授实施黑恶势力犯罪的方法、技能、经验的；

3. 利用未达到刑事责任年龄的未成年人实施黑恶势力犯罪的；

4. 为逃避法律追究，让未成年人自首、做虚假供述顶罪的；

5. 利用留守儿童、在校学生实施犯罪的；

6. 利用多人或者多次利用未成年人实施犯罪的；

7. 针对未成年人实施违法犯罪的；

8. 对未成年人负有监护、教育、照料等特殊职责的人员利用未成年人实施黑恶势力违法犯罪活动的；

9. 其他利用未成年人违法犯罪应当从重处罚的情形。

（三）黑社会性质组织、恶势力犯罪集团利用未成年人实施犯罪的，对犯罪集团首要分子，按照集团所犯的全部罪行，从重处罚。对犯罪集团的骨干成员，按照其组织、指挥的犯罪，从重处罚。

恶势力利用未成年人实施犯罪的，对起组织、策划、指挥作用的纠集者，恶势力共同犯罪中罪责严重的主犯，从重处罚。

黑社会性质组织、恶势力犯罪集团、恶势力成员直接利用未成年人实施黑恶势力犯罪的，从重处罚。

（四）有胁迫、教唆、引诱等利用未成年人参加黑社会性质组织、恶势力犯罪集团、恶势力，或者实施黑恶势力犯罪的行为，虽然未成年人并没有加入黑社会性质组织、恶势力犯罪集团、恶势力，或者没有实际参与实施黑恶势力违法犯罪活动，对黑社会性质组织、恶势力犯罪集团、恶势力的首要分子、骨干成员、纠集者、主犯和直接利用的成员，即便有自首、立功、坦白等从轻减轻情节的，一般也不予从轻或者减轻处罚。

（五）被黑社会性质组织、恶势力犯罪集团、恶势力利用，偶尔参与黑恶势力犯罪活动的未成年人，按其所实施的具体犯罪行为定性，一般不认定为黑恶势力犯罪组织成员。

二、严格依法办案，形成打击合力

（一）人民法院、人民检察院、公安机关和司法行政机关要加强协作配合，对利用未成年人实施黑恶势力犯罪的，在侦查、起诉、审判、执行各阶段，要全面体现依法从严惩处精神，及时查明利用未成年人的犯罪事实，避免纠缠细枝末节。要加强对下指导，对利用未成年人实施黑恶势力犯罪的重特大案件，可以单独或者联合挂牌督办。对于重大疑难复杂和社会影响较大的案件，办案部门应当及时层报上级人民法院、人民检察院、公安机关和司法行政机关。

（二）公安机关要注意发现涉黑涉恶案件中利用未成年人犯罪的线索，落实以审判为中心的刑事诉讼制度改革要求，强化程序意识和证据意识，依法收集、固定和运用证据，并可以就案件性质、收集证据和适用法律等听取人民检察院意见建议。从严掌握取保候审、监视居住的适用，对利用未成年人实施黑恶势力犯罪的首要分子、骨干成员、纠集者、主犯和直接利用的成员，应当依法提请人民检察院批准逮捕。

（三）人民检察院要加强对利用未成年人实施黑恶势力犯罪案件的立案监督，发现应当立案而不立案的，应当要求公安机关说明理由，认为理由不能成立的，应当依法通知公安机关立案。对于利用未成年人实施黑恶势力犯罪的案件，人民检察院可以对案件性质、收集证据和适用法律等提出意见建议。对于符合逮捕条件的依法坚决批准逮捕，符合起诉条件的依法坚决起诉。不批准逮捕要求公安机关补充侦查、审查起诉阶段退回补充侦查的，应当分别制作详细的补充侦查提纲，写明需要补充侦查的事项、理由、侦查方向、需要补充收集的证据及其证明作用等，送交公安机关开展相关侦查补证活动。

（四）办理利用未成年人实施黑恶势力犯罪案件要将依法严惩与认罪认罚从宽有机结合起来。对利用未成年人实施黑恶势力犯罪的，人民检察院要考虑其利用未成年人的情节，向人民法院提出从严处罚的量刑建议。对于虽然认罪，但利用未成年人实施黑恶势力犯罪，犯罪性质恶劣、犯罪手段残忍、严重损害未成年人身心健康，不足以从宽处罚的，在提出量刑建议时要依法从严从重。对被黑恶势力利用实施犯罪的未成年人，自愿如实认罪、真诚悔罪，愿意接受处罚的，应当依法提出从宽处理的量刑建议。

（五）人民法院要对利用未成年人实施黑恶势力犯罪案件及时审判，从严处罚。严格掌握缓刑、减刑、假释的适用，严格掌握暂予监外执行的适用条件。依法运用财产刑、资格刑，最大限度铲除黑恶势力"经济基础"。对于符合刑法第三十七条之一规定的，应当依法禁止其从事相关职业。

二、最高人民法院、最高人民检察院、公安部、司法部《关于办理利用信息网络实施黑恶势力犯罪刑事案件若干问题的意见》（节录）（2019年7月23日最高人民法院、最高人民检察院、公安部、司法部公布　自2019年10月21日起施行）

二、依法严惩利用信息网络实施的黑恶势力犯罪

4. 对通过发布、删除负面或虚假信息，发送侮辱性信息、图片，以及利用信息、电话骚扰等方式，威胁、要挟、恐吓、滋扰他人，实施黑恶势力违法犯罪的，应当准确认定，依法严惩。

5. 利用信息网络威胁他人，强迫交易，情节严重的，依照刑法第二百二十六条的规定，以强迫交易罪定罪处罚。

6. 利用信息网络威胁、要挟他人，索取公私财物，数额较大，或者多次实施上述行为的，依照刑法第二百七十四条的规定，以敲诈勒索罪定罪处罚。

7. 利用信息网络辱骂、恐吓他人，情节恶劣，破坏社会秩序的，依照刑法第二百九十三条第一款第二项的规定，以寻衅滋事罪定罪处罚。

编造虚假信息，或者明知是编造的虚假信息，在信息网络上散布，或者组织、指使人员在信息网络上散布，起哄闹事，造成公共秩序严重混乱的，依照刑法第二百九十三条第一款第四项的规定，以寻衅滋事罪定罪处罚。

8. 侦办利用信息网络实施的强迫交易、敲诈勒索等非法敛财类案件，确因被害人人数众多等客观条件的限制，无法逐一收集被害人陈述的，可以结合已收集的被害人陈述，以及经查证属实的银行账户交易记录、第三方支付结算账户交易记录、通话记录、电子数据等证据，综合认定被害人人数以及涉案资金数额等。

三、准确认定利用信息网络实施犯罪的黑恶势力

9. 利用信息网络实施违法犯罪活动，符合刑法、《指导意见》以及最高人民法院、最高人民检察院、公安部、司法部《关于办理恶势力刑事案件若干问题的意见》等规定的恶势力、恶势力犯罪集团、黑社会性质组织特征和认定标准的，应当依法认定为恶势力、恶势力犯罪集团、黑社会性质组织。

认定利用信息网络实施违法犯罪活动的黑社会性质组织时，应当依照刑法第二百九十四条第五款规定的“四个特征”进行综合审查判断，分析“四个特征”相互间的内在联系，根据在网络空间和现实社会中实施违法犯罪活动对公民人身、财产、民主权利和经济、社会生活秩序所造成的危害，准确评价，依法予以认定。

10. 认定利用信息网络实施违法犯罪的黑恶势力组织特征，要从违法犯罪的起因、目的，以及组织、策划、指挥、参与人员是否相对固定，组织形成后是否持续进行犯罪活动、是否有明确的职责分工、行为规范、利益分配机制等方面综合判断。利用信息网络实施违法犯罪的黑恶势力组织成员之间一般通过即时通讯工具、通讯群组、电子邮件、网盘等信息网络方式联络，对部分组织成员通过信息网络方式联络实施黑恶势力违法犯罪活动，即使相互未见面、彼此不熟识，不影响对组织特征的认定。

11. 利用信息网络有组织地通过实施违法犯罪活动或者其他手段获取一定数量的经济利益，用于违法犯罪活动或者支持该组织生存、发展的，应当认定为符合刑法第二百九十四条第五款第二项规定的黑社会性质组织经济特征。

12. 通过线上线下相结合的方式，有组织地多次利用信息网络实施违法犯罪活动，侵犯不特定多人的人身权利、民主权利、财产权利，破坏经济秩序、社会秩序的，应当认定为符合刑法第二百九十四条第五款第三项规定的黑社会性质组织行为特征。单纯通过线上方式实施的违法犯罪活动，且不具有为非作恶、欺压残害群众特征的，一般不应作为黑社会性质组织行为特征的认定依据。

13. 对利用信息网络实施黑恶势力犯罪非法控制和影响的“一定区域或者行业”，应当结合危害行为发生地或者危害行业的相对集中程度，以及犯罪嫌疑人、被告人在网络空间和现实社会中的控制和影响程度综合判断。虽然危害行为发生地、危害的行业比较分散，但涉案犯罪组织利用信息网络多次实施强迫交易、寻衅滋事、敲诈勒索等违法犯罪活动，在网络空间和现实社会造成重大影响，严重破坏经济、社会生活秩序的，应当认定为“在一定区域或者行业内，形成非法控制或者重大影响”。

四、利用信息网络实施黑恶势力犯罪案件管辖

14. 利用信息网络实施的黑恶势力犯罪案件管辖依照《关于办理黑社会性质组织犯罪案件若干问题的规定》和《关于办理网络犯罪案件适用刑事诉讼程序若干问题的意见》的有关规定确定，坚持以犯罪地管辖为主、被告人居住地管辖为辅的原则。

15. 公安机关可以依法对利用信息网络实施的黑恶势力犯罪相关案件并案侦查或者指定下级公安机关管辖，并案侦查或者由上级公安机关指定管辖的公安机关应当全面调查收集能够证明黑恶势力犯罪事实的证据，各涉案地公安机关应当积极配合。并案侦查或者由上级公安机关指定管辖的案件，需要提请批准逮捕、移送审查起诉、提起公诉的，由立案侦查的公安机关所在地的人民检察院、人民法院受理。

16. 人民检察院对于公安机关提请批准逮捕、移送审查起诉的利用信息网络实施的黑恶势力犯罪案件，人民法院对于已进入审判程序的利用信息网络实施的黑恶势力犯罪案件，被告人及其辩护人提出的管辖异议成立，或者办案单位发现没有管辖权的，受案人民检察院、人民法院经审查，可以依法报请与有管辖权的人民检察院、人民法院共同的上级人民检察院、人民法院指定管辖，不再自行移交。对于在审查批准逮捕阶段，上级检察机关已经指定管辖的案件，审查起诉工作由同一人民检察院受理。人民检察院、人民法院认为应当分案起诉、审理的，可以依法分案处理。

17. 公安机关指定下级公安机关办理利用信息网络实施的黑恶势力犯罪案件的，应当同时抄送同级人民检察院、人民法院。人民检察院认为需要依法指定审判管辖的，应当协商同级人民法院办理指定管辖有关事宜。

三、最高人民法院、最高人民检察院、公安部、司法部《关于办理黑恶势力刑事案件中财产处置若干问题的意见》（2019年4月9日最高人民法院、最高人民检察院、公安部、司法部公布 自公布之日起施行）

为认真贯彻中央关于开展扫黑除恶专项斗争的重大决策部署，彻底铲除黑恶势力犯罪的经济基础，根据刑法、刑事诉讼法及最高人民法院、最高人民检察院、公安部、司法部《关于办理黑恶势力犯罪案件若干问题的指导意见》（法发〔2018〕1号）等规定，现对办理黑恶势力刑事案件中财产处置若干问题提出如下意见：

一、总体工作要求

1. 公安机关、人民检察院、人民法院在办理黑恶势力犯罪案件时，在查明黑恶势力组织违法犯罪事实并对黑恶势力成员依法定罪量刑的同时，要全面调查黑恶势力组织及其成员的财产状况，依法对涉案财产采取查询、查封、扣押、冻结等措施，并根据查明的情况，依法作出处理。

前款所称处理既包括对涉案财产中犯罪分子违法所得、违禁品、供犯罪所用的本人财物以及其他等值财产等依法追缴、没收，也包括对被害人的合法财产等依法返还。

2. 对涉案财产采取措施，应当严格依照法定条件和程序进行。严禁在立案之前查封、扣押、冻结财物。凡查封、扣押、冻结的财物，都应当及时进行审查，防止因程序违法、工作瑕疵等影响案件审理以及涉案财产处置。

3. 对涉案财产采取措施，应当为犯罪嫌疑人、被告人及其所扶养的亲属保留必需的生活费用和物品。

根据案件具体情况，在保证诉讼活动正常进行的同时，可以允许有关人员继续合理使用有关涉案财产，并采取必要的保值保管措施，以减少案件办理对正常办公和合法生产经营的影响。

法律适用　司法解释

4. 要彻底摧毁黑社会性质组织的经济基础，防止其死灰复燃。对于组织者、领导者一般应当并处没收个人全部财产。对于确属骨干成员或者为该组织转移、隐匿资产的积极参加者，可以并处没收个人全部财产。对于其他组织成员，应当根据所参与实施违法犯罪活动的次数、性质、地位、作用、违法所得数额以及造成损失的数额等情节，依法决定财产刑的适用。

5. 要深挖细查并依法打击黑恶势力组织进行的洗钱以及掩饰、隐瞒犯罪所得、犯罪所得收益等转变涉案财产性质的关联犯罪。

二、依法采取措施全面收集证据

6. 公安机关侦查期间，要根据《公安机关办理刑事案件适用查封、冻结措施相关规定》（公通字〔2013〕30号）等有关规定，会同有关部门全面调查黑恶势力及其成员的财产状况，并可以根据诉讼需要，先行依法对下列财产采取查询、查封、扣押、冻结等措施：

（1）黑恶势力组织的财产；

（2）犯罪嫌疑人个人所有的财产；

（3）犯罪嫌疑人实际控制的财产；

（4）犯罪嫌疑人出资购买的财产；

（5）犯罪嫌疑人转移至他人名下的财产；

（6）犯罪嫌疑人涉嫌洗钱以及掩饰、隐瞒犯罪所得、犯罪所得收益等犯罪涉及的财产；

（7）其他与黑恶势力组织及其违法犯罪活动有关的财产。

7. 查封、扣押、冻结已登记的不动产、特定动产及其他财产，应当通知有关登记机关，在查封、扣押、冻结期间禁止被查封、扣押、冻结的财产流转，不得办理被查封、扣押、冻结财产权属变更、抵押等手续。必要时可以提取有关产权证照。

8. 公安机关对于采取措施的涉案财产，应当全面收集证明其来源、性质、用途、权属及价值的有关证据，审查判断是否应当依法追缴、没收。

证明涉案财产来源、性质、用途、权属及价值的有关证据一般包括：

（1）犯罪嫌疑人、被告人关于财产来源、性质、用途、权属、价值的供述；

（2）被害人、证人关于财产来源、性质、用途、权属、价值的陈述、证言；

（3）财产购买凭证、银行往来凭据、资金注入凭据、权属证明等书证；

（4）财产价格鉴定、评估意见；

（5）可以证明财产来源、性质、用途、权属、价值的其他证据。

9. 公安机关对应当依法追缴、没收的财产中黑恶势力组织及其成员聚敛的财产及其孳息、收益的数额，可以委托专门机构评估；确实无法准确计算的，可以根据有关法律规定及查明的事实、证据合理估算。

人民检察院、人民法院对于公安机关委托评估、估算的数额有不同意见的，可以重新委托评估、估算。

10. 人民检察院、人民法院根据案件诉讼的需要，可以依法采取上述相关措施。

三、准确处置涉案财产

11. 公安机关、人民检察院应当加强对在案财产审查甄别。在移送审查起诉、提起公诉时，一般应当对采取措施的涉案财产提出处理意见建议，并将采取措施的涉案财产及其清单随案移送。

人民检察院经审查，除对随案移送的涉案财产提出处理意见外，还需要对继续追缴的尚未被足额查封、扣押的其他违法所得提出处理意见建议。

涉案财产不宜随案移送的，应当按照相关法律、司法解释的规定，提供相应的清单、照片、录像、封存手续、存放地点说明、鉴定、评估意见、变价处理凭证等材料。

12. 对于不宜查封、扣押、冻结的经营性财产，公安机关、人民检察院、人民法院可以申请当地政府指定有关部门或者委托有关机构代管或者托管。

对易损毁、灭失、变质等不宜长期保存的物品，易贬值的汽车、船艇等物品，或者市场价格波动大的债券、股票、基金等财产，有效期即将届满的汇票、本票、支票等，经权利人同意或者申请，并经县级以上公安机关、人民检察院或者人民法院主要负责人批准，可以依法出售、变现或者先行变卖、拍卖，所得价款由扣押、冻结机关保管，并及时告知当事人或者其近亲属。

13. 人民检察院在法庭审理时应当对证明黑恶势力犯罪涉案财产情况进行举证质证，对于既能证明具体个罪又能证明经济特征的涉案财产情况相关证据在具体个罪中出示后，在经济特征中可以简要说明，不再重复出示。

14. 人民法院作出的判决，除应当对随案移送的涉案财产作出处理外，还应当在判决书中写明需要继续追缴尚未被足额查封、扣押的其他违法所得；对随案移送财产进行处理时，应当列明相关财产的具体名称、数量、金额、处置情况等。涉案财产或者有关当事人人数较多，不宜在判决书正文中详细列明的，可以概括叙述并另附清单。

15. 涉案财产符合下列情形之一的，应当依法追缴、没收：

（1）黑恶势力组织及其成员通过违法犯罪活动或者其他不正当手段聚敛的财产及其孳息、收益；

（2）黑恶势力组织成员通过个人实施违法犯罪活动聚敛的财产及其孳息、收益；

（3）其他单位、组织、个人为支持该黑恶势力组织活动资助或者主动提供的财产；

（4）黑恶势力组织及其成员通过合法的生产、经营活动获取的财产或者组织成员个人、家庭合法财产中，实际用于支持该组织活动的部分；

（5）黑恶势力组织成员非法持有的违禁品以及供犯罪所用的本人财物；

（6）其他单位、组织、个人利用黑恶势力组织及其成员违法犯罪活动获取的财产及其孳息、收益；

（7）其他应当追缴、没收的财产。

16. 应当追缴、没收的财产已用于清偿债务或者转让、或者设置其他权利负担，具有下列情形之一的，应当依法追缴：

（1）第三人明知是违法犯罪所得而接受的；

（2）第三人无偿或者以明显低于市场的价格取得涉案财物的；

（3）第三人通过非法债务清偿或者违法犯罪活动取得涉案财物的；

（4）第三人通过其他方式恶意取得涉案财物的。

17. 涉案财产符合下列情形之一的，应当依法返还：

（1）有证据证明确属被害人合法财产；

（2）有证据证明确与黑恶势力及其违法犯罪活动无关。

18. 有关违法犯罪事实查证属实后，对于有证据证明权属明确且无争议的被害人、善意第三人或者其他人员合法财产及其孳息，凡返还不损害其他利害关系人的利益，不影响案件正常办理的，应当在登记、拍照或者录像后，依法及时返还。

四、依法追缴、没收其他等值财产

19. 有证据证明依法应当追缴、没收的涉案财产无法找到、被他人善意取得、价值灭失或者与其他合法财产混合且不可分割的，可以追缴、没收其他等值财产。

对于证明前款各种情形的证据，公安机关或者人民检察院应当及时调取。

20. 本意见第19条所称“财产无法找到”，是指有证据证明存在依法应当追缴、没收的财产，但无法查证财产去向、下落的。被告人有不同意见的，应当出示相关证据。

法律适用 司法解释

21. 追缴、没收的其他等值财产的数额，应当与无法直接追缴、没收的具体财产的数额相对应。

五、其他

22. 本意见所称孳息，包括天然孳息和法定孳息。

本意见所称收益，包括但不限于以下情形：

（1）聚敛、获取的财产直接产生的收益，如使用聚敛、获取的财产购买彩票中奖所得收益等；

（2）聚敛、获取的财产用于违法犯罪活动产生的收益，如使用聚敛、获取的财产赌博赢利所得收益、非法放贷所得收益、购买并贩卖毒品所得收益等；

（3）聚敛、获取的财产投资、置业形成的财产及其收益；

（4）聚敛、获取的财产和其他合法财产共同投资或者置业形成的财产中，与聚敛、获取的财产对应的份额及其收益；

（5）应当认定为收益的其他情形。

23. 本意见未规定的黑恶势力刑事案件财产处置工作其他事宜，根据相关法律法规、司法解释等规定办理。

24. 本意见自2019年4月9日起施行。

四、最高人民法院、最高人民检察院、公安部、司法部《关于办理实施“软暴力”的刑事案件若干问题的意见》（节录）（2019年4月9日最高人民法院、最高人民检察院、公安部、司法部公布　自公布之日起施行）

一、“软暴力”是指行为人为谋取不法利益或形成非法影响，对他人或者在有关场所进行滋扰、纠缠、哄闹、聚众造势等，足以使他人产生恐惧、恐慌进而形成心理强制，或者足以影响、限制人身自由、危及人身财产安全，影响正常生活、工作、生产、经营的违法犯罪手段。

二、“软暴力”违法犯罪手段通常的表现形式有：

（一）侵犯人身权利、民主权利、财产权利的手段，包括但不限于跟踪贴靠、扬言传播疾病、揭发隐私、恶意举报、诬告陷害、破坏、霸占财物等；

（二）扰乱正常生活、工作、生产、经营秩序的手段，包括但不限于非法侵入他人住宅、破坏生活设施、设置生活障碍、贴报喷字、拉挂横幅、燃放鞭炮、播放哀乐、摆放花圈、泼洒污物、断水断电、堵门阻工，以及通过驱赶从业人员、派驻人员据守等方式直接或间接地控制厂房、办公区、经营场所等；

（三）扰乱社会秩序的手段，包括但不限于摆场架势示威、聚众哄闹滋扰、拦路闹事等；

（四）其他符合本意见第一条规定的“软暴力”手段。

通过信息网络或者通讯工具实施，符合本意见第一条规定的违法犯罪手段，应当认定为“软暴力”。

三、行为人实施“软暴力”，具有下列情形之一，可以认定为足以使他人产生恐惧、恐慌进而形成心理强制或者足以影响、限制人身自由、危及人身财产安全或者影响正常生活、工作、生产、经营：

（一）黑恶势力实施的；

（二）以黑恶势力名义实施的；

（三）曾因组织、领导、参加黑社会性质组织、恶势力犯罪集团、恶势力以及因强迫交易、非法拘禁、敲诈勒索、聚众斗殴、寻衅滋事等犯罪受过刑事处罚后又实施的；

（四）携带凶器实施的；

（五）有组织地实施的或者足以使他人认为暴力、威胁具有现实可能性的；

（六）其他足以使他人产生恐惧、恐慌进而形成心理强制或者足以影响、限制人身自由、危及人身财产安全或者影响正常生活、工作、生产、经营的情形。

由多人实施的，编造或明示暴力违法犯罪经历进行恐吓的，或者以自报组织、头目名号、统一着装、显露纹身、特殊标识以及其他明示、暗示方式，足以使他人感知相关行为的有组织性的，应当认定为“以黑恶势力名义实施”。

由多人实施的，只要有部分行为人符合本条第一款第（一）项至第（四）项所列情形的，该项即成立。

虽然具体实施“软暴力”的行为人不符合本条第一款第（一）项、第（三）项所列情形，但雇佣者、指使者或者纠集者符合的，该项成立。

四、“软暴力”手段属于《刑法》第二百九十四条第五款第（三）项“黑社会性质组织行为特征”以及《指导意见》第14条“恶势力”概念中的“其他手段”。

五、最高人民法院、最高人民检察院、公安部、司法部《关于办理“套路贷”刑事案件若干问题的意见》（2019年2月28日最高人民法院、最高人民检察院、公安部、司法部公布　自2019年4月9日起施行　法发〔2019〕11号）

10. 三人以上为实施“套路贷”而组成的较为固定的犯罪组织，应当认定为犯罪集团。对首要分子应按照集团所犯全部罪行处罚。

符合黑恶势力认定标准的，应当按照黑社会性质组织、恶势力或者恶势力犯罪集团侦查、起诉、审判。

六、最高人民法院、最高人民检察院、公安部、司法部《关于办理黑恶势力犯罪案件若干问题的指导意见》（2018年1月16日最高人民法院、最高人民检察院、公安部、司法部公布　自公布之日起施行　法发〔2018〕1号）

为贯彻落实《中共中央、国务院关于开展扫黑除恶专项斗争的通知》精神，统一执法思想，提高执法效能，依法、准确、有力惩处黑恶势力犯罪，严厉打击“村霸”、宗族恶势力、“保护伞”以及“软暴力”等犯罪，根据《刑法》、《刑事诉讼法》及有关司法解释等规定，针对实践中遇到的新情况、新问题，现就办理黑恶势力犯罪案件若干问题制定如下指导意见：

一、总体要求

1. 各级人民法院、人民检察院、公安机关和司法行政机关应充分发挥职能作用，密切配合，相互支持，相互制约，形成打击合力，加强预防惩治黑恶势力犯罪长效机制建设。正确运用法律规定加大对黑恶势力违法犯罪以及“保护伞”惩处力度，在侦查、起诉、审判、执行各阶段体现依法从严惩处精神，严格掌握取保候审，严格掌握不起诉，严格掌握缓刑、减刑、假释，严格掌握保外就医适用条件，充分运用《刑法》总则关于共同犯罪和犯罪集团的规定加大惩处力度，充分利用资格刑、财产刑降低再犯可能性。对黑恶势力犯罪；注意串并研判、深挖彻查，防止就案办案，依法加快办理。坚持依法办案、坚持法定标准、坚持以审判为中心，加强法律监督，强化程序意识和证据意识，正确把握“打早打小”与“打准打实”的关系，贯彻落实宽严相济刑事政策，切实做到宽严有据，罚当其罪，实现政治效果、法律效果和社会效果的统一。

2. 各级人民法院、人民检察院、公安机关和司法行政机关应聚焦黑恶势力犯罪突出的重点地区、重点行业和重点领域，重点打击威胁政治安全特别是政权安全、制度安全以及向政治领域渗透的黑恶势力；把持基层政权、操纵破坏基层换届选举、垄断农村资源、侵吞集体资产的黑恶势力；利用家族、宗族势力横行乡里、称霸一方、欺

法律适用　司法解释

压残害百姓的“村霸”等黑恶势力；在征地、租地、拆迁、工程项目建设等过程中煽动闹事的黑恶势力；在建筑工程、交通运输、矿产资源、渔业捕捞等行业、领域，强揽工程、恶意竞标、非法占地、滥开滥采的黑恶势力；在商贸集市、批发市场、车站码头、旅游景区等场所欺行霸市、强买强卖、收保护费的市霸、行霸等黑恶势力；操纵、经营“黄赌毒”等违法犯罪活动的黑恶势力；非法高利放贷、暴力讨债的黑恶势力；插手民间纠纷，充当“地下执法队”的黑恶势力；组织或雇佣网络“水军”在网上威胁、恐吓、侮辱、诽谤、滋扰的黑恶势力；境外黑社会入境发展渗透以及跨国跨境的黑恶势力。同时，坚决深挖黑恶势力“保护伞”。

二、依法认定和惩处黑社会性质组织犯罪

3. 黑社会性质组织应同时具备《刑法》第二百九十四条第五款中规定的“组织特征”“经济特征”“行为特征”和“危害性特征”。由于实践中许多黑社会性质组织并非这“四个特征”都很明显，在具体认定时，应根据立法本意，认真审查、分析黑社会性质组织“四个特征”相互间的内在联系，准确评价涉案犯罪组织所造成的社会危害，做到不枉不纵。

4. 发起、创建黑社会性质组织，或者对黑社会性质组织进行合并、分立、重组的行为，应当认定为“组织黑社会性质组织”；实际对整个组织的发展、运行、活动进行决策、指挥、协调、管理的行为，应当认定为“领导黑社会性质组织”。黑社会性质组织的组织者、领导者，既包括通过一定形式产生的有明确职务、称谓的组织者、领导者，也包括在黑社会性质组织中被公认的事实上的组织者、领导者。

5. 知道或者应当知道是以实施违法犯罪为基本活动内容的组织，仍加入并接受其领导和管理的行为，应当认定为“参加黑社会性质组织”。没有加入黑社会性质组织的意愿，受雇到黑社会性质组织开办的公司、企业、社团工作，未参与黑社会性质组织违法犯罪活动的，不应认定为“参加黑社会性质组织”。

参加黑社会性质组织并具有以下情形之一的，一般应当认定为“积极参加黑社会性质组织”：多次积极参与黑社会性质组织的违法犯罪活动，或者积极参与较严重的黑社会性质组织的犯罪活动且作用突出，以及其他在组织中起重要作用的情形，如具体主管黑社会性质组织的财务、人员管理等事项。

6. 组织形成后，在一定时期内持续存在，应当认定为“形成较稳定的犯罪组织”。

黑社会性质组织一般在短时间内难以形成，而且成员人数较多，但鉴于“恶势力”团伙和犯罪集团向黑社会性质组织发展是一个渐进的过程，没有明显的性质转变的节点，故对黑社会性质组织存在时间、成员人数问题不宜作出“一刀切”的规定。

黑社会性质组织未举行成立仪式或者进行类似活动的，成立时间可以按照足以反映其初步形成非法影响的标志性事件的发生时间认定。没有明显标志性事件的，可以按照本意见中关于黑社会性质组织违法犯罪活动认定范围的规定，将组织者、领导者与其他组织成员首次共同实施该组织犯罪活动的时间认定为该组织的形成时间。该组织者、领导者因未到案或者因死亡等法定情形未被起诉的，不影响认定。

黑社会性质组织成员既包括已有充分证据证明但尚未归案的组织成员，也包括虽有参加黑社会性质组织的行为但因尚未达到刑事责任年龄或因其他法定情形而未被起诉，或者根据具体情节不作为犯罪处理的组织成员。

7. 在组织的形成、发展过程中通过以下方式获取经济利益的，应当认定为“有组织地通过违法犯罪活动或者其他手段获取经济利益”：

（1）有组织地通过违法犯罪活动或其他不正当手段聚敛；

（2）有组织地以投资、控股、参股、合伙等方式通过合法的生产、经营活动获取；

（3）由组织成员提供或通过其他单位、组织、个人资助取得。

8. 通过上述方式获得一定数量的经济利益，应当认定为“具有一定的经济实力”，同时也包括调动一定规模的经济资源用以支持该组织活动的能力。通过上述方式获取的经济利益，即使是由部分组织成员个人掌控，也应计入黑社会性质组织的“经济实力”。组织成员主动将个人或者家庭资产中的一部分用于支持该组织活动，其个人或者家庭资产可全部计入“一定的经济实力”，但数额明显较小或者仅提供动产、不动产使用权的除外。

由于不同地区的经济发展水平、不同行业的利润空间均存在很大差异，加之黑社会性质组织存在、发展的时间也各有不同，在办案时不能一般性地要求黑社会性质组织所具有的经济实力必须达到特定规模或特定数额。

9. 黑社会性质组织实施的违法犯罪活动包括非暴力性的违法犯罪活动，但暴力或以暴力相威胁始终是黑社会性质组织实施违法犯罪活动的基本手段，并随时可能付诸实施。暴力、威胁色彩虽不明显，但实际是以组织的势力、影响和犯罪能力为依托，以暴力、威胁的现实可能性为基础，足以使他人产生恐惧、恐慌进而形成心理强制或者足以影响、限制人身自由、危及人身财产安全或者影响正常生产、工作、生活的手段，属于《刑法》第二百九十四条第五款第（三）项中的“其他手段”，包括但不限于所谓的“谈判”“协商”“调解”以及滋扰、纠缠、哄闹、聚众造势等手段。

10. 为确立、维护、扩大组织的势力、影响、利益或者按照纪律规约、组织惯例多次实施违法犯罪活动，侵犯不特定多人的人身权利、民主权利、财产权利，破坏经济秩序、社会秩序，应当认定为“有组织地多次进行违法犯罪活动，为非作恶，欺压、残害群众”。

符合以下情形之一的，应当认定为是黑社会性质组织实施的违法犯罪活动：

（1）为该组织争夺势力范围、打击竞争对手、形成强势地位、谋取经济利益、树立非法权威、扩大非法影响、寻求非法保护、增强犯罪能力等实施的；

（2）按照该组织的纪律规约、组织惯例实施的；

（3）组织者、领导者直接组织、策划、指挥、参与实施的；

（4）由组织成员以组织名义实施，并得到组织者、领导者认可或者默许的；

（5）多名组织成员为逞强争霸、插手纠纷、报复他人、替人行凶、非法敛财而共同实施，并得到组织者、领导者认可或者默许的；

（6）其他应当认定为黑社会性质组织实施的。

11. 鉴于黑社会性质组织非法控制和影响的“一定区域”的大小具有相对性，不能简单地要求“一定区域”必须达到某一特定的空间范围，而应当根据具体案情，并结合黑社会性质组织对经济、社会生活秩序的危害程度加以综合分析判断。

通过实施违法犯罪活动，或者利用国家工作人员的包庇或者不依法履行职责，放纵黑社会性质组织进行违法犯罪活动的行为，称霸一方，并具有以下情形之一的，可认定为“在一定区域或者行业内，形成非法控制或者重大影响，严重破坏经济、社会生活秩序”：

（1）致使在一定区域内生活或者在一定行业内从事生产、经营的多名群众，合法利益遭受犯罪或严重违法活动侵害后，不敢通过正当途径举报、控告的；

（2）对一定行业的生产、经营形成垄断，或者对涉及一定行业的准入、经营、竞争等经济活动形成重要影响的；

（3）插手民间纠纷、经济纠纷，在相关区域或者行业内造成严重影响的；

（4）干扰、破坏他人正常生产、经营、生活，并在相关区域或者行业内造成严重影响的；

（5）干扰、破坏公司、企业、事业单位及社会团体的正常生产，经营、工作秩序，在相关区域、行业内造成严重影响，或者致使其不能正常生产、经营、工作的；

（6）多次干扰、破坏党和国家机关、行业管理部门以及村委会、居委会等基层群众自治组织的工作秩序，或者致使上述单位、组织的职能不能正常行使的；

（7）利用组织的势力、影响，帮助组织成员或他人获取政治地位，或者在党政机关、基层群众自治组织中担任一定职务的；

（8）其他形成非法控制或者重大影响，严重破坏经济、社会生活秩序的情形。

12. 对于组织者、领导者和因犯参加黑社会性质组织罪被判处五年以上有期徒刑的积极参加者，可根据《刑法》第五十六条第一款的规定适用附加剥夺政治权利。对于符合《刑法》第三十七条之一规定的组织成员，应当依法禁止其从事相关职业。符合《刑法》第六十六条规定的组织成员，应当认定为累犯，依法从重处罚。

对于因有组织的暴力性犯罪被判处死刑缓期执行的黑社会性质组织犯罪分子，可以根据《刑法》第五十条第二款的规定同时决定对其限制减刑。对于因有组织的暴力性犯罪被判处十年以上有期徒刑、无期徒刑的黑社会性质组织犯罪分子，应当根据《刑法》第八十一条第二款规定，不得假释。

13. 对于组织者、领导者一般应当并处没收个人全部财产。对于确属骨干成员或者为该组织转移、隐匿资产的积极参加者，可以并处没收个人全部财产。对于其他组织成员，应当根据所参与实施违法犯罪活动的次数、性质、地位、作用、违法所得数额以及造成损失的数额等情节，依法决定财产刑的适用。

三、依法惩处恶势力犯罪

14. 具有下列情形的组织，应当认定为“恶势力”：经常纠集在一起，以暴力、威胁或者其他手段，在一定区域或者行业内多次实施违法犯罪活动，为非作恶，欺压百姓，扰乱经济、社会生活秩序，造成较为恶劣的社会影响，但尚未形成黑社会性质组织的违法犯罪组织。恶势力一般为三人以上，纠集者相对固定，违法犯罪活动主要为强迫交易、故意伤害、非法拘禁、敲诈勒索、故意毁坏财物、聚众斗殴、寻衅滋事等，同时还可能伴随实施开设赌场、组织卖淫、强迫卖淫、贩卖毒品、运输毒品、制造毒品、抢劫、抢夺、聚众扰乱社会秩序、聚众扰乱公共场所秩序、交通秩序以及聚众“打砸抢”等。

在相关法律文书中的犯罪事实认定部分，可使用“恶势力”等表述加以描述。

15. 恶势力犯罪集团是符合犯罪集团法定条件的恶势力犯罪组织，其特征表现为：有三名以上的组织成员，有明显的首要分子，重要成员较为固定，组织成员经常纠集在一起，共同故意实施三次以上恶势力惯常实施的犯罪活动或者其他犯罪活动。

16. 公安机关、人民检察院、人民法院在办理恶势力犯罪案件时，应当依照上述规定，区别于普通刑事案件，充分运用《刑法》总则关于共同犯罪和犯罪集团的规定，依法从严惩处。

四、依法惩处利用“软暴力”实施的犯罪

17. 黑恶势力为谋取不法利益或形成非法影响，有组织地采用滋扰、纠缠、哄闹、聚众造势等手段侵犯人身权利、财产权利，破坏经济秩序、社会秩序，构成犯罪的，应当分别依照《刑法》相关规定处理：

（1）有组织地采用滋扰、纠缠、哄闹、聚众造势等手段扰乱正常的工作、生活秩序，使他人产生心理恐惧或者形成心理强制，分别属于《刑法》第二百九十三条第一款第（二）项规定的“恐吓”、《刑法》第二百二十六规定的“威胁”，同时符合其他犯罪构成条件的，应分别以寻衅滋事罪、强迫交易罪定罪处罚。

《关于办理寻衅滋事刑事案件适用法律若干问题的解释》第二条至第四条中的“多次”一般应当理解为二年内实施寻衅滋事行为三次以上。二年内多次实施不同种类寻衅滋事行为的，应当追究刑事责任。

（2）以非法占有为目的强行索取公私财物，有组织地采用滋扰、纠缠、哄闹、聚众造势等手段扰乱正常的工作、生活秩序，同时符合《刑法》第二百七十四条规定的其他犯罪构成条件的，应当以敲诈勒索罪定罪处罚。同时由多人实施或者以统一着装、显露纹身、特殊标识以及其他明示或者暗示方式，足以使对方感知相关行为的有组织性的，应当认定为《关于办理敲诈勒索刑事案件适用法律若干问题的解释》第二条第（五）项规定的“以黑恶势力名义敲诈勒索”。

采用上述手段，同时又构成其他犯罪的，应当依法按照处罚较重的规定定罪处罚。

雇佣、指使他人有组织地采用上述手段强迫交易、敲诈勒索，构成强迫交易罪、敲诈勒索罪的，对雇佣者、指使者，一般应当以共同犯罪中的主犯论处。为强索不受法律保护的债务或者因其他非法目的，雇佣、指使他人有组织地采用上述手段寻衅滋事，构成寻衅滋事罪的，对雇佣者、指使者，一般应当以共同犯罪中的主犯论处；为追讨合法债务或者因婚恋、家庭、邻里纠纷等民间矛盾而雇佣、指使，没有造成严重后果的，一般不作为犯罪处理，但经有关部门批评制止或者处理处罚后仍继续实施的除外。

18. 黑恶势力有组织地多次短时间非法拘禁他人的，应当认定为《刑法》第二百三十八条规定的“以其他方法非法剥夺他人人身自由”。非法拘禁他人三次以上、每次持续时间在四小时以上，或者非法拘禁他人累计时间在十二小时以上的，应以非法拘禁罪定罪处罚。

五、依法打击非法放贷讨债的犯罪活动

19. 在民间借贷活动中，如有擅自设立金融机构、非法吸收公众存款、骗取贷款、套取金融机构资金发放高利贷以及为强索债务而实施故意杀人、故意伤害、非法拘禁、故意毁坏财物等行为的，应当按照具体犯罪侦查、起诉、审判。依法符合数罪并罚条件的，应当并罚。

20. 对于以非法占有为目的，假借民间借贷之名，通过“虚增债务”“签订虚假借款协议”“制造资金走账流水”“肆意认定违约”“转单平账”“虚假诉讼”等手段非法占有他人财产，或者使用暴力、威胁手段强立债权、强行索债的，应当根据案件具体事实，以诈骗、强迫交易、敲诈勒索、抢劫、虚假诉讼等罪名侦查、起诉、审判。对于非法占有的被害人实际所得借款以外的虚高“债务”和以“保证金”“中介费”“服务费”等各种名目扣除或收取的额外费用，均应计入违法所得。对于名义上为被害人所得、但在案证据能够证明实际上却为犯罪嫌疑人、被告人实施后续犯罪所使用的“借款”，应予以没收。

21. 对采用讨债公司、“地下执法队”等各种形式有组织地进行上述活动，符合黑社会性质组织、犯罪集团认定标准的，应当按照组织、领导、参加黑社会性质组织罪或者犯罪集团侦查、起诉、审判。

六、依法严惩“保护伞”

22.《刑法》第二百九十四条第三款中规定的“包庇”行为，不要求相关国家机关工作人员利用职务便利。利用职务便利包庇黑社会性质组织的，酌情从重处罚。包庇、纵容黑社会性质组织，事先有通谋的，以具体犯罪的共犯论处。

23. 公安机关、人民检察院、人民法院对办理黑恶势力犯罪案件中发现的涉嫌包庇、纵容黑社会性质组织犯罪、收受贿赂、渎职侵权等违法违纪线索，应当及时移送有关主管部门和其他相关部门，坚决依法严惩充当黑恶势力“保护伞”的职务犯罪。

24. 依法严惩农村“两委”等人员在涉农惠农补贴申领与发放、农村基础设施建设、征地拆迁补偿、救灾扶贫优抚、生态环境保护等过程中，利用职权恃强凌弱、吃拿卡要、侵吞挪用国家专项资金的犯罪，以及放纵、包庇“村霸”和宗族恶势力，致使其坐大成患；或者收受贿赂、徇私舞弊，为“村霸”和宗族恶势力充当“保护伞”的犯罪。

25. 公安机关在侦办黑恶势力犯罪案件中，应当注意及时深挖其背后的腐败问题，对于涉嫌特别重大贿赂犯罪案件的犯罪嫌疑人，及时会同有关机关，执行《刑事诉讼法》第三十七条的相关规定，辩护律师在侦查期间会见在押犯罪嫌疑人的，应当经相关侦查机关许可。

七、依法处置涉案财产

26. 公安机关、人民检察院、人民法院根据黑社会性质组织犯罪案件的诉讼需要，应当依法查询、查封、扣押、冻结全部涉案财产。公安机关侦查期间，要会同工商、税务、国土、住建、审计、人民银行等部门全面调查涉黑组织及其成员的财产状况。

对于不宜查封、扣押、冻结的经营性资产，可以申请当地政府指定有关部门或者委托有关机构代管或者托管。

对黑社会性质组织及其成员聚敛的财产及其孳息、收益的数额，办案单位可以委托专门机构评估；确实无法准确计算的，可以根据有关法律规定及查明的事实、证据合理估算。

27. 对于依法查封、冻结、扣押的黑社会性质组织涉案财产，应当全面收集、审查证明其来源、性质、用途、权属及价值大小的有关证据。符合下列情形之一的，应当依法追缴、没收：

（1）组织及其成员通过违法犯罪活动或其他不正当手段聚敛的财产及其孳息、收益；

（2）组织成员通过个人实施违法犯罪活动聚敛的财产及其孳息、收益；

（3）其他单位、组织、个人为支持该组织活动资助或主动提供的财产；

（4）通过合法的生产、经营活动获取的财产或者组织成员个人、家庭合法资产中，实际用于支持该组织活动的部分；

（5）组织成员非法持有的违禁品以及供犯罪所用的本人财物；

（6）其他单位、组织、个人利用黑社会性质组织及其成员的违法犯罪活动获取的财产及其孳息、收益；

（7）其他应当追缴、没收的财产。

28. 违法所得已用于清偿债务或者转让给他人，具有下列情形之一的，应当依法追缴：

（1）对方明知是通过违法犯罪活动或者其他不正当手段聚敛的财产及其孳息、收益的；

（2）对方无偿或者以明显低于市场价格取得的；

（3）对方是因非法债务或者违法犯罪活动而取得的；

（4）通过其他方式恶意取得的。

29. 依法应当追缴、没收的财产无法找到、被他人善意取得、价值灭失或者与其他合法财产混合且不可分割的，可以追缴、没收其他等值财产。

30. 黑社会性质组织犯罪嫌疑人、被告人逃匿，在通缉一年后不能到案，或者犯罪嫌疑人、被告人死亡的，应当依照法定程序没收其违法所得。

31. 对于依法查封、扣押、冻结的涉案财产，有证据证明确属被害人合法财产，或者确与黑社会性质组织及其违法犯罪活动无关的应予以返还。

八、其他

32. 司法行政机关应当加强对律师办理黑社会性质组织犯罪案件辩护代理工作的指导监督，指导律师事务所建立健全律师办理黑社会性质组织犯罪的请示报告、集体研究和检查督导制度。办案机关应当依法保障律师各项诉讼权利，为律师履行辩护代理职责提供便利，防止因妨碍辩护律师依法履行职责，对案件办理带来影响。

对黑恶势力犯罪案件开庭审理时，人民法院应当通知对辩护律师所属事务所具有监督管理权限的司法行政机关派员旁听。

对于律师违反会见规定的；以串联组团，联署签名、发表公开信，组织网上聚集、声援等方式或者借个案研讨之名，制造舆论压力，攻击、诋毁司法机关和司法制度，干扰诉讼活动正常进行的；煽动、教唆和组织当事人或者其他人员到司法机关或者其他国家机关静坐、举牌、打横幅、喊口号等，扰乱公共秩序、危害公共安全的；违反规定披露、散布不公开审理案件的信息、材料，或者本人、其他律师在办案过程中获悉的有关案件重要信息、证据材料的，司法行政机关应当依照有关规定予以处罚，构成犯罪的，依法追究刑事责任。对于律师辩护、代理活动中的违法违规行为，相关办案机关要注意收集固定证据，提出司法建议。

33. 监狱应当从严管理组织、领导、参加黑社会性质组织的罪犯，严格罪犯会见、减刑、假释、暂予监外执行等执法活动。对于判处十年以上有期徒刑、无期徒刑，判处死刑缓期二年执行减为有期徒刑、无期徒刑的黑社会性质组织的组织者、领导者，实行跨省、自治区、直辖市异地关押。积极开展黑恶势力犯罪线索排查，教育引导服刑人员检举揭发。社区矫正机构对拟适用社区矫正的黑恶势力犯罪案件的犯罪嫌疑人、被告人，应当认真开展调查评估，为准确适用非监禁刑提供参考。社区矫正机构对组织、领导、参加黑社会性质组织的社区服刑人员要严格监管教育。公安机关、人民检察院、人民法院、司法行政机关要加强协调联动，完善应急处置工作机制，妥善处理社区服刑人员脱管漏管和重新违法犯罪等情形。

34. 办理黑恶势力犯罪案件，要依法建立完善重大疑难案件会商、案件通报等工作机制，进一步加强政法机关之间的配合，形成打击合力；对群众关注度高、社会影响力大的黑恶势力犯罪案件，依法采取挂牌督办、上提一级、异地管辖、指定管辖以及现场联合督导等措施，确保案件质量。根据办理黑恶势力犯罪案件的实际情况，及时汇总问题，归纳经验，适时出台有关证据标准，切实保障有力打击。

35. 公安机关、人民检察院、人民法院办理黑社会性质组织犯罪案件，应当按照《刑事诉讼法》《关于办理黑社会性质组织犯罪案件若干问题的规定》《公安机关办理刑事案件证人保护工作规定》的有关规定，对证人、报案人、控告人、举报人、鉴定人、被害人采取保护措施。

犯罪嫌疑人、被告人，积极配合侦查、起诉、审判工作，在查明黑社会性质组织的组织结构和组织者、领导者的地位作用，组织实施的重大犯罪事实，追缴、没收赃款赃物，打击“保护伞”等方面提供重要线索和证据，经查证属实的，可以根据案件具体情况，依法从轻、减轻或者免除处罚，并对其参照证人保护的有关规定采取保护措施。前述规定，对于确属组织者、领导者的犯罪嫌疑人、被告人应当严格掌握。

对于确有重大立功或者对于认定重大犯罪事实或追缴、没收涉黑财产具有重要作用的组织成员，确有必要通过分案审理予以保护的，公安机关可以与人民检察院、人民法院在充分沟通的基础上作出另案处理的决定。

对于办理黑社会性质组织犯罪案件的政法干警及其近亲属，需要采取保护措施的，可以参照《刑事诉讼法》等关于证人保护的有关规定，采取禁止特定的人员接触、对人身和住宅予以专门性保护等必要的措施，以确保办理案件的司法工作人员及其近亲属的人身安全。

36. 本意见颁布实施后，最高人民法院、最高人民检察院、公安部、司法部联合发布或者单独制定的其他相关规范性文件，内容如与本意见中有关规定不一致的，应当按照本意见执行。

七、最高人民法院、最高人民检察院、公安部、司法部《关于办理黑社会性质组织犯罪案件若干问题的规定》（2012年9月11日最高人民法院、最高人民检察院、公安部、司法部公布　自公布之日起施行　公通字〔2012〕45号）

为依法严厉打击黑社会性质组织犯罪，按照宽严相济的刑事政策和“打早打小、除恶务尽”的工作方针，根据《中华人民共和国刑法》、《中华人民共和国刑事诉讼法》和其他有关规定，现就办理黑社会性质组织犯罪案件有关问题，制定本规定。

一、管辖

第一条　公安机关侦查黑社会性质组织犯罪案件时，对黑社会性质组织及其成员在多个地方实施的犯罪，以及其他与黑社会性质组织犯罪有关的犯罪，可以依照法律和有关规定一并立案侦查。对案件管辖有争议的，由共同的上级公安机关指定管辖。

并案侦查的黑社会性质组织犯罪案件，由侦查该案的公安机关所在地同级人民检察院一并审查批准逮捕、受理移送审查起诉，由符合审判级别管辖要求的人民法院审判。

第二条　公安机关、人民检察院、人民法院根据案件情况和需要，可以依法对黑社会性质组织犯罪案件提级管辖或者指定管辖。

提级管辖或者指定管辖的黑社会性质组织犯罪案件，由侦查该案的公安机关所在地同级人民检察院审查批准逮捕、受理移送审查起诉，由同级或者符合审判级别管辖要求的人民法院审判。

第三条　人民检察院对于公安机关提请批准逮捕、移送审查起诉的黑社会性质组织犯罪案件，人民法院对于已进入审判程序的黑社会性质组织犯罪案件，被告人及其辩护人提出管辖异议，或者办案单位发现没有管辖权的，受案人民检察院、人民法院经审查，可以依法报请与有管辖权的人民检察院、人民法院共同的上级人民检察院、人民法院指定管辖，不再自行移交。对于在审查批准逮捕阶段，上级检察机关已经指定管辖的案件，审查起诉工作由同一人民检察院受理。

第四条　公安机关侦查黑社会性质组织犯罪案件过程中，发现人民检察院管辖的贪污贿赂、渎职侵权犯罪案件线索的，应当及时移送人民检察院。人民检察院对于公安机关移送的案件线索应当及时依法进行调查或者立案侦查。人民检察院与公安机关应当相互及时通报案件进展情况。

二、立案

第五条 公安机关对涉嫌黑社会性质组织犯罪的线索，应当及时进行审查。审查过程中，可以采取询问、查询、勘验、检查、鉴定、辨认、调取证据材料等必要的调查活动，但不得采取强制措施，不得查封、扣押、冻结财产。

立案前的审查阶段获取的证据材料经查证属实的，可以作为证据使用。

公安机关因侦查黑社会性质组织犯罪的需要，根据国家有关规定，经过严格的批准手续，对一些重大犯罪线索立案后可以采取技术侦查等秘密侦查措施。

第六条 公安机关经过审查，认为有黑社会性质组织犯罪事实需要追究刑事责任，且属于自己管辖的，经县级以上公安机关负责人批准，予以立案，同时报上级公安机关备案。

三、强制措施和羁押

第七条 对于组织、领导、积极参加黑社会性质组织的犯罪嫌疑人、被告人，不得取保候审；但是患有严重疾病、生活不能自理，怀孕或者是正在哺乳自己婴儿的妇女，采取取保候审不致发生社会危险性的除外。

第八条 对于黑社会性质组织犯罪案件的犯罪嫌疑人、被告人，看守所应当严格管理，防止发生串供、通风报信等行为。

对于黑社会性质组织犯罪案件的犯罪嫌疑人、被告人，可以异地羁押。

对于同一黑社会性质组织犯罪案件的犯罪嫌疑人、被告人，应当分别羁押，在看守所的室外活动应当分开进行。

对于组织、领导黑社会性质组织的犯罪嫌疑人、被告人，有条件的地方应当单独羁押。

四、证人保护

第九条 公安机关、人民检察院和人民法院应当采取必要措施，保障证人及其近亲属的安全。证人的人身和财产受到侵害时，可以视情给予一定的经济补偿。

第十条 在侦查、起诉、审判过程中，对于因作证行为可能导致本人或者近亲属的人身、财产安全受到严重危害的证人，分别经地市级以上公安机关主要负责人、人民检察院检察长、人民法院院长批准，应当对其身份采取保密措施。

第十一条 对于秘密证人，侦查人员、检察人员和审判人员在制作笔录或者文书时，应当以代号代替其真实姓名，不得记录证人住址、单位、身份证号及其他足以识别其身份的信息。证人签名以按指纹代替。

侦查人员、检察人员和审判人员记载秘密证人真实姓名和身份信息的笔录或者文书，以及证人代号与真实姓名对照表，应当单独立卷，交办案单位档案部门封存。

第十二条 法庭审理时不得公开秘密证人的真实姓名和身份信息。用于公开质证的秘密证人的声音、影像，应当进行变声、变像等技术处理。

秘密证人出庭作证，人民法院可以采取限制询问、遮蔽容貌、改变声音或者使用音频、视频传送装置等保护性措施。

经辩护律师申请，法庭可以要求公安机关、人民检察院对使用秘密证人的理由、审批程序出具说明。

第十三条 对报案人、控告人、举报人、鉴定人、被害人的保护，参照本规定第九条至第十二条的规定执行。

五、特殊情况的处理

第十四条 参加黑社会性质组织的犯罪嫌疑人、被告人，自动投案，如实供述自己的罪行，或者在被采取强制措施期间如实供述司法机关还未掌握的本人其他罪行的，应当认定为自首。

参加黑社会性质组织的犯罪嫌疑人、被告人，积极配合侦查、起诉、审判工作，检举、揭发黑社会性质组织其他成员与自己共同犯罪以外的其他罪行，经查证属实的，应当认定为有立功表现。在查明黑社会性质组织的组织结构和组织者、领导者的地位作用，追缴、没收赃款赃物，打击"保护伞"方面提供重要线索，经查证属实的，可以酌情从宽处理。

第十五条　对于有本规定第十四条所列情形之一的，公安机关应当根据犯罪嫌疑人的认罪态度以及在侦查工作中的表现，经县级以上公安机关主要负责人批准，提出从宽处理的建议并说明理由。

人民检察院应当根据已经查明的事实、证据和有关法律规定，在充分考虑全案情况和公安机关建议的基础上依法作出起诉或者不起诉决定，或者起诉后向人民法院提出依法从轻、减轻或者免除刑事处罚的建议。

人民法院应当根据已经查明的事实、证据和有关法律规定，在充分考虑全案情况、公安机关和人民检察院建议和被告人、辩护人辩护意见的基础上，依法作出判决。

对参加黑社会性质组织的犯罪嫌疑人、被告人不起诉或者免予刑事处罚的，应当予以训诫或者责令具结悔过并保证不再从事违法犯罪活动。

第十六条　对于有本规定第十四条第二款情形的犯罪嫌疑人、被告人，可以参照第九条至第十二条的规定，采取必要的保密和保护措施。

六、涉案财产的控制和处理

第十七条　根据黑社会性质组织犯罪案件的诉讼需要，公安机关、人民检察院、人民法院可以依法查询、查封、扣押、冻结与案件有关的下列财产：

（一）黑社会性质组织的财产；

（二）犯罪嫌疑人、被告人个人所有的财产；

（三）犯罪嫌疑人、被告人实际控制的财产；

（四）犯罪嫌疑人、被告人出资购买的财产；

（五）犯罪嫌疑人、被告人转移至他人的财产；

（六）其他与黑社会性质组织及其违法犯罪活动有关的财产。

对于本条第一款的财产，有证据证明与黑社会性质组织及其违法犯罪活动无关的，应当依法立即解除查封、扣押、冻结措施。

第十八条　查封、扣押、冻结财产的，应当一并扣押证明财产所有权或者相关权益的法律文件和文书。

在侦查、起诉、审判过程中，查询、查封、扣押、冻结财产需要其他部门配合或者执行的，应当分别经县级以上公安机关负责人、人民检察院检察长、人民法院院长批准，通知有关部门配合或者执行。

查封、扣押、冻结已登记的不动产、特定动产及其他财产，应当通知有关登记机关，在查封、扣押、冻结期间禁止被查封、扣押、冻结的财产流转，不得办理被查封、扣押、冻结财产权属变更、抵押等手续；必要时可以提取有关产权证照。

第十九条　对于不宜查封、扣押、冻结的经营性财产，公安机关、人民检察院、人民法院可以申请当地政府指定有关部门或者委托有关机构代管。

第二十条　对于黑社会性质组织形成、发展过程中，组织及其成员通过违法犯罪活动或者其他不正当手段聚敛的财产及其孳息、收益，以及用于违法犯罪的工具和其他财物，应当依法追缴、没收。

对于其他个人或者单位利用黑社会性质组织及其成员的违法犯罪活动获得的财产及其孳息、收益，应当依法追缴、没收。

对于明知是黑社会性质组织而予以资助、支持的，依法没收资助、支持的财产。

对于被害人的合法财产及其孳息，应当依法及时返还或者责令退赔。

第二十一条 依法应当追缴、没收的财产无法找到、被他人善意取得、价值灭失或者与其他合法财产混合且不可分割的，可以追缴、没收其他等值财产。

对黑社会性质组织及其成员聚敛的财产及其孳息、收益的数额，办案单位可以委托专门机构评估；确实无法准确计算的，可以根据有关法律规定及查明的事实、证据合理估算。

七、律师辩护代理

第二十二条 公安机关、人民检察院、人民法院应当依法保障律师在办理黑社会性质组织犯罪案件辩护代理工作中的执业权利，保证律师依法履行职责。

公安机关、人民检察院、人民法院应当加强与司法行政机关的沟通和协作，及时协调解决律师辩护代理工作中的问题；发现律师有违法违规行为的，应当及时通报司法行政机关，由司法行政机关依法处理。

第二十三条 律师接受委托参加黑社会性质组织犯罪案件辩护代理工作的，应当严格依法履行职责，依法行使执业权利，恪守律师职业道德和执业纪律。

第二十四条 司法行政机关应当建立对律师办理黑社会性质组织犯罪案件辩护代理工作的指导、监督机制，加强对敏感、重大的黑社会性质组织犯罪案件律师辩护代理工作的业务指导；指导律师事务所建立健全律师办理黑社会性质组织犯罪案件辩护代理工作的登记、报告、保密、集体讨论、档案管理等制度；及时查处律师从事黑社会性质组织犯罪案件辩护代理活动中的违法违规行为。

八、刑罚执行

第二十五条 对于组织、领导、参加黑社会性质组织的罪犯，执行机关应当采取严格的监管措施。

第二十六条 对于判处十年以上有期徒刑、无期徒刑，以及判处死刑缓期二年执行减为有期徒刑、无期徒刑的黑社会性质组织的组织者、领导者，应当跨省、自治区、直辖市异地执行刑罚。

对于被判处十年以下有期徒刑的黑社会性质组织的组织者、领导者，以及黑社会性质组织的积极参加者，可以跨省、自治区、直辖市或者在本省、自治区、直辖市内异地执行刑罚。

第二十七条 对组织、领导和积极参加黑社会性质组织的罪犯减刑的，执行机关应当依法提出减刑建议，报经省、自治区、直辖市监狱管理机关审核后，提请人民法院裁定。监狱管理机关审核时应当向同级人民检察院、公安机关通报情况。

对被判处不满十年有期徒刑的组织、领导和积极参加黑社会性质组织的罪犯假释的，依照前款规定处理。

对因犯组织、领导黑社会性质组织罪被判处十年以上有期徒刑、无期徒刑的罪犯，不得假释。

第二十八条 对于组织、领导和积极参加黑社会性质组织的罪犯，有下列情形之一，确实需要暂予监外执行的，应当依照法律规定的条件和程序严格审批：

（一）确有严重疾病而监狱不具备医治条件，必须保外就医，且适用保外就医不致危害社会的；

（二）怀孕或者正在哺乳自己婴儿的妇女；

（三）因年老、残疾完全丧失生活自理能力，适用暂予监外执行不致危害社会的。

暂予监外执行的审批机关在作出审批决定前，应当向同级人民检察院、公安机关通报情况。

第二十九条 办理境外黑社会组织成员入境发展组织成员犯罪案件，参照本规定执行。

第三十条 本规定自印发之日起施行。

八、最高人民法院《关于审理黑社会性质组织犯罪的案件具体应用法律若干问题的解释》（节录）（2000年12月5日最高人民法院公布 自2000年12月10日起施行 法释〔2000〕42号）

为依法惩治黑社会性质组织的犯罪活动，根据刑法有关规定，现就审理黑社会性质组织的犯罪案件具体应用法律的若干问题解释如下：

第二条 刑法第二百九十四条第二款规定的“发展组织成员”，是指将境内、外人员吸收为该黑社会组织成员的行为。对黑社会组织成员进行内部调整等行为，可视为“发展组织成员”。

港、澳、台黑社会组织到内地发展组织成员的，适用刑法第二百九十四条第二款的规定定罪处罚。

第三条 组织、领导、参加黑社会性质的组织又有其他犯罪行为的，根据刑法第二百九十四条第三款的规定，依照数罪并罚的规定处罚；对于黑社会性质组织的组织者、领导者，应当按照其所组织、领导的黑社会性质组织所犯的全部罪行处罚；对于黑社会性质组织的参加者，应当按照其所参与的犯罪处罚。

对于参加黑社会性质的组织，没有实施其他违法犯罪活动的，或者受蒙蔽、胁迫参加黑社会性质的组织，情节轻微的，可以不作为犯罪处理。

第四条 国家机关工作人员组织、领导、参加黑社会性质组织的，从重处罚。

第五条 刑法第二百九十四条第四款规定的“包庇”，是指国家机关工作人员为使黑社会性质组织及其成员逃避查禁，而通风报信，隐匿、毁灭、伪造证据，阻止他人作证、检举揭发，指使他人作伪证，帮助逃匿，或者阻挠其他国家机关工作人员依法查禁等行为。

刑法第二百九十四条第四款规定的“纵容”，是指国家机关工作人员不依法履行职责，放纵黑社会性质组织进行违法犯罪活动的行为。

第六条 国家机关工作人员包庇、纵容黑社会性质的组织，有下列情形之一的，属于刑法第二百九十四条第四款规定的“情节严重”：

（一）包庇、纵容黑社会性质组织跨境实施违法犯罪活动的；

（二）包庇、纵容境外黑社会组织在境内实施违法犯罪活动的；

（三）多次实施包庇、纵容行为的；

（四）致使某一区域或者行业的经济、社会生活秩序遭受黑社会性质组织特别严重破坏的；

（五）致使黑社会性质组织的组织者、领导者逃匿，或者致使对黑社会性质组织的查禁工作严重受阻的；

（六）具有其他严重情节的。

第七条 对黑社会性质组织和组织、领导、参加黑社会性质组织的犯罪分子聚敛的财物及其收益，以及用于犯罪的工具等，应当依法追缴、没收。

40 入境发展黑社会组织案

概念

本罪是指境外的黑社会组织的人员到中华人民共和国境内发展组织成员的行为。

立案标准

根据《刑法》第 294 条第 2 款的规定，境外的黑社会组织的人员到中华人民共和国境内发展组织成员的，应当立案。

本罪是行为犯，只要境外的黑社会组织的人员到中华人民共和国境内发展组织成员的，原则上就构成犯罪，应当立案追究。

定罪标准		
	犯罪客体	本罪侵犯的客体是社会公共秩序。
	犯罪客观方面	本罪在客观方面表现为在我国境内发展黑社会组织成员的行为。根据最高人民法院《关于审理黑社会性质组织犯罪的案件具体应用法律若干问题的解释》第 2 条规定，发展黑社会组织成员，是指将境内、外人员吸收为该黑社会组织成员的行为。对黑社会组织成员进行内部调整如对黑社会组织成员职位的升迁、调换、降低以及选举、开除等行为，也可以视为发展组织成员。既包括直接进行的劝说、利诱、威逼等使他人加入境外黑社会组织的行为，又包括他人主动自愿加入为其办理某种手续或予以允诺的行为，还包括不进行具体的组织活动而领导、指挥他人为境外黑社会组织吸收、发展成员的行为。在境内举行的一般性的集会、会议及祭扫、祈祷等仪式，不应属于本罪的发展黑社会组织成员的行为。港、澳、台地区黑社会组织到内地发展组织成员的，应当适用《刑法》第 294 条第 2 款的规定以本罪定罪处罚。 一、必须是为境外黑社会组织吸收、发展新的成员。为境外黑社会组织发展成员，应当与境外黑社会组织相联系，听从其指挥、命令，并以境外黑社会组织的名义、旗号从事有关发展活动。当然，以境外黑社会组织的名义从事发展活动，并不要求吸收每一新的成员都要明确告知被发展对象自己在为某某黑社会组织招揽成员。先用欺骗方法让发展对象加入某一组织，待其深入其中不能自拔时再让其知道事实真相的，并不影响发展行为成立。 二、发展境外黑社会组织成员的行为必须是在我国境内。不在我国境内而在我国境外包括外国及香港、澳门、台湾地区发展黑社会组织成员，不能以本罪论处。在我国境内发展境外黑社会组织成员，既包括境外人员进入我国境内发展成员即典型的入境发展行为，又包括我国境内公民加入境外黑社会组织后为黑社会组织在我国境内发展新成员的行为，不应将入境发展仅仅理解为从境外进入境内发展的行为。其实，境内人员加入境外黑社会组织后在境外黑社会组织的领导、指挥下为之发展新成员，乃与境外黑社会组织的其他成员形成了共同的在境内发展新成员的故意，是境外黑社会组织入境发展成员的行为的延续及组成部分，因此构成入境发展黑社会组织行为的共犯，同样应以本罪行为依法追究其刑事责任。

定罪标准	犯罪客观方面	三、发展、吸收黑社会组织成员的手段多种多样。既可以采用伤害身体、毁坏财产、侵害他人亲朋好友等暴力或者以暴力威胁之手段逼迫他人加入，又可以使用揭露隐私、毁坏名誉等精神威胁逼迫他人就范；既可以采取物质利诱、金钱收买、美色引诱等手段拉拢、诱惑、腐蚀使他人自愿加入，又可以采用欺骗劝诱、为他人提供非法保护等方式使他人加入，还可以软硬兼施，或者先设陷阱，待他人陷入后迫使其加入；既可以不用掩护，公开以境外黑社会组织的名义吸收、发展成员，又可以借用合法身份掩护，如以投资兴办酒吧、舞厅、卡拉OK厅、饭店、夜总会、打靶场、娱乐场或者生产、经营公司、企业等为名义，暗地发展境外黑社会组织成员，等等。无论其方法如何，只要行为人意在使他人参加境外黑社会组织，即可认定为发展黑社会组织的行为，从而可以构成本罪。 四、发展对象没有限制。既可以是有职业的工作人员，如工人、教师、医生、研究人员、国家工作人员等，又可以是无职业人员，如农民、无业游民、流氓地痞等；既可以是成年人，又可以是未成年人；既可以是我国境内居民，也可以是境外居民，如在我国境内工作、侨居的外国人、无国籍人及香港、澳门、台湾地区居民；既可以是1人，也可以是2人或者多人，不论对象身份如何，人数多少，行为人对之实施了发展行为的，即可构成本罪，应当依法加以追究。
	犯罪主体	本罪的主体为特殊主体，即只有境外的黑社会组织的人员才能构成本罪。如不是境外黑社会组织的成员而是境内黑社会性质组织的成员发展成员的，则不构成本罪，而是构成组织黑社会性质组织罪。境外黑社会组织的人员，既包括境外黑社会组织总部的人员，也包括被境外黑社会组织已经发展为成员而仍在境内分部的成员。因此，既可以是境外人，如外国人、无国籍人以及香港、澳门和台湾地区的我国公民，又可以是境内人员。至于该人员是黑社会性质组织的组织者、领导者还是一般参加者，则不影响本罪成立。另外，作为境外黑社会组织的成员入境发展黑社会组织，应是基于发展境外黑社会组织的意图实施的发展行为。如果境外人员根本没有为境外黑社会组织发展成员的意图，而是另行组织一个黑社会性质的非法组织实施有关活动，如非黑社会组织成员入境组织黑社会性质组织的，即使假冒了境外黑社会组织名义，也不能以本罪行为论，构成犯罪的，应以组织黑社会性质组织罪论。境外黑社会组织的人员应作广义理解，接受境外黑社会组织的委托、命令而入境发展黑社会组织的，即使尚未实际加入，也应以黑社会组织的人员论。境外，不仅包括国外以及虽为我国领土但尚未实施有效管辖的区域如台湾地区，而且还包括已经回归祖国的香港、澳门特别行政区。
	犯罪主观方面	本罪在主观方面必须出于故意，且为直接故意，即明知自己为境外黑社会组织在我国境内发展成员的行为仍置之不顾而决意为之，并且希望、积极追求他人按其意图加入黑社会组织的结果发生。其目的是为了在境内发展、吸纳新的成员以扩充境外黑社会组织的势力。过失不能构成本罪。至于入境发展黑社会组织的动机，有的是直接出于扩张组织规模，扩大控制地域、势力范围；有的是为了在境内建立避风港，寻找保护伞，以逃避打击；有的是为了进入境内大肆进行牟取经济利益的违法犯罪活动，攫取黑色的非法收入；有的是仇视我国政府，直接进行各种破坏活动，等等。动机如何，并不影响本罪成立。
	罪与非罪	区分罪与非罪，要把握以下几点： 一、本罪既遂、未遂及预备形态的界限。本罪为行为犯，行为人实施发展、吸收他人为黑社会组织成员的行为，他人按其意图加入了该组织，则构成本罪既遂。行为

定罪标准		
	罪与非罪	人实施了发展行为，即向发展对象表明了让其加入的意图，但发展对象不愿加入或在加入前即被查获的，属于意志以外的原因未能得逞，乃为未遂。行为人只是为发展行为做准备，如组织不特定的人员进行宣传、介绍，并未表明让他人加入的主观意图的，则属预备。对于未遂犯、预备犯，如果具有自首、立功等表现，情节显著轻微危害不大的，依照《刑法》第13条的规定，可不以犯罪论处。 二、境外黑社会组织中的年满14周岁未满16周岁的成员在境内发展黑社会组织成员的，不能以本罪论处。如果在发展成员的同时又组织、领导进行故意杀人、故意伤害致人重伤或死亡、强奸、抢劫、贩卖毒品、放火、爆炸、投毒等8种罪行的，应单独以这8种犯罪行为所触犯的罪名追究其刑事责任。 三、境外黑社会组织成员进入境内进行其他犯罪，而未实施本罪发展成员行为的，应以他罪依法追究行为人的刑事责任。 四、境外非黑社会组织成员入境发展成员如发展恐怖组织、邪教组织成员，构成犯罪的，应以组织恐怖组织罪，组织会道门、邪教组织破坏法律实施罪，组织会道门、邪教组织致人死亡罪等定罪处罚。
	此罪与彼罪	本罪与组织、领导、参加黑社会性质组织罪的界限。两罪的区别主要是：（1）主体不同。后罪的主体为一般主体，年满16周岁、具有刑事责任能力的自然人，不论何人，均可构成本罪；本罪的主体则为特殊主体，只有境外黑社会组织中的年满16周岁、具有刑事责任能力的自然人才能构成其罪。（2）行为方式不同。本罪的行为方式为在境内为境外黑社会组织发展成员，是境外黑社会组织中的组织行为的一部分，与境外黑社会组织相联系，意在扩充境外黑社会组织在境内的势力等；后罪的行为方式为组织、领导或参加黑社会性质组织的行为，不仅包括发展成员的行为，而且包括组建、领导、参加黑社会性质组织的行为。（3）行为的地点要求不同。本罪行为必须发生在境内，即在我国大陆内，不在我国大陆内发展黑社会组织成员的，不构成本罪；后罪的行为则没有限制。既可以发生在境内，又可以发生在境外。我国公民组织、领导或者参加黑社会性质组织后又在境外发展成员，或者领导、参加黑社会性质组织在境外进行违法犯罪活动的，仍然构成其罪。（4）行为对象不同。本罪行为对象是欲发展成为黑社会组织的成员；后罪的对象则是黑社会性质组织，包括其中的人员和事务。（5）与境外黑社会组织是否联系不同。本罪必然要求与境外黑社会组织相联系，受其领导与指挥；后罪则不要求与境外黑社会组织相联系，等等。入境发展黑社会组织，如果形成相当规模，如组织了有一定人员参加的境外黑社会的分支机构，对于发展者，以本罪治罪毫无疑问。没有实施发展成员的领导者、参加者，不按本罪定罪处罚。
	一罪与数罪	行为人实施本罪行为的同时又进行其他犯罪活动的，根据《刑法》第294条第4款规定，依照数罪并罚的规定处罚。司法实践中，有的境外黑社会组织成员入境发展黑社会成员，采用暴力方法威逼的，如故意伤害其亲人逼其就范的，或者在发展对象不从时将之加以杀害的，又触犯故意杀人罪、故意伤害罪等，对之，有的人认为应按牵连犯从一重罪处断，不实行并罚。我们认为，行为人入境发展黑社会组织的目的，最终是通过进行其他犯罪以获取经济利益，发展行为与后来实施的犯罪行为之间具有牵连关系，如果法律没有规定，按照牵连犯的处罚原则可以择重罪处罚，但《刑法》已经明确规定，犯本罪又有其他犯罪行为的，应当实行并罚，从而排斥了牵连犯处罚原则的适用。同样，在发展成员时采用杀人、伤害等暴力方法又构成其他罪的，虽然存在牵连关系，但基于《刑法》明文规定，也应实行数罪并罚，不应择一重罪论处。

<table>
<tr><td>定罪标准</td><td>一罪与数罪</td><td colspan="2">其实，《刑法》之所以明确规定这种情况要实行并罚，就是要排除牵连犯处罚原则的适用。有牵连关系，不论其他犯罪行为是在发展行为之前还是之后，都应依照《刑法》规定实行并罚，不能仅仅理解只对发展后的牵连犯罪行为进行并罚。</td></tr>
<tr><td rowspan="4">证据参考标准</td><td>主体方面的证据</td><td colspan="2">一、证明行为人刑事责任年龄、身份等自然情况的证据。
包括身份证明、户籍证明、任职证明、工作经历证明、特定职责证明等，主要是证明行为人的姓名（曾用名）、性别、出生年月日、民族、籍贯、出生地、职业（或职务）、住所地（或居所地）等证据材料，如户口簿、居民身份证、工作证、出生证、专业或技术等级证、干部履历表、职工登记表、护照等。
对于户籍、出生证等材料内容不实的，应提供其他证据材料。外国人犯罪的案件，应有护照等身份证明材料。人大代表、政协委员犯罪的案件，应注明身份，并附身份证明材料。
二、证明行为人刑事责任能力的证据。
证明行为人对自己的行为是否具有辨认能力与控制能力，如是否属于间歇性精神病人、尚未完全丧失辨认或者控制自己行为能力的精神病人的证明材料。</td></tr>
<tr><td>主观方面的证据</td><td colspan="2">证明行为人故意的证据：1. 证明行为人明知的证据：证明行为人明知自己的行为会发生危害社会的结果；2. 证明直接故意的证据：证明行为人希望危害结果发生。</td></tr>
<tr><td>客观方面的证据</td><td colspan="2">证明行为人入境发展黑社会组织犯罪行为的证据。
具体证据包括：1. 证明行为人入境发展黑社会组织成员行为的证据：（1）机关干部；（2）企业管理人员；（3）其他。2. 证明行为人在大陆境内进行黑社会组织犯罪行为的证据：（1）残害群众；（2）走私军火；（3）贩卖毒品；（4）组织、强迫他人卖淫；（5）开妓院、赌场、色情场所。3. 证明行为人入境发展黑社会组织进行破坏社会主义市场经济秩序的其他行为的证据。4. 证明行为人入境发展黑社会组织进行破坏我国境内生活秩序、社会秩序的其他证据。</td></tr>
<tr><td>量刑方面的证据</td><td colspan="2">一、法定量刑情节证据。
1. 事实情节：（1）情节严重；（2）其他。2. 法定从重情节。3. 法定从轻减轻情节：（1）可以从轻；（2）可以从轻或减轻；（3）应当从轻或者减轻。4. 法定从轻减轻免除情节：（1）可以从轻、减轻或者免除处罚；（2）应当从轻、减轻或者免除处罚。5. 法定减轻免除情节：（1）可以减轻或者免除处罚；（2）应当减轻或者免除处罚；（3）可以免除处罚。
二、酌定量刑情节证据。
1. 犯罪手段：（1）发展；（2）其他。2. 犯罪对象。3. 危害结果。4. 动机。5. 平时表现。6. 认罪态度。7. 是否有前科。8. 其他证据。</td></tr>
<tr><td>量刑标准</td><td colspan="2">犯本罪的</td><td>处三年以上十年以下有期徒刑</td></tr>
</table>

刑法条文

第二百九十四条第二款 境外的黑社会组织的人员到中华人民共和国境内发展组织成员的，处三年以上十年以下有期徒刑。

第二百九十四条第四款、第五款 犯前三款罪又有其他犯罪行为的，依照数罪并罚的规定处罚。

黑社会性质的组织应当同时具备以下特征：

（一）形成较稳定的犯罪组织，人数较多，有明确的组织者、领导者，骨干成员基本固定；

（二）有组织地通过违法犯罪活动或者其他手段获取经济利益，具有一定的经济实力，以支持该组织的活动；

（三）以暴力、威胁或者其他手段，有组织地多次进行违法犯罪活动，为非作恶，欺压、残害群众；

（四）通过实施违法犯罪活动，或者利用国家工作人员的包庇或者纵容，称霸一方，在一定区域或者行业内，形成非法控制或者重大影响，严重破坏经济、社会生活秩序。

法律适用 司法解释

一、最高人民法院、最高人民检察院、公安部、司法部《关于办理利用信息网络实施黑恶势力犯罪刑事案件若干问题的意见》（节录）（2019年7月23日最高人民法院、最高人民检察院、公安部、司法部公布 自2019年10月21日起施行）

9. 利用信息网络实施违法犯罪活动，符合刑法、《指导意见》以及最高人民法院、最高人民检察院、公安部、司法部《关于办理恶势力刑事案件若干问题的意见》等规定的恶势力、恶势力犯罪集团、黑社会性质组织特征和认定标准的，应当依法认定为恶势力、恶势力犯罪集团、黑社会性质组织。

认定利用信息网络实施违法犯罪活动的黑社会性质组织时，应当依照刑法第二百九十四条第五款规定的“四个特征”进行综合审查判断，分析“四个特征”相互间的内在联系，根据在网络空间和现实社会中实施违法犯罪活动对公民人身、财产、民主权利和经济、社会生活秩序所造成的危害，准确评价，依法予以认定。

10. 认定利用信息网络实施违法犯罪的黑恶势力组织特征，要从违法犯罪的起因、目的，以及组织、策划、指挥、参与人员是否相对固定，组织形成后是否持续进行犯罪活动、是否有明确的职责分工、行为规范、利益分配机制等方面综合判断。利用信息网络实施违法犯罪的黑恶势力组织成员之间一般通过即时通讯工具、通讯群组、电子邮件、网盘等信息网络方式联络，对部分组织成员通过信息网络方式联络实施黑恶势力违法犯罪活动，即使相互未见面、彼此不熟识，不影响对组织特征的认定。

11. 利用信息网络有组织地通过实施违法犯罪活动或者其他手段获取一定数量的经济利益，用于违法犯罪活动或者支持该组织生存、发展的，应当认定为符合刑法第二百九十四条第五款第二项规定的黑社会性质组织经济特征。

12. 通过线上线下相结合的方式，有组织地多次利用信息网络实施违法犯罪活动，侵犯不特定多人的人身权利、民主权利、财产权利，破坏经济秩序、社会秩序的，应当认定为符合刑法第二百九十四条第五款第三项规定的黑社会性质组织行为特征。单纯通过线上方式实施的违法犯罪活动，且不具有为非作恶、欺压残害群众特征的，一般不应作为黑社会性质组织行为特征的认定依据。

法律适用 司法解释

二、最高人民法院《关于审理黑社会性质组织犯罪的案件具体应用法律若干问题的解释》（节录）（2000年12月5日最高人民法院公布 自2000年12月10日起施行 法释〔2000〕42号）

第二条 刑法第二百九十四条第二款规定的“发展组织成员”，是指将境内、外人员吸收为该黑社会组织成员的行为。对黑社会组织成员进行内部调整等行为，可视为“发展组织成员”。

港、澳、台黑社会组织到内地发展组织成员的，适用刑法第二百九十四条第二款的规定定罪处罚。

第三条 组织、领导、参加黑社会性质的组织又有其他犯罪行为的，根据刑法第二百九十四条第三款的规定，依照数罪并罚的规定处罚；对于黑社会性质组织的组织者、领导者，应当按照其所组织、领导的黑社会性质组织所犯的全部罪行处罚；对于黑社会性质组织的参加者，应当按照其所参与的犯罪处罚。

对于参加黑社会性质的组织，没有实施其他违法犯罪活动的，或者受蒙蔽、胁迫参加黑社会性质的组织，情节轻微的，可以不作为犯罪处理。

第七条 对黑社会性质组织和组织、领导、参加黑社会性质组织的犯罪分子聚敛的财物及其收益，以及用于犯罪的工具等，应当依法追缴、没收。

41 包庇、纵容黑社会性质组织案

概念

本罪是指国家机关工作人员包庇黑社会性质的组织或者纵容黑社会性质的组织进行违法犯罪活动的行为。

立案标准

根据《刑法》第294条第3款的规定，国家机关工作人员包庇黑社会性质的组织、纵容黑社会性质的组织进行违法犯罪活动的，应当立案。

本罪是行为犯，只要国家机关工作人员实施了包庇黑社会性质的组织、纵容黑社会性质的组织进行违法犯罪活动的行为，原则上就构成犯罪，应当立案追究。

定罪标准		
定罪标准	犯罪客体	本罪侵犯的客体是复杂客体，包括正常的社会秩序和国家机关的正常管理活动。国家机关工作人员包庇、纵容黑社会性质组织及其违法犯罪活动的行为，是对正常的社会秩序构成严重威胁和危害的行为。黑社会性质组织犯罪是威胁和危害正常社会秩序的主要因素之一。黑社会性质组织的萌生滋长，其违法犯罪活动的猖獗嚣张，在很大程度上是与某些国家机关人员对他们的恣意包庇和任意放纵分不开的。此外，国家机关工作人员背弃己责，与黑社会性质组织相互勾结，或者向其屈服低头，放任或帮助他们危害国家、社会和民众，还将造成对国家机关正常管理活动，特别是国家机关预防、遏制、惩治黑社会性质组织犯罪，维护正常社会秩序管理活动的侵害。
	犯罪客观方面	本罪在客观方面表现为包庇黑社会性质的组织，或者纵容黑社会性质的组织进行违法犯罪活动之一的行为。 所谓包庇，根据最高人民法院《关于审理黑社会性质组织犯罪的案件具体应用法律若干问题的解释》第5条规定，是指国家机关工作人员为使黑社会性质组织及其成员逃避查禁而通风报信，隐匿、毁灭、伪造证据，阻止他人作证、检举、揭发，指使他人作伪证，帮助逃匿，或者阻挠其他国家机关工作人员查禁等行为。(1)包庇的对象为黑社会性质组织，而非其中个别成员。因此，不知道他人系某一黑社会性质组织的成员，只认为是其他犯罪分子而包庇的，不能以本罪论处。知道是某一黑社会性质组织的成员，但不是出于包庇整个黑社会性质组织的意图，如父亲知道儿子是某一黑社会性质组织的成员，但这一黑社会性质组织的所有情况都不知道，只是想让其子不受惩罚从而实施包庇行为的，即使客观上会因其子无法及时受到追究从而使得黑社会性质组织不能被及时发现，也不应以本罪的包庇行为论。当然，包庇黑社会性质组织乃是通过包庇其成员来实现的。如果知道是某一黑社会性质组织的成员，出于包庇整个黑社会性质组织的目的，如受黑社会性质组织的成员尤其是主要成员之托，或者向黑社会性质组织的其他成员通风报信、反馈信息、共同商量的等，即可认定为包庇黑社会性质组织。(2)包庇行为的本质在于使黑社会性质组织及其成员逃避查禁。既可以利用国家机关工作人员的职务、地位、影响等便利，也可以不利用国家机关工作人员的职位、地位、影响等便利。从司法解释看，本罪的行为方式涉及通风报信，隐匿、毁灭、伪造证据，阻止他人作证、检举、揭发，指使他人作伪证，帮助逃匿等许

<table>
<tr><td rowspan="3">定罪标准</td><td>犯罪客观方面</td><td>多并不需要利用职务之便就可实施的行为。是否利用国家机关工作人员的职务、地位、影响等便利条件进行包庇，不应影响本罪成立。另外，本罪没有纳入渎职罪的范畴，从这种意义上来说，也不要求国家机关工作人员一定滥用职权进行包庇。
所谓纵容，是指国家机关工作人员不依法履行职责，放纵黑社会性质组织进行违法犯罪活动的行为，即明知是黑社会性质的组织进行违法犯罪活动而放纵，对之听之任之，放任不管，不予制止，不加查处。构成本罪放纵行为主体的主要是公安、检察、法院机关的工作人员，其担负着查禁黑社会性质组织及其进行的违法犯罪活动的职责。但是，一些党委、政府、人大等机关的工作人员，工商、税务、海关、质量技术监督、商检等部门的工作人员，依法也具有查禁违法犯罪活动或者领导查禁违法犯罪活动的职责，因此也有可能放纵黑社会性质组织的违法犯罪活动，构成犯罪的，自然可以构成本罪。不依法履行职责而纵容黑社会性质组织进行的违法犯罪活动，既包括完全、根本不履行职责，即见之而按兵不动，又包括履行职责，但不严格依法办事，不全面、认真履行查处职责，只是装模作样，应付上级，还包括不依法及时查处，故意拖延等。
本罪的包庇行为对象为黑社会性质组织，纵容行为的对象则为黑社会性质组织进行的违法犯罪活动。因此，两者有时可能发生混淆。如黑社会性质组织进行了违法犯罪活动，具有查禁职责的国家机关工作人员明知是黑社会性质组织，但把它当作维护社会治安或者发展地方经济的“有功之臣”而不加查处，此时就是放纵；如果在他人查处时而不准查处、阻止查处，则就属于包庇。区分两者的关键往往不在于对象的区分，而在于行为实质的区别，即纵容是不依法履行职责的行为，包括消极的不作为，而包庇则是一系列的为使其逃避查禁而实施的包庇、窝藏、阻碍作证、伪造、毁灭证据等的一系列积极的作为。具有查禁职责的国家机关工作人员不依法查处黑社会性质组织的违法犯罪活动，本身就属于纵容，如果再实施通风报信、阻止他人作证等行为的，则又属于包庇，尽管如此，也不实行并罚，只以本罪一罪即包庇、纵容黑社会性质组织罪依法追究行为人的刑事责任。
黑社会性质组织是黑社会组织不完全的、非成熟的初级形态，具有黑社会组织的基本的主要的特征，不能以黑社会组织的条件、标准衡量黑社会性质组织。但反过来，黑社会组织则是黑社会性质组织发展到最后的、完全的、成熟的高级形态，其不仅具有黑社会性质组织的所有特征，还具备黑社会性质组织所没有的特征。因此，对于境外黑社会组织在我国境内进行的包括入境发展黑社会组织成员在内的违法犯罪活动，国家机关工作人员无疑应当依法查处，不能包庇、纵容。如果包庇、纵容的，则完全可以本罪依法追究行为人的刑事责任。</td></tr>
<tr><td>犯罪主体</td><td>本罪的主体为特殊主体，只有国家机关工作人员才能构成本罪。非国家机关工作人员如企业、事业单位、各民主党派、妇联、工会、共青团等人民团体、社会团体的工作人员以及虽在国家机关工作但没有从事公务的人员都不能成为本罪主体而构成本罪，构成犯罪的，应以他罪如窝藏、包庇罪等治罪科刑。所谓国家机关，是指中国共产党的机关、权力机关、行政机关、监察机关、政协机关、审判机关、检察机关、军事机关等。</td></tr>
<tr><td>犯罪主观方面</td><td>本罪在主观方面必须出于故意，即明知是黑社会性质的组织而包庇，是黑社会性质的组织进行的违法犯罪活动而纵容。过失不能构成本罪。不知是黑社会性质的组织或者由其进行的违法犯罪活动，而决意包庇或纵容的，不能构成本罪，构成犯罪的，</td></tr>
</table>

定罪标准	犯罪主观方面	也应是他罪如窝藏、包庇罪、包庇毒品犯罪分子罪、放纵走私罪等。至于其动机，有的是为了获取贿赂；有的是迷恋女色；有的是碍于情面；有的是讨好上级；有的是怕隐私被揭露、名誉被毁坏；有的是担心生命、健康安全；等等。动机如何，并不影响本罪成立。
	罪与非罪	区分罪与非罪的界限，要注意：本罪系行为犯，行为人实施完毕包庇、纵容黑社会性质组织行为的，原则上构成本罪且为既遂。但是，根据案件具体情况，如果包庇、纵容行为情节显著轻微、危害不大的，如行为人指使他人作伪证，他人未作伪证而未遂，且能自首或立功的；帮助黑社会性质组织一般成员逃匿后即行帮助抓获归案，认真悔改的；等等，可不以犯罪论处。
	此罪与彼罪	一、纵容黑社会性质组织罪与玩忽职守罪的区别。主要是：（1）主观方面不同。本罪在主观方面必须出于故意；后罪则出于过失。（2）行为方式不同。本罪的行为方式表现为不依法履行或不正确履行职责，放纵黑社会性质组织进行违法犯罪活动的行为；后罪则表现为一切严重不负责任，不履行或不正确履行职务的所有玩忽职守的行为。（3）定罪情节有所不同。本罪系行为犯，一实施纵容黑社会性质组织进行的违法犯罪活动的行为，除非情节显著轻微危害不大，都构成本罪；后罪为结果犯，玩忽职守的行为必须造成公共财产、国家和人民利益重大损失的危害结果方能构成其罪。（4）侵犯的客体不同。本罪为复杂客体，既侵犯国家机关的正常管理活动，又侵犯社会正常的治安秩序，且以后者为主；后罪侵犯的客体则为国家机关正常的管理活动。 二、本罪与滥用职权罪的界限。国家机关工作人员利用职务之便采用各种方法包庇黑社会性质组织的，无疑是滥用职权，如果因此造成国家和人民利益遭受重大损失的，又触犯滥用职权罪，属想象竞合，应当择一重罪定罪处罚。 三、本罪与窝藏、包庇罪的界限。二者的区别主要是：（1）犯罪主体不同。本罪的主体为特殊主体，只有国家机关工作人员才能构成本罪；后罪的主体则为一般主体，年满16周岁、具有刑事责任能力的人，不论是否为国家机关工作人员，都可构成其罪。（2）客观行为方式不同。本罪包庇行为极为广泛，既包括作假证明包庇黑社会性质组织及其成员，以及为黑社会性质组织成员提供隐藏处所、财物，帮助其逃匿的包庇、窝藏行为，又包括其他诸如通风报信，隐匿、毁灭、伪造证据，阻止他人作证、检举、揭发，指使他人作伪证，阻挠国家机关工作人员查禁等其他包庇行为；后者则只包括为犯罪分子作假证明包庇及提供处所、财物，帮助其逃匿的行为，比本罪行为狭窄得多。（3）犯罪对象不同。本罪行为包庇的对象为黑社会性质组织包括其成员；后罪行为的对象则是一切犯罪的人包括黑社会性质组织的成员。（4）犯罪客体不同。本罪所侵犯的主要是国家机关查禁黑社会性质组织的正常秩序；后者所侵犯的则是国家司法机关查禁犯罪分子的正常秩序。国家机关工作人员如果为黑社会性质组织成员提供处所、财物，帮助其逃匿或者作假证明包庇的，既触犯本罪，又触犯窝藏、包庇罪，属想象竞合，应择一重罪论处。比较两者，刑罚基本相当，但本罪性质严重，因此，应以本罪依法追究行为人的刑事责任。 四、本罪与伪证罪的界限。国家机关工作人员在刑事诉讼中，如果担任证人、鉴定人、记录人、翻译人而对黑社会性质组织的违法犯罪案件有重要关系的情节，故意作虚假证明、鉴定、记录、翻译，或者隐匿罪证的，既触犯包庇黑社会性质组织罪，又触犯伪证罪，为想象竞合，应择一重罪定罪处罚。

<table>
<tr><td rowspan="4">证据参考标准</td><td>主体方面的证据</td><td colspan="2">一、证明行为人刑事责任年龄、身份等自然情况的证据。
包括身份证明、户籍证明、任职证明、工作经历证明、特定职责证明等，主要是证明行为人的姓名（曾用名）、性别、出生年月日、民族、籍贯、出生地、职业（或职务）、住所地（或居所地）等证据材料，如户口簿、居民身份证、工作证、出生证、专业或技术等级证、干部履历表、职工登记表、护照等。
对于户籍、出生证等材料内容不实的，应提供其他证据材料。外国人犯罪的案件，应有护照等身份证明材料。人大代表、政协委员犯罪的案件，应注明身份，并附身份证明材料。
二、证明行为人刑事责任能力的证据。
证明行为人对自己的行为是否具有辨认能力与控制能力，如是否属于间歇性精神病人、尚未完全丧失辨认或者控制自己行为能力的精神病人的证明材料。</td></tr>
<tr><td>主观方面的证据</td><td colspan="2">证明行为人故意的证据：1. 证明行为人明知的证据：证明行为人明知自己的行为会发生危害社会的结果。2. 证明直接故意的证据：证明行为人希望危害结果发生。3. 目的：（1）权钱交易；（2）牟取非法利益。</td></tr>
<tr><td>客观方面的证据</td><td colspan="2">证明行为人包庇、纵容黑社会性质组织犯罪行为的证据。
具体证据包括：1. 证明行为人系国家机关工作人员的证据。2. 证明行为人被黑社会性质组织腐蚀的证据：（1）金钱诱惑；（2）美女勾引；（3）权钱交易；（4）其他。3. 证明行为人与黑社会性质组织建立某种联系的证据：（1）提供方便；（2）经常往来；（3）其他。4. 证明行为人包庇黑社会性质组织的证据：（1）知情不举；（2）通风报信；（3）网开一面；（4）作假证明；（5）毁灭证据；（6）其他。5. 证明行为人纵容黑社会性质组织行为的证据：（1）放任不管；（2）不予查处；（3）予以袒护；（4）其他。6. 证明行为人包庇、纵容黑社会性质组织行为的其他证据。</td></tr>
<tr><td>量刑方面的证据</td><td colspan="2">一、法定量刑情节证据。
1. 事实情节：（1）情节严重；（2）其他。2. 法定从重情节。3. 法定从轻减轻情节：（1）可以从轻；（2）可以从轻或减轻；（3）应当从轻或者减轻。4. 法定从轻减轻免除情节：（1）可以从轻、减轻或者免除处罚；（2）应当从轻、减轻或者免除处罚。5. 法定减轻免除情节：（1）可以减轻或者免除处罚；（2）应当减轻或者免除处罚；（3）可以免除处罚。
二、酌定量刑情节证据。
1. 犯罪手段：（1）包庇；（2）纵容。2. 犯罪对象。3. 危害结果。4. 动机。5. 平时表现。6. 认罪态度。7. 是否有前科。8. 其他证据。</td></tr>
<tr><td rowspan="2">量刑标准</td><td colspan="2">犯本罪的</td><td>处五年以下有期徒刑</td></tr>
<tr><td colspan="2">情节严重的</td><td>处五年以上有期徒刑</td></tr>
</table>

刑法条文

第二百九十四条第三款 国家机关工作人员包庇黑社会性质的组织，或者纵容黑社会性质的组织进行违法犯罪活动的，处五年以下有期徒刑；情节严重的，处五年以上有期徒刑。

第二百九十四条第五款 黑社会性质的组织应当同时具备以下特征：

（一）形成较稳定的犯罪组织，人数较多，有明确的组织者、领导者，骨干成员基本固定；

（二）有组织地通过违法犯罪活动或者其他手段获取经济利益，具有一定的经济实力，以支持该组织的活动；

（三）以暴力、威胁或者其他手段，有组织地多次进行违法犯罪活动，为非作恶，欺压、残害群众；

（四）通过实施违法犯罪活动，或者利用国家工作人员的包庇或者纵容，称霸一方，在一定区域或者行业内，形成非法控制或者重大影响，严重破坏经济、社会生活秩序。

法律适用 司法解释

一、最高人民法院、最高人民检察院、公安部、司法部《关于办理利用信息网络实施黑恶势力犯罪刑事案件若干问题的意见》（节录）（2019年7月23日最高人民法院、最高人民检察院、公安部、司法部公布 自2019年10月21日起施行）

9. 利用信息网络实施违法犯罪活动，符合刑法、《指导意见》以及最高人民法院、最高人民检察院、公安部、司法部《关于办理恶势力刑事案件若干问题的意见》等规定的恶势力、恶势力犯罪集团、黑社会性质组织特征和认定标准的，应当依法认定为恶势力、恶势力犯罪集团、黑社会性质组织。

认定利用信息网络实施违法犯罪活动的黑社会性质组织时，应当依照刑法第二百九十四条第五款规定的“四个特征”进行综合审查判断，分析“四个特征”相互间的内在联系，根据在网络空间和现实社会中实施违法犯罪活动对公民人身、财产、民主权利和经济、社会生活秩序所造成的危害，准确评价，依法予以认定。

10. 认定利用信息网络实施违法犯罪的黑恶势力组织特征，要从违法犯罪的起因、目的，以及组织、策划、指挥、参与人员是否相对固定，组织形成后是否持续进行犯罪活动、是否有明确的职责分工、行为规范、利益分配机制等方面综合判断。利用信息网络实施违法犯罪的黑恶势力组织成员之间一般通过即时通讯工具、通讯群组、电子邮件、网盘等信息网络方式联络，对部分组织成员通过信息网络方式联络实施黑恶势力违法犯罪活动，即使相互未见面、彼此不熟识，不影响对组织特征的认定。

11. 利用信息网络有组织地通过实施违法犯罪活动或者其他手段获取一定数量的经济利益，用于违法犯罪活动或者支持该组织生存、发展的，应当认定为符合刑法第二百九十四条第五款第二项规定的黑社会性质组织经济特征。

12. 通过线上线下相结合的方式，有组织地多次利用信息网络实施违法犯罪活动，侵犯不特定多人的人身权利、民主权利、财产权利，破坏经济秩序、社会秩序的，应当认定为符合刑法第二百九十四条第五款第三项规定的黑社会性质组织行为特征。单纯通过线上方式实施的违法犯罪活动，且不具有为非作恶、欺压残害群众特征的，一般不应作为黑社会性质组织行为特征的认定依据。

法律适用 司法解释

二、最高人民法院《关于审理黑社会性质组织犯罪的案件具体应用法律若干问题的解释》（节录）（2000年12月5日最高人民法院公布 自2000年12月10日起施行 法释〔2000〕42号）

第五条 刑法第二百九十四条第四款规定的“包庇”，是指国家机关工作人员为使黑社会性质组织及其成员逃避查禁，而通风报信，隐匿、毁灭、伪造证据，阻止他人作证、检举揭发，指使他人作伪证，帮助逃匿，或者阻挠其他国家机关工作人员依法查禁等行为。

刑法第二百九十四条第四款规定的“纵容”，是指国家机关工作人员不依法履行职责，放纵黑社会性质组织进行违法犯罪活动的行为。

第六条 国家机关工作人员包庇、纵容黑社会性质的组织，有下列情形之一的，属于刑法第二百九十四条第四款规定的“情节严重”：

（一）包庇、纵容黑社会性质组织跨境实施违法犯罪活动的；

（二）包庇、纵容境外黑社会组织在境内实施违法犯罪活动的；

（三）多次实施包庇、纵容行为的；

（四）致使某一区域或者行业的经济、社会生活秩序遭受黑社会性质组织特别严重破坏的；

（五）致使黑社会性质组织的组织者、领导者逃匿，或者致使对黑社会性质组织的查禁工作严重受阻的；

（六）具有其他严重情节的。

第七条 对黑社会性质组织和组织、领导、参加黑社会性质组织的犯罪分子聚敛的财物及其收益，以及用于犯罪的工具等，应当依法追缴、没收。

42 传授犯罪方法案

概念

本罪是指用语言、文字、动作、图像或者其他方法，故意向他人传授实施犯罪的具体经验和技能的行为。

立案标准

根据《刑法》第295条的规定，传授犯罪方法的，应当立案。

本罪是行为犯，只要行为人实施了传授犯罪方法的行为，原则上就构成犯罪，应当立案追究。

<table>
<tr><td rowspan="4">定罪标准</td><td>犯罪客体</td><td>本罪侵犯的客体是复杂客体。一方面，任何传授犯罪方法的犯罪都是扩散犯罪方法、传授犯罪技巧，进而直接造成对社会治安秩序的破坏，这是本罪的直接客体；另一方面，根据行为人传授的不同性质的犯罪方法，被传授人可能实施各种不同的犯罪从而侵犯不同的社会关系。尽管本罪所可能侵犯的间接客体已经不是其行为直接所致，但是，传授者在向被传授者传授某一特定犯罪方法时，对被传授者掌握并利用这些方法去侵犯一定的社会关系持希望或放任的态度，他对因传授内容而确定的社会关系的侵犯主观上具有故意，客观上有侵犯行为。至于被传授人是否接受传授或是否运用此方法去进行犯罪，不影响传授者对社会关系的侵犯。</td></tr>
<tr><td>犯罪客观方面</td><td>本罪的客观方面表现为实施了传授犯罪方法的行为，即以语言、文字、动作或者其他方式、方法将实施犯罪的具体经验、技能传授给他人的行为。行为人构成本罪，所传授的必须是犯罪方法。这里所说的犯罪方法，是指犯罪的经验与技能，包括手段、步骤、反侦查方法，等等。如果所传授的只是一般的违法方法，则不构成本罪。行为人传授犯罪方法的形式是多种多样的，既有口头传授的，也有书面传授的；既有公开传授的，也有秘密传授的；既有当面直接传授的，也有间接转达传授的；既有用语言、动作传授的，也有通过实际实施犯罪而传授的，等等。不论采取何种方式传授，均不影响本罪的构成。本罪的行为对象既可以是达到刑事责任年龄、不具有刑事责任能力的人，也可以是未达到刑事责任年龄、具有刑事责任能力的人。传授犯罪方法罪属于行为犯，不存在既遂、未遂之分。凡有了传授犯罪方法的行为，哪怕是刚刚着手，只要结合全案不属于情节显著轻微，就应按既遂追究，不存在未遂问题。至于是否全部完成行为人所计划的传授行为，可以作为影响案件社会危害性和量刑的一个因素。</td></tr>
<tr><td>犯罪主体</td><td>本罪的主体是一般主体，凡是达到法定刑事责任年龄、具有刑事责任能力的人均可成为本罪的主体。但实践中多为具有犯罪经验和技能的人，如盗窃、抢劫、流氓等犯罪分子，尤其是惯犯、累犯。</td></tr>
<tr><td>犯罪主观方面</td><td>本罪的主观方面是故意，并且只能是直接故意，即行为人为了使他人接受自己所传授的犯罪方法去实施犯罪而故意向其进行传授。至于实践中那些因说话不检点，随意散布一些道听途说的犯罪方法，或者在工作中如教授武术、修配钥匙、化学知识、讲课、写作以及司法人员在职务范围内剖析犯罪方法，等等，即使有失误，甚至被人</td></tr>
</table>

<table>
<tr><td rowspan="3">定罪标准</td><td>犯罪主观方面</td><td>利用来犯罪，因其没有传授犯罪方法的故意，不应以犯罪论处。行为人实施传授犯罪方法行为的动机是多种多样的，有的是为了报复社会；有的是为了网罗犯罪成员；有的是为了谋取非法利益；等等。不论行为人出自何种动机，只要其具有传授犯罪方法的故意，即可构成本罪。</td></tr>
<tr><td>罪与非罪</td><td>区分罪与非罪的界限，要注意：
一、本罪与不具备犯罪意图的落后言行、工作中的过错等的区别。例如，讲低级庸俗的故事，散布不健康的语言与表演动作，写作或出版低级的作品，属于落后言行；在正常宣传工作中不慎扩散了一些犯罪方法，属于工作中的缺点错误。至于司法工作者在职务范围内讲述、剖析犯罪方法，体育工作者向他人传授健身、防身的武术等，均属于正常的行为。有些行为要作具体分析，如教他人修配钥匙的技术，如出于犯罪意图，即是传授犯罪方法罪，如为了谋生就业，则是合法行为。
二、本罪的一罪与数罪。(1) 本罪所传授的对象一般都是已具备某一种或几种犯罪决意，但实施中不乏原本没有犯罪意图或没有传授者所传授的犯罪的犯罪意图，由于传授者的传授，才得以产生了原来没有的犯罪决意。这时，行为人的行为是一个行为同时触犯了传授犯罪方法罪和教唆犯罪两个罪名，这是想象竞合犯，只能作为一罪处理，不存在数罪并罚问题。(2) 传授犯罪方法罪的行为人基于传授犯罪方法，其手段行为或结果行为又触犯其他犯罪的，因前后两个行为存在手段行为与目的行为或目的行为与结果行为的牵连关系，虽分别有两个故意、两个不同的犯罪行为，是实质上的数罪，但是，按照我国刑法理论，这种情况还是当作一罪处理，从一重罪处罚，而不实行数罪并罚。(3) 传授犯罪方法罪的行为人在向他人传授犯罪方法后，又与被传授人一起运用自己所传授的犯罪方法共同进行犯罪的，由于行为人主观上有两个故意，客观上又实行了两个犯罪行为，且这两个犯罪行为之间不存在牵连关系，侵犯了两个直接客体，符合两个犯罪构成，构成两个独立的犯罪，应该实行数罪并罚。</td></tr>
<tr><td>此罪与彼罪</td><td>本罪与教唆犯罪的界限。教唆犯罪属于共同犯罪的范畴，它与本罪有许多相似之处，并且在实施的犯罪中两者还会发生交叉。两者有下列区别：(1) 客体要件不同。教唆犯罪并无特定的和统一的直接客体，具体的教唆行为侵犯的客体，就是所教唆之具体犯罪侵犯的客体。而本罪作为独立的犯罪，有其特定的和统一的客体，即社会治安管理秩序。(2) 客观要件不同。教唆行为的本质是制造犯意，为引起他人的犯意，教唆犯往往采取劝诱、挑拨、威胁等手段。而传授犯罪方法行为的本质是将犯罪方法传给他人，为达到这一目的，犯罪分子往往言传身教。从犯罪对象上来说，教唆犯的犯罪对象限于具有刑事责任能力、达到刑事责任年龄的人，而传授犯罪方法的对象则无此种限制，无论向何人传授犯罪方法都构成该罪。(3) 主体要件不同。对教唆犯罪而言，已满 14 周岁未满 16 周岁的人只有教唆他人实施《刑法》第 17 条第 3 款规定的各种罪行，才有可能构成教唆犯罪的主体；传授犯罪方法罪的主体只能是年满 16 周岁，且具有刑事责任能力的人。(4) 主观要件不同。教唆犯罪的故意是有意识地引起他人的犯意，并与被教唆的人具有共同的犯罪故意；而传授犯罪方法罪的故意内容是有意识地向他人传授犯罪方法，传授者与被传授者不一定具有共同犯罪故意。(5) 在一罪与数罪问题上不同。教唆犯罪如果是向同一对象或不同对象教唆了不同的犯罪行为，教唆人就具备了不同罪的犯罪构成，如教唆了强奸、盗窃、抢劫等犯罪，应认定教唆</td></tr>
</table>

定罪标准	此罪与彼罪	人构成强奸罪、盗窃罪、抢劫罪等数罪而予以并罚；而传授犯罪方法罪则可以同时包括数种犯罪方法的传授行为，传授人尽管传授了不同犯罪的方法，也只能认定一罪。（6）犯罪停顿状态的不同。教唆犯罪的既遂和未遂随被教唆者的犯罪行为而定；而传授犯罪方法罪没有既遂、未遂之分，只要实施了犯罪方法的传授，就是犯罪既遂。（7）量刑原则的不同。教唆他人犯罪的，应当按照他在共同犯罪中所起的作用处罚；而传授犯罪方法罪有独立的法定刑。
证据参考标准	主体方面的证据	**一、证明行为人刑事责任年龄、身份等自然情况的证据。** 包括身份证明、户籍证明、任职证明、工作经历证明、特定职责证明等，主要是证明行为人的姓名（曾用名）、性别、出生年月日、民族、籍贯、出生地、职业（或职务）、住所地（或居所地）等证据材料，如户口簿、居民身份证、工作证、出生证、专业或技术等级证、干部履历表、职工登记表、护照等。 对于户籍、出生证等材料内容不实的，应提供其他证据材料。外国人犯罪的案件，应有护照等身份证明材料。人大代表、政协委员犯罪的案件，应注明身份，并附身份证明材料。 **二、证明行为人刑事责任能力的证据。** 证明行为人对自己的行为是否具有辨认能力与控制能力，如是否属于间歇性精神病人、尚未完全丧失辨认或者控制自己行为能力的精神病人的证明材料。
	主观方面的证据	证明行为人故意的证据：1. 证明行为人明知的证据：证明行为人明知自己的行为会发生危害社会的结果。2. 证明直接故意的证据：证明行为人希望危害结果发生。3. 目的：（1）仇视社会；（2）报复、贪财；（3）网罗犯罪成员、扩张势力、独霸一方。
	客观方面的证据	证明行为人传授犯罪方法犯罪行为的证据。 具体证据包括：1. 证明行为人具有一定犯罪技能和犯罪经验的证据。2. 证明行为人传授犯罪方法行为的证据：（1）形式：①语言；②文字；③动作；④图像；⑤示范；⑥观摩；⑦其他。（2）内容：①手段；②方式；③技能；④步骤：预备犯罪，实施犯罪，犯罪后隐匿，销毁证据，逃避侦查和审判，其他。3. 证明行为人传授犯罪方法场所的证据。4. 证明行为人传授犯罪方法的对象、人数的证据。5. 证明行为人传授犯罪方法获取非法财物的证据。6. 证明行为人传授犯罪方法危害、后果的证据：（1）报复。（2）仇视社会。（3）扩张势力，独霸一方，危害社会。（4）其他。
	量刑方面的证据	**一、法定量刑情节证据。** 1. 事实情节：（1）情节严重；（2）其他。2. 法定从重情节。3. 法定从轻减轻情节：（1）可以从轻；（2）可以从轻或减轻；（3）应当从轻或者减轻。4. 法定从轻减轻免除情节：（1）可以从轻、减轻或者免除处罚；（2）应当从轻、减轻或者免除处罚。5. 法定减轻免除情节：（1）可以减轻或者免除处罚；（2）应当减轻或者免除处罚；（3）可以免除处罚。

<table>
<tr><td rowspan="1">证据参考标准</td><td>量刑方面的证据</td><td colspan="2">

二、酌定量刑情节证据。

1. 犯罪手段：（1）语言；（2）文字；（3）动作；（4）图像。2. 犯罪对象。3. 危害结果。4. 动机。5. 平时表现。6. 认罪态度。7. 是否有前科。8. 其他证据。

</td></tr>
<tr><td rowspan="3">量刑标准</td><td colspan="2">犯本罪的</td><td>处五年以下有期徒刑、拘役或者管制</td></tr>
<tr><td colspan="2">情节严重的</td><td>处五年以上十年以下有期徒刑</td></tr>
<tr><td colspan="2">情节特别严重的</td><td>处十年以上有期徒刑或者无期徒刑</td></tr>
<tr><td rowspan="2">法律适用</td><td>刑法条文</td><td colspan="2">

第二百九十五条　传授犯罪方法的，处五年以下有期徒刑、拘役或者管制；情节严重的，处五年以上十年以下有期徒刑；情节特别严重的，处十年以上有期徒刑或者无期徒刑。

</td></tr>
<tr><td>司法解释</td><td colspan="2">

最高人民法院《全国法院毒品犯罪审判工作座谈会纪要》（节录）（2015年5月18日最高人民法院公布　自公布之日起施行　法〔2015〕129号）

二、关于毒品犯罪法律适用的若干具体问题

（一）罪名认定问题

行为人利用信息网络贩卖毒品、在境内非法买卖用于制造毒品的原料或者配剂、传授制造毒品等犯罪的方法，构成贩卖毒品罪、非法买卖制毒物品罪、传授犯罪方法罪等犯罪的，依法定罪处罚。行为人开设网站、利用网络聊天室等组织他人共同吸毒，构成引诱、教唆、欺骗他人吸毒罪等犯罪的，依法定罪处罚。

</td></tr>
</table>

43 非法集会、游行、示威案

概念

本罪是指举行集会、游行、示威，未依照法律规定申请或者申请未获许可，或者未按照主管机关许可的起止的时间、地点、路线进行，又拒不服从解散命令，严重破坏社会秩序的行为。

立案标准

有下列情形之一，并且严重破坏社会秩序的，应当立案：

（1）举行集会、游行、示威，未依照法律规定申请或者申请未获许可，又拒不服从解散命令；

（2）举行集会、游行、示威，未按照主管机关许可的起止时间、地点、路线进行，又拒不服从解散命令。

本罪属选择性罪名，非法集会的，构成非法集会罪；非法游行的，构成非法游行罪；非法示威的，构成非法示威罪。

定罪标准		
	犯罪客体	本罪侵犯的客体是国家对集会、游行、示威活动的管理制度。《宪法》规定集会、游行、示威是我国公民的一项重要的政治权利，国家依法保障公民对这些权利的行使。为了更好地保护公民依法行使集会、游行、示威自由，维护社会安定和公共秩序，1989 年 10 月 31 日第七届全国人大常委会第六次会议通过了我国第一部《集会游行示威法》，1992 年 6 月国务院又颁布了《集会游行示威法实施条例》，从而使公民集会、游行、示威有法可依。在法制轨道上运作，既保证了公民民主自由权利的实现，又保证了对滥用公民自由权利的限制，维护了国家的安定团结和社会秩序的稳定。 根据《集会游行示威法》及其实施条例的规定，集会，是指聚集于露天公共场所，发表意见、表达意愿的活动。游行，是指在公共道路、露天公共场所列队行进、表达共同意愿的活动。示威是指在露天公共场所，或者在公共道路上以集会、游行、静坐等方式，表达要求，抗议或者支持、声援等共同意愿的活动。 集会、游行、示威的共同之处是它们都是自由表达意愿，而不同之处，则是表达意愿的程度、方式和方法有些差异，由于集会、游行、示威自由权利的行使，多发生在公共道路或露天公共场所，参加或观看的人数众多，情绪感染性强，对社会影响较大，所以公民在行使这些自由权利时，要求符合法律的规定，又要注意不得损害国家的、社会的、集体的利益和其他公民合法的自由和权利。 《集会游行示威法》第 29 条规定，未依照《集会游行示威法》规定申请或者申请未获许可，或者未按照主管机关许可的起止时间、地点、路线进行，又拒不服从解散命令，严重破坏社会秩序的，对集会、游行、示威的负责人和直接责任人员依照《刑法》有关规定追究刑事责任。本法于本条将之明确化。
	犯罪客观方面	本罪客观方面表现为举行集会、游行、示威，未依照法律规定申请或者申请未获许可，或者未按照主管机关许可的起止时间、地点、路线进行，又拒不服从解散命令，严重破坏社会秩序的行为。

定罪标准	犯罪客观方面	一、非法举行。根据《集会游行示威法》和《刑法》的规定，非法举行是指下述三种表现方式：(1)未依照法律规定申请而举行。这里的法律即指《集会游行示威法》。该法规定对集会、游行、示威实行申请许可原则。这项原则重要内容之一就是必须向公安机关提出申请，申明理由，不经申请而举行集会、游行、示威的即为非法。举行集会、游行、示威，必须向主管机关提出申请并获得许可。集会、游行、示威的主管机关是集会、游行、示威举行地的市、县公安局、城市公安分局；游行、示威路线经过两个以上区、县的，主管机关为经过区、县的公安机关的共同上一级公安机关。下列活动不需申请：第一，国家举行或者根据国家决定举行的庆祝、纪念等活动。第二，国家机关、政党、社会团体、企业、事业组织依照法律、组织章程举行的集会。举行集会、游行、示威，必须有负责人。需要申请的游行、集会、示威，其负责人必须在举行日期的5日前向主管机关递交书面申请。申请书中应当载明集会、游行的目的、方式、标语、口号、人数、车辆数、使用音响设备的种类与数量、起止时间、地点（包括集会地和解散地）、路线和负责人的姓名、职业和住址。主管机关接到申请书后，应当在申请举行日期的2日前，将许可或者不许可的决定书面通知其负责人。不许可的，应当说明理由。逾期不通知的，视为许可。申请举行集会、游行、示威要求解决具体问题的，主管机关接到申请书后，可以通知有关机关或者单位同集会、游行、示威的负责人协商解决问题，并可以将申请举行的时间推迟5日。(2)申请未获许可而举行。集会、游行、示威申请许可原则要求公安机关对申请进行审查，经过公安机关许可后方可举行。虽申请而未获得公安机关的许可举行的，也是非法。这里的“未获许可”的原因可能在于多方面，有的是基于申请事项为法所禁止从而不被许可。《集会游行示威法》第12条规定：“申请举行的集会、游行、示威，有下列情形之一的，不予许可：(一)反对宪法所确定的基本原则的；(二)危害国家统一、主权和领土完整的；(三)煽动民族分裂的；(四)有充分根据认定申请举行的集会、游行、示威将直接危害公共安全或者严重破坏社会秩序的。”(3)未按照主管机关许可的起止时间、地点、路线进行。这里的主管机关，是指集会、游行、示威举行地的市、县公安局、城市公安分局；游行、示威路线经过两个以上区、县的，主管机关为所经过区、县的公安机关的共同上一级公安机关，具体而言，游行、示威路线在同一直辖市、省辖市、自治区辖市或者省、自治区人民政府派出机关所在地区经过两个以上区、县的，由该市公安局或省、自治区人民政府派出机关的公安局主管；在同一省、自治区行政区域内经过两个以上省辖市、自治区辖市或省、自治区人民政府派出机关所在地区的，由所在省、自治区公安厅主管；经过两个以上省、自治区、直辖市的，由公安部主管或者由公安部授权的省、自治区、直辖市公安机关主管。这里的“起止时间”，根据《集会游行示威法》的规定，举行集会、游行、示威的起止时间除经过当地人民政府决定或者批准的以外，限于早六时至晚十时。就集会、游行、示威的地点而言，下列场所未经人民警察许可，不得进入主管机关为维持秩序而临时设置的警戒线以内：国家机关、军事机关、广播电视台、电视台、外国驻华使馆领馆等单位所在地。未经国务院或省、自治区、直辖市的人民政府批准，下列场所周边距离10米至300米内，不得举行集会、游行、示威：全国人大常委会、国务院、中央军事委员会、最高人民法院、最高人民检察院所在地、国宾下榻处、重要军事设施、航空港、火车站和港口。违反上述规定即为“非法举行”。就路线而言，如果游行队伍行进中遇有前面路段临时发生自然灾害事故、交通事故及其他治安灾害事故，或者游行队伍间、游行队伍与围观群众间发生严重冲突和混乱，以及突然发生其他不能预料的情况，致使游行队伍不能按照许可路线进行，人民警察现场负责人有权临时决定改变

定罪标准	犯罪客观方面	游行队伍行进路线。主管机关认为按照申请的时间、地点、路线举行集会、游行、示威将对交通秩序和社会秩序造成严重影响的，在决定许可时或者决定许可后，可以变更举行集会、游行、示威的时间、地点、路线，并及时通知其负责人。行为人不遵守上述规定的，不依照人民警察临时改变后的行进路线进行游行活动的，视为“未按照主管机关许可的路线进行”。 二、拒不服从解散命令。这是指对违反许可规定进行的集会、游行、示威，主管机关依法发出解散命令，拒不服从命令仍予以进行的情形。这是构成本罪的一个重要的客观特征。行为人虽实施上述违法行为，但在主管机关依法作出解散命令后，行为人听从解散命令，服从管理的，不构成本罪。集会、游行、示威应当按照许可的目的、方式、标语、口号、起止时间、地点、路线及其他事项进行。举行集会、游行、示威，有下列情形之一的，人民警察应当予以制止：（1）未依照法律规定申请或者申请未获许可的；（2）未按照主管机关许可的目的、方式、标语、口号、起止时间、地点、路线进行的；（3）在进行中出现危害公共安全或者严重破坏社会秩序情况的。有上述情形之一，不听制止的，人民警察现场负责人有权依照国家有关规定决定采取必要手段强行驱散，并对拒不服从的人员强行带离现场或者予以拘留。 作出解散命令的主体应是人民警察现场负责人而非其他任何公民。解散命令，即指使参与集会、游行、示威的人离开及分散的命令。既可以是口头形式，也可以是书面形式；既可以有关人员直接传达，也可以通过他人告知，但解散命令应为合法，必须对于非法集会、游行、示威的人员发出并能为他们所认识、知悉。如果行为人因未接到解散命令的通知没有解散的，不构成拒不解散。所谓不解散，即指不离开、不分散，比如，行为人已接到解散命令后，仍聚集众人原地不动，或虽然离开原地点，但仍然不散去。如果非法集会、游行、示威的人群的一部分已经解散，但其余的人未解散的，则负责人员和直接责任人员仍应负拒不服从解散命令的罪责。另外，解散须出于行为人的自由意思，意味着主动地脱离集会、游行、示威的状态，如果行为人被强制力驱散或者为避免逮捕而逃跑的，不能认为是解散。 拒不服从解散命令的行为方式，多表现为暴力、威胁方式。行为人若以暴力或威胁方式对正在执行解散命令的相关人员进行阻挠的，足以表明行为人对待解散命令的对抗性及严重程度，已构成拒不服从解散命令的行为，但并不以此为限。 三、严重破坏社会秩序。构成本罪，不仅要求行为人非法举行集会、游行、示威且拒不服从解散命令，还要求行为造成社会秩序严重破坏的结果。未发生严重破坏社会秩序的危害结果的，不以本罪论处。所谓严重破坏社会秩序，是指造成社会秩序、交通秩序混乱，致使生产、工作、生活和教学、科研无法正常进行，比如致使国家机关、企事业单位和社会团体的工作无法正常进行；致使工厂、企业生产停工，造成交通瘫痪；或者造成恶劣的政治影响；等等。
	犯罪主体	本罪的主体为特殊主体。只有举行集会、游行、示威的负责人和直接责任人员才能成为本罪主体。所谓负责人，是指《集会游行示威法》中所规定的提交申请书并在申请书中载明的负责人。所谓直接责任人员，是指负责人以外的策划、组织、指挥集会、游行、示威的人。不服从负责人或者现场组织者的指挥，自行其是，因而直接严重破坏社会秩序的人，不是负责人或者直接责任人员，不能构成本罪。
	犯罪主观方面	本罪主观上只能是出于故意，即明知自己的违法行为会造成严重破坏社会秩序的结果，并且希望或者放任这种危害结果发生的心理态度。如果不知道自己举行集会、游行、示威的行为是违法的，就不构成本罪。

<table>
<tr><td rowspan="2">定罪标准</td><td>罪与非罪</td><td>区分罪与非罪的界限，主要是从犯罪构成的客观性与主观性上加以区分。虽有非法举行集会、游行、示威的行为，但没有拒不服从解散命令或者造成严重破坏社会秩序后果的，不构成犯罪。部分人服从解散命令、部分人不服从解散命令的，对于服从解散命令的人，包括负责人，不能认定为犯罪。对于一般参加非法举行的集会、游行、示威的人员，不宜追究刑事责任，可以进行批评教育或者给予必要的行政处罚。</td></tr>
<tr><td>此罪与彼罪</td><td>一、本罪与聚众扰乱公共场所秩序、交通秩序罪、聚众扰乱社会秩序罪的界限。它们虽然都是聚众性犯罪，但在犯罪构成上有明显区别：一是本罪的构成要求违法性为前提，如果行为人不知道自己的行为是违法的，即不构成犯罪。聚众扰乱社会秩序罪、聚众扰乱公共场所秩序、交通秩序罪则不要求以违法性为前提。二是本罪虽然也扰乱社会秩序，但严重破坏社会秩序的结果发生在举行集会、游行、示威的过程和情境中，而后两罪则不存在特定的过程和情况；本罪侵犯的客体是国家对集会、游行、示威的管理制度；而后两罪侵犯的客体则是工作、生产、营业、教学、科研秩序或者公共场所秩序、交通秩序。三是本罪实际发生的场合范围广泛，可能是某一公共场所、交通线路，也可能是机关、团体、单位的门前、院内、还可能没有单一的地点，而是涉及若干地点、场合、路线。
二、本罪与聚众冲击国家机关罪的界限。两罪在客观上都扰乱了公共秩序，而且在涉及国家机关时，同聚众冲击国家机关罪一样，都扰乱了国家机关的正常工作秩序。两罪的区别主要在于：（1）犯罪客体不同。本罪侵犯的客体是国家对集会、游行、示威的管理制度；后罪侵犯的客体是国家机关正常的工作秩序。（2）行为方式不同。本罪行为方式既包括暴力性的，也包括非暴力性的；而后罪采取的则是“冲击”这一暴力性扰乱方式。（3）两罪实际发生的场合范围不同。本罪发生的地域范围广泛；而后罪只能发生于国家机关的门前、院内，场合单一。</td></tr>
<tr><td rowspan="2">证据参考标准</td><td>主体方面的证据</td><td>一、证明行为人刑事责任年龄、身份等自然情况的证据。
包括身份证明、户籍证明、任职证明、工作经历证明、特定职责证明等，主要是证明行为人的姓名（曾用名）、性别、出生年月日、民族、籍贯、出生地、职业（或职务）、住所地（或居所地）等证据材料，如户口簿、居民身份证、工作证、出生证、专业或技术等级证、干部履历表、职工登记表、护照等。
对于户籍、出生证等材料内容不实的，应提供其他证据材料。外国人犯罪的案件，应有护照等身份证明材料。人大代表、政协委员犯罪的案件，应注明身份，并附身份证明材料。
二、证明行为人刑事责任能力的证据。
证明行为人对自己的行为是否具有辨认能力与控制能力，如是否属于间歇性精神病人、尚未完全丧失辨认或者控制自己行为能力的精神病人的证明材料。</td></tr>
<tr><td>主观方面的证据</td><td>证明行为人故意的证据：1. 证明行为人明知的证据：证明行为人明知自己的行为会发生危害社会的结果；2. 证明直接故意的证据：证明行为人希望危害结果发生。</td></tr>
</table>

<table>
<tr><td rowspan="2">证据参考标准</td><td>客观方面的证据</td><td colspan="2">证明行为人非法集会、游行、示威犯罪行为的证据。
具体证据包括：1. 证明行为人未依法申请行为的证据：（1）集会；（2）游行；（3）示威。2. 证明行为人申请未获许可行为的证据：（1）集会；（2）游行；（3）示威。3. 证明行为人未按照主管机关许可的“起止时间、地点、路线”进行的证据：（1）集会；（2）游行；（3）示威。4. 证明行为人“又不服从解散命令”行为的证据：（1）集会；（2）游行；（3）示威。5. 证明行为人“严重破坏社会秩序”行为的证据：（1）集会；（2）游行；（3）示威。6. 证明负责人、直接责任人等犯罪主体的证据：（1）集会；（2）游行；（3）示威。</td></tr>
<tr><td>量刑方面的证据</td><td colspan="2">一、法定量刑情节证据。
1. 事实情节：（1）严重破坏社会秩序：①严重阻塞交通秩序、车辆无法通行的；②造成公共场所秩序混乱，影响恶劣的；③影响机关、单位、团体正常活动秩序，造成重大影响的。（2）其他。2. 法定从重情节。3. 法定从轻减轻情节：（1）可以从轻。（2）可以从轻或减轻。（3）应当从轻或者减轻。4. 法定从轻减轻免除情节：（1）可以从轻、减轻或者免除处罚。（2）应当从轻、减轻或者免除处罚。5. 法定减轻免除情节：（1）可以减轻或者免除处罚。（2）应当减轻或者免除处罚。（3）可以免除处罚。
二、酌定量刑情节证据。
1. 犯罪手段：（1）违反法律规定；（2）其他。2. 犯罪对象。3. 危害结果。4. 动机。5. 平时表现。6. 认罪态度。7. 是否有前科。8. 其他证据。</td></tr>
<tr><td>量刑标准</td><td colspan="2">犯本罪的，对负责人和直接责任人员</td><td>处五年以下有期徒刑、拘役、管制或者剥夺政治权利</td></tr>
<tr><td rowspan="3">法律适用</td><td>刑法条文</td><td colspan="2">第二百九十六条　举行集会、游行、示威，未依照法律规定申请或者申请未获许可，或者未按照主管机关许可的起止时间、地点、路线进行，又拒不服从解散命令，严重破坏社会秩序的，对集会、游行、示威的负责人和直接责任人员，处五年以下有期徒刑、拘役、管制或者剥夺政治权利。</td></tr>
<tr><td>司法解释</td><td colspan="2">最高人民检察院、公安部《关于公安机关管辖的刑事案件立案追诉标准的规定（一）》（节录）（2008年6月25日最高人民检察院、公安部公布　自公布之日起施行　公通字〔2008〕36号　2017年4月27日修正）
第三十八条　［非法集会、游行、示威案（刑法第二百九十六条）］举行集会、游行、示威，未依照法律规定申请或者申请未获许可，或者未按照主管机关许可的起止时间、地点、路线进行，又拒不服从解散命令，严重破坏社会秩序的，应予立案追诉。</td></tr>
<tr><td>相关法律法规</td><td colspan="2">一、《中华人民共和国集会游行示威法》（节录）（1989年10月31日中华人民共和国主席令第20号公布　自公布之日起施行　2009年8月27日修正）
第二条　在中华人民共和国境内举行集会、游行、示威，均适用本法。
本法所称集会，是指聚集于露天公共场所，发表意见、表达意愿的活动。
本法所称游行，是指在公共道路、露天公共场所列队行进、表达共同意愿的活动。
本法所称示威，是指在露天公共场所或者公共道路上集会、游行、静坐等方式，表达要求、抗议或者支持、声援等共同意愿的活动。</td></tr>
</table>

法律适用 相关法律法规

文娱、体育活动，正常的宗教活动，传统的民间习俗活动，不适用本法。

第二十八条 举行集会、游行、示威，有违反治安管理行为的，依照治安管理处罚法有关规定予以处罚。

举行集会、游行、示威，有下列情形之一的，公安机关可以对其负责人和直接责任人员处以警告或者十五日以下拘留：

（一）未依照本法规定申请或者申请未获许可的；

（二）未按照主管机关许可的目的、方式、标语、口号、起止时间、地点、路线进行，不听制止的。

第二十九条 举行集会、游行、示威，有犯罪行为的，依照刑法有关规定追究刑事责任。

携带武器、管制刀具或者爆炸物的，依照刑法有关规定追究刑事责任。

未依照本法规定申请或者申请未获许可，或者未按照主管机关许可的起止时间、地点、路线进行，又拒不服从解散命令，严重破坏社会秩序的，对集会、游行、示威的负责人和直接责任人员依照刑法有关规定追究刑事责任。

包围、冲击国家机关，致使国家机关的公务活动或者国事活动不能正常进行的，对集会、游行、示威的负责人和直接责任人员依照刑法有关规定追究刑事责任。

占领公共场所，拦截车辆行人或者聚众堵塞交通，严重破坏公共场所秩序、交通秩序的，对集会、游行、示威的负责人和直接责任人员依照刑法有关规定追究刑事责任。

二、《信访条例》（节录）（2005年1月10日中华人民共和国国务院令第431号公布 自2005年5月1日起施行）

第二十条 信访人在信访过程中应当遵守法律、法规，不得损害国家、社会、集体的利益和其他公民的合法权利，自觉维护社会公共秩序和信访秩序，不得有下列行为：

（一）在国家机关办公场所周围、公共场所非法聚集，围堵、冲击国家机关，拦截公务车辆，或者堵塞、阻断交通的；

（二）携带危险物品、管制器具的；

（三）侮辱、殴打、威胁国家机关工作人员，或者非法限制他人人身自由的；

（四）在信访接待场所滞留、滋事，或者将生活不能自理的人弃留在信访接待场所的；

（五）煽动、串联、胁迫、以财物诱使、幕后操纵他人信访或者以信访为名借机敛财的；

（六）扰乱公共秩序、妨害国家和公共安全的其他行为。

第四十七条 违反本条例第十八条、第二十条规定的，有关国家机关工作人员应当对信访人进行劝阻、批评或者教育。

经劝阻、批评和教育无效的，由公安机关予以警告、训诫或者制止；违反集会游行示威的法律、行政法规，或者构成违反治安管理行为的，由公安机关依法采取必要的现场处置措施、给予治安管理处罚；构成犯罪的，依法追究刑事责任。

44 非法携带武器、管制刀具、爆炸物参加集会、游行、示威案

概念

本罪是指行为人违反法律规定，携带武器、管制刀具或者爆炸物参加集会、游行、示威的行为。

立案标准

实施携带武器、管制刀具或者爆炸物参加集会、游行、示威行为的，应当立案。

<table>
<tr><td rowspan="4">定罪标准</td><td>犯罪客体</td><td>本罪侵犯的客体是集会、游行、示威正常的安全秩序和国家有关武器、管制刀具及爆炸物的管理制度。</td></tr>
<tr><td>犯罪客观方面</td><td>本罪在客观方面表现为行为人违反法律规定，携带武器、管制刀具或爆炸物参加集会、游行、示威的行为。这里的“违反法律规定”，是指违反《集会游行示威法》等法律。该法第5条规定：“集会、游行、示威应当和平地进行，不得携带武器、管制刀具和爆炸物，不得使用暴力或者煽动使用暴力。”“武器”，是指直接可用于杀伤人体的发火器械及弹药。“管制刀具”，根据公安部1983年颁布的《对部分刀具实行管制的暂行规定》是指匕首、三棱刀、带有自锁装置的弹簧刀（跳刀）以及其他类似的单刀、双刃刀、三棱尖刀等；匕首，是指国家法律、法规规定限定特定人员配置，用于特定范围和特殊用途，禁止民间私自生产、运输、贩卖、购买、持有的刀具。“爆炸物”，是指具有爆发力和破坏性，可以瞬间造成人畜伤亡、物品毁坏的危险物品。本罪中的“携带”，既包括随身藏带，也包括利用他人身体、容器、运输工具夹带武器、管制刀具或者爆炸物参加集会、游行、示威的。无论行为人对这些物品是非法持有还是合法持有，均构成本罪。至于集会、游行、示威是合法举行还是非法举行，不影响本罪的成立。
本罪是行为犯，只要行为人携带了法律禁止携带的物品参加集会、游行、示威，就可以构成本罪，并不要求造成什么严重后果。</td></tr>
<tr><td>犯罪主体</td><td>本罪主体是一般主体，即达到刑事责任年龄、具有刑事责任能力的自然人，均可成为本罪的主体。即使是依法规定或者经有关部门批准，准予持有武器的人员违反法律规定，在举行集会、游行、示威时携带了武器、管制刀具或爆炸物的，同样构成本罪。但在集会、游行、示威活动中，为维护秩序而依法执行职务的人员除外。</td></tr>
<tr><td>犯罪主观方面</td><td>本罪主观方面表现为故意。即明知是武器、管制刀具、爆炸物而在集会、游行、示威时予以携带。集会、游行、示威是一种群众性地表达意愿的活动，而且都是在露天公共场所或者公共道路上进行的，如果携带武器、管制刀具和爆炸物，由于这些物品具有极强的破坏性，一旦发生意外，后果不堪设想。因此，《集会游行示威法》第5条规定：“集会、游行、示威应当和平地进行，不得携带武器、管制刀具和爆炸物。”如果故意违反法律明令禁止的行为，不管其出于什么动机，都不影响本罪的成立。</td></tr>
</table>

<table>
<tr><td rowspan="2">定罪标准</td><td>罪与非罪</td><td>区分罪与非罪的界限，应注意：本罪是行为犯，只要行为人实施了违法携带武器、管制刀具、爆炸物参与集会、游行、示威的行为，就构成了本罪。
本罪在实施过程中，因其行为方式、结果方式又触犯其他罪名的，按牵连犯处理，原则上从一重罪处罚；如果独立地构成其他犯罪的，则依数罪并罚原则合并论罪。</td></tr>
<tr><td>此罪与彼罪</td><td>本罪与私藏枪支、弹药罪的界限。二者的区别是：(1) 犯罪对象不同。本罪的对象包括枪支、弹药等武器以及管制刀具、爆炸物，而私藏枪支、弹药罪仅包括枪支、弹药。(2) 客观要件不同。本罪是特指在集会、游行、示威活动中有佩带、夹带或持有武器、管制刀具或爆炸物的行为；而私藏枪支、弹药罪是指违反枪支管理规定，私自藏匿枪支、弹药，拒不交出的行为。私藏包括藏匿于隐蔽处，也包括佩带在身，不论在何种情形下，只要非法持有枪支、弹药，应交出而不交出的，就以私藏枪支、弹药罪论处。(3) 主体要件不同。本罪的主体不仅包括非法持有上述物品的人，而且也包括合法持有上述物品的人；而私藏枪支、弹药罪的主体不包括依法规定或经有关部门批准的合法持有枪支、弹药的人。</td></tr>
<tr><td rowspan="4">证据参考标准</td><td>主体方面的证据</td><td>一、证明行为人刑事责任年龄、身份等自然情况的证据。
包括身份证明、户籍证明、任职证明、工作经历证明、特定职责证明等，主要是证明行为人的姓名（曾用名）、性别、出生年月日、民族、籍贯、出生地、职业（或职务）、住所地（或居所地）等证据材料，如户口簿、居民身份证、工作证、出生证、专业或技术等级证、干部履历表、职工登记表、护照等。
对于户籍、出生证等材料内容不实的，应提供其他证据材料。外国人犯罪的案件，应有护照等身份证明材料。人大代表、政协委员犯罪的案件，应注明身份，并附身份证明材料。
二、证明行为人刑事责任能力的证据。
证明行为人对自己的行为是否具有辨认能力与控制能力，如是否属于间歇性精神病人、尚未完全丧失辨认或者控制自己行为能力的精神病人的证明材料。</td></tr>
<tr><td>主观方面的证据</td><td>证明行为人故意的证据：1. 证明行为人明知的证据：证明行为人明知自己的行为会发生危害社会的结果；2. 证明直接故意的证据：证明行为人希望危害结果发生。</td></tr>
<tr><td>客观方面的证据</td><td>证明行为人非法携带武器、管制刀具、爆炸物参加集会、游行、示威犯罪行为的证据。
具体证据包括：1. 证明行为人携带武器行为的证据：(1) 集会；(2) 游行；(3) 示威。2. 证明行为人携带管制刀具行为的证据：(1) 集会；(2) 游行；(3) 示威。3. 证明行为人携带爆炸物行为的证据：(1) 集会；(2) 游行；(3) 示威。</td></tr>
<tr><td>量刑方面的证据</td><td>一、法定量刑情节证据。
1. 事实情节。2. 法定从重情节。3. 法定从轻减轻情节：(1) 可以从轻；(2) 可以从轻或减轻；(3) 应当从轻或者减轻。4. 法定从轻减轻免除情节：(1) 可以从轻、减轻或者免除处罚；(2) 应当从轻、减轻或者免除处罚。5. 法定减轻免除情节：(1) 可以减轻或者免除处罚；(2) 应当减轻或者免除处罚；(3) 可以免除处罚。</td></tr>
</table>

证据参考标准

量刑方面的证据

二、酌定量刑情节证据。

1. 犯罪手段；2. 犯罪对象；3. 危害结果；4. 动机；5. 平时表现；6. 认罪态度；7. 是否有前科；8. 其他证据。

量刑标准

犯本罪的	处三年以下有期徒刑、拘役、管制或者剥夺政治权利

法律适用

刑法条文

第二百九十七条 违反法律规定，携带武器、管制刀具或者爆炸物参加集会、游行、示威的，处三年以下有期徒刑、拘役、管制或者剥夺政治权利。

司法解释

最高人民检察院、公安部《关于公安机关管辖的刑事案件立案追诉标准的规定（一）》（节录）（2008 年 6 月 25 日最高人民检察院、公安部公布 自公布之日起施行 公通字〔2008〕36 号 2017 年 4 月 27 日修正）

第三十九条 ［非法携带武器、管制刀具、爆炸物参加集会、游行、示威案（刑法第二百九十七条）］违反法律规定，携带武器、管制刀具或者爆炸物参加集会、游行、示威的，应予立案追诉。

相关法律法规

一、《中华人民共和国集会游行示威法》（节录）（1989 年 10 月 31 日中华人民共和国主席令第 20 号公布 自公布之日起施行 2009 年 8 月 27 日修正）

第二十九条 举行集会、游行、示威，有犯罪行为的，依照刑法有关规定追究刑事责任。

携带武器、管制刀具或者爆炸物的，依照刑法有关规定追究刑事责任。

未依照本法规定申请或者申请未获许可，或者未按照主管机关许可的起止时间、地点、路线进行，又拒不服从解散命令，严重破坏社会秩序的，对集会、游行、示威的负责人和直接责任人员依照刑法有关规定追究刑事责任。

包围、冲击国家机关，致使国家机关的公务活动或者国事活动不能正常进行的，对集会、游行、示威的负责人和直接责任人员依照刑法有关规定追究刑事责任。

占领公共场所，拦截车辆行人或者聚众堵塞交通，严重破坏公共场所秩序、交通秩序的，对集会、游行、示威的负责人和直接责任人员依照刑法有关规定追究刑事责任。

二、《中华人民共和国集会游行示威法实施条例》（节录）（1992 年 6 月 16 日公安部令第 8 号公布 自公布之日起施行 2011 年 1 月 8 日修正）

第五条 《集会游行示威法》第五条所称武器是指各种枪支、弹药以及其他可用于伤害人身的器械；管制刀具是指匕首、三棱刀、弹簧刀以及其他依法管制的刀具；爆炸物是指具有爆发力和破坏性能，瞬间可以造成人员伤亡、物品毁损的一切爆炸物品。

<table>
<tr><td rowspan="2">法律适用</td><td>相关法律法规</td><td>前款所列武器、管制刀具、爆炸物，在集会、游行、示威中不得携带，也不得运往集会、游行、示威的举行地。
第二十五条　依照《集会游行示威法》第二十九条、第三十条的规定，需要依法追究刑事责任的，由举行地主管公安机关依照刑事诉讼法规定的程序办理。</td></tr>
<tr><td>规章及规范性文件</td><td>**公安部《关于将陶瓷类刀具纳入管制刀具管理问题的批复》**（2010年4月7日公安部公布　公复字〔2010〕1号）
北京市公安局：
你局《关于将陶瓷类刀具纳入管制刀具管理范围的请示》（京公治字〔2010〕282号）收悉。现批复如下：
陶瓷类刀具具有超高硬度、超高耐磨、刃口锋利等特点，其技术特性已达到或超过了部分金属刀具的性能，对符合《管制刀具认定标准》（公通字〔2007〕2号）规定的刀具类型、刀刃长度和刀尖角度等条件的陶瓷类刀具，应当作为管制刀具管理。</td></tr>
</table>

45 破坏集会、游行、示威案

概念

本罪是指扰乱、冲击或者以其他方法破坏依法举行的集会、游行、示威，造成公共秩序混乱的行为。

立案标准

扰乱、冲击或者以其他方法破坏依法举行的集会、游行、示威，造成公共秩序混乱的，应当立案。

<table>
<tr><td rowspan="2">定罪标准</td><td>犯罪客体</td><td>本罪所侵犯的客体是公民依法享有的集会、游行、示威的权利和公共秩序。犯罪对象是依法举行的集会、游行、示威。“依法举行的集会、游行、示威”，是指依照集会游行示威法规提出申请并获得许可，按照主管部门许可的起止时间、地点、路线进行的集会、游行、示威。对非法举行的集会、游行、示威进行扰乱、冲击的，不构成本罪。根据《集会游行示威法》的有关规定，依法举行的集会、游行、示威，在法律上和事实上都应予以保障。对依法举行的集会、游行、示威，各级人民政府不仅不得干预，而且要采取各种措施予以保障。主管公安机关应当根据实际需要，派出一定数量的公安民警在许可举行集会、游行、示威的地点或路线维持秩序，疏导交通。任何人不得以暴力、胁迫或者其他非法手段进行扰乱、冲击和破坏。由于集会、游行、示威的规模往往比较大，加之围观群众比较多，对之进行干扰、冲击或破坏，不仅侵犯了他人合法的自由和权利，而且极易导致交通堵塞、公共秩序混乱，因此，法律禁止上述破坏行为，对其情节严重者，依本罪予以处罚。</td></tr>
<tr><td>犯罪客观方面</td><td>本罪在客观方面表现为扰乱、冲击或者以其他方法破坏依法举行的集会、游行、示威，造成公共秩序混乱的行为。具体表现为两个方面：一是破坏依法举行的集会、游行、示威。“破坏”，是指采用扰乱、冲击或者以其他方法进行捣乱，致使依法举行的集会、游行、示威不能正常进行。“扰乱”，是指针对集会、游行、示威的秩序起哄、闹事，破坏其正常秩序的行为。“冲击”，主要是指冲散、冲入、干扰依法举行的集会、游行、示威队伍，使集会、游行、示威不能正常进行的行为。“其他方法”，是指扰乱、冲击方法以外的其他具有干扰性、阻碍性和破坏性的方法。如堵塞集会、游行、示威队伍行进、停留的通道、场所等。二是造成公共场所秩序混乱。这里主要是指造成集会、游行、示威行经地或举行地的场所秩序或交通秩序混乱的；使依法举行的集会、游行、示威无法进行的；因之发生骚乱或者打、砸、抢事件的，等等。
具体而言，客观方面包括如下三点：首先，集会、游行、示威必须是依法举行的，即集会、游行、示威必须是负责人向有关主管机关提出申请并得到许可后举行的。如果对非法举行的集会、游行、示威进行干扰、冲击等破坏行为，则不能构成本罪，但可能构成其他犯罪。其次，行为人实施了破坏行为。所谓破坏行为，主要是指对依法举行的集会、游行、示威进行扰乱和冲击，但其他方式的破坏行为，如设置障碍、堵塞拦截等，也可构成本罪。最后，上述破坏行为必须引起一定的危害后果，即“造成公共秩序混乱”。如果实施了破坏行为，引起的危害不大，并未引起混乱，则不构成本罪。上述三点，必须同时具备，缺一不可。</td></tr>
</table>

<table>
<tr><td rowspan="4">定罪标准</td><td>犯罪主体</td><td>本罪的主体是一般主体，即达到刑事责任年龄、具备刑事责任能力的人，都可能成为本罪的主体。</td></tr>
<tr><td>犯罪主观方面</td><td>本罪在主观方面是出于故意，过失不构成本罪。至于动机如何，不影响本罪的成立。</td></tr>
<tr><td>罪与非罪</td><td>区分罪与非罪的界限，要注意：对依法举行的集会、游行、示威进行扰乱、冲击等行为是否构成犯罪，关键看是否“造成公共秩序混乱”的后果。如果尚未造成上述后果的，则不构成犯罪，可按照《集会游行示威法》第 30 条的规定，由公安机关处以警告或者 15 日以下拘留。</td></tr>
<tr><td>此罪与彼罪</td><td>本罪与其他犯罪的界限。行为人使用暴力方法对依法举行的集会、游行、示威进行破坏，致人重伤、死亡或者乘机抢劫的，应分别以故意伤害罪、故意杀人罪或抢劫罪论处。</td></tr>
<tr><td rowspan="3">证据参考标准</td><td>主体方面的证据</td><td>一、证明行为人刑事责任年龄、身份等自然情况的证据。
包括身份证明、户籍证明、任职证明、工作经历证明、特定职责证明等，主要是证明行为人的姓名（曾用名）、性别、出生年月日、民族、籍贯、出生地、职业（或职务）、住所地（或居所地）等证据材料，如户口簿、居民身份证、工作证、出生证、专业或技术等级证、干部履历表、职工登记表、护照等。
对于户籍、出生证等材料内容不实的，应提供其他证据材料。外国人犯罪的案件，应有护照等身份证明材料。人大代表、政协委员犯罪的案件，应注明身份，并附身份证明材料。
二、证明行为人刑事责任能力的证据。
证明行为人对自己的行为是否具有辨认能力与控制能力，如是否属于间歇性精神病人、尚未完全丧失辨认或者控制自己行为能力的精神病人的证明材料。</td></tr>
<tr><td>主观方面的证据</td><td>证明行为人故意的证据：1. 证明行为人明知的证据：证明行为人明知自己的行为会发生危害社会的结果；2. 证明直接故意的证据：证明行为人希望危害结果发生。</td></tr>
<tr><td>客观方面的证据</td><td>证明行为人破坏集会、游行、示威犯罪行为的证据。
具体证据包括：1. 证明行为人破坏依法举行的集会、游行、示威行为的证据：（1）扰乱；（2）冲击；（3）其他方法。2. 证明行为人破坏依法举行的集会、游行、示威手段行为的证据：（1）暴力威胁；（2）堵塞道路；（3）强占会场；（4）投掷石块；（5）聚众冲散队伍；（6）其他。3. 证明行为人破坏依法举行的集会、游行、示威造成公共秩序混乱行为的证据：（1）公共场所秩序混乱；（2）企业停止生产；（3）事业单位停止工作；（4）公共交通秩序堵塞；（5）商店无法营业；（6）其他。</td></tr>
</table>

<table>
<tr><td>证据参考标准</td><td>量刑方面的证据</td><td colspan="2">一、法定量刑情节证据。
1. 事实情节。2. 法定从重情节。3. 法定从轻减轻情节：(1) 可以从轻；(2) 可以从轻或减轻；(3) 应当从轻或者减轻。4. 法定从轻减轻免除情节：(1) 可以从轻、减轻或者免除处罚；(2) 应当从轻、减轻或者免除处罚。5. 法定减轻免除情节：(1) 可以减轻或者免除处罚；(2) 应当减轻或者免除处罚；(3) 可以免除处罚。
二、酌定量刑情节证据。
1. 犯罪手段：(1) 扰乱；(2) 冲击；(3) 其他方法。2. 犯罪对象。3. 危害结果。4. 动机。5. 平时表现。6. 认罪态度。7. 是否有前科。8. 其他证据。</td></tr>
<tr><td>量刑标准</td><td colspan="2">犯本罪的</td><td>处五年以下有期徒刑、拘役、管制或者剥夺政治权利</td></tr>
<tr><td rowspan="3">法律适用</td><td>刑法条文</td><td colspan="2">第二百九十八条　扰乱、冲击或者以其他方法破坏依法举行的集会、游行、示威，造成公共秩序混乱的，处五年以下有期徒刑、拘役、管制或者剥夺政治权利。</td></tr>
<tr><td>司法解释</td><td colspan="2">最高人民检察院、公安部《关于公安机关管辖的刑事案件立案追诉标准的规定(一)》(节录)(2008年6月25日最高人民检察院、公安部公布　自公布之日起施行　公通字〔2008〕36号　2017年4月27日修正)
第四十条　[破坏集会、游行、示威案(刑法第二百九十八条)] 扰乱、冲击或者以其他方法破坏依法举行的集会、游行、示威，造成公共秩序严重混乱的，应予立案追诉。</td></tr>
<tr><td>相关法律法规</td><td colspan="2">《中华人民共和国集会游行示威法》(节录)(1989年10月31日中华人民共和国主席令第20号公布　自公布之日起施行　2009年8月27日修正)
第三十条　扰乱、冲击或者以其他方法破坏依法举行的集会、游行、示威的，公安机关可以处以警告或者十五日以下拘留，情节严重，构成犯罪的，依照刑法有关规定追究刑事责任。</td></tr>
</table>

46 侮辱国旗、国徽、国歌案

概念

本罪是指在公共场合故意以焚烧、毁损、涂划、玷污、践踏等方式侮辱中华人民共和国国旗、国徽的行为或者在公共场合，故意篡改中华人民共和国国歌歌词、曲谱，以歪曲、贬损方式奏唱国歌或者以其他方式侮辱国歌，情节严重的行为。

立案标准

根据《刑法》第 299 条第 1 款的规定，在公共场合故意以焚烧、毁损、涂划、玷污、践踏等方式侮辱中华人民共和国国旗、国徽的或者在公共场合，故意篡改中华人民共和国国歌歌词、曲谱，以歪曲、贬损方式奏唱国歌或者以其他方式侮辱国歌，情节严重的，应当立案。

侮辱国旗、国徽罪是行为犯，只要行为人实施了侮辱国旗、国徽的行为，不论是否造成严重后果或者恶劣影响，原则上就构成犯罪，应当立案追究。但是，对于情节显著轻微危害不大的，可以按照《刑法》第 13 条的规定，不以犯罪论处，可以由公安机关根据《国旗法》《国徽法》和《治安管理处罚法》等有关规定给予处罚。

侮辱国歌罪需达到情节严重。对于“情节严重”，需要结合行为人的主观恶性、侮辱行为的具体方式、在场人数、传播范围、造成的社会后果等综合判断。

定罪标准

犯罪客体

本罪侵犯的客体是国家对国旗、国徽、国歌的管理制度和国家的尊严。国旗、国徽、国歌是国家的象征和标志，代表着国家的主权和尊严，中华人民共和国的每一个公民和组织都应当尊重国旗、国徽、国歌。《宪法》第 141 条规定：“中华人民共和国国旗是五星红旗。中华人民共和国国歌是《义勇军进行曲》。”《宪法》第 142 条规定：“中华人民共和国国徽，中间是五星照耀下的天安门，周围是谷穗和齿轮。”《国旗法》《国徽法》《国歌法》分别对国旗、国徽、国歌的制作、使用作了具体规定。

任何侮辱国旗、国徽、国歌的行为都是对国家有关国旗、国徽、国歌的管理制度的侵犯。因此，虽然侮辱国旗、国徽、国歌的行为会损害国家的尊严，但实际情况中行为人多数是为了发泄对国家的不满或者为了出风头、逞威风、寻求精神刺激而实施的，一般还不具有推翻我国国家政权、颠覆政府的目的，因而这种犯罪应归入妨害社会管理秩序罪中，而不属于危害国家安全罪。当然如果行为人以侮辱国旗、国徽、国歌为手段，辅之以其他行为，目的在于推翻我国国家政权和社会主义制度，颠覆人民政府，则此行为已构成危害国家安全罪，不能再以侮辱国旗、国徽、国歌罪论处。

侮辱外国国旗、国徽、国歌的，不构成本罪。

定罪标准

犯罪客观方面

本罪客观方面表现为行为人在公共场所以焚烧、毁损、涂划、玷污、践踏等方式侮辱国旗、国徽或者在公共场合侮辱国歌，情节严重的行为。

一、侮辱国旗、国徽的行为方式主要表现为焚烧、毁损、涂划、玷污、践踏及其他积极作为的形式。所谓焚烧，是指直接点燃或置于其他燃烧器具场所中使国旗、国徽燃烧而化为灰烬；所谓毁损，是指通过用手或其他外力以撕破、刺洞、捣碎、剪碎、砸烂、劈开等方法使国旗、国徽整体变残、变形、缺损而丧失原来面貌或完全成为碎片；所谓涂划，是指用涂料、颜料等有色物品在国旗、国徽上任意涂抹乱划，或者用污物弄脏国旗、国徽，以破坏国旗、国徽的严肃性、整洁性；所谓玷污，是指以粘物、熏烟等戏弄的方式使国旗、国徽污垢不堪；所谓践踏，是指采取脚踏、车轮碾轧、兽蹄踏踩等方式侮辱国旗、国徽；其他方式是指以上述五种方式以外的其他使国旗、国徽受到侮辱的方式，如在广告、商标上使用国旗、国徽，将国旗、国徽倒置，将国旗、国徽升挂或悬挂于坟场，办私人丧事时使用国旗、国徽，让国旗被拖于地上等。侮辱国旗、国徽罪属选择性罪名，因此行为人只要实施了上述行为之一，侮辱国旗、国徽的或者以上述行为侮辱了国旗或者国徽其中之一的，即可构成本罪。如果行为人同时实施了上述几种行为或同时侮辱国旗和国徽的，也应以一罪论处，而不构成数罪，不实行数罪并罚。本罪一般是行为人亲自实施上述行为才构成犯罪，不作为，一般不构成犯罪，但如果教唆他人或者利用他人的过失、无知而使国旗、国徽受侮辱的也应以本罪论处。

二、侮辱国旗、国徽的行为必须发生在公共场合。所谓公共场合，既包括《国旗法》规定的场合，即北京天安门广场、新华门、全国人民代表大会常务委员会、国务院、中央军事委员会、中国共产党中央纪律检查委员会、国家监察委员会、最高人民法院、最高人民检察院、中国人民政治协商会议全国委员会、外交部、国务院各部门、出入境的机场、港口、火车站和其他边境口岸、边境海防哨所，党中央各部门和地方委员会、地方纪律检查委员会，地方各级人民代表大会常务委员会、人民政府、监察委员会、人民法院、人民检察院、中国人民政治协商会议地方各级委员会，全日制学校、各人民团体、企事业组织、村（居）民委员会、城镇居民院（楼）、广场、公园、重大庆祝会、纪念会、大型文化、体育活动场所、外交活动场所、驻外使（领）馆和其他外交代表机构、军事机关、军队营区、军用舰船、公安部门的船舶、民用船舶和进入中国领水的外国船舶；也包括《国徽法》规定的场合：（1）悬挂国徽的机构：各级人民代表大会常务委员会、各级人民政府、中央军事委员会、各级监察委员会、各级人民法院和专门人民法院、各级人民检察院和专门人民检察院、外交部，国家驻外使（领）馆和其他外交代表机构、中央驻港澳有关机构。（2）悬挂国徽的场所：北京天安门城楼，人民大会堂，县级以上各级人民代表大会及其常务委员会会议厅，乡、民族乡、镇的人民大会堂，各级人民法院和专门人民法院的审判庭、出境入境口岸的适当场所，宪法宣誓场所。（3）全国人民代表大会常务委员会办公厅或者国务院办公厅会同主管部门规定的其他需要悬挂国徽的场所。此外，还包括其他有公众出入的场所，如街道、码头、商店等。

三、侮辱国旗、国徽的行为应达到一定的程度才构成犯罪。根据本条，侮辱国旗、国徽并不要求是情节严重的才构成犯罪，但根据《刑法》第13条规定，情节显著轻微危害不大的，不认为是犯罪。《国旗法》《国徽法》都规定，情节较轻的，由

定罪标准	犯罪客观方面	公安机关处以15日以下拘留。显然并非所有侮辱国旗、国徽的违法行为都构成犯罪，只有实施了侮辱国旗、国徽的行为，而又不属于情节显著轻微危害不大及情节较轻的，才构成犯罪。具体判断侮辱国旗、国徽行为的危害程度，可以从以下几方面考虑：（1）侮辱手段是否恶劣；（2）侮辱对象的数量及侮辱次数的多少。（3）侮辱的动机如何。如出于仇视党的方针、路线、国家的法律、法规等动机与纯粹是为发泄个人私愤等动机危害性显然不同。（4）影响的大小。如侮辱天安门广场升挂的国旗与侮辱某居民院升挂的国旗，影响大小显然不一样，其危害性大小也就不同。（5）造成的实际后果。如点滴涂改与全面涂改国旗、国徽显然不同。（6）行为人案发后的态度。如行为人是主动交代或积极消除影响，还是拒不认罪。如果从以上几方面因素考虑，认为行为人的情节属于较轻的或显著轻微危害不大的，则不能以犯罪论处。 四、侮辱国歌的情形包括：（1）故意篡改中华人民共和国国歌歌词、曲谱。《国歌法》第6条规定：“奏唱国歌，应当按照本法附件所载国歌的歌词和曲谱，不得采取有损国歌尊严的奏唱形式。”例如，将《义勇军进行曲》的国歌名称修改成其他侮辱性名称，将国歌歌词篡改成一些讽刺性、侮辱性的语言；改变部分曲调或者以其他曲调奏唱国歌歌词。（2）以歪曲、贬损方式奏唱国歌。（3）以其他方式侮辱国歌。如在互联网上故意传播配以贬损国家形象、侮辱性的图片、文字的国歌奏唱音视频。 五、本罪的侮辱行为必须带有公然性，而明目张胆地在众人在场或能使多人知晓的情况下进行侮辱。行为人如果将国旗、国徽、国歌受侮辱后呈现的不法状态呈现在能够使众人看到的地方并被众人知晓或可能被众人知晓的，也应视为具有公然侮辱的性质。否则即使行为人侮辱了国旗、国徽、国歌，但不具有公然性，如在晚上行为人在某一公共场合实施了侮辱国旗、国徽、国歌的行为，当时根本不可能被众人知晓，而行为人又及时消除了国旗、国徽、国歌被侮辱的痕迹，则这种行为不构成本罪。
	犯罪主体	本罪主体是一般主体，凡达到法定刑事责任年龄且具有刑事责任能力的自然人（包括中国公民和外国人）均能构成本罪的主体。
	犯罪主观方面	本罪的主观方面必须是出于直接故意，间接故意和过失不构成犯罪。关于间接故意是否可以构成本罪，理论上有两种相对立的观点：一种观点认为，侮辱国旗、国徽、国歌罪只限于直接故意才能构成，即行为人明知其在公共场合实施侮辱国旗、国徽、国歌行为的性质、后果，并希望通过其行为达到使国旗、国徽、国歌当众受辱、损害国家尊严的目的；另一种观点认为，虽然侮辱国旗、国徽、国歌罪多数由直接故意构成，但并不排除少数间接故意的情况可以构成，如为了出风头，明知其行为会侮辱国旗、国徽、国歌而仍实施其行为，以致国旗、国徽、国歌被侮辱，显然也可以构成本罪。我们赞同前一种观点。虽然根据本条，侮辱国旗、国徽、国歌罪没有明文规定必须是直接故意才构成，但根据《国旗法》《国徽法》《国歌法》的规定，情节较轻的一般违法行为并不认为是犯罪。因而根据立法精神，我们可以认为一般的间接故意造成国旗、国徽、国歌被侮辱的行为属于情节较轻的情况而不构成犯罪。至于那些以犯他罪为目的而放任国旗、国徽、国歌受侮辱结果发生的虽然不能认为是情节轻微，但这种情况属于想象竞合犯，可以按所构成的其他罪论处，当然没有再以本罪论处的必要。另外本罪的动机可能是多种多样的，有的可能是对社会主义制度、党或国家的某些政策不满，有些可能是对某些领导不满等，但动机如何不影响构成本罪，可以在量刑时予以考虑。另外，没有泄愤、侮辱等恶意，只是唱错歌词、跑掉走音的，不构成本罪。

<table>
<tr><td rowspan="2">定罪标准</td><td>罪与非罪</td><td>一、区分罪与非罪的关键是看其主观上是否具有故意。本罪是故意犯罪，并具有使国旗、国徽、国歌受辱的目的，因而如果是因意外事件或出于过失而使国旗、国徽、国歌在客观上受辱的不构成犯罪。如上所述，如果是出于间接故意的也不构成本罪。
二、对于聚众侮辱国旗、国徽、国歌构成犯罪的，一般应当只追究首要分子和积极参加者的刑事责任，对于其他被胁迫参加者或一般的围观人员可酌情予以批评教育或行政处罚，不应以犯罪论处。
三、侮辱国歌的行为要求达到“情节严重”的程度，才构成本罪。</td></tr>
<tr><td>此罪与彼罪</td><td>一、本罪与煽动分裂国家、破坏国家统一罪的界限。前者的犯罪对象是代表国家的国旗、国徽、国歌，是国家的象征；而后者的犯罪对象则是整个统一的国家实体。
二、本罪与实施其他犯罪行为而触犯本罪罪名的界限。如行为人出于占有目的而拆走国旗、国徽，或在公共场所抢走国旗、国徽，即使在盗窃、抢夺或抢劫过程中侮辱了国旗、国徽，也应按盗窃罪、抢夺罪或抢劫罪论处。还有的行为人以暴力方法妨碍审判人员、检察人员依法执行职务时侮辱了其佩带的国徽甚至砸坏了审判庭内悬挂的国徽的，或者行为人以满足无理要求为目的，聚众以各种手段在机关、单位、团体门前或院内肆意哄闹，有侮辱国旗、国徽情况发生的，都应按想象竞合犯处理，应分别按妨害公务罪、扰乱法庭秩序罪和聚众扰乱社会秩序罪处罚，而不再以侮辱国旗、国徽罪论处。
三、在公共场合侮辱国歌，同时构成寻衅滋事罪、聚众扰乱社会秩序罪、聚众扰乱公共场所秩序、交通秩序罪等犯罪的，应当依照处罚较重的规定定罪处罚。</td></tr>
<tr><td rowspan="2">证据参考标准</td><td>主体方面的证据</td><td>一、证明行为人刑事责任年龄、身份等自然情况的证据。
包括身份证明、户籍证明、任职证明、工作经历证明、特定职责证明等，主要是证明行为人的姓名（曾用名）、性别、出生年月日、民族、籍贯、出生地、职业（或职务）、住所地（或居所地）等证据材料，如户口簿、居民身份证、工作证、出生证、专业或技术等级证、干部履历表、职工登记表、护照等。
对于户籍、出生证等材料内容不实的，应提供其他证据材料。外国人犯罪的案件，应有护照等身份证明材料。人大代表、政协委员犯罪的案件，应注明身份，并附身份证明材料。
二、证明行为人刑事责任能力的证据。
证明行为人对自己的行为是否具有辨认能力与控制能力，如是否属于间歇性精神病人、尚未完全丧失辨认或者控制自己行为能力的精神病人的证明材料。</td></tr>
<tr><td>主观方面的证据</td><td>证明行为人故意的证据：1. 证明行为人明知的证据：证明行为人明知自己的行为会发生危害社会的结果；2. 证明直接故意的证据：证明行为人希望危害结果发生。</td></tr>
</table>

<table>
<tr><td rowspan="2">证据参考标准</td><td>客观方面的证据</td><td colspan="2">证明行为人侮辱国旗、国徽、国歌犯罪行为的证据。
具体证据包括：1. 证明行为人侮辱国旗行为的证据：（1）焚烧；（2）毁损；（3）涂划；（4）玷污；（5）践踏；（6）其他。2. 证明行为人侮辱国徽行为的证据：（1）焚烧；（2）毁损；（3）涂划；（4）玷污；（5）践踏；（6）篡改；（7）歪曲；（8）贬损；（9）其他。3. 证明行为人在公共场合侮辱国旗行为的证据。4. 证明行为人在公共场合侮辱国徽行为的证据。5. 证明行为人故意篡改中华人民共和国国歌歌词、曲谱的证据。6. 证明行为人故意以歪曲、贬损方式奏唱国歌的证据。7. 证明行为人以其他方式侮辱国歌的证据。8. 证明行为人侮辱国歌情节严重的证据。</td></tr>
<tr><td>量刑方面的证据</td><td colspan="2">一、法定量刑情节证据。
1. 事实情节：（1）情节严重；（2）其他。2. 法定从重情节。3. 法定从轻减轻情节：（1）可以从轻；（2）可以从轻或减轻；（3）应当从轻或者减轻。4. 法定从轻减轻免除情节：（1）可以从轻、减轻或者免除处罚；（2）应当从轻、减轻或者免除处罚。5. 法定减轻免除情节：（1）可以减轻或者免除处罚；（2）应当减轻或者免除处罚；（3）可以免除处罚。
二、酌定量刑情节证据。
1. 犯罪手段：（1）焚烧；（2）毁损；（3）涂划；（4）玷污；（5）践踏；（6）篡改；（7）歪曲；（8）贬损；（9）其他。2. 犯罪对象。3. 危害结果。4. 动机。5. 平时表现。6. 认罪态度。7. 是否有前科。8. 其他证据。</td></tr>
<tr><td>量刑标准</td><td colspan="2">犯本罪的</td><td>处三年以下有期徒刑、拘役、管制或者剥夺政治权利</td></tr>
<tr><td rowspan="2">法律适用</td><td>刑法条文</td><td colspan="2">第二百九十九条　在公共场合，故意以焚烧、毁损、涂划、玷污、践踏等方式侮辱中华人民共和国国旗、国徽的，处三年以下有期徒刑、拘役、管制或者剥夺政治权利。
在公共场合，故意篡改中华人民共和国国歌歌词、曲谱，以歪曲、贬损方式奏唱国歌，或者以其他方式侮辱国歌，情节严重的，依照前款的规定处罚。</td></tr>
<tr><td>相关法律法规</td><td colspan="2">一、《中华人民共和国国旗法》（节录）（1990年6月28日中华人民共和国主席令第28号公布　自1990年10月1日起施行　2009年8月27日第一次修正　2020年10月17日第二次修正）
第二十三条　在公众场合故意以焚烧、毁损、涂划、玷污、践踏等方式侮辱中华人民共和国国旗的，依法追究刑事责任；情节较轻的，由公安机关处以十五日以下拘留。
二、《中华人民共和国国徽法》（节录）（1991年3月2日中华人民共和国主席令第41号公布　自1991年10月1日起施行　2009年8月27日第一次修正　2020年10月17日第二次修正）</td></tr>
</table>

法律适用

相关法律法规

第十八条 在公共场合故意以焚烧、毁损、涂划、玷污、践踏等方式侮辱中华人民共和国国徽的，依法追究刑事责任；情节较轻的，由公安机关处以十五日以下拘留。

三、《中华人民共和国国歌法》（节录）（2017年9月1日中华人民共和国主席令第75号公布　自2017年10月1日起施行）

第十五条 在公共场合，故意篡改国歌歌词、曲谱，以歪曲、贬损方式奏唱国歌，或者以其他方式侮辱国歌的，由公安机关处以警告或者十五日以下拘留；构成犯罪的，依法追究刑事责任。

47 侵害英雄烈士名誉、荣誉案

概念 本罪是指侮辱、诽谤或者以其他方式侵害英雄烈士的名誉、荣誉，损害社会公共利益，情节严重的行为。

立案标准 侮辱、诽谤或者以其他方式侵害英雄烈士的名誉、荣誉，损害社会公共利益，情节严重的行为，应当立案。

定罪标准		
	犯罪客体	本罪侵犯的客体是英雄烈士的名誉、荣誉以及社会公共利益。
	犯罪客观方面	本罪客观上表现为侮辱、诽谤或者以其他方式侵害英雄烈士的名誉、荣誉，损害社会公共利益，情节严重的行为。 这里的“英雄烈士”，包括近代以来，为国家、为民族、为人民作出牺牲和贡献的英烈先驱和革命先行者，重点是中国共产党、人民军队和共和国历史上涌现出的无数英雄烈士。英雄烈士既包括个人也包括群体，既包括有名英烈也包括无名英烈。本条保护的英雄烈士与《英雄烈士保护法》的保护范围是一致的，都是已经牺牲、逝世的英雄烈士。 这里的“侮辱”主要是指通过语言、文字或者其他方式辱骂、贬低、嘲讽英雄烈士的行为。“诽谤”是指针对英雄烈士，捏造事实并进行散播，公然丑化、贬损英雄烈士，损害英雄烈士名誉、荣誉的行为。实践中比较常见的是通过网络、文学作品等形式侮辱、诽谤英雄烈士的情况。“以其他方式侵害英雄烈士的名誉、荣誉”，是指采用侮辱、诽谤以外的其他方式侵害英雄烈士的名誉、荣誉的行为，如虽未采用侮辱、诽谤方式，但以“还原历史”、“探究细节”等名义否定、贬损、丑化英雄烈士；非法披露涉及英雄烈士隐私的信息或者图片，侵害英雄烈士隐私等。
	犯罪主体	本罪的主体是一般主体，即凡是达到法定刑事责任年龄、具有刑事责任能力的人，均可构成本罪。
	犯罪主观方面	本罪的主观方面是故意。
	罪与非罪	区分罪与非罪。侮辱、诽谤或者以其他方式侵害英雄烈士的名誉、荣誉的行为，需要损害社会公共利益，且达到情节严重的程度，才构成本罪。
	此罪与彼罪	本罪中“英雄烈士”是已经牺牲、过世的人，如果行为人侮辱、诽谤或者以其他方式侵害仍健在的英雄模范的名誉、荣誉，应按照侮辱、诽谤罪的相关规定追究其刑事责任。

<table>
<tr><td rowspan="4">证据参考标准</td><td>主体方面的证据</td><td colspan="2">一、证明行为人刑事责任年龄、身份等事实情况的证据。
包括但不限于身份证明、户籍证明、任职证明、工作经历证明、特定职责证明等，主要用于证明行为人的姓名（曾用名）、性别、出生年月日、民族、机关、出生地、职业（职务）、住所地（居住地）等的证据材料，具体如居民身份证、户口簿、工作证、出生证、专业或技术等级证、干部履历表、职工登记表、护照等。
对于户籍、身份证等材料内容不是的，应提供其他证据材料。外国人犯罪的案件，需要有护照等身份证明材料。人大代表、政协委员犯罪的案件，应当注明身份并附上身份证明材料。
二、证明行为人刑事责任能力的证据。
证明行为人对自己的行为具有辨认、控制能力，如是否属于间歇性精神病人、尚未完全丧失辨认或者控制自己行为能力的精神病人的证明材料。</td></tr>
<tr><td>主观方面的证据</td><td colspan="2">证明行为人故意的证据：1. 证明行为人明知的证据：证明行为人明知自己的行为会发生危害社会的结果；2. 证明直接故意的证据：证明行为人希望危害结果发生；3. 证明间接故意的证据：证明行为人犯人危害结果发生。</td></tr>
<tr><td>客观方面的证据</td><td colspan="2">证明行为人侵害英雄烈士名誉、荣誉的证据：1. 证明行为人侮辱行为的证据；2. 证明行为人诽谤行为的证据；3. 证明行为人以其他方式侵害英雄烈士的名誉、荣誉的证据；4. 证明行为人侵害英雄烈士名誉、荣誉，损害社会公共利益的证据；5. 证明情节严重的证据。</td></tr>
<tr><td>量刑方面的证据</td><td colspan="2">一、法定量刑情节证据。
1. 事实情节：情节严重。2. 法定从重情节。3. 法定从轻减轻情节：（1）可以从轻；（2）可以从轻或减轻；（3）应当从轻或者减轻。4. 法定从轻减轻免除情节：（1）可以从轻、减轻或者免除处罚；（2）应当从轻、减轻或者免除处罚。5. 法定减轻免除情节：（1）可以减轻或者免除处罚；（2）应当减轻或者免除处罚；（3）可以免除处罚。
二、酌定量刑情节证据。
1. 犯罪手段：（1）侮辱；（2）诽谤；（3）其他。2. 犯罪对象。3. 危害结果。4. 动机。5. 平时表现。6. 认罪态度。7. 是否有前科。8. 其他证据。</td></tr>
<tr><td>量刑标准</td><td colspan="2">犯本罪的</td><td>处三年以下有期徒刑、拘役、管制或者剥夺政治权利</td></tr>
<tr><td>法律适用</td><td>刑法条文</td><td colspan="2">第二百九十九条之一　侮辱、诽谤或者以其他方式侵害英雄烈士的名誉、荣誉，损害社会公共利益，情节严重的，处三年以下有期徒刑、拘役、管制或者剥夺政治权利。</td></tr>
</table>

法律适用 相关法律法规

一、《中华人民共和国英雄烈士保护法》（节录）（2018年4月27日中华人民共和国主席令第5号公布　自2018年5月1日起施行）

第二十六条　以侮辱、诽谤或者其他方式侵害英雄烈士的姓名、肖像、名誉、荣誉，损害社会公共利益的，依法承担民事责任；构成违反治安管理行为的，由公安机关依法给予治安管理处罚；构成犯罪的，依法追究刑事责任。

第二十七条　在英雄烈士纪念设施保护范围内从事有损纪念英雄烈士环境和氛围的活动的，纪念设施保护单位应当及时劝阻；不听劝阻的，由县级以上地方人民政府负责英雄烈士保护工作的部门、文物主管部门按照职责规定给予批评教育，责令改正；构成违反治安管理行为的，由公安机关依法给予治安管理处罚。

亵渎、否定英雄烈士事迹和精神，宣扬、美化侵略战争和侵略行为，寻衅滋事，扰乱公共秩序，构成违反治安管理行为的，由公安机关依法给予治安管理处罚；构成犯罪的，依法追究刑事责任。

二、《烈士褒扬条例》（节录）（2011年7月26日中华人民共和国国务院令第601号公布　2019年3月2日第一次修订　2019年8月1日第二次修订）

第二条　公民在保卫祖国和社会主义建设事业中牺牲被评定为烈士的，依照本条例的规定予以褒扬。烈士的遗属，依照本条例的规定享受抚恤优待。

第三条　国家对烈士遗属给予的抚恤优待应当随经济社会的发展逐步提高，保障烈士遗属的生活不低于当地居民的平均生活水平。

全社会应当支持烈士褒扬工作，优待帮扶烈士遗属。

国家鼓励公民、法人和其他组织为烈士褒扬和烈士遗属抚恤优待提供捐助。

第四条　烈士褒扬和烈士遗属抚恤优待经费列入财政预算。

烈士褒扬和烈士遗属抚恤优待经费应当专款专用，接受财政部门、审计机关的监督。

第八条　公民牺牲符合下列情形之一的，评定为烈士：

（一）在依法查处违法犯罪行为、执行国家安全工作任务、执行反恐怖任务和处置突发事件中牺牲的；

（二）抢险救灾或者其他为了抢救、保护国家财产、集体财产、公民生命财产牺牲的；

（三）在执行外交任务或者国家派遣的对外援助、维持国际和平任务中牺牲的；

（四）在执行武器装备科研试验任务中牺牲的；

（五）其他牺牲情节特别突出，堪为楷模的。

现役军人牺牲，预备役人员、民兵、民工以及其他人员因参战、参加军事演习和军事训练、执行军事勤务牺牲应当评定烈士的，依照《军人抚恤优待条例》的有关规定评定。

第十四条　国家建立烈士褒扬金制度。烈士褒扬金标准为烈士牺牲时上一年度全国城镇居民人均可支配收入的30倍。战时，参战牺牲的烈士褒扬金标准可以适当提高。

烈士褒扬金由领取烈士证书的烈士遗属户口所在地县级人民政府退役军人事务部门发给烈士的父母或者抚养人、配偶、子女；没有父母或者抚养人、配偶、子女的，发给烈士未满18周岁的兄弟姐妹和已满18周岁但无生活来源且由烈士生前供养的兄弟姐妹。

第十五条 烈士遗属除享受本条例第十四条规定的烈士褒扬金外，属于《军人抚恤优待条例》以及相关规定适用范围的，还享受因公牺牲一次性抚恤金；属于《工伤保险条例》以及相关规定适用范围的，还享受一次性工亡补助金以及相当于烈士本人40个月工资的烈士遗属特别补助金。

不属于前款规定范围的烈士遗属，由县级人民政府退役军人事务部门发给一次性抚恤金，标准为烈士牺牲时上一年度全国城镇居民人均可支配收入的20倍加40个月的中国人民解放军排职少尉军官工资。

第十六条 符合下列条件之一的烈士遗属，享受定期抚恤金：

（一）烈士的父母或者抚养人、配偶无劳动能力、无生活来源，或者收入水平低于当地居民的平均生活水平的；

（二）烈士的子女未满18周岁，或者已满18周岁但因残疾或者正在上学而无生活来源的；

（三）由烈士生前供养的兄弟姐妹未满18周岁，或者已满18周岁但因正在上学而无生活来源的。

符合前款规定条件享受定期抚恤金的烈士遗属，由其户口所在地的县级人民政府退役军人事务部门发给定期抚恤金领取证，凭证领取定期抚恤金。

第十七条 烈士生前的配偶再婚后继续赡养烈士父母，继续抚养烈士未满18周岁或者已满18周岁但无劳动能力、无生活来源且由烈士生前供养的兄弟姐妹的，由其户口所在地的县级人民政府退役军人事务部门参照烈士遗属定期抚恤金的标准给予补助。

第十八条 定期抚恤金标准参照全国城乡居民家庭人均收入水平确定。定期抚恤金的标准及其调整办法，由国务院退役军人事务部门会同国务院财政部门规定。

烈士遗属享受定期抚恤金后仍达不到当地居民的平均生活水平的，由县级人民政府予以补助。

第十九条 享受定期抚恤金的烈士遗属户口迁移的，应当同时办理定期抚恤金转移手续。户口迁出地的县级人民政府退役军人事务部门发放当年的定期抚恤金；户口迁入地的县级人民政府退役军人事务部门凭定期抚恤金转移证明，从第二年1月起发放定期抚恤金。

第二十条 烈士遗属不再符合本条例规定的享受定期抚恤金条件的，应当注销其定期抚恤金领取证，停发定期抚恤金。

享受定期抚恤金的烈士遗属死亡的，增发6个月其原享受的定期抚恤金作为丧葬补助费，同时注销其定期抚恤金领取证，停发定期抚恤金。

第二十一条 烈士遗属享受相应的医疗优惠待遇，具体办法由省、自治区、直辖市人民政府规定。

第二十二条 烈士的子女、兄弟姐妹本人自愿，且符合征兵条件的，在同等条件下优先批准其服现役。烈士的子女符合公务员考录条件的，在同等条件下优先录用为公务员。

烈士子女接受学前教育和义务教育的，应当按照国家有关规定予以优待；在公办幼儿园接受学前教育的，免交保教费。烈士子女报考普通高中、中等职业学校、高等学校研究生的，在同等条件下优先录取；报考高等学校本、专科的，可以按照国家有关规定降低分数要求投档；在公办学校就读的，免交学费、杂费，并享受国家规定的各项助学政策。

法律适用

相关法律法规

烈士遗属符合就业条件的，由当地人民政府人力资源社会保障部门优先提供就业服务。烈士遗属已经就业，用人单位经济性裁员时，应当优先留用。烈士遗属从事个体经营的，市场监督管理、税务等部门应当优先办理证照，烈士遗属在经营期间享受国家和当地人民政府规定的优惠政策。

第二十三条 符合住房保障条件的烈士遗属承租廉租住房、购买经济适用住房的，县级以上地方人民政府有关部门应当给予优先、优惠照顾。家住农村的烈士遗属住房有困难的，由当地人民政府帮助解决。

第二十四条 男年满60周岁、女年满55周岁的孤老烈士遗属本人自愿的，可以在光荣院、敬老院集中供养。

各类社会福利机构应当优先接收烈士遗属。

第二十五条 烈士遗属因犯罪被判处有期徒刑、剥夺政治权利或者被司法机关通缉期间，中止其享受的抚恤和优待；被判处死刑、无期徒刑的，取消其烈士遗属抚恤和优待资格。

三、《中华人民共和国民法典》（节录）（2020年5月28日中华人民共和国主席令第45号　自2021年1月1日起施行）

第一百八十五条 侵害英雄烈士等的姓名、肖像、名誉、荣誉，损害社会公共利益的，应当承担民事责任。

第九百九十四条 死者的姓名、肖像、名誉、荣誉、隐私、遗体等受到侵害的，其配偶、子女、父母有权依法请求行为人承担民事责任；死者没有配偶、子女且父母已经死亡的，其他近亲属有权依法请求行为人承担民事责任。

48 组织、利用会道门、邪教组织、利用迷信破坏法律实施案

概念

本罪是指组织和利用会道门、邪教组织或者利用迷信破坏国家法律、行政法规实施的行为。

立案标准

根据《刑法》第300条第1款的规定，组织和利用会道门、邪教组织或者利用迷信破坏国家法律、行政法规实施的，应当立案。

根据司法解释规定，组织、利用邪教组织，破坏国家法律、行政法规实施，具有下列情形之一的，应当立案：

1. 建立邪教组织，或者邪教组织被取缔后又恢复、另行建立邪教组织的；

2. 聚众包围、冲击、强占、哄闹国家机关、企业事业单位或者公共场所、宗教活动场所，扰乱社会秩序的；

3. 非法举行集会、游行、示威，扰乱社会秩序的；

4. 使用暴力、胁迫或者以其他方法强迫他人加入或者阻止他人退出邪教组织的；

5. 组织、煽动、蒙骗成员或者他人不履行法定义务的；

6. 使用“伪基站”“黑广播”等无线电台（站）或者无线电频率宣扬邪教的；

7. 曾因从事邪教活动被追究刑事责任或者2年内受过行政处罚，又从事邪教活动的；

8. 发展邪教组织成员50人以上的；

9. 敛取钱财或者造成经济损失100万元以上的；

10. 以货币为载体宣扬邪教，数量在500张（枚）以上的；

11. 制作、传播邪教宣传品，达到下列数量标准之一的：

（1）传单、喷图、图片、标语、报纸1000份（张）以上的；

（2）书籍、刊物250册以上的；

（3）录音带、录像带等音像制品250盒（张）以上的；

（4）标识、标志物250件以上的；

（5）光盘、U盘、储存卡、移动硬盘等移动存储介质100个以上的；

（6）横幅、条幅50条（个）以上的。

12. 利用通讯信息网络宣扬邪教，具有下列情形之一的：

（1）制作、传播宣扬邪教的电子图片、文章200张（篇）以上，电子书籍、刊物、音视频50册（个）以上，或者电子文档500万字符以上、电子音视频250分钟以上的；

（2）编发信息、拨打电话1000条（次）以上的；

（3）利用在线人数累计达到1000以上的聊天室，或者利用群组成员、关注人员等账号数累计1000以上的通讯群组、微信、微博等社交网络宣扬邪教的；

（4）邪教信息实际被点击、浏览数达到5000次以上的。

13. 其他情节严重的情形。

定罪标准

犯罪客体

本罪侵犯的客体是国家的法律秩序。《宪法》第36条第1款规定："中华人民共和国公民有宗教信仰自由。"国家保护正常的宗教活动，任何人不得利用宗教进行破坏社会秩序、损害公民身体健康、妨害国家教育制度的活动。会道门、邪教组织虽然也以倡导某种"教义"为本组织从事活动提供指导，但其"教义"与正常的社会秩序是相悖的。尽管有些会道门、邪教组织将本组织的教义视为某一宗教或某几种宗教的派生或支系，但在其"教义"指引下的活动已超出正常的宗教活动的范围，因而不受宪法和法律的保护。组织、利用会道门、邪教组织、利用迷信破坏国家法律、行政法规的实施，即利用了一些群众的文化水平低，认识能力、辨别能力差等因素，利用了他们落后的世界观和盲目的信仰，对正常的社会秩序予以破坏，妨害了国家法律、行政法规的统一、正确、有效地实施。

为了维护社会稳定，保护人民利益，保障改革开放和社会主义现代化建设的顺利进行，1999年10月30日第九届全国人大常委会第十二次会议通过了《关于取缔邪教组织、防范和惩治邪教活动的决定》，为取缔邪教组织、防范和惩治邪教活动提供了法律依据。

犯罪客观方面

本罪客观方面表现为组织、利用会道门、邪教组织或者利用迷信破坏国家法律、行政法规实施的行为。

所谓国家法律，是指全国人民代表大会及其常务委员会通过颁布施行的法律，如《宪法》《民法》《刑法》《法官法》《国家安全法》等。所谓行政法规，是指国务院及其所属机关根据宪法、法律等依法所制定和颁布的有关国家行政管理活动的各种规范性文件的总称，一般采用条例、办法、规则、决议、规定、命令、指示等形式。所谓国家法律、行政法规的实施，是指国家机关及其工作人员、社会团体及公民对法律、法规的具体运用和实现，既包括行政执法机关、司法机关及其工作人员严格执行法律、法规，适用法律、法规，以保证其实施的活动，即法的适用或称执法、司法活动，又包括所有国家机关、武装力量、政党、社会团体、企业事业组织、国家公职人员和全体公民自觉地遵守法律、法规，从而使得其得以实现，即法的遵守。简言之，法律、法规的实施即为执法、司法和守法。组织、利用会道门、邪教组织或者利用迷信所进行的必须是破坏国家法律、法规实施。如果不是破坏国家法律、法规实施，而是致人死亡、奸淫妇女、诈骗财物、宣传煽动分裂国家、颠覆国家政权等犯罪的，则应以他罪如组织、利用会道门、邪教组织、利用迷信致人死亡罪，强奸罪，诈骗罪，煽动分裂国家罪，煽动颠覆国家政权罪等治罪科刑。

破坏国家法律、行政法规实施，必须是有组织、利用会道门、邪教组织或者利用迷信活动的行为。所谓组织，是指为组成、建立会道门、邪教组织而开展的鼓动、召集、纠合他人参加，草拟组织规程、纪律等活动，如创设会道门、邪教组织；恢复已查禁的会道门、邪教组织；发展教徒、道徒，招收会员，秘密设坛、设点；等等。所谓利用，是指依靠、凭借会道门、邪教组织的力量进行活动，如利用会道门、邪教组织制造、散布谣言，蛊惑人心；称孤道寡，封王拜相；鼓动他人寻求极乐或者逃避现实等。所谓组织、利用会道门、邪教组织进行破坏活动，则主要是指：传播封建迷信，攻击国家法律、法规；制造、散布"人类将遭受大劫"、"地球即将毁灭"等谣言，制造混乱，抗拒、干扰执法、司法活动；从事诸如"升天"、"寻主"等迷信宗教活动，鼓动群众放弃工作、生产、学习，逃避现实，消极处世，抗拒法律、法规实

<table>
<tr><td rowspan="5">定罪标准</td><td>犯罪客观方面</td><td>施等。所谓会道门，是会门、道门等封建迷信活动组织的总称。所谓邪教组织，是指冒用宗教、气功或者其他名义建立，神化首要分子，利用制造、散布迷信邪说等手段蛊惑、蒙骗他人，发展、控制成员，危害社会的非法组织。所谓迷信则是指会道门、邪教组织外的非组织的迷信活动，如占卜、算命、测字、祈雨、讨圣水、做道场、烧香拜佛、治病驱邪、看阴阳风水等活动。</td></tr>
<tr><td>犯罪主体</td><td>本罪主体是一般主体，凡达到刑事责任年龄、具备刑事责任能力的自然人均可构成。多为会道门、邪教组织者、骨干成员和一贯从事迷信活动的人。</td></tr>
<tr><td>犯罪主观方面</td><td>本罪主观方面表现为故意，并且要有煽动抗拒法律实施的目的。组织、利用会道门、邪教组织或利用迷信进行活动，客观上造成了对国家法律、行政法规实施的妨害，但行为人主观不具有破坏国家法律、行政法规实施的目的，不构成本罪。</td></tr>
<tr><td>罪与非罪</td><td>区分罪与非罪的关键是看是否达到最高人民法院、最高人民检察院的司法解释确定的立案标准。</td></tr>
<tr><td>此罪与彼罪</td><td>本罪与其他相关犯罪的界限及处理。
一、依照《刑法》第300条第3款的规定，组织利用会道门、邪教组织、利用迷信进行破坏活动中奸淫妇女、诈骗钱财的，应依数罪并罚的规定处罚。
二、组织、利用邪教组织破坏国家法律、行政法规实施过程中，又有煽动分裂国家、煽动颠覆国家政权或者侮辱、诽谤他人等犯罪行为的，依照数罪并罚的规定定罪处罚。
三、组织、利用邪教组织，制造、散布迷信邪说，组织、策划、煽动、胁迫、教唆、帮助其成员或者他人实施自杀、自伤的，以故意杀人罪或者故意伤害罪定罪处罚。
四、邪教组织人员以自焚、自爆或者其他危险方法危害公共安全的，以放火罪、爆炸罪、以危险方法危害公共安全罪等定罪处罚。</td></tr>
<tr><td>证据参考标准</td><td>主体方面的证据</td><td>一、证明行为人刑事责任年龄、身份等自然情况的证据。
包括身份证明、户籍证明、任职证明、工作经历证明、特定职责证明等，主要是证明行为人的姓名（曾用名）、性别、出生年月日、民族、籍贯、出生地、职业（或职务）、住所地（或居所地）等证据材料，如户口簿、居民身份证、工作证、出生证、专业或技术等级证、干部履历表、职工登记表、护照等。
对于户籍、出生证等材料内容不实的，应提供其他证据材料。外国人犯罪的案件，应有护照等身份证明材料。人大代表、政协委员犯罪的案件，应注明身份，并附身份证明材料。
二、证明行为人刑事责任能力的证据。
证明行为人对自己的行为是否具有辨认能力与控制能力，如是否属于间歇性精神病人、尚未完全丧失辨认或者控制自己行为能力的精神病人的证明材料。</td></tr>
</table>

<table>
<tr><td rowspan="3">证据参考标准</td><td>主观方面的证据</td><td colspan="2">证明行为人故意的证据：1. 证明行为人明知的证据：证明行为人明知自己的行为会发生危害社会的结果；2. 证明直接故意的证据：证明行为人希望危害结果发生；3. 目的：煽动抗拒法律实施。</td></tr>
<tr><td>客观方面的证据</td><td colspan="2">证明行为人组织、利用会道门、邪教组织、利用迷信破坏国家法律实施犯罪行为的证据。
具体证据包括：1. 证明行为人破坏国家法律实施犯罪主体的证据：（1）会道门：①组织者；②骨干。（2）邪教组织：①组织者；②骨干；③一贯从事迷信活动的人。2. 证明行为人组织、利用会道门、邪教组织或利用迷信活动破坏国家法律实施组织形式行为的证据：（1）组织利用会道门；（2）组织利用邪教组织；（3）封建迷信活动。3. 证明行为人破坏国家法律实施的证据：（1）宣扬异端邪说。（2）宣扬封建迷信。（3）扰乱人们思想、鼓动人们采取错误行动。（4）破坏国家法律、行政法规实施。（5）动摇社会的法律秩序、影响正常的生产、生活和工作秩序。（6）诈骗、奸淫、自杀等目的、后果。4. 证明行为人“情节严重”行为的证据。</td></tr>
<tr><td>量刑方面的证据</td><td colspan="2">一、法定量刑情节证据。
1. 事实情节：（1）情节严重；（2）其他。2. 法定从重情节。3. 法定从轻减轻情节：（1）可以从轻；（2）可以从轻或减轻；（3）应当从轻或者减轻。4. 法定从轻减轻免除情节：（1）可以从轻、减轻或者免除处罚；（2）应当从轻、减轻或者免除处罚。5. 法定减轻免除情节：（1）可以减轻或者免除处罚；（2）应当减轻或者免除处罚；（3）可以免除处罚。
二、酌定量刑情节证据。
1. 犯罪手段：（1）组织、利用会道门；（2）组织、利用邪教组织；（3）利用迷信活动。2. 犯罪对象。3. 危害结果。4. 动机。5. 平时表现。6. 认罪态度。7. 是否有前科。8. 其他证据。</td></tr>
<tr><td rowspan="3">量刑标准</td><td colspan="2">犯本罪的</td><td>处三年以上七年以下有期徒刑，并处罚金</td></tr>
<tr><td colspan="2">情节特别严重的</td><td>处七年以上有期徒刑或者无期徒刑，并处罚金或者没收财产</td></tr>
<tr><td colspan="2">情节较轻的</td><td>处三年以下有期徒刑、拘役、管制或者剥夺政治权利，并处或者单处罚金</td></tr>
</table>

刑法条文

第三百条第一款 组织、利用会道门、邪教组织或者利用迷信破坏国家法律、行政法规实施的，处三年以上七年以下有期徒刑，并处罚金；情节特别严重的，处七年以上有期徒刑或者无期徒刑，并处罚金或者没收财产；情节较轻的，处三年以下有期徒刑、拘役、管制或者剥夺政治权利，并处或者单处罚金。

法律适用　司法解释

最高人民法院、最高人民检察院《关于办理组织、利用邪教组织破坏法律实施等刑事案件适用法律若干问题的解释》（节录）（2017年1月25日最高人民法院、最高人民检察院公布　自2017年2月1日起施行　法释〔2017〕3号）

第一条 冒用宗教、气功或者以其他名义建立，神化、鼓吹首要分子，利用制造、散布迷信邪说等手段蛊惑、蒙骗他人，发展、控制成员，危害社会的非法组织，应当认定为刑法第三百条规定的“邪教组织”。

第二条 组织、利用邪教组织，破坏国家法律、行政法规实施，具有下列情形之一的，应当依照刑法第三百条第一款的规定，处三年以上七年以下有期徒刑，并处罚金：

（一）建立邪教组织，或者邪教组织被取缔后又恢复、另行建立邪教组织的；

（二）聚众包围、冲击、强占、哄闹国家机关、企业事业单位或者公共场所、宗教活动场所，扰乱社会秩序的；

（三）非法举行集会、游行、示威，扰乱社会秩序的；

（四）使用暴力、胁迫或者以其他方法强迫他人加入或者阻止他人退出邪教组织的；

（五）组织、煽动、蒙骗成员或者他人不履行法定义务的；

（六）使用“伪基站”“黑广播”等无线电台（站）或者无线电频率宣扬邪教的；

（七）曾因从事邪教活动被追究刑事责任或者二年内受过行政处罚，又从事邪教活动的；

（八）发展邪教组织成员五十人以上的；

（九）敛取钱财或者造成经济损失一百万元以上的；

（十）以货币为载体宣扬邪教，数量在五百张（枚）以上的；

（十一）制作、传播邪教宣传品，达到下列数量标准之一的：

1. 传单、喷图、图片、标语、报纸一千份（张）以上的；

2. 书籍、刊物二百五十册以上的；

3. 录音带、录像带等音像制品二百五十盒（张）以上的；

4. 标识、标志物二百五十件以上的；

5. 光盘、U盘、储存卡、移动硬盘等移动存储介质一百个以上的；

6. 横幅、条幅五十条（个）以上的。

（十二）利用通讯信息网络宣扬邪教，具有下列情形之一的：

1. 制作、传播宣扬邪教的电子图片、文章二百张（篇）以上，电子书籍、刊物、音视频五十册（个）以上，或者电子文档五百万字符以上、电子音视频二百五十分钟以上的；

2. 编发信息、拨打电话一千条（次）以上的；

3. 利用在线人数累计达到一千以上的聊天室，或者利用群组成员、关注人员等账号数累计一千以上的通讯群组、微信、微博等社交网络宣扬邪教的；

4. 邪教信息实际被点击、浏览数达到五千次以上的。

（十三）其他情节严重的情形。

法律适用 司法解释

第三条 组织、利用邪教组织，破坏国家法律、行政法规实施，具有下列情形之一的，应当认定为刑法第三百条第一款规定的“情节特别严重”，处七年以上有期徒刑或者无期徒刑，并处罚金或者没收财产：

（一）实施本解释第二条第一项至第七项规定的行为，社会危害特别严重的；

（二）实施本解释第二条第八项至第十二项规定的行为，数量或者数额达到第二条规定相应标准五倍以上的；

（三）其他情节特别严重的情形。

第四条 组织、利用邪教组织，破坏国家法律、行政法规实施，具有下列情形之一的，应当认定为刑法第三百条第一款规定的“情节较轻”，处三年以下有期徒刑、拘役、管制或者剥夺政治权利，并处或者单处罚金：

（一）实施本解释第二条第一项至第七项规定的行为，社会危害较轻的；

（二）实施本解释第二条第八项至第十二项规定的行为，数量或者数额达到相应标准五分之一以上的；

（三）其他情节较轻的情形。

第五条 为了传播而持有、携带，或者传播过程中被当场查获，邪教宣传品数量达到本解释第二条至第四条规定的有关标准的，按照下列情形分别处理：

（一）邪教宣传品是行为人制作的，以犯罪既遂处理；

（二）邪教宣传品不是行为人制作，尚未传播的，以犯罪预备处理；

（三）邪教宣传品不是行为人制作，传播过程中被查获的，以犯罪未遂处理；

（四）邪教宣传品不是行为人制作，部分已经传播出去的，以犯罪既遂处理，对于没有传播的部分，可以在量刑时酌情考虑。

第六条 多次制作、传播邪教宣传品或者利用通讯信息网络宣扬邪教，未经处理的，数量或者数额累计计算。

制作、传播邪教宣传品，或者利用通讯信息网络宣扬邪教，涉及不同种类或者形式的，可以根据本解释规定的不同数量标准的相应比例折算后累计计算。

第八条 实施本解释第二条至第五条规定的行为，具有下列情形之一的，从重处罚：

（一）与境外机构、组织、人员勾结，从事邪教活动的；

（二）跨省、自治区、直辖市建立邪教组织机构、发展成员或者组织邪教活动的；

（三）在重要公共场所、监管场所或者国家重大节日、重大活动期间聚集滋事，公开进行邪教活动的；

（四）邪教组织被取缔后，或者被认定为邪教组织后，仍然聚集滋事，公开进行邪教活动的；

（五）国家工作人员从事邪教活动的；

（六）向未成年人宣扬邪教的；

（七）在学校或者其他教育培训机构宣扬邪教的。

第九条 组织、利用邪教组织破坏国家法律、行政法规实施，符合本解释第四条规定情形，但行为人能够真诚悔罪，明确表示退出邪教组织、不再从事邪教活动的，可以不起诉或者免予刑事处罚。其中，行为人系受蒙蔽、胁迫参加邪教组织的，可以不作为犯罪处理。

组织、利用邪教组织破坏国家法律、行政法规实施，行为人在一审判决前能够真诚悔罪，明确表示退出邪教组织、不再从事邪教活动的，分别依照下列规定处理：

（一）符合本解释第二条规定情形的，可以认定为刑法第三百条第一款规定的“情节较轻”；

法律适用

司法解释

（二）符合本解释第三条规定情形的，可以不认定为刑法第三百条第一款规定的“情节特别严重”，处三年以上七年以下有期徒刑，并处罚金。

第十条 组织、利用邪教组织破坏国家法律、行政法规实施过程中，又有煽动分裂国家、煽动颠覆国家政权或者侮辱、诽谤他人等犯罪行为的，依照数罪并罚的规定定罪处罚。

第十一条 组织、利用邪教组织，制造、散布迷信邪说，组织、策划、煽动、胁迫、教唆、帮助其成员或者他人实施自杀、自伤的，依照刑法第二百三十二条、第二百三十四条的规定，以故意杀人罪或者故意伤害罪定罪处罚。

第十二条 邪教组织人员以自焚、自爆或者其他危险方法危害公共安全的，依照刑法第一百一十四条、第一百一十五条的规定，以放火罪、爆炸罪、以危险方法危害公共安全罪等定罪处罚。

第十三条 明知他人组织、利用邪教组织实施犯罪，而为其提供经费、场地、技术、工具、食宿、接送等便利条件或者帮助的，以共同犯罪论处。

第十四条 对于犯组织、利用邪教组织破坏法律实施罪、组织、利用邪教组织致人重伤、死亡罪，严重破坏社会秩序的犯罪分子，根据刑法第五十六条的规定，可以附加剥夺政治权利。

第十五条 对涉案物品是否属于邪教宣传品难以确定的，可以委托地市级以上公安机关出具认定意见。

相关法律法规

全国人民代表大会常务委员会《关于取缔邪教组织、防范和惩治邪教活动的决定》

（1999年10月30日全国人民代表大会常务委员会公布 自公布之日起施行）

为了维护社会稳定，保护人民利益，保障改革开放和社会主义现代化建设的顺利进行，必须取缔邪教组织、防范和惩治邪教活动。根据宪法和有关法律，特作如下决定：

一、坚决依法取缔邪教组织，严厉惩治邪教组织的各种犯罪活动。邪教组织冒用宗教、气功或者其他名义，采用各种手段扰乱社会秩序，危害人民群众生命财产安全和经济发展，必须依法取缔，坚决惩治。人民法院、人民检察院和公安、国家安全、司法行政机关要各司其职，共同做好这项工作。对组织和利用邪教组织破坏国家法律、行政法规实施，聚众闹事，扰乱社会秩序，以迷信邪说蒙骗他人、致人死亡或者奸淫妇女、诈骗财物等犯罪活动，依法予以严惩。

二、坚持教育与惩罚相结合，团结、教育绝大多数被蒙骗的群众，依法严惩极少数犯罪分子。在依法处理邪教组织的工作中，要把不明真相参与邪教活动的人同组织和利用邪教组织进行非法活动、蓄意破坏社会稳定的犯罪分子区别开来。对受蒙骗的群众不予追究。对构成犯罪的组织者、策划者、指挥者和骨干分子，坚决依法追究刑事责任；对于自首或者有立功表现的，可以依法从轻、减轻或者免除处罚。

三、在全体公民中深入持久地开展宪法和法律的宣传教育，普及科学文化知识。依法取缔邪教组织，惩治邪教活动，有利于保护正常的宗教活动和公民的宗教信仰自由。要使广大人民群众充分认识邪教组织严重危害人类、危害社会的实质，自觉反对和抵制邪教组织的影响，进一步增强法制观念，遵守国家法律。

四、防范和惩治邪教活动，要动员和组织全社会的力量，进行综合治理。各级人民政府和司法机关应当认真落实责任制，把严防邪教组织的滋生和蔓延，防范和惩治邪教活动作为一项重要任务长期坚持下去，维护社会稳定。

49 组织、利用会道门、邪教组织、利用迷信致人重伤、死亡案

概念

本罪是指组织、利用会道门、邪教组织或者利用迷信蒙骗他人，致人重伤、死亡的行为。

立案标准

根据《刑法》第300条第2款的规定，组织、利用会道门、邪教组织或者利用迷信蒙骗他人，致人重伤、死亡的，应当立案。

本罪是结果犯，本罪的立案标准要求同时具备两个条件：一是行为人实施了组织、利用会道门、邪教组织或者利用迷信蒙骗他人的行为。二是发生了致人重伤、死亡的严重后果。同时具备上述两个条件的，应当立案追究。

定罪标准		
	犯罪客体	本罪侵犯的客体是社会管理秩序和公民的生命、健康权利。会道门、邪教组织、迷信活动都是不受宪法、法律保护的，组织和利用会道门、邪教组织或者利用迷信蒙骗他人，造成他人重伤、死亡，严重破坏稳定与和谐的社会关系，干扰了正常的社会秩序。本罪的成立必须以致他人重伤、死亡结果的存在为必要条件，但本罪侵犯的客体并不是他人的健康、生命权利。这是因为，行为人实施组织和利用会道门、邪教组织或者利用迷信蒙骗他人，其并不追求重伤、死亡结果的发生。如单纯地蒙骗他人致人重伤、死亡的不以本罪论，正是由于行为人运用了组织和利用会道门、邪教组织或利用迷信这一特定方式，其行为直接侵犯了社会管理秩序，而非他人的生命、健康权利。
	犯罪客观方面	本罪在客观方面表现为组织和利用会道门、邪教组织或者利用迷信制造、散布迷信邪说，蒙骗其成员或者其他人实施绝食、自残、自虐等行为，或者阻止病人进行正常治疗，导致重伤、死亡结果发生的行为。 所谓“蒙骗”，即欺骗，指用虚假的言语或行为来编造不存在的事实，掩盖、曲解客观现象，从而使人产生对事物及其本质或事物规律的不正确或不正常的认识。与一般的欺骗行为不同的是，行为人采取了组织和利用会道门、邪教组织或者利用迷信这一特殊方式，通常表现为宣传“世界末日”、战争、灾难，或死后可以升天，等等。本罪中，既要行为人有蒙骗他人的行为，同时又要有行为人蒙骗的对象被蒙骗了的事实。蒙骗的方式，既可以是语言文字，也可以是行动，例如，进行所谓“跳魔舞”的邪教仪式造成他人精神压抑而自杀，即属用行动而为的蒙骗方式。 致人重伤、死亡的后果，是指受行为人蒙骗的人受到会道门、邪教组织或迷信的蒙骗，进行绝食、自溺、自焚、服毒、自缢等自杀性行为，造成重伤、死亡后果的；或受行为人蒙骗的人受到蒙骗后采取伤害其他人的行为，造成重伤、死亡后果的；或者行为人在采用蒙骗的行动方式中，直接地、非故意地进行了可能导致他人重伤、死亡的行为，造成重伤、死亡的后果。 具备本罪的客观方面必须同时有上述两个方面。行为人采取组织和利用会道门、邪教组织或者利用迷信蒙骗他人，他人因而被蒙骗是危害行为造成的直接结果，而致

定罪标准	犯罪客观方面	人重伤、死亡的后果是危害行为造成的间接结果。因而，行为人的危害行为与致人重伤、死亡的结果是一种间接的因果关系，但正因为有了致人重伤、死亡结果的发生，才使行为人的危害行为具有了可罚性，致人重伤、死亡的后果是本罪成立的必要条件。 情节特别严重，是本罪的加重量刑情节。根据最高人民法院、最高人民检察院《关于办理组织、利用邪教组织破坏法律实施等刑事案件适用法律若干问题的解释》的规定，具有下列情形之一的，属于“情节特别严重”：（1）造成3人以上死亡的；（2）造成9人以上重伤的；（3）其他情节特别严重的情形。
	犯罪主体	本罪的主体为一般主体，即任何年满16周岁、具有刑事责任能力的自然人都能构成本罪。实践中，多是会道门的道首、头目、邪教组织的教主，以及神汉、巫婆等。会道门、邪教组织中的一般分子也可能成为本罪的主体。本罪的主体具有明显的职业化特征，也就是说行为人从事迷信活动或组织和利用会道门、邪教组织具有长期性、固定性的特点。
	犯罪主观方面	本罪的主观方面是过失。行为人蒙骗他人是故意的，即其希望或放任被蒙骗的对象产生错误的认识，而对造成的重伤、死亡后果是过失的。本罪中，行为人对重伤、死亡后果的发生是怀着过失的心理。首先行为人对其他人重伤、死亡的后果的出现不是积极追求的，这和教唆使他人产生杀害、伤害其他人或引起他人自杀的意图不同，否则不应以本罪论处。其次，行为人对其他人的重伤、死亡与否也不存在放任，因为他对自己的行为可能造成他人被蒙骗是明知，但可能引起他人重伤、死亡与否则是不明知的。再次，有时行为人对他人重伤、死亡的结果是没有预见的。
	罪与非罪	区分罪与非罪的关键是看行为人的行为是否致人重伤、死亡。
	此罪与彼罪	一、本罪与组织、利用会道门、邪教组织、利用迷信破坏法律实施罪的界限。二者的共同之处在于都以组织和利用会道门、邪教组织或者利用迷信为特征，但两者的构成特征是不同的：（1）本罪客观方面表现为蒙骗他人，因而致人重伤、死亡；而后罪客观方面表现为破坏国家法律、行政法规的实施。（2）本罪以致人重伤、死亡为客观要素；而后罪以破坏国家法律、行政法规的实施为要素。如果行为人利用迷信，或者组织和利用会道门、邪教组织破坏法律实施，同时造成致人重伤、死亡后果的，应以后罪论处，对所造成的重伤、死亡结果作为该罪量刑的情节，不必实行数罪并罚。这里所指“造成致人重伤、死亡后果”，即本罪所指“致人重伤、死亡”的各种情形。 二、本罪与故意杀人罪的界限。故意杀人罪，是指故意非法剥夺他人生命的行为，其侵犯的客体是他人的生命权利，主观方面是故意，这都与本罪不同。本罪一般是利用迷信愚弄他人自杀、接受怪异的生活方式、迷信的治疗方法等而导致死亡。如果利用迷信，或者组织和利用会道门、邪教组织唆使信徒杀害其他信徒或者其他人的，或者故意地引起他人自杀的意图的，应以故意杀人罪论处。 三、根据《关于办理组织、利用邪教组织破坏法律实施等刑事案件适用法律若干问题的解释》第11条规定，组织、利用邪教组织，制造、散布迷信邪说，组织、策划、煽动、教唆、帮助其成员或者他人实施自杀、自伤的，依照《刑法》第232条、第234条的规定，以故意杀人罪、故意伤害罪定罪处罚。

<table>
<tr><td rowspan="4">证据参考标准</td><td>主体方面的证据</td><td>一、证明行为人刑事责任年龄、身份等自然情况的证据。
包括身份证明、户籍证明、任职证明、工作经历证明、特定职责证明等，主要是证明行为人的姓名（曾用名）、性别、出生年月日、民族、籍贯、出生地、职业（或职务）、住所地（或居所地）等证据材料，如户口簿、居民身份证、工作证、出生证、专业或技术等级证、干部履历表、职工登记表、护照等。
对于户籍、出生证等材料内容不实的，应提供其他证据材料。外国人犯罪的案件，应有护照等身份证明材料。人大代表、政协委员犯罪的案件，应注明身份，并附身份证明材料。
二、证明行为人刑事责任能力的证据。
证明行为人对自己的行为是否具有辨认能力与控制能力，如是否属于间歇性精神病人、尚未完全丧失辨认或者控制自己行为能力的精神病人的证明材料。</td></tr>
<tr><td>主观方面的证据</td><td>证明行为人过失的证据：1. 证明行为人过失的证据：证明行为人应当预见自己的行为可能发生危害社会的结果；2. 证明疏忽大意的过失的证据；3. 证明过于自信的过失的证据。</td></tr>
<tr><td>客观方面的证据</td><td>证明行为人组织、利用会道门、邪教组织或者利用迷信致人重伤、死亡犯罪行为的证据。
具体证据包括：1. 证明行为人是会道门、邪教组织或迷信成员的证据：（1）认定邪教组织的证据：（2）一贯从事迷信活动的成员的证据。2. 证明行为人导致他人重伤、死亡行为的证据：（1）利用迷信。（2）宣传散布异端邪论。（3）蛊惑他人。3. 证明行为人导致他人重伤、死亡后果行为的证据：（1）“升天”。（2）“寻主”。（3）“殉道”。（4）被他人杀害。（5）其他。4. 证明行为人“情节特别严重”行为的证据。</td></tr>
<tr><td>量刑方面的证据</td><td>一、法定量刑情节证据。
1. 事实情节：（1）情节严重；（2）其他。2. 法定从重情节。3. 法定从轻减轻情节：（1）可以从轻；（2）可以从轻或减轻；（3）应当从轻或者减轻。4. 法定从轻减轻免除情节：（1）可以从轻、减轻或者免除处罚；（2）应当从轻、减轻或者免除处罚。5. 法定减轻免除情节：（1）可以减轻或者免除处罚；（2）应当减轻或者免除处罚；（3）可以免除处罚。
二、酌定量刑情节证据。
1. 犯罪手段：（1）散布异端邪说；（2）蛊惑“升天”、“寻主”、“殉道”；（3）伤害、杀害。2. 犯罪对象。3. 危害结果。4. 动机。5. 平时表现。6. 认罪态度。7. 是否有前科。8. 其他证据。</td></tr>
<tr><td rowspan="3">量刑标准</td><td>犯本罪的</td><td>处三年以上七年以下有期徒刑，并处罚金</td></tr>
<tr><td>情节特别严重的</td><td>处七年以上有期徒刑或者无期徒刑，并处罚金或者没收财产</td></tr>
<tr><td>情节较轻的</td><td>处三年以下有期徒刑、拘役、管制或者剥夺政治权利，并处或者单处罚金</td></tr>
</table>

法律适用

刑法条文

第三百条第二款 组织、利用会道门、邪教组织或者利用迷信蒙骗他人，致人重伤、死亡的，依照前款的规定处罚。

司法解释

最高人民法院、最高人民检察院《关于办理组织、利用邪教组织破坏法律实施等刑事案件适用法律若干问题的解释》（节录）（2017 年 1 月 25 日最高人民法院、最高人民检察院公布 自 2017 年 2 月 1 日起施行 法释〔2017〕3 号）

第七条 组织、利用邪教组织，制造、散布迷信邪说，蒙骗成员或者他人绝食、自虐等，或者蒙骗病人不接受正常治疗，致人重伤、死亡的，应当认定为刑法第三百条第二款规定的组织、利用邪教组织“蒙骗他人，致人重伤、死亡”。

组织、利用邪教组织蒙骗他人，致一人以上死亡或者三人以上重伤的，处三年以上七年以下有期徒刑，并处罚金。

组织、利用邪教组织蒙骗他人，具有下列情形之一的，处七年以上有期徒刑或者无期徒刑，并处罚金或者没收财产：

（一）造成三人以上死亡的；

（二）造成九人以上重伤的；

（三）其他情节特别严重的情形。

组织、利用邪教组织蒙骗他人，致人重伤的，处三年以下有期徒刑、拘役、管制或者剥夺政治权利，并处或者单处罚金。

50 聚众淫乱案

概念 | **本罪是指聚集多人进行淫乱或者多次参加聚众淫乱活动的行为。**

立案标准 | **组织、策划、指挥3人以上进行淫乱活动或者参加聚众淫乱活动3次以上的，应当立案。**

定罪标准		
	犯罪客体	本罪侵犯的客体是社会公共秩序。所谓公共秩序，就是通过一定的社会结构中人们必须共同遵守的生活规则来维护的公共生活有条不紊的状态。违反了这种公共生活规则，也就打破了公共生活有条不紊的状态。因此，对公共秩序的破坏实质上就是对公共生活规则的违反。公共生活的内容主要有三个方面：（1）旨在保护人的安全和尊严，特别是保护老幼弱者的安全规则。（2）旨在调节公共场所秩序的纪律规则。（3）旨在维护日常生活中稳定联系和风尚习俗的交往规则。安全规则对人们的社会活动具有普遍的指导意义，因而它也可以贯穿到纪律规则和交往规则之中。纪律规则和交往规则，就其特点、意义而言，分别反映了公共生活规则所调整的两个领域。与之相关联的，公共秩序也就大致可以划分为以下两个方面：即通过纪律规则所调整的公共场所秩序以及通过交往规则所调整的人们在日常生活中的聚众交往和风俗习尚。聚众淫乱违反公共生活规则，破坏了公共秩序。聚众淫乱犯罪，是一种违反社会公共生活中的交往规则，败坏社会风俗习尚的行为，它从这个方面破坏了公共秩序，也可以说它破坏了公共秩序中的交往秩序。
	犯罪客观方面	本罪在客观方面表现为聚众淫乱的行为。具有两大特征：一是聚众行为；二是淫乱行为。 聚众，是指纠集众人，由首要分子故意发动、纠集特定或不特定多数人于一定时间聚集于同一地点。“聚众”的“众”应至少是3人以上（包含3人），但并非特指3人以上的犯罪人员。如果仅有两人，不能构成本罪。 淫乱，主要是指违反道德规范的性交行为，但除此之外，还应包括其他刺激、兴奋、满足性欲的行为，如聚众从事手淫、口淫、鸡奸等行为。行为并不限于男女异性之间。同性人聚众从事淫乱行为的，也构成本罪，可见从理论上本罪的众人并不必然以同时含有男女二性为必要。淫乱行为一般具备如下特征：（1）须是足以引起一般人的羞耻感情的行为。（2）须是足以刺激或满足性欲的行为。（3）须为违反善良性道德观念的行为。如聚众奸宿、跳裸体舞；不以营利为目的，引诱、容留多名妇女卖淫，情节严重的；以玩弄女性为目的，采取诱骗等手段奸淫妇女多人的；勾引男性多人或者勾引外国人，与之发生两性关系，在社会上造成恶劣影响的；强行鸡奸少年的或者以暴力、胁迫等手段，多次鸡奸少年的或者以暴力、胁迫等手段，多次鸡奸，情节严重的。

定罪标准	犯罪主体	本罪的主体是一般主体，即达到刑事责任年龄、具备刑事责任能力的自然人。但只限于两种人：一种是聚众淫乱的首要分子；一种是聚众淫乱的多次参加者。所谓首要分子，是指召集、唆使、首倡聚众淫乱活动的人；所谓多次参加者，指首要分子以外的参加聚众淫乱活动至少达 3 次以上的人。其他偶尔参加聚众淫乱活动的，应依《治安管理处罚法》的规定，予以治安处罚，不以犯罪论处。
	犯罪主观方面	本罪的主观方面是直接故意，且具有淫乱的目的，即明知会发生危害社会的结果，并且希望这种结果发生。所谓危害社会的结果，是指对我国《刑法》所保护的社会主义社会关系的侵害。本罪所侵害的是社会主义的公共秩序，对于自己的行为会破坏公共秩序这一点，任何一个达到刑事责任年龄、具有刑事责任能力的行为人都是明知的。而本罪主体不仅明知自己的行为会破坏公共秩序，并且通过破坏公共秩序来获得某种精神上的满足。本罪的目的是通过破坏公共秩序的行为来寻求下流无耻的精神刺激，达到某种精神上的满足。本罪的目的虽然不是直接故意的内容，但是两者又具有极为密切的联系。在聚众淫乱犯罪分子眼中，只有通过对公共秩序的破坏，才能达到寻求下流无耻的刺激之目的，因而聚众淫乱犯罪分子对于破坏公共秩序总是抱着希望的态度，希望破坏公共秩序，正是为了达到寻求精神刺激之目的。相反，如果行为人破坏公共秩序不是为了寻求下流无耻的精神刺激，而是为了其他个人目的，那也就不是聚众淫乱犯罪。 所谓寻求下流无耻的精神刺激，在本罪中表现为寻求感官刺激，填补精神空虚，即通过聚众淫乱来刺激感官，寻欢作乐。这既是犯罪分子通过聚众淫乱行为所要达到的直接目的，也是推动犯罪分子实施聚众淫乱行为的内心起因，甚至在犯罪动机上比在犯罪的目的上表现得更为明显。寻求下流无耻的精神刺激，在聚众淫乱犯罪中具有决定性的意义。首先，它决定聚众淫乱行为的性质。寻求下流无耻的精神刺激，表明行为人所追求的既不是政治目的，也不是经济目的，既不是基于义愤，也不是基于某种非法利益，这就决定了聚众淫乱犯罪的矛头所向决不局限于某种具体的社会关系，不局限于某个特定的对于下流无耻的精神刺激，任何人都可能成为其侵害的对象。所以本罪具有明显的反社会性，是一种蔑视社会、伤风败俗的犯罪。其次，寻求下流无耻的精神刺激，反映了行为人的道德堕落和精神空虚，这就决定了他们用以寻求刺激的方式必然是各种卑鄙龌龊，不顾廉耻的丑恶行为。再次，寻求下流无耻的精神刺激，能够把本罪与各种追求政治目的区别开来，是区分本罪与其他罪的主要标志。
	罪与非罪	区分罪与非罪的界限，要把握以下几点： 一、本罪在客观方面最根本的表现是聚众淫乱行为，因此如果行为人只是单个地并非聚众地与他人自愿进行两性活动的，不构成本罪。实践中，对于多名妇女同时向行为人卖淫的，能否构成本罪存在争议。我们认为这种行为虽然在表象上看似具有聚众淫乱的特点，但结合犯罪的主客观特征来分析，其并不符合本罪的构成特征。从主观方面看，虽然行为人嫖娼具有寻求下流无耻精神刺激的主观动机，但对于其他聚在一起共同向行为人卖淫的多名妇女而言则不是有此动机，其行为目的是为了营利。从客观方面看，本罪多表现为多人聚集在一起进行乱交、滥交的淫乱行为，具有行为对象的非专一性特征。而多名妇女共同向行为人卖淫行为，由其主观动机、目的决定了他们之间并非是聚在一起进行乱交、滥交的淫乱行为，因而不具有本罪“淫乱”的特征。综上分析，对多名妇女同时向行为人卖淫的，不能作为聚众淫乱罪处理，可依照《治安管理处罚法》予以治安处罚。 二、本罪的主体仅限于首要分子或多次参加者这两类人。因此对于其他偶尔参加淫乱活动的人来说，不构成犯罪，但应对其进行批评教育或给予治安管理处罚。实践中，对于大多数失足青少年来说，一般应对之实行教育挽救，不宜扩大打击面。

定罪标准	此罪与彼罪	一、本罪与强奸罪的界限。二者的主要区别是：看是否违背妇女的意志。强奸罪是违背妇女意志，强行与妇女发生性交的行为，而聚众淫乱罪却是男女之间的自愿淫乱活动。另外，强奸罪一般是一男一女，多人的以轮奸从重论，而本罪则是多人共同实行。 二、本罪与组织卖淫罪的界限。两罪都侵犯了社会管理秩序，而且客观表现上也具有相似之处。本罪是一种聚众犯罪，而后罪组织卖淫行为也具有聚众性。两罪的区别主要在于：首先，犯罪主体不同。组织卖淫罪处罚的是卖淫活动的组织者，而本罪犯罪主体除了首要分子以外，还包括多次参加者。其次，本罪主观上以寻求空虚下流的精神刺激为动机；而后罪行为人的实施组织卖淫行为多为利益所驱。再次，组织他人卖淫所控制的淫乱活动以卖淫嫖娼为内容，因此限于男女之间的性行为；而本罪不具有卖淫嫖娼的成分，淫乱活动并不限于男女之间不正当的性行为。 三、本罪与容留卖淫罪的界限。两罪侵犯的同类客体都为社会管理秩序，由于两罪在表现形式上相互交叉，从而造成认定犯罪性质上的困难。区分二者的关键在于：首先，犯罪客观表现形式不同。本罪聚众淫乱行为一般是行为人自己与他人奸淫，也有的是拉拢、怂恿他人之间搞淫乱活动，但不具有使人卖淫的情形；后罪在客观上表现为容留他人向行为人以外的第三人卖淫，而非供行为人奸淫。其次，犯罪主观方面不同。容留卖淫罪的主观故意在于为他人提供卖淫场所；而本罪的主观故意在于进行与卖淫无关的淫乱活动，并不在于促成他人卖淫。
证据参考标准	主体方面的证据	**一、证明行为人刑事责任年龄、身份等自然情况的证据**。 包括身份证明、户籍证明、任职证明、工作经历证明、特定职责证明等，主要是证明行为人的姓名（曾用名）、性别、出生年月日、民族、籍贯、出生地、职业（或职务）、住所地（或居所地）等证据材料，如户口簿、居民身份证、工作证、出生证、专业或技术等级证、干部履历表、职工登记表、护照等。 对于户籍、出生证等材料内容不实的，应提供其他证据材料。外国人犯罪的案件，应有护照等身份证明材料。人大代表、政协委员犯罪的案件，应注明身份，并附身份证明材料。 **二、证明行为人刑事责任能力的证据**。 证明行为人对自己的行为是否具有辨认能力与控制能力，如是否属于间歇性精神病人、尚未完全丧失辨认或者控制自己行为能力的精神病人的证明材料。
	主观方面的证据	证明行为人故意的证据：1. 证明行为人明知的证据：证明行为人明知自己的行为会发生危害社会的结果；2. 证明直接故意的证据：证明行为人希望危害结果发生；3. 目的：淫乱。
	客观方面的证据	证明行为人聚众淫乱犯罪行为的证据。 具体证据包括：1. 证明行为人是聚众淫乱首要分子的证据；2. 证明行为人多次参加聚众淫乱活动行为的证据；3. 证明行为人参加集体性交活动行为的证据；4. 证明行为人参加群奸群宿活动行为的证据；5. 证明行为人参加跳裸体舞活动行为的证据。

<table>
<tr><td rowspan="1">证据参考标准</td><td>量刑方面的证据</td><td colspan="2">一、法定量刑情节证据。
1. 事实情节：（1）首要分子；（2）多次参加聚众淫乱活动。2. 法定从重情节。3. 法定从轻减轻情节：（1）可以从轻；（2）可以从轻或减轻；（3）应当从轻或者减轻。4. 法定从轻减轻免除情节：（1）可以从轻、减轻或者免除处罚；（2）应当从轻、减轻或者免除处罚。5. 法定减轻免除情节：（1）可以减轻或者免除处罚；（2）应当减轻或者免除处罚；（3）可以免除处罚。
二、酌定量刑情节证据。
1. 犯罪手段：（1）聚众；（2）集体性交；（3）群奸群宿；（4）跳裸体舞。2. 犯罪对象；3. 危害结果；4. 动机；5. 平时表现；6. 认罪态度；7. 是否有前科；8. 其他证据。</td></tr>
<tr><td>量刑标准</td><td colspan="2">犯本罪的，对首要分子或者多次参加者</td><td>处五年以下有期徒刑、拘役或者管制</td></tr>
<tr><td rowspan="3">法律适用</td><td>刑法条文</td><td colspan="2">第三百零一条第一款　聚众进行淫乱活动的，对首要分子或者多次参加的，处五年以下有期徒刑、拘役或者管制。</td></tr>
<tr><td>相关法律法规</td><td colspan="2">《中华人民共和国治安管理处罚法》（节录）（2005年8月28日中华人民共和国主席令第38号公布　自2006年3月1日起施行　2012年10月26日修正）
第六十九条　有下列行为之一的，处十日以上十五日以下拘留，并处五百元以上一千元以下罚款：
（一）组织播放淫秽音像的；
（二）组织或者进行淫秽表演的；
（三）参与聚众淫乱活动的。
明知他人从事前款活动，为其提供条件的，依照前款的规定处罚。</td></tr>
<tr><td>司法解释</td><td colspan="2">最高人民检察院、公安部《关于公安机关管辖的刑事案件立案追诉标准的规定（一）》（节录）（2008年6月25日最高人民检察院、公安部公布　自公布之日起施行　公通字〔2008〕36号　2017年4月27日修正）
第四十一条　［聚众淫乱案（刑法第三百零一条第一款）］组织、策划、指挥三人以上进行淫乱活动或者参加聚众淫乱活动三次以上的，应予立案追诉。</td></tr>
</table>

51 引诱未成年人聚众淫乱案

概念

本罪是指公然藐视国家法纪和社会公德，采取各种手段引诱未成年人参加聚众淫乱活动的行为。

立案标准

引诱未成年人参加聚众淫乱活动的，应当立案。

定罪标准		
定罪标准	犯罪客体	本罪侵犯的客体是复杂客体，既包括公共秩序，也包括未成年人的身心健康。未成年人正处于生理的生长发育期和心理的逐步成熟时期，不像成年人那样人生观、价值观、道德观已确立，其意志薄弱，可塑性很大，容易被犯罪分子所利用、诱惑。如果他们参与有违社会道德准则的淫乱活动，不仅有害于其自身的身心健康，也不利于培养他们健康的性道德观，会助长他们与社会公德的背离，最终导致其丧失人伦道德，腐化堕落，成为社会的不安定因素，甚至诱发其他犯罪。现代世界各国无不注重对未成年人的保护，并用刑法这道屏障来预防针对未成年人的各种犯罪。引诱未成年人聚众淫乱的行为严重侵害了未成年人身心健康。同时，无论是成年人还是未成年人，无论其参与聚众淫乱活动是公开的还是地下的，都严重伤害了周围群众的道德情感，败坏了社会风气，造成严重的精神污染，具有极大的腐蚀性，因此引诱未成年人参加聚众淫乱又侵犯了社会公共秩序。本罪的犯罪对象是未成年人。未成年人，是指不满 18 周岁的人。对成年人通过各种手段引诱其参加聚众淫乱活动的，不构成本罪，但可能构成聚众淫乱罪。
	犯罪客观方面	本罪在客观方面表现为引诱未成年人聚众淫乱的行为。所谓引诱，是指通过语言、表演、示范、收听、观看淫秽音像制品等手段，拉拢、腐蚀、诱惑未成年人参加聚众淫乱活动。就本罪而言，勾引、诱惑本无意参加聚众淫乱的不满 18 周岁的人参加聚众淫乱，具有教唆的性质。引诱的方式，在实践中常常表现为以淫秽下流的语言，观看淫秽色情音像制品，宣讲性体验、性感受甚至直接进行性表演等方法刺激、拉拢、腐蚀、勾引未成年人参与淫乱活动。应注意的是，“引诱”尽管含有“骗”的因素，但不能等同于“诱骗”。就引诱而言，被引诱者在引诱者的引诱下参与聚众淫乱活动是出于其本身自愿的，不同于“诱奸”行为。如果行为人在聚众淫乱活动中，诱奸幼女的则构成强奸幼女，犯强奸罪。参加，是指未成年人到了聚众淫乱的现场。未成年人实际从事聚众淫乱活动的构成参加，未成年人实际并未进行聚众淫乱活动而只是观看他人从事聚众淫乱活动的，也应认定构成本罪。
	犯罪主体	本罪的主体是一般主体，即达到刑事责任年龄、具备刑事责任能力的自然人。成年人可以成为本罪的主体，已满 16 周岁未满 18 周岁的未成年人也可以成为引诱未成年人聚众淫乱罪的主体。引诱者既可以是聚众淫乱的首要分子或多次参加者，也可以是其他参与聚众淫乱者或其他人员，如宾馆、舞厅的管理人员等。

定罪标准	犯罪主观方面	本罪的主观方面是故意，过失不构成本罪，包括直接故意和间接故意。犯罪动机如何，不影响本罪的成立。具体说来，由于本罪具有教唆的性质，所以在主观方面认识要素上具备以下特点：其一，行为人要认识到自己在实施引诱行为。其二，行为人要对犯罪对象是未成年人这一事实有所认识。如果确实不知行为对象为未成年人的，不能构成本罪。但若符合聚众淫乱罪构成要件的，可以聚众淫乱罪论处。当然，这里要求对行为对象为未成年人的认识，只要是明知其可能为未成年人即可。其三，行为人还须认识到被引诱者在其引诱下是参加聚众淫乱的行为。
	罪与非罪	区分罪与非罪的界限，要注意把握下面几点：首先，在客观表现方式上，构成本罪要求被引诱的未成年人参加的是聚众淫乱活动，如果不是聚众淫乱活动或奸淫行为不具有聚众性，如行为人引诱未成年人与自己进行淫乱活动，则不构成本罪，但可能构成其他犯罪。其次，从行为对象上区分，本罪的行为对象为未成年人。如果行为人引诱成年男女参加聚众淫乱活动的，不构成本罪。如果行为人引诱成年男女并提供场所聚众淫乱的，则可以构成聚众淫乱罪。
	此罪与彼罪	本罪与引诱幼女卖淫罪的界限。两罪在客观上都表现为引诱行为，都侵犯了社会管理秩序和未成年人的身心健康。两罪的区别在于：（1）在犯罪对象上不同。本罪的犯罪对象为不满18周岁的未成年人，既可以是男性，也可以是女性；而后罪的犯罪对象为不满14周岁的幼女。（2）被引诱者行为的主观目的不同。本罪中未成年人参加聚众淫乱活动是为了淫乱，多出于好奇心的驱使；而后罪中幼女则是为了获取财物而与他人发生性关系。（3）主观方面不同。本罪的主观目的是为了引诱未成年人参加聚众淫乱活动；而后罪行为人的主观目的是引诱幼女进行卖淫活动，主观动机多出于营利。但不以此为限。（4）引诱行为表现方式不一致。本罪常表现为向被引诱者宣讲性体验、性感受或以其他方式来刺激被引诱者的性欲等；而后罪常表现为给被引诱者以金钱、物质上的诱惑等。
证据参考标准	主体方面的证据	**一、证明行为人刑事责任年龄、身份等自然情况的证据。** 包括身份证明、户籍证明、任职证明、工作经历证明、特定职责证明等，主要是证明行为人的姓名（曾用名）、性别、出生年月日、民族、籍贯、出生地、职业（或职务）、住所地（或居所地）等证据材料，如户口簿、居民身份证、工作证、出生证、专业或技术等级证、干部履历表、职工登记表、护照等。 对于户籍、出生证等材料内容不实的，应提供其他证据材料。外国人犯罪的案件，应有护照等身份证明材料。人大代表、政协委员犯罪的案件，应注明身份，并附身份证明材料。 **二、证明行为人刑事责任能力的证据。** 证明行为人对自己的行为是否具有辨认能力与控制能力，如是否属于间歇性精神病人、尚未完全丧失辨认或者控制自己行为能力的精神病人的证明材料。
	主观方面的证据	证明行为人故意的证据：1. 证明行为人明知的证据：证明行为人明知自己的行为会发生危害社会的结果；2. 证明直接故意的证据：证明行为人希望危害结果发生。

<table>
<tr><td rowspan="2">证据参考标准</td><td>客观方面的证据</td><td>证明行为人引诱未成年人聚众淫乱犯罪行为的证据。
具体证据包括：1. 证明行为人利用金钱引诱未成年人聚众淫乱行为的证据；2. 证明行为人利用物质引诱未成年人聚众淫乱行为的证据；3. 证明行为人利用其他利益引诱未成年人聚众淫乱行为的证据。</td></tr>
<tr><td>量刑方面的证据</td><td>一、法定量刑情节证据。
1. 事实情节。2. 法定从重情节。3. 法定从轻减轻情节：（1）可以从轻；（2）可以从轻或减轻；（3）应当从轻或者减轻。4. 法定从轻减轻免除情节：（1）可以从轻、减轻或者免除处罚；（2）应当从轻、减轻或者免除处罚。5. 法定减轻免除情节：（1）可以减轻或者免除处罚；（2）应当减轻或者免除处罚；（3）可以免除处罚。
二、酌定量刑情节证据。
1. 犯罪手段：（1）金钱；（2）物质；（3）其他。2. 犯罪对象。3. 危害结果。4. 动机。5. 平时表现。6. 认罪态度。7. 是否有前科。8. 其他证据。</td></tr>
<tr><td>量刑标准</td><td>犯本罪的</td><td>处五年以下有期徒刑、拘役或者管制，并且从重处罚</td></tr>
<tr><td rowspan="2">法律适用</td><td>刑法条文</td><td>第三百零一条第二款　引诱未成年人参加聚众淫乱活动的，依照前款的规定从重处罚。</td></tr>
<tr><td>司法解释</td><td>最高人民检察院、公安部《关于公安机关管辖的刑事案件立案追诉标准的规定（一）》（节录）（2008年6月25日最高人民检察院、公安部公布　自公布之日起施行　公通字〔2008〕36号　2017年4月27日修正）
第四十二条　［引诱未成年人聚众淫乱案（刑法第三百零一条第二款）］引诱未成年人参加聚众淫乱活动的，应予立案追诉。</td></tr>
</table>

52 盗窃、侮辱、故意毁坏尸体、尸骨、骨灰案

概念

本罪是指秘密窃取尸体、尸骨、骨灰或者对尸体、尸骨、骨灰采用毁坏、玷污等方法加以侮辱、毁坏的行为。

立案标准

根据《刑法》第302条的规定，盗窃、侮辱、故意毁坏尸体、尸骨、骨灰的，应当立案。

本罪是行为犯，只要行为人实施了盗窃、侮辱、故意毁坏尸体、尸骨、骨灰的行为，原则上就构成犯罪，应当立案追究。

定罪标准		
	犯罪客体	本罪侵害的客体为社会风尚和公共秩序。本罪的行为对象是尸体、尸骨、骨灰。所谓尸体，是指自然人死亡后所遗留的躯体。尚未死亡的被害人的身体，不是尸体。尸体，依国家判例解释除整具遗体外，还可以包括已经成形的死胎、尸体的部分及成为其内容的物；尸骨，是指人死后留下的遗骨；骨灰，是指人的尸体经焚烧后，骨骼所化成的灰。《刑法修正案（九）》在本罪的犯罪对象中新增了尸骨、骨灰，将尸骨、骨灰与尸体做同等保护。在此之前，依照2002年9月最高人民检察院发布的《最高人民检察院研究室关于盗窃骨灰行为如何处理问题的答复》规定：“‘骨灰’不属于刑法第三百零二条规定的‘尸体’。对于盗窃骨灰的行为不能以刑法第三百零二条的规定追究刑事责任。”所以，一直以来，对于盗窃骨灰或者倾洒骨灰的行为，都是依照《治安管理处罚法》第65条的规定，即故意破坏、污损他人坟墓或者毁坏、丢弃他人尸骨、骨灰的，处5日以上10日以下拘留；情节严重的，处10日以上15日以下拘留，可以并处1000元以下罚款。实践中，涉及盗窃、侮辱、故意毁坏他人尸骨、骨灰的案件层出不穷，囿于尸骨、骨灰在人们心中的意义和分量同尸体一样重要，是人们寄托哀思的重要对象，所以理应受到法律的同等保护。
	犯罪客观方面	本罪在客观方面表现为盗窃、侮辱、故意毁坏尸体、尸骨、骨灰的行为。 所谓盗窃尸体、尸骨、骨灰，是指行为人以非法占有为目的，秘密窃取尸体、尸骨、骨灰的行为，即采取为他人所不知晓的方法将尸体、尸骨、骨灰置于行为人自己实际控制支配之下从而使他人丧失对尸体、尸骨、骨灰的占有。如从坟墓中、停尸房或从其他任何场所秘密窃取尸体、尸骨、骨灰。即行为人主观上认识是秘密的，是为他人所不知的，至于客观上是否为他人所知，不影响秘密窃取的性质。例如，行为人采取为死者亲属或医院停尸间的负责人或者公墓的看管人所不知晓的方法秘密地将尸体、尸骨、骨灰转运出尸体、尸骨、骨灰合法占有人控制的范围，这种行为即使为其他人所看见仍不失为盗窃尸体、尸骨、骨灰的行为。值得注意的是，这里的盗窃尸体、尸骨、骨灰行为以尸体、尸骨、骨灰原来不在行为人控制之下为必要，如果尸体、尸骨、骨灰原来在行为人控制之下，如杀人后直接将尸体、尸骨、骨灰转移、隐藏、掩埋的，不以本罪论处。实践中对于行为人利用对尸体、尸骨、骨灰管理之便，为他人提供条件从而将尸体、尸骨、骨灰盗走的，则成立盗窃尸体、尸骨、骨灰罪的

定罪标准	犯罪客观方面	共犯，如医院停尸间负责人或公墓管理人员利用其工作上的便利为他人大开方便之门，从而使尸体、尸骨、骨灰得以顺利被偷运走，那么该负责人或者管理人员构成盗窃尸体、尸骨、骨灰罪的共犯。 所谓侮辱尸体、尸骨、骨灰，是直接对尸体、尸骨、骨灰施加凌辱等各种行为方式的概括，并不以公然为必要，可以是暴力行为，也可以是非暴力行为。具体而言，一般包括以下几种行为方式：(1) 猥亵尸体、尸骨、骨灰，即对尸体、尸骨、骨灰加以污秽、侮辱或者有轻蔑的行为。比如奸尸或者剥去衣物，使之暴露于众，在尸体、尸骨、骨灰上进行涂划乃至鞭尸，抠摸尸体阴部、向尸体、尸骨、骨灰上吐唾液、涂抹不洁之物等均属猥亵行为。(2) 以刺激遗属感情的方法处理或者不法处理尸体、尸骨、骨灰。这种行为方式伤害了死者亲友的感情，有伤社会风化。(3) 采用悖逆传统葬俗或宗教葬习的方法来掩埋、处理尸体、尸骨、骨灰。对于不同的民族而言各有其独特的丧葬习惯，如果行为人明知掩埋、处理尸体、尸骨、骨灰有违民风习俗，有伤民族感情而故意加以为之，显属侮辱尸体、尸骨、骨灰行为。例如不殓以棺、将尸体、尸骨、骨灰抬放河中、沉尸海港、将尸体弃置人迹罕至的沼坑、将尸体直立埋葬等。上述行为如果为当地少数民族习俗所允许者除外。因此对这类行为方式的认定应因不同民族的不同习俗而异。(4) 其他形式的侮辱尸体、尸骨、骨灰的行为。如抛弃尸体、尸骨、骨灰、葬后无故挖开棺木、敞露尸体乃至其他形式的玷污尸体、尸骨、骨灰、出卖尸体、尸骨、骨灰、非法使用尸体、尸骨、骨灰的行为。 所谓毁坏尸体、尸骨、骨灰，是指对尸体、尸骨、骨灰予以物理上或者化学性的损伤或破坏，既包括对整具尸体、尸骨、骨灰的毁损或破坏，也包括对尸体、尸骨、骨灰一部分的损坏，比如焚烧、肢解、割裂或者非法解剖，毁损死者的面容，取走脑浆等均构成毁坏。从时间要求上，行为人必须于被害人死亡后对尸体、尸骨、骨灰加以损坏，否则如果被害人尚未死亡，其毁坏行为构成杀人行为的一部分，不能以本罪论处。
	犯罪主体	本罪主体为一般主体，凡年满16周岁且具备刑事责任能力的自然人均能构成本罪。
	犯罪主观方面	本罪的主观方面表现为故意。过失盗窃、侮辱、毁坏尸体、尸骨、骨灰者，不构成犯罪。本罪属选择性罪名，有盗窃或者侮辱或者毁坏尸体、尸骨、骨灰行为之一的，即构成本罪。盗窃尸体、尸骨、骨灰后加以侮辱的，仍只需按一罪处罚，不必数罪并罚。杀人后为毁灭罪证、掩盖罪迹而毁坏、抛弃尸体、尸骨、骨灰的，应以故意杀人罪从重处罚；杀人后为损害死者的尊严或者生者的感情而故意侮辱、毁坏尸体、尸骨、骨灰的，应当数罪并罚。
	罪与非罪	区分罪与非罪的界限，关键看是否实施了盗窃、侮辱、故意毁坏尸体、尸骨、骨灰的行为。
证据参考标准	主体方面的证据	**一、证明行为人刑事责任年龄、身份等自然情况的证据。** 包括身份证明、户籍证明、任职证明、工作经历证明、特定职责证明等，主要是证明行为人的姓名（曾用名）、性别、出生年月日、民族、籍贯、出生地、职业（或职务）、住所地（或居所地）等证据材料，如户口簿、居民身份证、工作证、出生证、专业或技术等级证、干部履历表、职工登记表、护照等。

<table>
<tr><td rowspan="4">证据参考标准</td><td>主体方面的证据</td><td colspan="2">对于户籍、出生证等材料内容不实的，应提供其他证据材料。外国人犯罪的案件，应有护照等身份证明材料。人大代表、政协委员犯罪的案件，应注明身份，并附身份证明材料。
二、证明行为人刑事责任能力的证据。
证明行为人对自己的行为是否具有辨认能力与控制能力，如是否属于间歇性精神病人、尚未完全丧失辨认或者控制自己行为能力的精神病人的证明材料。</td></tr>
<tr><td>主观方面的证据</td><td colspan="2">证明行为人故意的证据：1. 证明行为人明知的证据：证明行为人明知自己的行为会发生危害社会的结果。2. 证明直接故意的证据：证明行为人希望危害结果发生。3. 目的：（1）泄愤报复；（2）侮辱；（3）贬损。</td></tr>
<tr><td>客观方面的证据</td><td colspan="2">证明行为人盗窃、侮辱、故意毁坏尸体、尸骨、骨灰犯罪行为的证据。
具体证据包括：1. 证明行为人盗窃尸体、尸骨、骨灰行为的证据。2. 证明行为人侮辱尸体、尸骨、骨灰行为的证据。3. 证明行为人故意毁坏尸体、尸骨、骨灰的证据。</td></tr>
<tr><td>量刑方面的证据</td><td colspan="2">**一、法定量刑情节证据。**
1. 事实情节。2. 法定从重情节。3. 法定从轻减轻情节：（1）可以从轻；（2）可以从轻或减轻；（3）应当从轻或者减轻。4. 法定从轻减轻免除情节：（1）可以从轻、减轻或者免除处罚；（2）应当从轻、减轻或者免除处罚。5. 法定减轻免除情节：（1）可以减轻或者免除处罚；（2）应当减轻或者免除处罚；（3）可以免除处罚。
二、酌定量刑情节证据。
1. 犯罪手段：（1）秘密窃取；（2）公然贬损；（3）故意毁坏。2. 犯罪对象。3. 危害结果。4. 动机。5. 平时表现。6. 认罪态度。7. 是否有前科。8. 其他证据。</td></tr>
<tr><td>量刑标准</td><td colspan="2">犯本罪的</td><td>处三年以下有期徒刑、拘役或者管制</td></tr>
<tr><td>法律适用</td><td>刑法条文</td><td colspan="2">**第三百零二条** 盗窃、侮辱、故意毁坏尸体、尸骨、骨灰的，处三年以下有期徒刑、拘役或者管制。</td></tr>
</table>

53 赌博案

概念 本罪是指以营利为目的，聚众赌博或者以赌博为业的行为。

立案标准 以营利为目的，聚众赌博或者以赌博为业的，应当立案。

<table>
<tr><td rowspan="5">定罪标准</td><td>犯罪客体</td><td>本罪侵犯的客体是社会治安管理秩序和社会风尚。赌博是一种用斗牌、掷骰子、打麻将、老虎机等形式，靠运气和侥幸拿钱财作注比输赢的行为。赌博不仅危害社会秩序，影响生产、工作和生活，而且往往是诱发其他犯罪的温床，对社会危害很大，应予严厉打击。</td></tr>
<tr><td>犯罪客观方面</td><td>本罪客观方面表现为聚众赌博或者以赌博为业的行为。所谓聚众赌博，是指以公开或秘密方式提供赌场、赌具、招引或纠集多人进行赌博，从中抽头渔利的行为。以赌博为业，是指靠赌博所得为其挥霍和生活的主要来源，这种人嗜赌成性，有业不就，专门赌博；或者虽有正当职业但兼业赌博，不务正业。这种以赌博为业的人，俗称“赌棍”。具有聚众赌博或者以赌博为业的行为之一的，即可构成赌博罪。</td></tr>
<tr><td>犯罪主体</td><td>本罪主体是一般主体，即达到刑事责任年龄、具备刑事责任能力的自然人均能构成本罪。</td></tr>
<tr><td>犯罪主观方面</td><td>本罪主观方面表现为故意，并且以营利为目的，即行为人聚众赌博或者一贯参加赌博，是为了获取钱财，而不是为了消遣、娱乐。以营利为目的并不是说行为人一定要赢得钱财，只要是为了获取钱财，即使实际上未能赢得钱财甚至输了钱，也不影响行为人具备赌博罪的主观要件。出于消遣娱乐的，不构成犯罪。</td></tr>
<tr><td>罪与非罪</td><td>区分罪与非罪的界限，关键是看主观上是否以营利为目的，客观上是否具有聚众赌博、以赌博为业的行为。对于虽然多次参加赌博，但输赢不大，不是以赌博为生活或主要经济来源的，都不能认定为赌博罪。其中情节严重的，可按《治安管理处罚法》有关规定处理。
应把赌博与正当的群众娱乐活动区别开来。赌博罪与娱乐活动的区别：(1) 从主观方面看，是否以营利为目的，它是构成赌博罪的主观要件；群众娱乐以休闲消遣为目的。(2) 从主体上看，群众娱乐多是家庭成员、亲朋好友间进行。(3) 看是否从中抽头获利，构成赌博罪客观上以“聚众赌博”或“以赌博为业”两种行为为限。“聚众赌博”，是指组织、召集、引诱多人进行赌博，本人从中抽头获利的行为。“以赌博为业”，是指以赌博所得为其生活或挥霍的主要来源。群众娱乐不存在从中抽头获利。(4) 看彩头量的多少，根据个人、地区经济状况及公众接受的消费水平而定。亲友之间为了娱乐消遣，虽有少量输赢，不应当以犯罪处理。</td></tr>
</table>

<table>
<tr><td rowspan="2">定罪标准</td><td>罪与非罪</td><td>要把"赌头"、"赌棍"与一般参与群众区别开来。对前者坚持打击；对后者主要是批评教育。对于出于"义气"或碍于情面提供场所，纠集多人赌博，而没有抽头渔利，一般不宜按犯罪处理，可以按《治安管理处罚法》的规定给予治安行政处罚。</td></tr>
<tr><td>此罪与彼罪</td><td>一、本罪与诈骗罪的界限。诈骗罪是以非法占有为目的，以欺骗的手段非法取得公私财物的行为。其主要特征在于"骗"，赌博犯罪中往往也伴有欺骗活动，但这种欺骗与诈骗罪中的欺骗是不同的。赌博罪中的欺骗即制造虚假事实，是要引诱他人参加赌博，而赌博活动本身则是凭偶然之事实决定输赢，其目的仍在于通过赌博达到营利的目的，而不是以非法占有为目的。但是对以赌博为名，行诈骗之实，比如参赌一方在赌具中弄虚作假，或者采用黑话、暗语为号，诱骗另一方与之赌博，诈骗对方的财物的行为应构成诈骗罪。因为构成赌博罪要求决定输赢的偶然事实必须为共赌者所不预知，如为共赌者一方所预知，而参赌对方毫不知情，则预知胜负的一方的行为完全符合诈骗罪的特征，应以诈骗罪论处。司法实践中，常发生行为人设置圈套骗取钱财的案件。此行为属于赌博行为，构成犯罪的，以赌博罪处罚。如果参赌者识破骗局要求退还赌输的钱财，设赌者以暴力相威胁，拒不退还的，以赌博罪从重处罚。致参赌者伤害或死亡的，根据具体情况，可按赌博罪或故意伤害罪或故意杀人罪实行数罪并罚。
二、本罪与抢劫罪的界限。一般而言，两罪是两个性质不同的犯罪，区别十分明显，不易混淆，但对抢赌场的行为如何定性问题应视具体情况，区别对待，一种是没有参加赌博的人抢赌场，另一种是参加赌博的人，因输了钱不甘心而抢了赢钱的人。前一种情况，不管行为人是否冒充治安联防人员或公安人员，只要抢了赌场且采用暴力或者胁迫手段进行就应定为抢劫罪；如果没有采取暴力或胁迫手段进行、数额较大的，可认定为抢夺罪；如果数额较小，则属于一般抢夺违法行为，而不能一概地定为抢劫罪。对于后一种情况也应区分对待，对参赌的人没有采取暴力、胁迫手段抢劫赌资的，因为是发生在抢赌场的当时，可以认为是赌博行为的继续，是赌博罪行的表现，仍应定为赌博罪。但是如果参赌之人采用暴力或胁迫手段抢劫他人赌资的，应定为抢劫罪，与赌博罪实行并罚。</td></tr>
<tr><td rowspan="2">证据参考标准</td><td>主体方面的证据</td><td>一、证明行为人刑事责任年龄、身份等自然情况的证据。
包括身份证明、户籍证明、任职证明、工作经历证明、特定职责证明等，主要是证明行为人的姓名（曾用名）、性别、出生年月日、民族、籍贯、出生地、职业（或职务）、住所地（或居所地）等证据材料，如户口簿、居民身份证、工作证、出生证、专业或技术等级证、干部履历表、职工登记表、护照等。
对于户籍、出生证等材料内容不实的，应提供其他证据材料。外国人犯罪的案件，应有护照等身份证明材料。人大代表、政协委员犯罪的案件，应注明身份，并附身份证明材料。
二、证明行为人刑事责任能力的证据。
证明行为人对自己的行为是否具有辨认能力与控制能力，如是否属于间歇性精神病人、尚未完全丧失辨认或者控制自己行为能力的精神病人的证明材料。</td></tr>
<tr><td>主观方面的证据</td><td>证明行为人故意的证据：1. 证明行为人明知的证据：证明行为人明知自己的行为会发生危害社会的结果；2. 证明直接故意的证据：证明行为人希望危害结果发生；3. 目的：（1）非法营利；（2）牟利。</td></tr>
</table>

<table>
<tr><td rowspan="2">证据参考标准</td><td>客观方面的证据</td><td colspan="2">证明行为人赌博犯罪行为的证据。
具体证据包括：1. 证明行为人聚众赌博行为的证据：（1）经常纠集他人进行赌博活动。（2）经常召集他人进行赌博；（3）其他。2. 证明行为人以赌博为业行为的证据：（1）成为个人生活中的主要内容：①专事赌博；②兼事赌博；③主要从事赌博。（2）输赢金额在个人经济生活中占主导地位。（3）以个人营利为目的。</td></tr>
<tr><td>量刑方面的证据</td><td colspan="2">一、法定量刑情节证据。
1. 事实情节。2. 法定从重情节。3. 法定从轻减轻情节：（1）可以从轻；（2）可以从轻或减轻；（3）应当从轻或者减轻。4. 法定从轻减轻免除情节：（1）可以从轻、减轻或者免除处罚；（2）应当从轻、减轻或者免除处罚。5. 法定减轻免除情节：（1）可以减轻或者免除处罚；（2）应当减轻或者免除处罚；（3）可以免除处罚。
二、酌定量刑情节证据。
1. 犯罪手段：（1）聚众；（2）其他。2. 犯罪对象。3. 危害结果。4. 动机。5. 平时表现。6. 认罪态度。7. 是否有前科。8. 其他证据。</td></tr>
<tr><td>量刑标准</td><td colspan="2">犯本罪的</td><td>处三年以下有期徒刑、拘役或者管制，并处罚金</td></tr>
<tr><td rowspan="2">法律适用</td><td>刑法条文</td><td colspan="2">第三百零三条第一款　以营利为目的，聚众赌博或者以赌博为业的，处三年以下有期徒刑、拘役或者管制，并处罚金。</td></tr>
<tr><td>司法解释</td><td colspan="2">一、最高人民法院《关于对设置圈套诱骗他人参赌又向索还钱财的受骗者施以暴力或暴力威胁的行为应如何定罪问题的批复》（节录）（1995年11月6日最高人民法院公布　自公布之日起施行　法复〔1995〕8号）
行为人设置圈套诱骗他人参赌获取钱财，属赌博行为，构成犯罪的，应当以赌博罪定罪处罚。参赌者识破骗局要求退还所输钱财，设赌者又使用暴力或者以暴力相威胁，拒绝退还的，应以赌博罪从重处罚；致参赌者伤害或者死亡的，应以赌博罪和故意伤害罪或者故意杀人罪，依法实行数罪并罚。

二、最高人民法院、最高人民检察院《关于办理赌博刑事案件具体应用法律若干问题的解释》（2005年5月11日最高人民法院、最高人民检察院公布　自2005年5月13日起施行　法释〔2005〕3号）
为依法惩治赌博犯罪活动，根据刑法的有关规定，现就办理赌博刑事案件具体应用法律的若干问题解释如下：
第一条　以营利为目的，有下列情形之一的，属于刑法第三百零三条规定的“聚众赌博”：
（一）组织3人以上赌博，抽头渔利数额累计达到5000元以上的；
（二）组织3人以上赌博，赌资数额累计达到5万元以上的；
（三）组织3人以上赌博，参赌人数累计达到20人以上的；
（四）组织中华人民共和国公民10人以上赴境外赌博，从中收取回扣、介绍费的。</td></tr>
</table>

第二条 以营利为目的，在计算机网络上建立赌博网站，或者为赌博网站担任代理，接受投注的，属于刑法第三百零三条规定的“开设赌场”。

第三条 中华人民共和国公民在我国领域外周边地区聚众赌博、开设赌场，以吸引中华人民共和国公民为主要客源，构成赌博罪的，可以依照刑法规定追究刑事责任。

第四条 明知他人实施赌博犯罪活动，而为其提供资金、计算机网络、通讯、费用结算等直接帮助的，以赌博罪的共犯论处。

第五条 实施赌博犯罪，有下列情形之一的，依照刑法第三百零三条的规定从重处罚：

（一）具有国家工作人员身份的；

（二）组织国家工作人员赴境外赌博的；

（三）组织未成年人参与赌博，或者开设赌场吸引未成年人参与赌博的。

第六条 未经国家批准擅自发行、销售彩票，构成犯罪的，依照刑法第二百二十五条第（四）项的规定，以非法经营罪定罪处罚。

第七条 通过赌博或者为国家工作人员赌博提供资金的形式实施行贿、受贿行为，构成犯罪的，依照刑法关于贿赂犯罪的规定定罪处罚。

第八条 赌博犯罪中用作赌注的款物、换取筹码的款物和通过赌博赢取的款物属于赌资。通过计算机网络实施赌博犯罪的，赌资数额可以按照在计算机网络上投注或者赢取的点数乘以每一点实际代表的金额认定。

赌资应当依法予以追缴；赌博用具、赌博违法所得以及赌博犯罪分子所有的专门用于赌博的资金、交通工具、通讯工具等，应当依法予以没收。

第九条 不以营利为目的，进行带有少量财物输赢的娱乐活动，以及提供棋牌室等娱乐场所只收取正常的场所和服务费用的经营行为等，不以赌博论处。

三、最高人民检察院、公安部《关于公安机关管辖的刑事案件立案追诉标准的规定（一）》（节录）（2008年6月25日最高人民检察院、公安部公布　自公布之日起施行　公通字〔2008〕36号　2017年4月27日修正）

第四十三条 ［赌博案（刑法第三百零三条第一款）］以营利为目的，聚众赌博，涉嫌下列情形之一的，应予立案追诉：

（一）组织三人以上赌博，抽头渔利数额累计五千元以上的；

（二）组织三人以上赌博，赌资数额累计五万元以上；

（三）组织三人以上赌博，参赌人数累计二十人以上的；

（四）组织中华人民共和国公民十人以上赴境外赌博，从中收取回扣、介绍费的；

（五）其他聚众赌博应予追究刑事责任的情形。

以营利为目的，以赌博为业的，应予立案追诉。

赌博犯罪中用作赌注的款物、换取筹码的款物和通过赌博赢取的款物属于赌资。通过计算机网络实施赌博犯罪的，赌资数额可以按照在计算机网络上投注或者赢取的点数乘以每一点实际代表的金额认定。

四、最高人民法院《关于审理抢劫、抢夺刑事案件适用法律若干问题的意见》（节录）（2005年6月8日最高人民法院公布　自公布之日起施行　法发〔2005〕8号）

九、关于抢劫罪与相似犯罪的界限

1. 冒充正在执行公务的人民警察、联防人员，以抓卖淫嫖娼、赌博等违法行为为名非法占有财物的行为定性

法律适用

司法解释

行为人冒充正在执行公务的人民警察"抓赌"、"抓嫖"，没收赌资或者罚款的行为，构成犯罪的，以招摇撞骗罪从重处罚；在实施上述行为中使用暴力或者暴力威胁的，以抢劫罪定罪处罚。行为人冒充治安联防队员"抓赌"、"抓嫖"、没收赌资或者罚款的行为，构成犯罪的，以敲诈勒索罪定罪处罚；在实施上述行为中使用暴力或者暴力威胁的，以抢劫罪定罪处罚。

五、最高人民法院、最高人民检察院《关于办理受贿刑事案件适用法律若干问题的意见》（节录）（2007年7月8日最高人民法院、最高人民检察院公布　自公布之日起施行　法发〔2007〕22号）

五、关于以赌博形式收受贿赂的认定问题

根据《最高人民法院、最高人民检察院关于办理赌博刑事案件具体应用法律若干问题的解释》第七条规定，国家工作人员利用职务上的便利为请托人谋取利益，通过赌博方式收受请托人财物的，构成受贿。

实践中应注意区分贿赂与赌博活动、娱乐活动的界限。具体认定时，主要应当结合以下因素进行判断：（1）赌博的背景、场合、时间、次数；（2）赌资来源；（3）其他赌博参与者有无事先通谋；（4）输赢钱物的具体情况和金额大小。

相关法律法规

一、《中华人民共和国治安管理处罚法》（节录）（2005年8月28日中华人民共和国主席令第38号公布　自2006年3月1日起施行　2012年10月26日修正）

第七十条　以营利为目的，为赌博提供条件的，或者参与赌博赌资较大的，处五日以下拘留或者五百元以下罚款；情节严重的，处十日以上十五日以下拘留，并处五百元以上三千元以下罚款。

二、《中华人民共和国体育法》（节录）（1995年8月29日中华人民共和国主席令第55号公布　自1995年10月1日起施行　2009年8月27日第一次修正　2016年11月7日第二次修正）

第三十四条　体育竞赛实行公平竞争的原则。体育竞赛的组织者和运动员、教练员、裁判员应当遵守体育道德，不得弄虚作假、营私舞弊。

在体育运动中严禁使用禁用的药物和方法。禁用药物检测机构应当对禁用的药物和方法进行严格检查。

严禁任何组织和个人利用体育竞赛从事赌博活动。

第五十一条　利用竞技体育从事赌博活动的，由体育行政部门协助公安机关责令停止违法活动，并由公安机关依照治安管理处罚法的有关规定给予处罚。

在竞技体育活动中，有贿赂、诈骗、组织赌博行为，构成犯罪的，依法追究刑事责任。

三、《娱乐场所管理条例》（节录）（2006年1月29日中华人民共和国国务院令第458号公布　自2006年3月1日起施行　2016年2月6日第一次修订　2020年11月29日第二次修订）

第二条　本条例所称娱乐场所，是指以营利为目的，并向公众开放、消费者自娱自乐的歌舞、游艺等场所。

第十三条　国家倡导弘扬民族优秀文化，禁止娱乐场所内的娱乐活动含有下列内容：

（一）违反宪法确定的基本原则的；

法律适用

相关法律法规

（二）危害国家统一、主权或者领土完整的；

（三）危害国家安全，或者损害国家荣誉、利益的；

（四）煽动民族仇恨、民族歧视，伤害民族感情或者侵害民族风俗、习惯，破坏民族团结的；

（五）违反国家宗教政策，宣扬邪教、迷信的；

（六）宣扬淫秽、赌博、暴力以及与毒品有关的违法犯罪活动，或者教唆犯罪的；

（七）违背社会公德或者民族优秀文化传统的；

（八）侮辱、诽谤他人，侵害他人合法权益的；

（九）法律、行政法规禁止的其他内容。

第十四条 娱乐场所及其从业人员不得实施下列行为，不得为进入娱乐场所的人员实施下列行为提供条件：

（一）贩卖、提供毒品，或者组织、强迫、教唆、引诱、欺骗、容留他人吸食、注射毒品；

（二）组织、强迫、引诱、容留、介绍他人卖淫、嫖娼；

（三）制作、贩卖、传播淫秽物品；

（四）提供或者从事以营利为目的的陪侍；

（五）赌博；

（六）从事邪教、迷信活动；

（七）其他违法犯罪行为。

娱乐场所的从业人员不得吸食、注射毒品，不得卖淫、嫖娼；娱乐场所及其从业人员不得为进入娱乐场所的人员实施上述行为提供条件。

第四十三条 娱乐场所实施本条例第十四条禁止行为的，由县级公安部门没收违法所得和非法财物，责令停业整顿3个月至6个月；情节严重的，由原发证机关吊销娱乐经营许可证，对直接负责的主管人员和其他直接责任人员处1万元以上2万元以下的罚款。

第四十五条 娱乐场所违反本条例规定，有下列情形之一的，由县级公安部门没收违法所得和非法财物，并处违法所得2倍以上5倍以下的罚款；没有违法所得或者违法所得不足1万元的，并处2万元以上5万元以下的罚款；情节严重的，责令停业整顿1个月至3个月：

（一）设置具有赌博功能的电子游戏机机型、机种、电路板等游戏设施设备的；

（二）以现金、有价证券作为奖品，或者回购奖品的。

规章及规范性文件

公安部《关于办理赌博违法案件适用法律若干问题的通知》（2005年5月25日公安部公布 自公布之日起施行 公通字〔2005〕30号）

各省、自治区、直辖市公安厅、局，新疆生产建设兵团公安局：

为依法有效打击赌博违法活动，规范公安机关查禁赌博违法活动的行为，根据《中华人民共和国治安管理处罚条例》等有关法律、法规的规定，现就公安机关办理赌博违法案件适用法律的若干问题通知如下：

一、具有下列情形之一的，应当依照《中华人民共和国治安管理处罚条例》① 第三十二条的规定，予以处罚：

① 该通知中涉及的《中华人民共和国治安管理处罚条例》已被《中华人民共和国治安管理处罚法》废止。

法律适用 规章及规范性文件

（一）以营利为目的，聚众赌博、开设赌场或者以赌博为业，尚不够刑事处罚的；

（二）参与以营利为目的的聚众赌博、计算机网络赌博、电子游戏机赌博，或者到赌场赌博的；

（三）采取不报经国家批准，擅自发行、销售彩票的方式，为赌博提供条件，尚不够刑事处罚的；

（四）明知他人实施赌博违法犯罪活动，而为其提供资金、场所、交通工具、通讯工具、赌博工具、经营管理、网络接入、服务器托管、网络存储空间、通讯传输通道、费用结算等条件，或者为赌博场所、赌博人员充当保镖，为赌博放哨、通风报信，尚不够刑事处罚的；

（五）明知他人从事赌博活动而向其销售具有赌博功能的游戏机，尚不够刑事处罚的。

二、在中华人民共和国境内通过计算机网络、电话、手机短信等方式参与境外赌场赌博活动，或者中华人民共和国公民赴境外赌场赌博，赌博输赢结算地在境内的，应当依照《中华人民共和国治安管理处罚条例》的有关规定予以处罚。

三、赌博或者为赌博提供条件，并具有下列情形之一的，依照《中华人民共和国治安管理处罚条例》第三十二条的规定，可以从重处罚：

（一）在工作场所、公共场所或者公共交通工具上赌博的；

（二）一年内曾因赌博或者为赌博提供条件受过治安处罚的；

（三）国家工作人员赌博或者为赌博提供条件的；

（四）引诱、教唆未成年人赌博的；

（五）组织、招引中华人民共和国公民赴境外赌博的；

（六）其他可以依法从重处罚的情形。

四、赌博或者为赌博提供条件，并具有下列情形之一的，依照《中华人民共和国治安管理处罚条例》第三十二条的规定，可以从轻或者免予处罚：

（一）主动交代，表示悔改的；

（二）检举、揭发他人赌博或为赌博提供条件的行为，并经查证属实的；

（三）被胁迫、诱骗赌博或者为赌博提供条件的；

（四）未成年人赌博的；

（五）协助查禁赌博活动，有立功表现的；

（六）其他可以依法从轻或者免予处罚的情形。

对免予处罚的，由公安机关给予批评教育，并责令具结悔过。未成年人有赌博违法行为的，应当责令其父母或者其他监护人严加管教。

五、赌博活动中用作赌注的款物、换取筹码的款物和通过赌博赢取的款物属于赌资。

在利用计算机网络进行的赌博活动中，分赌场、下级庄家或者赌博参与者在组织或者参与赌博前向赌博组织者、上级庄家或者赌博公司交付的押金，应当视为赌资。

六、赌博现场没有赌资，而是以筹码或者事先约定事后交割等方式代替的，赌资数额经调查属实后予以认定。个人投注的财物数额无法确定时，按照参赌财物的价值总额除以参赌人数的平均值计算。

通过计算机网络实施赌博活动的赌资数额，可以按照在计算机网络上投注或者赢取的总点数乘以每个点数实际代表的金额认定。赌博的次数，可以按照在计算机网络上投注的总次数认定。

法律适用 规章及规范性文件

七、对查获的赌资、赌博违法所得，应当依法没收，上缴国库，并按照规定出具法律手续。对查缴的赌具和销售的具有赌博功能的游戏机，一律依法予以销毁。严禁截留、私分或者以其他方式侵吞赌资、赌具、赌博违法所得以及违法行为人的其他财物。违者，对相关责任人员依法予以行政处分；构成犯罪的，依法追究刑事责任。

对参与赌博人员使用的交通、通讯工具未作为赌注的，不得没收。在以营利为目的，聚众赌博、开设赌场，或者采取不报经国家批准，擅自发行、销售彩票的方式为赌博提供条件，尚不够刑事处罚的案件中，违法行为人本人所有的用于纠集、联络、运送参赌人员以及用于望风护赌的交通、通讯工具，应当依法没收。

八、对赌博或者为赌博提供条件的处罚，应当与其违法事实、情节、社会危害程度相适应。严禁不分情节轻重，一律顶格处罚；违者，对审批人、审核人、承办人依法予以行政处分。

九、不以营利为目的，亲属之间进行带有财物输赢的打麻将、玩扑克等娱乐活动，不予处罚；亲属之外的其他人之间进行带有少量财物输赢的打麻将、玩扑克等娱乐活动，不予处罚。

十、本通知自下发之日起施行。公安部原来制定的有关规定与本通知不一致的，以本通知为准。

各地在执行中遇到的问题，请及时报公安部。

54 开设赌场案

概念

本罪是指行为人开设进行赌博的场所的行为。

立案标准

行为人开设赌场的，应当予以立案。

<table>
<tr><td rowspan="5">定罪标准</td><td>犯罪客体</td><td>本罪侵犯的客体是良好的社会风尚。</td></tr>
<tr><td>犯罪客观方面</td><td>本罪在客观方面表现为以营利为目的，设立、承包、租赁专门用于赌博活动的场所，提供赌博用具的行为。以营利为目的，在计算机网络上建立赌博网站，或者为赌博网站担任代理，接受投注3人以上的也属于开设赌场的行为。
上述的第一种开设赌场的行为方式是指传统意义上的，这里的赌场不要求是常设的、固定的，在位置上也没有限制，既可以在公开场合，也可以是在自己或他人的住宅等隐秘的场所。这些场所并不需要为行为人所有，只要在赌博期间受其直接或间接支配即可。另外，开设赌场的人是否亲临现场，是否参与赌博，并不影响本罪的成立。
至于第二种开设赌场方式，是在近些年网络赌博逐渐泛滥的情况下，由司法解释对传统开设赌场行为扩大解释而特别加以规定的。网络赌博的组织者以营利为目的，通过设立赌博站点为各地的参赌者提供一个虚拟的网络赌博空间，其效果和社会危害性与传统赌场相比甚至更强、更大。另外，对于境外的人设立赌博网站，受制于结算账户等因素，其需要发展代理机构，通过各级代理开设专门账户，以便聚集赌资并以各种名义汇往境外。对于这些代理者的行为也应按照开设赌场罪定罪处罚。
在实践中，比较常见的网络赌博方式有以下几种：（1）通过网络进行的传统赌博方式，例如，打麻将、百家乐、二十一点、摇骰子、轮盘赌等。（2）以体育竞技类比赛中参赛选手或参赛队伍间输赢、名次，进球数、进球的单双数、净胜球数等作为赌注对象的网络赌博。（3）以金融证券市场走势作为赌注对象的网络赌博。（4）利用网络游戏从事赌博或变相赌博活动。（5）其他通过信息平台和手机短信进行的“竞猜”活动实质是变相圈钱的博彩行为。</td></tr>
<tr><td>犯罪主体</td><td>本罪的主体是一般主体，凡是年满16周岁、具有刑事责任能力的人都可以成为本罪的主体。</td></tr>
<tr><td>犯罪主观方面</td><td>本罪主观方面为直接故意。</td></tr>
<tr><td>罪与非罪</td><td>本罪与一般娱乐活动的界限。
最高人民法院、最高人民检察院《关于办理赌博刑事案件具体应用法律若干问题</td></tr>
</table>

定罪标准

罪与非罪

的解释》第9条规定："不以营利为目的，进行带有少量财物输赢的娱乐活动，以及提供棋牌室等娱乐场所只收取正常的场所和服务费用的经营行为等，不以赌博论处。"

2005年5月25日公安部下发的《关于办理赌博违法案件适用法律若干问题的通知》（以下简称《通知》）第9条规定，不以营利为目的，亲属之间进行带有财物输赢的打麻将、玩扑克等娱乐活动，不予处罚；亲属之外的其他人之间进行带有少量财物输赢的打麻将、玩扑克等娱乐活动，不予处罚。比较两个解释可以发现，一般娱乐活动分为两种情况：首先，对不以营利为目的，亲属之间的这种娱乐活动，不管输赢数额多少，原则上都不以赌博论。这主要考虑的是，不以营利为目的，亲属之间的打麻将、玩扑克等活动，纯系娱乐活动，既不影响家庭内部的稳定，也没有对社会管理秩序造成影响，从刑事政策角度考虑，即便带有财物输赢，也不应予以处罚，以免带来负面影响。其次，对于亲属之外的其他人之间的打麻将、玩扑克等活动，是否应当处罚，则应充分考虑有关情节作区别对待。对此，《通知》在投入财物的数额上作了限定，即必须是"少量"，如果超过这一限制，则应当依法予以处罚。另外需要注意的是，尽管司法解释规定不以营利为目的，提供棋牌室等娱乐场所只收取正常的场所和服务费用的经营行为，不以赌博论处。但是，如果行为人明知他人实施赌博活动，而仍为其提供棋牌室等娱乐场所，并收取场所和服务费用的，应当以"为赌博提供条件"论，予以治安处罚；构成犯罪的，则应依法追究刑事责任。

此罪与彼罪

一、本罪与诈骗罪的区别。诈骗罪，是指以非法占有为目的，以欺骗的手段取得公私财物的行为。两类犯罪的主观方面都有非法占有他人财产的目的，而且在现实的赌博行为中往往伴随有欺骗活动，因此区分两类犯罪便显得异常重要。两类犯罪的行为特征中都有骗的因素，但是，本罪中的骗是制造虚假事实，引诱他人参与赌博，而赌博本身则是依偶然因素决定输赢，从而也决定了行为人意图占有他人财物的目的能否实现。而诈骗罪中的骗则是以直接占有他人的财产为目的，而且整个行为环节都在诈骗行为人的掌控之下。

最高人民法院在1995年发布的《关于对设置圈套诱骗他人参赌又向索还钱财的受骗者施以暴力或暴力威胁的行为应当如何定罪问题的批复》规定，行为人设骗局诱骗他人参赌骗取钱财，是赌博行为，构成犯罪的，应以赌博罪定罪处罚。参赌者识破骗局要求退还所输钱财，设赌者又使用暴力或以暴力相威胁，拒绝退还的，应以赌博罪从重处罚。但是，如果行为人以赌博为名，在赌博过程中弄虚作假或者与其他人串通以操纵赌博的结局的方式占有被诱骗人的财物的，由于其不具有赌博本身所特有的输赢或然性，整个赌博过程都在行为人的掌控之中，赌博只是其实施诈骗的一种行为方式。因此，此时只能依照诈骗罪定罪处罚。

二、本罪与故意伤害罪、故意杀人罪的界限。如果行为人设置圈套诱骗他人参赌，在赌博过程中致参赌者伤害或者死亡的，应以赌博罪和故意伤害罪或者故意杀人罪，依法实行数罪并罚。

证据参考标准

主体方面的证据

一、证明行为人刑事责任年龄、身份等自然情况的证据。

包括身份证明、户籍证明、任职证明、工作经历证明、特定职责证明等，主要是证明行为人的姓名（曾用名）、性别、出生年月日、民族、籍贯、出生地、职业（或职务）、住所地（或居所地）等证据材料，如户口簿、居民身份证、工作证、出生证、专业或技术等级证、干部履历表、职工登记表、护照等。

<table>
<tr><td rowspan="4">证据参考标准</td><td>主体方面的证据</td><td colspan="2">对于户籍、出生证等材料内容不实的，应提供其他证据材料。外国人犯罪的案件，应有护照等身份证明材料。人大代表、政协委员犯罪的案件，应注明身份，并附身份证明材料。
二、证明行为人刑事责任能力的证据。
证明行为人对自己的行为是否具有辨认能力与控制能力，如是否属于间歇性精神病人、尚未完全丧失辨认或者控制自己行为能力的精神病人的证明材料。</td></tr>
<tr><td>主观方面的证据</td><td colspan="2">证明行为人故意的证据：1. 证明行为人明知的证据：证明行为人明知自己的行为会发生危害社会的结果；2. 证明直接故意的证据：证明行为人希望危害结果发生。</td></tr>
<tr><td>客观方面的证据</td><td colspan="2">证明行为人开设赌场犯罪行为的证据。
具体证据包括：证明行为人实施了开设赌场的行为的证据。</td></tr>
<tr><td>量刑方面的证据</td><td colspan="2">**一、法定量刑情节证据。**
1. 事实情节。2. 法定从重情节。3. 法定从轻情节：（1）可以从轻；（2）可以从轻或减轻；（3）应当从轻或者减轻。4. 法定从轻减轻免除情节：（1）可以从轻、减轻或免除处罚；（2）应当减轻或者免除处罚。5. 法定减轻免除情节：（1）可以减轻或者免除处罚；（2）应当减轻或者免除处罚；（3）可以免除处罚。
二、酌定量刑情节证据。
1. 犯罪手段；2. 犯罪对象；3. 危害结果；4. 动机；5. 平时表现；6. 认罪态度；7. 是否有前科；8. 其他证据。</td></tr>
<tr><td rowspan="2">量刑标准</td><td colspan="2">犯本罪的</td><td>处五年以下有期徒刑、拘役或者管制，并处罚金</td></tr>
<tr><td colspan="2">情节严重的</td><td>处五年以上十年以下有期徒刑，并处罚金</td></tr>
<tr><td rowspan="2">法律适用</td><td>刑法条文</td><td colspan="2">**第三百零三条第二款** 开设赌场的，处五年以下有期徒刑、拘役或者管制，并处罚金；情节严重的，处五年以上十年以下有期徒刑，并处罚金。</td></tr>
<tr><td>司法解释</td><td colspan="2">**一、最高人民检察院、公安部《关于公安机关管辖的刑事案件立案追诉标准的规定（一）》（节录）**（2008年6月25日最高人民检察院、公安部公布 自公布之日起施行 公通字〔2008〕36号 2017年4月27日修正）
第四十四条 ［开设赌场案（刑法第三百零三条第二款）］开设赌场的，应予立案追诉。
在计算机网络上建立赌博网站，或者为赌博网站担任代理，接受投注的，属于本条规定的“开设赌场”。</td></tr>
</table>

二、最高人民法院、最高人民检察院、公安部《关于办理利用赌博机开设赌场案件适用法律若干问题的意见》（2014年3月26日最高人民法院、最高人民检察院、公安部公布 自公布之日起施行 公通字〔2014〕17号）

各省、自治区、直辖市高级人民法院，人民检察院，公安厅、局，解放军军事法院、军事检察院，新疆维吾尔自治区高级人民法院生产建设兵团分院，新疆生产建设兵团人民检察院、公安局：

为依法惩治利用具有赌博功能的电子游戏设施设备开设赌场的犯罪活动，根据《中华人民共和国刑法》、《最高人民法院、最高人民检察院关于办理赌博刑事案件具体应用法律若干问题的解释》等有关规定，结合司法实践，现就办理此类案件适用法律问题提出如下意见：

一、关于利用赌博机组织赌博的性质认定

设置具有退币、退分、退钢珠等赌博功能的电子游戏设施设备，并以现金、有价证券等贵重款物作为奖品，或者以回购奖品方式给予他人现金、有价证券等贵重款物（以下简称设置赌博机）组织赌博活动的，应当认定为刑法第三百零三条第二款规定的“开设赌场”行为。

二、关于利用赌博机开设赌场的定罪处罚标准

设置赌博机组织赌博活动，具有下列情形之一的，应当按照刑法第三百零三条第二款规定的开设赌场罪定罪处罚：

（一）设置赌博机10台以上的；

（二）设置赌博机2台以上，容留未成年人赌博的；

（三）在中小学校附近设置赌博机2台以上的；

（四）违法所得累计达到5000元以上的；

（五）赌资数额累计达到5万元以上的；

（六）参赌人数累计达到20人以上的；

（七）因设置赌博机被行政处罚后，两年内再设置赌博机5台以上的；

（八）因赌博、开设赌场犯罪被刑事处罚后，五年内再设置赌博机5台以上的；

（九）其他应当追究刑事责任的情形。

设置赌博机组织赌博活动，具有下列情形之一的，应当认定为刑法第三百零三条第二款规定的“情节严重”：

（一）数量或者数额达到第二条第一款第一项至第六项规定标准六倍以上的；

（二）因设置赌博机被行政处罚后，两年内再设置赌博机30台以上的；

（三）因赌博、开设赌场犯罪被刑事处罚后，五年内再设置赌博机30台以上的；

（四）其他情节严重的情形。

可同时供多人使用的赌博机，台数按照能够独立供一人进行赌博活动的操作基本单元的数量认定。

在两个以上地点设置赌博机，赌博机的数量、违法所得、赌资数额、参赌人数等均合并计算。

三、关于共犯的认定

明知他人利用赌博机开设赌场，具有下列情形之一的，以开设赌场罪的共犯论处：

（一）提供赌博机、资金、场地、技术支持、资金结算服务的；

（二）受雇参与赌场经营管理并分成的；

（三）为开设赌场者组织客源，收取回扣、手续费的；

（四）参与赌场管理并领取高额固定工资的；

（五）提供其他直接帮助的。

四、关于生产、销售赌博机的定罪量刑标准

以提供给他人开设赌场为目的，违反国家规定，非法生产、销售具有退币、退分、退钢珠等赌博功能的电子游戏设施设备或者其专用软件，情节严重的，依照刑法第二百二十五条的规定，以非法经营罪定罪处罚。

实施前款规定的行为，具有下列情形之一的，属于非法经营行为“情节严重”：

（一）个人非法经营数额在五万元以上，或者违法所得数额在一万元以上的；

（二）单位非法经营数额在五十万元以上，或者违法所得数额在十万元以上的；

（三）虽未达到上述数额标准，但两年内因非法生产、销售赌博机行为受过二次以上行政处罚，又进行同种非法经营行为的；

（四）其他情节严重的情形。

具有下列情形之一的，属于非法经营行为“情节特别严重”：

（一）个人非法经营数额在二十五万元以上，或者违法所得数额在五万元以上的；

（二）单位非法经营数额在二百五十万元以上，或者违法所得数额在五十万元以上的。

五、关于赌资的认定

本意见所称赌资包括：

（一）当场查获的用于赌博的款物；

（二）代币、有价证券、赌博积分等实际代表的金额；

（三）在赌博机上投注或赢取的点数实际代表的金额。

六、关于赌博机的认定

对于涉案的赌博机，公安机关应当采取拍照、摄像等方式及时固定证据，并予以认定。对于是否属于赌博机难以确定的，司法机关可以委托地市级以上公安机关出具检验报告。司法机关根据检验报告，并结合案件具体情况作出认定。必要时，人民法院可以依法通知检验人员出庭作出说明。

七、关于宽严相济刑事政策的把握

办理利用赌博机开设赌场的案件，应当贯彻宽严相济刑事政策，重点打击赌场的出资者、经营者。对受雇佣为赌场从事接送参赌人员、望风看场、发牌坐庄、兑换筹码等活动的人员，除参与赌场利润分成或者领取高额固定工资的以外，一般不追究刑事责任，可由公安机关依法给予治安管理处罚。对设置游戏机，单次换取少量奖品的娱乐活动，不以违法犯罪论处。

八、关于国家机关工作人员渎职犯罪的处理

负有查禁赌博活动职责的国家机关工作人员，徇私枉法，包庇、放纵开设赌场违法犯罪活动，或者为违法犯罪分子通风报信、提供便利、帮助犯罪分子逃避处罚，构成犯罪的，依法追究刑事责任。

国家机关工作人员参与利用赌博机开设赌场犯罪的，从重处罚。

最高人民法院、最高人民检察院、公安部《关于办理网络赌博犯罪案件适用法律若干问题的意见》（节录）（2010年8月31日最高人民法院、最高人民检察院、公安部公布 自公布之日起施行 公通字〔2010〕40号）

一、关于网上开设赌场犯罪的定罪量刑标准

利用互联网、移动通讯终端等传输赌博视频、数据，组织赌博活动，具有下列情形之一的，属于刑法第三百零三条第二款规定的“开设赌场”行为：

（一）建立赌博网站并接受投注的；

（二）建立赌博网站并提供给他人组织赌博的；

（三）为赌博网站担任代理并接受投注的；

（四）参与赌博网站利润分成的。

实施前款规定的行为，具有下列情形之一的，应当认定为刑法第三百零三条第二款规定的“情节严重”：

（一）抽头渔利数额累计达到3万元以上的；

（二）赌资数额累计达到30万元以上的；

（三）参赌人数累计达到120人以上的；

（四）建立赌博网站后通过提供给他人组织赌博，违法所得数额在3万元以上的；

（五）参与赌博网站利润分成，违法所得数额在3万元以上的；

（六）为赌博网站招募下级代理，由下级代理接受投注的；

（七）招揽未成年人参与网络赌博的；

（八）其他情节严重的情形。

二、关于网上开设赌场共同犯罪的认定和处罚

明知是赌博网站，而为其提供下列服务或者帮助的，属于开设赌场罪的共同犯罪，依照刑法第三百零三条第二款的规定处罚：

（一）为赌博网站提供互联网接入、服务器托管、网络存储空间、通讯传输通道、投放广告、发展会员、软件开发、技术支持等服务，收取服务费数额在2万元以上的；

（二）为赌博网站提供资金支付结算服务，收取服务费数额在1万元以上或者帮助收取赌资20万元以上的；

（三）为10个以上赌博网站投放与网址、赔率等信息有关的广告或者为赌博网站投放广告累计100条以上的。

实施前款规定的行为，数量或者数额达到前款规定标准5倍以上的，应当认定为刑法第三百零三条第二款规定的“情节严重”。

实施本条第一款规定的行为，具有下列情形之一的，应当认定行为人“明知”，但是有证据证明确实不知道的除外：

（一）收到行政主管机关书面等方式的告知后，仍然实施上述行为的；

（二）为赌博网站提供互联网接入、服务器托管、网络存储空间、通讯传输通道、投放广告、软件开发、技术支持、资金支付结算等服务，收取服务费明显异常的；

（三）在执法人员调查时，通过销毁、修改数据、账本等方式故意规避调查或者向犯罪嫌疑人通风报信的；

（四）其他有证据证明行为人明知的。

如果有开设赌场的犯罪嫌疑人尚未到案，但是不影响对已到案共同犯罪嫌疑人、被告人的犯罪事实认定的，可以依法对已到案者定罪处罚。

法律适用	规章及规范性文件	**三、关于网络赌博犯罪的参赌人数、赌资数额和网站代理的认定** 赌博网站的会员账号数可以认定为参赌人数，如果查实一个账号多人使用或者多个账号一人使用的，应当按照实际使用的人数计算参赌人数。 赌资数额可以按照在网络上投注或者赢取的点数乘以每一点实际代表的金额认定。 对于将资金直接或间接兑换为虚拟货币、游戏道具等虚拟物品，并用其作为筹码投注的，赌资数额按照购买该虚拟物品所需资金数额或者实际支付资金数额认定。 对于开设赌场犯罪中用于接收、流转赌资的银行账户内的资金，犯罪嫌疑人、被告人不能说明合法来源的，可以认定为赌资。向该银行账户转入、转出资金的银行账户数量可以认定为参赌人数。如果查实一个账户多人使用或多个账户一人使用的，应当按照实际使用的人数计算参赌人数。 有证据证明犯罪嫌疑人在赌博网站上的账号设置有下级账号的，应当认定其为赌博网站的代理。

55 组织参与国（境）外赌博案

概念　**本罪是指组织中华人民共和国公民参与国（境）外赌博，数额巨大或者有其他严重情节的行为。**

立案标准　**组织中华人民共和国公民参与国（境）外赌博，数额巨大或者有其他严重情节的，应当立案。**

定罪标准	犯罪客体	本罪侵犯的客体是良好的社会风尚。
	犯罪客观方面	本罪客观上表现为组织中华人民共和国公民参与国（境）外赌博，数额巨大或者有其他严重情节的行为。 这里所说的“组织中华人民共和国公民参与国（境）外赌博”，包括直接组织中国公民赴国（境）外赌博，或者以旅游、公务的名义组织中国公民赴国（境）外赌博，或者以提供赌博场所、提供赌资、设定赌博方式等组织中国公民赴国（境）外赌博，或者利用信息网络、通讯终端等传输赌博视频、数据，组织中国公民参与国（境）外赌博等。 所谓“数额巨大”，主要是指赌资数额巨大，可能造成大量外汇流失的情形，具体数额应当通过相关司法解释予以明确。所谓“赌资”主要是指赌博犯罪中用作赌注的款物、换取筹码的款物和通过赌博赢取的款物。“有其他严重情节”，是指赌资虽未达到数额巨大，但接近数额巨大的条件，有其他严重情节的情况，如抽头渔利的数额较多，参赌人数较多，组织、胁迫、引诱、教唆、容留未成年人参与赌博，强迫他人赌博或者结算赌资等情形。
	犯罪主体	本罪的主体是一般主体，即凡是达到法定刑事责任年龄、具有刑事责任能力的人，均可构成本罪。
	犯罪主观方面	本罪的主观方面是故意。
	罪与非罪	实践中，对于招揽中国公民参与国（境）外赌博是否构成本罪，存在不同认识。有的认为，招揽与组织性质相同，招揽也属于组织，招揽也构成本罪。我们认为，不能一概而论，要注意与正常出国（境）旅游的组团活动的区别，如旅行社或者个人组织人员赴境外旅游，如果只是作为旅游项目招揽人员去赌场进行娱乐性赌博，不能视为组织参与国（境）外巨额赌博的犯罪；如果招揽人员去赌场赌博的数额较大、时间较长，或者旅游的主要目的就是去赌场赌博的等，则应当视为组织参与国（境）外巨额赌博的犯罪。

<table>
<tr><td rowspan="4">证据参考标准</td><td>主体方面的证据</td><td colspan="2">一、证明行为人刑事责任年龄、身份等事实情况的证据。
包括但不限于身份证明、户籍证明、任职证明、工作经历证明、特定职责证明等，主要用于证明行为人的姓名（曾用名）、性别、出生年月日、民族、机关、出生地、职业（职务）、住所地（居住地）等的证据材料，具体如居民身份证、户口簿、工作证、出生证、专业或技术等级证、干部履历表、职工登记表、护照等。
对于户籍、身份证等材料内容不是的，应提供其他证据材料。外国人犯罪的案件，需要有护照等身份证明材料。人大代表、政协委员犯罪的案件，应当注明身份并附上身份证明材料。
二、证明行为人刑事责任能力的证据。
证明行为人对自己的行为具有辨认、控制能力，如是否属于间歇性精神病人、尚未完全丧失辨认或者控制自己行为能力的精神病人的证明材料。</td></tr>
<tr><td>主观方面的证据</td><td colspan="2">证明行为人故意的证据：1. 证明行为人明知的证据：证明行为人明知自己的行为会发生危害社会的结果；2. 证明直接故意的证据：证明行为人希望危害结果发生；3. 证明间接故意的证据：证明行为人犯人危害结果发生。</td></tr>
<tr><td>客观方面的证据</td><td colspan="2">证明行为人组织参与国（境）外赌博罪的证据：1. 证明行为人组织参与国（境）外赌博的证据；2. 证明数额巨大的证据；3. 证明有其他严重情节的证据。</td></tr>
<tr><td>量刑方面的证据</td><td colspan="2">一、法定量刑情节证据。
1. 事实情节。2. 法定从重情节。3. 法定从轻情节：（1）可以从轻；（2）可以从轻或减轻；（3）应当从轻或者减轻。4. 法定从轻减轻免除情节：（1）可以从轻、减轻或免除处罚；（2）应当减轻或者免除处罚。5. 法定减轻免除情节：（1）可以减轻或者免除处罚；（2）应当减轻或者免除处罚；（3）可以免除处罚。
二、酌定量刑情节证据。
1. 犯罪手段：（1）组织；（2）其他。2. 犯罪对象。3. 危害结果。4. 动机。5. 平时表现。6. 认罪态度。7. 是否有前科。8. 其他证据。</td></tr>
<tr><td rowspan="2">量刑标准</td><td colspan="2">犯本罪的</td><td>处五年以下有期徒刑、拘役或者管制，并处罚金</td></tr>
<tr><td colspan="2">情节严重的</td><td>处五年以上十年以下有期徒刑，并处罚金</td></tr>
<tr><td>法律适用</td><td>刑法条文</td><td colspan="2">第三百零三条第三款　组织中华人民共和国公民参与国（境）外赌博，数额巨大或者有其他严重情节的，依照前款的规定处罚。</td></tr>
</table>

56 故意延误投递邮件案

概念

本罪是指邮政工作人员严重不负责任，故意延误投递邮件，致使公共财产、国家和人民利益遭受重大损失的行为。

立案标准

邮政工作人员严重不负责任，故意延误投递邮件，致使公共财产、国家和人民利益遭受重大损失的，应当立案。

定罪标准		
	犯罪客体	本罪侵犯的客体是国家邮政管理秩序。保证各种邮件的按时投递对于经济往来和社会发展有很重要的意义，故意延误投递邮件的行为不仅会使公共财产、国家和人民利益遭受重大损失，而且会使正常的社会管理秩序受到破坏，故其侵犯的客体是国家邮政管理秩序。本罪侵犯的对象是邮件。根据我国《邮政法》的规定，邮件，是指通过邮政企业寄递的信件、印刷品、邮包、汇款通知、报刊等；邮件又分平常邮件和给据邮件。平常邮件，是指邮政企业及其分支机构在收寄时不出具收据，投递时不要求收件人签收的邮件；给据邮件，是指挂号信件、邮包、保价邮件等由邮政企业及其分支机构在收寄时出具收据，投递时要求收件人签收的邮件。所谓“信件”主要是指信函和明信片，它是用以向特定的人传达意思的一种文书。
	犯罪客观方面	本罪在客观方面表现为邮政工作人员严重不负责任，故意延误投递邮件，致使公共财产、国家和人民利益遭受重大损失的行为。所谓严重不负责任，是指邮政工作人员违背国家法律赋予其的职责和义务，情节严重的行为。按照《邮政法》第6条、第20条的规定，邮政企业应当为用户提供迅速、准确、安全、方便的邮政业务；邮政企业寄递邮件，应当符合国务院邮政管理部门规定的寄递时限和服务规范。邮政工作人员不履行其职责，不遵守上述规定，即为不负责任的表现。如果行为人出于泄愤、报复而故意延误投递邮件，也是邮政工作人员对其职责不负责任的表现，至于何谓严重，则应主要结合其造成的危害后果来认定。“延误投递邮件”，是指邮政工作人员对应当按期投递的邮件，有条件投递而故意拖延、耽误邮件的分发、递送，不按照国务院邮政主管部门规定的时限投交邮件。至于延误时间的长短，法律没有规定，只要行为人没有按规定时间投递邮件的，即属延误。如果行为人虽然没有及时、迅速地投递邮件，但并没有超出规定所允许的期限，即使客观上造成重大损失的，也不构成本罪。发生延误投递的时间可以是在分拣投递、押送、收发等任何一个环节中，这里的“延误”不同于隐匿不投的情形，前者是投递但超出规定的时间，后者则是直接加以藏匿而不投递。如果行为人故意隐匿不投的，则构成私自开拆、隐匿、毁弃邮件、电报罪。本罪属于不作为犯，即行为人有条件、有义务将邮件按时投送而故意延误的行为。如果行为人遭遇不可抗力或意外事件延误投递邮件的，不构成本罪。 延误投递邮件的行为必须是发生了使公共财产、国家和人民利益遭受重大损失的结果，才构成犯罪。仅有延误投递的行为而没有发生重大损失的结果，不成立本罪。而且，行为人延误投递邮件的行为与造成的重大损失的结果之间必须具有刑法上的因果关系。

<table>
<tr><td rowspan="4">定罪标准</td><td>犯罪主体</td><td>本罪的主体是特殊主体，即邮政工作人员。邮政工作人员是指邮政部门的干部、营业人员、分拣员、发行员、投递员、接发员、押运员以及依法从事公务的邮电代办人员与乡邮员等，只有这些负有与信件、电报、邮袋、包裹有直接联系职责的特定工作人员才能成为本罪的主体。非邮电工作人员，或虽系邮电部门工作人员如党团、工会、食堂等工作人员，但不与邮件、电报接触的人员，也不负有投递的义务，则不能成为本罪的主体。</td></tr>
<tr><td>犯罪主观方面</td><td>本罪的主观方面是故意，即行为人主观上严重不负责任，明知是应按时投递的邮件而故意推脱、延误。过失不构成本罪。行为人实施这种行为的动机和目的是多种多样的，有的是为了泄愤报复，有的是为了牟取非法利益，等等。不论其出自何种动机和目的，对构成本罪没有影响。如果行为人延误投递邮件是因存在不可抗力或者其他正当原因，则不构成本罪。</td></tr>
<tr><td>罪与非罪</td><td>区分罪与非罪的界限，要注意：邮政人员由于过失延误投递邮件的，或虽属故意延误投递邮件，但并没有给公共财产、国家和人民利益造成重大损失的，均不构成本罪。
根据《刑事诉讼法》规定，公安机关、人民检察院在审理刑事案件时，可要求邮政部门予以配合，将犯罪嫌疑人的邮件扣押，此时，邮政人员延误投递邮件，以致扣押邮件的行为是合法的。</td></tr>
<tr><td>此罪与彼罪</td><td>一、本罪与侵犯公民通信自由罪的界限。《刑法》规定了侵犯公民通信自由罪，该罪是指隐匿、毁弃或者非法开拆他人信件，侵犯公民通信自由权利，情节严重的行为。故意延误投递邮件罪与侵犯公民通信自由罪的犯罪对象都是邮件、电报等，其区别在于：一是犯罪的主体不同。后罪是一般主体，不要求是邮政工作人员；前罪是特殊主体即邮政工作人员，非邮政工作人员或者虽在邮政部门工作，不接触邮件的人员不能构成本罪的主体。二是侵犯的客体不同。前罪侵犯的客体是邮电部门的正常活动；后罪侵犯的客体是公民民主权利。三是犯罪客观方面不同。前罪表现为故意延误投递邮件，致使公共财产、国家和人民利益遭受重大损失的行为；后罪表现为隐匿、毁弃或者非法开拆他人信件，侵犯公民民主权利的行为。
二、本罪与私自开拆、隐匿、毁弃邮件、电报罪的界限。私自开拆、隐匿、毁弃邮件、电报罪是指邮政工作人员私自开拆或者隐匿、毁弃邮件、电报的行为。故意延误投递邮件罪与私自开拆、隐匿、毁弃邮件、电报罪的区别在于：一是侵犯的客体不同，前罪侵犯的客体是国家邮电部门的正常活动，后罪侵犯的客体是公民的民主权利；二是犯罪方法不同，前罪是故意延误投递邮件，后罪是私自开拆、隐匿、毁弃邮件、电报。</td></tr>
<tr><td>证据参考标准</td><td>主体方面的证据</td><td>一、证明行为人刑事责任年龄、身份等自然情况的证据。
包括身份证明、户籍证明、任职证明、工作经历证明、特定职责证明等，主要是证明行为人的姓名（曾用名）、性别、出生年月日、民族、籍贯、出生地、职业（或职务）、住所地（或居所地）等证据材料，如户口簿、居民身份证、工作证、出生证、专业或技术等级证、干部履历表、职工登记表、护照等。</td></tr>
</table>

<table>
<tr><td rowspan="4">证据参考标准</td><td>主体方面的证据</td><td colspan="2">对于户籍、出生证等材料内容不实的，应提供其他证据材料。外国人犯罪的案件，应有护照等身份证明材料。人大代表、政协委员犯罪的案件，应注明身份，并附身份证明材料。
二、证明行为人刑事责任能力的证据。
证明行为人对自己的行为是否具有辨认能力与控制能力，如是否属于间歇性精神病人、尚未完全丧失辨认或者控制自己行为能力的精神病人的证明材料。</td></tr>
<tr><td>主观方面的证据</td><td colspan="2">证明行为人故意的证据：1. 证明行为人明知的证据：证明行为人明知自己的行为会发生危害社会的结果；2. 证明直接故意的证据：证明行为人希望危害结果发生。</td></tr>
<tr><td>客观方面的证据</td><td colspan="2">证明行为人故意延误投递邮件犯罪行为的证据。
具体证据包括：1. 证明行为人“故意延误”行为的证据。2. 证明行为人严重不负责任行为的证据：（1）不依法履行应尽职责；（2）不正确履行应尽职责。3. 证明行为人延误投递行为的证据：（1）不投递；（2）延误投递。4. 证明行为人造成损失行为的证据：（1）影响国家重大事务；（2）影响有关单位的重要工作；（3）给客户造成重大财产和经济损失；（4）给国家和人民利益造成重大损失；（5）使邮政企业遭受重大损失。</td></tr>
<tr><td>量刑方面的证据</td><td colspan="2">**一、法定量刑情节证据。**
1. 事实情节：（1）重大损失；（2）其他。2. 法定从重情节。3. 法定从轻减轻情节：（1）可以从轻；（2）可以从轻或减轻；（3）应当从轻或者减轻。4. 法定从轻减轻免除情节：（1）可以从轻、减轻或者免除处罚；（2）应当从轻、减轻或者免除处罚。5. 法定减轻免除情节：（1）可以减轻或者免除处罚；（2）应当减轻或者免除处罚；（3）可以免除处罚。
二、酌定量刑情节证据。
1. 犯罪手段：（1）不投递；（2）延误投递。2. 犯罪对象。3. 危害结果。4. 动机。5. 平时表现。6. 认罪态度。7. 是否有前科。8. 其他证据。</td></tr>
<tr><td>量刑标准</td><td colspan="2">犯本罪的</td><td>处二年以下有期徒刑或者拘役</td></tr>
<tr><td>法律适用</td><td>刑法条文</td><td colspan="2">**第三百零四条** 邮政工作人员严重不负责任，故意延误投递邮件，致使公共财产、国家和人民利益遭受重大损失的，处二年以下有期徒刑或者拘役。</td></tr>
</table>

法律适用

司法解释

最高人民检察院、公安部《公安机关管辖的刑事案件立案追诉标准的规定（一）》（节录）（2008年6月25日最高人民检察院、公安部公布　自公布之日起施行　公通字〔2008〕36号　2017年4月27日修正）

第四十五条　［故意延误投递邮件案（刑法第三百零四条）］邮政工作人员严重不负责任，故意延误投递邮件，涉嫌下列情形之一的，应予立案追诉：

（一）造成直接经济损失二万元以上的；

（二）延误高校录取通知书或者其他重要邮件投递，致使他人失去高校录取资格或者造成其他无法挽回的重大损失的；

（三）严重损害国家声誉或者造成其他恶劣社会影响的；

（四）其他致使公共财产、国家和人民利益遭受重大损失的情形。

相关法律法规

《中华人民共和国邮政法》（节录）（1986年12月2日中华人民共和国主席令第47号公布　2009年4月24日修订　2012年10月26日第一次修正　2015年4月24日第二次修正）

第二十条　邮政企业寄递邮件，应当符合国务院邮政管理部门规定的寄递时限和服务规范。

第七十条　邮政企业从业人员故意延误投递邮件的，由邮政企业给予处分。

第八十二条　违反本法规定，构成犯罪的，依法追究刑事责任。

第八十四条　本法下列用语的含义：

邮政企业，是指中国邮政集团公司及其提供邮政服务的全资企业、控股企业。

寄递，是指将信件、包裹、印刷品等物品按照封装上的名址递送给特定个人或者单位的活动，包括收寄、分拣、运输、投递等环节。

快递，是指在承诺的时限内快速完成的寄递活动。

邮件，是指邮政企业寄递的信件、包裹、汇款通知、报刊和其他印刷品等。

快件，是指快递企业递送的信件、包裹、印刷品等。

信件，是指信函、明信片。信函是指以套封形式按照名址递送给特定个人或者单位的缄封的信息载体，不包括书籍、报纸、期刊等。

包裹，是指按照封装上的名址递送给特定个人或者单位的独立封装的物品，其重量不超过五十千克，任何一边的尺寸不超过一百五十厘米，长、宽、高合计不超过三百厘米。

平常邮件，是指邮政企业在收寄时不出具收据，投递时不要求收件人签收的邮件。

给据邮件，是指邮政企业在收寄时向寄件人出具收据，投递时由收件人签收的邮件。

邮政设施，是指用于提供邮政服务的邮政营业场所、邮件处理场所、邮筒（箱）、邮政报刊亭、信报箱等。

邮件处理场所，是指邮政企业专门用于邮件分拣、封发、储存、交换、转运、投递等活动的场所。

国际邮递物品，是指中华人民共和国境内的用户与其他国家或者地区的用户相互寄递的包裹和印刷品等。

邮政专用品，是指邮政日戳、邮资机、邮政业务单据、邮政夹钳、邮袋和其他邮件专用容器。

57 伪证案

概念

本罪是指在刑事诉讼中，证人、鉴定人、记录人和翻译人对与案件有重要关系的情节，故意作虚假证明、鉴定、记录、翻译，意图陷害他人或者隐匿罪证的行为。

立案标准

根据《刑法》第305条的规定，在刑事诉讼中，证人、鉴定人、记录人、翻译人对与案件有重要关系的情节，故意作虚假证明、鉴定、记录、翻译，意图陷害他人或者隐匿罪证的，应当立案。

本罪是行为犯，证人、鉴定人、记录人、翻译人只要实施了伪证行为，原则上就构成犯罪，应当立案追究。

定罪标准		
	犯罪客体	本罪侵犯的客体是公民的人身权利与司法机关的正常活动，是复杂客体。但也有人认为，并不是任何形式的伪证罪都必然侵犯公民的人身权利，例如，脱逃罪的伪证犯罪行为就不侵犯公民的人身权利，但它必定侵犯了国家司法机关的正常活动。据此认为，伪证罪侵犯的是单一客体，即国家机关的正常活动。 伪证罪妨碍司法机关的正常活动，这是指司法机关的刑事诉讼活动。司法机关的民事诉讼活动、行政诉讼活动不能成为伪证罪的客体要件。《民事诉讼法》第111条规定，诉讼参与人或其他人员伪造、毁灭重要证据，妨碍人民法院审理案件的，以及以暴力、威胁、贿买方法阻止证人作证或者指使、贿买、胁迫他人作伪证的，人民法院可以根据情节轻重予以罚款、拘留；构成犯罪的，依法追究刑事责任。《行政诉讼法》第59条规定，诉讼参与人或者其他人员伪造、隐藏、毁灭证据，妨碍人民法院审理案件的，或者指使、贿买、胁迫他人作伪证及威胁、阻止证人作证的，人民法院可以根据情节轻重予以训诫、责令具结悔过或者处10000元以下的罚款、15日以下的拘留；构成犯罪的，依法追究刑事责任。因为刑事诉讼与民事、行政诉讼性质不同，同是伪证行为妨碍诉讼所造成的社会危害性大小也有不同，以伪证方式妨碍民事诉讼或行政诉讼活动的，不能直接以伪证罪论处。
	犯罪客观方面	本罪在客观方面表现为在刑事侦查、起诉、审判中，对与案件有重要关系的情节，作虚假的证明、鉴定、记录、翻译，意图陷害他人或者隐匿罪证的行为。 所谓作虚假的证明、鉴定、记录、翻译，指证人作了虚假的证明，鉴定人作了不符合事实真相的鉴定，记录人作了不真实的记录，翻译人作了歪曲原意的翻译。所谓隐匿罪证，指掩盖、歪曲事实真相、毁灭证据，将应该提供的证据予以隐匿。所谓与案件有重要关系的情节，主要是指对案件是否构成犯罪、犯罪的性质或者对罪行轻重有重大影响的情节。如果伪证的事实无关紧要、对案件的处理影响不大，不能以伪证罪论处。至于伪证行为是否造成了错判，不影响定罪，可作为量刑的情节予以考虑。 行为人伪造、变造、毁灭凭证、隐瞒事实真相的行为，不是发生在司法机关的刑事诉讼活动中，而是在一般责任事故调查处理中，或是在审计、监察等行政活动中发

定罪标准		
	犯罪客观方面	生的，不能以伪证罪论处。如《会计法》第43条规定，伪造、变造会计凭证、会计账簿，编制虚假财务会计报告，构成犯罪的，依法追究刑事责任。有前款行为，尚不构成犯罪的，由县级以上人民政府财政部门予以通报，可以对单位并处5000元以上10万元以下的罚款；对其直接负责的主管人员和其他直接责任人员，可以处3000元以上5万元以下的罚款；属于国家工作人员的，还应当由其所在单位或者有关单位依法给予撤职直至开除的行政处分；其中的会计人员，5年内不得从事会计工作。《审计法》也规定，对于弄虚作假、隐瞒事实真相的单位、单位直接责任人员、单位负责人以及其他有关人员，审计机关可予以警告、通报批评，并可酌情处以罚款；审计机关认为应当给予行政处分的人员，移送监察或者有关部门处理；对情节严重，构成犯罪的，由审计机关提请司法机关依法追究刑事责任。根据国务院2002年4月4日颁布实施的《医疗事故处理条例》第58条规定，医疗机构或者其他有关机构违反本条例的规定，有下列情形之一的，由卫生行政部门责令改正，给予警告；对负有责任的主管人员和其他直接责任人员依法给予行政处分或者纪律处分；情节严重的，由原发证部门吊销其执业证书或者资格证书：（1）承担尸检任务的机构没有正当理由，拒绝进行尸检的；（2）涂改、伪造、隐匿、销毁病历资料的。上述法律、法规中提及的情节严重、构成犯罪的行为，虽然在客观上也表现为隐瞒事实真相，毁灭、伪造、隐匿有关资料，但不是在刑事诉讼中，行为所侵犯的客体不同于伪证罪，只能分别情况，以其他犯罪论处。
	犯罪主体	本罪的主体是特殊主体，即只能是在刑事诉讼中的证人、鉴定人、记录人和翻译人。在刑事诉讼过程中，“证人”，是指根据司法机关的要求，陈述自己所知道的案件情况的人。“鉴定人”，是指司法机关为鉴别案件中某些情节的真伪和事实真相而指派或聘请的、具有专门知识或者特殊技能的人。“记录人”，是指为案件的调查取证，询问证人、被害人或审问犯罪嫌疑人、被告人等作记录的人。“翻译人”，是指司法机关指派或聘请为案件中的外籍、少数民族或聋哑人等诉讼参与人充当翻译的人员，也包括为案件中的法律文书或者证据材料等有关资料做翻译的人员。
	犯罪主观方面	本罪在主观方面必须出自直接故意，即行为人明知其虚假陈述是与案件有重要关系的情节，但为了陷害他人或者隐匿罪证而为之。如果行为人不是出于陷害他人或者隐匿罪证的意图，就不能以本罪论处。如行为人因粗心大意，工作不认真，或者学识、业务能力不高而作出了错误的鉴定意见、记录、翻译，或者因错记、漏记、错译、漏译等而不能反映原意，等等。
	罪与非罪	区分罪与非罪的界限，要注意：对于鉴定人、记录人、翻译人工作不负责任，疏忽大意，或者业务水平有限而提供不正确的鉴定、记录、翻译的；以及由于对于案件真实情况一知半解，认识不准确，或者道听途说而传闻作证，从而提供了虚假证明的，因不具备伪证的主观故意，不构成伪证罪。对于虽有伪证行为，但情节显著轻微，危害不大的，不应认定为犯罪。
	此罪与彼罪	一、本罪与诬告陷害罪的界限。两者都有陷害他人的故意，主要区别是：（1）前者的主体是特殊主体；而后者的主体是一般主体。（2）前者的行为是在侦查、检察、审判中发生的；后者的行为是立案侦查之前实施的，并且是引起案件侦查的原因。（3）前者是通过作虚假证明、鉴定、记录、翻译等手段实现的；后者则是作虚假的告发。（4）前者只是在个别与案件有重要关系的情节上，提供伪证；而后者则是捏造了

<table>
<tr><td rowspan="1">定罪标准</td><td>此罪与彼罪</td><td>整个犯罪事实。（5）前者的目的可能有两种：既可以是陷害他人，也可以是包庇罪犯；而后者的目的只能是陷害他人，使无罪者受到刑事处分。
二、本罪与包庇罪、包庇毒品犯罪分子罪的界限。这三种犯罪的行为人，在作虚假证明，为犯罪分子隐匿罪证方面极为相似，目的都是包庇罪犯。其区别主要在于：（1）主体要件不同。伪证罪是特殊主体；后两种包庇犯罪是一般主体。（2）实施犯罪的时间不同。伪证罪只能在侦查、审判阶段实施；后两罪则可以在犯罪分子被逮捕、关押前实施，也可以在被逮捕、判刑之后实施。（3）犯罪的内容不同。伪证罪掩盖的是与案件有重要关系的犯罪情节；后两罪所掩盖的可以是全部罪行或者重要犯罪事实。（4）包庇对象的情况不同。伪证罪包庇的是在侦查、检察、审判中，未被逮捕或者未被判决的犯罪嫌疑人；后两罪所包庇的可以是未判决犯罪嫌疑人，也可以是已判决犯人，或者是服刑中逃跑的犯罪分子。</td></tr>
<tr><td rowspan="4">证据参考标准</td><td>主体方面的证据</td><td>一、证明行为人刑事责任年龄、身份等自然情况的证据。
包括身份证明、户籍证明、任职证明、工作经历证明、特定职责证明等，主要是证明行为人的姓名（曾用名）、性别、出生年月日、民族、籍贯、出生地、职业（或职务）、住所地（或居所地）等证据材料，如户口簿、居民身份证、工作证、出生证、专业或技术等级证、干部履历表、职工登记表、护照等。
对于户籍、出生证等材料内容不实的，应提供其他证据材料。外国人犯罪的案件，应有护照等身份证明材料。人大代表、政协委员犯罪的案件，应注明身份，并附身份证明材料。
二、证明行为人刑事责任能力的证据。
证明行为人对自己的行为是否具有辨认能力与控制能力，如是否属于间歇性精神病人、尚未完全丧失辨认或者控制自己行为能力的精神病人的证明材料。</td></tr>
<tr><td>主观方面的证据</td><td>证明行为人故意的证据：1. 证明行为人明知的证据：证明行为人明知自己的行为会发生危害社会的结果。2. 证明直接故意的证据：证明行为人希望危害结果发生。3. 目的：（1）陷害他人；（2）隐匿罪证。</td></tr>
<tr><td>客观方面的证据</td><td>证明行为人伪证犯罪行为的证据。
具体证据包括：1. 证明行为人实施伪证行为的证据：（1）虚假证明；（2）虚假鉴定；（3）虚假记录；（4）虚假翻译。2. 证明行为人隐匿罪证行为的证据：（1）物证；（2）书证；（3）证人证言；（4）被害人陈述；（5）犯罪嫌疑人供述和辩解；（6）鉴定意见；（7）勘验、检查笔录；（8）视听资料。3. 证明行为人“情节严重”行为的证据。</td></tr>
<tr><td>量刑方面的证据</td><td>一、法定量刑情节证据。
1. 事实情节：（1）情节严重；（2）其他。2. 法定从重情节。3. 法定从轻减轻情节：（1）可以从轻；（2）可以从轻或减轻；（3）应当从轻或者减轻。4. 法定从轻减轻免除情节：（1）可以从轻、减轻或者免除处罚；（2）应当从轻、减轻或者免除处罚。5. 法定减轻免除情节：（1）可以减轻或者免除处罚；（2）应当减轻或者免除处罚；（3）可以免除处罚。</td></tr>
</table>

<table>
<tr><td rowspan="1">证据参考标准</td><td>量刑方面的证据</td><td colspan="2">二、酌定量刑情节证据。
1. 犯罪手段：（1）陷害；（2）隐匿。2. 犯罪对象。3. 危害结果。4. 动机。5. 平时表现。6. 认罪态度。7. 是否有前科。8. 其他证据。</td></tr>
<tr><td rowspan="2">量刑标准</td><td>犯本罪的</td><td colspan="2">处三年以下有期徒刑或者拘役</td></tr>
<tr><td>情节严重的</td><td colspan="2">处三年以上七年以下有期徒刑</td></tr>
<tr><td rowspan="2">法律适用</td><td>刑法条文</td><td colspan="2">第三百零五条　在刑事诉讼中，证人、鉴定人、记录人、翻译人对与案件有重要关系的情节，故意作虚假证明、鉴定、记录、翻译，意图陷害他人或者隐匿罪证的，处三年以下有期徒刑或者拘役；情节严重的，处三年以上七年以下有期徒刑。</td></tr>
<tr><td>司法解释</td><td colspan="2">最高人民检察院关于印发部分罪案《审查逮捕证据参考标准（试行）》的通知（节录）（2003年11月27日最高人民检察院公布　自公布之日起施行　高检侦监发〔2003〕107号）
十一、伪证罪案审查逮捕证据参考标准
伪证罪，是指触犯《刑法》第305条的规定，在刑事诉讼中，证人、鉴定人、记录人、翻译人对与案件有关的重要情节，故意作虚假证明、鉴定、记录、翻译，意图陷害他人或隐匿罪证的行为。
对提请批捕的伪证案件，应当注意从以下几个方面审查证据：
（一）有证据证明发生了伪证犯罪事实。
重点审查：
1. 犯罪嫌疑人在相关案件中担任证人、鉴定人、记录人、翻译人的证据（如相关案件的笔录材料、鉴定委托书、鉴定结论等），虚假证明、鉴定、记录、翻译等证明发生作伪证的行为的证据。
2. 证明证人、鉴定人、记录人、翻译人所作的虚假证明、鉴定、记录、翻译是与案件有重要关系的情节的证据。
3. 证明作伪证的意图是为了陷害他人或者隐匿罪证的证据。
（二）有证据证明伪证犯罪事实系犯罪嫌疑人实施的。
重点审查：
1. 犯罪嫌疑人的供认。
2. 有关的书证。
3. 指使人的证言。
4. 同案犯罪嫌疑人的供述。
5. 其他能够证明犯罪嫌疑人实施伪证犯罪的证据。
（三）证明犯罪嫌疑人实施伪证犯罪行为的证据已有查证属实的。
重点审查：
1. 其他证据能够印证的犯罪嫌疑人的供述。
2. 能够相互印证的有关书证。
3. 其他查证属实的证明犯罪嫌疑人实施伪证犯罪的证据。</td></tr>
</table>

一、《中华人民共和国刑事诉讼法》（节录）（1979 年 7 月 6 日全国人民代表大会常务委员会委员长令第 5 号公布　自 1980 年 1 月 1 日起施行　1996 年 3 月 17 日第一次修正　2012 年 3 月 14 日第二次修正　2018 年 10 月 26 日第三次修正）

第一百二十五条　询问证人，应当告知他应当如实地提供证据、证言和有意作伪证或者隐匿罪证要负的法律责任。

第一百九十四条　证人作证，审判人员应当告知他要如实地提供证言和有意作伪证或者隐匿罪证要负的法律责任。公诉人、当事人和辩护人、诉讼代理人经审判长许可，可以对证人、鉴定人发问。审判长认为发问的内容与案件无关的时候，应当制止。

审判人员可以询问证人、鉴定人。

二、《中华人民共和国法官法》（节录）（1995 年 2 月 28 日中华人民共和国主席令第 38 号公布　2001 年 6 月 30 日第一次修正　2017 年 9 月 1 日第二次修正　2019 年 4 月 23 日修订）

第四十六条　法官有下列行为之一的，应当给予处分；构成犯罪的，依法追究刑事责任：

（一）贪污受贿、徇私舞弊、枉法裁判的；

（二）隐瞒、伪造、变造、故意损毁证据、案件材料的；

（三）泄露国家秘密、审判工作秘密、商业秘密或者个人隐私的；

（四）故意违反法律法规办理案件的；

（五）因重大过失导致裁判结果错误并造成严重后果的；

（六）拖延办案，贻误工作的；

（七）利用职权为自己或者他人谋取私利的；

（八）接受当事人及其代理人利益输送，或者违反有关规定会见当事人及其代理人的；

（九）违反有关规定从事或者参与营利性活动，在企业或者其他营利性组织中兼任职务的；

（十）有其他违纪违法行为的。

法官的处分按照有关规定办理。

三、《中华人民共和国检察官法》（节录）（1995 年 2 月 28 日中华人民共和国主席令第 39 号公布　2001 年 6 月 30 日第一次修正　2017 年 9 月 1 日第二次修正　2019 年 4 月 23 日修订）

第四十七条　检察官有下列行为之一的，应当给予处分；构成犯罪的，依法追究刑事责任：

（一）贪污受贿、徇私枉法、刑讯逼供的；

（二）隐瞒、伪造、变造、故意损毁证据、案件材料的；

（三）泄露国家秘密、检察工作秘密、商业秘密或者个人隐私的；

（四）故意违反法律法规办理案件的；

（五）因重大过失导致案件错误并造成严重后果的；

（六）拖延办案，贻误工作的；

（七）利用职权为自己或者他人谋取私利的；

（八）接受当事人及其代理人利益输送，或者违反有关规定会见当事人及其代理人的；

法律适用　相关法律法规

（九）违反有关规定从事或者参与营利性活动，在企业或者其他营利性组织中兼任职务的；

（十）有其他违纪违法行为的。

检察官的处分按照有关规定办理。

四、《中华人民共和国律师法》（节录）（1996年5月15日中华人民共和国主席令第67号公布　自1997年1月1日起施行　2001年12月29日第一次修正　2007年10月28日修订　2012年10月26日第二次修正　2017年9月1日第三次修正）

第四十条　律师在执业活动中不得有下列行为：

（一）私自接受委托、收取费用，接受委托人的财物或者其他利益；

（二）利用提供法律服务的便利牟取当事人争议的权益；

（三）接受对方当事人的财物或者其他利益，与对方当事人或者第三人恶意串通，侵害委托人的权益；

（四）违反规定会见法官、检察官、仲裁员以及其他有关工作人员；

（五）向法官、检察官、仲裁员以及其他有关工作人员行贿，介绍贿赂或者指使、诱导当事人行贿，或者以其他不正当方式影响法官、检察官、仲裁员以及其他有关工作人员依法办理案件；

（六）故意提供虚假证据或者威胁、利诱他人提供虚假证据，妨碍对方当事人合法取得证据；

（七）煽动、教唆当事人采取扰乱公共秩序、危害公共安全等非法手段解决争议；

（八）扰乱法庭、仲裁庭秩序，干扰诉讼、仲裁活动的正常进行。

第四十九条　律师有下列行为之一的，由设区的市级或者直辖市的区人民政府司法行政部门给予停止执业六个月以上一年以下的处罚，可以处五万元以下的罚款；有违法所得的，没收违法所得；情节严重的，由省、自治区、直辖市人民政府司法行政部门吊销其律师执业证书；构成犯罪的，依法追究刑事责任：

（一）违反规定会见法官、检察官、仲裁员以及其他有关工作人员，或者以其他不正当方式影响依法办理案件的；

（二）向法官、检察官、仲裁员以及其他有关工作人员行贿，介绍贿赂或者指使、诱导当事人行贿的；

（三）向司法行政部门提供虚假材料或者有其他弄虚作假行为的；

（四）故意提供虚假证据或者威胁、利诱他人提供虚假证据，妨碍对方当事人合法取得证据的；

（五）接受对方当事人财物或者其他利益，与对方当事人或者第三人恶意串通，侵害委托人权益的；

（六）扰乱法庭、仲裁庭秩序，干扰诉讼、仲裁活动的正常进行的；

（七）煽动、教唆当事人采取扰乱公共秩序、危害公共安全等非法手段解决争议的；

（八）发表危害国家安全、恶意诽谤他人、严重扰乱法庭秩序的言论的；

（九）泄露国家秘密的。

律师因故意犯罪受到刑事处罚的，由省、自治区、直辖市人民政府司法行政部门吊销其律师执业证书。

58 辩护人、诉讼代理人毁灭证据、伪造证据、妨害作证案

概念

本罪是指在刑事诉讼中，辩护人、诉讼代理人毁灭、伪造证据，帮助当事人毁灭、伪造证据，威胁、引诱证人违背事实改变证言或者作伪证的行为。

立案标准

根据《刑法》第306条的规定，在刑事诉讼中，辩护人、诉讼代理人毁灭、伪造证据，帮助当事人毁灭、伪造证据，威胁、引诱证人违背事实改变证言或者作伪证的，应当立案。

本罪是行为犯，只要辩护人、诉讼代理人在刑事诉讼活动中实施了毁灭证据、伪造证据、妨害作证的行为，原则上就构成犯罪，应当立案追究。

定罪标准		
	犯罪客体	本罪侵犯的客体是公民的人身权利与司法机关的正常活动，是复杂客体。本罪妨碍司法机关的正常活动，是指司法机关的刑事诉讼活动。司法机关的民事诉讼活动、行政诉讼活动不能成为本罪的客体要件。根据《民事诉讼法》第111条的规定，诉讼参与人或其他人伪造、毁灭重要证据，妨碍人民法院审理案件的，以及以暴力、威胁、贿买方法阻止证人作证或者指使、贿买、胁迫他人作伪证的，人民法院可以根据情节轻重予以罚款、拘留；构成犯罪的，依法追究刑事责任。根据《行政诉讼法》第59条的规定，诉讼参与人或者其他人员伪造、隐藏、毁灭证据，妨碍人民法院审理案件的，或者指使、贿买、胁迫他人作伪证或者威胁、阻止证人作证的，人民法院可以根据情节轻重，予以训诫、责令具结悔过或者处10000元以下的罚款、15日以下的拘留；构成犯罪的，依法追究刑事责任。因为刑事诉讼与民事、行政诉讼性质不同，同是妨害证据行为妨碍诉讼所造成的社会危害性大小也有不同，妨碍民事诉讼或行政诉讼活动的，不能直接以本罪论处。
	犯罪客观方面	本罪在客观方面表现为在刑事诉讼中，毁灭、伪造证据，帮助当事人毁灭、伪造证据，威胁、引诱证人违背事实改变证言或者作伪证的行为。 所谓证据，指可以用于证明案件事实的材料。当事人，是指被害人、自诉人、犯罪嫌疑人、被告人、附带民事诉讼的原告人和被告人。在本条中，主要是指犯罪嫌疑人和刑事被告人。 所谓毁灭证据，是指湮灭、消灭证据，既包括使现存证据从形态上完全予以消失，如将证据烧毁、撕坏、浸烂、丢弃等，又包括虽保存证据形态但使得其丧失或部分丧失其证明力，如玷污、涂划证据使其无法反映其证明的事实等。所谓伪造证据，是指编造、制造实际上根本不存在的证据或者将现存证据加以篡改、歪曲、加工、整理，违背事实真相。其既可以自己单独实施，也可以指使当事人或者与当事人共同实施，但必须是有意实施。倘若不是有意伪造，即使在辩护、代理活动中提供、出示、引用了失实的证人证言或者其他证据，也不能构成本罪。 所谓帮助当事人毁灭、伪造证据，是指为当事人就如何毁灭、伪造证据进行出谋划策、提供物质条件、精神资助等行为。但当事人没有毁灭、伪造的犯意，而由辩护

<table>
<tr><td rowspan="5">定罪标准</td><td>犯罪客观方面</td><td>人、诉讼代理人教唆、指使毁灭、伪造证据的，则不能视为帮助行为，对之，应直接以毁灭、伪造证据论。
所谓威胁，是指以杀害、伤害、毁坏财产、破坏名誉、揭露隐私等方法要挟、恐吓证人，使其提供虚假证言或改变自己已经提供的真实证言。
所谓引诱，是指利用金钱、财物、女色等物质利益或精神利益诱惑、勾引证人提供虚假证言或者违背事实改变证言。
所谓违背事实改变证言，是指证人变更、否认已向司法机关提供符合客观情况的实事求是的证言内容。
所谓提供伪证，是指向司法机关提供虚假的、不真实的、不符合事实真相的证言，如威胁、引诱知道案件真实情况的人作虚假证明；或者让不知道案件真实情况的人作有利于委托人、被代理人的证言等。
辩护人、诉讼代理人的上述行为还必须发生在刑事诉讼中才能构成本罪。如果不是发生在其中，而是在刑事诉讼前或后，则即使有上述行为也不能以本罪论处。所谓在刑事诉讼中，是指在刑事诉讼的整体过程中，包括立案、侦查、起诉、审判含一审、二审、再审以及执行等各个阶段。</td></tr>
<tr><td>犯罪主体</td><td>本罪的主体只能是刑事案件中的辩护人和诉讼代理人。其他刑事诉讼参与人，以及刑事案件的侦查人员、检察人员、审判人员，不能成为本罪的主体。所谓辩护人，是指接受犯罪嫌疑人、被告人的委托依法为其行使辩护权的人，即律师；人民团体或者犯罪嫌疑人、被告人所在单位推荐的人；犯罪嫌疑人、被告人的监护人、亲友。所谓诉讼代理人，是指公诉案件的被害人及其法定代理人或者近亲属、自诉案件的自诉人及其法定代理人委托代为参加诉讼的人和附带民事诉讼的当事人及其法定代理人委托代为参加诉讼的人。</td></tr>
<tr><td>犯罪主观方面</td><td>本罪在主观方面是直接故意。行为人的犯罪动机可能是袒护亲友、挟私报复、贪利图财等，但是不同的动机不影响本罪的成立。</td></tr>
<tr><td>罪与非罪</td><td>区分罪与非罪的界限，要注意：对于诉讼代理人、辩护人工作不负责任，疏忽大意，过失毁灭证据的，不构成本罪。对于虽属故意犯罪，但情节显著轻微，危害不大的，不应认定为犯罪。</td></tr>
<tr><td>此罪与彼罪</td><td>本罪与伪证罪的界限。二者的主要区别是：（1）主体不同。伪证罪的主体为证人、鉴定人、记录人、翻译人；而本罪主体为辩护人、诉讼代理人。（2）客观方面表现不同。伪证罪在客观方面通常表现为作虚假证明、鉴定、记录、翻译；而本罪在客观方面表现为毁灭、伪造证据，帮助当事人毁灭、伪造证据或者串供、威胁、引诱证人违背事实改变证言或者作伪证。</td></tr>
<tr><td>证据参考标准</td><td>主体方面的证据</td><td>一、证明行为人刑事责任年龄、身份等自然情况的证据。
包括身份证明、户籍证明、任职证明、工作经历证明、特定职责证明等，主要是证明行为人的姓名（曾用名）、性别、出生年月日、民族、籍贯、出生地、职业（或职务）、住所地（或居所地）等证据材料，如户口簿、居民身份证、工作证、出生证、专业或技术等级证、干部履历表、职工登记表、护照等。</td></tr>
</table>

<table>
<tr><td rowspan="4">证据参考标准</td><td>主体方面的证据</td><td colspan="2">对于户籍、出生证等材料内容不实的，应提供其他证据材料。外国人犯罪的案件，应有护照等身份证明材料。人大代表、政协委员犯罪的案件，应注明身份，并附身份证明材料。
二、证明行为人刑事责任能力的证据。
证明行为人对自己的行为是否具有辨认能力与控制能力，如是否属于间歇性精神病人、尚未完全丧失辨认或者控制自己行为能力的精神病人的证明材料。</td></tr>
<tr><td>主观方面的证据</td><td colspan="2">证明行为人故意的证据：1. 证明行为人明知的证据：证明行为人明知自己的行为会发生危害社会的结果。2. 证明直接故意的证据：证明行为人希望危害结果发生。3. 目的：（1）毁灭证据；（2）伪造证据。</td></tr>
<tr><td>客观方面的证据</td><td colspan="2">证明辩护人、诉讼代理人毁灭证据、伪造证据、妨害作证犯罪行为的证据。
具体证据包括：1. 证明行为人直接妨害证据行为的证据：（1）毁灭证据；（2）伪造证据。2. 证明行为人帮助当事人妨害证据行为的证据：（1）毁灭证据；（2）伪造证据。3. 证明行为人威胁、利诱证人妨害证据行为的证据：（1）毁灭证据；（2）伪造证据。4. 证明行为人妨害证据“情节严重”行为的证据。</td></tr>
<tr><td>量刑方面的证据</td><td colspan="2">**一、法定量刑情节证据。**
1. 事实情节：（1）情节严重；（2）其他。2. 法定从重情节。3. 法定从轻减轻情节：（1）可以从轻；（2）可以从轻或减轻；（3）应当从轻或者减轻。4. 法定从轻减轻免除情节：（1）可以从轻、减轻或者免除处罚；（2）应当从轻、减轻或者免除处罚。5. 法定减轻免除情节：（1）可以减轻或者免除处罚；（2）应当减轻或者免除处罚；（3）可以免除处罚。
二、酌定量刑情节证据。
1. 犯罪手段：（1）弄虚作假；（2）欺骗法庭。2. 犯罪对象。3. 危害结果。4. 动机。5. 平时表现。6. 认罪态度。7. 是否有前科。8. 其他证据。</td></tr>
<tr><td rowspan="2">量刑标准</td><td colspan="2">犯本罪的</td><td>处三年以下有期徒刑或者拘役</td></tr>
<tr><td colspan="2">情节严重的</td><td>处三年以上七年以下有期徒刑</td></tr>
<tr><td>法律适用</td><td>刑法条文</td><td colspan="2">**第三百零六条** 在刑事诉讼中，辩护人、诉讼代理人毁灭、伪造证据，帮助当事人毁灭、伪造证据，威胁、引诱证人违背事实改变证言或者作伪证的，处三年以下有期徒刑或者拘役；情节严重的，处三年以上七年以下有期徒刑。
辩护人、诉讼代理人提供、出示、引用的证人证言或者其他证据失实，不是有意伪造的，不属于伪造证据。</td></tr>
</table>

法律适用　相关法律法规

一、《中华人民共和国刑事诉讼法》（节录）（1979年7月6日全国人民代表大会常务委员会委员长令第5号公布　自1980年1月1日起施行　1996年3月17日第一次修正　2012年3月14日第二次修正　2018年10月26日第三次修正）

第四十四条　辩护人或者其他任何人，不得帮助犯罪嫌疑人、被告人隐匿、毁灭、伪造证据或者串供，不得威胁、引诱证人作伪证以及进行其他干扰司法机关诉讼活动的行为。

违反前款规定的，应当依法追究法律责任，辩护人涉嫌犯罪的，应当由办理辩护人所承办案件的侦查机关以外的侦查机关办理。辩护人是律师的，应当及时通知其所在的律师事务所或者所属的律师协会。

二、《中华人民共和国律师法》（节录）（1996年5月15日中华人民共和国主席令第67号公布　自1997年1月1日起施行　2001年12月29日第一次修正　2007年10月28日修订　2012年10月26日第二次修正　2017年9月1日第三次修正）

第四十条　律师在执业活动中不得有下列行为：

（一）私自接受委托、收取费用，接受委托人的财物或者其他利益；

（二）利用提供法律服务的便利牟取当事人争议的权益；

（三）接受对方当事人的财物或者其他利益，与对方当事人或者第三人恶意串通，侵害委托人的权益；

（四）违反规定会见法官、检察官、仲裁员以及其他有关工作人员；

（五）向法官、检察官、仲裁员以及其他有关工作人员行贿，介绍贿赂或者指使、诱导当事人行贿，或者以其他不正当方式影响法官、检察官、仲裁员以及其他有关工作人员依法办理案件；

（六）故意提供虚假证据或者威胁、利诱他人提供虚假证据，妨碍对方当事人合法取得证据；

（七）煽动、教唆当事人采取扰乱公共秩序、危害公共安全等非法手段解决争议；

（八）扰乱法庭、仲裁庭秩序，干扰诉讼、仲裁活动的正常进行。

第四十九条　律师有下列行为之一的，由设区的市级或者直辖市的区人民政府司法行政部门给予停止执业六个月以上一年以下的处罚，可以处五万元以下的罚款；有违法所得的，没收违法所得；情节严重的，由省、自治区、直辖市人民政府司法行政部门吊销其律师执业证书；构成犯罪的，依法追究刑事责任：

（一）违反规定会见法官、检察官、仲裁员以及其他有关工作人员，或者以其他不正当方式影响依法办理案件的；

（二）向法官、检察官、仲裁员以及其他有关工作人员行贿，介绍贿赂或者指使、诱导当事人行贿的；

（三）向司法行政部门提供虚假材料或者有其他弄虚作假行为的；

（四）故意提供虚假证据或者威胁、利诱他人提供虚假证据，妨碍对方当事人合法取得证据的；

（五）接受对方当事人财物或者其他利益，与对方当事人或者第三人恶意串通，侵害委托人权益的；

（六）扰乱法庭、仲裁庭秩序，干扰诉讼、仲裁活动的正常进行的；

（七）煽动、教唆当事人采取扰乱公共秩序、危害公共安全等非法手段解决争议的；

（八）发表危害国家安全、恶意诽谤他人、严重扰乱法庭秩序的言论的；

（九）泄露国家秘密的。

律师因故意犯罪受到刑事处罚的，由省、自治区、直辖市人民政府司法行政部门吊销其律师执业证书。

59 妨害作证案

概念

本罪是指采用暴力、威胁、贿买等方法阻止证人作证或者指使他人作伪证的行为。

立案标准

根据《刑法》第307条第1款的规定，以暴力、威胁、贿买等方法阻止证人作证或者指使他人作伪证的，应当立案。

本罪是行为犯，只要行为人以暴力、威胁、贿买等方法，实施了阻止证人作证或者指使他人作伪证的行为，原则上就构成犯罪，应当立案追究。

定罪标准

犯罪客体

本罪侵犯的客体是国家司法机关的正常诉讼活动和公民依法作证的权利。采用暴力或威胁手段妨害证人作证的，还侵害了公民的人身权利，是复杂客体。证人证言是最普遍使用的证据，对司法机关及时查明案件事实，正确适用法律有着非同一般的意义和作用。

依法作证是证人的一项法定义务。既然法律规定证人有作证的义务，那么就应该依法规定证人相应的权利，其中之一便是证人应该享有能够顺利及时依法作证的环境和条件，也即证人作证享有不受外界非法干扰的权利，享受人身不受侵犯的权利和依法自由作证的权利。对此，我国有关法律也作了规定，我国《刑事诉讼法》第52条规定："……必须保证一切与案件有关或者了解案情的公民，有客观地充分地提供证据的条件……"我国《民事诉讼法》第72条规定："……有关单位的负责人应当支持证人作证……"为了维护法律的尊严，保护国家和人民的利益，保障司法机关正常的诉讼活动和秩序，保障经济建设顺利进行，增设妨害作证罪已实属必要。

关于妨害作证行为的社会危害性，我国立法机关也有所认识，也认为对于妨害作证行为，构成犯罪的，应该依法追究刑事责任。例如，我国《民事诉讼法》第111条规定："诉讼参与人或者其他人有下列行为之一的……构成犯罪的，依法追究刑事责任……"该条第2项所列的行为之一便是"以暴力、威胁、贿买方法阻止证人作证或者指使、贿买、胁迫他人作伪证的"。我国《行政诉讼法》第59条也作了相同的规定。可见，根据目前我国法律的规定，妨害证人作证的行为，只要达到相当的社会危害性，就构成犯罪，就应该追究刑事责任，为了便于司法实践准确适用刑事法律，及时有效地打击犯罪行为，《刑法》增设妨害作证罪。

犯罪客观方面

本罪在客观方面表现为行为人实施了采用暴力、威胁、贿买等方法阻止证人依法作证或者指使他人作伪证的妨害作证行为。

一、行为人非法劝止、阻止证人依法作证，具体可采用暴力方式如绑架等方法使证人人身自由受到严重限制甚至丧失自由而无法作证；或者以暴力作后盾对证人进行威胁使证人不敢作证；或者采用金钱、财物或其他利益，或许诺钱财或其他利益使证人不愿作证；或者采用引诱、唆使、劝说来说服证人不要作证；还有利用职务等身份迫使从属部下不要作证；等等。无论采用何种方式，只要主观上具有故意，客观上实

<table>
<tr><td rowspan="6">定罪标准</td><td>犯罪客观方面</td><td>施了妨害证人依法作证的行为，妨害了司法机关的正常的诉讼活动，就构成本罪。证人是否被劝止或被阻止而没有作证，或者证人是否接受贿买的金钱、财物，对行为人构成犯罪没有影响。
二、行为人实施促使他人（不一定是证人）作伪证的行为。行为人具体可用胁迫的手段来实施，可以采用贿买的办法，也可以采用唆使、引诱的方法，还可以采用其他手段如利用职务迫使下属作伪证等。不管采用何种方法、手段，其实质都是一样的，即都是行为人希望他人作伪证，在客观上侵害了司法机关的诉讼活动，因此都是妨害作证的行为，行为人依法构成犯罪。在刑事案件侦查或审判过程中，辩护人、诉讼代理人以各种手段致使证人作伪证这种方式来妨害作证，如果构成犯罪的，应以妨害作证罪论处。
本罪是行为犯，只要实施了妨害作证的行为，均构成犯罪。情节严重是本罪的加重情节。所谓情节严重，主要是指行为人实施的妨害作证行为严重，侵害司法机关正常的诉讼活动，甚至使之无法进行；或者采取的手段极其恶劣；或者产生严重的后果，如造成冤、假、错案；或者行为人经批评教育后，仍继续实施妨害作证行为；等等。对于那些妨害作证行为情节显著轻微，危害不大的，不能认定构成妨害作证罪。例如，证人的亲朋好友怕证人作证后遭报复叫证人不要作证，这种做法虽然是错误的，但是情节轻微，危害不大，不构成妨害作证罪。
对于妨害作证罪来说，还有几点必须指出：其一，行为人只要实施了符合上述构成要件，妨害作证的行为，就构成妨害作证罪且为既遂。至于证人是否被劝止、阻止没有作证，或者是否接受贿买或者接受贿买后是否作证，对成立本罪无实际意义，同样他人是否因行为人的指使作伪证，或者是否接受贿买或接受贿买后是否作伪证对成立本罪也无实际影响。以上这些情节只是量刑时考虑的因素。其二，妨害作证罪发生的时间、空间较广，既可以发生在诉讼提起以后的诉讼活动中，也可以发生在诉讼提起之前，因为在这一阶段，行为人实施有妨害作证的行为，同样会影响以后即将发生的诉讼活动，也即实质上仍会侵害国家司法机关正常的诉讼活动，同样具有相当的社会危害性，在性质上与在诉讼提起后实施的妨害作证的行为和社会危害性及其程度没有两样。其三，妨害作证罪可以发生在刑事案件、民事案件中，也可以发生在经济案件、行政案件中，这里所说的案件皆是指法律诉讼上的案件，不包括没有进入诉讼的违纪案件、行政案件等。</td></tr>
<tr><td>犯罪主体</td><td>本罪的主体为一般主体，凡是年满16周岁、具有刑事责任能力的自然人，都可以成为本罪的主体。司法工作人员犯本罪的，从重处罚。</td></tr>
<tr><td>犯罪主观方面</td><td>本罪在主观方面表现为故意，且为直接故意，即行为人明知自己妨害证人作证的行为会妨害国家司法机关正常的诉讼活动和他人的作证权利或人身权利，仍决意实施妨害作证行为，希望这种危害结果的发生，行为人往往出于个人利益或他人利益的动机。动机可以多样，但不影响本罪的成立。</td></tr>
<tr><td>罪与非罪</td><td>区分罪与非罪的界限，关键看是否以暴力、威胁、贿买等方法阻止证人作证或者指使他人作伪证。</td></tr>
<tr><td>此罪与彼罪</td><td>一、本罪与伪证罪共犯的界限。妨害作证罪可以发生在刑事诉讼活动中，也可以发生在民事诉讼、经济诉讼或行政诉讼中，范围较广。但是如果行为人在刑事侦查或审判过程中，采用强迫、威胁、唆使或贿买等方法使证人作伪证，而且证人构成伪证</td></tr>
</table>

<table>
<tr><td rowspan="1">定罪标准</td><td>此罪与彼罪</td><td>罪的，行为人构成伪证罪的共同犯罪；证人没有构成伪证罪，行为人如果是辩护人、诉讼代理人则构成辩护人、诉讼代理人妨害作证罪。如果证人是不具备刑事责任能力的人，则行为人单独构成伪证罪或妨害作证罪。
二、本罪与伪证罪的界限。两罪在客观上都侵犯了国家司法机关正常的司法诉讼活动，都有可能发生在诉讼活动领域，但是两者仍具有明显的差别，主要是：（1）主体不同。妨害作证罪的主体要件是一般主体；而伪证罪的主体要件仅限于证人、鉴定人、翻译人、记录人四种，属特殊主体。（2）主观方面不同。妨害作证罪与伪证罪虽同是直接故意犯罪，但具体罪过内容和犯罪目的不同。前者一般是出于为自己或他人牟利的目的；而后者则出于意图陷害他人或隐匿罪证的目的。（3）客观方面不同。妨害作证罪在客观方面表现为实施妨害证人依法作证或指使他人作伪证的行为；而伪证罪在客观方面则表现为在刑事诉讼中对与案件有重要关系的情节作虚假的陈述。（4）发生的时间、空间不同。妨害作证罪可以发生在诉讼提起之前，也可以发生在诉讼活动过程中，既可以发生在刑事诉讼活动中，也可以发生在民事、行政诉讼活动中，发案范围较广；而伪证罪则只能发生在刑事诉讼活动中，发案范围较窄。</td></tr>
<tr><td rowspan="3">证据参考标准</td><td>主体方面的证据</td><td>一、证明行为人刑事责任年龄、身份等自然情况的证据。
包括身份证明、户籍证明、任职证明、工作经历证明、特定职责证明等，主要是证明行为人的姓名（曾用名）、性别、出生年月日、民族、籍贯、出生地、职业（或职务）、住所地（或居所地）等证据材料，如户口簿、居民身份证、工作证、出生证、专业或技术等级证、干部履历表、职工登记表、护照等。
对于户籍、出生证等材料内容不实的，应提供其他证据材料。外国人犯罪的案件，应有护照等身份证明材料。人大代表、政协委员犯罪的案件，应注明身份，并附身份证明材料。
二、证明行为人刑事责任能力的证据。
证明行为人对自己的行为是否具有辨认能力与控制能力，如是否属于间歇性精神病人、尚未完全丧失辨认或者控制自己行为能力的精神病人的证明材料。</td></tr>
<tr><td>主观方面的证据</td><td>证明行为人故意的证据：1. 证明行为人明知的证据：证明行为人明知自己的行为会发生危害社会的结果；2. 证明直接故意的证据：证明行为人希望危害结果发生。</td></tr>
<tr><td>客观方面的证据</td><td>证明行为人妨害作证犯罪行为的证据。
具体证据包括：1. 证明行为人主体的证据：（1）犯罪嫌疑人、被告人的亲属、朋友；（2）民事案件当事人的亲属、朋友；（3）经济案件当事人的亲属、朋友；（4）行政案件当事人的亲属、朋友；（5）当事人本人；（6）司法工作人员。2. 证明行为人阻止证人作证行为的证据：（1）暴力；（2）威胁；（3）贿买；（4）其他。3. 证明行为人指使他人作伪证行为的证据：（1）指使；（2）贿买；（3）胁迫。4. 证明行为人妨害作证“情节严重”行为的证据：（1）使司法机关的正常诉讼活动无法正常进行；（2）造成特别恶劣的影响；（3）手段极其恶劣；（4）导致冤案；（5）导致假案；（6）导致错案；（7）其他。</td></tr>
</table>

证据参考标准

量刑方面的证据

一、法定量刑情节证据。

1. 事实情节：（1）情节严重；（2）其他。2. 法定从重情节。3. 法定从轻减轻情节：（1）可以从轻；（2）可以从轻或减轻；（3）应当从轻或者减轻。4. 法定从轻减轻免除情节：（1）可以从轻、减轻或者免除处罚；（2）应当从轻、减轻或者免除处罚。5. 法定减轻免除情节：（1）可以减轻或者免除处罚；（2）应当减轻或者免除处罚；（3）可以免除处罚。

二、酌定量刑情节证据。

1. 犯罪手段：（1）暴力；（2）威胁；（3）贿买；（4）指使。2. 犯罪对象。3. 危害结果。4. 动机。5. 平时表现。6. 认罪态度。7. 是否有前科。8. 其他证据。

量刑标准

犯本罪的	处三年以下有期徒刑或者拘役
情节严重的	处三年以上七年以下有期徒刑
司法工作人员犯本罪的	从重处罚

法律适用

刑法条文

第三百零七条第一款 以暴力、威胁、贿买等方法阻止证人作证或者指使他人作伪证的，处三年以下有期徒刑或者拘役；情节严重的，处三年以上七年以下有期徒刑。

第三百零七条第三款 司法工作人员犯前两款罪的，从重处罚。

司法解释

最高人民检察院法律政策研究室《关于通过伪造证据骗取法院民事裁判占有他人财物的行为如何适用法律问题的答复》（2002年10月24日最高人民法院公布 自公布之日起施行 〔2002〕高检研发第18号）

山东省人民检察院研究室：

你院《关于通过伪造证据骗取法院民事裁决占有他人财物的行为能否构成诈骗罪的请示》（鲁检发研字［2001］第11号）收悉经研究答复如下：

以非法占有为目的，通过伪造证据骗取法院民事裁判占有他人财物的行为所侵害的主要是人民法院正常的审判活动可以由人民法院依照民事诉讼法的有关规定作出处理，不宜以诈骗罪追究行为人的刑事责任。如果行为人伪造证据时，实施了伪造公司、企业、事业单位、人民团体印章的行为，构成犯罪的，应当依照刑法第二百八十条第二款的规定，以伪造公司、企业、事业单位、人民团体印章罪追究刑事责任；如果行为人有指使他人作伪证行为，构成犯罪的应当依照刑法第三百零七条第一款的规定，以妨害作证罪追究刑事责任。

相关法律法规

一、《中华人民共和国刑事诉讼法》（节录）（1991年4月9日中华人民共和国主席令第44号公布 自公布之日起施行 2007年10月28日第一次修正 2012年8月31日第二次修正 2017年6月27日第三次修正）

第六十五条 证人因履行作证义务而支出的交通、住宿、就餐等费用，应当给予补助。证人作证的补助列入司法机关业务经费，由同级政府财政予以保障。

有工作单位的证人作证，所在单位不得克扣或者变相克扣其工资、奖金及其他福利待遇。

法律适用

相关法律法规

二、《中华人民共和国民事诉讼法》（节录）（1991 年 4 月 9 日中华人民共和国主席令第 44 号公布　自公布之日起施行　2007 年 10 月 28 日第一次修正　2012 年 8 月 31 日第二次修正　2017 年 6 月 27 日第三次修正）

第一百一十一条　诉讼参与人或者其他人有下列行为之一的，人民法院可以根据情节轻重予以罚款、拘留；构成犯罪的，依法追究刑事责任：

（一）伪造、毁灭重要证据，妨碍人民法院审理案件的；

（二）以暴力、威胁、贿买方法阻止证人作证或者指使、贿买、胁迫他人作伪证的；

（三）隐藏、转移、变卖、毁损已被查封、扣押的财产，或者已被清点并责令其保管的财产，转移已被冻结的财产的；

（四）对司法工作人员、诉讼参加人、证人、翻译人员、鉴定人、勘验人、协助执行的人，进行侮辱、诽谤、诬陷、殴打或者打击报复的；

（五）以暴力、威胁或者其他方法阻碍司法工作人员执行职务的；

（六）拒不履行人民法院已经发生法律效力的判决、裁定的。

人民法院对有前款规定的行为之一的单位，可以对其主要负责人或者直接责任人员予以罚款、拘留；构成犯罪的，依法追究刑事责任。

60 帮助毁灭、伪造证据案

概念

本罪是指在诉讼活动中，唆使、协助当事人隐匿、毁灭、伪造证据，情节严重的行为。

立案标准

根据《刑法》第 307 条第 2 款的规定，帮助当事人毁灭、伪造证据，情节严重的，应当立案。

本罪是情节犯，行为人帮助当事人毁灭、伪造证据的行为，必须达到“情节严重”的标准，才构成犯罪，予以立案。一般来说，犯罪动机卑鄙，手段特别恶劣，嫁祸于人，使刑事罪犯逃脱刑事处罚，使侦查、审判工作遭受严重破坏的，都可以认为属于情节严重情形。对于未达到“情节严重”标准的，不以犯罪论处，不予立案。

定罪标准		
定罪标准	犯罪客体	本罪所侵害的客体是司法机关的正常活动，对象则是当事人。如果不是帮助当事人，而是帮助当事人以外的他人毁灭、伪造证据，则不能构成本罪。所谓当事人，既包括刑事诉讼的当事人，如被害人、自诉人、犯罪嫌疑人、被告人、附带民事诉讼的原告人及被告人等，又包括民事诉讼的当事人，如原告、被告、共同诉讼人、第三人等，还包括行政诉讼的当事人，如原告、被告等。
	犯罪客观方面	本罪在客观方面表现为帮助当事人毁灭、伪造证据。 所谓帮助，是指为当事人毁灭、伪造证据准备工具、扫除障碍、出谋划策、提供条件、撑腰打气、坚定其毁灭、伪造证据的信心等。其既可以表现为体力上的、物质上的帮助，也可以表现为精神上的、心理上的支持。既可以是在诉讼中，有时也可以是在诉讼前。所谓毁灭，是指湮灭、消灭证据，既包括使现存证据从形态上完全予以消失，如将证据烧毁、撕坏、浸烂、丢弃等，又包括虽保存证据形态但使得其丧失或部分丧失其证明力，如玷污、涂划证据使其无法反映其证明的事实等。所谓伪造，是指编造、制定实际根本不存在的证据或者将现存证据加以篡改、歪曲、加工、整理以违背事实真相。 本罪为情节犯。帮助当事人毁灭、伪造证据的行为，必须达到情节严重的程度，才能构成本罪。虽有帮助当事人毁灭、伪造证据的行为，但如不属于情节严重，也不能以本罪论处。所谓情节严重，则主要是指动机卑劣的；多次进行帮助的；帮助重大案件的当事人的；因其帮助行为导致诉讼活动无法进行、中止的；造成错案的；影响恶劣的；等等。
	犯罪主体	本罪的主体为一般主体，即年满 16 周岁、具有刑事责任能力的自然人，均可构成本罪。
	犯罪主观方面	本罪的主观方面是故意，即行为人明知对方是案件的当事人但为了达到帮助当事人的目的仍决意实施帮助其毁灭、伪造证据的行为。

<table>
<tr><td rowspan="2">定罪标准</td><td>罪与非罪</td><td>区分罪与非罪的界限，关键是看情节是否严重。</td></tr>
<tr><td>此罪与彼罪</td><td>一、司法工作人员为了徇私枉法、枉法裁判而帮助当事人毁灭、伪造证据的，又触犯徇私枉法罪或枉法裁判罪，属牵连犯，对之，应当择重罪即徇私枉法罪或枉法裁判罪从重处罚。
二、本罪与辩护人、诉讼代理人毁灭证据、伪造证据罪的界限。(1) 主体不同。本罪的主体为一般主体，即年满16周岁，具有刑事责任能力的自然人均可构成本罪；而后者为特殊主体，只有刑事诉讼中的辩护人、诉讼代理人才能构成其罪。(2) 帮助的对象不同。本罪帮助当事人毁灭、伪造证据中的当事人，既包括刑事诉讼中的当事人，也包括民事、经济、行政诉讼中的当事人；而后者的当事人，则仅限于刑事诉讼中的当事人。(3) 毁灭、伪造的证据范围不同。本罪证据既可以是刑事诉讼证据，也可以是民事、经济及行政诉讼证据；而后者则仅限于刑事诉讼包括附带民事诉讼的证据。(4) 对情节的要求不同。本罪必须以情节严重为构成要件；而后者则无这一要求。(5) 发生的时间不同。本罪既可以发生在刑事诉讼中，又可以发生在民事诉讼、行政诉讼中，还可以发生在上述诉讼前；而后者则仅能发生在刑事诉讼中。在刑事诉讼前，帮助当事人毁灭、伪造证据，构成犯罪的，仍要以本罪治罪科刑，而不是构成后罪。(6) 所侵犯的客体不尽相同。本罪所侵害的客体既包括司法机关正常的刑事诉讼活动，也包括司法机关正常的民事、经济、行政诉讼活动；而后者则所侵害的仅是司法机关正常的刑事诉讼活动。</td></tr>
<tr><td rowspan="3">证据参考标准</td><td>主体方面的证据</td><td>一、证明行为人刑事责任年龄、身份等自然情况的证据。
包括身份证明、户籍证明、任职证明、工作经历证明、特定职责证明等，主要是证明行为人的姓名（曾用名）、性别、出生年月日、民族、籍贯、出生地、职业（或职务）、住所地（或居所地）等证据材料，如户口簿、居民身份证、工作证、出生证、专业或技术等级证、干部履历表、职工登记表、护照等。
对于户籍、出生证等材料内容不实的，应提供其他证据材料。外国人犯罪的案件，应有护照等身份证明材料。人大代表、政协委员犯罪的案件，应注明身份，并附身份证明材料。
二、证明行为人刑事责任能力的证据。
证明行为人对自己的行为是否具有辨认能力与控制能力，如是否属于间歇性精神病人、尚未完全丧失辨认或者控制自己行为能力的精神病人的证明材料。</td></tr>
<tr><td>主观方面的证据</td><td>证明行为人故意的证据：1. 证明行为人明知的证据：证明行为人明知自己的行为会发生危害社会的结果。2. 证明直接故意的证据：证明行为人希望危害结果发生。3. 目的：(1) 毁灭证据；(2) 伪造证据。</td></tr>
<tr><td>客观方面的证据</td><td>证明行为人帮助毁灭、伪造证据犯罪行为的证据。
具体证据包括：1. 证明行为人帮助当事人毁灭、伪造证据犯罪主体的证据：(1) 一般主体。(2) 特殊主体：①侦查人员；②检察人员；③审判人员；④监管人员。2. 证明行为人帮助当事人毁灭证据行为的证据：(1) 烧毁。(2) 撕坏。(3) 丢弃。3. 证明行为人帮助当事人伪造证据行为的证据：(1) 制造假证。(2) 伪造书证。4. 证明行为人帮助当事人毁灭、伪造证据情节严重行为的证据：(1) 影响刑事案件定罪、量刑或发生结果。(2) 放纵坏人。(3) 冤枉好人。(4) 使一方当事人无辜受损：①民事纠纷；②经济纠纷；③行政案件。</td></tr>
</table>

<table>
<tr><td rowspan="1">证据参考标准</td><td>量刑方面的证据</td><td colspan="2">

一、法定量刑情节证据。

1. 事实情节：（1）情节严重；（2）其他。2. 法定从重情节。3. 法定从轻减轻情节：（1）可以从轻；（2）可以从轻或减轻；（3）应当从轻或者减轻。4. 法定从轻减轻免除情节：（1）可以从轻、减轻或者免除处罚；（2）应当从轻、减轻或者免除处罚。5. 法定减轻免除情节：（1）可以减轻或者免除处罚；（2）应当减轻或者免除处罚；（3）可以免除处罚。

二、酌定量刑情节证据。

1. 犯罪手段：（1）烧毁；（2）撕坏；（3）丢弃；（4）制造。2. 犯罪对象。3. 危害结果。4. 动机。5. 平时表现。6. 认罪态度。7. 是否有前科。8. 其他证据。

</td></tr>
<tr><td rowspan="2">量刑标准</td><td colspan="2">犯本罪的</td><td>处三年以下有期徒刑或者拘役</td></tr>
<tr><td colspan="2">司法工作人员犯本罪的</td><td>从重处罚</td></tr>
<tr><td rowspan="2">法律适用</td><td>刑法条文</td><td colspan="2">

第三百零七条第二款 帮助当事人毁灭、伪造证据，情节严重的，处三年以下有期徒刑或者拘役。

第三百零七条第三款 司法工作人员犯前两款罪的，从重处罚。

</td></tr>
<tr><td>相关法律法规</td><td colspan="2">

《中华人民共和国民事诉讼法》（节录）（1991年4月9日中华人民共和国主席令第44号公布 自公布之日起施行 2007年10月28日第一次修正 2012年8月31日第二次修正 2017年6月27日第三次修正）

第一百一十一条 诉讼参与人或者其他人有下列行为之一的，人民法院可以根据情节轻重予以罚款、拘留；构成犯罪的，依法追究刑事责任：

（一）伪造、毁灭重要证据，妨碍人民法院审理案件的；

（二）以暴力、威胁、贿买方法阻止证人作证或者指使、贿买、胁迫他人作伪证的；

（三）隐藏、转移、变卖、毁损已被查封、扣押的财产，或者已被清点并责令其保管的财产，转移已被冻结的财产的；

（四）对司法工作人员、诉讼参加人、证人、翻译人员、鉴定人、勘验人、协助执行的人，进行侮辱、诽谤、诬陷、殴打或者打击报复的；

（五）以暴力、威胁或者其他方法阻碍司法工作人员执行职务的；

（六）拒不履行人民法院已经发生法律效力的判决、裁定的。

人民法院对有前款规定的行为之一的单位，可以对其主要负责人或者直接责任人员予以罚款、拘留；构成犯罪的，依法追究刑事责任。

</td></tr>
</table>

61 虚假诉讼案

概念

本罪是指行为人以捏造的事实提起民事诉讼，妨害司法秩序或者严重侵害他人合法权益的行为。

立案标准

以捏造的事实提起民事诉讼，有下列情形之一的，应当认定为“妨害司法秩序或者严重侵害他人合法权益”：

（1）致使人民法院基于捏造的事实采取财产保全或者行为保全措施的；

（2）致使人民法院开庭审理，干扰正常司法活动的；

（3）致使人民法院基于捏造的事实作出裁判文书、制作财产分配方案，或者立案执行基于捏造的事实作出的仲裁裁决、公证债权文书的；

（4）多次以捏造的事实提起民事诉讼的；

（5）曾因以捏造的事实提起民事诉讼被采取民事诉讼强制措施或者受过刑事追究的；

（6）其他妨害司法秩序或者严重侵害他人合法权益的情形。

定罪标准		
	犯罪客体	本罪侵犯的客体是复杂客体，包括国家司法秩序和他人的合法权益。他人的合法权益主要包括：财产权、婚姻权、收养权、监护权、继承权等。行为人捏造事实提起民事诉讼的行为所侵犯的主要客体是国家司法秩序，次要客体是他人的合法权益。
	犯罪客观方面	本罪的客观方面表现为以捏造的事实提起民事诉讼，妨害司法秩序或严重侵害他人合法权益。 “以捏造的事实提起民事诉讼”是指采取伪造证据、虚假陈述等手段，捏造民事法律关系，虚构民事纠纷，向人民法院提起民事诉讼。具体表现为：（1）与夫妻一方恶意串通，捏造夫妻共同债务的；（2）与他人恶意串通，捏造债权债务关系和以物抵债协议的；（3）与公司、企业的法定代表人、董事、监事、经理或者其他管理人员恶意串通，捏造公司、企业债务或者担保义务的；（4）捏造知识产权侵权关系或者不正当竞争关系的；（5）在破产案件审理过程中申报捏造的债权的；（6）与被执行人恶意串通，捏造债权或者对查封、扣押、冻结财产的优先权、担保物权的；（7）单方或者与他人恶意串通，捏造身份、合同、侵权、继承等民事法律关系的其他行为。需要注意的是：（1）隐瞒债务已经全部清偿的事实，向人民法院提起民事诉讼，要求他人履行债务的，以“以捏造的事实提起民事诉讼”论。（2）向人民法院申请执行基于捏造的事实作出的仲裁裁决、公证债权文书，或者在民事执行过程中以捏造的事实对执行标的提出异议、申请参与执行财产分配的，也属于“以捏造的事实提起民事诉讼”。 以捏造的事实提起民事诉讼，有下列情形之一的，应当认定为“情节严重”：（1）致使人民法院基于捏造的事实采取财产保全或者行为保全措施，造成他人经济损失100万元以上的；（2）致使人民法院开庭审理，干扰正常司法活动，或者多次以捏造的事实提起民事诉讼，等等，严重干扰正常司法活动或者严重损害司法公信力的；（3）致使义务人自动履行生效裁判文书确定的财产给付义务或者人民法院强制执行财产权益，数额达到100万元以上的；（4）致使他人债权无法实现，数额达到100万元以上的；（5）非法占有他人财产，数额达到10万元以上的；（6）致使他人因为不执行人民法院基于捏造的事实作出的判决、裁定，被采取刑事拘留、逮捕措施或者受到刑事追究的；（7）其他情节严重的情形。

定罪标准	犯罪主体	本罪的主体为一般主体，即单位和年满16周岁具有刑事责任能力的自然人。其中，司法工作人员利用职权，与他人共同捏造事实提起民事诉讼的，从重处罚。
	犯罪主观方面	本罪在主观方面表现为故意，即行为人明知捏造事实提起民事诉讼，会妨害司法秩序或者严重侵害他人合法权益，并且希望这种危害结果的发生。至于行为人出于何种目的捏造事实提起民事诉讼，是为了恶意中伤他人还是谋取不当利益均不影响本罪的成立，构成其他犯罪的，依照处罚较重的规定定罪从重处罚。
	罪与非罪	构成本罪，以捏造事实提起民事诉讼，妨害司法秩序或者严重侵害他人合法权益为要件。如果所诉的民事纠纷客观存在，但在提供证据的过程中，弄虚作假，或者在庭审过程中做夸大、隐瞒或者虚假陈述企图欺骗司法机关，以获取有利于自己判决的行为，不构成本罪。对于这类行为，可以依照《民事诉讼法》第111条根据情节轻重予以罚款、拘留等处罚，构成犯罪的，依法追究其刑事责任。如果是在刑事自诉、行政诉讼中捏造事实向法院提起虚假诉讼的，妨害作证罪或者帮助毁灭、伪造证据罪的，可以依照具体规定追究刑事责任。
	此罪与彼罪	本罪与诬告陷害罪的界限。诬告陷害罪，是指故意捏造犯罪事实，向国家机关或者有关单位告发，意图使他人受刑事追究，情节严重的行为。两罪的不同之处有：(1)侵犯的客体不同。诬告陷害罪被刑法规定于第4章侵犯公民人身权利、民主权利罪一章中，其所侵犯客体是复杂客体，主要客体是公民的人身权利，次要客体是国家司法秩序；本罪被刑法规定于第6章第2节妨害司法罪中，所侵犯的客体也是复杂客体，主要客体是国家司法秩序，次要客体是他人的合法权益。(2)犯罪主体不同。诬告陷害罪的主体只能是年满16周岁具有刑事责任能力的自然人；本罪的主体还包括单位。(3)犯罪的主观方面不同。诬告陷害罪的主观方面是直接故意，并且具有意图使他人受刑事追究的目的；本罪的主观方面也是直接故意，但并未规定需要具备特定的主观目的，行为人处于何种目的捏造事实提起民事诉讼不影响本罪的成立。(4)犯罪的客观表现不同。诬告陷害罪的客观表现为故意捏造犯罪事实，向国家机关或者有关单位告发，意图使他人受刑事追究，情节严重的行为；本罪的客观表现为以捏造的事实提起民事诉讼，妨害司法秩序或者严重侵害他人合法权益的行为。诬告陷害罪中行为人所捏造的事实必须是犯罪事实，要求行为人向国家机关或者有关单位告发，并且需要达到情节严重的程度；本罪行为人所捏造的是犯罪事实以外的虚假事实，并且要求行为人提起民事诉讼。 此外，构成本罪的同时，行为人实施虚假诉讼的行为还可能构成其他犯罪。例如，通过伪造书证、物证、恶意串通、指使他人作虚假证言等手段捏造事实，可能同时构成伪造、变造、买卖国家机关公文、证件、印章罪，伪造公司、企业、事业单位、人民团体印章罪等。又如帮助民事诉讼当事人伪造证据，捏造事实提起民事诉讼，妨害司法秩序或者严重侵害他人合法权益的，既构成本罪，同时也构成帮助毁灭、伪造证据罪。再如，以骗取财物或者追求不当得利为目的实施虚假诉讼，在构成本罪的同时，往往可能构成其他侵财类犯罪，如诈骗罪、贪污罪、侵占罪、职务侵占罪等。根据本条第3款的规定，犯虚假诉讼罪的同时，非法占有他人财产或者逃避合法债务，又构成其他犯罪的，依照处罚较重的规定定罪从重处罚。司法工作人员与当事人暗中串通、勾结，利用其职务便利，帮助当事人违法立案，或者故意违背事实和法律帮助当事人作枉法裁判的，根据本条第4款的规定，应当从重处罚；同时构成其他犯罪的，如故意违背事实和法律帮助当事人作枉法裁判，情节严重的，构成本罪的同时也构成民事枉法裁判罪，根据本条第4款的规定，应当依照处罚较重的规定定罪从重处罚。

<table>
<tr><td rowspan="4">证据参考标准</td><td>主体方面的证据</td><td>

一、证明行为人刑事责任年龄、身份等自然情况的证据。

包括身份证明、户籍证明、任职证明、工作经历证明、特定职责证明等，主要是证明行为人的姓名（曾用名）、性别、出生年月日、民族、籍贯、出生地、职业（或职务）、住所地（或居住地）等证据材料，如户口簿、居民身份证、工作证、出生证、专业或技术等级证、干部履历表、职工登记表、护照等。

对于户籍、出生证等材料内容不实的，应提供其他证据材料。外国人犯罪的案件，应有护照等身份证明材料。人大代表、政协委员犯罪的案件，应注明身份，并附身份证明材料。

二、证明行为人刑事责任能力的证据。

证明行为人对自己的行为是否具有辨认能力与控制能力，如是否属于间歇性精神病人、尚未完全丧失辨认或者控制自己行为能力的精神病人的证明材料。

三、证明单位的证据。

证明是否属于依法成立并有合法经营、管理范围的公司、企业、事业单位、机关、团体。

证明单位的名称、住所地、性质、法定代表人、单位负责人、业务范围、成立时间等证据材料，如企业营业执照、国有公司性质证明及非法人单位的身份证明等。

四、证明法定代表人、单位负责人或直接责任人员等身份的证据。

法定代表人、直接负责的主管人员和其他直接责任人在单位的任职、职责、负责权限的证明材料等。包括身份证明、户籍证明、任职证明等，如户口簿、居民身份证、工作证、护照、专业或技术等级证、干部履历表、职工登记表、任命书、业务分工文件、委派文件、单位证明、单位规章制度等。

</td></tr>
<tr><td>主观方面的证据</td><td>

证明行为人故意的证据：1. 证明行为人明知的证据：证明行为人明知自己的行为会发生危害社会的结果；2. 证明故意的证据：证明行为人希望危害结果的发生。

</td></tr>
<tr><td>客观方面的证据</td><td>

证明行为人以捏造的事实提起民事诉讼的行为。

具体证据包括：1. 证明行为人捏造事实的证据；2. 证明行为人以捏造事实提起民事诉讼的证据；3. 证明行为人捏造事实提起民事诉讼对国家正常的司法秩序造成严重妨害的证据；4. 证明行为人捏造事实提起民事诉讼对他人的合法权益造成特别重大损害的证据；5. 证明行为人犯本罪又非法占有他人财产、逃避合法债务的证据；6. 证明司法工作人员利用职权与他人共同实施虚假诉讼的证据等。

</td></tr>
<tr><td>量刑方面的证据</td><td>

一、法定量刑情节证据。

1. 事实情节。2. 法定从重情节。3. 法定从轻减轻情节：（1）可以从轻；（2）可以从轻或减轻；（3）应当从轻或者减轻。4. 法定从轻减轻免除情节：（1）可以从轻、减轻或者免除处罚；（2）应当从轻、减轻或者免除处罚。5. 法定减轻免除情节：（1）可以减轻或者免除处罚；（2）应当减轻或者免除处罚；（3）可以免除处罚。

二、酌定量刑情节证据。

1. 犯罪手段；2. 犯罪对象；3. 危害结果；4. 动机；5. 平时表现；6. 认罪态度；7. 是否有前科；8. 其他证据。

</td></tr>
</table>

量刑标准

犯本罪的	处三年以下有期徒刑、拘役或者管制，并处或者单处罚金
情节严重的	处三年以上七年以下有期徒刑，并处罚金。
单位犯本罪的	对单位判处罚金，并对其直接负责的主管人员和其他直接责任人员，依照上述规定处罚
犯本罪，同时构成其他犯罪的	依照处罚较重的规定定罪从重处罚
司法工作人员利用职权，与他人共同实施上述行为的	从重处罚
司法工作人员利用职权，与他人共同实施上述行为，同时构成其他犯罪的	依照处罚较重的规定定罪从重处罚

法律适用

刑法条文

第三百零七条之一 以捏造的事实提起民事诉讼，妨害司法秩序或者严重侵害他人合法权益的，处三年以下有期徒刑、拘役或者管制，并处或者单处罚金；情节严重的，处三年以上七年以下有期徒刑，并处罚金。

单位犯前款罪的，对单位判处罚金，并对其直接负责的主管人员和其他直接责任人员，依照前款的规定处罚。

有第一款行为，非法占有他人财产或者逃避合法债务，又构成其他犯罪的，依照处罚较重的规定定罪从重处罚。

司法工作人员利用职权，与他人共同实施前三款行为的，从重处罚；同时构成其他犯罪的，依照处罚较重的规定定罪从重处罚。

司法解释

一、最高人民法院、最高人民检察院《关于办理虚假诉讼刑事案件适用法律若干问题的解释》（2018年9月26日最高人民法院、最高人民检察院公布　自2018年10月1日起施行　法释〔2018〕17号）

为依法惩治虚假诉讼犯罪活动，维护司法秩序，保护公民、法人和其他组织合法权益，根据《中华人民共和国刑法》《中华人民共和国刑事诉讼法》《中华人民共和国民事诉讼法》等法律规定，现就办理此类刑事案件适用法律的若干问题解释如下：

第一条 采取伪造证据、虚假陈述等手段，实施下列行为之一，捏造民事法律关系，虚构民事纠纷，向人民法院提起民事诉讼的，应当认定为刑法第三百零七条之一第一款规定的“以捏造的事实提起民事诉讼”：

（一）与夫妻一方恶意串通，捏造夫妻共同债务的；

（二）与他人恶意串通，捏造债权债务关系和以物抵债协议的；

（三）与公司、企业的法定代表人、董事、监事、经理或者其他管理人员恶意串通，捏造公司、企业债务或者担保义务的；

（四）捏造知识产权侵权关系或者不正当竞争关系的；

（五）在破产案件审理过程中申报捏造的债权的；

（六）与被执行人恶意串通，捏造债权或者对查封、扣押、冻结财产的优先权、担保物权的；

（七）单方或者与他人恶意串通，捏造身份、合同、侵权、继承等民事法律关系的其他行为。

隐瞒债务已经全部清偿的事实，向人民法院提起民事诉讼，要求他人履行债务的，以“以捏造的事实提起民事诉讼”论。

向人民法院申请执行基于捏造的事实作出的仲裁裁决、公证债权文书，或者在民事执行过程中以捏造的事实对执行标的提出异议、申请参与执行财产分配的，属于刑法第三百零七条之一第一款规定的“以捏造的事实提起民事诉讼”。

第二条 以捏造的事实提起民事诉讼，有下列情形之一的，应当认定为刑法第三百零七条之一第一款规定的“妨害司法秩序或者严重侵害他人合法权益”：

（一）致使人民法院基于捏造的事实采取财产保全或者行为保全措施的；

（二）致使人民法院开庭审理，干扰正常司法活动的；

（三）致使人民法院基于捏造的事实作出裁判文书、制作财产分配方案，或者立案执行基于捏造的事实作出的仲裁裁决、公证债权文书的；

（四）多次以捏造的事实提起民事诉讼的；

（五）曾因以捏造的事实提起民事诉讼被采取民事诉讼强制措施或者受过刑事追究的；

（六）其他妨害司法秩序或者严重侵害他人合法权益的情形。

第三条 以捏造的事实提起民事诉讼，有下列情形之一的，应当认定为刑法第三百零七条之一第一款规定的“情节严重”：

（一）有本解释第二条第一项情形，造成他人经济损失一百万元以上的；

（二）有本解释第二条第二项至第四项情形之一，严重干扰正常司法活动或者严重损害司法公信力的；

（三）致使义务人自动履行生效裁判文书确定的财产给付义务或者人民法院强制执行财产权益，数额达到一百万元以上的；

（四）致使他人债权无法实现，数额达到一百万元以上的；

（五）非法占有他人财产，数额达到十万元以上的；

（六）致使他人因为不执行人民法院基于捏造的事实作出的判决、裁定，被采取刑事拘留、逮捕措施或者受到刑事追究的；

（七）其他情节严重的情形。

第四条 实施刑法第三百零七条之一第一款行为，非法占有他人财产或者逃避合法债务，又构成诈骗罪，职务侵占罪，拒不执行判决、裁定罪，贪污罪等犯罪的，依照处罚较重的规定定罪从重处罚。

第五条 司法工作人员利用职权，与他人共同实施刑法第三百零七条之一前三款行为的，从重处罚；同时构成滥用职权罪，民事枉法裁判罪，执行判决、裁定滥用职权罪等犯罪的，依照处罚较重的规定定罪从重处罚。

第六条 诉讼代理人、证人、鉴定人等诉讼参与人与他人通谋，代理提起虚假民事诉讼、故意作虚假证言或者出具虚假鉴定意见，共同实施刑法第三百零七条之一前三款行为的，依照共同犯罪的规定定罪处罚；同时构成妨害作证罪，帮助毁灭、伪造证据罪等犯罪的，依照处罚较重的规定定罪从重处罚。

第七条 采取伪造证据等手段篡改案件事实，骗取人民法院裁判文书，构成犯罪的，依照刑法第二百八十条、第三百零七条等规定追究刑事责任。

第八条 单位实施刑法第三百零七条之一第一款行为的，依照本解释规定的定罪量刑标准，对其直接负责的主管人员和其他直接责任人员定罪处罚，并对单位判处罚金。

第九条 实施刑法第三百零七条之一第一款行为，未达到情节严重的标准，行为人系初犯，在民事诉讼过程中自愿具结悔过，接受人民法院处理决定，积极退赃、退赔的，可以认定为犯罪情节轻微，不起诉或者免予刑事处罚；确有必要判处刑罚的，可以从宽处罚。

司法工作人员利用职权，与他人共同实施刑法第三百零七条之一第一款行为的，对司法工作人员不适用本条第一款规定。

第十条 虚假诉讼刑事案件由虚假民事诉讼案件的受理法院所在地或者执行法院所在地人民法院管辖。有刑法第三百零七条之一第四款情形的，上级人民法院可以指定下级人民法院将案件移送其他人民法院审判。

第十一条 本解释所称裁判文书，是指人民法院依照民事诉讼法、企业破产法等民事法律作出的判决、裁定、调解书、支付令等文书。

第十二条 本解释自2018年10月1日起施行。

二、最高人民法院、最高人民检察院、公安部、司法部《关于进一步加强虚假诉讼犯罪惩治工作的意见》（节录）（2021年3月4日最高人民法院、最高人民检察院、公安部、司法部公布 自2021年3月10日起施行 法发〔2021〕10号）

第二条 本意见所称虚假诉讼犯罪，是指行为人单独或者与他人恶意串通，采取伪造证据、虚假陈述等手段，捏造民事案件基本事实，虚构民事纠纷，向人民法院提起民事诉讼，妨害司法秩序或者严重侵害他人合法权益，依照法律应当受刑罚处罚的行为。

第三条 人民法院、人民检察院、公安机关、司法行政机关应当按照法定职责分工负责、配合协作，加强沟通协调，在履行职责过程中发现可能存在虚假诉讼犯罪的，应当及时相互通报情况，共同防范和惩治虚假诉讼犯罪。

第四条 实施《最高人民法院、最高人民检察院关于办理虚假诉讼刑事案件适用法律若干问题的解释》第一条第一款、第二款规定的捏造事实行为，并有下列情形之一的，应当认定为刑法第三百零七条之一第一款规定的“以捏造的事实提起民事诉讼”：

（一）提出民事起诉的；

（二）向人民法院申请宣告失踪、宣告死亡，申请认定公民无民事行为能力、限制民事行为能力，申请认定财产无主，申请确认调解协议，申请实现担保物权，申请支付令，申请公示催告的；

（三）在民事诉讼过程中增加独立的诉讼请求、提出反诉，有独立请求权的第三人提出与本案有关的诉讼请求的；

（四）在破产案件审理过程中申报债权的；

（五）案外人申请民事再审的；

（六）向人民法院申请执行仲裁裁决、公证债权文书的；

（七）案外人在民事执行过程中对执行标的提出异议，债权人在民事执行过程中申请参与执行财产分配的；

（八）以其他手段捏造民事案件基本事实，虚构民事纠纷，提起民事诉讼的。

第五条 对于下列虚假诉讼犯罪易发的民事案件类型，人民法院、人民检察院在履行职责过程中应当予以重点关注：

（一）民间借贷纠纷案件；

（二）涉及房屋限购、机动车配置指标调控的以物抵债案件；

（三）以离婚诉讼一方当事人为被告的财产纠纷案件；

（四）以已经资不抵债或者已经被作为被执行人的自然人、法人和非法人组织为被告的财产纠纷案件；

（五）以拆迁区划范围内的自然人为当事人的离婚、分家析产、继承、房屋买卖合同纠纷案件；

（六）公司分立、合并和企业破产纠纷案件；

（七）劳动争议案件；

（八）涉及驰名商标认定的案件；

（九）其他需要重点关注的民事案件。

第六条 民事诉讼当事人有下列情形之一的，人民法院、人民检察院在履行职责过程中应当依法严格审查，及时甄别和发现虚假诉讼犯罪：

（一）原告起诉依据的事实、理由不符合常理，存在伪造证据、虚假陈述可能的；

（二）原告诉请司法保护的诉讼标的额与其自身经济状况严重不符的；

（三）在可能影响案外人利益的案件中，当事人之间存在近亲属关系或者关联企业等共同利益关系的；

（四）当事人之间不存在实质性民事权益争议和实质性诉辩对抗的；

（五）一方当事人对于另一方当事人提出的对其不利的事实明确表示承认，且不符合常理的；

（六）认定案件事实的证据不足，但双方当事人主动迅速达成调解协议，请求人民法院制作调解书的；

（七）当事人自愿以价格明显不对等的财产抵付债务的；

（八）民事诉讼过程中存在其他异常情况的。

第七条 民事诉讼代理人、证人、鉴定人等诉讼参与人有下列情形之一的，人民法院、人民检察院在履行职责过程中应当依法严格审查，及时甄别和发现虚假诉讼犯罪：

（一）诉讼代理人违规接受对方当事人或者案外人给付的财物或者其他利益，与对方当事人或者案外人恶意串通，侵害委托人合法权益的；

（二）故意提供虚假证据，指使、引诱他人伪造、变造证据、提供虚假证据或者隐匿、毁灭证据的；

（三）采取其他不正当手段干扰民事诉讼活动正常进行的。

第八条 人民法院、人民检察院、公安机关发现虚假诉讼犯罪的线索来源包括：

（一）民事诉讼当事人、诉讼代理人和其他诉讼参与人、利害关系人、其他自然人、法人和非法人组织的报案、控告、举报和法律监督申请；

（二）被害人有证据证明对被告人通过实施虚假诉讼行为侵犯自己合法权益的行为应当依法追究刑事责任，且有证据证明曾经提出控告，而公安机关或者人民检察院不予追究被告人刑事责任，向人民法院提出的刑事自诉；

（三）人民法院、人民检察院、公安机关、司法行政机关履行职责过程中主动发现；

（四）有关国家机关移送的案件线索；

（五）其他线索来源。

第九条 虚假诉讼刑事案件由相关虚假民事诉讼案件的受理法院所在地或者执行法院所在地人民法院管辖。有刑法第三百零七条之一第四款情形的，上级人民法院可以指定下级人民法院将案件移送其他人民法院审判。

前款所称相关虚假民事诉讼案件的受理法院，包括该民事案件的一审、二审和再审法院。

虚假诉讼刑事案件的级别管辖，根据刑事诉讼法的规定确定。

三、最高人民法院《关于防范和制裁虚假诉讼的指导意见》（2016 年 6 月 20 日最高人民法院公布　自公布之日起施行　法发〔2016〕13 号）

当前，民事商事审判领域存在的虚假诉讼现象，不仅严重侵害案外人合法权益，破坏社会诚信，也扰乱了正常的诉讼秩序，损害司法权威和司法公信力，人民群众对此反映强烈。各级人民法院对此要高度重视，努力探索通过多种有效措施防范和制裁虚假诉讼行为。

1. 虚假诉讼一般包含以下要素：（1）以规避法律、法规或国家政策谋取非法利益为目的；（2）双方当事人存在恶意串通；（3）虚构事实；（4）借用合法的民事程序；（5）侵害国家利益、社会公共利益或者案外人的合法权益。

2. 实践中，要特别注意以下情形：（1）当事人为夫妻、朋友等亲近关系或者关联企业等共同利益关系；（2）原告诉请司法保护的标的额与其自身经济状况严重不符；（3）原告起诉所依据的事实和理由明显不符合常理；（4）当事人双方无实质性民事权益争议；（5）案件证据不足，但双方仍然主动迅速达成调解协议，并请求人民法院出具调解书。

3. 各级人民法院应当在立案窗口及法庭张贴警示宣传标识，同时在“人民法院民事诉讼风险提示书”中明确告知参与虚假诉讼应当承担的法律责任，引导当事人依法行使诉权，诚信诉讼。

4. 在民间借贷、离婚析产、以物抵债、劳动争议、公司分立（合并）、企业破产等虚假诉讼高发领域的案件审理中，要加大证据审查力度。对可能存在虚假诉讼的，要适当加大依职权调查取证力度。

5. 涉嫌虚假诉讼的，应当传唤当事人本人到庭，就有关案件事实接受询问。除法定事由外，应当要求证人出庭作证。要充分发挥民事诉讼法司法解释有关当事人和证人签署保证书规定的作用，探索当事人和证人宣誓制度。

6. 诉讼中，一方对另一方提出的于己不利的事实明确表示承认，且不符合常理的，要做进一步查明，慎重认定。查明的事实与自认的事实不符的，不予确认。

7. 要加强对调解协议的审查力度。对双方主动达成调解协议并申请人民法院出具调解书的，应当结合案件基础事实，注重审查调解协议是否损害国家利益、社会公共利益或者案外人的合法权益；对人民调解协议司法确认案件，要按照民事诉讼法司法解释要求，注重审查基础法律关系的真实性。

8. 在执行公证债权文书和仲裁裁决书、调解书等法律文书过程中，对可能存在双方恶意串通、虚构事实的，要加大实质审查力度，注重审查相关法律文书是否损害国家利益、社会公共利益或者案外人的合法权益。如果存在上述情形，应当裁定不予执行。必要时，可向仲裁机构或者公证机关发出司法建议。

9. 加大公开审判力度，增加案件审理的透明度。对与案件处理结果可能存在法律上利害关系的，可适当依职权通知其参加诉讼，避免其民事权益受到损害，防范虚假诉讼行为。

10. 在第三人撤销之诉、案外人执行异议之诉、案外人申请再审等案件审理中，发现已经生效的裁判涉及虚假诉讼的，要及时予以纠正，保护案外人诉权和实体权

法律适用

司法解释

利；同时也要防范有关人员利用上述法律制度，制造虚假诉讼，损害原诉讼中合法权利人利益。

11. 经查明属于虚假诉讼，原告申请撤诉的，不予准许，并应当根据民事诉讼法第一百一十二条的规定，驳回其请求。

12. 对虚假诉讼参与人，要适度加大罚款、拘留等妨碍民事诉讼强制措施的法律适用力度；虚假诉讼侵害他人民事权益的，虚假诉讼参与人应当承担赔偿责任；虚假诉讼违法行为涉嫌虚假诉讼罪、诈骗罪、合同诈骗罪等刑事犯罪的，民事审判部门应当依法将相关线索和有关案件材料移送侦查机关。

13. 探索建立虚假诉讼失信人名单制度。将虚假诉讼参与人列入失信人名单，逐步开展与现有相关信息平台和社会信用体系接轨工作，加大制裁力度。

14. 人民法院工作人员参与虚假诉讼的，要依照法官法、法官职业道德基本准则和法官行为规范等规定，从严处理。

15. 诉讼代理人参与虚假诉讼的，要依法予以制裁，并应当向司法行政部门、律师协会或者行业协会发出司法建议。

16. 鉴定机构、鉴定人参与虚假诉讼的，可以根据情节轻重，给予鉴定机构、鉴定人训诫、责令退还鉴定费用、从法院委托鉴定专业机构备选名单中除名等制裁，并应当向司法行政部门或者行业协会发出司法建议。

17. 要积极主动与有关部门沟通协调，争取支持配合，探索建立多部门协调配合的综合治理机制。要通过向社会公开发布虚假诉讼典型案例等多种形式，震慑虚假诉讼违法行为。

18. 各级人民法院要及时组织干警学习了解中央和地方的各项经济社会政策，充分预判有可能在司法领域反映出来的虚假诉讼案件类型，也可以采取典型案例分析、审判业务交流、庭审观摩等多种形式，提高甄别虚假诉讼的司法能力。

相关法律法规

《中华人民共和国民事诉讼法》（节录）（1991 年 4 月 9 日中华人民共和国主席令第 44 号公布　自公布之日起施行　2007 年 10 月 28 日第一次修正　2012 年 8 月 31 日第二次修正　2017 年 6 月 27 日第三次修正）

第一百一十二条　当事人之间恶意串通，企图通过诉讼、调解等方式侵害他人合法权益的，人民法院应当驳回其请求，并根据情节轻重予以罚款、拘留；构成犯罪的，依法追究刑事责任。

第一百一十三条　被执行人与他人恶意串通，通过诉讼、仲裁、调解等方式逃避履行法律文书确定的义务的，人民法院应当根据情节轻重予以罚款、拘留；构成犯罪的，依法追究刑事责任。

62 打击报复证人案

概念

本罪是指对证人进行打击报复的行为。

立案标准

根据《刑法》第308条的规定，对证人进行打击报复的，应当立案。

本罪是行为犯，只要行为人实施了对证人打击报复的行为，原则上就构成犯罪，应当立案追究。

<table>
<tr><td rowspan="2">定罪标准</td><td>犯罪客体</td><td>本罪侵犯的客体是公民的民主权利和国家机关的正常活动。侵害的客体是复杂客体。这里的民主权利是指公民的批评权、申诉权、控告权和检举权。这些权利是我国公民享有的重要的民主权利，是公民行使管理国家权利的一个重要方面，受到国家法律的严格保护。我国《宪法》第41条第1、2款规定：“中华人民共和国公民对于任何国家机关和国家工作人员，有提出批评和建议的权利；对于任何国家机关和国家工作人员的违法失职行为，有向有关国家机关提出申诉、控告或者检举的权利，但是不得捏造或者歪曲事实进行诬告陷害。对于公民的申诉、控告或者检举，有关国家机关必须查清事实，负责处理。任何人不得压制和打击报复。”为了切实保障宪法赋予公民的上述权利的实现，《刑法》对侵犯公民的上述权利的行为规定了打击报复证人罪。本罪不仅侵犯了公民的民主权利，而且还严重损害了国家机关的声誉，破坏了国家机关的正常活动。
本罪侵害的对象，只限于证人。证人是指在诉讼过程中已经依法提供证明的证人，包括在各种诉讼过程中依法向法院提供证明的证人以及在刑事诉讼中向公安、检察等司法机关提供证明的证人。知悉案情但尚未作证的人，不是本罪的对象。证人的亲友本不是本罪的对象，但是通过加害证人亲友的方式打击报复证人，可按本罪处理。</td></tr>
<tr><td>犯罪客观方面</td><td>本罪在客观方面表现为对证人进行打击报复的行为。
对证人进行打击报复的行为方式很多，如制造种种“理由”、“借口”，非法克扣证人的工资、奖金等；将证人调往脏、累、苦的岗位工作或者借口将证人调离本单位；给证人降级、降职、降薪；对证人的提职、晋升及职称评定予以压制；开除证人的党籍、公职或者予以解雇；非法关押证人、组织批斗证人；对证人或其近亲属进行骚扰；等等。不论行为人采取何种方式，对构成本罪均无影响。这里需要注意的是，对证人进行打击报复，往往是行为人滥用手中的职权，假公济私。同时，还有一部分是行为人没有利用手中职权而是出于打击报复的目的，对证人采用恐吓、行凶、伤害等手段进行报复。这种具体行为如不能独立构成犯罪，可以本罪论处；如能独立成罪，则应按相应的罪名定罪处罚。
打击报复证人，情节显著轻微，危害不大的，一般不以犯罪论处，可予批评教育，或者给予相应的行政纪律处分。打击报复证人中的情节严重，一般是指：致使被害人的人身权利、民主权利或者其他权利受到严重损害的；手段恶劣的；致人精神失常或自杀的；以及造成其他严重后果的。</td></tr>
</table>

定罪标准	犯罪主体	本罪的主体为一般主体，凡达到刑事责任年龄且具备刑事责任能力的自然人，均可成为本罪主体。
	犯罪主观方面	本罪在主观方面必须是直接故意，并且具有打击报复证人的目的。如果没有报复陷害的目的，而是由于政策水平不高，思想方法主观片面，工作作风简单粗暴，对事实未能查清等原因，对证人处理不当，致使其遭受损失的，属于工作上的失误，不构成犯罪。
	罪与非罪	区分罪与非罪的界限，关键看是否实施《刑法》第308条所规定的行为。
证据参考标准	主体方面的证据	**一、证明行为人刑事责任年龄、身份等自然情况的证据。** 包括身份证明、户籍证明、任职证明、工作经历证明、特定职责证明等，主要是证明行为人的姓名（曾用名）、性别、出生年月日、民族、籍贯、出生地、职业（或职务）、住所地（或居所地）等证据材料，如户口簿、居民身份证、工作证、出生证、专业或技术等级证、干部履历表、职工登记表、护照等。 对于户籍、出生证等材料内容不实的，应提供其他证据材料。外国人犯罪的案件，应有护照等身份证明材料。人大代表、政协委员犯罪的案件，应注明身份，并附身份证明材料。 **二、证明行为人刑事责任能力的证据。** 证明行为人对自己的行为是否具有辨认能力与控制能力，如是否属于间歇性精神病人、尚未完全丧失辨认或者控制自己行为能力的精神病人的证明材料。
	主观方面的证据	证明行为人故意的证据：1. 证明行为人明知的证据：证明行为人明知自己的行为会发生危害社会的结果；2. 证明直接故意的证据：证明行为人希望危害结果发生；3. 目的：报复证人。
	客观方面的证据	证明行为人打击报复证人犯罪行为的证据。 具体证据包括：1. 证明行为人犯罪主体的证据：（1）被证明人本人：①当事人；②犯罪嫌疑人；③被告人。（2）被证明人的关系人：①家属；②亲戚；③朋友；④其他人。2. 证明行为人打击报复证人行为的证据：（1）暴力。（2）非暴力。3. 证明行为人打击报复证人"情节严重"行为的证据：（1）手段恶劣。（2）影响极坏。（3）后果严重：①致证人重伤害；②致证人精神失常；③致证人死亡。4. 证明行为人打击报复证人"情节较轻"行为的证据。
	量刑方面的证据	**一、法定量刑情节证据。** 1. 事实情节：（1）情节严重；（2）其他。2. 法定从重情节。3. 法定从轻减轻情节：（1）可以从轻；（2）可以从轻或减轻；（3）应当从轻或者减轻。4. 法定从轻减轻免除情节：（1）可以从轻、减轻或者免除处罚；（2）应当从轻、减轻或者免除处罚。5. 法定减轻免除情节：（1）可以减轻或者免除处罚；（2）应当减轻或者免除处罚；（3）可以免除处罚。 **二、酌定量刑情节证据。** 1. 犯罪手段：（1）暴力；（2）非暴力。2. 犯罪对象。3. 危害结果。4. 动机。5. 平时表现。6. 认罪态度。7. 是否有前科。8. 其他证据。

<table>
<tr><td rowspan="2">量刑标准</td><td colspan="2">犯本罪的</td><td>处三年以下有期徒刑或者拘役</td></tr>
<tr><td colspan="2">情节严重的</td><td>处三年以上七年以下有期徒刑</td></tr>
<tr><td rowspan="2">法律适用</td><td>刑法条文</td><td colspan="2">第三百零八条　对证人进行打击报复的，处三年以下有期徒刑或者拘役；情节严重的，处三年以上七年以下有期徒刑。</td></tr>
<tr><td>相关法律法规</td><td colspan="2">一、《中华人民共和国刑事诉讼法》（节录）（1979 年 7 月 6 日全国人民代表大会常务委员会委员长令第 5 号公布　自 1980 年 1 月 1 日起施行　1996 年 3 月 17 日第一次修正　2012 年 3 月 14 日第二次修正　2018 年 10 月 26 日第三次修正）
第六十三条　人民法院、人民检察院和公安机关应当保障证人及其近亲属的安全。
对证人及其近亲属进行威胁、侮辱、殴打或者打击报复，构成犯罪的，依法追究刑事责任；尚不够刑事处罚的，依法给予治安管理处罚。

二、《中华人民共和国民事诉讼法》（节录）（1991 年 4 月 9 日中华人民共和国主席令第 44 号公布　自公布之日起施行　2007 年 10 月 28 日第一次修正　2012 年 8 月 31 日第二次修正　2017 年 6 月 27 日第三次修正）
第一百一十一条　诉讼参与人或者其他人有下列行为之一的，人民法院可以根据情节轻重予以罚款、拘留；构成犯罪的，依法追究刑事责任：
（一）伪造、毁灭重要证据，妨碍人民法院审理案件的；
（二）以暴力、威胁、贿买方法阻止证人作证或者指使、贿买、胁迫他人作伪证的；
（三）隐藏、转移、变卖、毁损已被查封、扣押的财产，或者已被清点并责令其保管的财产，转移已被冻结的财产的；
（四）对司法工作人员、诉讼参加人、证人、翻译人员、鉴定人、勘验人、协助执行的人，进行侮辱、诽谤、诬陷、殴打或者打击报复的；
（五）以暴力、威胁或者其他方法阻碍司法工作人员执行职务的；
（六）拒不履行人民法院已经发生法律效力的判决、裁定的。
人民法院对有前款规定的行为之一的单位，可以对其主要负责人或者直接责任人员予以罚款、拘留；构成犯罪的，依法追究刑事责任。</td></tr>
</table>

63 泄露不应公开的案件信息案

概念

本罪是指司法工作人员、辩护人、诉讼代理人或者其他诉讼参与人，泄露依法不公开审理的案件中不应当公开的信息，造成信息公开传播或者其他严重后果的行为。

立案标准

根据《刑法》第308条之一第一款的规定，泄露不应当公开的案件信息，须造成信息公开传播或者其他严重后果的，才能构成本罪。

定罪标准		
	犯罪客体	本罪侵犯的客体是复杂客体，包括国家司法秩序和诉讼当事人的合法权益。
	犯罪客观方面	本罪的客观方面表现为司法工作人员、辩护人、诉讼代理人或者其他诉讼参与人，泄露依法不公开审理的案件中不应当公开的信息，造成信息公开传播或者其他严重后果的行为。具体而言包括以下两个方面： 一、泄露依法不公开审理的案件中不应当公开的信息。所谓“泄露”是指让不特定或者多数人知晓不应公开的信息。“依法不公开审理的案件”，根据《宪法》第130条之规定，人民法院审理案件，除法律规定的特别情况外，一律公开进行。公开审判包括对群众公开，允许群众到法庭旁听审理，也包括对新闻媒体公开，允许新闻媒体公开披露和报道案件审理的情况。不公开审理是公开审判原则的例外，应当由法律明确规定。例如，《民事诉讼法》第134条规定，人民法院审理民事案件，除涉及国家秘密、个人隐私或者法律另有规定的以外，应当公开进行。离婚案件，涉及商业秘密的案件，当事人申请不公开审理的，可以不公开审理。《行政诉讼法》第54条规定，人民法院公开审理行政案件，但涉及国家秘密、个人隐私和法律另有规定的除外。涉及商业秘密的案件，当事人申请不公开审理的，可以不公开审理。“不应当公开的信息”，主要有以下几类：涉及国家秘密的案件、涉及个人隐私的案件、未成年人犯罪的案件、涉及商业秘密的案件。这类信息公开以后可能会对国家安全和利益、当事人的个人隐私、商业秘密造成损害，以及对涉案的未成年人身心健康造成不利影响的信息。需要注意的是，对于依法不公开审理的案件中不应当公开的信息，司法工作人员、辩护人、诉讼代理人或者其他诉讼参与人，在判决作出后仍然不能泄露这些信息。也就是说司法工作人员、辩护人、诉讼代理人或者其他诉讼参与人，一经接触这些不应当公开的信息，即负有相应的保密义务，不得随意泄露。 二、造成信息公开传播或者其他严重后果的行为。信息的公开传播是对不公开审理制度所保护法益的侵害。“造成信息公开传播”，是指信息在一定数量的公众中大范围传播。“其他严重后果”是指除了信息泄露所造成的对国家司法秩序的破坏外，对当事人财产权益、人格尊严和身心健康等合法权益的侵害。 此外，本条第2款规定泄露依法不公开审理的案件中所涉及的国家秘密的，依照《刑法》第398条的规定定罪处罚，即国家机关工作人员违反保守国家秘密法的规定，故意或者过失泄露国家秘密，情节严重的，处3年以下有期徒刑或者拘役；情节特别严重的，处3年以上7年以下有期徒刑。

定罪标准	犯罪主体	本罪的主体为特殊主体，即依法不公开审理案件中的司法工作人员、辩护人、诉讼代理人或者其他诉讼参与人，即参与不公开审理的案件诉讼活动，知悉不应当公开的案件信息的人。 “司法工作人员”，是指有侦查、检察、审判、监管职责的工作人员。“辩护人”，是指在刑事诉讼中接受被追诉一方委托或者受人民法院指定，帮助犯罪嫌疑人、被告人行使辩护权以维护其合法权益的人。辩护人既可以是律师，也可以是人民团体或者犯罪嫌疑人、被告人所在单位推荐的，还可以是犯罪嫌疑人、被告人的监护人、亲友。“诉讼代理人”，是指接受当事人的委托，在法律规定内或者当事人授予的权限范围内代为参加诉讼和提供法律帮助的人，包括律师、基层法律工作者、当事人的近亲属或者工作人员、当事人所在社区、单位以及有关社会团体推荐的公民等。“其他诉讼参与人”，是指当事人以外的根据案件情况和诉讼需要参加到诉讼中来的诉讼参与人。刑诉诉讼参与人包括：当事人（被害人、自诉人，犯罪嫌疑人、被告人，附带民事诉讼的原告和被告）和其他诉讼参与人（法定代理人、诉讼代理人、辩护人、证人、鉴定人和翻译人员）。民诉诉讼参与人包括：诉讼参加人，包括当事人（原告、被告、共同诉讼人、第三人）和诉讼代理人（法定代理人、委托代理人），以及其他诉讼参与人（证人、鉴定人、勘验人员和翻译人员）。行政诉讼参与人包括：诉讼参加人（当事人和诉讼代理人）和证人、鉴定人、勘验人员和翻译人员。
	犯罪主观方面	本罪在主观方面表现为故意，即行为人明知泄露依法不公开审理的案件中不应当公开的信息，会造成信息公开传播或者其他严重后果，并且希望或者放任这种危害结果的发生。
	罪与非罪	构成本罪，需要满足以下三个方面：第一，本罪的行为人必须是参与依法不应当公开审理案件中的司法工作人员、辩护人、诉讼代理人或者其他诉讼参与人，否则不构成本罪。第二，行为人所泄露的是依法不应当公开审理案件中不应当公开的信息，即相关的国家秘密、个人隐私、商业秘密以及涉及未成年人犯罪的案件信息。需要注意的是，本罪的犯罪对象并不是依法不公开审理案件中的所有案件信息，如果行为人泄露的案件信息属于可以公开的部分，则不构成本罪。例如，泄露不公开审理的涉及国家秘密案件中当事人的个人信息不构成本罪；涉及商业秘密的案件，经当事人申请，人民法院决定不公开审理前，如果当事人泄露相关商业秘密并造成信息公开传播或者其他严重后果的，也不构成本罪。第三，构成本罪要求泄露不应公开的案件信息必须造成信息公开传播或者其他严重后果。行为人虽有泄露行为，但是未造成信息公开传播，或者未给他人造成严重损失的，不构成本罪。
	此罪与彼罪	司法工作人员、辩护人、诉讼代理人或者其他诉讼参与人，泄露本罪所规定的不应当公开的信息，可能同时触犯其他犯罪。例如，本罪中的司法工作人员违反保守国家秘密法的规定，故意泄露依法不公开审理案件中的国家秘密，情节严重的，根据《刑法》第398条之规定，同时构成泄露国家秘密罪，属于法条竞合，根据本条第2款的规定，应当以泄露国家秘密罪追究行为人的刑事责任。又如，行为人违反国家有关规定，将在履行职责或者提供服务过程中获得的公民个人信息，出售或者提供给他人的，根据《刑法》第253条之一的规定，同时构成侵犯公民个人信息罪，两罪属于法条竞合，根据特别法优先的原则，应当以本罪定罪处罚。

<table>
<tr><td rowspan="4">证据参考标准</td><td>主体方面的证据</td><td colspan="2">一、证明行为人刑事责任年龄、身份等自然情况的证据。
包括身份证明、户籍证明、任职证明、工作经历证明、特定职责证明等，主要是证明行为人的姓名（曾用名）、性别、出生年月日、民族、籍贯、出生地、职业（或职务）、住所地（或居住地）等证据材料，如户口簿、居民身份证、工作证、出生证、专业或技术等级证、干部履历表、职工登记表、护照等。
对于户籍、出生证等材料内容不实的，应提供其他证据材料。外国人犯罪的案件，应有护照等身份证明材料。人大代表、政协委员犯罪的案件，应注明身份，并附身份证明材料。
二、证明行为人刑事责任能力的证据。
证明行为人对自己的行为是否具有辨认能力与控制能力，如是否属于间歇性精神病人、尚未完全丧失辨认或者控制自己行为能力的精神病人的证明材料。</td></tr>
<tr><td>主观方面的证据</td><td colspan="2">证明行为人故意的证据：1. 证明行为人明知的证据：（1）证明行为人明知所泄露的信息属于不公开审理的案件信息；（2）证明行为人明知泄露依法不公开审理的案件中不应当公开的信息，会造成信息公开传播或者其他严重后果。2. 证明故意的证据：证明行为人希望或者放任危害结果的发生。</td></tr>
<tr><td>客观方面的证据</td><td colspan="2">证明行为人泄露依法不公开审理的案件中不应当公开的信息的证据。
具体证据包括：1. 证明人民法院审理案件属于依法不应当公开审理的证据；2. 证明行为人泄露不应公开的案件信息的证据；3. 证明行为人泄露不应公开案件信息造成信息公开传播的证据；4. 证明行为人泄露不应公开案件信息造成其他严重后果的证据；5. 证明行为人泄露不应公开案件信息中涉及国家秘密的证据。</td></tr>
<tr><td>量刑方面的证据</td><td colspan="2">一、法定量刑情节证据。
1. 事实情节。2. 法定从重情节。3. 法定从轻减轻情节：（1）可以从轻；（2）可以从轻或减轻；（3）应当从轻或者减轻。4. 法定从轻减轻免除情节：（1）可以从轻、减轻或者免除处罚；（2）应当从轻、减轻或者免除处罚。5. 法定减轻免除情节：（1）可以减轻或者免除处罚；（2）应当减轻或者免除处罚；（3）可以免除处罚。
二、酌定量刑情节证据。
1. 犯罪手段；2. 犯罪对象；3. 危害结果；4. 动机；5. 平时表现；6. 认罪态度；7. 是否有前科；8. 其他证据。</td></tr>
<tr><td>量刑标准</td><td colspan="2">犯本罪的</td><td>处三年以下有期徒刑、拘役或者管制，并处或者单处罚金</td></tr>
</table>

法律适用		
刑法条文		**第三百零八条之一第一款、第二款** 司法工作人员、辩护人、诉讼代理人或者其他诉讼参与人，泄露依法不公开审理的案件中不应当公开的信息，造成信息公开传播或者其他严重后果的，处三年以下有期徒刑、拘役或者管制，并处或者单处罚金。 有前款行为，泄露国家秘密的，依照本法第三百九十八条的规定定罪处罚。 **第三百九十八条** 国家机关工作人员违反保守国家秘密法的规定，故意或者过失泄露国家秘密，情节严重的，处三年以下有期徒刑或者拘役；情节特别严重的，处三年以上七年以下有期徒刑。 非国家机关工作人员犯前款罪的，依照前款的规定酌情处罚。
司法解释		**一、最高人民法院《关于严格执行公开审判制度的若干规定》（节录）**（1999年3月8日最高人民法院公布　自公布之日起施行　法发〔1999〕3号） 一、人民法院进行审判活动，必须坚持依法公开审判制度，做到公开开庭，公开举证、质证，公开宣判。 二、人民法院对于第一审案件，除下列案件外，应当依法一律公开审理： （一）涉及国家秘密的案件； （二）涉及个人隐私的案件； （三）十四岁以上不满十六岁未成年人犯罪的案件；经人民法院决定不公开审理的十六岁以上不满十八岁未成年人犯罪的案件； （四）经当事人申请，人民法院决定不公开审理的涉及商业秘密的案件； （五）经当事人申请，人民法院决定不公开审理的离婚案件； （六）法律另有规定的其他不公开审理的案件。 对于不公开审理的案件，应当当庭宣布不公开审理的理由。 六、人民法院审理的所有案件应当一律公开宣告判决。 宣告判决，应当对案件事实和证据进行认定，并在此基础上正确适用法律。 **二、《最高人民法院、最高人民检察院、公安部、司法部印发〈关于依法惩治性侵害未成年人犯罪的意见〉的通知》（节录）**（2013年10月23日最高人民法院、最高人民检察院、公安部、司法部公布　自公布之日起施行　法发〔2013〕12号） 5. 办理性侵害未成年人犯罪案件，对于涉及未成年被害人、未成年犯罪嫌疑人和未成年被告人的身份信息及可能推断出其身份信息的资料和涉及性侵害的细节等内容，审判人员、检察人员、侦查人员、律师及其他诉讼参与人应当予以保密。 对外公开的诉讼文书，不得披露未成年被害人的身份信息及可能推断出其身份信息的其他资料，对性侵害的事实注意以适当的方式叙述。 13. 办案人员到未成年被害人及其亲属、未成年证人所在学校、单位、居住地调查取证的，应当避免驾驶警车、穿着制服或者采取其他可能暴露被害人身份、影响被害人名誉、隐私的方式。 18. 人民法院开庭审理性侵害未成年人犯罪案件，未成年被害人、证人确有必要出庭的，应当根据案件情况采取不暴露外貌、真实声音等保护措施。有条件的，可以采取视频等方式播放未成年人的陈述、证言，播放视频亦应采取保护措施。 30. 对于判决已生效的强奸、猥亵未成年人犯罪案件，人民法院在依法保护被害人隐私的前提下，可以在互联网公布相关裁判文书，未成年人犯罪的除外。

法律适用　相关法律法规

一、中华人民共和国民事诉讼法（节录）（1991年4月9日中华人民共和国主席令第44号公布　自公布之日起施行　2007年10月28日第一次修正　2012年8月31日第二次修正　2017年6月27日第三次修正）

第一百三十四条　人民法院审理民事案件，除涉及国家秘密、个人隐私或者法律另有规定的以外，应当公开进行。

离婚案件，涉及商业秘密的案件，当事人申请不公开审理的，可以不公开审理。

二、《中华人民共和国行政诉讼法》（节录）（1989年4月4日中华人民共和国主席令第14号公布　自1990年10月1日起施行　2014年11月1日第一次修正　2017年6月27日第二次修正）

第五十四条　人民法院公开审理行政案件，但涉及国家秘密、个人隐私和法律另有规定的除外。

涉及商业秘密的案件，当事人申请不公开审理的，可以不公开审理。

第六十五条　人民法院应当公开发生法律效力的判决书、裁定书，供公众查阅，但涉及国家秘密、商业秘密和个人隐私的内容除外。

三、《中华人民共和国刑事诉讼法》（节录）（1979年7月6日全国人民代表大会常务委员会委员长令第5号公布　自1980年1月1日起施行　1996年3月17日第一次修正　2012年3月14日第二次修正　2018年10月26日第三次修正）

第五十四条　人民法院、人民检察院和公安机关有权向有关单位和个人收集、调取证据。有关单位和个人应当如实提供证据。

行政机关在行政执法和查办案件过程中收集的物证、书证、视听资料、电子数据等证据材料，在刑事诉讼中可以作为证据使用。

对涉及国家秘密、商业秘密、个人隐私的证据，应当保密。

凡是伪造证据、隐匿证据或者毁灭证据的，无论属于何方，必须受法律追究。

第一百五十二条　采取技术侦查措施，必须严格按照批准的措施种类、适用对象和期限执行。

侦查人员对采取技术侦查措施过程中知悉的国家秘密、商业秘密和个人隐私，应当保密；对采取技术侦查措施获取的与案件无关的材料，必须及时销毁。

采取技术侦查措施获取的材料，只能用于对犯罪的侦查、起诉和审判，不得用于其他用途。

公安机关依法采取技术侦查措施，有关单位和个人应当配合，并对有关情况予以保密。

第一百八十八条　人民法院审判第一审案件应当公开进行。但是有关国家秘密或者个人隐私的案件，不公开审理；涉及商业秘密的案件，当事人申请不公开审理的，可以不公开审理。

不公开审理的案件，应当当庭宣布不公开审理的理由。

四、《中华人民共和国未成年人保护法》（节录）（1991年9月4日中华人民共和国主席令第50号公布　自1992年1月1日起施行　2006年12月29日修订　2012年10月26日修正　2020年10月17日第二次修订）

第四十九条　新闻媒体应当加强未成年人保护方面的宣传，对侵犯未成年人合法权益的行为进行舆论监督。新闻媒体采访报道涉及未成年人事件应当客观、审慎和适度，不得侵犯未成年人的名誉、隐私和其他合法权益。

法律适用

相关法律法规

五、《中华人民共和国律师法》（节录）（1996年5月15日中华人民共和国主席令第67号公布　自1997年1月1日起施行　2001年12月29日第一次修正　2007年10月28日修订　2012年10月26日第二次修正　2017年9月1日第三次修正）

第三十八条　律师应当保守在执业活动中知悉的国家秘密、商业秘密，不得泄露当事人的隐私。

律师对在执业活动中知悉的委托人和其他人不愿泄露的有关情况和信息，应当予以保密。但是，委托人或者其他人准备或者正在实施危害国家安全、公共安全以及严重危害他人人身安全的犯罪事实和信息除外。

第四十八条　律师有下列行为之一的，由设区的市级或者直辖市的区人民政府司法行政部门给予警告，可以处一万元以下的罚款；有违法所得的，没收违法所得；情节严重的，给予停止执业三个月以上六个月以下的处罚：

（一）私自接受委托、收取费用，接受委托人财物或者其他利益的；

（二）接受委托后，无正当理由，拒绝辩护或者代理，不按时出庭参加诉讼或者仲裁的；

（三）利用提供法律服务的便利牟取当事人争议的权益的；

（四）泄露商业秘密或者个人隐私的。

第四十九条　律师有下列行为之一的，由设区的市级或者直辖市的区人民政府司法行政部门给予停止执业六个月以上一年以下的处罚，可以处五万元以下的罚款；有违法所得的，没收违法所得；情节严重的，由省、自治区、直辖市人民政府司法行政部门吊销其律师执业证书；构成犯罪的，依法追究刑事责任：

（一）违反规定会见法官、检察官、仲裁员以及其他有关工作人员，或者以其他不正当方式影响依法办理案件的；

（二）向法官、检察官、仲裁员以及其他有关工作人员行贿，介绍贿赂或者指使、诱导当事人行贿的；

（三）向司法行政部门提供虚假材料或者有其他弄虚作假行为的；

（四）故意提供虚假证据或者威胁、利诱他人提供虚假证据，妨碍对方当事人合法取得证据的；

（五）接受对方当事人财物或者其他利益，与对方当事人或者第三人恶意串通，侵害委托人权益的；

（六）扰乱法庭、仲裁庭秩序，干扰诉讼、仲裁活动的正常进行的；

（七）煽动、教唆当事人采取扰乱公共秩序、危害公共安全等非法手段解决争议的；

（八）发表危害国家安全、恶意诽谤他人、严重扰乱法庭秩序的言论的；

（九）泄露国家秘密的。

律师因故意犯罪受到刑事处罚的，由省、自治区、直辖市人民政府司法行政部门吊销其律师执业证书。

六、《中华人民共和国治安管理处罚法》（节录）（2005年8月28日中华人民共和国主席令第38号公布　自2006年3月1日起施行　2012年10月26日修正）

第八十条　公安机关及其人民警察在办理治安案件时，对涉及的国家秘密、商业秘密或者个人隐私，应当予以保密。

64 披露、报道不应公开的案件信息案

概念

本罪是指行为人公开披露、报道依法不公开审理的案件中不应公开的信息，情节严重的行为。

立案标准

根据《刑法》第308条之一第3款的规定，披露、报道不应公开的案件信息，需要达到情节严重的程度才能构成犯罪。情节是否严重，应当根据行为人公开披露、报道行为给利益相关者所造成的损失程度综合认定。如国家秘密被公开后对社会稳定、经济发展、国防安全所造成的损害；商业秘密被他人知悉给商业秘密权利人带来的经济损失；案件当事人个人隐私被公开后所造成的人格尊严和身心健康的伤害等。

定罪标准		
定罪标准	犯罪客体	本罪侵犯的客体是复杂客体，包括国家司法秩序和诉讼当事人的合法权益。
	犯罪客观方面	本罪的客观方面表现为行为人公开披露、报道依法不公开审理的案件中不应公开的信息，情节严重的行为。这里的“公开披露”，是指通过各种可以被不特定或者多数人知悉的途径发表、公布相关案件信息。“报道”，是指通过报纸、杂志、广播、电视等形式向不特定或者多数人公布相关案件信息。公开披露和报道的方式很多，可以是口头的，也可以是书面的，可以通过信息网络，也可以通过传统媒体，只要是可以向公众传播的途径即可。本款规定的“情节严重”，是指造成公开披露、报道不应公开的案件信息大范围传播，严重损害了国家正常的司法秩序和相关当事人的合法权益。 对依法不公开审理的案件中不应公开信息的披露和报道具有严重的社会危害性。首先披露、报道正在审理阶段的不应公开的案件信息会对人民法院依法独立行使审判权造成不利影响。个人和媒体、网站等单位，通过各种渠道获知不公开审理的案件信息后，公开披露、报道甚至借机炒作的，往往会形成社会舆论热点，对审理案件的法院以及承办案件的法官独立、公正审判造成干扰，进而对司法权威和司法公信力造成损害。其次，披露、报道不应公开的案件信息会损害当事人的合法权益。根据《未成年人保护法》第58条之规定，对未成年人犯罪案件，新闻报道、影视节目、公开出版物、网络等不得披露该未成年人的姓名、住所、照片、图像以及可能推断出该未成年人的资料。此外，对不公开审理的未成年人的个人信息的公布，也是对未成年人前科报告免除制度的破坏。
	犯罪主体	本罪的主体为一般主体，即年满16周岁具有刑事责任能力的自然人和单位，一般是新闻媒体工作者和相关新闻媒体机构，但不包括本条第1款中的司法工作人员、辩护人、诉讼代理人或者其他诉讼参与人。
	犯罪主观方面	本罪在主观方面表现为故意，即行为人明知公开披露、报道依法不公开审理的案件中不应公开的信息会造成危害结果，并且希望或者放任这种危害结果的发生。

定罪标准	罪与非罪	构成本罪，需要达到情节严重的程度。此外，行为人在人民法院作出不公开审理的决定之前公开披露、报道相关案件信息的，不构成本罪。
	此罪与彼罪	对于涉及国家秘密的案件，行为人通过窃取、刺探、收买等方法，非法获取案件中所涉及的国家秘密，然后进行披露、报道的，在构成本罪的同时，根据《刑法》第282条之规定，构成非法获取国家秘密罪。依照牵连犯的处断原则，应当以非法获取国家秘密罪定罪论处。 对于涉及公民个人隐私或者未成年人犯罪的案件，行为人窃取或者以其他方法非法获取公民个人信息，然后对所获取的他人姓名、住所、照片、图像等资料进行披露、报道的，在构成本罪的同时，根据《刑法》第253条之一的规定，构成侵犯公民个人信息罪。依照牵连犯的处断原则，应当以侵犯公民个人信息罪定罪论处。 对于涉及商业秘密的案件，行为人以盗窃、利诱、胁迫或者其他不正当手段获取案件中的商业秘密，后公开披露、报道，给商业秘密的所有人和使用人造成重大损失的，根据《刑法》第219条，与本罪构成法条竞合，依照特别法优于一般法的处断原则，应当依照本罪定罪论处。
证据参考标准	主体方面的证据	**一、证明行为人刑事责任年龄、身份等自然情况的证据。** 包括身份证明、户籍证明、任职证明、工作经历证明、特定职责证明等，主要是证明行为人的姓名（曾用名）、性别、出生年月日、民族、籍贯、出生地、职业（或职务）、住所地（或居住地）等证据材料，如户口簿、居民身份证、工作证、出生证、专业或技术等级证、干部履历表、职工登记表、护照等。 对于户籍、出生证等材料内容不实的，应提供其他证据材料。外国人犯罪的案件，应有护照等身份证明材料。人大代表、政协委员犯罪的案件，应注明身份，并附身份证明材料。 **二、证明行为人刑事责任能力的证据。** 证明行为人对自己的行为是否具有辨认能力与控制能力，如是否属于间歇性精神病人、尚未完全丧失辨认或者控制自己行为能力的精神病人的证明材料。 **三、证明单位的证据。** 证明是否属于依法成立并有合法经营、管理范围的公司、企业、事业单位、机关、团体。 证明单位的名称、住所地、性质、法定代表人、单位负责人、业务范围、成立时间等证据材料，如企业营业执照、国有公司性质证明及非法人单位的身份证明等。 **四、证明法定代表人、单位负责人或直接责任人员等身份的证据。** 法定代表人、直接负责的主管人员和其他直接责任人在单位的任职、职责、负责权限的证明材料等。包括身份证明、户籍证明、任职证明等，如户口簿、居民身份证、工作证、护照、专业或技术等级证、干部履历表、职工登记表、任命书、业务分工文件、委派文件、单位证明、单位规章制度等。
	主观方面的证据	证明行为人故意的证据：1. 证明行为人明知的证据：（1）证明行为人明知所公开披露、报道的信息属于不公开审理的案件中不应当公开的信息；（2）证明行为人明知披露、报道依法不公开审理的案件中不应当公开的信息，会造成严重后果。2. 证明故意的证据：证明行为人希望或者放任危害结果的发生。

<table>
<tr><td rowspan="2">证据参考标准</td><td>客观方面的证据</td><td colspan="2">证明行为人公开披露、报道不应公开的案件信息的证据。
具体证据包括：1. 证明案件信息属于依法不公开审理的案件中不应公开的信息的证据；2. 证明行为人公开发表、发布不应公开的案件信息的证据；3. 证明行为人公开报道不应公开的案件信息的证据；4. 证明披露、报道不应公开的案件信息对社会稳定、经济发展、国防安全所造成损害的证据；5. 证明披露、报道不应公开的案件信息对他人人格尊严和身心健康造成严重伤害的证据；6. 证明披露、报道不应公开的案件信息对当事人带来严重经济损失的证据等。</td></tr>
<tr><td>量刑方面的证据</td><td colspan="2">一、法定量刑情节证据。
1. 事实情节。2. 法定从重情节。3. 法定从轻减轻情节：（1）可以从轻；（2）可以从轻或减轻；（3）应当从轻或者减轻。4. 法定从轻减轻免除情节：（1）可以从轻、减轻或者免除处罚；（2）应当从轻、减轻或者免除处罚。5. 法定减轻免除情节：（1）可以减轻或者免除处罚；（2）应当减轻或者免除处罚；（3）可以免除处罚。
二、酌定量刑情节证据。
1. 犯罪手段；2. 犯罪对象；3. 危害结果；4. 动机；5. 平时表现；6. 认罪态度；7. 是否有前科；8. 其他证据。</td></tr>
<tr><td rowspan="2">量刑标准</td><td colspan="2">情节严重的</td><td>处三年以下有期徒刑、拘役或者管制，并处或者单处罚金</td></tr>
<tr><td colspan="2">单位犯本罪的</td><td>对单位判处罚金，并对其直接负责的主管人员和其他直接责任人员，依照上述规定处罚</td></tr>
<tr><td rowspan="2">法律适用</td><td>刑法条文</td><td colspan="2">第三百零八条之一第三款、第四款　公开披露、报道第一款规定的案件信息，情节严重的，依照第一款的规定处罚。
单位犯前款罪的，对单位判处罚金，并对其直接负责的主管人员和其他直接责任人员，依照第一款的规定处罚。</td></tr>
<tr><td>司法解释</td><td colspan="2">一、最高人民法院《关于严格执行公开审判制度的若干规定》（节录）（1999年3月8日最高人民法院公布　自公布之日起施行　法发〔1999〕3号）
二、人民法院对于第一审案件，除下列案件外，应当依法一律公开审理：
（一）涉及国家秘密的案件；
（二）涉及个人隐私的案件；
（三）十四岁以上不满十六岁未成年人犯罪的案件；经人民法院决定不公开审理的十六岁以上不满十八岁未成年人犯罪的案件；
（四）经当事人申请，人民法院决定不公开审理的涉及商业秘密的案件；
（五）经当事人申请，人民法院决定不公开审理的离婚案件；
（六）法律另有规定的其他不公开审理的案件。
对于不公开审理的案件，应当当庭宣布不公开审理的理由。
十、依法公开审理案件，公民可以旁听，但精神病人、醉酒的人和未经人民法院批准的未成年人除外。</td></tr>
</table>

法律适用

司法解释

根据法庭场所和参加旁听人数等情况，旁听人需要持旁听证进入法庭的，旁听证由人民法院制发。

外国人和无国籍人持有效证件要求旁听的，参照中国公民旁听的规定办理。

旁听人员必须遵守《中华人民共和国人民法院法庭规则》的规定，并应当接受安全检查。

十一、依法公开审理案件，经人民法院许可，新闻记者可以记录、录音、录相、摄影、转播庭审实况。

外国记者的旁听按照我国有关外事管理规定办理。

二、《最高人民法院、最高人民检察院、公安部、司法部印发〈关于依法惩治性侵害未成年人犯罪的意见〉的通知》（节录）（2013年10月23日最高人民法院、最高人民检察院、公安部、司法部公布　自公布之日起施行　法发〔2013〕12号）

5. 办理性侵害未成年人犯罪案件，对于涉及未成年被害人、未成年犯罪嫌疑人和未成年被告人的身份信息及可能推断出其身份信息的资料和涉及性侵害的细节等内容，审判人员、检察人员、侦查人员、律师及其他诉讼参与人应当予以保密。

对外公开的诉讼文书，不得披露未成年被害人的身份信息及可能推断出其身份信息的其他资料，对性侵害的事实注意以适当的方式叙述。

30. 对于判决已生效的强奸、猥亵未成年人犯罪案件，人民法院在依法保护被害人隐私的前提下，可以在互联网公布相关裁判文书，未成年人犯罪的除外。

相关法律法规

《中华人民共和国刑事诉讼法》（节录）（1979年7月6日全国人民代表大会常务委员会委员长令第5号公布　自1980年1月1日起施行　1996年3月17日第一次修正　2012年3月14日第二次修正　2018年10月26日第三次修正）

第二百八十五条　审判的时候被告人不满十八周岁的案件，不公开审理。但是，经未成年被告人及其法定代理人同意，未成年被告人所在学校和未成年人保护组织可以派代表到场。

第二百八十六条　犯罪的时候不满十八周岁，被判处五年有期徒刑以下刑罚的，应当对相关犯罪记录予以封存。

犯罪记录被封存的，不得向任何单位和个人提供，但司法机关为办案需要或者有关单位根据国家规定进行查询的除外。依法进行查询的单位，应当对被封存的犯罪记录的情况予以保密。

65 扰乱法庭秩序案

概念

本罪是指在法庭开庭审理案件过程中，诉讼参与人或旁听人员聚众哄闹、冲击法庭，或者殴打司法工作人员或者诉讼参与人，侮辱、诽谤、威胁司法工作人员或者诉讼参与人，不听法庭制止，严重扰乱法庭秩序以及有毁坏法庭设施的行为。

立案标准

根据《刑法》第309条的规定，有下列扰乱法庭秩序情形之一的，处3年以下有期徒刑、拘役、管制或者罚金：

（1）聚众哄闹、冲击法庭的；

（2）殴打司法工作人员或者诉讼参与人的；

（3）侮辱、诽谤、威胁司法工作人员或者诉讼参与人，不听法庭制止，严重扰乱法庭秩序的；

（4）有毁坏法庭设施，抢夺、损毁诉讼文书、证据等扰乱法庭秩序行为，情节严重的。

定罪标准

犯罪客体

本罪侵犯的客体是法庭开庭审理案件的正常活动和秩序。法庭，是人民法院依法审理诉讼案件的场所，既包括专门用于审理案件的正规固定场所，如审判庭等，也包括非正规的临时审理案件的场所，如巡回法庭在案发地临时开庭的场所；既包括设在室内的开庭场所，也包括设在室外的开庭场所，如公审所使用的场所。开庭审理的案件，既包括民事案件、经济案件，也包括刑事案件、行政案件。审判组织既可以是合议庭进行审理，也可以是独任审判员进行独任审理。法庭是人民法院行使国家审判权、审理诉讼案件、进行诉讼活动的场所。法庭具有极大的尊严性、严肃性。

法庭秩序是指为了保障法庭开庭审理诉讼案件的各种活动得以正常顺利进行，要求诉讼参与人及旁听群众共同遵守和维护的秩序。法庭秩序是审理诉讼案件的活动正常进行，人民法院正确适用法律，实现法院审判职能的重要法律保障。严重干扰法庭秩序，是一种藐视国家权力，粗暴践踏法律的行为，不仅破坏法庭审理活动的正常进行，而且对诉讼参与人的人身安全和公私财产带来极大的威胁和损害，因此，对这种行为适用刑事制裁，非常有必要。

《民事诉讼法》第110条第3款规定："人民法院对哄闹、冲击法庭，侮辱、诽谤、威胁、殴打审判人员，严重扰乱法庭秩序的人，依法追究刑事责任；情节较轻的，予以罚款、拘留。"《行政诉讼法》第59条第6项规定："以暴力、威胁或者其他方法阻碍人民法院工作人员执行职务或者以哄闹、冲击法庭等方法扰乱人民法院工作秩序构成犯罪的，依法追究刑事责任。"由此可见，根据有关现行法律的规定，干扰法庭秩序，情节严重的，也要追究刑事责任。

在司法实践中，尤其是经济案件、民事案件、行政案件的审理过程中，屡屡发生扰乱法庭秩序的现象。在审判过程中行为人进行喧哗、吵闹，或者众多人对法庭进行冲击，或者对司法工作人员及其他诉讼参与人进行殴打、侮辱、诽谤，所有这些行为

<table>
<tr><td rowspan="4">定罪标准</td><td>犯罪客体</td><td>都严重地干扰法庭秩序，妨害了人民法院审判工作的正常进行，有的甚至造成审判活动中止无法继续进行，造成相关人员人身伤害，使人民法院的尊严和法律的严肃性受到严重的侵害，影响甚恶劣，危害很深。</td></tr>
<tr><td>犯罪客观方面</td><td>本罪在客观方面表现为行为人聚众哄闹、冲击法庭，或者殴打司法工作人员及其他诉讼参与人严重扰乱法庭秩序的行为。
一、从犯罪时间看，犯罪行为发生在法庭开庭审理过程中。法庭审理即从宣布开庭时起到宣布闭庭止，包括开庭预备、法庭调查、法庭辩论、法庭调解、法庭评议、法庭宣判等各个阶段，既包括一审、二审，也包括适用审判监督程序的再审。
二、从犯罪地点看，本罪限于开庭审理案件的法庭内。这里的“法庭内”应作广义理解，既包括行为人在法庭内扰乱法庭秩序，也包括在法庭附近干扰法庭秩序，在法庭外对正在参加诉讼活动的司法工作人员进行殴打或将其从法庭内追赶到法庭外对司法工作人员进行殴打等，都应视为发生在法庭内的扰乱法庭秩序行为；既包括犯罪行为和犯罪结果都发生在法庭内，也包括犯罪行为或犯罪结果之一发生在法庭内的行为。如果行为和结果都不发生在法庭内的，不构成本罪。
三、从犯罪行为来看，须是聚众哄闹、冲击法庭或者殴打司法工作人员及其他诉讼参与人严重扰乱法庭秩序的行为。所谓聚众，是指聚集、纠合 3 人以上的多人。所谓哄闹，是指在法庭上或法庭周围进行起哄、喧哗、吵闹、搅乱、喧闹、指责、诽谤、辱骂、播放噪音等活动，以干扰审判活动的正常进行。所谓冲击，主要是指未经允许、不听劝阻，强行闯入法庭；向法庭投掷石块、泥土、污秽物品；在法庭上殴打当事人及证人、鉴定人、辩护人、翻译人等诉讼参与人；砸毁、破坏门窗、桌椅、话筒、音响等设备、设施等带有暴力色彩的活动。所谓殴打司法工作人员，即在法庭上殴打执行公务的司法工作人员，包括审判员、陪审员、公诉人、法警、书记员等。在法庭外殴打正准备参加开庭的司法工作人员，也应视为本罪的殴打司法工作人员。对不是参加开庭或正准备开庭的司法工作人员实施了殴打行为，如在侦查阶段殴打正在讯问犯罪嫌疑人或者询问证人的侦查人员，在执行阶段殴打人民法院执行判决的执行人员等，就不能以本罪论处。构成犯罪的，也应是他罪，如妨害公务罪。
四、从犯罪的结果看，严重扰乱法庭秩序，主要包括下面情况：（1）出于卑鄙恶劣的个人动机、目的，如打击报复、泄愤、侮辱等；（2）纠集多人进行哄闹、冲击法庭的；（3）不听劝阻、制止，多次干扰法庭秩序的；（4）造成严重后果的，如造成法庭设施的损坏或司法工作人员诉讼参与人人身、精神损害或导致法庭秩序混乱、法庭审理被迫中断、案件无法继续正常审理等后果；（5）其他干扰法庭秩序的行为，造成法庭审理案件无法正常进行，产生严重的不良社会影响的。</td></tr>
<tr><td>犯罪主体</td><td>本罪的主体是一般主体。凡是达到法定刑事责任年龄、具有刑事责任能力的自然人都可以构成扰乱法庭秩序罪。具体可归纳为以下三类人：（1）诉讼参与人。如公诉人、审判人员、书记员、鉴定人、翻译人、当事人本身、法人或非法人单位的法定代表人、诉讼代表人、诉讼代理人、辩护人等诉讼参与人本身实施扰乱法庭秩序的行为；（2）旁听的人员不遵守法庭纪律，不听劝阻，实施扰乱法庭秩序的行为；（3）不允许旁听的人员，实施扰乱法庭秩序的行为，如在法庭附近设置高音喇叭，进行高分贝噪音干扰，向法庭内投掷石块，或在法庭附近拦截有关正准备参加诉讼的人进行侮辱、殴打、围攻等。</td></tr>
</table>

定罪标准	犯罪主观方面	本罪在主观方面表现为故意，即明知自己的行为可能会导致危害社会的结果，仍然实施该行为，对结果的发生持希望的态度。
	罪与非罪	本罪的构成要求行为人主观罪过为直接故意，也即行为人决意实施扰乱法庭秩序的行为，希望自己的行为干扰法庭秩序。因此必须把那些由于情绪激动、亢奋，或者性格爽直或坚持自己的看法等原因而一时在法庭开庭审理案件中说话声音过大，行为有所不当或言语有所过激的情形与扰乱法庭秩序罪区分开来。前者行为人在主观上不具有扰乱法庭秩序的直接故意，所以不宜也不应作为扰乱法庭秩序罪来论处。
	此罪与彼罪	一、本罪与聚众扰乱社会秩序罪的界限。从本质上讲，干扰法庭秩序也是扰乱社会秩序的一种表现形式，《刑法》中规定了扰乱法庭秩序罪这一新罪名的情况下，将扰乱法庭秩序从扰乱社会秩序中分离出来，加以专门的规定，因此，在这种情况下，对于扰乱法庭秩序情节严重的，按照特别条文优先于一般条文，则应按扰乱法庭秩序罪论处。二者的区别在于：(1) 客体方面不同。扰乱法庭秩序罪的客体为法庭秩序；聚众扰乱社会秩序罪的客体则是社会公共秩序。(2) 处罚范围不同。对于聚众扰乱法庭秩序因而构成犯罪的，对全部行为人都予以惩罚；而聚众扰乱社会秩序的，则只处罚首要分子。 二、本罪与妨害公务罪的界限。扰乱法庭秩序也必然妨害有关国家工作人员如审判人员依法执行公务，但与妨害公务罪有着显著的区别：(1) 侵犯的客体不同。扰乱法庭秩序罪的客体仅为法庭秩序，范围比较窄；而妨害公务罪的客体是国家工作人员的公务活动，除包括人民法院审理案件的法庭秩序外，还包括其他国家工作人员的公务活动，客体较为广泛。(2) 客观方面不同。扰乱法庭秩序罪的客观方面表现为行为人在法庭审理案件中，实施的哄闹、冲击法庭或殴打司法工作人员及其他诉讼参与人，严重扰乱法庭秩序及毁坏法庭设施，抢夺、损毁诉讼民事证据等的行为，既包括采用暴力或威胁方式，也包括非暴力的方式；而妨害公务罪的客观方面的表现仅限于以暴力、威胁的方法阻碍国家工作人员依法正在执行职务的行为，显然，在客观方面要比扰乱法庭秩序罪窄得多。(3) 犯罪发生的时间、空间不同。扰乱法庭秩序罪是发生在人民法院开庭审理案件过程中，从时间上看，限于人民法庭宣布开庭至宣布闭庭过程中，从空间上看，限于发生在法庭内（广义理解上的法庭）；而妨害公务罪是发生在国家工作人员依法执行职务期间，从时间上看，限于国家工作人员已经着手执行职务，尚未结束之前，从空间上看，限于发生在执行职务的场所，既包括在国家机关内，也包括特定的其他场所。很明显，妨害公务罪发生的时空范围比扰乱法庭秩序罪的要大得多。
证据参考标准	主体方面的证据	**一、证明行为人刑事责任年龄、身份等自然情况的证据。** 包括身份证明、户籍证明、任职证明、工作经历证明、特定职责证明等，主要是证明行为人的姓名（曾用名）、性别、出生年月日、民族、籍贯、出生地、职业（或职务）、住所地（或居所地）等证据材料，如户口簿、居民身份证、工作证、出生证、专业或技术等级证、干部履历表、职工登记表、护照等。 对于户籍、出生证等材料内容不实的，应提供其他证据材料。外国人犯罪的案件，应有护照等身份证明材料。人大代表、政协委员犯罪的案件，应注明身份，并附

<table>
<tr><td rowspan="5">证据参考标准</td><td>主体方面的证据</td><td>身份证明材料。
二、证明行为人刑事责任能力的证据。
证明行为人对自己的行为是否具有辨认能力与控制能力，如是否属于间歇性精神病人、尚未完全丧失辨认或者控制自己行为能力的精神病人的证明材料。</td></tr>
<tr><td>主观方面的证据</td><td>证明行为人故意的证据：1. 证明行为人明知的证据：证明行为人明知自己的行为会发生危害社会的结果；2. 证明直接故意的证据：证明行为人希望危害结果发生；3. 目的：扰乱法庭秩序。</td></tr>
<tr><td>客观方面的证据</td><td>证明行为人扰乱法庭秩序犯罪行为的证据。
具体证据包括：1. 证明行为人犯罪主体的证据：（1）原告人；（2）被告人；（3）当事人亲属、朋友；（4）旁听群众；（5）其他诉讼参与人；（6）其他。2. 证明行为人聚众哄闹、冲击法庭行为的证据：（1）对审判人员侮辱；（2）对审判人员诽谤；（3）对审判人员威胁；（4）对审判人员围攻；（5）在法庭内外喧哗、起哄；（6）在法庭上叫嚷、打口哨；（7）在法庭上鼓掌、哭闹；（8）在法庭上吵架、厮打；（9）殴打诉讼参与人；（10）诽谤诉讼参与人；（11）威胁诉讼参与人；（12）毁坏法庭设施；（13）抢夺诉讼文书；（14）损毁诉讼文书；（15）抢夺证据；（16）损毁证据；（17）其他。3. 证明行为人殴打司法人员行为的证据：（1）审判人员；（2）书记员；（3）法警；（4）公诉人；（5）作证的侦查人员；（6）其他。4. 证明行为人严重扰乱法庭秩序行为的证据：（1）法庭秩序严重混乱；（2）案件无法继续正常审理；（3）案件审理被迫中断；（4）其他。</td></tr>
<tr><td>量刑方面的证据</td><td>**一、法定量刑情节证据。**
1. 事实情节：（1）严重扰乱法庭秩序；（2）其他。2. 法定从重情节；3. 法定从轻减轻情节：（1）可以从轻；（2）可以从轻或减轻；（3）应当从轻或者减轻。4. 法定从轻减轻免除情节：（1）可以从轻、减轻或者免除处罚；（2）应当从轻、减轻或者免除处罚。5. 法定减轻免除情节：（1）可以减轻或者免除处罚；（2）应当减轻或者免除处罚；（3）可以免除处罚。
二、酌定量刑情节证据。
1. 犯罪手段：（1）哄闹；（2）冲击；（3）殴打；（4）侮辱；（5）诽谤；（6）威胁；（7）毁坏；（8）抢夺；（9）损毁。2. 犯罪对象。3. 危害结果。4. 动机。5. 平时表现。6. 认罪态度。7. 是否有前科。8. 其他证据。</td></tr>
<tr></tr>
<tr><td>量刑标准</td><td>犯本罪的</td><td>处三年以下有期徒刑、拘役、管制或者罚金</td></tr>
<tr><td>法律适用</td><td>刑法条文</td><td>**第三百零九条**　有下列扰乱法庭秩序情形之一的，处三年以下有期徒刑、拘役、管制或者罚金：
（一）聚众哄闹、冲击法庭的；
（二）殴打司法工作人员或者诉讼参与人的；
（三）侮辱、诽谤、威胁司法工作人员或者诉讼参与人，不听法庭制止，严重扰乱法庭秩序的；
（四）有毁坏法庭设施，抢夺、损毁诉讼文书、证据等扰乱法庭秩序行为，情节严重的。</td></tr>
</table>

法律适用

司法解释

《中华人民共和国人民法院法庭规则》（节录）（1993年11月26日最高人民法院公布　2015年12月21日修正　法释〔2016〕7号）

第十七条　全体人员在庭审活动中应当服从审判长或独任审判员的指挥，尊重司法礼仪，遵守法庭纪律，不得实施下列行为：

（一）鼓掌、喧哗；

（二）吸烟、进食；

（三）拨打或接听电话；

（四）对庭审活动进行录音、录像、拍照或使用移动通信工具等传播庭审活动；

（五）其他危害法庭安全或妨害法庭秩序的行为。

检察人员、诉讼参与人发言或提问，应当经审判长或独任审判员许可。

旁听人员不得进入审判活动区，不得随意站立、走动，不得发言和提问。

媒体记者经许可实施第一款第四项规定的行为，应当在指定的时间及区域进行，不得影响或干扰庭审活动。

第十九条　审判长或独任审判员对违反法庭纪律的人员应当予以警告；对不听警告的，予以训诫；对训诫无效的，责令其退出法庭；对拒不退出法庭的，指令司法警察将其强行带出法庭。

行为人违反本规则第十七条第一款第四项规定的，人民法院可以暂扣其使用的设备及存储介质，删除相关内容。

第二十条　行为人实施下列行为之一，危及法庭安全或扰乱法庭秩序的，根据相关法律规定，予以罚款、拘留；构成犯罪的，依法追究其刑事责任：

（一）非法携带枪支、弹药、管制刀具或者爆炸性、易燃性、放射性、毒害性、腐蚀性物品以及传染病病原体进入法庭；

（二）哄闹、冲击法庭；

（三）侮辱、诽谤、威胁、殴打司法工作人员或诉讼参与人；

（四）毁坏法庭设施，抢夺、损毁诉讼文书、证据；

（五）其他危害法庭安全或扰乱法庭秩序的行为。

相关法律法规

一、《中华人民共和国刑事诉讼法》（节录）（1979年7月6日全国人民代表大会常务委员会委员长令第5号公布　自1980年1月1日起施行　1996年3月17日第一次修正　2012年3月14日第二次修正　2018年10月26日第三次修正）

第一百九十九条　在法庭审判过程中，如果诉讼参与人或者旁听人员违反法庭秩序，审判长应当警告制止。对不听制止的，可以强行带出法庭；情节严重的，处以一千元以下的罚款或者十五日以下的拘留。罚款、拘留必须经院长批准。被处罚人对罚款、拘留的决定不服的，可以向上一级人民法院申请复议。复议期间不停止执行。

对聚众哄闹、冲击法庭或者侮辱、诽谤、威胁、殴打司法工作人员或者诉讼参与人，严重扰乱法庭秩序，构成犯罪的，依法追究刑事责任。

二、《中华人民共和国民事诉讼法》（节录）（1991年4月9日中华人民共和国主席令第44号公布公布　自公布之日起施行　2007年10月28日第一次修正　2012年8月31日第二次修正　2017年6月27日第三次修正）

第一百一十条　诉讼参与人和其他人应当遵守法庭规则。

人民法院对违反法庭规则的人，可以予以训诫，责令退出法庭或者予以罚款、拘留。

人民法院对哄闹、冲击法庭，侮辱、诽谤、威胁、殴打审判人员，严重扰乱法庭秩序的人，依法追究刑事责任；情节较轻的，予以罚款、拘留。

66 窝藏、包庇案

概念

本罪是指明知是犯罪的人而为其提供隐藏处所、财物，帮助其逃匿或者作假证明包庇的行为。本罪为选择性罪名，具体包括窝藏罪和包庇罪。

立案标准

根据《刑法》第310条的规定，明知是犯罪的人而为其提供隐藏处所、财物，帮助其逃匿或者作假证明包庇的，应当立案。

本罪是行为犯，只要行为人明知是犯罪的人而实施窝藏、包庇的行为，原则上就构成犯罪，应当立案。

定罪标准		
定罪标准	犯罪客体	本罪所侵害的客体是司法机关正常的刑事诉讼活动。犯罪对象是各种依照《刑法》规定构成犯罪的人。
	犯罪客观方面	本罪客观方面表现为实施窝藏或包庇犯罪人的行为。窝藏，是指为犯罪的人提供隐藏处所、财物，帮助其逃匿的行为。这种行为的特点是使司法机关不能或者难以发现犯罪的人，因此，除提供隐藏处所、财物外，向犯罪的人通报侦查或追捕的动静、向犯罪的人提供化装的用具等，也属于帮助其逃匿的行为；在司法机关追捕的过程中，行为人出于某种特殊原因为了使犯罪人逃匿，而自己冒充犯罪的人向司法机关投案或者实施其他使司法机关误认为自己为原犯罪人的行为的，也应认定为本罪。包庇，应限于向司法机关提供虚假证明掩盖犯罪人。窝藏、包庇的犯罪人，是指已经实施犯罪行为的人，既包括犯罪后潜逃未归案的犯罪人，也包括被司法机关羁押而脱逃的未决犯与已决犯。
	犯罪主体	本罪犯罪主体是一般主体，凡是已满16周岁，具有刑事责任能力的自然人均能构成本罪。
	犯罪主观方面	本罪主观上必须出于故意，即明知是犯罪的人而实施窝藏、包庇行为。明知，是指认识到自己窝藏、包庇的是犯罪的人。在开始实施窝藏、包庇行为时明知是犯罪人的，当然成立本罪；在开始实施窝藏、包庇行为时不明知是犯罪人，但发现对方是犯罪人后仍然继续实施窝藏、包庇行为的，也成立本罪。 根据《刑法》第362条的规定，旅馆业、饮食服务业、文化娱乐业、出租汽车业等单位的人员，在公安机关查处卖淫、嫖娼活动时，为违法犯罪分子通风报信，情节严重的，以本罪论处。
	罪与非罪	区分罪与非罪的界限，关键看行为人是否明知。
	此罪与彼罪	一、本罪与事前有通谋的共同犯罪的界限。窝藏、包庇行为是在被窝藏、包庇的人犯罪后实施的，其犯罪故意也是在他人犯罪后产生的，即只有在与犯罪人没有事前通谋的情况下，实施窝藏、包庇行为的，才成立本罪。如果行为人事前与犯罪人通

定罪标准	此罪与彼罪	谋，商定待犯罪人实行犯罪后予以窝藏、包庇的，则成立共同犯罪。因此，《刑法》第310条第2款规定，犯窝藏、包庇罪，事前通谋的，以共同犯罪论处。在这种情况下，即使共同犯罪所犯之罪的法定刑低于窝藏、包庇罪的法定刑，也应以共同犯罪论处。 二、本罪与伪证罪的界限。伪证罪中的故意作虚假证明为犯罪人隐匿罪证的行为，与窝藏、包庇罪有相似之处。二者的主要区别在于：（1）本罪为一般主体；而伪证罪是特殊主体，只限于证人、鉴定人、记录人与翻译人。（2）本罪发生的时间没有限制；而伪证罪必须发生在刑事诉讼过程中。（3）本罪是通过使犯罪人逃匿或者采取其他庇护方法，使其逃避刑事制裁；伪证罪掩盖的是与案件有重要关系的犯罪情节。（4）窝藏、包庇的对象既可以是未决犯，也可以是已决犯；而伪证罪所包庇的对象只能是未决犯。 三、本罪与帮助毁灭、伪造证据罪的界限。1979年《刑法》没有规定帮助毁灭、伪造证据罪，故以往的刑法理论认为，消灭罪迹与毁灭罪证的行为构成包庇罪。《刑法》增设了帮助毁灭、伪造证据罪之后，也有人认为包庇罪包括帮助湮灭罪迹和毁灭罪证的行为。我们认为，根据《刑法》的规定，包庇罪应仅限于作假证明包庇的行为，而不包括帮助犯罪人毁灭或者伪造证据的行为。不过，这两种犯罪的法定刑相差较大，如何合理划清其界限，还需要研究。
证据参考标准	主体方面的证据	**一、证明行为人刑事责任年龄、身份等自然情况的证据。** 包括身份证明、户籍证明、任职证明、工作经历证明、特定职责证明等，主要是证明行为人的姓名（曾用名）、性别、出生年月日、民族、籍贯、出生地、职业（或职务）、住所地（或居所地）等证据材料，如户口簿、居民身份证、工作证、出生证、专业或技术等级证、干部履历表、职工登记表、护照等。 对于户籍、出生证等材料内容不实的，应提供其他证据材料。外国人犯罪的案件，应有护照等身份证明材料。人大代表、政协委员犯罪的案件，应注明身份，并附身份证明材料。 **二、证明行为人刑事责任能力的证据。** 证明行为人对自己的行为是否具有辨认能力与控制能力，如是否属于间歇性精神病人、尚未完全丧失辨认或者控制自己行为能力的精神病人的证明材料。
	主观方面的证据	证明行为人故意的证据：1. 证明行为人明知的证据：证明行为人明知自己的行为会发生危害社会的结果；2. 证明直接故意的证据：证明行为人希望危害结果发生；3. 目的：帮助犯罪分子逃避刑事处罚。
	客观方面的证据	证明行为人窝藏、包庇犯罪行为的证据。 具体证据包括：1. 证明行为人明知是犯罪分子而窝藏、包庇行为的证据。2. 证明行为人为犯罪分子提供隐藏、包庇处所行为的证据。3. 证明行为人为犯罪分子提供财物行为的证据。4. 证明行为人帮助犯罪分子逃匿行为的证据：（1）指示方向、路线；（2）提供躲藏地址、介绍信；（3）提供假身份证、通行证；（4）通风报信；（5）出谋划策；（6）其他。5. 证明行为人窝藏、包庇犯罪情节严重行为的证据。6. 证明行为人为犯罪分子作假证明包庇行为的证据。7. 证明行为人具有事前通谋行为的证据。8. 证明行为人窝藏、包庇犯罪其他行为的证据。

<table>
<tr><td rowspan="1">证据参考标准</td><td>量刑方面的证据</td><td colspan="2">

一、法定量刑情节证据。

1. 事实情节：（1）情节严重；（2）其他。2. 法定从重情节。3. 法定从轻减轻情节：（1）可以从轻；（2）可以从轻或减轻；（3）应当从轻或者减轻。4. 法定从轻减轻免除情节：（1）可以从轻、减轻或者免除处罚；（2）应当从轻、减轻或者免除处罚。5. 法定减轻免除情节：（1）可以减轻或者免除处罚；（2）应当减轻或者免除处罚；（3）可以免除处罚。

二、酌定量刑情节证据。

1. 犯罪手段：（1）隐藏、包庇处所；（2）提供财物；（3）帮助罪犯逃匿；（4）作假证明包庇。2. 犯罪对象。3. 危害结果。4. 动机。5. 平时表现。6. 认罪态度。7. 是否有前科。8. 其他证据。

</td></tr>
<tr><td rowspan="3">量刑标准</td><td colspan="2">犯本罪的</td><td>处三年以下有期徒刑、拘役或者管制</td></tr>
<tr><td colspan="2">情节严重的</td><td>处三年以上十年以下有期徒刑</td></tr>
<tr><td colspan="2">犯本罪，事前通谋的</td><td>以共同犯罪论处</td></tr>
<tr><td rowspan="2">法律适用</td><td>刑法条文</td><td colspan="2">

第三百一十条 明知是犯罪的人而为其提供隐藏处所、财物，帮助其逃匿或者作假证明包庇的，处三年以下有期徒刑、拘役或者管制；情节严重的，处三年以上十年以下有期徒刑。

犯前款罪，事前通谋的，以共同犯罪论处。

</td></tr>
<tr><td>司法解释</td><td colspan="2">

一、最高人民法院、最高人民检察院《关于办理组织、强迫、引诱、容留、介绍卖淫刑事案件适用法律若干问题的解释》（节录）（2017年7月21日最高人民法院、最高人民检察院公布 自2017年7月25日起施行）

第十四条 根据刑法第三百六十二条、第三百一十条的规定，旅馆业、饮食服务业、文化娱乐业、出租汽车业等单位的人员，在公安机关查处卖淫、嫖娼活动时，为违法犯罪分子通风报信，情节严重的，以包庇罪定罪处罚。事前与犯罪分子通谋的，以共同犯罪论处。

具有下列情形之一的，应当认定为刑法第三百六十二条规定的“情节严重”：

（一）向组织、强迫卖淫犯罪集团通风报信的；

（二）二年内通风报信三次以上的；

（三）一年内因通风报信被行政处罚，又实施通风报信行为的；

（四）致使犯罪集团的首要分子或者其他共同犯罪的主犯未能及时归案的；

（五）造成卖淫嫖娼人员逃跑，致使公安机关查处犯罪行为因取证困难而撤销刑事案件的；

（六）非法获利人民币一万元以上的；

（七）其他情节严重的情形。

二、最高人民法院、最高人民检察院、公安部《关于办理利用赌博机开设赌场案件适用法律若干问题的意见》（节录）（2014年3月26日最高人民法院、最高人民检察院、公安部公布 自公布之日起施行 公通字〔2014〕17号）

八、关于国家机关工作人员渎职犯罪的处理

负有查禁赌博活动职责的国家机关工作人员，徇私枉法，包庇、放纵开设赌场违法犯罪活动，或者为违法犯罪分子通风报信、提供便利、帮助犯罪分子逃避处罚，构成犯罪的，依法追究刑事责任。

</td></tr>
</table>

67 拒绝提供间谍犯罪、恐怖主义犯罪、极端主义犯罪证据案

概念

本罪是指明知他人有间谍犯罪或者恐怖主义、极端主义犯罪行为，在司法机关向其调查有关情况、收集有关证据时，拒绝提供，情节严重的行为。

立案标准

根据《刑法》第311条的规定，明知他人有间谍犯罪或者恐怖主义、极端主义犯罪行为，在司法机关向其调查有关情况、收集有关证据时，拒绝提供，情节严重的，应当立案。

本罪属于情节犯，行为人拒绝提供间谍犯罪或者恐怖主义、极端主义犯罪证据的行为，必须达到“情节严重”的标准，才构成犯罪，予以立案追究。例如，主要知情人拒绝提供证据，致使案件难以侦破的；拒绝提供证据，致使有间谍犯罪或者恐怖主义、极端主义犯罪的人逃避惩罚，给国家造成重大危害的等，就属于“情节严重”的情形。

<table>
<tr><td rowspan="2">定罪标准</td><td>犯罪客体</td><td>本罪侵犯的客体是国家安全和国家安全机关的正常活动。
间谍犯罪、恐怖主义犯罪、极端主义犯罪是一种危害中华人民共和国国家安全的行为，同时又具有十分隐秘的特点。维护国家安全，人人有责，同间谍犯罪、恐怖主义犯罪、极端主义犯罪的斗争，需要广大群众和社会组织的支持与配合，拒绝提供间谍犯罪情况、证据的行为，严重地妨碍了司法机关打击间谍犯罪、恐怖主义犯罪、极端主义犯罪的职能活动，是一种犯罪行为。为了适应新时期加强国家安全工作，加大打击间谍犯罪、恐怖主义犯罪、极端主义犯罪力度的需要，《刑法》将这种行为规定为犯罪。</td></tr>
<tr><td>犯罪客观方面</td><td>本罪在客观方面表现为明知他人有间谍犯罪、恐怖主义犯罪、极端主义犯罪行为，在司法机关向其调查有关情况、收集有关证据时，拒绝提供，情节严重的行为。向司法机关如实提供有关危害国家安全的情况和有关证据，这是公民应尽的义务，在司法机关向其调查有关情况、收集有关证据时，没有履行这一特定的义务，情节严重的，则可能构成拒绝提供间谍犯罪、恐怖主义犯罪、极端主义犯罪证据案。本罪是一种不作为犯罪。
所谓拒绝提供，是指司法机关在调查间谍犯罪、恐怖主义犯罪、极端主义犯罪有关情况、收集有关证据时，不肯告诉或提供自己所知道的有关情况、证据。既可以明确表示不予提供或不知道，亦可以是虽未明确表示不予提供，但对所知道的情况、证据采取躲避、推诿、装糊涂、东拉西扯等方法拒绝提供，使得司法机关无法了解到有关的情况及证据。如果司法机关没有向其调查取证，就谈不上所谓拒绝，即使其明知他人有间谍犯罪、恐怖主义犯罪、极端主义犯罪行为或者掌握了他人的间谍犯罪、恐怖主义犯罪、极端主义犯罪证据，而没有主动报告、提供有关情况或证据即知情不举，也不构成犯罪。间谍犯罪，根据《反间谍法》第38条之规定，间谍行为主要包括：间谍组织及其代理人实施或者指使、资助他人实施，或者境内外机构、组织、个人与其相勾结实施的危害中华人民共和国国家安全的活动；参加间谍组织或者接受间谍组织及其代理人的任务的；间谍组织及其代理人以外的其他境外机构、组织、个人</td></tr>
</table>

<table>
<tr><td rowspan="6">定罪标准</td><td>犯罪客观方面</td><td>实施或者指使、资助他人实施，或者境内机构、组织、个人与其相勾结实施的窃取、刺探、收买或者非法提供国家秘密或者情报，或者策动、引诱、收买国家工作人员叛变的活动；为敌人指示攻击目标的；进行其他间谍活动的。恐怖主义、极端主义犯罪主要包括：组织、领导、参加恐怖活动组织罪，帮助恐怖活动罪，准备实施恐怖活动罪，宣扬恐怖主义、极端主义、煽动实施恐怖活动罪，利用极端主义破坏法律实施罪，强制穿戴宣扬恐怖主义、极端主义服饰、标志罪，非法持有宣扬恐怖主义、极端主义物品罪，以及恐怖活动组织或者个人实施的其他犯罪行为。需要注意的是，构成本罪不需要行为人知道行为人所实施的具体犯罪罪名，只要行为人知道他人的行为属于间谍犯罪、恐怖主义犯罪、极端主义犯罪即可。
本罪属情节犯，拒绝提供的行为必须是情节严重，才能构成犯罪。所谓情节严重，一般是指经过教育，仍坚持拒绝提供的；拒绝提供的行为造成严重后果，如耽搁了司法机关工作，致使间谍犯罪、恐怖主义犯罪、极端主义犯罪分子逃匿，或使一些重要证据消失的等；基于卑鄙动机如因与执行公务的司法机关工作人员有宿怨欲求报复而拒绝提供的；兼有其他不构成犯罪的妨害国家安全公务的违法行为的；国家工作人员拒绝提供的；等等。</td></tr>
<tr><td>犯罪主体</td><td>本罪主体是一般主体，凡是达到刑事责任年龄、具有刑事责任能力的人都可以成为本罪主体。</td></tr>
<tr><td>犯罪主观方面</td><td>本罪主观方面表现为故意，即行为人明知他人有间谍犯罪行为，而在司法机关向其调查有关情况、收集有关证据时，故意地拒绝提供。因此行为人在主观心态上须具备两个条件：一是明知他人有间谍犯罪、恐怖主义犯罪、极端主义犯罪行为。“他人有间谍犯罪、恐怖主义犯罪、极端主义犯罪行为”是行为人“明知”的内容，指的是明知他人参加外国的间谍组织，或者接受间谍组织、恐怖组织、极端主义组织的派遣任务，或者虽未参加间谍组织恐怖组织、极端主义组织，但为国外敌人窃取、刺探、提供我国情报，指示轰击目标的犯罪行为。二是故意拒绝提供有关情况和证据，过失不能构成本罪。</td></tr>
<tr><td>罪与非罪</td><td>本罪是在司法机关向其调查的情况下发生的，它不是一般的知情不举，二者必须严加区分。</td></tr>
<tr><td>此罪与彼罪</td><td>本罪与包庇罪的界限。包庇罪，是指明知是犯罪的人而为其作假证明包庇，掩盖其罪行的行为。包庇罪在客观上通常是由作为构成的，而拒绝提供间谍犯罪、恐怖主义犯罪、极端主义犯罪证据罪则是由不作为构成的。同时，和包庇罪相比较，本罪的主体范围较窄，仅限于知悉他人间谍犯罪、恐怖主义犯罪、极端主义犯罪行为且在司法机关向其调查时却拒绝提供证据的人。</td></tr>
<tr><td colspan="2"></td></tr>
<tr><td>证据参考标准</td><td>主体方面的证据</td><td>一、证明行为人刑事责任年龄、身份等自然情况的证据。
包括身份证明、户籍证明、任职证明、工作经历证明、特定职责证明等，主要是证明行为人的姓名（曾用名）、性别、出生年月日、民族、籍贯、出生地、职业（或职务）、住所地（或居所地）等证据材料，如户口簿、居民身份证、工作证、出生证、专业或技术等级证、干部履历表、职工登记表、护照等。
对于户籍、出生证等材料内容不实的，应提供其他证据材料。外国人犯罪的案件，应有护照等身份证明材料。人大代表、政协委员犯罪的案件，应注明身份，并附身份证明材料。
二、证明行为人刑事责任能力的证据。
证明行为人对自己的行为是否具有辨认能力与控制能力，如是否属于间歇性精神病人、尚未完全丧失辨认或者控制自己行为能力的精神病人的证明材料。</td></tr>
</table>

<table>
<tr><td rowspan="3">证据参考标准</td><td>主观方面的证据</td><td colspan="2">证明行为人故意的证据：1. 证明行为人明知的证据：（1）证明行为人明知他人有实施间谍犯罪、恐怖主义犯罪、极端主义犯罪的行为；（2）证明行为人明知拒绝提供上述犯罪相关证据会造成危害社会的结果。2. 证明行为人故意的证据：证明行为人希望或者放任危害结果发生的证据。</td></tr>
<tr><td>客观方面的证据</td><td colspan="2">证明行为人拒绝提供他人实施间谍犯罪、恐怖主义犯罪、极端主义犯罪相关证据的行为。
具体证据包括：1. 证明行为人拒绝提供他人实施间谍犯罪相关证据的行为；2. 证明行为人拒绝提供他人实施恐怖主义犯罪证据的行为；3. 证明行为人拒绝提供他人实施极端主义犯罪证据的行为；4. 证明行为人在司法机关向其调、收集上述犯罪情况时拒绝提供的证据。</td></tr>
<tr><td>量刑方面的证据</td><td colspan="2">一、法定量刑情节证据。
1. 事实情节：（1）情节严重；（2）其他。2. 法定从重情节。3. 法定从轻减轻情节：（1）可以从轻；（2）可以从轻或减轻；（3）应当从轻或者减轻。4. 法定从轻减轻免除情节：（1）可以从轻、减轻或者免除处罚；（2）应当从轻、减轻或者免除处罚。5. 法定减轻免除情节：（1）可以减轻或者免除处罚；（2）应当减轻或者免除处罚；（3）可以免除处罚。
二、酌定量刑情节证据。
1. 犯罪手段：（1）拒绝；（2）不讲真情；（3）其他。2. 犯罪对象。3. 危害结果。4. 动机。5. 平时表现。6. 认罪态度。7. 是否有前科。8. 其他证据。</td></tr>
<tr><td>量刑标准</td><td colspan="2">犯本罪的</td><td>处三年以下有期徒刑、拘役或者管制</td></tr>
<tr><td rowspan="2">法律适用</td><td>刑法条文</td><td colspan="2">第三百一十一条　明知他人有间谍犯罪或者恐怖主义、极端主义犯罪行为，在司法机关向其调查有关情况、收集有关证据时，拒绝提供，情节严重的，处三年以下有期徒刑、拘役或者管制。</td></tr>
<tr><td>相关法律法规</td><td colspan="2">一、《中华人民共和国国家安全法》（节录）（2015年7月1日中华人民共和国主席令第29号公布　自公布之日起施行）
第七十七条　公民和组织应当履行下列维护国家安全的义务：
（一）遵守宪法、法律法规关于国家安全的有关规定；
（二）及时报告危害国家安全活动的线索；
（三）如实提供所知悉的涉及危害国家安全活动的证据；
（四）为国家安全工作提供便利条件或者其他协助；
（五）向国家安全机关、公安机关和有关军事机关提供必要的支持和协助；
（六）保守所知悉的国家秘密；
（七）法律、行政法规规定的其他义务。
任何个人和组织不得有危害国家安全的行为，不得向危害国家安全的个人或者组织提供任何资助或者协助。</td></tr>
</table>

法律适用 相关法律法规

二、《中华人民共和国反间谍法》（节录）（2014年11月1日中华人民共和国主席令第16号公布　自公布之日起施行）

第二十二条　在国家安全机关调查了解有关间谍行为的情况、收集有关证据时，有关组织和个人应当如实提供，不得拒绝。

第二十九条　明知他人有间谍犯罪行为，在国家安全机关向其调查有关情况、收集有关证据时，拒绝提供的，由其所在单位或者上级主管部门予以处分，或者由国家安全机关处十五日以下行政拘留；构成犯罪的，依法追究刑事责任。

第三十八条　本法所称间谍行为，是指下列行为：

（一）间谍组织及其代理人实施或者指使、资助他人实施，或者境内外机构、组织、个人与其相勾结实施的危害中华人民共和国国家安全的活动；

（二）参加间谍组织或者接受间谍组织及其代理人的任务的；

（三）间谍组织及其代理人以外的其他境外机构、组织、个人实施或者指使、资助他人实施，或者境内机构、组织、个人与其相勾结实施的窃取、刺探、收买或者非法提供国家秘密或者情报，或者策动、引诱、收买国家工作人员叛变的活动；

（四）为敌人指示攻击目标的；

（五）进行其他间谍活动的。

三、《中华人民共和国反恐怖主义法》（节录）（2015年12月27日中华人民共和国主席令第36号公布　自2016年1月1日起施行　2018年4月27日修正）

第五十一条　公安机关调查恐怖活动嫌疑，有权向有关单位和个人收集、调取相关信息和材料。有关单位和个人应当如实提供。

第八十二条　明知他人有恐怖活动犯罪、极端主义犯罪行为，窝藏、包庇，情节轻微，尚不构成犯罪的，或者在司法机关向其调查有关情况、收集有关证据时，拒绝提供的，由公安机关处十日以上十五日以下拘留，可以并处一万元以下罚款。

68 掩饰、隐瞒犯罪所得、犯罪所得收益案

概念

本罪是指明知是犯罪所得及其产生的收益而予以窝藏、转移、收购、代为销售或者以其他方法掩饰、隐瞒的行为。

立案标准

根据相关司法解释的规定，明知是犯罪所得及其产生的收益而予以窝藏、转移、收购、代为销售或者以其他方法掩饰、隐瞒，具有下列情形之一的，应当以掩饰、隐瞒犯罪所得、犯罪所得收益罪定罪处罚：

(1) 1 年内曾因掩饰、隐瞒犯罪所得及其产生的收益行为受过行政处罚，又实施掩饰、隐瞒犯罪所得及其产生的收益行为的；

(2) 掩饰、隐瞒的犯罪所得系电力设备、交通设施、广播电视设施、公用电信设施、军事设施或者救灾、抢险、防汛、优抚、扶贫、移民、救济款物的；

(3) 掩饰、隐瞒行为致使上游犯罪无法及时查处，并造成公私财物损失无法挽回的；

(4) 实施其他掩饰、隐瞒犯罪所得及其产生的收益行为，妨害司法机关对上游犯罪进行追究的。

定罪标准

犯罪客体

本罪侵犯的客体是社会管理秩序和国家司法机关的正常活动。犯罪所得及其产生的收益既是盗窃、诈骗、走私、贪污、受贿等犯罪所追求的目标，也是证实这些犯罪的主要证据之一。有效、及时地查获犯罪所得及其产生的收益是证实犯罪、揭露、打击犯罪分子的重要手段，而本罪在帮助犯罪分子处理犯罪所得及其产生的收益，为犯罪分子逃避法律制裁创造了条件，严重妨害了公安、司法机关追查、审判犯罪分子的正常活动，《刑法》将本罪规定在妨害社会管理秩序罪一章中，其着眼点首先在于维护司法机关的正常活动。

本罪中的犯罪所得及其产生的收益应有如下几个特征：(1) 不论是因侵犯财产罪而得到的财物（如抢劫、盗窃、诈骗、抢夺、敲诈勒索、贪污等），还是其他犯罪而取得的财物（如走私犯罪所得，赌博罪中的赌资、贿赂犯罪中的贿赂款、违反《野生动物保护法》和《渔业法》而得到的捕获物等）都是犯罪所得。甚至伪造、变造的公文、证件、印章，伪造的国家货币等，虽然其本身的经济价值极小，但一般也可将其视为犯罪所得及其产生的收益，成为本罪的对象，因为窝藏上述物品，也会妨害国家司法机关的正常工作，给犯罪人逃避法律制裁创造有利条件。(2) 犯罪分子自用的犯罪物品，如杀人、伤人所用的凶器，撬门、扭锁的钳子、棍子或其他各种用品都不是犯罪所得及其产生的收益，窝藏这类物品的，不能构成本罪。因为这类行为实际上起了湮灭罪证、包庇罪犯的作用，所以，可以视情况的不同，定为包庇罪或者伪证罪。(3) 违禁品是否可以成为本罪的对象，存在争议。所谓违禁品，是指国家规定不准私自制造、销售、购买、使用、持有、储存、运输的物品。我国法律规定的违禁品有武器、弹药、爆炸品、剧毒物品、麻醉品、放射物品等。对于窝藏、代销违禁品的行为，我国《刑法》有的设有特别规定，将其列为独立的罪名，如私藏枪支、弹药罪，

<table>
<tr><td rowspan="2">定罪标准</td><td>犯罪客体</td><td>有的则没有特别的规定，如私藏爆炸物、剧毒物品等行为。因此，对于窝藏他人违法犯罪所得的违禁品的行为，应当分别对待，即有特别规定的，按特别规定办，如对窝藏他人盗窃所得枪支、弹药的行为，就应定为私藏枪支、弹药罪；没有特别规定的，就应定为本罪，如对窝藏他人盗窃来的氰化钾的行为，就应定为本罪。（4）本罪的对象必须是他人违法犯罪所取得的物品。首先，必须是由他人取得的物，自己犯罪取得的财物，不能成为本罪的对象。因为藏匿自己盗窃得来的物品，这只是一种不可罚的事后行为，它已被自己所犯的盗窃罪吸收，不必另外定一个独立的掩饰、隐瞒犯罪所得罪了。其次，这种物品只要是由他人违法犯罪行为得来的就足够了，不一定非要符合犯罪构成的全部要件，或非要受到刑事处罚不可。（5）善意第三人有偿取得的犯罪所得及其产生的收益（如盗窃得来的物品）是否能成为本罪的犯罪对象，司法实践中，对有偿取得的犯罪所得及其产生的收益，一般是按以下原则处理的：对不知情而有偿取得的盗窃物等，原物存在的，应由犯罪分子按价赔偿原所有人损失；如果根据犯罪分子的客观实际情况来判断，他确实无力赎回原物或者不可能赔偿损失时，可以根据买主和原所有人（即被害人）双方的具体情况进行调解，妥善处理。如果买主明知是犯罪所得及其产生的收益而故意购买的，应将犯罪所得及其产生的收益无偿追缴予以没收或退还原所有人。（6）对犯罪所得及其产生的收益不管如何加工，费多少劳动，经过加工后的物品仍然是犯罪所得及其产生的收益。例如，将窃得的黄金经过加工变成金首饰；将窃得的自行车零件经过装配变成整车；将窃得的皮革制成皮鞋、皮包等。这些金首饰、自行车、皮鞋、皮包等仍属犯罪所得及其产生的收益。以物易物、以钱换钱、以钱购物、以物卖钱所得到的钱物，仍然是犯罪所得及其产生的收益。例如，以盗窃得来的两辆自行车与他人换成一架电视机，这架电视机就成了犯罪所得及其产生的收益。把窃得的 10 元张的小票换成一张 100 元的大票，用窃得的银行支票购买得来的收录机，用窃得的邮局汇款单提取的现金等，这些 100 元的大票、录音机、现金仍是犯罪所得及其产生的收益。（7）犯罪所得及其产生的收益包括动产和不动产，并以现实的财物为限，财产上的利益虽然可以构成侵犯财产罪的客体，但不能成为本罪的侵犯客体。但记载或证明权利或利益的证件或文书，如银行存折、邮局汇款单、支票、股票、汇单、借据等则都可以成为本罪的行为客体。</td></tr>
<tr><td>犯罪客观方面</td><td>本罪在客观方面表现为窝藏、转移、收购、代为销售或者以其他方式掩饰、隐瞒犯罪所得及其产生的收益的行为。窝藏犯罪所得及其产生的收益，是指隐藏、保管等使司法机关不能或难以发现犯罪所得及其产生的收益的行为。转移犯罪所得及其产生的收益，是指改变犯罪所得及其产生的收益的存放地的行为，转移犯罪所得及其产生的收益应达到足以妨害司法机关追缴犯罪所得及其产生的收益的程度，在同一房屋内将犯罪所得及其产生的收益予以转移的，不宜认定为本罪，但将某建筑物内的犯罪所得及其产生的收益从一个房间转移到另一房间的，不失为转移犯罪所得及其产生的收益。收购犯罪所得及其产生的收益，是指收买不特定犯罪所得及其产生的收益或者购买大量犯罪所得及其产生的收益的行为，对于购买特定的少量犯罪所得及其产生的收益自用的，不宜认定为犯罪。代为销售犯罪所得及其产生的收益，是指替本犯有偿转让犯罪所得及其产生的收益的行为。对于在本犯与购买人之间进行斡旋的，也应认定为代为销售犯罪所得及其产生的收益。其他方式，是指上述窝藏、转移、收购、代为</td></tr>
</table>

定罪标准	犯罪客观方面	销售以外的方式，如居间介绍买卖、收受，持有，使用，加工，提供资金账户，协助将财物转移为现金、金融票据有价证券，协助将资金转移汇往境外等。 根据相关司法解释的规定，掩饰、隐瞒犯罪所得及其产生的收益，具有下列情形之一的，应当认定为“情节严重”： （1）掩饰、隐瞒犯罪所得及其产生的收益价值总额达到10万元以上的； （2）掩饰、隐瞒犯罪所得及其产生的收益10次以上，或者3次以上且价值总额达到5万元以上的； （3）掩饰、隐瞒的犯罪所得系电力设备、交通设施、广播电视设施、公用电信设施、军事设施或者救灾、抢险、防汛、优抚、扶贫、移民、救济款物，价值总额达到5万元以上的； （4）掩饰、隐瞒行为致使上游犯罪无法及时查处，并造成公私财物重大损失无法挽回或其他严重后果的； （5）实施其他掩饰、隐瞒犯罪所得及其产生的收益行为，严重妨害司法机关对上游犯罪予以追究的。 明知是非法狩猎的野生动物而收购，数量达到50只以上的，以掩饰、隐瞒犯罪所得罪定罪处罚。
	犯罪主体	本罪主体是一般主体，但只能是犯罪所得及其产生的收益持有人以外的其他人，如果犯罪分子本人将犯罪所得及其产生的收益予以窝藏，不能成为本罪的主体。根据《刑法修正案（七）》的规定，单位也可成为本罪的主体。
	犯罪主观方面	本罪主观方面只能是故意，即明知是犯罪所得及其产生的收益，而予以窝藏、转移、收购、代为销售或者以其他方式掩饰、隐瞒的。在明知是犯罪所得及其产生的收益的情况下，行为人认识到自己窝藏、转移、收购、代为销售或者以其他方式掩饰、隐瞒的行为，会发生妨害司法机关追缴犯罪所得及其产生的收益与从事刑事侦查、起诉、审判的正常活动秩序的危害结果，并且希望或者放任这种结果发生。至于如何判断行为人是否“明知是犯罪所得及其产生的收益”则是至关重要的问题。行为人必须事前与本犯没有通谋，如果行为人事前与本犯通谋，就事后窝藏、转移、收购、代为销售或者以其他方式掩饰、隐瞒的犯罪所得及其产生的收益达成合意的，则以共同犯罪论处。 认定本罪的“明知”，不能仅凭被告人的口供，应当根据案件的客观事实予以分析，只要证明被告人知道或者应当知道是犯罪所得及其产生的收益而予以窝藏或者代为销售的，就可以认定。“应当知道”是犯罪所得及其产生的收益，无论如何不属于“明知”是犯罪所得及其产生的收益，否则过失与故意就没有区别了。如果将“应当知道”是犯罪所得及其产生的收益的情形也认定为犯罪所得及其产生的收益犯罪，则意味着处罚过失犯罪所得及其产生的收益犯罪，但《刑法》并没有规定过失犯罪所得及其产生的收益犯罪，相反，《刑法》明文要求行为人“明知”是犯罪所得及其产生的收益。然而，为了避免放纵犯罪，又不宜将明知限定在很窄的范围，这就需要正确理解和认定“明知”。 明知是犯罪所得及其产生的收益，包括明知肯定是犯罪所得及其产生的收益与明知可能是犯罪所得及其产生的收益。明知肯定是犯罪所得及其产生的收益，是指行为人根据有关事项，判断出自己所窝藏、转移、收购、代为销售或者以其他方式掩饰、

<table>
<tr><td rowspan="2">定罪标准</td><td>犯罪主观方面</td><td>隐瞒的肯定是犯罪所得及其产生的收益，不会是其他性质的财物。明知可能是犯罪所得及其产生的收益，是指行为人根据有关事项，认识到可能是犯罪所得及其产生的收益，但又不能充分肯定其为犯罪所得及其产生的收益。因此，行为人对犯罪所得及其产生的收益的认识不要求是确定的，只要认识到或许是犯罪所得及其产生的收益、可能是犯罪所得及其产生的收益即可。基于这一理由，本罪也可以是间接故意犯罪。
对明知是犯罪所得及其产生的收益的认定，可以采取推定的方法，即从行为人已经实施的行为及相关事实中，推断出行为人是否明知是犯罪所得及其产生的收益；如果推定行为人明知是犯罪所得及其产生的收益，行为人未作任何辩解，则推定成立。一般来说，应根据行为人窝藏、转移、收购、代为销售或者以其他方式掩饰、隐瞒物品的时间、地点、数量、价格、品种、行为人与本犯的关系、了解程度等方面推定行为人是否明知是犯罪所得及其产生的收益。例如，商定在秘密地点交付物品然后实施窝藏等行为的，以明显低于市场的正常价格收购大量物品的，对方交付的是个人不可能持有的公用设施器材或其他零部件而又没有单位证明的，行为人明知对方是财产犯罪人、经济犯罪人而接受其物品并实施窝藏等行为的，知道是禁止经营的物品而收购的，都可以推定行为人“明知”是犯罪所得及其产生的收益。当然，推定不是主观臆断，不能取代调查研究，推定也要以事实为根据，而且对于推定结论应允许行为人提出辩解。</td></tr>
<tr><td>罪与非罪</td><td>区分罪与非罪的界限，关键是看行为人是否明知窝藏、转移、收购、销售或者以其他方式掩饰、隐瞒的物品是犯罪所得及其产生的收益。</td></tr>
<tr><td>证据参考标准</td><td>主体方面的证据</td><td>一、证明行为人刑事责任年龄、身份等自然情况的证据。
包括身份证明、户籍证明、任职证明、工作经历证明、特定职责证明等，主要是证明行为人的姓名（曾用名）、性别、出生年月日、民族、籍贯、出生地、职业（或职务）、住所地（或居所地）等证据材料，如户口簿、居民身份证、工作证、出生证、专业或技术等级证、干部履历表、职工登记表、护照等。
对于户籍、出生证等材料内容不实的，应提供其他证据材料。外国人犯罪的案件，应有护照等身份证明材料。人大代表、政协委员犯罪的案件，应注明身份，并附身份证明材料。
二、证明行为人刑事责任能力的证据。
证明行为人对自己的行为是否具有辨认能力与控制能力，如是否属于间歇性精神病人、尚未完全丧失辨认或者控制自己行为能力的精神病人的证明材料。
三、证明单位的证据。
证明是否属于依法成立并有合法经营、管理范围的公司、企业、事业单位、机关、团体。
证明单位的名称、住所地、性质、法定代表人、单位负责人、业务范围、成立时间等证据材料，如企业营业执照、国有公司性质证明及非法人单位的身份证明等。
四、证明法定代表人、单位负责人或直接责任人员的身份证据。
法定代表人、直接负责的主管人员和其他直接责任人员在单位的任职、职责、负责权限的证明材料等。包括身份证明、户籍证明、任职证明等，如户口簿、居民身份证、工作证、护照、专业或技术等级证、干部履历表、职工登记表、任命书、业务分工文件、委派文件、单位证明、单位规章制度等。</td></tr>
</table>

<table>
<tr><td rowspan="3">证据参考标准</td><td>主观方面的证据</td><td colspan="2">证明行为人故意的证据：1. 证明行为人明知的证据：证明行为人明知自己的行为会发生危害社会的结果。2. 证明直接故意的证据：证明行为人希望危害结果发生。3. 目的：（1）窝藏；（2）收购；（3）销售；（4）转移；（5）其他。</td></tr>
<tr><td>客观方面的证据</td><td colspan="2">证明行为人窝藏、转移、收购、销售或者以其他方式掩饰、隐瞒犯罪所得及其产生的收益犯罪行为的证据。
具体证据包括：1. 证明行为人明知是犯罪所得及其产生的收益的证据。2. 证明行为人为犯罪人窝藏犯罪所得及其产生的收益行为的证据。3. 证明行为人为犯罪人转移犯罪所得及其产生的收益行为的证据。4. 证明行为人收购犯罪人犯罪所得及其产生的收益行为的证据。5. 证明行为人代为销售犯罪所得及其产生的收益行为的证据：（1）买进、卖出犯罪所得及其产生的收益；（2）介绍买卖犯罪所得及其产生的收益；（3）推销犯罪所得及其产生的收益；（4）代售犯罪所得及其产生的收益；（5）证明行为人以其他方式掩饰、隐瞒犯罪所得及其产生的收益行为的证据。</td></tr>
<tr><td>量刑方面的证据</td><td colspan="2">一、法定量刑情节证据。
1. 事实情节。2. 法定从重情节：情节严重。3. 法定从轻减轻情节：（1）可以从轻；（2）可以从轻或减轻；（3）应当从轻或者减轻。4. 法定从轻减轻免除情节：（1）可以从轻、减轻或者免除处罚；（2）应当从轻、减轻或者免除处罚。5. 法定减轻免除情节：（1）可以减轻或者免除处罚；（2）应当减轻或者免除处罚；（3）可以免除处罚。
二、酌定量刑情节证据。
1. 犯罪手段：窝藏、转移、收购、销售或者以其他方式掩饰、隐瞒犯罪所得及其产生的收益。2. 犯罪对象。3. 危害结果。4. 动机。5. 平时表现。6. 认罪态度。7. 是否有前科。8. 其他证据。</td></tr>
<tr><td rowspan="3">量刑标准</td><td colspan="2">犯本罪的</td><td>处三年以下有期徒刑、拘役或者管制，并处或者单处罚金</td></tr>
<tr><td colspan="2">情节严重的</td><td>处三年以上七年以下有期徒刑，并处罚金</td></tr>
<tr><td colspan="2">单位犯罪的</td><td>对单位判处罚金，并对其直接负责的主管人员和其他直接责任人员依上述规定处罚</td></tr>
<tr><td>法律适用</td><td>刑法条文</td><td colspan="2">第三百一十二条　明知是犯罪所得及其产生的收益而予以窝藏、转移、收购、代为销售或者以其他方法掩饰、隐瞒的，处三年以下有期徒刑、拘役或者管制，并处或者单处罚金；情节严重的，处三年以上七年以下有期徒刑，并处罚金。
单位犯前款罪的，对单位判处罚金，并对其直接负责的主管人员和其他直接责任人员，依照前款的规定处罚。</td></tr>
</table>

法律适用 司法解释

一、最高人民法院、最高人民检察院《关于办理与盗窃、抢劫、诈骗、抢夺机动车相关刑事案件具体应用法律若干问题的解释》(节录)（2007年5月9日最高人民法院、最高人民检察院公布　自2007年5月11日起施行　法释〔2007〕11号）

第一条　明知是盗窃、抢劫、诈骗、抢夺的机动车，实施下列行为之一的，依照刑法第三百一十二条的规定，以掩饰、隐瞒犯罪所得、犯罪所得收益罪定罪，处三年以下有期徒刑、拘役或者管制，并处或者单处罚金：

（一）买卖、介绍买卖、典当、拍卖、抵押或者用其抵债的；

（二）拆解、拼装或者组装的；

（三）修改发动机号、车辆识别代号的；

（四）更改车身颜色或者车辆外形的；

（五）提供或者出售机动车来历凭证、整车合格证、号牌以及有关机动车的其他证明和凭证的；

（六）提供或者出售伪造、变造的机动车来历凭证、整车合格证、号牌以及有关机动车的其他证明和凭证的。

实施第一款规定的行为涉及盗窃、抢劫、诈骗、抢夺的机动车五辆以上或者价值总额达到五十万元以上的，属于刑法第三百一十二条规定的“情节严重”，处三年以上七年以下有期徒刑，并处罚金。

第四条　实施本解释第一条、第二条、第三条第一款或者第三款规定的行为，事前与盗窃、抢劫、诈骗、抢夺机动车的犯罪分子通谋的，以盗窃罪、抢劫罪、诈骗罪、抢夺罪的共犯论处。

第五条　对跨地区实施的涉及同一机动车的盗窃、抢劫、诈骗、抢夺以及掩饰、隐瞒犯罪所得、犯罪所得收益行为，有关公安机关可以依照法律和有关规定一并立案侦查，需要提请批准逮捕、移送审查起诉、提起公诉的，由该公安机关所在地的同级人民检察院、人民法院受理。

第六条　行为人实施本解释第一条、第三条第三款规定的行为，涉及的机动车有下列情形之一的，应当认定行为人主观上属于上述条款所称“明知”：

（一）没有合法有效的来历凭证；

（二）发动机号、车辆识别代号有明显更改痕迹，没有合法证明的。

二、最高人民法院、最高人民检察院《关于办理盗窃油气、破坏油气设备等刑事案件具体应用法律若干问题的解释（节录）》（2007年1月15日最高人民法院、最高人民检察院公布　自2007年1月19日起施行　法释〔2007〕3号）

第五条　明知是盗窃犯罪所得的油气或者油气设备，而予以窝藏、转移、收购、加工、代为销售或者以其他方法掩饰、隐瞒的，依照刑法第三百一十二条的规定定罪处罚。

实施前款规定的犯罪行为，事前通谋的，以盗窃犯罪的共犯定罪处罚。

三、最高人民法院、最高人民检察院《关于常见犯罪的量刑指导意见（试行）》(节录)（2021年6月17日最高人民法院、最高人民检察院公布　自2021年7月1日起施行　法发〔2021〕21号）

四、常见犯罪的量刑

（十九）掩饰、隐瞒犯罪所得、犯罪所得收益罪

1. 构成掩饰、隐瞒犯罪所得、犯罪所得收益罪的，根据下列情形在相应的幅度内确定量刑起点：

（1）犯罪情节一般的，在一年以下有期徒刑、拘役幅度内确定量刑起点。

(2) 情节严重的，在三年至四年有期徒刑幅度内确定量刑起点。

2. 在量刑起点的基础上，根据犯罪数额等其他影响犯罪构成的犯罪事实增加刑罚量，确定基准刑。

3. 构成掩饰、隐瞒犯罪所得、犯罪所得收益罪的，根据掩饰、隐瞒犯罪所得及其收益的数额、犯罪对象、危害后果等犯罪情节，综合考虑被告人缴纳罚金的能力，决定罚金数额。

4. 构成掩饰、隐瞒犯罪所得、犯罪所得收益罪的，综合考虑掩饰、隐瞒犯罪所得及其收益的数额、危害后果、上游犯罪的危害程度等犯罪事实、量刑情节，以及被告人的主观恶性、人身危险性、认罪悔罪表现等因素，决定缓刑的适用。

四、最高人民法院《关于审理掩饰、隐瞒犯罪所得、犯罪所得收益刑事案件适用法律若干问题的解释》（2015年5月29日最高人民法院公布　自2015年6月1日起施行　2021年4月7日修正　法释〔2021〕8号）

为依法惩治掩饰、隐瞒犯罪所得、犯罪所得收益犯罪活动，根据刑法有关规定，结合人民法院刑事审判工作实际，现就审理此类案件具体适用法律的若干问题解释如下：

第一条　明知是犯罪所得及其产生的收益而予以窝藏、转移、收购、代为销售或者以其他方法掩饰、隐瞒，具有下列情形之一的，应当依照刑法第三百一十二条第一款的规定，以掩饰、隐瞒犯罪所得、犯罪所得收益罪定罪处罚：

（一）一年内曾因掩饰、隐瞒犯罪所得及其产生的收益行为受过行政处罚，又实施掩饰、隐瞒犯罪所得及其产生的收益行为的；

（二）掩饰、隐瞒的犯罪所得系电力设备、交通设施、广播电视设施、公用电信设施、军事设施或者救灾、抢险、防汛、优抚、扶贫、移民、救济款物的；

（三）掩饰、隐瞒行为致使上游犯罪无法及时查处，并造成公私财物损失无法挽回的；

（四）实施其他掩饰、隐瞒犯罪所得及其产生的收益行为，妨害司法机关对上游犯罪进行追究的。

人民法院审理掩饰、隐瞒犯罪所得、犯罪所得收益刑事案件，应综合考虑上游犯罪的性质、掩饰、隐瞒犯罪所得及其收益的情节、后果及社会危害程度等，依法定罪处罚。

司法解释对掩饰、隐瞒涉及计算机信息系统数据、计算机信息系统控制权的犯罪所得及其产生的收益行为构成犯罪已有规定的，审理此类案件依照该规定。

依照全国人民代表大会常务委员会《关于〈中华人民共和国刑法〉第三百四十一条、第三百一十二条的解释》，明知是非法狩猎的野生动物而收购，数量达到五十只以上的，以掩饰、隐瞒犯罪所得罪定罪处罚。

第二条　掩饰、隐瞒犯罪所得及其产生的收益行为符合本解释第一条的规定，认罪、悔罪并退赃、退赔，且具有下列情形之一的，可以认定为犯罪情节轻微，免予刑事处罚：

（一）具有法定从宽处罚情节的；

（二）为近亲属掩饰、隐瞒犯罪所得及其产生的收益，且系初犯、偶犯的；

（三）有其他情节轻微情形的。

第三条　掩饰、隐瞒犯罪所得及其产生的收益，具有下列情形之一的，应当认定为刑法第三百一十二条第一款规定的“情节严重”：

（一）掩饰、隐瞒犯罪所得及其产生的收益价值总额达到十万元以上的；

（二）掩饰、隐瞒犯罪所得及其产生的收益十次以上，或者三次以上且价值总额达到五万元以上的；

法律适用 司法解释

（三）掩饰、隐瞒的犯罪所得系电力设备、交通设施、广播电视设施、公用电信设施、军事设施或者救灾、抢险、防汛、优抚、扶贫、移民、救济款物，价值总额达到五万元以上的；

（四）掩饰、隐瞒行为致使上游犯罪无法及时查处，并造成公私财物重大损失无法挽回或其他严重后果的；

（五）实施其他掩饰、隐瞒犯罪所得及其产生的收益行为，严重妨害司法机关对上游犯罪予以追究的。

司法解释对掩饰、隐瞒涉及机动车、计算机信息系统数据、计算机信息系统控制权的犯罪所得及其产生的收益行为认定“情节严重”已有规定的，审理此类案件依照该规定。

第四条 掩饰、隐瞒犯罪所得及其产生的收益的数额，应当以实施掩饰、隐瞒行为时为准。收购或者代为销售财物的价格高于其实际价值的，以收购或者代为销售的价格计算。

多次实施掩饰、隐瞒犯罪所得及其产生的收益行为，未经行政处罚，依法应当追诉的，犯罪所得、犯罪所得收益的数额应当累计计算。

第五条 事前与盗窃、抢劫、诈骗、抢夺等犯罪分子通谋，掩饰、隐瞒犯罪所得及其产生的收益的，以盗窃、抢劫、诈骗、抢夺等犯罪的共犯论处。

第六条 对犯罪所得及其产生的收益实施盗窃、抢劫、诈骗、抢夺等行为，构成犯罪的，分别以盗窃罪、抢劫罪、诈骗罪、抢夺罪等定罪处罚。

第七条 明知是犯罪所得及其产生的收益而予以掩饰、隐瞒，构成刑法第三百一十二条规定的犯罪，同时构成其他犯罪的，依照处罚较重的规定定罪处罚。

第八条 认定掩饰、隐瞒犯罪所得、犯罪所得收益罪，以上游犯罪事实成立为前提。上游犯罪尚未依法裁判，但查证属实的，不影响掩饰、隐瞒犯罪所得、犯罪所得收益罪的认定。

上游犯罪事实经查证属实，但因行为人未达到刑事责任年龄等原因依法不予追究刑事责任的，不影响掩饰、隐瞒犯罪所得、犯罪所得收益罪的认定。

第九条 盗用单位名义实施掩饰、隐瞒犯罪所得及其产生的收益行为，违法所得由行为人私分的，依照刑法和司法解释有关自然人犯罪的规定定罪处罚。

第十条 通过犯罪直接得到的赃款、赃物，应当认定为刑法第三百一十二条规定的“犯罪所得”。上游犯罪的行为人对犯罪所得进行处理后得到的孳息、租金等，应当认定为刑法第三百一十二条规定的“犯罪所得产生的收益”。

明知是犯罪所得及其产生的收益而采取窝藏、转移、收购、代为销售以外的方法，如居间介绍买卖，收受，持有，使用，加工，提供资金账户，协助将财物转换为现金、金融票据、有价证券，协助将资金转移、汇往境外等，应当认定为刑法第三百一十二条规定的“其他方法”。

第十一条 掩饰、隐瞒犯罪所得、犯罪所得收益罪是选择性罪名，审理此类案件，应当根据具体犯罪行为及其指向的对象，确定适用的罪名。

五、最高人民法院、最高人民检察院、公安部、司法部《关于依法惩治妨害新型冠状病毒感染肺炎疫情防控违法犯罪的意见》（节录）（2020年2月6日最高人民法院、最高人民检察院、公安部、司法部公布　自公布之日起施行　法发〔2020〕7号）

二、准确适用法律，依法严惩妨害疫情防控的各类违法犯罪

（九）依法严惩破坏野生动物资源犯罪。非法猎捕、杀害国家重点保护的珍贵、濒危

法律适用

司法解释

野生动物的，或者非法收购、运输、出售国家重点保护的珍贵、濒危野生动物及其制品的，依照刑法第三百四十一条第一款的规定，以非法猎捕、杀害珍贵、濒危野生动物罪或者非法收购、运输、出售珍贵、濒危野生动物、珍贵、濒危野生动物制品罪定罪处罚。

违反狩猎法规，在禁猎区、禁猎期或者使用禁用的工具、方法进行狩猎，破坏野生动物资源，情节严重的，依照刑法第三百四十一条第二款的规定，以非法狩猎罪定罪处罚。

违反国家规定，非法经营非国家重点保护野生动物及其制品（包括开办交易场所、进行网络销售、加工食品出售等），扰乱市场秩序，情节严重的，依照刑法第二百二十五条第四项的规定，以非法经营罪定罪处罚。

知道或者应当知道是国家重点保护的珍贵、濒危野生动物及其制品，为食用或者其他目的而非法购买，符合刑法第三百四十一条第一款规定的，以非法收购珍贵、濒危野生动物、珍贵、濒危野生动物制品罪定罪处罚。

知道或者应当知道是非法狩猎的野生动物而购买，符合刑法第三百一十二条规定的，以掩饰、隐瞒犯罪所得罪定罪处罚。

六、最高人民法院、最高人民检察院、公安部《关于办理电信网络诈骗等刑事案件适用法律若干问题的意见（二）》（节录）（2021年6月17日最高人民法院、最高人民检察院、公安部公布　自公布之日起施行　法发〔2021〕22号）

十一、明知是电信网络诈骗犯罪所得及其产生的收益，以下列方式之一予以转账、套现、取现，符合刑法第三百一十二条第一款规定的，以掩饰、隐瞒犯罪所得、犯罪所得收益罪追究刑事责任。但有证据证明确实不知道的除外。

（一）多次使用或者使用多个非本人身份证明开设的收款码、网络支付接口等，帮助他人转账、套现、取现的；

（二）以明显异于市场的价格，通过电商平台预付卡、虚拟货币、手机充值卡、游戏点卡、游戏装备等转换财物、套现的；

（三）协助转换或者转移财物，收取明显高于市场的“手续费”的。

实施上述行为，事前通谋的，以共同犯罪论处；同时构成其他犯罪的，依照处罚较重的规定定罪处罚。法律和司法解释另有规定的除外。

十二、为他人实施电信网络诈骗犯罪提供技术支持、广告推广、支付结算等帮助，或者窝藏、转移、收购、代为销售及以其他方法掩饰、隐瞒电信网络诈骗犯罪所得及其产生的收益，诈骗犯罪行为可以确认，但实施诈骗的行为人尚未到案，可以依法先行追究已到案的上述犯罪嫌疑人、被告人的刑事责任。

规章及规范性文件

最高人民法院、最高人民检察院、公安部、国家工商行政管理局（已撤销）《关于依法查处盗窃、抢劫机动车案件的规定》（节录）①（1998年5月8日公布　自公布之日起施行　公通字〔1998〕31号）

二、明知是盗窃、抢劫所得机动车而予以窝藏、转移、收购或者代为销售的，依照《刑法》第三百一十二条的规定处罚。

对明知是盗窃、抢劫所得机动车而予以拆解、改装、拼装、典当、倒卖的，视为窝藏、转移、收购或者代为销售，依照《刑法》第三百一十二条的规定处罚。

① 该规定中的《刑法》第312条是指“窝藏、转移、收购、销售赃物罪”。2006年6月29日《中华人民共和国刑法修正案（六）》对该条进行了修正，罪名变为掩饰、隐瞒犯罪所得、犯罪所得收益罪。

法律适用

规章及规范性文件

三、国家指定的车辆交易市场、机动车经营企业（含典当、拍卖行）以及从事机动车修理、零部件销售企业的主管人员或者其他直接责任人员，明知是盗窃、抢劫的机动车而予以窝藏、转移、拆解、改装、拼装、收购或者代为销售的，依照《刑法》第三百一十二条的规定处罚。单位组织实施上述行为的，由工商行政管理机关予以处罚。

四、本规定第二条和第三条中的行为人事先与盗窃、抢劫机动车辆的犯罪分子通谋的，分别以盗窃、抢劫罪的共犯论处。

五、机动车交易必须在国家指定的交易市场或合法经营企业进行，其交易凭证经工商行政管理机关验证盖章后办理登记或过户手续，私下交易机动车辆属于违法行为，由工商行政管理机关依法处理。

明知是赃车而购买，以收购赃物罪定罪处罚。单位的主管人员或者其他直接责任人员明知是赃车购买的，以收购赃物罪定罪处罚。

明知是赃车而介绍买卖的，以收购、销售赃物罪的共犯论处。

十七、本规定所称的“明知”，是指知道或者应当知道。有下列情形之一的，可视为应当知道，但有证据证明确属被蒙骗的除外：

（一）在非法的机动车交易场所和销售单位购买的；

（二）机动车证件手续不全或者明显违反规定的；

（三）机动车发动机号或者车架号有更改痕迹，没有合法证明的；

（四）以明显低于市场价格购买机动车的。

69 拒不执行判决、裁定案

概念

本罪是指对人民法院依法作出的具有执行内容且已发生法律效力的判决、裁定，有能力执行而拒不执行，情节严重的行为。

立案标准

根据《刑法》第313条的规定，对人民法院的判决、裁定有能力执行而拒不执行，情节严重的，应当立案。

根据相关司法解释，负有执行义务的人有能力执行而实施下列行为之一的，应当认定为“其他有能力执行而拒不执行，情节严重的情形”：

(1) 具有拒绝报告或者虚假报告财产情况、违反人民法院限制高消费及有关消费令等拒不执行行为，经采取罚款或者拘留等强制措施后仍拒不执行的；

(2) 伪造、毁灭有关被执行人履行能力的重要证据，以暴力、威胁、贿买方法阻止他人作证或者指使、贿买、胁迫他人作伪证，妨碍人民法院查明被执行人财产情况，致使判决、裁定无法执行的；

(3) 拒不交付法律文书指定交付的财物、票证或者拒不迁出房屋、退出土地，致使判决、裁定无法执行的；

(4) 与他人串通，通过虚假诉讼、虚假仲裁、虚假和解等方式妨害执行，致使判决、裁定无法执行的；

(5) 以暴力、威胁方法阻碍执行人员进入执行现场或者聚众哄闹、冲击执行现场，致使执行工作无法进行的；

(6) 对执行人员进行侮辱、围攻、扣押、殴打，致使执行工作无法进行的；

(7) 毁损、抢夺执行案件材料、执行公务车辆和其他执行器械、执行人员服装以及执行公务证件，致使执行工作无法进行的；

(8) 拒不执行法院判决、裁定，致使债权人遭受重大损失的。

定罪标准

犯罪客体

本罪侵犯的客体是人民法院的正常活动。人民法院是代表国家行使审判权的唯一机关，它对各类案件制作的判决和裁定，是代表国家行使审判权的具体形式。判决和裁定一经生效，就具有法律强制力，有关当事人以及负有执行责任的机关、单位，都必须坚持执行。即使有不同意见，也只能按照法律的有关规定，进行申诉，而不允许抗拒执行。维护这种生效的判决、裁定的权威，就是维护法律和法制的权威，就是维护司法机关的正常活动。

本罪拒不执行的对象，是人民法院依法作出的，具有执行内容并已经发生法律效力的判决和裁定。这里包括两层含义：(1) 其是人民法院作出的判决和裁定。判决是人民法院经过审理就案件的实体问题所作的决定；裁定是人民法院在诉讼或判决执行过程中，对诉讼程序和部分实体问题所作的决定。作为本罪对象的判决与裁定，包括人民法院对刑事案件、民事案件、行政案件、经济案件等各类案件所作的判决和裁定。但从审判实践看，主要是拒不执行民事案件、经济案件、行政案件的判决和裁定；至于刑事案件的判决和裁定，很少有可能拒不执行。(2) 其是具有执行内容并已

<table>
<tr><td rowspan="5">定罪标准</td><td>犯罪客体</td><td>经发生法律效力的判决和裁定。所谓生效的判决和裁定，包括已经超过法定上诉、抗诉期限而没有上诉、抗诉的判决和裁定以及终审作出的判决和裁定等。至于没有生效的判决和裁定，因为尚不具备依法执行的条件，自然不会发生拒不执行的问题。人民法院为依法执行支付令、生效的调解书、仲裁裁决、公证债权文书等所作的裁定属于该条规定的裁定。</td></tr>
<tr><td>犯罪客观方面</td><td>本罪在客观方面表现为有能力执行而拒不执行人民法院的生效判决和裁定，情节严重或者特别严重的行为。
一、必须有拒绝执行人民法院生效判决、裁定的行为。所谓拒绝执行，是指对人民法院生效裁判所确定的义务采取种种手段拒不履行。既可以采取积极的作为，如殴打、捆绑、拘禁、围攻执行人员，抢走执行标的、砸毁执行工具、车辆，以暴力伤害、毁坏财物、加害亲属、揭露隐私、破坏名誉等威胁、恫吓执行人员，转移、隐藏可供执行的财产，命令停止侵害仍不停止侵害，又可以采取消极的不作为方式，如对人民法院的执行通知置之不理或者躲藏、逃避等。既可以采取暴力的方式，又可以采取非暴力的方式。既可以公开抗拒执行，又可以是暗地里进行抗拒。不论其方式如何，只要其有能力执行而拒不执行，即可构成本罪。
二、执行义务人必须有能力执行而拒不执行。如果没有能力如执行义务人本身无执行财产而无法履行判决、裁定所确定的义务，则是无法、不能执行，而不是拒不执行。所谓有能力执行，是指根据人民法院查实的证据证明负有执行人民法院判决、裁定义务的人有可供执行的财产或者具有履行特定行为义务的能力。行为人在人民法院的判决、裁定生效后，为逃避义务，采取隐藏、转移、变卖、赠送、毁损自己财物的方式而造成无法履行的，仍应属于有能力执行，构成犯罪的，应以本罪论处。
三、必须达到情节严重，才能构成本罪。情节尚不属于严重，即使具有拒不执行的行为，也不能以本罪论处。</td></tr>
<tr><td>犯罪主体</td><td>本罪的主体为特殊主体。只有对人民法院的判决、裁定负有执行义务的人或单位，才能构成本罪。根据《刑法修正案（九）》新增本条第2款的规定，单位对人民法院的判决、裁定有能力执行而拒不执行，情节严重的，构成本罪，对单位判处罚金，并对单位直接负责的主管人员和其他直接责任人员，依照本条第1款的规定处罚。</td></tr>
<tr><td>犯罪主观方面</td><td>本罪在主观方面表现为故意，即行为人明知是人民法院已经生效的判决或裁定，而拒不执行，如果确因不知判决、裁定已生效而未执行的，或者因某种不能预见或无法抗拒的实际困难而无法执行的，因为不属于故意拒不执行，所以不构成犯罪。行为人故意拒不执行的动机是多种多样的，并不影响本罪的构成。</td></tr>
<tr><td>罪与非罪</td><td>区分罪与非罪的界限，关键看情节是否严重。当事人对已经生效的判决、裁定，依法具有提出申诉的权利。有些当事人在提出申诉时不冷静，可能会与有关执行机关的人员发生顶撞，只要他未抗拒执行判决、裁定的，就不能按本罪论处。如果是因为原判决失当或者当事人客观上确有困难，致使判决无法执行的，不能对当事人定罪，而应按照审判监督程序对原判决作适当改变。如果由于执行人员执行手续不完备，态度蛮横粗暴等工作错误而导致当事人抵制执行判决、裁定的，也不宜对当事人定罪，而应在纠正执行人员工作错误的基础上再执行判决、裁定。对于行为人只是消极地不执行判决、裁定或者抗拒执行情节轻微的，也不应作为犯罪处理，而应先行教育，进而强制执行。</td></tr>
</table>

定罪标准	此罪与彼罪	一、本罪与妨害公务罪的界限。两者的区别是：（1）妨害公务罪指向的对象是依法执行职务的国家工作人员。而本罪指向的对象是已生效的判决、裁定；（2）妨害公务罪的方法必须是用暴力、威胁的方法，而构成本罪不要求用这种方法。但是实践中，当事人拒不执行判决、裁定，往往表现为司法工作人员到现场强制执行判决、裁定时，当事人用对执行人员实施暴力的方法阻碍执行，根据相关司法解释规定，应以妨害公务罪定罪处罚。 二、本罪与故意杀人罪、故意伤害罪的界限。当事人以暴力阻止司法工作人员执行判决、裁定，其暴力程度应以造成轻伤害为限度，如果行为人在抗拒判决、裁定执行过程中将执行人员或协助执行人员打成重伤甚至杀害的，则应按牵连犯的原则，从一重罪按故意伤害罪或故意杀人罪处理。
证据参考标准	主体方面的证据	**一、证明行为人刑事责任年龄、身份等自然情况的证据。** 包括身份证明、户籍证明、任职证明、工作经历证明、特定职责证明等，主要是证明行为人的姓名（曾用名）、性别、出生年月日、民族、籍贯、出生地、职业（或职务）、住所地（或居所地）等证据材料，如户口簿、居民身份证、工作证、出生证、专业或技术等级证、干部履历表、职工登记表、护照等。 对于户籍、出生证等材料内容不实的，应提供其他证据材料。外国人犯罪的案件，应有护照等身份证明材料。人大代表、政协委员犯罪的案件，应注明身份，并附身份证明材料。 **二、证明行为人刑事责任能力的证据。** 证明行为人对自己的行为是否具有辨认能力与控制能力，如是否属于间歇性精神病人、尚未完全丧失辨认或者控制自己行为能力的精神病人的证明材料。 **三、证明单位的证据。** 证明是否属于依法成立并有合法经营、管理范围的公司、企业、事业单位、机关、团体。 证明单位的名称、住所地、性质、法定代表人、单位负责人、业务范围、成立时间等证据材料，如企业营业执照、国有公司性质证明及非法人单位的身份证明等。 **四、证明法定代表人、单位负责人或直接责任人员等身份的证据。** 法定代表人、直接负责的主管人员和其他直接责任人在单位的任职、职责、负责权限的证明材料等。包括身份证明、户籍证明、任职证明等，如户口簿、居民身份证、工作证、护照、专业或技术等级证、干部履历表、职工登记表、任命书、业务分工文件、委派文件、单位证明、单位规章制度等。
	主观方面的证据	证明行为人故意的证据：1. 证明行为人明知的证据：证明行为人明知自己的行为会发生危害社会的结果。2. 证明直接故意的证据：证明行为人希望危害结果发生。3. 目的：（1）妨害判决、裁定执行；（2）致法院判决、裁定不能执行。
	客观方面的证据	证明行为人拒不执行判决、裁定犯罪行为的证据。 具体证据包括：1. 证明行为人不履行“执行义务”或共同犯罪的证据：（1）负有执行义务的诉讼当事人。（2）其他诉讼参与人。（3）未参加诉讼的其他人：①协助执行义务人：银行，信用社，其他；②败诉人的家属；③败诉人的亲友、同事等。2. 证明行为人暴力“拒执”行为的证据：（1）围攻。（2）殴打。（3）捆绑。（4）抢走执行标的。（5）砸、打执行工具。（6）其他。3. 证明行为人非暴力“拒执”行为的证据：（1）转移资金、货款。（2）转移标的物。4. 证明行为人“拒执”情节严重行为的证据：（1）致人民法院裁判不能按法定程序顺利执行。（2）致人民法院裁判不能执行。5. 证明行为人“拒执”情节特别严重行为的证据。

<table>
<tr><td>证据参考标准</td><td>量刑方面的证据</td><td colspan="2">

一、法定量刑情节证据。

1. 事实情节：（1）情节严重；（2）情节特别严重；（3）其他。2. 法定从重情节。3. 法定从轻减轻情节：（1）可以从轻；（2）可以从轻或减轻；（3）应当从轻或者减轻。4. 法定从轻减轻免除情节：（1）可以从轻、减轻或者免除处罚；（2）应当从轻、减轻或者免除处罚。5. 法定减轻免除情节：（1）可以减轻或者免除处罚；（2）应当减轻或者免除处罚；（3）可以免除处罚。

二、酌定量刑情节证据。

1. 犯罪手段：（1）暴力；（2）非暴力。2. 犯罪对象。3. 危害结果。4. 动机。5. 平时表现。6. 认罪态度。7. 是否有前科。8. 其他证据。

</td></tr>
<tr><td rowspan="2">量刑标准</td><td colspan="2">犯本罪的</td><td>处三年以下有期徒刑、拘役或者罚金</td></tr>
<tr><td colspan="2">情节特别严重的</td><td>处三年以上七年以下有期徒刑，并处罚金</td></tr>
<tr><td rowspan="2">法律适用</td><td>刑法条文</td><td colspan="2">

第三百一十三条 对人民法院的判决、裁定有能力执行而拒不执行，情节严重的，处三年以下有期徒刑、拘役或者罚金；情节特别严重的，处三年以上七年以下有期徒刑，并处罚金。

单位犯前款罪的，对单位判处罚金，并对其直接负责的主管人员和其他直接责任人员，依照前款的规定处罚。

</td></tr>
<tr><td>立法解释</td><td colspan="2">

全国人民代表大会常务委员会《关于〈中华人民共和国刑法〉第三百一十三条的解释》（2002年8月29日全国人民代表大会常务委员会公布　自公布之日起施行）

全国人民代表大会常务委员会讨论了刑法第三百一十三条规定的“对人民法院的判决、裁定有能力执行而拒不执行，情节严重”的含义问题，解释如下：

刑法第三百一十三条规定的“人民法院的判决、裁定”，是指人民法院依法作出的具有执行内容并已发生法律效力的判决、裁定。人民法院为依法执行支付令、生效的调解书、仲裁裁决、公证债权文书等所作的裁定属于该条规定的裁定。

下列情形属于刑法第三百一十三条规定的“有能力执行而拒不执行，情节严重”的情形：

（一）被执行人隐藏、转移、故意毁损财产或者无偿转让财产、以明显不合理的低价转让财产，致使判决、裁定无法执行的；

（二）担保人或者被执行人隐藏、转移、故意毁损或者转让已向人民法院提供担保的财产，致使判决、裁定无法执行的；

（三）协助执行义务人接到人民法院协助执行通知书后，拒不协助执行，致使判决、裁定无法执行的；

（四）被执行人、担保人，协助执行义务人与国家机关工作人员通谋，利用国家机关工作人员的职权妨害执行，致使判决、裁定无法执行的；

（五）其他有能力执行而拒不执行，情节严重的情形。

国家机关工作人员有上述第四项行为的，以拒不执行判决、裁定罪的共犯追究刑事责任。国家机关工作人员收受贿赂或者滥用职权，有上述第四项行为的，同时又构成刑法第三百八十五条、第三百九十七条规定之罪的，依照处罚较重的规定定罪处罚。

现予公告。

</td></tr>
</table>

一、最高人民法院、最高人民检察院、公安部《关于依法严肃查处拒不执行判决裁定和暴力抗拒法院执行犯罪行为有关问题的通知》(节录)(2007年8月30日最高人民法院、最高人民检察院、公安部公布 自公布之日起施行 法发〔2007〕29号)

一、对下列拒不执行判决、裁定的行为，依照刑法第三百一十三条的规定，以拒不执行判决、裁定罪论处。

(一)被执行人隐藏、转移、故意毁损财产或者无偿转让财产、以明显不合理的低价转让财产，致使判决、裁定无法执行的；

(二)担保人或者被执行人隐藏、转移、故意毁损或者转让已向人民法院提供担保的财产，致使判决、裁定无法执行的；

(三)协助执行义务人接到人民法院协助执行通知书后，拒不协助执行，致使判决、裁定无法执行的；

(四)被执行人、担保人、协助执行义务人与国家机关工作人员通谋，利用国家机关工作人员的职权妨害执行，致使判决、裁定无法执行的；

(五)其他有能力执行而拒不执行，情节严重的情形。

三、负有执行人民法院判决、裁定义务的单位直接负责的主管人员和其他直接责任人员，为了本单位的利益实施本《通知》第一条、第二条所列行为之一的，对该主管人员和其他直接责任人员，依照刑法第三百一十三条和第二百七十七条的规定，分别以拒不执行判决、裁定罪和妨害公务罪论处。

四、国家机关工作人员有本《通知》第一条第四项行为的，以拒不执行判决、裁定罪的共犯追究刑事责任。

国家机关工作人员收受贿赂或者滥用职权，有本《通知》第一条第四项行为的，同时又构成刑法第三百八十五条、第三百九十七条规定罪的，依照处罚较重的规定定罪处罚。

五、拒不执行判决、裁定案件由犯罪行为发生地的公安机关、人民检察院、人民法院管辖。如果由犯罪嫌疑人、被告人居住地的人民法院管辖更为适宜的，可以由犯罪嫌疑人、被告人居住地的公安机关、人民检察院、人民法院管辖。

六、以暴力、威胁方法妨害或者抗拒执行的，公安机关接到报警后，应当立即出警，依法处置。

七、人民法院在执行判决、裁定过程中，对拒不执行判决、裁定情节严重的人，可以先行司法拘留；拒不执行判决、裁定的行为人涉嫌犯罪的，应当将案件依法移送有管辖权的公安机关立案侦查。

八、人民法院、人民检察院和公安机关在办理拒不执行判决、裁定和妨害公务案件过程中，应当密切配合、加强协作。对于人民法院移送的涉嫌拒不执行判决、裁定罪和妨害公务罪的案件，公安机关应当及时立案侦查，检察机关应当及时提起公诉，人民法院应当及时审判。

在办理拒不执行判决、裁定和妨害公务案件过程中，应当根据案件的具体情况，正确区分罪与非罪的界限，认真贯彻“宽严相济”的刑事政策。

二、最高人民法院《关于审理拒不执行判决、裁定刑事案件适用法律若干问题的解释》(2015年7月20日最高人民法院公布 自公布之日起实施 法释〔2015〕16号 2020年12月29日修正)

为依法惩治拒不执行判决、裁定犯罪，确保人民法院判决、裁定依法执行，切实维护当事人合法权益，根据《中华人民共和国刑法》《中华人民共和国刑事诉讼法》

法律适用　司法解释

《中华人民共和国民事诉讼法》等法律规定，就审理拒不执行判决、裁定刑事案件适用法律若干问题，解释如下：

第一条　被执行人、协助执行义务人、担保人等负有执行义务的人对人民法院的判决、裁定有能力执行而拒不执行，情节严重的，应当依照刑法第三百一十三条的规定，以拒不执行判决、裁定罪处罚。

第二条　负有执行义务的人有能力执行而实施下列行为之一的，应当认定为全国人民代表大会常务委员会关于刑法第三百一十三条的解释中规定的“其他有能力执行而拒不执行，情节严重的情形”：

（一）具有拒绝报告或者虚假报告财产情况、违反人民法院限制高消费及有关消费令等拒不执行行为，经采取罚款或者拘留等强制措施后仍拒不执行的；

（二）伪造、毁灭有关被执行人履行能力的重要证据，以暴力、威胁、贿买方法阻止他人作证或者指使、贿买、胁迫他人作伪证，妨碍人民法院查明被执行人财产情况，致使判决、裁定无法执行的；

（三）拒不交付法律文书指定交付的财物、票证或者拒不迁出房屋、退出土地，致使判决、裁定无法执行的；

（四）与他人串通，通过虚假诉讼、虚假仲裁、虚假和解等方式妨害执行，致使判决、裁定无法执行的；

（五）以暴力、威胁方法阻碍执行人员进入执行现场或者聚众哄闹、冲击执行现场，致使执行工作无法进行的；

（六）对执行人员进行侮辱、围攻、扣押、殴打，致使执行工作无法进行的；

（七）毁损、抢夺执行案件材料、执行公务车辆和其他执行器械、执行人员服装以及执行公务证件，致使执行工作无法进行的；

（八）拒不执行法院判决、裁定，致使债权人遭受重大损失的。

第三条　申请执行人有证据证明同时具有下列情形，人民法院认为符合刑事诉讼法第二百一十条第三项规定的，以自诉案件立案审理：

（一）负有执行义务的人拒不执行判决、裁定，侵犯了申请执行人的人身、财产权利，应当依法追究刑事责任的；

（二）申请执行人曾经提出控告，而公安机关或者人民检察院对负有执行义务的人不予追究刑事责任的。

第四条　本解释第三条规定的自诉案件，依照刑事诉讼法第二百一十二条的规定，自诉人在宣告判决前，可以同被告人自行和解或者撤回自诉。

第五条　拒不执行判决、裁定刑事案件，一般由执行法院所在地人民法院管辖。

第六条　拒不执行判决、裁定的被告人在一审宣告判决前，履行全部或部分执行义务的，可以酌情从宽处罚。

第七条　拒不执行支付赡养费、扶养费、抚育费、抚恤金、医疗费用、劳动报酬等判决、裁定的，可以酌情从重处罚。

第八条　本解释自发布之日起施行。此前发布的司法解释和规范性文件与本解释不一致的，以本解释为准。

三、最高人民法院研究室《关于拒不执行人民法院调解书的行为是否构成拒不执行判决、裁定罪的答复》（2000年12月14日最高人民法院公布　自公布之日起施行　法研〔2000〕117号）

河南省高级人民法院：

法律适用

司法解释

你院《关于刑法第三百一十三条规定的拒不执行判决、裁定罪是否包括人民法院制作生效的调解书的请示》收悉。经研究，答复如下：刑法第三百一十三条规定的“判决、裁定”，不包括人民法院的调解书。对于行为人拒不执行人民法院调解书的行为，不能依照刑法第三百一十三条的规定定罪处罚。

四、最高人民法院《关于拒不执行判决、裁定罪自诉案件受理工作有关问题的通知》（2018年5月30日最高人民法院公布　自公布之日起施行　法〔2018〕147号）

各省、自治区、直辖市高级人民法院，解放军军事法院，新疆维吾尔自治区高级人民法院生产建设兵团分院：

近期，部分高级人民法院向我院请示，申请执行人以负有执行义务的人涉嫌拒不执行判决、裁定罪向公安机关提出控告，公安机关不接受控告材料或者接受控告材料后不予书面答复的；人民法院向公安机关移送拒不执行判决、裁定罪线索，公安机关不予书面答复或者明确答复不予立案，或者人民检察院决定不起诉的，如何处理？鉴于部分高级人民法院所请示问题具有普遍性，经研究，根据相关法律和司法解释，特通知如下：

一、申请执行人向公安机关控告负有执行义务的人涉嫌拒不执行判决、裁定罪，公安机关不予接受控告材料或者在接受控告材料后60日内不予书面答复，申请执行人有证据证明该拒不执行判决、裁定行为侵犯了其人身、财产权利，应当依法追究刑事责任的，人民法院可以以自诉案件立案审理。

二、人民法院向公安机关移送拒不执行判决、裁定罪线索，公安机关决定不予立案或者在接受案件线索后60日内不予书面答复，或者人民检察院决定不起诉的，人民法院可以向申请执行人释明；申请执行人有证据证明负有执行义务的人拒不执行判决、裁定侵犯了其人身、财产权利，应当依法追究刑事责任的，人民法院可以以自诉案件立案审理。

三、公安机关接受申请执行人的控告材料或者人民法院移送的拒不执行判决、裁定罪线索，经过60日之后又决定立案的，对于申请执行人的自诉，人民法院未受理的，裁定不予受理；已经受理的，可以向自诉人释明让其撤回起诉或者裁定终止审理。此后再出现公安机关或者人民检察院不予追究情形的，申请执行人可以依法重新提起自诉。

相关法律法规

一、《中华人民共和国行政诉讼法》（节录）（1989年4月4日中华人民共和国主席令第16号公布　自1990年10月1日起施行　2014年11月1日第一次修正　2017年6月27日第二次修正）

第五十九条　诉讼参与人或者其他人有下列行为之一的，人民法院可以根据情节轻重，予以训诫、责令具结悔过或者处一万元以下的罚款、十五日以下的拘留；构成犯罪的，依法追究刑事责任：

（一）有义务协助调查、执行的人，对人民法院的协助调查决定、协助执行通知书，无故推拖、拒绝或者妨碍调查、执行的；

（二）伪造、隐藏、毁灭证据或者提供虚假证明材料，妨碍人民法院审理案件的；

（三）指使、贿买、胁迫他人作伪证或者威胁、阻止证人作证的；

（四）隐藏、转移、变卖、毁损已被查封、扣押、冻结的财产的；

法律适用

相关法律法规

（五）以欺骗、胁迫等非法手段使原告撤诉的；

（六）以暴力、威胁或者其他方法阻碍人民法院工作人员执行职务，或者以哄闹、冲击法庭等方法扰乱人民法院工作秩序的；

（七）对人民法院审判人员或者其他工作人员、诉讼参与人、协助调查和执行的人员恐吓、侮辱、诽谤、诬陷、殴打、围攻或者打击报复的。

人民法院对有前款规定的行为之一的单位，可以对其主要负责人或者直接责任人员依照前款规定予以罚款、拘留；构成犯罪的，依法追究刑事责任。

罚款、拘留须经人民法院院长批准。当事人不服的，可以向上一级人民法院申请复议一次。复议期间不停止执行。

二、《中华人民共和国民事诉讼法》（节录）（1991年4月9日中华人民共和国主席令第44号公布　自公布之日起施行　2007年10月28日第一次修正　2012年8月31日第二次修正　2017年6月27日第三次修正）

第一百一十一条　诉讼参与人或者其他人有下列行为之一的，人民法院可以根据情节轻重予以罚款、拘留；构成犯罪的，依法追究刑事责任：

（一）伪造、毁灭重要证据，妨碍人民法院审理案件的；

（二）以暴力、威胁、贿买方法阻止证人作证或者指使、贿买、胁迫他人作伪证的；

（三）隐藏、转移、变卖、毁损已被查封、扣押的财产，或者已被清点并责令其保管的财产，转移已被冻结的财产的；

（四）对司法工作人员、诉讼参加人、证人、翻译人员、鉴定人、勘验人、协助执行的人，进行侮辱、诽谤、诬陷、殴打或者打击报复的；

（五）以暴力、威胁或者其他方法阻碍司法工作人员执行职务的；

（六）拒不履行人民法院已经发生法律效力的判决、裁定的。

人民法院对有前款规定的行为之一的单位，可以对其主要负责人或者直接责任人员予以罚款、拘留；构成犯罪的，依法追究刑事责任。

70 非法处置查封、扣押、冻结的财产案

概念

本罪是指隐藏、转移、变卖、故意毁损已被司法机关查封、扣押、冻结的财产，情节严重的行为。

立案标准

根据《刑法》第314条的规定，隐藏、转移、变卖、故意毁损已被司法机关查封、扣押、冻结的财产，情节严重的，应当立案。

本罪是情节犯，行为人非法处置查封、扣押、冻结财产的行为，必须达到“情节严重”的标准，才构成犯罪，予以立案追究。所谓情节严重，一般是指隐藏、转移、变卖、故意毁损被查封、扣押、冻结的财产致使执行工作难以进行的；造成当事人权益严重损失等情形。

本罪是选择性罪名，可依行为人实际所实施的行为分为非法处置查封的财产罪、非法处置扣押的财产罪、非法处置冻结的财产罪3个支罪名。

定罪标准

犯罪客体

本罪侵犯的客体是司法机关的正常活动。根据我国《民事诉讼法》第111条的规定：“诉讼参与人或者其他人有下列行为之一的，人民法院可以根据情节轻重予以罚款、拘留，构成犯罪的，依法追究刑事责任……（三）隐藏、转移、变卖、毁损已被查封、扣押的财产，或者已被清点并责令其保管的财产，转移已被冻结的财产的；……人民法院对有前款规定的行为之一的单位，可以对其主要负责人或者直接责任人员予以罚款、拘留；构成犯罪的，依法追究刑事责任。”在民事诉讼中，查封是一种临时性的执行措施，是将作为执行对象的财产贴上法院的封条不准任何人擅自处理和移动。查封的目的在于促使被执行人履行生效的法律文书所确定的义务，以实现申请人的权利。查封的财产，可以由义务人自行保管。扣押也是一种临时性的执行措施，是把被执行人的财产运到一定的场所，不准被执行人对该财产使用和处分。扣押的财产一般是便于移动的物品。在民事诉讼中，人民法院一般应妥善保管所扣押的财产，也可以交由有关单位或个人保管。冻结主要是针对被执行人的存款而采取的一项执行措施，是指人民法院在进行诉讼保全或强制执行时，对被执行人在银行、信用合作社等金融机构的存款所采取的不准提取和转移的强制措施。冻结的目的，在于确保执行文书所确定的权利的实现，督促义务人及时履行执行文书所确定的义务。隐藏、转移、变卖、故意毁损已被司法机关查封、扣押、冻结的财产，这种行为是针对已由法院采取财产保全或其他限制处分权的执行措施的财产所为的，势必妨害生效裁判的执行。因此，对于这类行为，属于妨害民事诉讼的行为，应依法给予民事制裁，构成犯罪的，应依法追究其刑事责任。

在民事诉讼和行政诉讼中，行使查封、扣押、冻结权的只能是人民法院，而在刑事诉讼中，公安机关的侦查人员、国家安全机关的侦查人员、人民检察院办理自侦案件的侦查人员可以采用扣押措施。与民事诉讼不同，在勘验和搜查中，扣押的目的在于保全证据，以免证据消失或者毁灭，扣押的财产是那些可以用以证明犯罪嫌疑人有罪或者无罪的各种物品和文件，人民法院在法庭审理过程中，合议庭对证据有疑问的，

<table>
<tr><td rowspan="6">定罪标准</td><td>犯罪客体</td><td>可以宣布休庭，对证据进行调查核实，采用扣押、查封、冻结措施，但此时采取这些措施的目的是为了调查核实证据进行的庭外调查。对于司法机关已经查封、扣押、冻结的财产，任何人和单位不得隐藏、转移、变卖、故意毁损，情节严重，构成犯罪的，应依法追究其刑事责任。</td></tr>
<tr><td>犯罪客观方面</td><td>本罪在客观方面表现为隐藏、转移、变卖、故意毁损已被司法机关查封、扣押、冻结的财产，情节严重的行为。
本罪的对象只能是已被司法机关查封、扣押、冻结的财产。所谓“已被司法机关查封、扣押、冻结的财产”，是指司法机关依照法律规定的条件和程序，履行法律规定的手续而查封、扣押、冻结的财产。根据刑法总则的规定，这里的财产既包括财物也包括款项。如果行为人侵害的对象不是已被司法机关查封、扣押、冻结的财产，则不构成本罪，而可能构成其他罪。已被司法机关查封、扣押、冻结的财产是在司法机关内部还是在行为人控制的范围内或者其他场所，对构成本罪没有影响。在这里，所谓隐藏，是指将已被司法机关查封、扣押、冻结的财产隐蔽、藏匿起来意图不使司法机关发现的行为。所谓转移，是指将已被司法机关查封、扣押、冻结的财产改换位置，从一处移至另一处，意图使司法机关难于查找、查找不到或者使其失去本应具有的证明效力的行为。所谓变卖，是指违反规定，将已被司法机关查封、扣押、冻结的财产出卖以换取现金或其他等价物的行为。所谓毁损，是指将已被司法机关查封、扣押、冻结的财产进行损伤、损毁，使之失去财物或者证据价值的行为。
只有情节严重的才构成本罪。所谓情节严重，是指由于行为人的妨害行为致使判决、裁定的财产部分无法执行的；严重干扰了案件的侦查、起诉活动的；隐藏、转移、变卖、故意毁坏的财产数量巨大的。</td></tr>
<tr><td>犯罪主体</td><td>本罪的主体为一般主体，即年满16周岁且具有刑事责任能力的自然人均可成为本罪的主体。</td></tr>
<tr><td>犯罪主观方面</td><td>本罪在主观方面表现为故意，即具有明知犯罪而为之的心理。对于已被司法机关查封、扣押、冻结的财产，司法机关已向被执行人发放了通知书，被执行人已丧失了部分处分权，这是已为被执行人明知的，但其仍采取隐藏、转移、变卖、故意毁损的手段处分已被司法机关查封、扣押、冻结的财产，行为人在主观上具有明显的故意。过失不构成本罪。</td></tr>
<tr><td>罪与非罪</td><td>区分罪与非罪的界限，关键看情节是否严重。</td></tr>
<tr><td>证据参考标准</td><td>主体方面的证据</td><td>一、证明行为人刑事责任年龄、身份等自然情况的证据。
包括身份证明、户籍证明、任职证明、工作经历证明、特定职责证明等，主要是证明行为人的姓名（曾用名）、性别、出生年月日、民族、籍贯、出生地、职业（或职务）、住所地（或居所地）等证据材料，如户口簿、居民身份证、工作证、出生证、专业或技术等级证、干部履历表、职工登记表、护照等。</td></tr>
</table>

<table>
<tr><td rowspan="4">证据参考标准</td><td>主体方面的证据</td><td colspan="2">对于户籍、出生证等材料内容不实的，应提供其他证据材料。外国人犯罪的案件，应有护照等身份证明材料。人大代表、政协委员犯罪的案件，应注明身份，并附身份证明材料。
二、证明行为人刑事责任能力的证据。
证明行为人对自己的行为是否具有辨认能力与控制能力，如是否属于间歇性精神病人、尚未完全丧失辨认或者控制自己行为能力的精神病人的证明材料。</td></tr>
<tr><td>主观方面的证据</td><td colspan="2">证明行为人故意的证据：1. 证明行为人明知的证据：证明行为人明知自己的行为会发生危害社会的结果；2. 证明直接故意的证据：证明行为人希望危害结果发生。</td></tr>
<tr><td>客观方面的证据</td><td colspan="2">证明行为人非法处置查封、扣押、冻结的财产犯罪行为的证据。
具体证据包括：1. 证明行为人妨害财产保全犯罪主体的证据：（1）财产所有人；（2）财产保管人。2. 证明行为人隐藏财产行为的证据：（1）查封；（2）扣押；（3）冻结。3. 证明行为人转移财产行为的证据：（1）查封；（2）扣押；（3）冻结。4. 证明行为人变卖财产行为的证据：（1）查封；（2）扣押。5. 证明行为人故意毁损财产行为的证据：（1）查封；（2）扣押。6. 证明行为人情节严重行为的证据：（1）数额大；（2）重大经济损失；（3）其他。</td></tr>
<tr><td>量刑方面的证据</td><td colspan="2">一、法定量刑情节证据。
1. 事实情节：（1）情节严重；（2）其他。2. 法定从重情节。3. 法定从轻减轻情节：（1）可以从轻；（2）可以从轻或减轻；（3）应当从轻或者减轻。4. 法定从轻减轻免除情节：（1）可以从轻、减轻或者免除处罚；（2）应当从轻、减轻或者免除处罚。5. 法定减轻免除情节：（1）可以减轻或者免除处罚；（2）应当减轻或者免除处罚；（3）可以免除处罚。
二、酌定量刑情节证据。
1. 犯罪手段：（1）隐藏；（2）转移；（3）变卖；（4）故意损毁。2. 犯罪对象。3. 危害结果。4. 动机。5. 平时表现。6. 认罪态度。7. 是否有前科。8. 其他证据。</td></tr>
<tr><td>量刑标准</td><td colspan="2">犯本罪的</td><td>处三年以下有期徒刑、拘役或者罚金</td></tr>
<tr><td>法律适用</td><td>刑法条文</td><td colspan="2">第三百一十四条　隐藏、转移、变卖、故意毁损已被司法机关查封、扣押、冻结的财产，情节严重的，处三年以下有期徒刑、拘役或者罚金。</td></tr>
</table>

法律适用　相关法律法规

一、《中华人民共和国行政诉讼法》（节录）（1989年4月4日中华人民共和国主席令第16号公布　自1990年10月1日起施行　2014年11月1日第一次修正　2017年6月27日第二次修正）

第五十九条　诉讼参与人或者其他人有下列行为之一的，人民法院可以根据情节轻重，予以训诫、责令具结悔过或者处一万元以下的罚款、十五日以下的拘留；构成犯罪的，依法追究刑事责任：

……

（四）隐藏、转移、变卖、毁损已被查封、扣押、冻结的财产的；

……

二、《中华人民共和国民事诉讼法》（节录）（1991年4月9日中华人民共和国主席令第44号公布　自公布之日起施行　2007年10月28日第一次修正　2012年8月31日第二次修正　2017年6月27日第三次修正）

第一百一十一条　诉讼参与人或者其他人有下列行为之一的，人民法院可以根据情节轻重予以罚款、拘留；构成犯罪的，依法追究刑事责任：

（一）伪造、毁灭重要证据，妨碍人民法院审理案件的；

（二）以暴力、威胁、贿买方法阻止证人作证或者指使、贿买、胁迫他人作伪证的；

（三）隐藏、转移、变卖、毁损已被查封、扣押的财产，或者已被清点并责令其保管的财产，转移已被冻结的财产的；

（四）对司法工作人员、诉讼参加人、证人、翻译人员、鉴定人、勘验人、协助执行的人，进行侮辱、诽谤、诬陷、殴打或者打击报复的；

（五）以暴力、威胁或者其他方法阻碍司法工作人员执行职务的；

（六）拒不履行人民法院已经发生法律效力的判决、裁定的。

人民法院对有前款规定的行为之一的单位，可以对其主要负责人或者直接责任人员予以罚款、拘留；构成犯罪的，依法追究刑事责任。

三、《中华人民共和国刑事诉讼法》（节录）（1979年7月6日全国人民代表大会常务委员会委员长令第5号公布　自1980年1月1日起施行　1996年3月17日第一次修正　2012年3月14日第二次修正　2018年10月26日第三次修正）

第二百四十五条　公安机关、人民检察院和人民法院对查封、扣押、冻结的犯罪嫌疑人、被告人的财物及其孳息，应当妥善保管，以供核查，并制作清单，随案移送。任何单位和个人不得挪用或者自行处理。对被害人的合法财产，应当及时返还。对违禁品或者不宜长期保存的物品，应当依照国家有关规定处理。

对作为证据使用的实物应当随案移送，对不宜移送的，应当将其清单、照片或者其他证明文件随案移送。

人民法院作出的判决，应当对查封、扣押、冻结的财物及其孳息作出处理。

人民法院作出的判决生效以后，有关机关应当根据判决对查封、扣押、冻结的财物及其孳息进行处理。对查封、扣押、冻结的赃款赃物及其孳息，除依法返还被害人的以外，一律上缴国库。

司法工作人员贪污、挪用或者私自处理查封、扣押、冻结的财物及其孳息的，依法追究刑事责任；不构成犯罪的，给予处分。

71 破坏监管秩序案

概念

本罪是指依法被关押的罪犯，有法定破坏监管秩序行为之一的，情节严重的行为。

立案标准

根据《刑法》第315条的规定，依法被关押的罪犯，破坏监管秩序，情节严重的，应当立案。

本罪是情节犯，行为人破坏监管秩序，必须达到“情节严重”的程度，才构成犯罪，予以立案。

定罪标准

犯罪客体

本罪所侵犯的客体是我国监狱、看守所等监管机关的监押管理秩序。即我国监狱、看守所等监管机关在有关的法律、法规、规章和规则的指引下，形成的监押、管理犯人的一种正常的社会状态。监管秩序是社会秩序的一种，是社会秩序在监管机关这个特殊场所的特殊表现。

一、监管秩序是监管机关、监管机关的干警和监管机关中服刑的罪犯相互间形成的惩罚与被惩罚、强制与被强制、改造与被改造的活动状态。

二、监管秩序是在国家有关监管的法律、法规、规章以及各个监管机关的纪律、制度等行为规则、规范的调节下形成的。监管秩序是罪犯遵守监狱等的规章纪律，服从管理，履行改造义务的行为。

三、监管秩序具有明确的目的性。任何社会秩序的建立，都是为了实现一定目的。建立监管秩序的目的，就宏观而言，是为了维护一定的阶级统治，从其直接目的看，则是国家要利用这一秩序的建立，惩罚和改造罪犯、预防犯罪，实现《刑法》所确立的刑罚的功能。

破坏监管秩序的行为对监管机关以至整体司法机制的危害，实质上是对全体社会的危害。这里说的对社会的危害，是指除此之外该种行为恶劣的社会影响。

一、破坏监管秩序行为造成社会成员对司法机关的不信任感。一般群众的观念，总认为监狱是暴力强制机关，罪犯在其中应老老实实接受惩罚，实行改造，一旦闻听狱中出现违法危害行为，则难免认为监管者无能，而当出现罪犯在狱中受到不法侵犯时，更易产生对监管机关及其工作人员的误解。同时，由于破坏监管秩序行为导致刑罚的惩罚性得不到应有的体现，则群众也易形成对罪犯追究刑事责任、判处刑罚并未发挥实际作用的认识，从而丧失对整个司法机关的信心。

二、破坏监管秩序行为造成社会公众普遍的不安全感。罪犯以有罪之身，在暴力机关的严格控制下尚敢胡作非为，表明其人身危险性极大，其危害行为足以给广大群众造成普遍的心理威胁。因为，狱中尚敢如此，如放之社会，其猖狂将难以想象，这种现象将会造成群众安全感的失落。维护监管秩序具有极其重要的意义。优良的监管秩序，是监管机关有效地行使对犯人管理改造的保障，是促使犯人认罪伏法、改过自新的保障，也是从整体上提高监管机关对犯人改造质量的保障。

在我国，目前承担执行刑罚、惩罚和改造犯人的机关有：（1）监狱。即实行最严格管理，关押改造不宜从事监外活动的重大刑事犯的场所。（2）看守所。执行范围：

定罪标准		
	犯罪客体	被判处有期徒刑的罪犯，在被交付执行前，剩余刑期在3个月以下的。(3) 未成年犯管教所。负责对未成年犯判决的执行。(4) 社区矫正机构。执行范围：判处管制、宣告缓刑、假释、暂予监外执行。(5) 公安机关。负责剥夺政治权利、拘役等的执行。(6) 法院。负责无罪、免除刑罚、罚金和没收财产及死刑立即执行判决的执行。
	犯罪客观方面	本罪在客观方面表现为依法被关押的罪犯，有法定破坏监管秩序行为之一，情节严重的行为。 一、破坏监管秩序的时间，是指罪犯被监管机关监管的期间。监管期间是法定期间，就是说，罪犯被监管的时间，必须有合法的根据。只有在被合法监管的时间内，被监管者才有可能构成本罪。如果监管机关违反法律规定，对不应收押的而予以收押，对应当释放的而不及时释放，这种错误羁押的时间，不是本罪的犯罪时间，换言之，在被违法羁押的时间内，被羁押者一般不构成破坏监管秩序罪。但这只限于被违法关押者实施个体性的妨害监管秩序行为，如拒绝劳动、不服管教等，因为行为人本系被错押，并无被强制劳动，被强制管教的义务，实施这些行为的自然不宜治罪。但如果被错押人实施教唆、领导、组织他人破坏监管秩序行为的，则亦应以本罪论处。 二、破坏监管秩序的地点，是指罪犯在监管机关监控下服刑的任何场所。这里讲的监控，是指监禁控制，即监管机关对罪犯剥夺人身自由性质的控制管理。通常情况下，本罪的犯罪地点，限于监狱、看守所等机关。但犯人在下述两种特殊场所实施破坏监押管理活动的，也构成本罪。(1) 在监押移送途中。主要是监管机关大规模地集体遣送一些犯人到特定的监管场所，在遣送途中，也存在监禁管理问题，也需要良好的监管秩序。被押解的罪犯如果不服从管理，实施破坏活动的，也可以构成破坏监管秩序罪。(2) 罪犯在其他临时监管场所也可以构成本罪。如监管机关组织罪犯集体外出参观学习的场所等。罪犯在非监管的时间和场所实施危害行为，不能构成本罪。如个别罪犯利用回家探亲、外出办事、监外就医等机会，实施危害行为，由于其实施危害行为的时间和地点不是在监管机关的有效监控下，一般地讲构不成对监管秩序的损害，也不构成破坏监管秩序罪。 三、破坏监管秩序的行为表现为：(1) 殴打监管人员。所谓殴打，是指对监管人员实施拳打脚踢等轻微的暴力，其意在造成监管人员的肉体痛苦，一般不会造成被殴打者身体组织完整及身体器官功能的破坏。即使造成破坏，也只限于轻伤的范围。如果致人重伤甚或死亡的，则应以故意伤害罪、故意杀人罪等论处。所谓监管人员，则是指在监狱、看守所等监管场所依法对罪犯实行监督、管教的工作人员。(2) 组织其他被监管人破坏监管秩序。所谓组织，是指利用诸如劝说、利诱、蛊惑、勾引、威胁、挑拨等手段召集、纠合他人一起去实施破坏监管秩序的行为。至于组织者本身是否实施破坏行为的实行行为以及被组织者是否实施了破坏行为，则不影响本罪成立。被监管人，在这里不仅指罪犯，也包括与组织者在同一监管场所的所有被监管人员，如看守所中被依法关押、监管的犯罪嫌疑人、被告人等。此外，还应注意的是，这种情况的被监管人实施的破坏监管秩序的行为，不仅指本罪行为的4种行为，而且还包括《监狱法》第58条规定的其他诸如有劳动能力拒不参加劳动或者消极怠工，经教育不改的；以自伤、自残手段逃避劳动的；在生产劳动中故意违反操作规程或者有意破坏生产工具的等行为。(3) 聚众闹事，扰乱正常监管秩序。所谓聚众，是指聚集、纠合3人以上。所谓闹事，是指哄闹、制造事端，如围攻监管人员；煽动他人绝食、

<table>
<tr><td rowspan="4">定罪标准</td><td>犯罪客观方面</td><td>罢工、要挟干警表示抗议；不听从监管人员依法管教；随意寻衅滋事；等等。本种行为只有组织者才能构成。被组织者如果实施破坏监管秩序行为，构成犯罪的，则应当依其他行为方式而认定构成本罪。（4）殴打、体罚或者指使他人殴打、体罚其他被监管人员。所谓体罚，是指采取罚跪、罚站、罚冻、罚饿、罚晒、不许睡觉等方法给被体罚人造成肉体痛苦。所谓他人，是指除罪犯以外的其他人员，包括被依法拘留、逮捕的犯罪嫌疑人、被告人等的被监管人员。被殴打、体罚者，则既可以是已决罪犯，也可以是未决罪犯，如一同在看守所的被拘留、逮捕的人员等。
四、破坏监管秩序行为，只有在情节严重时，才构成犯罪。所谓情节严重，一般指多次殴打监管人员或者为抗拒改造而殴打监管人员或者殴打监管人员致伤的；多次组织其他被监管人破坏监管秩序或者组织的人数众多或者建立了较严密组织形式破坏监管秩序的；多次聚众闹事扰乱监管秩序或者聚众绝食影响恶劣或者聚众冲击办公场所毁坏财物的；多次殴打、体罚或者指使他人殴打体罚其他被监管人或者致人伤害的；兼有《刑法》第315条所述的多种破坏监管秩序的行为或者成为“牢头狱霸”的。</td></tr>
<tr><td>犯罪主体</td><td>本罪的主体是特殊主体。也就是说，构成该罪的主体，必然是具有特定身份的自然人，即被依法判处刑罚，并被强制在监管机关服刑的罪犯。该罪的主体具备两个条件：第一，犯有罪行；第二，经司法机关判决或决定而被收押在监管机关。这是区分该罪主体和非该罪主体的基本标准。
一般情况下，该罪主体包括已被人民法院判处拘役以上刑罚而在监狱、看守所服刑的罪犯（即在押犯）。非在押犯虽然不能单独成为本罪的主体，但是，非在押犯人与在押犯人相勾结，教唆、组织、策划、帮助在押犯人实施妨害监管秩序行为的，可以构成本罪的共犯。
因受行政处理而被剥夺或者限制人身自由的人不属于本罪主体。在我国，被适用剥夺或限制人身自由的行政处理的人主要有以下两种：（1）被行政（治安）拘留的人。这是指因实施轻微的危害行为触犯《治安管理处罚法》，而被公安机关作拘留处罚的人。这类人是被公安机关作短期剥夺人身自由处罚，而且通常也是在看守所执行，但由于其不是罪犯，而且剥夺自由期限极短，按规定收押期间与刑事犯要分管分押。通常很少出现严重危害看守所秩序的情况，故而不属于破坏监管秩序罪的主体。（2）被判处刑罚但未收监执行的罪犯。在被认定有罪并判处刑罚的犯人中，有一部分系判处非剥夺人身自由的刑罚；另一部分虽被判处自由刑，但因种种原因未被监管机关收押。这部分犯人因不在监管机关的监押控制下，故而也不能成为破坏监管秩序罪的主体。这类人有如下几种：①被判处管制、罚金、没收财产、剥夺政治权利（后者系独立适用）的人；②被判处拘役、有期徒刑同时宣告缓刑的人；③被假释的罪犯；④因生病保外就医或因其他原因暂予监外执行的罪犯。</td></tr>
<tr><td>犯罪主观方面</td><td>本罪在主观方面表现为直接故意，即必须具有抗拒改造的犯罪意图，间接故意和过失不构成本罪。行为人明知自己的行为是危害监管机关监管秩序的行为，而故意实施该行为以追求对监管秩序之危害的心理状态。犯罪动机则可能是多种多样的，有的是为了发泄对司法机关的不满情绪；有的是为了满足某种私欲；有的则是为了达到一些非法的要求。但不管出于什么动机，一般并不影响本罪的成立。</td></tr>
<tr><td>罪与非罪</td><td>区分罪与非罪的界限，关键看情节是否严重。</td></tr>
</table>

<table>
<tr><td rowspan="4">证据参考标准</td><td>主体方面的证据</td><td colspan="2">一、证明行为人刑事责任年龄、身份等自然情况的证据。
包括身份证明、户籍证明、任职证明、工作经历证明、特定职责证明等，主要是证明行为人的姓名（曾用名）、性别、出生年月日、民族、籍贯、出生地、职业（或职务）、住所地（或居所地）等证据材料，如户口簿、居民身份证、工作证、出生证、专业或技术等级证、干部履历表、职工登记表、护照等。
对于户籍、出生证等材料内容不实的，应提供其他证据材料。外国人犯罪的案件，应有护照等身份证明材料。人大代表、政协委员犯罪的案件，应注明身份，并附身份证明材料。
二、证明行为人刑事责任能力的证据。
证明行为人对自己的行为是否具有辨认能力与控制能力，如是否属于间歇性精神病人、尚未完全丧失辨认或者控制自己行为能力的精神病人的证明材料。</td></tr>
<tr><td>主观方面的证据</td><td colspan="2">证明行为人故意的证据：1. 证明行为人明知的证据：证明行为人明知自己的行为会发生危害社会的结果；2. 证明直接故意的证据：证明行为人希望危害结果发生。</td></tr>
<tr><td>客观方面的证据</td><td colspan="2">证明行为人破坏监管秩序犯罪行为的证据。
具体证据包括：1. 证明行为人殴打监管人员行为的证据。2. 证明行为人组织其他被监管人破坏监管秩序行为的证据。3. 证明行为人聚众闹事，扰乱正常监管秩序行为的证据。4. 证明行为人殴打其他被监管人行为的证据：（1）自己亲自出手殴打；（2）指使他人殴打。5. 证明行为人体罚其他被监管人行为的证据：（1）亲自体罚被监管人；（2）指使他人体罚被监管人。6. 证明行为人破坏监管秩序情节严重行为的证据：（1）致人轻微伤；（2）致监管秩序混乱不堪；（3）屡教不改；（4）导致其他犯人自杀；（5）导致其他犯人精神失常；（6）其他。</td></tr>
<tr><td>量刑方面的证据</td><td colspan="2">一、法定量刑情节证据。
1. 事实情节：（1）情节严重；（2）其他。2. 法定从重情节。3. 法定从轻减轻情节：（1）可以从轻；（2）可以从轻或减轻；（3）应当从轻或者减轻。4. 法定从轻减轻免除情节：（1）可以从轻、减轻或者免除处罚；（2）应当从轻、减轻或者免除处罚。5. 法定减轻免除情节：（1）可以减轻或者免除处罚；（2）应当减轻或者免除处罚；（3）可以免除处罚。
二、酌定量刑情节证据。
1. 犯罪手段：（1）殴打；（2）体罚；（3）闹事。2. 犯罪对象。3. 危害结果。4. 动机。5. 平时表现。6. 认罪态度。7. 是否有前科。8. 其他证据。</td></tr>
<tr><td>量刑标准</td><td colspan="2">犯本罪的</td><td>处三年以下有期徒刑</td></tr>
</table>

法律适用

刑法条文

第三百一十五条 依法被关押的罪犯，有下列破坏监管秩序行为之一，情节严重的，处三年以下有期徒刑：

（一）殴打监管人员的；

（二）组织其他被监管人破坏监管秩序的；

（三）聚众闹事，扰乱正常监管秩序的；

（四）殴打、体罚或者指使他人殴打、体罚其他被监管人的。

相关法律法规

《中华人民共和国监狱法》（节录）（1994年12月29日中华人民共和国主席令第35号公布　自公布之日起施行　2012年10月26日修正）

第五十八条 罪犯有下列破坏监管秩序情形之一的，监狱可以给予警告、记过或者禁闭：

（一）聚众哄闹监狱，扰乱正常秩序的；

（二）辱骂或者殴打人民警察的；

（三）欺压其他罪犯的；

（四）偷窃、赌博、打架斗殴、寻衅滋事的；

（五）有劳动能力拒不参加劳动或者消极怠工，经教育不改的；

（六）以自伤、自残手段逃避劳动的；

（七）在生产劳动中故意违反操作规程，或者有意损坏生产工具的；

（八）有违反监规纪律的其他行为的。

依照前款规定对罪犯实行禁闭的期限为七天至十五天。

罪犯在服刑期间有第一款所列行为，构成犯罪的，依法追究刑事责任。

规章及规范性文件

《看守所留所执行刑罚罪犯管理办法》（节录）（2013年10月23日公安部令第128号公布　自2013年11月23日起施行）

第七十条 罪犯有下列破坏监管秩序情形之一，情节较轻的，予以警告；情节较重的，予以记过；情节严重的，予以禁闭；构成犯罪的，依法追究刑事责任：

（一）聚众哄闹，扰乱正常监管秩序的；

（二）辱骂或者殴打民警的；

（三）欺压其他罪犯的；

（四）盗窃、赌博、打架斗殴、寻衅滋事的；

（五）有劳动能力拒不参加劳动或者消极怠工，经教育不改的；

（六）以自伤、自残手段逃避劳动的；

（七）在生产劳动中故意违反操作规程，或者有意损坏生产工具的；

（八）有违反看守所管理规定的其他行为的。

对罪犯的记过、禁闭由管教民警提出意见，报看守所领导批准。禁闭时间为五至十日，禁闭期间暂停会见、通讯。

72 脱逃案

概念

本罪是指依法被关押的罪犯、被告人、犯罪嫌疑人，从羁押和改造场所逃走的行为。

立案标准

根据《刑法》第316条第1款的规定，依法被关押的罪犯、被告人、犯罪嫌疑人脱逃的，应当立案。

本罪是行为犯，只要依法被关押的罪犯、被告人、犯罪嫌疑人实施了脱逃行为，原则上就构成犯罪，应当立案追究。

定罪标准		
定罪标准	犯罪客体	本罪所侵犯的客体是司法机关的正常管理秩序。对犯罪嫌疑人、被告人、罪犯进行拘留、逮捕、羁押、监管是司法机关依照法定条件和程序施加于犯罪嫌疑人、被告人、罪犯的法律强制措施，是保护人民、维护社会秩序，同犯罪作斗争的重要手段，也是保障司法机关司法活动正常进行的必要环节。接受司法机关依法对其采取羁押、监管，是犯罪嫌疑人、被告人、罪犯必须遵守的义务。如其不遵守义务而脱逃，就直接破坏了司法机关的监管秩序，妨害了司法机关的活动。
	犯罪客观方面	本罪在客观方面表现为逃离羁押、改造场所。羁押场所主要是指看守所。改造场所主要指监狱等。另外，押解犯罪分子的路途中，也应视为监管场所范围。譬如，被逮捕的罪犯在被押送至人民法院应诉受审的途中脱身逃跑的，被判刑的罪犯在被押解至监管机关关押的途中，跳车、越船脱逃的均是脱逃行为。行为人的逃跑方法有使用暴力脱逃与未使用暴力脱逃两种。未使用暴力脱逃，是指行为人寻找机会，创造条件，趁司法工作人员不备而逃跑。使用暴力脱逃，是指行为人通过对司法工作人员施以殴打、捆绑等暴力行为，或者威胁、恐吓等胁迫行为，而摆脱其监管控制。从人数上看，有单个人逃跑的，也有数人共同逃跑的。无论采取什么形式脱逃，都不影响本罪的成立。脱逃的形式属于量刑情节。
	犯罪主体	本罪的主体是特殊主体，即必须是依照《刑法》与《刑事诉讼法》被关押的罪犯、被告人、犯罪嫌疑人。也就是说，一是依法被拘留、被逮捕的未决犯；二是已被判处拘役以上刑罚，正在服刑的已决犯。只有上述两种人才能成为本罪主体。被行政拘留的人逃跑的，不构成本罪。被错抓、错判的人，不甘心被羁押而逃跑的，按照脱逃罪论处。
	犯罪主观方面	本罪在主观方面表现为直接故意。行为人脱逃的目的是逃避羁押与刑罚的处罚。如果没有逃避羁押或刑罚处罚的目的，则不构成犯罪。例如，犯人获准回家办理丧葬事宜，确实因故未能按时返回监狱，就不能视为脱逃罪。
	罪与非罪	区分罪与非罪的界限，关键看是否有逃脱的行为。行为人实施脱逃的目的在于逃离羁押或者改造场所，以达到逃避关押、改造的目的。因此，脱逃行为是否得逞，主要

<table>
<tr><td rowspan="1">定罪标准</td><td>罪与非罪</td><td>应看行为人是否逃出了羁押、改造场所，是否摆脱了看管人员的控制。已经逃离羁押或改造场所的范围，摆脱了看守人员监视控制的，就是脱逃既遂；实施脱逃，如果在羁押改造场所内被发现，或者虽然逃出了羁押改造场所的范围，但在看守人员直接监视下被抓回的，是脱逃未遂。区别既遂与未遂，是裁量刑罚的一个依据。如果查明行为人脱离改造场所，确实是偷干其他的事情，并无脱逃意图的，如在农田劳动的犯人，晚间溜出改造场所，去偷附近农民种植的瓜果等，不宜作为脱逃罪论处，可视其情节给予纪律或者其他处罚。</td></tr>
<tr><td rowspan="4">证据参考标准</td><td>主体方面的证据</td><td>一、证明行为人刑事责任年龄、身份等自然情况的证据。
包括身份证明、户籍证明、任职证明、工作经历证明、特定职责证明等，主要是证明行为人的姓名（曾用名）、性别、出生年月日、民族、籍贯、出生地、职业（或职务）、住所地（或居所地）等证据材料，如户口簿、居民身份证、工作证、出生证、专业或技术等级证、干部履历表、职工登记表、护照等。
对于户籍、出生证等材料内容不实的，应提供其他证据材料。外国人犯罪的案件，应有护照等身份证明材料。人大代表、政协委员犯罪的案件，应注明身份，并附身份证明材料。
二、证明行为人刑事责任能力的证据。
证明行为人对自己的行为是否具有辨认能力与控制能力，如是否属于间歇性精神病人、尚未完全丧失辨认或者控制自己行为能力的精神病人的证明材料。</td></tr>
<tr><td>主观方面的证据</td><td>证明行为人故意的证据：1. 证明行为人明知的证据：证明行为人明知自己的行为会发生危害社会的结果；2. 证明直接故意的证据：证明行为人希望危害结果发生；3. 目的：脱逃。</td></tr>
<tr><td>客观方面的证据</td><td>证明行为人脱逃犯罪行为的证据。
具体证据包括：1. 证明行为人脱逃犯罪主体的证据：（1）在押犯。（2）未决犯。（3）犯罪嫌疑人。2. 证明行为人脱逃场所的证据：（1）在押场所：①监狱；②看守所；③未成年犯管教所。（2）押解途中。（3）批准外出的场所及沿线。3. 证明行为人以暴力手段脱逃行为的证据：（1）限制人身自由。（2）致人重伤。（3）致人死亡。（4）以枪械相威胁。4. 证明行为人以非暴力手段脱逃行为的证据：乘人不备悄悄逃走。</td></tr>
<tr><td>量刑方面的证据</td><td>一、法定量刑情节证据。
1. 事实情节。2. 法定从重情节。3. 法定从轻减轻情节：（1）可以从轻；（2）可以从轻或减轻；（3）应当从轻或者减轻。4. 法定从轻减轻免除情节：（1）可以从轻、减轻或者免除处罚；（2）应当从轻、减轻或者免除处罚。5. 法定减轻免除情节：（1）可以减轻或者免除处罚；（2）应当减轻或者免除处罚；（3）可以免除处罚。
二、酌定量刑情节证据。
1. 犯罪手段：（1）暴力；（2）非暴力。2. 犯罪对象。3. 危害结果。4. 动机。5. 平时表现。6. 认罪态度。7. 是否有前科。8. 其他证据。</td></tr>
</table>

量刑标准	犯本罪的	处五年以下有期徒刑或者拘役

法律适用	刑法条文	**第三百一十六条第一款** 依法被关押的罪犯、被告人、犯罪嫌疑人脱逃的，处五年以下有期徒刑或者拘役。
	相关法律法规	**《中华人民共和国监狱法》（节录）**（1994年12月29日中华人民共和国主席令第35号公布 自公布之日起施行 2012年10月26日修正） **第四十五条** 监狱遇有下列情形之一的，可以使用戒具： （一）罪犯有脱逃行为的； （二）罪犯有使用暴力行为的； （三）罪犯正在押解途中的； （四）罪犯有其他危险行为需要采取防范措施的。 前款所列情形消失后，应当停止使用戒具。 **第四十六条** 人民警察和人民武装警察部队的执勤人员遇有下列情形之一，非使用武器不能制止的，按照国家有关规定，可以使用武器： （一）罪犯聚众骚乱、暴乱的； （二）罪犯脱逃或者拒捕的； （三）罪犯持有凶器或者其他危险物，正在行凶或者破坏，危及他人生命、财产安全的； （四）劫夺罪犯的； （五）罪犯抢夺武器的。 使用武器的人员，应当按照国家有关规定报告情况。

73 劫夺被押解人员案

概念

本罪是指劫夺押解途中的罪犯、被告人、犯罪嫌疑人的行为。

立案标准

根据《刑法》第316条第2款的规定，劫夺押解途中的罪犯、被告人、犯罪嫌疑人的，应当立案。

本罪是行为犯，只要行为人实施了劫夺押解途中的罪犯、被告人、犯罪嫌疑人的行为，原则上就构成犯罪，应当立案追究。

定罪标准		
定罪标准	犯罪客体	本罪所侵害的客体是司法机关的正常秩序，犯罪对象则为被押解的罪犯、被告人及犯罪嫌疑人。所谓罪犯，是指经人民法院生效裁判确认为有罪的人。所谓被告人，是指在刑事诉讼中被检察机关或自诉人向人民法院控告犯有某种罪行而依法追究其刑事责任的人。所谓犯罪嫌疑人，是指人民检察院提起公诉前，有证据证明其可能实施了某种犯罪行为，但是根据已掌握的证据还不足以确定其实施了这种犯罪行为的人。构成本罪对象的不仅要求是罪犯、被告人或者犯罪嫌疑人，而且还要求其必在押解途中。否则，虽为罪犯、被告人、犯罪嫌疑人，但不是押解途中的罪犯、被告人或犯罪嫌疑人，如被判处管制、单独判处罚金或剥夺政治权利、宣告缓刑、裁定假释等依法释放而未被押解的罪犯，或者被羁押在监狱、未成年犯管教所和看守所等羁押场所的罪犯，以及仅被采取取保候审、监视居住而未被押解的被告人、犯罪嫌疑人，就都不能构成本罪的对象。所谓押解途中，是指在监狱等羁押场所、审判法庭等以外的由司法机关将罪犯、被告人、犯罪嫌疑人从一地方押送至另一地方的途中。如对被告人、犯罪嫌疑人依法执行拘传、拘留、逮捕等强制措施而将之押解的途中；将之从羁押场所押至审判场所及从审判场所又押回羁押场所的途中；判决生效后，依法将之从看守所押送至监狱、未成年犯管教所等监管场所以及从监管场所押送至他处劳动、参观或者医治等的途中；将之押送某一医院进行司法鉴定的途中；等等。
	犯罪客观方面	本罪在客观方面表现为劫夺押解途中的罪犯、被告人、犯罪嫌疑人的行为。所谓劫夺，是指使用暴力、胁迫或者其他方法夺取或者释放被押解人，以使其脱离押解人员控制的行为。所谓押解途中，是指将被依法关押的人自关押场所押解出来后直至押解人押解回关押场所前的全过程。情节严重是本罪的加重情节。所谓情节严重，一般指劫夺多名人犯或致多名人犯逃逸的；劫夺重大案件人犯的；持械劫夺人犯的等。
	犯罪主体	本罪的犯罪主体为一般主体，即达到刑事责任年龄、具有刑事责任能力的自然人均可构成本罪。实际构成其罪的，应是除押解途中的罪犯、被告人、犯罪嫌疑人以外的人，多为被劫夺人的亲朋好友。
	犯罪主观方面	本罪在主观方面必须出于故意，即明知是押解途中的罪犯、被告人或犯罪嫌疑人而仍决意劫夺，其目的一般在于使被劫夺人逃避法律制裁。过失不能构成本罪。至于

<table>
<tr><td rowspan="2">定罪标准</td><td>犯罪主观方面</td><td>其动机可多种多样，有的是哥们义气；有的是袒护亲朋好友；有的是贪图钱财；有的是迷恋女色；有的是出于对司法机关的敌视；有的是企图制造事端引起混乱；有的是想借此向有关方面施加压力；等等，动机如何，并不影响本罪成立。</td></tr>
<tr><td>罪与非罪</td><td>区分罪与非罪的界限，关键看行为人是否实施劫夺行为。</td></tr>
<tr><td rowspan="4">证据参考标准</td><td>主体方面的证据</td><td>一、证明行为人刑事责任年龄、身份等自然情况的证据。
包括身份证明、户籍证明、任职证明、工作经历证明、特定职责证明等，主要是证明行为人的姓名（曾用名）、性别、出生年月日、民族、籍贯、出生地、职业（或职务）、住所地（或居所地）等证据材料，如户口簿、居民身份证、工作证、出生证、专业或技术等级证、干部履历表、职工登记表、护照等。
对于户籍、出生证等材料内容不实的，应提供其他证据材料。外国人犯罪的案件，应有护照等身份证明材料。人大代表、政协委员犯罪的案件，应注明身份，并附身份证明材料。
二、证明行为人刑事责任能力的证据。
证明行为人对自己的行为是否具有辨认能力与控制能力，如是否属于间歇性精神病人、尚未完全丧失辨认或者控制自己行为能力的精神病人的证明材料。</td></tr>
<tr><td>主观方面的证据</td><td>证明行为人故意的证据：1. 证明行为人明知的证据：证明行为人明知自己的行为会发生危害社会的结果。2. 证明直接故意的证据：证明行为人希望危害结果发生。3. 目的：（1）夺走被押解人；（2）逃避法律制裁。</td></tr>
<tr><td>客观方面的证据</td><td>证明行为人劫夺被押解人员犯罪行为的证据。
具体证据包括：1. 证明行为人劫夺被押解人员行为的证据：（1）罪犯；（2）被告人；（3）犯罪嫌疑人。2. 证明行为人劫夺被押解人员情节严重行为的证据。3. 证明行为人劫夺被押解人员于狱外任何地方的证据：（1）押解途中；（2）法院；（3）其他司法机关。</td></tr>
<tr><td>量刑方面的证据</td><td>一、法定量刑情节证据。
1. 事实情节：（1）情节严重；（2）其他。2. 法定从重情节。3. 法定从轻减轻情节：（1）可以从轻；（2）可以从轻或减轻；（3）应当从轻或者减轻。4. 法定从轻减轻免除情节：（1）可以从轻、减轻或者免除处罚；（2）应当从轻、减轻或者免除处罚。5. 法定减轻免除情节：（1）可以减轻或者免除处罚；（2）应当减轻或者免除处罚；（3）可以免除处罚。
二、酌定量刑情节证据。
1. 犯罪手段：（1）劫；（2）夺。2. 犯罪对象。3. 危害结果。4. 动机。5. 平时表现。6. 认罪态度。7. 是否有前科。8. 其他证据。</td></tr>
</table>

<table>
<tr><td rowspan="2">量刑标准</td><td colspan="2">犯本罪的</td><td>处三年以上七年以下有期徒刑</td></tr>
<tr><td colspan="2">情节严重的</td><td>处七年以上有期徒刑</td></tr>
<tr><td>法律适用</td><td>刑法条文</td><td colspan="2">第三百一十六条第二款　劫夺押解途中的罪犯、被告人、犯罪嫌疑人的，处三年以上七年以下有期徒刑；情节严重的，处七年以上有期徒刑。</td></tr>
</table>

74 组织越狱案

概念

本罪是指组织狱中的罪犯逃往狱外的行为。

立案标准

根据《刑法》第317条第1款的规定，对组织越狱的首要分子、积极参加的和其他参加的，应当立案。

本罪是行为犯，只要行为人实施了组织越狱的行为，原则上就构成犯罪。一般来说，由于本罪是性质严重的犯罪，因此，只要行为人实施了组织越狱的行为，就应当立案追究。

定罪标准		
定罪标准	犯罪客体	本罪侵犯的客体是司法机关的监管秩序。监狱、看守所等监管场所的任务是看管、教育、改造罪犯。为了保证监管场所的正常秩序，国家对罪犯的出狱（包括出看守所等）做了严格的规定。组织越狱就是违反监管规定，企图组织罪犯逃往狱外，使监管场所的正常监管秩序受到侵扰。对这种犯罪行为必须严厉打击。
	犯罪客观方面	本罪在客观方面表现为被关押的罪犯在首要分子的组织和秘密策划下有组织、有计划地逃往狱外的行为。这里所说的“狱”，是指监狱等场所。在押解罪犯的路途中，罪犯有组织、有计划地逃跑的，也属于组织越狱的行为。越狱的方式是多种多样的，如冲闯狱门、翻越狱墙、挖掘地道等。只要是多名在押罪犯有组织越狱行为，无论采取什么方式，都不影响本罪的构成。在越狱的过程中可能出现抢劫、抢夺看守人员枪支弹药、绑架、杀害监管人员等其他犯罪行为。对于这种行为一般不按数罪并罚处理，而视为本罪从重处罚的情况。但对于越狱后实施的其他犯罪行为，仍应按数罪并罚的原则处理。
	犯罪主体	本罪的主体是特殊主体，即只能由在监狱等关押场所的罪犯构成。其他人员不能构成本罪的主体。对于个别监管人员为越狱的罪犯提供帮助或方便条件的，应按组织越狱罪的共犯处理。
	犯罪主观方面	本罪在主观方面必须出于故意，并且具有通过组织越狱的行为以达到逃避法律制裁的目的。本罪为必要共同犯罪，但其不要求行为人都出于相同的动机，行为人只要认识到自己在与他人一起共同实行有组织、有预谋、有计划的逃跑越狱行为而仍决意实施的，即可构成本罪。
	罪与非罪	区分罪与非罪的界限，关键看是否实施组织越狱的行为。
	此罪与彼罪	本罪与脱逃罪的界限。本罪与脱逃罪在形式上都表现为在押的犯罪分子逃离监管、羁押场所。两者的区别是：（1）行为方式不同。本罪在客观方面表现为有计划、有组织地进行，并且一般是使用暴力手段，公开与国家专政机关对抗；而脱逃罪在客

<table>
<tr><td rowspan="1">定罪标准</td><td>此罪与彼罪</td><td>观方面往往采取秘密逃跑的方式。(2) 本罪是多数在押犯勾结在一起，在首要分子的指挥、策划下，有组织、有计划地集体逃跑越狱的行为；而脱逃罪一般只是个别犯罪分子单独的逃跑行为。</td></tr>
<tr><td rowspan="4">证据参考标准</td><td>主体方面的证据</td><td>一、证明行为人刑事责任年龄、身份等自然情况的证据。
包括身份证明、户籍证明、任职证明、工作经历证明、特定职责证明等，主要是证明行为人的姓名（曾用名）、性别、出生年月日、民族、籍贯、出生地、职业（或职务）、住所地（或居所地）等证据材料，如户口簿、居民身份证、工作证、出生证、专业或技术等级证、干部履历表、职工登记表、护照等。
对于户籍、出生证等材料内容不实的，应提供其他证据材料。外国人犯罪的案件，应有护照等身份证明材料。人大代表、政协委员犯罪的案件，应注明身份，并附身份证明材料。
二、证明行为人刑事责任能力的证据。
证明行为人对自己的行为是否具有辨认能力与控制能力，如是否属于间歇性精神病人、尚未完全丧失辨认或者控制自己行为能力的精神病人的证明材料。</td></tr>
<tr><td>主观方面的证据</td><td>证明行为人故意的证据：1. 证明行为人明知的证据：证明行为人明知自己的行为会发生危害社会的结果。2. 证明直接故意的证据：证明行为人希望危害结果发生。3. 目的：(1) 逃避法律制裁；(2) 危害社会治安。</td></tr>
<tr><td>客观方面的证据</td><td>证明行为人组织越狱犯罪行为的证据。
具体证据包括：1. 证明行为人组织越狱犯罪主体的证据：(1) 首要分子；(2) 积极参加者；(3) 其他参加的。2. 证明行为人组织越狱地点的证据：(1) 监狱；(2) 看守所；(3) 押解途中；(4) 狱外执行任务；(5) 劳动地点；(6) 未成年犯管教所；(7) 刑场。3. 证明行为人袭击、杀害对象的证据：(1) 管教人员；(2) 武警；(3) 在押犯人。4. 证明行为人组织越狱行为的证据：(1) 有预谋；(2) 有组织；(3) 有计划；(4) 预备阶段；(5) 越狱未遂；(6) 越狱已遂。5. 证明行为人其他组织越狱行为的证据。</td></tr>
<tr><td>量刑方面的证据</td><td>一、法定量刑情节证据。
1. 事实情节。2. 法定从重情节。3. 法定从轻减轻情节：(1) 可以从轻；(2) 可以从轻或减轻；(3) 应当从轻或者减轻。4. 法定从轻减轻免除情节：(1) 可以从轻、减轻或者免除处罚；(2) 应当从轻、减轻或者免除处罚。5. 法定减轻免除情节：(1) 可以减轻或者免除处罚；(2) 应当减轻或者免除处罚；(3) 可以免除处罚。
二、酌定量刑情节证据。
1. 犯罪手段：(1) 暴力；(2) 非暴力。2. 犯罪对象。3. 危害结果。4. 动机。5. 平时表现。6. 认罪态度。7. 是否有前科。8. 其他证据。</td></tr>
</table>

量刑标准	犯本罪，对首要分子和积极参加的	处五年以上有期徒刑
	其他参加的	处五年以下有期徒刑或者拘役

法律适用		
	刑法条文	**第三百一十七条第一款** 组织越狱的首要分子和积极参加的，处五年以上有期徒刑；其他参加的，处五年以下有期徒刑或者拘役。
	相关法律法规	**《中华人民共和国看守所条例》（节录）**（1990年3月17日中华人民共和国国务院令第52号公布　自公布之日起施行） **第十八条** 看守人员和武警遇有下列情形之一，采取其他措施不能制止时，可以按照有关规定开枪射击： （一）人犯越狱或者暴动的； （二）人犯脱逃不听制止，或者在追捕中抗拒逮捕的； （三）劫持人犯的； （四）人犯持有管制刀具或者其他危险物，正在行凶或者破坏的； （五）人犯暴力威胁看守人员、武警的生命安全的。 需要开枪射击时，除遇到特别紧迫的情况外，应当先鸣枪警告，人犯有畏服表示，应当立即停止射击。开枪射击后，应当保护现场，并立即报告主管公安机关和人民检察院。
	规章及规范性文件	**《中华人民共和国看守所条例实施办法（试行）》（节录）**（1991年10月5日公安部公布　自公布之日起施行　公通字〔1991〕87号） **第四十七条** 人犯在羁押期间有下列行为之一的，应当根据不同情节分别给予警告、训诫、责令具结悔过或者禁闭的处罚；构成犯罪的，依法追究刑事责任： （一）违犯监规纪律、经教育不改正的； （二）散布腐化堕落思想，妨碍他人悔改的； （三）不服监管，经查确属无理取闹的； （四）故意损坏公物的； （五）欺侮、凌辱其他人犯，侵犯他人人身权利的； （六）拉帮结伙打架斗殴，经常扰乱管理秩序的； （七）传授犯罪方法或者教唆他人进行违法犯罪的； （八）逃跑或者组织逃跑的； （九）有其他违法犯罪行为的。 对人犯的警告、训诫和责令具结悔过，由看守干警决定并报告看守所所长后执行。给予禁闭处分的，由看守干警提出，看守所所长决定。 人犯在羁押期间重新犯罪，应当追究刑事责任的，看守所应当将情况及时通知办案机关，并配合办案机关调查取证的，依法处理。

75 暴动越狱案

概念

本罪是指在押罪犯有组织地使用暴力，公然越狱逃跑的行为。

立案标准

根据《刑法》第317条第2款的规定，对暴动越狱的首要分子、积极参加的和其他参加的，应当立案。

本罪是行为犯，只要行为人实施了暴动越狱的行为，原则上就构成犯罪。一般来说，由于暴动越狱一般是有预谋、有组织的犯罪，因而其社会危害性比较大，是性质严重的犯罪，因此，只要行为人实施了暴动越狱的行为，就应当立案追究。公安机关负责发生在看守所内的暴动越狱案的立案侦查。

定罪标准		
定罪标准	犯罪客体	本罪侵犯的客体是司法机关的监管秩序，还可能侵犯监管人员的人身权利和监所的财产权利。监狱、看守所等监管场所的任务是看管、教育、改造罪犯。为了保证监管场所的正常秩序，国家对罪犯的出狱（包括看守所等）做了严格的规定。暴动越狱即违反监管规定，采用暴力手段从监狱逃跑，使监管场所的正常监管秩序受到侵扰，对这种犯罪行为必须严厉打击。
	犯罪客观方面	本罪在客观方面表现为在首要分子的组织、策划、指挥下，有组织、有预谋、有计划地使用暴力而共同越狱的行为。所谓越狱，是指逃离监狱、未成年犯管教所、看守所等羁押场所。在押解中、执行死刑的刑场以及参观、学习、劳动等地方进行有组织、有预谋、有计划地采用暴力的方法共同逃跑，也应视为本罪的越狱。所谓有组织、有预谋、有计划地使用暴力共同越狱，是指在首要分子的组织、策划、指挥下，进行密谋策划，相互勾结、串通，认真准备、分工而决意采用暴力进行集体越狱。至于暴力，则通常表现为杀伤、杀害监管人员，抢夺枪支、弹药、交通工具，砸毁监舍门窗等方式。
	犯罪主体	本罪的主体是特殊主体，即只能由在监狱等关押场所的罪犯构成。其他人员不能构成本罪的主体。对于个别监管人员为越狱的罪犯提供帮助或方便条件的，应按暴动越狱罪的共犯处理。
	犯罪主观方面	本罪在主观方面必须基于故意，并且具有通过暴动越狱的行为以达到逃避法律制裁的目的。本罪为必要共同犯罪，但其不要求行为人都出于相同的动机，只要行为人认识到自己在与他人一起共同实行有组织、有预谋、有计划的暴动越狱行为而仍决意实施的，即可构成本罪。
	罪与非罪	区分罪与非罪的界限，关键看是否实施暴动越狱的行为。
	此罪与彼罪	本罪与组织越狱罪的界限。暴动越狱是采用暴力手段逃跑，而组织越狱罪则不一定使用暴力。如果暴动越狱尚处于预备阶段就被发现，可以定组织越狱罪。因此，组织越狱罪与暴动越狱罪有时在性质上可以互相转化。如果组织越狱采用了暴动越狱的手段，就构成暴动越狱罪。

<table>
<tr><td rowspan="4">证据参考标准</td><td>主体方面的证据</td><td colspan="2">一、证明行为人刑事责任年龄、身份等自然情况的证据。
包括身份证明、户籍证明、任职证明、工作经历证明、特定职责证明等，主要是证明行为人的姓名（曾用名）、性别、出生年月日、民族、籍贯、出生地、职业（或职务）、住所地（或居所地）等证据材料，如户口簿、居民身份证、工作证、出生证、专业或技术等级证、干部履历表、职工登记表、护照等。
对于户籍、出生证等材料内容不实的，应提供其他证据材料。外国人犯罪的案件，应有护照等身份证明材料。人大代表、政协委员犯罪的案件，应注明身份，并附身份证明材料。
二、证明行为人刑事责任能力的证据。
证明行为人对自己的行为是否具有辨认能力与控制能力，如是否属于间歇性精神病人、尚未完全丧失辨认或者控制自己行为能力的精神病人的证明材料。</td></tr>
<tr><td>主观方面的证据</td><td colspan="2">证明行为人故意的证据：1. 证明行为人明知的证据：证明行为人明知自己的行为会发生危害社会的结果；2. 证明直接故意的证据：证明行为人希望危害结果发生。</td></tr>
<tr><td>客观方面的证据</td><td colspan="2">证明行为人暴动越狱犯罪行为的证据。
具体证据包括：1. 证明行为人暴动越狱犯罪主体的证据：（1）首要分子；（2）积极参加者；（3）其他参加的。2. 证明行为人准备暴动越狱行为的证据：（1）有预谋；（2）有组织；（3）有计划；（4）有准备。3. 证明行为人暴动越狱行为的证据：（1）破坏监舍；（2）冲闯监门；（3）砸毁门窗；（4）抢夺枪支；（5）抢夺弹药；（6）捣毁设施；（7）杀伤监管人员；（8）炸倒监墙；（9）拦截、抢夺汽车；（10）集体越狱；（11）暴动越狱：①预备阶段。②未遂。③既遂。4. 证明行为人暴动越狱情节特别严重行为的证据。5. 证明行为人暴动越狱其他行为的证据。</td></tr>
<tr><td>量刑方面的证据</td><td colspan="2">一、法定量刑情节证据。
1. 事实情节：（1）情节特别严重；（2）其他。2. 法定从重情节。3. 法定从轻减轻情节：（1）可以从轻；（2）可以从轻或减轻；（3）应当从轻或者减轻。4. 法定从轻减轻免除情节：（1）可以从轻、减轻或者免除处罚；（2）应当从轻、减轻或者免除处罚。5. 法定减轻免除情节：（1）可以减轻或者免除处罚；（2）应当减轻或者免除处罚；（3）可以免除处罚。
二、酌定量刑情节证据。
1. 犯罪手段：（1）暴动；（2）集体越狱；（3）共同越狱逃跑。2. 犯罪对象。3. 危害结果。4. 动机。5. 平时表现。6. 认罪态度。7. 是否有前科。8. 其他证据。</td></tr>
<tr><td rowspan="3">量刑标准</td><td colspan="2">犯本罪，对首要分子和积极参加的</td><td>处十年以上有期徒刑或者无期徒刑</td></tr>
<tr><td colspan="2">情节特别严重的</td><td>处死刑</td></tr>
<tr><td colspan="2">其他参加的</td><td>处三年以上十年以下有期徒刑</td></tr>
</table>

法律适用

刑法条文

第三百一十七条第二款 暴动越狱或者聚众持械劫狱的首要分子和积极参加的，处十年以上有期徒刑或者无期徒刑；情节特别严重的，处死刑；其他参加的，处三年以上十年以下有期徒刑。

相关法律法规

《中华人民共和国看守所条例》（节录）（1990年3月17日中华人民共和国国务院令第52号公布 自公布之日起施行）

第十八条 看守人员和武警遇有下列情形之一，采取其他措施不能制止时，可以按照有关规定开枪射击：

（一）人犯越狱或者暴动的；

（二）人犯脱逃不听制止，或者在追捕中抗拒逮捕的；

（三）劫持人犯的；

（四）人犯持有管制刀具或者其他危险物，正在行凶或者破坏的；

（五）人犯暴力威胁看守人员、武警的生命安全的。

需要开枪射击时，除遇到特别紧迫的情况外，应当先鸣枪警告，人犯有畏服表示，应当立即停止射击。开枪射击后，应当保护现场，并立即报告主管公安机关和人民检察院。

规章及规范性文件

《中华人民共和国看守所条例实施办法（试行）》（节录）（1991年10月5日公安部公布 自公布之日起施行 公通字〔1991〕87号）

第四十七条 人犯在羁押期间有下列行为之一的，应当根据不同情节分别给予警告、训诫、责令具结悔过或者禁闭的处罚；构成犯罪的，依法追究刑事责任：

（一）违犯监规纪律、经教育不改正的；

（二）散布腐化堕落思想，妨碍他人悔改的；

（三）不服监管，经查确属无理取闹的；

（四）故意损坏公物的；

（五）欺侮、凌辱其他人犯，侵犯他人人身权利的；

（六）拉帮结伙打架斗殴，经常扰乱管理秩序的；

（七）传授犯罪方法或者教唆他人进行违法犯罪的；

（八）逃跑或者组织逃跑的；

（九）有其他违法犯罪行为的。

对人犯的警告、训诫和责令具结悔过，由看守干警决定并报告看守所所长后执行。给予禁闭处分的，由看守干警提出，看守所所长决定。

人犯在羁押期间重新犯罪，应当追究刑事责任的，看守所应当将情况及时通知办案机关，并配合办案机关调查取证的，依法处理。

76 聚众持械劫狱案

概念

本罪是指狱外的人聚众持械劫夺被监禁在狱中的罪犯的行为。

立案标准

根据《刑法》第317条第2款的规定，对聚众持械劫狱的首要分子、积极参加的和其他参加的，应当立案。

本罪是行为犯，只要行为人实施了聚众持械劫狱的行为，原则上就构成犯罪。一般来说，由于聚众持械劫狱一般是有预谋、有组织的犯罪，因而其社会危害性比较大，是性质严重的犯罪，因此，只要行为人实施了聚众持械劫狱的行为，就应当立案追究。

定罪标准		
定罪标准	犯罪客体	本罪侵犯的客体是司法机关的监管秩序。监狱、看守所等监管场所的任务是看管、教育、改造罪犯。为了保证监管场所的正常秩序，国家对罪犯的出狱（包括出看守所等）作了严格的规定。聚众劫狱就是违反监管规定，公然聚众持械将罪犯非法劫出狱外，使监管场所的正常监管秩序受到侵扰。对这种犯罪行为必须严厉打击。
	犯罪客观方面	本罪在客观方面表现为狱外的人持械以暴力劫夺狱中的罪犯的行为。所谓聚众，是指聚集、纠合3人以上。所谓持械，是指携带、持有、使用枪支、管制刀具以及其他具有较大杀伤力、破坏力的器械，包括各种枪支、弹药，如军用枪支、民用枪支及其他非法制造的各种具有杀伤力的枪支、弹药；管制刀具，如匕首、刮刀、三棱刀、带有自锁装置的弹簧刀以及类似的单刃刀、双刃刀、三棱尖刀等；其他器械，如木棒、铁棍、菜刀、斧头、炸药等。所谓劫狱，是指采用暴力或者其他方法劫夺狱中在押的罪犯。具体方式多种多样，如采用聚众持械冲进监狱，杀伤、杀害监管人员，砸毁、破坏监狱设施、抢夺、抢劫枪支、弹药、交通工具，绑架人质进行威胁，药物麻醉监管人员等方法劫夺在押罪犯；或者声东击西，采用暴力调离监管人员，以便于狱中人员逃跑；等等。至于劫狱中的“狱”，在这里应作广义理解，泛指一切关押、羁押、监管罪犯的场所。其不仅包括监狱、未成年犯管教所、看守所等羁押场所，而且也包括押解罪犯的途中，对罪犯进行审判的审判场所，以及对罪犯执行死刑的刑场，罪犯参观、学习、劳动、医治的场所等。
	犯罪主体	本罪的主体是一般主体，即达到法定刑事责任年龄、具有刑事责任能力的自然人均可成为本罪主体。
	犯罪主观方面	本罪在主观方面表现为故意，其目的是使狱中的犯罪分子逃避刑罚处罚。
	罪与非罪	区分罪与非罪的界限，关键看是否实施聚众持械劫狱的行为。

<table>
<tr><td rowspan="1">定罪标准</td><td>此罪与彼罪</td><td>本罪与组织越狱罪的界限。组织越狱罪，是指狱中的罪犯纠集在一起，在首要分子的组织、指挥、策划下，有组织地逃往狱外的行为。本罪与组织越狱罪的相同之处：侵害的客体相同；主观心态相同；犯罪表现形式相同，都是以共同犯罪形式出现，有组织、有计划、有领导地集体实施的。两者最主要的区别在于主体要件不同，聚众持械劫狱罪是由狱外人员实施的行为；而组织越狱罪是狱内的罪犯，在首要分子的指挥、策划下，集体逃往狱外的行为。</td></tr>
<tr><td rowspan="4">证据参考标准</td><td>主体方面的证据</td><td>一、证明行为人刑事责任年龄、身份等自然情况的证据。
包括身份证明、户籍证明、任职证明、工作经历证明、特定职责证明等，主要是证明行为人的姓名（曾用名）、性别、出生年月日、民族、籍贯、出生地、职业（或职务）、住所地（或居所地）等证据材料，如户口簿、居民身份证、工作证、出生证、专业或技术等级证、干部履历表、职工登记表、护照等。
对于户籍、出生证等材料内容不实的，应提供其他证据材料。外国人犯罪的案件，应有护照等身份证明材料。人大代表、政协委员犯罪的案件，应注明身份，并附身份证明材料。
二、证明行为人刑事责任能力的证据。
证明行为人对自己的行为是否具有辨认能力与控制能力，如是否属于间歇性精神病人、尚未完全丧失辨认或者控制自己行为能力的精神病人的证明材料。</td></tr>
<tr><td>主观方面的证据</td><td>证明行为人故意的证据：1. 证明行为人明知的证据：证明行为人明知自己的行为会发生危害社会的结果；2. 证明直接故意的证据：证明行为人希望危害结果发生。</td></tr>
<tr><td>客观方面的证据</td><td>证明行为人聚众持械劫狱犯罪行为的证据。
具体证据包括：1. 证明行为人聚众持械劫狱犯罪主体的证据：（1）首要分子；（2）积极参加者；（3）其他参加者。2. 证明行为人聚众持械劫狱行为的证据：（1）聚集多人；（2）使用凶器；（3）使用武器；（4）使用破坏性工具；（5）捣毁监狱设施；（6）从狱外冲击监狱；（7）杀伤监管人员；（8）劫走在押犯。3. 证明行为人聚众持械劫狱情节特别严重行为的证据：（1）死；（2）伤；（3）引起监狱骚乱。4. 证明行为人聚众持械劫狱其他行为的证据。</td></tr>
<tr><td>量刑方面的证据</td><td>一、法定量刑情节证据。
1. 事实情节：（1）情节特别严重；（2）其他。2. 法定从重情节。3. 法定从轻减轻情节：（1）可以从轻；（2）可以从轻或减轻；（3）应当从轻或者减轻。4. 法定从轻减轻免除情节：（1）可以从轻、减轻或者免除处罚；（2）应当从轻、减轻或者免除处罚。5. 法定减轻免除情节：（1）可以减轻或者免除处罚；（2）应当减轻或者免除处罚；（3）可以免除处罚。
二、酌定量刑情节证据。
1. 犯罪手段：（1）聚众；（2）持械。2. 犯罪对象。3. 危害结果。4. 动机。5. 平时表现。6. 认罪态度。7. 是否有前科。8. 其他证据。</td></tr>
</table>

量刑标准	犯本罪，对首要分子和积极参加的	处十年以上有期徒刑或者无期徒刑
	情节特别严重的	处死刑
	对其他参加的	处三年以上十年以下有期徒刑

法律适用

刑法条文

第三百一十七条第二款 暴动越狱或者聚众持械劫狱的首要分子和积极参加的，处十年以上有期徒刑或者无期徒刑；情节特别严重的，处死刑；其他参加的，处三年以上十年以下有期徒刑。

相关法律法规

《中华人民共和国看守所条例》（节录）（1990年3月17日中华人民共和国国务院令第52号公布　自公布之日起施行）

第十八条 看守人员和武警遇有下列情形之一，采取其他措施不能制止时，可以按照有关规定开枪射击：

（一）人犯越狱或者暴动的；

（二）人犯脱逃不听制止，或者在追捕中抗拒逮捕的；

（三）劫持人犯的；

（四）人犯持有管制刀具或者其他危险物，正在行凶或者破坏的；

（五）人犯暴力威胁看守人员、武警的生命安全的。

需要开枪射击时，除遇到特别紧迫的情况外，应当先鸣枪警告，人犯有畏服表示，应当立即停止射击。开枪射击后，应当保护现场，并立即报告主管公安机关和人民检察院。

规章及规范性文件

《中华人民共和国看守所条例实施办法（试行）》（节录）（1991年10月5日公安部公布　自公布之日起施行　公通字〔1991〕87号）

第四十七条 人犯在羁押期间有下列行为之一的，应当根据不同情节分别给予警告、训诫、责令具结悔过或者禁闭的处罚；构成犯罪的，依法追究刑事责任：

（一）违犯监规纪律、经教育不改正的；

（二）散布腐化堕落思想，妨碍他人悔改的；

（三）不服监管，经查确属无理取闹的；

（四）故意损坏公物的；

（五）欺侮、凌辱其他人犯，侵犯他人人身权利的；

（六）拉帮结伙打架斗殴，经常扰乱管理秩序的；

（七）传授犯罪方法或者教唆他人进行违法犯罪的；

（八）逃跑或者组织逃跑的；

（九）有其他违法犯罪行为的。

对人犯的警告、训诫和责令具结悔过，由看守干警决定并报告看守所所长后执行。给予禁闭处分的，由看守干警提出，看守所所长决定。

人犯在羁押期间重新犯罪，应当追究刑事责任的，看守所应当将情况及时通知办案机关，并配合办案机关调查取证的，依法处理。

77 组织他人偷越国（边）境案

概念

本罪是指违反出入国（边）境管理法规，非法组织他人偷越国（边）境的行为。

立案标准

根据《关于办理妨害国（边）境管理刑事案件应用法律若干问题的解释》第1条的规定，领导、策划、指挥他人偷越国（边）境或者在首要分子指挥下，实施拉拢、引诱、介绍他人偷越国（边）境等行为的，应当认定为《刑法》第318条规定的“组织他人偷越国（边）境”。

组织他人偷越国（边）境人数在10人以上的，应当认定为“人数众多”；违法所得数额在20万元以上的，应当认定为“违法所得数额巨大”。

本罪是行为犯，只要行为人违反国家出入国（边）境管理法规，非法将偷越国（边）境者送出或者接入国（边）境的行为，原则上就构成犯罪，应当立案侦查。

定罪标准

犯罪客体

本罪侵犯的客体是国家对国（边）境的正常管理秩序。国家对国（边）境管理的正常秩序，维系着国家主权、领土完整和国（边）境的安全以及社会秩序的稳定。为此，我国制定了《出境入境边防检查条例》和《出境入境管理法》等一系列法规。这些法规明确规定，任何人出入我国的国（边）境，必须依照法律规定，履行必要的申办手续，经有关部门签发出入国（边）境的证件，在规定的时间、地点出入我国国（边）境。一些不法分子利用某些人向往、追求外国及港澳地区的生活，出境谋生的思想，组织他（她）们偷越国（边）境而从中大发不义之财。这种行为无疑严重破坏了国家对国（边）境的管理秩序，影响了我国国家安全和社会秩序的稳定，在国际上给我国造成了恶劣影响，而且还会给国内外的犯罪分子包括敌特间谍分子非法出入我国国（边）境，进行犯罪活动或逃避法律制裁以可乘之机。

犯罪客观方面

本罪在客观方面表现为非法组织他人偷越国（边）境的行为。所谓组织，是指采取煽动、串连、拉拢、引诱、欺骗、强迫等手段，策划、联络、安排他人偷越国（边）境。一般表现为煽动、串连、拉拢、策划、联络他人偷越国（边）境以及为偷越国（边）境进行准备、制造条件的行为。例如，为他人安排偷越国（边）境的交通运输工具；为他人偷越国（边）境出谋划策，拟定偷越国（边）境的具体行动计划；确定偷越国（边）境的时间、路线，指示偷越国（边）境的具体地点等。行为人通常兼而实施上述系列组织他人偷越国（边）境行为方式的全部，但也有的只实施其中的一种或几种。

近年来，组织他人偷越国（边）境的犯罪活动日益向着集团化、有组织化的方向发展。境内外组织偷越国（边）境的犯罪分子，往往互相勾结，严密分工，有的实施煽动行为，有的实施串连行为，有的实施具体安排偷越国（边）境的时间、路线等行为，有的则负责联络偷越国（边）境的交通工具，等等。不管行为人具体实施哪一种

<table>
<tr><td rowspan="6">定罪标准</td><td>犯罪客观方面</td><td>行为，上述各行为的指向都是相同的，那就是组织他人偷越国（边）境。因而，上述各行为并非各自独立，而是相互联系、密切配合，构成一个完整的共同组织他人偷越国（边）境的行为，至于组织偷越的地点，可以是边境口岸，也可以是非边境口岸，具体地点如何，不影响犯罪的成立。
《刑法》第318条第2款规定：“犯前款罪，对被组织人有杀害、伤害、强奸、拐卖等犯罪行为，或者对检查人员有杀害、伤害等犯罪行为的，依照数罪并罚的规定处罚。”杀害、伤害、强奸、拐卖等犯罪与组织他人偷越国（边）境罪是数罪关系，因此，对该条款规定的情况，应当按照组织他人偷越国（边）境罪和另外实施的故意杀人、故意伤害、强奸、拐卖妇女、儿童的犯罪行为，分别定罪判刑，然后实行并罚。</td></tr>
<tr><td>犯罪主体</td><td>本罪的主体是一般主体，即达到刑事责任年龄、具有刑事责任能力，实施了组织他人偷越国（边）境行为的自然人。单位不能成为组织他人偷越国（边）境罪的主体。本罪主体没有国别及居住地的限制，不论是中国公民（包括港澳台地区的居民）还是外国人，也不论是边境地区的居民还是内地来边境地区的居民，均可构成组织他人偷越国（边）境罪。</td></tr>
<tr><td>犯罪主观方面</td><td>本罪在主观方面是直接故意，其主观目的是要将他人非法送出或引进国（边）境。主观上不一定必须具备营利的目的。实践中，组织他人偷越国（边）境的犯罪一般是以营利为目的，但也不能排除不以营利为目的而实施的组织他人偷越国（边）境的行为，如以走私、拐卖人口、诈骗等犯罪活动为目的，而实施组织他人偷越国（边）境的行为。</td></tr>
<tr><td>罪与非罪</td><td>区分罪与非罪的关键是看行为是否达到司法解释对本条所规定的标准。</td></tr>
<tr><td>此罪与彼罪</td><td>一、本罪与走私罪的界限。这两罪的区别表现在：（1）侵犯的客体不同。组织他人偷越国（边）境罪侵犯的客体是国家对国（边）境的正常管理秩序；而走私罪侵犯的客体是国家的对外贸易管理制度，其走私的对象是指国家禁止、限制进出口的任何物品。（2）客观方面有所不同。前者是非法组织他人偷越国（边）境；而后者则是非法携带、运输国家禁止、限制进出口的物品进出国（边）境。二者相同点是都是非法进出国（边）境，两罪从构成特征上看不难区分，但司法实践中存在以走私为目的，组织他人偷越国（边）境的行为，对此如何处理，我们认为，走私是目的行为，组织他人偷越国（边）境是为达到走私目的的手段行为，根据《刑法》关于牵连犯的处罚原则，应以其所犯罪行中的重罪论处。
二、本罪与运送他人偷越国（边）境罪的界限。组织他人偷越国（边）境罪在客观方面表现为通过拉拢、串连、引诱、煽动等方式，有组织、有计划地安排他人偷越国（边）境的行为；而运送他人偷越国（边）境罪在客观方面则表现为行为人采用步行的方式陪伴偷渡者或者用车辆、船只等交通运输工具将偷渡者带出或者运送出入国（边）境的行为。因而，如果行为人组织了一批人偷越国（边）境后，又运送另一批人偷越国（边）境的，则具备了两种犯罪的构成要件，应以组织他人偷越国（边）境罪和运送他人偷越国（边）境罪两个罪名，实行数罪并罚；但如果行为人既组织、又运送同一批人偷越国（边）境的，根据司法解释的规定，依照处罚较重的规</td></tr>
</table>

<table>
<tr><td>定罪标准</td><td>此罪与彼罪</td><td>定定罪处罚；对于直接参与组织他人偷越国（边）境而分工负责运送的，亦应以组织他人偷越国（边）境罪定罪量刑。
三、本罪与偷越国（边）境罪的界限。两者的主要区别在于：（1）犯罪主体不同。组织他人偷越国（边）境罪的主体尽管是一般主体，但实际上只有偷越国（边）境犯罪活动的组织者，即从事组织他人偷越国（边）境犯罪活动的“蛇头”，才能构成组织他人偷越国（边）境罪；而偷越国（边）境罪的犯罪主体在立法上无任何特殊要求，只要是达到刑事责任年龄、具备刑事责任能力，实施了偷越国（边）境行为的自然人，均可成为偷越国（边）境罪的犯罪主体。所以，如果不是从事组织他人偷越国（边）境犯罪活动的“蛇头”有组织、有计划地煽动、拉拢、串连、动员、安排他人偷越国（边）境，而是在共同偷越国（边）境的过程中，出于江湖义气或亲友私情，为个别偷越国（边）境的人员提供有关帮助的行为，不构成组织他人偷越国（边）境罪，其中情节严重者，以偷越国（边）境罪的共犯处理。（2）犯罪客观方面的表现形式不同。组织他人偷越国（边）境罪在客观方面表现为，以拉拢、串连、引诱、煽动等方式，有组织、有计划地安排他人偷越国（边）境的行为；而偷越国（边）境罪在客观方面则表现为，违反国（边）境管理法规，偷越国（边）境的行为。</td></tr>
<tr><td rowspan="3">证据参考标准</td><td>主体方面的证据</td><td>一、证明行为人刑事责任年龄、身份等自然情况的证据。
包括身份证明、户籍证明、任职证明、工作经历证明、特定职责证明等，主要是证明行为人的姓名（曾用名）、性别、出生年月日、民族、籍贯、出生地、职业（或职务）、住所地（或居所地）等证据材料，如户口簿、居民身份证、工作证、出生证、专业或技术等级证、干部履历表、职工登记表、护照等。
对于户籍、出生证等材料内容不实的，应提供其他证据材料。外国人犯罪的案件，应有护照等身份证明材料。人大代表、政协委员犯罪的案件，应注明身份，并附身份证明材料。
二、证明行为人刑事责任能力的证据。
证明行为人对自己的行为是否具有辨认能力与控制能力，如是否属于间歇性精神病人、尚未完全丧失辨认或者控制自己行为能力的精神病人的证明材料。</td></tr>
<tr><td>主观方面的证据</td><td>证明行为人故意的证据：1. 证明行为人明知的证据：证明行为人明知自己的行为会发生危害社会的结果；2. 证明直接故意的证据：证明行为人希望危害结果发生。</td></tr>
<tr><td>客观方面的证据</td><td>证明行为人组织他人偷越国（边）境犯罪行为的证据。
具体证据包括：1. 证明行为人组织他人偷越国（边）境行为的证据；2. 证明行为人为组织他人偷越国（边）境集团首要分子的证据；3. 证明行为人多次组织他人偷越国（边）境行为的证据；4. 证明行为人组织他人偷越国（边）境人数众多行为的证据；5. 证明行为人在组织他人偷越国（边）境中造成重伤、死亡行为的证据；6. 证明行为人剥夺或者限制被组织者人身自由行为的证据；7. 证明行为人以暴力、威胁方法抗拒检查行为的证据；8. 证明行为人违法所得数额巨大行为的证据；9. 证明行为人有其他特别严重情节行为的证据；10. 证明行为人对被组织偷越国（边）境的人实施杀害、伤害、强奸、拐卖或者杀害、伤害检查人员等构成其他犯罪行为的证据。</td></tr>
</table>

<table>
<tr><td>证据参考标准</td><td>量刑方面的证据</td><td colspan="2">一、法定量刑情节证据。
1. 事实情节：（1）特别严重情况；（2）其他。2. 法定从重情节。3. 法定从轻减轻情节：（1）可以从轻；（2）可以从轻或减轻；（3）应当从轻或者减轻。4. 法定从轻减轻免除情节：（1）可以从轻、减轻或者免除处罚；（2）应当从轻、减轻或者免除处罚。5. 法定减轻免除情节：（1）可以减轻或者免除处罚；（2）应当减轻或者免除处罚；（3）可以免除处罚。
二、酌定量刑情节证据。
1. 犯罪手段：（1）串连；（2）拉拢；（3）欺骗；（4）诱惑。2. 犯罪对象。3. 危害结果。4. 动机。5. 平时表现。6. 认罪态度。7. 是否有前科。8. 其他证据。</td></tr>
<tr><td rowspan="3">量刑标准</td><td colspan="2">犯本罪的</td><td>处二年以上七年以下有期徒刑，并处罚金</td></tr>
<tr><td colspan="2">情节严重的</td><td>处七年以上有期徒刑或者无期徒刑，并处罚金或者没收财产</td></tr>
<tr><td colspan="2">犯组织他人偷越国（边）境罪的违法所得和供犯罪使用的犯罪分子所有的或者明知他人为犯罪使用而提供其本人所有的运输、通讯工具或者其他财物的</td><td>一律予以没收</td></tr>
<tr><td rowspan="2">法律适用</td><td>刑法条文</td><td colspan="2">第三百一十八条　组织他人偷越国（边）境的，处二年以上七年以下有期徒刑，并处罚金；有下列情形之一的，处七年以上有期徒刑或者无期徒刑，并处罚金或者没收财产：
（一）组织他人偷越国（边）境集团的首要分子；
（二）多次组织他人偷越国（边）境或者组织他人偷越国（边）境人数众多的；
（三）造成被组织人重伤、死亡的；
（四）剥夺或者限制被组织人人身自由的；
（五）以暴力、威胁方法抗拒检查的；
（六）违法所得数额巨大的；
（七）有其他特别严重情节的。
犯前款罪，对被组织人有杀害、伤害、强奸、拐卖等犯罪行为，或者对检查人员有杀害、伤害等犯罪行为的，依照数罪并罚的规定处罚。</td></tr>
<tr><td>司法解释</td><td colspan="2">最高人民法院、最高人民检察院《关于办理妨害国（边）境管理刑事案件应用法律若干问题的解释》（2012年12月12日最高人民法院、最高人民检察院公布　自2012年12月20日起施行　法释〔2012〕17号）
为依法惩处妨害国（边）境管理犯罪活动，维护国（边）境管理秩序，根据《中华人民共和国刑法》《中华人民共和国刑事诉讼法》的有关规定，现就办理这类案件应用法律的若干问题解释如下：
第一条　领导、策划、指挥他人偷越国（边）境或者在首要分子指挥下，实施拉拢、引诱、介绍他人偷越国（边）境等行为的，应当认定为刑法第三百一十八条规定的“组织他人偷越国（边）境”。
组织他人偷越国（边）境人数在十人以上的，应当认定为刑法第三百一十八条第一款第（二）项规定的“人数众多”；违法所得数额在二十万元以上的，应当认定为刑法第三百一十八条第一款第（六）项规定的“违法所得数额巨大”。</td></tr>
</table>

以组织他人偷越国（边）境为目的，招募、拉拢、引诱、介绍、培训偷越国（边）境人员，策划、安排偷越国（边）境行为，在他人偷越国（边）境之前或者偷越国（边）境过程中被查获的，应当以组织他人偷越国（边）境罪（未遂）论处；具有刑法第三百一十八条第一款规定的情形之一的，应当在相应的法定刑幅度基础上，结合未遂犯的处罚原则量刑。

第二条 为组织他人偷越国（边）境，编造出境事由、身份信息或者相关的境外关系证明的，应当认定为刑法第三百一十九条第一款规定的“弄虚作假”。

刑法第三百一十九条第一款规定的“出境证件”，包括护照或者代替护照使用的国际旅行证件，中华人民共和国海员证，中华人民共和国出入境通行证，中华人民共和国旅行证，中国公民往来香港、澳门、台湾地区证件，边境地区出入境通行证，签证、签注，出国（境）证明、名单，以及其他出境时需要查验的资料。

具有下列情形之一的，应当认定为刑法第三百一十九条第一款规定的“情节严重”：

（一）骗取出境证件五份以上的；

（二）非法收取费用三十万元以上的；

（三）明知是国家规定的不准出境的人员而为其骗取出境证件的；

（四）其他情节严重的情形。

第三条 刑法第三百二十条规定的“出入境证件”，包括本解释第二条第二款所列的证件以及其他入境时需要查验的资料。

具有下列情形之一的，应当认定为刑法第三百二十条规定的“情节严重”：

（一）为他人提供伪造、变造的出入境证件或者出售出入境证件五份以上的；

（二）非法收取费用三十万元以上的；

（三）明知是国家规定的不准出入境的人员而为其提供伪造、变造的出入境证件或者向其出售出入境证件的；

（四）其他情节严重的情形。

第四条 运送他人偷越国（边）境人数在十人以上的，应当认定为刑法第三百二十一条第一款第（一）项规定的“人数众多”；违法所得数额在二十万元以上的，应当认定为刑法第三百二十一条第一款第（三）项规定的“违法所得数额巨大”。

第五条 偷越国（边）境，具有下列情形之一的，应当认定为刑法第三百二十二条规定的“情节严重”：

（一）在境外实施损害国家利益行为的；

（二）偷越国（边）境三次以上或者三人以上结伙偷越国（边）境的；

（三）拉拢、引诱他人一起偷越国（边）境的；

（四）勾结境外组织、人员偷越国（边）境的；

（五）因偷越国（边）境被行政处罚后一年内又偷越国（边）境的；

（六）其他情节严重的情形。

第六条 具有下列情形之一的，应当认定为刑法第六章第三节规定的“偷越国（边）境”行为：

（一）没有出入境证件出入国（边）境或者逃避接受边防检查的；

（二）使用伪造、变造、无效的出入境证件出入国（边）境的；

（三）使用他人出入境证件出入国（边）境的；

（四）使用以虚假的出入境事由、隐瞒真实身份、冒用他人身份证件等方式骗取的出入境证件出入国（边）境的；

法律适用

司法解释

（五）采用其他方式非法出入国（边）境的。

第七条 以单位名义或者单位形式组织他人偷越国（边）境、为他人提供伪造、变造的出入境证件或者运送他人偷越国（边）境的，应当依照刑法第三百一十八条、第三百二十条、第三百二十一条的规定追究直接负责的主管人员和其他直接责任人员的刑事责任。

第八条 实施组织他人偷越国（边）境犯罪，同时构成骗取出境证件罪、提供伪造、变造的出入境证件罪、出售出入境证件罪、运送他人偷越国（边）境罪的，依照处罚较重的规定定罪处罚。

第九条 对跨地区实施的不同妨害国（边）境管理犯罪，符合并案处理要求，有关地方公安机关依照法律和相关规定一并立案侦查，需要提请批准逮捕、移送审查起诉、提起公诉的，由该公安机关所在地的同级人民检察院、人民法院依法受理。

第十条 本解释发布实施后，《最高人民法院关于审理组织、运送他人偷越国（边）境等刑事案件适用法律若干问题的解释》（法释〔2002〕3号）不再适用。

相关法律法规

《中华人民共和国出境入境管理法》（节录）（2012年6月30日中华人民共和国主席令第57号公布　自2013年7月1日起施行）

第十二条 中国公民有下列情形之一的，不准出境：

（一）未持有效出境入境证件或者拒绝、逃避接受边防检查的；

（二）被判处刑罚尚未执行完毕或者属于刑事案件被告人、犯罪嫌疑人的；

（三）有未了结的民事案件，人民法院决定不准出境的；

（四）因妨害国（边）境管理受到刑事处罚或者因非法出境、非法居留、非法就业被其他国家或者地区遣返，未满不准出境规定年限的；

（五）可能危害国家安全和利益，国务院有关主管部门决定不准出境的；

（六）法律、行政法规规定不准出境的其他情形。

第二十五条 外国人有下列情形之一的，不准入境：

（一）未持有效出境入境证件或者拒绝、逃避接受边防检查的；

（二）具有本法第二十一条第一款第一项至第四项规定情形的；

（三）入境后可能从事与签证种类不符的活动的；

（四）法律、行政法规规定不准入境的其他情形。

对不准入境的，出入境边防检查机关可以不说明理由。

第七十一条 有下列行为之一的，处一千元以上五千元以下罚款；情节严重的，处五日以上十日以下拘留，可以并处二千元以上一万元以下罚款：

（一）持用伪造、变造、骗取的出境入境证件出境入境的；

（二）冒用他人出境入境证件出境入境的；

（三）逃避出境入境边防检查的；

（四）以其他方式非法出境入境的。

第七十二条 协助他人非法出境入境的，处二千元以上一万元以下罚款；情节严重的，处十日以上十五日以下拘留，并处五千元以上二万元以下罚款，有违法所得的，没收违法所得。

单位有前款行为的，处一万元以上五万元以下罚款，有违法所得的，没收违法所得，并对其直接负责的主管人员和其他直接责任人员依照前款规定予以处罚。

法律适用

相关法律法规

第七十三条 弄虚作假骗取签证、停留居留证件等出境入境证件的，处二千元以上五千元以下罚款；情节严重的，处十日以上十五日以下拘留，并处五千元以上二万元以下罚款。

单位有前款行为的，处一万元以上五万元以下罚款，并对其直接负责的主管人员和其他直接责任人员依照前款规定予以处罚。

第八十二条 有下列情形之一的，给予警告，可以并处二千元以下罚款：

（一）扰乱口岸限定区域管理秩序的；

（二）外国船员及其随行家属未办理临时入境手续登陆的；

（三）未办理登轮证件上下外国船舶的。

违反前款第一项规定，情节严重的，可以并处五日以上十日以下拘留。

第八十三条 交通运输工具有下列情形之一的，对其负责人处五千元以上五万元以下罚款：

（一）未经查验准许擅自出境入境或者未经批准擅自改变出境入境口岸的；

（二）未按照规定如实申报员工、旅客、货物或者物品等信息，或者拒绝协助出境入境边防检查的；

（三）违反出境入境边防检查规定上下人员、装卸货物或者物品的。

出境入境交通运输工具载运不准出境入境人员出境入境的，处每载运一人五千元以上一万元以下罚款。交通运输工具负责人证明其已经采取合理预防措施的，可以减轻或者免予处罚。

第八十四条 交通运输工具有下列情形之一的，对其负责人处二千元以上二万元以下罚款：

（一）中国或者外国船舶未经批准擅自搭靠外国船舶的；

（二）外国船舶、航空器在中国境内未按照规定的路线、航线行驶的；

（三）出境入境的船舶、航空器违反规定驶入对外开放口岸以外地区的。

第八十八条 违反本法规定，构成犯罪的，依法追究刑事责任。

第八十九条 本法下列用语的含义：

出境，是指由中国内地前往其他国家或者地区，由中国内地前往香港特别行政区、澳门特别行政区，由中国大陆前往台湾地区。

入境，是指由其他国家或者地区进入中国内地，由香港特别行政区、澳门特别行政区进入中国内地，由台湾地区进入中国大陆。

外国人，是指不具有中国国籍的人。

规章及规范性文件

公安部《关于公安边防部门在办理跨省、区、市妨害国（边）境管理犯罪案件中加强办案协作的通知》（节录）（2000年7月19日公安部公布　自公布之日起施行　公边（调）〔2000〕161号）

二、跨省、区、市妨害国（边）境管理犯罪案件，几个边防部门都有权管辖的，由最初受理的边防部门立案侦查，必要时也可由主要犯罪地的边防部门立案侦查。在海上与外国执法部门接控的案件，由负责接控的单位立案侦查，也可以由上级边防部门指定的单位立案侦查。跨省、区、市妨害国（边）境管理犯罪案件，由办理案件的省、区、市边防总队负责协调并报公安部边防管理局备案；重大、特别重大和有分歧的案件，由公安部边防管理局协调指导。

法律适用

规章及规范性文件

三、各级边防部门发现的跨省、区、市妨害国（边）境管理犯罪线索，归口所在地的省、区、市边防总队通报有关省、区、市边防总队。接到线索通报的单位要立即组织查证，并将查证情况及时反馈提供线索的一方。核查情况属实需要立案的，由有关边防部门根据案件管辖的有关规定立案侦查。

四、办案单位需要异地查询妨害国（边）境管理犯罪信息、资料，协查犯罪嫌疑人身份、年龄、涉嫌犯罪事实等情况的，应当制作查询函件，请求有关边防部门协查。协查的边防部门应当按查询要求在七日内将协查结果通知请求协查的边防部门。紧急情况应及时核查反馈。

五、已经立案且侦查工作涉及到其他省、区、市的妨害国（边）境管理犯罪案件，仍由原立案单位为主侦查。需要其他省、区、市边防部门协作的，应当持办案协作函件和工作证件，在涉案或犯罪嫌疑人所在省、区、市边防总队协调下，请求协作地的公安边防部门派员或指定单位协助侦查。

六、异地执行传唤、拘传以及拘留、逮捕等强制措施的，办理案件的边防部门需持《传唤通知书》、《拘传证》、《拘留证》、《逮捕证》等相关法律文书、办案协作函件和工作证件，请求有关边防部门协助执行。委托异地边防部门执行拘留、逮捕等强制措施的，立案单位应当将《拘留证》、《逮捕证》等法律文书和协作函件送达协作地边防部门。协作地边防部门依据请求对犯罪嫌疑人采取强制措施，并通知主办单位。

七、边防部门查获的妨害国（边）境管理犯罪案件，有其他省、区、市人员涉嫌组织、运送和参与偷越国（边）境犯罪活动的，主办单位应将异地组织、运送及参与偷越国（边）境犯罪嫌疑人的情况通报有关省、区、市边防部门。

78 骗取出境证件案

概念

本罪是指行为人以劳务输出、经贸往来或者其他名义，弄虚作假，骗取护照、签证等出境证件，为组织他人偷越国（边）境使用的行为。

立案标准

根据《关于办理妨害国（边）境管理刑事案件应用法律若干问题的解释》第2条的规定，为组织他人偷越国（边）境，编造出境事由、身份信息或者相关的境外关系证明的，应当认定为《刑法》第319条第1款规定的“弄虚作假”。

“出境证件”，包括护照或者代替护照使用的国际旅行证件，中华人民共和国海员证，中华人民共和国出入境通行证，中华人民共和国旅行证，中国公民往来香港、澳门、台湾地区证件，边境地区出入境通行证，签证、签注，出国（境）证明、名单，以及其他出境时需要查验的资料。

具有下列情形之一的，应当认定为“情节严重”：（1）骗取出境证件5份以上的；（2）非法收取费用30万元以上的；（3）明知是国家规定的不准出境的人员而为其骗取出境证件的；（4）其他情节严重的情形。

本罪是行为犯，只要行为人实施了骗取出境证件的行为，原则上就构成犯罪，应当立案。对于情节显著轻微、危害不大的，可以根据《刑法》第13条的规定，不以犯罪论处。但是，应当根据《出境入境管理法》等规定，给予行政处罚。此外，如果行为人骗取出境证件是为了自己出国探亲访友或者到国外旅游等，则不构成本罪。

定罪标准

犯罪客体

本罪侵犯的客体是国家机关对出境证件的正常管理活动和对国（边）境的正常管理秩序。本罪的犯罪对象仅限于护照、签证等出境证件。护照是指一个主权国家发给本国公民出入国境和在国外居留、旅行的合法身份证明和国籍证明。签证是一个主权国家同意外国人出入或经过该国国境的一种许可证明。护照和签证都是准许出入境的证件，但作为本罪的犯罪对象，仅指准许出境的护照、签证及其他出境证件和出境证明等。

犯罪客观方面

本罪在客观方面表现为行为人以劳务输出、经贸往来或者出国考察、观光旅游等名义，弄虚作假，从国家主管机关骗取护照、签证等出国（边）境所必需的出境证件，而且行为人将骗取的出境证件交给组织他人偷越国（边）境的犯罪分子用于犯罪活动。

一、弄虚作假，采用欺骗手段。行为人弄虚作假，以欺骗手段，使国家出入境管理机关的有关工作人员发生错误认识，为其办理出境证件，从而合法地获取出境证件。这是骗取出境证件罪的本质特征，也是骗取出境证件罪区别于其他犯罪的重要标志。只有在行为人采用了欺骗的手段的情况下，才能构成骗取出境证件罪。

虚构事实，是指以语言、文字或者某种举动故意捏造根本不存在的事实或者故意夸大事实，使人把根本不存在的事实误认为存在或把夸大的事实误以为真。隐瞒真相，是指故意掩盖客观存在的事实，从而使有关国家机关工作人员上当受骗。

定罪标准	犯罪客观方面	就骗取出境证件罪而言，行为人为达到为组织他人偷越国（边）境使用的目的，必须以有组织的出国人员的方式，以各种名义骗取出境证件。根据我国出入境管理的有关法律规定，有组织的出国人员，是指由国家行政主管部门批准或授权的机构组织的出国人员或团体，因非公务活动出境，该机构在境外提供必要的组织、服务的出国形式。在出入境管理中，被批准或授权的机构对出国人员和出入境管理机关负有双方面的责任。这种有组织的出国渠道主要有：（1）留学；（2）旅游；（3）就业；（4）商务活动。 二、错误认识。错误认识是指人们的主观认识与客观实际不相符合。这里的错误认识不是泛指受骗者对案件的一切事实情况存在认识上的错误，而是仅指对能够引起被骗的负责办理出境证件的国家机关工作人员发放出境证件的事实情况有认识上的错误。从发放出境证件、负责办理出境证件的国家机关工作人员发生错误认识之后，往往就会出现错误地发放出境证件的结果。
	犯罪主体	本罪的犯罪主体要件为一般主体，单位和个人均可构成。所谓个人，是指达到刑事责任年龄且具备刑事责任能力的自然人。单位构成本罪，对单位判处罚金，并对直接负责的主管人员和其他直接责任人员，依照本罪的规定处罚。
	犯罪主观方面	本罪在主观方面表现为故意，即明知他人用于组织偷越国（边）境犯罪，而故意为其骗取出境证件。该罪的成立不要求必须以营利为目的。骗取出境证件的目的是为组织他人偷越国（边）境使用。如果行为人骗取出境证件的目的不是为组织他人偷越国（边）境使用，则不构成本罪。无论行为人在事实上是否已将骗取的出境证件供组织他人偷越国（边）境使用，只要行为人主观上具有为组织他人偷越国（边）境使用的目的就构成本罪，但在行为人还未将骗取的出境证件供组织他人偷越国（边）境使用的情况下，应根据行为人的行为综合判断行为人是否有此目的。
	罪与非罪	区分罪与非罪的界限，关键看是否达到司法解释所规定的标准。
	此罪与彼罪	本罪与组织他人偷越国（边）境罪的界限。本罪规定的行为实质上是组织他人偷越国（边）境行为的一种特殊情况，只是由于这种犯罪日益猖獗，法律才将它规定为独立的犯罪。所以，只要行为人实施了为组织他人偷越国（边）境骗取出境证件的行为，就构成本罪。如果行为人骗取出境证件后，又采用骗取的出境证件组织他人偷越国（边）境，则根据牵连犯的理论，对行为人以组织他人偷越国（边）境罪论处，但在量刑时应从重。
证据参考标准	主体方面的证据	**一、证明行为人刑事责任年龄、身份等自然情况的证据。** 包括身份证明、户籍证明、任职证明、工作经历证明、特定职责证明等，主要是证明行为人的姓名（曾用名）、性别、出生年月日、民族、籍贯、出生地、职业（或职务）、住所地（或居所地）等证据材料，如户口簿、居民身份证、工作证、出生证、专业或技术等级证、干部履历表、职工登记表、护照等。 对于户籍、出生证等材料内容不实的，应提供其他证据材料。外国人犯罪的案件，应有护照等身份证明材料。人大代表、政协委员犯罪的案件，应注明身份，并附身份证明材料。 **二、证明行为人刑事责任能力的证据。** 证明行为人对自己的行为是否具有辨认能力与控制能力，如是否属于间歇性精神病人、尚未完全丧失辨认或者控制自己行为能力的精神病人的证明材料。

<table>
<tr><td rowspan="4">证据参考标准</td><td>主体方面的证据</td><td colspan="2">三、证明单位的证据。
证明是否属于依法成立并有合法经营、管理范围的公司、企业、事业单位、机关、团体。
证明单位的名称、住所地、性质、法定代表人、单位负责人、业务范围、成立时间等证据材料，如企业营业执照、国有公司性质证明及非法人单位的身份证明等。
四、证明法定代表人、单位负责人或直接责任人员等的身份证据。
法定代表人、直接负责的主管人员和其他直接责任人在单位的任职、职责、负责权限的证明材料等。包括身份证明、户籍证明、任职证明等，如户口簿、居民身份证、工作证、护照、专业或技术等级证、干部履历表、职工登记表、任命书、业务分工文件、委派文件、单位证明、单位规章制度等。</td></tr>
<tr><td>主观方面的证据</td><td colspan="2">证明行为人故意的证据：1. 证明行为人明知的证据：证明行为人明知自己的行为会发生危害社会的结果；2. 证明直接故意的证据：证明行为人希望危害结果发生。</td></tr>
<tr><td>客观方面的证据</td><td colspan="2">证明行为人骗取出境证件犯罪行为的证据。
具体证据包括：1. 证明行为人以劳务输出骗取护照行为的证据；2. 证明行为人以经贸往来骗取护照行为的证据；3. 证明行为人以劳务输出骗取出境签证行为的证据；4. 证明行为人以经贸往来骗取出境签证行为的证据；5. 证明行为人以其他办法骗取出境护照、签证等出境证件行为的证据；6. 证明行为人骗取出境证件情节严重行为的证据。</td></tr>
<tr><td>量刑方面的证据</td><td colspan="2">一、法定量刑情节证据。
1. 事实情节：（1）情节严重；（2）其他。2. 法定从重情节。3. 法定从轻减轻情节：（1）可以从轻；（2）可以从轻或减轻；（3）应当从轻或者减轻。4. 法定从轻减轻免除情节：（1）可以从轻、减轻或者免除处罚；（2）应当从轻、减轻或者免除处罚。5. 法定减轻免除情节：（1）可以减轻或者免除处罚；（2）应当减轻或者免除处罚；（3）可以免除处罚。
二、酌定量刑情节证据。
1. 犯罪手段：（1）弄虚作假；（2）骗取。2. 犯罪对象。3. 危害结果。4. 动机。5. 平时表现。6. 认罪态度。7. 是否有前科。8. 其他证据。</td></tr>
<tr><td rowspan="3">量刑标准</td><td colspan="2">犯本罪的</td><td>处三年以下有期徒刑，并处罚金</td></tr>
<tr><td colspan="2">情节严重的</td><td>处三年以上十年以下有期徒刑，并处罚金</td></tr>
<tr><td colspan="2">单位犯本罪的</td><td>对单位判处罚金，并对其直接负责的主管人员和其他直接责任人员，依照上述的规定处罚</td></tr>
</table>

<table>
<tr><td rowspan="2">法律适用</td><td>刑法条文</td><td>

第三百一十九条 以劳务输出、经贸往来或者其他名义，弄虚作假，骗取护照、签证等出境证件，为组织他人偷越国（边）境使用的，处三年以下有期徒刑，并处罚金；情节严重的，处三年以上十年以下有期徒刑，并处罚金。

单位犯前款罪的，对单位判处罚金，并对其直接负责的主管人员和其他直接责任人员，依照前款的规定处罚。

</td></tr>
<tr><td>司法解释</td><td>

最高人民法院、最高人民检察院《关于办理妨害国（边）境管理刑事案件应用法律若干问题的解释》（节录）（2012年12月12日最高人民法院、最高人民检察院公布　自2012年12月20日起施行　法释〔2012〕17号）

第二条 为组织他人偷越国（边）境，编造出境事由、身份信息或者相关的境外关系证明的，应当认定为刑法第三百一十九条第一款规定的“弄虚作假”。

刑法第三百一十九条第一款规定的“出境证件”，包括护照或者代替护照使用的国际旅行证件，中华人民共和国海员证，中华人民共和国出入境通行证，中华人民共和国旅行证，中国公民往来香港、澳门、台湾地区证件，边境地区出入境通行证，签证、签注，出国（境）证明、名单，以及其他出境时需要查验的资料。

具有下列情形之一的，应当认定为刑法第三百一十九条第一款规定的“情节严重”：

（一）骗取出境证件五份以上的；

（二）非法收取费用三十万元以上的；

（三）明知是国家规定的不准出境的人员而为其骗取出境证件的；

（四）其他情节严重的情形。

第八条 实施组织他人偷越国（边）境犯罪，同时构成骗取出境证件罪、提供伪造、变造的出入境证件罪、出售出入境证件罪、运送他人偷越国（边）境罪的，依照处罚较重的规定定罪处罚。

第九条 对跨地区实施的不同妨害国（边）境管理犯罪，符合并案处理要求，有关地方公安机关依照法律和相关规定一并立案侦查，需要提请批准逮捕、移送审查起诉、提起公诉的，由该公安机关所在地的同级人民检察院、人民法院依法受理。

</td></tr>
</table>

79 提供伪造、变造的出入境证件案

概念

本罪是指故意为他人提供伪造、变造的护照、签证等出入境证件的行为。

立案标准

根据《关于办理妨害国（边）境管理刑事案件应用法律若干问题的解释》第 3 条的规定“出入境证件”，包括本解释第 2 条第 2 款所列的证件（即护照或者代替护照使用的国际旅行证件，中华人民共和国海员证，中华人民共和国出入境通行证，中华人民共和国旅行证，中国公民往来香港、澳门、台湾地区证件，边境地区出入境通行证，签证、签注，出国（境）证明、名单，以及其他出境时需要查验的资料）以及其他入境时需要查验的资料。

具有下列情形之一的，应当认定为“情节严重”：（1）为他人提供伪造、变造的出入境证件 5 份以上的；（2）非法收取费用 30 万元以上的；（3）明知是国家规定的不准出入境的人员而为其提供伪造、变造的出入境证件的；（4）其他情节严重的情形。

本罪是行为犯，只要行为人实施了为他人提供伪造、变造的护照、签证等出入境证件的行为，原则上就构成犯罪，应当立案。但是，对于情节显著轻微、危害不大的，可以根据《刑法》第 13 条的规定，不以犯罪论处。

定罪标准		
	犯罪客体	本罪侵犯的客体是国家对国（边）境的正常管理秩序。本罪的犯罪对象为伪造、变造的出入境证件。出入境证件包括准许出境和入境的护照、签证等。伪造是指无权制造护照、签证等出入境证件的人非法制造；变造是指利用涂改、擦消、拼接等方法制作。
	犯罪客观方面	本罪在客观方面表现为行为人实施向他人提供伪造、变造的护照、签证等出入境证件的行为。所提供的出入境证件必须是伪造或经过变造的虚假或无效的证件。所谓伪造出入境证件，是指仿照正式的护照、签证等出入境证件的形状、图案、文字和色彩等制作假的护照、签证等出入境证件；所谓变造出入境证件，是指对已过期失效或者他人的护照、签证等出入境证件采用剪贴、拼接等方法，变造出入境证件。提供伪造、变造的假证件，无论是本人伪造、变造，还是他人伪造、变造的，对提供者构成本罪均无影响。如果行为人自己伪造、变造后又向他人提供的，其伪造、变造行为构成伪造、变造公文、证件、印章罪，此罪与提供伪造、变造的出入境证件罪之间形成牵连关系，按处理牵连犯的原则，从一重罪处断。如果是组织他人偷越国（边）境犯罪集团中的个别成员分工伪造、变造出入境证件，供犯罪集团使用，应以组织他人偷越国（边）境罪的共犯论处。
	犯罪主体	本罪的主体为一般主体，凡年满 16 周岁且具备刑事责任能力的自然人均可构成本罪。

定罪标准	犯罪主观方面	本罪在主观方面表现为故意，即明知为他人提供伪造、变造的护照、签证等出入境证件危害国家对国（边）境的正常管理秩序，而故意向他人提供伪造、变造的护照、签证等出入境证件。其主观上大多具有营利目的，但也可能出于其他目的。因此，不要求必须具有营利目的。
	罪与非罪	区分罪与非罪的界限，关键看是否达到司法解释所规定的标准。
	此罪与彼罪	一、本罪与偷越国（边）境罪的界限。如果行为人伪造、变造的出入境证件供自己偷越国（边）境使用，而不是向他人提供，情节严重，构成犯罪的，应按偷越国（边）境罪认定。两罪区分的关键在于客观方面不同。即本罪是向他人提供伪造、变造的出入境证件，偷越国（边）境罪是伪造、变造证件供自己使用。 二、本罪与伪造、变造证件罪的界限。区别的关键在于客观行为不同：本罪的主要行为是“提供”而非“伪造、变造”，只要行为人向他人提供了伪造、变造的出入境证件，而不论是谁伪造、变造的，均构成本罪；反之，不构成本罪。而伪造、变造证件罪的主要行为是伪造、变造，行为人只有实施了伪造、变造行为才构成犯罪。所以，当行为人只实施伪造、变造出入境证件的行为时，则构成伪造、变造证件罪；当行为人既伪造、变造了出入境证件，又把伪造、变造的证件向他人提供时，则前一行为和后一行为存在牵连关系，对行为人按为他人提供伪造、变造的出入境证件罪论处，并不实行两罪并罚，但量刑时可适当从重。 三、本罪与骗取出境证件罪的界限。二者的区别有以下两点：（1）犯罪对象不同。本罪对象是伪造、变造的出入境证件，后罪的对象是出境证件。作为本罪犯罪对象的证件既有出境证件，也有入境证件，且证件本身并不是真实、合法、有效的，而是伪造、变造的；而作为后罪犯罪对象的证件则只是出境证件，且证件本身是真实、合法、有效的。（2）犯罪行为特征不同。本罪的特征是“向他人提供”，至于行为人如何弄到伪造、变造的出入境证件的，与定罪无关；而后罪的行为特征是“骗取”，只有行为人弄虚作假，骗取出境证件的，才构成犯罪。
证据参考标准	主体方面的证据	**一、证明行为人刑事责任年龄、身份等自然情况的证据。** 包括身份证明、户籍证明、任职证明、工作经历证明、特定职责证明等，主要是证明行为人的姓名（曾用名）、性别、出生年月日、民族、籍贯、出生地、职业（或职务）、住所地（或居所地）等证据材料，如户口簿、居民身份证、工作证、出生证、专业或技术等级证、干部履历表、职工登记表、护照等。 对于户籍、出生证等材料内容不实的，应提供其他证据材料。外国人犯罪的案件，应有护照等身份证明材料。人大代表、政协委员犯罪的案件，应注明身份，并附身份证明材料。 **二、证明行为人刑事责任能力的证据。** 证明行为人对自己的行为是否具有辨认能力与控制能力，如是否属于间歇性精神病人、尚未完全丧失辨认或者控制自己行为能力的精神病人的证明材料。
	主观方面的证据	证明行为人故意的证据：1. 证明行为人明知的证据：证明行为人明知自己的行为会发生危害社会的结果；2. 证明直接故意的证据：证明行为人希望危害结果发生。

<table>
<tr><td rowspan="2">证据参考标准</td><td>客观方面的证据</td><td colspan="2">证明行为人提供伪造、变造的出入境证件犯罪行为的证据。
具体证据包括：1. 证明行为人提供伪造的护照行为的证据；2. 证明行为人提供伪造的签证行为的证据；3. 证明行为人变造护照行为的证据；4. 证明行为人提供变造签证行为的证据；5. 证明行为人提供伪造的护照、签证情节严重行为的证据；6. 证明行为人提供变造的护照、签证情节严重行为的证据。</td></tr>
<tr><td>量刑方面的证据</td><td colspan="2">一、法定量刑情节证据。
1. 事实情节：（1）情节严重；（2）其他。2. 法定从重情节。3. 法定从轻减轻情节：（1）可以从轻；（2）可以从轻或减轻；（3）应当从轻或者减轻。4. 法定从轻减轻免除情节：（1）可以从轻、减轻或者免除处罚；（2）应当从轻、减轻或者免除处罚。5. 法定减轻免除情节：（1）可以减轻或者免除处罚；（2）应当减轻或者免除处罚；（3）可以免除处罚。
二、酌定量刑情节证据。
1. 犯罪手段：提供；2. 犯罪对象；3. 危害结果；4. 动机；5. 平时表现；6. 认罪态度；7. 是否有前科；8. 其他证据。</td></tr>
<tr><td rowspan="2">量刑标准</td><td colspan="2">犯本罪的</td><td>处五年以下有期徒刑，并处罚金</td></tr>
<tr><td colspan="2">情节严重的</td><td>处五年以上有期徒刑，并处罚金</td></tr>
<tr><td rowspan="2">法律适用</td><td>刑法条文</td><td colspan="2">第三百二十条　为他人提供伪造、变造的护照、签证等出入境证件，或者出售护照、签证等出入境证件的，处五年以下有期徒刑，并处罚金；情节严重的，处五年以上有期徒刑，并处罚金。</td></tr>
<tr><td>司法解释</td><td colspan="2">最高人民法院、最高人民检察院《关于办理妨害国（边）境管理刑事案件应用法律若干问题的解释》（节录）（2012年12月12日最高人民法院、最高人民检察院公布　自2012年12月20日起施行　法释〔2012〕17号）
第二条第二款　刑法第三百一十九条第一款规定的“出境证件”，包括护照或者代替护照使用的国际旅行证件，中华人民共和国海员证，中华人民共和国出入境通行证，中华人民共和国旅行证，中国公民往来香港、澳门、台湾地区证件，边境地区出入境通行证，签证、签注，出国（境）证明、名单，以及其他出境时需要查验的资料。
第三条　刑法第三百二十条规定的“出入境证件”，包括本解释第二条第二款所列的证件以及其他入境时需要查验的资料。
具有下列情形之一的，应当认定为刑法第三百二十条规定的“情节严重”：
（一）为他人提供伪造、变造的出入境证件或者出售出入境证件五份以上的；
（二）非法收取费用三十万元以上的；
（三）明知是国家规定的不准出入境的人员而为其提供伪造、变造的出入境证件或者向其出售出入境证件的；
（四）其他情节严重的情形。
第七条　以单位名义或者单位形式组织他人偷越国（边）境、为他人提供伪造、</td></tr>
</table>

法律适用		
	司法解释	变造的出入境证件或者运送他人偷越国（边）境的，应当依照刑法第三百一十八条、第三百二十条、第三百二十一条的规定追究直接负责的主管人员和其他直接责任人员的刑事责任。 **第八条** 实施组织他人偷越国（边）境犯罪，同时构成骗取出境证件罪、提供伪造、变造的出入境证件罪、出售出入境证件罪、运送他人偷越国（边）境罪的，依照处罚较重的规定定罪处罚。 **第九条** 对跨地区实施的不同妨害国（边）境管理犯罪，符合并案处理要求，有关地方公安机关依照法律和相关规定一并立案侦查，需要提请批准逮捕、移送审查起诉、提起公诉的，由该公安机关所在地的同级人民检察院、人民法院依法受理。
	相关法律法规	**《中华人民共和国出境入境管理法》（节录）**（2012年6月30日中华人民共和国主席令第57号公布　自2013年7月1日起施行） **第七十一条** 有下列行为之一的，处一千元以上五千元以下罚款；情节严重的，处五日以上十日以下拘留，可以并处二千元以上一万元以下罚款： （一）持用伪造、变造、骗取的出境入境证件出境入境的； （二）冒用他人出境入境证件出境入境的； （三）逃避出境入境边防检查的； （四）以其他方式非法出境入境的。 **第八十八条** 违反本法规定，构成犯罪的，依法追究刑事责任。

80 出售出入境证件案

概念

本罪是指出售护照、签证等出入境证件的行为。

立案标准

根据《关于办理妨害国（边）境管理刑事案件应用法律若干问题的解释》第3条的规定，“出入境证件”，包括本解释第2条第2款所列的证件（即护照或者代替护照使用的国际旅行证件，中华人民共和国海员证，中华人民共和国出入境通行证，中华人民共和国旅行证，中国公民往来香港、澳门、台湾地区证件，边境地区出入境通行证，签证、签注，出国（境）证明、名单，以及其他出境时需要查验的资料）以及其他入境时需要查验的资料。

具有下列情形之一的，应当认定为“情节严重”：（1）出售出入境证件5份以上的；（2）非法收取费用30万元以上的；（3）明知是国家规定的不准出入境的人员而向其出售出入境证件的；（4）其他情节严重的情形。

本罪是行为犯，只要行为人实施了向他人非法出售护照、签证等出入境证件的行为，原则上就构成犯罪，应当立案。对于情节显著轻微、危害不大的，可以根据《刑法》第13条的规定，不以犯罪论处。但是，应当根据《出境入境管理法》等有关规定，给予行政处罚。

定罪标准		
定罪标准	犯罪客体	本罪侵犯的客体是国家对出入境证件的管理秩序。本罪的犯罪对象是出入境证件。既包括出境证件，又包括入境证件。所谓出入境证件，是指公安部、外交部、港务监督局及其他授权的有关机关根据申请人的申请审查核实后所签发的允许其出入国（边）境的证明，如护照、签证或者其他的有效出入境证件。其中，护照是指一国或某些特别地区为其出国公民所核发的用以证明其属于本国或本地区公民的证件，属于本国或本地区公民出入国境或在国外居留、旅行的合法身份证明及国籍证明，其由本国外交主管机关颁发。在一些互相友好可免予签证的国家，公民凭其护照就可出入其国（边）境。签证则是指一国在本国或外国公民所持的护照或其他旅行证件上签注或盖印，表示准许其出入本国国境。在我国国外，由大使馆、领事馆或者外交部授权的其他驻外机关签发。外国人入境，依照国务院的规定，也可以向中国政府主管机关指定口岸的签证机关申请办理签证。在国内，则由公安机关签发，其他有效出入境证件，是指除护照、签证之外的可以凭其出入境的证明，如相邻边境地区常常持有的过境通行证、边境公务通行证、港澳通行证。
	犯罪客观方面	本罪在客观方面表现为出售护照、签证等出入境证件的行为。所谓出售，即出卖，是指把手中的出入境证件出卖给他人，以换取金钱、财物或其他物质性利益的行为。既包括先收集、购买、骗取后再出卖，也包括将自己的护照、签证等出入境证件出卖。但行为人出卖的必须是真实的、合法的出入境证件，即由国家机关依法颁发的出入境证件。至于该真实的证件是否超过有效期限，则不影响本罪成立，倘若出卖的是伪造或变造的出入境证件，则不应构成本罪，对之应当以提供伪造、变造的出入境证件罪论处。

<table>
<tr><td rowspan="5">定罪标准</td><td>犯罪主体</td><td>本罪的主体为一般主体，即凡达到刑事责任年龄、具备刑事责任能力的自然人均能构成本罪。</td></tr>
<tr><td>犯罪主观方面</td><td>本罪在主观方面表现为故意。只要行为人实施出售出入境证件行为，犯罪即属既遂。</td></tr>
<tr><td>罪与非罪</td><td>区分罪与非罪的界限，关键看是否达到司法解释所规定的标准。</td></tr>
<tr><td>此罪与彼罪</td><td>一、本罪与组织他人偷越国（边）境罪或偷越国（边）境罪的界限。本罪与其他两罪的区别一般比较明显，但在行为人与组织他人偷越国（边）境的组织者或偷越国（边）境的人事前通谋，由行为人向组织者或偷越国（边）境的人出售出入境证件的情况下，对行为人是按出售出入境证件罪处理，还是按组织他人偷越国（边）境罪的共犯处理，实践中有不同认识。我们认为，在这种情况下，对行为人也应按出售出入境证件罪论处。在妨害国（边）境犯罪分工日益精密化的情况下，为让所有的犯罪行为都能得到惩治，《刑法》将各种犯罪行为都以明确的罪名规定下来，真正做到有法可依。从理论上讲，行为人无论是否和组织者或偷越国（边）境人通谋，其出售出入境证件的行为都已构成独立的犯罪，也没必要作为其他犯罪的共犯处理。
二、本罪与骗取出境证件罪的界限。二者区别在于：（1）犯罪对象不同。本罪的犯罪对象既包括出境证件，也包括入境证件；而后罪的犯罪对象仅包括出境证件。（2）客观行为不同。本罪的行为特征是把自己的证件或低价购买的证件出售；而后罪的行为特征是弄虚作假，骗取出境证件。（3）主观方面有所不同。本罪不要求特定的犯罪目的；而后罪则要求必须有为组织他人偷越国（边）境使用的目的。</td></tr>
<tr><td rowspan="2">证据参考标准</td><td>主体方面的证据</td><td>一、证明行为人刑事责任年龄、身份等自然情况的证据。
包括身份证明、户籍证明、任职证明、工作经历证明、特定职责证明等，主要是证明行为人的姓名（曾用名）、性别、出生年月日、民族、籍贯、出生地、职业（或职务）、住所地（或居所地）等证据材料，如户口簿、居民身份证、工作证、出生证、专业或技术等级证、干部履历表、职工登记表、护照等。
对于户籍、出生证等材料内容不实的，应提供其他证据材料。外国人犯罪的案件，应有护照等身份证明材料。人大代表、政协委员犯罪的案件，应注明身份，并附身份证明材料。
二、证明行为人刑事责任能力的证据。
证明行为人对自己的行为是否具有辨认能力与控制能力，如是否属于间歇性精神病人、尚未完全丧失辨认或者控制自己行为能力的精神病人的证明材料。</td></tr>
<tr><td>主观方面的证据</td><td>证明行为人故意的证据：1. 证明行为人明知的证据：证明行为人明知自己的行为会发生危害社会的结果；2. 证明直接故意的证据：证明行为人希望危害结果发生；3. 目的：牟取暴利。</td></tr>
</table>

<table>
<tr><td rowspan="2">证据参考标准</td><td>客观方面的证据</td><td colspan="2">证明行为人出售出入境证件犯罪行为的证据。
具体证据包括：1. 证明行为人出售护照行为的证据；2. 证明行为人出售签证行为的证据；3. 证明行为人出售护照情节严重行为的证据；4. 证明行为人出售签证情节严重行为的证据。</td></tr>
<tr><td>量刑方面的证据</td><td colspan="2">一、法定量刑情节证据。
1. 事实情节：（1）情节严重；（2）其他。2. 法定从重情节。3. 法定从轻减轻情节：（1）可以从轻；（2）可以从轻或减轻；（3）应当从轻或者减轻。4. 法定从轻减轻免除情节：（1）可以从轻、减轻或者免除处罚；（2）应当从轻、减轻或者免除处罚。5. 法定减轻免除情节：（1）可以减轻或者免除处罚；（2）应当减轻或者免除处罚；（3）可以免除处罚。
二、酌定量刑情节证据。
1. 犯罪手段：出售；2. 犯罪对象；3. 危害结果；4. 动机；5. 平时表现；6. 认罪态度；7. 是否有前科；8. 其他证据。</td></tr>
<tr><td rowspan="2">量刑标准</td><td colspan="2">犯本罪的</td><td>处五年以下有期徒刑，并处罚金</td></tr>
<tr><td colspan="2">情节严重的</td><td>处五年以上有期徒刑，并处罚金</td></tr>
<tr><td rowspan="2">法律适用</td><td>刑法条文</td><td colspan="2">第三百二十条　为他人提供伪造、变造的护照、签证等出入境证件，或者出售护照、签证等出入境证件的，处五年以下有期徒刑，并处罚金；情节严重的，处五年以上有期徒刑，并处罚金。</td></tr>
<tr><td>司法解释</td><td colspan="2">最高人民法院、最高人民检察院《关于办理妨害国（边）境管理刑事案件应用法律若干问题的解释》（节录）（2012年12月12日最高人民法院、最高人民检察院公布　自2012年12月20日起施行　法释〔2012〕17号）
第二条第二款　刑法第三百一十九条第一款规定的“出境证件”，包括护照或者代替护照使用的国际旅行证件，中华人民共和国海员证，中华人民共和国出入境通行证，中华人民共和国旅行证，中国公民往来香港、澳门、台湾地区证件，边境地区出入境通行证，签证、签注，出国（境）证明、名单，以及其他出境时需要查验的资料。
第三条　刑法第三百二十条规定的“出入境证件”，包括本解释第二条第二款所列的证件以及其他入境时需要查验的资料。
具有下列情形之一的，应当认定为刑法第三百二十条规定的“情节严重”：
（一）为他人提供伪造、变造的出入境证件或者出售出入境证件五份以上的；
（二）非法收取费用三十万元以上的；
（三）明知是国家规定的不准出入境的人员而为其提供伪造、变造的出入境证件或者向其出售出入境证件的；
（四）其他情节严重的情形。
第八条　实施组织他人偷越国（边）境犯罪，同时构成骗取出境证件罪、提供伪造、变造的出入境证件罪、出售出入境证件罪、运送他人偷越国（边）境罪的，依照处罚较重的规定定罪处罚。
第九条　对跨地区实施的不同妨害国（边）境管理犯罪，符合并案处理要求，有关地方公安机关依照法律和相关规定一并立案侦查，需要提请批准逮捕、移送审查起诉、提起公诉的，由该公安机关所在地的同级人民检察院、人民法院依法受理。</td></tr>
</table>

81 运送他人偷越国（边）境案

概念

本罪是指违反出入国（边）境管理法规，非法运送他人偷越国（边）境的行为。

立案标准

根据《关于办理妨害国（边）境管理刑事案件应用法律若干问题的解释》第4条的规定，运送他人偷越国（边）境人数在，10人以上的，应当认定为“人数众多”；违法所得数额在20万元以上的，应当认定为“违法所得数额巨大”。

本罪是行为犯，只要行为人实施了运送他人偷越国（边）境的行为，原则上就构成犯罪，应当立案侦查。但是，对于情节显著轻微、危害不大的，可以根据《刑法》第13条的规定，不以犯罪论处。

定罪标准		
定罪标准	犯罪客体	本罪侵犯的客体是国家有关出入国（边）境的管理制度。行为对象是除己之外的他人。他人既可能是中国人，亦可以是外国人；既可以是一人、两人，也可以是3人以上的多人，但不包括行为人自己。行为人在运送他人偷越国（边）境时，也必然偷越了国（边）境，但其行为应被主行为吸收，不再构成独立的偷越国（边）境罪，而应以运送他人偷越国（边）境罪论处，不实行数罪并罚；行为人如在组织后又运送被组织的人偷越国（边）境的，则属牵连犯罪，对之应择重罪而以组织他人偷越国（边）境罪治罪。
定罪标准	犯罪客观方面	本罪在客观方面表现为非法运送他人偷越国（边）境的行为。非法，是指违反有关出入国（边）境的管理法规，如《出境入境管理法》等。如果没有违反法律规定，而运送了符合条件的出入境人员，就不构成本罪。另外，虽然违反了有关法规，而以不正当的方式运送了不是偷越国（边）境的人员，也不能构成本罪。所谓运送，是指以车、船、航空器等交通工具或其他方法如徒步带领、将越境的违法犯罪分子偷运送出或接入国（边）境的行为。
定罪标准	犯罪主体	本罪的主体为一般主体，即年满16周岁且具有刑事责任能力的自然人均能构成本罪。既可以是中国人，亦可以是外国人。
定罪标准	犯罪主观方面	本罪在主观方面必须出于故意，即明知他人企图偷越国（边）境而仍决意予以运送。过失不能构成本罪。如果不知是偷越国（边）境的人员而运送其出入国（边）境的，则不构成本罪。至于其动机可多种多样，如出于营利、迷恋女色、碍于情面、迫于威胁等，但动机如何，并不影响本罪成立。
定罪标准	罪与非罪	区分罪与非罪的界限，关键是看行为是否达到司法解释对本条解释所规定的标准。

<table>
<tr><td rowspan="1">定罪标准</td><td>此罪与彼罪</td><td>一、本罪与组织他人偷越国（边）境罪的界限。二者的主要区别在于客观方面不同。运送他人偷越国（边）境罪表现为为他人提供运输工具，并且将他人送出或送入国（边）境。组织他人偷越国（边）境罪表现为采取煽动、串连、拉拢、引诱、欺骗、强迫等手段，策划、联络、安排他人偷越国（边）境。
司法实践中，经常表现为既组织又运送的行为，对此如何定罪，我们认为，如果组织和运送的是同一批偷越国（边）境者，按组织他人偷越国（边）境罪定罪处罚。如果既组织他人偷越国（边）境，又运送他人偷越国（边）境且这些偷越国（边）境者又不是同一批的，应定组织他人偷越国（边）境罪和运送他人偷越国（边）境罪两罪，二罪并罚。
二、一罪与数罪问题。《刑法》第321条第3款规定：“对被运送人有杀害、伤害、强奸、拐卖等犯罪行为，或者对检查人员有杀害、伤害等犯罪行为的，依照数罪并罚的规定处罚。”在运送他人偷越国（边）境犯罪过程中，对被运送人有杀害、伤害、强奸、拐卖等犯罪行为，或者对检查人员有杀害、伤害等犯罪行为的，运送他人偷越国（边）境罪与杀人、伤害、强奸等这几种犯罪是独立的数罪关系，因此，应当按照运送他人偷越国（边）境罪和另外实施的故意杀人、故意伤害、强奸等犯罪行为，分别定罪判刑，然后实行并罚。</td></tr>
<tr><td rowspan="3">证据参考标准</td><td>主体方面的证据</td><td>一、证明行为人刑事责任年龄、身份等自然情况的证据。
包括身份证明、户籍证明、任职证明、工作经历证明、特定职责证明等，主要是证明行为人的姓名（曾用名）、性别、出生年月日、民族、籍贯、出生地、职业（或职务）、住所地（或居所地）等证据材料，如户口簿、居民身份证、工作证、出生证、专业或技术等级证、干部履历表、职工登记表、护照等。
对于户籍、出生证等材料内容不实的，应提供其他证据材料。外国人犯罪的案件，应有护照等身份证明材料。人大代表、政协委员犯罪的案件，应注明身份，并附身份证明材料。
二、证明行为人刑事责任能力的证据。
证明行为人对自己的行为是否具有辨认能力与控制能力，如是否属于间歇性精神病人、尚未完全丧失辨认或者控制自己行为能力的精神病人的证明材料。</td></tr>
<tr><td>主观方面的证据</td><td>证明行为人故意的证据：1. 证明行为人明知的证据：证明行为人明知自己的行为会发生危害社会的结果；2. 证明直接故意的证据：证明行为人希望危害结果发生。</td></tr>
<tr><td>客观方面的证据</td><td>证明行为人运送他人偷越国（边）境犯罪行为的证据。
具体证据包括：1. 证明行为人运送他人偷越国（边）境行为的证据；2. 证明行为人多次实施运送或运送人数众多行为的证据；3. 证明行为人使用的船只、车辆等交通工具不具备必要的安全条件以及所造成的后果等行为的证据；4. 证明行为人违法所得数额巨大的行为的证据；5. 证明行为人具有其他特别严重情节行为的证据；6. 证明行为人在运送他人偷越国（边）境中造成重伤、死亡，或者以暴力、威胁方法抗拒检查行为的证据；7. 证明行为人有杀害、伤害、强奸、拐卖被运送人犯罪行为的证据。</td></tr>
</table>

<table>
<tr><td>证据参考标准</td><td>量刑方面的证据</td><td colspan="2">一、法定量刑情节证据。
1. 事实情节：(1) 特别严重情节；(2) 其他。2. 法定从重情节。3. 法定从轻减轻情节：(1) 可以从轻；(2) 可以从轻或减轻；(3) 应当从轻或者减轻。4. 法定从轻减轻免除情节：(1) 可以从轻、减轻或者免除处罚；(2) 应当从轻、减轻或者免除处罚。5. 法定减轻免除情节：(1) 可以减轻或者免除处罚；(2) 应当减轻或者免除处罚；(3) 可以免除处罚。
二、酌定量刑情节证据。
1. 犯罪手段：运送；2. 犯罪对象。3. 危害结果；4. 动机；5. 平时表现；6. 认罪态度；7. 是否有前科；8. 其他证据。</td></tr>
<tr><td rowspan="3">量刑标准</td><td colspan="2">犯本罪的</td><td>处五年以下有期徒刑、拘役或者管制，并处罚金</td></tr>
<tr><td colspan="2">有下列情形之一的：(1) 多次实施运送行为或者运送人数众多的；(2) 所使用的船只、车辆等交通工具不具备必要的安全条件，足以造成严重后果的；(3) 违法所得数额巨大的；(四) 有其他特别严重情节的</td><td>处五年以上十年以下有期徒刑，并处罚金</td></tr>
<tr><td colspan="2">在运送他人偷越国（边）境中造成被运送人重伤、死亡，或者以暴力、威胁方法抗拒检查的</td><td>处七年以上有期徒刑，并处罚金</td></tr>
<tr><td rowspan="2">法律适用</td><td>刑法条文</td><td colspan="2">第三百二十一条　运送他人偷越国（边）境的，处五年以下有期徒刑、拘役或者管制，并处罚金；有下列情形之一的，处五年以上十年以下有期徒刑，并处罚金：
（一）多次实施运送行为或者运送人数众多的；
（二）所使用的船只、车辆等交通工具不具备必要的安全条件，足以造成严重后果的；
（三）违法所得数额巨大的；
（四）有其他特别严重情节的。
在运送他人偷越国（边）境中造成被运送人重伤、死亡，或者以暴力、威胁方法抗拒检查的，处七年以上有期徒刑，并处罚金。
犯前两款罪，对被运送人有杀害、伤害、强奸、拐卖等犯罪行为，或者对检查人员有杀害、伤害等犯罪行为的，依照数罪并罚的规定处罚。</td></tr>
<tr><td>司法解释</td><td colspan="2">最高人民法院、最高人民检察院《关于办理妨害国（边）境管理刑事案件应用法律若干问题的解释》（节录）（2012年12月12日最高人民法院、最高人民检察院公布　自2012年12月20日起施行　法释〔2012〕17号）
第四条　运送他人偷越国（边）境人数在十人以上的，应当认定为刑法第三百二十一条第一款第（一）项规定的“人数众多”；违法所得数额在二十万元以上的，应当认定为刑法第三百二十一条第一款第（三）项规定的“违法所得数额巨大”。
第七条　以单位名义或者单位形式组织他人偷越国（边）境、为他人提供伪造、变造的出入境证件或者运送他人偷越国（边）境的，应当依照刑法第三百一十八条、第三百二十条、第三百二十一条的规定追究直接负责的主管人员和其他直接责任人员的刑事责任。</td></tr>
</table>

司法解释

第八条 实施组织他人偷越国（边）境犯罪，同时构成骗取出境证件罪、提供伪造、变造的出入境证件罪、出售出入境证件罪、运送他人偷越国（边）境罪的，依照处罚较重的规定定罪处罚。

第九条 对跨地区实施的不同妨害国（边）境管理犯罪，符合并案处理要求，有关地方公安机关依照法律和相关规定一并立案侦查，需要提请批准逮捕、移送审查起诉、提起公诉的，由该公安机关所在地的同级人民检察院、人民法院依法受理。

法律适用 相关法律法规

《中华人民共和国出境入境管理法》（节录）（2012年6月30日中华人民共和国主席令第57号公布 自2013年7月1日起施行）

第十二条 中国公民有下列情形之一的，不准出境：

（一）未持有效出境入境证件或者拒绝、逃避接受边防检查的；

（二）被判处刑罚尚未执行完毕或者属于刑事案件被告人、犯罪嫌疑人的；

（三）有未了结的民事案件，人民法院决定不准出境的；

（四）因妨害国（边）境管理受到刑事处罚或者因非法出境、非法居留、非法就业被其他国家或者地区遣返，未满不准出境规定年限的；

（五）可能危害国家安全和利益，国务院有关主管部门决定不准出境的；

（六）法律、行政法规规定不准出境的其他情形。

第二十五条 外国人有下列情形之一的，不准入境：

（一）未持有效出境入境证件或者拒绝、逃避接受边防检查的；

（二）具有本法第二十一条第一款第一项至第四项规定情形的；

（三）入境后可能从事与签证种类不符的活动的；

（四）法律、行政法规规定不准入境的其他情形。

对不准入境的，出入境边防检查机关可以不说明理由。

第七十一条 有下列行为之一的，处一千元以上五千元以下罚款；情节严重的，处五日以上十日以下拘留，可以并处二千元以上一万元以下罚款：

（一）持用伪造、变造、骗取的出境入境证件出境入境的；

（二）冒用他人出境入境证件出境入境的；

（三）逃避出境入境边防检查的；

（四）以其他方式非法出境入境的。

第七十二条 协助他人非法出境入境的，处二千元以上一万元以下罚款；情节严重的，处十日以上十五日以下拘留，并处五千元以上二万元以下罚款，有违法所得的，没收违法所得。

单位有前款行为的，处一万元以上五万元以下罚款，有违法所得的，没收违法所得，并对其直接负责的主管人员和其他直接责任人员依照前款规定予以处罚。

第七十三条 弄虚作假骗取签证、停留居留证件等出境入境证件的，处二千元以上五千元以下罚款；情节严重的，处十日以上十五日以下拘留，并处五千元以上二万元以下罚款。

单位有前款行为的，处一万元以上五万元以下罚款，并对其直接负责的主管人员和其他直接责任人员依照前款规定予以处罚。

第八十二条 有下列情形之一的，给予警告，可以并处二千元以下罚款：

（一）扰乱口岸限定区域管理秩序的；

（二）外国船员及其随行家属未办理临时入境手续登陆的；

法律适用

相关法律法规

（三）未办理登轮证件上下外国船舶的。

违反前款第一项规定，情节严重的，可以并处五日以上十日以下拘留。

第八十三条 交通运输工具有下列情形之一的，对其负责人处五千元以上五万元以下罚款：

（一）未经查验准许擅自出境入境或者未经批准擅自改变出境入境口岸的；

（二）未按照规定如实申报员工、旅客、货物或者物品等信息，或者拒绝协助出境入境边防检查的；

（三）违反出境入境边防检查规定上下人员、装卸货物或者物品的。

出境入境交通运输工具载运不准出境入境人员出境入境的，处每载运一人五千元以上一万元以下罚款。交通运输工具负责人证明其已经采取合理预防措施的，可以减轻或者免予处罚。

第八十四条 交通运输工具有下列情形之一的，对其负责人处二千元以上二万元以下罚款：

（一）中国或者外国船舶未经批准擅自搭靠外国船舶的；

（二）外国船舶、航空器在中国境内未按照规定的路线、航线行驶的；

（三）出境入境的船舶、航空器违反规定驶入对外开放口岸以外地区的。

第八十八条 违反本法规定，构成犯罪的，依法追究刑事责任。

第八十九条 本法下列用语的含义：

出境，是指由中国内地前往其他国家或者地区，由中国内地前往香港特别行政区、澳门特别行政区，由中国大陆前往台湾地区。

入境，是指由其他国家或者地区进入中国内地，由香港特别行政区、澳门特别行政区进入中国内地，由台湾地区进入中国大陆。

外国人，是指不具有中国国籍的人。

规章及规范性文件

《中国公民因私事往来香港地区或者澳门地区的暂行管理办法》（节录）（1986年12月25日公安部公布　自公布之日起施行）

第二十条 有下列情形之一的，边防检查站有权阻止出境、入境：

（一）未持有往来港澳通行证件、港澳同胞回乡证或者其他有效证件的；

（二）持用伪造、涂改等无效的往来港澳通行证件或者港澳同胞回乡证，冒用他人往来港澳通行证件或者港澳同胞回乡证的；

（三）拒绝交验证件的。

有前款第二项规定的情形的，并可依照本办法第二十六条的规定处理。

第二十一条 港澳同胞回乡证由持证人保存，有效期十年，在有效期内可以多次使用。超过有效期或者查验页用完的，可以换领新证。申请新证按照本办法第十四条规定办理。

第二十二条 前往港澳通行证在有效期内一次使用有效。往来港澳通行证有效期五年，可以延期二次，每次不超过五年，证件由持证人保存、使用，每次前往香港、澳门均须按照本办法第六条、第八条、第十条的规定办理申请手续，经批准的作一次往返签注。经公安部特别授权的公安机关可以作多次往返签注。

第二十三条 港澳同胞来内地后遗失港澳同胞回乡证，应向遗失地的市、县或者交通运输部门的公安机关报失，经公安机关调查属实，出具证明，由公安机关出入境管理部门签发一次有效的入出境通行证，凭证返回香港、澳门。港澳同胞无论在香港、澳门或者内地遗失港澳同胞回乡证，均可以按照本办法第十四条规定重新申请领取港澳同胞回乡证。

第二十四条 内地公民在前往香港、澳门之前遗失前往港澳通行证、往来港澳通行证的，应立即报告原发证机关，并由本人登报声明，经调查属实的，重新发给证件。

第二十五条 港澳同胞回乡证持证人有本办法第十五条规定情形之一的，证件应予以吊销。

吊销证件由原发证机关或其上级机关决定并予以收缴。

第二十六条 持用伪造、涂改等无效的或者冒用他人的前往港澳通行证、往来港澳通行证、港澳同胞回乡证、入出境通行证的，除可以没收证件外，并视情节轻重，处以警告或五日以下拘留。

第二十七条 伪造、涂改、转让前往港澳通行证、往来港澳通行证、港澳同胞回乡证、入出境通行证，处十日以下拘留；情节严重，构成犯罪的，依照《中华人民共和国刑法》的有关条款的规定追究刑事责任。

第二十八条 编造情况，提供假证明，或者以行贿等手段，获取前往港澳通行证、往来港澳通行证、港澳同胞回乡证、入出境通行证，情节较轻的，处以警告或五日以下拘留；情节严重，构成犯罪的，依照《中华人民共和国刑法》的有关条款的规定追究刑事责任。

第二十九条 公安机关的工作人员在执行本办法时，如有利用职权索取、收受贿赂或者有其他违法失职行为，情节轻微的，可以由主管部门酌情予以行政处分；情节严重，构成犯罪的，依照《中华人民共和国刑法》的有关条款的规定追究刑事责任。

82 偷越国（边）境案

概念

本罪是指违反出入国（边）境管理法规，偷越国（边）境，情节严重或者为参加恐怖活动组织、接受恐怖活动培训或者实施恐怖活动，偷越国（边）境的行为。

立案标准

根据《关于办理妨害国（边）境管理刑事案件应用法律若干问题的解释》第5条的规定，违反国（边）境管理法规，偷越国（边）境，有下列情形之一的，应当认定为“情节严重”，立案侦查：(1) 在境外实施损害国家利益行为的；(2) 偷越国（边）境3次以上或者3人以上结伙偷越国（边）境的；(3) 拉拢、引诱他人一起偷越国（边）境的；(4) 勾结境外组织、人员偷越国（边）境的；(5) 因偷越国（边）境被行政处罚后1年内又偷越国（边）境的；(6) 其他情节严重的情形。

行为人偷越国（边）境的行为，必须达到“情节严重”的程度，才构成犯罪，予以立案侦查。但是为参加恐怖活动组织、接受恐怖活动培训或者实施恐怖活动，偷越国（边）境的，属行为犯。

定罪标准		
	犯罪客体	本罪侵犯的客体是国家对出入国（边）境的管理制度。所谓国境，一般是指我国与邻国的交界。所谓边境，是指大陆与香港、澳门、台湾等地区的分界。为了维护国境的安全与秩序、居民的生活便利以及维护与邻国的睦邻关系制定了一系列法律法规，加强对出入国（边）境的管理。按照《出境入境管理法》有关规定，一切中国公民或外国人出入境时，都应向有关主管部门提出出境或入境的申请，并办理一切有关手续。违反上述法律规定，非法出入国（边）境者，都是对我国出入国（边）境管理秩序的侵犯，这是法律所不允许的。
	犯罪客观方面	本罪在客观方面表现为偷越国（边）境，情节严重或者为参加恐怖活动组织、接受恐怖活动培训或者实施恐怖活动，偷越国（边）境的行为。 所谓“偷越国（边）境”，是指违反国（边）境管理法规，非法出入国（边）境的行为。其偷越国（边）境的手段和方法可以是多种多样的，一般表现为在不准通过的地点秘密出入境，有用船偷渡的，也有靠车马或步行偷越的；有的虽然是在指定的地点通过，但伪造、涂改、冒用出入境证件或用其他蒙骗手段蒙混过关的，例如，有人藏在进出国（边）境的飞机、船只、汽车里，也有人藏在出入境装货的集装箱或行李箱中。无论采取什么方法，只要是实施了非法出入境等行为的，都是偷越国（边）境行为。在这里，需要注意的是，行为人只是涂改、伪造了出入境文件，还没有进一步实施偷越国（边）境行为的，就不能构成本罪，而可能触犯其他罪名，如伪造国家机关公文、证件、印章罪，对外国人入境后在我国非法居留、停留的，或者到不对外国人开放地区旅行的，都不能视为偷越国（边）境的行为，不能以本罪论处。 根据《刑法》第322条的规定，偷越国（边）境的行为，只有“情节严重的”才构成犯罪。

<table>
<tr><td rowspan="6">定罪标准</td><td>犯罪客观方面</td><td>具体认定中，应结合犯罪动机、犯罪目的、犯罪行为的方式及造成的后果、偷越国（边）境的次数等因素予以全面分析，综合认定。对那些边民、渔民为探亲访友、赶集、过境作业等原因偶尔非法出入国（边）境；或者是为贪图省事而非法出入国（边）境，情节不严重的，以及因听信他人唆使，不知道偷越国（边）境是违法行为而偷越国（边）境等情况，一般不以犯罪论处。在国（边）境地区误出误入的，更不应作为偷越国（边）境罪处理。偷越国（边）境的一般违法行为，可给予治安行政处罚或者批评教育，使其改正。
但是，为参加恐怖活动组织、接受恐怖活动培训或者实施恐怖活动，偷越国（边）境的，属行为犯，一旦实施即构成犯罪。</td></tr>
<tr><td>犯罪主体</td><td>本罪主体是一般主体，中国公民和外国人均可构成本罪。</td></tr>
<tr><td>犯罪主观方面</td><td>本罪在主观方面是故意。过失不能构成本罪。即明知是国（边）境线却仍决意偷越的。如果行为人不明确或不知道是国（边）境界而误出或误入的，不能构成本罪。实施本罪的动机是多种多样的，有的是违反了纪律，为了逃避处分；有的是犯了罪，为逃避刑事处罚；有的是为了走私贩毒等。法律特别规定了为参加恐怖活动组织等动机。但对一般居民为了探亲访友、赶集、过境耕种或出国谋生，一般不宜以犯罪论处，可按我国出入境管理法规，给予一定的行政处罚。</td></tr>
<tr><td>罪与非罪</td><td>区分罪与非罪的界限，关键是看情节是否严重，以及是否是为了参加恐怖活动组织、接受恐怖活动培训或者实施恐怖活动，偷越国（边）境的。</td></tr>
<tr><td>此罪与彼罪</td><td>一、本罪与叛逃罪的界限。二者的主要区别在于：（1）犯罪主体不同。偷越国（边）境罪的犯罪主体是一般主体；而叛逃罪的犯罪主体则是特殊主体，即国家机关工作人员，不仅包括在国家机关依法从事公务的人员，还包括国家机关内的非从事公务的人员。（2）犯罪主观故意的内容不同。偷越国（边）境罪在主观方面表现为，行为人明知偷越国（边）境的行为是违法行为，会给国家对国（边）境的正常管理秩序造成破坏，而仍然希望这一危害社会的结果的发生；而叛逃罪直接故意的内容是，行为人明知自己是国家机关工作人员不应叛逃，而仍然故意为之。（3）犯罪客观方面的表现形式不同。偷越国（边）境罪在客观上表现为，违反国（边）境管理法规，偷越国（边）境情节严重或者为参加恐怖活动组织、接受恐怖活动培训或者实施恐怖活动，偷越国（边）境的行为；叛逃罪在客观方则表现为，国家机关工作人员在履行公务期间，擅离岗位，叛逃境外或者在境外叛逃，危害中华人民共和国国家安全的行为。（4）犯罪客体不同。偷越国（边）境罪侵犯的直接客体是国家对国（边）境的正常管理秩序；而叛逃罪侵犯的客体则是中华人民共和国的国家安全。
二、本罪与军人叛逃罪的界限。主要区别在于：（1）犯罪主体不同。偷越国（边）境罪的犯罪主体是一般主体，无论中国公民、外国人还是无国籍人均可成为偷越国（边）境罪的犯罪主体；而军人叛逃罪的犯罪主体则只能是现役军人。（2）犯罪客观方面的具体表现形式不同。偷越国（边）境罪在客观方面表现为，违反国（边）境管理法规，偷越国（边）境，情节严重或者为了参加恐怖活动组织、接受恐</td></tr>
</table>

<table>
<tr><td>定罪标准</td><td>此罪与彼罪</td><td>怖活动培训或者实施恐怖活动，偷越国（边）境的行为；而军人叛逃罪在客观方面则表现为，在履行公务期间，擅离岗位叛逃境外或者在境外叛逃的行为。(3) 犯罪侵犯的客体不同。偷越国（边）境罪侵犯的同类客体和直接客体都是国家对国（边）境的正常管理秩序；而军人叛逃罪侵犯的同类客体是我国的军事利益，直接客体是国家的国防安全和军人永不叛国的职责。</td></tr>
<tr><td rowspan="4">证据参考标准</td><td>主体方面的证据</td><td>一、证明行为人刑事责任年龄、身份等自然情况的证据。
包括身份证明、户籍证明、任职证明、工作经历证明、特定职责证明等，主要是证明行为人的姓名（曾用名）、性别、出生年月日、民族、籍贯、出生地、职业（或职务）、住所地（或居所地）等证据材料，如户口簿、居民身份证、工作证、出生证、专业或技术等级证、干部履历表、职工登记表、护照等。
对于户籍、出生证等材料内容不实的，应提供其他证据材料。外国人犯罪的案件，应有护照等身份证明材料。人大代表、政协委员犯罪的案件，应注明身份，并附身份证明材料。
二、证明行为人刑事责任能力的证据。
证明行为人对自己的行为是否具有辨认能力与控制能力，如是否属于间歇性精神病人、尚未完全丧失辨认或者控制自己行为能力的精神病人的证明材料。</td></tr>
<tr><td>主观方面的证据</td><td>证明行为人故意的证据：1. 证明行为人明知的证据：证明行为人明知自己的行为会发生危害社会的结果；2. 证明直接故意的证据：证明行为人希望危害结果发生。</td></tr>
<tr><td>客观方面的证据</td><td>证明行为人偷越国（边）境犯罪行为的证据。
具体证据包括：1. 证明行为人从非规定地点私自出入国（边）境行为的证据；2. 证明行为人在规定地点以伪造、变造的证件非法出入国（边）境行为的证据；3. 证明行为人构成情节严重行为的证据；4. 证明行为人为参加恐怖活动组织、接受恐怖活动培训或者实施恐怖活动，偷越国（边）境行为的证据。</td></tr>
<tr><td>量刑方面的证据</td><td>一、法定量刑情节证据。
1. 事实情节：(1) 情节严重；(2) 其他。2. 法定从重情节。3. 法定从轻减轻情节：(1) 可以从轻；(2) 可以从轻或者减轻；(3) 应当从轻或者减轻。4. 法定从轻减轻免除情节：(1) 可以从轻、减轻或者免除处罚；(2) 应当从轻、减轻或者免除处罚。5. 法定减轻免除情节：(1) 可以减轻或者免除处罚；(2) 应当减轻或者免除处罚；(3) 可以免除处罚。
二、酌定量刑情节证据。
1. 犯罪手段：(1) 私自出入国（边）境；(2) 利用伪造证件出入国（边）境。2. 犯罪对象。3. 危害结果。4. 动机：(1) 为参加恐怖活动组织；(2) 接受恐怖活动培训；(3) 实施恐怖活动；(4) 其他。5. 平时表现。6. 认罪态度。7. 是否有前科。8. 其他证据。</td></tr>
</table>

量刑标准

犯本罪的	处一年以下有期徒刑、拘役或者管制，并处罚金
为参加恐怖活动组织、接受恐怖活动培训或者实施恐怖活动，偷越国（边）境的	处一年以上三年以下有期徒刑，并处罚金

法律适用

刑法条文

第三百二十二条 违反国（边）境管理法规，偷越国（边）境，情节严重的，处一年以下有期徒刑、拘役或者管制，并处罚金；为参加恐怖活动组织、接受恐怖活动培训或者实施恐怖活动，偷越国（边）境的，处一年以上三年以下有期徒刑，并处罚金。

司法解释

一、最高人民法院、最高人民检察院《关于办理妨害国（边）境管理刑事案件应用法律若干问题的解释》（节录）（2012年12月12日最高人民法院、最高人民检察院公布 自2012年12月20日起施行 法释〔2012〕17号）

第五条 偷越国（边）境，具有下列情形之一的，应当认定为刑法第三百二十二条规定的“情节严重”：

（一）在境外实施损害国家利益行为的；

（二）偷越国（边）境三次以上或者三人以上结伙偷越国（边）境的；

（三）拉拢、引诱他人一起偷越国（边）境的；

（四）勾结境外组织、人员偷越国（边）境的；

（五）因偷越国（边）境被行政处罚后一年内又偷越国（边）境的；

（六）其他情节严重的情形。

第六条 具有下列情形之一的，应当认定为刑法第六章第三节规定的“偷越国（边）境”行为：

（一）没有出入境证件出入国（边）境或者逃避接受边防检查的；

（二）使用伪造、变造、无效的出入境证件出入国（边）境的；

（三）使用他人出入境证件出入国（边）境的；

（四）使用以虚假的出入境事由、隐瞒真实身份、冒用他人身份证件等方式骗取的出入境证件出入国（边）境的；

（五）采用其他方式非法出入国（边）境的。

第九条 对跨地区实施的不同妨害国（边）境管理犯罪，符合并案处理要求，有关地方公安机关依照法律和相关规定一并立案侦查，需要提请批准逮捕、移送审查起诉、提起公诉的，由该公安机关所在地的同级人民检察院、人民法院依法受理。

二、最高人民法院《关于审理发生在我国管辖海域相关案件若干问题的规定（二）》（节录）（2016年8月1日最高人民法院公布 自2016年8月2日起施行 法释〔2016〕17号）

第三条 违反我国国（边）境管理法规，非法进入我国领海，具有下列情形之一的，应当认定为刑法第三百二十二条规定的“情节严重”：

（一）经驱赶拒不离开的；

（二）被驱离后又非法进入我国领海的；

（三）因非法进入我国领海被行政处罚或者被刑事处罚后，一年内又非法进入我国领海的；

（四）非法进入我国领海从事捕捞水产品等活动，尚不构成非法捕捞水产品等犯罪的；

（五）其他情节严重的情形。

一、《中华人民共和国出境入境管理法》（节录）（2012年6月30日中华人民共和国主席令第57号公布　自2013年7月1日起施行）

第十二条　中国公民有下列情形之一的，不准出境：

（一）未持有效出境入境证件或者拒绝、逃避接受边防检查的；

（二）被判处刑罚尚未执行完毕或者属于刑事案件被告人、犯罪嫌疑人的；

（三）有未了结的民事案件，人民法院决定不准出境的；

（四）因妨害国（边）境管理受到刑事处罚或者因非法出境、非法居留、非法就业被其他国家或者地区遣返，未满不准出境规定年限的；

（五）可能危害国家安全和利益，国务院有关主管部门决定不准出境的；

（六）法律、行政法规规定不准出境的其他情形。

第二十一条　外国人有下列情形之一的，不予签发签证：

（一）被处驱逐出境或者被决定遣送出境，未满不准入境规定年限的；

（二）患有严重精神障碍、传染性肺结核病或者有可能对公共卫生造成重大危害的其他传染病的；

（三）可能危害中国国家安全和利益、破坏社会公共秩序或者从事其他违法犯罪活动的；

（四）在申请签证过程中弄虚作假或者不能保障在中国境内期间所需费用的；

（五）不能提交签证机关要求提交的相关材料的；

（六）签证机关认为不宜签发签证的其他情形。

对不予签发签证的，签证机关可以不说明理由。

第二十二条　外国人有下列情形之一的，可以免办签证：

（一）根据中国政府与其他国家政府签订的互免签证协议，属于免办签证人员的；

（二）持有效的外国人居留证件的；

（三）持联程客票搭乘国际航行的航空器、船舶、列车从中国过境前往第三国或者地区，在中国境内停留不超过二十四小时且不离开口岸，或者在国务院批准的特定区域内停留不超过规定时限的；

（四）国务院规定的可以免办签证的其他情形。

第二十三条　有下列情形之一的外国人需要临时入境的，应当向出入境边防检查机关申请办理临时入境手续：

（一）外国船员及其随行家属登陆港口所在城市的；

（二）本法第二十二条第三项规定的人员需要离开口岸的；

（三）因不可抗力或者其他紧急原因需要临时入境的。

临时入境的期限不得超过十五日。

对申请办理临时入境手续的外国人，出入境边防检查机关可以要求外国人本人、载运其入境的交通运输工具的负责人或者交通运输工具出境入境业务代理单位提供必要的保证措施。

第二十四条　外国人入境，应当向出入境边防检查机关交验本人的护照或者其他国际旅行证件、签证或者其他入境许可证明，履行规定的手续，经查验准许，方可入境。

第二十五条　外国人有下列情形之一的，不准入境：

（一）未持有效出境入境证件或者拒绝、逃避接受边防检查的；

（二）具有本法第二十一条第一款第一项至第四项规定情形的；

（三）入境后可能从事与签证种类不符的活动的；

（四）法律、行政法规规定不准入境的其他情形。

对不准入境的，出入境边防检查机关可以不说明理由。

第二十六条 对未被准许入境的外国人，出入境边防检查机关应当责令其返回；对拒不返回的，强制其返回。外国人等待返回期间，不得离开限定的区域。

第二十七条 外国人出境，应当向出入境边防检查机关交验本人的护照或者其他国际旅行证件等出境入境证件，履行规定的手续，经查验准许，方可出境。

第二十八条 外国人有下列情形之一的，不准出境：

（一）被判处刑罚尚未执行完毕或者属于刑事案件被告人、犯罪嫌疑人的，但是按照中国与外国签订的有关协议，移管被判刑人的除外；

（二）有未了结的民事案件，人民法院决定不准出境的；

（三）拖欠劳动者的劳动报酬，经国务院有关部门或者省、自治区、直辖市人民政府决定不准出境的；

（四）法律、行政法规规定不准出境的其他情形。

第七十一条 有下列行为之一的，处一千元以上五千元以下罚款；情节严重的，处五日以上十日以下拘留，可以并处二千元以上一万元以下罚款：

（一）持用伪造、变造、骗取的出境入境证件出境入境的；

（二）冒用他人出境入境证件出境入境的；

（三）逃避出境入境边防检查的；

（四）以其他方式非法出境入境的。

第八十九条 本法下列用语的含义：

出境，是指由中国内地前往其他国家或者地区，由中国内地前往香港特别行政区、澳门特别行政区，由中国大陆前往台湾地区。

入境，是指由其他国家或者地区进入中国内地，由香港特别行政区、澳门特别行政区进入中国内地，由台湾地区进入中国大陆。

外国人，是指不具有中国国籍的人。

二、《中华人民共和国反恐怖主义法》（节录）（2015年12月27日中华人民共和国主席令第36号公布　自2016年1月1日起施行　2018年4月27日修正）

第三十八条 各级人民政府和军事机关应当在重点国（边）境地段和口岸设置拦阻隔离网、视频图像采集和防越境报警设施。

公安机关和中国人民解放军应当严密组织国（边）境巡逻，依照规定对抵离国（边）境前沿、进出国（边）境管理区和国（边）境通道、口岸的人员、交通运输工具、物品，以及沿海沿边地区的船舶进行查验。

第三十九条 出入境证件签发机关、出入境边防检查机关对恐怖活动人员和恐怖活动嫌疑人员，有权决定不准其出境入境、不予签发出境入境证件或者宣布其出境入境证件作废。

第四十条 海关、出入境边防检查机关发现恐怖活动嫌疑人员或者涉嫌恐怖活动物品的，应当依法扣留，并立即移送公安机关或者国家安全机关。

83 破坏界碑、界桩案

概念

本罪是指故意破坏国家边境的界碑、界桩的行为。

立案标准

本罪为行为犯，只要行为人采取盗取、毁坏、拆除、掩埋、移动等手段破坏国家边境的界碑、界桩的，原则上就构成犯罪，应当立案侦查。对于情节显著轻微、危害不大的，也可以按照《刑法》第 13 条的规定，不以犯罪论处。

定罪标准	犯罪客体	本罪侵犯的客体是国家边境的正常管理秩序。犯罪的对象仅限于国家边境的界碑、界桩。界碑、界桩是在我国与邻国接壤地区设置的用以划分两国疆界线的标志物。它涉及两国领土范围的问题，任何人不得擅自移动和破坏，否则，就有可能引起两国间的领土纠纷，给国家和人民在政治上造成重大损失，这一点是本罪与一般故意毁坏财物罪的主要区别。
	犯罪客观方面	本罪在客观方面表现为破坏国家边境界碑、界桩的行为。所谓“破坏行为”，主要是指捣毁、盗窃、拆除、损坏、掩埋、移动位置，等等。不论采取什么方法，只要使国家边境的界碑、界桩失去了原有的作用，都应视作破坏行为。本罪的犯罪对象必须是国家边境的界碑、界桩。国家边境上的界碑、界桩，是标志国家领土范围的标记，它既可以是永久性的，也可以是根据条约规定埋设的，还可以是按照历史形成的管辖范围埋设的。至于界碑、界桩的具体形式如木桩、铁桩、石碑等等，均不影响本罪。
	犯罪主体	本罪主体是一般主体，可以是中国人，也可以是外国人。
	犯罪主观方面	本罪在主观方面表现为故意，即明知是界碑、界桩而故意加以破坏。至于犯罪动机则可能是多种多样的，如有的是为了贪财，有的是为了泄愤，有的是为了报复私仇进行栽赃陷害等，不同的动机对成立本罪不发生影响，但是可以作为量刑情节考虑。过失破坏国家边境界桩、界碑的，不能构成本罪。
	罪与非罪	区分罪与非罪的界限，要注意：破坏界碑、界桩罪是以非法对界碑、界桩进行破坏为前提，因此，如果是经边境两国一致同意，而由有关方面组织人员依法对界碑、界桩进行改变、拆除、移动的，当属完全合法行为，不能以该罪论。

证据参考标准	主体方面的证据	**一、证明行为人刑事责任年龄、身份等自然情况的证据。** 包括身份证明、户籍证明、任职证明、工作经历证明、特定职责证明等，主要是证明行为人的姓名（曾用名）、性别、出生年月日、民族、籍贯、出生地、职业（或职务）、住所地（或居所地）等证据材料，如户口簿、居民身份证、工作证、出生证、专业或技术等级证、干部履历表、职工登记表、护照等。 对于户籍、出生证等材料内容不实的，应提供其他证据材料。外国人犯罪的案件，应有护照等身份证明材料。人大代表、政协委员犯罪的案件，应注明身份，并附身份证明材料。 **二、证明行为人刑事责任能力的证据。** 证明行为人对自己的行为是否具有辨认能力与控制能力，如是否属于间歇性精神病人、尚未完全丧失辨认或者控制自己行为能力的精神病人的证明材料。
	主观方面的证据	证明行为人故意的证据：1. 证明行为人明知的证据：证明行为人明知自己的行为会发生危害社会的结果；2. 证明直接故意的证据：证明行为人希望危害结果发生。
	客观方面的证据	证明行为人破坏界碑、界桩犯罪行为的证据。 具体证据包括：1. 证明行为人损毁行为的证据：（1）界碑；（2）界桩。2. 证明行为人毁灭行为的证据：（1）界碑；（2）界桩。3. 证明行为人擅自移动行为的证据：（1）界碑；（2）界桩。4. 证明行为人破坏情节严重行为的证据：（1）界碑；（2）界桩。5. 证明行为人破坏界碑、界桩其他行为的证据。
	量刑方面的证据	**一、法定量刑情节证据。** 1. 事实情节：（1）情节严重；（2）其他。2. 法定从重情节。3. 法定从轻减轻情节：（1）可以从轻；（2）可以从轻或者减轻；（3）应当从轻或者减轻。4. 法定从轻减轻免除情节：（1）可以从轻、减轻或者免除处罚；（2）应当从轻、减轻或者免除处罚。5. 法定减轻免除情节：（1）可以减轻或者免除处罚；（2）应当减轻或者免除处罚；（3）可以免除处罚。 **二、酌定量刑情节证据。** 1. 犯罪手段：（1）损毁；（2）毁灭；（3）移动。2. 犯罪对象。3. 危害结果。4. 动机。5. 平时表现。6. 认罪态度。7. 是否有前科。8. 其他证据。
量刑标准	犯本罪的	处三年以下有期徒刑或者拘役
法律适用	刑法条文	**第三百二十三条** 故意破坏国家边境的界碑、界桩或者永久性测量标志的，处三年以下有期徒刑或者拘役。

法律适用 相关法律法规

一、《中华人民共和国测绘法》(节录)(1992年12月28日第七届全国人民代表大会常务委员会第二十九次会议通过 2002年8月29日第一次修订 2017年4月27日第二次修订)

第六十四条 违反本法规定，有下列行为之一的，给予警告，责令改正，可以并处二十万元以下的罚款；对直接负责的主管人员和其他直接责任人员，依法给予处分；造成损失的，依法承担赔偿责任；构成犯罪的，依法追究刑事责任：

(一)损毁、擅自移动永久性测量标志或者正在使用中的临时性测量标志；

(二)侵占永久性测量标志用地；

(三)在永久性测量标志安全控制范围内从事危害测量标志安全和使用效能的活动；

(四)擅自拆迁永久性测量标志或者使永久性测量标志失去使用效能，或者拒绝支付迁建费用；

(五)违反操作规程使用永久性测量标志，造成永久性测量标志毁损。

二、《中华人民共和国测量标志保护条例》(节录)(1996年9月4日中华人民共和国国务院令第203号公布 自1997年1月1日起施行 2011年1月8日修订)

第三条 测量标志属于国家所有，是国家经济建设和科学研究的基础设施。

第四条 本条例所称测量标志，是指：

(一)建设在地上、地下或者建筑物上的各种等级的三角点、基线点、导线点、军用控制点、重力点、天文点、水准点的木质觇标、钢质觇标和标石标志，全球卫星定位控制点，以及用于地形测图、工程测量和形变测量的固定标志和海底大地点设施等永久性测量标志；

(二)测量中正在使用的临时性测量标志。

第二十二条 测量标志受国家保护，禁止下列有损测量标志安全和使测量标志失去使用效能的行为：

(一)损毁或者擅自移动地下或者地上的永久性测量标志以及使用中的临时性测量标志的；

(二)在测量标志占地范围内烧荒、耕作、取土、挖沙或者侵占永久性测量标志用地的；

(三)在距永久性测量标志50米范围内采石、爆破、射击、架设高压电线的；

(四)在测量标志的占地范围内，建设影响测量标志使用效能的建筑物的；

(五)在测量标志上架设通讯设施、设置观望台、搭帐篷、拴牲畜或者设置其他有可能损毁测量标志的附着物的；

(六)擅自拆除设有测量标志的建筑物或者拆除建筑物上的测量标志的；

(七)其他有损测量标志安全和使用效能的。

第二十五条 违反本条例规定，应当给予治安管理处罚的，依照治安管理处罚法的有关规定给予处罚；构成犯罪的，依法追究刑事责任。

84 破坏永久性测量标志案

概念　本罪是指故意破坏国家边境的永久性测量标志的行为。

立案标准　本罪是行为犯，只要行为人采取盗取、拆毁、损坏、改变、移动、掩埋等手段破坏永久性测量标志，使其失去原有作用的，原则上就构成本罪，应当立案。

<table>
<tr><td rowspan="4">定罪标准</td><td>犯罪客体</td><td>本罪侵犯的客体是国家对永久性测量标志的正常管理活动。测量是从事工农业生产、国防建设和某些科学研究工作的必不可少的手段。在测量工作中，常常需要设置一定的测量标志。擅自移动或者破坏这些测量标志，就会使有关数据资料失去准确性，影响国家的经济建设、国防建设和有关的科学研究工作。所以，有必要加强测量标志的保护，维护国家对测量标志的正常管理。为此，《刑法》规定了破坏永久性测量标志罪，具有重要意义。
本罪侵犯的对象必须是永久性测量标志。所谓永久性测量标志，是指国家和军队在全国各地进行测量过程中所设置的永久性标志。包括各种等级的天文点、重力点、水准点、三角点、导线点、海控点、炮控点等，有木质的、钢质的、铜质的、石质的等，也包括地形测图的固定标志。近年来设立的人造卫星观测点，也属于永久性测量标志。本罪的破坏对象只限于永久性测量标志，这就与一般的故意毁坏财物罪有明显的不同，也同破坏一般的临时性的测量标志的行为有明显的区别，如果行为人所破坏的是为开挖河道、修建道路而临时埋设的测量标志，就不能构成本罪。</td></tr>
<tr><td>犯罪客观方面</td><td>本罪在客观方面表现为破坏永久性测量标志的行为。所谓破坏，是指拆毁、损坏、改变、移动、掩盖等。其手段可以是多种多样的，只要其行为足以使上述永久性测量标志丧失其原有作用的，就应视为破坏，构成犯罪。按照国务院、中央军委《关于长期保护测量标志的通告》的规定精神，拆迁永久性测量标志，“必须持有省、直辖市、自治区测绘主管部门或军区测绘主管部门的证明函件，经保管单位和保管人验证后，方可进行”。凡违背《通告》的上述精神，非法拆迁永久性测量标志的，也构成本罪。</td></tr>
<tr><td>犯罪主体</td><td>本罪的主体是一般主体，凡达到刑事责任年龄、具备刑事责任能力的自然人均可成为本罪的主体。无论是住在永久性测量标志附近地区的人，还是临时经过的过路人，都可以成为本罪的主体。</td></tr>
<tr><td>犯罪主观方面</td><td>本罪在主观方面是故意，即明知是永久性测量标志而故意加以破坏的，才构成犯罪。如果因不知是永久性测量标志而过失加以破坏的，就不能视作故意破坏，也就不构成本罪。例如，某乙不知路边的钢质觇标为永久性测量标志，而把它拆下拿回家使用，</td></tr>
</table>

定罪标准	犯罪主观方面	这就属于过失行为，不应以本罪论处。当然这种行为也是错误的，应进行批评教育，有的也可予以行政处罚，如果原物能够复原的，可令其恢复原状。值得注意的是，有些过失破坏永久性测量标志的行为，虽不构成本罪，却可构成其他犯罪。例如上面提到的某乙窃回的钢质觇标如果价值很大，就可以构成盗窃罪。因为他窃回路边竖立的钢质觇标是出于故意，是明知为他人之物而故意窃回，占为己有。有的也可视情节构成故意毁坏财物罪。本罪的犯罪动机是多种多样的，不同的动机对构成本罪并无影响。
	罪与非罪	区分罪与非罪的界限，关键看是否达到司法解释所规定的标准。
	此罪与彼罪	本罪与故意毁坏财物罪的界限。本罪侵犯的对象是特定的永久性测量标志，这是本罪与一般的故意毁坏财物罪的主要区别。故意毁坏财物罪侵犯的对象很广，但不包括永久性测量标志在内。二者侵犯的直接客体也不相同。
证据参考标准	主体方面的证据	**一、证明行为人刑事责任年龄、身份等自然情况的证据。** 包括身份证明、户籍证明、任职证明、工作经历证明、特定职责证明等，主要是证明行为人的姓名（曾用名）、性别、出生年月日、民族、籍贯、出生地、职业（或职务）、住所地（或居所地）等证据材料，如户口簿、居民身份证、工作证、出生证、专业或技术等级证、干部履历表、职工登记表、护照等。 对于户籍、出生证等材料内容不实的，应提供其他证据材料。外国人犯罪的案件，应有护照等身份证明材料。人大代表、政协委员犯罪的案件，应注明身份，并附身份证明材料。 **二、证明行为人刑事责任能力的证据。** 证明行为人对自己的行为是否具有辨认能力与控制能力，如是否属于间歇性精神病人、尚未完全丧失辨认或者控制自己行为能力的精神病人的证明材料。
	主观方面的证据	证明行为人故意的证据：1. 证明行为人明知的证据：证明行为人明知自己的行为会发生危害社会的结果；2. 证明直接故意的证据：证明行为人希望危害结果发生；3. 目的：破坏。
	客观方面的证据	证明行为人破坏永久性测量标志犯罪行为的证据。 具体证据包括：1. 证明行为人破坏永久性测量标志行为方式的证据：（1）擅自移动；（2）损毁；（3）拆除；（4）干扰使用。2. 证明行为人破坏永久性测量标志内容的证据：（1）三角点；（2）水准点；（3）重力点；（4）天文点；（5）地形点；（6）人造卫星观测站。3. 证明行为人破坏永久性测量标志行为的证据：（1）损毁或者擅自移动地下或者地上的永久性测量标志的；（2）在测量标志占地范围内烧荒、耕地、取土、挖沙或侵占永久性测量标志用地的；（3）在距永久性测量标志 50 米范围内采石、爆破、射击、架设高压电线的；（4）在测量标志占地范围内建设影响测量标志使用性能的建筑物的；（5）在测量标志上架设通讯设备、设置观望台、搭帐篷、拴

<table>
<tr><td rowspan="2">证据参考标准</td><td>客观方面的证据</td><td colspan="2">牲畜或者其他有可能损毁测量标志的附着物品的；（6）擅自拆除设有测量标志的建筑物，或者拆除设在建筑物上的测量标志的；（7）其他有损测量标志的安全和使用效能的行为。4. 证明行为人破坏永久性测量标志情节严重行为的证据：（1）擅自移动；（2）损毁；（3）拆除；（4）干扰使用。</td></tr>
<tr><td>量刑方面的证据</td><td colspan="2">一、法定量刑情节证据。
1. 事实情节：（1）情节严重；（2）其他。2. 法定从重情节。3. 法定从轻减轻情节：（1）可以从轻；（2）可以从轻或者减轻；（3）应当从轻或者减轻。4. 法定从轻减轻免除情节：（1）可以从轻、减轻或者免除处罚；（2）应当从轻、减轻或者免除处罚。5. 法定减轻免除情节：（1）可以减轻或者免除处罚；（2）应当减轻或者免除处罚；（3）可以免除处罚。
二、酌定量刑情节证据。
1. 犯罪手段：（1）移动；（2）损毁；（3）拆除；（4）干扰使用。2. 犯罪对象。3. 危害结果。4. 动机。5. 平时表现。6. 认罪态度。7. 是否有前科。8. 其他证据。</td></tr>
<tr><td>量刑标准</td><td colspan="2">犯本罪的</td><td>处三年以下有期徒刑或者拘役</td></tr>
<tr><td rowspan="2">法律适用</td><td>刑法条文</td><td colspan="2">第三百二十三条　故意破坏国家边境的界碑、界桩或者永久性测量标志的，处三年以下有期徒刑或者拘役。</td></tr>
<tr><td>相关法律法规</td><td colspan="2">一、《中华人民共和国测绘法》（节录）（1992 年 12 月 28 日中华人民共和国主席令第 66 号公布　自 1993 年 7 月 1 日起施行　2002 年 8 月 29 日第一次修订　2017 年 4 月 27 日第二次修订）
第六十四条　违反本法规定，有下列行为之一的，给予警告，责令改正，可以并处二十万元以下的罚款；对直接负责的主管人员和其他直接责任人员，依法给予处分；造成损失的，依法承担赔偿责任；构成犯罪的，依法追究刑事责任：
（一）损毁、擅自移动永久性测量标志或者正在使用中的临时性测量标志；
（二）侵占永久性测量标志用地；
（三）在永久性测量标志安全控制范围内从事危害测量标志安全和使用效能的活动；
（四）擅自拆迁永久性测量标志或者使永久性测量标志失去使用效能，或者拒绝支付迁建费用；
（五）违反操作规程使用永久性测量标志，造成永久性测量标志毁损。

二、《中华人民共和国测量标志保护条例》（节录）（1996 年 9 月 4 日中华人民共和国国务院令第 203 号公布　自 1997 年 1 月 1 日起施行　2011 年 1 月 8 日修订）
第三条　测量标志属于国家所有，是国家经济建设和科学研究的基础设施。</td></tr>
</table>

法律适用

相关法律法规

第四条 本条例所称测量标志，是指：

（一）建设在地上、地下或者建筑物上的各种等级的三角点、基线点、导线点、军用控制点、重力点、天文点、水准点的木质觇标、钢质觇标和标石标志，全球卫星定位控制点，以及用于地形测图、工程测量和形变测量的固定标志和海底大地点设施等永久性测量标志；

（二）测量中正在使用的临时性测量标志。

第二十二条 测量标志受国家保护，禁止下列有损测量标志安全和使测量标志失去使用效能的行为：

（一）损毁或者擅自移动地下或者地上的永久性测量标志以及使用中的临时性测量标志的；

（二）在测量标志占地范围内烧荒、耕作、取土、挖沙或者侵占永久性测量标志用地的；

（三）在距永久性测量标志 50 米范围内采石、爆破、射击、架设高压电线的；

（四）在测量标志的占地范围内，建设影响测量标志使用效能的建筑物的；

（五）在测量标志上架设通讯设施、设置观望台、搭帐篷、拴牲畜或者设置其他有可能损毁测量标志的附着物的；

（六）擅自拆除设有测量标志的建筑物或者拆除建筑物上的测量标志的；

（七）其他有损测量标志安全和使用效能的。

第二十三条 有本条例第二十二条禁止的行为之一，或者有下列行为之一的，由县级以上人民政府管理测绘工作的部门责令限期改正，给予警告，并可以根据情节处以 5 万元以下的罚款；对负有直接责任的主管人员和其他直接责任人员，依法给予行政处分；造成损失的，应当依法承担赔偿责任：

（一）干扰或者阻挠测量标志建设单位依法使用土地或者在建筑物上建设永久性测量标志的；

（二）工程建设单位未经批准擅自拆迁永久性测量标志或者使永久性测量标志失去使用效能的，或者拒绝按照国家有关规定支付迁建费用的；

（三）违反测绘操作规程进行测绘，使永久性测量标志受到损坏的；

（四）无证使用永久性测量标志并且拒绝县级以上人民政府管理测绘工作的部门监督和负责保管测量标志的单位和人员查询的。

第二十五条 违反本条例规定，应当给予治安管理处罚的，依照治安管理处罚法的有关规定给予处罚；构成犯罪的，依法追究刑事责任。

85 故意损毁文物案

概念

本罪是指故意损毁国家保护的珍贵文物或者被确定为全国重点文物保护单位、省级文物保护单位的文物的行为。

立案标准

故意损毁国家保护的珍贵文物或者被确定为全国重点文物保护单位、省级文物保护单位的文物的，应当立案。

<table>
<tr><td rowspan="3">定罪标准</td><td>犯罪客体</td><td>本罪侵犯的客体是国家对珍贵文物的管理秩序。本罪的对象是国家保护的珍贵文物和被确定为全国重点文物保护单位、省级文物保护单位的文物。所谓国家保护的珍贵文物，是指具有重大历史、科学、艺术价值的文物。根据《文物保护法》的规定，珍贵文物包括具有重大历史、科学、艺术价值的纪念物、艺术品、工艺美术品、革命史献资料、手稿、古旧图书资料以及代表性实物等文物，珍贵文物分为一、二、三级，是否属于珍贵文物由有关部门依法鉴定确认。此外具有科学价值的古脊椎动物化石和古人类化石同文物一样受国家保护。所谓全国重点文物保护单位、省级文物保护单位的文物，是指由国务院、省、自治区、直辖市人民政府根据文物的历史、艺术、科学价值，核定公布并予以重点保护的革命遗址、纪念建筑物、古文化遗址、古墓葬、古建筑、石窟寺、石刻、壁画等文物。所谓全国重点文物保护单位，是指国家行政管理部门在各级文物保护单位中，选择出来的具有重大历史、艺术、科学价值并报国务院核定公布的单位以及国家文化行政管理部门在各级文物保护单位中，直接指定出来并报国务院核定公布的单位；所谓省级文物保护单位，是指由省、自治区、直辖市人民政府核定并报国务院备案的文物单位。</td></tr>
<tr><td>犯罪客观方面</td><td>本罪在客观方面表现为故意损毁国家保护的珍贵文物或者被确定为全国重点文物保护单位、省级文物保护单位的文物的行为。所谓损毁，是指使珍贵文物或者被确定为全国重点文物保护单位、省级文物保护单位的文物部分破损或者完全毁灭。损毁文物的情况比较复杂，造成的后果各有不同，破坏的程度有轻有重，社会影响也有差异。处理时要作具体分析，认真区分违法和犯罪的界限。应鉴别遭到损毁的是否是其主要的、关键的部分，对其外观的破坏程度等，从经济价值、社会影响、危害后果等各种因素进行综合考虑。对某些损坏很轻、影响不大或者被损坏后易于修复，情节显著轻微的，亦可以不认为是犯罪，但可依照《治安管理处罚法》第63条的规定，对刻划、涂污或者以其他方式故意损坏国家保护的文物、名胜古迹的，处警告或者200元以下罚款；情节较重的，处5日以上10日以下拘留，并处200元以上500元以下罚款。</td></tr>
<tr><td>犯罪主体</td><td>本罪的主体是一般主体，只能是自然人，不包括单位。也就是说，达到刑事责任年龄、具有刑事责任能力的自然人，均可成为本罪的主体。</td></tr>
</table>

<table>
<tr><td rowspan="3">定罪标准</td><td>犯罪主观方面</td><td>本罪在主观方面表现为故意，即明知是国家保护的珍贵文物或者被确定为全国重点文物保护单位、省级文物保护单位的文物而加以损毁的。过失不构成本罪。至于行为人实施损毁行为的动机可能不尽相同，动机如何，不影响本罪构成，但是，如果行为人不知是文物将其损毁，或者虽然知道，但由于过失将其损毁，不构成本罪。</td></tr>
<tr><td>罪与非罪</td><td>区分罪与非罪的界限，要注意把握以下几点：(1) 构成本罪，必须是故意毁损的行为。如果行为人出于过失而导致文物毁损的，不构成本罪。(2) 故意损毁的文物必须是国家保护的珍贵文物或者被确定为全国重点文物保护单位、省级文物保护单位的文物，如果非属上述文物，也不构成本罪。(3) 实践中，损毁珍贵文物的程度有轻有重，影响有大有小，不能不加区别地一律定罪。如果破坏行为情节显著轻微、危害不大的，不以犯罪论处，而应当视其情节予以批评教育，或者按照《治安管理处罚法》予以治安处罚和责令赔偿损失。只有损毁行为造成严重损坏的，才以犯罪论处。</td></tr>
<tr><td>此罪与彼罪</td><td>本罪与过失损毁文物罪的界限。二者侵犯的客体相同，在主观方面和客观方面却有所差别：一是前者只能由故意构成，而后者主观方面表现为过失；二是前者不要求造成严重后果，而后者只有在造成严重后果的情况下才定罪量刑，且法定刑比前者轻得多。</td></tr>
<tr><td rowspan="3">证据参考标准</td><td>主体方面的证据</td><td>一、证明行为人刑事责任年龄、身份等自然情况的证据。
包括身份证明、户籍证明、任职证明、工作经历证明、特定职责证明等，主要是证明行为人的姓名（曾用名）、性别、出生年月日、民族、籍贯、出生地、职业（或职务）、住所地（或居所地）等证据材料，如户口簿、居民身份证、工作证、出生证、专业或技术等级证、干部履历表、职工登记表、护照等。
对于户籍、出生证等材料内容不实的，应提供其他证据材料。外国人犯罪的案件，应有护照等身份证明材料。人大代表、政协委员犯罪的案件，应注明身份，并附身份证明材料。
二、证明行为人刑事责任能力的证据。
证明行为人对自己的行为是否具有辨认能力与控制能力，如是否属于间歇性精神病人、尚未完全丧失辨认或者控制自己行为能力的精神病人的证明材料。</td></tr>
<tr><td>主观方面的证据</td><td>证明行为人故意的证据：1. 证明行为人明知的证据：证明行为人明知自己的行为会发生危害社会的结果；2. 证明直接故意的证据：证明行为人希望危害结果发生。</td></tr>
<tr><td>客观方面的证据</td><td>证明行为人故意损毁文物犯罪行为的证据。
具体证据包括：1. 证明行为人故意捣毁珍贵文物行为的证据。2. 证明行为人故意拆除珍贵文物行为的证据。3. 证明行为人故意焚烧珍贵文物行为的证据。4. 证明行为人故意挖掘珍贵文物行为的证据。5. 证明行为人故意污损珍贵文物行为的证据。6. 证明行为人故意炸毁珍贵文物行为的证据：(1) 一级文物；(2) 二级文物；(3) 三级文物。7. 证明行为人损毁文物情节严重行为的证据：(1) 多人犯此罪；(2) 一人数次犯此罪；(3) 文物的数额或价值较大的；(4) 一、二级文物；(5) 珍贵文物的孤品；(6) 稀世国宝；(7) 不听他人劝阻；(8) 对举报人进行打击报复；(9) 其他证据。8. 证明行为人故意损毁文物其他行为的证据。</td></tr>
</table>

<table>
<tr><td rowspan="2">证据参考标准</td><td>量刑方面的证据</td><td>**一、法定量刑情节证据。**
1. 事实情节：（1）情节严重；（2）其他。2. 法定从重情节。3. 法定从轻减轻情节：（1）可以从轻；（2）可以从轻或者减轻；（3）应当从轻或者减轻。4. 法定从轻减轻免除情节：（1）可以从轻、减轻或者免除处罚；（2）应当从轻、减轻或者免除处罚。5. 法定减轻免除情节：（1）可以减轻或者免除处罚；（2）应当减轻或者免除处罚；（3）可以免除处罚。
二、酌定量刑情节证据。
1. 犯罪手段：（1）捣；（2）拆；（3）焚；（4）掘；（5）污；（6）炸；（7）其他。2. 犯罪对象。3. 危害结果。4. 动机。5. 平时表现。6. 认罪态度。7. 是否有前科。8. 其他证据。</td></tr>
</table>

量刑标准		
	犯本罪的	处三年以下有期徒刑或者拘役，并处或者单处罚金
	情节严重的	处三年以上十年以下有期徒刑，并处罚金

法律适用

刑法条文

第三百二十四条第一款 故意损毁国家保护的珍贵文物或者被确定为全国重点文物保护单位、省级文物保护单位的文物的，处三年以下有期徒刑或者拘役，并处或者单处罚金；情节严重的，处三年以上十年以下有期徒刑，并处罚金。

司法解释

一、最高人民检察院、公安部《关于公安机关管辖的刑事案件立案追诉标准的规定（一）》（节录）（2008年6月25日最高人民检察院、公安部公布 自公布之日起施行 公通字〔2008〕36号 2017年4月27日修正）

第四十六条 ［故意损毁文物案（刑法第三百二十四条第一款）］故意损毁国家保护的珍贵文物或者被确定为全国重点文物保护单位、省级文物保护单位的文物的，应予立案追诉。

二、最高人民法院、最高人民检察院《关于办理妨害文物管理等刑事案件适用法律若干问题的解释》（2015年12月30日最高人民法院、最高人民检察院公布 自2016年1月1日起施行 法释〔2015〕23号）

为依法惩治文物犯罪，保护文物，根据《中华人民共和国刑法》《中华人民共和国刑事诉讼法》《中华人民共和国文物保护法》的有关规定，现就办理此类刑事案件适用法律的若干问题解释如下：

第一条 刑法第一百五十一条规定的“国家禁止出口的文物”，依照《中华人民共和国文物保护法》规定的“国家禁止出境的文物”的范围认定。

走私国家禁止出口的二级文物的，应当依照刑法第一百五十一条第二款的规定，以走私文物罪处五年以上十年以下有期徒刑，并处罚金；走私国家禁止出口的一级文物的，应当认定为刑法第一百五十一条第二款规定的“情节特别严重”；走私国家禁止出口的三级文物的，应当认定为刑法第一百五十一条第二款规定的“情节较轻”。

走私国家禁止出口的文物，无法确定文物等级，或者按照文物等级定罪量刑明显过轻或者过重的，可以按照走私的文物价值定罪量刑。走私的文物价值在二十万元以上不满一百万元的，应当依照刑法第一百五十一条第二款的规定，以走私文物罪处五年以上十年以下有期徒刑，并处罚金；文物价值在一百万元以上的，应当认定为刑法

法律适用 司法解释

第一百五十一条第二款规定的“情节特别严重”；文物价值在五万元以上不满二十万元的，应当认定为刑法第一百五十一条第二款规定的“情节较轻”。

第二条 盗窃一般文物、三级文物、二级以上文物的，应当分别认定为刑法第二百六十四条规定的“数额较大”“数额巨大”“数额特别巨大”。

盗窃文物，无法确定文物等级，或者按照文物等级定罪量刑明显过轻或者过重的，按照盗窃的文物价值定罪量刑。

第三条 全国重点文物保护单位、省级文物保护单位的本体，应当认定为刑法第三百二十四条第一款规定的“被确定为全国重点文物保护单位、省级文物保护单位的文物”。

故意损毁国家保护的珍贵文物或者被确定为全国重点文物保护单位、省级文物保护单位的文物，具有下列情形之一的，应当认定为刑法第三百二十四条第一款规定的“情节严重”：

（一）造成五件以上三级文物损毁的；

（二）造成二级以上文物损毁的；

（三）致使全国重点文物保护单位、省级文物保护单位的本体严重损毁或者灭失的；

（四）多次损毁或者损毁多处全国重点文物保护单位、省级文物保护单位的本体的；

（五）其他情节严重的情形。

实施前款规定的行为，拒不执行国家行政主管部门作出的停止侵害文物的行政决定或者命令的，酌情从重处罚。

第四条 风景名胜区的核心景区以及未被确定为全国重点文物保护单位、省级文物保护单位的古文化遗址、古墓葬、古建筑、石窟寺、石刻、壁画、近代现代重要史迹和代表性建筑等不可移动文物的本体，应当认定为刑法第三百二十四条第二款规定的“国家保护的名胜古迹”。

故意损毁国家保护的名胜古迹，具有下列情形之一的，应当认定为刑法第三百二十四条第二款规定的“情节严重”：

（一）致使名胜古迹严重损毁或者灭失的；

（二）多次损毁或者损毁多处名胜古迹的；

（三）其他情节严重的情形。

实施前款规定的行为，拒不执行国家行政主管部门作出的停止侵害文物的行政决定或者命令的，酌情从重处罚。

故意损毁风景名胜区内被确定为全国重点文物保护单位、省级文物保护单位的文物的，依照刑法第三百二十四条第一款和本解释第三条的规定定罪量刑。

第五条 过失损毁国家保护的珍贵文物或者被确定为全国重点文物保护单位、省级文物保护单位的文物，具有本解释第三条第二款第一项至第三项规定情形之一的，应当认定为刑法第三百二十四条第三款规定的“造成严重后果”。

第六条 出售或者为出售而收购、运输、储存《中华人民共和国文物保护法》规定的“国家禁止买卖的文物”的，应当认定为刑法第三百二十六条规定的“倒卖国家禁止经营的文物”。

倒卖国家禁止经营的文物，具有下列情形之一的，应当认定为刑法第三百二十六条规定的“情节严重”：

（一）倒卖三级文物的；

（二）交易数额在五万元以上的；

（三）其他情节严重的情形。

实施前款规定的行为，具有下列情形之一的，应当认定为刑法第三百二十六条规定的“情节特别严重”：

（一）倒卖二级以上文物的；

（二）倒卖三级文物五件以上的；

（三）交易数额在二十五万元以上的；

（四）其他情节特别严重的情形。

第七条 国有博物馆、图书馆以及其他国有单位，违反文物保护法规，将收藏或者管理的国家保护的文物藏品出售或者私自送给非国有单位或者个人的，依照刑法第三百二十七条的规定，以非法出售、私赠文物藏品罪追究刑事责任。

第八条 刑法第三百二十八条第一款规定的“古文化遗址、古墓葬”包括水下古文化遗址、古墓葬。“古文化遗址、古墓葬”不以公布为不可移动文物的古文化遗址、古墓葬为限。

实施盗掘行为，已损害古文化遗址、古墓葬的历史、艺术、科学价值的，应当认定为盗掘古文化遗址、古墓葬罪既遂。

采用破坏性手段盗窃古文化遗址、古墓葬以外的古建筑、石窟寺、石刻、壁画、近代现代重要史迹和代表性建筑等其他不可移动文物的，依照刑法第二百六十四条的规定，以盗窃罪追究刑事责任。

第九条 明知是盗窃文物、盗掘古文化遗址、古墓葬等犯罪所获取的三级以上文物，而予以窝藏、转移、收购、加工、代为销售或者以其他方法掩饰、隐瞒的，依照刑法第三百一十二条的规定，以掩饰、隐瞒犯罪所得罪追究刑事责任。

实施前款规定的行为，事先通谋的，以共同犯罪论处。

第十条 国家机关工作人员严重不负责任，造成珍贵文物损毁或者流失，具有下列情形之一的，应当认定为刑法第四百一十九条规定的“后果严重”：

（一）导致二级以上文物或者五件以上三级文物损毁或者流失的；

（二）导致全国重点文物保护单位、省级文物保护单位的本体严重损毁或者灭失的；

（三）其他后果严重的情形。

第十一条 单位实施走私文物、倒卖文物等行为，构成犯罪的，依照本解释规定的相应自然人犯罪的定罪量刑标准，对直接负责的主管人员和其他直接责任人员定罪处罚，并对单位判处罚金。

公司、企业、事业单位、机关、团体等单位实施盗窃文物，故意损毁文物、名胜古迹，过失损毁文物，盗掘古文化遗址、古墓葬等行为的，依照本解释规定的相应定罪量刑标准，追究组织者、策划者、实施者的刑事责任。

第十二条 针对不可移动文物整体实施走私、盗窃、倒卖等行为的，根据所属不可移动文物的等级，依照本解释第一条、第二条、第六条的规定定罪量刑：

（一）尚未被确定为文物保护单位的不可移动文物，适用一般文物的定罪量刑标准；

（二）市、县级文物保护单位，适用三级文物的定罪量刑标准；

（三）全国重点文物保护单位、省级文物保护单位，适用二级以上文物的定罪量刑标准。

法律适用

司法解释

针对不可移动文物中的建筑构件、壁画、雕塑、石刻等实施走私、盗窃、倒卖等行为的，根据建筑构件、壁画、雕塑、石刻等文物本身的等级或者价值，依照本解释第一条、第二条、第六条的规定定罪量刑。建筑构件、壁画、雕塑、石刻等所属不可移动文物的等级，应当作为量刑情节予以考虑。

第十三条 案件涉及不同等级的文物的，按照高级别文物的量刑幅度量刑；有多件同级文物的，五件同级文物视为一件高一级文物，但是价值明显不相当的除外。

第十四条 依照文物价值定罪量刑的，根据涉案文物的有效价格证明认定文物价值；无有效价格证明，或者根据价格证明认定明显不合理的，根据销赃数额认定，或者结合本解释第十五条规定的鉴定意见、报告认定。

第十五条 在行为人实施有关行为前，文物行政部门已对涉案文物及其等级作出认定的，可以直接对有关案件事实作出认定。

对案件涉及的有关文物鉴定、价值认定等专门性问题难以确定的，由司法鉴定机构出具鉴定意见，或者由国务院文物行政部门指定的机构出具报告。其中，对于文物价值，也可以由有关价格认证机构作出价格认证并出具报告。

第十六条 实施本解释第一条、第二条、第六条至第九条规定的行为，虽已达到应当追究刑事责任的标准，但行为人系初犯，积极退回或者协助追回文物，未造成文物损毁，并确有悔罪表现的，可以认定为犯罪情节轻微，不起诉或者免予刑事处罚。

实施本解释第三条至第五条规定的行为，虽已达到应当追究刑事责任的标准，但行为人系初犯，积极赔偿损失，并确有悔罪表现的，可以认定为犯罪情节轻微，不起诉或者免予刑事处罚。

第十七条 走私、盗窃、损毁、倒卖、盗掘或者非法转让具有科学价值的古脊椎动物化石、古人类化石的，依照刑法和本解释的有关规定定罪量刑。

第十八条 本解释自2016年1月1日起施行。本解释公布施行后，《最高人民法院、最高人民检察院关于办理盗窃、盗掘、非法经营和走私文物的案件具体应用法律的若干问题的解释》（法（研）发〔1987〕32号）同时废止；之前发布的司法解释与本解释不一致的，以本解释为准。

相关法律法规

《中华人民共和国文物保护法》（节录）（1982年11月19日全国人大常务委员会令第11号公布　自公布之日起施行　1991年6月29日第一次修正　2002年10月28日修订　2007年12月29日第二次修正　2013年6月29日第三次修正　2015年4月24日第四次修正　2017年11月4日第五次修正）

第二条 在中华人民共和国境内，下列文物受国家保护：

（一）具有历史、艺术、科学价值的古文化遗址、古墓葬、古建筑、石窟寺和石刻、壁画；

（二）与重大历史事件、革命运动或者著名人物有关的以及具有重要纪念意义、教育意义或者史料价值的近代现代重要史迹、实物、代表性建筑；

（三）历史上各时代珍贵的艺术品、工艺美术品；

（四）历史上各时代重要的文献资料以及具有历史、艺术、科学价值的手稿和图书资料等；

（五）反映历史上各时代、各民族社会制度、社会生产、社会生活的代表性实物。

文物认定的标准和办法由国务院文物行政部门制定，并报国务院批准。

具有科学价值的古脊椎动物化石和古人类化石同文物一样受国家保护。

法律适用

相关法律法规

第三条 古文化遗址、古墓葬、古建筑、石窟寺、石刻、壁画、近代现代重要史迹和代表性建筑等不可移动文物，根据它们的历史、艺术、科学价值，可以分别确定为全国重点文物保护单位，省级文物保护单位，市、县级文物保护单位。

历史上各时代重要实物、艺术品、文献、手稿、图书资料、代表性实物等可移动文物，分为珍贵文物和一般文物；珍贵文物分为一级文物、二级文物、三级文物。

第四条 文物工作贯彻保护为主、抢救第一、合理利用、加强管理的方针。

第五条 中华人民共和国境内地下、内水和领海中遗存的一切文物，属于国家所有。

古文化遗址、古墓葬、石窟寺属于国家所有。国家指定保护的纪念建筑物、古建筑、石刻、壁画、近代现代代表性建筑等不可移动文物，除国家另有规定的以外，属于国家所有。

国有不可移动文物的所有权不因其所依附的土地所有权或者使用权的改变而改变。

下列可移动文物，属于国家所有：

（一）中国境内出土的文物，国家另有规定的除外；

（二）国有文物收藏单位以及其他国家机关、部队和国有企业、事业组织等收藏、保管的文物；

（三）国家征集、购买的文物；

（四）公民、法人和其他组织捐赠给国家的文物；

（五）法律规定属于国家所有的其他文物。

属于国家所有的可移动文物的所有权不因其保管、收藏单位的终止或者变更而改变。

国有文物所有权受法律保护，不容侵犯。

第六十四条 违反本法规定，有下列行为之一，构成犯罪的，依法追究刑事责任：

（一）盗掘古文化遗址、古墓葬的；

（二）故意或者过失损毁国家保护的珍贵文物的；

（三）擅自将国有馆藏文物出售或者私自送给非国有单位或者个人的；

（四）将国家禁止出境的珍贵文物私自出售或者送给外国人的；

（五）以牟利为目的倒卖国家禁止经营的文物的；

（六）走私文物的；

（七）盗窃、哄抢、私分或者非法侵占国有文物的；

（八）应当追究刑事责任的其他妨害文物管理行为。

86 故意损毁名胜古迹案

概念

本罪是指故意损毁国家保护的名胜古迹，情节严重的行为。

立案标准

故意损毁国家保护的名胜古迹，涉嫌下列情形之一的，应予立案追诉：

（1）造成国家保护的名胜古迹严重损毁的；

（2）损毁国家保护的名胜古迹 3 次以上或者 3 处以上，尚未造成严重损毁后果的；

（3）损毁手段特别恶劣的；

（4）其他情节严重的情形。

定罪标准		
定罪标准	犯罪客体	本罪侵犯的客体是国家对名胜古迹的管理秩序。犯罪对象是国家保护的名胜古迹，即受国家保护的名胜风景区和文物古迹区。所谓名胜古迹，是指具有重大历史、艺术、科学价值，并被确定为全国或地方重点文物保护单位的风景区或与名人事迹、历史大事有关的而值得后人登临凭吊的胜地和建筑物。其中，风景名胜，是指具有观赏、文化或科学价值，自然景物、人文景物比较集中，环境优雅、具有一定规模和范围，可供人们游览、休息或进行科学文化活动的地区。根据其观赏、文化或科学价值的大小，环境质量的高低，规模大小，游览条件的优劣等，可分为国家重点、省级和市县级 3 级风景名胜区。所谓文物古迹，是指与名人事迹、历史大事有关而值得后人登临凭吊的胜地、建筑物以及文物保护单位。文物保护单位，根据其历史、艺术、科学价值，可分为国家重点文物保护单位，省、自治区、直辖市级文物保护单位及县、自治区、市级文物保护单位。属于本罪对象的名胜古迹，应是国家保护的名胜古迹，其范围宜控制在全国重点与省级两级内，县、市级的名胜古迹，一般不能构成本罪的对象。
	犯罪客观方面	本罪在客观方面表现为行为人故意损毁国家保护的名胜古迹，情节严重的行为。损毁的行为方式可以是多种多样的，如拆除、污损、挖掘、刻划、炸毁、焚烧、砸烂、砸毁、爆炸等行为。损毁国家保护的名胜古迹的行为必须达到情节严重。情节不属严重即使有损毁行为，也不能构成本罪。所谓情节严重，主要是指多次损毁国家保护的名胜古迹的；因其行为造成国家保护的名胜古迹严重损坏的；造成名胜古迹大面积损毁的；造成恶劣影响的；出于卑鄙动机损毁的；抗拒他人制止的等等。利用放火、爆炸等方式破坏名胜古迹，危害公共安全的，应定为放火罪、爆炸罪。
	犯罪主体	本罪的主体是一般主体，即达到刑事责任年龄、具有刑事责任能力的自然人，均可成为本罪的主体。
	犯罪主观方面	本罪在主观方面表现为直接故意，即明知是名胜古迹而加以损毁。间接故意和过失不构成本罪。

<table>
<tr><td rowspan="2">定罪标准</td><td>罪与非罪</td><td>区分罪与非罪的界限，关键要看情节是否严重。损毁名胜古迹的情况比较复杂，造成的后果也各不相同，损毁的程度也有轻有重，社会影响也有差异。处理时要作具体分析，认真区别违法与犯罪的界限。应当鉴别损毁的是否是主要的、关键的部分，对其外观的损坏程度等，从社会影响、经济价值、危害后果等各种因素进行全面考虑。对某些损毁很轻、影响不大，或者被损毁后易于修复，情节显著轻微的，不以犯罪论处，但可依照《治安管理处罚法》的有关规定予以治安处罚。</td></tr>
<tr><td>此罪与彼罪</td><td>本罪与故意损毁文物罪的界限。在司法实践中，如果是损毁珍贵文物、名胜古迹二者之一的，应分别定罪量刑，如果损毁对象二者兼而有之的，应分别定罪，实行数罪并罚。</td></tr>
<tr><td rowspan="4">证据参考标准</td><td>主体方面的证据</td><td>一、证明行为人刑事责任年龄、身份等自然情况的证据。
包括身份证明、户籍证明、任职证明、工作经历证明、特定职责证明等，主要是证明行为人的姓名（曾用名）、性别、出生年月日、民族、籍贯、出生地、职业（或职务）、住所地（或居所地）等证据材料，如户口簿、居民身份证、工作证、出生证、专业或技术等级证、干部履历表、职工登记表、护照等。
对于户籍、出生证等材料内容不实的，应提供其他证据材料。外国人犯罪的案件，应有护照等身份证明材料。人大代表、政协委员犯罪的案件，应注明身份，并附身份证明材料。
二、证明行为人刑事责任能力的证据。
证明行为人对自己的行为是否具有辨认能力与控制能力，如是否属于间歇性精神病人、尚未完全丧失辨认或者控制自己行为能力的精神病人的证明材料。</td></tr>
<tr><td>主观方面的证据</td><td>证明行为人故意的证据：1. 证明行为人明知的证据：证明行为人明知自己的行为会发生危害社会的结果；2. 证明直接故意的证据：证明行为人希望危害结果发生。</td></tr>
<tr><td>客观方面的证据</td><td>证明行为人故意损毁名胜古迹犯罪行为的证据。
具体证据包括：1. 证明行为人故意捣毁名胜古迹行为的证据。2. 证明行为人故意拆除名胜古迹行为的证据。3. 证明行为人故意焚烧名胜古迹行为的证据。4. 证明行为人故意挖掘名胜古迹行为的证据。5. 证明行为人故意污损名胜古迹行为的证据。6. 证明行为人故意炸毁名胜古迹行为的证据。7. 证明行为人故意损毁名胜古迹情节严重行为的证据：（1）造成严重损害的；（2）共同组织犯罪的；（3）一人数次犯此罪的；（4）其他。8. 证明行为人故意损毁名胜古迹其他行为的证据。</td></tr>
<tr><td>量刑方面的证据</td><td>一、法定量刑情节证据。
1. 事实情节：（1）情节严重；（2）其他。2. 法定从重情节。3. 法定从轻减轻情节：（1）可以从轻；（2）可以从轻或者减轻；（3）应当从轻或者减轻。4. 法定从轻减轻免除情节：（1）可以从轻、减轻或者免除处罚；（2）应当从轻、减轻或者免除处罚。5. 法定减轻免除情节：（1）可以减轻或者免除处罚；（2）应当减轻或者免除处罚；（3）可以免除处罚。
二、酌定量刑情节证据。
1. 犯罪手段：（1）捣；（2）拆；（3）焚；（4）掘；（5）损；（6）炸；（7）其他。2. 犯罪对象。3. 危害结果。4. 动机。5. 平时表现。6. 认罪态度。7. 是否有前科。8. 其他证据。</td></tr>
</table>

<table>
<tr><td rowspan="1">量刑标准</td><td colspan="2">犯本罪的</td><td>处五年以下有期徒刑或者拘役，并处或者单处罚金</td></tr>
<tr><td rowspan="2">法律适用</td><td>刑法条文</td><td colspan="2">

第三百二十四条第二款 故意损毁国家保护的名胜古迹，情节严重的，处五年以下有期徒刑或者拘役，并处或者单处罚金。</td></tr>
<tr><td>司法解释</td><td colspan="2">

一、最高人民法院、最高人民检察院《关于办理妨害文物管理等刑事案件适用法律若干问题的解释》（节录）（2015年12月30日最高人民法院、最高人民检察院公布 自2016年1月1日起施行 法释〔2015〕23号）

第四条 风景名胜区的核心景区以及未被确定为全国重点文物保护单位、省级文物保护单位的古文化遗址、古墓葬、古建筑、石窟寺、石刻、壁画、近代现代重要史迹和代表性建筑等不可移动文物的本体，应当认定为刑法第三百二十四条第二款规定的“国家保护的名胜古迹”。

故意损毁国家保护的名胜古迹，具有下列情形之一的，应当认定为刑法第三百二十四条第二款规定的“情节严重”：

（一）致使名胜古迹严重损毁或者灭失的；

（二）多次损毁或者损毁多处名胜古迹的；

（三）其他情节严重的情形。

实施前款规定的行为，拒不执行国家行政主管部门作出的停止侵害文物的行政决定或者命令的，酌情从重处罚。

故意损毁风景名胜区内被确定为全国重点文物保护单位、省级文物保护单位的文物的，依照刑法第三百二十四条第一款和本解释第三条的规定定罪量刑。

二、最高人民检察院、公安部《关于公安机关管辖的刑事案件立案追诉标准的规定（一）》（节录）（2008年6月25日最高人民检察院、公安部公布 自公布之日起施行 公通字〔2008〕36号 2017年4月27日修正）

第四十七条 ［故意损毁名胜古迹案（刑法第三百二十四条第二款）］故意损毁国家保护的名胜古迹，涉嫌下列情形之一的，应予立案追诉：

（一）造成国家保护的名胜古迹严重损毁的；

（二）损毁国家保护的名胜古迹三次以上或者三处以上，尚未造成严重损毁后果的；

（三）损毁手段特别恶劣的；

（四）其他情节严重的情形。</td></tr>
</table>

87 过失损毁文物案

概念

本罪是指过失损毁国家保护的珍贵文物或者被确定为全国重点文物保护单位、省级文物保护单位的文物，造成严重后果的行为。

立案标准

过失损毁国家保护的珍贵文物或者被确定为全国重点文物保护单位、省级文物保护单位的文物，涉嫌下列情形之一的，应予立案追诉：

（1）造成珍贵文物严重损毁的；

（2）造成被确定为全国重点文物保护单位、省级文物保护单位的文物严重损毁的；

（3）造成珍贵文物损毁 3 件以上的；

（4）其他造成严重后果的情形。

定罪标准		
	犯罪客体	本罪侵犯的客体是国家对珍贵文物的管理秩序。本罪的对象是珍贵文物或者被确定为全国重点文物保护单位、省级文物保护单位的文物。
	犯罪客观方面	本罪在客观方面表现为损毁国家对珍贵文物或者被确定为全国重点文物保护单位、省级文物保护单位的文物并且造成了严重的后果的行为。这里所说的“损毁”，是指因过失而致使文物受到毁损。比如，因保管、管理不善，使文物遭受水灾；施工单位违反文物保护法规，违章施工，造成古建筑、古文化遗址、古墓葬等受到破坏。损毁珍贵文物的情况比较复杂，造成的后果也各不相同，损坏的程度也有轻有重，处理时应具体分析。过失损毁文物，必须是造成严重后果的才构成本罪。这里所说的“严重后果”，是指客观上已经实际发生的后果，不包括可能发生的潜在的危险，如损毁的珍贵文物数量较大的；给被损坏的珍贵文物或者文物保护单位的文物造成无法弥补的严重损失的；等等。
	犯罪主体	本罪的主体是一般主体，只限于自然人，不包括单位。即达到刑事责任年龄、具有刑事责任能力的自然人，均可成为本罪的主体。
	犯罪主观方面	本罪在主观方面表现为过失，包括疏忽大意的过失和过于自信的过失。
	罪与非罪	区分罪与非罪的界限，关键是看是否构成本罪必须是造成严重后果的行为。过失损毁文物的行为虽然也造成了一定结果，但尚不属于严重后果，或者经及时补救，使危害后果大大缩小甚至恢复了原状，就不应以犯罪论处。过失损毁珍贵文物程度有轻有重，损毁的情况比较复杂，造成的后果也各不相同，社会影响也有差异。处理时要作具体分析，认真区别违法与犯罪的界限。应当鉴别损毁的是否是主要的、关键的部分，对其外观的损坏程度等，从社会影响、经济价值、危害后果等各种因素进行全面考虑。对某些损坏很轻、影响不大，或者被损坏后易于修复的行为，就不认为是犯罪。过失损毁珍贵文物只有造成严重后果的才以犯罪论处，对于一般的过失损毁珍贵文物的行为，情节轻微的，不以犯罪论处，但可依照《治安管理处罚法》的有关规定予以治安处罚。

<table>
<tr><td rowspan="1">定罪标准</td><td>此罪与彼罪</td><td>本罪与玩忽职守罪的界限。玩忽职守罪是国家机关工作人员在履行职责过程中，工作严重不负责任，致使公共财产、国家和人民利益遭受重大损失的行为。二者的区别在于：前者是一般主体，任何公民都可以构成；前者是特定的犯罪对象，即国家保护的珍贵文物或者国家、省级重点文物保护单位的文物；后者损害的则是公共财产、国家和人民利益。司法实践中，如果文物管理部门的国家机关工作人员因玩忽职守，致使国家保护的珍贵文物、国家、省级文物保护单位的文物受到严重损毁的，应按处理想象竞合犯的原则，从一重罪处罚，即情节严重的，按过失损毁文物罪定罪处罚；情节特别严重的，按照玩忽职守罪定罪处罚。</td></tr>
<tr><td rowspan="4">证据参考标准</td><td>主体方面的证据</td><td>一、证明行为人刑事责任年龄、身份等自然情况的证据。
包括身份证明、户籍证明、任职证明、工作经历证明、特定职责证明等，主要是证明行为人的姓名（曾用名）、性别、出生年月日、民族、籍贯、出生地、职业（或职务）、住所地（或居所地）等证据材料，如户口簿、居民身份证、工作证、出生证、专业或技术等级证、干部履历表、职工登记表、护照等。
对于户籍、出生证等材料内容不实的，应提供其他证据材料。外国人犯罪的案件，应有护照等身份证明材料。人大代表、政协委员犯罪的案件，应注明身份，并附身份证明材料。
二、证明行为人刑事责任能力的证据。
证明行为人对自己的行为是否具有辨认能力与控制能力，如是否属于间歇性精神病人、尚未完全丧失辨认或者控制自己行为能力的精神病人的证明材料。</td></tr>
<tr><td>主观方面的证据</td><td>证明行为人过失的证据：1. 证明行为人应当预见自己的行为可能发生危害社会的结果；2. 证明疏忽大意的过失的证据；3. 证明过于自信的过失的证据。</td></tr>
<tr><td>客观方面的证据</td><td>证明行为人过失损毁文物犯罪行为的证据。
具体证据包括：1. 证明行为人过失捣毁珍贵文物行为的证据。2. 证明行为人过失拆除珍贵文物行为的证据。3. 证明行为人过失焚烧珍贵文物行为的证据。4. 证明行为人过失挖掘珍贵文物行为的证据。5. 证明行为人过失污损珍贵文物行为的证据。6. 证明行为人过失损毁珍贵文物行为的证据：（1）一级文物；（2）二级文物；（3）三级文物。7. 证明行为人过失损毁文物造成严重后果行为的证据：（1）文物等级较高；（2）珍贵文物中的孤品；（3）稀世国宝；（4）一次损毁文物的数量较多；（5）其他。8. 证明行为人过失损毁文物其他行为的证据。</td></tr>
<tr><td>量刑方面的证据</td><td>一、法定量刑情节证据。
1. 事实情节：（1）造成严重后果；（2）其他。2. 法定从重情节。3. 法定从轻减轻情节：（1）可以从轻；（2）可以从轻或者减轻；（3）应当从轻或者减轻。4. 法定从轻减轻免除情节：（1）可以从轻、减轻或者免除处罚；（2）应当从轻、减轻或者免除处罚。5. 法定减轻免除情节：（1）可以减轻或者免除处罚；（2）应当减轻或者免除处罚；（3）可以免除处罚。
二、酌定量刑情节证据。
1. 犯罪手段；2. 犯罪对象；3. 危害结果；4. 动机；5. 平时表现；6. 认罪态度；7. 是否有前科；8. 其他证据。</td></tr>
</table>

量刑标准		
量刑标准	造成严重后果的	处三年以下有期徒刑或者拘役

法律适用

刑法条文

第三百二十四条第三款 过失损毁国家保护的珍贵文物或者被确定为全国重点文物保护单位、省级文物保护单位的文物，造成严重后果的，处三年以下有期徒刑或者拘役。

司法解释

一、最高人民检察院、公安部《关于公安机关管辖的刑事案件立案追诉标准的规定（一）》（节录）（2008年6月25日最高人民检察院、公安部公布 自公布之日起施行 公通字〔2008〕36号 2017年4月27日修正）

第四十八条 ［过失损毁文物案（刑法第三百二十四条第三款）］过失损毁国家保护的珍贵文物或者被确定为全国重点文物保护单位、省级文物保护单位的文物，涉嫌下列情形之一的，应予立案追诉：

（一）造成珍贵文物严重损毁的；

（二）造成被确定为全国重点文物保护单位、省级文物保护单位的文物严重损毁的；

（三）造成珍贵文物损毁三件以上的；

（四）其他造成严重后果的情形。

二、最高人民法院、最高人民检察院《关于办理妨害文物管理等刑事案件适用法律若干问题的解释》（节录）（2015年12月30日最高人民法院、最高人民检察院公布 自2016年1月1日起施行 法释〔2015〕23号）

第三条 全国重点文物保护单位、省级文物保护单位的本体，应当认定为刑法第三百二十四条第一款规定的“被确定为全国重点文物保护单位、省级文物保护单位的文物”。

故意损毁国家保护的珍贵文物或者被确定为全国重点文物保护单位、省级文物保护单位的文物，具有下列情形之一的，应当认定为刑法第三百二十四条第一款规定的“情节严重”：

（一）造成五件以上三级文物损毁的；

（二）造成二级以上文物损毁的；

（三）致使全国重点文物保护单位、省级文物保护单位的本体严重损毁或者灭失的；

（四）多次损毁或者损毁多处全国重点文物保护单位、省级文物保护单位的本体的；

（五）其他情节严重的情形。

实施前款规定的行为，拒不执行国家行政主管部门作出的停止侵害文物的行政决定或者命令的，酌情从重处罚。

第五条 过失损毁国家保护的珍贵文物或者被确定为全国重点文物保护单位、省级文物保护单位的文物，具有本解释第三条第二款第一项至第三项规定情形之一的，应当认定为刑法第三百二十四条第三款规定的“造成严重后果”。

法律适用

相关法律法规

《中华人民共和国文物保护法》(节录)(1982 年 11 月 19 日全国人大常务委员会令第 11 号公布　自公布之日起施行　1991 年 6 月 29 日第一次修正　2002 年 10 月 28 日修订　2007 年 12 月 29 日第二次修正　2013 年 6 月 29 日第三次修正　2015 年 4 月 24 日第四次修正　2017 年 11 月 4 日第五次修正)

第六十四条　违反本法规定，有下列行为之一，构成犯罪的，依法追究刑事责任：

（一）盗掘古文化遗址、古墓葬的；

（二）故意或者过失损毁国家保护的珍贵文物的；

（三）擅自将国有馆藏文物出售或者私自送给非国有单位或者个人的；

（四）将国家禁止出境的珍贵文物私自出售或者送给外国人的；

（五）以牟利为目的倒卖国家禁止经营的文物的；

（六）走私文物的；

（七）盗窃、哄抢、私分或者非法侵占国有文物的；

（八）应当追究刑事责任的其他妨害文物管理行为。

88 非法向外国人出售、赠送珍贵文物案

概念

本罪是指违反文物保护法规，将收藏的国家禁止出口的珍贵文物私自出售或者私自赠送给外国人的行为。本罪为选择性罪名，具体包括非法向外国人出售珍贵文物罪和非法向外国人赠送珍贵文物罪2个独立的支罪名。

立案标准

根据《刑法》第325条的规定，违反文物保护法规，将收藏的国家禁止出口的珍贵文物私自出售或者私自赠送给外国人的，应当立案。

本罪是行为犯，只要行为人将收藏的国家禁止出口的珍贵文物私自出售或者私自赠送给外国人的，不管是否出境，只要未经国家有关部门批准，也不论是私自出售还是赠送，只要实施了其中一种以上行为，原则上就构成犯罪，应当立案。

定罪标准		
定罪标准	犯罪客体	本罪侵犯的客体是国家对珍贵文物的管理活动。犯罪对象是珍贵文物。国家对珍贵文物的管理活动，是指国家根据《文物保护法》，对各项珍贵文物的保护、管理活动。根据《文物保护法》的规定，珍贵文物分为一级文物、二级文物、三级文物。具体包括：具有历史、艺术、科学价值的古文化遗址、古墓葬、古建筑、石窟寺和石刻、艺术品、壁画、工艺美术品、文献资料与实物等。在具体案件中，行为人所出售或赠送的文物是否属于珍贵文物、价值如何，必要时，应当请有关专家根据国家法律及有关规定进行科学鉴定。出售或赠送一般历史文物出口的，应按走私行为或走私犯罪处理，不构成本罪。 根据我国《文物保护法》以及《文物进出境审核管理办法》的规定，凡1949年中华人民共和国成立以前中国和外国制作、生产或出版的陶瓷器、金银器、铜器及其他金属器、玉石器、漆器、玻璃器皿、各种质料的雕刻品、雕塑品、家具、书画、碑帖、拓址、图书、文献资料、织绣、文化用品、邮票、货币、器具、工艺美术家的作品等；1949年以后，我国已故著名书画家、工艺美术家的作品等；古脊椎动物与古人类化石，都必须进行文物出境鉴定。文物出境鉴定，是对申报出境的文物，依据《文物保护法》的规定及国家规定的文物出口界限和鉴定标准，进行鉴定、查验，决定其是否能出境。对于禁止出境的珍贵文物，或者由国家予以征购，或者由私人收藏，私人也可以将收藏的珍贵文物捐献国家，但不能私自出售或者私自赠送给外国人。这将造成珍贵文物的流失，对于国家的文物发展是不可弥补的损失，也严重侵犯了我国的文物管理制度。
	犯罪客观方面	本罪在客观方面表现为违反文物保护法规，将收藏的国家禁止出口的珍贵文物私自出售或者私自赠送给外国人的行为。根据《文物保护法》的规定，个人收藏的文物可以由文化行政管理部门指定的单位收购，其他任何单位或者个人不得经营文物收购业务，私人收藏的文物，严禁倒卖牟利，严禁私自卖给外国人。所谓私自出售，是指将禁止出口的珍贵文物有偿出卖给外国人。而私自赠送，则是无偿地将珍贵文物的所有权转移给外国人。至于行为人是否已出售、赠送成功，并不影响本罪成立。例如，在出售过程中即被抓获的，也仍应按本罪处理。珍贵文物的来源，应是私人收藏的。

定罪标准	犯罪客观方面	《刑法》将私自出售或赠送禁止出口的珍贵文物给外国人的行为，单列一条，独立成罪。本罪为选择性罪名。如行为人仅触犯了其中一个罪名，则以其中的一罪定罪处刑。如行为人同时具有两个行为的，则可以定两个罪名，但不能实行数罪并罚。
	犯罪主体	本罪的主体为一般主体，即凡达到刑事责任年龄、具备刑事责任能力的自然人均可成为本罪主体。依《刑法》第 325 条第 2 款的规定，单位亦可成为本罪主体。
	犯罪主观方面	本罪在主观方面表现为故意，即行为人明知是禁止出口的珍贵文物而私自出售、赠送给外国人。如果行为人主观上确实不知是珍贵文物或者被他人欺骗利用，因其主观上没有犯罪的故意，不应按本罪处罚。至于行为人私自出售、赠送给外国人珍贵文物的动机性质是什么，例如，是为了出售营利、转赠他人或是自己收藏，对于成立犯罪并无影响，但可以作为量刑时的情节予以考虑。
	罪与非罪	区分罪与非罪的界限，关键看是否实施《刑法》第 325 条所规定的行为。
	此罪与彼罪	本罪与非法出售、私赠文物藏品罪的界限。二者侵犯的客体相同。主要区别在于：（1）犯罪主体不同。前者既包括个人，也包括单位；后者是国有博物馆、图书馆等单位。（2）客观方面表现不同。前者是将收藏的国家禁止出口的珍贵文物私自出售或者私自赠送给外国人；后者是将国家保护的文物藏品出售或者私自赠送给非国有单位或者个人。
证据参考标准	主体方面的证据	**一、证明行为人刑事责任年龄、身份等自然情况的证据。** 包括身份证明、户籍证明、任职证明、工作经历证明、特定职责证明等，主要是证明行为人的姓名（曾用名）、性别、出生年月日、民族、籍贯、出生地、职业（或职务）、住所地（或居所地）等证据材料，如户口簿、居民身份证、工作证、出生证、专业或技术等级证、干部履历表、职工登记表、护照等。 对于户籍、出生证等材料内容不实的，应提供其他证据材料。外国人犯罪的案件，应有护照等身份证明材料。人大代表、政协委员犯罪的案件，应注明身份，并附身份证明材料。 **二、证明行为人刑事责任能力的证据。** 证明行为人对自己的行为是否具有辨认能力与控制能力，如是否属于间歇性精神病人、尚未完全丧失辨认或者控制自己行为能力的精神病人的证明材料。 **三、证明单位的证据。** 证明是否属于依法成立并有合法经营、管理范围的公司、企业、事业单位、机关、团体。 证明单位的名称、住所地、性质、法定代表人、单位负责人、业务范围、成立时间等证据材料，如企业营业执照、国有公司性质证明及非法人单位的身份证明等。 **四、证明法定代表人、单位负责人或直接责任人员等的身份证据。** 法定代表人、直接负责的主管人员和其他直接责任人在单位的任职、职责、负责权限的证明材料等。包括身份证明、户籍证明、任职证明等，如户口簿、居民身份证、工作证、护照、专业或技术等级证、干部履历表、职工登记表、任命书、业务分工文件、委派文件、单位证明、单位规章制度等。

<table>
<tr><td rowspan="3">证据参考标准</td><td>主观方面的证据</td><td colspan="2">证明行为人故意的证据：1. 证明行为人明知的证据：证明行为人明知自己的行为会发生危害社会的结果。2. 证明直接故意的证据：证明行为人希望危害结果发生。3. 目的：（1）非法出售；（2）牟利；（3）非法赠送。</td></tr>
<tr><td>客观方面的证据</td><td colspan="2">证明行为人非法向外国人出售、赠送珍贵文物犯罪行为的证据。
具体证据包括：1. 证明行为人非法出售给外国人珍贵文物行为的证据：（1）一级文物；（2）二级文物；（3）三级文物。2. 证明行为人非法赠送给外国人珍贵文物行为的证据：（1）一级文物；（2）二级文物；（3）三级文物。</td></tr>
<tr><td>量刑方面的证据</td><td colspan="2">一、法定量刑情节证据。
1. 事实情节。2. 法定从重情节。3. 法定从轻减轻情节：（1）可以从轻；（2）可以从轻或者减轻；（3）应当从轻或者减轻。4. 法定从轻减轻免除情节：（1）可以从轻、减轻或者免除处罚；（2）应当从轻、减轻或者免除处罚。5. 法定减轻免除情节：（1）可以减轻或者免除处罚；（2）应当减轻或者免除处罚；（3）可以免除处罚。
二、酌定量刑情节证据。
1. 犯罪手段：（1）出售；（2）赠送。2. 犯罪对象。3. 危害结果。4. 动机。5. 平时表现。6. 认罪态度。7. 是否有前科。8. 其他证据。</td></tr>
<tr><td rowspan="2">量刑标准</td><td colspan="2">犯本罪的</td><td>处五年以下有期徒刑或者拘役，可以并处罚金</td></tr>
<tr><td colspan="2">单位犯本罪的</td><td>对单位判处罚金，并对其直接负责的主管人员和其他直接责任人员，依照上述的规定处罚</td></tr>
<tr><td rowspan="2">法律适用</td><td>刑法条文</td><td colspan="2">第三百二十五条　违反文物保护法规，将收藏的国家禁止出口的珍贵文物私自出售或者私自赠送给外国人的，处五年以下有期徒刑或者拘役，可以并处罚金。
单位犯前款罪的，对单位判处罚金，并对其直接负责的主管人员和其他直接责任人员，依照前款的规定处罚。</td></tr>
<tr><td>相关法律法规</td><td colspan="2">《中华人民共和国文物保护法》（节录）（1982 年 11 月 19 日全国人大常务委员会令第 11 号公布　自公布之日起施行　1991 年 6 月 29 日第一次修正　2002 年 10 月 28 日修订　2007 年 12 月 29 日第二次修正　2013 年 6 月 29 日第三次修正　2015 年 4 月 24 日第四次修正　2017 年 11 月 4 日第五次修正）
第二条　在中华人民共和国境内，下列文物受国家保护：
（一）具有历史、艺术、科学价值的古文化遗址、古墓葬、古建筑、石窟寺和石刻、壁画；
（二）与重大历史事件、革命运动或者著名人物有关的以及具有重要纪念意义、教育意义或者史料价值的近代现代重要史迹、实物、代表性建筑；
（三）历史上各时代珍贵的艺术品、工艺美术品；
（四）历史上各时代重要的文献资料以及具有历史、艺术、科学价值的手稿和图书资料等；</td></tr>
</table>

法律适用　相关法律法规

（五）反映历史上各时代、各民族社会制度、社会生产、社会生活的代表性实物。

文物认定的标准和办法由国务院文物行政部门制定，并报国务院批准。

具有科学价值的古脊椎动物化石和古人类化石同文物一样受国家保护。

第三条 古文化遗址、古墓葬、古建筑、石窟寺、石刻、壁画、近代现代重要史迹和代表性建筑等不可移动文物，根据它们的历史、艺术、科学价值，可以分别确定为全国重点文物保护单位，省级文物保护单位，市、县级文物保护单位。

历史上各时代重要实物、艺术品、文献、手稿、图书资料、代表性实物等可移动文物，分为珍贵文物和一般文物；珍贵文物分为一级文物、二级文物、三级文物。

第四条 文物工作贯彻保护为主、抢救第一、合理利用、加强管理的方针。

第五条 中华人民共和国境内地下、内水和领海中遗存的一切文物，属于国家所有。

古文化遗址、古墓葬、石窟寺属于国家所有。国家指定保护的纪念建筑物、古建筑、石刻、壁画、近代现代代表性建筑等不可移动文物，除国家另有规定的以外，属于国家所有。

国有不可移动文物的所有权不因其所依附的土地所有权或者使用权的改变而改变。

下列可移动文物，属于国家所有：

（一）中国境内出土的文物，国家另有规定的除外；

（二）国有文物收藏单位以及其他国家机关、部队和国有企业、事业组织等收藏、保管的文物；

（三）国家征集、购买的文物；

（四）公民、法人和其他组织捐赠给国家的文物；

（五）法律规定属于国家所有的其他文物。

属于国家所有的可移动文物的所有权不因其保管、收藏单位的终止或者变更而改变。

国有文物所有权受法律保护，不容侵犯。

第六十四条 违反本法规定，有下列行为之一，构成犯罪的，依法追究刑事责任：

（一）盗掘古文化遗址、古墓葬的；

（二）故意或者过失损毁国家保护的珍贵文物的；

（三）擅自将国有馆藏文物出售或者私自送给非国有单位或者个人的；

（四）将国家禁止出境的珍贵文物私自出售或者送给外国人的；

（五）以牟利为目的倒卖国家禁止经营的文物的；

（六）走私文物的；

（七）盗窃、哄抢、私分或者非法侵占国有文物的；

（八）应当追究刑事责任的其他妨害文物管理行为。

89 倒卖文物案

概念

本罪是指以牟利为目的，倒卖国家禁止经营的文物，情节严重的行为。

立案标准

根据《刑法》第326条的规定，以牟利为目的，倒卖国家禁止经营的文物，情节严重的，应当立案。

本罪是情节犯，行为人倒卖国家禁止经营的文物的行为，必须达到“情节严重”的程度，才构成犯罪，予以立案。

<table>
<tr><td rowspan="4">定罪标准</td><td>犯罪客体</td><td>本罪侵犯的客体是国家的文物管理制度。国家的文物管理制度，主要是以《文物保护法》为核心的一系列有关文物保护的法规。根据法律、法规的规定，中华人民共和国境内地下、内水和海中遗存的一切文物，属于国家所有。古文化遗址、古墓葬、石窟寺属于国家所有。国家机关、部队、全民所有制企业、事业组织收藏的文物，属于国家所有。文物只能由文化行政主管部门指定的单位收购，其他任何单位或者个人不得经营文物收购业务。对于那些以牟利为目的，倒卖国家禁止买卖的文物，势必影响国家对于文物的管理，损害我国文化行政部门的声誉，扰乱文物市场和正常的文物收购秩序，因此，本法将倒卖文物规定为犯罪予以惩治。
本罪的对象是国家禁止经营的文物。所谓“国家禁止经营的文物”，是指受国家保护的并由国家有关主管部门核定公布的属于禁止经营的文物。1992年国家文物局等部门就曾下发《关于加强文物市场管理的通知》，规定了部分禁止经营的文物的具体范围，是指未经许可不得经营的一、二、三级珍贵文物以及其他受国家保护的具有重大历史、文化、科学价值的文物。</td></tr>
<tr><td>犯罪客观方面</td><td>本罪在客观方面表现为倒卖国家禁止买卖的文物，情节严重的行为。所谓倒卖，是指以牟利为目的出售、购买国家禁止经营的文物的行为。行为人倒卖的对象只能是国家禁止经营的文物。如果倒卖的不是国家禁止经营的文物，就不构成本罪。构成本罪，还要求必须具备情节严重的要素。根据《关于办理妨害文物管理等刑事案件适用法律若干问题的解释》第6条的规定，“情节严重”，是指倒卖三级文物的；交易数额在5万元以上的；等等。“情节特别严重”，是指倒卖二级以上文物的；倒卖三级文物5件以上的；交易数额在25万元以上的；等等。</td></tr>
<tr><td>犯罪主体</td><td>本罪的主体为一般主体，凡达到刑事责任年龄、具有刑事责任能力的自然人均可成为本罪主体。依照《刑法》第326条第2款的规定，单位也可成为本罪的主体。</td></tr>
<tr><td>犯罪主观方面</td><td>本罪在主观方面表现为故意，且以牟利为目的。行为人不具有故意的心理不构成本罪，还必须同时具有牟利的目的，才能构成本罪。</td></tr>
</table>

<table>
<tr><td rowspan="2">定罪标准</td><td>罪与非罪</td><td>区分罪与非罪的界限，关键看是否“情节严重”。情节轻微，危害不大的属于一般违法行为，应视其情节和社会危害性大小，依照《治安管理处罚法》或者《文物保护法》的有关规定处罚。</td></tr>
<tr><td>此罪与彼罪</td><td>本罪与非法出售、私赠文物藏品罪的界限。二者的主要区别在于：(1) 犯罪主体不同。前者既包括个人，也包括单位；后者是国有博物馆、图书馆等单位。(2) 客观方面表现不同。前者表现为倒卖国家限制买卖的文物的行为；后者既可以是非法出售，也可以是私自赠送行为。</td></tr>
<tr><td rowspan="3">证据参考标准</td><td>主体方面的证据</td><td>一、证明行为人刑事责任年龄、身份等自然情况的证据。
包括身份证明、户籍证明、任职证明、工作经历证明、特定职责证明等，主要是证明行为人的姓名（曾用名）、性别、出生年月日、民族、籍贯、出生地、职业（或职务）、住所地（或居所地）等证据材料，如户口簿、居民身份证、工作证、出生证、专业或技术等级证、干部履历表、职工登记表、护照等。
对于户籍、出生证等材料内容不实的，应提供其他证据材料。外国人犯罪的案件，应有护照等身份证明材料。人大代表、政协委员犯罪的案件，应注明身份，并附身份证明材料。
二、证明行为人刑事责任能力的证据。
证明行为人对自己的行为是否具有辨认能力与控制能力，如是否属于间歇性精神病人、尚未完全丧失辨认或者控制自己行为能力的精神病人的证明材料。
三、证明单位的证据。
证明是否属于依法成立并有合法经营、管理范围的公司、企业、事业单位、机关、团体。
证明单位的名称、住所地、性质、法定代表人、单位负责人、业务范围、成立时间等证据材料，如企业营业执照、国有公司性质证明及非法人单位的身份证明等。
四、证明法定代表人、单位负责人或直接责任人员等的身份证据。
法定代表人、直接负责的主管人员和其他直接责任人在单位的任职、职责、负责权限的证明材料等。包括身份证明、户籍证明、任职证明等，如户口簿、居民身份证、工作证、护照、专业或技术等级证、干部履历表、职工登记表、任命书、业务分工文件、委派文件、单位证明、单位规章制度等。</td></tr>
<tr><td>主观方面的证据</td><td>证明行为人故意的证据：1. 证明行为人明知的证据：证明行为人明知自己的行为会发生危害社会的结果。2. 证明直接故意的证据：证明行为人希望危害结果发生。3. 目的：(1) 非法获利；(2) 牟利；(3) 营利。</td></tr>
<tr><td>客观方面的证据</td><td>证明行为人倒卖文物犯罪行为的证据。
具体证据包括：1. 证明行为人倒卖一级文物行为的证据；2. 证明行为人倒卖二级文物行为的证据；3. 证明行为人倒卖三级文物行为的证据；4. 证明行为人倒卖文物情节严重行为的证据；5. 证明行为人倒卖文物情节特别严重行为的证据。</td></tr>
</table>

<table>
<tr><td rowspan="1">证据参考标准</td><td>量刑方面的证据</td><td colspan="2">一、法定量刑情节证据。
1. 事实情节：(1) 情节严重；(2) 情节特别严重。2. 法定从重情节。3. 法定从轻减轻情节：(1) 可以从轻；(2) 可以从轻或者减轻；(3) 应当从轻或者减轻。4. 法定从轻减轻免除情节：(1) 可以从轻、减轻或者免除处罚；(2) 应当从轻、减轻或者免除处罚。5. 法定减轻免除情节：(1) 可以减轻或者免除处罚；(2) 应当减轻或者免除处罚；(3) 可以免除处罚。
二、酌定量刑情节证据。
1. 犯罪手段：(1) 买；(2) 卖。2. 犯罪对象。3. 危害结果。4. 动机。5. 平时表现。6. 认罪态度。7. 是否有前科。8. 其他证据。</td></tr>
<tr><td rowspan="3">量刑标准</td><td colspan="2">犯本罪的</td><td>处五年以下有期徒刑或者拘役，并处罚金</td></tr>
<tr><td colspan="2">情节特别严重的</td><td>处五年以上十年以下有期徒刑，并处罚金</td></tr>
<tr><td colspan="2">单位犯本罪的</td><td>对单位判处罚金，并对其直接负责的主管人员和其他直接责任人员，依照上述的规定处罚</td></tr>
<tr><td rowspan="3">法律适用</td><td>刑法条文</td><td colspan="2">第三百二十六条 以牟利为目的，倒卖国家禁止经营的文物，情节严重的，处五年以下有期徒刑或者拘役，并处罚金；情节特别严重的，处五年以上十年以下有期徒刑，并处罚金。
单位犯前款罪的，对单位判处罚金，并对其直接负责的主管人员和其他直接责任人员，依照前款的规定处罚。</td></tr>
<tr><td>立法解释</td><td colspan="2">全国人民代表大会常务委员会《关于〈中华人民共和国刑法〉有关文物的规定适用于具有科学价值的古脊椎动物化石、古人类化石的解释》（2005年12月29日全国人民代表大会常务委员会公布　自公布之日起施行）
全国人民代表大会常务委员会根据司法实践中遇到的情况，讨论了关于走私、盗窃、损毁、倒卖或者非法转让具有科学价值的古脊椎动物化石、古人类化石的行为适用刑法有关规定的问题，解释如下：
刑法有关文物的规定，适用于具有科学价值的古脊椎动物化石、古人类化石。
现予公告。</td></tr>
<tr><td>司法解释</td><td colspan="2">最高人民法院、最高人民检察院《关于办理妨害文物管理等刑事案件适用法律若干问题的解释》（节录）（2015年12月30日最高人民法院、最高人民检察院公布　自2016年1月1日起施行　法释〔2015〕23号）
第六条 出售或者为出售而收购、运输、储存《中华人民共和国文物保护法》规定的“国家禁止买卖的文物”的，应当认定为刑法第三百二十六条规定的“倒卖国家禁止经营的文物”。
倒卖国家禁止经营的文物，具有下列情形之一的，应当认定为刑法第三百二十六条规定的“情节严重”：
（一）倒卖三级文物的；
（二）交易数额在五万元以上的；
（三）其他情节严重的情形。</td></tr>
</table>

法律适用

司法解释

实施前款规定的行为，具有下列情形之一的，应当认定为刑法第三百二十六条规定的“情节特别严重”：

（一）倒卖二级以上文物的；

（二）倒卖三级文物五件以上的；

（三）交易数额在二十五万元以上的；

（四）其他情节特别严重的情形。

第十一条 单位实施走私文物、倒卖文物等行为，构成犯罪的，依照本解释规定的相应自然人犯罪的定罪量刑标准，对直接负责的主管人员和其他直接责任人员定罪处罚，并对单位判处罚金。

第十二条 针对不可移动文物整体实施走私、盗窃、倒卖等行为的，根据所属不可移动文物的等级，依照本解释第一条、第二条、第六条的规定定罪量刑：

（一）尚未被确定为文物保护单位的不可移动文物，适用一般文物的定罪量刑标准；

（二）市、县级文物保护单位，适用三级文物的定罪量刑标准；

（三）全国重点文物保护单位、省级文物保护单位，适用二级以上文物的定罪量刑标准。

针对不可移动文物中的建筑构件、壁画、雕塑、石刻等实施走私、盗窃、倒卖等行为的，根据建筑构件、壁画、雕塑、石刻等文物本身的等级或者价值，依照本解释第一条、第二条、第六条的规定定罪量刑。建筑构件、壁画、雕塑、石刻等所属不可移动文物的等级，应当作为量刑情节予以考虑。

第十七条 走私、盗窃、损毁、倒卖、盗掘或者非法转让具有科学价值的古脊椎动物化石、古人类化石的，依照刑法和本解释的有关规定定罪量刑。

相关法律法规

《中华人民共和国文物保护法》（节录）（1982年11月19日全国人大常务委员会令第11号公布　自公布之日起施行　1991年6月29日第一次修正　2002年10月28日修订　2007年12月29日第二次修正　2013年6月29日第三次修正　2015年4月24日第四次修正　2017年11月4日第五次修正）

第六十四条 违反本法规定，有下列行为之一，构成犯罪的，依法追究刑事责任：

（一）盗掘古文化遗址、古墓葬的；

（二）故意或者过失损毁国家保护的珍贵文物的；

（三）擅自将国有馆藏文物出售或者私自送给非国有单位或者个人的；

（四）将国家禁止出境的珍贵文物私自出售或者送给外国人的；

（五）以牟利为目的倒卖国家禁止经营的文物的；

（六）走私文物的；

（七）盗窃、哄抢、私分或者非法侵占国有文物的；

（八）应当追究刑事责任的其他妨害文物管理行为。

90 非法出售、私赠文物藏品案

概念

本罪是指国有博物馆、图书馆等单位违反文物保护法规，非法出售或者私自赠送国家保护的文物藏品给非国有单位或者个人的行为。

立案标准

根据《刑法》第327条的规定，违反文物保护法规，国有博物馆、图书馆等单位将国家保护的文物藏品出售或者私自赠送给非国有单位或个人的，应当立案。

本罪是行为犯，只要国有博物馆、图书馆等单位将国家保护的文物藏品出售或者私自赠送给非国有单位或个人的，原则上就构成犯罪，应当立案侦查。

定罪标准		
	犯罪客体	本罪侵犯的客体是国家的文物管理制度、国家的文物所有权。《文物保护法》第44条规定："禁止国有文物收藏单位将馆藏文物赠与、出租或者出售给其他单位、个人。"全民所有制博物馆、图书馆和其他单位收藏的文物属国家所有，禁止出卖，更勿论是赠送给非国有单位或个人。本罪的犯罪对象是国有博物馆、图书馆等单位收藏的文物。属于哪一级文物，并不影响本罪的成立，只是一个量刑时考虑的情节因素。出售或者私自赠送文物的对方只能是中国国内的非国有单位或者中国公民，如是国有单位，则不构成本罪，亦不能是外国组织或者个人，依《刑法》第325条规定，将收藏的国家禁止出口的珍贵文物私自出售或者私自赠送给外国人的，构成非法向外国人出售、赠送珍贵文物罪。
	犯罪客观方面	本罪在客观方面表现为违反文物保护法规，将国家保护的文物藏品出售或者私自赠送给非国有单位或者个人的行为。所谓出售，即为有偿让与，是指将馆藏文物出卖给他人。既包括以其换取金钱的典型出卖行为，亦包括以其换取其他财物或者其他财产性利益及报酬的非典型出卖行为。本罪中的出售或赠送的行为必须是违反法律规定的行为才能构成犯罪。如果依照法律规定进行转让、出售或赠送，则不构成本罪。此外，只有将馆藏文物出售或私赠给了非国有单位或个人，才能构成本罪。如将馆藏文物出售或私赠给了国有单位，就不能以本罪论处。非国有单位，是指国有以外的所有单位，如私营单位、集体所有制单位、中外合作经营单位、中外合资单位、外资单位以及联营单位等。这里的个人，是指包括中国人和外国人在内的任何个人，包括共有的个人。但如果是将所收藏的国家禁止出口的珍贵文物私自出售或赠送给外国人（包括单位）的，应以非法向外国人出售、赠送珍贵文物罪论处。 本罪为选择性罪名，只要有"非法出售"或者"非法私自赠送"行为之一的，即可构成"非法出售文物藏品罪"或"非法私赠文物藏品罪"，如果具有两个行为的，则构成"非法出售、私赠文物藏品罪"。
	犯罪主体	本罪主体为特殊主体，是国有博物馆、图书馆等单位。
	犯罪主观方面	本罪的主观方面是故意，即明知是国家保护的文物藏品违反规定而出售或赠送给他人。实际上动机可能是不同的，如拉关系、慷国家之慨、送人情等，但动机不是本罪的必要构成要件，不影响本罪的成立。

<table>
<tr><td rowspan="2">定罪标准</td><td>罪与非罪</td><td>区分罪与非罪界限，关键是这种行为是否经过法定机关的批准。如果经过文化行政管理部门的批准，就是合法行为；反之构成犯罪。《文物保护法》规定，全民所有制的博物馆、图书馆等单位收藏的文物的调拨、交换，必须经文化行政管理部门备案；一级文物藏品的调拨、交换，须经国家文化行政管理部门批准，未经批准，任何单位或者个人不得调取文物。</td></tr>
<tr><td>此罪与彼罪</td><td>本罪与倒卖文物罪的界限。二者的主要区别在于：(1) 犯罪的主体不同。前者是特殊主体，即国有博物馆、图书馆等单位；后者既包括单位，也包括个人。(2) 犯罪目的不同。前者不必须要求有牟利行为，既可以出售获利，也可以是赠送行为；后者要求以牟利为目的。</td></tr>
<tr><td rowspan="4">证据参考标准</td><td>主体方面的证据</td><td>一、证明单位的证据。
证明是否属于依法成立并有合法经营、管理范围的公司、企业、事业单位、机关、团体。
证明单位的名称、住所地、性质、法定代表人、单位负责人、业务范围、成立时间等证据材料，如企业营业执照、国有公司性质证明及非法人单位的身份证明等。
二、证明法定代表人、单位负责人或直接责任人员等的身份证据。
法定代表人、直接负责的主管人员和其他直接责任人在单位的任职、职责、负责权限的证明材料等。包括身份证明、户籍证明、任职证明等，如户口簿、居民身份证、工作证、护照、专业或技术等级证、干部履历表、职工登记表、任命书、业务分工文件、委派文件、单位证明、单位规章制度等。</td></tr>
<tr><td>主观方面的证据</td><td>证明行为人故意的证据：1. 证明行为人明知的证据：证明行为人明知自己的行为会发生危害社会的结果；2. 证明直接故意的证据：证明行为人希望危害结果发生。</td></tr>
<tr><td>客观方面的证据</td><td>证明行为人非法出售、私赠文物藏品犯罪行为的证据。
具体证据包括：1. 证明国有博物馆出售国家保护的馆藏文物行为的证据；2. 证明国有博物馆私送国家保护馆藏文物给非国有单位行为的证据；3. 证明国有博物馆私送国家保护的馆藏文物给个人行为的证据；4. 证明国有图书馆出售国家保护的馆藏文物行为的证据；5. 证明国有图书馆私送国家保护的馆藏文物给非国有单位行为的证据；6. 证明国有图书馆私送国家保护的馆藏文物给个人行为的证据。</td></tr>
<tr><td>量刑方面的证据</td><td>一、法定量刑情节证据。
1. 事实情节。2. 法定从重情节。3. 法定从轻减轻情节：(1) 可以从轻；(2) 可以从轻或者减轻；(3) 应当从轻或者减轻。4. 法定从轻减轻免除情节：(1) 可以从轻、减轻或者免除处罚；(2) 应当从轻、减轻或者免除处罚。5. 法定减轻免除情节：(1) 可以减轻或者免除处罚；(2) 应当减轻或者免除处罚；(3) 可以免除处罚。
二、酌定量刑情节证据。
1. 犯罪手段：(1) 出售；(2) 私赠。2. 犯罪对象。3. 危害结果。4. 动机。5. 平时表现。6. 认罪态度。7. 是否有前科。8. 其他证据。</td></tr>
<tr><td>量刑标准</td><td>犯本罪的</td><td>对单位判处罚金，对其直接负责的主管人员和其他直接责任人员，处三年以下有期徒刑或者拘役</td></tr>
</table>

	刑法条文	**第三百二十七条** 违反文物保护法规，国有博物馆、图书馆等单位将国家保护的文物藏品出售或者私自送给非国有单位或者个人的，对单位判处罚金，并对其直接负责的主管人员和其他直接责任人员，处三年以下有期徒刑或者拘役。
法律适用	立法解释	**全国人民代表大会常务委员会《关于〈中华人民共和国刑法〉有关文物的规定适用于具有科学价值的古脊椎动物化石、古人类化石的解释》**（2005 年 12 月 29 日全国人民代表大会常务委员会公布　自公布之日起施行） 全国人民代表大会常务委员会根据司法实践中遇到的情况，讨论了关于走私、盗窃、损毁、倒卖或者非法转让具有科学价值的古脊椎动物化石、古人类化石的行为适用刑法有关规定的问题，解释如下： 刑法有关文物的规定，适用于具有科学价值的古脊椎动物化石、古人类化石。 现予公告。
	司法解释	**最高人民法院、最高人民检察院《关于办理妨害文物管理等刑事案件适用法律若干问题的解释》（节录）**（2015 年 12 月 30 日最高人民法院、最高人民检察院公布　自 2016 年 1 月 1 日起施行　法释〔2015〕23 号） **第七条** 国有博物馆、图书馆以及其他国有单位，违反文物保护法规，将收藏或者管理的国家保护的文物藏品出售或者私自送给非国有单位或者个人的，依照刑法第三百二十七条的规定，以非法出售、私赠文物藏品罪追究刑事责任。 **第十六条** 实施本解释第一条、第二条、第六条至第九条规定的行为，虽已达到应当追究刑事责任的标准，但行为人系初犯，积极退回或者协助追回文物，未造成文物损毁，并确有悔罪表现的，可以认定为犯罪情节轻微，不起诉或者免予刑事处罚。 实施本解释第三条至第五条规定的行为，虽已达到应当追究刑事责任的标准，但行为人系初犯，积极赔偿损失，并确有悔罪表现的，可以认定为犯罪情节轻微，不起诉或者免予刑事处罚。
	相关法律法规	**《中华人民共和国文物保护法》（节录）**（1982 年 11 月 19 日全国人大常务委员会令第 11 号公布　自公布之日起施行　1991 年 6 月 29 日第一次修正　2002 年 10 月 28 日修订　2007 年 12 月 29 日第二次修正　2013 年 6 月 29 日第三次修正　2015 年 4 月 24 日第四次修正　2017 年 11 月 4 日第五次修正） **第六十四条** 违反本法规定，有下列行为之一，构成犯罪的，依法追究刑事责任： （一）盗掘古文化遗址、古墓葬的； （二）故意或者过失损毁国家保护的珍贵文物的； （三）擅自将国有馆藏文物出售或者私自送给非国有单位或者个人的； （四）将国家禁止出境的珍贵文物私自出售或者送给外国人的； （五）以牟利为目的倒卖国家禁止经营的文物的； （六）走私文物的； （七）盗窃、哄抢、私分或者非法侵占国有文物的； （八）应当追究刑事责任的其他妨害文物管理行为。

91 盗掘古文化遗址、古墓葬案

概念

本罪是指盗掘具有历史、艺术、文化、科学价值的古文化遗址、古墓葬的行为。

立案标准

根据《刑法》第 328 条第 1 款的规定，盗掘具有历史、艺术、科学价值的古文化遗址、古墓葬的，应当立案。

实施盗掘行为，已损害古文化遗址、古墓葬的历史、艺术、科学价值的，认定为本罪的既遂，应当立案侦查。

定罪标准		
	犯罪客体	本罪侵犯的客体是国家对古文化遗址、古墓葬的管理制度。我国具有丰富的文物，其中相当部分是举世公认的珍宝。盗掘古文化遗址、古墓葬的行为不但造成文物的严重流失，而且使许多文物因失去保护而丧失其历史、艺术、科学价值，有的甚至造成文物的直接毁坏，因而这种行为具有严重的社会危害性。 盗掘古文化遗址、古墓葬罪的犯罪对象限于具有历史、艺术、科学价值的古文化遗址、古墓葬，而不包括所有的文物。所谓“文物”，是指一切具有历史、艺术、科学价值的文献和实物。根据《文物保护法》的规定，我国的文物具体包括：具有历史、艺术、科学价值的古文化遗址、古墓葬、古建筑、石窟寺、石刻和壁画；与重大历史事件、革命运动和著名人物有关的以及具有重要纪念意义，具有重要教育意义和史料价值的建筑物遗址、纪念物；历史上各时代珍贵的艺术品、工艺美术品；重要革命文献资料以及具有历史、艺术、科学价值的手稿、古旧图书资料等；反映历史上各时代、各民族社会制度、社会生产、社会生活的代表性实物等。所谓“古文化遗址”，是古代人类的建筑废墟以及在对自然环境改造利用后遗留下来的痕迹，如民居、村落、都城、宫殿、官署、寺庙、作坊等。如：周口店北京猿人遗址、殷墟商文化遗址、仰韶文化遗址、龙山文化遗址、良渚文化遗址。所谓“古墓葬”，指人类古代采取一定方式对死者进行埋葬的遗迹。包括墓穴、葬具、随葬器物和墓地。我国的古墓葬分布很广，已公布为全国重点文物保护单位的古墓葬包括了帝王陵墓古墓群和名人墓等。如果行为人盗掘的不是上述古文化遗址、古墓葬，而是其他文物的，不构成本罪。
	犯罪客观方面	本罪在客观方面表现为盗掘古文化遗址、古墓葬的行为。所谓盗掘，既不同于单纯的盗窃行为，也不同于对文物的破坏行为，它是指未经国家文化主管部门批准的私自掘取行为，其行为方式有的是秘密的，有的是明火执仗公开进行掘取；有的是单个人实施，有的则多人合伙甚至聚众实施。 本罪属于行为犯。只要行为人实施了盗掘古文化遗址、古墓葬的行为就已构成本罪。至于是否造成使古文化遗址、古墓葬受到严重破坏的结果，只对确定本罪适用的法定刑有意义。在实践中，虽然盗掘古文化遗址、古墓葬行为一般都会对古文化遗址、古墓葬造成严重破坏，但也有些行为确未使古文化遗址、古墓葬受到严重破坏，对此不能认为不构成犯罪或只构成犯罪预备或犯罪未遂。

定罪标准	犯罪主体	本罪的主体是一般主体。单位能否构成本罪主体，法律无明文规定。我们认为，根据其他有关对单位犯罪的法律规定来理解，如果本罪是在单位名义组织策划下实施的，可以对单位主管人员和其他直接责任人员追究刑事责任，而不宜对单位直接追究刑事责任。
	犯罪主观方面	本罪在主观方面表现为故意，而且一般具有非法占有古文化遗址、古墓葬中文物的目的。本罪能否由间接故意构成，理论上有肯定与否定两种截然对立的观点。我们认为，只要行为人的盗掘行为出于故意，其对盗窃的对象是否属于古文化遗址、古墓葬的文物即使是不确定的，也可以构成本罪。因而本罪可以由间接故意构成。
	罪与非罪	区分罪与非罪的界限，要注意两点：(1) 看其掘取古文化遗址、古墓葬行为是故意实施的还是过失实施的，如果属于过失行为则不构成犯罪。(2) 看其掘取古文化遗址、古墓葬行为是否经过了国家文化主管部门的批准，如果属于经过批准的行为，即便在掘取过程中造成古文化遗址、古墓葬毁坏的，一般也不构成犯罪，如果情节严重的可以按玩忽职守罪等其他罪论处。
	此罪与彼罪	一、本罪与盗窃罪的界限。二者的区别主要在于：(1) 侵犯的客体不同。盗掘古文化遗址、古墓葬罪侵犯的客体是复杂客体，即国家对古文化遗址、古墓葬的管理制度和国家的财产所有权；而盗窃罪侵犯的是单一客体，即公私财产所有权。前者侵犯的对象是古文化遗址、古墓葬，是不可再生物，一般是不能以金额计算的，一旦遭到破坏，损失无法挽回；后者侵犯的对象是一般的公私财物。(2) 客观表现不同。前者表现为违反文物保护法规，未经国家文化主管部门批准，私自挖掘古遗址、古墓葬的行为，其行为方式可以是秘密的，也可以是公开的，而且不论是否窃得文物，只要实施了盗掘行为，就构成本罪。后者则表现为秘密窃取公私财物，如果未窃取到财物，就是盗窃未遂。 二、本罪与故意损毁文物罪、故意损毁名胜古迹罪的界限。二者的区别主要在于：(1) 犯罪对象不同。盗掘古文化遗址、古墓葬罪限于古文化遗址、古墓葬；故意损毁文物罪、故意损毁名胜古迹罪对象则限于珍贵文物、名胜古迹。(2) 客观方面不同。盗窃古文化遗址、古墓葬罪表现为私自掘取的行为，其行为方式多为秘密的；故意损毁文物罪、故意损毁名胜古迹罪则表现为损毁行为，其具体表现形式多种多样，包括捣毁、损坏、污损、拆除、挖掘、焚烧等行为。(3) 主观方面不同。盗掘古文化遗址、古墓葬罪一般具有非法占有古文化遗址、古墓葬中文物的目的；故意损毁珍贵文物、名胜古迹罪则只是出于损毁的故意，其动机可能多种多样，但并无对文物非法占有的目的。
证据参考标准	主体方面的证据	**一、证明行为人刑事责任年龄、身份等自然情况的证据。** 包括身份证明、户籍证明、任职证明、工作经历证明、特定职责证明等，主要是证明行为人的姓名（曾用名）、性别、出生年月日、民族、籍贯、出生地、职业（或职务）、住所地（或居所地）等证据材料，如户口簿、居民身份证、工作证、出生证、专业或技术等级证、干部履历表、职工登记表、护照等。 对于户籍、出生证等材料内容不实的，应提供其他证据材料。外国人犯罪的案件，应有护照等身份证明材料。人大代表、政协委员犯罪的案件，应注明身份，并附身份证明材料。 **二、证明行为人刑事责任能力的证据。** 证明行为人对自己的行为是否具有辨认能力与控制能力，如是否属于间歇性精神病人、尚未完全丧失辨认或者控制自己行为能力的精神病人的证明材料。

<table>
<tr><td rowspan="3">证据参考标准</td><td>主观方面的证据</td><td colspan="2">证明行为人故意的证据：具体证据包括：1. 证明行为人明知的证据：明知自己的行为会发生危害社会的结果；2. 证明直接故意的证据：证明行为人希望危害结果发生；3. 目的：非法占有文物。</td></tr>
<tr><td>客观方面的证据</td><td colspan="2">证明行为人盗掘古文化遗址、古墓葬犯罪行为的证据。
具体证据包括：1. 证明行为人盗掘确定为全国重点文物保护单位的古文化遗址、古墓葬行为的证据。2. 证明行为人盗掘确定为省级文物保护单位的古文化遗址、古墓葬行为的证据。3. 证明行为人盗掘古文化遗址、古墓葬集团首要分子的证据。4. 证明行为人多次盗掘古文化遗址、古墓葬行为的证据。5. 证明行为人“盗掘”同时，盗窃珍贵文物行为的证据：（1）一级文物；（2）二级文物；（3）三级文物。6. 证明行为人造成珍贵文物严重破坏行为的证据：（1）一级文物；（2）二级文物；（3）三级文物。7. 证明行为人盗掘古文化遗址、古墓葬行为的证据；8. 证明行为人盗掘古文化遗址、古墓葬情节较轻行为的证据。</td></tr>
<tr><td>量刑方面的证据</td><td colspan="2">一、法定量刑情节证据。
1. 事实情节：（1）情节较轻；（2）其他。2. 法定从重情节。3. 法定从轻减轻情节：（1）可以从轻；（2）可以从轻或者减轻；（3）应当从轻或者减轻。4. 法定从轻减轻免除情节：（1）可以从轻、减轻或者免除处罚；（2）应当从轻、减轻或者免除处罚。5. 法定减轻免除情节：（1）可以减轻或者免除处罚；（2）应当减轻或者免除处罚；（3）可以免除处罚。
二、酌定量刑情节证据。
1. 犯罪手段：（1）秘密盗掘；（2）秘密窃取。2. 犯罪对象。3. 危害结果。4. 动机。5. 平时表现。6. 认罪态度。7. 是否有前科。8. 其他证据。</td></tr>
<tr><td rowspan="3">量刑标准</td><td colspan="2">犯本罪的</td><td>处三年以上十年以下有期徒刑，并处罚金</td></tr>
<tr><td colspan="2">情节较轻的</td><td>处三年以下有期徒刑、拘役或者管制，并处罚金</td></tr>
<tr><td colspan="2">有下列情形之一的（盗掘确定为全国重点文物保护单位和省级文物保护单位的古文化遗址、古墓葬的；盗掘古文化遗址、古墓葬集团的首要分子；多次盗掘古文化遗址、古墓葬的；盗掘古文化遗址、古墓葬，并盗窃珍贵文物或者造成珍贵文物严重破坏的）</td><td>处十年以上有期徒刑、无期徒刑，并处罚金或者没收财产</td></tr>
</table>

法律适用

刑法条文

第三百二十八条第一款 盗掘具有历史、艺术、科学价值的古文化遗址、古墓葬的，处三年以上十年以下有期徒刑，并处罚金；情节较轻的，处三年以下有期徒刑、拘役或者管制，并处罚金；有下列情形之一的，处十年以上有期徒刑、无期徒刑，并处罚金或者没收财产：

（一）盗掘确定为全国重点文物保护单位和省级文物保护单位的古文化遗址、古墓葬的；

（二）盗掘古文化遗址、古墓葬集团的首要分子；

（三）多次盗掘古文化遗址、古墓葬的；

（四）盗掘古文化遗址、古墓葬，并盗窃珍贵文物或者造成珍贵文物严重破坏的。

立法解释

全国人民代表大会常务委员会《关于〈中华人民共和国刑法〉有关文物的规定适用于具有科学价值的古脊椎动物化石、古人类化石的解释》（2005年12月29日全国人民代表大会常务委员会公布 自公布之日起施行）

全国人民代表大会常务委员会根据司法实践中遇到的情况，讨论了关于走私、盗窃、损毁、倒卖或者非法转让具有科学价值的古脊椎动物化石、古人类化石的行为适用刑法有关规定的问题，解释如下：

刑法有关文物的规定，适用于具有科学价值的古脊椎动物化石、古人类化石。

现予公告。

司法解释

最高人民法院、最高人民检察院《关于办理妨害文物管理等刑事案件适用法律若干问题的解释》（节录）（2015年12月30日最高人民法院、最高人民检察院公布 自2016年1月1日起施行 法释〔2015〕23号）

第八条 刑法第三百二十八条第一款规定的“古文化遗址、古墓葬”包括水下古文化遗址、古墓葬。“古文化遗址、古墓葬”不以公布为不可移动文物的古文化遗址、古墓葬为限。

实施盗掘行为，已损害古文化遗址、古墓葬的历史、艺术、科学价值的，应当认定为盗掘古文化遗址、古墓葬罪既遂。

采用破坏性手段盗窃古文化遗址、古墓葬以外的古建筑、石窟寺、石刻、壁画、近代现代重要史迹和代表性建筑等其他不可移动文物的，依照刑法第二百六十四条的规定，以盗窃罪追究刑事责任。

第九条 明知是盗窃文物、盗掘古文化遗址、古墓葬等犯罪所获取的三级以上文物，而予以窝藏、转移、收购、加工、代为销售或者以其他方法掩饰、隐瞒的，依照刑法第三百一十二条的规定，以掩饰、隐瞒犯罪所得罪追究刑事责任。

实施前款规定的行为，事先通谋的，以共同犯罪论处。

第十一条 单位实施走私文物、倒卖文物等行为，构成犯罪的，依照本解释规定的相应自然人犯罪的定罪量刑标准，对直接负责的主管人员和其他直接责任人员定罪处罚，并对单位判处罚金。

公司、企业、事业单位、机关、团体等单位实施盗窃文物，故意损毁文物、名胜古迹，过失损毁文物，盗掘古文化遗址、古墓葬等行为的，依照本解释规定的相应定罪量刑标准，追究组织者、策划者、实施者的刑事责任。

法律适用

相关法律法规

《中华人民共和国文物保护法》（节录）（1982年11月19日全国人大常务委员会令第11号公布　自公布之日起施行　1991年6月29日第一次修正　2002年10月28日修订　2007年12月29日第二次修正　2013年6月29日第三次修正　2015年4月24日第四次修正　2017年11月4日第五次修正）

第二条　在中华人民共和国境内，下列文物受国家保护：

（一）具有历史、艺术、科学价值的古文化遗址、古墓葬、古建筑、石窟寺和石刻、壁画；

（二）与重大历史事件、革命运动或者著名人物有关的以及具有重要纪念意义、教育意义或者史料价值的近代现代重要史迹、实物、代表性建筑；

（三）历史上各时代珍贵的艺术品、工艺美术品；

（四）历史上各时代重要的文献资料以及具有历史、艺术、科学价值的手稿和图书资料等；

（五）反映历史上各时代、各民族社会制度、社会生产、社会生活的代表性实物。

文物认定的标准和办法由国务院文物行政部门制定，并报国务院批准。

具有科学价值的古脊椎动物化石和古人类化石同文物一样受国家保护。

第三条　古文化遗址、古墓葬、古建筑、石窟寺、石刻、壁画、近代现代重要史迹和代表性建筑等不可移动文物，根据它们的历史、艺术、科学价值，可以分别确定为全国重点文物保护单位，省级文物保护单位，市、县级文物保护单位。

历史上各时代重要实物、艺术品、文献、手稿、图书资料、代表性实物等可移动文物，分为珍贵文物和一般文物；珍贵文物分为一级文物、二级文物、三级文物。

第四条　文物工作贯彻保护为主、抢救第一、合理利用、加强管理的方针。

第五条　中华人民共和国境内地下、内水和领海中遗存的一切文物，属于国家所有。

古文化遗址、古墓葬、石窟寺属于国家所有。国家指定保护的纪念建筑物、古建筑、石刻、壁画、近代现代代表性建筑等不可移动文物，除国家另有规定的以外，属于国家所有。

国有不可移动文物的所有权不因其所依附的土地所有权或者使用权的改变而改变。

下列可移动文物，属于国家所有：

（一）中国境内出土的文物，国家另有规定的除外；

（二）国有文物收藏单位以及其他国家机关、部队和国有企业、事业组织等收藏、保管的文物；

（三）国家征集、购买的文物；

（四）公民、法人和其他组织捐赠给国家的文物；

（五）法律规定属于国家所有的其他文物。

属于国家所有的可移动文物的所有权不因其保管、收藏单位的终止或者变更而改变。

国有文物所有权受法律保护，不容侵犯。

92 盗掘古人类化石、古脊椎动物化石案

概念

本罪是指盗掘国家保护的具有科学价值的古人类化石和古脊椎动物化石的行为。本罪属选择性罪名，具体包括盗掘古人类化石罪和盗掘古脊椎动物化石罪。

立案标准

根据《刑法》第328条第2款的规定，盗掘国家保护的具有科学价值的古人类化石、古脊椎动物化石的，应当立案。

本罪是行为犯，只要行为人实施了盗掘国家保护的具有科学价值的古人类化石、古脊椎动物化石的行为，不论其是否盗掘到古化石，都不影响犯罪的成立，应当立案。

定罪标准		
	犯罪客体	本罪所侵害的客体是国家有关文物的保护制度。对象为古人类化石和古脊椎动物化石。所谓古人类化石、古脊椎动物化石，是指古代人类、古代脊椎动物的遗体、遗物或者遗迹埋藏地下因年代久远而变成的跟石头一样的物品。古人类化石、古脊椎动物化石，对研究古人类、古生物的起源和进化，古人类、古生物生存环境的变迁和演变，以及人类文明发展和进步的历史，地层年代的确定等具有重要的科学研究价值，其数量极其有限，根据我国《文物保护法》规定，应视为文物加以保护。至于脊椎动物，则是指有脊椎骨的动物，属于脊索动物的一个亚门。此类动物体形左右一般对称，具有头、躯干、尾3个部分，其中躯干部分又被横膈膜分成胸部及腹部，有比较完善的感觉器官、运动器官和高度分化的神经系统，包括鱼类、两栖动物、爬行动物、鸟类和哺乳动物5大类。
	犯罪客观方面	本罪在客观方面表现为盗掘古人类化石、古脊椎动物化石的行为。所谓盗掘，是指违反文物保护法规，不经主管部门批准，非法私自挖掘。其具体的行为方式可多种多样，有的表现为秘密的，有的则是明火执仗地公开进行掘取；有的是单个人进行，有的则是共同掘取等等。至于是否在盗掘中使得古人类化石、古脊椎动物化石受到严重破坏，则并不影响本罪成立，行为人在客观上只要实施了盗掘的行为，就可构成本罪。
	犯罪主体	本罪的主体为一般主体，即年满16周岁、具有刑事责任能力的自然人均能构成本罪。
	犯罪主观方面	本罪在主观方面必须出于故意，即明知是古人类化石或者古脊椎动物化石而仍决意盗掘。所谓明知，既包括确知，即确实知道是古人类化石或者古脊椎动物化石，又包括可能知，即知道所盗掘的可能是古人类化石或古脊椎动物化石。至于行为人盗掘的目的，一般则是为了非法占有古人类化石、古脊椎动物化石。当然亦不能排除行为人还可以有其他目的，如为了侵占古人类化石或者古脊椎动物化石所在的土地，为毁损、破坏古人类化石、古脊椎动物化石等。

定罪标准	罪与非罪	区分罪与非罪的界限，关键看是否实施《刑法》第328条所规定的行为。如果情节显著轻微，危害不大的，不构成犯罪。
	此罪与彼罪	本罪与盗掘古文化遗址、古墓葬罪的界限。两者的主要区别在于犯罪对象不同，前者犯罪对象是古人类化石、古脊椎动物化石；后者犯罪对象是古文化遗址、古墓葬。
证据参考标准	主体方面的证据	**一、证明行为人刑事责任年龄、身份等自然情况的证据。** 包括身份证明、户籍证明、任职证明、工作经历证明、特定职责证明等，主要是证明行为人的姓名（曾用名）、性别、出生年月日、民族、籍贯、出生地、职业（或职务）、住所地（或居所地）等证据材料，如户口簿、居民身份证、工作证、出生证、专业或技术等级证、干部履历表、职工登记表、护照等。 对于户籍、出生证等材料内容不实的，应提供其他证据材料。外国人犯罪的案件，应有护照等身份证明材料。人大代表、政协委员犯罪的案件，应注明身份，并附身份证明材料。 **二、证明行为人刑事责任能力的证据。** 证明行为人对自己的行为是否具有辨认能力与控制能力，如是否属于间歇性精神病人、尚未完全丧失辨认或者控制自己行为能力的精神病人的证明材料。
	主观方面的证据	证明行为人故意的证据：1. 证明行为人明知的证据：证明行为人明知自己的行为会发生危害社会的结果；2. 证明直接故意的证据：证明行为人希望危害结果发生。
	客观方面的证据	证明行为人盗掘古人类化石、古脊椎动物化石犯罪行为的证据。 具体证据包括：1. 证明行为人盗掘确定为全国重点文物保护单位的古人类化石和古脊椎动物化石行为的证据；2. 证明行为人盗掘确定为省级文物保护单位的古人类化石和古脊椎动物化石行为的证据；3. 证明盗掘古人类化石和古脊椎动物化石集团首要分子的证据；4. 证明行为人多次盗掘古人类化石、古脊椎动物化石行为的证据；5. 证明行为人实施“盗掘”行为同时，盗窃古人类化石、古脊椎动物化石行为的证据；6. 证明行为人造成古人类化石、古脊椎动物化石严重破坏行为的证据；7. 证明行为人盗掘古人类化石、古脊椎动物化石行为的证据；8. 证明行为人盗掘古人类化石、古脊椎动物化石情节较轻行为的证据。
	量刑方面的证据	**一、法定量刑情节证据。** 1. 事实情节：（1）情节较轻；（2）其他。2. 法定从重情节。3. 法定从轻减轻情节：（1）可以从轻；（2）可以从轻或者减轻；（3）应当从轻或者减轻。4. 法定从轻减轻免除情节：（1）可以从轻、减轻或者免除处罚；（2）应当从轻、减轻或者免除处罚。5. 法定减轻免除情节：（1）可以减轻或者免除处罚；（2）应当减轻或者免除处罚；（3）可以免除处罚。 **二、酌定量刑情节证据。** 1. 犯罪手段：（1）秘密盗掘；（2）秘密窃取。2. 犯罪对象。3. 危害结果。4. 动机。5. 平时表现。6. 认罪态度。7. 是否有前科。8. 其他证据。

<table>
<tr><td rowspan="3">量刑标准</td><td colspan="2">犯本罪的</td><td>处三年以上十年以下有期徒刑，并处罚金</td></tr>
<tr><td colspan="2">情节较轻的</td><td>处三年以下有期徒刑、拘役或者管制，并处罚金</td></tr>
<tr><td colspan="2">有下列情形之一的（盗掘确定为全国重点文物保护单位和省级文物保护单位的古人类化石、古脊椎动物化石的；多次盗掘古人类化石、古脊椎动物化石的；盗掘古人类化石、古脊椎动物化石、并盗窃珍贵文物或者造成珍贵文物严重破坏的）</td><td>处十年以上有期徒刑、无期徒刑或者死刑，并处罚金或者没收财产</td></tr>
<tr><td rowspan="2">法律适用</td><td>刑法条文</td><td colspan="2">第三百二十八条第二款　盗掘国家保护的具有科学价值的古人类化石和古脊椎动物化石的，依照前款的规定处罚。</td></tr>
<tr><td>立法解释</td><td colspan="2">全国人民代表大会常务委员会《关于〈中华人民共和国刑法〉有关文物的规定适用于具有科学价值的古脊椎动物化石、古人类化石的解释》（2005 年 12 月 29 日全国人民代表大会常务委员会公布　自公布之日起施行）
全国人民代表大会常务委员会根据司法实践中遇到的情况，讨论了关于走私、盗窃、损毁、倒卖或者非法转让具有科学价值的古脊椎动物化石、古人类化石的行为适用刑法有关规定的问题，解释如下：
刑法有关文物的规定，适用于具有科学价值的古脊椎动物化石、古人类化石。
现予公告。</td></tr>
</table>

93 抢夺、窃取国有档案案

概念

本罪是指趁人不备公然夺取或者采取秘密手段获取国家所有的档案的行为。

立案标准

根据《刑法》第 329 条第 1 款的规定，抢夺、窃取国家所有的档案的，应当立案。

本罪是行为犯，只要行为人实施了抢夺、窃取国家所有的档案的行为，原则上就构成犯罪，应当立案侦查。

<table>
<tr><td rowspan="6">定罪标准</td><td>犯罪客体</td><td>本罪侵犯的客体是国家对档案的管理制度。档案在社会主义现代化建设事业中具有重要的作用，档案的灭失、毁损往往会给国家和人民造成不可弥补的损失，因此，为了加强对国有档案的保管、利用，惩治严重妨害国有档案的犯罪十分必要。
本罪的犯罪对象是国家所有的档案。档案是指过去和现在的国家机构、社会组织以及个人从事政治、经济、军事、科学、技术、文化、宗教等活动直接形成的对国家和社会有保存价值的各种文字、图表、声像等不同形式的历史记录。所谓国家所有的档案，是指国家档案馆保管且所有权属于国家的档案。归集体、个人所有的档案不是本罪的对象。
根据我国《档案法》第 5 条的规定，一切国家机关、武装力量、政党、团体、企事业单位和公民都有保护档案的义务。各级人民政府应当加强对档案工作的领导，把档案事业的建设纳入国民经济和社会发展计划，我国的档案工作实行统一领导、分级管理的原则，维护档案的完整与安全，便于社会各方面的利用。任何抢夺、窃取国家所有的档案的行为，都严重侵犯了国家的档案管理秩序。</td></tr>
<tr><td>犯罪客观方面</td><td>本罪在客观方面表现为抢夺、窃取国家所有的档案的行为。所谓抢夺，是指在国有档案的保管者、持有人在场的情况下，公然当面夺走或抢取国有档案的行为，一般是趁管理人员或持有人不备而夺取，但也不排除在管理人、持有人有备时而强行夺取的情况。所谓窃取，是指采取自以为不为国有档案管理人、持有人发觉的方法，而秘密取走国家所有档案的行为。既可以当其面窃取，也可以在档案保管者、使用人不在场时而潜入档案存放地窃取等。
本罪为选择性罪名，只要行为人实施了其中之一行为，即构成本罪。也就是说，若只实施抢夺档案的行为，构成抢夺国有档案罪；只实施窃取档案行为的，构成窃取国有档案罪。</td></tr>
<tr><td>犯罪主体</td><td>本罪的主体为一般主体。凡达到刑事责任年龄、具备刑事责任能力的自然人均可成为本罪主体。</td></tr>
<tr><td>犯罪主观方面</td><td>本罪在主观方面表现为故意，即明知是国家所有的档案而进行抢夺或窃取，如果行为人不知抢夺或窃取的是国家所有的档案的，不构成本罪。</td></tr>
<tr><td>罪与非罪</td><td>区分罪与非罪的界限，关键看是否实施《刑法》第 329 条所规定的行为。如果情节显著轻微危害不大的，不以犯罪论处。</td></tr>
</table>

<table>
<tr><td rowspan="1">定罪标准</td><td>此罪与彼罪</td><td colspan="2">本罪与非法获取国家秘密罪的界限。二者的主要区别在于：(1) 侵犯的客体不同。前者侵犯的客体是国家的档案管理制度；而后者侵犯的直接客体是保守国家秘密的秩序。(2) 客观方面表现不尽相同。前者在客观方面表现为秘密窃取国家档案的行为；后者客观方面表现为窃取国家秘密的行为。(3) 犯罪的对象不同。前者的对象是国家所有的档案；后者的对象是国家秘密。</td></tr>
<tr><td rowspan="4">证据参考标准</td><td>主体方面的证据</td><td colspan="2">一、证明行为人刑事责任年龄、身份等自然情况的证据。
包括身份证明、户籍证明、任职证明、工作经历证明、特定职责证明等，主要是证明行为人的姓名（曾用名）、性别、出生年月日、民族、籍贯、出生地、职业（或职务）、住所地（或居所地）等证据材料，如户口簿、居民身份证、工作证、出生证、专业或技术等级证、干部履历表、职工登记表、护照等。
对于户籍、出生证等材料内容不实的，应提供其他证据材料。外国人犯罪的案件，应有护照等身份证明材料。人大代表、政协委员犯罪的案件，应注明身份，并附身份证明材料。
二、证明行为人刑事责任能力的证据。
证明行为人对自己的行为是否具有辨认能力与控制能力，如是否属于间歇性精神病人、尚未完全丧失辨认或者控制自己行为能力的精神病人的证明材料。</td></tr>
<tr><td>主观方面的证据</td><td colspan="2">证明行为人故意的证据：1. 证明行为人明知的证据：证明行为人明知自己的行为会发生危害社会的结果；2. 证明直接故意的证据：证明行为人希望危害结果发生；3. 目的：非法占有。</td></tr>
<tr><td>客观方面的证据</td><td colspan="2">证明行为人抢夺、窃取国有档案犯罪行为的证据。
具体证据包括：1. 证明行为人抢夺、窃取国有文学档案行为的证据；2. 证明行为人抢夺、窃取国有图表档案行为的证据；3. 证明行为人抢夺、窃取国有影像档案行为的证据；4. 证明行为人抢夺、窃取其他国有档案行为的证据。</td></tr>
<tr><td>量刑方面的证据</td><td colspan="2">一、法定量刑情节证据。
1. 事实情节。2. 法定从重情节。3. 法定从轻减轻情节：(1) 可以从轻；(2) 可以从轻或者减轻；(3) 应当从轻或者减轻。4. 法定从轻减轻免除情节：(1) 可以从轻、减轻或者免除处罚；(2) 应当从轻、减轻或者免除处罚。5. 法定减轻免除情节：(1) 可以减轻或者免除处罚；(2) 应当减轻或者免除处罚；(3) 可以免除处罚。
二、酌定量刑情节证据。
1. 犯罪手段：公然夺取；2. 犯罪对象；3. 危害结果；4. 动机；5. 平时表现；6. 认罪态度；7. 是否有前科；8. 其他证据。</td></tr>
<tr><td>量刑标准</td><td colspan="2">犯本罪的</td><td>处五年以下有期徒刑或者拘役</td></tr>
</table>

法律适用		
法律适用	刑法条文	**第三百二十九条第一款** 抢夺、窃取国家所有的档案的，处五年以下有期徒刑或者拘役。 **第三百二十九条第三款** 有前两款行为，同时又构成本法规定的其他犯罪的，依照处罚较重的规定定罪处罚。
	相关法律法规	**《中华人民共和国档案法》（节录）**（1987年9月5日中华人民共和国主席令第58号公布 自1988年1月1日起施行 1996年7月5日第一次修正 2016年11月7日第二次修正 2020年6月20日修订） **第五条** 一切国家机关、武装力量、政党、团体、企业事业单位和公民都有保护档案的义务，享有依法利用档案的权利。 **第五十一条** 违反本法规定，构成犯罪的，依法追究刑事责任；造成财产损失或者其他损害的，依法承担民事责任。

94 擅自出卖、转让国有档案案

概念

本罪是指行为人违反档案法的规定，擅自出卖、转让国家所有的档案，情节严重的行为。

立案标准

根据《刑法》第329条第2款的规定，违反档案法的规定，擅自出卖、转让国家所有的档案，情节严重的，应当立案。

本罪是情节犯，行为人违反档案法的规定，擅自出卖、转让国家所有的档案，必须达到“情节严重”的程度，才构成犯罪，予以立案侦查。

定罪标准		
定罪标准	犯罪客体	本罪侵犯的客体是国家对档案的管理制度。档案在社会主义现代化建设事业中具有重要的作用，档案的灭失、毁损往往会给国家和人民造成不可弥补的损失，因此，为了加强对国有档案的保管、利用，惩治严重妨害国有档案的犯罪十分必要。 本罪的犯罪对象是国家所有的档案。档案是指过去和现在的国家机构、社会组织以及个人从事政治、经济、军事、科学、技术、文化、宗教等活动直接形成的对国家和社会有保存价值的各种文字、图表、声像等不同形式的历史记录。 我国《档案法》第23条规定，禁止买卖属于国家所有的档案。《档案法实施办法》第17条规定，属于国家所有的档案，任何组织和个人都不得出卖。
	犯罪客观方面	本罪在客观方面表现为违反档案法的规定，擅自出卖、转让国家所有的档案的行为。所谓出卖，是指以牟利为目的，将档案出售给他人的行为。所谓转让，是指将档案的所有权转给他人的行为。擅自出卖、转让国家档案的行为只有在情节严重时才构成犯罪。所谓情节严重，一般是指出卖、转让有关国家政治、军事、经济、科学、技术、文化、宗教等活动的重要档案的；多次出卖、转让国有档案的；出卖、转让国有档案牟利较大的；出卖、转让国有档案造成恶劣社会或者政治影响的；因出卖、转让国有档案受过行政处分不思悔改又实施这种行为的；将国有档案出卖、转让给境外机构或人员的等等。 依《刑法》第329条第3款的规定，犯本罪，同时又触犯刑法构成其他犯罪的，如为境外窃取、刺探、收买、非法提供国家秘密罪、间谍罪、故意泄露国家秘密罪等，应择一重罪定罪处罚。
	犯罪主体	本罪的主体为一般主体，即凡达到刑事责任年龄、具备刑事责任能力的自然人均可构成本罪主体。
	犯罪主观方面	本罪在主观方面表现为故意，即明知是国家所有的档案而擅自出卖或转让。如果行为人不知出卖或转让的是国有档案的，不构成本罪。

定罪标准	罪与非罪	区分罪与非罪的界限，关键看情节是否严重。未达到“情节严重”程度的，只能作为一般违法行为，依照《档案法》及其实施办法等有关规定，给予行政处分和责令赔偿损失。
证据参考标准	主体方面的证据	**一、证明行为人刑事责任年龄、身份等自然情况的证据。** 包括身份证明、户籍证明、任职证明、工作经历证明、特定职责证明等，主要是证明行为人的姓名（曾用名）、性别、出生年月日、民族、籍贯、出生地、职业（或职务）、住所地（或居所地）等证据材料，如户口簿、居民身份证、工作证、出生证、专业或技术等级证、干部履历表、职工登记表、护照等。 对于户籍、出生证等材料内容不实的，应提供其他证据材料。外国人犯罪的案件，应有护照等身份证明材料。人大代表、政协委员犯罪的案件，应注明身份，并附身份证明材料。 **二、证明行为人刑事责任能力的证据。** 证明行为人对自己的行为是否具有辨认能力与控制能力，如是否属于间歇性精神病人、尚未完全丧失辨认或者控制自己行为能力的精神病人的证明材料。
	主观方面的证据	证明行为人故意的证据：1. 证明行为人明知的证据：证明行为人明知自己的行为会发生危害社会的结果。2. 证明直接故意的证据：证明行为人希望危害结果发生。3. 目的：（1）获取非法利润；（2）牟利；（3）营利。
	客观方面的证据	证明行为人擅自出卖、转让国有档案犯罪行为的证据。 具体证据包括：1. 证明行为人擅自出卖国有档案行为的证据；2. 证明行为人擅自转让国有档案行为的证据；3. 证明行为人擅自出卖、转让国有档案情节严重行为的证据；4. 证明行为人擅自出卖、转让国有档案后果严重行为的证据。
	量刑方面的证据	**一、法定量刑情节证据。** 1. 事实情节：（1）情节严重；（2）其他。2. 法定从重情节。3. 法定从轻减轻情节：（1）可以从轻；（2）可以从轻或者减轻；（3）应当从轻或者减轻。4. 法定从轻减轻免除情节：（1）可以从轻、减轻或者免除处罚；（2）应当从轻、减轻或者免除处罚。5. 法定减轻免除情节：（1）可以减轻或者免除处罚；（2）应当减轻或者免除处罚；（3）可以免除处罚。 **二、酌定量刑情节证据。** 1. 犯罪手段：（1）出卖；（2）转让。2. 犯罪对象。3. 危害结果。4. 动机。5. 平时表现。6. 认罪态度。7. 是否有前科。8. 其他证据。
量刑标准	犯本罪的	处三年以下有期徒刑或者拘役

法律适用		
	刑法条文	**第三百二十九条第二款** 违反档案法的规定，擅自出卖、转让国家所有的档案，情节严重的，处三年以下有期徒刑或者拘役。 **第三百二十九条第三款** 有前两款行为，同时又构成本法规定的其他犯罪的，依照处罚较重的规定定罪处罚。
	相关法律法规	**《中华人民共和国档案法》（节录）**（1987 年 9 月 5 日中华人民共和国主席令第 58 号公布　自 1988 年 1 月 1 日起施行　1996 年 7 月 5 日第一次修正　2016 年 11 月 7 日第二次修正　2020 年 6 月 20 日修订） **第五条** 一切国家机关、武装力量、政党、团体、企业事业单位和公民都有保护档案的义务，享有依法利用档案的权利。 **第二十三条** 禁止买卖属于国家所有的档案。 国有企业事业单位资产转让时，转让有关档案的具体办法，由国家档案主管部门制定。 档案复制件的交换、转让，按照国家有关规定办理。 **第五十一条** 违反本法规定，构成犯罪的，依法追究刑事责任；造成财产损失或者其他损害的，依法承担民事责任。

95 妨害传染病防治案

概念

本罪是指违反传染病防治法规，从而引起甲类传染病以及依法确定采取甲类传染病预防、控制措施的传染病传播或者有传播严重危险的行为。

立案标准

违反传染病防治法的规定，有下列情形之一，从而引起甲类传染病以及依法确定采取甲类传染病预防、控制措施的传染病传播或者有传播严重危险的，应当立案：

(1) 供水单位供应的饮用水不符合国家规定的卫生标准的；

(2) 拒绝按照疾病预防控制机构提出的卫生要求，对传染病病原体污染的污水、污物、场所和物品进行消毒处理的；

(3) 准许或者纵容传染病病人、病原携带者和疑似传染病病人从事国务院卫生行政部门规定禁止从事的易使该传染病扩散的工作的；

(4) 出售、运输疫区中被传染病病原体污染或者可能被传染病病原体污染的物品，未进行消毒处理的；

(5) 拒绝执行县级以上人民政府、疾病预防控制机构依照传染病防治法提出的预防、控制措施的。

定罪标准

犯罪客体

本罪侵犯的客体是国家对传染病防治的管理制度。传染病是由病原性细菌、病毒立克次体和原虫引起的，能在人与人之间、动物间或者人与动物间相互传播的一种疾病，是一种流行性危害比较严重的疾病，其种类繁多。《传染病防治法》规定管理的传染病有甲、乙、丙三类。各类传染病不同程度地侵害人们的身体健康，影响传染病流行地区人们的生产和生活。因此，世界上许多国家都已将传染病防治管理法律化。我国的《传染病防治法》，总结了多年来传染病防治的经验，标志着我国关于传染病的防治工作已纳入法制轨道。它对预防、控制和消除传染病的发生与流行，保障人民身体健康，都有重要意义。违反传染病防治规定的行为，不仅侵犯了传染病防治的管理制度，同时也可引起各类传染病的传播，造成传染病流行的严重危险。因此，依法打击违反传染病防治规定的行为很有必要。

犯罪客观方面

本罪客观上表现为违反传染病防治法的规定，引起甲类传染病以及依法确定采取甲类传染病预防、控制措施的传染病传播或者有传播严重危险的行为。本罪在具体行为方式上表现为以下五种情形：

一、供水单位供应的饮用水不符合国家规定的卫生标准的。

其中“供水单位”主要指城乡自来水厂和厂矿、企业、学校、部队等有自备水源的集中式供水单位。目前我国城乡的主要饮用水源是集中式。“国家规定的卫生标准”主要指《传染病防治法实施办法》和《生活饮用水卫生标准（GB5749－2006》中规定的卫生标准。《传染病防治实施办法》对集中式供水的卫生标准规定“集中式供水

定罪标准

犯罪客观方面

必须符合国家《生活饮用水卫生标准（GB5749－2006》”。该标准对饮用水的细菌学、化学、毒理学指标和感官性状指标等都作了具体规定，是必须执行的强制性卫生标准。为了防止污染城乡自来水厂的集中式供水，《传染病防治实施办法》还规定“各单位自备水源，未经城市建设部门和卫生行政部门批准，一般不得与城镇集中式供水系统连接”。

二、拒绝按照疾病预防控制机构提出的卫生要求，对传染病病原体污染的污水、污物、场所和物品进行消毒处理的。

“疾病预防控制机构”是政府举办的实施疾病预防控制与公共卫生技术管理和服务的公益事业单位。根据原卫生部有关规定，国家和省级疾病预防控制机构以宏观管理、业务指导、科研培训和质量控制为主。

《传染病防治法》第27条规定，对被传染病病原体污染的污水、污物、场所和物品，有关单位和个人必须在疾病预防控制机构的指导下或者按照其提出的卫生要求，进行严格消毒处理；拒绝消毒处理的，由当地卫生行政部门或者疾病预防控制机构进行强制消毒处理。对被传染病病原体污染的污水、污物、场所和物品按规定要求进行严格消毒处理，目的是切断传播途径以控制或者消灭传染病。“消毒处理”，指对传染病病人的排污所污染的以及因其他原因被传染病病原体所污染的环境、物品、空气、水源和可能被污染的物品、场所等都要同时、全面、彻底地进行消毒，即用化学、物理、生物的方法杀灭或者消除环境中的致病性微生物，达到无害化。

三、准许或者纵容传染病病人、病原携带者和疑似传染病病人从事国务院卫生行政部门规定禁止从事的易使该传染病扩散的工作的。

“准许”，指传染病病人、病原携带者和疑似传染病病人所在单位领导人员或主管人员明知某人为传染病病人、病原携带者和疑似传染病病人，仍批准其从事易使该传染病扩散的工作；或者明知上述传染病病人、病原携带者和疑似传染病病人违反规定从事易使传染病扩散的工作，而未采取调离其工作等措施，默许其继续从事易使传染病扩散的工作。但是，对于不知道该人为患病者或病原携带者和疑似传染病病人而同意其从事易使传染病扩散的工作的，不能视为本条规定的“准许”。“纵容”指传染病病人、病原携带者和疑似传染病病人所在单位的领导人员和主管人员，明知其违反规定从事易使传染病扩散的工作，不仅不采取措施，而且为其提供方便条件，或听之任之放纵其继续从事这一工作。“传染病病人、疑似传染病病人”是指根据国务院卫生行政部门发布的《〈中华人民共和国传染病防治法〉规定管理的传染病诊断标准（试行）》中规定的，符合传染病病人和疑似传染病病人诊断标准的人，如乙型肝炎患者。“病原携带者”指感染原体无临床症状但能排出病原体的人。传染病病人、病原携带者和疑似传染病病人都能随时随地通过多种途径向外界环境排出和扩散该病的致病性微生物，而有可能感染接触过他们的健康人，造成该种传染病的传播。因此，必须根据不同病种限制他们的活动，规定他们患病或携带病原期间，不得从事某些易使该种传染病扩散的工作。根据国务院卫生行政部门的有关规定，上述传染病病人、病原携带者不得从事易使传染病扩散的工作，主要有以下几类：（1）饮用水的生产、管理、供应等工作；（2）饮食服务行业的经营、服务等工作；（3）托幼机构的保育、教育等工作；（4）食品行业的生产、加工、销售、运输及保管等工作；（5）美容、整容等工作；（6）其他与人群接触密切的工作。

四、出售、运输疫区中被传染病病原体污染或者可能被传染病病原体污染的物品，未进行消毒处理的。

<table>
<tr><td rowspan="3">定罪标准</td><td>犯罪客观方面</td><td>这里的“物品”必须同时符合以下条件：一是疫区中的物品，这里的“疫区”是指依照有关法律法规划定和公布的传染病发生区；二是被传染病病原体污染或可能被传染病病原体污染。
五、拒绝执行县级以上人民政府、疾病预防控制机构依照传染病防治法提出的预防、控制措施的。
这里的“预防、控制措施”是指县级以上人民政府、疾病预防控制机构根据预防传染的需要采取的措施。主要包括：(1) 对甲类传染病以及依法确定采取甲类传染病预防、控制措施的传染病病人和病原携带者，予以隔离治疗或对严重发病区采取隔离措施；(2) 对疑似甲类传染病以及依法确定采取甲类传染病预防、控制措施的传染病病人，在明确诊断前，在指定场所进行医学观察；(3) 对传染病人禁止从事与人群接触密切的工作；(4) 对易感染人畜共患传染病的野生动物，未经当地或者接收地的政府畜牧兽医部门检疫，禁止出售或者运输；(5) 对从事传染病预防、医疗、科研、教学的人员预先接种有关接触的传染病疫苗；(6) 执行职务时穿防护服装；(7) 对传染病病人、病原携带者、疑似传染病病人污染的场所、物品和密切接触的人员，实施必要的卫生处理和预防措施等。在新冠肺炎疫情期间，如果行为人拒绝执行县级以上人民政府、疾病预防控制机构依法提出的隔离观察等防控措施，即可以认定为符合本项规定。
本罪是结果犯，以发生现实的危害结果，即引起甲类传染病以及依法确定采取甲类传染病预防、控制措施的传染病传播或者有传播严重危险为必备构成要件。根据《传染病防治法》规定的甲类传染病有“鼠疫、霍乱”两种，而依法确定采取甲类传染病预防、控制措施的传染病则由国务院卫生主管部门根据相关规定加以认定。
本罪的危害结果包括两种情形，其中，“引起传染病传播”属于实害结果，“有传播严重危险”则属于具体危险。由于是具体危险，意味着行为如果客观上没有传播严重危险，就不能构成本罪。从证明的角度出发，应将其理解为一种可反驳的事实推定，行为人违反《传染病防治法》的规定，实施了本条规定的行为，如不能反证具体危险不成立，就应当认为“有传播严重危险”。</td></tr>
<tr><td>犯罪主体</td><td>本罪的主体是一般主体。犯罪主体既包括自然人，也包括单位。司法实践中，本罪的主体多是指供水单位、企业事业单位、人民团体等及其直接负责的主管人员和其他责任人员。作为本罪的犯罪主体，自然人根据具体行为而有所不同。如有《刑法》第330条第1款第1项行为的，主体应为供水单位的主管人员和直接责任人员；有第1款第3项行为的，主体应为有关单位的主管工作安排的人员，如食品公司的负责人，安排传染病病人从事食品加工的，可构成本罪；而有第1款第2、4、5项行为的，主体既可能是有关单位的责任人员，也可能是一般的个人。比如，患有传染病的个人或者病人家属拒绝执行卫生防疫机构提出的预防、控制措施的，也可构成本罪。</td></tr>
<tr><td>犯罪主观方面</td><td>本罪的主观方面是过失。行为人对于实施违反《传染病防治法》的行为，其主观心态完全可能是故意；但对于造成传染病传播或者传播危险，只要存在过失即可。但应当明确，本罪与过失以危险方法危害公共安全罪之间不构成竞合。行为人明知自己是确诊或疑似病人，出入公共场所，引起甲类传染病以及依法确定采取甲类传染病预防、控制措施的传染病传播或者有传播严重危险的，应直接认定为（故意）以危险方法危害公共安全罪。</td></tr>
</table>

<table>
<tr><td rowspan="2">定罪标准</td><td>罪与非罪</td><td>区分罪与非罪。需要注意的是，本罪的成立要求引起甲类传染病以及依法确定采取甲类传染病预防、控制措施的传染病传播或者有传播严重危险。因此，违反相关传染病防治法规，但未引起甲类传染病以及依法确定采取甲类传染病预防、控制措施的传染病传播或者有传播严重危险的，不构成本罪。</td></tr>
<tr><td>此罪与彼罪</td><td>一、本罪与妨害国境卫生检疫罪的界限。妨害国境卫生检疫罪是指违反国境卫生检疫规定，引起检疫传染病的传播，或者有引起检疫传染病传播的严重危险的行为。两罪存在一些相同之处，如都妨害了社会管理秩序，都可能引起某种严重危险，主体要件相同，在主观方面都表现为过失。但两者毕竟是不同的犯罪，主要区别在于：（1）犯罪的直接客体不同。前者侵害的是国家关于传染病防治的管理秩序；而后者侵害的是国家国境卫生检疫的管理制度。（2）客观要件不同。前者是违反了《传染病防治法》的有关规定的行为；而后者是违反了《国境卫生检疫法》的有关规定的行为。（3）法律规定的具体对象不同。前者的行为引起的危险的对象是甲类传染病以及依法确定采取甲类传染病预防、控制措施的传染病；而后者行为引起的危险的对象是检疫传染病，包括鼠疫、霍乱、黄热病、天花、艾滋病等传染病，范围比甲类传染病广。
二、本罪与传播性病罪的界限。传播性病罪，是指明知自己患有梅毒、淋病等严重性病而进行卖淫嫖娼的行为。妨害传染病防治罪与传播性病罪的主要区别在于：（1）犯罪的主要客体不同。前者侵犯的主要客体是国家关于传染病防治的管理制度；后者侵犯的主要客体是社会的善良风尚。（2）客观要件不同。首先，行为的违法性内容不同。前者违反的是《传染病防治法》的规定，后者则不仅违反了《传染病防治法》的规定，而且更主要地违反了《治安管理处罚法》关于不得卖淫、嫖娼的规定。其次，是否需要以一定的危害结果为犯罪的必备构成要件不同。前者是结果犯，必须以引起甲类传染病以及依法确定采取甲类传染病预防、控制措施的传染病传播或者有传播的严重危险的危害结果为必备构成要件；后者是行为犯，只要是明知自己患有严重性病而卖淫、嫖娼的，不管是否已引起性病传播或具有传播的危险均可构成该罪。（3）主观要件不同。前者是出自过失，即行为人对引起甲类传染病以及依法确定采取甲类传染病预防、控制措施的传染病的传播或者有传播的严重危险这一危害结果持过失的心理态度；后者是故意，严重性病患者卖淫、嫖娼的直接目的虽常常不是要将性病传染给他人，但其对于造成性病的传播或者传播的严重危险这一危害结果显然是明知并且希望或放任的。（4）两者传播的对象不同。前者传播的是鼠疫、霍乱等甲类传染病以及依法确定采取甲类传染病预防、控制措施的传染病；后者则是梅毒、淋病等严重性病。</td></tr>
<tr><td>证据参考标准</td><td>主体方面的证据</td><td>一、证明行为人刑事责任年龄、身份等自然情况的证据。
包括身份证明、户籍证明、任职证明、工作经历证明、特定职责证明等，主要是证明行为人的姓名（曾用名）、性别、出生年月日、民族、籍贯、出生地、职业（或职务）、住所地（或居所地）等证据材料，如户口簿、居民身份证、工作证、出生证、专业或技术等级证、干部履历表、职工登记表、护照等。
对于户籍、出生证等材料内容不实的，应提供其他证据材料。外国人犯罪的案件，应有护照等身份证明材料。人大代表、政协委员犯罪的案件，应注明身份，并附身份证明材料。
二、证明行为人刑事责任能力的证据。
证明行为人对自己的行为是否具有辨认能力与控制能力，如是否属于间歇性精神病人、尚未完全丧失辨认或者控制自己行为能力的精神病人的证明材料。</td></tr>
</table>

<table>
<tr><td rowspan="4">证据参考标准</td><td>主体方面的证据</td><td>三、证明单位的证据。
证明是否属于依法成立并有合法经营、管理范围的公司、企业、事业单位、机关、团体。
证明单位的名称、住所地、性质、法定代表人、单位负责人、业务范围、成立时间等证据材料，如企业营业执照、国有公司性质证明及非法人单位的身份证明等。
四、证明法定代表人、单位负责人或直接责任人员等的身份证据。
法定代表人、直接负责的主管人员和其他直接责任人在单位的任职、职责、负责权限的证明材料等。包括身份证明、户籍证明、任职证明等，如户口簿、居民身份证、工作证、护照、专业或技术等级证、干部履历表、职工登记表、任命书、业务分工文件、委派文件、单位证明、单位规章制度等。</td></tr>
<tr><td>主观方面的证据</td><td>证明行为人过失的证据：1. 证明行为人应当预见自己的行为可能发生危害社会的结果；2. 证明疏忽大意的过失的证据；3. 证明过于自信的过失的证据。</td></tr>
<tr><td>客观方面的证据</td><td>证明行为违反传染病防治规定犯罪行为的证据：1. 证明供水单位供应的饮用水不符合国家规定的卫生标准的证据；2. 证明行为人拒绝按照疾病预防控制机构提出的卫生要求，对传染病病原体污染的污水、污物、场所和物品进行消毒处理的证据；3. 证明行为人准许或者纵容传染病病人、病原携带者和疑似传染病病人从事国务院卫生行政部门规定禁止从事的易使该传染病扩散的工作的证据；4. 证明行为人出售、运输疫区中被传染病病原体污染或者可能被传染病病原体污染的物品，未进行消毒处理的证据；5. 证明行为人拒绝执行县级以上人民政府、疾病预防控制机构依照传染病防治法提出的预防、控制措施的证据；6. 证明行为人引起甲类传染病以及依法确定采取甲类传染病预防、控制措施的传染病传播的证据；7. 证明行为人引起甲类传染病以及依法确定采取甲类传染病预防、控制措施的传染病有传播严重危险的证据；8. 证明后果特别严重的证据。</td></tr>
<tr><td>量刑方面的证据</td><td>一、法定量刑情节证据。
1. 事实情节：（1）后果特别严重；（2）其他。2. 法定从重情节。3. 法定从轻减轻情节：（1）可以从轻；（2）可以从轻或者减轻；（3）应当从轻或者减轻。4. 法定从轻减轻免除情节：（1）可以从轻、减轻或者免除处罚；（2）应当从轻、减轻或者免除处罚。5. 法定减轻免除情节：（1）可以减轻或者免除处罚；（2）应当减轻或者免除处罚；（3）可以免除处罚。
二、酌定量刑情节证据。
1. 犯罪手段；2. 犯罪对象；3. 危害结果；4. 动机；5. 平时表现；6. 认罪态度；7. 是否有前科；8. 其他证据。</td></tr>
<tr><td rowspan="3">量刑标准</td><td>犯本罪的</td><td>处三年以下有期徒刑或者拘役</td></tr>
<tr><td>后果特别严重的</td><td>处三年以上七年以下有期徒刑</td></tr>
<tr><td>单位犯本罪的</td><td>对单位判处罚金，并对其直接负责的主管人员和其他直接责任人员，依照上述规定处罚</td></tr>
</table>

法律适用

刑法条文

第三百三十条 违反传染病防治法的规定，有下列情形之一，引起甲类传染病以及依法确定采取甲类传染病预防、控制措施的传染病传播或者有传播严重危险的，处三年以下有期徒刑或者拘役；后果特别严重的，处三年以上七年以下有期徒刑：

（一）供水单位供应的饮用水不符合国家规定的卫生标准的；

（二）拒绝按照疾病预防控制机构提出的卫生要求，对传染病病原体污染的污水、污物、场所和物品进行消毒处理的；

（三）准许或者纵容传染病病人、病原携带者和疑似传染病病人从事国务院卫生行政部门规定禁止从事的易使该传染病扩散的工作的；

（四）出售、运输疫区中被传染病病原体污染或者可能被传染病病原体污染的物品，未进行消毒处理的；

（五）拒绝执行县级以上人民政府、疾病预防控制机构依照传染病防治法提出的预防、控制措施的。

单位犯前款罪的，对单位判处罚金，并对其直接负责的主管人员和其他直接责任人员，依照前款的规定处罚。

甲类传染病的范围，依照《中华人民共和国传染病防治法》和国务院有关规定确定。

司法解释

一、最高人民检察院、公安部《关于公安机关管辖的刑事案件立案追诉标准的规定（一）》（节录）（2008年6月25日最高人民检察院、公安部公布　自公布之日起施行　公通字〔2008〕36号　2017年4月27日修正）

第四十九条　［妨害传染病防治案（刑法第三百三十条）］违反传染病防治法的规定，引起甲类或者按照甲类管理的传染病传播或者有传播严重危险，涉嫌下列情形之一的，应予立案追诉：

（一）供水单位供应的饮用水不符合国家规定的卫生标准的；

（二）拒绝按照疾病预防控制机构提出的卫生要求，对传染病病原体污染的污水、污物、粪便进行消毒处理的；

（三）准许或者纵容传染病病人、病原携带者和疑似传染病病人从事国务院卫生行政部门规定禁止从事的易使该传染病扩散的工作的；

（四）拒绝执行疾病预防控制机构依照提出的预防、控制措施的。

本条和本规定第五十条规定的“甲类传染病”，是指鼠疫、霍乱；“按甲类管理的传染病”，是指乙类传染病中传染性非典型肺炎、炭疽中的肺炭疽、人感染高致病性禽流感以及国务院卫生行政部门根据需要报经国务院批准公布实施的其他需要按甲类管理的乙类传染病和突发原因不明的传染病。

二、最高人民法院、最高人民检察院、公安部、司法部《关于依法惩治妨害新型冠状病毒感染肺炎疫情防控违法犯罪的意见》（节录）（2020年2月6日最高人民法院、最高人民检察院、公安部、司法部公布　自公布之日起施行　法发〔2020〕7号）

二、准确适用法律，依法严惩妨害疫情防控的各类违法犯罪

（一）依法严惩抗拒疫情防控措施犯罪。故意传播新型冠状病毒感染肺炎病原体，具有下列情形之一，危害公共安全的，依照刑法第一百一十四条、第一百一十五条第一款的规定，以以危险方法危害公共安全罪定罪处罚：

法律适用

司法解释

1. 已经确诊的新型冠状病毒感染肺炎病人、病原携带者，拒绝隔离治疗或者隔离期未满擅自脱离隔离治疗，并进入公共场所或者公共交通工具的；

2. 新型冠状病毒感染肺炎疑似病人拒绝隔离治疗或者隔离期未满擅自脱离隔离治疗，并进入公共场所或者公共交通工具，造成新型冠状病毒传播的。

其他拒绝执行卫生防疫机构依照传染病防治法提出的防控措施，引起新型冠状病毒传播或者有传播严重危险的，依照刑法第三百三十条的规定，以妨害传染病防治罪定罪处罚。

以暴力、威胁方法阻碍国家机关工作人员（含在依照法律、法规规定行使国家有关疫情防控行政管理职权的组织中从事公务的人员，在受国家机关委托代表国家机关行使疫情防控职权的组织中从事公务的人员，虽未列入国家机关人员编制但在国家机关中从事疫情防控公务的人员）依法履行为防控疫情而采取的防疫、检疫、强制隔离、隔离治疗等措施的，依照刑法第二百七十七条第一款、第三款的规定，以妨害公务罪定罪处罚。暴力袭击正在依法执行职务的人民警察的，以妨害公务罪定罪，从重处罚。

相关法律法规

一、《中华人民共和国传染病防治法》（节录）（1989年2月21日中华人民共和国主席令第15号公布　自1989年9月1日起施行　2004年8月28日修订　2013年6月29日修正）

第三条　本法规定的传染病分为甲类、乙类和丙类。

甲类传染病是指：鼠疫、霍乱。

乙类传染病是指：传染性非典型肺炎、艾滋病、病毒性肝炎、脊髓灰质炎、人感染高致病性禽流感、麻疹、流行性出血热、狂犬病、流行性乙型脑炎、登革热、炭疽、细菌性和阿米巴性痢疾、肺结核、伤寒和副伤寒、流行性脑脊髓膜炎、百日咳、白喉、新生儿破伤风、猩红热、布鲁氏菌病、淋病、梅毒、钩端螺旋体病、血吸虫病、疟疾。

丙类传染病是指：流行性感冒、流行性腮腺炎、风疹、急性出血性结膜炎、麻风病、流行性和地方性斑疹伤寒、黑热病、包虫病、丝虫病、除霍乱、细菌性和阿米巴性痢疾、伤寒和副伤寒以外的感染性腹泻病。

国务院卫生行政部门根据传染病暴发、流行情况和危害程度，可以决定增加、减少或者调整乙类、丙类传染病病种并予以公布。

第七十条　采供血机构未按照规定报告传染病疫情，或者隐瞒、谎报、缓报传染病疫情，或者未执行国家有关规定，导致因输入血液引起经血液传播疾病发生的，由县级以上人民政府卫生行政部门责令改正，通报批评，给予警告；造成传染病传播、流行或者其他严重后果的，对负有责任的主管人员和其他直接责任人员，依法给予降级、撤职、开除的处分，并可以依法吊销采供血机构的执业许可证；构成犯罪的，依法追究刑事责任。

非法采集血液或者组织他人出卖血液的，由县级以上人民政府卫生行政部门予以取缔，没收违法所得，可以并处十万元以下的罚款；构成犯罪的，依法追究刑事责任。

第七十三条　违反本法规定，有下列情形之一，导致或者可能导致传染病传播、流行的，由县级以上人民政府卫生行政部门责令限期改正，没收违法所得，可以并处五万元以下的罚款；已取得许可证的，原发证部门可以依法暂扣或者吊销许可证；构成犯罪的，依法追究刑事责任：

（一）饮用水供水单位供应的饮用水不符合国家卫生标准和卫生规范的；
（二）涉及饮用水卫生安全的产品不符合国家卫生标准和卫生规范的；
（三）用于传染病防治的消毒产品不符合国家卫生标准和卫生规范的；
（四）出售、运输疫区中被传染病病原体污染或者可能被传染病病原体污染的物品，未进行消毒处理的；
（五）生物制品生产单位生产的血液制品不符合国家质量标准的。

第七十八条 本法中下列用语的含义：

（一）传染病病人、疑似传染病病人：指根据国务院卫生行政部门发布的《中华人民共和国传染病防治法规定管理的传染病诊断标准》，符合传染病病人和疑似传染病病人诊断标准的人。

（二）病原携带者：指感染病原体无临床症状但能排出病原体的人。

（三）流行病学调查：指对人群中疾病或者健康状况的分布及其决定因素进行调查研究，提出疾病预防控制措施及保健对策。

（四）疫点：指病原体从传染源向周围播散的范围较小或者单个疫源地。

（五）疫区：指传染病在人群中暴发、流行，其病原体向周围播散时所能波及的地区。

（六）人畜共患传染病：指人与脊椎动物共同罹患的传染病，如鼠疫、狂犬病、血吸虫病等。

（七）自然疫源地：指某些可引起人类传染病的病原体在自然界的野生动物中长期存在和循环的地区。

（八）病媒生物：指能够将病原体从人或者其他动物传播给人的生物，如蚊、蝇、蚤类等。

（九）医源性感染：指在医学服务中，因病原体传播引起的感染。

（十）医院感染：指住院病人在医院内获得的感染，包括在住院期间发生的感染和在医院内获得出院后发生的感染，但不包括入院前已开始或者入院时已处于潜伏期的感染。医院工作人员在医院内获得的感染也属医院感染。

（十一）实验室感染：指从事实验室工作时，因接触病原体所致的感染。

（十二）菌种、毒种：指可能引起本法规定的传染病发生的细菌菌种、病毒毒种。

（十三）消毒：指用化学、物理、生物的方法杀灭或者消除环境中的病原微生物。

（十四）疾病预防控制机构：指从事疾病预防控制活动的疾病预防控制中心以及与上述机构业务活动相同的单位。

（十五）医疗机构：指按照《医疗机构管理条例》取得医疗机构执业许可证，从事疾病诊断、治疗活动的机构。

二、《国内交通卫生检疫条例》（节录）（1998 年 11 月 28 日中华人民共和国国务院令第 254 号公布 自 1999 年 3 月 1 日起施行）

第十三条 检疫传染病病人、病原携带者、疑似检疫传染病病人和与其密切接触者隐瞒真实情况、逃避交通卫生检疫的，由县级以上地方人民政府卫生行政部门或者铁路、交通、民用航空行政主管部门的卫生主管机构，根据各自的职责分工，责令限期改正，给予警告，可以并处 1000 元以下的罚款；拒绝接受查验和卫生处理的，给予警告，并处 1000 元以上 5000 元以下的罚款；情节严重，引起检疫传染病传播或者有传播严重危险，构成犯罪的，依法追究刑事责任。

第十四条 在非检疫传染病疫区的交通工具上发现检疫传染病病人、病原携带者、疑似检疫传染病病人时，交通工具负责人未依照本条例规定采取措施的，由县级以上地方人民政府卫生行政部门或者铁路、交通、民用航空行政主管部门的卫生主管机构，根据各自的职责，责令改正，给予警告，并处1000元以上5000元以下的罚款；情节严重，引起检疫传染病传播或者有传播严重危险，构成犯罪的，依法追究刑事责任。

第十五条 县级以上地方人民政府卫生行政部门或者铁路、交通、民用航空行政主管部门的卫生主管机构，对发现的检疫传染病病人、病原携带者、疑似检疫传染病病人和与其密切接触者，未依法实施临时隔离、医学检查和其他应急医学措施的，以及对被检疫传染病病原体污染或者可能被污染的物品、交通工具及其停靠场所未依法进行必要的控制和卫生处理的，由其上级行政主管部门责令限期改正，对直接负责的主管人员和其他直接责任人员依法给予行政处分；情节严重，引起检疫传染病传播或者有传播严重危险，构成犯罪的，依法追究刑事责任。

三、《艾滋病防治条例》（节录）（2006年1月29日中华人民共和国国务院令第457号公布 自2006年3月1日起施行 2019年3月2日修正）

第五十二条 地方各级人民政府未依照本条例规定履行组织、领导、保障艾滋病防治工作职责，或者未采取艾滋病防治和救助措施的，由上级人民政府责令改正，通报批评；造成艾滋病传播、流行或者其他严重后果的，对负有责任的主管人员依法给予行政处分；构成犯罪的，依法追究刑事责任。

第五十三条 县级以上人民政府卫生主管部门违反本条例规定，有下列情形之一的，由本级人民政府或者上级人民政府卫生主管部门责令改正，通报批评；造成艾滋病传播、流行或者其他严重后果的，对负有责任的主管人员和其他直接责任人员依法给予行政处分；构成犯罪的，依法追究刑事责任：

（一）未履行艾滋病防治宣传教育职责的；

（二）对有证据证明可能被艾滋病病毒污染的物品，未采取控制措施的；

（三）其他有关失职、渎职行为。

出入境检验检疫机构有前款规定情形的，由其上级主管部门依照本条规定予以处罚。

第五十四条 县级以上人民政府有关部门未依照本条例规定履行宣传教育、预防控制职责的，由本级人民政府或者上级人民政府有关部门责令改正，通报批评；造成艾滋病传播、流行或者其他严重后果的，对负有责任的主管人员和其他直接责任人员依法给予行政处分；构成犯罪的，依法追究刑事责任。

第五十五条 医疗卫生机构未依照本条例规定履行职责，有下列情形之一的，由县级以上人民政府卫生主管部门责令限期改正，通报批评，给予警告；造成艾滋病传播、流行或者其他严重后果的，对负有责任的主管人员和其他直接责任人员依法给予降级、撤职、开除的处分，并可以依法吊销有关机构或者责任人员的执业许可证件；构成犯罪的，依法追究刑事责任：

（一）未履行艾滋病监测职责的；

（二）未按照规定免费提供咨询和初筛检测的；

（三）对临时应急采集的血液未进行艾滋病检测，对临床用血艾滋病检测结果未进行核查，或者将艾滋病检测阳性的血液用于临床的；

（四）未遵守标准防护原则，或者未执行操作规程和消毒管理制度，发生艾滋病医院感染或者医源性感染的；

（五）未采取有效的卫生防护措施和医疗保健措施的；

法律适用

相关法律法规

（六）推诿、拒绝治疗艾滋病病毒感染者或者艾滋病病人的其他疾病，或者对艾滋病病毒感染者、艾滋病病人未提供咨询、诊断和治疗服务的；

（七）未对艾滋病病毒感染者或者艾滋病病人进行医学随访的；

（八）未按照规定对感染艾滋病病毒的孕产妇及其婴儿提供预防艾滋病母婴传播技术指导的。

出入境检验检疫机构有前款第（一）项、第（四）项、第（五）项规定情形的，由其上级主管部门依照前款规定予以处罚。

第五十七条 血站、单采血浆站违反本条例规定，有下列情形之一，构成犯罪的，依法追究刑事责任；尚不构成犯罪的，由县级以上人民政府卫生主管部门依照献血法和《血液制品管理条例》的规定予以处罚；造成艾滋病传播、流行或者其他严重后果的，对负有责任的主管人员和其他直接责任人员依法给予降级、撤职、开除的处分，并可以依法吊销血站、单采血浆站的执业许可证：

（一）对采集的人体血液、血浆未进行艾滋病检测，或者发现艾滋病检测阳性的人体血液、血浆仍然采集的；

（二）将未经艾滋病检测的人体血液、血浆，或者艾滋病检测阳性的人体血液、血浆供应给医疗机构和血液制品生产单位的。

第六十二条 艾滋病病毒感染者或者艾滋病病人故意传播艾滋病的，依法承担民事赔偿责任；构成犯罪的，依法追究刑事责任。

规章及规范性文件

《中华人民共和国传染病防治法实施办法》（节录）（1991年12月6日中华人民共和国卫生部令第17号公布　自公布之日起施行）

第十六条 传染病的菌（毒）种分为下列3类：

一类：鼠疫耶尔森氏菌、霍乱弧菌；天花病毒、艾滋病病毒；

二类：布氏菌、炭疽菌、麻风杆菌；肝炎病毒、狂犬病毒、出血热病毒、登革热病毒；斑疹伤寒立克次体；

三类：脑膜炎双球菌、链球菌、淋病双球菌、结核杆菌、百日咳嗜血杆菌、白喉棒状杆菌、沙门氏菌、志贺氏菌、破伤风梭状杆菌；钩端螺旋体、梅毒螺旋体；乙型脑炎病毒、脊髓灰质炎病毒、流感病毒、流行性腮腺炎病毒、麻疹病毒、风疹病毒。

国务院卫生行政部门可以根据情况增加或者减少菌（毒）种的种类。

第十八条 对患有下列传染病的病人或者病原携带者予以必要的隔离治疗，直至医疗保健机构证明其不具有传染性时，方可恢复工作：

（一）鼠疫、霍乱；

（二）艾滋病、病毒性肝炎、细菌性和阿米巴痢疾、伤寒和副伤寒、炭疽、斑疹伤寒、麻疹、百日咳、白喉、脊髓灰质炎、流行性脑脊髓膜炎、猩红热、流行性出血热、登革热、淋病、梅毒；

（三）肺结核、麻风病、流行性腮腺炎、风疹、急性出血性结膜炎。

96 传染病菌种、毒种扩散案

概念

本罪是指从事实验、保藏、携带、运输传染病菌种、毒种人员，违反国务院卫生行政部门的有关规定，造成传染病菌种、毒种扩散，后果严重的行为。

立案标准

从事实验、保藏、携带、运输传染病菌种、毒种的人员，违反国务院卫生行政部门的有关规定，造成传染病菌种、毒种扩散，涉嫌下列情形之一的，应予立案追诉：

(1) 导致甲类和按甲类管理的传染病传播的；

(2) 导致乙类、丙类传染病流行、暴发的；

(3) 造成人员重伤或者死亡的；

(4) 严重影响正常的生产、生活秩序的；

(5) 其他造成严重后果的情形。

定罪标准		
	犯罪客体	本罪侵犯的客体是国家对传染病菌种、毒种的管理秩序和制度。犯罪对象是传染病菌种、毒种。为了防止传染病菌种、毒种传染人体、动植物，本应采取措施予以消灭，但为了实验研究的目的，需要保存一些病菌、毒菌。为防止其扩散、传染，造成严重后果，国家规定了严格的安全措施。从事实验、携带、运输，如果违反规定，造成传染病菌种、毒种扩散，就会严重危及人体及动植物健康。各种传染病菌种、毒种扩散都将不同程度地侵害人们的身体健康，影响传染病菌种、毒种扩散地区人们正常的生活和工作，造成社会秩序的波动。所以，对传染病菌种、毒种进行法律化的管理，有利于传染病的预防、控制和消除。对违反法律、法规的有关规定，造成传染病菌种、毒种扩散的，必须依法予以惩治。
	犯罪客观方面	本罪在客观方面表现为违反国务院卫生行政部门的有关规定，造成传染病菌种、毒种扩散的行为。 一、行为人必须是违反国务院卫生行政部门的规定，造成传染病菌种、毒种扩散的才能构成本罪。这里，国务院卫生行政部门的有关规定，主要是指违反《传染病防治法》及其实施办法等有关规定。传染病菌种、毒种的保藏、携带、运输，必须按照国务院卫生行政部门的规定严格管理。具体包括菌（毒）种的保藏由国务院卫生行政部门指定的单位负责；一、二类菌（毒）种的供应由国务院卫生行政部门指定的保藏管理单位供应；三类菌（毒）种由设有专业实验室的单位或者国务院卫生行政部门指定的保藏管理单位供应；使用一类菌（毒）种的单位，必须经国务院卫生行政部门批准；使用二类菌（毒）种的单位，必须经省级政府卫生行政部门批准；使用三类菌（毒）种的单位，应当经县级政府卫生行政部门批准；一、二类菌（毒）种，应派专人向供应单位领取，不得邮寄；三类菌（毒）种的邮寄必须持有邮寄单位的证明，并按照菌（毒）种邮寄与包装的有关规定办理。

定罪标准	犯罪客观方面	二、必须是造成传染病菌种、毒种扩散，且后果严重。所谓传染病菌种、毒种扩散，应是指造成储存传染病菌种、毒种的容器破损、丢失、被盗，或被传染病菌种、毒种所污染的物品未经消毒、灭菌处理而被带入公共场所。所谓后果严重，是指引起甲类传染病、艾滋病、肺炭疽传播或有传播严重危险的；造成艾滋病、肺炭疽之外的乙类、丙类传染病大面积传播的；造成大量传染病菌种、毒种扩散的；因传染病菌种、毒种扩散造成国家关于传染病防治管理秩序严重混乱的；致使公私财产遭受直接、间接的损失巨大的等等。 在疫情防控工作中从事实验、保藏、携带、运输传染病菌种、毒种的人员，违反国务院卫生行政部门的有关规定，造成新型冠状病毒毒种扩散，后果严重的，依照《刑法》第331条的规定，以传染病毒种扩散罪定罪处罚。
	犯罪主体	本罪的主体是特殊主体，只限于从事实验、保藏、携带、运输传染病菌种、毒种的人员，而且只能是依照国家有关规定享有从事传染病菌种、毒种实验、保藏、携带、运输工作资格的单位中的直接负责的主管人员和其他直接责任人员。不具有从事传染病菌种、毒种实验、保藏、携带、运输的资格，而擅自从事上述事务，因而引起菌种、毒种扩散的，不能以本罪论。单位不能成为本罪主体。
	犯罪主观方面	本罪的主观方面是出于过失，即行为人对其违反国务院卫生行政部门的有关规定造成的后果是出于过失的心理态度。至于行为人违反规定的行为本身当然是故意的，但由于行为人对损害结果的发生出于过失，所以本罪仍然属于过失犯罪。如行为人明知会使传染病菌种、毒种扩散而仍然实施违反有关规定行为的，则应以危害公共安全罪论处，而不构成本罪。
	罪与非罪	本罪与一般违法行为的界限。传染病菌种、毒种扩散罪与违反国务院卫生行政部门做出的有关传染病菌种、毒种的实验、保藏、携带、运输的规定的一般违法行为有某些相似之处，如二者都是违反了有关规定，主观上对可能发生或已经发生的危害结果所表现出的心理状态均为过失等等。二者的主要界限应从危害结果上把握：前者必须造成了传染病菌种、毒种扩散，并且引发了严重后果；后者则可能是并未引起菌种、毒种的扩散，或者是虽已造成传染病菌种、毒种的扩散，但带来的后果并不严重。
	此罪与彼罪	一、本罪与妨害传染病防治罪的界限。两罪虽都违反《传染病防治法》的有关规定，且主观方面相同，但本罪被扩散的对象是传染病菌种、毒种，而后者传播的对象是传染病本身。 二、本罪与危险物品肇事罪的界限。危险物品肇事罪，是指违反爆炸性、易燃性、放射性、毒害性、腐蚀性物品的管理规定，在生产、储存、运输、使用中发生重大事故，造成严重后果的行为。其区别表现在：（1）二者侵害的主要客体不同。本罪侵害的主要客体是国家关于传染病防治的管理制度；而后者侵害的主要客体则是公共安全。（2）犯罪对象的性质不同。作为危险物品肇事罪的犯罪对象之一毒害性物品应是指敌敌畏、敌百虫、砒霜、氰化钾、氰化钠、氧化乐甲等无机物，强调的是其剧毒性；而传染病菌种、毒种属有机物，其主要特点是传染性，两者存在显著差异。（3）犯罪主体不同。前者的犯罪主体是特殊主体，即只限于从事实验、保藏、携带、运输传染病菌种、毒种的人员；后者的犯罪主体是一般主体，任何达到刑事责任年龄具备刑事责任能力的自然人均可构成该罪。

<table>
<tr><td rowspan="5">证据参考标准</td><td>主体方面的证据</td><td colspan="2">一、证明行为人刑事责任年龄、身份等自然情况的证据。
包括身份证明、户籍证明、任职证明、工作经历证明、特定职责证明等，主要是证明行为人的姓名（曾用名）、性别、出生年月日、民族、籍贯、出生地、职业（或职务）、住所地（或居所地）等证据材料，如户口簿、居民身份证、工作证、出生证、专业或技术等级证、干部履历表、职工登记表、护照等。
对于户籍、出生证等材料内容不实的，应提供其他证据材料。外国人犯罪的案件，应有护照等身份证明材料。人大代表、政协委员犯罪的案件，应注明身份，并附身份证明材料。
二、证明行为人刑事责任能力的证据。
证明行为人对自己的行为是否具有辨认能力与控制能力，如是否属于间歇性精神病人、尚未完全丧失辨认或者控制自己行为能力的精神病人的证明材料。</td></tr>
<tr><td>主观方面的证据</td><td colspan="2">证明行为人过失的证据：1. 证明行为人应当预见自己的行为可能发生危害社会的结果；2. 证明疏忽大意过失的证据；3. 证明过于自信过失的证据。</td></tr>
<tr><td>客观方面的证据</td><td colspan="2">证明行为人传染病菌种、毒种扩散犯罪行为的证据。
具体证据包括：1. 证明行为人传染病菌种、毒种扩散行为主体的证据：（1）实验人员；（2）保藏人员；（3）携带人员；（4）运输人员。2. 证明行为人传染病菌种、毒种扩散行为后果的证据：（1）鼠疫；（2）霍乱；（3）黄热病；（4）天花；（5）艾滋病；（6）其他。3. 证明行为人传染病菌种、毒种扩散后果严重行为的证据。4. 证明行为人传染病菌种、毒种扩散后果特别严重行为的证据。</td></tr>
<tr><td>量刑方面的证据</td><td colspan="2">一、法定量刑情节证据。
1. 事实情节：（1）后果严重；（2）后果特别严重。2. 法定从重情节。3. 法定从轻减轻情节：（1）可以从轻；（2）可以从轻或者减轻；（3）应当从轻或者减轻。4. 法定从轻减轻免除情节：（1）可以从轻、减轻或者免除处罚；（2）应当从轻、减轻或者免除处罚。5. 法定减轻免除情节：（1）可以减轻或者免除处罚；（2）应当减轻或者免除处罚；（3）可以免除处罚。
二、酌定量刑情节证据。
1. 犯罪手段；2. 犯罪对象；3. 危害结果；4. 动机；5. 平时表现；6. 认罪态度；7. 是否有前科；8. 其他证据。</td></tr>
<tr></tr>
<tr><td rowspan="2">量刑标准</td><td colspan="2">后果严重的</td><td>处三年以下有期徒刑或者拘役</td></tr>
<tr><td colspan="2">后果特别严重的</td><td>处三年以上七年以下有期徒刑</td></tr>
<tr><td>法律适用</td><td>刑法条文</td><td colspan="2">第三百三十一条　从事实验、保藏、携带、运输传染病菌种、毒种的人员，违反国务院卫生行政部门的有关规定，造成传染病菌种、毒种扩散，后果严重的，处三年以下有期徒刑或者拘役；后果特别严重的，处三年以上七年以下有期徒刑。</td></tr>
</table>

法律适用

司法解释

一、最高人民检察院、公安部《关于公安机关管辖的刑事案件立案追诉标准的规定（一）》（节录）（2008年6月25日最高人民检察院、公安部公布　自公布之日起施行　公通字〔2008〕36号　2017年4月27日修正）

第五十条　［传染病菌种、毒种扩散案（刑法第三百三十一条）］从事实验、保藏、携带、运输传染病菌种、毒种的人员，违反国务院卫生行政部门的有关规定，造成传染病菌种、毒种扩散，涉嫌下列情形之一的，应予立案追诉：

（一）导致甲类和按甲类管理的传染病传播的；

（二）导致乙类、丙类传染病流行、暴发的；

（三）造成人员重伤或者死亡的；

（四）严重影响正常的生产、生活秩序的；

（五）其他造成严重后果的情形。

二、最高人民法院、最高人民检察院、公安部、司法部《关于依法惩治妨害新型冠状病毒感染肺炎疫情防控违法犯罪的意见》（节录）（2020年2月6日最高人民法院、最高人民检察院、公安部、司法部公布　自公布之日起施行　法发〔2020〕7号）

二、准确适用法律，依法严惩妨害疫情防控的各类违法犯罪

（七）依法严惩疫情防控失职渎职、贪污挪用犯罪。在疫情防控工作中，负有组织、协调、指挥、灾害调查、控制、医疗救治、信息传递、交通运输、物资保障等职责的国家机关工作人员，滥用职权或者玩忽职守，致使公共财产、国家和人民利益遭受重大损失的，依照刑法第三百九十七条的规定，以滥用职权罪或者玩忽职守罪定罪处罚。

卫生行政部门的工作人员严重不负责任，不履行或者不认真履行防治监管职责，导致新型冠状病毒感染肺炎传播或者流行，情节严重的，依照刑法第四百零九条的规定，以传染病防治失职罪定罪处罚。

从事实验、保藏、携带、运输传染病菌种、毒种的人员，违反国务院卫生行政部门的有关规定，造成新型冠状病毒毒种扩散，后果严重的，依照刑法第三百三十一条的规定，以传染病毒种扩散罪定罪处罚。

国家工作人员，受委托管理国有财产的人员，公司、企业或者其他单位的人员，利用职务便利，侵吞、截留或者以其他手段非法占有用于防控新型冠状病毒感染肺炎的款物，或者挪用上述款物归个人使用，符合刑法第三百八十二条、第三百八十三条、第二百七十一条、第三百八十四条、第二百七十二条规定的，以贪污罪、职务侵占罪、挪用公款罪、挪用资金罪定罪处罚。挪用用于防控新型冠状病毒感染肺炎的救灾、优抚、救济等款物，符合刑法第二百七十三条规定的，对直接责任人员，以挪用特定款物罪定罪处罚。

相关法律法规

一、《中华人民共和国传染病防治法》（节录）（1989年2月21日中华人民共和国主席令第15号公布　自1989年9月1日起施行　2004年8月28日修订　2013年6月29日修正）

第七十四条　违反本法规定，有下列情形之一的，由县级以上地方人民政府卫生行政部门责令改正，通报批评，给予警告，已取得许可证的，可以依法暂扣或者吊销许可证；造成传染病传播、流行以及其他严重后果的，对负有责任的主管人员和其他直接责任人员，依法给予降级、撤职、开除的处分，并可以依法吊销有关责任人员的执业证书；构成犯罪的，依法追究刑事责任：

（一）疾病预防控制机构、医疗机构和从事病原微生物实验的单位，不符合国家规定的条件和技术标准，对传染病病原体样本未按照规定进行严格管理，造成实验室感染和病原微生物扩散的；

（二）违反国家有关规定，采集、保藏、携带、运输和使用传染病菌种、毒种和传染病检测样本的；

（三）疾病预防控制机构、医疗机构未执行国家有关规定，导致因输入血液、使用血液制品引起经血液传播疾病发生的。

二、《病原微生物实验室生物安全管理条例》（节录）（2004 年 11 月 12 日中华人民共和国国务院令第 424 号公布　自公布之日起施行　2016 年 2 月 6 日修订　2018 年 3 月 19 日修正）

第五十六条　三级、四级实验室未经批准从事某种高致病性病原微生物或者疑似高致病性病原微生物实验活动的，由县级以上地方人民政府卫生主管部门、兽医主管部门依照各自职责，责令停止有关活动，监督其将用于实验活动的病原微生物销毁或者送交保藏机构，并给予警告；造成传染病传播、流行或者其他严重后果的，由实验室的设立单位对主要负责人、直接负责的主管人员和其他直接责任人员，依法给予撤职、开除的处分；构成犯罪的，依法追究刑事责任。

第五十七条　卫生主管部门或者兽医主管部门违反本条例的规定，准予不符合本条例规定条件的实验室从事高致病性病原微生物相关实验活动的，由作出批准决定的卫生主管部门或者兽医主管部门撤销原批准决定，责令有关实验室立即停止有关活动，并监督其将用于实验活动的病原微生物销毁或者送交保藏机构，对直接负责的主管人员和其他直接责任人员依法给予行政处分；构成犯罪的，依法追究刑事责任。

因违法作出批准决定给当事人的合法权益造成损害的，作出批准决定的卫生主管部门或者兽医主管部门应当依法承担赔偿责任。

第五十八条　卫生主管部门或者兽医主管部门对出入境检验检疫机构为了检验检疫工作的紧急需要，申请在实验室对高致病性病原微生物或者疑似高致病性病原微生物开展进一步检测活动，不在法定期限内作出是否批准决定的，由其上级行政机关或者监察机关责令改正，给予警告；造成传染病传播、流行或者其他严重后果的，对直接负责的主管人员和其他直接责任人员依法给予撤职、开除的行政处分；构成犯罪的，依法追究刑事责任。

第五十九条　违反本条例规定，在不符合相应生物安全要求的实验室从事病原微生物相关实验活动的，由县级以上地方人民政府卫生主管部门、兽医主管部门依照各自职责，责令停止有关活动，监督其将用于实验活动的病原微生物销毁或者送交保藏机构，并给予警告；造成传染病传播、流行或者其他严重后果的，由实验室的设立单位对主要负责人、直接负责的主管人员和其他直接责任人员，依法给予撤职、开除的处分；构成犯罪的，依法追究刑事责任。

第六十条　实验室有下列行为之一的，由县级以上地方人民政府卫生主管部门、兽医主管部门依照各自职责，责令限期改正，给予警告；逾期不改正的，由实验室的设立单位对主要负责人、直接负责的主管人员和其他直接责任人员，依法给予撤职、开除的处分；有许可证件的，并由原发证部门吊销有关许可证件：

（一）未依照规定在明显位置标示国务院卫生主管部门和兽医主管部门规定的生物危险标识和生物安全实验室级别标志的；

（二）未向原批准部门报告实验活动结果以及工作情况的；

（三）未依照规定采集病原微生物样本，或者对所采集样本的来源、采集过程和方法等未作详细记录的；

（四）新建、改建或者扩建一级、二级实验室未向设区的市级人民政府卫生主管部门或者兽医主管部门备案的；

（五）未依照规定定期对工作人员进行培训，或者工作人员考核不合格允许其上岗，或者批准未采取防护措施的人员进入实验室的；

（六）实验室工作人员未遵守实验室生物安全技术规范和操作规程的；

（七）未依照规定建立或者保存实验档案的；

（八）未依照规定制定实验室感染应急处置预案并备案的。

三、《艾滋病防治条例》（节录）（2006 年 1 月 29 日中华人民共和国国务院令第 457 号公布　自 2006 年 3 月 1 日起施行　2019 年 3 月 2 日修正）

第二十二条　国家建立健全艾滋病监测网络。

国务院卫生主管部门制定国家艾滋病监测规划和方案。省、自治区、直辖市人民政府卫生主管部门根据国家艾滋病监测规划和方案，制定本行政区域的艾滋病监测计划和工作方案，组织开展艾滋病监测和专题调查，掌握艾滋病疫情变化情况和流行趋势。

疾病预防控制机构负责对艾滋病发生、流行以及影响其发生、流行的因素开展监测活动。

出入境检验检疫机构负责对出入境人员进行艾滋病监测，并将监测结果及时向卫生主管部门报告。

第二十三条　国家实行艾滋病自愿咨询和自愿检测制度。

县级以上地方人民政府卫生主管部门指定的医疗卫生机构，应当按照国务院卫生主管部门会同国务院其他有关部门制定的艾滋病自愿咨询和检测办法，为自愿接受艾滋病咨询、检测的人员免费提供咨询和初筛检测。

第二十四条　国务院卫生主管部门会同国务院其他有关部门根据预防、控制艾滋病的需要，可以规定应当进行艾滋病检测的情形。

第二十五条　省级以上人民政府卫生主管部门根据医疗卫生机构布局和艾滋病流行情况，按照国家有关规定确定承担艾滋病检测工作的实验室。

国家出入境检验检疫机构按照国务院卫生主管部门规定的标准和规范，确定承担出入境人员艾滋病检测工作的实验室。

第二十六条　县级以上地方人民政府和政府有关部门应当依照本条例规定，根据本行政区域艾滋病的流行情况，制定措施，鼓励和支持居民委员会、村民委员会以及其他有关组织和个人推广预防艾滋病的行为干预措施，帮助有易感染艾滋病病毒危险行为的人群改变行为。

有关组织和个人对有易感染艾滋病病毒危险行为的人群实施行为干预措施，应当符合本条例的规定以及国家艾滋病防治规划和艾滋病防治行动计划的要求。

第二十七条　县级以上人民政府应当建立艾滋病防治工作与禁毒工作的协调机制，组织有关部门落实针对吸毒人群的艾滋病防治措施。

省、自治区、直辖市人民政府卫生、公安和药品监督管理部门应当互相配合，根据本行政区域艾滋病流行和吸毒者的情况，积极稳妥地开展对吸毒成瘾者的药物维持治疗工作，并有计划地实施其他干预措施。

第二十八条 县级以上人民政府卫生、市场监督管理、药品监督管理、广播电视等部门应当组织推广使用安全套，建立和完善安全套供应网络。

第二十九条 省、自治区、直辖市人民政府确定的公共场所的经营者应当在公共场所内放置安全套或者设置安全套发售设施。

第三十条 公共场所的服务人员应当依照《公共场所卫生管理条例》的规定，定期进行相关健康检查，取得健康合格证明；经营者应当查验其健康合格证明，不得允许未取得健康合格证明的人员从事服务工作。

第三十一条 公安、司法行政机关对被依法逮捕、拘留和在监狱中执行刑罚以及被依法收容教育、强制戒毒和劳动教养的艾滋病病毒感染者和艾滋病病人，应当采取相应的防治措施，防止艾滋病传播。

对公安、司法行政机关依照前款规定采取的防治措施，县级以上地方人民政府应当给予经费保障，疾病预防控制机构应当予以技术指导和配合。

第三十二条 对卫生技术人员和在执行公务中可能感染艾滋病病毒的人员，县级以上人民政府卫生主管部门和其他有关部门应当组织开展艾滋病防治知识和专业技能的培训，有关单位应当采取有效的卫生防护措施和医疗保健措施。

第三十三条 医疗卫生机构和出入境检验检疫机构应当按照国务院卫生主管部门的规定，遵守标准防护原则，严格执行操作规程和消毒管理制度，防止发生艾滋病医院感染和医源性感染。

第三十四条 疾病预防控制机构应当按照属地管理的原则，对艾滋病病毒感染者和艾滋病病人进行医学随访。

第三十五条 血站、单采血浆站应当对采集的人体血液、血浆进行艾滋病检测；不得向医疗机构和血液制品生产单位供应未经艾滋病检测或者艾滋病检测阳性的人体血液、血浆。

血液制品生产单位应当在原料血浆投料生产前对每一份血浆进行艾滋病检测；未经艾滋病检测或者艾滋病检测阳性的血浆，不得作为原料血浆投料生产。

医疗机构应当对因应急用血而临时采集的血液进行艾滋病检测，对临床用血艾滋病检测结果进行核查；对未经艾滋病检测、核查或者艾滋病检测阳性的血液，不得采集或者使用。

第三十六条 采集或者使用人体组织、器官、细胞、骨髓等的，应当进行艾滋病检测；未经艾滋病检测或者艾滋病检测阳性的，不得采集或者使用。但是，用于艾滋病防治科研、教学的除外。

第三十七条 进口人体血液制品，应当依照药品管理法的规定，经国务院药品监督管理部门批准，取得进口药品注册证书。

禁止进出口用于临床医疗的人体血液、血浆、组织、器官、细胞、骨髓等。但是，出于人道主义、救死扶伤目的，可以进出口临床急需、捐献配型的特殊血型血液、骨髓造血干细胞、外周血造血干细胞、脐带血造血干细胞，由中国红十字会总会办理出入境手续；具体办法由国务院卫生主管部门会同国家出入境检验检疫机构制定。

依照前款规定进出口的特殊血型血液、骨髓造血干细胞、外周血造血干细胞、脐带血造血干细胞，应当依照国境卫生检疫法律、行政法规的有关规定，接受出入境检验检疫机构的检疫。未经检疫或者检疫不合格的，不得进出口。

第三十八条 艾滋病病毒感染者和艾滋病病人应当履行下列义务：

法律适用 相关法律法规

（一）接受疾病预防控制机构或者出入境检验检疫机构的流行病学调查和指导；

（二）将感染或者发病的事实及时告知与其有性关系者；

（三）就医时，将感染或者发病的事实如实告知接诊医生；

（四）采取必要的防护措施，防止感染他人。

艾滋病病毒感染者和艾滋病病人不得以任何方式故意传播艾滋病。

第三十九条 疾病预防控制机构和出入境检验检疫机构进行艾滋病流行病学调查时，被调查单位和个人应当如实提供有关情况。

未经本人或者其监护人同意，任何单位或者个人不得公开艾滋病病毒感染者、艾滋病病人及其家属的姓名、住址、工作单位、肖像、病史资料以及其他可能推断出其具体身份的信息。

第四十条 县级以上人民政府卫生主管部门和出入境检验检疫机构可以封存有证据证明可能被艾滋病病毒污染的物品，并予以检验或者进行消毒。经检验，属于被艾滋病病毒污染的物品，应当进行卫生处理或者予以销毁；对未被艾滋病病毒污染的物品或者经消毒后可以使用的物品，应当及时解除封存。

第四十一条 医疗机构应当为艾滋病病毒感染者和艾滋病病人提供艾滋病防治咨询、诊断和治疗服务。

医疗机构不得因就诊的病人是艾滋病病毒感染者或者艾滋病病人，推诿或者拒绝对其其他疾病进行治疗。

第四十二条 对确诊的艾滋病病毒感染者和艾滋病病人，医疗卫生机构的工作人员应当将其感染或者发病的事实告知本人；本人为无行为能力人或者限制行为能力人的，应当告知其监护人。

第四十三条 医疗卫生机构应当按照国务院卫生主管部门制定的预防艾滋病母婴传播技术指导方案的规定，对孕产妇提供艾滋病防治咨询和检测，对感染艾滋病病毒的孕产妇及其婴儿，提供预防艾滋病母婴传播的咨询、产前指导、阻断、治疗、产后访视、婴儿随访和检测等服务。

第四十四条 县级以上人民政府应当采取下列艾滋病防治关怀、救助措施：

（一）向农村艾滋病病人和城镇经济困难的艾滋病病人免费提供抗艾滋病病毒治疗药品；

（二）对农村和城镇经济困难的艾滋病病毒感染者、艾滋病病人适当减免抗机会性感染治疗药品的费用；

（三）向接受艾滋病咨询、检测的人员免费提供咨询和初筛检测；

（四）向感染艾滋病病毒的孕产妇免费提供预防艾滋病母婴传播的治疗和咨询。

第四十五条 生活困难的艾滋病病人遗留的孤儿和感染艾滋病病毒的未成年人接受义务教育的，应当免收杂费、书本费；接受学前教育和高中阶段教育的，应当减免学费等相关费用。

第四十六条 县级以上地方人民政府应当对生活困难并符合社会救助条件的艾滋病病毒感染者、艾滋病病人及其家属给予生活救助。

第四十七条 县级以上地方人民政府有关部门应当创造条件，扶持有劳动能力的艾滋病病毒感染者和艾滋病病人，从事力所能及的生产和工作。

第四十八条 县级以上人民政府应当将艾滋病防治工作纳入国民经济和社会发展规划，加强和完善艾滋病预防、检测、控制、治疗和救助服务网络的建设，建立健全艾滋病防治专业队伍。

各级人民政府应当根据艾滋病防治工作需要，将艾滋病防治经费列入本级财政预算。

第四十九条 县级以上地方人民政府按照本级政府的职责，负责艾滋病预防、控制、监督工作所需经费。

国务院卫生主管部门会同国务院其他有关部门，根据艾滋病流行趋势，确定全国与艾滋病防治相关的宣传、培训、监测、检测、流行病学调查、医疗救治、应急处置以及监督检查等项目。中央财政对在艾滋病流行严重地区和贫困地区实施的艾滋病防治重大项目给予补助。

省、自治区、直辖市人民政府根据本行政区域的艾滋病防治工作需要和艾滋病流行趋势，确定与艾滋病防治相关的项目，并保障项目的实施经费。

第五十条 县级以上人民政府应当根据艾滋病防治工作需要和艾滋病流行趋势，储备抗艾滋病病毒治疗药品、检测试剂和其他物资。

第五十一条 地方各级人民政府应当制定扶持措施，对有关组织和个人开展艾滋病防治活动提供必要的资金支持和便利条件。有关组织和个人参与艾滋病防治公益事业，依法享受税收优惠。

第五十二条 地方各级人民政府未依照本条例规定履行组织、领导、保障艾滋病防治工作职责，或者未采取艾滋病防治和救助措施的，由上级人民政府责令改正，通报批评；造成艾滋病传播、流行或者其他严重后果的，对负有责任的主管人员依法给予行政处分；构成犯罪的，依法追究刑事责任。

第五十三条 县级以上人民政府卫生主管部门违反本条例规定，有下列情形之一的，由本级人民政府或者上级人民政府卫生主管部门责令改正，通报批评；造成艾滋病传播、流行或者其他严重后果的，对负有责任的主管人员和其他直接责任人员依法给予行政处分；构成犯罪的，依法追究刑事责任：

（一）未履行艾滋病防治宣传教育职责的；

（二）对有证据证明可能被艾滋病病毒污染的物品，未采取控制措施的；

（三）其他有关失职、渎职行为。

出入境检验检疫机构有前款规定情形的，由其上级主管部门依照本条规定予以处罚。

第五十四条 县级以上人民政府有关部门未依照本条例规定履行宣传教育、预防控制职责的，由本级人民政府或者上级人民政府有关部门责令改正，通报批评；造成艾滋病传播、流行或者其他严重后果的，对负有责任的主管人员和其他直接责任人员依法给予行政处分；构成犯罪的，依法追究刑事责任。

第五十五条 医疗卫生机构未依照本条例规定履行职责，有下列情形之一的，由县级以上人民政府卫生主管部门责令限期改正，通报批评，给予警告；造成艾滋病传播、流行或者其他严重后果的，对负有责任的主管人员和其他直接责任人员依法给予降级、撤职、开除的处分，并可以依法吊销有关机构或者责任人员的执业许可证件；构成犯罪的，依法追究刑事责任：

（一）未履行艾滋病监测职责的；

（二）未按照规定免费提供咨询和初筛检测的；

（三）对临时应急采集的血液未进行艾滋病检测，对临床用血艾滋病检测结果未进行核查，或者将艾滋病检测阳性的血液用于临床的；

（四）未遵守标准防护原则，或者未执行操作规程和消毒管理制度，发生艾滋病医院感染或者医源性感染的；

（五）未采取有效的卫生防护措施和医疗保健措施的；

（六）推诿、拒绝治疗艾滋病病毒感染者或者艾滋病病人的其他疾病，或者对艾滋病病毒感染者、艾滋病病人未提供咨询、诊断和治疗服务的；

（七）未对艾滋病病毒感染者或者艾滋病病人进行医学随访的；

（八）未按照规定对感染艾滋病病毒的孕产妇及其婴儿提供预防艾滋病母婴传播技术指导的。

出入境检验检疫机构有前款第（一）项、第（四）项、第（五）项规定情形的，由其上级主管部门依照前款规定予以处罚。

第五十六条 医疗卫生机构违反本条例第三十九条第二款规定，公开艾滋病病毒感染者、艾滋病病人或者其家属的信息的，依照传染病防治法的规定予以处罚。

出入境检验检疫机构、计划生育技术服务机构或者其他单位、个人违反本条例第三十九条第二款规定，公开艾滋病病毒感染者、艾滋病病人或者其家属的信息的，由其上级主管部门责令改正，通报批评，给予警告，对负有责任的主管人员和其他直接责任人员依法给予处分；情节严重的，由原发证部门吊销有关机构或者责任人员的执业许可证件。

第五十七条 血站、单采血浆站违反本条例规定，有下列情形之一，构成犯罪的，依法追究刑事责任；尚不构成犯罪的，由县级以上人民政府卫生主管部门依照献血法和《血液制品管理条例》的规定予以处罚；造成艾滋病传播、流行或者其他严重后果的，对负有责任的主管人员和其他直接责任人员依法给予降级、撤职、开除的处分，并可以依法吊销血站、单采血浆站的执业许可证：

（一）对采集的人体血液、血浆未进行艾滋病检测，或者发现艾滋病检测阳性的人体血液、血浆仍然采集的；

（二）将未经艾滋病检测的人体血液、血浆，或者艾滋病检测阳性的人体血液、血浆供应给医疗机构和血液制品生产单位的。

第五十八条 违反本条例第三十六条规定采集或者使用人体组织、器官、细胞、骨髓等的，由县级人民政府卫生主管部门责令改正，通报批评，给予警告；情节严重的，责令停业整顿，有执业许可证件的，由原发证部门暂扣或者吊销其执业许可证件。

第五十九条 对不符合本条例第三十七条第二款规定进出口的人体血液、血浆、组织、器官、细胞、骨髓等，进出口口岸出入境检验检疫机构应当禁止出入境或者监督销毁。提供、使用未经出入境检验检疫机构检疫的进口人体血液、血浆、组织、器官、细胞、骨髓等的，由县级以上人民政府卫生主管部门没收违法物品以及违法所得，并处违法物品货值金额3倍以上5倍以下的罚款；对负有责任的主管人员和其他直接责任人员由其所在单位或者上级主管部门依法给予处分。

未经国务院药品监督管理部门批准，进口血液制品的，依照药品管理法的规定予以处罚。

第六十条 血站、单采血浆站、医疗卫生机构和血液制品生产单位违反法律、行政法规的规定，造成他人感染艾滋病病毒的，应当依法承担民事赔偿责任。

第六十一条 公共场所的经营者未查验服务人员的健康合格证明或者允许未取得健康合格证明的人员从事服务工作，省、自治区、直辖市人民政府确定的公共场所的经营者未在公共场所内放置安全套或者设置安全套发售设施的，由县级以上人民政府卫生主管部门责令限期改正，给予警告，可以并处500元以上5000元以下的罚款；逾期不改正的，责令停业整顿；情节严重的，由原发证部门依法吊销其执业许可证件。

第六十二条 艾滋病病毒感染者或者艾滋病病人故意传播艾滋病的，依法承担民事赔偿责任；构成犯罪的，依法追究刑事责任。

97 妨害国境卫生检疫案

概念 本罪是指违反国境卫生检疫规定，引起检疫传染病的传播，或者有引起检疫传染病传播严重危险的行为。

立案标准 实施违反国境卫生检疫规定，引起检疫传染病的传播或者有引起检疫传染病传播的严重危险的行为，应当立案。

定罪标准		
定罪标准	犯罪客体	本罪侵犯的客体是国境卫生检疫管理秩序。国境卫生检疫，是国家在国境口岸采取的防疫措施，以防止严重传染病传出或传入我国国境。对出入国境的人实施卫生检疫，是主权国家行使国家卫生管理的重要方面。我国《国境卫生检疫法》规定在我国的国际通航的海港和机场所在地，以及陆地边境和国界江河的进出口岸，设立国境卫生检疫机关。对进出国境的人员和交通工具、行李、货物实施医学检查、卫生检查和必要的卫生处理，以保护我国人民的生命财产安全。而违反国境卫生检疫规定，足以引起检疫传染病传播的行为，就是对我国国境卫生检疫管理活动的破坏。
	犯罪客观方面	本罪在客观方面表现为行为人违反国境卫生检疫规定，实施了引起检疫传染病的传播，或者引起检疫传染病传播严重危险的行为。 违反国境卫生检疫规定，是指入境、出境时采取逃避、蒙混或者其他手段，不接受国境卫生检疫机关对人身或者物品的医学检查、卫生检查和必要的卫生处理，以及其他违反应当接受国境卫生检疫义务的行为。根据《国境卫生检疫法》及《国境卫生检疫法实施细则》的有关规定，违反国境卫生检疫规定应受行政处罚的行为包括下列几种情形：（1）应当接受入境检疫的船舶，不悬挂检疫信号的；（2）入境、出境的交通工具，在入境检疫之前或者在出境检疫之后，擅自上下人员，装卸行李、货物、邮包等物品的；（3）拒绝接受检疫或者抵制卫生监督，拒不接受卫生处理的；（4）伪造或者涂改检疫单、证，不如实申报疫情的；（5）瞒报携带禁止进口的微生物、人体组织、生物制品、血液及其制品或者其他可能引起传染病传播的动物和物品的；（6）未经检疫的入境、出境交通工具，擅自离开检疫地点，逃避查验的；（7）隐瞒疫情或者伪造情节的；（8）未经卫生检疫机关实施卫生处理，擅自排放压舱水，移下垃圾、污物等控制的物品的；（9）未经卫生检疫机关实施卫生处理，擅自移运尸体、骸骨的；（10）废旧物品、废旧交通工具，未向卫生检疫机关申报，未经卫生检疫机关实施卫生处理和签发卫生检疫证书而擅自入境、出境或者使用、拆卸的；（11）未经卫生检疫机关检查，从交通工具上移下传染病病人造成传染病传播危险的。 引起检疫传染病传播或者有传播严重危险是构成本罪的结果条件。检疫传染病，是指鼠疫、霍乱、黄热病、艾滋病以及国务院确定和公布的其他传染病。引起检疫传染病传播，是指实际造成了传播的后果，也就是说，使他人感染上了检疫传染病，但

定罪标准	犯罪客观方面	感染的人数没有要求，也不要求被传播的人发生死亡等严重后果。所谓有传播严重危险，是指虽然尚未实际造成检疫传染病的传播，但具有造成检疫传染病传播的极大的现实可能性，一般表现为散播了大量检疫传染病病菌或者病毒，对公共卫生构成严重威胁的情况。
	犯罪主体	本罪的主体是一般主体，包括自然人和单位。但一般必须是出入国（边）境的人才可能构成本罪。不出入国（边）境的人，不会直接成为本罪的主体。单位也可以成为本罪主体。 根据有关规定，本罪主体具体包括下列几类人员和单位：（1）入境、出境的旅客。无论乘坐船舶、飞机、列车等交通工具入境、出境的旅客，还是徒步入境、出境的旅客都可以成为本罪的主体。（2）入境、出境的交通工具上的员工。这类人员在入境、出境时与普通旅客一样负有接受国境卫生检疫的义务。（3）入境、出境的集装箱、货物、废旧物品的承运人、代理人或者货主。这类人员在其所承运、代理、所有的上述物品入境、出境时，应当向国境卫生检疫机关申报并接受卫生检疫。（4）入境、出境的微生物、人体组织、生物制品、血液及其制品或者其他可能引起传染病传播的动物等特殊物品的携带人、托运人或者邮递人。（5）入境、出境的尸体、骸骨的托运人或者代理人。上述人员在尸体、骸骨入境、出境时，没有申请卫生检疫的；或者逃避、拒绝接受卫生检疫机关对不符合卫生要求的尸体、骸骨实施的卫生处理的；或者未经卫生检疫机关签发尸体、骸骨入境、出境许可证而擅自将其运进、运出的；或者擅自移运经查验系因患检疫传染病而死亡的病人尸体的，就有可能成为本罪主体。（6）邮政部门或者邮政工作人员。未经卫生检疫机关许可，邮政部门不得运递邮包进出境。若邮政部门或者其工作人员违反该规定，引起检疫传染病传播或者有传播严重危险的，则可成为本罪主体。（7）入境、出境的交通工具的负责人。入境、出境的交通工具的负责人，主要是指运送旅客、货物或者其他物品入境、出境的船舶、飞机、列车等交通工具的负责人。此外，还包括来自国外的因故停泊、降落在中国境内非口岸地点的船舶、航空器的负责人。（8）国境口岸的有关单位或其直接负责的主管人员和其他直接责任人员以及国境口岸交通工具的负责人。（9）引航员和其他人员。对染疫船舶、染疫嫌疑船舶上的引航员和经卫生检疫机关许可上船的人员应当视同员工接受有关卫生处理。此外，在入境检疫以及必要的卫生处理完毕之前或者出境检疫以及必要的卫生处理完毕之后，上下交通工具的其他人员也有义务接受或者再次接受卫生检疫机关的检疫。
	犯罪主观方面	本罪主观方面是过失。但对于违反国境卫生检疫规定则是有意而为，即行为人明知应当接受卫生检疫检查而故意逃避或拒绝。因此，行为人不知自己是检疫传染病的带菌者，但只要明知进入我国时应当接受卫生检查却故意逃避，从而引起检疫传染病的传播或有传播严重危险的，就应构成本罪。实施本罪的动机是多种多样的，不管出于什么动机，只要是违反国境卫生的检疫规定，就符合本罪的主观要件。
	罪与非罪	区分罪与非罪的界限，关键是看是否引起检疫传染病传播以及是否有传播严重危险。本罪是危险犯，一经实施违反国境卫生检疫规定，有引起检疫传染病传播危险的，即构成犯罪。

定罪标准	此罪与彼罪	一、本罪与妨害传染病防治罪的界限。二者存在诸多相同之处，如都妨害了社会管理秩序，都以违反有关行政法规的规定为前提，都有引起传染病传播或有传播严重危险的后果，犯罪主体均为一般主体，主观方面皆出自过失等等。两罪的主要区别在于：（1）犯罪的直接客体不同。前者侵犯的主要是国境卫生检疫的管理制度；而后者侵犯的是国家关于传染病防治的管理制度。（2）违反的行政法规不同。前者违反的是《国境卫生检疫法》的有关规定；后者违反的是《传染病防治法》的有关规定。（3）危害结果不同。前者引起了鼠疫、霍乱、黄热病、艾滋病等检疫传染病传播或者有传播严重危险；后者则是引起了鼠疫、霍乱等甲类传染病的传播或者有传播严重危险。 二、本罪与传染病防治失职罪的界限。二者存在某些相似之处，比如，二者都违反了《国境卫生检疫法》的有关规定；都可能造成了检疫传染病的传播；都危害了公共安全；都是出自过失。两者的主要区别在于：（1）犯罪的主要客体不同。前者侵犯的主要客体是国境卫生检疫管理制度；后者侵害的主要客体是国家对传染病防治工作进行监管的正常活动。（2）行为的非法性不同。前者的非法性在于行为人违反了应当接受国境卫生检疫的义务；后者的非法性则在于行为人违背了对传染病防治进行监督管理的职责，既可能是国境卫生检疫职责，也可能是其他传染病防治监管职责。（3）犯罪的危害结果不同。就危害结果的形态而言，前者既包括实害结果（引起检疫传染病传播），也包括危险结果（引起检疫传染病传播的严重危险）；而后者只包括实害结果一种，即必须发生导致传染病传播或者流行且情节严重的事实情况。就造成传播的传染病的种类而言，前者只包括鼠疫、霍乱、艾滋病等检疫传染病，范围较窄；后者则包括所有法定管理的3类35种传染病，种类繁多。（4）犯罪主体不同。前者是一般主体，自然人和单位均可成其主体；后者是特殊主体，仅限于从事传染病防治的政府卫生行政部门工作人员，其他自然人或者单位不能成为该罪主体。
证据参考标准	主体方面的证据	**一、证明行为人刑事责任年龄、身份等自然情况的证据。** 包括身份证明、户籍证明、任职证明、工作经历证明、特定职责证明等，主要是证明行为人的姓名（曾用名）、性别、出生年月日、民族、籍贯、出生地、职业（或职务）、住所地（或居所地）等证据材料，如户口簿、居民身份证、工作证、出生证、专业或技术等级证、干部履历表、职工登记表、护照等。 对于户籍、出生证等材料内容不实的，应提供其他证据材料。外国人犯罪的案件，应有护照等身份证明材料。人大代表、政协委员犯罪的案件，应注明身份，并附身份证明材料。 **二、证明行为人刑事责任能力的证据。** 证明行为人对自己的行为是否具有辨认能力与控制能力，如是否属于间歇性精神病人、尚未完全丧失辨认或者控制自己行为能力的精神病人的证明材料。 **三、证明单位的证据。** 证明是否属于依法成立并有合法经营、管理范围的公司、企业、事业单位、机关、团体。 证明单位的名称、住所地、性质、法定代表人、单位负责人、业务范围、成立时间等证据材料，如企业营业执照、国有公司性质证明及非法人单位的身份证明等。 **四、证明法定代表人、单位负责人或直接责任人员等的身份证据。** 法定代表人、直接负责的主管人员和其他直接责任人在单位的任职、职责、负责

证据参考标准	主体方面的证据	权限的证明材料等。包括身份证明、户籍证明、任职证明等，如户口簿、居民身份证、工作证、护照、专业或技术等级证、干部履历表、职工登记表、任命书、业务分工文件、委派文件、单位证明、单位规章制度等。
	主观方面的证据	证明行为人过失的证据：1. 证明行为人过失的证据：证明行为人应当预见自己的行为可能发生危害社会的结果；2. 证明疏忽大意的过失的证据；3. 证明过于自信的过失的证据。
	客观方面的证据	证明行为人妨害国境卫生检疫犯罪行为的证据。 具体证据包括：1. 证明行为人引起检疫传染病传染行为的证据：（1）鼠疫；（2）霍乱；（3）天花；（4）黄热病；（5）艾滋病；（6）其他。2. 证明行为人有引起检疫传染病传播严重危险行为的证据：（1）鼠疫；（2）霍乱；（3）天花；（4）黄热病；（5）艾滋病；（6）其他。
	量刑方面的证据	**一、法定量刑情节证据。** 1. 事实情节。2. 法定从重情节。3. 法定从轻减轻情节：（1）可以从轻；（2）可以从轻或者减轻；（3）应当从轻或者减轻。4. 法定从轻减轻免除情节：（1）可以从轻、减轻或者免除处罚；（2）应当从轻、减轻或者免除处罚。5. 法定减轻免除情节：（1）可以减轻或者免除处罚；（2）应当减轻或者免除处罚；（3）可以免除处罚。 **二、酌定量刑情节证据。** 1. 犯罪手段：（1）逃避检疫；（2）其他。2. 犯罪对象。3. 危害结果。4. 动机。5. 平时表现。6. 认罪态度。7. 是否有前科。8. 其他证据。
量刑标准	犯本罪的	处三年以下有期徒刑或者拘役，并处或者单处罚金
	单位犯本罪的	对单位判处罚金，并对直接负责的主管人员和其他直接责任人员，依上述规定处罚
法律适用	刑法条文	**第三百三十二条** 违反国境卫生检疫规定，引起检疫传染病传播或者有传播严重危险的，处三年以下有期徒刑或者拘役，并处或者单处罚金。 单位犯前款罪的，对单位判处罚金，并对其直接负责的主管人员和其他直接责任人员，依照前款的规定处罚。
	司法解释	**最高人民检察院、公安部《关于公安机关管辖的刑事案件立案追诉标准的规定（一）》（节录）**（2008年6月25日最高人民检察院、公安部公布 自公布之日起施行 公通字〔2008〕36号 2017年4月27日修正） **第五十一条** ［妨害国境卫生检疫案（刑法第三百三十二条）］违反国境卫生检疫规定，引起检疫传染病传播或者有传播严重危险的，应予立案追诉。 本条规定的“检疫传染病”，是指鼠疫、霍乱、黄热病以及国务院确定和公布的其他传染病。

一、《中华人民共和国国境卫生检疫法》（节录）（1986年12月2日中华人民共和国主席令第46号公布　自1987年5月1日起施行　2009年8月27日第一次修正　2018年4月27日第二次修正）

第二十二条　违反本法规定，引起检疫传染病传播或者有引起检疫传染病传播严重危险的，依照刑法有关规定追究刑事责任。

二、《中华人民共和国国境卫生检疫法实施细则》（节录）（1989年3月6日中华人民共和国卫生部令第2号公布　自公布之日起施行　2010年4月24日第一次修订　2016年2月6日第二次修订　2019年3月2日修正）

第二条　《国境卫生检疫法》和本细则所称：

"查验"指国境卫生检疫机关（以下称卫生检疫机关）实施的医学检查和卫生检查。

"染疫人"指正在患检疫传染病的人，或者经卫生检疫机关初步诊断，认为已经感染检疫传染病或者已经处于检疫传染病潜伏期的人。

"染疫嫌疑人"指接触过检疫传染病的感染环境，并且可能传播检疫传染病的人。

"隔离"指将染疫人收留在指定的处所，限制其活动并进行治疗，直到消除传染病传播的危险。

"留验"指将染疫嫌疑人收留在指定的处所进行诊察和检验。

"就地诊验"指一个人在卫生检疫机关指定的期间，到就近的卫生检疫机关或者其他医疗卫生单位去接受诊察和检验；或者卫生检疫机关、其他医疗卫生单位到该人员的居留地，对其进行诊察和检验。

"运输设备"指货物集装箱。

"卫生处理"指隔离、留验和就地诊验等医学措施，以及消毒、除鼠、除虫等卫生措施。

"传染病监测"指对特定环境、人群进行流行病学、血清学、病原学、临床症状以及其他有关影响因素的调查研究，预测有关传染病的发生、发展和流行。

"卫生监督"指执行卫生法规和卫生标准所进行的卫生检查、卫生鉴定、卫生评价和采样检验。

"交通工具"指船舶、航空器、列车和其他车辆。

"国境口岸"指国际通航的港口、机场、车站、陆地边境和国界江河的关口。

第一百零九条　《国境卫生检疫法》和本细则所规定的应当受行政处罚的行为是指：

（一）应当受入境检疫的船舶，不悬挂检疫信号的；

（二）入境、出境的交通工具，在入境检疫之前或者在出境检疫之后，擅自上下人员，装卸行李、货物、邮包等物品的；

（三）拒绝接受检疫或者抵制卫生监督，拒不接受卫生处理的；

（四）伪造或者涂改检疫单、证、不如实申报疫情的；

（五）瞒报携带禁止进口的微生物、人体组织、生物制品、血液及其制品或者其他可能引起传染病传播的动物和物品的；

（六）未经检疫的入境、出境交通工具，擅自离开检疫地点，逃避查验的；

（七）隐瞒疫情或者伪造情节的；

（八）未经卫生检疫机关实施卫生处理，擅自排放压舱水，移下垃圾、污物等控制的物品的；

相关法律法规

（九）未经卫生检疫机关实施卫生处理，擅自移运尸体、骸骨的；

（十）废旧物品、废旧交通工具，未向卫生检疫机关申报，未经卫生检疫机关实施卫生处理和签发卫生检疫证书而擅自入境、出境或者使用、拆卸的；

（十一）未经卫生检疫机关检查，从交通工具上移下传染病病人造成传染病传播危险的。

法律适用 规章及规范性文件

最高人民法院、最高人民检察院、公安部、司法部、海关总署《关于进一步加强国境卫生检疫工作依法惩治妨害国境卫生检疫违法犯罪的意见》（2020年3月13日 最高人民法院、最高人民检察院、公安部、司法部、海关总署发布 自发布之日起施行 署法发〔2020〕50号）

为进一步加强国境卫生检疫工作，依法惩治妨害国境卫生检疫违法犯罪行为，维护公共卫生安全，保障人民群众生命安全和身体健康，根据有关法律、司法解释的规定，制定本意见。

一、充分认识国境卫生检疫对于维护公共卫生安全的重要意义

国境卫生检疫对防止传染病传入传出国境，保障人民群众生命安全和身体健康，维护公共卫生安全和社会安定有序发挥着重要作用。党中央、国务院高度重视国境卫生检疫工作，特别是新冠肺炎疫情发生以来，习近平总书记对强化公共卫生法治保障、改革完善疾病预防控制体系、健全防治结合、联防联控、群防群治工作机制作出一系列重要指示批示。各级人民法院、人民检察院、公安机关、司法行政机关、海关要切实提高政治站位，把思想和行动统一到习近平总书记重要指示批示精神上来，坚决贯彻落实党中央决策部署，增强“四个意识”、坚定“四个自信”、做到“两个维护”；从贯彻落实总体国家安全观、推动构建人类命运共同体的高度，始终将人民群众的生命安全和身体健康放在第一位，切实提升国境卫生检疫行政执法和司法办案水平。特别是面对当前新冠肺炎疫情在境外呈现扩散态势、通过口岸向境内蔓延扩散风险加剧的严峻形势，要依法及时、从严惩治妨害国境卫生检疫的各类违法犯罪行为，切实筑牢国境卫生检疫防线，坚决遏制疫情通过口岸传播扩散，为维护公共卫生安全提供有力的法治保障。

二、依法惩治妨害国境卫生检疫的违法犯罪行为

为加强国境卫生检疫工作，防止传染病传入传出国境，保护人民群众健康安全，刑法、国境卫生检疫法对妨害国境卫生检疫违法犯罪行为及其处罚作出规定。人民法院、人民检察院、公安机关、海关在办理妨害国境卫生检疫案件时，应当准确理解和严格适用刑法、国境卫生检疫法等有关规定，依法惩治相关违法犯罪行为。

（一）进一步加强国境卫生检疫行政执法。海关要在各口岸加强国境卫生检疫工作宣传，引导出入境人员以及接受检疫监管的单位和人员严格遵守国境卫生检疫法等法律法规的规定，配合和接受海关国境卫生检疫。同时，要加大国境卫生检疫行政执法力度，对于违反国境卫生检疫法及其实施细则，尚不构成犯罪的行为，依法给予行政处罚。

（二）依法惩治妨害国境卫生检疫犯罪。根据刑法第三百三十二条规定，违反国境卫生检疫规定，实施下列行为之一的，属于妨害国境卫生检疫行为：

1. 检疫传染病染疫人或者染疫嫌疑人拒绝执行海关依照国境卫生检疫法等法律法规提出的健康申报、体温监测、医学巡查、流行病学调查、医学排查、采样等卫生检疫措施，或者隔离、留验、就地诊验、转诊等卫生处理措施的；

2. 检疫传染病染疫人或者染疫嫌疑人采取不如实填报健康申明卡等方式隐瞒疫情，或者伪造、涂改检疫单、证等方式伪造情节的；

3. 知道或者应当知道实施审批管理的微生物、人体组织、生物制品、血液及其制品等特殊物品可能造成检疫传染病传播，未经审批仍逃避检疫，携运、寄递出入境的；

4. 出入境交通工具上发现有检疫传染病染疫人或者染疫嫌疑人，交通工具负责人拒绝接受卫生检疫或者拒不接受卫生处理的；

5. 来自检疫传染病流行国家、地区的出入境交通工具上出现非意外伤害死亡且死因不明的人员，交通工具负责人故意隐瞒情况的；

6. 其他拒绝执行海关依照国境卫生检疫法等法律法规提出的检疫措施的。

实施上述行为，引起鼠疫、霍乱、黄热病以及新冠肺炎等国务院确定和公布的其他检疫传染病传播或者有传播严重危险的，依照刑法第三百三十二条的规定，以妨害国境卫生检疫罪定罪处罚。

对于单位实施妨害国境卫生检疫行为，引起鼠疫、霍乱、黄热病以及新冠肺炎等国务院确定和公布的其他检疫传染病传播或者有传播严重危险的，应当对单位判处罚金，并对其直接负责的主管人员和其他直接责任人员定罪处罚。

三、健全完善工作机制，保障依法科学有序防控

（一）做好行刑衔接。海关要严把口岸疫情防控第一关，严厉追究违反国境卫生检疫规定的行政法律责任，完善执法办案流程，坚持严格执法和依法办案。做好行政执法和刑事司法的衔接，对符合国境卫生检疫监管领域刑事案件立案追诉标准的案件，要依照有关规定，及时办理移送公安机关的相关手续，不得以行政处罚代替刑事处罚。

（二）加快案件侦办。公安机关对于妨害国境卫生检疫犯罪案件，要依法及时立案查处，全面收集固定证据。对新冠肺炎疫情防控期间发生的妨害国境卫生检疫犯罪，要快侦快破，并及时予以曝光，形成强大震慑。

（三）强化检察职能。人民检察院要加强对妨害国境卫生检疫犯罪案件的立案监督，发现应当立案而不立案的，应当要求公安机关说明理由，认为理由不成立的，应当依法通知公安机关立案。对于妨害国境卫生检疫犯罪案件，人民检察院可以对案件性质、收集证据和适用法律等向公安机关提出意见建议。对于符合逮捕、起诉条件的涉嫌妨害国境卫生检疫罪的犯罪嫌疑人，应当及时批准逮捕、提起公诉。发挥检察建议的作用，促进疫情防控体系化治理。

（四）加强沟通协调。人民法院、人民检察院、公安机关、司法行政机关、海关要加强沟通协调，畅通联系渠道，建立常态化合作机制。既要严格履行法定职责，各司其职，各负其责，又要相互配合，相互协作，实现资源共享和优势互补，形成依法惩治妨害国境卫生检疫违法犯罪的合力。对社会影响大、舆论关注度高的重大案件，要按照依法处置、舆论引导、社会面管控“三同步”要求，及时澄清事实真相，做好舆论引导和舆情应对工作。

（五）坚持过罚相当。进一步规范国境卫生检疫执法活动，切实做到严格规范公正文明执法。注重把握宽严相济政策：对于行政违法行为，要根据违法行为的危害程度和悔过态度，综合确定处罚种类和幅度。对于涉嫌犯罪的，要重点打击情节恶劣、后果严重的犯罪行为；对于情节轻微且真诚悔改的，依法予以从宽处理。

（六）维护公平正义。人民法院、人民检察院、公安机关要依法保障犯罪嫌疑人、被告人的各项诉讼权利特别是辩护权，切实维护当事人合法权益，维护法律正确实施。司法行政机关要加强对律师辩护代理工作的指导监督，促进律师依法依规执业。人民法院、人民检察院、公安机关、司法行政机关、海关要认真落实“谁执法谁普法”责任制，选取典型案例，开展以案释法，加大警示教育，震慑不法分子，释放正能量，为疫情防控营造良好的法治和社会环境。

98 非法组织卖血案

概念

本罪是指未经卫生行政主管部门的批准或者委托，采用招募、雇佣、纠集、利诱等手段，非法组织他人出卖血液的行为。

立案标准

非法组织他人出卖血液，涉嫌下列情形之一的，应予立案追诉：

（1）组织卖血3人次以上的；

（2）组织卖血非法获利2000元以上的；

（3）组织未成年人卖血的；

（4）被组织卖血的人的血液含有艾滋病病毒、乙型肝炎病毒、丙型肝炎病毒、梅毒螺旋体等病原微生物的；

（5）其他非法组织卖血应予追究刑事责任的情形。

定罪标准		
定罪标准	犯罪客体	本罪侵害的客体是国家对公共卫生的管理秩序和公众使用血液的安全性。为加强对采供血机构和血源的管理，保证血液质量，维护社会公共卫生安全，我国颁布了一系列的法律、法规、规章来建立我国的血液管理制度。其中最主要的有《献血法》《血液制品管理条例》《血站管理办法》等。依据《血站管理办法》，未取得采供血许可的单位和个人，不得开展采供血业务。开展采供血业务，只能由血站进行。血站是指不以营利为目的采集、提供临床用血的公益性卫生机构。血站管理以省、自治区、直辖市为区域，实行统一规划设置血站、统一管理采供血和统一管理临床用血的原则。血站必须按照注册登记的项目、内容、范围，开展采供血业务，并为献血者提供各种安全、卫生、便利的条件。近年来，随着医学的进步，血液在医疗、防疫中的使用日趋广泛。由于输血供血不平衡，一些大中城市出现了血源紧张的状况。一些不法分子乘机以营利为目的，非法组织本地供血人员到其他地方卖血。这些情况的出现，严重危害了广大群众的身体健康。非法组织他人出卖血液，为我国社会主义制度所不容。非法组织他人卖血的行为不仅严重损害和威胁出卖血液人的身心健康，更有甚者，还会有可能引发血液传染病的蔓延，严重危害正常的医疗卫生秩序。因此，对非法组织他人出卖血液的犯罪分子必须严惩。
	犯罪客观方面	本罪在客观方面表现为行为人违反有关《献血法》的规定，未经国家卫生行政主管部门的批准，非法组织他人出卖血液的行为。违反有关《献血法》的规定，是指行为人违反我国《献血法》规定的无偿献血制度，将血液视为“商品”而组织他人加以出卖。1997年12月29日第八届全国人民代表大会常务委员会第29次会议通过了《献血法》，在第2条第1款明确规定：“国家实行无偿献血制度。”这是第一次以法律的形式规定无偿献血制度，意味着对卖血行为及组织卖血行为的坚决取缔。因此，非法组织、策划、指挥他人出卖血液，为其卖血进行安排、计划和提供条件的行为是非法的。所谓组织，是指发起建立非法的卖血组织或设立非法的卖血地点，并在其中起组织作用。组织的方法包括通过集会动员、广告招募、以言辞劝说、以金钱引诱等。

<table>
<tr><td rowspan="6">定罪标准</td><td>犯罪客观方面</td><td>等。例如，串联、组织分散的不符合献血条件的卖血人员，将其血液出卖给不符合法定条件的“采血站”等。所谓策划，是指制定非法组织他人出卖血液的计划，进行谋划布置。所谓指挥，是指在实施非法组织他人出卖血液活动中起领导作用，指使出卖血液活动的实施。本罪的犯罪手段是多种多样的，一般是采用招募、雇佣、利诱、欺骗等手段纠集、控制他人向血站、红十字会或其他采集血液的医疗机构出卖血液。</td></tr>
<tr><td>犯罪主体</td><td>本罪的主体是一般主体，即凡是达到刑事责任年龄、具有刑事责任能力的自然人，均可成为本罪的主体。实践中一般把非法组织他人出卖血液者称为“血头”、“血霸”。组织他人出卖血液者的身份各种各样，有工人、农民、社会闲散人员，甚至还有国家机关的工作人员。</td></tr>
<tr><td>犯罪主观方面</td><td>本罪在主观方面出于直接故意，而且一般具有牟利的目的。也就是说，行为人明知是非法组织、策划、指挥他人进行出卖血液活动及其危害结果，并且希望这种危害结果的发生。至于本罪是否以牟利为目的，本条未作规定。一般而言，非法组织他人出卖血液的行为多以牟利为目的，但并不以此目的为构成要件。因此，无论行为人是基于何种目的，只要实施了组织他人出卖血液的行为，即可构成本罪。</td></tr>
<tr><td>罪与非罪</td><td>非法组织他人出卖血液的，即构成非法组织卖血罪。犯本罪对他人造成伤害的，以故意伤害罪定罪处罚。这里的伤害应限于重伤害，即非法组织出卖血液，造成他人轻伤的，仍应认定为非法组织卖血罪；但造成重伤害的，则应认定为故意伤害罪，并适用重伤的法定刑。如果行为人致人死亡，则宜认定为故意伤害（致死）罪。</td></tr>
<tr><td>此罪与彼罪</td><td>一、本罪与强迫卖血罪的界限。两罪在主体上都是一般主体，必须是年满16周岁的人才能构成；主观上都是出于故意，即明知自己行为的性质而仍然实施这种行为；客体上都直接侵犯了国家对献血工作的管理制度。但它们又有明显的不同：（1）客体不完全相同。非法组织卖血罪没有侵犯卖血者的人身权利；而强迫卖血罪则侵犯了卖血者的人身权利。（2）客观方面不同。非法组织卖血罪中的被组织者是自愿卖血的；而强迫卖血罪中的卖血者则是被迫的；本罪表现为组织行为；而后者表现为以暴力、威胁方法强迫的行为。
二、本罪与非法采集、供应血液、制作、供应血液制品罪的界限。两罪都是血液方面的危害公共卫生罪，主观上都出于故意，客观方面也表现出一定的相似之处，主体都是一般主体，客体也基本相同，但二者是有明显区别的：（1）犯罪对象不完全相同。本罪的对象只能是血液，不包括血液制品；后者的对象不仅包括血液，还包括血液制品。（2）行为方式不同。本罪表现为将血液作为商品加以出卖而破坏无偿献血制度；后罪表现为没有采供血液资格或制作、供应血液制品的资格而非法进行采供或制作、供应而破坏采供血以及血液制品管理制度。（3）本罪是行为犯；后者是危险犯，必须足以危害人体健康的才能构成犯罪。（4）本罪的主体在理论上属于组织犯；后者的主体在理论上属于实行犯。</td></tr>
<tr><td colspan="2"></td></tr>
<tr><td>证据参考标准</td><td>主体方面的证据</td><td>一、证明行为人刑事责任年龄、身份等自然情况的证据。
包括身份证明、户籍证明、任职证明、工作经历证明、特定职责证明等，主要是证明行为人的姓名（曾用名）、性别、出生年月日、民族、籍贯、出生地、职业（或职务）、住所地（或居所地）等证据材料，如户口簿、居民身份证、工作证、出生证、专业或技术等级证、干部履历表、职工登记表、护照等。</td></tr>
</table>

<table>
<tr><td rowspan="4">证据参考标准</td><td>主体方面的证据</td><td colspan="2">对于户籍、出生证等材料内容不实的，应提供其他证据材料。外国人犯罪的案件，应有护照等身份证明材料。人大代表、政协委员犯罪的案件，应注明身份，并附身份证明材料。
二、证明行为人刑事责任能力的证据。
证明行为人对自己的行为是否具有辨认能力与控制能力，如是否属于间歇性精神病人、尚未完全丧失辨认或者控制自己行为能力的精神病人的证明材料。</td></tr>
<tr><td>主观方面的证据</td><td colspan="2">证明行为人故意的证据：1. 证明行为人明知的证据：证明行为人明知自己的行为会发生危害社会的结果；2. 证明直接故意的证据：证明行为人希望危害结果发生。</td></tr>
<tr><td>客观方面的证据</td><td colspan="2">证明行为人非法组织卖血犯罪行为的证据。
具体证据包括：1. 证明行为人非法组织出卖血液行为的证据：（1）男；（2）女；（3）老人；（4）未成年人。2. 证明行为人引诱、招徕他人出卖血液行为的证据。3. 证明行为人为组织他人出卖血液安排、联系采血机构行为的证据。4. 证明行为人为组织他人出卖血液准备、办理各种手续行为的证据。</td></tr>
<tr><td>量刑方面的证据</td><td colspan="2">一、法定量刑情节证据。
1. 事实情节：（1）暴力、威胁方法；（2）其他。2. 法定从重情节。3. 法定从轻减轻情节：（1）可以从轻；（2）可以从轻或者减轻；（3）应当从轻或者减轻。4. 法定从轻减轻免除情节：（1）可以从轻、减轻或者免除处罚；（2）应当从轻、减轻或者免除处罚。5. 法定减轻免除情节：（1）可以减轻或者免除处罚；（2）应当减轻或者免除处罚；（3）可以免除处罚。
二、酌定量刑情节证据。
1. 犯罪手段：（1）组织；（2）安排；（3）招徕；（4）其他方法。2. 犯罪对象。3. 危害结果。4. 动机。5. 平时表现。6. 认罪态度。7. 是否有前科。8. 其他证据。</td></tr>
<tr><td>量刑标准</td><td colspan="2">犯本罪的</td><td>处五年以下有期徒刑，并处罚金</td></tr>
<tr><td rowspan="2">法律适用</td><td>刑法条文</td><td colspan="2">第三百三十三条　非法组织他人出卖血液的，处五年以下有期徒刑，并处罚金；以暴力、威胁方法强迫他人出卖血液的，处五年以上十年以下有期徒刑，并处罚金。
有前款行为，对他人造成伤害的，依照本法第二百三十四条的规定定罪处罚。</td></tr>
<tr><td>司法解释</td><td colspan="2">最高人民检察院、公安部《关于公安机关管辖的刑事案件立案追诉标准的规定（一）》（节录）（2008 年 6 月 25 日最高人民检察院、公安部公布　自公布之日起施行　公通字〔2008〕36 号　2017 年 4 月 27 日修正）
第五十二条　［非法组织卖血案（刑法第三百三十三条第一款）］非法组织他人出卖血液，涉嫌下列情形之一的，应予立案追诉：
（一）组织卖血三人次以上的；
（二）组织卖血非法获利二千元以上的；
（三）组织未成年人卖血的；
（四）被组织卖血的人的血液含有艾滋病病毒、乙型肝炎病毒、丙型肝炎病毒、梅毒螺旋体等病原微生物的；
（五）其他非法组织卖血应予追究刑事责任的情形。</td></tr>
</table>

法律适用

相关法律法规

一、《中华人民共和国献血法》（节录）（1997年12月29日中华人民共和国主席令第93号公布　自1998年10月1日起施行）

第十八条　有下列行为之一的，由县级以上地方人民政府卫生行政部门予以取缔，没收违法所得，可以并处十万元以下的罚款；构成犯罪的，依法追究刑事责任：

（一）非法采集血液的；

（二）血站、医疗机构出售无偿献血的血液的；

（三）非法组织他人出卖血液的。

二、《血液制品管理条例》（节录）（1996年12月30日中华人民共和国国务院令第208号公布　自公布之日起施行　2016年2月6日修订）

第三十四条　违反本条例规定，未取得省、自治区、直辖市人民政府卫生行政部门核发的《单采血浆许可证》，非法从事组织、采集、供应、倒卖原料血浆活动的，由县级以上地方人民政府卫生行政部门予以取缔，没收违法所得和从事违法活动的器材、设备，并处违法所得5倍以上10倍以下的罚款，没有违法所得的，并处5万元以上10万元以下的罚款；造成经血液途径传播的疾病传播、人身伤害等危害，构成犯罪的，依法追究刑事责任。

规章及规范性文件

《血站管理办法》（节录）（2005年11月17日中华人民共和国卫生部令第44号公布　自2006年3月1日起施行　2009年3月27日第一次修正　2016年1月19日第二次修正　2017年12月26日第三次修正）

第六十一条　血站有下列行为之一的，由县级以上地方人民政府卫生计生行政部门予以警告、责令改正；逾期不改正，或者造成经血液传播疾病发生，或者其他严重后果的，对负有责任的主管人员和其他直接负责人员，依法给予行政处分；构成犯罪的，依法追究刑事责任：

（一）超出执业登记的项目、内容、范围开展业务活动的；

（二）工作人员未取得相关岗位执业资格或者未经执业注册而从事采供血工作的；

（三）血液检测实验室未取得相应资格即进行检测的；

（四）擅自采集原料血浆、买卖血液的；

（五）采集血液前，未按照国家颁布的献血者健康检查要求对献血者进行健康检查、检测的；

（六）采集冒名顶替者、健康检查不合格者血液以及超量、频繁采集血液的；

（七）违反输血技术操作规程、有关质量规范和标准的；

（八）采血前未向献血者、特殊血液成分捐赠者履行规定的告知义务的；

（九）擅自涂改、毁损或者不按规定保存工作记录的；

（十）使用的药品、体外诊断试剂、一次性卫生器材不符合国家有关规定的；

（十一）重复使用一次性卫生器材的；

（十二）对检测不合格或者报废的血液，未按有关规定处理的；

（十三）擅自与外省、自治区、直辖市调配血液的；

（十四）未按规定保存血液标本的；

（十五）脐带血造血干细胞库等特殊血站违反有关技术规范的。

血站造成经血液传播疾病发生或者其他严重后果的，卫生计生行政部门在行政处罚的同时，可以注销其《血站执业许可证》。

99 强迫卖血案

概念

本罪是指采用暴力、威胁方法强迫他人出卖血液的行为。

立案标准

以暴力、威胁方法强迫他人出卖血液的，应当立案。

<table>
<tr><td rowspan="4">定罪标准</td><td>犯罪客体</td><td>本罪侵犯的客体是复杂客体，其主要客体是国家对血液的管理制度，次要客体是被强迫人的人身权利。本罪首先直接侵犯了国家对血液的管理制度。输血工作是社会主义卫生事业的重要组成部分，必须坚持以社会效益为准则，绝不允许把血液作为商品进行倒买倒卖，从中牟利。《献血法》明确规定我国实行无偿献血制度，以暴力、威胁方法强迫他人出卖血液，即是对上述制度的直接违反和破坏。本罪还直接侵犯公共卫生。血液是国家一种特殊的宝贵资源。对这种直接进入人体的特殊物质，质量标准必须统一，没有地区或级别差异。以暴力、威胁方法强迫他人出卖血液，由于把血液视作商品进行买卖，必然降低血液的质量标准，甚至想方设法逃避血液管理与监督，从而危及不特定或多数用血者的健康、生命安全。本罪还直接侵犯了被强迫人的人身权利。以暴力、威胁方法强迫他人出卖血液，必然会侵犯他人的健康权利、人身自由权利以及其他人身权利。</td></tr>
<tr><td>犯罪客观方面</td><td>本罪在客观方面表现为违背他人意志，以暴力、威胁方法，迫使他人出卖血液的行为。违背他人意志，即他人不愿出卖血液，而行为人采取强制手段使他人不敢不出卖。这是本罪的主要特征，缺此无所谓“强迫”。本罪的两种法定犯罪方法是暴力或威胁。所谓暴力，是指采用殴打、捆绑、关押等足以造成人体疼痛或器官机能损害的方法，直接对他人的身体实行强制，使其处于不能反抗、不敢反抗、不知反抗的状态。所谓威胁，是指采用杀害、伤害、掠夺财物、揭露隐私等精神强制，使被害人不敢反抗，被迫违背自己意愿出卖自己的血液，若未采用暴力、威胁手段，即不构成本罪，视其情节可能构成非法组织卖血罪或一般违法、违纪的行为。</td></tr>
<tr><td>犯罪主体</td><td>本罪的主体是一般主体，即凡是达到刑事责任年龄、具有刑事责任能力的自然人，均可成为本罪的主体。</td></tr>
<tr><td>犯罪主观方面</td><td>本罪在主观方面表现为直接故意，过失或间接故意均不构成本罪。从司法实践看，行为人实施本罪多有从中营利的目的，但根据《刑法》的规定，营利目的并非本罪构成的必要条件。因此，只要行为人实施了强迫他人出卖血液的行为，不论是为了营利还是出于其他目的，如泄私愤等，均可构成本罪。</td></tr>
</table>

定罪标准	罪与非罪	区分罪与非罪的界限，要把握以下几点：首先，构成本罪必须有以暴力、威胁方法强迫他人卖血的行为。暴力、威胁是本罪的手段行为或方法行为，如果不是用暴力、威胁而是教唆、帮助他人卖血，则不构成本罪。其次，构成本罪必须是行为人强迫他人卖血，如果不是以卖血为强迫内容，则不构成本罪。如果是强迫他人献血，一般不构成犯罪，构成其他犯罪的，应按相应犯罪处罚，如滥用职权罪、非法拘禁罪等。在实践中，有时单位领导，对其有献血义务的献血者，作风粗暴，以不献血就扣工资、奖金等相“威胁”，义务献血者献血后，又常给予一些补贴。这种行为从表现上看，与强迫卖血罪颇为类似，但行为是出于执行国家政策的善意，并无犯罪动机和目的，故意行为不具有违法性，不能以犯罪论处。至于作风粗暴的工作方式，是领导艺术问题，应通过疏导批评和教育加以解决。
	此罪与彼罪	一、本罪与非法组织卖血罪的界限。两罪在使人卖血上完全相同，也往往具有牟利的非法目的，犯罪对象都可以是不特定的他人，但它们的区别是明显的：(1)行为方式不同。本罪的构成要件行为是强迫行为，即以暴力、威胁方法迫使他人卖血的行为；而非法组织卖血罪的客观行为是组织行为，被组织者是自愿卖血而不是被迫卖血。(2)本罪的犯罪对象既可以是一人，也可以是多人；非法组织卖血罪的对象原则上为多人，通常是3人以上，但如果组织行为是出于概括的故意而反复多次实施，则每次行为的被组织者也可以是一人。(3)处罚也不同。本罪之所以重于非法组织卖血罪，是因为本罪侵犯了三种直接客体；而后者侵犯了两种直接客体。 二、本罪与非法采集、供应血液、制作、供应血液制品罪的界限。两罪都是故意犯罪，都是血液犯罪，但两罪在犯罪构成上有严格的区别：(1)侵犯的客体不尽相同。本罪侵犯的是三种直接客体；而后者则仅侵犯了两种直接客体，没有侵犯他人的人身自由等人身权利。(2)行为方式不同。本罪是强迫的行为；而后者则是非法采集、供应血液或者制作、供应血液制品的行为，即前者是将血液非法地作为商品加以出卖；而后者则没有以商品出卖血液，而是未经国家主管部门批准设立血站，擅自采供血液。(3)犯罪形态不同。本罪是行为犯；后者是危险犯。
证据参考标准	主体方面的证据	**一、证明行为人刑事责任年龄、身份等自然情况的证据。** 包括身份证明、户籍证明、任职证明、工作经历证明、特定职责证明等，主要是证明行为人的姓名（曾用名）、性别、出生年月日、民族、籍贯、出生地、职业（或职务）、住所地（或居所地）等证据材料，如户口簿、居民身份证、工作证、出生证、专业或技术等级证、干部履历表、职工登记表、护照等。 对于户籍、出生证等材料内容不实的，应提供其他证据材料。外国人犯罪的案件，应有护照等身份证明材料。人大代表、政协委员犯罪的案件，应注明身份，并附身份证明材料。 **二、证明行为人刑事责任能力的证据。** 证明行为人对自己的行为是否具有辨认能力与控制能力，如是否属于间歇性精神病人、尚未完全丧失辨认或者控制自己行为能力的精神病人的证明材料。

<table>
<tr><td rowspan="3">证据参考标准</td><td>主观方面的证据</td><td colspan="2">证明行为人故意的证据：1. 证明行为人明知的证据：明知自己的行为会发生危害社会的结果；2. 证明直接故意的证据：证明行为人希望危害结果发生。</td></tr>
<tr><td>客观方面的证据</td><td colspan="2">证明行为人强迫卖血犯罪行为的证据。
具体证据包括：1. 证明行为人隐匿被迫者行为的证据；2. 证明行为人以暴力手段（强迫）他人出卖自己血液行为的证据；3. 证明行为人以威胁方法（强迫）他人出卖自己血液行为的证据；4. 证明行为人以其他方法（强迫）他人出卖自己血液行为的证据。</td></tr>
<tr><td>量刑方面的证据</td><td colspan="2">一、法定量刑情节证据。
1. 事实情节。2. 法定从重情节。3. 法定从轻减轻情节：（1）可以从轻；（2）可以从轻或者减轻；（3）应当从轻或者减轻。4. 法定从轻减轻免除情节：（1）可以从轻、减轻或者免除处罚；（2）应当从轻、减轻或者免除处罚。5. 法定减轻免除情节：（1）可以减轻或者免除处罚；（2）应当减轻或者免除处罚；（3）可以免除处罚。
二、酌定量刑情节证据。
1. 犯罪手段：（1）强迫；（2）暴力；（3）威胁；（4）其他方法。2. 犯罪对象。3. 危害结果。4. 动机。5. 平时表现。6. 认罪态度。7. 是否有前科。8. 其他证据。</td></tr>
<tr><td>量刑标准</td><td colspan="2">犯本罪的</td><td>处五年以上十年以下有期徒刑，并处罚金</td></tr>
<tr><td rowspan="2">法律适用</td><td>刑法条文</td><td colspan="2">第二百三十三条　非法组织他人出卖血液的，处五年以下有期徒刑，并处罚金；以暴力、威胁方法强迫他人出卖血液的，处五年以上十年以下有期徒刑，并处罚金。
有前款行为，对他人造成伤害的，依照本法第二百三十四条的规定定罪处罚。</td></tr>
<tr><td>司法解释</td><td colspan="2">最高人民检察院、公安部《关于公安机关管辖的刑事案件立案追诉标准的规定（一）》（节录）（2008年6月25日最高人民检察院、公安部公布　自公布之日起施行　公通字〔2008〕36号　2017年4月27日修正）
第五十三条　［强迫卖血案（刑法第三百三十三条第一款）］以暴力、威胁方法强迫他人出卖血液的，应予立案追诉。</td></tr>
</table>

100 非法采集、供应血液、制作、供应血液制品案

概念

本罪是指违反国家关于血液、血液制品采集、供应、制作的规定，非法采集、供应血液、制作、供应血液制品不符合国家规定的标准，足以危害人体健康的行为。

立案标准

非法采集、供应血液或者制作、供应血液制品，涉嫌下列情形之一的，应予立案追诉：

（1）采集、供应的血液含有艾滋病病毒、乙型肝炎病毒、丙型肝炎病毒、梅毒螺旋体等病原微生物的；

（2）制作、供应的血液制品含有艾滋病病毒、乙型肝炎病毒、丙型肝炎病毒、梅毒螺旋体等病原微生物，或者将含有上述病原微生物的血液用于制作血液制品的；

（3）使用不符合国家规定的药品、诊断试剂、卫生器材，或者重复使用一次性采血器材采集血液，造成传染病传播危险的；

（4）违反规定对献血者、供血浆者超量、频繁采集血液、血浆，足以危害人体健康的；

（5）其他不符合国家有关采集、供应血液或者制作、供应血液制品的规定，足以危害人体健康或者对人体健康造成严重危害的情形。

"非法采集、供应血液、制作、供应血液制品"，是指未经国家主管部门批准或者超过批准的业务范围，采集、供应血液或者制作、供应血液制品。

"血液"，是指全血、成分血和特殊血液成分。

"血液制品"，是指各种人血浆蛋白制品。

定罪标准	犯罪客体	本罪侵犯的客体是复杂客体，既侵犯了国家对血液、血液制品的采集、制作、供应的管理制度，又侵犯了不特定多数人的身体健康。本罪侵犯的对象是血液和血液制品。所谓血液，是指用于临床的新鲜血、成分血和用于血液制品生产的原料血浆。其中原料血浆是指由单采血浆站采集的专用于血液制品生产原料的血浆。所谓血液制品，则是特指各种人血浆蛋白制品，具体而言它是指将人的血液自供者采出后，用适当方法将其不同成分单个分离制成的各种制剂，从而能按不同需要输送给病人或作其他用途。随着医学的进步，血液和血液制品在医疗、防疫领域中的使用日益广泛，在医疗中需要大量的血液及其制品。但是，血液不是普通商品，它是否符合标准关系到输血者的健康甚至生命安全。不符合标准的血液及其制品不仅不能达到治疗的目的，反而可能导致输血者的病情恶化甚至死亡。因此，国家对血液的采集、供应和血液制品的制作规定了严格的条件。非法采集、供应血液或者制作、供应血液制品的行为，严重破坏了正常的采供血液、制供血液制品的秩序。
	犯罪客观方面	本罪客观方面表现为非法采集、供应血液或者非法制作、供应血液制品，不符合国家标准的规定，足以危害人体健康的行为。 一、必须有非法采集、供应血液或者制作、供应血液制品的行为。所谓非法，不

定罪标准	犯罪客观方面	仅指违反操作规定，而且指未经国家主管部门批准，不具有采集、供应血液或者制作、供应血液制品的资格。非法采集、供应血液或者制作、供应血液制品的行为，包括非法采集、供应血液的行为和非法制作、供应血液制品的行为。非法采集、供应血液的行为，既可以由不具备采集、供应血液的单位和个人为之，也可以由依法成立的血站、单采血浆站工作人员为之，具体而言包括：（1）采集血液、血浆前未按照国务院卫生行政部门颁布的健康检查标准对供血者、供血浆者进行健康检查和血液化验的；（2）采集非划定区域内的供血者、供血浆者或其他人员的血液、血浆的，或者不对供血者、供血浆者进行身份识别，采集冒名顶替者、健康检查不合格者或者无《供血证》《供血浆证》者的血液、血浆的；（3）违反有关血液采集的技术操作标准和程序，过频过量采集血液、血浆的；（4）向医疗机构直接供应原料血浆或者擅自采集血液的；（5）未使用单采血浆机械进行血浆采集的；（6）未使用有产品批准文号并经国家药品生物制品检定机构逐批检定合格的体外诊断试剂以及合格的一次性采血器材的；（7）未按国家规定的卫生标准和要求包装、储存、运输血液、血浆的；（8）对国家规定检测项目检测结果呈阳性的血液、血浆不清除、不及时上报的；（9）对污染的注射器、采血器材及不合格血液等不经消毒处理，擅自倾倒，污染环境，造成社会危害的；（10）重复使用一次性采血器材的；（11）其他非法采集、供应血液的行为。不符合国家规定的标准，主要是相对于非法采集、供应的血液和非法制作、供应的血液制品的质量而言的。血液、血液制品质量的好坏，集中表现在有效性和安全性两方面，这是由其本身的性质和纯度而定的。有效性是发挥治疗效果的基本条件；安全性是保证其充分发挥作用而又减少损伤和不良影响的必要条件。 二、行为人实施非法采集、供应血液或者制作、供应血液制品的行为，客观上还必须是足以危害人体健康。易言之，行为人非法采集、供应血液或者制作、供应血液制品的行为只有与他人人体健康足以受到侵害的危险状态之间具有刑法上的因果关系，才能构成本罪。
	犯罪主体	本罪的主体是一般主体，即达到刑事责任年龄并具有刑事责任能力的自然人，而单位则不能构成本罪。非法采集、供应血液或者制作、供应血液制品的行为，既可以由依法成立的血站、单采血浆站和血液制品生产单位的工作人员所为，也可以由不具备采集、供应血液或者制作、供应血液制品资格的单位和个人所为。但是，由于本罪只能由自然人构成，而不能由单位构成，因而对于不具有采集、供应血液或者制作、供应血液制品资格的单位所从事的采集、供应血液或者制作、供应血液制品，不符合国家规定的标准，足以危害人体健康的行为，只追究有关直接责任人员的刑事责任。
	犯罪主观方面	本罪的主观方面是故意的，即明知行为违法却故意实施采集、供应血液或制作、供应血液制品的行为。

定罪标准	罪与非罪	区分罪与非罪的界限，关键是看采集、供应血液或者制作、供应血液制品的行为是否非法。非法包括两层含义：一是指违反国家的操作规程；二是指不具备采集、供应血液或者制作、供应血液制品的资格。如果系合法而为之则不构成犯罪；本罪是危险犯，只要采集、供应血液或者制作、供应血液制品足以危害人体健康的，即使尚未造成实际危害，也构成犯罪。如果行为人非法采集、供应血液或者制作、供应血液制品的行为不足以危害人体健康的，一般亦不构成犯罪；但情节较重的，则可以本罪未遂处理。
	此罪与彼罪	一、本罪与妨害传染病防治罪的界限。二者虽然都属于危害公共卫生的犯罪，存在一些相似性，但一般说来区别是明显的。不过，在如下情况下区分两罪则并不太容易：行为人染有甲类传染病却仍从事采集、供应血液或者制作、供应血液制品工作，使传染病传播或者有传播严重危险的。主要区别：（1）犯罪客体不同。本罪主要侵犯的是国家对血液、血液制品的管理制度；而妨害传染病防治罪则主要侵犯的是国家对传染病防治的管理制度。（2）犯罪的后果不同。本罪是足以危害人体健康或对人体健康造成实际损害，其中可能包括引起传染病传播或有传播严重危险的情形，但不仅限于此。（3）犯罪主体不同。本罪只能由自然人构成，不能由单位构成；而妨害传染病防治罪则既可由自然人构成，也可由单位构成。 二、本罪与非法组织卖血罪的界限。两罪均属于违反国家血液、血液制品管理制度的犯罪行为，主要区别：（1）从客观方面看，本罪表现为非法采集、供应血液或者制作、供应血液制品，不符合国家规定的标准，足以危害人体健康的行为，属于危险犯，其行为主体为实行者；而非法组织卖血罪则表现为非法组织他人出卖血液的行为，属于行为犯，其行为主体为组织者。（2）从犯罪对象而言，本罪侵犯的对象是血液和血液制品；而非法组织卖血罪的对象只有血液。（3）从主观的内容而言，本罪是明知自己违反操作规程，或者不具有采集、供应血液或者制作、供应血液制品资格；而非法组织卖血罪则是明知组织他人出卖血液之行为非法。
证据参考标准	主体方面的证据	**一、证明行为人刑事责任年龄、身份等自然情况的证据。** 包括身份证明、户籍证明、任职证明、工作经历证明、特定职责证明等，主要是证明行为人的姓名（曾用名）、性别、出生年月日、民族、籍贯、出生地、职业（或职务）、住所地（或居所地）等证据材料，如户口簿、居民身份证、工作证、出生证、专业或技术等级证、干部履历表、职工登记表、护照等。 对于户籍、出生证等材料内容不实的，应提供其他证据材料。外国人犯罪的案件，应有护照等身份证明材料。人大代表、政协委员犯罪的案件，应注明身份，并附身份证明材料。 **二、证明行为人刑事责任能力的证据。** 证明行为人对自己的行为是否具有辨认能力与控制能力，如是否属于间歇性精神病人、尚未完全丧失辨认或者控制自己行为能力的精神病人的证明材料。
	主观方面的证据	证明行为人故意的证据：1. 证明行为人明知的证据：证明行为人明知自己的行为会发生危害社会的结果；2. 证明直接故意的证据：证明行为人希望危害结果发生。

<table>
<tr><td rowspan="2">证据参考标准</td><td>客观方面的证据</td><td>证明行为人非法采集、供应血液、制作、供应血液制品犯罪行为的证据。
具体证据包括：1. 证明行为人非法采集血液行为的证据；2. 证明行为人非法供应血液行为的证据；3. 证明行为人非法采集、供应血液足以危害人体健康行为的证据；4. 证明行为人非法制作血液制品行为的证据；5. 证明行为人非法供应血液制品行为的证据；6. 证明行为人非法制作、供应血液制品足以危害人体健康行为的证据；7. 证明行为人非法采集、供应血液对人体健康造成严重危害行为的证据；8. 证明行为人非法制作、供应血液制品对人体健康造成严重危害行为的证据；9. 证明行为人非法采集、供应血液造成特别严重后果行为的证据；10. 证明行为人非法制作、供应血液制品造成特别严重后果行为的证据。</td></tr>
<tr><td>量刑方面的证据</td><td>一、法定量刑情节证据。
1. 事实情节：（1）足以危害人体健康的；（2）对人体健康造成严重危害的；（3）造成严重后果的。2. 法定从重情节。3. 法定从轻减轻情节：（1）可以从轻；（2）可以从轻或者减轻；（3）应当从轻或者减轻。4. 法定从轻减轻免除情节：（1）可以从轻、减轻或者免除处罚；（2）应当从轻、减轻或者免除处罚。5. 法定减轻免除情节：（1）可以减轻或者免除处罚；（2）应当减轻或者免除处罚；（3）可以免除处罚。
二、酌定量刑情节证据。
1. 犯罪手段：（1）采集；（2）制作；（3）供应。2. 犯罪对象。3. 危害结果。4. 动机。5. 平时表现。6. 认罪态度。7. 是否有前科。8. 其他证据。</td></tr>
<tr><td rowspan="3">量刑标准</td><td>犯本罪的</td><td>处五年以下有期徒刑或者拘役，并处罚金</td></tr>
<tr><td>对人体健康造成严重危害的</td><td>处五年以上十年以下有期徒刑，并处罚金</td></tr>
<tr><td>造成特别严重后果的</td><td>处十年以上有期徒刑或者无期徒刑，并处罚金或者没收财产</td></tr>
<tr><td rowspan="2">法律适用</td><td>刑法条文</td><td>第三百三十四条第一款　非法采集、供应血液或者制作、供应血液制品，不符合国家规定的标准，足以危害人体健康的，处五年以下有期徒刑或者拘役，并处罚金；对人体健康造成严重危害的，处五年以上十年以下有期徒刑，并处罚金；造成特别严重后果的，处十年以上有期徒刑或者无期徒刑，并处罚金或者没收财产。</td></tr>
<tr><td>司法解释</td><td>一、最高人民检察院、公安部《关于公安机关管辖的刑事案件立案追诉标准的规定（一）》（节录）（2008年6月25日最高人民检察院、公安部公布　自公布之日起施行　公通字〔2008〕36号　2017年4月27日修正）
第五十四条　［非法采集、供应血液、制作、供应血液制品案（刑法第三百三十四条第一款）］非法采集、供应血液或者制作、供应血液制品，涉嫌下列情形之一的，应予立案追诉：
（一）采集、供应的血液含有艾滋病病毒、乙型肝炎病毒、丙型肝炎病毒、梅毒螺旋体等病原微生物的；
（二）制作、供应的血液制品含有艾滋病病毒、乙型肝炎病毒、丙型肝炎病毒、梅毒螺旋体等病原微生物，或者将含有上述病原微生物的血液用于制作血液制品的；
（三）使用不符合国家规定的药品、诊断试剂、卫生器材，或者重复使用一次性采血器材采集血液，造成传染病传播危险的；</td></tr>
</table>

法律适用 司法解释

（四）违反规定对献血者、供血浆者超量、频繁采集血液、血浆，足以危害人体健康的；

（五）其他不符合国家有关采集、供应血液或者制作、供应血液制品的规定，足以危害人体健康或者对人体健康造成严重危害的情形。

未经国家主管部门批准或者超过批准的业务范围，采集、供应血液或者制作、供应血液制品的，属于本条规定的“非法采集、供应血液、制作、供应血液制品”。

本条和本规定第五十二条、第五十三条、第五十五条规定的“血液”，是指全血、成分血和特殊血液成分。

本条和本规定第五十五条规定的“血液制品”，是指各种人血浆蛋白制品。

二、最高人民法院、最高人民检察院《关于办理非法采供血液等刑事案件具体应用法律若干问题的解释》（节录）（2008年9月22日最高人民法院、最高人民检察院公布　自2008年9月23日起施行　法释〔2008〕12号）

为保障公民的身体健康和生命安全，依法惩处非法采供血液等犯罪，根据刑法有关规定，现对办理此类刑事案件具体应用法律的若干问题解释如下：

第一条　对未经国家主管部门批准或者超过批准的业务范围，采集、供应血液或者制作、供应血液制品的，应认定为刑法第三百三十四条第一款规定的“非法采集、供应血液或者制作、供应血液制品”。

第二条　对非法采集、供应血液或者制作、供应血液制品，具有下列情形之一的，应认定为刑法第三百三十四条第一款规定的“不符合国家规定的标准，足以危害人体健康”，处五年以下有期徒刑或者拘役，并处罚金：

（一）采集、供应的血液含有艾滋病病毒、乙型肝炎病毒、丙型肝炎病毒、梅毒螺旋体等病原微生物的；

（二）制作、供应的血液制品含有艾滋病病毒、乙型肝炎病毒、丙型肝炎病毒、梅毒螺旋体等病原微生物，或者将含有上述病原微生物的血液用于制作血液制品的；

（三）使用不符合国家规定的药品、诊断试剂、卫生器材，或者重复使用一次性采血器材采集血液，造成传染病传播危险的；

（四）违反规定对献血者、供血浆者超量、频繁采集血液、血浆，足以危害人体健康的；

（五）其他不符合国家有关采集、供应血液或者制作、供应血液制品的规定标准，足以危害人体健康的。

第三条　对非法采集、供应血液或者制作、供应血液制品，具有下列情形之一的，应认定为刑法第三百三十四条第一款规定的“对人体健康造成严重危害”，处五年以上十年以下有期徒刑，并处罚金：

（一）造成献血者、供血浆者、受血者感染乙型肝炎病毒、丙型肝炎病毒、梅毒螺旋体或者其他经血液传播的病原微生物的；

（二）造成献血者、供血浆者、受血者重度贫血、造血功能障碍或者其他器官组织损伤导致功能障碍等身体严重危害的；

（三）对人体健康造成其他严重危害的。

第四条　对非法采集、供应血液或者制作、供应血液制品，具有下列情形之一的，应认定为刑法第三百三十四条第一款规定的“造成特别严重后果”，处十年以上有期徒刑或者无期徒刑，并处罚金或者没收财产：

（一）因血液传播疾病导致人员死亡或者感染艾滋病病毒的；

（二）造成五人以上感染乙型肝炎病毒、丙型肝炎病毒、梅毒螺旋体或者其他经

法律适用

司法解释

血液传播的病原微生物的；

（三）造成五人以上重度贫血、造血功能障碍或者其他器官组织损伤导致功能障碍等身体严重危害的；

（四）造成其他特别严重后果的。

第八条 本解释所称“血液”，是指全血、成分血和特殊血液成分。

本解释所称“血液制品”，是指各种人血浆蛋白制品。

本解释所称“采供血机构”，包括血液中心、中心血站、中心血库、脐带血造血干细胞库和国家卫生行政主管部门根据医学发展需要批准、设置的其他类型血库、单采血浆站。

三、最高人民法院、最高人民检察院《关于办理危害药品安全刑事案件适用法律若干问题的解释》（节录）（2014年11月3日最高人民法院、最高人民检察院公布 自2014年12月1日起实施 法释〔2014〕14号）

第十条 实施生产、销售假药、劣药犯罪，同时构成生产、销售伪劣产品、侵犯知识产权、非法经营、非法行医、非法采供血等犯罪的，依照处罚较重的规定定罪处罚。

相关法律法规

《血液制品管理条例》（节录）（1996年12月30日中华人民共和国国务院令第208号公布 自公布之日起施行 2016年2月6日修订）

第三十四条 违反本条例规定，未取得省、自治区、直辖市人民政府卫生行政部门核发的《单采血浆许可证》，非法从事组织、采集、供应、倒卖原料血浆活动的，由县级以上地方人民政府卫生行政部门予以取缔，没收违法所得和从事违法活动的器材、设备，并处违法所得5倍以上10倍以下的罚款，没有违法所得的，并处5万元以上10万元以下的罚款；造成经血液途径传播的疾病传播、人身伤害等危害，构成犯罪的，依法追究刑事责任。

第三十六条 单采血浆站已知其采集的血浆检测结果呈阳性，仍向血液制品生产单位供应的，由省、自治区、直辖市人民政府卫生行政部门吊销《单采血浆许可证》，由县级以上地方人民政府卫生行政部门没收违法所得，并处10万元以上30万元以下的罚款；造成经血液途径传播的疾病传播、人身伤害等危害，构成犯罪的，对负有直接责任的主管人员和其他直接责任人员依法追究刑事责任。

第四十五条 本条例下列用语的含义：

血液制品，是特指各种人血浆蛋白制品。

原料血浆，是指由单采血浆站采集的专用于血液制品生产原料的血浆。

供血浆者，是指提供血液制品生产用原料血浆的人员。

单采血浆站，是指根据地区血源资源，按照有关标准和要求并经严格审批设立，采集供应血液制品生产用原料血浆的单位。

101 采集、供应血液、制作、供应血液制品事故案

概念

本罪是指经国家卫生主管部门批准采集、供应血液或者制作、供应血液制品的部门，不依照规定进行检测或者违背其他操作规定，造成危害他人身体健康的行为。

立案标准

经国家主管部门批准采集、供应血液或者制作、供应血液制品的部门，不依照规定进行检测或者违背其他操作规定，涉嫌下列情形之一的，应予立案追诉：

（1）造成献血者、供血浆者、受血者感染艾滋病病毒、乙型肝炎病毒、丙型肝炎病毒、梅毒螺旋体或者其他经血液传播的病原微生物的；

（2）造成献血者、供血浆者、受血者重度贫血、造血功能障碍或者其他器官组织损伤导致功能障碍等身体严重危害的；

（3）其他造成危害他人身体健康的情形。

定罪标准

犯罪客体

本罪所侵犯的客体是国家对血液、血液制品的采集、制作、供应的管理制度和他人生命、健康的权利。国家有关行政主管部门对于采集、供应血液或者制作、供应血液制品工作，制定了一系列的检测、操作规定。如《血站管理办法》《供血浆者健康检查标准》《血液制品管理条例》等，从而为血液、血液制品的采集、制作、供应工作建立了一整套的管理制度。然而，实践中有些单位仍违反检测、操作规定，不仅侵犯了国家对血液、血液制品的管理制度，而且往往会产生危害他人身体健康的严重后果，具有严重的社会危害性。本罪侵犯的对象是血液和血液制品。

犯罪客观方面

本罪的客观方面表现为经国家批准进行血液采集、供应或者血液制品的制作、供应的部门，不依照规定进行检测或者违背其他操作规定，造成危害人民群众身体健康后果的行为。

所谓不依照规定进行检测或者违背其他操作规定，是指经国家卫生主管部门批准的进行血液采集、供应或者血液制品制作、供应的单位有下列行为：

（1）血站未用两个企业生产的试剂对艾滋病病毒抗体、乙型肝炎病毒表面抗原、丙型肝炎病毒抗体、梅毒抗体进行两次检测的；

（2）单采血浆站不依照规定对艾滋病病毒抗体、乙型肝炎病毒表面抗原、丙型肝炎病毒抗体、梅毒抗体进行检测的；

（3）血液制品生产企业在投料生产前未用主管部门批准和检定合格的试剂进行复检的；

（4）血站、单采血浆站和血液制品生产企业使用的诊断试剂没有生产单位名称、生产批准文号或者经检定不合格的；

（5）采供血机构在采集检验标本、采集血液和成分血分离时，使用没有生产单位名称、生产批准文号或者超过有效期的一次性注射器等采血器材的；

（6）不依照国家规定的标准和要求包装、储存、运输血液、原料血浆的；

（7）对国家规定检测项目结果呈阳性的血液未及时按照规定予以清除的；

<table>
<tr><td rowspan="6">定罪标准</td><td>犯罪客观方面</td><td>（8）不具备相应资格的医务人员进行采血、检验操作的；
（9）对献血者、供血浆者超量、频繁采集血液、血浆的；
（10）采供血机构采集血液、血浆前，未对献血者或供血浆者进行身份识别，采集冒名顶替者、健康检查不合格者血液、血浆的；
（11）血站擅自采集原料血浆，单采血浆站擅自采集临床用血或者向医疗机构供应原料血浆的；
（12）重复使用一次性采血器材的；
（13）其他不依照规定进行检测或者违背操作规定的。
本罪是实害犯，只有实际造成危害才构成犯罪。至于何谓“造成危害他人身体健康后果”，最高人民法院、最高人民检察院《关于办理非法采供血液等刑事案件具体应用法律若干问题的解释》第6条进行了具体规定，具体指：（1）造成献血者、供血浆者、受血者感染艾滋病病毒、乙型肝炎病毒、丙型肝炎病毒、梅毒螺旋体或者其他经血液传播的病原微生物的；（2）造成献血者、供血浆者、受血者重度贫血、造血功能障碍或者其他器官组织损伤导致功能障碍等身体严重危害的；（3）造成其他危害他人身体健康后果的。</td></tr>
<tr><td>犯罪主体</td><td>本罪的主体是特殊主体，而且是单位。自然人不能成为本罪的主体。构成本罪主体的单位必须是经国家卫生主管部门批准的有权进行血液的采集、供应以及血液制品的制作、供应的单位，包括采供血机构和血液制品生产单位，其他单位不能构成本罪。</td></tr>
<tr><td>犯罪主观方面</td><td>本罪的主观方面是过失，即依法从事血液采集、供应或血液制品制作、供应的单位，应当预见到本单位不依照规定进行检测或者违背其他操作规定的行为，可能造成危害他人身体健康的后果，但因为疏忽大意而没有预见，或者已经预见但轻信能够避免，以致发生他人身体健康遭受损害的后果。但是，行为人对于违反国家有关血液的采集与供应、血液制品的制作与供应的有关检测规定及其他具体操作规定过程是故意，即是明知的。</td></tr>
<tr><td>罪与非罪</td><td>本罪属于实害犯，也就是说，行为必须实际上造成了危害人民群众身体健康的实际后果，才构成犯罪。因此，采集、供应血液或制作、供应血液制品的过程中，不依照规定进行检测或者违背其他操作规定，但未造成危害人民群众身体健康后果的，只属于一般违法行为，对直接责任人员和主管人员可以给予行政处罚。</td></tr>
<tr><td>此罪与彼罪</td><td>一、本罪与非法组织卖血罪的界限。二者有许多相似点。主要区别：（1）行为主体方面。前者是实行者；后者是组织者。（2）行为客观方面。前者是指对血液、血液制品的采集、供应或制作；而后者则表现为组织他人出卖血液。
二、本罪与非法采集、供应血液、制作、供应血液制品罪的界限。两罪的区别：（1）犯罪主体不同。本罪的犯罪主体为特殊主体，只能由经国家主管部门批准而依法从事采集、供应血液或者制作、供应血液制品活动的血站（库）、单采血浆站和血液制品生产单位构成，自然人不能成为本罪主体；而非法采集、供应血液、制作、供应血液制品罪的犯罪主体则为一般主体，即凡是达到刑事责任年龄、具有刑事责任能力的自然人均可构成，单位则不能成为此罪主体。（2）主观要件不同。本罪在主观方面表现为过失；而非法采集、供应血液、制作、供应血液制品罪在主观方面则表现为故意。（3）犯罪形态不同。本罪是实害犯，只有造成危害他人身体健康之后果，才能构成犯罪；而非法采集、供应血液、制作、供应血液制品罪则是危险犯，行为人只要实</td></tr>
</table>

<table>
<tr><td rowspan="1">定罪标准</td><td>此罪与彼罪</td><td>施了非法采集、供应血液或者制作、供应血液制品，足以危害人体健康的行为，即构成犯罪既遂，而不论该行为是否在实际上对人体健康造成严重危害。(4) 犯罪客观方面不同。本罪中实施采集、供应血液或者制作、供应血液制品的一系列行为均是合法而为之，只是没有依照规定对血液、血液制品进行检测或者在采集、制作、供应活动中违反其他操作规定；而非法采集、供应血液、制作、供应血液制品罪则以行为的非法性为前提。
三、本罪与重大责任事故罪的界限。重大责任事故罪，是指在生产、作业中违反有关安全管理的规定，因而发生重大伤亡事故或造成其他严重后果的行为。它与本罪在犯罪主观方面、犯罪的后果等方面，均有相同之处。两罪的主要区别如下：(1) 主体要件不同。本罪只限于经国家主管部门批准采集、供应血液或者制作、供应血液制品的部门；而重大责任事故罪的主体则为生产单位直接从事生产的人员。(2) 犯罪客观方面不同。本罪表现为采集、供应血液或者制作、供应血液制品的过程中未依照规定进行检测或违背了其他操作规定，并造成危害人民群众身体健康的后果；而重大责任事故罪表现为在生产、作业中违反有关安全管理的规定，因而发生重大伤亡事故或者造成其他严重后果。显然，后罪涉及的领域更为广泛。(3) 客体要件不同。本罪主要侵犯国家对血液、血液制品的采集、供应、制作的管理制度；而重大责任事故罪则主要侵犯工矿企业等生产单位的生产安全和社会公共安全。可见，后罪涉及的客体范围更加广泛。</td></tr>
<tr><td rowspan="3">证据参考标准</td><td>主体方面的证据</td><td>一、证明单位的证据。
证明是否属于依法成立并有合法经营、管理范围的公司、企业、事业单位、机关、团体。
证明单位的名称、住所地、性质、法定代表人、单位负责人、业务范围、成立时间等证据材料，如企业营业执照、国有公司性质证明及非法人单位的身份证明等。
二、证明法定代表人、单位负责人或直接责任人员等的身份证据。
法定代表人、直接负责的主管人员和其他直接责任人在单位的任职、职责、负责权限的证明材料等。包括身份证明、户籍证明、任职证明等，如户口簿、居民身份证、工作证、护照、专业或技术等级证、干部履历表、职工登记表、任命书、业务分工文件、委派文件、单位证明、单位规章制度等。</td></tr>
<tr><td>主观方面的证据</td><td>证明行为人过失的证据：1. 证明行为人应当预见自己的行为可能发生危害社会的结果；2. 证明疏忽大意的过失的证据；3. 证明过于自信的过失的证据。</td></tr>
<tr><td>客观方面的证据</td><td>证明行为人采集、供应血液、制作、供应血液制品事故犯罪行为的证据。
具体证据包括：1. 证明行为人不依照规定进行检测血液及造成危害他人身体健康后果行为的证据；2. 证明行为人不依照规定进行检测供应血液及造成危害他人身体健康后果行为的证据；3. 证明行为人不依照规定进行检测制作血液制品及其危害他人身体健康后果行为的证据；4. 证明行为人不依照规定进行检测采供应血液制品及其危害他人身体健康后果行为的证据；5. 证明行为人违背其他操作规定采集、供应血液造成危害他人身体健康后果行为的证据；6. 证明行为人违背其他操作规定制作、供应血液制品及其造成危害他人身体健康后果行为的证据。</td></tr>
</table>

<table>
<tr><td>证据参考标准</td><td>量刑方面的证据</td><td colspan="2">一、法定量刑情节证据。
1. 事实情节：（1）危害他人身体健康后果；（2）其他。2. 法定从重情节。3. 法定从轻减轻情节：（1）可以从轻；（2）可以从轻或者减轻；（3）应当从轻或者减轻。4. 法定从轻减轻免除情节：（1）可以从轻、减轻或者免除处罚；（2）应当从轻、减轻或者免除处罚。5. 法定减轻免除情节：（1）可以减轻或者免除处罚；（2）应当减轻或者免除处罚；（3）可以免除处罚。
二、酌定量刑情节证据。
1. 犯罪手段：（1）不按规定检测；（2）违背其他操作规定。2. 犯罪对象。3. 危害结果。4. 动机。5. 平时表现。6. 认罪态度。7. 是否有前科。8. 其他证据。</td></tr>
<tr><td>量刑标准</td><td colspan="2">单位犯本罪的</td><td>对单位判处罚金，并对其直接负责的主管人员和其他直接责任人员，处五年以下有期徒刑或者拘役</td></tr>
<tr><td rowspan="2">法律适用</td><td>刑法条文</td><td colspan="2">第三百三十四条第二款　经国家主管部门批准采集、供应血液或者制作、供应血液制品的部门，不依照规定进行检测或者违背其他操作规定，造成危害他人身体健康后果的，对单位判处罚金，并对其直接负责的主管人员和其他直接责任人员，处五年以下有期徒刑或者拘役。</td></tr>
<tr><td>司法解释</td><td colspan="2">一、最高人民检察院、公安部《关于公安机关管辖的刑事案件立案追诉标准的规定（一）》（节录）（2008年6月25日最高人民检察院、公安部公布　自公布之日起施行　公通字〔2008〕36号　2017年4月27日修正）
第五十五条　［采集、供应血液、制作、供应血液制品事故案（刑法第三百三十四条第二款）］经国家主管部门批准采集、供应血液或者制作、供应血液制品的部门，不依照规定进行检测或者违背其他操作规定，涉嫌下列情形之一的，应予立案追诉：
（一）造成献血者、供血浆者、受血者感染艾滋病病毒、乙型肝炎病毒、丙型肝炎病毒、梅毒螺旋体或者其他经血液传播的病原微生物的；
（二）造成献血者、供血浆者、受血者重度贫血、造血功能障碍或者其他器官组织损伤导致功能障碍等身体严重危害的；
（三）其他造成危害他人身体健康后果的情形。
经国家主管部门批准的采供血机构和血液制品生产经营单位，属于本条规定的“经国家主管部门批准采集、供应血液或者制作、供应血液制品的部门”。采供血机构包括血液中心、中心血站、脐带血造血干细胞库和国家卫生行政主管部门根据医学发展需要批准、设置的其他类型血库、单采血浆站。
具有下列情形之一的，属于本条规定的“不依照规定进行检测或者违背其他操作规定”：
（一）血站未用两个企业生产的试剂对艾滋病病毒抗体、乙型肝炎病毒表面抗原、丙型肝炎病毒抗体、梅毒抗体进行两次检测的；
（二）单采血浆站不依照规定对艾滋病病毒抗体、乙型肝炎病毒表面抗原、丙型肝炎病毒抗体、梅毒抗体进行检测的；
（三）血液制品生产企业在投料生产前未用主管部门批准和检定合格的试剂进行复检的；</td></tr>
</table>

法律适用 司法解释

（四）血站、单采血浆站和血液制品生产企业使用的诊断试剂没有生产单位名称、生产批准文号或者经检定不合格的；

（五）采供血机构在采集检验样本、采集血液和成分血分离时，使用没有生产单位名称、生产批准文号或者超过有效期的一次性注射器等采血器材的；

（六）不依照国家规定的标准和要求包装、储存、运输血液、原料血浆的；

（七）对国家规定检测项目结果呈阳性的血液未及时按照规定予以清除的；

（八）不具备相应资格的医务人员进行采血、检验操作的；

（九）对献血者、供血浆者超量、频繁采集血液、血浆的；

（十）采供血机构采集血液、血浆前，未对献血者或者供血浆者进行身份识别，采集冒名顶替者、健康检查不合格者血液、血浆的；

（十一）血站擅自采集原料血浆，单采血浆站擅自采集临床用血或者向医疗机构供应原料血浆的；

（十二）重复使用一次性采血器材的；

（十三）其他不依照规定进行检测或者违背操作规定的。

二、最高人民法院、最高人民检察院《关于办理非法采供血液等刑事案件具体应用法律若干问题的解释》（节录）（2008年9月22日最高人民法院、最高人民检察院公布 自2008年9月23日起施行 法释〔2008〕12号）

第五条 对经国家主管部门批准采集、供应血液或者制作、供应血液制品的部门，具有下列情形之一的，应认定为刑法第三百三十四条第二款规定的“不依照规定进行检测或者违背其他操作规定”：

（一）血站未用两个企业生产的试剂对艾滋病病毒抗体、乙型肝炎病毒表面抗原、丙型肝炎病毒抗体、梅毒抗体进行两次检测的；

（二）单采血浆站不依照规定对艾滋病病毒抗体、乙型肝炎病毒表面抗原、丙型肝炎病毒抗体、梅毒抗体进行检测的；

（三）血液制品生产企业在投料生产前未用主管部门批准和检定合格的试剂进行复检的；

（四）血站、单采血浆站和血液制品生产企业使用的诊断试剂没有生产单位名称、生产批准文号或者经检定不合格的；

（五）采供血机构在采集检验标本、采集血液和成分血分离时，使用没有生产单位名称、生产批准文号或者超过有效期的一次性注射器等采血器材的；

（六）不依照国家规定的标准和要求包装、储存、运输血液、原料血浆的；

（七）对国家规定检测项目结果呈阳性的血液未及时按照规定予以清除的；

（八）不具备相应资格的医务人员进行采血、检验操作的；

（九）对献血者、供血浆者超量、频繁采集血液、血浆的；

（十）采供血机构采集血液、血浆前，未对献血者或供血浆者进行身份识别，采集冒名顶替者、健康检查不合格者血液、血浆的；

（十一）血站擅自采集原料血浆，单采血浆站擅自采集临床用血或者向医疗机构供应原料血浆的；

（十二）重复使用一次性采血器材的；

（十三）其他不依照规定进行检测或者违背操作规定的。

第六条 对经国家主管部门批准采集、供应血液或者制作、供应血液制品的部门，不依照规定进行检测或者违背其他操作规定，具有下列情形之一的，应认定为刑法第三百三十四条第二款规定的“造成危害他人身体健康后果”，对单位判处罚金，

法律适用

司法解释

并对其直接负责的主管人员和其他直接责任人员，处五年以下有期徒刑或者拘役：

（一）造成献血者、供血浆者、受血者感染艾滋病病毒、乙型肝炎病毒、丙型肝炎病毒、梅毒螺旋体或者其他经血液传播的病原微生物的；

（二）造成献血者、供血浆者、受血者重度贫血、造血功能障碍或者其他器官组织损伤导致功能障碍等身体严重危害的；

（三）造成其他危害他人身体健康后果的。

第七条 经国家主管部门批准的采供血机构和血液制品生产经营单位，应认定为刑法第三百三十四条第二款规定的“经国家主管部门批准采集、供应血液或者制作、供应血液制品的部门”。

第八条 本解释所称“血液”，是指全血、成分血和特殊血液成分。

本解释所称“血液制品”，是指各种人血浆蛋白制品。

本解释所称“采供血机构”，包括血液中心、中心血站、中心血库、脐带血造血干细胞库和国家卫生行政主管部门根据医学发展需要批准、设置的其他类型血库、单采血浆站。

相关法律法规

《血液制品管理条例》（节录）（1996年12月30日中华人民共和国国务院令第208号公布　自公布之日起施行　2016年2月6日修订）

第三十五条 单采血浆站有下列行为之一的，由县级以上地方人民政府卫生行政部门责令限期改正，处5万元以上10万元以下的罚款；有第八项所列行为的，或者有下列其他行为并且情节严重的，由省、自治区、直辖市人民政府卫生行政部门吊销《单采血浆许可证》；构成犯罪的，对负有直接责任的主管人员和其他直接责任人员依法追究刑事责任：

（一）采集血浆前，未按照国务院卫生行政部门颁布的健康检查标准对供血浆者进行健康检查和血液化验的；

（二）采集非划定区域内的供血浆者或者其他人员的血浆的，或者不对供血浆者进行身份识别，采集冒名顶替者、健康检查不合格者或者无《供血浆证》者的血浆的；

（三）违反国务院卫生行政部门制定的血浆采集技术操作标准和程序，过频过量采集血浆的；

（四）向医疗机构直接供应原料血浆或者擅自采集血液的；

（五）未使用单采血浆机械进行血浆采集的；

（六）未使用有产品批准文号并经国家药品生物制品检定机构逐批检定合格的体外诊断试剂以及合格的一次性采血浆器材的；

（七）未按照国家规定的卫生标准和要求包装、储存、运输原料血浆的；

（八）对国家规定检测项目检测结果呈阳性的血浆不清除、不及时上报的；

（九）对污染的注射器、采血浆器材及不合格血浆等不经消毒处理，擅自倾倒，污染环境，造成社会危害的；

（十）重复使用一次性采血浆器材的；

（十一）向与其签订质量责任书的血液制品生产单位以外的其他单位供应原料血浆的。

第三十六条 单采血浆站已知其采集的血浆检测结果呈阳性，仍向血液制品生产单位供应的，由省、自治区、直辖市人民政府卫生行政部门吊销《单采血浆许可证》，由县级以上地方人民政府卫生行政部门没收违法所得，并处10万元以上30万元以下的罚款；造成经血液途径传播的疾病传播、人身伤害等危害，构成犯罪的，对负有直接责任的主管人员和其他直接责任人员依法追究刑事责任。

《血站管理办法》(节录)(2005年11月17日中华人民共和国卫生部令第44号公布 自2006年3月1日起施行 2009年3月27日第一次修正 2016年1月19日第二次修正 2017年12月26日第三次修正)

第十九条 血站执业，应当遵守有关法律、行政法规、规章和技术规范。

第二十条 血站应当根据医疗机构临床用血需求，制定血液采集、制备、供应计划，保障临床用血安全、及时、有效。

第二十一条 血站应当开展无偿献血宣传。

血站开展献血者招募，应当为献血者提供安全、卫生、便利的条件和良好的服务。

第二十二条 血站应当按照国家有关规定对献血者进行健康检查和血液采集。

血站采血前应当对献血者身份进行核对并进行登记。

严禁采集冒名顶替者的血液。严禁超量、频繁采集血液。

血站不得采集血液制品生产用原料血浆。

第二十三条 献血者应当按照要求出示真实的身份证明。

任何单位和个人不得组织冒名顶替者献血。

第二十四条 血站采集血液应当遵循自愿和知情同意的原则，并对献血者履行规定的告知义务。

血站应当建立献血者信息保密制度，为献血者保密。

第二十五条 血站应当建立对有易感染经血液传播疾病危险行为的献血者献血后的报告工作程序、献血屏蔽和淘汰制度。

第二十六条 血站开展采供血业务应当实行全面质量管理，严格遵守《中国输血技术操作规程》、《血站质量管理规范》和《血站实验室质量管理规范》等技术规范和标准。

血站应当建立人员岗位责任制度和采供血管理相关工作制度，并定期检查、考核各项规章制度和各级各类人员岗位责任制的执行和落实情况。

第二十七条 血站应当对血站工作人员进行岗位培训与考核。血站工作人员应当符合岗位执业资格的规定，并经岗位培训与考核合格后方可上岗。

血站工作人员每人每年应当接受不少于75学时的岗位继续教育。

省级人民政府卫生计生行政部门应当制定血站工作人员培训标准或指南，并对血站开展的岗位培训、考核工作进行指导和监督。

第二十八条 血站各业务岗位工作记录应当内容真实、项目完整、格式规范、字迹清楚、记录及时，有操作者签名。

记录内容需要更改时，应当保持原记录内容清晰可辨，注明更改内容、原因和日期，并在更改处签名。

献血、检测和供血的原始记录应当至少保存十年，法律、行政法规和国家卫生计生委另有规定的，依照有关规定执行。

第二十九条 血站应当保证所采集的血液由具有血液检测实验室资格的实验室进行检测。

对检测不合格或者报废的血液，血站应当严格按照有关规定处理。

第三十条 血站应当制定实验室室内质控与室间质评制度，确保试剂、卫生器材、仪器、设备在使用过程中能达到预期效果。

血站的实验室应当配备必要的生物安全设备和设施，并对工作人员进行生物安全知识培训。

第三十一条 血液标本的保存期为全血或成分血使用后二年。

第三十二条 血站应当加强消毒、隔离工作管理，预防和控制感染性疾病的传播。

血站产生的医疗废物应当按《医疗废物管理条例》规定处理，做好记录与签字，避免交叉感染。

第三十三条 血站及其执行职务的人员发现法定传染病疫情时，应当按照《传染病防治法》和国家卫生计生委的规定向有关部门报告。

第三十四条 血液的包装、储存、运输应当符合《血站质量管理规范》的要求。血液包装袋上应当标明：

（一）血站的名称及其许可证号；

（二）献血编号或者条形码；

（三）血型；

（四）血液品种；

（五）采血日期及时间或者制备日期及时间；

（六）有效日期及时间；

（七）储存条件。

第三十五条 血站应当保证发出的血液质量符合国家有关标准，其品种、规格、数量、活性、血型无差错；未经检测或者检测不合格的血液，不得向医疗机构提供。

第三十六条 血站应当建立质量投诉、不良反应监测和血液收回制度。

第三十七条 血站应当加强对其所设储血点的质量监督，确保储存条件，保证血液储存质量；按照临床需要进行血液储存和调换。

第三十八条 血站使用的药品、体外诊断试剂、一次性卫生器材应当符合国家有关规定。

第三十九条 血站应当按照有关规定，认真填写采供血机构统计报表，及时准确上报。

第四十条 血站应当制定紧急灾害应急预案，并从血源、管理制度、技术能力和设备条件等方面保证预案的实施。在紧急灾害发生时服从县级以上人民政府卫生计生行政部门的调遣。

第四十一条 因临床、科研或者特殊需要，需要从外省、自治区、直辖市调配血液的，由省级人民政府卫生计生行政部门组织实施。

禁止临床医疗用途的人体血液、血浆进出口。

第四十二条 无偿献血的血液必须用于临床，不得买卖。

血站剩余成分血浆由省、自治区、直辖市人民政府卫生计生行政部门协调血液制品生产单位解决。

第四十三条 血站必须严格执行国家有关报废血处理和有易感染经血液传播疾病危险行为的献血者献血后保密性弃血处理的规定。

第四十四条 血站剩余成分血浆以及因科研或者特殊需要用血而进行的调配所得的收入，全部用于无偿献血者用血返还费用，血站不得挪作他用。

第四十五条 国家卫生计生委根据全国人口分布、卫生资源、临床造血干细胞移植需要等实际情况，统一制定我国脐带血造血干细胞库等特殊血站的设置规划和原则。

国家不批准设置以营利为目的的脐带血造血干细胞库等特殊血站。

法律适用 规章及规范性文件

第四十六条 申请设置脐带血造血干细胞库等特殊血站的，应当按照国家卫生计生委规定的条件向所在地省级人民政府卫生计生行政部门申请。省级人民政府卫生计生行政部门组织初审后报国家卫生计生委。

国家卫生计生委对脐带血造血干细胞库等特殊血站设置审批按照申请的先后次序进行。

第四十七条 脐带血造血干细胞库等特殊血站执业，应当向所在地省级人民政府卫生计生行政部门申请办理执业登记。

省级卫生计生行政部门应当组织有关专家和技术部门，按照本办法和国家卫生计生委制定的脐带血造血干细胞库等特殊血站的基本标准、技术规范，对申请单位进行技术审查及执业验收。审查合格的，发给《血站执业许可证》，并注明开展的业务。《血站执业许可证》有效期为三年。

未取得《血站执业许可证》的，不得开展采供脐带血造血干细胞等业务。

第四十八条 脐带血造血干细胞库等特殊血站在《血站执业许可证》有效期满后继续执业的，应当在《血站执业许可证》有效期满前三个月向原执业登记的省级人民政府卫生计生行政部门申请办理再次执业登记手续。

第四十九条 脐带血造血干细胞库等特殊血站执业除应当遵守本办法第二章第二节一般血站的执业要求外，还应当遵守以下规定：

（一）按照国家卫生计生委规定的脐带血造血干细胞库等特殊血站的基本标准、技术规范等执业；

（二）脐带血等特殊血液成分的采集必须符合医学伦理的有关要求，并遵循自愿和知情同意的原则。脐带血造血干细胞库必须与捐献者签署经执业登记机关审核的知情同意书；

（三）脐带血造血干细胞库等特殊血站只能向有造血干细胞移植经验和基础，并装备有造血干细胞移植所需的无菌病房和其它必须设施的医疗机构提供脐带血造血干细胞；

（四）脐带血等特殊血液成分必须用于临床。

102 非法采集人类遗传资源、走私人类遗传资源材料案

概念

本罪是指违反国家有关规定，非法采集我国人类遗传资源或者非法运送、邮寄、携带我国人类遗传资源材料出境，危害公众健康或者社会公共利益，情节严重的行为。

立案标准

违反国家有关规定，非法采集我国人类遗传资源或者非法运送、邮寄、携带我国人类遗传资源材料出境，危害公众健康或者社会公共利益，情节严重的，应当立案。

定罪标准	犯罪客体	本罪侵犯的客体是我国人类遗传资源与生物资源安全。
	犯罪客观方面	本罪客观上表现为违反国家有关规定，非法采集我国人类遗传资源或者非法运送、邮寄、携带我国人类遗传资源材料出境，危害公众健康或者社会公共利益，情节严重的行为。 这里的人类遗传资源，根据《生物安全法》第85条、《人类遗传资源管理条例》第2条规定，人类遗传资源包括人类遗传资源材料和人类遗传资源信息。人类遗传资源材料是指含有人体基因组、基因等遗传物质的器官、组织、细胞等遗传材料。人类遗传资源信息是指利用人类遗传资源材料产生的数据等信息资料。
	犯罪主体	本罪的主体是一般主体，即凡是达到法定刑事责任年龄、具有刑事责任能力的人，均可构成本罪。
	犯罪主观方面	本罪的主观方面是故意。
	罪与非罪	区分罪与非罪。需要注意两点：1. 本罪成立要求情节严重，对于尚未构成犯罪的非法采集我国人类遗传资源或走私我国人类遗传资源材料的行为，可以根据《生物安全法》等相关规定处理；2. 本罪的保护对象是我国人类遗传资源和人类遗传资源材料，对于在我国境内对非我国种族的人类遗传资源进行采集的行为，不构成本罪。
	此罪与彼罪	1. 非法采集我国人类遗传资源的过程中造成人员伤亡，同时构成其他犯罪的，应按照处罚较重的规定定罪处罚。2. 行为人非法运送、邮寄、携带我国人类遗传资源材料出境，同时构成《刑法》第151条走私国家禁止进出口的货物、物品罪的，根据情节按照处罚较重的规定定罪处罚。3. 人类遗传资源属于国家秘密，行为人非法采集的，可能构成本罪与《刑法》第282条非法获取国家秘密罪的法条竞合，本罪作为特殊法条，此时应优先以本罪论处。4. 人类遗传资源材料属于国家秘密，行为人非法运送、邮寄、携带出境的，可能构成本罪与《刑法》第111条为境外窃取、刺探、收买、非法提供国家秘密、情报罪的想象竞合，此时应以处罚较重的为境外窃取、刺探、收买、非法提供国家秘密、情报罪处理。

<table>
<tr><td rowspan="4">证据参考标准</td><td>主体方面的证据</td><td colspan="2">一、证明行为人刑事责任年龄、身份等事实情况的证据。
包括但不限于身份证明、户籍证明、任职证明、工作经历证明、特定职责证明等，主要用于证明行为人的姓名（曾用名）、性别、出生年月日、民族、机关、出生地、职业（职务）、住所地（居住地）等的证据材料，具体如居民身份证、户口簿、工作证、出生证、专业或技术等级证、干部履历表、职工登记表、护照等。
对于户籍、身份证等材料内容不是的，应提供其他证据材料。外国人犯罪的案件，需要有护照等身份证明材料。人大代表、政协委员犯罪的案件，应当注明身份并附上身份证明材料。
二、证明行为人刑事责任能力的证据。
证明行为人对自己的行为具有辨认、控制能力，如是否属于间歇性精神病人、尚未完全丧失辨认或者控制自己行为能力的精神病人的证明材料。</td></tr>
<tr><td>主观方面的证据</td><td colspan="2">证明行为人故意的证据：1. 证明行为人明知的证据：证明行为人明知自己的行为会发生危害社会的结果；2. 证明直接故意的证据：证明行为人希望危害结果发生；3. 证明间接故意的证据：证明行为人犯人危害结果发生。</td></tr>
<tr><td>客观方面的证据</td><td colspan="2">1. 证明行为人非法采集我国人类遗传资源的证据；2. 证明行为人非法运送、邮寄、携带我国人类遗传资源材料出境的证据；3. 证明危害公众健康或者社会公共利益的证据；4. 证明情节严重的证据；5. 证明情节特别严重的证据。</td></tr>
<tr><td>量刑方面的证据</td><td colspan="2">一、法定量刑情节证据。
1. 事实情节：（1）危害他人身体健康后果；（2）其他。2. 法定从重情节。3. 法定从轻减轻情节：（1）可以从轻；（2）可以从轻或者减轻；（3）应当从轻或者减轻。4. 法定从轻减轻免除情节：（1）可以从轻、减轻或者免除处罚；（2）应当从轻、减轻或者免除处罚。5. 法定减轻免除情节：（1）可以减轻或者免除处罚；（2）应当减轻或者免除处罚；（3）可以免除处罚。
二、酌定量刑情节证据。
1. 犯罪手段：（1）不按规定检测；（2）违背其他操作规定。2. 犯罪对象。3. 危害结果。4. 动机。5. 平时表现。6. 认罪态度。7. 是否有前科。8. 其他证据。</td></tr>
<tr><td rowspan="2">量刑标准</td><td colspan="2">犯本罪的</td><td>处三年以下有期徒刑、拘役或者管制，并处或者单处罚金</td></tr>
<tr><td colspan="2">情节特别严重的</td><td>处三年以上七年以下有期徒刑，并处罚金</td></tr>
<tr><td>法律适用</td><td>刑法条文</td><td colspan="2">第三百三十四条之一　违反国家有关规定，非法采集我国人类遗传资源或者非法运送、邮寄、携带我国人类遗传资源材料出境，危害公众健康或者社会公共利益，情节严重的，处三年以下有期徒刑、拘役或者管制，并处或者单处罚金；情节特别严重的，处三年以上七年以下有期徒刑，并处罚金。</td></tr>
</table>

法律适用 相关法律法规

一、《中华人民共和国生物安全法》（节录）（2020年10月17日中华人民共和国主席令第56号公布　自2021年4月15日起施行）

第五十三条　国家加强对我国人类遗传资源和生物资源采集、保藏、利用、对外提供等活动的管理和监督，保障人类遗传资源和生物资源安全。

国家对我国人类遗传资源和生物资源享有主权。

第五十四条　国家开展人类遗传资源和生物资源调查。

国务院科学技术主管部门组织开展我国人类遗传资源调查，制定重要遗传家系和特定地区人类遗传资源申报登记办法。

国务院科学技术、自然资源、生态环境、卫生健康、农业农村、林业草原、中医药主管部门根据职责分工，组织开展生物资源调查，制定重要生物资源申报登记办法。

第五十五条　采集、保藏、利用、对外提供我国人类遗传资源，应当符合伦理原则，不得危害公众健康、国家安全和社会公共利益。

第五十六条　从事下列活动，应当经国务院科学技术主管部门批准：

（一）采集我国重要遗传家系、特定地区人类遗传资源或者采集国务院科学技术主管部门规定的种类、数量的人类遗传资源；

（二）保藏我国人类遗传资源；

（三）利用我国人类遗传资源开展国际科学研究合作；

（四）将我国人类遗传资源材料运送、邮寄、携带出境。

前款规定不包括以临床诊疗、采供血服务、查处违法犯罪、兴奋剂检测和殡葬等为目的采集、保藏人类遗传资源及开展的相关活动。

为了取得相关药品和医疗器械在我国上市许可，在临床试验机构利用我国人类遗传资源开展国际合作临床试验、不涉及人类遗传资源出境的，不需要批准；但是，在开展临床试验前应当将拟使用的人类遗传资源种类、数量及用途向国务院科学技术主管部门备案。

境外组织、个人及其设立或者实际控制的机构不得在我国境内采集、保藏我国人类遗传资源，不得向境外提供我国人类遗传资源。

第五十七条　将我国人类遗传资源信息向境外组织、个人及其设立或者实际控制的机构提供或者开放使用的，应当向国务院科学技术主管部门事先报告并提交信息备份。

第五十八条　采集、保藏、利用、运输出境我国珍贵、濒危、特有物种及其可用于再生或者繁殖传代的个体、器官、组织、细胞、基因等遗传资源，应当遵守有关法律法规。

境外组织、个人及其设立或者实际控制的机构获取和利用我国生物资源，应当依法取得批准。

第五十九条　利用我国生物资源开展国际科学研究合作，应当依法取得批准。

利用我国人类遗传资源和生物资源开展国际科学研究合作，应当保证中方单位及其研究人员全过程、实质性地参与研究，依法分享相关权益。

第六十条　国家加强对外来物种入侵的防范和应对，保护生物多样性。国务院农业农村主管部门会同国务院其他有关部门制定外来入侵物种名录和管理办法。

国务院有关部门根据职责分工，加强对外来入侵物种的调查、监测、预警、控制、评估、清除以及生态修复等工作。

任何单位和个人未经批准，不得擅自引进、释放或者丢弃外来物种。

二、《中华人民共和国人类遗传资源管理条例》(2019年5月28日中华人民共和国国务院令第717号公布 自2019年7月1日起施行)

第一章 总 则

第一条 为了有效保护和合理利用我国人类遗传资源，维护公众健康、国家安全和社会公共利益，制定本条例。

第二条 本条例所称人类遗传资源包括人类遗传资源材料和人类遗传资源信息。

人类遗传资源材料是指含有人体基因组、基因等遗传物质的器官、组织、细胞等遗传材料。

人类遗传资源信息是指利用人类遗传资源材料产生的数据等信息资料。

第三条 采集、保藏、利用、对外提供我国人类遗传资源，应当遵守本条例。

为临床诊疗、采供血服务、查处违法犯罪、兴奋剂检测和殡葬等活动需要，采集、保藏器官、组织、细胞等人体物质及开展相关活动，依照相关法律、行政法规规定执行。

第四条 国务院科学技术行政部门负责全国人类遗传资源管理工作；国务院其他有关部门在各自的职责范围内，负责有关人类遗传资源管理工作。

省、自治区、直辖市人民政府科学技术行政部门负责本行政区域人类遗传资源管理工作；省、自治区、直辖市人民政府其他有关部门在各自的职责范围内，负责本行政区域有关人类遗传资源管理工作。

第五条 国家加强对我国人类遗传资源的保护，开展人类遗传资源调查，对重要遗传家系和特定地区人类遗传资源实行申报登记制度。

国务院科学技术行政部门负责组织我国人类遗传资源调查，制定重要遗传家系和特定地区人类遗传资源申报登记具体办法。

第六条 国家支持合理利用人类遗传资源开展科学研究、发展生物医药产业、提高诊疗技术，提高我国生物安全保障能力，提升人民健康保障水平。

第七条 外国组织、个人及其设立或者实际控制的机构不得在我国境内采集、保藏我国人类遗传资源，不得向境外提供我国人类遗传资源。

第八条 采集、保藏、利用、对外提供我国人类遗传资源，不得危害我国公众健康、国家安全和社会公共利益。

第九条 采集、保藏、利用、对外提供我国人类遗传资源，应当符合伦理原则，并按照国家有关规定进行伦理审查。

采集、保藏、利用、对外提供我国人类遗传资源，应当尊重人类遗传资源提供者的隐私权，取得其事先知情同意，并保护其合法权益。

采集、保藏、利用、对外提供我国人类遗传资源，应当遵守国务院科学技术行政部门制定的技术规范。

第十条 禁止买卖人类遗传资源。

为科学研究依法提供或者使用人类遗传资源并支付或者收取合理成本费用，不视为买卖。

第二章 采集和保藏

第十一条 采集我国重要遗传家系、特定地区人类遗传资源或者采集国务院科学技术行政部门规定种类、数量的人类遗传资源的，应当符合下列条件，并经国务院科学技术行政部门批准：

（一）具有法人资格；

（二）采集目的明确、合法；

（三）采集方案合理；

（四）通过伦理审查；

（五）具有负责人类遗传资源管理的部门和管理制度；

（六）具有与采集活动相适应的场所、设施、设备和人员。

第十二条 采集我国人类遗传资源，应当事先告知人类遗传资源提供者采集目的、采集用途、对健康可能产生的影响、个人隐私保护措施及其享有的自愿参与和随时无条件退出的权利，征得人类遗传资源提供者书面同意。

在告知人类遗传资源提供者前款规定的信息时，必须全面、完整、真实、准确，不得隐瞒、误导、欺骗。

第十三条 国家加强人类遗传资源保藏工作，加快标准化、规范化的人类遗传资源保藏基础平台和人类遗传资源大数据建设，为开展相关研究开发活动提供支撑。

国家鼓励科研机构、高等学校、医疗机构、企业根据自身条件和相关研究开发活动需要开展人类遗传资源保藏工作，并为其他单位开展相关研究开发活动提供便利。

第十四条 保藏我国人类遗传资源、为科学研究提供基础平台的，应当符合下列条件，并经国务院科学技术行政部门批准：

（一）具有法人资格；

（二）保藏目的明确、合法；

（三）保藏方案合理；

（四）拟保藏的人类遗传资源来源合法；

（五）通过伦理审查；

（六）具有负责人类遗传资源管理的部门和保藏管理制度；

（七）具有符合国家人类遗传资源保藏技术规范和要求的场所、设施、设备和人员。

第十五条 保藏单位应当对所保藏的人类遗传资源加强管理和监测，采取安全措施，制定应急预案，确保保藏、使用安全。

保藏单位应当完整记录人类遗传资源保藏情况，妥善保存人类遗传资源的来源信息和使用信息，确保人类遗传资源的合法使用。

保藏单位应当就本单位保藏人类遗传资源情况向国务院科学技术行政部门提交年度报告。

第十六条 国家人类遗传资源保藏基础平台和数据库应当依照国家有关规定向有关科研机构、高等学校、医疗机构、企业开放。

为公众健康、国家安全和社会公共利益需要，国家可以依法使用保藏单位保藏的人类遗传资源。

第三章 利用和对外提供

第十七条 国务院科学技术行政部门和省、自治区、直辖市人民政府科学技术行政部门应当会同本级人民政府有关部门对利用人类遗传资源开展科学研究、发展生物医药产业统筹规划，合理布局，加强创新体系建设，促进生物科技和产业创新、协调发展。

第十八条 科研机构、高等学校、医疗机构、企业利用人类遗传资源开展研究开发活动，对其研究开发活动以及成果的产业化依照法律、行政法规和国家有关规定予以支持。

第十九条 国家鼓励科研机构、高等学校、医疗机构、企业根据自身条件和相关研究开发活动需要，利用我国人类遗传资源开展国际合作科学研究，提升相关研究开发能力和水平。

第二十条 利用我国人类遗传资源开展生物技术研究开发活动或者开展临床试验的，应当遵守有关生物技术研究、临床应用管理法律、行政法规和国家有关规定。

第二十一条 外国组织及外国组织、个人设立或者实际控制的机构（以下称外方单位）需要利用我国人类遗传资源开展科学研究活动的，应当遵守我国法律、行政法规和国家有关规定，并采取与我国科研机构、高等学校、医疗机构、企业（以下称中方单位）合作的方式进行。

第二十二条 利用我国人类遗传资源开展国际合作科学研究的，应当符合下列条件，并由合作双方共同提出申请，经国务院科学技术行政部门批准：

（一）对我国公众健康、国家安全和社会公共利益没有危害；

（二）合作双方为具有法人资格的中方单位、外方单位，并具有开展相关工作的基础和能力；

（三）合作研究目的和内容明确、合法，期限合理；

（四）合作研究方案合理；

（五）拟使用的人类遗传资源来源合法，种类、数量与研究内容相符；

（六）通过合作双方各自所在国（地区）的伦理审查；

（七）研究成果归属明确，有合理明确的利益分配方案。

为获得相关药品和医疗器械在我国上市许可，在临床机构利用我国人类遗传资源开展国际合作临床试验、不涉及人类遗传资源材料出境的，不需要审批。但是，合作双方在开展临床试验前应当将拟使用的人类遗传资源种类、数量及其用途向国务院科学技术行政部门备案。国务院科学技术行政部门和省、自治区、直辖市人民政府科学技术行政部门加强对备案事项的监管。

第二十三条 在利用我国人类遗传资源开展国际合作科学研究过程中，合作方、研究目的、研究内容、合作期限等重大事项发生变更的，应当办理变更审批手续。

第二十四条 利用我国人类遗传资源开展国际合作科学研究，应当保证中方单位及其研究人员在合作期间全过程、实质性地参与研究，研究过程中的所有记录以及数据信息等完全向中方单位开放并向中方单位提供备份。

利用我国人类遗传资源开展国际合作科学研究，产生的成果申请专利的，应当由合作双方共同提出申请，专利权归合作双方共有。研究产生的其他科技成果，其使用权、转让权和利益分享办法由合作双方通过合作协议约定；协议没有约定的，合作双方都有使用的权利，但向第三方转让须经合作双方同意，所获利益按合作双方贡献大小分享。

第二十五条 利用我国人类遗传资源开展国际合作科学研究，合作双方应当按照平等互利、诚实信用、共同参与、共享成果的原则，依法签订合作协议，并依照本条例第二十四条的规定对相关事项作出明确、具体的约定。

第二十六条 利用我国人类遗传资源开展国际合作科学研究，合作双方应当在国际合作活动结束后6个月内共同向国务院科学技术行政部门提交合作研究情况报告。

第二十七条 利用我国人类遗传资源开展国际合作科学研究，或者因其他特殊情况确需将我国人类遗传资源材料运送、邮寄、携带出境的，应当符合下列条件，并取得国务院科学技术行政部门出具的人类遗传资源材料出境证明：

（一）对我国公众健康、国家安全和社会公共利益没有危害；
（二）具有法人资格；
（三）有明确的境外合作方和合理的出境用途；
（四）人类遗传资源材料采集合法或者来自合法的保藏单位；
（五）通过伦理审查。

利用我国人类遗传资源开展国际合作科学研究，需要将我国人类遗传资源材料运送、邮寄、携带出境的，可以单独提出申请，也可以在开展国际合作科学研究申请中列明出境计划一并提出申请，由国务院科学技术行政部门合并审批。

将我国人类遗传资源材料运送、邮寄、携带出境的，凭人类遗传资源材料出境证明办理海关手续。

第二十八条 将人类遗传资源信息向外国组织、个人及其设立或者实际控制的机构提供或者开放使用，不得危害我国公众健康、国家安全和社会公共利益；可能影响我国公众健康、国家安全和社会公共利益的，应当通过国务院科学技术行政部门组织的安全审查。

将人类遗传资源信息向外国组织、个人及其设立或者实际控制的机构提供或者开放使用的，应当向国务院科学技术行政部门备案并提交信息备份。

利用我国人类遗传资源开展国际合作科学研究产生的人类遗传资源信息，合作双方可以使用。

第四章 服务和监督

第二十九条 国务院科学技术行政部门应当加强电子政务建设，方便申请人利用互联网办理审批、备案等事项。

第三十条 国务院科学技术行政部门应当制定并及时发布有关采集、保藏、利用、对外提供我国人类遗传资源的审批指南和示范文本，加强对申请人办理有关审批、备案等事项的指导。

第三十一条 国务院科学技术行政部门应当聘请生物技术、医药、卫生、伦理、法律等方面的专家组成专家评审委员会，对依照本条例规定提出的采集、保藏我国人类遗传资源，开展国际合作科学研究以及将我国人类遗传资源材料运送、邮寄、携带出境的申请进行技术评审。评审意见作为作出审批决定的参考依据。

第三十二条 国务院科学技术行政部门应当自受理依照本条例规定提出的采集、保藏我国人类遗传资源，开展国际合作科学研究以及将我国人类遗传资源材料运送、邮寄、携带出境申请之日起20个工作日内，作出批准或者不予批准的决定；不予批准的，应当说明理由。因特殊原因无法在规定期限内作出审批决定的，经国务院科学技术行政部门负责人批准，可以延长10个工作日。

第三十三条 国务院科学技术行政部门和省、自治区、直辖市人民政府科学技术行政部门应当加强对采集、保藏、利用、对外提供人类遗传资源活动各环节的监督检查，发现违反本条例规定的，及时依法予以处理并向社会公布检查、处理结果。

第三十四条 国务院科学技术行政部门和省、自治区、直辖市人民政府科学技术行政部门进行监督检查，可以采取下列措施：
（一）进入现场检查；
（二）询问相关人员；
（三）查阅、复制有关资料；
（四）查封、扣押有关人类遗传资源。

第三十五条 任何单位和个人对违反本条例规定的行为，有权向国务院科学技术行政部门和省、自治区、直辖市人民政府科学技术行政部门投诉、举报。

国务院科学技术行政部门和省、自治区、直辖市人民政府科学技术行政部门应当公布投诉、举报电话和电子邮件地址，接受相关投诉、举报。对查证属实的，给予举报人奖励。

第五章 法律责任

第三十六条 违反本条例规定，有下列情形之一的，由国务院科学技术行政部门责令停止违法行为，没收违法采集、保藏的人类遗传资源和违法所得，处50万元以上500万元以下罚款，违法所得在100万元以上的，处违法所得5倍以上10倍以下罚款：

（一）未经批准，采集我国重要遗传家系、特定地区人类遗传资源，或者采集国务院科学技术行政部门规定种类、数量的人类遗传资源；

（二）未经批准，保藏我国人类遗传资源；

（三）未经批准，利用我国人类遗传资源开展国际合作科学研究；

（四）未通过安全审查，将可能影响我国公众健康、国家安全和社会公共利益的人类遗传资源信息向外国组织、个人及其设立或者实际控制的机构提供或者开放使用；

（五）开展国际合作临床试验前未将拟使用的人类遗传资源种类、数量及其用途向国务院科学技术行政部门备案。

第三十七条 提供虚假材料或者采取其他欺骗手段取得行政许可的，由国务院科学技术行政部门撤销已经取得的行政许可，处50万元以上500万元以下罚款，5年内不受理相关责任人及单位提出的许可申请。

第三十八条 违反本条例规定，未经批准将我国人类遗传资源材料运送、邮寄、携带出境的，由海关依照法律、行政法规的规定处罚。科学技术行政部门应当配合海关开展鉴定等执法协助工作。海关应当将依法没收的人类遗传资源材料移送省、自治区、直辖市人民政府科学技术行政部门进行处理。

第三十九条 违反本条例规定，有下列情形之一的，由省、自治区、直辖市人民政府科学技术行政部门责令停止开展相关活动，没收违法采集、保藏的人类遗传资源和违法所得，处50万元以上100万元以下罚款，违法所得在100万元以上的，处违法所得5倍以上10倍以下罚款：

（一）采集、保藏、利用、对外提供我国人类遗传资源未通过伦理审查；

（二）采集我国人类遗传资源未经人类遗传资源提供者事先知情同意，或者采取隐瞒、误导、欺骗等手段取得人类遗传资源提供者同意；

（三）采集、保藏、利用、对外提供我国人类遗传资源违反相关技术规范；

（四）将人类遗传资源信息向外国组织、个人及其设立或者实际控制的机构提供或者开放使用，未向国务院科学技术行政部门备案或者提交信息备份。

第四十条 违反本条例规定，有下列情形之一的，由国务院科学技术行政部门责令改正，给予警告，可以处50万元以下罚款：

（一）保藏我国人类遗传资源过程中未完整记录并妥善保存人类遗传资源的来源信息和使用信息；

（二）保藏我国人类遗传资源未提交年度报告；

（三）开展国际合作科学研究未及时提交合作研究情况报告。

法律适用 相关法律法规

第四十一条 外国组织、个人及其设立或者实际控制的机构违反本条例规定，在我国境内采集、保藏我国人类遗传资源，利用我国人类遗传资源开展科学研究，或者向境外提供我国人类遗传资源的，由国务院科学技术行政部门责令停止违法行为，没收违法采集、保藏的人类遗传资源和违法所得，处100万元以上1000万元以下罚款，违法所得在100万元以上的，处违法所得5倍以上10倍以下罚款。

第四十二条 违反本条例规定，买卖人类遗传资源的，由国务院科学技术行政部门责令停止违法行为，没收违法采集、保藏的人类遗传资源和违法所得，处100万元以上1000万元以下罚款，违法所得在100万元以上的，处违法所得5倍以上10倍以下罚款。

第四十三条 对有本条例第三十六条、第三十九条、第四十一条、第四十二条规定违法行为的单位，情节严重的，由国务院科学技术行政部门或者省、自治区、直辖市人民政府科学技术行政部门依据职责禁止其1至5年内从事采集、保藏、利用、对外提供我国人类遗传资源的活动；情节特别严重的，永久禁止其从事采集、保藏、利用、对外提供我国人类遗传资源的活动。

对有本条例第三十六条至第三十九条、第四十一条、第四十二条规定违法行为的单位的法定代表人、主要负责人、直接负责的主管人员以及其他责任人员，依法给予处分，并由国务院科学技术行政部门或者省、自治区、直辖市人民政府科学技术行政部门依据职责没收其违法所得，处50万元以下罚款；情节严重的，禁止其1至5年内从事采集、保藏、利用、对外提供我国人类遗传资源的活动；情节特别严重的，永久禁止其从事采集、保藏、利用、对外提供我国人类遗传资源的活动。

单位和个人有本条例规定违法行为的，记入信用记录，并依照有关法律、行政法规的规定向社会公示。

第四十四条 违反本条例规定，侵害他人合法权益的，依法承担民事责任；构成犯罪的，依法追究刑事责任。

第四十五条 国务院科学技术行政部门和省、自治区、直辖市人民政府科学技术行政部门的工作人员违反本条例规定，不履行职责或者滥用职权、玩忽职守、徇私舞弊的，依法给予处分；构成犯罪的，依法追究刑事责任。

第六章 附 则

第四十六条 人类遗传资源相关信息属于国家秘密的，应当依照《中华人民共和国保守国家秘密法》和国家其他有关保密规定实施保密管理。

第四十七条 本条例自2019年7月1日起施行。

103 医疗事故案

概念

本罪是指医务人员由于严重不负责任，造成就诊人员死亡或者严重损害就诊人身体健康的行为。

立案标准

医务人员由于严重不负责任，造成就诊人死亡或者严重损害就诊人身体健康的，应予立案追诉。

具有下列情形之一的，属于本条规定的“严重不负责任”：

（1）擅离职守的；

（2）无正当理由拒绝对危急就诊人实行必要的医疗救治的；

（3）未经批准擅自开展试验性医疗的；

（4）严重违反查对、复核制度的；

（5）使用未经批准使用的药品、消毒药剂、医疗器械的；

（6）严重违反国家法律法规及有明确规定的诊疗技术规范、常规的；

（7）其他严重不负责任的情形。

这里的“严重损害就诊人身体健康”，是指造成就诊人严重残疾、重伤、感染艾滋病、病毒性肝炎等难以治愈的疾病或者其他严重损害就诊人身体健康的后果。

定罪标准		
	犯罪客体	本罪侵犯的客体是国家医疗管理制度和就诊人的人身权利。犯罪对象是生命健康安全正遭受病魔侵害的病人。所以，如果救治措施不能客观上起到控制病情发展的作用，则必然由于病情发展而引起人体健康的更大损害，直至导致伤残、功能障碍和死亡结果。近年来，医疗事故频频发生，既违反了救死扶伤的人道主义原则，也严重地威胁着就诊人员的生命、健康。因此，对医务人员在工作中违反制度和诊疗护理常规，严重不负责任，构成医疗事故罪的，应当予以处罚。《执业医师法》第 38 条规定：“医师在医疗、预防、保健工作中造成事故的，依照法律或者国家有关规定处理。”
	犯罪客观方面	本罪客观方面表现为严重不负责任，造成就诊人死亡或者严重损害就诊人身体健康的行为。具体而言，表现在如下三方面： 一、医务人员在诊疗护理工作中有严重不负责任的行为。根据《医疗事故处理条例》的有关规定，医疗事故是指医疗机构及其医务人员在医疗活动中，违反医疗卫生管理法律、行政法规、部门规章和诊疗护理规范、常规，过失造成患者人身损害的事故。这里所说的诊疗护理规范、常规，是指与保障就诊人的生命、健康安全有关的诊疗护理方面的规章制度，包括诊断、处方、麻醉、手术、输血、护理、化验、消毒、医嘱、查房等各个环节的规程、规则、守则、制度、职责要求，等等。医疗事故案件中常见的违反规章制度的情况有：错用药物、错治病人、错报输血、错报病情、擅离职守、交接班草率、当班失职等。诊疗护理常规，是指长期以来在诊疗护理实践中被公认的行之有效的操作习惯与惯例。各项诊疗操作和护理，均有一定的操作规程的要求，这些规程是为了保障操作稳准，避免失误而制定的，在诊疗操作和护理工作中必

定罪标准		
	犯罪客观方面	须遵照执行，否则就有可能导致医疗事故的发生。违反规章制度和诊疗护理常规，是构成本罪的前提条件。如果行为人没有违反规章制度和诊疗护理常规，即使发生了病人死亡等严重后果的，也不能构成本罪。各种违反规章制度和诊疗护理常规的行为按照其表现形式可分为两类：一类是作为，一类是不作为。所谓作为，就是指医务人员积极实施诊疗护理的规章制度和常规所禁止的行为；所谓不作为，就是指医务人员本应履行应尽的职责而没有履行，如值班人员擅离职守，致使急诊的危重病人没有得到及时的抢救而死亡的等。 二、因严重不负责任行为导致严重损害病人身体健康或死亡的结果。严重损害身体健康是指《医疗事故处理条例》第4条所称的一级医疗事故、二级医疗事故和三级医疗事故。一级医疗事故，是指造成患者死亡、重度残疾的；二级医疗事故是指造成患者中度残疾、器官组织损伤导致严重功能障碍的；三级医疗事故是指造成患者轻度残疾、器官损伤导致一般功能障碍的。如果行为人虽然有违反诊断护理规章制度常规的行为，但没有造成就诊人死亡或身体健康严重损害的后果的，不构成犯罪。《医疗事故处理条例》第33条规定："有下列情形之一的，不属于医疗事故：（一）在紧急情况下为抢救垂危患者生命而采取紧急医学措施造成不良后果的；（二）在医疗活动中由于患者病情异常或者患者体质特殊而发生医疗意外的；（三）在现有医学科学技术条件下，发生无法预料或者不能防范的不良后果的；（四）无过错输血感染造成不良后果的；（五）因患方原因延误诊疗导致不良后果的；（六）因不可抗力造成不良后果的。" 三、严重不负责任行为与病员重伤、死亡之间必须存在刑法上的因果关系。医疗伤亡结果之形成不同于一般加害事件之处在于，后者是加害行为本身直接引起人体机体损伤，而前者则多是由于医疗措施未能有效阻止病情发展而导致病情恶化而引起伤残或死亡，或者是医疗措施对人体侵害直接引起病人伤亡，或者由于医疗措施客观上加重了病情，促使病人伤亡，可见医疗伤亡结果的出现既同原患疾病有关，又同医疗行为有关。违章医疗行为对病情的实际作用可以是四种，即有效、无效、反效、直接破坏人体。据此，可以把医疗伤亡形成机制分为四种：（1）违章医疗行为虽然对阻止病情有效，但是效用不足而最终因病情发展引起病人伤残或死亡，如抢救农药中毒病人时使用的解毒剂数量不足致使病人死亡；（2）违章医疗行为对病情没起到任何作用而由于病情发展引起伤残、死亡，这包括医方违章不作为和无效作为两种情形；（3）违章医疗行为同治疗需要背道而驰从而加剧病情引起病人伤亡，如用反药等；（4）违章医疗行为本身直接破坏人体而直接引起伤亡或同原患伤病相互叠加共同导致病人伤亡，如手术时操作粗心误伤大血管等。这四种情形中，违章医疗行为均与病人伤亡结果之间存在因果关系。上述后两种情形中违章医疗行为与病人伤亡间的联系容易为人们注意，而在上述前两种情形中，由于医疗措施客观上起到一定治疗作用或者至少没有起反作用，因而违章医疗行为与病人伤亡间的关系易被忽视。医疗伤亡结果之出现大多数同违章医疗行为有关，又与病情本身有关。如何认定违章医疗行为对伤亡结果的原因力，应看医疗行为之违章程度即违法性程度如何。只有医疗行为严重违反医疗规章制度，才能由行为人对病人伤亡结果承担刑事责任，这是基于对医务工作特殊性及危险性的照顾而得出的结论。
	犯罪主体	本罪的主体是特殊主体，即医务人员。医务人员是指具有一定医学知识和医疗技能，取得行医资格，直接从事医疗护理工作的人员，包括医院医务人员及合法开业的个体行医者。按照业务性质，医务人员具体包括：（1）医疗防疫人员，如中医、西医、

定罪标准	犯罪主体	卫生防疫、寄生虫防治、地方病防治、职业病防治和妇幼保健人员；（2）药剂人员；（3）护理人员；（4）其他专业技术人员，如检验、理疗、病理、口腔、同位素、放射、营养技术等专业人员。此外，医疗单位中其他负有为保障公民的生命和健康权益而必须实施某种行为的特定义务，由于不履行或者不认真履行这种义务以致造成严重后果的人员，也可以构成本罪的主体，如急救中心救护车司机接到呼救后，无故不出车或者不及时出车，延误抢救时机，造成病人死亡的，也应依照本罪的规定追究刑事责任。由于医务工作有极强的专业性、技术性和导致人身伤亡的危险性，所以，国家卫生行政管理机关向来十分重视对行医者任职资格的考核，事实上只有具备一定医疗知识和技能，才能避免行医的特殊危险性，从而达到救死扶伤的目的。目前社会上存在一些既无医疗技能又未取得行医许可证的非法行医者，这些人不属于医疗事故罪的主体。
	犯罪主观方面	本罪的主观方面是过失，包括疏忽大意的过失和过于自信的过失两种。
	罪与非罪	区分罪与非罪的界限，要注意以下情况： 一、本罪与一般医疗事故的界限。医务人员虽违反医疗规章制度，但并未造成病人重伤、死亡的后果，或者虽然发生了病人伤亡的严重后果，但并非由于医务人员严重不负责任，情节恶劣，即不符合法定条件，不能以犯罪论处。 医疗过程中发生的差错，行为人在主观上有过失，客观上有违章行为，也发生了一定的损害结果，但是这种损害结果较为轻微，未达到就诊人死亡、残废或者功能障碍的程度，只是给就诊人造成一定的疼痛等不良后果，因此，不能构成医疗事故罪。 二、本罪与意外医疗事故的界限。医疗过程中发生的意外事故，是指在诊疗护理工作中，由于病情或者病人的体质特殊而发生了医务人员难以预料和防范的不良后果，导致病人死亡、残疾或者功能障碍。由于这种严重后果的发生医务人员主观上没有过失，行为人也没有违反规章制度的行为，不良后果的发生是行为人无法预见和无法避免的，因而不构成医疗事故罪。 三、本罪与医疗技术事故的界限。医疗技术事故，是指医务人员由于专业技术水平有限、医疗技术水平不高、缺乏经验以及技术和设备条件的限制而发生的导致病人器官功能障碍、残废、死亡等后果的诊疗护理事故。医疗技术事故不是因为医务人员责任心不强、违反规章制度造成的，行为人主观上没有过失，属技术过失而非责任问题。因而这种因技术水平不高等原因造成事故的，不构成医疗事故罪。 在实践中，大多是技术因素和责任因素混杂，处理时应查清主要因素，按主要因素定性，将另一因素作为情节考虑。
	此罪与彼罪	一、本罪与重大责任事故罪的界限。重大责任事故罪，是指在生产、作业中违反有关安全管理的规定，因而发生重大伤亡事故或者造成其他严重后果的行为。二罪的相似之处在于：两罪在主观方面均属过失犯罪。二罪在客观上都造成了人员伤亡的后果。区别在于：（1）主体不同。后罪的主体是一般主体；本罪的主体是医务人员，二者业务性质不同。（2）客体不同。后罪侵犯的客体是工矿企业等生产单位的生产安全和社会公共安全，危及的是不特定多数人的人身安全和公私财产安全；本罪侵犯的主要客体是医疗机构的管理秩序。（3）过失行为发生的场合不同。后罪发生于生产作业中；而本罪发生于诊疗护理过程中。

定罪标准	此罪与彼罪	二、本罪与玩忽职守罪的界限。玩忽职守罪，是指国家机关工作人员严重不负责任，不履行或不正确履行职责，致使公共财产、国家和人民利益遭受重大损失的行为，它与医疗事故罪都表现为严重不负责任，都可能出现造成人员伤亡的严重后果。二罪的区别在于：(1) 主体不同。后罪的主体是国家机关工作人员，本罪的主体则是医务人员；(2) 客体不同。后罪侵害的客体是国家机关的正常管理活动；而本罪侵害的主要客体是医疗机构的管理秩序。(3) 过失的内容不同。后罪是在行政管理过程中出现的过失；而本罪则是在诊疗护理工作中出现的过失。(4) 客观表现不同。后罪表现为在行政管理工作中严重不负责任，不履行或不正确履行自己的职责；而本罪则表现为在诊疗护理工作中违反规章制度或诊疗操作常规。(5) 危害后果不同。本罪的危害后果仅限于就诊人死亡或身体健康严重受损；而后罪的后果既可以是人员伤亡，也可以是财产损失，还可以是恶劣的政治影响。 三、本罪与过失致人死亡罪、过失致人重伤罪的界限。它们在危害结果上基本相同。其区别在于：(1) 主体不同。本罪的主体是特殊主体，即医务人员，后二罪的主体则为一般主体。(2) 主观过失的性质不同。本罪的过失属于业务过失，而后二罪的过失属日常生活中的过失。(3) 客观方面不同。本罪的客观方面表现为在诊疗护理工作中，严重不负责任，违反规章制度或诊疗护理操作常规，而后二罪分别表现为通过某种方式致人死亡或造成他人重伤。(4) 客体不同。后二罪侵害的客体是人的生命健康权利，而本罪侵害的客体主要是医疗机构的管理秩序。
证据参考标准	主体方面的证据	**一、证明行为人刑事责任年龄、身份等自然情况的证据。** 包括身份证明、户籍证明、任职证明、工作经历证明、特定职责证明等，主要是证明行为人的姓名（曾用名）、性别、出生年月日、民族、籍贯、出生地、职业（或职务）、住所地（或居所地）等证据材料，如户口簿、居民身份证、工作证、出生证、专业或技术等级证、干部履历表、职工登记表、护照等。 对于户籍、出生证等材料内容不实的，应提供其他证据材料。外国人犯罪的案件，应有护照等身份证明材料。人大代表、政协委员犯罪的案件，应注明身份，并附身份证明材料。 **二、证明行为人刑事责任能力的证据。** 证明行为人对自己的行为是否具有辨认能力与控制能力，如是否属于间歇性精神病人、尚未完全丧失辨认或者控制自己行为能力的精神病人的证明材料。
	主观方面的证据	证明行为人过失的证据：1. 证明行为人应当预见自己的行为可能发生危害社会的结果；2. 证明疏忽大意的过失的证据；3. 证明过于自信的过失的证据。
	客观方面的证据	证明行为人医疗事故犯罪行为的证据。 具体证据包括：1. 证明行为人实施误诊行为的证据；2. 证明行为人实施医疗事故行为的证据；3. 证明行为人实施手术事故行为的证据；4. 证明行为人实施错误医嘱或执行医嘱错误行为的证据；5. 证明医疗方案错误行为的证据；6. 证明造成就诊人死亡或者严重损害就诊人身体健康行为的证据；7. 证明行为人用药、注射错误行为的证据；8. 证明行为人其他严重不负责任行为的证据。

<table>
<tr><td>证据参考标准</td><td>量刑方面的证据</td><td colspan="2">

一、法定量刑情节证据。

1. 事实情节：（1）就诊人死亡；（2）严重损害就诊人身体健康。2. 法定从重情节。3. 法定从轻减轻情节：（1）可以从轻；（2）可以从轻或者减轻；（3）应当从轻或者减轻。4. 法定从轻减轻免除情节：（1）可以从轻、减轻或者免除处罚；（2）应当从轻、减轻或者免除处罚。5. 法定减轻免除情节：（1）可以减轻或者免除处罚；（2）应当减轻或者免除处罚；（3）可以免除处罚。

二、酌定量刑情节证据。

1. 犯罪手段；2. 犯罪对象；3. 危害结果；4. 动机；5. 平时表现；6. 认罪态度；7. 是否有前科；8. 其他证据。

</td></tr>
<tr><td>量刑标准</td><td colspan="2">犯本罪的</td><td>处三年以下有期徒刑或者拘役</td></tr>
<tr><td rowspan="3">法律适用</td><td>刑法条文</td><td colspan="2">

第三百三十五条 医务人员由于严重不负责任，造成就诊人死亡或者严重损害就诊人身体健康的，处三处以下有期徒刑或者拘役。

</td></tr>
<tr><td>司法解释</td><td colspan="2">

最高人民检察院、公安部《关于公安机关管辖的刑事案件立案追诉标准的规定（一）》（节录）（2008年6月25日最高人民检察院、公安部公布 自公布之日起施行 公通字〔2008〕36号 2017年4月27日修正）

第五十六条 ［医疗事故案（刑法第三百三十五条）］医务人员由于严重不负责任，造成就诊人死亡或者严重损害就诊人身体健康的，应予立案追诉。

具有下列情形之一的，属于本条规定的“严重不负责任”：

（一）擅离职守的；

（二）无正当理由拒绝对危急就诊人实行必要的医疗救治的；

（三）未经批准擅自开展试验性医疗的；

（四）严重违反查对、复核制度的；

（五）使用未经批准使用的药品、消毒药剂、医疗器械的；

（六）严重违反国家法律法规及有明确规定的诊疗技术规范、常规的；

（七）其他严重不负责任的情形。

本条规定的“严重损害就诊人身体健康”，是指造成就诊人严重残疾、重伤、感染艾滋病、病毒性肝炎等难以治愈的疾病或者其他严重损害就诊人身体健康的后果。

</td></tr>
<tr><td>相关法律法规</td><td colspan="2">

一、《中华人民共和国执业医师法》（节录）（1998年6月26日中华人民共和国主席令第5号公布 自1999年5月1日起施行 2009年8月27日修正）

第三十七条 医师在执业活动中，违反本法规定，有下列行为之一的，由县级以上人民政府卫生行政部门给予警告或者责令暂停六个月以上一年以下执业活动；情节严重的，吊销其执业证书；构成犯罪的，依法追究刑事责任：

（一）违反卫生行政规章制度或者技术操作规范，造成严重后果的；

（二）由于不负责任延误危急患者的抢救和诊治，造成严重后果的；

</td></tr>
</table>

（三）造成医疗责任事故的；

（四）未经亲自诊查、调查，签署诊断、治疗、流行病学等证明文件或者有关出生、死亡等证明文件的；

（五）隐匿、伪造或者擅自销毁医学文书及有关资料的；

（六）使用未经批准使用的药品、消毒药剂和医疗器械的；

（七）不按照规定使用麻醉药品、医疗用毒性药品、精神药品和放射性药品的；

（八）未经患者或者其家属同意，对患者进行实验性临床医疗的；

（九）泄露患者隐私，造成严重后果的；

（十）利用职务之便，索取、非法收受患者财物或者牟取其他不正当利益的；

（十一）发生自然灾害、传染病流行、突发重大伤亡事故以及其他严重威胁人民生命健康的紧急情况时，不服从卫生行政部门调遣的；

（十二）发生医疗事故或者发现传染病疫情，患者涉嫌伤害事件或者非正常死亡，不按照规定报告的。

二、《医疗事故处理条例》（节录）（2002年4月4日中华人民共和国国务院令第351号公布　自2002年9月1日起施行）

第二条　本条例所称医疗事故，是指医疗机构及其医务人员在医疗活动中，违反医疗卫生管理法律、行政法规、部门规章和诊疗护理规范、常规，过失造成患者人身损害的事故。

第三条　处理医疗事故，应当遵循公开、公平、公正、及时、便民的原则，坚持实事求是的科学态度，做到事实清楚、定性准确、责任明确、处理恰当。

第四条　根据对患者人身造成的损害程度，医疗事故分为四级：

一级医疗事故：造成患者死亡、重度残疾的；

二级医疗事故：造成患者中度残疾、器官组织损伤导致严重功能障碍的；

三级医疗事故：造成患者轻度残疾、器官组织损伤导致一般功能障碍的；

四级医疗事故：造成患者明显人身损害的其他后果的。

具体分级标准由国务院卫生行政部门制定。

第五条　医疗机构及其医务人员在医疗活动中，必须严格遵守医疗卫生管理法律、行政法规、部门规章和诊疗护理规范、常规，恪守医疗服务职业道德。

第七条　医疗机构应当设置医疗服务质量监控部门或者配备专（兼）职人员，具体负责监督本医疗机构的医务人员的医疗服务工作，检查医务人员执业情况，接受患者对医疗服务的投诉，向其提供咨询服务。

第八条　医疗机构应当按照国务院卫生行政部门规定的要求，书写并妥善保管病历资料。

因抢救急危患者，未能及时书写病历的，有关医务人员应当在抢救结束后6小时内据实补记，并加以注明。

第九条　严禁涂改、伪造、隐匿、销毁或者抢夺病历资料。

第十条　患者有权复印或者复制其门诊病历、住院志、体温单、医嘱单、化验单（检验报告）、医学影像检查资料、特殊检查同意书、手术同意书、手术及麻醉记录单、病理资料、护理记录以及国务院卫生行政部门规定的其他病历资料。

患者依照前款规定要求复印或者复制病历资料的，医疗机构应当提供复印或者复制服务并在复印或者复制的病历资料上加盖证明印记。复印或者复制病历资料时，应当有患者在场。

医疗机构应患者的要求，为其复印或者复制病历资料，可以按照规定收取工本费。具体收费标准由省、自治区、直辖市人民政府价格主管部门会同同级卫生行政部门规定。

第十一条 在医疗活动中，医疗机构及其医务人员应当将患者的病情、医疗措施、医疗风险等如实告知患者，及时解答其咨询；但是，应当避免对患者产生不利后果。

第十二条 医疗机构应当制定防范、处理医疗事故的预案，预防医疗事故的发生，减轻医疗事故的损害。

第十三条 医务人员在医疗活动中发生或者发现医疗事故、可能引起医疗事故的医疗过失行为或者发生医疗事故争议的，应当立即向所在科室负责人报告，科室负责人应当及时向本医疗机构负责医疗服务质量监控的部门或者专（兼）职人员报告；负责医疗服务质量监控的部门或者专（兼）职人员接到报告后，应当立即进行调查、核实，将有关情况如实向本医疗机构的负责人报告，并向患者通报、解释。

第十四条 发生医疗事故的，医疗机构应当按照规定向所在地卫生行政部门报告。

发生下列重大医疗过失行为的，医疗机构应当在12小时内向所在地卫生行政部门报告：

（一）导致患者死亡或者可能为二级以上的医疗事故；

（二）导致3人以上人身损害后果；

（三）国务院卫生行政部门和省、自治区、直辖市人民政府卫生行政部门规定的其他情形。

第十五条 发生或者发现医疗过失行为，医疗机构及其医务人员应当立即采取有效措施，避免或者减轻对患者身体健康的损害，防止损害扩大。

第十六条 发生医疗事故争议时，死亡病例讨论记录、疑难病例讨论记录、上级医师查房记录、会诊意见、病程记录应当在医患双方在场的情况下封存和启封。封存的病历资料可以是复印件，由医疗机构保管。

第十七条 疑似输液、输血、注射、药物等引起不良后果的，医患双方应当共同对现场实物进行封存和启封，封存的现场实物由医疗机构保管；需要检验的，应当由双方共同指定的、依法具有检验资格的检验机构进行检验；双方无法共同指定时，由卫生行政部门指定。

疑似输血引起不良后果，需要对血液进行封存保留的，医疗机构应当通知提供该血液的采供血机构派员到场。

第十八条 患者死亡，医患双方当事人不能确定死因或者对死因有异议的，应当在患者死亡后48小时内进行尸检；具备尸体冻存条件的，可以延长至7日。尸检应当经死者近亲属同意并签字。

尸检应当由按照国家有关规定取得相应资格的机构和病理解剖专业技术人员进行。承担尸检任务的机构和病理解剖专业技术人员有进行尸检的义务。

医疗事故争议双方当事人可以请法医病理学人员参加尸检，也可以委派代表观察尸检过程。拒绝或者拖延尸检，超过规定时间，影响对死因判定的，由拒绝或者拖延的一方承担责任。

第十九条 患者在医疗机构内死亡的，尸体应当立即移放太平间。死者尸体存放时间一般不得超过2周。逾期不处理的尸体，经医疗机构所在地卫生行政部门批准，并报经同级公安部门备案后，由医疗机构按照规定进行处理。

第二十条 卫生行政部门接到医疗机构关于重大医疗过失行为的报告或者医疗事故争议当事人要求处理医疗事故争议的申请后，对需要进行医疗事故技术鉴定的，应当交由负责医疗事故技术鉴定工作的医学会组织鉴定；医患双方协商解决医疗事故争议，需要进行医疗事故技术鉴定的，由双方当事人共同委托负责医疗事故技术鉴定工作的医学会组织鉴定。

第二十一条 设区的市级地方医学会和省、自治区、直辖市直接管辖的县（市）地方医学会负责组织首次医疗事故技术鉴定工作。省、自治区、直辖市地方医学会负责组织再次鉴定工作。

必要时，中华医学会可以组织疑难、复杂并在全国有重大影响的医疗事故争议的技术鉴定工作。

第二十二条 当事人对首次医疗事故技术鉴定结论不服的，可以自收到首次鉴定结论之日起15日内向医疗机构所在地卫生行政部门提出再次鉴定的申请。

第二十三条 负责组织医疗事故技术鉴定工作的医学会应当建立专家库。

专家库由具备下列条件的医疗卫生专业技术人员组成：

（一）有良好的业务素质和执业品德；

（二）受聘于医疗卫生机构或者医学教学、科研机构并担任相应专业高级技术职务3年以上。

符合前款第（一）项规定条件并具备高级技术任职资格的法医可以受聘进入专家库。

负责组织医疗事故技术鉴定工作的医学会依照本条例规定聘请医疗卫生专业技术人员和法医进入专家库，可以不受行政区域的限制。

第二十四条 医疗事故技术鉴定，由负责组织医疗事故技术鉴定工作的医学会组织专家鉴定组进行。

参加医疗事故技术鉴定的相关专业的专家，由医患双方在医学会主持下从专家库中随机抽取。在特殊情况下，医学会根据医疗事故技术鉴定工作的需要，可以组织医患双方在其他医学会建立的专家库中随机抽取相关专业的专家参加鉴定或者函件咨询。

符合本条例第二十三条规定条件的医疗卫生专业技术人员和法医有义务受聘进入专家库，并承担医疗事故技术鉴定工作。

第二十五条 专家鉴定组进行医疗事故技术鉴定，实行合议制。专家鉴定组人数为单数，涉及的主要学科的专家一般不得少于鉴定组成员的二分之一；涉及死因、伤残等级鉴定的，并应当从专家库中随机抽取法医参加专家鉴定组。

第二十六条 专家鉴定组成员有下列情形之一的，应当回避，当事人也可以以口头或者书面的方式申请其回避：

（一）是医疗事故争议当事人或者当事人的近亲属的；

（二）与医疗事故争议有利害关系的；

（三）与医疗事故争议当事人有其他关系，可能影响公正鉴定的。

第二十七条 专家鉴定组依照医疗卫生管理法律、行政法规、部门规章和诊疗护理规范、常规，运用医学科学原理和专业知识，独立进行医疗事故技术鉴定，对医疗事故进行鉴别和判定，为处理医疗事故争议提供医学依据。

任何单位或者个人不得干扰医疗事故技术鉴定工作，不得威胁、利诱、辱骂、殴打专家鉴定组成员。

专家鉴定组成员不得接受双方当事人的财物或者其他利益。

法律适用　相关法律法规

第二十八条　负责组织医疗事故技术鉴定工作的医学会应当自受理医疗事故技术鉴定之日起5日内通知医疗事故争议双方当事人提交进行医疗事故技术鉴定所需的材料。

当事人应当自收到医学会的通知之日起10日内提交有关医疗事故技术鉴定的材料、书面陈述及答辩。医疗机构提交的有关医疗事故技术鉴定的材料应当包括下列内容：

（一）住院患者的病程记录、死亡病例讨论记录、疑难病例讨论记录、会诊意见、上级医师查房记录等病历资料原件；

（二）住院患者的住院志、体温单、医嘱单、化验单（检验报告）、医学影像检查资料、特殊检查同意书、手术同意书、手术及麻醉记录单、病理资料、护理记录等病历资料原件；

（三）抢救急危患者，在规定时间内补记的病历资料原件；

（四）封存保留的输液、注射用物品和血液、药物等实物，或者依法具有检验资格的检验机构对这些物品、实物作出的检验报告；

（五）与医疗事故技术鉴定有关的其他材料。

在医疗机构建有病历档案的门诊、急诊患者，其病历资料由医疗机构提供；没有在医疗机构建立病历档案的，由患者提供。

医患双方应当依照本条例的规定提交相关材料。医疗机构无正当理由未依照本条例的规定如实提供相关材料，导致医疗事故技术鉴定不能进行的，应当承担责任。

第二十九条　负责组织医疗事故技术鉴定工作的医学会应当自接到当事人提交的有关医疗事故技术鉴定的材料、书面陈述及答辩之日起45日内组织鉴定并出具医疗事故技术鉴定书。

负责组织医疗事故技术鉴定工作的医学会可以向双方当事人调查取证。

第三十条　专家鉴定组应当认真审查双方当事人提交的材料，听取双方当事人的陈述及答辩并进行核实。

双方当事人应当按照本条例的规定如实提交进行医疗事故技术鉴定所需要的材料，并积极配合调查。当事人任何一方不予配合，影响医疗事故技术鉴定的，由不予配合的一方承担责任。

第三十一条　专家鉴定组应当在事实清楚、证据确凿的基础上，综合分析患者的病情和个体差异，作出鉴定结论，并制作医疗事故技术鉴定书。鉴定结论以专家鉴定组成员的过半数通过。鉴定过程应当如实记载。

医疗事故技术鉴定书应当包括下列主要内容：

（一）双方当事人的基本情况及要求；

（二）当事人提交的材料和负责组织医疗事故技术鉴定工作的医学会的调查材料；

（三）对鉴定过程的说明；

（四）医疗行为是否违反医疗卫生管理法律、行政法规、部门规章和诊疗护理规范、常规；

（五）医疗过失行为与人身损害后果之间是否存在因果关系；

（六）医疗过失行为在医疗事故损害后果中的责任程度；

（七）医疗事故等级；

（八）对医疗事故患者的医疗护理医学建议。

第三十二条　医疗事故技术鉴定办法由国务院卫生行政部门制定。

第三十三条　有下列情形之一的，不属于医疗事故：

（一）在紧急情况下为抢救垂危患者生命而采取紧急医学措施造成不良后果的；

（二）在医疗活动中由于患者病情异常或者患者体质特殊而发生医疗意外的；

（三）在现有医学科学技术条件下，发生无法预料或者不能防范的不良后果的；

（四）无过错输血感染造成不良后果的；

（五）因患方原因延误诊疗导致不良后果的；

（六）因不可抗力造成不良后果的。

第三十五条 卫生行政部门应当依照本条例和有关法律、行政法规、部门规章的规定，对发生医疗事故的医疗机构和医务人员作出行政处理。

第三十六条 卫生行政部门接到医疗机构关于重大医疗过失行为的报告后，除责令医疗机构及时采取必要的医疗救治措施，防止损害后果扩大外，应当组织调查，判定是否属于医疗事故；对不能判定是否属于医疗事故的，应当依照本条例的有关规定交由负责医疗事故技术鉴定工作的医学会组织鉴定。

第三十七条 发生医疗事故争议，当事人申请卫生行政部门处理的，应当提出书面申请。申请书应当载明申请人的基本情况、有关事实、具体请求及理由等。

当事人自知道或者应当知道其身体健康受到损害之日起1年内，可以向卫生行政部门提出医疗事故争议处理申请。

第三十八条 发生医疗事故争议，当事人申请卫生行政部门处理的，由医疗机构所在地的县级人民政府卫生行政部门受理。医疗机构所在地是直辖市的，由医疗机构所在地的区、县人民政府卫生行政部门受理。

有下列情形之一的，县级人民政府卫生行政部门应当自接到医疗机构的报告或者当事人提出医疗事故争议处理申请之日起7日内移送上一级人民政府卫生行政部门处理：

（一）患者死亡；

（二）可能为二级以上的医疗事故；

（三）国务院卫生行政部门和省、自治区、直辖市人民政府卫生行政部门规定的其他情形。

第三十九条 卫生行政部门应当自收到医疗事故争议处理申请之日起10日内进行审查，作出是否受理的决定。对符合本条例规定，予以受理，需要进行医疗事故技术鉴定的，应当自作出受理决定之日起5日内将有关材料交由负责医疗事故技术鉴定工作的医学会组织鉴定并书面通知申请人；对不符合本条例规定，不予受理的，应当书面通知申请人并说明理由。

当事人对首次医疗事故技术鉴定结论有异议，申请再次鉴定的，卫生行政部门应当自收到申请之日起7日内交由省、自治区、直辖市地方医学会组织再次鉴定。

第四十条 当事人既向卫生行政部门提出医疗事故争议处理申请，又向人民法院提起诉讼的，卫生行政部门不予受理；卫生行政部门已经受理的，应当终止处理。

第四十一条 卫生行政部门收到负责组织医疗事故技术鉴定工作的医学会出具的医疗事故技术鉴定书后，应当对参加鉴定的人员资格和专业类别、鉴定程序进行审核；必要时，可以组织调查，听取医疗事故争议双方当事人的意见。

第四十二条 卫生行政部门经审核，对符合本条例规定作出的医疗事故技术鉴定结论，应当作为对发生医疗事故的医疗机构和医务人员作出行政处理以及进行医疗事故赔偿调解的依据；经审核，发现医疗事故技术鉴定不符合本条例规定的，应当要求重新鉴定。

第四十三条 医疗事故争议由双方当事人自行协商解决的，医疗机构应当自协商解决之日起7日内向所在地卫生行政部门作出书面报告，并附具协议书。

法律适用

相关法律法规

第四十四条 医疗事故争议经人民法院调解或者判决解决的，医疗机构应当自收到生效的人民法院的调解书或者判决书之日起7日内向所在地卫生行政部门作出书面报告，并附具调解书或者判决书。

第四十五条 县级以上地方人民政府卫生行政部门应当按照规定逐级将当地发生的医疗事故以及依法对发生医疗事故的医疗机构和医务人员作出行政处理的情况，上报国务院卫生行政部门。

第四十六条 发生医疗事故的赔偿等民事责任争议，医患双方可以协商解决；不愿意协商或者协商不成的，当事人可以向卫生行政部门提出调解申请，也可以直接向人民法院提起民事诉讼。

第四十七条 双方当事人协商解决医疗事故的赔偿等民事责任争议的，应当制作协议书。协议书应当载明双方当事人的基本情况和医疗事故的原因、双方当事人共同认定的医疗事故等级以及协商确定的赔偿数额等，并由双方当事人在协议书上签名。

第四十八条 已确定为医疗事故的，卫生行政部门应医疗事故争议双方当事人请求，可以进行医疗事故赔偿调解。调解时，应当遵循当事人双方自愿原则，并应当依据本条例的规定计算赔偿数额。

经调解，双方当事人就赔偿数额达成协议的，制作调解书，双方当事人应当履行；调解不成或者经调解达成协议后一方反悔的，卫生行政部门不再调解。

第四十九条 医疗事故赔偿，应当考虑下列因素，确定具体赔偿数额：

（一）医疗事故等级；

（二）医疗过失行为在医疗事故损害后果中的责任程度；

（三）医疗事故损害后果与患者原有疾病状况之间的关系。

不属于医疗事故的，医疗机构不承担赔偿责任。

第五十条 医疗事故赔偿，按照下列项目和标准计算：

（一）医疗费：按照医疗事故对患者造成的人身损害进行治疗所发生的医疗费用计算，凭据支付，但不包括原发病医疗费用。结案后确实需要继续治疗的，按照基本医疗费用支付。

（二）误工费：患者有固定收入的，按照本人因误工减少的固定收入计算，对收入高于医疗事故发生地上一年度职工年平均工资3倍以上的，按照3倍计算；无固定收入的，按照医疗事故发生地上一年度职工年平均工资计算。

（三）住院伙食补助费：按照医疗事故发生地国家机关一般工作人员的出差伙食补助标准计算。

（四）陪护费：患者住院期间需要专人陪护的，按照医疗事故发生地上一年度职工年平均工资计算。

（五）残疾生活补助费：根据伤残等级，按照医疗事故发生地居民年平均生活费计算，自定残之月起最长赔偿30年；但是，60周岁以上的，不超过15年；70周岁以上的，不超过5年。

（六）残疾用具费：因残疾需要配置补偿功能器具的，凭医疗机构证明，按照普及型器具的费用计算。

（七）丧葬费：按照医疗事故发生地规定的丧葬费补助标准计算。

（八）被扶养人生活费：以死者生前或者残疾者丧失劳动能力前实际扶养且没有劳动能力的人为限，按照其户籍所在地或者居所地居民最低生活保障标准计算。对不满16周岁的，扶养到16周岁。对年满16周岁但无劳动能力的，扶养20年；但是，

60 周岁以上的，不超过 15 年；70 周岁以上的，不超过 5 年。

（九）交通费：按照患者实际必需的交通费用计算，凭据支付。

（十）住宿费：按照医疗事故发生地国家机关一般工作人员的出差住宿补助标准计算，凭据支付。

（十一）精神损害抚慰金：按照医疗事故发生地居民年平均生活费计算。造成患者死亡的，赔偿年限最长不超过 6 年；造成患者残疾的，赔偿年限最长不超过 3 年。

第五十一条 参加医疗事故处理的患者近亲属所需交通费、误工费、住宿费，参照本条例第五十条的有关规定计算，计算费用的人数不超过 2 人。

医疗事故造成患者死亡的，参加丧葬活动的患者的配偶和直系亲属所需交通费、误工费、住宿费，参照本条例第五十条的有关规定计算，计算费用的人数不超过 2 人。

第五十二条 医疗事故赔偿费用，实行一次性结算，由承担医疗事故责任的医疗机构支付。

第五十三条 卫生行政部门的工作人员在处理医疗事故过程中违反本条例的规定，利用职务上的便利收受他人财物或者其他利益，滥用职权，玩忽职守，或者发现违法行为不予查处，造成严重后果的，依照刑法关于受贿罪、滥用职权罪、玩忽职守罪或者其他有关罪的规定，依法追究刑事责任；尚不够刑事处罚的，依法给予降级或者撤职的行政处分。

第五十四条 卫生行政部门违反本条例的规定，有下列情形之一的，由上级卫生行政部门给予警告并责令限期改正；情节严重的，对负有责任的主管人员和其他直接责任人员依法给予行政处分：

（一）接到医疗机构关于重大医疗过失行为的报告后，未及时组织调查的；

（二）接到医疗事故争议处理申请后，未在规定时间内审查或者移送上一级人民政府卫生行政部门处理的；

（三）未将应当进行医疗事故技术鉴定的重大医疗过失行为或者医疗事故争议移交医学会组织鉴定的；

（四）未按照规定逐级将当地发生的医疗事故以及依法对发生医疗事故的医疗机构和医务人员的行政处理情况上报的；

（五）未依照本条例规定审核医疗事故技术鉴定书的。

第五十五条 医疗机构发生医疗事故的，由卫生行政部门根据医疗事故等级和情节，给予警告；情节严重的，责令限期停业整顿直至由原发证部门吊销执业许可证，对负有责任的医务人员依照刑法关于医疗事故罪的规定，依法追究刑事责任；尚不够刑事处罚的，依法给予行政处分或者纪律处分。

对发生医疗事故的有关医务人员，除依照前款处罚外，卫生行政部门并可以责令暂停 6 个月以上 1 年以下执业活动；情节严重的，吊销其执业证书。

第五十六条 医疗机构违反本条例的规定，有下列情形之一的，由卫生行政部门责令改正；情节严重的，对负有责任的主管人员和其他直接责任人员依法给予行政处分或者纪律处分：

（一）未如实告知患者病情、医疗措施和医疗风险的；

（二）没有正当理由，拒绝为患者提供复印或者复制病历资料服务的；

（三）未按照国务院卫生行政部门规定的要求书写和妥善保管病历资料的；

（四）未在规定时间内补记抢救工作病历内容的；

法律适用

相关法律法规

（五）未按照本条例的规定封存、保管和启封病历资料和实物的；

（六）未设置医疗服务质量监控部门或者配备专（兼）职人员的；

（七）未制定有关医疗事故防范和处理预案的；

（八）未在规定时间内向卫生行政部门报告重大医疗过失行为的；

（九）未按照本条例的规定向卫生行政部门报告医疗事故的；

（十）未按照规定进行尸检和保存、处理尸体的。

第五十七条　参加医疗事故技术鉴定工作的人员违反本条例的规定，接受申请鉴定双方或者一方当事人的财物或者其他利益，出具虚假医疗事故技术鉴定书，造成严重后果的，依照刑法关于受贿罪的规定，依法追究刑事责任；尚不够刑事处罚的，由原发证部门吊销其执业证书或者资格证书。

第五十八条　医疗机构或者其他有关机构违反本条例的规定，有下列情形之一的，由卫生行政部门责令改正，给予警告；对负有责任的主管人员和其他直接责任人员依法给予行政处分或者纪律处分；情节严重的，由原发证部门吊销其执业证书或者资格证书：

（一）承担尸检任务的机构没有正当理由，拒绝进行尸检的；

（二）涂改、伪造、隐匿、销毁病历资料的。

第五十九条　以医疗事故为由，寻衅滋事、抢夺病历资料，扰乱医疗机构正常医疗秩序和医疗事故技术鉴定工作，依照刑法关于扰乱社会秩序罪的规定，依法追究刑事责任；尚不够刑事处罚的，依法给予治安管理处罚。

第六十条　本条例所称医疗机构，是指依照《医疗机构管理条例》的规定取得《医疗机构执业许可证》的机构。

县级以上城市从事计划生育技术服务的机构依照《计划生育技术服务管理条例》的规定开展与计划生育有关的临床医疗服务，发生的计划生育技术服务事故，依照本条例的有关规定处理；但是，其中不属于医疗机构的县级以上城市从事计划生育技术服务的机构发生的计划生育技术服务事故，由计划生育行政部门行使依照本条例有关规定由卫生行政部门承担的受理、交由负责医疗事故技术鉴定工作的医学会组织鉴定和赔偿调解的职能；对发生计划生育技术服务事故的该机构及其有关责任人员，依法进行处理。

第六十一条　非法行医，造成患者人身损害，不属于医疗事故，触犯刑律的，依法追究刑事责任；有关赔偿，由受害人直接向人民法院提起诉讼。

104 非法行医案

概念

本罪是指未取得国家医生执业资格的人非法行医，情节严重的行为。

立案标准

1. 未取得医生执业资格的人非法行医，涉嫌下列情形之一的，应予立案追诉：

（1）造成就诊人轻度残疾、器官组织损伤导致一般功能障碍，或者中度以上残疾、器官组织损伤导致严重功能障碍，或者死亡的；

（2）造成甲类传染病传播、流行或者有传播、流行危险的；

（3）使用假药、劣药或不符合国家规定标准的卫生材料、医疗器械，足以严重危害人体健康的；

（4）非法行医被卫生行政部门行政处罚两次以后，再次非法行医的；

（5）其他情节严重的情形。

2. 具有下列情形之一的，属于“未取得医生执业资格的人非法行医”：

（1）未取得或者以非法手段取得医师资格从事医疗活动的；

（2）被依法吊销医师执业证书期间从事医疗活动的；

（3）未取得乡村医生执业证书，从事乡村医疗活动的；

（4）家庭接生员实施家庭接生以外的医疗行为的。

定罪标准		
	犯罪客体	本罪侵犯的客体是对医务从业人员的管理秩序和就诊人的健康权、生命权。医疗行业是一种专业性很强的行业。医生肩负着治病救人、救死扶伤的重大责任。因此，国家对从事医生职业的人有着严格的要求。《医疗机构管理条例》规定，医疗机构执业，必须进行登记，领取《医疗机构执业许可证》。任何单位和个人，未取得《医疗机构执业许可证》的，不得开展诊疗活动。只有具备国家规定条件的人，国家卫生计生行政主管部门才授予其行医的资格，不具有这种资格的人不得行医。《执业医师法》规定，非医师行医的依法予以处罚。但是实践中，非法行医的现象相当严重。一些人不具备起码的医疗常识，却往往打着“祖传”等旗号，或游走民间，或设点开张，号称专治某病，利用许多人病急乱投医和贪图便宜、讳疾忌医、愚昧迷信等心理，进行引诱，骗取钱财。有的非法行医者由于无医疗常识、设备简陋或者缺乏应急措施，导致就诊人死亡或者身体健康受到严重损害。有的病人由于被耽误治疗时间，等到发现受骗上当时再到正规医院治疗，已为时过晚，无法医治，造成死亡或者终生残疾。非法行医，不仅扰乱了本行业已建立的良好的医疗卫生工作管理秩序，而且往往由于非法行医者不具备执业的资格和条件，医疗服务质量差，同时也侵犯了就诊人的身体健康和生命安全。
	犯罪客观方面	本罪在客观方面表现为未取得医生执业资格而非法行医，情节严重的行为。 据国家有关规定，医生可以分为五等，即主任医师、副主任医师、主治医师、医师、医士。《执业医师法》及有关法规规定，从事医疗活动的人员，必须经国家有关主管部门考核、认可，取得执业资格，方可行医，若行为人不具备该种资格而非法行

定罪标准	犯罪客观方面	医，只要达到情节严重，即可构成本罪。“未取得医生执业资格”，是指医务活动不符合国务院《医疗机构管理条例》规定的各种条件。根据《医疗机构管理条例实施细则》第13条的规定，在城市设置诊所的个人，必须同时具备以下条件：（1）经医师执业技术考核合格，取得《医师执业证书》；（2）取得《医师执业证书》或者医师职称后，从事5年以上同一专业的临床工作；（3）省、自治区、直辖市卫生计生行政部门规定的其他条件。不具备上述条件而从事医疗业务的人即为非法行医。非法行医包括没有取得医生执业资格而非法行医，也包括因违法行医被吊销医师执照后仍继续行医的。 根据法律规定，非法行医的行为，必须达到“情节严重”的程度，才能构成犯罪。所谓情节严重，是指：（1）造成就诊人轻度残疾、器官组织损伤导致一般功能障碍的；（2）造成甲类传染病传播、流行或者有传播、流行危险的；（3）使用假药、劣药或不符合国家规定标准的卫生材料、医疗器械，足以严重危害人体健康的；（4）非法行医被卫生行政部门行政处罚两次以后，再次非法行医的；（5）其他情节严重的情形。构成本罪，以情节严重为必要条件，若情节尚未达到严重的程度，不能以犯罪论处。
	犯罪主体	本罪的主体是一般主体，凡未取得医生执业资格的自然人，达到刑事责任年龄，具备刑事责任能力，都可以成为本罪的主体。既可以是无医疗技术的一般公民，也可能是有一定医疗技术，但尚未取得医生执业资格的人，还可以是取得医师执业资格，但不具有从事特定医疗业务资格的人。
	犯罪主观方面	本罪在主观方面出于直接故意，即明知自己没有执业资格而非法行医。对于造成就诊人重伤、死亡等严重后果，则是过失或间接故意。如果行为人故意借行医之名进行伤害、杀害他人之实，则应视具体情节分别按故意杀人罪或者故意伤害罪处罚，而不能以本罪论处。
	罪与非罪	区分罪与非罪的界限，要注意：构成本罪必须具有危害社会的严重情节，因而一般性违法行为不以犯罪论处，如果情节较轻，属于一般违反《执业医师法》和国务院《医疗机构管理条例》的行为，如民间一些所谓“土医生”利用一些确实具有良好医疗效果的偏方、秘方，偶尔为当地群众治病，不是犯罪。
	此罪与彼罪	一、本罪与以迷信活动诈骗财物的界限。二者有可能在诈骗财物方面出现相似情节。区分二者的关键在于他们侵犯的直接客体不同，客观表现形式和犯罪目的不尽相同。 二、本罪与医疗事故罪的界限。二者虽都违反了相应的行政法规，且造成了病人死亡或者损害病人身体健康的情况，但二者在主体和主观方面是不同的，本罪的主体是未取得医生执业资格的人，且主观方面是故意；医疗事故罪的主体是医务人员，且主观方面只能是过失。
证据参考标准	主体方面的证据	**一、证明行为人刑事责任年龄、身份等自然情况的证据。** 包括身份证明、户籍证明、任职证明、工作经历证明、特定职责证明等，主要是证明行为人的姓名（曾用名）、性别、出生年月日、民族、籍贯、出生地、职业（或职务）、住所地（或居所地）等证据材料，如户口簿、居民身份证、工作证、出生证、专业或技术等级证、干部履历表、职工登记表、护照等。

证据参考标准	主体方面的证据	对于户籍、出生证等材料内容不实的，应提供其他证据材料。外国人犯罪的案件，应有护照等身份证明材料。人大代表、政协委员犯罪的案件，应注明身份，并附身份证明材料。 **二、证明行为人刑事责任能力的证据。** 证明行为人对自己的行为是否具有辨认能力与控制能力，如是否属于间歇性精神病人、尚未完全丧失辨认或者控制自己行为能力的精神病人的证明材料。
	主观方面的证据	一、证明行为人故意的证据：1. 证明行为人明知的证据：证明行为人明知自己的行为会发生危害社会的结果；2. 证明直接故意的证据：证明行为人希望危害结果的发生；3. 证明间接故意的证据：证明行为人放任危害结果发生。 二、证明行为人过失的证据：1. 证明行为人应当预见自己的行为可能发生严重后果；2. 证明疏忽大意的过失的证据；3. 证明过于自信的过失的证据。
	客观方面的证据	证明行为人非法行医犯罪行为的证据。 具体证据包括：1. 证明行为人未取得医生执业资格行为的证据；2. 证明行为人非法行医的证据；3. 证明行为人非法行医造成医疗事故、误诊等情节严重的后果行为的证据；4. 证明行为人非法行医屡教不改、滥定收费标准行为的证据；5. 证明行为人造成病人死亡后果行为的证据；6. 证明行为人严重损害病人身体健康后果行为的证据。
	量刑方面的证据	**一、法定量刑情节证据。** 1. 事实情节：（1）情节严重；（2）严重损害就诊人身体健康；（3）造成就诊人死亡。2. 法定从重情节。3. 法定从轻减轻情节：（1）可以从轻；（2）可以从轻或减轻；（3）应当从轻或者减轻。4. 法定从轻减轻免除情节：（1）可以从轻、减轻或者免除处罚；（2）应当从轻、减轻或者免除处罚。5. 法定减轻免除情节：（1）可以减轻或者免除处罚；（2）应当减轻或者免除处罚；（3）可以免除处罚。 **二、酌定量刑情节证据。** 1. 犯罪手段：（1）未取得医生执业资格；（2）非法行医。2. 犯罪对象。3. 危害结果。4. 动机。5. 平时表现。6. 认罪态度。7. 是否有前科。8. 其他证据。
量刑标准	情节严重的	处三年以下有期徒刑、拘役或者管制，并处或者单处罚金
	严重损害就诊人身体健康的	处三年以上十年以下有期徒刑，并处罚金
	造成就诊人死亡的	处十年以上有期徒刑，并处罚金
法律适用	刑法条文	**第三百三十六条第一款** 未取得医生执业资格的人非法行医，情节严重的，处三年以下有期徒刑、拘役或者管制，并处或者单处罚金；严重损害就诊人身体健康的，处三年以上十年以下有期徒刑，并处罚金；造成就诊人死亡的，处十年以上有期徒刑，并处罚金。

一、最高人民法院《关于审理非法行医刑事案件具体应用法律若干问题的解释》（2008年4月29日最高人民法院公布　自2008年5月9日起施行　2016年12月16日修正）

第一条　具有下列情形之一的，应认定为刑法第三百三十六条第一款规定的“未取得医生执业资格的人非法行医”：

（一）未取得或者以非法手段取得医师资格从事医疗活动的；

（二）被依法吊销医师执业证书期间从事医疗活动的；

（三）未取得乡村医生执业证书，从事乡村医疗活动的；

（四）家庭接生员实施家庭接生以外的医疗行为的。

第二条　具有下列情形之一的，应认定为刑法第三百三十六条第一款规定的“情节严重”：

（一）造成就诊人轻度残疾、器官组织损伤导致一般功能障碍的；

（二）造成甲类传染病传播、流行或者有传播、流行危险的；

（三）使用假药、劣药或不符合国家规定标准的卫生材料、医疗器械，足以严重危害人体健康的；

（四）非法行医被卫生行政部门行政处罚两次以后，再次非法行医的；

（五）其他情节严重的情形。

第三条　具有下列情形之一的，应认定为刑法第三百三十六条第一款规定的“严重损害就诊人身体健康”：

（一）造成就诊人中度以上残疾、器官组织损伤导致严重功能障碍的；

（二）造成三名以上就诊人轻度残疾、器官组织损伤导致一般功能障碍的。

第四条　非法行医行为系造成就诊人死亡的直接、主要原因的，应认定为刑法第三百三十六条第一款规定的“造成就诊人死亡”。

非法行医行为并非造成就诊人死亡的直接、主要原因的，可不认定为刑法第三百三十六条第一款规定的“造成就诊人死亡”。但是，根据案件情况，可以认定为刑法第三百三十六条第一款规定的“情节严重”。

第五条　实施非法行医犯罪，同时构成生产、销售假药罪，生产、销售劣药罪，诈骗罪等其他犯罪的，依照刑法处罚较重的规定定罪处罚。

第六条　本解释所称“医疗活动”“医疗行为”，参照《医疗机构管理条例实施细则》中的“诊疗活动”“医疗美容”认定。

本解释所称“轻度残疾、器官组织损伤导致一般功能障碍”“中度以上残疾、器官组织损伤导致严重功能障碍”，参照《医疗事故分级标准（试行）》认定。

二、最高人民法院、最高人民检察院《关于办理妨害预防、控制突发传染病疫情等灾害的刑事案件具体应用法律若干问题的解释》（节录）（2003年5月14日最高人民法院、最高人民检察院公布　自2003年5月15日起施行　法释〔2003〕8号）

第十二条　未取得医师执业资格非法行医，具有造成突发传染病病人、病原携带者、疑似突发传染病病人贻误诊治或者造成交叉感染等严重情节的，依照刑法第三百三十六条第一款的规定，以非法行医罪定罪，依法从重处罚。

法律适用

司法解释

三、最高人民检察院、公安部《关于公安机关管辖的刑事案件立案追诉标准的规定（一）》（节录）（2008年6月25日最高人民检察院、公安部公布　自公布之日起施行　公通字〔2008〕36号　2017年4月27日修正）

第五十七条　［非法行医案（刑法第三百三十六条第一款）］未取得医生执业资格的人非法行医，涉嫌下列情形之一的，应予立案追诉：

（一）造成就诊人轻度残疾、器官组织损伤导致一般功能障碍，或者中度以上残疾、器官组织损伤导致严重功能障碍，或者死亡的；

（二）造成甲类传染病传播、流行或者有传播、流行危险的；

（三）使用假药、劣药或不符合国家规定标准的卫生材料、医疗器械，足以严重危害人体健康的；

（四）非法行医被卫生行政部门行政处罚两次以后，再次非法行医的；

（五）其他情节严重的情形。

具有下列情形之一的，属于本条规定的“未取得医生执业资格的人非法行医”：

（一）未取得或者以非法手段取得医师资格从事医疗活动的；

（二）个人未取得《医疗机构执业许可证》开办医疗机构的；①

（三）被依法吊销医师执业证书期间从事医疗活动的；

（四）未取得乡村医生执业证书，从事乡村医疗活动的；

（五）家庭接生员实施家庭接生以外的医疗活动的。

本条规定的“轻度残疾、器官组织损伤导致一般功能障碍”、“中度以上残疾、器官组织损伤导致严重功能障碍”，参照卫生部《医疗事故分级标准（试行）》认定。

四、最高人民法院、最高人民检察院《关于办理危害药品安全刑事案件适用法律若干问题的解释》（节录）（2014年11月3日最高人民法院、最高人民检察院公布　自2014年12月1日起实施　法释〔2014〕14号）

第十条　实施生产、销售假药、劣药犯罪，同时构成生产、销售伪劣产品、侵犯知识产权、非法经营、非法行医、非法采供血等犯罪的，依照处罚较重的规定定罪处罚。

相关法律法规

一、《医疗机构管理条例》（节录）（1994年2月26日中华人民共和国国务院令第149号公布　自1994年9月1日起施行　2016年2月6日修订）

第二十四条　任何单位或者个人，未取得《医疗机构执业许可证》，不得开展诊疗活动。

第四十四条　违反本条例第二十四条规定，未取得《医疗机构执业许可证》擅自执业的，由县级以上人民政府卫生行政部门责令其停止执业活动，没收非法所得和药品、器械，并可以根据情节处以1万元以下的罚款。

二、《中华人民共和国执业医师法》（节录）（1998年6月26日中华人民共和国主席令第5号公布　自1999年5月1日起施行　2009年8月27日修正）

第十四条　医师经注册后，可以在医疗、预防、保健机构中按照注册的执业地点、执业类别、执业范围执业，从事相应的医疗、预防、保健业务。

未经医师注册取得执业证书，不得从事医师执业活动。

① 2016年《关于审理非法行医刑事案件具体应用法律若干问题的解释》删除了该规定，以2016年解释为准。

法律适用

相关法律法规

第三十九条 未经批准擅自开办医疗机构行医或者非医师行医的，由县级以上人民政府卫生行政部门予以取缔，没收其违法所得及其药品、器械，并处10万元以下的罚款；对医师吊销其执业证书；给患者造成损害的，依法承担赔偿责任；构成犯罪的，依法追究刑事责任。

三、《中国人民解放军实施〈中华人民共和国执业医师法〉办法》（节录）（2000年9月14日中华人民共和国国务院、中华人民共和国中央军事委员会令第290号公布 自公布之日起施行）

第十七条 军队医师有《执业医师法》第三十七条所列行为之一或者下列行为之一的，依照《中国人民解放军纪律条令》的有关规定，给予处分，军队团级以上单位后勤（联勤）机关卫生部门并可以责令暂停六个月以上一年以下执业活动；情节严重的，吊销执业证书；构成犯罪的，依法追究刑事责任：

（一）拒诊、拒治伤病员的；

（二）利用职务之便，索取、收受伤病员财物，向伤病员或者其家属推销药品和医疗保健器械，以及牟取其他不正当利益的；

（三）擅自开展行医活动，利用媒体做医疗广告，造成恶劣影响的；

（四）发生自然灾害、传染病流行、突发重大伤亡事故及其他严重威胁军队人员和人民生命健康的紧急情况时，不服从命令的；

（五）违反国家和军队规定，给伤病员造成其他严重损害的。

军队医师在医疗、预防、保健工作中造成事故的，依照法律或者国家和军队的有关规定处理。

第十八条 军队人员非医师行医的，依照《中国人民解放军纪律条令》的有关规定，给予处分；给患者造成损害的，依法承担赔偿责任；构成犯罪的，依法追究刑事责任。

规章及规范性文件

《医疗事故分级标准（试行）》①（2002年7月19日卫生部令第32号公布 自2002年9月1日起施行）

为了科学划分医疗事故等级，正确处理医疗事故争议，保护患者和医疗机构及其医务人员的合法权益，根据《医疗事故处理条例》，制定本标准。

专家鉴定组在进行医疗事故技术鉴定、卫生行政部门在判定重大医疗过失行为是否为医疗事故或医疗事故争议双方当事人在协商解决医疗事故争议时，应当按照本标准确定的基本原则和实际情况具体判定医疗事故的等级。

本标准例举的情形是医疗事故中常见的造成患者人身损害的后果。

本标准中医疗事故一级乙等至三级戊等对应伤残等级一至十级。

一、一级医疗事故

系指造成患者死亡、重度残疾。

（一）一级甲等医疗事故：死亡。

（二）一级乙等医疗事故：重要器官缺失或功能完全丧失，其他器官不能代偿，存在特殊医疗依赖，生活完全不能自理。例如造成患者下列情形之一的：

① 根据国家卫生和计划生育委员会2018年第1号公告，《医疗事故分级标准（试行）》（2002）不再作为部门规章纳入规范性文件管理的文件目录。

1. 植物人状态；
2. 极重度智能障碍；
3. 临床判定不能恢复的昏迷；
4. 临床判定自主呼吸功能完全丧失，不能恢复，靠呼吸机维持；
5. 四肢瘫，肌力0级，临床判定不能恢复。

二、二级医疗事故

系指造成患者中度残疾、器官组织损伤导致严重功能障碍。

（一）二级甲等医疗事故：器官缺失或功能完全丧失，其他器官不能代偿，可能存在特殊医疗依赖，或生活大部分不能自理。例如造成患者下列情形之一的：

1. 双眼球摘除或双眼经客观检查证实无光感；
2. 小肠缺失90%以上，功能完全丧失；
3. 双侧有功能肾脏缺失或孤立有功能肾缺失，用透析替代治疗；
4. 四肢肌力Ⅱ级（二级）以下（含Ⅱ级），临床判定不能恢复；
5. 上肢一侧腕上缺失或一侧手功能完全丧失，不能装配假肢，伴下肢双膝以上缺失。

（二）二级乙等医疗事故：存在器官缺失、严重缺损、严重畸形情形之一，有严重功能障碍，可能存在特殊医疗依赖，或生活大部分不能自理。例如造成患者下列情形之一的：

1. 重度智能障碍；
2. 单眼球摘除或经客观检查证实无光感，另眼球结构损伤，闪光视觉诱发电位（VEP）P_{100}波潜时延长>160ms（毫秒），矫正视力<0.02，视野半径<5°；
3. 双侧上颌骨或双侧下颌骨完全缺失；
4. 一侧上颌骨及对侧下颌骨完全缺失，并伴有颜面软组织缺损大于$30cm^2$；
5. 一侧全肺缺失并需胸改术；
6. 肺功能持续重度损害；
7. 持续性心功能不全，心功能四级；
8. 持续性心功能不全，心功能三级伴有不能控制的严重心律失常；
9. 食管闭锁，摄食依赖造瘘；
10. 肝缺损3/4，并有肝功能重度损害；
11. 胆道损伤致肝功能重度损害；
12. 全胰缺失；
13. 小肠缺损大于3/4，普通膳食不能维持营养；
14. 肾功能部分损害不全失代偿；
15. 两侧睾丸、副睾丸缺损；
16. 阴茎缺损或性功能严重障碍；
17. 双侧卵巢缺失；
18. 未育妇女子宫全部缺失或大部分缺损；
19. 四肢瘫，肌力Ⅲ级（三级）或截瘫、偏瘫，肌力Ⅲ级以下，临床判定不能恢复；
20. 双上肢腕关节以上缺失、双侧前臂缺失或双手功能完全丧失，不能装配假肢；
21. 肩、肘、髋、膝关节中有四个以上（含四个）关节功能完全丧失；
22. 重型再生障碍性贫血（Ⅰ型）。

（三）二级丙等医疗事故：存在器官缺失、严重缺损、明显畸形情形之一，有严重功能障碍，可能存在特殊医疗依赖，或生活部分不能自理。例如造成患者下列情形之一的：

1. 面部重度毁容；

2. 单眼球摘除或客观检查无光感，另眼球结构损伤，闪光视觉诱发电位（VEP）>155ms（毫秒），矫正视力<0.05，视野半径<10°；

3. 一侧上颌骨或下颌骨完全缺失，伴颜面部软组织缺损大于30cm^2；

4. 同侧上下颌骨完全性缺失；

5. 双侧甲状腺或孤立甲状腺全缺失；

6. 双侧甲状旁腺全缺失；

7. 持续性心功能不全，心功能三级；

8. 持续性心功能不全，心功能二级伴有不能控制的严重心律失常；

9. 全胃缺失；

10. 肝缺损2/3，并肝功能重度损害；

11. 一侧有功能肾缺失或肾功能完全丧失，对侧肾功能不全代偿；

12. 永久性输尿管腹壁造瘘；

13. 膀胱全缺失；

14. 两侧输精管缺损不能修复；

15. 双上肢肌力Ⅳ级（四级），双下肢肌力0级，临床判定不能恢复；

16. 单肢两个大关节（肩、肘、腕、髋、膝、踝）功能完全丧失，不能行关节置换；

17. 一侧上肢肘上缺失或肘、腕、手功能完全丧失，不能手术重建功能或装配假肢；

18. 一手缺失或功能完全丧失，另一手功能丧失50%以上，不能手术重建功能或装配假肢；

19. 一手腕上缺失，另一手拇指缺失，不能手术重建功能或装配假肢；

20. 双手拇、食指均缺失或功能完全丧失无法矫正；

21. 双侧膝关节或者髋关节功能完全丧失，不能行关节置换；

22. 一下肢膝上缺失，无法装配假肢；

23. 重型再生障碍性贫血（Ⅱ型）。

（四）二级丁等医疗事故：存在器官缺失、大部分缺损、畸形情形之一，有严重功能障碍，可能存在一般医疗依赖，生活能自理。例如造成患者下列情形之一的：

1. 中度智能障碍；

2. 难治性癫痫；

3. 完全性失语，伴有神经系统客观检查阳性所见；

4. 双侧重度周围性面瘫；

5. 面部中度毁容或全身瘢痕面积大于70%；

6. 双眼球结构损伤，较好眼闪光视觉诱发电位（VEP）>155ms（毫秒），矫正视力<0.05，视野半径<10°；

7. 双耳经客观检查证实听力在原有基础上损失大于91dbHL（分贝）；

8. 舌缺损大于全舌2/3；

9. 一侧上颌骨缺损1/2，颜面部软组织缺损大于20cm^2；

10. 下颌骨缺损长6cm以上的区段，口腔、颜面软组织缺损大于20cm^2；

11. 甲状旁腺功能重度损害；

12. 食管狭窄只能进流食；

13. 吞咽功能严重损伤，依赖鼻饲管进食；

14. 肝缺损2/3，功能中度损害；

15. 肝缺损1/2伴有胆道损伤致严重肝功能损害；
16. 胰缺损，胰岛素依赖；
17. 小肠缺损2/3，包括回盲部缺损；
18. 全结肠、直肠、肛门缺失，回肠造瘘；
19. 肾上腺功能明显减退；
20. 大、小便失禁，临床判定不能恢复；
21. 女性双侧乳腺缺失；
22. 单肢肌力Ⅱ级（二级），临床判定不能恢复；
23. 双前臂缺失；
24. 双下肢瘫；
25. 一手缺失或功能完全丧失，另一手功能正常，不能手术重建功能或装配假肢；
26. 双拇指完全缺失或无功能；
27. 双膝以下缺失或无功能，不能手术重建功能或装配假肢；
28. 一侧下肢膝上缺失，不能手术重建功能或装配假肢；
29. 一侧膝以下缺失，另一侧前足缺失，不能手术重建功能或装配假肢；
30. 双足全肌瘫，肌力Ⅱ级（二级），临床判定不能恢复。

三、三级医疗事故

系指造成患者轻度残疾、器官组织损伤导致一般功能障碍。

（一）三级甲等医疗事故：存在器官缺失、大部分缺损、畸形情形之一，有较重功能障碍，可能存在一般医疗依赖，生活能自理。例如造成患者下列情形之一的：

1. 不完全失语并伴有失用、失写、失读、失认之一者，同时有神经系统客观检查阳性所见；
2. 不能修补的脑脊液瘘；
3. 尿崩，有严重离子紊乱，需要长期依赖药物治疗；
4. 面部轻度毁容；
5. 面颊部洞穿性缺损大于$20cm^2$；
6. 单侧眼球摘除或客观检查无光感，另眼球结构损伤，闪光视觉诱发电位（VEP）>150ms（毫秒），矫正视力0.05－0.1，视野半径<15°；
7. 双耳经客观检查证实听力在原有基础上损失大于81dbHL（分贝）；
8. 鼻缺损1/3以上；
9. 上唇或下唇缺损大于1/2；
10. 一侧上颌骨缺损1/4或下颌骨缺损长4cm以上区段，伴口腔、颜面软组织缺损大于$10cm^2$；
11. 肺功能中度持续损伤；
12. 胃缺损3/4；
13. 肝缺损1/2伴较重功能障碍；
14. 慢性中毒性肝病伴较重功能障碍；
15. 脾缺失；
16. 胰缺损2/3造成内、外分泌腺功能障碍；
17. 小肠缺损2/3，保留回盲部；
18. 尿道狭窄，需定期行尿道扩张术；
19. 直肠、肛门、结肠部分缺损，结肠造瘘；

20. 肛门损伤致排便障碍；
21. 一侧肾缺失或输尿管狭窄，肾功能不全代偿；
22. 不能修复的尿道瘘；
23. 膀胱大部分缺损；
24. 双侧输卵管缺失；
25. 阴道闭锁丧失性功能；
26. 不能修复的 III 度（三度）会阴裂伤；
27. 四肢瘫，肌力Ⅳ级（四级），临床判定不能恢复；
28. 单肢瘫，肌力Ⅲ级（三级），临床判定不能恢复；
29. 肩、肘、腕关节之一功能完全丧失；
30. 利手全肌瘫，肌力Ⅲ级（三级），临床判定不能恢复；
31. 一手拇指缺失，另一手拇指功能丧失 50% 以上；
32. 一手拇指缺失或无功能，另一手除拇指外三指缺失或无功能，不能手术重建功能；
33. 双下肢肌力 III 级（三级）以下，临床判定不能恢复。大、小便失禁；
34. 下肢双膝以上缺失伴一侧腕上缺失或手功能部分丧失，能装配假肢；
35. 一髋或一膝关节功能完全丧失，不能手术重建功能；
36. 双足全肌瘫，肌力Ⅲ级（三级），临床判定不能恢复；
37. 双前足缺失；
38. 慢性再生障碍性贫血。

（二）三级乙等医疗事故：器官大部分缺损或畸形，有中度功能障碍，可能存在一般医疗依赖，生活能自理。例如造成患者下列情形之一的：

1. 轻度智能减退；
2. 癫痫中度；
3. 不完全性失语，伴有神经系统客观检查阳性所见；
4. 头皮、眉毛完全缺损；
5. 一侧完全性面瘫，对侧不完全性面瘫；
6. 面部重度异常色素沉着或全身瘢痕面积达 60% –69%；
7. 面部软组织缺损大于 $20cm^2$；
8. 双眼球结构损伤，较好眼闪光视觉诱发电位（VEP）>150ms（毫秒），矫正视力 0.05 –0.1，视野半径 <15°；
9. 双耳经客观检查证实听力损失大于 71dBHL（分贝）；
10. 双侧前庭功能丧失，睁眼行走困难，不能并足站立；
11. 甲状腺功能严重损害，依赖药物治疗；
12. 不能控制的严重器质性心律失常；
13. 胃缺损 2/3 伴轻度功能障碍；
14. 肝缺损 1/3 伴轻度功能障碍；
15. 胆道损伤伴轻度肝功能障碍；
16. 胰缺损 1/2；
17. 小肠缺损 1/2（包括回盲部）；
18. 腹壁缺损大于腹壁 1/4；
19. 肾上腺皮质功能轻度减退；

20. 双侧睾丸萎缩，血清睾丸酮水平低于正常范围；
21. 非利手全肌瘫，肌力Ⅳ级（四级），临床判定不能恢复，不能手术重建功能；
22. 一拇指完全缺失；
23. 双下肢肌力Ⅳ级（四级），临床判定不能恢复。大、小便失禁；
24. 一髋或一膝关节功能不全；
25. 一侧踝以下缺失或一侧踝关节畸形，功能完全丧失，不能手术重建功能；
26. 双足部分肌瘫，肌力Ⅳ级（四级），临床判定不能恢复，不能手术重建功能；
27. 单足全肌瘫，肌力Ⅳ级（四级），临床判定不能恢复，不能手术重建功能。

（三）三级丙等医疗事故：器官大部分缺损或畸形，有轻度功能障碍，可能存在一般医疗依赖，生活能自理。例如造成患者下列情形之一的：

1. 不完全性失用、失写、失读、失认之一者，伴有神经系统客观检查阳性所见；
2. 全身瘢痕面积50－59%；
3. 双侧中度周围性面瘫，临床判定不能恢复；
4. 双眼球结构损伤，较好眼闪光视觉诱发电位（VEP）＞140ms（毫秒），矫正视力0.1－0.3，视野半径＜20°；
5. 双耳经客观检查证实听力损失大于56dbHL（分贝）；
6. 喉保护功能丧失，饮食时呛咳并易发生误吸，临床判定不能恢复；
7. 颈颏粘连，影响部分活动；
8. 肺叶缺失伴轻度功能障碍；
9. 持续性心功能不全，心功能二级；
10. 胃缺损1/2伴轻度功能障碍；
11. 肝缺损1/4伴轻度功能障碍；
12. 慢性轻度中毒性肝病伴轻度功能障碍；
13. 胆道损伤，需行胆肠吻合术；
14. 胰缺损1/3伴轻度功能障碍；
15. 小肠缺损1/2伴轻度功能障碍；
16. 结肠大部分缺损；
17. 永久性膀胱造瘘；
18. 未育妇女单侧乳腺缺失；
19. 未育妇女单侧卵巢缺失；
20. 育龄已育妇女双侧输卵管缺失；
21. 育龄已育妇女子宫缺失或部分缺损；
22. 阴道狭窄不能通过二横指；
23. 颈部或腰部活动度丧失50%以上；
24. 腕、肘、肩、踝、膝、髋关节之一丧失功能50%以上；
25. 截瘫或偏瘫，肌力Ⅳ级（四级），临床判定不能恢复；
26. 单肢两个大关节（肩、肘、腕、髋、膝、踝）功能部分丧失，能行关节置换；
27. 一侧肘上缺失或肘、腕、手功能部分丧失，可以手术重建功能或装配假肢；
28. 一手缺失或功能部分丧失，另一手功能丧失50%以上，可以手术重建功能或装配假肢；
29. 一手腕上缺失，另一手拇指缺失，可以手术重建功能或装配假肢；
30. 利手全肌瘫，肌力Ⅳ级（四级），临床判定不能恢复；

31. 单手部分肌瘫，肌力Ⅲ级（三级），临床判定不能恢复；
32. 除拇指外3指缺失或功能完全丧失；
33. 双下肢长度相差4cm以上；
34. 双侧膝关节或者髋关节功能部分丧失，可以行关节置换；
35. 单侧下肢膝上缺失，可以装配假肢；
36. 双足部分肌瘫，肌力Ⅲ级（三级），临床判定不能恢复；
37. 单足全肌瘫，肌力Ⅲ级（三级），临床判定不能恢复。

（四）三级丁等医疗事故：器官部分缺损或畸形，有轻度功能障碍，无医疗依赖，生活能自理。例如造成患者下列情形之一的：

1. 边缘智能；
2. 发声及言语困难；
3. 双眼结构损伤，较好眼闪光视觉诱发电位（VEP）>130ms（毫秒），矫正视力0.3－0.5，视野半径<30°；
4. 双耳经客观检查证实听力损失大于41dbHL（分贝）或单耳大于91dbHL（分贝）；
5. 耳郭缺损2/3以上；
6. 器械或异物误入呼吸道需行肺段切除术；
7. 甲状旁腺功能轻度损害；
8. 肺段缺损，轻度持续肺功能障碍；
9. 腹壁缺损小于1/4；
10. 一侧肾上腺缺失伴轻度功能障碍；
11. 一侧睾丸、附睾缺失伴轻度功能障碍；
12. 一侧输精管缺损，不能修复；
13. 一侧卵巢缺失，一侧输卵管缺失；
14. 一手缺失或功能完全丧失，另一手功能正常，可以手术重建功能及装配假肢；
15. 双大腿肌力近Ⅴ级（五级），双小腿肌力Ⅲ级（三级）以下，临床判定不能恢复。大、小便轻度失禁；
16. 双膝以下缺失或无功能，可以手术重建功能或装配假肢；
17. 单侧下肢膝上缺失，可以手术重建功能或装配假肢；
18. 一侧膝以下缺失，另一侧前足缺失，可以手术重建功能或装配假肢。

（五）三级戊等医疗事故：器官部分缺损或畸形，有轻微功能障碍，无医疗依赖，生活能自理。例如造成患者下列情形之一的：

1. 脑叶缺失后轻度智力障碍；
2. 发声或言语不畅；
3. 双眼结构损伤，较好眼闪光视觉诱发电位（VEP）>120ms（毫秒），矫正视力<0.6，视野半径<50°；
4. 泪器损伤，手术无法改进溢泪；
5. 双耳经客观检查证实听力在原有基础上损失大于31dbHL（分贝）或一耳听力在原有基础上损失大于71dbHL（分贝）；
6. 耳郭缺损大于1/3而小于2/3；
7. 甲状腺功能低下；
8. 支气管损伤需行手术治疗；

9. 器械或异物误入消化道，需开腹取出；

10. 一拇指指关节功能不全；

11. 双小腿肌力 IV 级（四级），临床判定不能恢复。大、小便轻度失禁；

12. 手术后当时引起脊柱侧弯 30 度以上；

13. 手术后当时引起脊柱后凸成角（胸段大于 60 度，胸腰段大于 30 度，腰段大于 20 度以上）；

14. 原有脊柱、躯干或肢体畸形又严重加重；

15. 损伤重要脏器，修补后功能有轻微障碍。

四、四级医疗事故

系指造成患者明显人身损害的其他后果的医疗事故。例如造成患者下列情形之一的：

1. 双侧轻度不完全性面瘫，无功能障碍；

2. 面部轻度色素沉着或脱失；

3. 一侧眼睑有明显缺损或外翻；

4. 拔除健康恒牙；

5. 器械或异物误入呼吸道或消化道，需全麻后内窥镜下取出；

6. 口周及颜面软组织轻度损伤；

7. 非解剖变异等因素，拔除上颌后牙时牙根或异物进入上颌窦需手术取出；

8. 组织、器官轻度损伤，行修补术后无功能障碍；

9. 一拇指末节 1/2 缺损；

10. 一手除拇指、食指外，有两指近侧指间关节无功能；

11. 一足拇趾末节缺失；

12. 软组织内异物滞留；

13. 体腔遗留异物已包裹，无需手术取出，无功能障碍；

14. 局部注射造成组织坏死，成人大于体表面积 2%，儿童大于体表面积 5%；

15. 剖宫产术引起胎儿损伤；

16. 产后胎盘残留引起大出血，无其他并发症。

105 非法进行节育手术案

概念

本罪是指未取得医生执业资格的人擅自为他人进行节育复通手术、假节育手术、终止妊娠手术或者摘取宫内节育器，情节严重的行为。

立案标准

未取得医生执业资格的人擅自为他人进行节育复通手术、假节育手术、终止妊娠手术或者摘取宫内节育器，涉嫌下列情形之一的，应予立案追诉：

（1）造成就诊人轻伤、重伤、死亡或者感染艾滋病、病毒性肝炎等难以治愈的疾病的；

（2）非法进行节育复通手术、假节育手术、终止妊娠手术或者摘取宫内节育器5人次以上的；

（3）致使他人超计划生育的；

（4）非法进行选择性别的终止妊娠手术的；

（5）非法获利累计5000元以上的；

（6）其他情节严重的情形。

定罪标准		
	犯罪客体	本罪侵犯的客体是国家对计划生育的管理制度和就诊人的健康权利。我国是人口众多的国家，实行计划生育是国家的基本国策。为了搞好计划生育技术指导工作，国家颁布了一系列法律法规。但是，近年来，一些不法之徒置国家法律于不顾，见利忘义，非法为他人进行节育复通手术、假节育手术、终止妊娠手术或者摘取宫内节育器，严重破坏了国家计划生育政策的贯彻执行。由于其行为对象针对的是不特定的人，因而必然对公众的健康、生命安全造成现实的威胁。对于破坏计划生育情节严重的行为，必须予以严惩。
	犯罪客观方面	本罪在客观方面表现为行为人未取得医生执业资格，实施了擅自为他人进行节育复通手术、假节育手术、终止妊娠手术或者摘取宫内节育器，情节严重的行为。“擅自”，是指违法为应当采取节育措施的人进行上述手术，往往造成计划外怀孕、生育，甚至造成女性胎儿引产、流产的后果。根据法律规定，非法进行节育手术的行为，要求必须具备情节严重的条件。
	犯罪主体	本罪的主体是一般主体，但只限于未取得医生执业资格而非法行医的人员，即未取得《医疗机构执业许可证》的人。已取得医生执业资格的人实施了上述破坏计划生育行为的，则不构成本罪。
	犯罪主观方面	本罪在主观方面是故意，即行为人明知自己无权为他人实施计划生育手术，但为了牟取不法利益或者出于其他私利考虑仍实施这种行为。
	罪与非罪	区分罪与非罪的界限，要注意：构成本罪，必须是情节严重的情形，如果行为人的行为显著轻微，危害不大，没有造成就诊人身体上的伤害，或没有影响计划生育政策的执行，不以犯罪论处。

<table>
<tr><td rowspan="4">证据参考标准</td><td>主体方面的证据</td><td colspan="2">一、证明行为人刑事责任年龄、身份等自然情况的证据。
包括身份证明、户籍证明、任职证明、工作经历证明、特定职责证明等，主要是证明行为人的姓名（曾用名）、性别、出生年月日、民族、籍贯、出生地、职业（或职务）、住所地（或居所地）等证据材料，如户口簿、居民身份证、工作证、出生证、专业或技术等级证、干部履历表、职工登记表、护照等。
对于户籍、出生证等材料内容不实的，应提供其他证据材料。外国人犯罪的案件，应有护照等身份证明材料。人大代表、政协委员犯罪的案件，应注明身份，并附身份证明材料。
二、证明行为人刑事责任能力的证据。
证明行为人对自己的行为是否具有辨认能力与控制能力，如是否属于间歇性精神病人、尚未完全丧失辨认或者控制自己行为能力的精神病人的证明材料。</td></tr>
<tr><td>主观方面的证据</td><td colspan="2">证明行为人故意的证据：1. 证明行为人明知的证据：证明行为人明知自己的行为会发生危害社会的结果；2. 证明直接故意的证据：证明行为人希望危害结果发生。</td></tr>
<tr><td>客观方面的证据</td><td colspan="2">证明行为人非法进行节育手术犯罪行为的证据。
具体证据包括：1. 证明行为人未取得医生执业资格行为的证据；2. 证明行为人未取得节育手术证行为的证据；3. 证明行为人进行节育复通手术行为的证据；4. 证明行为人进行假节育手术行为的证据；5. 证明行为人擅自进行终止妊娠手术行为的证据；6. 证明行为人擅自摘取宫内节育器行为的证据；7. 证明行为人擅自进行节育手术情节严重行为的证据；8. 证明行为人擅自进行节育手术严重损害就诊人身体健康行为的证据；9. 证明行为人擅自进行节育手术造成就诊人死亡行为的证据。</td></tr>
<tr><td>量刑方面的证据</td><td colspan="2">一、法定量刑情节证据。
1. 事实情节：（1）情节严重的；（2）严重损害妇女身体健康的；（3）造成就诊人员死亡的。2. 法定从重情节。3. 法定从轻减轻情节：（1）可以从轻；（2）可以从轻或减轻；（3）应当从轻或者减轻。4. 法定从轻减轻免除情节：（1）可以从轻、减轻或者免除处罚；（2）应当从轻、减轻或者免除处罚。5. 法定减轻免除情节：（1）可以减轻或者免除处罚；（2）应当减轻或者免除处罚；（3）可以免除处罚。
二、酌定量刑情节证据。
1. 犯罪手段：（1）未取得医生执业资格；（2）其他。2. 犯罪对象。3. 危害结果。4. 动机。5. 平时表现。6. 认罪态度。7. 是否有前科。8. 其他证据。</td></tr>
<tr><td rowspan="3">量刑标准</td><td colspan="2">犯本罪的</td><td>处三年以下有期徒刑、拘役或者管制，并处或者单处罚金</td></tr>
<tr><td colspan="2">严重损害就诊人身体健康的</td><td>处三年以上十年以下有期徒刑，并处罚金</td></tr>
<tr><td colspan="2">造成就诊人死亡的</td><td>处十年以上有期徒刑，并处罚金</td></tr>
<tr><td>法律适用</td><td>刑法条文</td><td colspan="2">第三百三十六条第二款　未取得医生执业资格的人擅自为他人进行节育复通手术、假节育手术、终止妊娠手术或者摘取宫内节育器，情节严重的，处三年以下有期徒刑、拘役或者管制，并处或者单处罚金；严重损害就诊人身体健康的，处三年以上十年以下有期徒刑，并处罚金；造成就诊人死亡的，处十年以上有期徒刑，并处罚金。</td></tr>
</table>

法律适用

司法解释

最高人民检察院、公安部《关于公安机关管辖的刑事案件立案追诉标准的规定（一）》（节录）（2008年6月25日最高人民检察院、公安部公布　自公布之日起施行　公通字〔2008〕36号　2017年4月27日修正）

第五十八条　［非法进行节育手术案（刑法第三百三十六条第二款）］未取得医生执业资格的人擅自为他人进行节育复通手术、假节育手术、终止妊娠手术或者摘取宫内节育器，涉嫌下列情形之一的，应予立案追诉：

（一）造成就诊人轻伤、重伤、死亡或者感染艾滋病、病毒性肝炎等难以治愈的疾病的；

（二）非法进行节育复通手术、假节育手术、终止妊娠手术或者摘取宫内节育器五人次以上的；

（三）致使他人超计划生育的；

（四）非法进行选择性别的终止妊娠手术的；

（五）非法获利累计五千元以上的；

（六）其他情节严重的情形。

相关法律法规

一、《中华人民共和国母婴保健法》（节录）（1994年10月27日中华人民共和国主席令第33号公布　自1995年6月1日起施行　2009年8月27日第一次修正　2017年11月4日第二次修正）

第三十六条　未取得国家颁发的有关合格证书，施行终止妊娠手术或者采取其他方法终止妊娠，致人死亡、残疾、丧失或者基本丧失劳动能力的，依照刑法有关规定追究刑事责任。

二、《中华人民共和国人口与计划生育法》（节录）（2001年12月29日中华人民共和国主席令第63号公布　自2002年9月1日起施行　2015年12月27日修正）

第三十六条　违反本法规定，有下列行为之一的，由计划生育行政部门或者卫生行政部门依据职权责令改正，给予警告，没收违法所得；违法所得一万元以上的，处违法所得二倍以上六倍以下的罚款；没有违法所得或者违法所得不足一万元的，处一万元以上三万元以下的罚款；情节严重的，由原发证机关吊销执业证书；构成犯罪的，依法追究刑事责任：

（一）非法为他人施行计划生育手术的；

（二）利用超声技术和其他技术手段为他人进行非医学需要的胎儿性别鉴定或者选择性别的人工终止妊娠的；

（三）进行假医学鉴定、出具假计划生育证明的。

三、《计划生育技术服务管理条例》（节录）（2001年6月13日中华人民共和国国务院令第309号公布　2004年12月10日修订）

第三十四条　计划生育技术服务机构或者医疗、保健机构以外的机构或者人员违反本条例的规定，擅自从事计划生育技术服务的，由县级以上地方人民政府计划生育行政部门依据职权，责令改正，给予警告，没收违法所得和有关药品、医疗器械；违法所得5000元以上的，并处违法所得2倍以上5倍以下的罚款；没有违法所得或者违法所得不足5000元的，并处5000元以上2万元以下的罚款；造成严重后果，构成犯罪的，依法追究刑事责任。

第三十五条　计划生育技术服务机构违反本条例的规定，未经批准擅自从事产前诊断和使用辅助生育技术治疗不育症的，由县级以上地方人民政府卫生行政部门会同计划生育行政部门依据职权，责令改正，给予警告，没收违法所得和有关药品、医疗器械；违法所得5000元以上的，并处违法所得2倍以上5倍以下的罚款；没有违法

法律适用

相关法律法规

所得或者违法所得不足5000元的，并处5000元以上2万元以下的罚款；情节严重的，并由原发证部门吊销计划生育技术服务的执业资格。

第三十六条 违反本条例的规定，逾期不校验计划生育技术服务执业许可证明文件，继续从事计划生育技术服务的，由原发证部门责令限期补办校验手续；拒不校验的，由原发证部门吊销售计划生育技术服务的执业资格。

第三十七条 违反本条例的规定，买卖、出借、出租或者涂改、伪造计划生育技术服务执业许可证明文件的，由原发证部门责令改正，没收违法所得；违法所得3000元以上的，并处违法所得2倍以上5倍以下的罚款；没有违法所得或者违法所得不足3000元的，并处3000元以上5000元以下的罚款；情节严重的，并由原发证部门吊销相关的执业资格。

第三十八条 从事计划生育技术服务的机构违反本条例第三条第三款的规定，向农村实行计划生育的育龄夫妻提供避孕、节育技术服务，收取费用的，由县级地方人民政府计划生育行政部门责令退还所收费用，给予警告，并处所收费用2倍以上5倍以下的罚款；情节严重的，并对该机构的正职负责人、直接负责的主管人员和其他直接责任人员给予降级或者撤职的行政处分。

第三十九条 从事计划生育技术服务的机构违反本条例的规定，未经批准擅自扩大计划生育技术服务项目的，由原发证部门责令改正，给予警告，没收违法所得；违法所得5000元以上的，并处违法所得2倍以上5倍以下的罚款；没有违法所得或者违法所得不足5000元的，并处5000元以上2万元以下的罚款；情节严重的，并由原发证部门吊销计划生育技术服务的执业资格。

第四十条 从事计划生育服务的机构违反本条例的规定，使用没有依法取得相应的医师资格的人员从事与计划生育技术服务有关的临床医疗服务的，由县级以上人民政府卫生行政部门依据职权，责令改正，没收违法所得；违法所得3000元以上的，并处违法所得1倍以上3倍以下的罚款；没有违法所得或者违法所得不足3000元的，并处3000元以上5000元以下的罚款；情节严重的，并由原发证部门吊销计划生育技术服务的执业资格。

第四十一条 从事计划生育技术服务的机构出具虚假证明文件，构成犯罪的，依法追究刑事责任；尚不构成犯罪的，由原发证部门责令改正，给予警告，没收违法所得；违法所得5000元以上的，并处违法所得2倍以上5倍以下的罚款；没有违法所得或者违法所得不足5000元的，并处5000元以上2万元以下的罚款；情节严重的，并由原发证部门吊销计划生育服务的执业资格。

第四十二条 计划生育行政部门、卫生行政部门违反规定，批准不具备规定条件的计划生育服务机构或者医疗、保健机构开展与计划生育有关的临床医疗服务项目，或者不履行监督职责，或者发现违法行为不予查处，导致计划生育技术服务重大事故发生的，对该部门的正职负责人、直接负责的主管人员和其他直接责任人员给予降级或者撤职的行政处分；构成犯罪的，依法追究刑事责任。

规章及规范性文件

《计划生育技术服务管理条例实施细则》（节录）（2001年12月29日中华人民共和国国家计划生育委员会令第6号公布　自公布之日起施行）

第四十八条 未取得执业许可，擅自从事计划生育技术服务的，按照条例第三十一条的规定处罚。

计划生育技术服务机构违反本细则规定，使用没有依法取得《合格证》的人员从事计划生育技术服务的，由县级以上地方人民政府计划生育行政部门责令改正，没收违法所得；违法所得1000元以上的，并处违法所得1倍以上3倍以下的罚款；没有违法所得或者违法所得不足1000元的，并处1000元以上3000元以下的罚款。

106 非法植入基因编辑、克隆胚胎案

概念　本罪是指将基因编辑、克隆的人类胚胎植入人体或者动物体内，或者将基因编辑、克隆的动物胚胎植入人体内，情节严重的行为。

立案标准　将基因编辑、克隆的人类胚胎植入人体或者动物体内，或者将基因编辑、克隆的动物胚胎植入人体内，应当立案。

定罪标准		
	犯罪客体	本罪侵犯的客体是国家生物安全。
	犯罪客观方面	本罪客观上表现为将基因编辑、克隆的人类胚胎植入人体或者动物体内，或者将基因编辑、克隆的动物胚胎植入人体内，情节严重的行为。 基因编辑是指改变细胞或生物体的DNA，包括插入、删除或修改基因或基因序列，以实现基因的沉默、增强或其他改变其特征的技术。克隆技术是为了制造一个与某一个体遗传上相同的复制品或后代而使用的技术。《人胚胎干细胞研究伦理指导原则》第6条规定，进行人胚胎干细胞研究，必须遵守以下行为规范：（1）利用体外受精、体细胞核移植、单性复制技术或遗传修饰获得的囊胚，其体外培养期限或核移植开始不得超过14天。（2）不得将前款中获得的已用于研究的人囊胚植入人或任何其他动物的生殖系统。（3）不得将人的生殖细胞与其他物种的生殖细胞结合。《人类辅助生殖技术规范》在实施技术人员的行为准则中规定：（1）禁止人类与异种配子的杂交；禁止人类体内移植异种配子、合子和胚胎；禁止异种体内移植人类配子、合子和胚胎；（2）禁止以生殖为目的对人类配子、合子和胚胎进行基因操作；（3）禁止开展人类嵌合体胚胎试验研究；（4）禁止克隆人。根据上述规定，将基因编辑、克隆的人类胚胎植入人体或者动物体内，即经过基因编辑和克隆的人类胚胎不管是植入到动物还是人体都是被禁止的。上述行为方式将目前被允许用于科研、实验的对经过基因编辑或者克隆的动物胚胎植入动物体内的情况予以排除。
	犯罪主体	本罪的主体是一般主体，即凡是达到法定刑事责任年龄、具有刑事责任能力的人，均可构成本罪。
	犯罪主观方面	本罪的主观方面是故意。

<table>
<tr><td>定罪标准</td><td>罪与非罪</td><td>需要注意的是，本罪的成立必须要有植入母体的行为，对于没有将基因编辑的胚胎植入母体，但未以生殖为目的的则不应成为刑法的评价对象。若行为人尚未将基因编辑的胚胎植入人或动物体内，但有证据证明，是为了最终植入母体，不宜按犯罪处理，一方面并没有将基因编辑的胚胎植入母体的行为，并未产生实际危害结果，从保护科学研究的出发，给予行政处罚即可；另一方面，该行为尚未达到“情节严重”的入罪门槛。</td></tr>
<tr><td rowspan="4">证据参考标准</td><td>主体方面的证据</td><td>一、证明行为人刑事责任年龄、身份等事实情况的证据。
包括但不限于身份证明、户籍证明、任职证明、工作经历证明、特定职责证明等，主要用于证明行为人的姓名（曾用名）、性别、出生年月日、民族、机关、出生地、职业（职务）、住所地（居住地）等的证据材料，具体如居民身份证、户口簿、工作证、出生证、专业或技术等级证、干部履历表、职工登记表、护照等。
对于户籍、身份证等材料内容不是的，应提供其他证据材料。外国人犯罪的案件，需要有护照等身份证明材料。人大代表、政协委员犯罪的案件，应当注明身份并附上身份证明材料。
二、证明行为人刑事责任能力的证据。
证明行为人对自己的行为具有辨认、控制能力，如是否属于间歇性精神病人、尚未完全丧失辨认或者控制自己行为能力的精神病人的证明材料。</td></tr>
<tr><td>主观方面的证据</td><td>证明行为人故意的证据：1. 证明行为人明知的证据：证明行为人明知自己的行为会发生危害社会的结果；2. 证明直接故意的证据：证明行为人希望危害结果发生；3. 证明间接故意的证据：证明行为人犯人危害结果发生。</td></tr>
<tr><td>客观方面的证据</td><td>1. 证明行为人将基因编辑、克隆的人类胚胎植入人体或者动物体内的证据；2. 证明行为人将基因编辑、克隆的动物胚胎植入人体内的证据；3. 证明情节严重的证据；4. 证明情节特别严重的证据。</td></tr>
<tr><td>量刑方面的证据</td><td>一、法定量刑情节证据。
1. 事实情节：（1）后果特别严重；（2）其他。2. 法定从重情节。3. 法定从轻减轻情节：（1）可以从轻；（2）可以从轻或者减轻；（3）应当从轻或者减轻。4. 法定从轻减轻免除情节：（1）可以从轻、减轻或者免除处罚；（2）应当从轻、减轻或者免除处罚。5. 法定减轻免除情节：（1）可以减轻或者免除处罚；（2）应当减轻或者免除处罚；（3）可以免除处罚。
二、酌定量刑情节证据。
1. 犯罪手段；2. 犯罪对象；3. 危害结果；4. 动机；5. 平时表现；6. 认罪态度；7. 是否有前科；8. 其他证据。</td></tr>
<tr><td rowspan="2">量刑标准</td><td>犯本罪的</td><td>处三年以下有期徒刑或者拘役，并处罚金</td></tr>
<tr><td>情节特别严重的</td><td>处三年以上七年以下有期徒刑，并处罚金</td></tr>
</table>

<table>
<tr><td rowspan="2">法律适用</td><td>刑法条文</td><td>

第三百三十六条之一 将基因编辑、克隆的人类胚胎植入人体或者动物体内，或者将基因编辑、克隆的动物胚胎植入人体内，情节严重的，处三年以下有期徒刑或者拘役，并处罚金；情节特别严重的，处三年以上七年以下有期徒刑，并处罚金。

</td></tr>
<tr><td>相关法律法规</td><td>

一、《中华人民共和国生物安全法》（节录）（2020年10月17日中华人民共和国主席令第56号公布　自2021年4月15日起施行）

第三十四条 国家加强对生物技术研究、开发与应用活动的安全管理，禁止从事危及公众健康、损害生物资源、破坏生态系统和生物多样性等危害生物安全的生物技术研究、开发与应用活动。

从事生物技术研究、开发与应用活动，应当符合伦理原则。

第七十四条 违反本法规定，从事国家禁止的生物技术研究、开发与应用活动的，由县级以上人民政府卫生健康、科学技术、农业农村主管部门根据职责分工，责令停止违法行为，没收违法所得、技术资料和用于违法行为的工具、设备、原材料等物品，处一百万元以上一千万元以下的罚款，违法所得在一百万元以上的，处违法所得十倍以上二十倍以下的罚款，并可以依法禁止一定期限内从事相应的生物技术研究、开发与应用活动，吊销相关许可证件；对法定代表人、主要负责人、直接负责的主管人员和其他直接责任人员，依法给予处分，处十万元以上二十万元以下的罚款，十年直至终身禁止从事相应的生物技术研究、开发与应用活动，依法吊销相关执业证书。

第七十五条 违反本法规定，从事生物技术研究、开发活动未遵守国家生物技术研究开发安全管理规范的，由县级以上人民政府有关部门根据职责分工，责令改正，给予警告，可以并处二万元以上二十万元以下的罚款；拒不改正或者造成严重后果的，责令停止研究、开发活动，并处二十万元以上二百万元以下的罚款。

二、《中华人民共和国民法典》（节录）（2020年5月28日中华人民共和国主席令第45号公布　自2021年1月1日起施行）

第一千零九条 从事与人体基因、人体胚胎等有关的医学和科研活动，应当遵守法律、行政法规和国家有关规定，不得危害人体健康，不得违背伦理道德，不得损害公共利益。

</td></tr>
</table>

107 妨害动植物防疫、检疫案

概念

本罪是指行为人违反有关动植物防疫、检疫的国家规定，引起重大动植物疫情，或者有引起重大动植物疫情危险，情节严重的行为。

立案标准

违反有关动植物防疫、检疫的国家规定，引起重大动植物疫情的，应予立案追诉。

违反有关动植物防疫、检疫的国家规定，有引起重大动植物疫情危险，涉嫌下列情形之一的，应予立案追诉：

（1）非法处置疫区内易感动物或者其产品，货值金额5万元以上的；

（2）非法处置因动植物防疫、检疫需要被依法处理的动植物或者其产品，货值金额2万元以上的；

（3）非法调运、生产、经营感染重大植物检疫性有害生物的林木种子、苗木等繁殖材料或者森林植物产品的；

（4）输入《进出境动植物检疫法》规定的禁止进境物逃避检疫，或者对特许进境的禁止进境物未有效控制与处置，导致其逃逸、扩散的；

（5）进境动植物及其产品检出有引起重大动植物疫情危险的动物疫病或者植物有害生物后，非法处置导致进境动植物及其产品流失的；

（6）1年内携带或者寄递《禁止携带、邮寄进境的动植物及其产品名录》所列物品进境逃避检疫2次以上，或者窃取、抢夺、损毁、抛洒动植物检疫机关截留的《禁止携带、邮寄进境的动植物及其产品名录》所列物品的；

（7）其他情节严重的情形。

定罪标准		
	犯罪客体	本罪侵犯的客体是国家对进出境动植物防疫、检疫的管理秩序。为了防止动物传染病、寄生虫病和植物危险性病、虫、杂草以及其他有害生物传入、传出国境，保护农、林、牧、渔业生产和人体健康，我国对进出国境的动植物实行检疫。1991年10月30日七届全国人大常委会第22次会议通过了《进出境动植物检疫法》，对进出境动植物的检疫作了明确的规定。《进出境动植物检疫法》规定，进出境的动植物、动植物产品和其他检疫物应依法实施检疫；同时又规定，禁运动植物病原体（包括菌种、毒种）、害虫及其他有害生物；动植物疫情流行的国家或地区的有关动植物、动植物产品和其他检疫物；动物尸体；土壤诸物进境，发现此类禁止进境物的，作退回或者销毁处理，等等。这些规定，对加强国家国境卫生检疫制度，防止动物传染病、寄生虫病和植物危险性病、虫、杂草以及其他有害生物等病虫害传入、传出国境，保护农业发展，发展对外贸易，都是必要的。
	犯罪客观方面	本罪在客观方面表现为行为人违反有关动植物防疫、检疫的国家规定，引起重大动植物疫情，或者有引起重大动植物疫情危险，情节严重的行为。 构成本罪，首先，要有违反有关动植物防疫、检疫的国家规定的行为。违反对动植物的进境检疫、出境检疫、过境检疫、携带、邮寄物检疫和运输工具检疫的行为实

<table>
<tr><td rowspan="5">定罪标准</td><td>犯罪客观方面</td><td>践中多种多样。例如，未报检或者未依法办理检疫审批手续；未经口岸动植物检疫机关许可，擅自将进境动植物、动植物产品或者其他检疫物卸离运输工具；擅自调离或者处理口岸动植物检疫机关指定的隔离场所中隔离检疫的动植物；报检的动植物、动植物产品或者其他检疫物与实际不符；擅自开拆过境动植物、动植物产品或者其他检疫物的包装；擅自将过境动植物、动植物产品或者其他检疫物卸离运输工具；擅自抛弃过境动植物的尸体、排泄物、铺垫材料或者其他废弃物；等等。其次，要有引起重大动植物疫情的危害结果或情节严重的危险。所谓重大动植物疫情，法律没有明确规定，通常认为是指如下几种情况：（1）引起的动植物疫情，难于治理，对农林牧渔业生产危害很大。（2）引起的动植物疫情，过去没有发生过，对农林牧渔业生产危害很大。（3）引起动植物疫情造成的实际经济损失巨大。
何谓情节严重，法律没有明确规定，有待司法解释明确。</td></tr>
<tr><td>犯罪主体</td><td>本罪的主体是一般主体，包括自然人和单位，主要是运输、携带、邮寄动植物、动植物产品或者其他检疫物进出境的人员（检疫物的所有人、代理人、承运人）或单位。中国人和外国人均可构成本罪的主体。如果是动植物检疫机关的检疫人员严重不负责任，不执行或者不认真执行动植物检疫规定，以致引起重大动植物疫情，造成重大损失的，构成《刑法》第413条第2款规定的动植物检疫失职罪，不构成本罪。</td></tr>
<tr><td>犯罪主观方面</td><td>本罪主观方面是过失。但行为人违反有关动植物防疫、检疫的国家规定则可能是故意。也就是说，行为人对行为本身可能引起的危害后果则没有预见或虽然已经预见，但轻信可以避免。</td></tr>
<tr><td>罪与非罪</td><td>区分罪与非罪的界限，关键是看是否引起重大动植物疫情危险，情节严重。</td></tr>
<tr><td>此罪与彼罪</td><td>本罪与妨害国境卫生检疫罪的界限。两罪的相似之处是二者都属于违反国境检疫规定的犯罪，都可能引起重大的疫情。它们的区别在于：（1）违反的法律不同。前者违反的是有关动植物防疫、检疫的国家规定；后者违反的是国境卫生检疫法。（2）检疫的对象不同。前者的检疫对象主要是动植物、动植物产品及其装载容器、包装物，来自动植物检疫区的运输工具，不包括人；后者的检疫对象是出入境的人员、交通工具、运输设备以及可能传播检疫传染病的行李、货物、邮包等物品，但不包括动植物及其产品。（3）引起的疫情种类不同。前者引起的疫情主要是动植物疫情，如口蹄疫、焦虫病、猪丹毒；后者引起的疫情是人体传染病，如鼠疫、霍乱、天花、黄热病等。（4）构成犯罪的结果要件不同。前者必须已经引起重大动植物疫情的结果或者有引起重大动植物疫情危险，情节严重的，才构成犯罪；后者只要有引起检疫传染病传播的严重危险，就构成犯罪。（5）危害结果的内容不同。前者指动物传染病、寄生虫病和植物危险性病、虫、杂草以及其他有害生物；后者指鼠疫、霍乱、黄热病等检疫传染病及监测传染病。</td></tr>
<tr><td>证据参考标准</td><td>主体方面的证据</td><td>一、证明行为人刑事责任年龄、身份等自然情况的证据。
包括身份证明、户籍证明、任职证明、工作经历证明、特定职责证明等，主要是证明行为人的姓名（曾用名）、性别、出生年月日、民族、籍贯、出生地、职业（或职务）、住所地（或居所地）等证据材料，如户口簿、居民身份证、工作证、出生证、专业或技术等级证、干部履历表、职工登记表、护照等。</td></tr>
</table>

<table>
<tr><td rowspan="5">证据参考标准</td><td>主体方面的证据</td><td colspan="2">对于户籍、出生证等材料内容不实的，应提供其他证据材料。外国人犯罪的案件，应有护照等身份证明材料。人大代表、政协委员犯罪的案件，应注明身份，并附身份证明材料。
二、证明行为人刑事责任能力的证据。
证明行为人对自己的行为是否具有辨认能力与控制能力，如是否属于间歇性精神病人、尚未完全丧失辨认或者控制自己行为能力的精神病人的证明材料。
三、证明单位的证据。
证明是否属于依法成立并有合法经营、管理范围的公司、企业、事业单位、机关、团体。
证明单位的名称、住所地、性质、法定代表人、单位负责人、业务范围、成立时间等证据材料，如企业营业执照、国有公司性质证明及非法人单位的身份证明等。
四、证明法定代表人、单位负责人或直接责任人员等的身份证据。
法定代表人、直接负责的主管人员和其他直接责任人在单位的任职、职责、负责权限的证明材料等。包括身份证明、户籍证明、任职证明等，如户口簿、居民身份证、工作证、护照、专业或技术等级证、干部履历表、职工登记表、任命书、业务分工文件、委派文件、单位证明、单位规章制度等。</td></tr>
<tr><td>主观方面的证据</td><td colspan="2">证明行为人过失的证据：1. 证明行为人应当预见自己的行为可能发生危害社会的结果；2. 证明疏忽大意的过失的证据；3. 证明过于自信的过失的证据。</td></tr>
<tr><td>客观方面的证据</td><td colspan="2">证明行为人妨害动植物防疫、检疫犯罪行为的证据。
具体证据包括：1. 证明行为人引起重大植物疫情结果发生行为的证据；2. 证明行为人引起重大植物产品疫情结果发生行为的证据；3. 证明行为人引起重大动物疫情结果发生行为的证据；4. 证明行为人引起重大动物产品疫情结果发生行为的证据；5. 证明行为人引起重大“其他检疫物”疫情结果发生行为的证据；6. 证明行为人引起重大“装载动植物、动植物产品的装载容器、包装物”疫情结果发生行为的证据；7. 证明行为人引起重大“来自动植物疫原的运输工具”疫情结果发生行为的证据。8. 证明行为人有引起重大动植物疫情危险，“情节严重”的证据。</td></tr>
<tr><td>量刑方面的证据</td><td colspan="2">一、法定量刑情节证据。
1. 事实情节：(1) 引起重大动植物疫情；(2) 引起动物一、二类传染病；(3) 引起植物重大危险性病、虫、杂草。2. 法定从重情节。3. 法定从轻减轻情节：(1) 可以从轻；(2) 可以从轻或减轻；(3) 应当从轻或者减轻。4. 法定从轻减轻免除情节：(1) 可以从轻、减轻或者免除处罚；(2) 应当从轻、减轻或者免除处罚。5. 法定减轻免除情节：(1) 可以减轻或者免除处罚；(2) 应当减轻或者免除处罚；(3) 可以免除处罚。
二、酌定量刑情节证据。
1. 犯罪手段：(1) 妨害；(2) 其他。2. 犯罪对象。3. 危害结果。4. 动机。5. 平时表现。6. 认罪态度。7. 是否有前科。8. 其他证据。</td></tr>
<tr></tr>
<tr><td rowspan="2">量刑标准</td><td colspan="2">犯本罪的</td><td>处三年以下有期徒刑或者拘役，并处或者单处罚金</td></tr>
<tr><td colspan="2">单位犯本罪的</td><td>对单位判处罚金，并对其直接负责的主管人员和其他直接责任人员，依上述规定处罚</td></tr>
</table>

法律适用

刑法条文

第三百三十七条 违反有关动植物防疫、检疫的国家规定，引起重大动植物疫情的，或者有引起重大动植物疫情危险，情节严重的，处三年以下有期徒刑或者拘役，并处或者单处罚金。

单位犯前款罪的，对单位判处罚金，并对其直接负责的主管人员和其他直接责任人员，依照前款的规定处罚。

司法解释

最高人民检察院、公安部《关于公安机关管辖的刑事案件立案追诉标准的规定（一）》（节录）（2008年6月25日最高人民检察院、公安部公布 自公布之日起施行 公通字〔2008〕36号 2017年4月27日修正）

第五十九条 ［妨害动植物防疫、检疫案（刑法第三百三十七条）］违反有关动植物防疫、检疫的国家规定，引起重大动植物疫情的，应予立案追诉。

违反有关动植物防疫、检疫的国家规定，有引起重大动植物疫情危险，涉嫌下列情形之一的，应予立案追诉：

（一）非法处置疫区内易感动物或者其产品，货值金额5万元以上的；

（二）非法处置因动植物防疫、检疫需要被依法处理的动植物或者其产品，货值金额2万元以上的；

（三）非法调运、生产、经营感染重大植物检疫性有害生物的林木种子、苗木等繁殖材料或者森林植物产品的；

（四）输入《中华人民共和国进出境动植物检疫法》规定的禁止进境物逃避检疫，或者对特许进境的禁止进境物未有效控制与处置，导致其逃逸、扩散的；

（五）进境动植物及其产品检出有引起重大动植物疫情危险的动物疫病或者植物有害生物后，非法处置导致进境动植物及其产品流失的；

（六）一年内携带或者寄递《中华人民共和国禁止携带、邮寄进境的动植物及其产品名录》所列物品进境逃避检疫2次以上，或者窃取、抢夺、损毁、抛洒动植物检疫机关截留的《中华人民共和国禁止携带、邮寄进境的动植物及其产品名录》所列物品的；

（七）其他情节严重的情形。

本条规定的“重大动植物疫情”，按照国家行政主管部门的有关规定认定。

相关法律法规

一、《中华人民共和国进出境动植物检疫法》（节录）（1991年10月30日中华人民共和国主席令第53号公布 自1992年4月1日起施行 2009年8月27日修正）

第五条 国家禁止下列各物进境：

（一）动植物病原体（包括菌种、毒种等）、害虫及其他有害生物；

（二）动植物疫情流行的国家和地区的有关动植物、动植物产品和其他检疫物；

（三）动物尸体；

（四）土壤。

口岸动植物检疫机关发现有前款规定的禁止进境物的，作退回或者销毁处理。

因科学研究等特殊需要引进本条第一款规定的禁止进境物的，必须事先提出申请，经国家动植物检疫机关批准。

本条第一款第二项规定的禁止进境物的名录，由国务院农业行政主管部门制定并公布。

第三十九条 违反本法规定，有下列行为之一的，由口岸动植物检疫机关处以罚款：

（一）未报检或者未依法办理检疫审批手续的；

（二）未经口岸动植物检疫机关许可擅自将进境动植物、动植物产品或者其他检疫物卸离运输工具或者运递的；

（三）擅自调离或者处理在口岸动植物检疫机关指定的隔离场所中隔离检疫的动植物的。

第四十一条 违反本法规定，擅自开拆过境动植物、动植物产品或者其他检疫物的包装的，擅自将过境动植物、动植物产品或者其他检疫物卸离运输工具的，擅自抛弃过境动物的尸体、排泄物、铺垫材料或者其他废弃物的，由动植物检疫机关处以罚款。

第四十二条 违反本法规定，引起重大动植物疫情的，依照刑法有关规定追究刑事责任。

二、《中华人民共和国进出境动植物检疫法实施条例》（节录）（1996年12月2日中华人民共和国国务院令第206号公布 自1997年1月1日起施行）

第二条 下列各物，依照进出境动植物检疫法和本条例的规定实施检疫：

（一）进境、出境、过境的动植物、动植物产品和其他检疫物；

（二）装载动植物、动植物产品和其他检疫物的装载容器、包装物、铺垫材料；

（三）来自动植物疫区的运输工具；

（四）进境拆解的废旧船舶；

（五）有关法律、行政法规、国际条约规定或者贸易合同约定应当实施进出境动植物检疫的其他货物、物品。

第四条 国（境）外发生重大动植物疫情并可能传入中国时，根据情况采取下列紧急预防措施：

（一）国务院可以对相关边境区域采取控制措施，必要时下令禁止来自动植物疫区的运输工具进境或者封锁有关口岸；

（二）国务院农业行政主管部门可以公布禁止从动植物疫情流行的国家和地区进境的动植物、动植物产品和其他检疫物的名录；

（三）有关口岸动植物检疫机关可以对可能受病虫害污染的本条例第二条所列进境各物采取紧急检疫处理措施；

（四）受动植物疫情威胁地区的地方人民政府可以立即组织有关部门制定并实施应急方案，同时向上级人民政府和国家动植物检疫局报告。

邮电、运输部门对重大动植物疫情报告和送检材料应当优先传送。

第五条 享有外交、领事特权与豁免的外国机构和人员公用或者自用的动植物、动植物产品和其他检疫物进境，应当依照进出境动植物检疫法和本条例的规定实施检疫；口岸动植物检疫机关查验时，应当遵守有关法律的规定。

第六十二条 有下列违法行为之一的，依法追究刑事责任；尚不构成犯罪或者犯罪情节显著轻微依法不需要判处刑罚的，由口岸动植物检疫机关处2万元以上5万元以下的罚款：

（一）引起重大动植物疫情的；

（二）伪造、变造动植物检疫单证、印章、标志、封识的。

108 污染环境案

概念

本罪是指违反国家规定，排放、倾倒或者处置有放射性的废物、含传染病病原体的废物、有毒物质或者其他有害物质，严重污染环境的行为。

立案标准

违反国家规定，排放、倾倒或者处置有放射性的废物、含传染病病原体的废物、有毒物质或者其他有害物质，严重污染环境的，应当立案。这一修改，扩展了本罪的适用范围，降低了入罪门槛。也就是说，本罪不再是必须“造成重大环境污染事故，致使公私财产遭受重大损失或者人身伤亡的严重后果”，才能构成犯罪，而是只要严重污染环境的，就能构成本罪。这对我国刑事法律责任的完善，加大对环境污染犯罪行为的打击力度，具有重要意义。

违反国家规定，排放、倾倒或者处置有放射性的废物、含传染病病原体的废物、有毒物质或者其他有害物质，涉嫌下列情形之一的，应予立案追诉：

（1）在饮用水水源一级保护区、自然保护区核心区排放、倾倒、处置有放射性的废物、含传染病病原体的废物、有毒物质的；

（2）非法排放、倾倒、处置危险废物 3 吨以上的；

（3）排放、倾倒、处置含铅、汞、镉、铬、砷、铊、锑的污染物，超过国家或者地方污染物排放标准 3 倍以上的；

（4）排放、倾倒、处置含镍、铜、锌、银、钒、锰、钴的污染物，超过国家或者地方污染物排放标准 10 倍以上的；

（5）通过暗管、渗井、渗坑、裂隙、溶洞、灌注等逃避监管的方式排放、倾倒、处置有放射性的废物、含传染病病原体的废物、有毒物质的；

（6）二年内曾因违反国家规定，排放、倾倒、处置有放射性的废物、含传染病病原体的废物、有毒物质受过 2 次以上行政处罚，又实施前列行为的；

（7）重点排污单位篡改、伪造自动监测数据或者干扰自动监测设施，排放化学需氧量、氨氮、二氧化硫、氮氧化物等污染物的；

（8）违法减少防治污染设施运行支出 100 万元以上的；

（9）违法所得或者致使公私财产损失 30 万元以上的；

（10）造成生态环境严重损害的；

（11）致使乡镇以上集中式饮用水水源取水中断 12 小时以上的；

（12）致使基本农田、防护林地、特种用途林地 5 亩以上，其他农用地 10 亩以上，其他土地 20 亩以上基本功能丧失或者遭受永久性破坏的；

（13）致使森林或者其他林木死亡 50 立方米以上，或者幼树死亡 2500 株以上的；

（14）致使疏散、转移群众 5000 人以上的；

（15）致使 30 人以上中毒的；

（16）致使 3 人以上轻伤、轻度残疾或者器官组织损伤导致一般功能障碍的；

（17）致使 1 人以上重伤、中度残疾或者器官组织损伤导致严重功能障碍的；

（18）其他严重污染环境的情形。

<table>
<tr><td rowspan="2">定罪标准</td><td>犯罪客体</td><td>本罪侵犯的客体是国家环境保护管理制度及不特定多数人的生命、健康权利。为了防治环境污染、保护和改善生活、生态环境，国家先后制定了《环境保护法》《大气污染防治法》《水污染防治法》《海洋环境保护法》《固体废物污染环境防治法》《土壤污染防治法》等法律以及一系列专门法规。违反这些法律、法规的规定，就是侵犯国家对自然环境的保护和管理制度。《刑法修正案（八）》对本罪的犯罪对象作了修改，由修改前的“危险废物”改为“有害物质”，即有放射性的废物、含传染病病原体的废物、有毒物质都被列入了有害物质的范畴。“放射性废物”，据国际原子能机构发布的《国际电离辐射防护和辐射源安全基本标准》的规定，“放射性废物”或者是指含有放射性物质的废物，或者是指被放射性物质污染的废物。“含传染病病原体的废物”，是指可能引起各种传染病发生和流行的细菌菌种、病毒毒种和其他传染病的致病性微生物，统称传染病病原体。“有毒物质”，具体指：（1）危险废物，包括列入《国家危险废物名录》的废物，以及根据国家规定的危险废物鉴别标准和鉴别方法认定的具有危险特性的废物；（2）含有铅、汞、镉、铬等重金属的污染物；（3）《关于持久性有机污染物的斯德哥尔摩公约》附件所列物质；（4）其他具有毒性，可能污染环境的物质。</td></tr>
<tr><td>犯罪客观方面</td><td>本罪在客观方面表现为违反国家规定，排放、倾倒或者处置有放射性的废物、含传染病病原体的废物、有毒物质或者其他有害物质，严重污染环境的行为。
首先，行为人实施了违反国家规定，排放、倾倒或者处置有放射性的废物、含传染病病原体的废物、有毒物质或者其他有害物质的行为。本条中“违反国家规定”主要是指违反国家关于环境保护的法律和行政法规的规定。“排放”是指将本条所说的危险废物向水体、土地、大气等排入行为，包括泵出、溢出、泄出、喷出和倒出等行为。“倾倒”是指通过船舶、航空器、平台或者其他运载工具，向水体、土地、滩涂、森林、草原以及大气等处置放射性废物、含传染病病原体的废物、有毒物质或者其他有害物质的行为。“处置”包括以焚烧、填埋等方式处理废物的活动，也包括向江河、湖泊水体等处置危险废物或者其他有害物质的情况，不限于对固体废物的处置。
特别需要指出的是，本条所指的排放、倾倒、处置行为本身都是法律允许的行为。因为水体、土地、大气是全人类的财富，是人类赖以生存的物质基础，每一个人都有合理利用的权利。为了保证人类对环境的永续利用，必须对人类的行为有所限制，即向环境中排放、倾倒、处置有害物质要符合国家规定的标准。但如果超过国家规定的标准向环境中排放、倾倒、处置有害物质，就有可能污染环境，进而造成环境污染事故。所以本条用“违反国家规定”限定了排放、倾倒、处置行为。本条中放射性废物、含传染病病原体的废物、有毒物质，都可以称为有害物质。有害物质包括了以废气、废渣、废水、污水等多种形态存在的危险废物。“放射性的废物”是指放射性核素含量超过国家规定限值的固体、液体和气体废弃物。“含传染病病原体的废物”主要是指被传染病病原体污染的污水、污物以及物品等。严格限制违反国家规定，排放、倾倒或者处置对被传染病病原体污染的污水、污物、场所和物品，目的是切断传播途径以控制或者消灭传染病。
其次，排放的废物、有毒、有害物质，严重污染了环境。这里的“环境”，参照2014年《环境保护法》第2条规定，“是指影响人类生存和发展的各种天然的和经过人工改造的自然因素的总体，包括大气、水、海洋、土地、矿藏、森林、草原、湿地、野生生物、自然遗迹、人文遗迹、自然保护区、风景名胜区、城市和乡村等。”“严重污染环境”既包括发生了造成财产损失或者人身伤亡的环境事故，也包括虽然还未造成环境污染事故，但是已使环境受到严重污染或者破坏的情形。</td></tr>
</table>

<table>
<tr><td rowspan="4">定罪标准</td><td>犯罪主体</td><td>本罪的主体是一般主体，包括自然人和单位。通常是排污个人或者排污有关责任人员，不仅包括直接从事排污行业的工人、科技人员，也包括对排放污染物负有责任的主管人员和其他有关人员。这里必须排除环境部门和环保监督部门的国家机关工作人员。上述人员因失职造成重大环境污染事故的，依照《刑法》规定为环境监管失职罪，因而他们不能成为本罪主体。根据《刑法》第346条规定，单位亦能成为本罪主体。</td></tr>
<tr><td>犯罪主观方面</td><td>本罪的主观方面是过失，即应当预见到排放、倾倒或处置有放射性的污染物、含传染病病原体的废物、有毒物质或者其他有害物质，可能造成严重污染环境的结果，而由于疏忽大意没有预见，或者已经预见到这类倾倒、排放或处置行为可能严重污染环境，但抱着侥幸心理，认为可以避免的心理状态。但是应当指出，行为人对污染环境罪的主观上虽然是过失，但对违反国家有关环保规定处置有害物质的主观方面是故意。如果明知自己的倾倒或排放、处置行为会严重污染环境，而希望或者放任后果的发生，因而造成公私财产重大损失或者造成人身伤亡的严重后果的，由于其主观方面是故意，因而不能以本罪论处，而应以危害公共安全罪论处。</td></tr>
<tr><td>罪与非罪</td><td>区分罪与非罪的界限，要注意：在违反国家规定，排放、倾倒或者处置有放射性的废物、含传染病病原体的废物、有毒物质或者其他有害物质的行为中，只有造成严重污染环境的结果，才能构成犯罪。</td></tr>
<tr><td>此罪与彼罪</td><td>一、本罪与重大责任事故罪的界限。两罪在主观上均有过失的因素，客观上亦都造成了重大事故和严重后果。区别主要在于：（1）客体要件不同。本罪所侵犯的客体为国家对环境保护和污染防治的管理活动；而重大责任事故罪侵犯的客体是公共安全，主要是指企业、事业单位中不特定人员的人身安全和公私财产的安全。（2）客观要件不同。本罪在客观方面表现为违反国家规定，排放、倾倒或者处置有放射性的废物、含传染病病原体的废物、有毒物质或其他有害物质，严重污染环境的行为；而重大责任事故罪在客观方面则表现为在生产作业过程中，违反有关安全管理的规定，因而发生重大责任事故，造成严重后果的行为。（3）主体要件不同。本罪的主体，既可以是符合一般主体条件的自然人，也可以是单位；而重大责任事故罪的主体则只能是自然人。
二、本罪与环境监管失职罪的界限。两罪同属结果犯的范畴，都是由于其行为造成了重大环境污染事故，致使严重后果的发生，且主观上都含有过失的罪过形式，个别情况下也存在故意形态，但主要是间接故意。两罪的主要区别是：（1）客体不同。本罪客体是国家环境保护和环境污染防治的管理制度，属于破坏环境资源的犯罪；而后罪侵犯的客体则为国家对环境保护工作的正常管理活动，属于渎职犯罪。（2）客观方面不同。本罪表现为违反国家规定，排放、倾倒或者处置有放射性的废物、含传染病病原体的废物、有毒物质或其他有害物质，严重污染环境的行为；而环境监管失职罪表现为环境保护部门的国家机关工作人员的严重不负责任，从而造成重大环境污染事故，这种严重不负责任主要体现为滥用职权和玩忽职守，不尽职责的行为。（3）主体不同。本罪的主体既可以是自然人，也可以是单位，对自然人作为本罪的主体没有限制条件；而后罪的主体是特殊主体，即负有环境保护监管职责的国家机关工作人员，单位不构成该罪主体。</td></tr>
</table>

<table>
<tr><td rowspan="4">证据参考标准</td><td>主体方面的证据</td><td>一、证明行为人刑事责任年龄、身份等自然情况的证据。
包括身份证明、户籍证明、任职证明、工作经历证明、特定职责证明等，主要是证明行为人的姓名（曾用名）、性别、出生年月日、民族、籍贯、出生地、职业（或职务）、住所地（或居所地）等证据材料，如户口簿、居民身份证、工作证、出生证、专业或技术等级证、干部履历表、职工登记表、护照等。
对于户籍、出生证等材料内容不实的，应提供其他证据材料。外国人犯罪的案件，应有护照等身份证明材料。人大代表、政协委员犯罪的案件，应注明身份，并附身份证明材料。
二、证明行为人刑事责任能力的证据。
证明行为人对自己的行为是否具有辨认能力与控制能力，如是否属于间歇性精神病人、尚未完全丧失辨认或者控制自己行为能力的精神病人的证明材料。
三、证明单位的证据。
证明是否属于依法成立并有合法经营、管理范围的公司、企业、事业单位、机关、团体。
证明单位的名称、住所地、性质、法定代表人、单位负责人、业务范围、成立时间等证据材料，如企业营业执照、国有公司性质证明及非法人单位的身份证明等。
四、证明法定代表人、单位负责人或直接责任人员等的身份证据。
法定代表人、直接负责的主管人员和其他直接责任人在单位的任职、职责、负责权限的证明材料等。包括身份证明、户籍证明、任职证明等，如户口簿、居民身份证、工作证、护照、专业或技术等级证、干部履历表、职工登记表、任命书、业务分工文件、委派文件、单位证明、单位规章制度等。</td></tr>
<tr><td>主观方面的证据</td><td>证明行为人过失的证据：1. 证明行为人应当预见自己的行为可能发生危害社会的结果；2. 证明疏忽大意的过失的证据；3. 证明过于自信的过失的证据。</td></tr>
<tr><td>客观方面的证据</td><td>1. 证明行为人严重污染环境的证据；2. 证明行为人严重污染环境，情节严重的证据；3. 证明行为人在饮用水水源保护区、自然保护地核心保护区等依法确定的重点保护区域排放、倾倒、处置有放射性的废物、含传染病病原体的废物、有毒物质，情节特别严重的证据；4. 证明行为人向国家确定的重要江河、湖泊水域排放、倾倒、处置有放射性的废物、含传染病病原体的废物、有毒物质，情节特别严重的证据；5. 证明行为人致使大量永久基本农田基本功能丧失或者遭受永久性破坏的证据；6. 证明行为人致使多人重伤、严重疾病，或者致人严重残疾、死亡的证据。</td></tr>
<tr><td>量刑方面的证据</td><td>一、法定量刑情节证据。
1. 事实情节：（1）严重后果；（2）特别严重后果。2. 法定从重情节。3. 法定从轻减轻情节：（1）可以从轻；（2）可以从轻或减轻；（3）应当从轻或者减轻。4. 法定从轻减轻免除情节：（1）可以从轻、减轻或者免除处罚；（2）应当从轻、减轻或者免除处罚。5. 法定减轻免除情节：（1）可以减轻或者免除处罚；（2）应当减轻或者免除处罚；（3）可以免除处罚。
二、酌定量刑情节证据。
1. 犯罪手段：（1）排放；（2）倾倒；（3）处置。2. 犯罪对象。3. 危害结果。4. 动机。5. 平时表现。6. 认罪态度。7. 是否有前科。8. 其他证据。</td></tr>
</table>

量刑标准		
	犯本罪的	处三年以下有期徒刑或者拘役，并处或者单处罚金
	情节严重的	处三年以上七年以下有期徒刑，并处罚金
	有下列情形之一的：（1）在饮用水水源保护区、自然保护地核心保护区等依法确定的重点保护区域排放、倾倒、处置有放射性的废物、含传染病病原体的废物、有毒物质，情节特别严重的；（2）向国家确定的重要江河、湖泊水域排放、倾倒、处置有放射性的废物、含传染病病原体的废物、有毒物质，情节特别严重的；（3）致使大量永久基本农田基本功能丧失或者遭受永久性破坏的；（4）致使多人重伤、严重疾病，或者致人严重残疾、死亡的	处七年以上有期徒刑，并处罚金
	单位犯本罪的	对单位判处罚金，并对其直接负责的主管人员和其他直接责任人员，依照上述的规定处罚

法律适用

刑法条文

第三百三十八条 违反国家规定，排放、倾倒或者处置有放射性的废物、含传染病病原体的废物、有毒物质或者其他有害物质，严重污染环境的，处三年以下有期徒刑或者拘役，并处或者单处罚金；情节严重的，处三年以上七年以下有期徒刑，并处罚金；有下列情形之一的，处七年以上有期徒刑，并处罚金：

（一）在饮用水水源保护区、自然保护地核心保护区等依法确定的重点保护区域排放、倾倒、处置有放射性的废物、含传染病病原体的废物、有毒物质，情节特别严重的；

（二）向国家确定的重要江河、湖泊水域排放、倾倒、处置有放射性的废物、含传染病病原体的废物、有毒物质，情节特别严重的；

（三）致使大量永久基本农田基本功能丧失或者遭受永久性破坏的；

（四）致使多人重伤、严重疾病，或者致人严重残疾、死亡的。

有前款行为，同时构成其他犯罪的，依照处罚较重的规定定罪处罚。

第三百四十六条 单位犯本节第三百三十八条至第三百四十五条规定之罪的，对单位判处罚金，并对其直接负责的主管人员和其他直接责任人员，依照本节各该条的规定处罚。

司法解释

一、最高人民法院、最高人民检察院《关于办理环境污染刑事案件适用法律若干问题的解释》（2016年12月23日最高人民法院、最高人民检察院公布　自2017年1月1日起施行　法释〔2016〕29号）

第一条 实施刑法第三百三十八条规定的行为，具有下列情形之一的，应当认定为“严重污染环境”：

（一）在饮用水水源一级保护区、自然保护区核心区排放、倾倒、处置有放射性的废物、含传染病病原体的废物、有毒物质的；

（二）非法排放、倾倒、处置危险废物三吨以上的；

（三）排放、倾倒、处置含铅、汞、镉、铬、砷、铊、锑的污染物，超过国家或者地方污染物排放标准三倍以上的；

（四）排放、倾倒、处置含镍、铜、锌、银、钒、锰、钴的污染物，超过国家或者地方污染物排放标准十倍以上的；

（五）通过暗管、渗井、渗坑、裂隙、溶洞、灌注等逃避监管的方式排放、倾倒、处置有放射性的废物、含传染病病原体的废物、有毒物质的；

（六）二年内曾因违反国家规定，排放、倾倒、处置有放射性的废物、含传染病病原体的废物、有毒物质受过两次以上行政处罚，又实施前列行为的；

（七）重点排污单位篡改、伪造自动监测数据或者干扰自动监测设施，排放化学需氧量、氨氮、二氧化硫、氮氧化物等污染物的；

（八）违法减少防治污染设施运行支出一百万元以上的；

（九）违法所得或者致使公私财产损失三十万元以上的；

（十）造成生态环境严重损害的；

（十一）致使乡镇以上集中式饮用水水源取水中断十二小时以上的；

（十二）致使基本农田、防护林地、特种用途林地五亩以上，其他农用地十亩以上，其他土地二十亩以上基本功能丧失或者遭受永久性破坏的；

（十三）致使森林或者其他林木死亡五十立方米以上，或者幼树死亡二千五百株以上的；

（十四）致使疏散、转移群众五千人以上的；

（十五）致使三十人以上中毒的；

（十六）致使三人以上轻伤、轻度残疾或者器官组织损伤导致一般功能障碍的；

（十七）致使一人以上重伤、中度残疾或者器官组织损伤导致严重功能障碍的；

（十八）其他严重污染环境的情形。

第二条 实施刑法第三百三十九条、第四百零八条规定的行为，致使公私财产损失三十万元以上，或者具有本解释第一条第十项至第十七项规定情形之一的，应当认定为“致使公私财产遭受重大损失或者严重危害人体健康”或者“致使公私财产遭受重大损失或者造成人身伤亡的严重后果”。

第三条 实施刑法第三百三十八条、第三百三十九条规定的行为，具有下列情形之一的，应当认定为“后果特别严重”：

（一）致使县级以上城区集中式饮用水水源取水中断十二小时以上的；

（二）非法排放、倾倒、处置危险废物一百吨以上的；

（三）致使基本农田、防护林地、特种用途林地十五亩以上，其他农用地三十亩以上，其他土地六十亩以上基本功能丧失或者遭受永久性破坏的；

（四）致使森林或者其他林木死亡一百五十立方米以上，或者幼树死亡七千五百株以上的；

（五）致使公私财产损失一百万元以上的；

（六）造成生态环境特别严重损害的；

（七）致使疏散、转移群众一万五千人以上的；

（八）致使一百人以上中毒的；

（九）致使十人以上轻伤、轻度残疾或者器官组织损伤导致一般功能障碍的；

（十）致使三人以上重伤、中度残疾或者器官组织损伤导致严重功能障碍的；

（十一）致使一人以上重伤、中度残疾或者器官组织损伤导致严重功能障碍，并致使五人以上轻伤、轻度残疾或者器官组织损伤导致一般功能障碍的；

（十二）致使一人以上死亡或者重度残疾的；

（十三）其他后果特别严重的情形。

第四条 实施刑法第三百三十八条、第三百三十九条规定的犯罪行为，具有下列情形之一的，应当从重处罚：

（一）阻挠环境监督检查或者突发环境事件调查，尚不构成妨害公务等犯罪的；

（二）在医院、学校、居民区等人口集中地区及其附近，违反国家规定排放、倾倒、处置有放射性的废物、含传染病病原体的废物、有毒物质或者其他有害物质的；

（三）在重污染天气预警期间、突发环境事件处置期间或者被责令限期整改期间，违反国家规定排放、倾倒、处置有放射性的废物、含传染病病原体的废物、有毒物质或者其他有害物质的；

（四）具有危险废物经营许可证的企业违反国家规定排放、倾倒、处置有放射性的废物、含传染病病原体的废物、有毒物质或者其他有害物质的。

第五条 实施刑法第三百三十八条、第三百三十九条规定的行为，刚达到应当追究刑事责任的标准，但行为人及时采取措施，防止损失扩大、消除污染，全部赔偿损失，积极修复生态环境，且系初犯，确有悔罪表现的，可以认定为情节轻微，不起诉或者免予刑事处罚；确有必要判处刑罚的，应当从宽处罚。

第六条 无危险废物经营许可证从事收集、贮存、利用、处置危险废物经营活动，严重污染环境的，按照污染环境罪定罪处罚；同时构成非法经营罪的，依照处罚较重的规定定罪处罚。

实施前款规定的行为，不具有超标排放污染物、非法倾倒污染物或者其他违法造成环境污染的情形的，可以认定为非法经营情节显著轻微危害不大，不认为是犯罪；构成生产、销售伪劣产品等其他犯罪的，以其他犯罪论处。

第七条 明知他人无危险废物经营许可证，向其提供或者委托其收集、贮存、利用、处置危险废物，严重污染环境的，以共同犯罪论处。

第八条 违反国家规定，排放、倾倒、处置含有毒害性、放射性、传染病病原体等物质的污染物，同时构成污染环境罪、非法处置进口的固体废物罪、投放危险物质罪等犯罪的，依照处罚较重的规定定罪处罚。

第九条 环境影响评价机构或其人员，故意提供虚假环境影响评价文件，情节严重的，或者严重不负责任，出具的环境影响评价文件存在重大失实，造成严重后果的，应当依照刑法第二百二十九条、第二百三十一条的规定，以提供虚假证明文件罪或者出具证明文件重大失实罪定罪处罚。

第十条 违反国家规定，针对环境质量监测系统实施下列行为，或者强令、指使、授意他人实施下列行为的，应当依照刑法第二百八十六条的规定，以破坏计算机信息系统罪论处：

（一）修改参数或者监测数据的；

（二）干扰采样，致使监测数据严重失真的；

（三）其他破坏环境质量监测系统的行为。

重点排污单位篡改、伪造自动监测数据或者干扰自动监测设施，排放化学需氧量、氨氮、二氧化硫、氮氧化物等污染物，同时构成污染环境罪和破坏计算机信息系统罪的，依照处罚较重的规定定罪处罚。

从事环境监测设施维护、运营的人员实施或者参与实施篡改、伪造自动监测数据、干扰自动监测设施、破坏环境质量监测系统等行为的，应当从重处罚。

第十一条 单位实施本解释规定的犯罪的，依照本解释规定的定罪量刑标准，对直接负责的主管人员和其他直接责任人员定罪处罚，并对单位判处罚金。

第十二条 环境保护主管部门及其所属监测机构在行政执法过程中收集的监测数据，在刑事诉讼中可以作为证据使用。

公安机关单独或者会同环境保护主管部门，提取污染物样品进行检测获取的数据，在刑事诉讼中可以作为证据使用。

第十三条 对国家危险废物名录所列的废物，可以依据涉案物质的来源、产生过程、被告人供述、证人证言以及经批准或者备案的环境影响评价文件等证据，结合环境保护主管部门、公安机关等出具的书面意见作出认定。

对于危险废物的数量，可以综合被告人供述，涉案企业的生产工艺、物耗、能耗情况，以及经批准或者备案的环境影响评价文件等证据作出认定。

第十四条 对案件所涉的环境污染专门性问题难以确定的，依据司法鉴定机构出具的鉴定意见，或者国务院环境保护主管部门、公安部门指定的机构出具的报告，结合其他证据作出认定。

第十五条 下列物质应当认定为刑法第三百三十八条规定的“有毒物质”：

（一）危险废物，是指列入国家危险废物名录，或者根据国家规定的危险废物鉴别标准和鉴别方法认定的，具有危险特性的废物；

（二）《关于持久性有机污染物的斯德哥尔摩公约》附件所列物质；

（三）含重金属的污染物；

（四）其他具有毒性，可能污染环境的物质。

第十六条 无危险废物经营许可证，以营利为目的，从危险废物中提取物质作为原材料或者燃料，并具有超标排放污染物、非法倾倒污染物或者其他违法造成环境污染的情形的行为，应当认定为“非法处置危险废物”。

第十七条 本解释所称“二年内”，以第一次违法行为受到行政处罚的生效之日与又实施相应行为之日的时间间隔计算确定。

本解释所称“重点排污单位”，是指设区的市级以上人民政府环境保护主管部门依法确定的应当安装、使用污染物排放自动监测设备的重点监控企业及其他单位。

本解释所称“违法所得”，是指实施刑法第三百三十八条、第三百三十九条规定的行为所得和可得的全部违法收入。

本解释所称“公私财产损失”，包括实施刑法第三百三十八条、第三百三十九条规定的行为直接造成财产损毁、减少的实际价值，为防止污染扩大、消除污染而采取必要合理措施所产生的费用，以及处置突发环境事件的应急监测费用。

本解释所称“生态环境损害”，包括生态环境修复费用，生态环境修复期间服务功能的损失和生态环境功能永久性损害造成的损失，以及其他必要合理费用。

本解释所称“无危险废物经营许可证”，是指未取得危险废物经营许可证，或者超出危险废物经营许可证的经营范围。

第十八条 本解释自2017年1月1日起施行。本解释施行后，《最高人民法院、最高人民检察院关于办理环境污染刑事案件适用法律若干问题的解释》（法释〔2013〕15号）同时废止；之前发布的司法解释与本解释不一致的，以本解释为准。

法律适用 司法解释

二、最高人民检察院、公安部《关于公安机关管辖的刑事案件立案追诉标准的规定（一）》（节录）（2008年6月25日最高人民检察院、公安部公布 自公布之日起施行 公通字〔2008〕36号 2017年4月27日修正）

第六十条 ［污染环境案（刑法第三百三十八条）］违反国家规定，排放、倾倒或者处置有放射性的废物、含传染病病原体的废物、有毒物质或者其他有害物质，涉嫌下列情形之一的，应予立案追诉：

（一）在饮用水水源一级保护区、自然保护区核心区排放、倾倒、处置有放射性的废物、含传染病病原体的废物、有毒物质的；

（二）非法排放、倾倒、处置危险废物三吨以上的；

（三）排放、倾倒、处置含铅、汞、镉、铬、砷、铊、锑的污染物，超过国家或者地方污染物排放标准3倍以上的；

（四）排放、倾倒、处置含镍、铜、锌、银、钒、锰、钴的污染物，超过国家或者地方污染物排放标准10倍以上的；

（五）通过暗管、渗井、渗坑、裂隙、溶洞、灌注等逃避监管的方式排放、倾倒、处置有放射性的废物、含传染病病原体的废物、有毒物质的；

（六）二年内曾因违反国家规定，排放、倾倒、处置有放射性的废物、含传染病病原体的废物、有毒物质受过2次以上行政处罚，又实施前列行为的；

（七）重点排污单位篡改、伪造自动监测数据或者干扰自动监测设施，排放化学需氧量、氨氮、二氧化硫、氮氧化物等污染物的；

（八）违法减少防治污染设施运行支出100万元以上的；

（九）违法所得或者致使公私财产损失30万元以上的；

（十）造成生态环境严重损害的；

（十一）致使乡镇以上集中式饮用水水源取水中断12小时以上的；

（十二）致使基本农田、防护林地、特种用途林地5亩以上，其他农用地10亩以上，其他土地20亩以上基本功能丧失或者遭受永久性破坏的；

（十三）致使森林或者其他林木死亡50立方米以上，或者幼树死亡2500株以上的；

（十四）致使疏散、转移群众5千人以上的；

（十五）致使30人以上中毒的；

（十六）致使3人以上轻伤、轻度残疾或者器官组织损伤导致一般功能障碍的；

（十七）致使1人以上重伤、中度残疾或者器官组织损伤导致严重功能障碍的；

（十八）其他严重污染环境的情形。

本条规定的“有毒物质”，包括列入国家危险废物名录或者根据国家规定的危险废物鉴别标准和鉴别方法认定的具有危险特性的废物，《关于持久性有机污染物的斯德哥尔摩公约》附件所列物质，含重金属的污染物，以及其他具有毒性可能污染环境的物质。

本条规定的“非法处置危险废物”，包括无危险废物经营许可证，以营利为目的，从危险废物中提取物质作为原材料或者燃料，并具有超标排放污染物、非法倾倒污染物或者其他违法造成环境污染情形的行为。

本条规定的“重点排污单位”，是指设区的市级以上人民政府环境保护主管部门依法确定的应当安装、使用污染物排放自动监测设备的重点监控企业及其他单位。

本条规定的“公私财产损失”，包括直接造成财产损毁、减少的实际价值，为防止污染扩大、消除污染而采取必要合理措施所产生的费用，以及处置突发环境事件的应急监测费用。

本条规定的“生态环境损害”，包括生态环境修复费用，生态环境修复期间服务功能的损失和生态环境功能永久性损害造成的损失，以及其他必要合理费用。

本条规定的“无危险废物经营许可证”，是指未取得危险废物经营许可证，或者超出危险废物经营许可证的经营范围。

三、最高人民法院、最高人民检察院、公安部、司法部、生态环境部印发《关于办理环境污染刑事案件有关问题座谈会纪要》的通知（节录）（2019年2月20日最高人民法院、最高人民检察院、公安部、司法部、生态环境部公布　自公布之日起施行）

会议要求，各部门要正确理解和准确适用刑法和《最高人民法院、最高人民检察院关于办理环境污染刑事案件适用法律若干问题的解释》（法释〔2016〕29号，以下称《环境解释》）的规定，坚持最严格的环保司法制度、最严密的环保法治理念，统一执法司法尺度，加大对环境污染犯罪的惩治力度。

1. 关于单位犯罪的认定

会议针对一些地方存在追究自然人犯罪多，追究单位犯罪少，单位犯罪认定难的情况和问题进行了讨论。会议认为，办理环境污染犯罪案件，认定单位犯罪时，应当依法合理把握追究刑事责任的范围，贯彻宽严相济刑事政策，重点打击出资者、经营者和主要获利者，既要防止不当缩小追究刑事责任的人员范围，又要防止打击面过大。

为了单位利益，实施环境污染行为，并具有下列情形之一的，应当认定为单位犯罪：（1）经单位决策机构按照决策程序决定的；（2）经单位实际控制人、主要负责人或者授权的分管负责人决定、同意的；（3）单位实际控制人、主要负责人或者授权的分管负责人得知单位成员个人实施环境污染犯罪行为，并未加以制止或者及时采取措施，而是予以追认、纵容或者默许的；（4）使用单位营业执照、合同书、公章、印鉴等对外开展活动，并调用单位车辆、船舶、生产设备、原辅材料等实施环境污染犯罪行为的。

单位犯罪中的“直接负责的主管人员”，一般是指对单位犯罪起决定、批准、组织、策划、指挥、授意、纵容等作用的主管人员，包括单位实际控制人、主要负责人或者授权的分管负责人、高级管理人员等；“其他直接责任人员”，一般是指在直接负责的主管人员的指挥、授意下积极参与实施单位犯罪或者对具体实施单位犯罪起较大作用的人员。

对于应当认定为单位犯罪的环境污染犯罪案件，公安机关未作为单位犯罪移送审查起诉的，人民检察院应当退回公安机关补充侦查。对于应当认定为单位犯罪的环境污染犯罪案件，人民检察院只作为自然人犯罪起诉的，人民法院应当建议人民检察院对犯罪单位补充起诉。

2. 关于犯罪未遂的认定

会议针对当前办理环境污染犯罪案件中，能否认定污染环境罪（未遂）的问题进行了讨论。会议认为，当前环境执法工作形势比较严峻，一些行为人拒不配合执法检查、接受检查时弄虚作假、故意逃避法律追究的情形时有发生，因此对于行为人已经着手实施非法排放、倾倒、处置有毒有害污染物的行为，由于有关部门查处或者其他意志以外的原因未得逞的情形，可以污染环境罪（未遂）追究刑事责任。

3. 关于主观过错的认定

会议针对当前办理环境污染犯罪案件中，如何准确认定犯罪嫌疑人、被告人主观过错的问题进行了讨论。会议认为，判断犯罪嫌疑人、被告人是否具有环境污染犯罪的故意，应当依据犯罪嫌疑人、被告人的任职情况、职业经历、专业背景、培训经历、本人因同类行为受到行政处罚或者刑事追究情况以及污染物种类、污染方式、资金流向等证据，结合其供述，进行综合分析判断。

实践中，具有下列情形之一，犯罪嫌疑人、被告人不能作出合理解释的，可以认定其故意实施环境污染犯罪，但有证据证明确系不知情的除外：（1）企业没有依法通过环境影响评价，或者未依法取得排污许可证，排放污染物，或者已经通过环境影响评价并且防治污染设施验收合格后，擅自更改工艺流程、原辅材料，导致产生新的污染物质的；（2）不使用验收合格的防治污染设施或者不按规范要求使用的；（3）防治污染设施发生故障，发现后不及时排除，继续生产放任污染物排放的；（4）生态环境部门责令限制生产、停产整治或者予以行政处罚后，继续生产放任污染物排放的；（5）将危险废物委托第三方处置，没有尽到查验经营许可的义务，或者委托处置费用明显低于市场价格或者处置成本的；（6）通过暗管、渗井、渗坑、裂隙、溶洞、灌注等逃避监管的方式排放污染物的；（7）通过篡改、伪造监测数据的方式排放污染物的；（8）其他足以认定的情形。

4. 关于生态环境损害标准的认定

会议针对如何适用《环境解释》第一条、第三条规定的“造成生态环境严重损害的”“造成生态环境特别严重损害的”定罪量刑标准进行了讨论。会议指出，生态环境损害赔偿制度是生态文明制度体系的重要组成部分。党中央、国务院高度重视生态环境损害赔偿工作，党的十八届三中全会明确提出对造成生态环境损害的责任者严格实行赔偿制度。2015 年，中央办公厅、国务院办公厅印发《生态环境损害赔偿制度改革试点方案》（中办发〔2015〕57 号），在吉林等 7 个省市部署开展改革试点，取得明显成效。2017 年，中央办公厅、国务院办公厅印发《生态环境损害赔偿制度改革方案》（中办发〔2017〕68 号），在全国范围内试行生态环境损害赔偿制度。

会议指出，《环境解释》将造成生态环境损害规定为污染环境罪的定罪量刑标准之一，是为了与生态环境损害赔偿制度实现衔接配套，考虑到该制度尚在试行过程中，《环境解释》作了较原则的规定。司法实践中，一些省市结合本地区工作实际制定了具体标准。会议认为，在生态环境损害赔偿制度试行阶段，全国各省（自治区、直辖市）可以结合本地实际情况，因地制宜，因时制宜，根据案件具体情况准确认定“造成生态环境严重损害”和“造成生态环境特别严重损害”。

5. 关于非法经营罪的适用

会议针对如何把握非法经营罪与污染环境罪的关系以及如何具体适用非法经营罪的问题进行了讨论。会议强调，要高度重视非法经营危险废物案件的办理，坚持全链条、全环节、全流程对非法排放、倾倒、处置、经营危险废物的产业链进行刑事打击，查清犯罪网络，深挖犯罪源头，斩断利益链条，不断挤压和铲除此类犯罪滋生蔓延的空间。

会议认为，准确理解和适用《环境解释》第六条的规定应当注意把握两个原则：一要坚持实质判断原则，对行为人非法经营危险废物行为的社会危害性作实质性判断。比如，一些单位或者个人虽未依法取得危险废物经营许可证，但其收集、贮存、利用、处置危险废物经营活动，没有超标排放污染物、非法倾倒污染物或者其他违法造成环境污染情形的，则不宜以非法经营罪论处。二要坚持综合判断原则，对行为人非法经营危险废物行为根据其在犯罪链条中的地位、作用综合判断其社会危害性。比如，有证据证明单位或者个人的无证经营危险废物行为属于危险废物非法经营产业链的一部分，并且已经形成了分工负责、利益均沾、相对固定的犯罪链条，如果行为人或者与其联系紧密的上游或者下游环节具有排放、倾倒、处置危险废物违法造成环境污染的情形，且交易价格明显异常的，对行为人可以根据案件具体情况在污染环境罪和非法经营罪中，择一重罪处断。

6. 关于投放危险物质罪的适用

会议强调，目前我国一些地方环境违法犯罪活动高发多发，刑事处罚威慑力不强的问题仍然突出，现阶段在办理环境污染犯罪案件时必须坚决贯彻落实中央领导同志关于重典治理污染的指示精神，把刑法和《环境解释》的规定用足用好，形成对环境污染违法犯罪的强大震慑。

会议认为，司法实践中对环境污染行为适用投放危险物质罪追究刑事责任时，应当重点审查判断行为人的主观恶性、污染行为恶劣程度、污染物的毒害性危险性、污染持续时间、污染结果是否可逆、是否对公共安全造成现实、具体、明确的危险或者危害等各方面因素。对于行为人明知其排放、倾倒、处置的污染物含有毒害性、放射性、传染病病原体等危险物质，仍实施环境污染行为放任其危害公共安全，造成重大人员伤亡、重大公私财产损失等严重后果，以污染环境罪论处明显不足以罚当其罪的，可以按投放危险物质罪定罪量刑。实践中，此类情形主要是向饮用水水源保护区，饮用水供水单位取水口和出水口，南水北调水库、干渠、涵洞等配套工程，重要渔业水体以及自然保护区核心区等特殊保护区域，排放、倾倒、处置毒害性极强的污染物，危害公共安全并造成严重后果的情形。

7. 关于涉大气污染环境犯罪的处理

会议针对涉大气污染环境犯罪的打击处理问题进行了讨论。会议强调，打赢蓝天保卫战是打好污染防治攻坚战的重中之重。各级人民法院、人民检察院、公安机关、生态环境部门要认真分析研究全国人大常委会大气污染防治法执法检查发现的问题和提出的建议，不断加大对涉大气污染环境犯罪的打击力度，毫不动摇地以法律武器治理污染，用法治力量保卫蓝天，推动解决人民群众关注的突出大气环境问题。

会议认为，司法实践中打击涉大气污染环境犯罪，要抓住关键问题，紧盯薄弱环节，突出打击重点。对重污染天气预警期间，违反国家规定，超标排放二氧化硫、氮氧化物，受过行政处罚后又实施上述行为或者具有其他严重情节的，可以适用《环境解释》第一条第十八项规定的“其他严重污染环境的情形”追究刑事责任。

8. 关于非法排放、倾倒、处置行为的认定

会议针对如何准确认定环境污染犯罪中非法排放、倾倒、处置行为进行了讨论。会议认为，司法实践中认定非法排放、倾倒、处置行为时，应当根据《固体废物污染环境防治法》和《环境解释》的有关规定精神，从其行为方式是否违反国家规定或者行业操作规范、污染物是否与外环境接触、是否造成环境污染的危险或者危害等方面进行综合分析判断。对名为运输、贮存、利用，实为排放、倾倒、处置的行为应当认定为非法排放、倾倒、处置行为，可以依法追究刑事责任。比如，未采取相应防范措施将没有利用价值的危险废物长期贮存、搁置，放任危险废物或者其有毒有害成分大量扬散、流失、泄漏、挥发，污染环境的。

9. 关于有害物质的认定

会议针对如何准确认定刑法第三百三十八条规定的“其他有害物质”的问题进行了讨论。会议认为，办理非法排放、倾倒、处置其他有害物质的案件，应当坚持主客观相一致原则，从行为人的主观恶性、污染行为恶劣程度、有害物质危险性毒害性等方面进行综合分析判断，准确认定其行为的社会危害性。实践中，常见的有害物质主要有：工业危险废物以外的其他工业固体废物；未经处理的生活垃圾；有害大气污染物、受控消耗臭氧层物质和有害水污染物；在利用和处置过程中必然产生有毒有害物质的其他物质；国务院生态环境保护主管部门会同国务院卫生主管部门公布的有毒有害污染物名录中的有关物质等。

10. 关于从重处罚情形的认定

会议强调，要坚决贯彻党中央推动长江经济带发展的重大决策，为长江经济带共抓大保护、不搞大开发提供有力的司法保障。实践中，对于发生在长江经济带十一省（直辖市）的下列环境污染犯罪行为，可以从重处罚：（1）跨省（直辖市）排放、倾倒、处置有放射性的废物、含传染病病原体的废物、有毒物质或者其他有害物质的；（2）向国家确定的重要江河、湖泊或者其他跨省（直辖市）江河、湖泊排放、倾倒、处置有放射性的废物、含传染病病原体的废物、有毒物质或者其他有害物质的。

11. 关于严格适用不起诉、缓刑、免予刑事处罚

会议针对当前办理环境污染犯罪案件中如何严格适用不起诉、缓刑、免予刑事处罚的问题进行了讨论。会议强调，环境污染犯罪案件的刑罚适用直接关系加强生态环境保护打好污染防治攻坚战的实际效果。各级人民法院、人民检察院要深刻认识环境污染犯罪的严重社会危害性，正确贯彻宽严相济刑事政策，充分发挥刑罚的惩治和预防功能。要在全面把握犯罪事实和量刑情节的基础上严格依照刑法和刑事诉讼法规定的条件适用不起诉、缓刑、免予刑事处罚，既要考虑从宽情节，又要考虑从严情节；既要做到刑罚与犯罪相当，又要做到刑罚执行方式与犯罪相当，切实避免不起诉、缓刑、免予刑事处罚不当适用造成的消极影响。

会议认为，具有下列情形之一的，一般不适用不起诉、缓刑或者免予刑事处罚：（1）不如实供述罪行的；（2）属于共同犯罪中情节严重的主犯的；（3）犯有数个环境污染犯罪依法实行并罚或者以一罪处理的；（4）曾因环境污染违法犯罪行为受过行政处罚或者刑事处罚的；（5）其他不宜适用不起诉、缓刑、免予刑事处罚的情形。

会议要求，人民法院审理环境污染犯罪案件拟适用缓刑或者免予刑事处罚的，应当分析案发前后的社会影响和反映，注意听取控辩双方提出的意见。对于情节恶劣、社会反映强烈的环境污染犯罪，不得适用缓刑、免予刑事处罚。人民法院对判处缓刑的被告人，一般应当同时宣告禁止令，禁止其在缓刑考验期内从事与排污或者处置危险废物有关的经营活动。生态环境部门根据禁止令，对上述人员担任实际控制人、主要负责人或者高级管理人员的单位，依法不得发放排污许可证或者危险废物经营许可证。

会议要求，各部门要认真执行《环境解释》和原环境保护部、公安部、最高人民检察院《环境保护行政执法与刑事司法衔接工作办法》（环环监〔2017〕17号）的有关规定，进一步理顺部门职责，畅通衔接渠道，建立健全环境行政执法与刑事司法衔接的长效工作机制。

12. 关于管辖的问题

会议针对环境污染犯罪案件的管辖问题进行了讨论。会议认为，实践中一些环境污染犯罪案件属于典型的跨区域刑事案件，容易存在管辖不明或者有争议的情况，各级人民法院、人民检察院、公安机关要加强沟通协调，共同研究解决。

会议提出，跨区域环境污染犯罪案件由犯罪地的公安机关管辖。如果由犯罪嫌疑人居住地的公安机关管辖更为适宜的，可以由犯罪嫌疑人居住地的公安机关管辖。犯罪地包括环境污染行为发生地和结果发生地。“环境污染行为发生地”包括环境污染行为的实施地以及预备地、开始地、途经地、结束地以及排放、倾倒污染物的车船停靠地、始发地、途经地、到达地等地点；环境污染行为有连续、持续或者继续状态的，相关地方都属于环境污染行为发生地。“环境污染结果发生地”包括污染物排放地、倾倒地、堆放地、污染发生地等。

多个公安机关都有权立案侦查的，由最初受理的或者主要犯罪地的公安机关立案侦查，管辖有争议的，按照有利于查清犯罪事实、有利于诉讼的原则，由共同的上级公安机关协调确定的公安机关立案侦查，需要提请批准逮捕、移送审查起诉、提起公诉的，由该公安机关所在地的人民检察院、人民法院受理。

13. 关于危险废物的认定

会议针对危险废物如何认定以及是否需要鉴定的问题进行了讨论。会议认为，根据《环境解释》的规定精神，对于列入《国家危险废物名录》的，如果来源和相应特征明确，司法人员根据自身专业技术知识和工作经验认定难度不大的，司法机关可以依据名录直接认定。对于来源和相应特征不明确的，由生态环境部门、公安机关等出具书面意见，司法机关可以依据涉案物质的来源、产生过程、被告人供述、证人证言以及经批准或者备案的环境影响评价文件等证据，结合上述书面意见作出是否属于危险废物的认定。对于需要生态环境部门、公安机关等出具书面认定意见的，区分下列情况分别处理：（1）对已确认固体废物产生单位，且产废单位环评文件中明确为危险废物的，根据产废单位建设项目环评文件和审批、验收意见、案件笔录等材料，可对照《国家危险废物名录》等出具认定意见。（2）对已确认固体废物产生单位，但产废单位环评文件中未明确为危险废物的，应进一步分析废物产生工艺，对照判断其是否列入《国家危险废物名录》。列入名录的可以直接出具认定意见；未列入名录的，应根据原辅材料、产生工艺等进一步分析其是否具有危险特性，不可能具有危险特性的，不属于危险废物；可能具有危险特性的，抽取典型样品进行检测，并根据典型样品检测指标浓度，对照《危险废物鉴别标准》（GB5085.1 7）出具认定意见。（3）对固体废物产生单位无法确定的，应抽取典型样品进行检测，根据典型样品检测指标浓度，对照《危险废物鉴别标准》（GB5085.1－7）出具认定意见。对确需进一步委托有相关资质的检测鉴定机构进行检测鉴定的，生态环境部门或者公安机关按照有关规定开展检测鉴定工作。

14. 关于鉴定的问题

会议指出，针对当前办理环境污染犯罪案件中存在的司法鉴定有关问题，司法部将会同生态环境部，加快准入一批诉讼急需、社会关注的环境损害司法鉴定机构，加快对环境损害司法鉴定相关技术规范和标准的制定、修改和认定工作，规范鉴定程序，指导各地司法行政机关会同价格主管部门制定出台环境损害司法鉴定收费标准，加强与办案机关的沟通衔接，更好地满足办案机关需求。

会议要求，司法部应当根据《关于严格准入严格监管提高司法鉴定质量和公信力的意见》（司发〔2017〕11号）的要求，会同生态环境部加强对环境损害司法鉴定机构的事中事后监管，加强司法鉴定社会信用体系建设，建立黑名单制度，完善退出机制，及时向社会公开违法违规的环境损害司法鉴定机构和鉴定人行政处罚、行业惩戒等监管信息，对弄虚作假造成环境损害鉴定评估结论严重失实或者违规收取高额费用、情节严重的，依法撤销登记。鼓励有关单位或者个人向司法部、生态环境部举报环境损害司法鉴定机构的违法违规行为。

法律适用

司法解释

会议认为，根据《环境解释》的规定精神，对涉及案件定罪量刑的核心或者关键专门性问题难以确定的，由司法鉴定机构出具鉴定意见。实践中，这类核心或者关键专门性问题主要是案件具体适用的定罪量刑标准涉及的专门性问题，比如公私财产损失数额、超过排放标准倍数、污染物性质判断等。对案件的其他非核心或者关键专门性问题，或者可鉴定也可不鉴定的专门性问题，一般不委托鉴定。比如，适用《环境解释》第一条第二项“非法排放、倾倒、处置危险废物三吨以上”的规定对当事人追究刑事责任的，除可能适用公私财产损失第二档定罪量刑标准的以外，则不应再对公私财产损失数额或者超过排放标准倍数进行鉴定。涉及案件定罪量刑的核心或者关键专门性问题难以鉴定或者鉴定费用明显过高的，司法机关可以结合案件其他证据，并参考生态环境部门意见、专家意见等作出认定。

15. 关于监测数据的证据资格问题

会议针对实践中地方生态环境部门及其所属监测机构委托第三方监测机构出具报告的证据资格问题进行了讨论。会议认为，地方生态环境部门及其所属监测机构委托第三方监测机构出具的监测报告，地方生态环境部门及其所属监测机构在行政执法过程中予以采用的，其实质属于《环境解释》第十二条规定的“环境保护主管部门及其所属监测机构在行政执法过程中收集的监测数据”，在刑事诉讼中可以作为证据使用。

相关法律法规

一、《中华人民共和国环境保护法》（节录）（1989年12月26日中华人民共和国主席令第22号公布　自公布之日起施行　2014年4月24日修订）

第四十三条　违反本法规定，构成犯罪的，依法追究刑事责任。

二、《中华人民共和国固体废物污染环境防治法》（节录）（1995年10月30日中华人民共和国主席令第58号公布　自1996年4月1日起施行　2004年12月29日修订　2013年6月29日第一次修正　2015年4月24日第二次修正　2016年11月7日第三次修正　2020年4月29日第二次修订）

第一百二十三条　违反本法规定，构成违反治安管理行为的，由公安机关依法给予治安管理处罚；构成犯罪的，依法追究刑事责任；造成人身、财产损害的，依法承担民事责任。

三、《中华人民共和国大气污染防治法》（节录）（1987年9月5日中华人民共和国主席令第57号公布　自1988年6月1日起施行　1995年8月29日第一次修正　2000年4月29日第一次修订　2015年8月29日第二次修订　2018年10月26日第二次修正）

第一百二十七条　违反本法规定，构成犯罪的，依法追究刑事责任。

四、《中华人民共和国土壤污染防治法》（节录）（2018年8月31日中华人民共和国主席令第8号公布　自2019年1月1日起施行）

第九十八条　违反本法规定，构成违反治安管理行为的，由公安机关依法给予治安管理处罚；构成犯罪的，依法追究刑事责任。

法律适用 相关法律法规

五、《中华人民共和国海洋环境保护法》（节录）（1982 年 8 月 23 日全国人民代表大会常务委员会令第 9 号公布　自 1983 年 3 月 1 日起施行　1999 年 12 月 25 日修订　2013 年 12 月 28 日第一次修正　2016 年 11 月 7 日第二次修正　2017 年 11 月 4 日第三次修正）

第九十条　对违反本法规定，造成海洋环境污染事故的单位，除依法承担赔偿责任外，由依照本法规定行使海洋环境监督管理权的部门依照本条第二款的规定处以罚款；对直接负责的主管人员和其他直接责任人员可以处上一年度从本单位取得收入百分之五十以下的罚款；直接负责的主管人员和其他直接责任人员属于国家工作人员的，依法给予处分。

对造成一般或者较大海洋环境污染事故的，按照直接损失的百分之二十计算罚款；对造成重大或者特大海洋环境污染事故的，按照直接损失的百分之三十计算罚款。

对严重污染海洋环境、破坏海洋生态，构成犯罪的，依法追究刑事责任。

第九十一条　完全属于下列情形之一，经过及时采取合理措施，仍然不能避免对海洋环境造成污染损害的，造成污染损害的有关责任者免予承担责任：

（一）战争；

（二）不可抗拒的自然灾害；

（三）负责灯塔或者其他助航设备的主管部门，在执行职责时的疏忽，或者其他过失行为。

六、《中华人民共和国放射性污染防治法》（节录）（2003 年 6 月 28 日中华人民共和国主席令第 6 号公布　自 2003 年 10 月 1 日起施行）

第五十三条　违反本法规定，生产、销售、使用、转让、进口、贮存放射性同位素和射线装置以及装备有放射性同位素的仪表的，由县级以上人民政府环境保护行政主管部门或者其他有关部门依据职权责令停止违法行为，限期改正；逾期不改正的，责令停产停业或者吊销许可证；有违法所得的，没收违法所得；违法所得十万元以上的，并处违法所得一倍以上五倍以下罚款；没有违法所得或者违法所得不足十万元的，并处一万元以上十万元以下罚款；构成犯罪的，依法追究刑事责任。

第五十四条　违反本法规定，有下列行为之一的，由县级以上人民政府环境保护行政主管部门责令停止违法行为，限期改正，处以罚款；构成犯罪的，依法追究刑事责任：

（一）未建造尾矿库或者不按照放射性污染防治的要求建造尾矿库，贮存、处置铀（钍）矿和伴生放射性矿的尾矿的；

（二）向环境排放不得排放的放射性废气、废液的；

（三）不按照规定的方式排放放射性废液，利用渗井、渗坑、天然裂隙、溶洞或者国家禁止的其他方式排放放射性废液的；

（四）不按照规定处理或者贮存不得向环境排放的放射性废液的；

（五）将放射性固体废物提供或者委托给无许可证的单位贮存和处置的。

有前款第（一）项、第（二）项、第（三）项、第（五）项行为之一的，处十万元以上二十万元以下罚款；有前款第（四）项行为的，处一万元以上十万元以下罚款。

第五十五条　违反本法规定，有下列行为之一的，由县级以上人民政府环境保护行政主管部门或者其他有关部门依据职权责令限期改正；逾期不改正的，责令停产停业，并处二万元以上十万元以下罚款；构成犯罪的，依法追究刑事责任：

法律适用

相关法律法规

（一）不按照规定设置放射性标识、标志、中文警示说明的；

（二）不按照规定建立健全安全保卫制度和制定事故应急计划或者应急措施的；

（三）不按照规定报告放射源丢失、被盗情况或者放射性污染事故的。

第五十六条 产生放射性固体废物的单位，不按照本法第四十五条的规定对其产生的放射性固体废物进行处置的，由审批该单位立项环境影响评价文件的环境保护行政主管部门责令停止违法行为，限期改正；逾期不改正的，指定有处置能力的单位代为处置，所需费用由产生放射性固体废物的单位承担，可以并处二十万元以下罚款；构成犯罪的，依法追究刑事责任。

七、《医疗废物管理条例》（节录）（2003年6月16日中华人民共和国国务院令第380号公布　自公布之日起施行　2011年1月8日修订）

第四十九条 医疗卫生机构、医疗废物集中处置单位发生医疗废物流失、泄漏、扩散时，未采取紧急处理措施，或者未及时向卫生行政主管部门和环境保护行政主管部门报告的，由县级以上地方人民政府卫生行政主管部门或者环境保护行政主管部门按照各自的职责责令改正，给予警告，并处1万元以上3万元以下的罚款；造成传染病传播或者环境污染事故的，由原发证部门暂扣或者吊销执业许可证件或者经营许可证件；构成犯罪的，依法追究刑事责任。

第五十一条 不具备集中处置医疗废物条件的农村，医疗卫生机构未按照本条例的要求处置医疗废物的，由县级人民政府卫生行政主管部门或者环境保护行政主管部门按照各自的职责责令限期改正，给予警告；逾期不改正的，处1000元以上5000元以下的罚款；造成传染病传播或者环境污染事故的，由原发证部门暂扣或者吊销执业许可证件；构成犯罪的，依法追究刑事责任。

109 非法处置进口的固体废物案

概念

本罪是指违反国家规定，将中国境外的固体废物进境倾倒、堆放、处置、污染环境的行为。

立案标准

违反国家规定，将境外的固体废物进境倾倒、堆放、处置的，应当立案。

定罪标准		
	犯罪客体	本罪侵犯的客体是国家对进口固体废物污染的防治管理制度。犯罪对象是境外的固体废物。所谓境外，是指在我国国（边）境以外的其他国家或地区。所谓固体废物，是指在生产、生活和其他活动中产生的丧失原有利用价值或者虽未丧失利用价值但被抛弃或者放弃的固态、半固态和置于容器中的气态的物品、物质以及法律、行政法规规定纳入固体废物管理的物品、物质。固体废物所引起的污染与大气污染、水污染和环境噪声污染一起，被称为“四大污染”或者“四大公害”，防治固体废物的污染已成为环境保护的一项重要任务。近年来，一些发达国家常常以低廉的付出，向发展中国家转移危险废弃物，这是一种国际间的污染转嫁。我国法律坚决禁止这种转嫁行为。近几年，我国也发现了多起非法进口固体废物的事件，个别单位或者个人贪图眼前的经济利益，为牟取高额利润，违反国家规定，进口固体废弃物，严重危害了人民群众身体健康和国家经济的持续发展。对于这种严重危害社会的行为，应当依法予以惩治。
	犯罪客观方面	本罪客观方面表现为行为人违反国家规定，将中国境外的固体废物进境倾倒、堆放、处置，足以污染环境的行为。“违反国家规定”，主要是指违反《固体废物污染环境防治法》。该法规定：禁止中国境外的固体废物进境倾倒、堆放、处置。境外，是指在我国国（边）境以外的国家或地区；倾倒，是指通过船舶、航空器、平台或者其他运载工具，向水体处置废弃物或者其他有害物质的行为。堆放，是指向土地直接弃置固体废物的行为。处置，是指将固体废物焚烧、填埋和用其他改变固体废物数量、缩小固体废物体积、减少或者消除其危险成分的活动。按照法律规定，行为人只要实施了倾倒、堆放、处置进口的固体废物其中一种行为，就构成本罪；实施两种以上行为的，仍为一罪，不实行并罚。
	犯罪主体	本罪的主体是一般主体，包括个人和单位，即凡是达到刑事责任年龄、具有刑事责任能力的人，均可构成本罪。单位也可成为本罪主体。实践中，本罪的主体大多为废物进口单位或废物利用单位。
	犯罪主观方面	本罪主观方面表现为故意，即明知国家关于防治固体废物污染的有关规定，仍然违反规定，将境外的固体废物进境、倾倒、堆放、处置。过失不构成本罪。

定罪标准	罪与非罪	本罪属于行为犯，即行为人实施了将境外的固体废物进境倾倒、堆放、处置的行为，即构成犯罪既遂，并不要求有严重污染环境或者其他严重后果的发生。认定本罪时，应当注意：对于行为人所实施的行为是否造成环境污染以及污染的程度，应由国务院环境保护行政主管部门会同国务院经济综合主管部门和其他有关部门对环境污染做出的界定进行判断。
	此罪与彼罪	一、本罪与污染环境罪的界限。两者在犯罪主体和犯罪的同类客体上都是相同的。两者主要区别是：(1) 犯罪直接客体不同。本罪侵犯的客体是国家有关固体废物污染防治的管理制度；而后罪的客体为国家对环境保护和污染防治的管理制度。(2) 犯罪客观要件不同。本罪在客观上表现为违反国家规定，将境外的固体废物进境倾倒、堆放、处置的行为，犯罪对象仅限于进口的固体废物；而后罪在客观上则表现为违反国家规定，排放、倾倒或者处置有害物质的行为，犯罪对象为有害物质，包含了本罪对象的内容。(3) 犯罪主观要件不同。本罪在主观上表现为故意；而后罪是过失。 二、本罪与走私废物罪的界限。两者的主体是相同的，区别主要在于：(1) 主观要件均为故意，只是故意的内容不同。本罪的故意表现为行为人明知将境外的固体废物进境倾倒、堆放、处置的行为违反国家对环境保护和污染防治的管理活动和管理制度，并有可能污染环境而为之；而后罪的故意表现为明知运输进境的固体废物是国家禁止进口的，仍逃避海关的监管将其运输进境的。(2) 客体要件不同。本罪侵犯的客体是国家有关固体废物污染防治的管理活动和管理制度，属于妨害社会管理秩序的犯罪；而后罪侵犯的客体是国家的对外贸易管理，属于破坏社会主义市场经济秩序的犯罪。(3) 犯罪客观要件不同。本罪的犯罪对象是国家允许进口的，主要是限制进口的固体废物；后罪的犯罪对象是境外废物，不受是否属于禁止的或限制进口的废物的制约。
证据参考标准	主体方面的证据	**一、证明行为人刑事责任年龄、身份等自然情况的证据。** 包括身份证明、户籍证明、任职证明、工作经历证明、特定职责证明等，主要是证明行为人的姓名（曾用名）、性别、出生年月日、民族、籍贯、出生地、职业（或职务）、住所地（或居所地）等证据材料，如户口簿、居民身份证、工作证、出生证、专业或技术等级证、干部履历表、职工登记表、护照等。 对于户籍、出生证等材料内容不实的，应提供其他证据材料。外国人犯罪的案件，应有护照等身份证明材料。人大代表、政协委员犯罪的案件，应注明身份，并附身份证明材料。 **二、证明行为人刑事责任能力的证据。** 证明行为人对自己的行为是否具有辨认能力与控制能力，如是否属于间歇性精神病人、尚未完全丧失辨认或者控制自己行为能力的精神病人的证明材料。 **三、证明单位的证据。** 证明是否属于依法成立并有合法经营、管理范围的公司、企业、事业单位、机关、团体。 证明单位的名称、住所地、性质、法定代表人、单位负责人、业务范围、成立时间等证据材料，如企业营业执照、国有公司性质证明及非法人单位的身份证明等。

<table>
<tr><td rowspan="4">证据参考标准</td><td>主体方面的证据</td><td>四、证明法定代表人、单位负责人或直接责任人员等的身份证据。
法定代表人、直接负责的主管人员和其他直接责任人在单位的任职、职责、负责权限的证明材料等。包括身份证明、户籍证明、任职证明等，如户口簿、居民身份证、工作证、护照、专业或技术等级证、干部履历表、职工登记表、任命书、业务分工文件、委派文件、单位证明、单位规章制度等。</td></tr>
<tr><td>主观方面的证据</td><td>证明行为人故意的证据：1. 证明行为人明知的证据：证明行为人明知自己的行为会发生危害社会的结果；2. 证明直接故意的证据：证明行为人希望危害结果发生；3. 目的：牟取非法利润。</td></tr>
<tr><td>客观方面的证据</td><td>证明行为人非法处置进口的固体废物犯罪行为的证据。
具体证据包括：1. 证明行为人足以污染环境行为的证据：（1）倾倒：①时间；②地点；③名称；④性质；⑤后果。（2）堆放：①时间；②地点；③名称；④性质；⑤后果。（3）处置：①时间；②地点；③名称；④性质；⑤后果。2. 证明行为人造成重大污染事故行为的证据：（1）致使公私财产遭受重大损失。（2）严重危害人体健康的：①疾病；②传染病；③其他。3. 证明行为人非法处置进口的固体废物造成特别严重后果行为的证据。</td></tr>
<tr><td>量刑方面的证据</td><td>一、法定量刑情节证据。
1. 事实情节：（1）造成重大污染事故；（2）公私财产遭受重大损失；（3）严重危害人体健康；（4）后果特别严重。2. 法定从重情节。3. 法定从轻减轻情节：（1）可以从轻；（2）可以从轻或减轻；（3）应当从轻或者减轻。4. 法定从轻减轻免除情节：（1）可以从轻、减轻或者免除处罚；（2）应当从轻、减轻或者免除处罚。5. 法定减轻免除情节：（1）可以减轻或者免除处罚；（2）应当减轻或者免除处罚；（3）可以免除处罚。
二、酌定量刑情节证据。
1. 犯罪手段：（1）倾倒；（2）堆放；（3）处置；（4）利用；（5）贮存。2. 犯罪对象。3. 危害结果。4. 动机。5. 平时表现。6. 认罪态度。7. 是否有前科。8. 其他证据。</td></tr>
<tr><td rowspan="4">量刑标准</td><td>犯本罪的</td><td>处五年以下有期徒刑或者拘役，并处罚金</td></tr>
<tr><td>造成重大环境污染事故，致使公私财产遭受重大损失或者严重危害人体健康的</td><td>处五年以上十年以下有期徒刑，并处罚金</td></tr>
<tr><td>后果特别严重的</td><td>处十年以上有期徒刑，并处罚金</td></tr>
<tr><td>单位犯本罪的</td><td>对单位判处罚金，并对其直接负责的主管人员和其他直接责任人员，依上述规定处罚</td></tr>
</table>

法律适用

刑法条文

第三百三十九条第一款 违反国家规定，将境外的固体废物进境倾倒、堆放、处置的，处五年以下有期徒刑或者拘役，并处罚金；造成重大环境污染事故，致使公私财产遭受重大损失或者严重危害人体健康的，处五年以上十年以下有期徒刑，并处罚金；后果特别严重的，处十年以上有期徒刑，并处罚金。

第三百四十六条 单位犯本节第三百三十八条至第三百四十五条规定之罪的，对单位判处罚金，并对其直接负责的主管人员和其他直接责任人员，依照本节各该条的规定处罚。

司法解释

一、最高人民法院、最高人民检察院《关于办理环境污染刑事案件适用法律若干问题的解释》（2016年12月23日最高人民法院、最高人民检察院公布　自2017年1月1日起施行　法释〔2016〕29号）（略，详细内容见本书第596页）

二、最高人民检察院、公安部《关于公安机关管辖的刑事案件立案追诉标准的规定（一）》（节录）（2008年6月25日最高人民检察院、公安部公布　自公布之日起施行　公通字〔2008〕36号　2017年4月27日修正）

第六十一条 ［非法处置进口的固体废物案（刑法第三百三十九条第一款）］违反国家规定，将境外的固体废物进境倾倒、堆放、处置的，应予立案追诉。

相关法律法规

一、《中华人民共和国固体废物污染环境防治法》（节录）（1995年10月30日中华人民共和国主席令第58号公布　自1996年4月1日起施行　2004年12月29日修订　2013年6月29日第一次修正　2015年4月24日第二次修正　2016年11月7日第三次修正　2020年4月29日第二次修订）

第二十三条 禁止中华人民共和国境外的固体废物进境倾倒、堆放、处置。

第二十四条 国家逐步实现固体废物零进口，由国务院生态环境主管部门会同国务院商务、发展改革、海关等主管部门组织实施。

第二十五条 海关发现进口货物疑似固体废物的，可以委托专业机构开展属性鉴别，并根据鉴别结论依法管理。

第一百一十五条 违反本法规定，将中华人民共和国境外的固体废物输入境内的，由海关责令退运该固体废物，处五十万元以上五百万元以下的罚款。

承运人对前款规定的固体废物的退运、处置，与进口者承担连带责任。

第一百二十三条 违反本法规定，构成违反治安管理行为的，由公安机关依法给予治安管理处罚；构成犯罪的，依法追究刑事责任；造成人身、财产损害的，依法承担民事责任。

二、《中华人民共和国放射性污染防治法》（节录）（2003年6月28日中华人民共和国主席令第6号公布　自2003年10月1日起施行）

第五十七条 违反本法规定，有下列行为之一的，由省级以上人民政府环境保护行政主管部门责令停产停业或者吊销许可证；有违法所得的，没收违法所得；违法所得十万元以上的，并处违法所得一倍以上五倍以下罚款；没有违法所得或者违法所得不足十万元的，并处五万元以上十万元以下罚款；构成犯罪的，依法追究刑事责任：

（一）未经许可，擅自从事贮存和处置放射性固体废物活动的；

（二）不按照许可的有关规定从事贮存和处置放射性固体废物活动的。

110 擅自进口固体废物案

概念

本罪是指未经国务院有关主管部门许可，擅自进口固体废物用作原料，造成重大环境污染事故，致使公私财产遭受重大损失或者严重危害人体健康的行为。

立案标准

未经国务院有关主管部门许可，擅自进口固体废物用作原料，造成重大环境污染事故，涉嫌下列情形之一的，应予立案追诉：

（1）致使公私财产损失30万元以上的；

（2）致使基本农田、防护林地、特种用途林地5亩以上，其他农用地10亩以上，其他土地20亩以上基本功能丧失或者遭受永久性破坏的；

（3）致使森林或者其他林木死亡50立方米以上，或者幼树死亡2500百株以上的；

（4）致使1人以上死亡、3人以上重伤、10人以上轻伤，或者1人以上重伤并且5人以上轻伤的；

（5）致使传染病发生、流行或者人员中毒达到《国家突发公共卫生事件应急预案》中突发公共卫生事件分级Ⅲ级以上情形，严重危害人体健康的；

（6）其他致使公私财产遭受重大损失或者严重危害人体健康的情形。

定罪标准	犯罪客体	本罪侵犯的客体是国家防治固体废物污染环境的管理制度。
	犯罪客观方面	本罪在客观方面表现为未经国务院有关主管部门的许可，擅自进口固体废物用作原料，造成重大环境污染事故，致使公私财产遭受重大损失或者严重危害人体健康的行为。
	犯罪主体	本罪的主体是一般主体，即凡是达到刑事责任年龄、具有刑事责任能力的人，均可构成本罪。单位也可构成本罪。
	犯罪主观方面	本罪在主观方面表现为故意。过失不构成本罪。
	罪与非罪	区分罪与非罪的界限，要注意：构成本罪，必须造成严重后果的，才构成犯罪。所谓严重后果，是指造成重大环境污染事故，致使公私财产遭受重大损失或者严重危害人体健康的情况。否则，不构成犯罪。
	此罪与彼罪	本罪与走私废物罪的界限。两罪都是非法进口固体废物，但区别在于：前者擅自进口的固体废物，可以用作原料，尚有利用价值，并未逃避海关监管，而是照章纳税，只是进口的固体废物应经国务院有关主管部门批准而未经报告批准；而后者的行为人，走私的固体废物不仅根本不能用作原料，且根本未获批准进口，入境时，还逃

定罪标准	此罪与彼罪	避海关监管，将固体废物走私入境。前者造成重大环境污染事故，致使公私财产遭受重大损失或严重危害人体健康的才构成犯罪；后者只要达到一定数量就可追究刑事责任。两罪的区别，在《刑法》第339条第3款作了明确规定。
证据参考标准	主体方面的证据	**一、证明行为人刑事责任年龄、身份等自然情况的证据。** 包括身份证明、户籍证明、任职证明、工作经历证明、特定职责证明等，主要是证明行为人的姓名（曾用名）、性别、出生年月日、民族、籍贯、出生地、职业（或职务）、住所地（或居所地）等证据材料，如户口簿、居民身份证、工作证、出生证、专业或技术等级证、干部履历表、职工登记表、护照等。 对于户籍、出生证等材料内容不实的，应提供其他证据材料。外国人犯罪的案件，应有护照等身份证明材料。人大代表、政协委员犯罪的案件，应注明身份，并附身份证明材料。 **二、证明行为人刑事责任能力的证据。** 证明行为人对自己的行为是否具有辨认能力与控制能力，如是否属于间歇性精神病人、尚未完全丧失辨认或者控制自己行为能力的精神病人的证明材料。 **三、证明单位的证据。** 证明是否属于依法成立并有合法经营、管理范围的公司、企业、事业单位、机关、团体。 证明单位的名称、住所地、性质、法定代表人、单位负责人、业务范围、成立时间等证据材料，如企业营业执照、国有公司性质证明及非法人单位的身份证明等。 **四、证明法定代表人、单位负责人或直接责任人员等的身份证据。** 法定代表人、直接负责的主管人员和其他直接责任人在单位的任职、职责、负责权限的证明材料等。包括身份证明、户籍证明、任职证明等，如户口簿、居民身份证、工作证、护照、专业或技术等级证、干部履历表、职工登记表、任命书、业务分工文件、委派文件、单位证明、单位规章制度等。
	主观方面的证据	证明行为人故意的证据：1. 证明行为人明知的证据：证明行为人明知自己的行为会发生危害社会的结果。2. 证明直接故意的证据：证明行为人希望危害结果发生。3. 目的：（1）获取非法利润；（2）牟利；（3）营利。
	客观方面的证据	证明行为人擅自进口固体废物犯罪行为的证据。 具体证据包括：1. 证明行为人擅自进口固体废物用作原料造成重大环境污染事故行为的证据；2. 证明行为人造成重大环境污染事故行为，致使公私财产遭受重大损失行为的证据；3. 证明行为人造成重大环境污染事故，严重危害人体健康行为的证据；4. 证明行为人擅自进口固体废物后果特别严重行为的证据。
	量刑方面的证据	**一、法定量刑情节证据。** 1. 事实情节：（1）造成重大环境污染事故；（2）公私财产遭受重大损失；（3）严重危害人体健康。2. 法定从重情节。3. 法定从轻减轻情节：（1）可以从轻；（2）可以从轻或减轻；（3）应当从轻或者减轻。4. 法定从轻减轻免除情节：（1）可以从轻、减轻或者免除处罚；（2）应当从轻、减轻或者免除处罚。5. 法定减轻免除情节：（1）可以减轻或者免除处罚；（2）应当减轻或者免除处罚；（3）可以免除处罚。 **二、酌定量刑情节证据。** 1. 犯罪手段：（1）擅自进口；（2）用作原料。2. 犯罪对象。3. 危害结果。4. 动机。5. 平时表现。6. 认罪态度。7. 是否有前科。8. 其他证据。

量刑标准

犯本罪的	处五年以下有期徒刑或者拘役，并处罚金
后果特别严重的	处五年以上十年以下有期徒刑，并处罚金
单位犯本罪的	对单位判处罚金，并对其直接负责的主管人员和其他直接责任人员，依上述规定处罚

法律适用

刑法条文

第三百三十九条第二款 未经国务院有关主管部门许可，擅自进口固体废物用作原料，造成重大环境污染事故，致使公私财产遭受重大损失或者严重危害人体健康的，处五年以下有期徒刑或者拘役，并处罚金；后果特别严重的，处五年以上十年以下有期徒刑，并处罚金。

第三百三十九条第三款 以原料利用为名，进口不能用作原料的固体废物、液态废物和气态废物的，依照本法第一百五十二条第二款、第三款的规定定罪处罚。

第三百四十六条 单位犯本节第三百三十八条至第三百四十五条规定之罪的，对单位判处罚金，并对其直接负责的主管人员和其他直接责任人员，依照本节各该条的规定处罚。

司法解释

一、最高人民检察院、公安部《关于公安机关管辖的刑事案件立案追诉标准的规定（一）》（节录）（2008年6月25日最高人民检察院、公安部公布 自公布之日起施行 公通字〔2008〕36号 2017年4月27日修正）

第六十二条 ［擅自进口固体废物案（刑法第三百三十九条第二款）］未经国务院有关主管部门许可，擅自进口固体废物用作原料，造成重大环境污染事故，涉嫌下列情形之一的，应予立案追诉：

（一）致使公私财产损失三十万元以上的；

（二）致使基本农田、防护林地、特种用途林地五亩以上，其他农用地十亩以上，其它土地二十亩以上基本功能丧失或者遭受永久性破坏的；

（三）致使森林或者其他林木死亡五十立方米以上，或者幼树死亡二千五百株以上的；

（四）致使一人以上死亡、三人以上重伤、十人以上轻伤，或者一人以上重伤并且五人以上轻伤的；

（五）致使传染病发生、流行或者人员中毒达到《国家突发公共卫生事件应急预案》中突发公共卫生事件分级Ⅲ级以上情形，严重危害人体健康的；

（六）其他致使公私财产遭受重大损失或者严重危害人体健康的情形。

二、最高人民法院、最高人民检察院《关于办理环境污染刑事案件适用法律若干问题的解释》（2016年12月23日最高人民法院、最高人民检察院公布 自2017年1月1日起施行 法释〔2016〕29号）（略，详细内容见本书第596页）

法律适用　相关法律法规

一、《中华人民共和国固体废物污染环境防治法》（节录）（1995年10月30日中华人民共和国主席令第58号公布　2004年12月29日修订　2013年6月29日第一次修正　2015年4月24日第二次修正　2016年11月7日第三次修正　2020年4月29日第二次修订）

第二十三条　禁止中华人民共和国境外的固体废物进境倾倒、堆放、处置。

第二十四条　国家逐步实现固体废物零进口，由国务院生态环境主管部门会同国务院商务、发展改革、海关等主管部门组织实施。

第一百一十五条　违反本法规定，将中华人民共和国境外的固体废物输入境内的，由海关责令退运该固体废物，处五十万元以上五百万元以下的罚款。

承运人对前款规定的固体废物的退运、处置，与进口者承担连带责任。

第一百二十三条　违反本法规定，构成违反治安管理行为的，由公安机关依法给予治安管理处罚；构成犯罪的，依法追究刑事责任；造成人身、财产损害的，依法承担民事责任。

二、《中华人民共和国放射性污染防治法》（节录）（2003年6月28日中华人民共和国主席令第6号公布　自2003年10月1日起施行）

第五十八条　向中华人民共和国境内输入放射性废物和被放射性污染的物品，或者经中华人民共和国境内转移放射性废物和被放射性污染的物品的，由海关责令退运该放射性废物和被放射性污染的物品，并处五十万元以上一百万元以下罚款；构成犯罪的，依法追究刑事责任。

111 非法捕捞水产品案

概念

本罪是指违反保护水产资源法规，在禁渔区、禁渔期或使用禁用的工具、方法捕捞水产品，情节严重的行为。

立案标准

违反保护水产资源法规，在禁渔区、禁渔期或者使用禁用的工具、方法捕捞水产品，涉嫌下列情形之一的，应予立案追诉：

（1）非法捕捞水产品1万公斤以上或者价值10万元以上的；

（2）非法捕捞有重要经济价值的水生动物苗种、怀卵亲体2000公斤以上或者价值2万元以上的；

（3）在水产种质资源保护区内捕捞水产品2000公斤以上或者价值2万元以上的；

（4）在禁渔区内使用禁用的工具或者方法捕捞的；

（5）在禁渔期内使用禁用的工具或者方法捕捞的；

（6）在公海使用禁用渔具从事捕捞作业，造成严重影响的；

（7）其他情节严重的情形。

定罪标准		
	犯罪客体	本罪侵犯的客体是国家水产资源管理保护制度。犯罪对象是水产品。这里所说的“水产品”，是指自然野生的水产品，不包括人工养殖的水产品。水产资源，包括具有经济价值的水生动物和水生植物，是国家的一项宝贵财富。为了加强对水产资源的保护，国家通过立法对水产资源繁殖、养殖和捕捞等方面作了具体的规定。国家鼓励、扶持外海和远洋捕捞业的发展，合理安排内水和近海捕捞。在内水、近海从事捕捞业的单位和个人，必须按照捕捞许可证关于作业类型、场所、时限和渔具数量的规定进行作业。不得在禁渔区和禁渔期进行捕捞，不得使用禁用的渔具、捕捞方法和小于规定的最小网目尺寸的网具进行捕捞。急功近利，竭泽而渔，非法捕捞水产品，破坏国家对水产资源的管理制度，危害水产资源的存留和发展。因此，必须依法对非法捕捞水产品的犯罪予以惩罚。
	犯罪客观方面	本罪在客观方面表现为违反保护水产资源法规，在禁渔区、禁渔期或者使用禁用的工具、方法捕捞水产品，情节严重的行为。“保护水产资源法规”，是指国家有关对水产品保护的法律、法规，包括《渔业法》等有关规定。“禁渔区”，是指对某些重要鱼、虾、贝类的产卵、越冬场的幼体索饵场划定的一定区域，在此区域内禁止全部作业或者限制作业种类。“禁渔期”，是指根据某些鱼类产卵或者成长的时间而规定的禁止全部作业或者限制作业的一定期限。“禁用的工具”，是指禁止使用的超过国家关于不同捕捞对象所分别规定的最小网眼尺寸的网具和其他禁止使用的破坏水产资源的捕捞方法。“禁用的方法”，是指采用爆炸、放电、施毒等使水产品正常生长、繁殖受到损害的破坏性方法。按照法律规定，行为人只要违反保护水产资源法规，实施了禁渔区、禁渔期、使用禁用工具、禁用方法其中一种行为就构成本罪；实施了两种以上的行为，仍为一罪，不实行并罚。 故意非法捕捞水产品的行为必须达到情节严重的程度，才构成犯罪。所谓情节严重，主要是指非法捕捞水产品数量较大的；一贯或多次非法捕捞水产品的；为首组织或聚众非法捕捞水产品的；采用炸鱼、毒鱼、滥用电力等方法滥捕水产品，严重破坏水产资源的；非法捕捞、抗拒渔政管理的，等等。

定罪标准	犯罪主体	本罪的主体是一般主体，既包括自然人，也包括单位。
	犯罪主观方面	本罪主观方面表现为故意，过失不构成本罪。
	罪与非罪	区分罪与非罪的界限，要注意：非法捕捞水产品的行为，如果情节不严重的，则属违法行为，不能以犯罪论处。根据司法实践和有关部门的规定，情节严重，一般指下面几种情况：一是非法捕捞水产品数量较大的；二是组织、煽动或聚众非法捕捞水产品的首要分子；三是经常非法捕捞水产品屡教不改的；四是使用禁用方法、工具捕捞水产品资源遭到严重破坏的；五是非法捕捞水产品并抗拒政府管理，殴打管理人员的。具备上述行为之一的人，应属于“情节严重”，构成非法捕捞水产品罪。对于情节轻微、不构成犯罪的行为人，应按照《渔业法》的规定给予适当的行政处罚。 《渔业法实施细则》第19条规定，因科学研究等特殊需要，在禁渔区、禁渔期捕捞，或者使用禁用的工具、方法捕捞水产品，必须经过省级以上渔业行政主管部门的批准。可见，经过批准，就可是合法行为。
	此罪与彼罪	一、本罪与盗窃罪的界限。两罪在主观故意的形态上是相同的，只是故意的内容不同。本罪故意的内容是明知非法捕捞的行为违反保护水产资源法规，仍故意为之；盗窃罪故意的内容是以非法占有为目的而为的秘密窃取的行为。因而说明了非法捕捞水产品罪与盗窃罪是性质不同的犯罪，区别是：（1）客体不同。本罪侵犯的客体是国家对水产资源的管理制度，属于破坏环境资源保护的犯罪；后罪侵犯的客体是公私财物的所有权，属于侵犯财产的犯罪。（2）客观方面不同。本罪表现为违反国家保护水产资源法规非法捕捞水产品的行为；而盗窃罪为以秘密方法非法占有公私财物的行为。因而在实践中，以非法占有为目的，在水面或他人承包的鱼塘中，毒死或炸死较大数量的鱼并将其偷走，未引起其他严重后果的，应以盗窃罪论处。（3）主体不同。本罪的主体既包括自然人又包括单位；盗窃罪的主体只能是自然人。（4）犯罪对象不同。本罪的对象是除了珍贵水生动物以外的所有水产品资源，具有特定性；盗窃罪的对象则范围广泛，包括所有的公私财物。 二、本罪与危害珍贵、濒危野生动物罪的界限。《野生动物保护法》的调整对象是国家保护的珍贵、濒危野生动物，即《国务院保护野生动物名录》中所列的珍贵、濒危野生动物，而《渔业法》只调整上述水生物之外的水生生物。如果行为人故意捕捞国家珍贵、濒危的水生动物，则应按《刑法》第341条规定的危害珍贵、濒危野生动物罪处罚，而不应当以非法捕捞水产品罪处罚。
证据参考标准	主体方面的证据	**一、证明行为人刑事责任年龄、身份等自然情况的证据。** 包括身份证明、户籍证明、任职证明、工作经历证明、特定职责证明等，主要是证明行为人的姓名（曾用名）、性别、出生年月日、民族、籍贯、出生地、职业（或职务）、住所地（或居所地）等证据材料，如户口簿、居民身份证、工作证、出生证、专业或技术等级证、干部履历表、职工登记表、护照等。 对于户籍、出生证等材料内容不实的，应提供其他证据材料。外国人犯罪的案件，应有护照等身份证明材料。人大代表、政协委员犯罪的案件，应注明身份，并附身份证明材料。

<table>
<tr><td rowspan="4">证据参考标准</td><td>主体方面的证据</td><td colspan="2">二、证明行为人刑事责任能力的证据。
证明行为人对自己的行为是否具有辨认能力与控制能力，如是否属于间歇性精神病人、尚未完全丧失辨认或者控制自己行为能力的精神病人的证明材料。
三、证明单位的证据。
证明是否属于依法成立并有合法经营、管理范围的公司、企业、事业单位、机关、团体。
证明单位的名称、住所地、性质、法定代表人、单位负责人、业务范围、成立时间等证据材料，如企业营业执照、国有公司性质证明及非法人单位的身份证明等。
四、证明法定代表人、单位负责人或直接责任人员等的身份证据。
法定代表人、直接负责的主管人员和其他直接责任人在单位的任职、职责、负责权限的证明材料等。包括身份证明、户籍证明、任职证明等，如户口簿、居民身份证、工作证、护照、专业或技术等级证、干部履历表、职工登记表、任命书、业务分工文件、委派文件、单位证明、单位规章制度等。</td></tr>
<tr><td>主观方面的证据</td><td colspan="2">证明行为人故意的证据：1. 证明行为人明知的证据：证明行为人明知自己的行为会发生危害社会的结果。2. 证明直接故意的证据：证明行为人希望危害结果发生。3. 目的：（1）获取非法利润；（2）牟利；（3）营利。</td></tr>
<tr><td>客观方面的证据</td><td colspan="2">证明行为人非法捕捞水产品犯罪行为的证据。
具体证据包括：1. 证明行为人在禁渔区捕捞水产品行为的证据：（1）产卵场；（2）越冬场；（3）幼体索饵场。2. 证明行为人在禁渔期捕捞水产品行为的证据：（1）禁止某些鱼类的幼鱼盛殖期全部作业；（2）限制某些鱼类的幼鱼繁殖期作业。3. 证明行为人使用禁用的方法捕捞水产品行为的证据：（1）炸鱼；（2）毒鱼；（3）滥用电力捕鱼；（4）其他。4. 证明行为人使用禁用的工具捕捞水产品行为的证据：（1）密眼网；（2）围网；（3）拖网；（4）其他。5. 证明行为人非法捕捞水产品情节严重行为的证据。</td></tr>
<tr><td>量刑方面的证据</td><td colspan="2">一、法定量刑情节证据。
1. 事实情节：（1）情节严重；（2）其他。2. 法定从重情节。3. 法定从轻减轻情节：（1）可以从轻；（2）可以从轻或减轻；（3）应当从轻或者减轻。4. 法定从轻减轻免除情节：（1）可以从轻、减轻或者免除处罚；（2）应当从轻、减轻或者免除处罚。5. 法定减轻免除情节：（1）可以减轻或者免除处罚；（2）应当减轻或者免除处罚；（3）可以免除处罚。
二、酌定量刑情节证据。
1. 犯罪手段：（1）禁渔区；（2）禁渔期；（3）禁用工具；（4）禁用方法。2. 犯罪对象。3. 危害结果。4. 动机。5. 平时表现。6. 认罪态度。7. 是否有前科。8. 其他证据。</td></tr>
<tr><td rowspan="2">量刑标准</td><td colspan="2">犯本罪的</td><td>处三年以下有期徒刑、拘役、管制或者罚金</td></tr>
<tr><td colspan="2">单位犯本罪的</td><td>对单位判处罚金，并对其直接负责的主管人员和其他直接责任人员，依上述规定处罚</td></tr>
</table>

法律适用

刑法条文

第三百四十条 违反保护水产资源法规，在禁渔区、禁渔期或者使用禁用的工具、方法捕捞水产品，情节严重的，处三年以下有期徒刑、拘役、管制或者罚金。

第三百四十六条 单位犯本节第三百三十八条至第三百四十五条规定之罪的，对单位判处罚金，并对其直接负责的主管人员和其他直接责任人员，依照本节各该条的规定处罚。

司法解释

最高人民法院《关于审理发生在我国管辖海域相关案件若干问题的规定（二）》（节录）（2016年8月1日最高人民法院公布　自2016年8月2日起施行　法释〔2016〕17号）

第四条 违反保护水产资源法规，在海洋水域，在禁渔区、禁渔期或者使用禁用的工具、方法捕捞水产品，具有下列情形之一的，应当认定为刑法第三百四十条规定的“情节严重”：

（一）非法捕捞水产品一万公斤以上或者价值十万元以上的；

（二）非法捕捞有重要经济价值的水生动物苗种、怀卵亲体二千公斤以上或者价值二万元以上的；

（三）在水产种质资源保护区内捕捞水产品二千公斤以上或者价值二万元以上的；

（四）在禁渔区内使用禁用的工具或者方法捕捞的；

（五）在禁渔期内使用禁用的工具或者方法捕捞的；

（六）在公海使用禁用渔具从事捕捞作业，造成严重影响的；

（七）其他情节严重的情形。

第八条 实施破坏海洋资源犯罪行为，同时构成非法捕捞罪、非法猎捕、杀害珍贵、濒危野生动物罪、组织他人偷越国（边）境罪、偷越国（边）境罪等犯罪的，依照处罚较重的规定定罪处罚。

有破坏海洋资源犯罪行为，又实施走私、妨害公务等犯罪的，依照数罪并罚的规定处理。

相关法律法规

《中华人民共和国渔业法》（节录）（1986年1月20日中华人民共和国主席令第34号公布　自1986年7月1日起施行　2000年10月31日第一次修正　2004年8月28日第二次修正　2009年8月27日第三次修正　2013年12月28日第四次修正）

第三十条 禁止使用炸鱼、毒鱼、电鱼等破坏渔业资源的方法进行捕捞。禁止制造、销售、使用禁用的渔具。禁止在禁渔区、禁渔期进行捕捞。禁止使用小于最小网目尺寸的网具进行捕捞。捕捞的渔获物中幼鱼不得超过规定的比例。在禁渔区或者禁渔期内禁止销售非法捕捞的渔获物。

重点保护的渔业资源品种及其可捕捞标准，禁渔区和禁渔期，禁止使用或者限制使用的渔具和捕捞方法，最小网目尺寸以及其他保护渔业资源的措施，由国务院渔业行政主管部门或者省、自治区、直辖市人民政府渔业行政主管部门规定。

第三十一条 禁止捕捞有重要经济价值的水生动物苗种。因养殖或者其他特殊需要，捕捞有重要经济价值的苗种或者禁捕的怀卵亲体的，必须经国务院渔业行政主管部门或者省、自治区、直辖市人民政府渔业行政主管部门批准，在指定的区域和时间内，按照限额捕捞。

在水生动物苗种重点产区引水用水时，应当采取措施，保护苗种。

法律适用 | 相关法律法规

第三十八条 使用炸鱼、毒鱼、电鱼等破坏渔业资源方法进行捕捞的，违反关于禁渔区、禁渔期的规定进行捕捞的，或者使用禁用的渔具、捕捞方法和小于最小网目尺寸的网具进行捕捞或者渔获物中幼鱼超过规定比例的，没收渔获物和违法所得，处五万元以下的罚款；情节严重的，没收渔具，吊销捕捞许可证；情节特别严重的，可以没收渔船；构成犯罪的，依法追究刑事责任。

在禁渔区或者禁渔期内销售非法捕捞的渔获物的，县级以上地方人民政府渔业行政主管部门应当及时进行调查处理。

制造、销售禁用的渔具的，没收非法制造、销售的渔具和违法所得，并处一万元以下的罚款。

第三十九条 偷捕、抢夺他人养殖的水产品的，或者破坏他人养殖水体、养殖设施的，责令改正，可以处二万元以下的罚款；造成他人损失的，依法承担赔偿责任；构成犯罪的，依法追究刑事责任。

112 危害珍贵、濒危野生动物案

概念 本罪是指非法猎捕、杀害国家重点保护的珍贵、濒危野生动物的，或者非法收购、运输、出售国家重点保护的珍贵、濒危野生动物及其制品的行为。

立案标准 非法猎捕、杀害国家重点保护的珍贵、濒危野生动物的，或者非法收购、运输、出售国家重点保护的珍贵、濒危野生动物及其制品的，应当立案。

定罪标准		
	犯罪客体	本罪侵犯的客体是国家对珍贵、濒危野生动物资源的管理制度。珍贵、濒危野生动物是国家的一项宝贵自然资源，不仅具有重要的经济价值，而且具有重要的文化价值、社会价值乃至政治价值。因此，国家通过制定一系列保护野生动物的法律法规，对珍贵、濒危野生动物予以重点保护，如《野生动物保护法》《陆生野生动物保护实施条例》《水生野生动物保护实施条例》。危害珍贵、濒危野生动物，致使国家重点保护的珍贵、濒危野生动物濒临灭绝的危险，严重侵犯了国家对野生动物资源的保护和管理制度，应当依法予以惩处。 本罪的犯罪对象是国家重点保护的珍贵、濒危野生动物。《野生动物保护法》第9条规定：“国家对珍贵、濒危野生动物实行重点保护。国家重点保护的野生动物分为一级保护野生动物和二级保护野生动物。”国务院于2003年2月21日批准发布了调整后的“国家重点保护野生动物名录”。因此本罪侵犯的对象具体指上述名录中所列野生动物，侵犯名录以外的其他野生动物的，不构成本罪。
	犯罪客观方面	本罪在客观方面表现为非法猎捕、杀害国家重点保护的珍贵、濒危野生动物的，或者非法收购、运输、出售国家重点保护的珍贵、濒危野生动物及其制品的行为。行为的非法性是构成本罪的前提条件。所谓“非法”，主要是指违反《野生动物保护法》及其他有关法律法规。只要违反《野生动物保护法》及其他保护野生动物的法律法规而危害国家重点保护的珍贵、濒危野生动物的，都属于违法犯罪行为。所谓“非法猎捕、杀害珍贵、濒危野生动物”，是指违反国家《野生动物保护法》，未取得特许猎捕证或者虽取得特许猎捕证，但未按特许猎捕证规定的种类、数量、地点等而捕猎、杀害国家野生动物的行为。所谓“收购”，是指未经有关部门批准以金钱作价，购买珍贵、濒危野生动物及其制品的行为。所谓“运输”，是指未经批准，私自运输珍贵、濒危野生动物及其制品的行为。所谓“出售”，是指未经批准，以牟利为目的出价售卖珍贵、濒危野生动物及其制品的行为。至于是否已实际获得利益，并不影响犯罪的成立。本罪属选择性罪名，行为人只要实施了非法猎捕、杀害国家重点保护的珍贵、濒危野生动物的，或者非法收购、运输、出售国家重点保护的珍贵、濒危野生动物及其制品其中一种行为，就构成本罪；实施了两种行为的，仍为一罪，不实行并罚。在具体案件中，应根据具体情况，分别定罪。
	犯罪主体	本罪的主体是一般主体，自然人和单位均可成为本罪的主体。

<table>
<tr><td rowspan="2">定罪标准</td><td>犯罪主观方面</td><td>本罪在主观方面出于故意，包括直接故意与间接故意，过失不构成本罪。如果行为人确实不知道是国家重点保护野生动物或由于过失而危害的，均不构成本罪。行为人的犯罪动机可能是多种多样的，有的出于牟利，有的为了驯养、食用，等等。动机不影响本罪成立，但在量刑时可作为情节予以考虑。</td></tr>
<tr><td>罪与非罪</td><td>对于合法捕捉、运输国家重点保护的珍贵、濒危野生动物的行为，不是犯罪；过失危害珍贵、濒危野生动物不应以犯罪论处；在实行紧急避险时杀死珍贵、濒危野生动物的，不构成犯罪。其关键在于上述行为人主观上没有犯罪的故意，而本罪在主观上的构成是故意。
如果在捕杀、收购、运输、出售行为实施过程中造成人身伤亡、森林火灾，以致单独构成他罪的，应依数罪并罚论处。</td></tr>
<tr><td rowspan="2">证据参考标准</td><td>主体方面的证据</td><td>一、证明行为人刑事责任年龄、身份等自然情况的证据。
包括身份证明、户籍证明、任职证明、工作经历证明、特定职责证明等，主要是证明行为人的姓名（曾用名）、性别、出生年月日、民族、籍贯、出生地、职业（或职务）、住所地（或居所地）等证据材料，如户口簿、居民身份证、工作证、出生证、专业或技术等级证、干部履历表、职工登记表、护照等。
对于户籍、出生证等材料内容不实的，应提供其他证据材料。外国人犯罪的案件，应有护照等身份证明材料。人大代表、政协委员犯罪的案件，应注明身份，并附身份证明材料。
二、证明行为人刑事责任能力的证据。
证明行为人对自己的行为是否具有辨认能力与控制能力，如是否属于间歇性精神病人、尚未完全丧失辨认或者控制自己行为能力的精神病人的证明材料。
三、证明单位的证据。
证明是否属于依法成立并有合法经营、管理范围的公司、企业、事业单位、机关、团体。
证明单位的名称、住所地、性质、法定代表人、单位负责人、业务范围、成立时间等证据材料，如企业营业执照、国有公司性质证明及非法人单位的身份证明等。
四、证明法定代表人、单位负责人或直接责任人员等的身份证据。
法定代表人、直接负责的主管人员和其他直接责任人在单位的任职、职责、负责权限的证明材料等。包括身份证明、户籍证明、任职证明等，如户口簿、居民身份证、工作证、护照、专业或技术等级证、干部履历表、职工登记表、任命书、业务分工文件、委派文件、单位证明、单位规章制度等。</td></tr>
<tr><td>主观方面的证据</td><td>证明行为人故意的证据：1. 证明行为人明知的证据：证明行为人明知自己的行为会发生危害社会的结果。2. 证明直接故意的证据：证明行为人希望危害结果发生。3. 证明间接故意的证据：证明行为人放任危害结果发生。4. 目的：（1）获取非法利润；（2）牟利；（3）营利。</td></tr>
</table>

<table>
<tr><td rowspan="2">证据参考标准</td><td>客观方面的证据</td><td colspan="2">证明行为人危害珍贵、濒危野生动物犯罪行为的证据。
具体证据包括：1. 证明行为人猎捕国家重点保护的珍贵、濒危野生动物行为的证据；2. 证明行为人杀害国家重点保护的珍贵、濒危野生动物行为的证据；3. 证明行为人猎捕国家重点保护的珍贵、濒危野生动物情节严重的证据；4. 证明行为人猎捕国家重点保护的珍贵、濒危野生动物情节特别严重行为的证据；5. 证明行为人杀害国家重点保护的珍贵、濒危野生动物情节严重行为的证据；6. 证明行为人杀害国家重点保护的珍贵、濒危野生动物情节特别严重行为的证据；7. 证明行为人非法收购国家重点保护的珍贵、濒危野生动物行为的证据；8. 证明行为人非法运输国家重点保护的珍贵、濒危野生动物行为的证据；9. 证明行为人非法出售国家重点保护的珍贵、濒危野生动物行为的证据；10. 证明行为人非法收购、运输、出售国家重点保护的珍贵、濒危野生动物制品行为的证据；11. 证明行为人非法收购、运输、出售国家重点保护的珍贵、濒危野生动物及其制品情节严重行为的证据；12. 证明行为人非法收购、运输、出售国家重点保护的珍贵、濒危野生动物及其制品情节特别严重行为的证据。</td></tr>
<tr><td>量刑方面的证据</td><td colspan="2">一、法定量刑情节证据。
1. 事实情节：（1）情节严重；（2）情节特别严重。2. 法定从重情节。3. 法定从轻减轻情节：（1）可以从轻；（2）可以从轻或减轻；（3）应当从轻或者减轻。4. 法定从轻减轻免除情节：（1）可以从轻、减轻或者免除处罚；（2）应当从轻、减轻或者免除处罚。5. 法定减轻免除情节：（1）可以减轻或者免除处罚；（2）应当减轻或者免除处罚；（3）可以免除处罚。
二、酌定量刑情节证据。
1. 犯罪手段：（1）捕；（2）猎；（3）杀；（4）收购；（5）运输；（6）加工；（7）出售；（8）其他。2. 犯罪对象。3. 危害结果。4. 动机。5. 平时表现。6. 认罪态度。7. 是否有前科。8. 其他证据。</td></tr>
<tr><td rowspan="4">量刑标准</td><td colspan="2">犯本罪的</td><td>处五年以下有期徒刑或者拘役，并处罚金</td></tr>
<tr><td colspan="2">情节严重的</td><td>处五年以上十年以下有期徒刑，并处罚金</td></tr>
<tr><td colspan="2">情节特别严重的</td><td>处十年以上有期徒刑，并处罚金或者没收财产</td></tr>
<tr><td colspan="2">单位犯本罪的</td><td>对单位判处罚金，并对其直接负责的主管人员和其他直接责任人员，依上述规定处罚</td></tr>
<tr><td>法律适用</td><td>刑法条文</td><td colspan="2">第三百四十一条第一款　非法猎捕、杀害国家重点保护的珍贵、濒危野生动物的，或者非法收购、运输、出售国家重点保护的珍贵、濒危野生动物及其制品的，处五年以下有期徒刑或者拘役，并处罚金；情节严重的，处五年以上十年以下有期徒刑，并处罚金；情节特别严重的，处十年以上有期徒刑，并处罚金或者没收财产。
第三百四十六条　单位犯本节第三百三十八条至第三百四十五条规定之罪的，对单位判处罚金，并对其直接负责的主管人员和其他直接责任人员，依照本节各该条的规定处罚。</td></tr>
</table>

法律适用

立法解释

全国人民代表大会常务委员会《关于〈中华人民共和国刑法〉第三百四十一条、第三百一十二条的解释》（2014年4月24日第十二届全国人民代表大会常务委员会第八次会议通过）

全国人民代表大会常务委员会根据司法实践中遇到的情况，讨论了刑法第三百四十一条第一款规定的非法收购国家重点保护的珍贵、濒危野生动物及其制品的含义和收购刑法第三百四十一条第二款规定的非法狩猎的野生动物如何适用刑法有关规定的问题，解释如下：

知道或者应当知道是国家重点保护的珍贵、濒危野生动物及其制品，为食用或者其他目的而非法购买的，属于刑法第三百四十一条第一款规定的非法收购国家重点保护的珍贵、濒危野生动物及其制品的行为。

知道或者应当知道是刑法第三百四十一条第二款规定的非法狩猎的野生动物而购买的，属于刑法第三百一十二条第一款规定的明知是犯罪所得而收购的行为。

现予公告。

司法解释

一、最高人民法院《关于审理破坏野生动物资源刑事案件具体应用法律若干问题的解释》（2000年11月27日最高人民法院公布　自2000年12月11日起施行　法释〔2000〕37号）

为依法惩处破坏野生动物资源的犯罪活动，根据刑法的有关规定，现就审理这类案件具体应用法律的若干问题解释如下：

第一条　刑法第三百四十一条第一款规定的“珍贵、濒危野生动物”，包括列入国家重点保护野生动物名录的国家一、二级保护野生动物、列入《濒危野生动植物种国际贸易公约》附录一、附录二的野生动物以及驯养繁殖的上述物种。

第二条　刑法第三百四十一条第一款规定的“收购”，包括以营利、自用等为目的的购买行为；“运输”，包括采用携带、邮寄、利用他人、使用交通工具等方法进行运送的行为；“出售”，包括出卖和以营利为目的的加工利用行为。

第三条　非法猎捕、杀害、收购、运输、出售珍贵、濒危野生动物具有下列情形之一的，属于“情节严重”：

（一）达到本解释附表所列相应数量标准的；

（二）非法猎捕、杀害、收购、运输、出售不同种类的珍贵、濒危野生动物，其中两种以上分别达到附表所列“情节严重”数量标准一半以上的。

非法猎捕、杀害、收购、运输、出售珍贵、濒危野生动物具有下列情形之一的，属于“情节特别严重”：

（一）达到本解释附表所列相应数量标准的；

（二）非法猎捕、杀害、收购、运输、出售不同种类的珍贵、濒危野生动物，其中两种以上分别达到附表所列“情节特别严重”数量标准一半以上的。

第四条　非法猎捕、杀害、收购、运输、出售珍贵、濒危野生动物构成犯罪，具有下列情形之一的，可以认定为“情节严重”；非法猎捕、杀害、收购、运输、出售珍贵、濒危野生动物符合本解释第三条第一款的规定，并具有下列情形之一的，可以认定为“情节特别严重”：

（一）犯罪集团的首要分子；

（二）严重影响对野生动物的科研、养殖等工作顺利进行的；

（三）以武装掩护方法实施犯罪的；

（四）使用特种车、军用车等交通工具实施犯罪的；

（五）造成其他重大损失的。

第五条 非法收购、运输、出售珍贵、濒危野生动物制品具有下列情形之一的，属于“情节严重”：

（一）价值在十万元以上的；

（二）非法获利五万元以上的；

（三）具有其他严重情节的。

非法收购、运输、出售珍贵、濒危野生动物制品具有下列情形之一的，属于“情节特别严重”：

（一）价值在二十万元以上的；

（二）非法获利十万元以上的；

（三）具有其他特别严重情节的。

第六条 违反狩猎法规，在禁猎区、禁猎期或者使用禁用的工具、方法狩猎，具有下列情形之一的，属于非法狩猎“情节严重”：

（一）非法狩猎野生动物二十只以上的；

（二）违反狩猎法规，在禁猎区或者禁猎期使用禁用的工具、方法狩猎的；

（三）具有其他严重情节的。

第七条 使用爆炸、投毒、设置电网等危险方法破坏野生动物资源，构成非法猎捕、杀害珍贵、濒危野生动物罪或者非法狩猎罪，同时构成刑法第一百一十四条或者第一百一十五条规定之罪的，依照处罚较重的规定定罪处罚。

第八条 实施刑法第三百四十一条规定的犯罪，又以暴力、威胁方法抗拒查处，构成其他犯罪的，依照数罪并罚的规定处罚。

第九条 伪造、变造、买卖国家机关颁发的野生动物允许进出口证明书、特许猎捕证、狩猎证、驯养繁殖许可证等公文、证件构成犯罪的，依照刑法第二百八十条第一款的规定以伪造、变造、买卖国家机关公文、证件罪定罪处罚。

实施上述行为构成犯罪，同时构成刑法第二百二十五条第二项规定的非法经营罪的，依照处罚较重的规定定罪处罚。

第十条 非法猎捕、杀害、收购、运输、出售《濒危野生动植物种国际贸易公约》附录一、附录二所列的非原产于我国的野生动物“情节严重”、“情节特别严重”的认定标准，参照本解释第三条、第四条以及附表所列与其同属的国家一、二级保护野生动物的认定标准执行；没有与其同属的国家一、二级保护野生动物的，参照与其同科的国家一、二级保护野生动物的认定标准执行。

第十一条 珍贵、濒危野生动物制品的价值，依照国家野生动物保护主管部门的规定核定；核定价值低于实际交易价格的，以实际交易价格认定。

第十二条 单位犯刑法第三百四十一条规定之罪，定罪量刑标准依照本解释的有关规定执行。

附：非法猎捕、杀害、收购、运输、出售珍贵、濒危野生动物刑事案件“情节严重”、“情节特别严重”数量认定标准

非法猎捕、杀害、收购、运输、出售珍贵、濒危野生动物刑事案件“情节严重”、“情节特别严重”数量认定标准

中文名	拉丁文名	级别	情节严重	情节特别严重
蜂猴	*Nycticebus spp.*	I	3	4
熊猴	*Macaca assamensis*	I	2	3
台湾猴	*Macaca cyclopis*	I	1	2
豚尾猴	*Nacaca nemesdtrina*	I	2	3
叶猴（所有种）	*Prebtris spp.*	I	1	2
金丝猴（所有种）	*Rhinopithecus spp.*	I		1
长臂猿（所有种）	*Hylobates spp.*	I	1	2
马来熊	*Helarctos malayanus*	I	2	3
大熊猫	*Ailuropoda melanoleuca*	I		1
紫貂	*Murtes zibellina*	I	3	4
貂熊	*Gulo gulo*	I	2	3
熊狸	*Arcticlis binturong*	I	1	2
云豹	*Neofelis nebulosa*	I		1
豹	*Panthera pardus*	I		1
雪豹	*Panthera uncia*	I		1
虎	*Panthera tigris*	I		1
亚洲象	*Elephas maximus*	I		1
蒙古野驴	*Equus hemionus*	I	2	3
西藏野驴	*Equus kiang*	I	3	5
野马	*Equus przewalskii*	I		1
野骆驼	*Camelus ferus*（=*bactrianus*）	I	1	2
鼷鹿	*Tragulus javanicus*	I	2	3
黑麂	*Muntiacus crinifrons*	I	1	2
白唇鹿	*Cervus albirostris*	I	1	2
坡鹿	*Cervus eldi*	I	1	2
梅花鹿	*Cervus nippon*	I	2	3
豚鹿	*Cervus porcinus*	I	2	3
麋鹿	*Elaphurus davidianus*	I	1	2
野牛	*Bos gaurus*	I	1	2
野牦牛	*Bos mutus*（=*grunniens*）	I	2	3

中文名	拉丁文名	级别	情节严重	情节特别严重
普氏原羚	*Procapra przewalskii*	I	1	2
藏羚	*Pantholops hodgsoni*	I	2	3
高鼻羚羊	*Saiga tatarica*	I		1
扭角羚	*Budorcas taxicolor*	I	1	2
台湾鬣羚	*Capricornis crispus*	I	2	3
赤斑羚	*Naemorhedus cranbrooki*	I	2	4
塔尔羊	*Hemitragus jemlahicus*	I	2	4
北山羊	*Capraibex*	I	2	4
河狸	*Castor fiber*	I	1	2
短尾信天翁	*Diomedea albatrus*	I	2	4
白腹军舰鸟	*Fregata andrewsi*	I	2	4
白鹳	*Ciconia ciconia*	I	2	4
黑鹳	*Ciconianigra*	I	2	4
朱鹮	*Nipponia nippon*	I		1
中华沙秋鸭	*Mergus squamatus*	I	2	3
金雕	*Aquila chrysaelos*	I	2	4
白肩雕	*Aquila heliaca*	I	2	4
玉带海雕	*Haliaeetus leucoryphus*	I	2	4
白尾海雕	*Haliaeetus albcilla*	I	2	3
虎头海雕	*Haliaeetus pelagicus*	I	2	4
拟兀鹫	*Pseudogyps bengalensis*	I	2	4
胡兀鹫	*Gypaetus barbatus*	I	2	4
细嘴松鸡	*Tetrao parvirostris*	I	3	5
斑尾榛鸡	*Tetrastes sewerzowi*	I	3	5
雉鹑	*Tetraophasis obscurus*	I	3	5
四川山鹧鸪	*Arborophila rufipectus*	I	3	5
海南山鹧鸪	*Arborophila ardens*	I	3	5
黑头角雉	*Tragopan melanocephalus*	I	2	3
红胸角雉	*Tragopan satyra*	I	2	4
灰腹角雉	*Tragopan blythii*	I	2	3
黄腹角雉	*Tragopan caboti*	I	2	3

法律适用 司法解释

中文名	拉丁文名	级别	重大案件	特别重大案件
虹雉（所有种）	*Lophophorus spp.*	I	2	4
褐马鸡	*Crossoptilon mantchuricum*	I	2	3
蓝鹇	*Lophura swinhoii*	I	2	3
黑颈长尾雉	*Syrmaticus humiae*	I	2	4
白颈长尾雉	*Syrmaticus ewllioti*	I	2	4
黑长尾雉	*Syrmaticus mikado*	I	2	4
孔雀雉	*Polyplectrom bicalcarrtum*	I	2	3
绿孔雀	*Pavo muticus*	I	2	3
黑颈鹤	*Grus nigricollis*	I	2	3
白头鹤	*Grus monacha*	I	2	3
丹顶鹤	*Grus japonensis*	I	2	3
白鹤	*Grus leucogeranus*	I	2	3
赤颈鹤	*Grus antigone*	I	1	2
鸨（所有种）	*Otis spp.*	I	4	6
遗鸥	*Larus relicius*	I	2	4
四爪陆龟	*Testudo horsfieldi*	I	4	8
鳄蜥	*Shinisaurus crocodilurus*	I	2	4
巨蜥	*Varanus salvator*	I	2	4
蟒	*Python molurus*	I	2	4
扬子鳄	*Alligator sinensis*	I	1	2
中华蛩蠊	*Galloisianx sinensis*	I	3	6
金斑喙凤蝶	*Teinopalpus aureus*	I	3	6
短尾猴	*Macaca arctoides*	II	6	10
猕猴	*Macaca mulatta*	II	6	10
藏酋猴	*Macaca thibetana*	II	6	10
穿山甲	*Manis pentadactyla*	II	8	16
豺	*Cuon alpinus*	II	4	6
黑熊	*Selenaretos thibetanus*	II	3	5
棕熊	*Ursus arctos*（*U. a. pruinosus*）	II	3	5
小熊猫	*Ailurus fulgens*	II	3	5
石貂	*Martes foina*	II	4	10
黄喉貂	*Martes flavigula*	II	4	10

中文名	拉丁文名	级别	重大案件	特别重大案件
斑林狸	*Prionodon pardicolor*	II	4	8
大灵猫	*Viverra zibetha*	II	3	5
小灵猫	*Viverricula indica*	II	4	8
草原斑猫	*Felislybica*（=*silvestris*）	II	4	8
荒漠猫	*Felis bieti*	II	4	10
丛林猫	*Felis chaus*	II	4	8
猞猁	*Felis lynx*	II	2	3
兔狲	*Felis manul*	II	3	5
金猫	*Felis temmincki*	II	4	8
渔猫	*Felis viverrinus*	II	4	8
麝（所有种）	*Moschus spp.*	II	3	5
河麂	*Hydropotes inermis*	II	4	8
马鹿（含白臀鹿）	*Cervus elaphus*（*C. e. macneilli*）	II	4	6
水鹿	*Cervus unicolor*	II	3	5
驼鹿	*Alces alces*	II	3	5
黄羊	*Procapra gutturosa*	II	8	15
藏原羚	*Procapra picticaudata*	II	4	8
鹅喉羚	*Gazella subgutturosa*	II	4	8
鬣羚	*Capricornis sumatraensis*	II	3	4
斑羚	*Naenorhedus goral*	II	4	8
岩羊	*Pseudois nayaur*	II	4	8
盘羊	*Ovis anmon*	II	3	5
海南兔	*Lepus peguensis hainanus*	II	6	10
雪兔	*Lepus timidus*	II	6	10
塔里木兔	*Lepus yarkandensis*	II	20	40
巨松鼠	*Ratufa bicolor*	II	6	10
角䴙䴘	*Podiceps auritus*	II	6	10
赤颈䴙䴘	*Podiceps gresegena*	II	6	8
鹈鹕（所有种）	*Pelecanus spp.*	II	4	8
鲣鸟（所有种）	*Sula spp.*	II	6	10
海鸬鹚	*Phalacrocorax pelagicus*	II	4	8
黑颈鸬鹚	*Phalacrocrax niger*	II	4	8

中文名	拉丁文名	级别	重大案件	特别重大案件
黄嘴白鹭	*Egretta eulophotes*	II	6	10
岩鹭	*Egretta sacra*	II	6	20
海南虎斑	*Gorsachius magnificus*	II	6	10
小苇开	*Ixbrychusminutus*	II	6	10
彩鹳	*Ibis leucocephalus*	II	3	4
白环	*Threskiornis aethiopicus*	II	4	8
黑环	*Pseudibis papillosa*	II	4	8
彩环	*Pseudibis falcinellus*	II	4	8
白琵鹭	*Platalea leucorodia*	II	4	8
黑脸琵鹭	*Platalea ninor*	II	4	8
红胸黑雁	*Branta ruficollis*	II	4	8
白额雁	*Anser albifrons*	II	6	10
天鹅（所有种）	*Cygnus spp.*	II	6	10
鸳鸯	*Aix galericulata*	II	6	10
其他鹰类	(*Accipitridae*)	II	4	8
隼类（所有种）	*Falconidae*	II	6	10
黑琴鸡	*Lyrurus tetrix*	II	4	8
柳雷鸟	*Lagopus lagopus*	II	4	8
岩雷鸟	*Lagopus mutus*	II	6	10
镰翅鸡	*Falcipennis falcipennis*	II	3	4
花尾榛鸡	*Tetrastes bonasia*	II	10	20
雪鸡（所有种）	*Tetraoallus spp.*	II	10	20
血雉	*Ithaginis cruentus*	II	4	6
红腹角雉	*Tragopan teminckii*	II	4	6
藏马鸡	*Crossoptilon crossoptilon*	II	4	6
蓝马鸡	*Crossoptilon auritum*	II	4	10
黑鹇	*Lophura leuconelana*	II	6	8
白鹇	*Lophura nycthemera*	II	6	10
原鸡	*Gallus gallus*	II	6	8
勺鸡	*Pucrasia macrolopha*	II	6	8
白冠长尾雉	*Syrmaticus reevesii*	II	4	6
锦鸡（所有种）	*Chrysolsphus spp.*	II	4	6

中文名	拉丁文名	级别	重大案件	特别重大案件
灰鹤	*Grus grus*	II	4	8
沙丘鹤	*Grus canadensis*	II	4	8
白枕鹤	*Grus vipio*	II	4	8
蓑羽鹤	*Anthropoides virgo*	II	6	10
长脚秧鸡	*Crex crex*	II	6	10
姬田鸡	*Porzana parva*	II	6	10
棕背田鸡	*Porzana bicolor*	II	6	10
花田鸡	*Coturnicops noveboracensis*	II	6	10
铜翅水雉	*Metopidius indicus*	II	6	10
小杓鹬	*Numenius borealis*	II	8	15
小青脚鹬	*Tringa guttifer*	II	6	10
灰燕	*Glareola lactea*	II	6	10
小鸥	*Larus minutus*	II	6	10
黑浮鸥	*Chlidonias niger*	II	6	10
黄嘴河燕鸥	*Sterna aurantia*	II	6	10
黑嘴端凤头燕鸥	*Thalasseus zimmermanni*	II	4	8
黑腹沙鸡	*Petrocles orientalis*	II	4	8
绿鸠（所有种）	*Treron spp.*	II	6	8
黑颏果鸠	*Ptilinopus leclancheri*	II	6	10
皇鸠（所有种）	*Ducula spp.*	II	6	10
斑尾林鸽	*Columba palumbus*	II	6	10
鹃鸠（所有种）	*Macropygia spp.*	II	6	10
鹦鹉科（所有种）	*Psittacidae.*	II	6	10
鸦鹃（所有种）	*Centropus spp.*	II	6	10
号形目（所有种）	*STRIGIFORMES*	II	6	10
灰喉针尾雨燕	*Hirundapus cochinchinensis*	II	6	10
凤头雨燕	*Hemiprocne longipennis*	II	6	10
橙胸咬鹃	*Harpactes oreskios*	II	6	10
蓝耳翠鸟	*Alcedo meninting*	II	6	10
鹳嘴翠鸟	*Pelargopsis capensis*	II	6	10
黑胸蜂虎	*Merops leschenaulti*	II	6	10
绿喉蜂虎	*Merops orientalis*	II	6	10

中文名	拉丁文名	级别	重大案件	特别重大案件
犀鸟科（所有种）	*Bucerotidae*	II	4	8
白腹黑啄木鸟	*Dryocopus javensis*	II	6	10
阔嘴鸟科（所有种）	*Eurylaimidae*	II	6	10
八色鸫科（所有种）	*Pittidae*	II	6	10
凹甲陆龟	*Manouria impressa*	II	6	10
大壁虎	*Gekko gecko*	II	10	20
虎纹蛙	*Ranatigrina*	II	100	200
伟铗八	*Atlasjapyxatlas*	II	6	10
尖板曦箭蜓	*Heliogomphus retroflexus*	II	6	10
宽纹北箭蜓	*Ophiogomphus spinicorne*	II	6	10
中华缺翅虫	*Zorotypus sinesis*	II	6	10
墨脱缺翅虫	*Zorotypus medoensis*	II	6	10
拉步甲	*Carabus*（*Coptolabrus*）*lafossei*	II	6	10
硕步甲	*Carabus*（*Apotopterus*）*davidi*	II	6	10
彩臂金龟（所有种）	*Cheirotonus spp.*	II	6	10
叉犀金龟	*Allomyrina davidis*	II	6	10
双尾褐凤蝶	*Bhutanitis mansfieldi*	II	6	10
三尾褐凤蝶	*Bhutanitisthaidinadongchuanensis*	II	6	10
中华虎凤蝶	*Luehdorfiachinensishuashanensis*	II	6	10
阿波罗绢蝶	*Parnassius apollo*	II	6	10

二、最高人民检察院、公安部《关于公安机关管辖的刑事案件立案追诉标准的规定（一）》（节录）（2008年6月25日最高人民检察院、公安部公布 自公布之日起施行 公通字〔2008〕36号 2017年4月27日修正）

第六十四条 ［非法猎捕、杀害珍贵、濒危野生动物案（刑法第三百四十一条第一款）］非法猎捕、杀害国家重点保护的珍贵、濒危野生动物的，应予立案追诉。

本条和本规定第六十五条规定的“珍贵、濒危野生动物”，包括列入《国家重点保护野生动物名录》的国家一、二级保护野生动物、列入《濒危野生动植物种国际贸易公约》附录一、附录二的野生动物以及驯养繁殖的上述物种。

第六十五条 ［非法收购、运输、出售珍贵、濒危野生动物、珍贵、濒危野生动物制品案（刑法第三百四十一条第一款）］非法收购、运输、出售国家重点保护的珍贵、濒危野生动物及其制品的，应予立案追诉。

本条规定的“收购”，包括以营利、自用等为目的的购买行为；“运输”，包括采用携带、邮寄、利用他人、使用交通工具等方法进行运送的行为；“出售”，包括出卖和以营利为目的的加工利用行为。

法律适用 司法解释

三、最高人民法院、最高人民检察院、公安部、司法部《关于依法惩治妨害新型冠状病毒感染肺炎疫情防控违法犯罪的意见》（节录）（2020年2月6日最高人民法院、最高人民检察院、公安部、司法部公布　自公布之日起施行　法发〔2020〕7号）

二、准确适用法律，依法严惩妨害疫情防控的各类违法犯罪

（九）依法严惩破坏野生动物资源犯罪。非法猎捕、杀害国家重点保护的珍贵、濒危野生动物的，或者非法收购、运输、出售国家重点保护的珍贵、濒危野生动物及其制品的，依照刑法第三百四十一条第一款的规定，以非法猎捕、杀害珍贵、濒危野生动物罪或者非法收购、运输、出售珍贵、濒危野生动物、珍贵、濒危野生动物制品罪定罪处罚。

违反狩猎法规，在禁猎区、禁猎期或者使用禁用的工具、方法进行狩猎，破坏野生动物资源，情节严重的，依照刑法第三百四十一条第二款的规定，以非法狩猎罪定罪处罚。

违反国家规定，非法经营非国家重点保护野生动物及其制品（包括开办交易场所、进行网络销售、加工食品出售等），扰乱市场秩序，情节严重的，依照刑法第二百二十五条第四项的规定，以非法经营罪定罪处罚。

知道或者应当知道是国家重点保护的珍贵、濒危野生动物及其制品，为食用或者其他目的而非法购买，符合刑法第三百四十一条第一款规定的，以非法收购珍贵、濒危野生动物、珍贵、濒危野生动物制品罪定罪处罚。

知道或者应当知道是非法狩猎的野生动物而购买，符合刑法第三百一十二条规定的，以掩饰、隐瞒犯罪所得罪定罪处罚。

四、最高人民法院《关于审理发生在我国管辖海域相关案件若干问题的规定（二）》（节录）（2016年8月1日最高人民法院公布　自2016年8月2日起施行　法释〔2016〕17号）

第五条　非法采捕珊瑚、砗磲或者其他珍贵、濒危水生野生动物，具有下列情形之一的，应当认定为刑法第三百四十一条第一款规定的“情节严重”：

（一）价值在五十万元以上的；

（二）非法获利二十万元以上的；

（三）造成海域生态环境严重破坏的；

（四）造成严重国际影响的；

（五）其他情节严重的情形。

实施前款规定的行为，具有下列情形之一的，应当认定为刑法第三百四十一条第一款规定的“情节特别严重”：

（一）价值或者非法获利达到本条第一款规定标准五倍以上的；

（二）价值或者非法获利达到本条第一款规定的标准，造成海域生态环境严重破坏的；

（三）造成海域生态环境特别严重破坏的；

（四）造成特别严重国际影响的；

（五）其他情节特别严重的情形。

第六条　非法收购、运输、出售珊瑚、砗磲或者其他珍贵、濒危水生野生动物及其制品，具有下列情形之一的，应当认定为刑法第三百四十一条第一款规定的“情节严重”：

法律适用

司法解释

（一）价值在五十万元以上的；
（二）非法获利在二十万元以上的；
（三）具有其他严重情节的。

非法收购、运输、出售珊瑚、砗磲或者其他珍贵、濒危水生野生动物及其制品，具有下列情形之一的，应当认定为刑法第三百四十一条第一款规定的“情节特别严重”：

（一）价值在二百五十万元以上的；
（二）非法获利在一百万元以上的；
（三）具有其他特别严重情节的。

第七条 对案件涉及的珍贵、濒危水生野生动物的种属难以确定的，由司法鉴定机构出具鉴定意见，或者由国务院渔业行政主管部门指定的机构出具报告。

珍贵、濒危水生野生动物或者其制品的价值，依照国务院渔业行政主管部门的规定核定。核定价值低于实际交易价格的，以实际交易价格认定。

本解释所称珊瑚、砗磲，是指列入《国家重点保护野生动物名录》中国家一、二级保护的，以及列入《濒危野生动植物种国际贸易公约》附录一、附录二中的珊瑚、砗磲的所有种，包括活体和死体。

第八条 实施破坏海洋资源犯罪行为，同时构成非法捕捞罪、非法猎捕、杀害珍贵、濒危野生动物罪、组织他人偷越国（边）境罪、偷越国（边）境罪等犯罪的，依照处罚较重的规定定罪处罚。

有破坏海洋资源犯罪行为，又实施走私、妨害公务等犯罪的，依照数罪并罚的规定处理。

相关法律法规

《中华人民共和国野生动物保护法》（节录）（1988 年 11 月 8 日中华人民共和国主席令第 9 号公布　自 1989 年 3 月 1 日起施行　2004 年 8 月 28 日第一次修正　2009 年 8 月 27 日第二次修正　2016 年 7 月 2 日修订　2018 年 10 月 26 日第三次修正）

第四十五条 违反本法第二十条、第二十一条、第二十三条第一款、第二十四条第一款规定，在相关自然保护区域、禁猎（渔）区、禁猎（渔）期猎捕国家重点保护野生动物，未取得特许猎捕证、未按照特许猎捕证规定猎捕、杀害国家重点保护野生动物，或者使用禁用的工具、方法猎捕国家重点保护野生动物的，由县级以上人民政府野生动物保护主管部门、海洋执法部门或者有关保护区域管理机构按照职责分工没收猎获物、猎捕工具和违法所得，吊销特许猎捕证，并处猎获物价值二倍以上十倍以下的罚款；没有猎获物的，并处一万元以上五万元以下的罚款；构成犯罪的，依法追究刑事责任。

第四十六条 违反本法第二十条、第二十二条、第二十三条第一款、第二十四条第一款规定，在相关自然保护区域、禁猎（渔）区、禁猎（渔）期猎捕非国家重点保护野生动物，未取得狩猎证、未按照狩猎证规定猎捕非国家重点保护野生动物，或者使用禁用的工具、方法猎捕非国家重点保护野生动物的，由县级以上地方人民政府野生动物保护主管部门或者有关保护区域管理机构按照职责分工没收猎获物、猎捕工具和违法所得，吊销狩猎证，并处猎获物价值一倍以上五倍以下的罚款；没有猎获物的，并处二千元以上一万元以下的罚款；构成犯罪的，依法追究刑事责任。

违反本法第二十三条第二款规定，未取得持枪证持枪猎捕野生动物，构成违反治安管理行为的，由公安机关依法给予治安管理处罚；构成犯罪的，依法追究刑事责任。

法律适用

相关法律法规

第四十八条 违反本法第二十七条第一款和第二款、第二十八条第一款、第三十三条第一款规定，未经批准、未取得或者未按照规定使用专用标识，或者未持有、未附有人工繁育许可证、批准文件的副本或者专用标识出售、购买、利用、运输、携带、寄递国家重点保护野生动物及其制品或者本法第二十八条第二款规定的野生动物及其制品的，由县级以上人民政府野生动物保护主管部门或者工商行政管理部门按照职责分工没收野生动物及其制品和违法所得，并处野生动物及其制品价值二倍以上十倍以下的罚款；情节严重的，吊销人工繁育许可证、撤销批准文件、收回专用标识；构成犯罪的，依法追究刑事责任。

违反本法第二十七条第四款、第三十三条第二款规定，未持有合法来源证明出售、利用、运输非国家重点保护野生动物的，由县级以上地方人民政府野生动物保护主管部门或者工商行政管理部门按照职责分工没收野生动物，并处野生动物价值一倍以上五倍以下的罚款。

违反本法第二十七条第五款、第三十三条规定，出售、运输、携带、寄递有关野生动物及其制品未持有或者未附有检疫证明的，依照《中华人民共和国动物防疫法》的规定处罚。

规章及规范性文件

国家林业局（已撤销）、公安部《关于森林和陆生野生动物刑事案件管辖及立案标准》（节录）（2001年5月9日公布　自公布之日起施行　林安字〔2001〕156号）

二、森林和陆生野生动物刑事案件的立案标准

（八）非法猎捕、杀害国家重点保护珍贵、濒危陆生野生动物案

凡非法猎捕、杀害国家重点保护的珍贵、濒危陆生野生动物的应当立案，重大案件、特别重大案件的立案标准详见附表。

（九）非法收购、运输、出售珍贵、濒危陆生野生动物、珍贵、濒危陆生野生动物制品案

非法收购、运输、出售国家重点保护的珍贵、濒危陆生野生动物的应当立案，重大案件、特别重大案件的立案标准见附表。

非法收购、运输、出售国家重点保护的珍贵、濒危陆生野生动物制品的，应当立案；制品价值在10万元以上或者非法获利5万元以上的，为重大案件；制品价值在20万元以上或非法获利10万元以上的，为特别重大案件。

三、其他规定

（五）非法猎捕、杀害、收购、运输、出售、走私《濒危野生动植物种国际贸易公约》附录一、附录二所列陆生野生动物的，其立案标准参照附表中同属或者同科的国家一、二级保护野生动物的立案标准执行。

（六）珍贵、濒危陆生野生动物制品的价值，依照国家野生动物行政主管部门的规定核定；核定价值低于实际交易价格的，以实际交易价格认定。

（七）单位作案的，执行本规定的立案标准。

（八）本规定中所指的“以上”，均包括本数在内。

113 非法狩猎案

概念

本罪是指行为人违反狩猎法规，在禁猎区、禁猎期或使用禁用工具、方法进行狩猎，破坏野生动物资源，情节严重的行为。

立案标准

违反狩猎法规，在禁猎区、禁猎期或者使用禁用的工具、方法狩猎，具有下列情形之一的，应当立案：

（1）非法狩猎陆生野生动物20只以上的；

（2）在禁猎区或者禁猎期使用禁用的工具、方法狩猎的；

（3）具有其他严重破坏野生动物资源情节的。

违反狩猎法规，在禁猎区、禁猎期或者使用禁用的工具、方法狩猎，非法狩猎陆生野生动物50只以上的，为重大案件；非法狩猎陆生野生动物100只以上或者具有其他恶劣情节的，为特别重大案件。

定罪标准		
定罪标准	犯罪客体	本罪侵犯的客体是国家对非国家重点保护的野生动物资源的管理制度。犯罪对象是非国家重点保护的野生动物资源。国家对野生动物的狩猎活动进行必要的管理，其根本的目的是为了保证野生动物的正常生息繁衍，保证一定的种群数量，保证人们对野生动物资源能够进行持续有效的利用。反之，如听任狩猎者进行狩猎，为追求短期经济效益进行种群灭绝式的猎杀，必然导致我国野生动物资源枯竭，生态平衡遭到破坏。取得狩猎证，允许进行狩猎的是除了国家重点保护野生动物名录以外的其他种类的野生动物。无论是国家重点保护的还是非重点保护的，都是国家的野生动物资源。因此，必须依法惩治非法狩猎情节严重的行为。
定罪标准	犯罪客观方面	本罪在客观方面表现为违反狩猎法规，在禁猎期、禁猎区内狩猎野生动物或使用禁用工具、方法在任何时间、地点猎捕野生动物，破坏野生动物资源，情节严重的行为。违反狩猎法规，主要是指违反《野生动物保护法》和有关法规。这是构成本罪的前提条件。“禁猎区”是指国家对适宜野生动物栖息繁殖的地区，不准狩猎；需要保护自然环境的地区，包括城镇、工矿区、革命圣地、名胜古迹、风景旅游区等，也不准狩猎。“禁猎期”，是指根据野生动物的繁殖、肉食、皮毛成熟的季节，分别规定禁止猎捕的期限。“禁用的工具”，是指足以破坏野生动物资源，危害人畜安全，或者破坏森林、草原的工具，如地枪、猎套、猎夹、排铳等。《野生动物保护法》第24条明确规定：“禁止使用毒药、爆炸物、电击或者电子诱捕装置以及猎套、猎夹、地枪、排铳等工具进行猎捕，禁止使用夜间照明行猎、歼灭性围猎、捣毁巢穴、火攻、烟熏、网捕等方法进行猎捕，但因科学研究确需网捕、电子诱捕的除外。前款规定以外的禁止使用的猎捕工具和方法，由县级以上地方人民政府规定并公布。”《陆生野生动物保护实施条例》第18条规定：“禁止使用军用武器、气枪、毒药、炸药、地枪、排

<table>
<tr><td rowspan="6">定罪标准</td><td>犯罪客观方面</td><td>铳、非人为直接操作并危害人畜安全的狩猎装置、夜间照明行猎、歼灭性围猎、火攻、烟熏以及县级以上各级人民政府或者其野生动物行政主管部门规定禁止使用的其他狩猎工具和方法狩猎。”“禁用的方法”，是指禁止使用的损害野生动物资源正常繁殖、生长的方法，如使用炸药、毒药、火攻、烟熏、掏窝、捡蛋等方法。行为人的行为只要触犯上述四种情况的任何一种，并属于情况严重，就构成犯罪。</td></tr>
<tr><td>犯罪主体</td><td>本罪的主体是一般主体，即自然人和单位都可以成为本罪的主体。</td></tr>
<tr><td>犯罪主观方面</td><td>本罪在主观方面表现为故意，过失不构成本罪。</td></tr>
<tr><td>罪与非罪</td><td>区分罪与非罪的界限，要注意：行为人除在禁猎区、禁猎期或使用禁用工具、方法进行狩猎外，还必须达到“情节严重”才构成本罪。关于“情节严重”的认定，已有司法解释。</td></tr>
<tr><td>此罪与彼罪</td><td>一、本罪与危害珍贵、濒危野生动物罪的界限。两罪的犯罪主体、主观方面都相同，皆属故意犯罪。两罪侵犯的客体不尽相同，其同类客体都是对环境资源保护和管理制度的侵犯，只是犯罪所侵犯的直接客体有所不同，非法狩猎罪所侵犯的客体为国家保护野生动物资源的管理制度；而危害珍贵、濒危野生动物罪所侵犯的客体为国家对珍贵、濒危野生动物资源的重点保护制度。两罪的主要区别是：（1）犯罪客观方面不同。非法狩猎罪主要表现为在禁猎区、禁猎期或使用禁用工具、方法实施的狩猎行为，且情节严重的才构成犯罪；而危害珍贵、濒危野生动物罪则表现为非法猎捕、杀害珍贵、濒危野生动物或者非法收购、运输、出售国家重点保护的珍贵、濒危野生动物及其制品的行为，行为人只要客观上实施了前述行为，即可构成犯罪，不受任何“禁止性”条件和情节是否严重的限制。（2）犯罪对象不同。非法狩猎罪的犯罪对象主要是指珍贵、濒危野生动物以外的一般陆生野生动物；而危害珍贵、濒危野生动物罪的犯罪对象为《国家重点保护野生动物名录》中的珍贵、濒危野生动物，既包括陆生的野生动物，也包括水生的野生动物。
二、本罪与非法捕捞水产品罪的界限。非法捕捞水产品罪，是指违反保护水产资源法规，在禁渔区、禁渔期或者使用禁用的工具、方法捕捞水产品，情节严重的行为。两罪在犯罪主体、主观方面较为一致，都属于故意犯罪的范畴。区别在于：（1）客体不尽相同。其同类客体都是对环境资源保护和管理制度的侵犯，只是犯罪所侵犯的直接客体有所不同，非法狩猎罪所侵犯的直接客体为国家保护野生动物资源的管理制度；而非法捕捞水产品罪所侵犯的客体为国家保护水产资源的管理制度。（2）犯罪对象不同。非法狩猎罪的对象是除国家重点保护的珍贵、濒危野生动物资源、水生野生动物资源以外的陆生野生动物资源；而非法捕捞水产品罪的犯罪对象则为除国家重点保护的珍贵、濒危陆生和水生野生动物资源以外的其他水产品资源，这些水产品资源</td></tr>
</table>

<table>
<tr><td>定罪标准</td><td>此罪与彼罪</td><td>不仅包括水生野生动物，还包括海藻类、淡水食用水生植物类等水产品。(3) 行为内容不同。非法狩猎罪在违反“四个禁止性规定”的前提下，突出了与危害陆生动物相关的“狩猎”行为；而非法捕捞水产品罪则在“四个禁止性规定”的前提下，强调的是危及水产资源的“捕捞”行为。故两者所违反的“四个禁止性规定”实为形式相同而内容各异的限制性规定。</td></tr>
<tr><td rowspan="3">证据参考标准</td><td>主体方面的证据</td><td>一、证明行为人刑事责任年龄、身份等自然情况的证据。
包括身份证明、户籍证明、任职证明、工作经历证明、特定职责证明等，主要是证明行为人的姓名（曾用名）、性别、出生年月日、民族、籍贯、出生地、职业（或职务）、住所地（或居所地）等证据材料，如户口簿、居民身份证、工作证、出生证、专业或技术等级证、干部履历表、职工登记表、护照等。
对于户籍、出生证等材料内容不实的，应提供其他证据材料。外国人犯罪的案件，应有护照等身份证明材料。人大代表、政协委员犯罪的案件，应注明身份，并附身份证明材料。
二、证明行为人刑事责任能力的证据。
证明行为人对自己的行为是否具有辨认能力与控制能力，如是否属于间歇性精神病人、尚未完全丧失辨认或者控制自己行为能力的精神病人的证明材料。
三、证明单位的证据。
证明是否属于依法成立并有合法经营、管理范围的公司、企业、事业单位、机关、团体。
证明单位的名称、住所地、性质、法定代表人、单位负责人、业务范围、成立时间等证据材料，如企业营业执照、国有公司性质证明及非法人单位的身份证明等。
四、证明法定代表人、单位负责人或直接责任人员等的身份证据。
法定代表人、直接负责的主管人员和其他直接责任人在单位的任职、职责、负责权限的证明材料等。包括身份证明、户籍证明、任职证明等，如户口簿、居民身份证、工作证、护照、专业或技术等级证、干部履历表、职工登记表、任命书、业务分工文件、委派文件、单位证明、单位规章制度等。</td></tr>
<tr><td>主观方面的证据</td><td>证明行为人故意的证据：1. 证明行为人明知的证据：证明行为人明知自己的行为会发生危害社会的结果。2. 证明直接故意的证据：证明行为人希望危害结果发生。3. 目的：(1) 获取非法利润；(2) 牟利；(3) 营利。</td></tr>
<tr><td>客观方面的证据</td><td>证明行为人非法狩猎犯罪行为的证据。
具体证据包括：1. 证明行为人在禁猎区狩猎行为的证据。2. 证明行为人在禁猎期狩猎行为的证据。3. 证明行为人使用禁用方法狩猎行为的证据：(1) 炸药。(2) 毒物。(3) 其他。4. 证明行为人使用禁用工具狩猎行为的证据：(1) 武器：①步枪；②手枪；③冲锋枪；④其他。(2) 弹药：①手榴弹；②其他。5. 证明行为人非法狩猎情节严重行为的证据。</td></tr>
</table>

<table>
<tr><td>证据参考标准</td><td>量刑方面的证据</td><td colspan="2">一、法定量刑情节证据。
1. 事实情节：（1）情节严重；（2）其他。2. 法定从重情节。3. 法定从轻减轻情节：（1）可以从轻；（2）可以从轻或减轻；（3）应当从轻或者减轻。4. 法定从轻减轻免除情节：（1）可以从轻、减轻或者免除处罚；（2）应当从轻、减轻或者免除处罚。5. 法定减轻免除情节：（1）可以减轻或者免除处罚；（2）应当减轻或者免除处罚；（3）可以免除处罚。
二、酌定量刑情节证据。
1. 犯罪手段：（1）禁猎期；（2）禁猎区；（3）禁猎方法；（4）禁猎工具；（5）运输工具。2. 犯罪对象。3. 危害结果。4. 动机。5. 平时表现。6. 认罪态度。7. 是否有前科。8. 其他证据。</td></tr>
<tr><td rowspan="2">量刑标准</td><td colspan="2">情节严重的</td><td>处三年以下有期徒刑、拘役、管制或者罚金</td></tr>
<tr><td colspan="2">单位犯本罪的</td><td>对单位判处罚金，并对其直接负责的主管人员和其他直接责任人员，依上述规定处罚</td></tr>
<tr><td rowspan="2">法律适用</td><td>刑法条文</td><td colspan="2">第三百四十一条第二款　违反狩猎法规，在禁猎区、禁猎期或者使用禁用的工具、方法进行狩猎，破坏野生动物资源，情节严重的，处三年以下有期徒刑、拘役、管制或者罚金。
第三百四十六条　单位犯本节第三百三十八条至第三百四十五条规定之罪的，对单位判处罚金，并对其直接负责的主管人员和其他直接责任人员，依照本节各该条的规定处罚。</td></tr>
<tr><td>司法解释</td><td colspan="2">一、最高人民检察院、公安部《关于公安机关管辖的刑事案件立案追诉标准的规定（一）》（节录）（2008年6月25日最高人民检察院、公安部公布　自公布之日起施行　公通字〔2008〕36号　2017年4月27日修正）
第六十六条　［非法狩猎案（刑法第三百四十一条第二款）］违反狩猎法规，在禁猎区、禁猎期或者使用禁用的工具、方法进行狩猎，破坏野生动物资源，涉嫌下列情形之一的，应予立案追诉：
（一）非法狩猎野生动物二十只以上的；
（二）在禁猎区内使用禁用的工具或者禁用的方法狩猎的；
（三）在禁猎期内使用禁用的工具或者禁用的方法狩猎的；
（四）其他情节严重的情形。
二、最高人民法院《关于审理破坏野生动物资源刑事案件具体应用法律若干问题的解释》（节录）（2000年11月27日最高人民法院公布　自2000年12月11日起施行　法释〔2000〕37号）
第六条　违反狩猎法规，在禁猎区、禁猎期或者使用禁用的工具、方法狩猎，具有下列情形之一的，属于非法狩猎“情节严重”：
（一）非法狩猎野生动物20只以上的；
（二）违反狩猎法规，在禁猎区或者禁猎期使用禁用的工具、方法狩猎的；</td></tr>
</table>

法律适用

司法解释

（三）具有其他严重情节的。

第七条 使用爆炸、投毒、设置电网等危险方法破坏野生动物资源，构成非法猎捕、杀害珍贵、濒危野生动物罪或者非法狩猎罪，同时构成刑法第一百一十四条或者第一百一十五条规定之罪的，依照处罚较重的规定定罪处罚。

第八条 实施刑法第三百四十一条规定的犯罪，又以暴力、威胁方法抗拒查处，构成其他犯罪的，依照数罪并罚的规定处罚。

第九条 伪造、变造、买卖国家机关颁发的野生动物允许进出口证明书、特许猎捕证、狩猎证、驯养繁殖许可证等公文、证件构成犯罪的，依照刑法第二百八十条第一款的规定以伪造、变造、买卖国家机关公文、证件罪定罪处罚。

实施上述行为构成犯罪，同时构成刑法第二百二十五条第二项规定的非法经营罪的，依照处罚较重的规定定罪处罚。

三、最高人民法院、最高人民检察院、公安部、司法部《关于依法惩治妨害新型冠状病毒感染肺炎疫情防控违法犯罪的意见》（节录）（2020年2月6日最高人民法院、最高人民检察院、公安部、司法部公布 自公布之日起施行 法发〔2020〕7号）

二、准确适用法律，依法严惩妨害疫情防控的各类违法犯罪

（九）依法严惩破坏野生动物资源犯罪。非法猎捕、杀害国家重点保护的珍贵、濒危野生动物的，或者非法收购、运输、出售国家重点保护的珍贵、濒危野生动物及其制品的，依照刑法第三百四十一条第一款的规定，以非法猎捕、杀害珍贵、濒危野生动物罪或者非法收购、运输、出售珍贵、濒危野生动物、珍贵、濒危野生动物制品罪定罪处罚。

违反狩猎法规，在禁猎区、禁猎期或者使用禁用的工具、方法进行狩猎，破坏野生动物资源，情节严重的，依照刑法第三百四十一条第二款的规定，以非法狩猎罪定罪处罚。

违反国家规定，非法经营非国家重点保护野生动物及其制品（包括开办交易场所、进行网络销售、加工食品出售等），扰乱市场秩序，情节严重的，依照刑法第二百二十五条第四项的规定，以非法经营罪定罪处罚。

知道或者应当知道是国家重点保护的珍贵、濒危野生动物及其制品，为食用或者其他目的而非法购买，符合刑法第三百四十一条第一款规定的，以非法收购珍贵、濒危野生动物、珍贵、濒危野生动物制品罪定罪处罚。

知道或者应当知道是非法狩猎的野生动物而购买，符合刑法第三百一十二条规定的，以掩饰、隐瞒犯罪所得罪定罪处罚。

相关法律法规

《中华人民共和国野生动物保护法》（节录）（1988年11月8日中华人民共和国主席令第9号公布 自1989年3月1日起施行 2004年8月28日第一次修正 2009年8月27日第二次修正 2016年7月2日修订 2018年10月26日第三次修正）

第四十五条 违反本法第二十条、第二十一条、第二十三条第一款、第二十四条第一款规定，在相关自然保护区域、禁猎（渔）区、禁猎（渔）期猎捕国家重点保护野生动物，未取得特许猎捕证、未按照特许猎捕证规定猎捕、杀害国家重点保护野生动物，或者使用禁用的工具、方法猎捕国家重点保护野生动物的，由县级以上人民

法律适用

相关法律法规

政府野生动物保护主管部门、海洋执法部门或者有关保护区域管理机构按照职责分工没收猎获物、猎捕工具和违法所得，吊销特许猎捕证，并处猎获物价值二倍以上十倍以下的罚款；没有猎获物的，并处一万元以上五万元以下的罚款；构成犯罪的，依法追究刑事责任。

第四十六条 违反本法第二十条、第二十二条、第二十三条第一款、第二十四条第一款规定，在相关自然保护区域、禁猎（渔）区、禁猎（渔）期猎捕非国家重点保护野生动物，未取得狩猎证、未按照狩猎证规定猎捕非国家重点保护野生动物，或者使用禁用的工具、方法猎捕非国家重点保护野生动物的，由县级以上地方人民政府野生动物保护主管部门或者有关保护区域管理机构按照职责分工没收猎获物、猎捕工具和违法所得，吊销狩猎证，并处猎获物价值一倍以上五倍以下的罚款；没有猎获物的，并处二千元以上一万元以下的罚款；构成犯罪的，依法追究刑事责任。

违反本法第二十三条第二款规定，未取得持枪证持枪猎捕野生动物，构成违反治安管理行为的，由公安机关依法给予治安管理处罚；构成犯罪的，依法追究刑事责任。

规章及规范性文件

国家林业局（已撤销）、公安部《关于森林和陆生野生动物刑事案件管辖及立案标准》（节录）（2001年5月9日公布 自公布之日起施行 林安字〔2001〕156号）

二、森林和陆生野生动物刑事案件的立案标准

（十）非法狩猎案

违反狩猎法规，在禁猎区、禁猎期或者使用禁用的工具、方法狩猎，具有下列情形之一的，应予立案：

1. 非法狩猎陆生野生动物20只以上的；
2. 在禁猎区或者禁猎期使用禁用的工具、方法狩猎的；
3. 具有其他严重破坏野生动物资源情节的。

114 非法猎捕、收购、运输、出售陆生野生动物案

概念

本罪是指违反野生动物保护管理法规，以食用为目的非法猎捕、收购、运输、出售《刑法》第341条第1款规定以外的在野外环境自然生长繁殖的陆生野生动物，情节严重的行为。

立案标准

违反野生动物保护管理法规，以食用为目的非法猎捕、收购、运输、出售《刑法》第341条第1款规定以外的在野外环境自然生长繁殖的陆生野生动物，情节严重的，应当立案。

定罪标准		
	犯罪客体	本罪侵犯的客体是国家对在野外环境自然生长繁殖的陆生野生动物的管理制度。
	犯罪客观方面	本罪客观上表现为违反野生动物保护管理法规，以食用为目的非法猎捕、收购、运输、出售《刑法》第341条第1款规定以外的在野外环境自然生长繁殖的陆生野生动物，情节严重的行为。 “第1款规定以外的在野外环境自然生长繁殖的陆生野生动物”即珍贵、濒危野生动物以外的其他野生动物。还有两个限定性表述：一是要求“在野外环境自然生长繁殖”的陆生野生动物，即真正的纯陆生野生动物，不包括驯养繁殖的情况；二是陆生野生动物，不包括水生野生动物。另外，从本款规定的重要目的是防范公共卫生风险这点考虑，这里的陆生野生动物主要是指陆生脊椎野生动物，对人类具有动物疫病传播风险的野生动物，对于昆虫等一般不宜认定为本款规定的野生动物。
	犯罪主体	本罪的主体是一般主体，即凡是达到法定刑事责任年龄、具有刑事责任能力的人，均可构成本罪。
	犯罪主观方面	本罪的主观方面是故意。本罪还是目的犯，行为人需要以食用目的非法猎捕、收购、运输、出售第1款规定以外的在野外环境自然生长繁殖的陆生野生动物。
	罪与非罪	区分罪与非罪。公民为自己食用而购买一般的陆生野生动物，或者在日常生活中捕捉到少量陆生野生动物并食用的，未达到情节严重标准的，不宜以本罪处理。
	此罪与彼罪	明知是非法狩猎的野生动物且以食用为目的购买，同时构成本罪和掩饰、隐瞒犯罪所得罪的，根据情况，可以处罚较重的规定定罪处罚。

<table>
<tr><td rowspan="4">证据参考标准</td><td>主体方面的证据</td><td>一、证明行为人刑事责任年龄、身份等事实情况的证据。
包括但不限于身份证明、户籍证明、任职证明、工作经历证明、特定职责证明等，主要用于证明行为人的姓名（曾用名）、性别、出生年月日、民族、机关、出生地、职业（职务）、住所地（居住地）等的证据材料，具体如居民身份证、户口簿、工作证、出生证、专业或技术等级证、干部履历表、职工登记表、护照等。
对于户籍、身份证等材料内容不是的，应提供其他证据材料。外国人犯罪的案件，需要有护照等身份证明材料。人大代表、政协委员犯罪的案件，应当注明身份并附上身份证明材料。
二、证明行为人刑事责任能力的证据。
证明行为人对自己的行为具有辨认、控制能力，如是否属于间歇性精神病人、尚未完全丧失辨认或者控制自己行为能力的精神病人的证明材料。
三、证明单位的证据。
证明是否属于依法成立并有合法经营、管理范围的公司、企业、事业单位、机关、团体。
证明单位的名称、住所地、性质、法定代表人、单位负责人、业务范围、成立时间等证据材料，如企业营业执照、国有公司性质证明及非法人单位的身份证明等。
四、证明法定代表人、单位负责人或直接责任人员等的身份证据。
法定代表人、直接负责的主管人员和其他直接责任人在单位的任职、职责、负责权限的证明材料等。包括身份证明、户籍证明、任职证明等，如户口簿、居民身份证、工作证、护照、专业或技术等级证、干部履历表、职工登记表、任命书、业务分工文件、委派文件、单位证明、单位规章制度等。</td></tr>
<tr><td>主观方面的证据</td><td>证明行为人故意的证据：1. 证明行为人明知的证据：证明行为人明知自己的行为会发生危害社会的结果；2. 证明直接故意的证据：证明行为人希望危害结果发生；3. 证明间接故意的证据：证明行为人犯人危害结果发生；4. 证明行为人食用目的的证据。</td></tr>
<tr><td>客观方面的证据</td><td>1. 证明行为人非法猎捕危害珍贵、濒危野生动物罪规定以外的在野外环境自然生长繁殖的陆生野生动物证据；2. 证明行为人非法收购危害珍贵、濒危野生动物罪规定以外的在野外环境自然生长繁殖的陆生野生动物证据；3. 证明行为人非法运输危害珍贵、濒危野生动物罪规定以外的在野外环境自然生长繁殖的陆生野生动物证据；4. 证明行为人非法出售危害珍贵、濒危野生动物罪规定以外的在野外环境自然生长繁殖的陆生野生动物证据；5. 证明情节严重的证据。</td></tr>
<tr><td>量刑方面的证据</td><td>一、法定量刑情节证据。
1. 事实情节：情节严重。2. 法定从重情节。3. 法定从轻减轻情节：（1）可以从轻；（2）可以从轻或减轻；（3）应当从轻或者减轻。4. 法定从轻减轻免除情节：（1）可以从轻、减轻或者免除处罚；（2）应当从轻、减轻或者免除处罚。5. 法定减轻免除情节：（1）可以减轻或者免除处罚；（2）应当减轻或者免除处罚；（3）可以免除处罚。
二、酌定量刑情节证据。
1. 犯罪手段：（1）捕；（2）猎；（3）收购；（4）运输；（5）出售。2. 犯罪对象。3. 危害结果。4. 动机。5. 平时表现。6. 认罪态度。7. 是否有前科。8. 其他证据。</td></tr>
</table>

<table>
<tr><td rowspan="2">量刑标准</td><td colspan="2">犯本罪的</td><td>处三年以下有期徒刑、拘役、管制或者罚金</td></tr>
<tr><td colspan="2">单位犯本罪的</td><td>对单位判处罚金，并对其直接负责的主管人员和其他直接责任人员，依上述规定处罚</td></tr>
<tr><td>法律适用</td><td>刑法条文</td><td colspan="2">第三百四十一条第三款　违反野生动物保护管理法规，以食用为目的非法猎捕、收购、运输、出售第一款规定以外的在野外环境自然生长繁殖的陆生野生动物，情节严重的，依照前款的规定处罚。
第三百四十六条　单位犯本节第三百三十八条至第三百四十五条规定之罪的，对单位判处罚金，并对其直接负责的主管人员和其他直接责任人员，依照本节各该条的规定处罚。</td></tr>
</table>

115 非法占用农用地案

概念

本罪是指违反土地管理法规，非法占用耕地、林地等农用地，改变被占用土地用途，数量较大，造成耕地、林地等农用地大量毁坏的行为。

立案标准

违反土地管理法规，非法占用耕地、林地等农用地，改变被占用土地用途，有下列情形之一的，应当立案：

（1）非法占用基本农田 5 亩以上或者非法占用基本农田以外的耕地 10 亩以上的；

（2）非法占用防护林地或者特种用途林地数量单种或者合计 5 亩以上的；

（3）非法占用其他林地 10 亩以上的；

（4）非法占用上述（2）、（3）项规定的林地，其中一项数量达到相应规定的数量标准的 50% 以上，且两项数量合计达到该项规定的数量标准的；

（5）非法占用其他农用地数量较大的情形。

定罪标准		
	犯罪客体	本罪所侵害的客体为国家有关土地资源保护的管理制度，对象为耕地、林地、草地、农田水利用地、养殖水面等直接用于农业生产的土地。建设用地即建设建筑物、构筑物的土地，包括城乡住宅和公共设施用地、工矿用地、交通水利设施用地、旅游用地、军事设施用地等；未利用地即农用地和建设用地以外的土地，不能成为本罪对象，非法占用农用地之外的建设用地、未利用地的，致使造成其严重破坏，也不能以本罪论处。至于耕地，是指适宜耕作、种植各种农作物，如粮、油、棉、麻、蔬菜等的农田、菜地等土地。
	犯罪客观方面	本罪在客观方面表现为违反土地管理法规，非法占用耕地、林地等农用地，改变被占用土地用途，数量较大，造成耕地、林地等农用地大量毁坏的行为。 一、必须违反了土地管理法规，这是构成本罪的必要前提。所谓违反土地管理法规，根据全国人大常委会《关于〈中华人民共和国刑法〉第二百二十八条、第三百四十二条、第四百一十条的解释》的规定，是指违反《土地管理法》《森林法》《草原法》等法律以及有关行政法规中关于土地管理的规定。 为了保护土地尤其是耕地、林地等农用地的合理、有效使用，国家有关法律、法规对土地的使用作了大量具体而明确的规定，如《土地管理法》第 37 条规定，非农业建设必须节约使用土地，可以利用荒地的，不得占用耕地；可以利用劣地的，不得占用好地。禁止占用耕地建窑、建坟或者擅自在耕地上建房、挖砂、采石、采矿、取土等。禁止占用永久基本农田发展林果业和挖塘养鱼。第 40 条第 1 款规定，开垦未利用的土地，必须经过科学论证和评估，在土地利用总体规划划定的可开垦的区域内，经依法批准后进行。禁止毁坏森林、草原开垦耕地，禁止围湖造田和侵占江河滩地。 二、必须具有非法占用耕地、林地等农用地，改变被占用土地用途且造成被占用土地毁坏的违反国家土地管理法规的具体行为。违反土地管理法规的行为多种多样，但只有其中的非法占用耕地、林地等农用地，改变了被占用地用途，并造成被占用地毁坏的行为，才能构成本罪。这一行为又包括相互联系的 3 个方面，即非法占用了农

定罪标准 | 犯罪客观方面

用地，并且改变了被占用地用途，还造成了被占用地的毁坏，三者缺一不可。所谓非法占用农用地，是指未经合法批准，采用暴力、威胁、引诱、欺骗等各种方法侵占、使用耕地、林地等农用地的行为。根据土地管理法律、法规规定，土地包括耕地、林地等农用地归国家、集体所有，任何单位、个人使用土地，必须经过合法批准。

非法占用农用耕地，可以分为以下几种基本情况：(1) 没有依照有关规定向有关国家机关提出使用农用地申请就采取各种方法侵占、使用耕地、林地、草原等农用地的。(2) 依照有关规定向国家机关提出了使用申请，但在国家机关依法审批前而侵占、使用耕地、林地等农用地的。(3) 依照有关规定提出了使用申请，有关国家机关经过审查认为申请使用者不符合法律、行政法规规定的条件，做出不批准决定。行为人对未批准决定置之不顾而侵占、使用土地的。(4) 根本不符合使用条件，采取欺骗、行贿、利诱、提供女色等手段获取批准的。此时，属于形式合法，实质却不合法，依此占用土地的，仍应以非法占用论。但是，符合条件或者基本符合条件，虽然采取了行贿、欺骗等非法或不正当手段获取批准，或者在批准后积极创造条件，致使有关国家机关予以追认的，则不应以非法占用论处。(5) 经过批准使用土地，但不按批准的数量使用，对于超出数量的部分，应以非法占用论。对于农村村民超出批准数量建设住宅的面积超过省、自治区、直辖市规定的标准，多占的土地，根据《土地管理法》第 78 条的规定也应以非法占用论。(6) 根据《土地管理法》第 79 条规定，无权批准征收、使用土地的单位或者个人非法批准占用土地的，超越批准权限非法批准占用土地的，不按照土地利用总体规划确定的用途批准用地的，或者违反法律规定的程序批准占用、征收土地的，其批准文件无效，对非法批准征收、使用土地的直接负责的主管人员和其他直接责任人员，依法给予处分；构成犯罪的，依法追究刑事责任。非法批准、使用的土地应当收回，有关当事人拒不归还的，以非法占用土地论处。非法批准征收、使用土地，对当事人造成损失的，依法应当承担赔偿责任。(7) 行为人合法获得了土地使用权，应当在法律允许的使用事项上使用。超出了这一使用事项，又必须依法另行经过批准。未经批准而改变这一使用事项，亦属非法占用。如农民依法承包经营耕地、林地等农用地的，必须将耕地、林地等农用地用于耕种农作物、植树等用途。如果用于挖土、采石、建房、建坟等非法使用事项的，对于这一使用行为仍应理解为非法占用。

所谓改变占用地的用途，就是指不按照合法批准的土地使用用途使用被占用的耕地、林地等农用地，如将耕地不用于耕作农作物，而是用于耕种农作物以外的用途而破坏耕地的行为，如兴建住宅、架设地线、堆放物资设备、丢弃土石、沙渣废物、挖砂、采石、采矿、建窑、造坟等；将林地违法毁林开垦、采石、采砂、采土、兴建房屋、厂房或其他建筑设施等；将草地任意毁坏、开垦、堆弃危险废物、倾倒、埋放垃圾等。应当指出，将被占用耕地、林地等农用地用于非农用事项，如上述列举的采石、采砂、堆弃废物、兴建建筑物等事项，固然属于改变被占用农用地的用途。另外，将被占用的农用地改为国家法律、法规禁止改变的其他农用用途，如将用材林、经济林、薪炭林的林地以及国务院规定的其他森林、林地改为非林地，用于耕作水稻、蔬菜等农作物，由于《森林法》明确规定不得将上述林地改为非林地，因此，上述行为虽然没有改变林地的这一农用地的整体农用用途，但是改变了其法律规定只能作为林地使用的用途，固仍属于改变被占用林地的使用用途。

三、非法占用农用地并改变被占用之地用途的行为必须属于情节严重。情节严重，在本罪中包括两个方面，即占用的耕地、林地等农用地数量较大和使得被占用的农用地大量毁坏。根据最高人民法院《关于审理破坏土地资源刑事案件具体应用法律若干问题的解释》第 3 条规定，数量较大，是指非法占用基本农田 5 亩以上或者非法

定罪标准	犯罪客观方面	占用基本农田以外的耕地10亩以上。非法占用耕地“造成耕地大量毁坏”，是指行为人非法占用耕地建窑、建坟、建房、挖沙、采石、采矿、取土、堆放固体废弃物或者进行其他非农业建设，造成基本农田5亩以上或者基本农田以外的耕地10亩以上种植条件严重毁坏或者严重污染。第8条规定，单位非法占用耕地的定罪量刑标准，也按上述规定执行。第9条规定，多次实施本解释规定的行为依法应当追诉的，或者1年内多次实施本解释规定的行为未经处理的，按照累计的数量、数额处罚。
	犯罪主体	本罪的主体为一般主体，即达到刑事责任年龄、具有刑事责任能力的自然人，均可构成本罪。根据《刑法》第346条规定，单位亦可成为本罪主体构成本罪。
	犯罪主观方面	本罪在主观方面必须出于故意，即明知为耕地、林地等农用地，也明知自己的行为在占用耕地、林地等农用地，并且已改变了所占用的耕地、林地等农用地的用途，即改为了非农用地，必然或者可能造成这些耕地、林地等农用地毁坏，而仍决意实施，并且希望或者放任毁坏耕地、林地等农用地的结果发生。过失不能构成本罪。至于其动机，可多种多样，如盖房、出租、转赠他人，等等。动机如何，并不影响本罪成立。
	罪与非罪	区分罪与非罪的界限，关键是看是否符合司法解释规定的定罪标准。
	此罪与彼罪	一、本罪与非法转让、倒卖土地使用权罪的界限。本罪与非法转让、倒卖土地使用权罪都是与土地管理有关的犯罪。二者的不同在于：(1) 客体不同。本罪侵害的是国家对土地特别是农用地进行保护的管理制度；而非法转让、倒卖土地使用权罪侵害的则是国家对土地使用权合法转让的管理制度。(2) 犯罪客观方面不同。非法占用农用地罪是结果犯，表现为违反土地管理法规，非法侵占农用地，数量较大，造成大量农用地毁坏的行为；非法转让、倒卖土地使用权罪则是情节犯，表现为违反土地管理法规，实施了非法转让、倒卖土地使用权，情节严重的行为。其中非法转让土地使用权，是指以买卖以外的其他形式非法转移土地使用权的行为，也即未按国家法律规定程序办理征用或者划拨手续的行为，或者未按规定权限办理审批手续的土地转让的行为。倒卖土地使用权，包括毫不掩饰和明码标价地将土地卖给他人，而收取价款和以某种形式掩盖其土地买卖的实质而将土地卖给他人的两种行为方式。(3) 对二者的处罚虽都采取了判处有期徒刑和罚金的刑罚方法，但前者没有明确确定的罚金标准；而后者则采取的是倍比罚金制的方式以确定罚金的标准。 二、本罪与非法批准征用、占用土地罪和非法低价出让国有土地使用权罪的界限。此三罪相同之处在于都是与土地资源有关，并且在主观方面均表现为故意。不同之处表现为：(1) 侵害的客体不同。非法占用农用地罪侵害的客体是对农用地的法律保护制度；而非法批准征用、占用土地罪和非法低价出让国有土地使用权罪所侵害的客体均为国家机关工作人员职务行为的廉洁性和正当性。(2) 客观方面不同。非法占用农用地罪在客观上表现为违反土地管理法规，非法占用农用地改作他用，数量较大，造成农用地大量毁坏的行为；而非法批准征用、占用土地罪和非法低价出让国有土地使用权罪在客观上都表现为徇私舞弊，违反土地管理法规，滥用职权。通常表现为弄虚作假，欺上瞒下，掩盖事实真相或违反《土地管理法》等有关土地管理法规中关于批准征用、占用土地以及出让土地使用权的规定，不正确地行使批准征用、占用土地或者出让国有土地使用权的职权。(3) 主体不同。非法占用农用地罪的主体是一般主体；而非法批准征用、占用土地罪和非法低价出让国有土地使用权罪的主体是特殊主体，即国家机关工作人员。

<table>
<tr><td rowspan="4">证据参考标准</td><td>主体方面的证据</td><td>一、证明行为人刑事责任年龄、身份等自然情况的证据。
包括身份证明、户籍证明、任职证明、工作经历证明、特定职责证明等，主要是证明行为人的姓名（曾用名）、性别、出生年月日、民族、籍贯、出生地、职业（或职务）、住所地（或居所地）等证据材料，如户口簿、居民身份证、工作证、出生证、专业或技术等级证、干部履历表、职工登记表、护照等。
对于户籍、出生证等材料内容不实的，应提供其他证据材料。外国人犯罪的案件，应有护照等身份证明材料。人大代表、政协委员犯罪的案件，应注明身份，并附身份证明材料。
二、证明行为人刑事责任能力的证据。
证明行为人对自己的行为是否具有辨认能力与控制能力，如是否属于间歇性精神病人、尚未完全丧失辨认或者控制自己行为能力的精神病人的证明材料。
三、证明单位的证据。
证明是否属于依法成立并有合法经营、管理范围的公司、企业、事业单位、机关、团体。
证明单位的名称、住所地、性质、法定代表人、单位负责人、业务范围、成立时间等证据材料，如企业营业执照、国有公司性质证明及非法人单位的身份证明等。
四、证明法定代表人、单位负责人或直接责任人员等的身份证据。
法定代表人、直接负责的主管人员和其他直接责任人在单位的任职、职责、负责权限的证明材料等。包括身份证明、户籍证明、任职证明等，如户口簿、居民身份证、工作证、护照、专业或技术等级证、干部履历表、职工登记表、任命书、业务分工文件、委派文件、单位证明、单位规章制度等。</td></tr>
<tr><td>主观方面的证据</td><td>证明行为人故意的证据：1. 证明行为人明知的证据：证明行为人明知自己的行为会发生危害社会的结果。2. 证明直接故意的证据：证明行为人希望危害结果发生。3. 目的：（1）非法占用农用地获取非法利润；（2）牟利；（3）营利。</td></tr>
<tr><td>客观方面的证据</td><td>证明行为人非法占用农用地犯罪行为的证据。
具体证据包括：1. 证明行为人非法占用农用地改作他用行为的证据：（1）工厂；（2）学校；（3）铁路；（4）公路；（5）矿山；（6）养殖场；（7）机场；（8）副食基地；（9）其他。2. 证明行为人非法占用农用地数量较大行为的证据。3. 证明行为人非法占用农用地造成农用地大量毁坏行为的证据：（1）挖土、挖沙、采石、开矿；（2）占压；（3）农用地丧失种植条件；（4）水土流失；（5）农用地沙化；（6）农用地盐渍化；（7）其他。4. 证明行为人非法占用农用地其他行为的证据。</td></tr>
<tr><td>量刑方面的证据</td><td>一、法定量刑情节证据。
1. 事实情节：（1）数量较大；（2）造成农用地大量毁坏。2. 法定从重情节。3. 法定从轻减轻情节：（1）可以从轻；（2）可以从轻或减轻；（3）应当从轻或者减轻。4. 法定从轻减轻免除情节：（1）可以从轻、减轻或者免除处罚；（2）应当从轻、减轻或者免除处罚。5. 法定减轻免除情节：（1）可以减轻或者免除处罚；（2）应当减轻或者免除处罚；（3）可以免除处罚。
二、酌定量刑情节证据。
1. 犯罪手段：（1）非法占用；（2）不经批准。2. 犯罪对象。3. 危害结果。4. 动机。5. 平时表现。6. 认罪态度。7. 是否有前科。8. 其他证据。</td></tr>
</table>

<table>
<tr><td rowspan="2">量刑标准</td><td colspan="2">犯本罪的</td><td>处五年以下有期徒刑或者拘役，并处或者单处罚金</td></tr>
<tr><td colspan="2">单位犯本罪的</td><td>对单位判处罚金，并对其直接负责的主管人员和其他直接责任人员，依上述规定处罚</td></tr>
<tr><td rowspan="3">法律适用</td><td>刑法条文</td><td colspan="2">第三百四十二条　违反土地管理法规，非法占用耕地、林地等农用地，改变被占用土地用途，数量较大，造成耕地、林地等农用地大量毁坏的，处五年以下有期徒刑或者拘役，并处或者单处罚金。
第三百四十六条　单位犯本节第三百三十八条至第三百四十五条规定之罪的，对单位判处罚金，并对其直接负责的主管人员和其他直接责任人员，依照本节各该条的规定处罚。</td></tr>
<tr><td>立法解释</td><td colspan="2">全国人民代表大会常务委员会《关于〈中华人民共和国刑法〉第二百二十八条、第三百四十二条、第四百一十条的解释》（节录）（2001年8月31日全国人民代表大会常务委员会公布　自公布之日起施行　2009年8月27日修正）
全国人民代表大会常务委员会讨论了刑法第二百二十八条、第三百四十二条、第四百一十条规定的“违反土地管理法规”和第四百一十条规定的“非法批准征收、征用、占用土地”的含义问题，解释如下：
刑法第二百二十八条、第三百四十二条、第四百一十条规定的“违反土地管理法规”，是指违反土地管理法、森林法、草原法等法律以及有关行政法规中关于土地管理的规定。</td></tr>
<tr><td>司法解释</td><td colspan="2">一、最高人民法院《关于审理破坏草原资源刑事案件应用法律若干问题的解释》（节录）（2012年11月2日最高人民法院公布　自2012年11月22日起施行　法释〔2012〕15号）
第一条　违反草原法等土地管理法规，非法占用草原，改变被占用草原用途，数量较大，造成草原大量毁坏的，依照刑法第三百四十二条的规定，以非法占用农用地罪定罪处罚。
第二条　非法占用草原，改变被占用草原用途，数量在二十亩以上的，或者曾因非法占用草原受过行政处罚，在三年内又非法占用草原，改变被占用草原用途，数量在十亩以上的，应当认定为刑法第三百四十二条规定的“数量较大”。
非法占用草原，改变被占用草原用途，数量较大，具有下列情形之一的，应当认定为刑法第三百四十二条规定的“造成耕地、林地等农用地大量毁坏”：
（一）开垦草原种植粮食作物、经济作物、林木的；
（二）在草原上建窑、建房、修路、挖砂、采石、采矿、取土、剥取草皮的；
（三）在草原上堆放或者排放废弃物，造成草原的原有植被严重毁坏或者严重污染的；
（四）违反草原保护、建设、利用规划种植牧草和饲料作物，造成草原沙化或者水土严重流失的；
（五）其他造成草原严重毁坏的情形。
第五条　单位实施刑法第三百四十二条规定的行为，对单位判处罚金，并对其直接负责的主管人员和其他直接责任人员，依照本解释规定的定罪量刑标准定罪处罚。</td></tr>
</table>

第六条 多次实施破坏草原资源的违法犯罪行为，未经处理，应当依法追究刑事责任的，按照累计的数量、数额定罪处罚。

第七条 本解释所称“草原”，是指天然草原和人工草地，天然草原包括草地、草山和草坡，人工草地包括改良草地和退耕还草地，不包括城镇草地。

二、最高人民法院《关于审理破坏土地资源刑事案件具体应用法律若干问题的解释》（节录）（2000年6月19日最高人民法院公布　自2000年6月22日起施行　法释〔2000〕14号）

第三条 违反土地管理法规，非法占用耕地改作他用，数量较大，造成耕地大量毁坏的，依照刑法第三百四十二条的规定，以非法占用耕地罪定罪处罚：

（一）非法占用耕地“数量较大”，是指非法占用基本农田五亩以上或者非法占用基本农田以外的耕地十亩以上。

（二）非法占用耕地“造成耕地大量毁坏”，是指行为人非法占用耕地建窑、建坟、建房、挖沙、采石、采矿、取土、堆放固体废弃物或者进行其他非农业建设，造成基本农田五亩以上或者基本农田以外的耕地十亩以上种植条件严重毁坏或者严重污染。

第八条 单位犯非法转让、倒卖土地使用权罪、非法占有耕地罪的定罪量刑标准，依照本解释第一条、第二条、第三条的规定执行。

第九条 多次实施本解释规定的行为依法应当追诉的，或者一年内多次实施本解释规定的行为未经处理的，按照累计的数量、数额处罚。

三、最高人民检察院、公安部《关于公安机关管辖的刑事案件立案追诉标准的规定（一）》（节录）（2008年6月25日最高人民检察院、公安部公布　自公布之日起施行　公通字〔2008〕36号　2017年4月27日修正）

第六十七条 ［非法占用农用地案（刑法第三百四十二条）］违反土地管理法规，非法占用耕地、林地等农用地，改变被占用土地用途，造成耕地、林地等农用地大量毁坏，涉嫌下列情形之一的，应予立案追诉：

（一）非法占用基本农田五亩以上或者基本农田以外的耕地十亩以上的；

（二）非法占用防护林地或者特种用途林地数量单种或者合计五亩以上的；

（三）非法占用其他林地十亩以上的；

（四）非法占用本款第（二）项、第（三）项规定的林地，其中一项数量达到相应规定的数量标准的百分之五十以上，且两项数量合计达到该项规定的数量标准的；

（五）非法占用其他农用地数量较大的情形。

违反土地管理法规，非法占用耕地建窑、建坟、建房、挖沙、采石、采矿、取土、堆放固体废弃物或者进行其他非农业建设，造成耕地种植条件严重毁坏或者严重污染，被毁坏耕地数量达到以上规定的，属于本条规定的“造成耕地大量毁坏”。

违反土地管理法规，非法占用林地，改变被占用林地用途，在非法占用的林地上实施建窑、建坟、建房、挖沙、采石、采矿、取土、种植农作物、堆放或者排泄废弃物等行为或者进行其他非林业生产、建设，造成林地的原有植被或者林业种植条件严重毁坏或者严重污染，被毁坏林地数量达到以上规定的，属于本条规定的“造成林地大量毁坏”。

法律适用

相关法律法规

一、《中华人民共和国土地管理法》（节录）（1986 年 6 月 25 日中华人民共和国主席令第 41 号公布　自 1987 年 1 月 1 日起施行　1988 年 12 月 29 日第一次修正　1998 年 8 月 29 日修订　2004 年 8 月 28 日第二次修正　2019 年 8 月 26 日第三次修正）

第七十五条　违反本法规定，占用耕地建窑、建坟或者擅自在耕地上建房、挖砂、采石、采矿、取土等，破坏种植条件的，或者因开发土地造成土地荒漠化、盐渍化的，由县级以上人民政府自然资源主管部门、农业农村主管部门等按照职责责令限期改正或者治理，可以并处罚款；构成犯罪的，依法追究刑事责任。

第七十七条　未经批准或者采取欺骗手段骗取批准，非法占用土地的，由县级以上人民政府自然资源主管部门责令退还非法占用的土地，对违反土地利用总体规划擅自将耕地改为建设用地的，限期拆除在非法占用的土地上新建的建筑物和其他设施，恢复土地原状，对符合土地利用总体规划的，没收在非法占用的土地上新建的建筑物和其他设施，可以并处罚款；对非法占用土地单位的直接负责的主管人员和其他直接责任人员，依法给予行政处分；构成犯罪的，依法追究刑事责任。

超过批准的数量占用土地，多占的土地以非法占用土地论处。

二、《基本农田保护条例》（节录）（1998 年 12 月 27 日中华人民共和国国务院令第 257 号公布　自 1999 年 1 月 1 日起施行　2011 年 1 月 8 日修订）

第二条　国家实行基本农田保护制度。

本条例所称基本农田，是指按照一定时期人口和社会经济发展对农产品的需求，依据土地利用总体规划确定的不得占用的耕地。

本条例所称基本农田保护区，是指为对基本农田实行特殊保护而依据土地利用总体规划和依照法定程序确定的特定保护区域。

第十七条　禁止任何单位和个人在基本农田保护区内建窑、建房、建坟、挖砂、采石、采矿、取土、堆放固体废弃物或者进行其他破坏基本农田的活动。

禁止任何单位和个人占用基本农田发展林果业和挖塘养鱼。

第三十三条　违反本条例规定，占用基本农田建窑、建房、建坟、挖砂、采石、采矿、取土、堆放固体废弃物或者从事其他活动破坏基本农田，毁坏种植条件的，由县级以上人民政府土地行政主管部门责令改正或者治理，恢复原种植条件，处占用基本农田的耕地开垦费 1 倍以上 2 倍以下的罚款；构成犯罪的，依法追究刑事责任。

第三十四条　侵占、挪用基本农田的耕地开垦费，构成犯罪的，依法追究刑事责任；尚不构成犯罪的，依法给予行政处分或者纪律处分。

三、《中华人民共和国农村土地承包法》（节录）（2002 年 8 月 29 日中华人民共和国主席令第 73 号公布　自 2003 年 3 月 1 日起施行　2009 年 8 月 27 日第一次修正　2018 年 12 月 29 日第二次修正）

第六十二条　违反土地管理法规，非法征收、征用、占用土地或者贪污、挪用土地征收、征用补偿费用，构成犯罪的，依法追究刑事责任；造成他人损害的，应当承担损害赔偿等责任。

四、《退耕还林条例》（节录）（2002 年 12 月 14 日中华人民共和国国务院令第 367 号公布　2016 年 2 月 6 日修订）

第六十二条　退耕还林者擅自复耕，或者林粮间作、在退耕还林项目实施范围内从事滥采、乱挖等破坏地表植被的活动的，依照刑法关于非法占用农用地罪、滥伐林木罪或者其他罪的规定，依法追究刑事责任；尚不够刑事处罚的，由县级以上人民政府林业、农业、水利行政主管部门依照森林法、草原法、水土保持法的规定处罚。

116 破坏自然保护地案

概念 本罪是指违反自然保护地管理法规，在国家公园、国家级自然保护区进行开垦、开发活动或者修建建筑物，造成严重后果或者有其他恶劣情节的行为。

立案标准 违反自然保护地管理法规，在国家公园、国家级自然保护区进行开垦、开发活动或者修建建筑物，造成严重后果或者有其他恶劣情节的，应当立案。

<table>
<tr><td rowspan="7">定罪标准</td><td>犯罪客体</td><td>本罪侵犯的客体是自然保护区的生态环境资源。</td></tr>
<tr><td>犯罪客观方面</td><td>本罪客观上表现为违反自然保护地管理法规，在国家公园、国家级自然保护区进行开垦、开发活动或者修建建筑物，造成严重后果或者有其他恶劣情节的行为。
“违反自然保护地法规”是指违法有关自然保护地的管理、保护的法律、行政法规等，包括自然保护区条例以及将来拟制定的自然保护地立法等。
“国家公园”是我国自然保护地最重要类型之一，属于全国主体功能区规划中的禁止开发区域，纳入全国生态保护红线区域管控范围，实行最严格的保护。
关于“国家级自然保护区”。根据《自然保护区条例》的规定，自然保护区是指对有代表性的自然生态系统、珍稀濒危野生动植物物种的天然集中分布区、有特殊意义的自然遗迹等保护对象所在的陆地、陆地水体或者海域，依法划出一定面积予以特殊保护和管理的区域，自然保护区分为国家级自然保护区和地方级自然保护区。
对国家公园、国家级自然保护区，特别是核心保护区是严格禁止从事非法开垦、开发或者修建建筑物活动的，因历史遗留问题或者原住民因必要生产、生活需要而进行的活动除外。“开垦”是指对林地、农地等土地的开荒、种植、砍伐、放牧等活动，“开发”是指经济工程项目建设，如水电项目、矿山项目、挖沙等；修建建筑物包括开发房产项目等。构成犯罪要求“造成严重后果或者其他恶劣情节”，包括从行为手段、对生态环境的破坏程度、是否在核心保护区、非法开垦、开发的规模等情节进行综合判断。对于出于生产、生活需要，非法开发建设一些设施，未对生态环境造成严重破坏后果的，不作为犯罪处理。</td></tr>
<tr><td>犯罪主体</td><td>本罪的主体是一般主体，既可以是达到法定刑事责任年龄、具有刑事责任能力的自然人，也可以是单位。</td></tr>
<tr><td>犯罪主观方面</td><td>本罪的主观方面是故意。</td></tr>
<tr><td>罪与非罪</td><td>区分罪与非罪。需要注意的是，由于历史原因，现实中一些自然保护区内还有原住民生活，对于其为生活必需而进行的开发活动，不宜作为本罪处理。</td></tr>
<tr><td>此罪与彼罪</td><td>根据《刑法》第342条之一的规定，实施本罪行为，同时构成其他犯罪的，依照处罚较重的规定定罪处罚。</td></tr>
</table>

证据参考标准	主体方面的证据	**一、证明行为人刑事责任年龄、身份等自然情况的证据。** 包括身份证明、户籍证明、任职证明、工作经历证明、特定职责证明等，主要是证明行为人的姓名（曾用名）、性别、出生年月日、民族、籍贯、出生地、职业（或职务）、住所地（或居所地）等证据材料，如户口簿、居民身份证、工作证、出生证、专业或技术等级证、干部履历表、职工登记表、护照等。 对于户籍、出生证等材料内容不实的，应提供其他证据材料。外国人犯罪的案件，应有护照等身份证明材料。人大代表、政协委员犯罪的案件，应注明身份，并附身份证明材料。 **二、证明行为人刑事责任能力的证据。** 证明行为人对自己的行为是否具有辨认能力与控制能力，如是否属于间歇性精神病人、尚未完全丧失辨认或者控制自己行为能力的精神病人的证明材料。 **三、证明单位的证据。** 证明是否属于依法成立并有合法经营、管理范围的公司、企业、事业单位、机关、团体。 证明单位的名称、住所地、性质、法定代表人、单位负责人、业务范围、成立时间等证据材料，如企业营业执照、国有公司性质证明及非法人单位的身份证明等。 **四、证明法定代表人、单位负责人或直接责任人员等的身份证据。** 法定代表人、直接负责的主管人员和其他直接责任人在单位的任职、职责、负责权限的证明材料等。包括身份证明、户籍证明、任职证明等，如户口簿、居民身份证、工作证、护照、专业或技术等级证、干部履历表、职工登记表、任命书、业务分工文件、委派文件、单位证明、单位规章制度等。
	主观方面的证据	证明行为人故意的证据：1. 证明行为人明知的证据：证明行为人明知自己的行为会发生危害社会的结果；2. 证明直接故意的证据：证明行为人希望危害结果发生；3. 证明间接故意的证据：证明行为人犯人危害结果发生。
	客观方面的证据	证明行为人冒名顶替行为的证据：1. 证明行为人违反自然保护地管理法规，在国家公园、国家级自然保护区进行开垦的证据；2. 证明行为人违反自然保护地管理法规，在国家公园、国家级自然保护区进行开发活动的证据；3. 证明行为人违反自然保护地管理法规，在国家公园、国家级自然保护区进行修建建筑物的证据；4. 证明造成严重后果的证据；5. 证明造其他恶劣情节的证据。
	量刑方面的证据	**一、法定量刑情节证据。** 1. 事实情节。2. 法定从重情节。3. 法定从轻减轻情节：（1）可以从轻；（2）可以从轻或减轻；（3）应当从轻或者减轻。4. 法定从轻减轻免除情节：（1）可以从轻、减轻或者免除处罚；（2）应当从轻、减轻或者免除处罚。5. 法定减轻免除情节：（1）可以减轻或者免除处罚；（2）应当减轻或者免除处罚；（3）可以免除处罚。 **二、酌定量刑情节证据。** 1. 犯罪手段。2. 犯罪对象。3. 危害结果。4. 动机。5. 平时表现。6. 认罪态度。7. 是否有前科。8. 其他证据。

<table>
<tr><td rowspan="2">量刑标准</td><td colspan="2">犯本罪的</td><td>处五年以下有期徒刑或者拘役，并处或者单处罚金</td></tr>
<tr><td colspan="2">单位犯本罪的</td><td>对单位判处罚金，并对其直接负责的主管人员和其他直接责任人员，依照上述规定处罚</td></tr>
<tr><td rowspan="2">法律适用</td><td>刑法条文</td><td colspan="2">第三百四十二条之一　违反自然保护地管理法规，在国家公园、国家级自然保护区进行开垦、开发活动或者修建建筑物，造成严重后果或者有其他恶劣情节的，处五年以下有期徒刑或者拘役，并处或者单处罚金。
有前款行为，同时构成其他犯罪的，依照处罚较重的规定定罪处罚。
第三百四十六条　单位犯本节第三百三十八条至第三百四十五条规定之罪的，对单位判处罚金，并对其直接负责的主管人员和其他直接责任人员，依照本节各该条的规定处罚。</td></tr>
<tr><td>相关法律法规</td><td colspan="2">《中华人民共和国自然保护区条例》（节录）（1994 年 10 月 9 日中华人民共和国国务院令第 167 号发布　2011 年 1 月 8 日第一次修订　2017 年 10 月 7 日第二次修订）
第二十六条　禁止在自然保护区内进行砍伐、放牧、狩猎、捕捞、采药、开垦、烧荒、开矿、采石、挖沙等活动；但是，法律、行政法规另有规定的除外。
第二十七条　禁止任何人进入自然保护区的核心区。因科学研究的需要，必须进入核心区从事科学研究观测、调查活动的，应当事先向自然保护区管理机构提交申请和活动计划，并经自然保护区管理机构批准；其中，进入国家级自然保护区核心区的，应当经省、自治区、直辖市人民政府有关自然保护区行政主管部门批准。
自然保护区核心区内原有居民确有必要迁出的，由自然保护区所在地的地方人民政府予以妥善安置。
第二十八条　禁止在自然保护区的缓冲区开展旅游和生产经营活动。因教学科研的目的，需要进入自然保护区的缓冲区从事非破坏性的科学研究、教学实习和标本采集活动的，应当事先向自然保护区管理机构提交申请和活动计划，经自然保护区管理机构批准。
从事前款活动的单位和个人，应当将其活动成果的副本提交自然保护区管理机构。
第三十二条　在自然保护区的核心区和缓冲区内，不得建设任何生产设施。在自然保护区的实验区内，不得建设污染环境、破坏资源或者景观的生产设施；建设其他项目，其污染物排放不得超过国家和地方规定的污染物排放标准。在自然保护区的实验区内已经建成的设施，其污染物排放超过国家和地方规定的排放标准的，应当限期治理；造成损害的，必须采取补救措施。
在自然保护区的外围保护地带建设的项目，不得损害自然保护区内的环境质量；已造成损害的，应当限期治理。
限期治理决定由法律、法规规定的机关作出，被限期治理的企业事业单位必须按期完成治理任务。</td></tr>
</table>

117 非法采矿案

概念

本罪是指违反矿产资源法的规定，未取得采矿许可证擅自采矿，擅自进入国家规划矿区、对国民经济具有重要价值的矿区和他人矿区范围采矿，或者擅自开采国家规定实行保护性开采的特定矿种，情节严重的行为。

立案标准

1. 违反矿产资源法的规定，未取得采矿许可证擅自采矿，或者擅自进入国家规划矿区、对国民经济具有重要价值的矿区和他人矿区范围采矿，或者擅自开采国家规定实行保护性开采的特定矿种，涉嫌下列情形之一的，应予立案追诉：

（1）开采的矿产品价值或者造成矿产资源破坏的价值在10万元至30万元以上的；

（2）在国家规划矿区、对国民经济具有重要价值的矿区采矿，开采国家规定实行保护性开采的特定矿种，或者在禁采区、禁采期内采矿，开采的矿产品价值或者造成矿产资源破坏的价值在5万元至15万元以上的；

（3）2年内曾因非法采矿受过2次以上行政处罚，又实施非法采矿行为的；

（4）造成生态环境严重损害的；

（5）其他情节严重的情形。

2. 在河道管理范围内采砂，依据相关规定应当办理河道采砂许可证而未取得河道采砂许可证，或者应当办理河道采砂许可证和采矿许可证，既未取得河道采砂许可证又未取得采矿许可证，具有上述规定的五种情形之一，或者严重影响河势稳定危害防洪安全的，应予立案追诉。

3. 采挖海砂，未取得海砂开采海域使用权证且未取得采矿许可证，具有上述规定的五种情形之一，或者造成海岸线严重破坏的，应予立案追诉。

具有下列情形之一的，属于“未取得采矿许可证”：

（1）无许可证的；

（2）许可证被注销、吊销、撤销的；

（3）超越许可证规定的矿区范围或者开采范围的；

（4）超出许可证规定的矿种的（共生、伴生矿种除外）；

（5）其他未取得许可证的情形。

定罪标准	犯罪客体	本罪侵犯的客体是国家对矿产资源的保护管理制度。根据我国《宪法》和《矿产资源法》的规定，矿产资源属于国家所有，国家保障矿产资源的合理开发利用，禁止任何组织或个人用任何手段破坏矿产资源。犯罪对象是一切矿产资源。所谓矿产资源，是指在地质运动过程中形成的，蕴于地壳之中的，能为人们用于生产和生活的各种矿物质的总称。其中包括各种呈固态、液态或气态的金属、非金属矿产、燃料矿产和地下热能等。矿产资源属国家专有，国家矿产资源的基础开发实行统一规划、合理布局，综合勘查、合理开发和综合利用的方针。因此，在司法实践中认定行为人开采的是否属矿产资源时，应当依据国家规划名录和有关部门的鉴定为准。

定罪标准	犯罪客观方面	本罪在客观方面表现为违反矿产资源保护法规的规定，未取得采矿许可证擅自采矿，擅自进入国家规划矿区、对国民经济具有重要价值的矿区和他人矿区范围采矿，或者擅自开采国家规定实行保护性开采的特定矿种，情节严重的行为。 "违反矿产资源法的规定"，主要是指违反《矿产资源法》《水法》等法律、行政法规有关矿产资源开发、利用、保护和管理的规定。"未取得采矿许可证"，是指违反关于从事采矿的企业或个人必须取得采矿许可证的规定，未经主管机关审查批准，未取得采矿许可证，即未依法取得采矿权而开采矿产资源的行为。"擅自进入国家规划矿区、对国民经济具有重要价值的矿区和他人矿区范围采矿"、"擅自开采国家规定实行保护性开采的特定矿种"，是指违反关于对国家规划矿区、对国民经济有重要价值的矿区和国家规定实行保护性开采的特定矿种实行有计划开采的限制性规定，以及对依法取得的矿区范围予以保护的规定，未经批准擅自采矿的行为。所谓"国家规划区"，是指在一定时期内，根据国民经济建设长期的需要和资源分布情况，经国务院或国务院有关主管部门依法定程序审查、批准，确定列入国家矿产资源开发长期或中期规划的矿区以及作为老矿区后备资源基地的矿区。"对国民经济具有重要价值的矿区"，是指国家根据国民经济发展需要划定的，尚未列入国家建设规划的，储量大、质量好，具有开发前景的矿产资源保护区域。"国家规定实行保护性开采的特定矿种"，是指国务院根据国民经济建设和高科技发展的需要，以及资源稀缺、贵重的程度确定的，由国务院主管部门按照国家计划批准开采的矿种。按照法律规定，行为人只要实施了未取得采矿许可证擅自开采，或者擅自进入国家规划矿区、对国民经济具有重要价值的矿区和他人矿区范围采矿，或者擅自开采国家规定实行保护性开采的特定矿种其中一种行为，就构成本罪；实施两种以上行为的，仍为一罪，不实行并罚。具体而言，非法采矿包括四种情形： 一、无证采矿的行为。这是指没有经过法定程序取得采矿许可证而擅自采矿的。根据《矿产资源法》的规定，不论是国营矿山企业，还是乡镇集体矿山企业和个体采矿，都必须经审查批准和颁发采矿许可证。根据《矿产资源法》第16条规定："开采下列矿产资源的，由国务院地质矿产主管部门审批，并颁发采矿许可证：（一）国家规划矿区和对国民经济具有重要价值的矿区内的矿产资源；（二）前项规定区域以外可供开采的矿产储量在大型以上的矿产资源；（三）国家规定实行保护性开采的特定矿种；（四）领海及中国管辖的其他海域的矿产资源；（五）国务院规定的其他矿产资源。开采石油、天然气、放射性矿产等特定矿种的，可以由国务院授权的有关主管部门审批，并颁发采矿许可证。开采第一款、第二款规定以外的矿产资源，其可供开采的矿产储量规划为中型的，由省、自治区、直辖市人民政府地质矿产主管部门审批和颁发采矿许可证。开采第一款、第二款、第三款规定以外的矿产资源的管理办法，由省、自治区、直辖市人民代表大会常务委员会依法制定。依照第三款、第四款的规定审批和颁发采矿许可证的，由省、自治区、直辖市人民政府地质矿产主管部门汇总向国务院地质矿产主管部门备案。矿产储量规模的大型、中型的划分标准，由国务院矿产储量审批机构规定。"同时，《矿产资源法》第35条规定，国家鼓励集体矿山企业开采国家指定范围内的矿产资源，允许个人采挖零星分散资源和只能用作普通建筑材料的砂、石、黏土以及生活自用采挖少量矿产。对开办乡镇集体矿山企业的审查批准、颁发采矿许可证的办法，个体采矿的管理办法，由省级权力机关制定。凡未经过上述合法程序取得采矿许可证的，均视为无证采矿行为。 二、擅自进入国家规划区、对国民经济具有重要价值的矿区、他人矿区采矿的行为。根据法律规定，国家对国有规划区、对国民经济具有重要价值的矿区，实行有计

<table>
<tr><td rowspan="4">定罪标准</td><td>犯罪客观方面</td><td>划开采，未经国务院有关主管部门批准，任何单位和个人不得开采；任何单位和个人不得进入他人已取得采矿权的矿山、企业矿区内采矿。《矿产资源法》第20条的规定："非经国务院授权的有关主管部门的同意，不得在下列地区开采矿产资源：（一）港口、机场、国防工程设施圈定地区以内；（二）重要工业区、大型水利工程设施、城镇市政工程设施附近一定距离以内；（三）铁路、重要公路两侧一定距离以内；（四）重要河流、堤坝两侧一定距离以内；（五）国家划定的自然保护区、重要风景区，国家重点保护的不能移动的历史文物和名胜古迹所在地；（六）国家规定不得开采矿产资源的其他地区。"凡违反上述规定擅自采矿的，即为非法采矿。所谓"对国民经济具有重要价值的矿区"，是指以国民经济来说，经济价值重大或经济效益很高，对国家经济建设的全局性、战略性有重要影响的矿区。所谓"矿区范围"，是指矿井（露天采场）设计部门确定并依照法律程序批准的矿井四周边界的范围。
三、擅自开采国家规定实行保护性开采的特定矿种，情节严重的行为。根据法律规定，国家对保护性开采的特定矿种实行有计划的开采，未经国务院有关部门批准，任何单位和个人不得开采。所谓"保护性开采的特定矿种"，是指对国民经济建设、高科技发展具有特殊重要价值，资源严重稀缺，矿产品贵重或者在国际市场上占有明显优势等，在一定时期内由国家依法定程序确定的矿种，如1988年《国务院关于对黄金矿产实行保护性开采的通知》中指出，国务院决定将黄金矿产列为实施保护性开采的特定矿种，实行有计划的开采，未经国家黄金管理局批准，任何单位和个人不得开采。除黄金之外，我国还将钨、锡、锑、离子型稀土矿等矿种列为保护性开采的特定矿种。
四、"越界采矿"的行为。所谓"越界采矿"，是指虽持有采矿许可证，但违反采矿许可证上所规定的采矿地点、范围和其他要求，擅自进入他人矿区，进行非法采矿的行为。根据《矿产资源法》规定，任何单位和个人不得进入他人依法设立的国有矿山企业和其他矿山企业矿区范围采矿。超越批准的矿区范围采矿的，责令退回本矿区范围内开采、赔偿损失，没收越界开采的矿产品和违法所得，可以并处罚款；拒不退回本矿区范围内开采，造成矿产资源严重破坏的，吊销采矿许可证，依照刑法有关规定对直接责任人员追究刑事责任。
根据2011年2月25日通过，自2011年5月1日起施行的《刑法修正案（八）》对本罪的修改，非法采矿构成犯罪的，除实施了上述非法采矿的行为外，还须达到情节严重的程度，取消了原法条规定的"经责令停止开采后拒不停止开采，造成矿产资源破坏"这一法定结果要件。《刑法修正案（八）》的这一修改降低了本罪的入罪门槛，体现了《刑法》对非法采矿，破坏矿产资源行为的严厉打击。至于何谓"情节严重"，还须最高司法机关出台相关司法解释予以界定。</td></tr>
<tr><td>犯罪主体</td><td>本罪的主体是一般主体，包括自然人和单位。</td></tr>
<tr><td>犯罪主观方面</td><td>本罪在主观方面表现为故意，包括直接故意和间接故意。</td></tr>
<tr><td>罪与非罪</td><td>区分罪与非罪的界限，要注意：由于本罪是情节犯，构成本罪必须情节严重。因此，对危害情节轻微，社会危害不大，一般不以犯罪论处。对于情节较轻的，可按《矿产资源法》给予行政制裁。</td></tr>
</table>

<table>
<tr><td rowspan="1">定罪标准</td><td>此罪与彼罪</td><td>一、本罪与重大责任事故罪和重大劳动安全事故罪的界限。非法采矿行为，是由于采矿单位或个人不符合国家规定的采矿条件而在未予以颁发许可证的情况下擅自进行矿产资源开采的，通常缺乏一定的技术设备和科学管理，因而，在非法采矿过程中常伴有重大责任事故和重大劳动安全事故的发生。非法采矿与二罪的不同之处在于：(1) 客体不同。非法采矿罪所侵犯的客体是国家保护矿产资源的管理制度；而重大责任事故罪所侵犯的客体则是社会的公共安全，主要是指企业、事业单位中不特定人员的人身安全和公私财产的安全；重大劳动安全事故罪侵害的客体是劳动者的生命健康以及公私财产安全，也即公共安全。(2) 客观方面不同。非法采矿罪在客观上表现为未取得采矿许可证擅自采矿，擅自进入国家规划矿区、对国民经济具有重要价值的矿区和他人矿区范围采矿，擅自开采国家规定实行保护性开采的特定矿种，或者虽有采矿许可证，但不按采矿许可证上采矿范围等要求，情节严重的行为；而重大责任事故罪在客观上则表现为在生产过程中，违反有关安全管理的规定，因而发生重大伤亡事故，造成严重后果的行为；重大劳动安全事故罪则是安全生产设施或者安全生产条件不符合国家规定，因而发生重大伤亡事故或者造成其他严重后果的行为。(3) 主体要件不同。非法采矿罪的主体是一般主体，既可以是单位，也可以是自然人；而重大责任事故罪的主体是一般主体，但一般而言限于厂矿企业、事业单位从事生产的人员；重大劳动安全事故罪的主体是对企业劳动安全负有直接责任的人员。(4) 主观要件不同。非法采矿罪主观上表现为故意，过失不能构成本罪；而重大责任事故罪和重大劳动安全事故罪的罪过形式是过失。

二、本罪与破坏性采矿罪的界限。两罪所不同的主要表现在客观特征上。非法采矿罪是违反矿产资源法，在无证的情况下所实施的非法采矿，或者进入国家规划矿区、对国民经济具有重要价值的矿区和他人矿区范围采矿，或者开采国家规定实行保护性开采的特定矿种，情节严重的行为；而破坏性采矿罪，则是在持有采矿许可证的前提下，违反矿产资源法的规定，采取破坏性的开采方法开采矿产资源的行为。</td></tr>
<tr><td>证据参考标准</td><td>主体方面的证据</td><td>一、证明行为人刑事责任年龄、身份等自然情况的证据。

包括身份证明、户籍证明、任职证明、工作经历证明、特定职责证明等，主要是证明行为人的姓名（曾用名）、性别、出生年月日、民族、籍贯、出生地、职业（或职务）、住所地（或居所地）等证据材料，如户口簿、居民身份证、工作证、出生证、专业或技术等级证、干部履历表、职工登记表、护照等。

对于户籍、出生证等材料内容不实的，应提供其他证据材料。外国人犯罪的案件，应有护照等身份证明材料。人大代表、政协委员犯罪的案件，应注明身份，并附身份证明材料。

二、证明行为人刑事责任能力的证据。

证明行为人对自己的行为是否具有辨认能力与控制能力，如是否属于间歇性精神病人、尚未完全丧失辨认或者控制自己行为能力的精神病人的证明材料。

三、证明单位的证据。

证明是否属于依法成立并有合法经营、管理范围的公司、企业、事业单位、机关、团体。

证明单位的名称、住所地、性质、法定代表人、单位负责人、业务范围、成立时间等证据材料，如企业营业执照、国有公司性质证明及非法人单位的身份证明等。

四、证明法定代表人、单位负责人或直接责任人员等的身份证据。

法定代表人、直接负责的主管人员和其他直接责任人在单位的任职、职责、负责</td></tr>
</table>

<table>
<tr><td rowspan="4">证据参考标准</td><td>主体方面的证据</td><td colspan="2">权限的证明材料等。包括身份证明、户籍证明、任职证明等，如户口簿、居民身份证、工作证、护照、专业或技术等级证、干部履历表、职工登记表、任命书、业务分工文件、委派文件、单位证明、单位规章制度等。</td></tr>
<tr><td>主观方面的证据</td><td colspan="2">证明行为人故意的证据：1. 证明行为人明知的证据：证明行为人明知自己的行为会发生危害社会的结果。2. 证明直接故意的证据：证明行为人希望危害结果发生。3. 证明间接故意的证据：证明行为人放任危害结果发生。4. 目的：（1）获取非法利润；（2）牟利；（3）营利。</td></tr>
<tr><td>客观方面的证据</td><td colspan="2">证明行为人非法采矿犯罪行为的证据。
具体证据包括：1. 证明行为人未取得采矿许可证擅自采矿行为的证据；2. 证明行为人擅自进入国家规划矿区采矿行为的证据；3. 证明行为人擅自进入对国民经济具有重要价值的矿区采矿行为的证据；4. 证明行为人擅自进入他人矿区开采范围采矿行为的证据；5. 证明行为人非法采矿情节严重的证据。</td></tr>
<tr><td>量刑方面的证据</td><td colspan="2">一、法定量刑情节证据。
1. 事实情节：（1）情节严重的；（2）其他。2. 法定从重情节。3. 法定从轻减轻情节：（1）可以从轻；（2）可以从轻或减轻；（3）应当从轻或者减轻。4. 法定从轻减轻免除情节：（1）可以从轻、减轻或者免除处罚；（2）应当从轻、减轻或者免除处罚。5. 法定减轻免除情节：（1）可以减轻或者免除处罚；（2）应当减轻或者免除处罚；（3）可以免除处罚。
二、酌定量刑情节证据。
1. 犯罪手段：（1）未取得采矿许可证；（2）擅自开采。2. 犯罪对象。3. 危害结果。4. 动机。5. 平时表现。6. 认罪态度。7. 是否有前科。8. 其他证据。</td></tr>
<tr><td rowspan="3">量刑标准</td><td colspan="2">犯本罪的</td><td>处三年以下有期徒刑、拘役或者管制，并处或者单处罚金</td></tr>
<tr><td colspan="2">情节特别严重的</td><td>处三年以上七年以下有期徒刑，并处罚金</td></tr>
<tr><td colspan="2">单位犯本罪的</td><td>对单位判处罚金，并对其直接负责的主管人员和其他直接责任人员，依上述规定处罚</td></tr>
<tr><td>法律适用</td><td>刑法条文</td><td colspan="2">第三百四十三条第一款　违反矿产资源法的规定，未取得采矿许可证擅自采矿，擅自进入国家规划矿区、对国民经济具有重要价值的矿区和他人矿区范围采矿，或者擅自开采国家规定实行保护性开采的特定矿种，情节严重的，处三年以下有期徒刑、拘役或者管制，并处或者单处罚金；情节特别严重的，处三年以上七年以下有期徒刑，并处罚金。
第三百四十六条　单位犯本节第三百三十八条至第三百四十五条规定之罪的，对单位判处罚金，并对其直接负责的主管人员和其他直接责任人员，依照本节各该条的规定处罚。</td></tr>
</table>

法律适用 司法解释

一、最高人民法院、最高人民检察院《关于办理非法采矿、破坏性采矿刑事案件适用法律若干问题的解释》（2016年11月28日最高人民法院、最高人民检察院公布 自2016年12月1日起施行 法释〔2016〕25号）

第一条 违反《中华人民共和国矿产资源法》《中华人民共和国水法》等法律、行政法规有关矿产资源开发、利用、保护和管理的规定的，应当认定为刑法第三百四十三条规定的“违反矿产资源法的规定”。

第二条 具有下列情形之一的，应当认定为刑法第三百四十三条第一款规定的“未取得采矿许可证”：

（一）无许可证的；

（二）许可证被注销、吊销、撤销的；

（三）超越许可证规定的矿区范围或者开采范围的；

（四）超出许可证规定的矿种的（共生、伴生矿种除外）；

（五）其他未取得许可证的情形。

第三条 实施非法采矿行为，具有下列情形之一的，应当认定为刑法第三百四十三条第一款规定的“情节严重”：

（一）开采的矿产品价值或者造成矿产资源破坏的价值在十万元至三十万元以上的；

（二）在国家规划矿区、对国民经济具有重要价值的矿区采矿，开采国家规定实行保护性开采的特定矿种，或者在禁采区、禁采期内采矿，开采的矿产品价值或者造成矿产资源破坏的价值在五万元至十五万元以上的；

（三）二年内曾因非法采矿受过两次以上行政处罚，又实施非法采矿行为的；

（四）造成生态环境严重损害的；

（五）其他情节严重的情形。

实施非法采矿行为，具有下列情形之一的，应当认定为刑法第三百四十三条第一款规定的“情节特别严重”：

（一）数额达到前款第一项、第二项规定标准五倍以上的；

（二）造成生态环境特别严重损害的；

（三）其他情节特别严重的情形。

第四条 在河道管理范围内采砂，具有下列情形之一，符合刑法第三百四十三条第一款和本解释第二条、第三条规定的，以非法采矿罪定罪处罚：

（一）依据相关规定应当办理河道采砂许可证，未取得河道采砂许可证的；

（二）依据相关规定应当办理河道采砂许可证和采矿许可证，既未取得河道采砂许可证，又未取得采矿许可证的。

实施前款规定行为，虽不具有本解释第三条第一款规定的情形，但严重影响河势稳定，危害防洪安全的，应当认定为刑法第三百四十三条第一款规定的“情节严重”。

第五条 未取得海砂开采海域使用权证，且未取得采矿许可证，采挖海砂，符合刑法第三百四十三条第一款和本解释第二条、第三条规定的，以非法采矿罪定罪处罚。

实施前款规定行为，虽不具有本解释第三条第一款规定的情形，但造成海岸线严重破坏的，应当认定为刑法第三百四十三条第一款规定的“情节严重”。

第六条 造成矿产资源破坏的价值在五十万元至一百万元以上，或者造成国家规划矿区、对国民经济具有重要价值的矿区和国家规定实行保护性开采的特定矿种资源破坏的价值在二十五万元至五十万元以上的，应当认定为刑法第三百四十三条第二款规定的“造成矿产资源严重破坏”。

第七条 明知是犯罪所得的矿产品及其产生的收益，而予以窝藏、转移、收购、代为销售或者以其他方法掩饰、隐瞒的，依照刑法第三百一十二条的规定，以掩饰、隐瞒犯罪所得、犯罪所得收益罪定罪处罚。

实施前款规定的犯罪行为，事前通谋的，以共同犯罪论处。

第八条 多次非法采矿、破坏性采矿构成犯罪，依法应当追诉的，或者二年内多次非法采矿、破坏性采矿未经处理的，价值数额累计计算。

第九条 单位犯刑法第三百四十三条规定之罪的，依照本解释规定的相应自然人犯罪的定罪量刑标准，对直接负责的主管人员和其他直接责任人员定罪处罚，并对单位判处罚金。

第十条 实施非法采矿犯罪，不属于“情节特别严重”，或者实施破坏性采矿犯罪，行为人系初犯，全部退赃退赔，积极修复环境，并确有悔改表现的，可以认定为犯罪情节轻微，不起诉或者免予刑事处罚。

第十一条 对受雇佣为非法采矿、破坏性采矿犯罪提供劳务的人员，除参与利润分成或者领取高额固定工资的以外，一般不以犯罪论处，但曾因非法采矿、破坏性采矿受过处罚的除外。

第十二条 对非法采矿、破坏性采矿犯罪的违法所得及其收益，应当依法追缴或者责令退赔。

对用于非法采矿、破坏性采矿犯罪的专门工具和供犯罪所用的本人财物，应当依法没收。

第十三条 非法开采的矿产品价值，根据销赃数额认定；无销赃数额，销赃数额难以查证，或者根据销赃数额认定明显不合理的，根据矿产品价格和数量认定。

矿产品价值难以确定的，依据下列机构出具的报告，结合其他证据作出认定：

（一）价格认证机构出具的报告；

（二）省级以上人民政府国土资源、水行政、海洋等主管部门出具的报告；

（三）国务院水行政主管部门在国家确定的重要江河、湖泊设立的流域管理机构出具的报告。

第十四条 对案件所涉的有关专门性问题难以确定的，依据下列机构出具的鉴定意见或者报告，结合其他证据作出认定：

（一）司法鉴定机构就生态环境损害出具的鉴定意见；

（二）省级以上人民政府国土资源主管部门就造成矿产资源破坏的价值、是否属于破坏性开采方法出具的报告；

（三）省级以上人民政府水行政主管部门或者国务院水行政主管部门在国家确定的重要江河、湖泊设立的流域管理机构就是否危害防洪安全出具的报告；

（四）省级以上人民政府海洋主管部门就是否造成海岸线严重破坏出具的报告。

第十五条 各省、自治区、直辖市高级人民法院、人民检察院，可以根据本地区实际情况，在本解释第三条、第六条规定的数额幅度内，确定本地区执行的具体数额标准，报最高人民法院、最高人民检察院备案。

第十六条 本解释自2016年12月1日起施行。本解释施行后，《最高人民法院关于审理非法采矿、破坏性采矿刑事案件具体应用法律若干问题的解释》（法释〔2003〕9号）同时废止。

二、最高人民法院《关于进一步加强危害生产安全刑事案件审判工作的意见》(节录)(2011 年 12 月 30 日最高人民法院公布 自公布之日起实施 法发〔2011〕20 号)

四、准确适用法律

10. 以行贿方式逃避安全生产监督管理，或者非法、违法生产、作业，导致发生重大生产安全事故，构成数罪的，依照数罪并罚的规定处罚。

违反安全生产管理规定，非法采矿、破坏性采矿或排放、倾倒、处置有害物质严重污染环境，造成重大伤亡事故或者其他严重后果，同时构成危害生产安全犯罪和破坏环境资源保护犯罪的，依照数罪并罚的规定处罚。

三、最高人民检察院、公安部《关于公安机关管辖的刑事案件立案追诉标准的规定（一）》(节录)(2008 年 6 月 25 日最高人民检察院、公安部公布 自公布之日起施行 公通字〔2008〕36 号 2017 年 4 月 27 日修正)

第六十八条 ［非法采矿案（刑法第三百四十三条第一款)］违反矿产资源法的规定，未取得采矿许可证擅自采矿，或者擅自进入国家规划矿区、对国民经济具有重要价值的矿区和他人矿区范围采矿，或者擅自开采国家规定实行保护性开采的特定矿种，涉嫌下列情形之一的，应予立案追诉：

（一）开采的矿产品价值或者造成矿产资源破坏的价值在 10 万元至 30 万元以上的；

（二）在国家规划矿区、对国民经济具有重要价值的矿区采矿，开采国家规定实行保护性开采的特定矿种，或者在禁采区、禁采期内采矿，开采的矿产品价值或者造成矿产资源破坏的价值在 5 万元至 15 万元以上的；

（三）二年内曾因非法采矿受过两次以上行政处罚，又实施非法采矿行为的；

（四）造成生态环境严重损害的；

（五）其他情节严重的情形。

在河道管理范围内采砂，依据相关规定应当办理河道采砂许可证而未取得河道采砂许可证，或者应当办理河道采砂许可证和采矿许可证，既未取得河道采砂许可证又未取得采矿许可证，具有本条第一款规定的情形之一，或者严重影响河势稳定危害防洪安全的，应予立案追诉。

采挖海砂，未取得海砂开采海域使用权证且未取得采矿许可证，具有本条第一款规定的情形之一，或者造成海岸线严重破坏的，应予立案追诉。

具有下列情形之一的，属于本条规定的“未取得采矿许可证”：

（一）无许可证的；

（二）许可证被注销、吊销、撤销的；

（三）超越许可证规定的矿区范围或者开采范围的；

（四）超出许可证规定的矿种的（共生、伴生矿种除外)；

（五）其他未取得许可证的情形。

多次非法采矿构成犯罪，依法应当追诉的，或者 2 年内多次非法采矿未经处理的，价值数额累计计算。

非法开采的矿产品价值，根据销赃数额认定；无销赃数额，销赃数额难以查证，或者根据销赃数额认定明显不合理的，根据矿产品价格和数量认定。

矿产品价值难以确定的，依据价格认证机构，省级以上人民政府国土资源、水行政、海洋等主管部门，或者国务院水行政主管部门在国家确定的重要江河、湖泊设立的流域管理机构出具的报告，结合其他证据作出认定。

法律适用

相关法律法规

一、《中华人民共和国矿产资源法》（节录）（1986年3月19日中华人民共和国主席令第36号公布　自1986年10月1日起施行　1996年8月29日第一次修正　2009年8月27日第二次修正）

第三十九条　违反本法规定，未取得采矿许可证擅自采矿的，擅自进入国家规划矿区、对国民经济具有重要价值的矿区范围采矿的，擅自开采国家规定实行保护性开采的特定矿种的，责令停止开采、赔偿损失，没收采出的矿产品和违法所得，可以并处罚款；拒不停止开采，造成矿产资源破坏的，依照刑法有关规定对直接责任人员追究刑事责任。

单位和个人进入他人依法设立的国有矿山企业和其他矿山企业矿区范围内采矿的，依照前款规定处罚。

第四十条　超越批准的矿区范围采矿的，责令退回本矿区范围内开采、赔偿损失，没收越界开采的矿产品和违法所得，可以并处罚款；拒不退回本矿区范围内开采，造成矿产资源破坏的，吊销采矿许可证，依照刑法有关规定对直接责任人员追究刑事责任。

二、《中华人民共和国煤炭法》（节录）（1996年8月29日中华人民共和国主席令第75号公布　自1996年12月1日起施行　2009年8月27日第一次修正　2011年4月22日第二次修正　2013年6月29日第三次修正　2016年11月7日第四次修正）

第二十六条　煤炭生产应当依法在批准的开采范围内进行，不得超越批准的开采范围越界、越层开采。

采矿作业不得擅自开采保安煤柱，不得采用可能危及相邻煤矿生产安全的决水、爆破、贯通巷道等危险方法。

第六十条　违反本法第二十六条的规定，擅自开采保安煤柱或者采用危及相邻煤矿生产安全的危险方法进行采矿作业的，由劳动行政主管部门会同煤炭管理部门责令停止作业；由煤炭管理部门没收违法所得，并处违法所得一倍以上五倍以下的罚款；构成犯罪的，由司法机关依法追究刑事责任；造成损失的，依法承担赔偿责任。

118 破坏性采矿案

概念

本罪是指行为人违反《矿产资源法》的规定，采取破坏性的开采方法开采矿产资源，造成矿产资源严重破坏的行为。

立案标准

采取破坏性的开采方法开采矿产资源，造成矿产资源严重破坏的价值在50万元至100万元以上或者造成国家规划矿区、对国民经济具有重要价值的矿区和国家规定实行保护性开采的特定矿种资源破坏的价值在25万元至50万元以上的，应当立案。

定罪标准		
定罪标准	犯罪客体	本罪侵犯的客体是国家对矿产资源的管理秩序。矿产资源属于不可再生的资源，采取破坏性开采的办法，使矿产资源遭受毁灭，是对国家矿产资源管理制度的侵犯。犯罪对象是矿产资源。矿产资源是我国重要的自然资源，是保障经济建设顺利进行的物质基础。因此，《矿产资源法》规定，矿产资源属于国家所有。国家保障矿产资源的合理开发利用，禁止任何单位或者个人用任何手段侵占或者破坏矿产资源。勘察矿产资源必须依法登记；开采矿产资源必须在被批准的矿区范围内作业，采取合理的开采顺序、开采方法和选矿工艺，禁止采取破坏性方法开采矿产资源。
	犯罪客观方面	本罪在客观方面表现为行为人违反《矿产资源法》的有关规定，采取破坏性的开采方法开采矿产资源，造成矿产资源严重破坏的行为。《矿产资源法》第29条规定："开采矿产资源，必须采取合理的开采顺序、开采方法和开采工艺。矿山企业的开采回采率、采矿贫化率和选矿回收率应当达到设计要求。"第30条规定："在开采主要矿产的同时，对具有工业价值的共生和伴生矿产应当统一规划，综合开采，综合利用，防止浪费；对暂时不能综合开采或者必须同时采出而暂时不能综合利用的矿产以及含有有用组分的尾矿，应当采取有效的保护措施，防止损失破坏。"本罪行为人在采矿过程中，野蛮开采，造成矿产资源严重破坏。不按科学规程操作，达不到设计要求，对暂时不能利用的尾矿，未采取有效的保护措施，造成矿产资源的严重破坏。"采取破坏性的开采方法开采矿产资源"，根据司法解释，是指行为人违反地质矿产主管部门审查批准的矿产资源开发利用方案开采矿产资源，并造成矿产资源严重破坏的行为。
	犯罪主体	本罪的主体是一般主体，包括自然人和单位。
	犯罪主观方面	本罪在主观方面表现为可以是故意，也可以是过失。
	罪与非罪	区分罪与非罪的界限主要是看是否采用破坏性手段以及是否造成矿产资源严重破坏。

<table>
<tr><td rowspan="1">定罪标准</td><td>此罪与彼罪</td><td>一、本罪与非法采矿罪的界限。两罪主要在于客观方面的表现不同：前者表现为违反《矿产资源法》的规定，采取破坏性的开采方法开采矿产资源，造成矿产资源严重破坏的行为；后者则表现为违反《矿产资源法》的规定，未取得采矿许可证擅自采矿，擅自进入国家规划矿区、对国民经济具有重要价值的矿区和他人矿区范围采矿，擅自开采国家规定实行保护性开采的特定矿种，情节严重的行为。
二、本罪与故意毁坏财物罪的界限。故意毁坏财物罪，是指故意毁坏或损坏公私财物，数额较大或者有其他严重情节的行为。根据《矿产资源法》第39条至第41条的规定，对于未经许可擅自采矿造成矿产资源破坏的；超越批准的矿区范围采矿等行为，又拒不退回本矿区范围内开采，造成矿产资源破坏的；以及破坏采矿、勘查设施的，依照《刑法》第343条的规定定破坏性采矿罪，对直接责任人员或者破坏采矿、勘查设施的人追究刑事责任，即按破坏性采矿罪定罪。破坏性采矿罪与故意毁坏财物罪的相似之处在于它们在客体上都侵犯了财物的所有权，主观上都出于故意。但两罪之间却存在本质的差别：（1）客体要件不同。破坏性采矿罪主要侵犯的客体是国家保护矿产资源的管理制度；而故意毁坏财物罪侵犯的则是公私财物的所有权。（2）客观要件不同。破坏性采矿罪在客观上表现为违反《矿产资源法》的规定，实施采矿行为，从而造成矿产资源破坏，但这种行为并没有改变矿产资源的性质，只是在某种程度上造成巨大浪费现象，降低或减少其利用率和回收率，从而造成对整体矿产资源的破坏，但矿产资源本身仍具有其原有价值和使用价值；而故意毁坏财物罪在客观上则表现为毁坏行为，即毁灭、损坏，其结果是使公私财物的使用价值或价值部分或全部丧失。（3）主体要件不同。破坏性采矿罪的主体既可以是自然人，也可以是单位；而故意毁坏财物罪的犯罪主体只能由自然人构成。</td></tr>
<tr><td>证据参考标准</td><td>主体方面的证据</td><td>一、证明行为人刑事责任年龄、身份等自然情况的证据。
包括身份证明、户籍证明、任职证明、工作经历证明、特定职责证明等，主要是证明行为人的姓名（曾用名）、性别、出生年月日、民族、籍贯、出生地、职业（或职务）、住所地（或居所地）等证据材料，如户口簿、居民身份证、工作证、出生证、专业或技术等级证、干部履历表、职工登记表、护照等。
对于户籍、出生证等材料内容不实的，应提供其他证据材料。外国人犯罪的案件，应有护照等身份证明材料。人大代表、政协委员犯罪的案件，应注明身份，并附身份证明材料。
二、证明行为人刑事责任能力的证据。
证明行为人对自己的行为是否具有辨认能力与控制能力，如是否属于间歇性精神病人、尚未完全丧失辨认或者控制自己行为能力的精神病人的证明材料。
三、证明单位的证据。
证明是否属于依法成立并有合法经营、管理范围的公司、企业、事业单位、机关、团体。
证明单位的名称、住所地、性质、法定代表人、单位负责人、业务范围、成立时间等证据材料，如企业营业执照、国有公司性质证明及非法人单位的身份证明等。
四、证明法定代表人、单位负责人或直接责任人员等的身份证据。
法定代表人、直接负责的主管人员和其他直接责任人在单位的任职、职责、负责权限的证明材料等。包括身份证明、户籍证明、任职证明等，如户口簿、居民身份证、工作证、护照、专业或技术等级证、干部履历表、职工登记表、任命书、业务分工文件、委派文件、单位证明、单位规章制度等。</td></tr>
</table>

<table>
<tr>
<td rowspan="3">证据参考标准</td>
<td>主观方面的证据</td>
<td colspan="2">一、证明行为人故意的证据：1. 证明行为人明知的证据：证明行为人明知自己的行为会发生危害社会的结果；2. 证明直接故意的证据：证明行为人希望危害结果发生；3. 证明间接故意的证据：证明行为人放任危害结果发生。
二、证明行为人过失的证据：1. 证明行为人过失的证据：证明行为人应当预见自己的行为可能发生危害社会的结果；2. 证明疏忽大意的过失的证据；3. 证明过于自信的过失的证据。</td>
</tr>
<tr>
<td>客观方面的证据</td>
<td colspan="2">证明行为人破坏性采矿犯罪行为的证据。
具体证据包括：1. 证明行为人采用破坏性开采方法开采矿产资源行为的证据；2. 证明行为人采用破坏性开采方法开采矿产资源，造成矿产资源严重破坏行为的证据。</td>
</tr>
<tr>
<td>量刑方面的证据</td>
<td colspan="2">一、法定量刑情节证据。
1. 事实情节：（1）造成矿产资源严重破坏；（2）其他。2. 法定从重情节。3. 法定从轻减轻情节：（1）可以从轻；（2）可以从轻或减轻；（3）应当从轻或者减轻。4. 法定从轻减轻免除情节：（1）可以从轻、减轻或者免除处罚；（2）应当从轻、减轻或者免除处罚。5. 法定减轻免除情节：（1）可以减轻或者免除处罚；（2）应当减轻或者免除处罚；（3）可以免除处罚。
二、酌定量刑情节证据。
1. 犯罪手段：（1）破坏性开采方法；（2）其他。2. 犯罪对象。3. 危害结果。4. 动机。5. 平时表现。6. 认罪态度。7. 是否有前科。8. 其他证据。</td>
</tr>
<tr>
<td rowspan="2">量刑标准</td>
<td colspan="2">犯本罪的</td>
<td>处五年以下有期徒刑或者拘役，并处罚金</td>
</tr>
<tr>
<td colspan="2">单位犯本罪的</td>
<td>对单位判处罚金，并对其直接负责的主管人员和其他直接责任人员，依上述规定处罚</td>
</tr>
<tr>
<td rowspan="2">法律适用</td>
<td>刑法条文</td>
<td colspan="2">第三百四十三条第二款　违反矿产资源法的规定，采取破坏性的开采方法开采矿产资源，造成矿产资源严重破坏的，处五年以下有期徒刑或者拘役，并处罚金。
第三百四十六条　单位犯本节第三百三十八条至第三百四十五条规定之罪的，对单位判处罚金，并对其直接负责的主管人员和其他直接责任人员，依照本节各该条的规定处罚。</td>
</tr>
<tr>
<td>司法解释</td>
<td colspan="2">一、最高人民法院、最高人民检察院《关于办理非法采矿、破坏性采矿刑事案件适用法律若干问题的解释》（2016 年 11 月 28 日最高人民法院、最高人民检察院公布　自 2016 年 12 月 1 日起施行　法释〔2016〕25 号）
第一条　违反《中华人民共和国矿产资源法》《中华人民共和国水法》等法律、行政法规有关矿产资源开发、利用、保护和管理的规定的，应当认定为刑法第三百四十三条规定的“违反矿产资源法的规定”。
第二条　具有下列情形之一的，应当认定为刑法第三百四十三条第一款规定的“未取得采矿许可证”：
（一）无许可证的；
（二）许可证被注销、吊销、撤销的；
（三）超越许可证规定的矿区范围或者开采范围的；</td>
</tr>
</table>

法律适用 司法解释

（四）超出许可证规定的矿种的（共生、伴生矿种除外）；

（五）其他未取得许可证的情形。

第三条 实施非法采矿行为，具有下列情形之一的，应当认定为刑法第三百四十三条第一款规定的“情节严重”：

（一）开采的矿产品价值或者造成矿产资源破坏的价值在十万元至三十万元以上的；

（二）在国家规划矿区、对国民经济具有重要价值的矿区采矿，开采国家规定实行保护性开采的特定矿种，或者在禁采区、禁采期内采矿，开采的矿产品价值或者造成矿产资源破坏的价值在五万元至十五万元以上的；

（三）二年内曾因非法采矿受过两次以上行政处罚，又实施非法采矿行为的；

（四）造成生态环境严重损害的；

（五）其他情节严重的情形。

实施非法采矿行为，具有下列情形之一的，应当认定为刑法第三百四十三条第一款规定的“情节特别严重”：

（一）数额达到前款第一项、第二项规定标准五倍以上的；

（二）造成生态环境特别严重损害的；

（三）其他情节特别严重的情形。

第四条 在河道管理范围内采砂，具有下列情形之一，符合刑法第三百四十三条第一款和本解释第二条、第三条规定的，以非法采矿罪定罪处罚：

（一）依据相关规定应当办理河道采砂许可证，未取得河道采砂许可证的；

（二）依据相关规定应当办理河道采砂许可证和采矿许可证，既未取得河道采砂许可证，又未取得采矿许可证的。

实施前款规定行为，虽不具有本解释第三条第一款规定的情形，但严重影响河势稳定，危害防洪安全的，应当认定为刑法第三百四十三条第一款规定的“情节严重”。

第五条 未取得海砂开采海域使用权证，且未取得采矿许可证，采挖海砂，符合刑法第三百四十三条第一款和本解释第二条、第三条规定的，以非法采矿罪定罪处罚。

实施前款规定行为，虽不具有本解释第三条第一款规定的情形，但造成海岸线严重破坏的，应当认定为刑法第三百四十三条第一款规定的“情节严重”。

第六条 造成矿产资源破坏的价值在五十万元至一百万元以上，或者造成国家规划矿区、对国民经济具有重要价值的矿区和国家规定实行保护性开采的特定矿种资源破坏的价值在二十五万元至五十万元以上的，应当认定为刑法第三百四十三条第二款规定的“造成矿产资源严重破坏”。

第七条 明知是犯罪所得的矿产品及其产生的收益，而予以窝藏、转移、收购、代为销售或者以其他方法掩饰、隐瞒的，依照刑法第三百一十二条的规定，以掩饰、隐瞒犯罪所得、犯罪所得收益罪定罪处罚。

实施前款规定的犯罪行为，事前通谋的，以共同犯罪论处。

第八条 多次非法采矿、破坏性采矿构成犯罪，依法应当追诉的，或者二年内多次非法采矿、破坏性采矿未经处理的，价值数额累计计算。

第九条 单位犯刑法第三百四十三条规定之罪的，依照本解释规定的相应自然人犯罪的定罪量刑标准，对直接负责的主管人员和其他直接责任人员定罪处罚，并对单位判处罚金。

第十条 实施非法采矿犯罪，不属于“情节特别严重”，或者实施破坏性采矿犯罪，行为人系初犯，全部退赃退赔，积极修复环境，并确有悔改表现的，可以认定为犯罪情节轻微，不起诉或者免予刑事处罚。

法律适用

司法解释

第十一条 对受雇佣为非法采矿、破坏性采矿犯罪提供劳务的人员，除参与利润分成或者领取高额固定工资的以外，一般不以犯罪论处，但曾因非法采矿、破坏性采矿受过处罚的除外。

第十二条 对非法采矿、破坏性采矿犯罪的违法所得及其收益，应当依法追缴或者责令退赔。

对用于非法采矿、破坏性采矿犯罪的专门工具和供犯罪所用的本人财物，应当依法没收。

第十三条 非法开采的矿产品价值，根据销赃数额认定；无销赃数额，销赃数额难以查证，或者根据销赃数额认定明显不合理的，根据矿产品价格和数量认定。

矿产品价值难以确定的，依据下列机构出具的报告，结合其他证据作出认定：

（一）价格认证机构出具的报告；

（二）省级以上人民政府国土资源、水行政、海洋等主管部门出具的报告；

（三）国务院水行政主管部门在国家确定的重要江河、湖泊设立的流域管理机构出具的报告。

第十四条 对案件所涉的有关专门性问题难以确定的，依据下列机构出具的鉴定意见或者报告，结合其他证据作出认定：

（一）司法鉴定机构就生态环境损害出具的鉴定意见；

（二）省级以上人民政府国土资源主管部门就造成矿产资源破坏的价值、是否属于破坏性开采方法出具的报告；

（三）省级以上人民政府水行政主管部门或者国务院水行政主管部门在国家确定的重要江河、湖泊设立的流域管理机构就是否危害防洪安全出具的报告；

（四）省级以上人民政府海洋主管部门就是否造成海岸线严重破坏出具的报告。

第十五条 各省、自治区、直辖市高级人民法院、人民检察院，可以根据本地区实际情况，在本解释第三条、第六条规定的数额幅度内，确定本地区执行的具体数额标准，报最高人民法院、最高人民检察院备案。

第十六条 本解释自2016年12月1日起施行。本解释施行后，《最高人民法院关于审理非法采矿、破坏性采矿刑事案件具体应用法律若干问题的解释》（法释〔2003〕9号）同时废止。

二、最高人民法院《关于进一步加强危害生产安全刑事案件审判工作的意见》（节录）（2011年12月30日最高人民法院公布　自公布之日起实施　法发〔2011〕20号）

四、准确适用法律

10. 以行贿方式逃避安全生产监督管理，或者非法、违法生产、作业，导致发生重大生产安全事故，构成数罪的，依照数罪并罚的规定处罚。

违反安全生产管理规定，非法采矿、破坏性采矿或排放、倾倒、处置有害物质严重污染环境，造成重大伤亡事故或者其他严重后果，同时构成危害生产安全犯罪和破坏环境资源保护犯罪的，依照数罪并罚的规定处罚。

相关法律法规

《中华人民共和国矿产资源法》（节录）（1986年3月19日中华人民共和国主席令第36号公布　自1986年10月1日起施行　1996年8月29日第一次修正　2009年8月27日第二次修正）

第四十四条 违反本法规定，采取破坏性的开采方法开采矿产资源的，处以罚款，可以吊销采矿许可证；造成矿产资源严重破坏的，依照刑法有关规定对直接责任人员追究刑事责任。

119 危害国家重点保护植物案

概念

本罪是指违反国家规定，非法采伐、毁坏珍贵树木或者国家重点保护的其他植物的，或者非法收购、运输、加工、出售珍贵树木或者国家重点保护的其他植物及其制品的行为。

立案标准

违反国家规定，非法采伐、毁坏珍贵树木或者国家重点保护的其他植物，或者非法收购、运输、加工、出售珍贵树木或者国家重点保护的其他植物及其制品的，应当立案。

定罪标准		
	犯罪客体	本罪所侵害的客体是国家有关植物资源的保护制度，对象为国家重点保护的珍贵植物，包括珍贵树木及国家重点保护的其他植物。非法采伐、毁坏或者收购、运输、加工、出售的不是珍贵树木或国家保护的其他植物的，不能构成本罪，构成犯罪的，应以盗伐林木罪、滥伐林木罪、故意毁坏财物罪、破坏生产经营罪、非法捕捞水产品罪、非法经营罪、强迫交易罪等依法治罪科刑。所谓受到保护的野生植物，是指原生地天然生长的珍贵植物和原生地天然生长并具有重要经济、科学研究、文化价值的濒危稀有植物。药用野生植物和城市园林、自然保护区、风景名胜区内的野生植物的保护，同时适用有关法律、行政法规。野生植物，既包括陆生野生植物，又包括水生野生植物如紫菜、裙带菜、石花菜、江篱、海带、麒麟菜、莲藕、菱角等。按照对其保护的重点程度可以分为国家重点保护的野生植物和地方重点保护的野生植物。国家重点保护的野生植物分为国家一级保护野生植物和国家二级保护野生植物。国家重点保护的野生植物名录，由国务院林业行政主管部门、农业行政主管部门（以下简称国务院野生植物行政主管部门）会同国务院环境保护、建设等有关部门制定，报国务院批准公布。地方重点保护的野生植物，是指国家重点保护的野生植物以外，由省、自治区、直辖市保护的野生植物。地方重点保护的野生植物名录，由省、自治区、直辖市人民政府制定并公布，报国务院备案。就国家重点保护植物而言，根据最高人民法院《关于审理破坏森林资源刑事案件具体应用法律若干问题的解释》（以下简称《解释》）第1条规定，"珍贵树木"包括由省级以上林业主管部门或者其他部门确定的具有重大历史纪念意义、科学研究价值或者年代久远的古树名木，国家禁止、限制出口的珍贵树木以及列入国家重点保护的野生植物名录的树木，如金钱松、台湾松、水松、珙桐、杜仲、香果树、水杉、银杉、银杏等。
	犯罪客观方面	本罪在客观方面表现为违反国家规定，非法采伐、毁坏珍贵树木或者国家重点保护的其他植物的，或者非法收购、运输、加工、出售珍贵树木或者国家重点保护的其他植物及其制品的行为。 一、为了保护珍贵树木及其他珍贵植物，国家对之分类实行重点保护制度，规定了非常严格的采伐条件，不得违反。如《森林法》第31条规定，国家在不同自然地

定罪标准

犯罪客观方面

带的典型森林生态地区、珍贵动物和植物生长繁殖的林区、天然热带雨林区和具有特殊保护价值的其他天然林区，建立以国家公园为主体的自然保护地体系，加强保护管理。国家支持生态脆弱地区森林资源的保护修复。县级以上人民政府应当采取措施对具有特殊价值的野生植物资源予以保护。根据《草原法》规定，国家实行基本草原保护制度。作为国家重点保护野生动植物生存环境的草原应当划为基本草原，实施严格管理。基本草原的保护管理办法，由国务院制定。国务院草原行政主管部门或者省、自治区、直辖市人民政府可以按照自然保护区管理的有关规定在珍稀濒危野生动植物分布区等地区建立草原自然保护区。县级以上人民政府应当依法加强对草原珍稀濒危野生植物和种质资源的保护、管理。

二、根据国务院《野生植物保护条例》规定，国家保护野生植物及其生长环境，禁止任何单位和个人非法采集野生植物或者破坏其生长环境。禁止采集国家一级保护野生植物。因科学研究、人工培育、文化交流等特殊需要，采集国家一级保护野生植物的，必须经采集地的省、自治区、直辖市人民政府野生植物行政主管部门签署意见后，向国务院野生植物行政主管部门或者其授权的机构申请采集证。采集国家二级保护野生植物的，必须经采集地的县级人民政府野生植物行政主管部门签署意见后，向省、自治区、直辖市人民政府野生植物行政主管部门或者其授权的机构申请采集证。采集城市园林或者风景名胜区内的国家一级或者二级保护野生植物的，须先征得城市园林或者风景名胜区管理机构同意，分别依照前两款的规定申请采集证。采集珍贵野生树林或者林区内、草原上的野生植物的，依照《森林法》《草原法》的规定办理。野生植物行政主管部门发放采集证后，应当抄送环境保护部门备案。采集证的格式由国务院野生植物行政主管部门制定。采集国家重点保护的野生植物的单位和个人，必须按照采集证规定的种类、数量、地点、期限和方法进行采集。县级人民政府野生植物行政主管部门对在本行政区域内采集国家重点保护的野生植物的活动，应当进行监督检查，并及时报告批准采集的野生植物行政主管部门或者其授权的机构。外国人不得在中国境内采集或者收购国家重点保护的野生植物。外国人在中国境内对国家重点保护的野生植物进行野外考察的，必须向国家重点保护的野生植物所在地的省、自治区、直辖市人民政府野生植物行政主管部门提出申请，经其审核后，报国务院野生植物行政主管部门或者其授权的机构批准；直接向国务院野生植物行政主管部门提出申请的，国务院野生植物行政主管部门在批准前，应当征求有关省、自治区、直辖市人民政府野生植物行政主管部门的意见，等等。

《野生植物保护条例》规定，禁止出售、收购国家一级保护野生植物。出售、收购国家二级保护野生植物的，必须经省、自治区、直辖市人民政府野生植物行政主管部门或者其授权的机构批准。野生植物行政主管部门应当对经营利用国家二级保护野生植物的活动进行监督检查。出口国家重点保护野生植物或者进出口中国参加的国际公约所限制进出口的野生植物的。必须经进出口者所在地的省、自治区、直辖市人民政府野生植物行政主管部门审核，报国务院野生植物行政主管部门批准，并取得国家濒危物种进出口管理机构核发的允许进出口证明书或者标签。海关凭允许进出口证明书或者标签查验放行。国务院野生植物行政主管部门应当将有关野生植物进出口的资料抄送国务院环境保护部门。禁止出口未定名的或者新发现并有重要价值的野生植物。

三、根据《农业野生植物保护办法》规定，禁止采集国家一级保护野生植物。有下列情形之一，确需进行少量采集的，应当申请办理采集许可证：(1) 进行科学考察、

定罪标准

犯罪客观方面

资源调查，应当从野外获取野生植物标本的；(2) 进行野生植物人工培育、驯化，应当从野外获取种源的；(3) 承担省部级以上科研项目，应当从野外获取标本或实验材料的；(4) 因国事活动需要，应当提供并从野外获取野生植物活体的；(5) 因调控野生植物种群数量、结构，经科学论证应当采集的。申请采集国家重点保护的野生植物，有下列情形之一的，不予发放采集许可证：(1) 申请人有条件以非采集的方式获取野生植物的种源、产品或者达到其目的的；(2) 采集申请不符合国家或地方有关规定，或者采集申请的采集方法、采集时间、采集地点、采集数量不当的；(3) 根据野生植物资源现状不宜采集的。申请采集国家重点保护的野生植物，应当填写《国家重点保护野生植物采集申请表》，经采集地县级农业行政主管部门签署审核意见后，应当经由采集地的县级行政主管部门在采集申请表上签署审核意见后，向采集地省级农业行政主管部门或其授权的野生植物保护管理机构申请办理采集许可证；采集城市园林或风景名胜区内的国家重点保护的野生植物，按照《野生植物保护条例》第16条第3款和本条前两项的有关规定办理。取得采集许可证的单位和个人，应当按照许可证规定的植物种或亚种、数量、地点、期限和方式进行采集。采集作业完成后，应当及时向批准采集的农业行政主管部门或其授权的野生植物保护管理机构申请查验。国家重点保护的野生植物的采集限定采集方式和规定禁采期。国家重点保护的野生植物的采集方式和禁采期由省级人民政府农业行政主管部门负责规定。禁止在禁采期内或者以非法采集方式采集国家重点保护的野生植物，等等。

《农业野生植物保护办法》规定，出售、收购国家二级保护野生植物的，应当填写《出售、收购国家重点保护二级野生植物申请表》，省级农业行政主管部门或其授权的野生植物保护管理机构，自收到申请之日起20日内完成审查，作出是否批准的决定，并通知申请者。由野生植物保护管理机构负责批准的，野生植物保护管理机构在做出批准或者不批准的决定之前，应当征求本部门业务主管单位的意见。出售、收购国家二级保护野生植物的许可为一次一批。出售、收购国家二级保护野生植物的许可文件应当载明野生植物的物种名称（或亚种名）、数量、期限、地点及获取方式、来源等项内容。出口国家重点保护野生植物，或者进出口中国参加的国际公约所限制进出口的野生植物，应当填报《国家重点保护野生植物进出口许可申请表》，并经申请者所在地省级农业行政主管部门签署审核意见后，报农业部办理《国家重点保护野生植物进出口许可审批表》。

四、本罪为行为犯，只要具有非法采伐、毁坏或者非法收购、运输、加工、出售行为之一的，即应以本罪论处。非法采伐，是指未经批准而擅自采伐或者虽经批准而任意滥伐。凡是违反有关法律、法规或有关部门规章等国家规定，未经合法批准，获取许可证采伐，或者采取欺骗、行贿、色情勾引等不正当手段获取采伐许可证采伐，以及虽经批准但未按采伐许可证规定的种类、数量、地点、期限和方法采伐的，都属于本罪的非法采伐。至于毁坏，则是指毁坏和损坏，致使国家重点保护的植物部分丧失或全部丧失其价值与功能，如造成国家重点保护植物的减少、灭绝、损坏等。其方法多种多样，如刀砍、石砸、挖根、剥皮、火烧、爆炸、投放毒害性、放射性等危险物质，等等。所谓收购，是指以金钱作价购买国家重点保护的珍贵植物或者其他植物及其制品，包括以营利、自用等为目的的购买行为。所谓运输，是指在中国境内将珍贵树木或者国家重点保护的其他植物及其制品从一个地方运送到另一个地方，包括采用携带、邮寄、利用他人、使用交通工具等方法进行运送的行为。所谓加工，主要是指将珍贵树木或国家重点保护的其他植物作为原料采取雕刻等各种方法制作成工艺品

<table>
<tr><td rowspan="5">定罪标准</td><td>犯罪客观方面</td><td>等各种成品，或者将珍贵树木或国家重点保护的其他植物的半成品制成某种成品，或者将珍贵树木或国家重点保护的其他植物的成品进行进一步的处理使之成为更完美、更精致的成品的行为。至于出售，则是指以牟利为目的作价销售珍贵树木或国家重点保护的其他植物及其制品的行为，但其实际是否已经牟取利润则不影响本罪成立。</td></tr>
<tr><td>犯罪主体</td><td>本罪的主体为一般主体，凡达到刑事责任年龄、具有刑事责任能力的自然人，均可构成本罪。根据《刑法》第 346 条规定，单位亦可成为本罪主体。单位，既包括国家机关、企业、事业单位、社会团体等单位本身，也包括单位的分支机构或者内设机构或部门。</td></tr>
<tr><td>犯罪主观方面</td><td>本罪在主观方面必须出于故意，即明知是国家重点保护的植物而仍决意非法采伐、毁坏或者非法收购、运输、加工、出售。过失不能构成本罪。不知是国家重点保护的植物而非法采伐、毁坏或者非法收购、运输、加工、出售的，不应以本罪论处。构成犯罪的，应根据行为的性质以他罪如盗伐林木罪、滥伐林木罪、故意毁坏财物罪、破坏生产经营罪、强迫交易罪等治罪。至于其动机，可多种多样，如为了谋取非法利益，或为了制作某种工艺品，或为了发泄某种怨愤，或为了嫁祸于人，等等。动机如何，并不影响本罪成立。</td></tr>
<tr><td>罪与非罪</td><td>区分罪与非罪的界限，要注意：本罪所侵害的对象应为国家重点保护的野生植物。如果非法采集、毁坏或者非法收购、运输、加工、出售的是人类通过研究、试验而培植、栽种的植物，即使属于新品种，也不应以本罪论处。构成犯罪的，应是他罪，如盗窃罪、故意毁坏财物罪、破坏生产经营罪等。
从司法实践看，由于国家重点保护植物的特殊性质，确定它比一般树木价值更高，所以行为人一旦实施了危害国家重点保护植物的行为就构成犯罪，而不论出于什么目的。破坏国家重点保护植物，不一定要将树木据为己有，只要是将树木某一部分据为己有，或者导致生长的树木死亡的，就可构成犯罪。</td></tr>
<tr><td>此罪与彼罪</td><td>一、本罪与盗伐林木罪、滥伐林木罪的界限。危害国家重点保护植物罪与盗伐林木罪、滥伐林木罪都属于侵害林木资源的犯罪，侵犯的客体都是国家对森林资源保护的管理制度，犯罪主体均包括自然人和单位，且主观罪过形式都是故意，但危害国家重点保护植物罪与盗伐林木罪、滥伐林木罪之间仍是有区别的，主要表现在：(1) 犯罪的客观方面要件不同。危害国家重点保护植物罪表现为违反《森林法》等的规定，危害国家重点保护植物的行为，其中不仅包括非法采伐的行为，还包括非法毁坏、运输、收购、加工、出售的行为，即使国家重点保护植物的价值或使用价值部分丧失或者全部丧失的行为，如放火、爆炸等方法行为，行为人只要实施了危害行为即可构成本罪，不要求情节是否严重；而盗伐林木罪、滥伐林木罪则分别表现为未经林业行政主管部门批准，私自采伐国有、集体所有或个人承包经营管理的林木的行为（此为盗伐林木的行为），和未经林业行政主管部门批准并核发采伐许可证，或虽有许可证，但不按照该许可证的要求而任意采伐的行为（此为滥伐林木的行为），其中，构成此两罪的要求具有“数量较大”的非法采伐行为。(2) 犯罪对象不同。危害国家重点保护植物罪的对象只能是国家重点保护植物，即《国家重点保护的野生植物名录》和</td></tr>
</table>

<table>
<tr><td rowspan="1">定罪标准</td><td>此罪与彼罪</td><td>《国家珍贵树种名录》所列的国家重点保护植物；盗伐林木罪和滥伐林木罪的对象则指国家重点保护植物以外的其他各种树木。
二、本罪与故意毁坏财物罪的界限。由于国家重点保护植物的所有权属于国家，所以，危害国家重点保护植物的行为同时也侵犯了国家对国家重点保护植物的所有权，因而与故意毁坏财物罪所侵犯的国家、集体与个人财物的所有权有近似之处，区别主要表现为：(1) 犯罪客体不同。危害国家重点保护植物罪侵犯的是国家对森林资源保护的管理制度，属于破坏林木资源的犯罪；故意毁坏财物罪侵犯的则是公私财物的所有权，属于侵犯财产的犯罪。(2) 客观要件不同。危害国家重点保护植物罪的行为人只要实施了危害珍贵树木的行为，就可构成犯罪；而故意毁坏财物罪的行为人除要求实施毁坏公私财物的行为外，还必须达到一定数额和情节，达到数额较大或者情节严重的行为，才构成犯罪。(3) 犯罪对象不同。危害国家重点保护植物罪的对象仅为国家重点保护植物；而故意毁坏财物罪的对象，可以是任何公私财物。(4) 主体要件不同。危害国家重点保护植物罪的主体既可以是自然人，也可以是单位；而故意毁坏财物罪主体只能是自然人，单位不是该罪主体。</td></tr>
<tr><td rowspan="2">证据参考标准</td><td>主体方面的证据</td><td>一、证明行为人刑事责任年龄、身份等自然情况的证据。
包括身份证明、户籍证明、任职证明、工作经历证明、特定职责证明等，主要是证明行为人的姓名（曾用名）、性别、出生年月日、民族、籍贯、出生地、职业（或职务）、住所地（或居所地）等证据材料，如户口簿、居民身份证、工作证、出生证、专业或技术等级证、干部履历表、职工登记表、护照等。
对于户籍、出生证等材料内容不实的，应提供其他证据材料。外国人犯罪的案件，应有护照等身份证明材料。人大代表、政协委员犯罪的案件，应注明身份，并附身份证明材料。
二、证明行为人刑事责任能力的证据。
证明行为人对自己的行为是否具有辨认能力与控制能力，如是否属于间歇性精神病人、尚未完全丧失辨认或者控制自己行为能力的精神病人的证明材料。
三、证明单位的证据。
证明是否属于依法成立并有合法经营、管理范围的公司、企业、事业单位、机关、团体。
证明单位的名称、住所地、性质、法定代表人、单位负责人、业务范围、成立时间等证据材料，如企业营业执照、国有公司性质证明及非法人单位的身份证明等。
四、证明法定代表人、单位负责人或直接责任人员等的身份证据。
法定代表人、直接负责的主管人员和其他直接责任人在单位的任职、职责、负责权限的证明材料等。包括身份证明、户籍证明、任职证明等，如户口簿、居民身份证、工作证、护照、专业或技术等级证、干部履历表、职工登记表、任命书、业务分工文件、委派文件、单位证明、单位规章制度等。</td></tr>
<tr><td>主观方面的证据</td><td>证明行为人故意的证据：1. 证明行为人明知的证据：证明行为人明知自己的行为会发生危害社会的结果。2. 证明直接故意的证据：证明行为人希望危害结果发生。3. 目的：(1) 获取非法利润；(2) 牟利；(3) 营利。</td></tr>
</table>

<table>
<tr><td rowspan="2">证据参考标准</td><td>客观方面的证据</td><td colspan="2">证明行为人危害国家重点保护植物犯罪行为的证据。
具体证据包括：1. 证明行为人非法采伐国家重点保护植物行为的证据。2. 证明行为人非法毁坏国家重点保护植物行为的证据：（1）剥皮；（2）砍伐；（3）采集；（4）焚烧；（5）其他。3. 证明行为人非法采伐国家重点保护植物情节严重行为的证据。4. 证明行为人非法毁坏国家重点保护植物情节严重行为证据。5. 证明行为人非法收购国家重点保护植物及其制品行为的证据；6. 证明行为人非法运输国家重点保护植物及其制品行为的证据；7. 证明行为人非法加工国家重点保护植物及其制品行为的证据；8. 证明行为人非法出售国家重点保护植物及其制品行为的证据；9. 证明行为人非法收购、运输、加工、出售国家重点保护植物及其制品情节严重行为的证据。</td></tr>
<tr><td>量刑方面的证据</td><td colspan="2">一、法定量刑情节证据。
1. 事实情节：（1）情节严重；（2）其他。2. 法定从重情节。3. 法定从轻减轻情节：（1）可以从轻；（2）可以从轻或减轻；（3）应当从轻或者减轻。4. 法定从轻减轻免除情节：（1）可以从轻、减轻或者免除处罚；（2）应当从轻、减轻或者免除处罚。5. 法定减轻免除情节：（1）可以减轻或者免除处罚；（2）应当减轻或者免除处罚；（3）可以免除处罚。
二、酌定量刑情节证据。
1. 犯罪手段：（1）非法采伐；（2）非法毁坏；（3）非法收购；（4）非法运输；（5）非法加工；（6）非法出售。2. 犯罪对象。3. 危害结果。4. 动机。5. 平时表现。6. 认罪态度。7. 是否有前科。8. 其他证据。</td></tr>
<tr><td rowspan="3">量刑标准</td><td colspan="2">犯本罪的</td><td>处三年以下有期徒刑、拘役或者管制，并处罚金</td></tr>
<tr><td colspan="2">情节严重的</td><td>处三年以上七年以下有期徒刑，并处罚金</td></tr>
<tr><td colspan="2">单位犯本罪的</td><td>对单位判处罚金，并对其直接负责的主管人员和其他直接责任人员，依上述规定处罚</td></tr>
<tr><td rowspan="2">法律适用</td><td>刑法条文</td><td colspan="2">第三百四十四条　违反国家规定，非法采伐、毁坏珍贵树木或者国家重点保护的其他植物的，或者非法收购、运输、加工、出售珍贵树木或者国家重点保护的其他植物及其制品的，处三年以下有期徒刑、拘役或者管制，并处罚金；情节严重的，处三年以上七年以下有期徒刑，并处罚金。
第三百四十六条　单位犯本节第三百三十八条至第三百四十五条规定之罪的，对单位判处罚金，并对其直接负责的主管人员和其他直接责任人员，依照本节各该条的规定处罚。</td></tr>
<tr><td>司法解释</td><td colspan="2">一、最高人民法院、最高人民检察院《关于适用〈中华人民共和国刑法〉第三百四十四条有关问题的批复》（2020年3月19日最高人民法院、最高人民检察院公告公布　自2020年3月21日起施行　法释〔2020〕2号）
各省、自治区、直辖市高级人民法院、人民检察院，解放军军事法院、军事检察院，新疆维吾尔自治区高级人民法院生产建设兵团分院、新疆生产建设兵团人民检察院：</td></tr>
</table>

近来，部分省、自治区、直辖市高级人民法院、人民检察院请示适用刑法第第三百四十四条的有关问题。经研究，批复如下：

一、古树名木以及列入《国家重点保护野生植物名录》的野生植物，属于刑法第三百四十四条规定的“珍贵树木或者国家重点保护的其他植物”。

二、根据《中华人民共和国野生植物保护条例》的规定，野生植物限于原生地天然生长的植物。人工培育的植物，除古树名木外，不属于刑法第三百四十四条规定的“珍贵树木或者国家重点保护的其他植物”。非法采伐、毁坏或者非法收购、运输人工培育的植物（古树名木除外），构成盗伐林木罪、滥伐林木罪、非法收购、运输盗伐、滥伐的林木罪等犯罪的，依照相关规定追究刑事责任。

三、对于非法移栽珍贵树木或者国家重点保护的其他植物，依法应当追究刑事责任的，依照刑法第三百四十四条的规定，以非法采伐国家重点保护植物罪定罪处罚。

鉴于移栽在社会危害程度上与砍伐存在一定差异，对非法移栽珍贵树木或者国家重点保护的其他植物的行为，在认定是否构成犯罪以及裁量刑罚时，应当考虑植物的珍贵程度、移栽目的、移栽手段、移栽数量、对生态环境的损害程度等情节，综合评估社会危害性，确保罪责刑相适应。

四、本批复自2020年3月21日起施行，之前发布的司法解释与本批复不一致的，以本批复为准。

二、最高人民法院《关于审理破坏森林资源刑事案件具体应用法律若干问题的解释》（节录）（2000年11月22日最高人民法院公布　自2000年12月11日起施行　法释〔2000〕36号）

第一条　刑法第三百四十四条规定的“珍贵树木”，包括由省级以上林业主管部门或者其他部门确定的具有重大历史纪念意义、科学研究价值或者年代久远的古树名木，国家禁止、限制出口的珍贵树木以及列入国家重点保护野生植物名录的树木。

第二条　具有下列情形之一的，属于非法采伐、毁坏珍贵树木行为“情节严重”：

（一）非法采伐珍贵树木二株以上或者毁坏珍贵树木致使珍贵树木死亡三株以上的；

（二）非法采伐珍贵树木二立方米以上的；

（三）为首组织、策划、指挥非法采伐或者毁坏珍贵树木的；

（四）其他情节严重的情形。

第八条　盗伐、滥伐珍贵树木，同时触犯刑法第三百四十四条、第三百四十五条规定的，依照处罚较重的规定定罪处罚。

第十一条　具有下列情形之一的，属于在林区非法收购盗伐、滥伐的林木“情节严重”：

（一）非法收购盗伐、滥伐的林木20立方米以上或者幼树1000株以上的；

（二）非法收购盗伐、滥伐的珍贵林木2立方米以上或者5株以上的；

（三）其他情节严重的情形。

具有下列情形之一的，属于在林区非法收购盗伐、滥伐的林木“情节特别严重”：

（一）非法收购盗伐、滥伐的林木100立方米以上或者幼树5000株以上的；

（二）非法收购盗伐、滥伐的珍贵林木5立方米以上或者10株以上的；

（三）其他情节特别严重的情形。

司法解释

三、最高人民检察院、公安部《关于公安机关管辖的刑事案件立案追诉标准的规定（一）》（节录）（2008年6月25日最高人民检察院、公安部公布 自公布之日起施行 公通字〔2008〕36号 2017年4月27日修正）

第七十条 ［非法采伐、毁坏国家重点保护植物案（刑法第三百四十四条）］违反国家规定，非法采伐、毁坏珍贵树木或者国家重点保护的其他植物的，应予立案追诉。

本条和本规定第七十一条规定的“珍贵树木或者国家重点保护的其他植物”，包括由省级以上林业主管部门或者其他部门确定的具有重大历史纪念意义、科学研究价值或者年代久远的古树名木，国家禁止、限制出口的珍贵树木以及列入《国家重点保护野生植物名录》的树木或者其他植物。

第七十一条 ［非法收购、运输、加工、出售国家重点保护植物、国家重点保护植物制品案（刑法第三百四十四条）］违反国家规定，非法收购、运输、加工、出售珍贵树木或者国家重点保护的其他植物及其制品的，应予立案追诉。

法律适用

相关法律法规

《中华人民共和国森林法》（节录）（1984年9月20日中华人民共和国主席令第17号公布 自1985年1月1日起施行 1998年4月29日第一次修正 2009年8月27日第二次修正 2019年12月28日修订）

第三十一条 国家在不同自然地带的典型森林生态地区、珍贵动物和植物生长繁殖的林区、天然热带雨林区和具有特殊保护价值的其他天然林区，建立以国家公园为主体的自然保护地体系，加强保护管理。

国家支持生态脆弱地区森林资源的保护修复。

县级以上人民政府应当采取措施对具有特殊价值的野生植物资源予以保护。

第五十五条 采伐森林、林木应当遵守下列规定：

（一）公益林只能进行抚育、更新和低质低效林改造性质的采伐。但是，因科研或者实验、防治林业有害生物、建设护林防火设施、营造生物防火隔离带、遭受自然灾害等需要采伐的除外。

（二）商品林应当根据不同情况，采取不同采伐方式，严格控制皆伐面积，伐育同步规划实施。

（三）自然保护区的林木，禁止采伐。但是，因防治林业有害生物、森林防火、维护主要保护对象生存环境、遭受自然灾害等特殊情况必须采伐的和实验区的竹林除外。

省级以上人民政府林业主管部门应当根据前款规定，按照森林分类经营管理、保护优先、注重效率和效益等原则，制定相应的林木采伐技术规程。

第七十八条 违反本法规定，收购、加工、运输明知是盗伐、滥伐等非法来源的林木的，由县级以上人民政府林业主管部门责令停止违法行为，没收违法收购、加工、运输的林木或者变卖所得，可以处违法收购、加工、运输林木价款三倍以下的罚款。

第八十二条 公安机关按照国家有关规定，可以依法行使本法第七十四条第一款、第七十六条、第七十七条、第七十八条规定的行政处罚权。

违反本法规定，构成违反治安管理行为的，依法给予治安管理处罚；构成犯罪的，依法追究刑事责任。

国家重点保护野生植物名录（第一批）①

（国家林业局、农业部1999年9月9日发布并实施）

蕨类植物（Pteridophytes）

科名（中文名/学名）	植物名称（中文名/学名）	保护级别
观音座莲科（*Angiopteridaceae*）		
	法斗观音座莲（*Angiopteris sparsisora*）	II
	二回原始观音座莲（*Archanggiopteris bipinnata*）	II
	亨利原始观音座莲（*Archangiopteris henryi*）	II
铁角蕨科（*Aspleniaceae*）		
	对开蕨（*Phyllitis japonica*）	II
蹄盖蕨科（*Athyriaceae*）		
	光叶蕨（*Cystoathyrium chinense*）	
乌毛蕨科（*Blechnaceae*）		
	苏铁蕨（*Brainea insignis*）	II
天星蕨科（*Christenseniaceae*）		
	天星蕨（*Christensenia assamica*）	II
桫椤科（所有种）（*Cyatheaceae spp.*）		II
蚌壳蕨科（所有种）（*Dicksoniaceae spp.*）		II
鳞毛蕨科（*Dryopteridaceae*）		
	单叶贯众（*Cytomium hemionitis*）	II
	玉龙蕨（*Sorolepidium glaciale*）	I
七指蕨科（*Helminthostachyaceae*）		
	七指蕨（*Helminthostachys zeylancia*）	II
水韭科（*Isoetaceae*）		
	＊水韭属（所有种）（*Isoetes spp.*）	I
		I 水蕨科
（*Parkeriaceae*）		
	＊水蕨属（所有种）（*Ceratopteris spp.*）	II
鹿角蕨科（*Platyceriaceae*）		
	鹿角蕨（*Platycerium wallichii*）	II

① 2001年8月4日农业部、国家林业局对《国家重点保护野生植物名录（第一批）》进行了修正，将念珠藻科的发菜保护级别由二级调整为一级。

科名（中文名/学名）	植物名称（中文名/学名）	保护级别
水龙骨科 (*Polypodiaceae*)		
	扇蕨（*Neocheiropteris palmatopedata*）	II
中国蕨科 (*Sinopteridaceae*)		
	中国蕨（*Sinopteris grevilleoides*）	II

裸子植物（*Gymnospermae*）

科名（中文名/学名）	植物名称（中文名/学名）	保护级别
三尖杉科 (*Cephalotaxaceae*)		
	贡山三尖杉（*Cephalotaxus lanceolata*）	II
	蓖子三尖杉（*Cephalotaxus oliveri*）	II
柏科 (*Cupressaceae*)		
	翠柏（*Calocedrus macrolepis*）	II
	红桧（*Chamaecyparis formosensis*）	II
	岷江柏木（*Cupressus chengiana*）	II
	巨柏（*Cupressus gigantea*）	I
	福建柏（*Fokienia hodginsii*）	II
	朝鲜崖柏（*Thuja koraiensis*）	II
苏铁科 (*Cycadaceae*)		
	苏铁属（所有种）（*Cycas spp.*）	I
银杏科 (*Ginkgoaceae*)		
	银杏（*Ginkgo biloba*）	I
松科 (*Pinaceae*)		
	百山祖冷杉（*Abies beshanzuensis*）	I
	秦岭冷杉（*Abies chensiensis*）	II
	梵净山冷杉（*Abies fanjingshanensis*）	I
	元宝山冷杉（*Abies yuanbaoshanensis*）	I
	资源冷杉（大院冷杉）（*Abies ziyuanensis*）	I
	银杉（*Cathaya argyrophylla*）	I
	台湾油杉（*Keteleeria davidiana var. formosana*）	II
	海南油杉（*Keteleeria hainanensis*）	II
	柔毛油杉（*Keteleeria pubescens*）	II
	太白红杉（*Larix chinensis*）	II
	四川红杉（*Larix mastersiana*）	II
	油麦吊云杉（*Picea brachytyla var. complanta*）	II
	大果青扦（*Picea neoveitchii*）	II

科名（中文名/学名）	植物名称（中文名/学名）	保护级别
	兴凯赤松（*Pinus densiflora var. ussuriensis*）	II
	大别山五针松（*Pinus fenzeliana var. dabeshanensis*）	II
	红松（*Pinus koraiensis*）	II
	华南五针松（广东松）（*Pinus kwangtungensis*）	II
	巧家五针松（*Pinus squamata*）	I
	长白松（*Pinus sylvestris var. sylvestriformis*）	I
	毛枝五针松（*Pinus wangii*）	II
	金钱松（*Preudolarix amabilis*）	II
	黄杉属（所有种）（*Preudotsuga spp.*）	II
红豆杉科（*Taxaceae*）		
	台湾穗花杉（*Amentotaxus formosana*）	I
	云南穗花杉（*Amentotaxus yunnanensis*）	I
	白豆杉（*Pseudotaxus chienii*）	II
	红豆杉属（所有种）（*Taxus spp.*）	I
	榧属（所有种）（*Torreya spp.*）	II
杉科（*Taxodiaceae*）		
	水松（*Glyptostrobus pensilis*）	I
	水杉（*Metasequoia glyptostroboides*）	I
	台湾杉（秃杉）（*Taiwania cryptomerioides*）	II

被子植物（*Angiospermae*）

科名（中文名/学名）	植物名称（中文名/学名）	保护级别
芒苞草科（*Acanthochlamydaceae*）		
	芒苞草（*Acanthochlamys bracteata*）	II
槭树科（*Aceraceae*）		
	梓叶槭（*Acer catallpifolium*）	II
	羊角槭（*Acer yangjuechi*）	II
	云南金钱槭（*Dipteronia dyerana*）	II
泽泻科（*Alismataceae*）		
	*长喙毛茛泽泻（*Ranalisma rostratum*）	I
	*浮叶慈菇（*Sagittaria natans*）	II
夹竹桃科（*Apocynaceae*）		
	富宁藤（*Parepigynum funingense*）	II
	蛇根木（*Rauvolfia ser pentina*）	II
萝摩科（*Asclepiadaceae*）		
	驼峰藤（*Merrillanthus hainanensis*）	II

科名（中文名/学名）	植物名称（中文名/学名）	保护级别
桦木科 (*Betulaceae*)		
	盐桦（*Betula halophila*）	II
	金平桦（*Betula jinpingensis*）	II
	普陀鹅耳枥（*Car pinus putoensis*）	I
	天台鹅耳枥（*Car pinus tientaiensis*）	II
	天目铁木（*Ostrya rehderiana*）	I
伯乐树科 (*Bretschneideraceae*)		
	伯乐树（钟萼木）（*Bretschneidera sinensis*）	I
花蔺科 (*Butomaceae*)		
	*拟花蔺（*Butomopsis latifolia*）	II
忍冬科 (*Caprifoliaceae*)		
	七子花（*Heptacodium miconioides*）	II
石竹科 (*Caryophyllaceae*)		
	金铁锁（*Psammosilene tunicoides*）	II
卫矛科 (*Celastraceae*)		
	膝柄木（*Bhesa sinensis*）	I
	十齿花（*Dipentodon sinicus*）	II
	永瓣藤（*Monimopetalum chinensis*）	II
连香树科 (*Cercidiphyllaceae*)		
	连香树（*Cercidiphyllum japonicum*）	II
使君子科 (*Combretaceae*)		
	萼翅藤（*Calycopteris floribunda*）	I
	千果榄仁（*Terminalia mongolica*）	II
菊科 (*Compositae*)		
	*画笔菊（*Ajaniopsis penicilliformis*）	II
	*革苞菊（*Tugarinovia mongolica*）	I
四数木科 (*Datiscaceae*)		
	四数木（*Tetrameles nudifolra*）	II
龙脑香科 (*Dipterocarpaceae*)		
	东京龙脑香（*Dipterocarpus retusus*）	I
	狭叶坡垒（*Hopea chinensis*）	I
	无翼坡垒（铁凌）（*Hopea exalata*）	II
	坡垒（*Hopea hainanensis*）	I
	多毛坡垒（*Hopea mollissima*）	I
	望天树（*Parashorea chinensis*）	I
	广西青梅（*Vatica guangxiensis*）	II
	青皮（青梅）（*Vatica mangachapoi*）	II

科名（中文名/学名）	植物名称（中文名/学名）	保护级别
茅膏菜科 (*Droseraceae*)		
	＊貉藻（*Aldrovanda vesiculosa*）	I
胡颓子科 (*Elaeagnaceae*)		
	翅果油树（*Elaeagnus mollis*）	II
大戟科 (*Euphorbiaceae*)		
	东京桐（*Deutzianthus tonkinensis*）	II
壳斗科 (*Fagaceae*)		
	华南锥（*Castanopsis concinna*）	II
	台湾水青冈（*Fagus hayatae*）	II
	三棱栎（*Formanodendron doichangensis*）	II
瓣鳞花科 (*Frnkeniaceae*)		
	＊瓣鳞花（*Frnkenia pulverulenta*）	II
龙胆科 (*Gentianaceae*)		
	＊辐花（*Lomatogoniopsis alpina*）	II
苦苣苔科 (*Gesneriaceae*)		
	瑶山苣苔（*Dayaoshania cotinifolia*）	I
	单座苣苔（*Metabriggsia ovalifolia*）	I
	秦岭石蝴蝶（*Petrocosmea qinlingensis*）	II
	报春苣苔（*Primulina tabacum*）	I
	辐花苣苔（*Thamnocharis esquirolii*）	I
禾本科 (*Gramineae*)		
	酸竹（*Acidosasa chinensis*）	II
	＊沙芦草（*Agropyron mongolicum*）	II
	＊异颖草（*Anisachne gracilis*）	II
	＊短芒披碱草（*Elymus breviaristatus*）	II
	＊无芒披碱草（*Elymus submuticus*）	II
	＊毛披碱草（*Elymus villifer*）	II
	＊内蒙古大麦（*Hordeum innermongolicum*）	II
	＊药用野生稻（*Oryza of ficinalis*）	II
	＊普通野生稻（*Oryza rufipogon*）	II
	＊四川狼尾草（*Pennesetum sichuanense*）	II
	＊华山新麦草（*Psathyrostachys huashanica*）	I
	＊三蕊草（*Sinochasea trigyna*）	II
	＊拟高粱（*Sorghum propinquum*）	II
	＊箭叶大油芒（*Spodiopogon sagittifolius*）	II
	＊中华结缕草（*Zoysia sinica*）	II
小二仙草科 (*Haloragidaceae*)		
	＊乌苏里狐尾藻（*Myriophyllum ussuiense*）	II

科名（中文名/学名）	植物名称（中文名/学名）	保护级别
金缕梅科（*Hamamelidaceae*）		
	山铜材（*Chunia bucklandioides*）	II
	长柄双花木（*Disanthus cercidifolius var. longipes*）	II
	半枫荷（*Semiliquidambar cathayensis*）	II
	银缕梅（*Shaniodendron subaequalum*）	I
	西药门花（*Tetrathyrium subcordatum*）	II
水鳖科（*Hydrocharitaceae*）		
	＊水菜花（*Ottelia cordata*）	II
唇形科（*Labiatae*）		
	子宫草（*Skapanthus oreophilus*）	II
樟科（*Lauraceae*）		
	油丹（*Alseodaphne hainanensis*）	II
	樟树（香樟）（*Cinnamomum camphora*）	II
	普陀樟（*Cinnamomum japonicum*）	II
	油樟（*Cinnamomum longepaniculatum*）	II
	卵叶桂（*Cinnamomum rigidissimum*）	II
	润楠（*Machilus nanmu*）	II
	舟山新木姜子（*Neolitsea sericea*）	II
	闽楠（*Phoebe bournei*）	II
	浙江楠（*Phoebe chekiangensis*）	II
	楠木（*Phoebe zhennan*）	II
豆科（*Leguminosae*）		
	＊线苞两型豆（*Amphicarpaea linearis*）	II
	黑黄檀（版纳黑檀）（*Dalbergia fusca*）	II
	降香（降香檀）（*Dalbergia odorifera*）	II
	格木（*Erythophleum fordii*）	II
	山豆根（胡豆莲）（*Euchresta japonica*）	II
	绒毛皂荚（*Gleditsia japonica var. velutina*）	II
	＊野大豆（*Glycine soja*）	II
	＊烟豆（*Glycine tobacina*）	II
	＊短绒野大豆（*Glycine tomentella*）	II
	花榈木（花梨木）（*Ormosia henryi*）	II
	红豆树（*Ormosia hosiei*）	II
	缘毛红豆（*Ormosia howii*）	II
	紫檀（青龙木）（*Pterocarpus indicus*）	II
	油楠（蚌壳树）（*Sinaora glabra*）	II
	任豆（任木）（*Zenia insignis*）	II
狸藻科（*Lentibulariaceae*）		
	＊盾鳞狸藻（*Utricularia punctata*）	II

科名（中文名/学名）	植物名称（中文名/学名）	保护级别
木兰科（*Magnoliaceae*）		
	长蕊木兰（*Alcimandra cathcardii*）	I
	地枫皮（*Illicium difengpi*）	II
	单性木兰（*Kmeria septentrionalis*）	I
	鹅掌楸（*Liriodendron chinense*）	II
	大叶木兰（*Magnolia henryi*）	II
	馨香玉兰（*Magnolia odortissima*）	II
	厚朴（*Magnolia officinalis*）	II
	凹叶厚朴（*Magnolia officinalis subsp. biloba*）	II
	长喙厚朴（*Magnolia rostrata*）	II
	圆叶玉兰（*Magnolia sinensis*）	II
	西康玉兰（*Magnolia wilsonii*）	II
	宝华玉兰（*Magnolia zenii*）	II
	香木莲（*Manglietia aromatica*）	II
	落叶木莲（*Manglietia decidua*）	I
	大果木莲（*Manglietia grandis*）	II
	毛果木莲（*Manglietia hebecarpa*）	II
	大叶木莲（*Manglietia megaphylla*）	II
	厚叶木莲（*Manglietia pachyphylla*）	II
	华盖木（*Manglietiastrum sinicum*）	I
	石碌含笑（*Michelia shiluensis*）	II
	峨眉含笑（*Michelia wilsonii*）	II
	峨眉拟单性木兰（*Parakmeria omeiensis*）	I
	云南拟单性木兰（*Parakmeria yunnanensis*）	II
	合果木（*Parakmichelia baillonii*）	II
	水青树（*Tetracentron sinense*）	II
楝科（*Meliaceae*）		
	粗枝崖摩（*Amoora dasyclada*）	II
	红椿（*Toona ciliata*）	II
	毛红椿（*Toona ciliata var. Pubescens*）	II
防已科（*Menispermaceae*）		
	藤枣（*Eleutharrhena macrocarpa*）	I
肉豆蔻科（*Myristicaceae*）		
	海南风吹楠（*Horsfieldia hainanensis*）	II
	滇南风吹楠（*Horsfieldia tetratepala*）	II
	云南肉豆蔻（*Myristica yunnanensis*）	II
茨藻科（*Najadaceae*）		
	*高雄茨藻（*Najas browniana*）	II
	*拟纤维茨藻（*Najas pseudogracillima*）	II

科名（中文名/学名）	植物名称（中文名/学名）	保护级别
睡莲科 （*Nymphaeaceae*）		
	＊莼菜（*Brasenia schreberi*）	Ⅰ
	＊莲（*Nelumbo nucifera*）	Ⅱ
	＊贵州萍蓬草（*Nuphar bornetii*）	Ⅱ
	＊雪白睡莲（*Nymphaea candida*）	Ⅱ
蓝果树科 （*Nyssaceae*）		
	喜树（旱莲木）（*Camptotheca acuminata*）	Ⅱ
	珙桐（*Davidia involucrata*）	Ⅰ
	光叶珙桐 （*Davidia involucrata var. viimoriniana*）	Ⅰ
	云南蓝果树（*Nyssa yunnaensis*）	Ⅰ
金莲木科 （*Ochnaceae*）		
	合柱金莲木（*Sinia rhodoleuca*）	Ⅰ
铁青树科 （*Olacaceae*）		
	蒜头果（*Malania oleifera*）	Ⅱ
木犀科 （*Oleaceae*）		
	水曲柳（*Fraxinus mandshurica*）	Ⅱ
棕榈科 （*Palmae*）		
	董棕（*Caryota urens*）	Ⅱ
	小钩叶藤（*Plectocomia microstachys*）	Ⅱ
	龙棕（*Trachycar pus nana*）	Ⅱ
罂粟科 （*Papaveraceae*）		
	＊红花绿绒蒿（*Meconopsis punicea*）	Ⅱ
斜翼科 （*Plagiopteraceae*）		
	斜翼（*Plagiopteron suaveolens*）	Ⅱ
川苔草科 （*Podostemaceae*）		
	＊川藻（石蔓）（*Terniopsis sessilis*）	Ⅱ
蓼科 （*Polygonaceae*）		
	＊金荞麦（*Fagophyrum dibotrys*）	Ⅱ
报春花科 （*Primulaceae*）		
	＊羽叶点地梅（*Pomatosace filicula*）	Ⅱ
毛茛科 （*Ranunculaceae*）		
	粉背叶人字果（*Dichocar pum hypoglaucum*）	Ⅱ
	独叶草（*Kingdonia uniflora*）	Ⅰ

科名（中文名/学名）	植物名称（中文名/学名）	保护级别
马尾树科 (*Rhoipteleaceae*)		
	马尾树（*Rhoiptelea chiliantha*）	II
茜草科 (*Rubiaceae*)		
	绣球茜（*Dunnia sinensis*）	II
	香果树（*Emmenopterys henryi*）	II
	异形玉叶金花（*Mussaenda anomala*）	I
	丁茜（*Trailliaedoxa gracilis*）	II
芸香科 (*Rutaceae*)		
	黄檗（黄菠椤）（*Phellodendrom amurense*）	II
	川黄檗（黄皮树）（*Phellodendrom chinense*）	II
杨柳科 (*Salicaceae*)		
	钻天柳（*Chosenia arbutifolia*）	II
无患子科 (*Sapindaceae*)		
	伞花木（*Eurycor ymbus cavaleriei*）	II
	掌叶木（*Handeliodendrom bodinieri*）	I
山榄科 (*Sapotaceae*)		
	海南紫荆木（*Madhuca hainanensis*）	II
	紫荆木（*Madhuca pasquieri*）	II
虎耳草科 (*Saxifragaceae*)		
	黄山梅（*Kirengeshoma palmata*）	II
	蛛网萼（*Platycrater arguta*）	II
冰沼草科 (*Scheuchzeriaceae*)		
	*冰沼草（*Scheuchzeria palustris*）	II
玄参科 (*Scrophulariaceae*)		
	*胡黄莲（*Neopicrorhiza scrophulariiflora*）	II
	呆白菜（崖白菜）（*Triaenophora rupestris*）	II
茄科 (*Solanaceae*)		
	*山莨菪（*Anisodus tanguticus*）	II
黑三棱科 (*Sparganiaceae*)		
	*北方黑三棱（*Sparganium hyperboreum*）	II
梧桐科 (*Sterculiaceae*)		
	广西火桐（*Erythropsis kwangsiensis*）	II
	丹霞梧桐（*Firmiana danxiaensis*）	II
	海南梧桐（*Firmiana hainanensis*）	II
	蝴蝶树（*Heritiera parviflolia*）	II
	平当树（*Paradombeya sinensis*）	II
	景东翅子树（*Pterospermum kingtungense*）	II
	勐仑翅子树（*Pterospermum menglunense*）	II

科名（中文名/学名）	植物名称（中文名/学名）	保护级别
安息香科 (*Styracaceae*)		
	长果安息香（*Changiostyrax dolichocarpa*）	II
	秤锤树（*Sinojackia xylocarpa*）	II
瑞香科 (*Thymelaeaceae*)		
	土沉香（*Aquilaria sinensis*）	II
椴树科 (*Tiliaceae*)		
	柄翅果（*Burretiodendron esquirolii*）	II
	蚬木（*Burretiodendron hsienmu*）	II
	滇桐（*Craigia yunnanensis*）	II
	海南椴（*Hainania trichosperma*）	II
	紫椴（*Tilia amurensis*）	II
菱科 (*Trapaceae*)		
	＊野菱（*Trapa incisa*）	II
榆科 (*Ulmaceae*)		
	长序榆（*Ulmus elongata*）	II
	榉树（*Zelkova schneideriana*）	II
伞形科 (*Umbelliferae*)		
	＊珊瑚菜（北沙参）（*Glehnia littoralis*）	II
马鞭草科 (*Verbenaceae*)		
	海南石梓（苦梓）（*Gmelina hainanensis*）	II
姜科 (*Zingiberaceae*)		
	茴香砂仁（*Etlingera yunnanense*）	II
	拟豆蔻（*Paramomum petaloideum*）	II
	长果姜（*Siliquamomum tongkinense*）	II

蓝藻（*Cyonophyta*）

科名（中文名/学名）	植物名称（中文名/学名）	保护级别
念珠藻科 (*Nostocaceae*)		
	＊发菜（*Nostoc flagelliforme*）	I
真菌 (*Eumycophyta*)		
麦角菌科 (*Clavicipitaceae*)		
	＊虫草（冬虫夏草）（*Cardyceps sinense*）	II
口蘑科（白蘑科） (*Tricholomataceae*)		
	松口蘑（松茸）（*Tricholoma matsutake*）	II

120 非法引进、释放、丢弃外来入侵物种案

概念 本罪是指违反国家规定，非法引进、释放或者丢弃外来入侵物种，情节严重的行为。

立案标准 违反国家规定，非法引进、释放或者丢弃外来入侵物种，情节严重的，应当立案。

<table>
<tr><td rowspan="7">定罪标准</td><td>犯罪客体</td><td>本罪侵犯的客体是国家生物安全。</td></tr>
<tr><td>犯罪客观方面</td><td>本罪客观上表现为违反国家规定，非法引进、释放或者丢弃外来入侵物种，情节严重的行为。
引进外来入侵物种应当依照有关法律法规的规定，实行行政审批许可，处置外来入侵物种按照国家有关规定进行。任何单位和个人未经批准，不得擅自引进、释放或者丢弃外来物种。《生物安全法》第 81 条规定，非法引进外来物种的，由县级以上人民政府有关部门根据职责分工，没收引进的外来物种，并处 5 万元以上 25 万元以下的罚款；非法释放或者丢弃外来物种的，由县级以上人民政府有关部门根据职责分工，责令限期捕回、找回释放或者丢弃的外来物种，处 1 万元以上 5 万元以下罚款。除了上述行政责任外，构成犯罪的依法追究刑事责任。本条中的“引进”主要是指从国外非法携带、运输、邮寄、走私进境等行为。“释放”、“丢弃”是非法处置外来入侵物种的行为，包括经过批准引进的物种，在进行实验研究等之后予以非法野外放养或者随意丢弃的情况。</td></tr>
<tr><td>犯罪主体</td><td>本罪的主体是一般主体，既可以是达到法定刑事责任年龄、具有刑事责任能力的自然人，也可以是单位。</td></tr>
<tr><td>犯罪主观方面</td><td>本罪的主观方面是故意。</td></tr>
<tr><td>罪与非罪</td><td>区分罪与非罪。1. 本条中的“外来入侵物种”，是指国务院农业农村主管部门会同国务院其他有关部门制定的外来入侵物种名录和管理办法中列举的物种，不能将所有外来物种都视为本罪的对象；2. 本罪的成立要求达到情节严重，实践中本罪除认定行为人非法引进、释放或者丢弃外来入侵物种外，还需判断其行为是否造成了对生态环境和生物安全的严重损害等客观因素能否被评价为情节严重。</td></tr>
<tr><td>此罪与彼罪</td><td>行为人走私外来入侵物种名录中的物种，该物种同时属于国家禁止进出口的货物、物品的，属于想象竞合，择一重罪处罚。</td></tr>
</table>

<table>
<tr><td rowspan="4">证据参考标准</td><td>主体方面的证据</td><td>一、证明行为人刑事责任年龄、身份等自然情况的证据。
包括身份证明、户籍证明、任职证明、工作经历证明、特定职责证明等，主要是证明行为人的姓名（曾用名）、性别、出生年月日、民族、籍贯、出生地、职业（或职务）、住所地（或居所地）等证据材料，如户口簿、居民身份证、工作证、出生证、专业或技术等级证、干部履历表、职工登记表、护照等。
对于户籍、出生证等材料内容不实的，应提供其他证据材料。外国人犯罪的案件，应有护照等身份证明材料。人大代表、政协委员犯罪的案件，应注明身份，并附身份证明材料。
二、证明行为人刑事责任能力的证据。
证明行为人对自己的行为是否具有辨认能力与控制能力，如是否属于间歇性精神病人、尚未完全丧失辨认或者控制自己行为能力的精神病人的证明材料。
三、证明单位的证据。
证明是否属于依法成立并有合法经营、管理范围的公司、企业、事业单位、机关、团体。
证明单位的名称、住所地、性质、法定代表人、单位负责人、业务范围、成立时间等证据材料，如企业营业执照、国有公司性质证明及非法人单位的身份证明等。
四、证明法定代表人、单位负责人或直接责任人员等的身份证据。
法定代表人、直接负责的主管人员和其他直接责任人在单位的任职、职责、负责权限的证明材料等。包括身份证明、户籍证明、任职证明等，如户口簿、居民身份证、工作证、护照、专业或技术等级证、干部履历表、职工登记表、任命书、业务分工文件、委派文件、单位证明、单位规章制度等。</td></tr>
<tr><td>主观方面的证据</td><td>证明行为人故意的证据：1. 证明行为人明知的证据：证明行为人明知自己的行为会发生危害社会的结果；2. 证明直接故意的证据：证明行为人希望危害结果发生；3. 证明间接故意的证据：证明行为人犯人危害结果发生。</td></tr>
<tr><td>客观方面的证据</td><td>证明行为人非法引进、释放、丢弃外来入侵物种行为的证据：1. 证明行为人违反国家规定，非法引进外来入侵物种的证据；2. 证明行为人违反国家规定，非法释放外来入侵物种的证据；3. 证明行为人违反国家规定，非法丢弃外来入侵物种的证据；4. 证明情节严重的证据。</td></tr>
<tr><td>量刑方面的证据</td><td>一、法定量刑情节证据。
1. 事实情节：情节严重。2. 法定从重情节。3. 法定从轻减轻情节：（1）可以从轻；（2）可以从轻或减轻；（3）应当从轻或者减轻。4. 法定从轻减轻免除情节：（1）可以从轻、减轻或者免除处罚；（2）应当从轻、减轻或者免除处罚。5. 法定减轻免除情节：（1）可以减轻或者免除处罚；（2）应当减轻或者免除处罚；（3）可以免除处罚。
二、酌定量刑情节证据。
1. 犯罪手段：（1）非法引进；（2）非法释放；（3）非法丢弃。2. 犯罪对象。3. 危害结果。4. 动机。5. 平时表现。6. 认罪态度。7. 是否有前科。8. 其他证据。</td></tr>
</table>

量刑标准	犯本罪的	处三年以下有期徒刑或者拘役，并处或者单处罚金
	单位犯本罪的	对单位判处罚金，并对其直接负责的主管人员和其他直接责任人员，依照上述规定处罚

法律适用	刑法条文	**第三百四十四条之一** 违反国家规定，非法引进、释放或者丢弃外来入侵物种，情节严重的，处三年以下有期徒刑或者拘役，并处或者单处罚金。 **第三百四十六条** 单位犯本节第三百三十八条至第三百四十五条规定之罪的，对单位判处罚金，并对其直接负责的主管人员和其他直接责任人员，依照本节各该条的规定处罚。
	相关法律法规	**《中华人民共和国生物安全法》（节录）**（2020年10月17日中华人民共和国主席令第56号公布 自2021年4月15日起施行） **第六十条** 国家加强对外来物种入侵的防范和应对，保护生物多样性。国务院农业农村主管部门会同国务院其他有关部门制定外来入侵物种名录和管理办法。 国务院有关部门根据职责分工，加强对外来入侵物种的调查、监测、预警、控制、评估、清除以及生态修复等工作。 任何单位和个人未经批准，不得擅自引进、释放或者丢弃外来物种。 **第八十一条** 违反本法规定，未经批准，擅自引进外来物种的，由县级以上人民政府有关部门根据职责分工，没收引进的外来物种，并处五万元以上二十五万元以下的罚款。 违反本法规定，未经批准，擅自释放或者丢弃外来物种的，由县级以上人民政府有关部门根据职责分工，责令限期捕回、找回释放或者丢弃的外来物种，处一万元以上五万元以下的罚款。

121 盗伐林木案

概念

本罪是指盗伐森林或者其他林木，数量较大的行为。

立案标准

以非法占有为目的，具有下列情形之一，并且盗伐林木2至5立方米或者幼树100至200株以上的，应当立案：

（1）擅自砍伐国家、集体、他人所有或者他人承包经营管理的森林或者其他林木的；

（2）擅自砍伐本单位或者本人承包经营管理的森林或者其他林木的；

（3）在林木采伐许可证规定的地点以外采伐国家、集体、他人所有或者他人承包经营管理的森林或者其他林木的。

定罪标准		
	犯罪客体	本罪所侵害的客体是复杂客体，包括国家对森林资源的管理活动以及国家、集体或个人的林木所有权。犯罪的对象是国有、集体所有的森林和其他林木，以及宜林荒地由个人承包，所有权归承包人所有的或个人自留山上的成片树林。所谓森林，是指大片的树林，包括乔木林和竹林。其他林木，是指森林以外的林木，包括树木和竹子。根据《森林法》第83条的规定，森林，包括乔木林、竹林和国家特别规定的灌木林。按照用途可以分为防护林、特种用途林、用材林、经济林和能源林。林木，包括树木和竹子。林地，是指县级以上人民政府规划确定的用于发展林业的土地。包括郁闭度0.2以上的乔木林地以及竹林地、灌木林地、疏林地、采伐迹地、火烧迹地、未成林造林地、苗圃地等。
	犯罪客观方面	本罪在客观方面表现为盗伐国家、集体或个人所有的森林或者其他林木，数量较大的行为。 一、必须违反了森林法律、法规等国家规定。为了保护国家森林资源，国家对于森林或其他林木的采伐规定了严格的管理制度。如《森林法》规定，国家严格控制森林年采伐量。省、自治区、直辖市人民政府林业主管部门根据消耗量低于生长量和森林分类经营管理的原则，编制本行政区域的年采伐限额，经征求国务院林业主管部门意见，报本级人民政府批准后公布实施，并报国务院备案。重点林区的年采伐限额，由国务院林业主管部门编制，报国务院批准后公布实施。采伐森林、林木应当遵守下列规定：（1）公益林只能进行抚育、更新和低质低效林改造性质的采伐。但是，因科研或者实验、防治林业有害生物、建设护林防火设施、营造生物防火隔离带、遭受自然灾害等需要采伐的除外。（2）商品林应当根据不同情况，采取不同采伐方式，严格控制皆伐面积，伐育同步规划实施。（3）自然保护区的林木，禁止采伐。但是，因防治林业有害生物、森林防火、维护主要保护对象生存环境、遭受自然灾害等特殊情况必须采伐的和实验区的竹林除外。省级以上人民政府林业主管部门应当根据前款规定，按照森林分类经营管理、保护优先、注重效率和效益等原则，制定相应的林木采

定罪标准	犯罪客观方面	伐技术规程。采伐林地上的林木应当申请采伐许可证，并按照采伐许可证的规定进行采伐；采伐自然保护区以外的竹林，不需要申请采伐许可证，但应当符合林木采伐技术规程。农村居民采伐自留地和房前屋后个人所有的零星林木，不需要申请采伐许可证。非林地上的农田防护林、防风固沙林、护路林、护岸护堤林和城镇林木等的更新采伐，由有关主管部门按照有关规定管理。采挖移植林木按照采伐林木管理。具体办法由国务院林业主管部门制定。禁止伪造、变造、买卖、租借采伐许可证。 《森林法实施条例》规定，国家所有的森林和林木以国有林业企业事业单位、农场、厂矿为单位，集体所有的森林和林木、个人所有的林木以县为单位，制定年森林采伐限额，由省、自治区、直辖市人民政府林业主管部门汇总、平衡，经本级人民政府审核后，报国务院批准。其中，重点林区的年森林采伐限额，由国务院林业主管部门审核后，报国务院批准。国务院批准的年森林采伐限额，每五年核定一次。采伐森林、林木作为商品销售的，必须纳入国家年度木材生产计划；但是农村居民采伐自留山上个人所有的薪炭林和自留地、房前屋后个人所有的零星林木除外。申请林木采伐许可证，除应当提交申请采伐林木的所有权证书或者使用权证书外，还应当按照下列规定提交其他有关证明文件：（1）国有林业企业事业单位还应当提交采伐区调查设计文件和上年度采伐更新验收证明；（2）其他单位还应当提交包括采伐林木的目的、地点、林种、林况、面积、蓄积量、方式和更新措施等内容的文件；（3）个人还应当提交包括采伐林木的地点、面积、树种、株数、蓄积量、更新时间等内容的文件。因扑救森林火灾、防洪、抢险等紧急情况需要采伐林木的，组织抢险的单位或者部门应当自紧急情况结束之日起30日内，将采伐林木的情况报告当地县级以上人民政府林业主管部门。有下列情形之一的，不得核发林木采伐许可证：（1）防护林和特种用途林进行非抚育或者非更新性质的采伐的，或者采伐封山育林或封山育林区内的林木的；（2）上年度采伐后未完成更新造林任务的；（3）上年度发生重大滥伐案件、森林火灾或者大面积严重森林病虫害，未采取预防和改进措施的。林木采伐许可证的式样由国务院林业主管部门规定，由省、自治区、直辖市人民政府林业主管部门印制。除《森林法》已有明确规定的外，林木采伐许可证按照下列规定权限核发：（1）县属国有林场，由所在地的县级人民政府林业主管部门核发；（2）省、自治区、直辖市和设区的市、自治州所属的国有林业企业事业单位、其他国有企业事业单位，由所在地的省、自治区、直辖市人民政府林业主管部门核发；（3）重点林区的国有林业企业事业单位，由国务院林业主管部门核发。利用外资营造的用材林达到一定规模需要采伐的，应当在国务院批准的年森林采伐限额内，由省、自治区、直辖市人民政府林业主管部门批准，实行采伐限额单列，等等。对于上述这些规定，无疑不得违反。凡是违反这些规定而盗伐森林或者其他林木的，都应依法追究有关人员的法律责任直至刑事责任。 二、违反《森林法》等国家规定的行为，必须是盗伐森林或者其他林木的行为。虽然具有违反了《森林法》等国家规定的行为，但该行为不是所谓盗伐森林或者其他林木的行为，而是其他违反《森林法》等国家规定的行为，如非法采伐、毁坏珍贵树木或国家重点保护的其他植物，滥伐森林或其他林木等，自然不能构成本罪。构成犯罪的，应以他罪如非法采伐珍贵植物罪、滥伐林木罪等定罪。所谓盗伐，是指未经合法批准而擅自砍伐；既可以是秘密砍伐，又可以是公然砍伐。既包括未依法获得林木采伐许可证的无证采伐，又包括虽然获得了林木采伐许可证但在许可证规定的地点以外的超地采伐。根据最高人民法院2000年11月17日通过、自同年12月11日起施行

<table>
<tr><td rowspan="4">定罪标准</td><td>犯罪客观方面</td><td>的《关于审理破坏森林资源刑事案件具体应用法律若干问题的解释》（以下简称《解释》）第3条规定，以非法占有为目的，具有下列情形之一，数量较大的，依照《刑法》第345条第1款的规定，以本罪定罪处罚：（1）擅自砍伐国家、集体、他人所有或者他人承包经营管理的森林或者其他林木的；（2）擅自砍伐本单位或者本人承包经营管理的森林或者其他林木的；（3）在林木采伐许可证规定的地点以外采伐国家、集体、他人所有或者他人承包经营管理的森林或者其他林木的。雇佣他人盗伐林木构成犯罪的案件，如果被雇佣者不知是盗伐他人林木的，应由雇主承担刑事责任；如果被雇佣者明知是盗伐他人林木的，应按盗伐林木罪共犯论处。
三、盗伐林木的行为必须达到数量较大。虽有盗伐林木行为，但盗伐的林木未达到数量较大，也不能以本罪论处。数量较大，根据《解释》第4条规定，以2～5立方米或者幼树100～200株为起点。对于1年内多次盗伐少量林木未经处罚的，根据《解释》第7条规定，累计其盗伐林木的数量。其中，林木数量，根据《解释》第17条规定，以立木蓄积计算。计算方法为原木材积除以该树种的出材率。所谓幼树，是指胸径在5厘米以下的树木。《解释》第18条规定，盗伐以生产竹材为主要目的的竹林的定罪量刑问题，有关省、自治区、直辖市高级人民法院可以参照上述规定的精神，规定本地区的具体标准，并报最高人民法院备案。《解释》第19规定，各省、自治区、直辖市高级人民法院可以根据本地区的实际情况，在本解释第4条规定的数量幅度内，确定本地区执行的具体数量标准，并报最高人民法院备案。</td></tr>
<tr><td>犯罪主体</td><td>本罪的主体是一般主体，凡是达到刑事责任年龄、具备刑事责任能力的人，都可成为本罪的主体。根据《刑法》第346条规定，单位亦可成为本罪的主体。</td></tr>
<tr><td>犯罪主观方面</td><td>本罪在主观方面必须出于故意，即明知是在盗伐森林或其他林木却仍出于非法占有的目的而决意实施该行为。过失违章采伐的，属于一般违法行为，不能构成本罪。至于其动机，有的为了自用，有的为了出卖，有的为了帮忙，有的为女色所惑，等等。但动机如何，并不影响本罪成立。</td></tr>
<tr><td>罪与非罪</td><td>区分罪与非罪的界限，要注意：
一、本罪是数额犯，数额大小是构成犯罪的必要条件，属于偶尔少数盗伐，情节不严重的行为，不应以犯罪论处，有的可给予经济、行政制裁。盗伐林木“数量较大”，构成犯罪，以2至5立方米或者幼树100至200株为起点。林木数量，一般应以立木蓄积计算。
二、本罪的对象为国家、集体所有的森林或其他林木，以及他人自留山上的成片林木。竹子以及不是以生产竹材为主要目的的竹林，农民自留山上的薪炭林以及自留地、房前屋后的自有零星林木，不属于森林资源的保护范围，出于非法占有目的而擅自秘密砍伐或公然砍伐的，应根据行为特征以盗窃罪、抢夺罪甚或抢劫罪等论处。此外，本罪的森林或其他林木必须处于生长过程中。盗窃、抢夺已被砍伐了的林木，亦不能构成本罪，构成犯罪也是他罪如盗窃罪、抢夺罪、抢劫罪等。</td></tr>
</table>

<table>
<tr><td rowspan="1">定罪标准</td><td>此罪与彼罪</td><td>本罪与盗窃罪的界限。二者的根本区别在于：（1）犯罪对象不同。本罪的犯罪对象是处于生长过程中的国家、集体所有的森林和其他林木；就林木相关问题，后者的犯罪对象只能是已被砍伐的树木，以及农民自留地、居民房前屋后的零星树木等。（2）犯罪的客体不同。本罪侵犯的客体是国家对林木资源的管理秩序；后者侵犯的客体则是公私财物的所有权。（3）犯罪的行为方式不同。本罪表现为擅自砍伐，其手段不以秘密窃取为限；后者的方式则只能是秘密窃取。（4）犯罪主体不同。本罪主体包括自然人和单位；后者的主体只限自然人。</td></tr>
<tr><td rowspan="3">证据参考标准</td><td>主体方面的证据</td><td>一、证明行为人刑事责任年龄、身份等自然情况的证据。
包括身份证明、户籍证明、任职证明、工作经历证明、特定职责证明等，主要是证明行为人的姓名（曾用名）、性别、出生年月日、民族、籍贯、出生地、职业（或职务）、住所地（或居所地）等证据材料，如户口簿、居民身份证、工作证、出生证、专业或技术等级证、干部履历表、职工登记表、护照等。
对于户籍、出生证等材料内容不实的，应提供其他证据材料。外国人犯罪的案件，应有护照等身份证明材料。人大代表、政协委员犯罪的案件，应注明身份，并附身份证明材料。
二、证明行为人刑事责任能力的证据。
证明行为人对自己的行为是否具有辨认能力与控制能力，如是否属于间歇性精神病人、尚未完全丧失辨认或者控制自己行为能力的精神病人的证明材料。
三、证明单位的证据。
证明是否属于依法成立并有合法经营、管理范围的公司、企业、事业单位、机关、团体。
证明单位的名称、住所地、性质、法定代表人、单位负责人、业务范围、成立时间等证据材料，如企业营业执照、国有公司性质证明及非法人单位的身份证明等。
四、证明法定代表人、单位负责人或直接责任人员等的身份证据。
法定代表人、直接负责的主管人员和其他直接责任人在单位的任职、职责、负责权限的证明材料等。包括身份证明、户籍证明、任职证明等，如户口簿、居民身份证、工作证、护照、专业或技术等级证、干部履历表、职工登记表、任命书、业务分工文件、委派文件、单位证明、单位规章制度等。</td></tr>
<tr><td>主观方面的证据</td><td>证明行为人故意的证据：1. 证明行为人明知的证据：证明行为人明知自己的行为会发生危害社会的结果。2. 证明直接故意的证据：证明行为人希望危害结果发生。3. 目的：（1）获取非法利润；（2）牟利；（3）营利；（4）非法占有。</td></tr>
<tr><td>客观方面的证据</td><td>证明行为人盗伐林木犯罪行为的证据。
具体证据包括：1. 证明行为人盗伐林木行为的证据。2. 证明行为人盗伐林木数量较大行为的证据。3. 证明行为人盗伐林木数量巨大行为的证据。4. 证明行为人盗伐林木数量特别巨大行为的证据。5. 证明行为人所盗伐林木性质行为的证据：（1）防护林；（2）用材林；（3）经济林；（4）薪炭林；（5）特种用途林。6. 证明行为人盗伐国家自然保护区森林或者其他林木行为的证据。</td></tr>
</table>

<table>
<tr><td rowspan="2">证据参考标准</td><td rowspan="2">量刑方面的证据</td><td colspan="2">一、法定量刑情节证据。
1. 事实情节：（1）数量较大；（2）数量巨大；（3）数量特别巨大。2. 法定从重情节。3. 法定从轻减轻情节：（1）可以从轻；（2）可以从轻或减轻；（3）应当从轻或者减轻。4. 法定从轻减轻免除情节：（1）可以从轻、减轻或者免除处罚；（2）应当从轻、减轻或者免除处罚。5. 法定减轻免除情节：（1）可以减轻或者免除处罚；（2）应当减轻或者免除处罚；（3）可以免除处罚。
二、酌定量刑情节证据。
1. 犯罪手段：（1）盗伐；（2）其他。2. 犯罪对象。3. 危害结果。4. 动机。5. 平时表现。6. 认罪态度。7. 是否有前科。8. 其他证据。</td></tr>
<tr></tr>
<tr><td rowspan="5">量刑标准</td><td colspan="2">犯本罪的</td><td>处三年以下有期徒刑、拘役或者管制，并处或者单处罚金</td></tr>
<tr><td colspan="2">数量巨大的</td><td>处三年以上七年以下有期徒刑，并处罚金</td></tr>
<tr><td colspan="2">数量特别巨大的</td><td>处七年以上有期徒刑，并处罚金</td></tr>
<tr><td colspan="2">单位犯本罪的</td><td>对单位判处罚金，并对其直接负责的主管人员和其他直接责任人员，依上述规定处罚</td></tr>
<tr><td colspan="2">盗伐国家级自然保护区内的森林或其他林木的</td><td>从重处罚</td></tr>
<tr><td rowspan="2">法律适用</td><td>刑法条文</td><td colspan="2">第三百四十五条第一款　盗伐森林或者其他林木，数量较大的，处三年以下有期徒刑、拘役或者管制，并处或者单处罚金；数量巨大的，处三年以上七年以下有期徒刑，并处罚金；数量特别巨大的，处七年以上有期徒刑，并处罚金。
第三百四十五条第四款　盗伐、滥伐国家级自然保护区内的森林或者其他林木的，从重处罚。
第三百四十六条　单位犯本节第三百三十八条至第三百四十五条规定之罪的，对单位判处罚金，并对其直接负责的主管人员和其他直接责任人员，依照本节各该条的规定处罚。</td></tr>
<tr><td>司法解释</td><td colspan="2">一、最高人民法院《关于审理破坏森林资源刑事案件具体应用法律若干问题的解释》（节录）（2000年11月22日最高人民法院公布　自2000年12月11日起施行　法释〔2000〕36号）
第三条　以非法占有为目的，具有下列情形之一，数量较大的，依照刑法第三百四十五条第一款的规定，以盗伐林木罪定罪处罚：
（一）擅自砍伐国家、集体、他人所有或者他人承包经营管理的森林或者其他林木的；
（二）擅自砍伐本单位或者本人承包经营管理的森林或者其他林木的；
（三）在林木采伐许可证规定的地点以外采伐国家、集体、他人所有或者他人承包经营管理的森林或者其他林木的。
第四条　盗伐林木“数量较大”，以2至5立方米或者幼树100至200株为起点；</td></tr>
</table>

法律适用 司法解释

盗伐林木“数量巨大”，以二十至五十立方米或者幼树一千至二千株为起点；盗伐林木“数量特别巨大”，以一百至二百立方米或者幼树五千至一万株为起点。

第七条 对于一年内多次盗伐、滥伐少量林木未经处罚的，累计其盗伐、滥伐林木的数量，构成犯罪的，依法追究刑事责任。

第八条 盗伐、滥伐珍贵树木，同时触犯刑法第三百四十四条、第三百四十五条规定的，依照处罚较重的规定定罪处罚。

第九条 将国家、集体、他人所有并已经伐倒的树木窃为己有，以及偷砍他人房前屋后、自留地种植的零星树木，数额较大的，依照刑法第二百六十四条的规定，以盗窃罪定罪处罚。

第十二条 林业主管部门的工作人员违反森林法的规定，超过批准的年采伐限额发放林木采伐许可证或者违反规定滥发林木采伐许可证，具有下列情形之一的，属于刑法第四百零七条规定的“情节严重，致使森林遭受严重破坏”，以违法发放林木采伐许可证罪定罪处罚：

（一）发放林木采伐许可证允许采伐数量累计超过批准的年采伐限额，导致林木被采伐数量在十立方米以上的；

（二）滥发林木采伐许可证，导致林木被滥伐二十立方米以上的；

（三）滥发林木采伐许可证，导致珍贵树木被滥伐的；

（四）批准采伐国家禁止采伐的林木，情节恶劣的；

（五）其他情节严重的情形。

第十三条 对于伪造、变造、买卖林木采伐许可证、木材运输证件，森林、林木、林地权属证书，占用或者征用林地审核同意书、育林基金等缴费收据以及其他国家机关批准的林业证件构成犯罪的，依照刑法第二百八十条第一款的规定，以伪造、变造、买卖国家机关公文、证件罪定罪处罚。

对于买卖允许进出口证明书等经营许可证明，同时触犯刑法第二百二十五条、第二百八十条规定之罪的，依照处罚较重的规定定罪处罚。

第十六条 单位犯刑法第三百四十四条、第三百四十五条规定之罪，定罪量刑标准按照本解释的规定执行。

第十七条 本解释规定的林木数量以立木蓄积计算，计算方法为：原木材积除以该树种的出材率。

本解释所称“幼树”，是指胸径五厘米以下的树木。

滥伐林木的数量，应在伐区调查设计允许的误差额以上计算。

第十八条 盗伐、滥伐以生产竹材为主要目的的竹林的定罪量刑问题，有关省、自治区、直辖市高级人民法院可以参照上述规定的精神，规定本地区的具体标准，并报最高人民法院备案。

第十九条 各省、自治区、直辖市高级人民法院可以根据本地区的实际情况，在本解释第四条、第六条规定的数量幅度内，确定本地区执行的具体数量标准，并报最高人民法院备案。

二、最高人民检察院、公安部《关于公安机关管辖的刑事案件立案追诉标准的规定（一）》（节录）（2008年6月25日最高人民检察院、公安部公布　自公布之日起施行　公通字〔2008〕36号　2017年4月27日修正）

第七十二条　［盗伐林木案（刑法第三百四十五条第一款）］盗伐森林或者其他林木，涉嫌下列情形之一的，应予立案追诉：

法律适用

司法解释

（一）盗伐二至五立方米以上的；

（二）盗伐幼树一百至二百株以上的。

以非法占有为目的，具有下列情形之一的，属于本条规定的“盗伐森林或者其他林木”：

（一）擅自砍伐国家、集体、他人所有或者他人承包经营管理的森林或者其他林木的；

（二）擅自砍伐本单位或者本人承包经营管理的森林或者其他林木的；

（三）在林木采伐许可证规定的地点以外采伐国家、集体、他人所有或者他人承包经营管理的森林或者其他林木的。

本条和本规定第七十三条、第七十四条规定的林木数量以立木蓄积计算，计算方法为：原木材积除以该树种的出材率；“幼树”，是指胸径五厘米以下的树木。

相关法律法规

一、《中华人民共和国森林法》（节录）（1984 年 9 月 20 日中华人民共和国主席令第 17 号公布　自 1985 年 1 月 1 日起施行　1998 年 4 月 29 日第一次修正　2009 年 8 月 27 日第二次修正　2019 年 12 月 28 日修订）

第七十六条　盗伐林木的，由县级以上人民政府林业主管部门责令限期在原地或者异地补种盗伐株数一倍以上五倍以下的树木，并处盗伐林木价值五倍以上十倍以下的罚款。

滥伐林木的，由县级以上人民政府林业主管部门责令限期在原地或者异地补种滥伐株数一倍以上三倍以下的树木，可以处滥伐林木价值三倍以上五倍以下的罚款。

第八十一条　违反本法规定，有下列情形之一的，由县级以上人民政府林业主管部门依法组织代为履行，代为履行所需费用由违法者承担：

（一）拒不恢复植被和林业生产条件，或者恢复植被和林业生产条件不符合国家有关规定；

（二）拒不补种树木，或者补种不符合国家有关规定。

恢复植被和林业生产条件、树木补种的标准，由省级以上人民政府林业主管部门制定。

二、《中华人民共和国森林法实施条例》（节录）（2000 年 1 月 29 日中华人民共和国国务院令第 278 号公布　自公布之日起施行　2011 年 1 月 8 日第一次修订　2016 年 2 月 6 日第二次修订　2018 年 3 月 19 日修正）

第三十八条　盗伐森林或者其他林木，以立木材积计算不足 0.5 立方米或者幼树不足 20 株的，由县级以上人民政府林业主管部门责令补种盗伐株数 10 倍的树木，没收盗伐的林木或者变卖所得，并处盗伐林木价值 3 倍至 5 倍的罚款。

盗伐森林或者其他林木，以立木材积计算 0.5 立方米以上或者幼树 20 株以上的，由县级以上人民政府林业主管部门责令补种盗伐株数 10 倍的树木，没收盗伐的林木或者变卖所得，并处盗伐林木价值 5 倍至 10 倍的罚款。

122 滥伐林木案

概念

本罪是指违反《森林法》的规定，未经主管部门批准并核发采伐许可证或者虽持有采伐许可证，但违背采伐证所规定的地点、数量、树种、方式而任意采伐本单位所有或管理的，以及本人自留山上的森林或者其他林木，数量较大的行为。

立案标准

具有下列情形之一，并且滥伐森林或者其他林木 10 立方米至 20 立方米或者幼树 500 至 1000 株的，应当立案：

（1）未经林业行政主管部门及法律规定的其他主管部门批准并核发林木采伐许可证，或者虽持有林木采伐许可证，但违反林木采伐许可证规定的时间、数量、树种或者方式，任意采伐本单位所有或者本人所有的森林或者其他林木的；

（2）超过林木采伐许可证规定的数量采伐他人所有的森林或者其他林木的。

定罪标准

犯罪客体	本罪侵害的客体是国家有关森林资源的保护制度。本罪侵犯的对象主要为本单位所有或者管理的以及本人自留山上的森林或者其他林木。但对于持有林木采伐许可证但不按照许可证规定的时间、数量、树种、方式而采伐的行为，还可以是他人所有的林木。
犯罪客观方面	本罪在客观方面表现为违反《森林法》的规定，滥伐森林或者其他林木，数量较大的行为。 一、必须具有违反《森林法》的规定的行为。违反《森林法》的规定，既包括违反立法机关制定的《森林法》的有关规定，又包括违反国务院根据《森林法》的规定制定的有关森林保护法规，而且还包括国家林业主管部门根据森林法律、法规制定的有关保护森林资源的部门规章。为了保护国家森林资源，《森林法》及其实施条例等对于森林或者其他林木的砍伐做了系列的严格规定。《森林法》第 55 条规定："采伐森林、林木应当遵守下列规定：（一）公益林只能进行抚育、更新和低质低效林改造性质的采伐。但是，因科研或者实验、防治林业有害生物、建设护林防火设施、营造生物防火隔离带、遭受自然灾害等需要采伐的除外。（二）商品林应当根据不同情况，采取不同采伐方式，严格控制皆伐面积，伐育同步规划实施。（三）自然保护区的林木，禁止采伐。但是，因防治林业有害生物、森林防火、维护主要保护对象生存环境、遭受自然灾害等特殊情况必须采伐的和实验区的竹林除外。省级以上人民政府林业主管部门应当根据前款规定，按照森林分类经营管理、保护优先、注重效率和效益等原则，制定相应的林木采伐技术规程。"第 56 条规定："采伐林地上的林木应当申请采伐许可证，并按照采伐许可证的规定进行采伐；采伐自然保护区以外的竹林，不需要申请采伐许可证，但应当符合林木采伐技术规程。农村居民采伐自留地和房前屋后个人所有的零星林木，不需要申请采伐许可证。非林地上的农田防护林、防风固沙林、护路林、护岸护堤林和城镇林木等的更新采伐，由有关主管部门按照有关规定管理。采挖移植林木按照采伐林木管理。具体办法由国务院林业主管部门制定。禁止伪造、变造、买卖、租借采伐许可证。"

定罪标准		
	犯罪客观方面	二、违反《森林法》规定的行为必须是滥伐森林或者其他林木的行为。虽有违反《森林法》规定的行为，但该行为不属于滥伐森林或者其他林木的行为，而是属于其他诸如盗伐林木，非法采伐、毁坏国家重点保护植物，非法收购、运输、加工、出售国家重点保护植物及其制品的行为，则也不能构成本罪。构成犯罪的，应以他罪如盗伐林木罪，非法采伐、毁坏国家重点保护植物罪，非法收购、运输、加工、出售国家重点保护植物、国家重点保护植物制品罪等定罪处罚。所谓滥伐，主要是指违反国家森林保护法规，未经林业主管部门及法律规定的其他部门批准并核发许可证，或者虽持有采伐许可证，但违背采伐许可证规定的时间、数量、树种、方式而任意采伐本单位所有或管理的，以及本人所有如自留山上的森林或者其他林木的行为。根据最高人民法院《关于审理破坏森林资源刑事案件具体应用法律若干问题的解释》（以下简称《解释》）第5条规定，违反森林法的规定，具有下列情形之一，数量较大的，应依照《刑法》第345条第2款的规定以本罪定罪处罚：（1）未经林业行政主管部门及法律规定的其他主管部门批准并核发林木采伐许可证，或者虽持有林木采伐许可证，但违反林木采伐许可证规定的时间、数量、树种或者方式，任意采伐本单位所有或者本人所有的森林或者其他林木的；（2）超过林木采伐许可证规定的数量采伐他人所有的森林或者其他林木的。林木权属争议一方在林木权属确权之前擅自加以砍伐的，也应以滥伐林木的行为论处。 司法解释对于持有林木采伐许可证但未按照许可证规定的时间、树种或者方式采伐他人所有的森林或者其他林木，以及未按照规定的地点采伐本单位或者本人所有的森林或其他林木的行为未明确其属盗伐还是滥伐的性质。笔者认为，对于这些不按照林木采伐许可证的规定进行采伐的行为，均可以滥伐行为论处，情节严重的，应当依法追究其刑事责任。 三、滥伐林木的数量必须达到较大才能构成本罪。虽有滥伐森林或者其他林木的行为，但其数量没有达到较大，也不能以本罪论处。根据《解释》第6条规定，滥伐林木数量较大，以10～20立方米或者幼树500～1000株为起点。《解释》第7条规定，对于1年内多次滥伐少量林木未经处罚的，累计其滥伐林木的数量。其中，林木数量，根据《解释》第17条规定，以立木蓄积计算。计算方法为原木材积除以该树种的出材率。所谓幼树，是指胸径在5厘米以下的树木。滥伐林木的数量，应在伐区调查设计允许的误差额以上计算。对于滥伐以生产竹材为主要目的的竹林的定罪量刑问题，《解释》第18条规定，有关省、自治区、直辖市高级人民法院可以参照上述规定的精神，规定本地区的具体标准，并报最高人民法院备案。《解释》第19条则规定，各省、自治区、直辖市高级人民法院可以根据本地区的实际情况，在本解释第6条规定的数量幅度内，确定本地区执行的具体数量标准，并报最高人民法院备案。
	犯罪主体	本罪的主体是一般主体，凡是达到刑事责任年龄、具备刑事责任能力的自然人，都可以成为本罪的主体。单位亦可成为本罪的主体而构成本罪。
	犯罪主观方面	本罪在主观方面必须出于故意，即明知自己在滥伐林木而仍决意实施。过失不能构成本罪。

<table>
<tr><td rowspan="2">定罪标准</td><td>罪与非罪</td><td>区分罪与非罪的界限，要注意：
一、本罪是数额犯。数额大小是构成犯罪的必要条件，属于偶尔少数滥伐，情节不严重的行为，不应以犯罪论处。只有违反《森林法》的规定，滥伐森林或者其他林木数量较大的，才构成犯罪。如果只是一般零星地滥伐林木，数量不大的，则属于一般违法行为，应当由林业行政主管部门给予行政处罚，不能作为犯罪处理。根据国家林业局、公安部2001年5月9日颁布的《关于森林和陆生野生动物刑事案件管辖及立案标准》，滥伐林木案的数量标准为：滥伐森林或者其他林木，立案起点为10立方米至20立方米或者幼树500至1000株；滥伐林木50立方米以上或者幼树2500株以上，为重大案件；滥伐林木100立方米以上或者幼树5000株以上，为特别重大案件。林木的数量，以立木蓄积计算。对于一年内多次滥伐少量林木未经处罚的，累计其滥伐林木的数量。被滥伐林木的价值，有国家规定价格的，按国家规定价格计算；没有国家规定价格的，按主管部门规定的价格计算；没有国家或者主管部门规定价格的，按市场价格计算；进入流通领域的，按实际销售价格计算；实际销售价格低于国家或者主管部门规定价格的，按国家或者主管部门规定的价格计算；实际销售价格低于市场价格，又没有国家或者主管部门规定价格的，按市场价格计算，不能按低价销赃的价格计算。
二、本罪的对象为本单位所有或者管理的，以及本人或他人所有的森林或其他林木、竹子，以及不是以生产竹材为主要目的的竹林，农民自留山上的薪炭林以及个人自留地、房前屋后的自留零星树木，不属森林资源，不能成为本罪对象。单位砍伐属自己所有或经营管理的此种非森林资源林木，个人砍伐自己所有的此种非森林资源林木，不能构成本罪。砍伐他人所有或经营管理的此种非森林资源林木，构成犯罪，应根据行为的性质以盗窃罪、抢夺罪等论处。</td></tr>
<tr><td>此罪与彼罪</td><td>本罪与盗伐林木罪的界限。两者的关键区别在于：本罪违法砍伐的主要是本单位所有或者管理经营的林木，以及本人自留山上的森林或者其他林木，一般不涉及林木所有权的侵犯。只是对于持有林木采伐许可证但不按照许可证规定的时间、数量、树种、方式而采伐的行为，还可以是他人所有的林木；而后罪所盗伐的则是国家、集体所有包括他人以及本人（仅指个人）依法承包经营管理的国家或集体所有的森林或者其他林木以及他人自留山上的森林或其他林木。这样，对单位来说，其违法砍伐的属自己所有或者虽为国家、集体所有但由自己依法管理经营的林木，构成犯罪的一定是构成本罪。否则，除持有林木采伐许可证但未按照许可证规定的采伐时间、数量、树种、方式采伐他人所有林木的行为应以滥伐林木论处外，其他违法砍伐，包括没有经过批准的擅自砍伐，以及经过批准获得林木采伐许可证但未按照许可证规定的地点而在该规定的地点外对国家、集体、他人所有或他人承包经营管理林木的采伐，都应当以盗伐林木论。对于个人来说，违法砍伐的属于自己所有的自留山上的森林或其他林木，承包国有宜林荒山荒地造林，承包后种植林木依法规定由个人所有的，构成犯罪均构成本罪。砍伐不属自己所有的林木，如国家、集体所有，包括本人承包经营管理但所有权属于国家或集体的，以及其他个人所有的森林或其他林木，除持有林木采伐许可证而未按照许可证规定的采伐时间、数量、树种、方式进行采伐的行为应以滥伐行为论处外，则都应以盗伐林木论，构成犯罪的，应以盗伐林木罪依法治罪科刑。如果明知林木权属不清，在争议未解决之前，擅自砍伐林木，数量较大的，首先应确定林木权属，分别根据具体情况，按盗伐林木罪或者滥伐林木罪追究其刑事责任；林木权属如果难以确定的，则按滥伐林木罪惩处。</td></tr>
</table>

<table>
<tr><td rowspan="4">证据参考标准</td><td>主体方面的证据</td><td>一、证明行为人刑事责任年龄、身份等自然情况的证据。
包括身份证明、户籍证明、任职证明、工作经历证明、特定职责证明等，主要是证明行为人的姓名（曾用名）、性别、出生年月日、民族、籍贯、出生地、职业（或职务）、住所地（或居所地）等证据材料，如户口簿、居民身份证、工作证、出生证、专业或技术等级证、干部履历表、职工登记表、护照等。
对于户籍、出生证等材料内容不实的，应提供其他证据材料。外国人犯罪的案件，应有护照等身份证明材料。人大代表、政协委员犯罪的案件，应注明身份，并附身份证明材料。
二、证明行为人刑事责任能力的证据。
证明行为人对自己的行为是否具有辨认能力与控制能力，如是否属于间歇性精神病人、尚未完全丧失辨认或者控制自己行为能力的精神病人的证明材料。
三、证明单位的证据。
证明是否属于依法成立并有合法经营、管理范围的公司、企业、事业单位、机关、团体。
证明单位的名称、住所地、性质、法定代表人、单位负责人、业务范围、成立时间等证据材料，如企业营业执照、国有公司性质证明及非法人单位的身份证明等。
四、证明法定代表人、单位负责人或直接责任人员等的身份证据。
法定代表人、直接负责的主管人员和其他直接责任人在单位的任职、职责、负责权限的证明材料等。包括身份证明、户籍证明、任职证明等，如户口簿、居民身份证、工作证、护照、专业或技术等级证、干部履历表、职工登记表、任命书、业务分工文件、委派文件、单位证明、单位规章制度等。</td></tr>
<tr><td>主观方面的证据</td><td>证明行为人故意的证据：1. 证明行为人明知的证据：证明行为人明知自己的行为会发生危害社会的结果。2. 证明直接故意的证据：证明行为人希望危害结果发生。3. 目的：（1）获取非法利润；（2）牟利；（3）营利。</td></tr>
<tr><td>客观方面的证据</td><td>证明行为人滥伐林木犯罪行为的证据。
具体证据包括：1. 证明行为人滥伐林木行为的证据。2. 证明行为人滥伐林木数量较大行为的证据。3. 证明行为人滥伐林木数量巨大行为的证据。4. 证明行为人滥伐林木数量特别巨大行为的证据。5. 证明行为人滥伐林木性质行为的证据：（1）防护林；（2）用材林；（3）经济林；（4）薪炭林；（5）特种用途林。6. 证明行为人盗伐国家自然保护区森林或者其他林木行为的证据。</td></tr>
<tr><td>量刑方面的证据</td><td>一、法定量刑情节证据。
1. 事实情节：（1）数量较大；（2）数量巨大。2. 法定从重情节。3. 法定从轻减轻情节：（1）可以从轻；（2）可以从轻或减轻；（3）应当从轻或者减轻。4. 法定从轻减轻免除情节：（1）可以从轻、减轻或者免除处罚；（2）应当从轻、减轻或者免除处罚。5. 法定减轻免除情节：（1）可以减轻或者免除处罚；（2）应当减轻或者免除处罚；（3）可以免除处罚。
二、酌定量刑情节证据。
1. 犯罪手段：滥伐；2. 犯罪对象；3. 危害结果；4. 动机；5. 平时表现；6. 认罪态度；7. 是否有前科；8. 其他证据。</td></tr>
</table>

量刑标准	犯本罪的	处三年以下有期徒刑、拘役或者管制，并处或者单处罚金
	数量巨大的（以50至100立方米或者幼树2500至5000株为起点）	处三年以上七年以下有期徒刑，并处罚金
	单位犯本罪的	对单位判处罚金，并对其直接负责的主管人员和其他直接责任人员，依上述规定处罚
	滥伐国家级自然保护区内的森林或其他林木的	从重处罚

法律适用

刑法条文

第三百四十五条　盗伐森林或者其他林木，数量较大的，处三年以下有期徒刑、拘役或者管制，并处或者单处罚金；数量巨大的，处三年以上七年以下有期徒刑，并处罚金；数量特别巨大的，处七年以上有期徒刑，并处罚金。

违反森林法的规定，滥伐森林或者其他林木，数量较大的，处三年以下有期徒刑、拘役或者管制，并处或者单处罚金；数量巨大的，处三年以上七年以下有期徒刑，并处罚金。

非法收购、运输明知是盗伐、滥伐的林木，情节严重的，处三年以下有期徒刑、拘役或者管制，并处或者单处罚金；情节特别严重的，处三年以上七年以下有期徒刑，并处罚金。

盗伐、滥伐国家级自然保护区内的森林或者其他林木的，从重处罚。

第三百四十六条　单位犯本节第三百三十八条至第三百四十五条规定之罪的，对单位判处罚金，并对其直接负责的主管人员和其他直接责任人员，依照本节各该条的规定处罚。

司法解释

一、最高人民法院《关于审理破坏森林资源刑事案件具体应用法律若干问题的解释》（节录）（2000年11月22日最高人民法院公布　自2000年12月11日起施行　法释〔2000〕36号）

第五条　违反森林法的规定，具有下列情形之一，数量较大的，依照刑法第三百四十五条第二款的规定，以滥伐林木罪定罪处罚：

（一）未经林业行政主管部门及法律规定的其他主管部门批准并核发林木采伐许可证，或者虽持有林木采伐许可证，但违反林木采伐许可证规定的时间、数量、树种或者方式，任意采伐本单位所有或者本人所有的森林或者其他林木的；

（二）超过林木采伐许可证规定的数量采伐他人所有的森林或者其他林木的。

林木权属争议一方在林木权属确权之前，擅自砍伐森林或者其他林木，数量较大的，以滥伐林木罪论处。

第六条　滥伐林木"数量较大"，以十至二十立方米或者幼树五百至一千株为起点；滥伐林木"数量巨大"，以五十至一百立方米或者幼树二千五百至五千株为起点。

第七条　对于一年内多次盗伐、滥伐少量林木未经处罚的，累计其盗伐、滥伐林木的数量，构成犯罪的，依法追究刑事责任。

法律适用

司法解释

第八条 盗伐、滥伐珍贵树木，同时触犯刑法第三百四十四条、第三百四十五条规定的，依照处罚较重的规定定罪处罚。

第九条 将国家、集体、他人所有并已经伐倒的树木窃为己有，以及偷砍他人房前屋后、自留地种植的零星树木，数额较大的，依照刑法第二百六十四条的规定，以盗窃罪定罪处罚。

第十六条 单位犯刑法第三百四十四条、第三百四十五条规定之罪，定罪量刑标准按照本解释的规定执行。

第十七条 本解释规定的林木数量以立木蓄积计算，计算方法为：原木材积除以该树种的出材率。

本解释所称“幼树”，是指胸径五厘米以下的树木。

滥伐林木的数量，应在伐区调查设计允许的误差额以上计算。

第十八条 盗伐、滥伐以生产竹材为主要目的的竹林的定罪量刑问题，有关省、自治区、直辖市高级人民法院可以参照上述规定的精神，规定本地区的具体标准，并报最高人民法院备案。

第十九条 各省、自治区、直辖市高级人民法院可以根据本地区的实际情况，在本解释第四条、第六条规定的数量幅度内，确定本地区执行的具体数量标准，并报最高人民法院备案。

二、最高人民法院《关于在林木采伐许可证规定的地点以外采伐本单位或者本人所有的森林或者其他林木的行为如何适用法律问题的批复》（2004 年 3 月 26 日最高人民法院公布　自 2004 年 4 月 1 日起施行　法释〔2004〕3 号）

各省、自治区、直辖市高级人民法院，解放军军事法院，新疆维吾尔自治区高级人民法院生产建设兵团分院：

最近，有的法院反映，关于在林木采伐许可证规定的地点以外采伐本单位或者本人所有的森林或者其他林木的行为适用法律问题不明确。经研究，批复如下：

违反森林法的规定，在林木采伐许可证规定的地点以外，采伐本单位或者本人所有的森林或者其他林木的，除农村居民采伐自留地和房前屋后个人所有的零星林木以外，属于《最高人民法院关于审理破坏森林资源刑事案件具体应用法律若干问题的解释》第五条第一款第（一）项“未经林业行政主管部门及法律规定的其他主管部门批准并核发林木采伐许可证”规定的情形，数量较大的，应当依照刑法第三百四十五条第二款的规定，以滥伐林木罪定罪处罚。

三、最高人民检察院、公安部《关于公安机关管辖的刑事案件立案追诉标准的规定（一）》（节录）（2008 年 6 月 25 日最高人民检察院、公安部公布　自公布之日起施行　公通字〔2008〕36 号　2017 年 4 月 27 日修正）

第七十三条 ［滥伐林木案（刑法第三百四十五条第二款）］违反森林法的规定，滥伐森林或者其他林木，涉嫌下列情形之一的，应予立案追诉：

（一）滥伐十至二十立方米以上的；

（二）滥伐幼树五百至一千株以上的。

违反森林法的规定，具有下列情形之一的，属于本条规定的“滥伐森林或者其他林木”：

（一）未经林业行政主管部门及法律规定的其他主管部门批准并核发林木采伐许

法律适用		
	司法解释	可证，或者虽持有林木采伐许可证，但违反林木采伐许可证规定的时间、数量、树种或者方式，任意采伐本单位所有或者本人所有的森林或者其他林木的； （二）超过林木采伐许可证规定的数量采伐他人所有的森林或者其他林木的。 违反森林法的规定，在林木采伐许可证规定的地点以外，采伐本单位或者本人所有的森林或者其他林木的，除农村居民采伐自留地和房前屋后个人所有的零星林木以外，属于本条第二款第（一）项“未经林业行政主管部门及法律规定的其他主管部门批准并核发林木采伐许可证”规定的情形。 林木权属争议一方在林木权属确权之前，擅自砍伐森林或者其他林木的，属于本条规定的“滥伐森林或者其他林木”。 滥伐林木的数量，应在伐区调查设计允许的误差额以上计算。
	相关法律法规	**一、《中华人民共和国森林法》（节录）**（1984年9月20日中华人民共和国主席令第17号公布　自1985年1月1日起施行　1998年4月29日第一次修正　2009年8月27日第二次修正　2019年12月28日修订） **第七十六条**　盗伐林木的，由县级以上人民政府林业主管部门责令限期在原地或者异地补种盗伐株数一倍以上五倍以下的树木，并处盗伐林木价值五倍以上十倍以下的罚款。 滥伐林木的，由县级以上人民政府林业主管部门责令限期在原地或者异地补种滥伐株数一倍以上三倍以下的树木，可以处滥伐林木价值三倍以上五倍以下的罚款。 **二、《中华人民共和国森林法实施条例》（节录）**（2000年1月29日中华人民共和国国务院令第278号公布　自公布之日起施行　2011年1月8日第一次修订　2016年2月6日第二次修订　2018年3月19日修正） **第三十九条**　滥伐森林或者其他林木，以立木材积计算不足2立方米或者幼树不足50株的，由县级以上人民政府林业主管部门责令补种滥伐株数5倍的树木，并处滥伐林木价值2倍至3倍的罚款。 滥伐森林或者其他林木，以立木材积计算2立方米以上或者幼树50株以上的，由县级以上人民政府林业主管部门责令补种滥伐株数5倍的树木，并处滥伐林木价值3倍至5倍的罚款。 超过木材生产计划采伐森林或者其他林木的，依照前两款规定处罚。
	规章及规范性文件	**国家林业局（已撤销）、公安部《关于森林和陆生野生动物刑事案件管辖及立案标准》（节录）**（2001年5月9日公布　自公布之日起施行　林安字〔2001〕156号） **二、森林和陆生野生动物刑事案件的立案标准** （二）滥伐林木案 滥伐森林或者其他林木，立案起点为10立方米至20立方米或者幼树500至1000株；滥伐林木50立方米以上或者幼树2500株以上，为重大案件；滥伐林木100立方米以上或者幼树5000株以上，为特别重大案件。

123 非法收购、运输盗伐、滥伐的林木案

概念

本罪是指明知是盗伐、滥伐的林木而予以收购或运输，情节严重的行为。

立案标准

在林区或林区外非法收购或运输明知是盗伐、滥伐的林木在 20 立方米或者幼树 1000 株以上的，以及非法收购、运输盗伐、滥伐的国家重点保护植物 2 立方米以上或者 5 株以上的，应当立案。

本罪为选择性罪名，具体可以分解为非法收购盗伐的林木罪、非法收购滥伐的林木罪、非法运输盗伐的林木罪、非法运输滥伐的林木罪等 4 个选择支罪名。实施非法收购盗伐的林木、非法收购滥伐的林木、非法运输盗伐的林木、非法运输滥伐的林木行为之一的，即可构成本罪。具体应当根据行为的性质适用不同的选择支罪名，如非法收购盗伐的林木的，应当以非法收购盗伐的林木罪定罪。既有非法收购盗伐的林木的行为，又有非法收购滥伐的林木的行为，则应以非法收购盗伐、滥伐的林木罪治罪科刑。

定罪标准		
	犯罪客体	本罪所侵害的客体是国家有关森林资源的保护制度，犯罪对象为盗伐或者滥伐的林木。
	犯罪客观方面	本罪在客观方面表现为非法收购、运输盗伐、滥伐的林木，情节严重的行为。包括相互联系的四个方面： 一、必须有收购或者运输林木的行为。所谓收购，在这里是指违反法律规定，未经批准而以金钱作价利用金钱、有价证券等物质利益有偿换取盗伐、滥伐的林木的行为。既可以直接从盗伐、滥伐林木的行为人处收购，又可以从盗伐、滥伐林木行为人以外的他人处收购。只要明知该林木属于盗伐、滥伐的林木，不管从何处收购，皆可构成本罪。所谓运输，是指将盗伐、滥伐的林木在国内从一地移动到另一地的行为。既可以为盗伐、滥伐林木的人运输，也可以为收购、出售或者其他拥有盗伐、滥伐林木的人运输。但是，盗伐、滥伐或者收购林木人自然有一个运输所盗伐、滥伐林木的过程，因此，盗伐者、滥伐者或者收购盗伐、滥伐的林木的行为人运输自己盗伐、滥伐或者收购盗伐、滥伐的林木的行为，属于盗伐、滥伐林木或者收购盗伐、滥伐的林木行为的事后自然行为，应当为前行为所吸收，不再构成独立的运输行为。然而，盗伐者、滥伐者或者收购盗伐、滥伐林木的行为人，又运输了自己所盗伐、滥伐的林木或者收购的盗伐、滥伐的林木以外的其他盗伐、滥伐的林木，则盗伐、滥伐林木的行为或者收购盗伐、滥伐林木的行为与该运输盗伐、滥伐林木的行为没有前后必然的联系，属于出于不同故意实施的不同性质的行为。对之，应当以盗伐林木罪或者滥伐林木罪与非法运输盗伐、滥伐的林木罪实行并罚，或者以非法收购、运输盗伐、滥伐的林木罪依法治罪科刑。 二、收购、运输林木的行为必须非法，即违反了森林法律、法规、规章等国家有关规定。虽有收购、运输林木的行为，但是没有违反国家有关规定，则属合法行为或

定罪标准	犯罪客观方面	者一般的违规行为，自然不能以本罪论处。如《森林法》规定，违反《森林法》规定，收购、加工、运输明知是盗伐、滥伐等非法来源的林木的，由县级以上人民政府林业主管部门责令停止违法行为，没收违法收购、加工、运输的林木或者变卖所得，可以处违法收购、加工、运输林木价款3倍以下的罚款。又如，国务院《森林法实施条例》规定，在林区经营（含加工）木材，必须经县级以上人民政府林业主管部门批准。木材收购单位和个人不得收购没有林木采伐许可证或者其他合法来源证明的木材。前款所称木材，是指原木、锯材、竹材、木片和省、自治区、直辖市规定的其他木材。从林区运出非国家统一调拨的木材，必须持有县级以上人民政府林业主管部门核发的木材运输证。重点林区的木材运输证，由省、自治区、直辖市人民政府林业主管部门核发；其他木材运输证，由县级以上地方人民政府林业主管部门核发。木材运输证自木材起运点到终点全程有效，必须随货同行。没有木材运输证的，承运单位和个人不得承运。木材运输证的式样由国务院林业主管部门规定。申请木材运输证，应当提交下列证明文件：（1）林木采伐许可证或者其他合法来源证明；（2）检疫证明；（3）省、自治区、直辖市人民政府林业主管部门规定的其他文件。符合前款条件的，受理木材运输证申请的县级以上人民政府林业主管部门应当自接到申请之日起3日内发给木材运输证。依法发放的木材运输证所准运的木材运输总量，不得超过当地年度木材生产计划规定可以运出销售的木材总量。经省、自治区、直辖市人民政府批准在林区设立的木材检查站，负责检查木材运输；无证运输木材的，木材检查站应当予以制止，可以暂扣无证运输的木材，并立即报请县级以上人民政府林业主管部门依法处理。凡是违反有关规定，无证收购或者运输盗伐、滥伐的林木，或者虽然有证而非法收购盗伐、滥伐的林木等，都应依法追究行为人的法律责任直至刑事责任。 三、非法收购、运输的必须是盗伐、滥伐的林木。如果不是收购或者运输盗伐、滥伐的林木，则不能以本罪论处。如购买、运输盗窃的林木，构成犯罪的，则为掩饰、隐瞒犯罪所得、犯罪所得收益罪。如果林木本身不是盗伐、滥伐的林木，而是国家重点保护的植物，对之进行收购或运输的，则应当以非法收购、运输国家重点保护植物罪定罪处罚。 四、非法收购、运输盗伐、滥伐的林木的行为必须达到情节严重。没有达到情节严重，即使具有非法收购、运输盗伐、滥伐的林木的行为，也不能以本罪治罪。所谓情节严重，主要是指多次非法收购、运输的；非法收购、运输数量较大的；对护林管理人员履行职责进行阻挠或伤害的，等等。参照《解释》第11条规定，具有下列情形之一的，可以认定为非法收购、运输盗伐、滥伐的林木情节严重：（1）非法收购、运输盗伐、滥伐的林木20立方米以上或者幼树1000株以上的；（2）非法收购、运输盗伐、滥伐的国家重点保护的植物2立方米以上或者5株以上的；（3）其他情节严重的情形。 应当指出，根据《刑法》原第345条第3款的规定（《刑法修正案（四）出台前》），非法运输盗伐、滥伐林木的行为，没有规定为一种独立的犯罪行为，构成犯罪的，应当以他罪如掩饰、隐瞒犯罪所得、犯罪所得收益罪治罪科刑。对于非法收购盗伐、滥伐的林木的行为，虽然规定了非法收购盗伐、滥伐的林木罪这一独立的罪名，但构成其罪在客观方面要求行为的地点必须在林区，即只有在林区非法收购盗伐、滥伐林木的才能构成非法收购盗伐、滥伐的林木罪。在林区之外非法收购盗伐、滥伐的林木的行为，则不能构成非法收购盗伐、滥伐的林木罪。如果构成犯罪，也是他罪如

<table>
<tr><td rowspan="5">定罪标准</td><td>犯罪客观方面</td><td>掩饰、隐瞒犯罪所得、犯罪所得收益罪。现在，根据《刑法》的规定，无论是非法收购盗伐、滥伐的林木的行为，还是非法运输盗伐、滥伐的林木的行为，构成非法收购、运输盗伐、滥伐的林木罪，都不必以在林区实施为条件。换句话说，无论是在林区还是在林区之外实施了非法收购或者运输盗伐、滥伐的林木的行为，只要出于故意，且情节严重，均可构成本罪。</td></tr>
<tr><td>犯罪主体</td><td>本罪的主体是一般主体，即年满 16 周岁、具有刑事责任能力的自然人均能构成本罪。单位亦可成为本罪主体而构成本罪。</td></tr>
<tr><td>犯罪主观方面</td><td>本罪在主观方面必须出于故意，即明知是盗伐、滥伐的林木而仍决意收购或运输。过失不能构成本罪。确实不知是盗伐、滥伐的林木，以为是合法采伐的林木而予以收购或运输的，则不能以本罪论处。根据最高人民法院《关于审理破坏森林资源刑事案件具体应用法律若干问题的解释》第 10 条规定，所谓非法收购明知是盗伐、滥伐的林木中的明知，是指知道或者应当知道。具有下列情形之一的，可以视为应当知道，但是有证据证明确属被蒙骗的除外：（1）在非法的木材交易场所或者销售单位收购木材的；（2）收购以明显低于市场价格出售的木材的；（3）收购违反规定出售的木材的。
根据《刑法》原第 345 条第 3 款的规定（《刑法修正案（四）》出台前），非法收购盗伐、滥伐的林木的行为，要构成犯罪，必须以牟利为目的。《刑法》对于非法收购、运输盗伐、滥伐林木的行为要构成犯罪，并不要求出于牟利的目的。这样行为人即使不是以牟利为目的，如为了帮助朋友而运输，为了自用而收购，只要明知自己收购、运输的是盗伐、滥伐的林木，亦可构成本罪。在司法实践中，行为人之所以实施这一行为，其目的大多是为了谋取非法利益。</td></tr>
<tr><td>罪与非罪</td><td>区分罪与非罪的界限，关键是看收购、运输林木是否情节严重，如果收购、运输数量较小、情节显著轻微、危害不大的，不构成犯罪。所谓情节严重，一般是指非法收购、运输盗伐、滥伐的林木 20 立方米以上或者幼树 1000 株以上的；非法收购、运输盗伐、滥伐的珍贵树木 2 立方米以上或者 5 株以上的；其他情节严重的情形。“情节特别严重”，一般是指非法收购、运输盗伐、滥伐的林木 100 立方米以上或者幼树 5000 株以上的；非法收购、运输盗伐、滥伐的珍贵树木 5 立方米以上或者 10 株以上的；其他情节特别严重的情形。</td></tr>
<tr></tr>
<tr><td>证据参考标准</td><td>主体方面的证据</td><td>一、证明行为人刑事责任年龄、身份等自然情况的证据。
包括身份证明、户籍证明、任职证明、工作经历证明、特定职责证明等，主要是证明行为人的姓名（曾用名）、性别、出生年月日、民族、籍贯、出生地、职业（或职务）、住所地（或居所地）等证据材料，如户口簿、居民身份证、工作证、出生证、专业或技术等级证、干部履历表、职工登记表、护照等。
对于户籍、出生证等材料内容不实的，应提供其他证据材料。外国人犯罪的案件，应有护照等身份证明材料。人大代表、政协委员犯罪的案件，应注明身份，并附身份证明材料。
二、证明行为人刑事责任能力的证据。
证明行为人对自己的行为是否具有辨认能力与控制能力，如是否属于间歇性精神病人、尚未完全丧失辨认或者控制自己行为能力的精神病人的证明材料。</td></tr>
</table>

<table>
<tr><td rowspan="4">证据参考标准</td><td>主体方面的证据</td><td>三、证明单位的证据。
证明是否属于依法成立并有合法经营、管理范围的公司、企业、事业单位、机关、团体。
证明单位的名称、住所地、性质、法定代表人、单位负责人、业务范围、成立时间等证据材料，如企业营业执照、国有公司性质证明及非法人单位的身份证明等。
四、证明法定代表人、单位负责人或直接责任人员等的身份证据。
法定代表人、直接负责的主管人员和其他直接责任人在单位的任职、职责、负责权限的证明材料等。包括身份证明、户籍证明、任职证明等，如户口簿、居民身份证、工作证、护照、专业或技术等级证、干部履历表、职工登记表、任命书、业务分工文件、委派文件、单位证明、单位规章制度等。</td></tr>
<tr><td>主观方面的证据</td><td>证明行为人故意的证据：1. 证明行为人明知的证据：证明行为人明知自己的行为会发生危害社会的结果；2. 证明直接故意的证据：证明行为人希望危害结果发生。</td></tr>
<tr><td>客观方面的证据</td><td>证明行为人非法收购、运输盗伐、滥伐的林木犯罪行为的证据。
具体证据包括：1. 证明行为人非法收购、运输盗伐的林木行为的证据；2. 证明行为人非法收购、运输滥伐的林木行为的证据；3. 证明行为人非法收购或运输盗伐的林木情节严重行为的证据；4. 证明行为人非法收购或运输滥伐的林木情节严重行为的证据；5. 证明行为人非法收购或运输盗伐的林木情节特别严重行为的证据；6. 证明行为人非法收购或运输滥伐的林木情节特别严重行为的证据。</td></tr>
<tr><td>量刑方面的证据</td><td>一、法定量刑情节证据。
1. 事实情节：(1) 情节严重；(2) 情节特别严重。2. 法定从重情节。3. 法定从轻减轻情节：(1) 可以从轻；(2) 可以从轻或者减轻；(3) 应当从轻或者减轻。4. 法定从轻减轻免除情节：(1) 可以从轻、减轻或者免除处罚；(2) 应当从轻、减轻或者免除处罚。5. 法定减轻免除情节：(1) 可以减轻或者免除处罚；(2) 应当减轻或者免除处罚；(3) 可以免除处罚。
二、酌定量刑情节证据。
1. 犯罪手段：(1) 非法收购；(2) 非法运输。2. 犯罪对象。3. 危害结果。4. 动机。5. 平时表现。6. 认罪态度。7. 是否有前科。8. 其他证据。</td></tr>
</table>

<table>
<tr><td rowspan="3">量刑标准</td><td>犯本罪的</td><td>处三年以下有期徒刑、拘役或者管制，并处或者单处罚金</td></tr>
<tr><td>情节特别严重的</td><td>处三年以上七年以下有期徒刑，并处罚金</td></tr>
<tr><td>单位犯本罪的</td><td>对单位判处罚金，并对其直接负责的主管人员和其他直接责任人员，依上述规定处罚</td></tr>
</table>

刑法条文

第三百四十五条第三款 非法收购、运输明知是盗伐、滥伐的林木，情节严重的，处三年以下有期徒刑、拘役或者管制，并处或者单处罚金；情节特别严重的，处三年以上七年以下有期徒刑，并处罚金。

第三百四十六条 单位犯本节第三百三十八条至第三百四十五条规定之罪的，对单位判处罚金，并对其直接负责的主管人员和其他直接责任人员，依照本节各该条的规定处罚。

法律适用 司法解释

一、最高人民法院《关于审理破坏森林资源刑事案件具体应用法律若干问题的解释》（节录）（2000年11月22日最高人民法院公布 自2000年12月11日起施行 法释〔2000〕36号）

第十条 刑法第三百四十五条规定的“非法收购明知是盗伐、滥伐的林木”中的“明知”，是指知道或者应当知道。具有下列情形之一的，可以视为应当知道，但是有证据证明确属被蒙骗的除外：

（一）在非法的木材交易场所或者销售单位收购木材的；

（二）收购以明显低于市场价格出售的木材的；

（三）收购违反规定出售的木材的。

第十一条 具有下列情形之一的，属于在林区非法收购盗伐、滥伐的林木“情节严重”：

（一）非法收购盗伐、滥伐的林木二十立方米以上或者幼树一千株以上的；

（二）非法收购盗伐、滥伐的珍贵树木二立方米以上或者五株以上的；

（三）其他情节严重的情形。

具有下列情形之一的，属于在林区非法收购盗伐、滥伐的林木“情节特别严重”：

（一）非法收购盗伐、滥伐的林木一百立方米以上或者幼树五千株以上的；

（二）非法收购盗伐、滥伐的珍贵树木五立方米以上或者十株以上的；

（三）其他情节特别严重的情形。

二、最高人民检察院、公安部《关于公安机关管辖的刑事案件立案追诉标准的规定（一）》（节录）（2008年6月25日最高人民检察院、公安部公布 自公布之日起施行 公通字〔2008〕36号 2017年4月27日修正）

第七十四条 ［非法收购、运输盗伐、滥伐的林木案（刑法第三百四十五条第三款）］非法收购、运输明知是盗伐、滥伐的林木，涉嫌下列情形之一的，应予立案追诉：

（一）非法收购、运输盗伐、滥伐的林木二十立方米以上或者幼树一千株以上的；

（二）其他情节严重的情形。

本条规定的“非法收购”的“明知”，是指知道或者应当知道。具有下列情形之一的，可以视为应当知道，但是有证据证明确属被蒙骗的除外：

（一）在非法的木材交易场所或者销售单位收购木材的；

（二）收购以明显低于市场价格出售的木材的；

（三）收购违反规定出售的木材的。

法律适用		
法律适用	相关法律法规	**《中华人民共和国森林法》（节录）**（1984 年 9 月 20 日中华人民共和国主席令第 17 号公布　自 1985 年 1 月 1 日起施行　1998 年 4 月 29 日第一次修正　2009 年 8 月 27 日第二次修正　2019 年 12 月 28 日修订） **第七十八条**　违反本法规定，收购、加工、运输明知是盗伐、滥伐等非法来源的林木的，由县级以上人民政府林业主管部门责令停止违法行为，没收违法收购、加工、运输的林木或者变卖所得，可以处违法收购、加工、运输林木价款三倍以下的罚款。
法律适用	规章及规范性文件	**国家林业局（已撤销）、公安部《关于森林和陆生野生动物刑事案件管辖及立案标准》（节录）**（2001 年 5 月 9 日公布　自公布之日起施行　林安字〔2001〕156 号） **二、森林和陆生野生动物刑事案件的立案标准** （三）非法收购盗伐、滥伐的林木案 以牟利为目的，在林区非法收购明知是盗伐、滥伐的林木在 20 立方米或者幼树 1000 株以上的，以及非法收购盗伐、滥伐的珍贵树木 2 立方米以上或者 5 株以上的应当立案；非法收购林木 100 立方米或者幼树 5000 株以上的，以及非法收购盗伐、滥伐的珍贵树木 5 立方米以上或者 10 株以上的为重大案件；非法收购林木 200 立方米或者幼树 1000 株以上的，以及非法收购盗伐、滥伐的珍贵树木 10 立方米以上或者 20 株以上的为特别重大案件。

124 走私、贩卖、运输、制造毒品案

概念

本罪是指明知是毒品而故意实施走私、贩卖、运输、制造的行为。

立案标准

明知是毒品而故意走私、贩卖、运输、制造的，无论数量多少，都应当立案。本罪是行为犯，只要行为人明知是毒品而故意进行走私、贩卖、运输、制造，原则上就构成犯罪，应当立案侦查。

<table>
<tr><td rowspan="2">定罪标准</td><td>犯罪客体</td><td>本罪侵犯的客体是国家对毒品的管理制度和人民的生命健康。由于鸦片、海洛因、甲基苯丙胺等麻醉药品和精神药品既有医用价值，又能使人形成瘾癖，使人体产生依赖性，因而，常有犯罪分子利用它们来牟取非法利润。近几年来，国际上制毒、贩毒、走私毒品活动不断向我国渗透或假道我国向第三国运输。国内一些不法分子大肆进行制造毒品、贩卖毒品的犯罪活动，使大量毒品流入社会，严重地损害了他人的身体健康。为此，国家陆续颁布了一系列的法律、法规，严格控制麻醉药品、精神药品的进出口、供应、运输、生产等活动，严禁非法走私、贩卖、运输、制造毒品活动。如《药品管理法》《麻醉药品和精神药品管理条例》等法规都对麻醉药品和精神药品的供应、运输、生产等作了具体而严格的规定，任何单位和个人违反上述法律规定，走私、贩卖、运输、制造毒品的行为，都直接侵犯了有关毒品管制法规。
本罪的对象是毒品。根据《刑法》第357条规定：“本法所称的毒品，是指鸦片、海洛因、甲基苯丙胺（冰毒）、吗啡、大麻、可卡因以及国家规定管制的其他能够使人形成瘾癖的麻醉药品和精神药品。”</td></tr>
<tr><td>犯罪客观方面</td><td>本罪在客观方面上表现为行为人进行走私、贩卖、运输、制造毒品的行为。
一、走私毒品。走私毒品是指非法运输、携带、邮寄毒品进出国（边）境的行为。行为方式主要是输入毒品与输出毒品，此外对在领海、内海运输、收购、贩卖国家禁止进出口的毒品，以及直接向走私毒品的犯罪人购买毒品的，应视为走私毒品。根据《刑法》的规定，影响走私毒品行为的危害性的因素，主要是走私毒品的数量、主体的情况（是否是首要分子、是否参与国际贩毒组织）、方式（是否武装掩护）等。这些因素无疑影响走私毒品行为的危害性。输入毒品行为，将直接危害我国公民的身心健康，危害我国的社会管理秩序；而输出毒品行为，则并不直接危害我国公民的身心健康。换言之，输入毒品行为的直接危害结果发生在我国领域内，而输出毒品行为的直接后果发生在我国领域外。前者行为的危害性显然重于后者。从国外的规定看，许多国家（如德国、日本）都是将输入毒品与输出毒品分别规定为独立的犯罪，或者将输出毒品的行为纳入运输毒品罪中，而前者的法定刑则明显重于后者，其立法宗旨也主要在于保护本国及本国公民的利益。《刑法》虽然没有分别规定输入毒品与输出毒品的法定刑，但司法机关在量刑时，对输入与输出两种行为应当区别对待。</td></tr>
</table>

<table>
<tr><td rowspan="2">定罪标准</td><td>犯罪客观方面</td><td>
二、贩卖毒品。贩卖毒品是指有偿转让毒品或者以贩卖为目的而非法收购毒品。有偿转让毒品，即行为人将毒品交付给对方，并从对方获取物质利益。贩卖方式既可以是公开的，也可以是秘密的；既可以是行为人请求对方购买，也可能是对方请求行为人转让；既可能是直接交付给对方，也可能是间接交付给对方。在间接交付的场合，如果中间人认识到是毒品而帮助转交给买方的，则该中间人的行为也是贩卖毒品；如果中间人没有认识到是毒品，则不构成贩卖毒品罪。贩卖是有偿转让，但行为人交付毒品既可能是获取金钱，也可能是获取其他物质利益；既可能在交付毒品的同时获取物质利益，也可能先交付毒品后获取利益或先获取物质利益而后交付毒品。如果是无偿转让毒品，如赠与等，则不属于贩卖毒品。毒品的来源既可能是自己制造的毒品，也可能是自己购买的毒品，还可能是通过其他方法取得的毒品。贩卖的对方没有限制，即不问对方是否达到法定年龄、是否具有辨认控制能力、是否与贩卖人具有某种关系。出于贩卖目的而非法收买毒品的，也应认定为贩卖毒品。

三、运输毒品。运输毒品是指采用携带、邮寄、利用他人或者使用交通工具等方法在我国领域内将毒品从此地转移到彼地，运输毒品必须限制在国内，而且不是在领海、内海运输国家禁止进出口的毒品，否则便是走私毒品。运输毒品具体表现为转移毒品的所在地，如将毒品从甲地运往乙地，但应注意，从结局上看没有变更毒品所在地却使毒品的所在地曾经发生了变化的行为，也是运输毒品。例如，行为人先将毒品从甲地运往乙地，由于某种原因，又将毒品运回甲地的，属于运输毒品。

四、制造毒品。制造毒品是指非法利用毒品原植物直接提炼或者用化学方法加工、配制毒品，或者以改变毒品成分和效用为目的，用混合等物理方法加工、配制毒品的行为。为了便于隐蔽运输、销售、使用、欺骗购买者，或者为了增重，对毒品掺杂使假，添加或者去除其他非毒品物质，不属于制造毒品的行为。为了制造毒品而采用生产、加工、提炼等方法非法制造易制毒化学品的，以制造毒品罪（预备）立案追诉。购进制造毒品的设备和原材料，开始着手制造毒品，尚未制造出毒品或者半成品的，以制造毒品罪（未遂）立案追诉。明知他人制造毒品而为其生产、加工、提炼、提供醋酸酐、乙醚、三氯甲烷等制毒物品的，以制造毒品罪的共犯立案追诉。

本罪是选择性罪名，凡实施了走私、贩卖、运输、制造毒品行为之一的，即以该行为确定罪名。凡实施了其中两种以上行为的，如运输、贩卖毒品，可定为运输、贩卖毒品罪，不实行数罪并罚。运输、贩卖同一宗毒品的，毒品数量不重复计算；不是同一宗毒品的，毒品数量累计计算。居间介绍买卖毒品的，无论是否获利，均以贩卖毒品罪的共犯论处。走私毒品，又走私其他物品构成犯罪的，按走私毒品和构成的其他走私罪分别定罪，实行数罪并罚。对多次走私、贩卖、运输、制造毒品，未经处理的，毒品数量累计计算。所谓“未经处理”的既包括未经刑罚处理，也包括未作行政处理。但对于犯罪已过追诉时效的，则毒品数量不再累计计算。已作过处理的，应视为已经结案。
</td></tr>
<tr><td>犯罪主体</td><td>
本罪的主体是一般主体，即达到刑事责任年龄且具有刑事责任能力的自然人均可成为本罪主体。根据《刑法》第 17 条第 2 款规定，已满 14 周岁未满 16 周岁的未成年人贩卖毒品的，应当负刑事责任。因此，对于走私、运输、制造毒品犯罪，只有达到 16 周岁才负刑事责任。对于被利用、教唆、胁迫参加贩卖毒品犯罪活动的已满 14 周岁不满 16 周岁的人，一般可以不追究其刑事责任。
</td></tr>
</table>

<table>
<tr><td rowspan="3">定罪标准</td><td>犯罪主观方面</td><td>本罪在主观方面表现为故意，且是直接故意，即明知是毒品而走私、贩卖、运输、制造。过失不构成本罪。如果行为人主观上不明知是毒品，而是被人利用而实施了走私、贩卖、运输、制造的行为，就不构成犯罪。一般是以营利为目的，但也不能排除其他目的，法律没有要求构成本罪必须以营利为目的。单位也可构成本罪的主体。</td></tr>
<tr><td>罪与非罪</td><td>一、区分罪与非罪的界限，要注意：根据《刑法》第347条的规定，毒品数量是判断走私、贩卖、运输、制造毒品罪情节轻重的重要标准。虽然《刑法》规定，不论走私、贩卖、运输、制造毒品数量多少，都应当追究刑事责任，但是，在实践中，有的行为人为了自己治病或其他目的而制造、购买少量毒品，这种情况和不法分子谋取利益而制造、贩卖毒品明显具有不同的性质。有的为了自己吸食、注射而制造、购买少量毒品的，也不应当以制造、贩卖毒品罪论处。对此，可以按照《刑法》第13条规定的精神，即属于“情节显著轻微危害不大”的行为，不认为是犯罪。当然，应根据其他法规给予相应的处理。
二、本罪的既遂与未遂。走私、贩卖、运输、制造毒品罪有四种行为方式，其既遂与未遂的标准因行为方式而异：(1) 走私毒品罪的既遂与未遂。走私毒品主要分为输入毒品与输出毒品，输入毒品分为陆路输入与海路、空路输入。陆路输入应当越国境线、使毒品进入国内领域内的时刻为既遂标准。海路、空路输入毒品，装载毒品的船舶到达本国港口或航空器到达本国领土内时为既遂，否则为未遂。(2) 贩卖毒品罪的既遂与未遂。贩卖以毒品实际上转移给买方为既遂。转移毒品后行为人是否已经获取了利益，则并不影响既遂的成立。毒品实际上没有转移时，即使已经达成转移的协议，或者行为人已经获得了利益，也不能认为是既遂。(3) 运输毒品罪的既遂与未遂。行为人以将毒品从甲地运往乙地为目的，开始运输毒品时，是运输毒品罪的着手，由于行为人意志以外的原因没有到达目的地时，属于犯罪未遂；毒品到达目的地时是犯罪既遂，到达目的地后，即使由于某种原因而将毒品运回原地或者其他地方时，也是犯罪既遂。(4) 制造毒品罪的既遂与未遂。制造毒品罪应以实际上制造毒品为既遂标准，至于制造出来的毒品数量多少、纯度高低等，都不影响既遂的成立。着手制造毒品后，没有实际上制造出毒品的，则是制造毒品未遂。
三、本罪的再犯。根据《刑法》第356条的规定，犯本罪被判过刑，又犯第6章第7节规定之罪的，从重处罚。构成累犯的，同时援引再犯条款和累犯条款，但只进行一次从重处罚。</td></tr>
<tr><td>此罪与彼罪</td><td>一、对于走私其他货物、物品的，以实际走私的货物、物品的性质认定犯罪，不能认定为走私毒品罪。行为人在一次走私活动中，既走私毒品又走私其他货物、物品的，一般应按走私毒品罪和构成的其他走私罪，实行数罪并罚。
二、行为人故意以非毒品冒充毒品或者明知是假毒品而贩卖营利的，应认定为诈骗罪，而非贩卖毒品罪，但行为人主观以为是毒品而贩卖，事实上不是毒品的，应认定为贩卖毒品罪（未遂）。
三、行为人在生产、销售的食品中掺入微量毒品的，应认定为生产、销售有毒、有害食品罪，不宜认定为贩卖毒品罪。
四、盗窃、抢夺、抢劫毒品的，应当分别以盗窃罪、抢夺罪或者抢劫罪定罪，但不计犯罪数额，根据情节轻重予以定罪量刑。盗窃、抢夺、抢劫毒品后又实施其他毒品犯罪的，对盗窃罪、抢夺罪、抢劫罪和所犯的具体犯罪分别定罪，依法数罪并罚。</td></tr>
</table>

<table>
<tr><td rowspan="4">证据参考标准</td><td>主体方面的证据</td><td>

一、证明行为人刑事责任年龄、身份等自然情况的证据。

包括身份证明、户籍证明、任职证明、工作经历证明、特定职责证明等，主要是证明行为人的姓名（曾用名）、性别、出生年月日、民族、籍贯、出生地、职业（或职务）、住所地（或居所地）等证据材料，如户口簿、居民身份证、工作证、出生证、专业或技术等级证、干部履历表、职工登记表、护照等。

对于户籍、出生证等材料内容不实的，应提供其他证据材料。外国人犯罪的案件，应有护照等身份证明材料。人大代表、政协委员犯罪的案件，应注明身份，并附身份证明材料。

二、证明行为人刑事责任能力的证据。

证明行为人对自己的行为是否具有辨认能力与控制能力，如是否属于间歇性精神病人、尚未完全丧失辨认或者控制自己行为能力的精神病人的证明材料。

三、证明单位的证据。

证明是否属于依法成立并有合法经营、管理范围的公司、企业、事业单位、机关、团体。

证明单位的名称、住所地、性质、法定代表人、单位负责人、业务范围、成立时间等证据材料，如企业营业执照、国有公司性质证明及非法人单位的身份证明等。

四、证明法定代表人、单位负责人或直接责任人员等的身份证据。

法定代表人、直接负责的主管人员和其他直接责任人在单位的任职、职责、负责权限的证明材料等。包括身份证明、户籍证明、任职证明等，如户口簿、居民身份证、工作证、护照、专业或技术等级证、干部履历表、职工登记表、任命书、业务分工文件、委派文件、单位证明、单位规章制度等。

</td></tr>
<tr><td>主观方面的证据</td><td>

证明行为人故意的证据：1. 证明行为人明知的证据：证明行为人明知自己的行为会发生危害社会的结果。2. 证明直接故意的证据：证明行为人希望危害结果发生。3. 目的：（1）获取非法利润；（2）牟利；（3）营利。

</td></tr>
<tr><td>客观方面的证据</td><td>

证明行为人走私、贩卖、运输、制造毒品犯罪行为的证据。

具体证据包括：1. 证明行为人走私、贩卖、运输、制造毒品犯罪行为的证据：（1）鸦片200克以上不满1000克；（2）海洛因或甲基苯丙胺10克以上不满50克；（3）其他毒品数量较大的；（4）鸦片不满200克；（5）海洛因、甲基苯丙胺不满10克；（6）其他少量毒品的；（7）情节严重的。2. 证明行为人走私、贩卖、运输、制造毒品事实情节的证据：（1）走私、贩卖、运输、制造鸦片1000克以上、海洛因或者甲基苯丙胺50克以上或者其他毒品数量大的；（2）走私、贩卖、运输、制造毒品集团的首要分子；（3）武装掩护走私、贩卖、运输、制造毒品的；（4）以暴力抗拒检查、拘留、逮捕，情节严重的；（5）参与有组织的国际贩毒活动的。3. 证明行为人利用、教唆未成年人走私、贩卖、运输、制造毒品行为的证据。4. 证明行为人向未成年人出售毒品行为的证据。5. 证明行为人多次走私、贩卖、运输、制造毒品未经处理的证据。

</td></tr>
<tr><td>量刑方面的证据</td><td>

一、法定量刑情节证据。

1. 事实情节：（1）少量毒品的；（2）毒品数量较大的；（3）情节严重的；（4）鸦片1000克以上；（5）海洛因或者甲基苯丙胺50克以上；（6）集团首要分子；（7）以

</td></tr>
</table>

证据参考标准

量刑方面的证据

武装掩护的；(8) 以暴力抗拒检查、拘留、逮捕，情节严重的；(9) 参与有组织的国际贩毒活动的。2. 法定从重情节。3. 法定从轻减轻情节：(1) 可以从轻；(2) 可以从轻或者减轻；(3) 应当从轻或者减轻。4. 法定从轻减轻免除情节：(1) 可以从轻、减轻或者免除处罚；(2) 应当从轻、减轻或者免除处罚。5. 法定减轻免除情节：(1) 可以减轻或者免除处罚；(2) 应当减轻或者免除处罚；(3) 可以免除处罚。

二、酌定量刑情节证据。

1. 犯罪手段：(1) 走私；(2) 贩卖；(3) 运输；(4) 制造。2. 犯罪对象。3. 危害结果。4. 动机。5. 平时表现。6. 认罪态度。7. 是否有前科。8. 其他证据。

量刑标准

有下列情形之一的（走私、贩卖、运输、制造鸦片 1000 克以上、海洛因或者甲基苯丙胺 50 克以上或者其他毒品数量大的；走私、贩卖、运输、制造毒品集团的首要分子；武装掩护走私、贩卖、运输、制造毒品的；以暴力抗拒检查、拘留、逮捕，情节严重的；参与有组织的国际贩毒活动的）	处十五年有期徒刑、无期徒刑或者死刑，并处没收财产
走私、贩卖、运输、制造鸦片 200 克以上不满 1000 克、海洛因或者甲基苯丙胺 10 克以上不满 50 克或者其他毒品数量较大的	处七年以上有期徒刑，并处罚金
走私、贩卖、运输、制造鸦片不满 200 克、海洛因或者甲基苯丙胺不满 10 克或者其他少量毒品的	处三年以下有期徒刑、拘役或者管制，并处罚金
具有前项行为同时情节严重的	处三年以上七年以下有期徒刑，并处罚金
单位犯木罪的	对单位判处罚金，并对其直接负责的主管人员和其他直接责任人员，依照上述规定处罚
利用、教唆未成年人走私、贩卖、运输、制造毒品，或者向未成年人出售毒品的	从重处罚
对多次走私、贩卖、运输、制造毒品，未经处理的	毒品数量累计计算

法律适用

刑法条文

第三百四十七条 走私、贩卖、运输、制造毒品，无论数量多少，都应当追究刑事责任，予以刑事处罚。

走私、贩卖、运输、制造毒品，有下列情形之一的，处十五年有期徒刑、无期徒刑或者死刑，并处没收财产：

（一）走私、贩卖、运输、制造鸦片一千克以上、海洛因或者甲基苯丙胺五十克以上或者其他毒品数量大的；

（二）走私、贩卖、运输、制造毒品集团的首要分子；

（三）武装掩护走私、贩卖、运输、制造毒品的；

（四）以暴力抗拒检查、拘留、逮捕，情节严重的；

（五）参与有组织的国际贩毒活动的。

法律适用

刑法条文

走私、贩卖、运输、制造鸦片二百克以上不满一千克、海洛因或者甲基苯丙胺十克以上不满五十克或者其他毒品数量较大的，处七年以上有期徒刑，并处罚金。

走私、贩卖、运输、制造鸦片不满二百克、海洛因或者甲基苯丙胺不满十克或者其他少量毒品的，处三年以下有期徒刑、拘役或者管制，并处罚金；情节严重的，处三年以上七年以下有期徒刑，并处罚金。

单位犯第二款、第三款、第四款罪的，对单位判处罚金，并对其直接负责的主管人员和其他直接责任人员，依照各该款的规定处罚。

利用、教唆未成年人走私、贩卖、运输、制造毒品，或者向未成年人出售毒品的，从重处罚。

对多次走私、贩卖、运输、制造毒品，未经处理的，毒品数量累计计算。

第三百五十六条 因走私、贩卖、运输、制造、非法持有毒品罪被判过刑，又犯本节规定之罪的，从重处罚。

第三百五十七条 本法所称的毒品，是指鸦片、海洛因、甲基苯丙胺（冰毒）、吗啡、大麻、可卡因以及国家规定管制的其他能够使人形成瘾癖的麻醉药品和精神药品。

毒品的数量以查证属实的走私、贩卖、运输、制造、非法持有毒品的数量计算，不以纯度折算。

司法解释

一、最高人民检察院、公安部《关于公安机关管辖的刑事案件立案追诉标准的规定（三）》（节录）（2012年5月16日最高人民检察院、公安部公布　自公布之日起施行　公通字〔2002〕26号）

第一条　［走私、贩卖、运输、制造毒品案（刑法第三百四十七条）］走私、贩卖、运输、制造毒品，无论数量多少，都应予立案追诉。

本条规定的“走私”是指明知是毒品而非法将其运输、携带、寄递进出国（边）境的行为。直接向走私人非法收购走私进口的毒品，或者在内海、领海、界河、界湖运输、收购、贩卖毒品的，以走私毒品罪立案追诉。

本条规定的“贩卖”是指明知是毒品而非法销售或者以贩卖为目的而非法收买的行为。

有证据证明行为人以牟利为目的，为他人代购仅用于吸食、注射的毒品，对代购者以贩卖毒品罪立案追诉。不以牟利为目的，为他人代购仅用于吸食、注射的毒品，毒品数量达到本规定第二条规定的数量标准的，对托购者和代购者以非法持有毒品罪立案追诉。明知他人实施毒品犯罪而为其居间介绍、代购代卖的，无论是否牟利，都应以相关毒品犯罪的共犯立案追诉。

本条规定的“运输”是指明知是毒品而采用携带、寄递、托运、利用他人或者使用交通工具等方法非法运送毒品的行为。

本条规定的“制造”是指非法利用毒品原植物直接提炼或者用化学方法加工、配制毒品，或者以改变毒品成分和效用为目的，用混合等物理方法加工、配制毒品的行为。为了便于隐蔽运输、销售、使用、欺骗购买者，或者为了增重，对毒品掺杂使假，添加或者去除其他非毒品物质，不属于制造毒品的行为。

为了制造毒品而采用生产、加工、提炼等方法非法制造易制毒化学品的，以制造毒品罪（预备）立案追诉。购进制造毒品的设备和原材料，开始着手制造毒品，尚未制造出毒品或者半成品的，以制造毒品罪（未遂）立案追诉。明知他人制造毒品而为其生产、加工、提炼、提供醋酸酐、乙醚、三氯甲烷等制毒物品的，以制造毒品罪的共犯立案追诉。

走私、贩卖、运输毒品主观故意中的"明知"，是指行为人知道或者应当知道所实施的是走私、贩卖、运输毒品行为。具有下列情形之一，结合行为人的供述和其他证据综合审查判断，可以认定其"应当知道"，但有证据证明确属被蒙骗的除外：

（一）执法人员在口岸、机场、车站、港口、邮局和其他检查站点检查时，要求行为人申报携带、运输、寄递的物品和其他疑似毒品物，并告知其法律责任，而行为人未如实申报，在其携带、运输、寄递的物品中查获毒品的；

（二）以伪报、藏匿、伪装等蒙蔽手段逃避海关、边防等检查，在其携带、运输、寄递的物品中查获毒品的；

（三）执法人员检查时，有逃跑、丢弃携带物品或者逃避、抗拒检查等行为，在其携带、藏匿或者丢弃的物品中查获毒品的；

（四）体内或者贴身隐秘处藏匿毒品的；

（五）为获取不同寻常的高额或者不等值的报酬为他人携带、运输、寄递、收取物品，从中查获毒品的；

（六）采用高度隐蔽的方式携带、运输物品，从中查获毒品的；

（七）采用高度隐蔽的方式交接物品，明显违背合法物品惯常交接方式，从中查获毒品的；

（八）行程路线故意绕开检查站点，在其携带、运输的物品中查获毒品的；

（九）以虚假身份、地址或者其他虚假方式办理托运、寄递手续，在托运、寄递的物品中查获毒品的；

（十）有其他证据足以证明行为人应当知道的。

制造毒品主观故意中的"明知"，是指行为人知道或者应当知道所实施的是制造毒品行为。有下列情形之一，结合行为人的供述和其他证据综合审查判断，可以认定其"应当知道"，但有证据证明确属被蒙骗的除外：

（一）购置了专门用于制造毒品的设备、工具、制毒物品或者配制方案的；

（二）为获取不同寻常的高额或者不等值的报酬为他人制造物品，经检验是毒品的；

（三）在偏远、隐蔽场所制造，或者采取对制造设备进行伪装等方式制造物品，经检验是毒品的；

（四）制造人员在执法人员检查时，有逃跑、抗拒检查等行为，在现场查获制造出的物品，经检验是毒品的；

（五）有其他证据足以证明行为人应当知道的。

走私、贩卖、运输、制造毒品罪是选择性罪名，对同一宗毒品实施了两种以上犯罪行为，并有相应确凿证据的，应当按照所实施的犯罪行为的性质并列适用罪名，毒品数量不重复计算。对同一宗毒品可能实施了两种以上犯罪行为，但相应证据只能认定其中一种或者几种行为，认定其他行为的证据不够确实充分的，只按照依法能够认定的行为的性质适用罪名。对不同宗毒品分别实施了不同种犯罪行为的，应对不同行为并列适用罪名，累计计算毒品数量。

二、最高人民法院、最高人民检察院《关于常见犯罪的量刑指导意见（试行）》（节录）（2021年6月17日最高人民法院、最高人民检察院公布　自2021年7月1日起施行　法发〔2021〕21号）

四、常见犯罪的量刑

（二十）走私、贩卖、运输、制造毒品罪

1. 构成走私、贩卖、运输、制造毒品罪的，根据下列情形在相应的幅度内确定量刑起点：

（1）走私、贩卖、运输、制造鸦片一千克，海洛因、甲基苯丙胺五十克或者其它毒品数量达到数量大起点的，量刑起点为十五年有期徒刑。依法应当判处无期徒刑以上刑罚的除外。

（2）走私、贩卖、运输、制造鸦片二百克，海洛因、甲基苯丙胺十克或者其它毒品数量达到数量较大起点的，在七年至八年有期徒刑幅度内确定量刑起点。

（3）走私、贩卖、运输、制造鸦片不满二百克，海洛因、甲基苯丙胺不满十克或者其他少量毒品的，可以在三年以下有期徒刑、拘役幅度内确定量刑起点；情节严重的，可以在三年至四年有期徒刑幅度内确定量刑起点。

2. 在量刑起点的基础上，根据毒品犯罪次数、人次、毒品数量等其他影响犯罪构成的犯罪事实增加刑罚量，确定基准刑。

3. 有下列情节之一的，增加基准刑的10%－30%：

（1）利用、教唆未成年人走私、贩卖、运输、制造毒品的；

（2）向未成年人出售毒品的；

（3）毒品再犯。

4. 有下列情节之一的，可以减少基准刑的30%以下：

（1）受雇运输毒品的；

（2）毒品含量明显偏低的；

（3）存在数量引诱情形的。

5. 构成走私、贩卖、运输、制造毒品罪的，根据走私、贩卖、运输、制造毒品的种类、数量、危害后果等犯罪情节，综合考虑被告人缴纳罚金的能力，决定罚金数额。

6. 构成走私、贩卖、运输、制造毒品罪的，综合考虑走私、贩卖、运输、制造毒品的种类、数量、危害后果等犯罪事实、量刑情节，以及被告人的主观恶性、人身危险性、认罪悔罪表现等因素，从严把握缓刑的适用。

三、最高人民法院、最高人民检察院、公安部《办理毒品犯罪案件毒品提取、扣押、称量、取样和送检程序若干问题的规定》（2016年5月24日最高人民法院、最高人民检察院、公安部公布　自2016年7月1日起施行　公禁毒〔2016〕511号）

第一章　总　　则

第一条　为规范毒品的提取、扣押、称量、取样和送检程序，提高办理毒品犯罪案件的质量和效率，根据《中华人民共和国刑事诉讼法》《最高人民法院关于适用〈中华人民共和国刑事诉讼法〉的解释》《人民检察院刑事诉讼规则（试行）》《公安机关办理刑事案件程序规定》等有关规定，结合办案工作实际，制定本规定。

第二条　公安机关对于毒品的提取、扣押、称量、取样和送检工作，应当遵循依法、客观、准确、公正、科学和安全的原则，确保毒品实物证据的收集、固定和保管工作严格依法进行。

第三条 人民检察院、人民法院办理毒品犯罪案件，应当审查公安机关对毒品的提取、扣押、称量、取样、送检程序以及相关证据的合法性。

毒品的提取、扣押、称量、取样、送检程序存在瑕疵，可能严重影响司法公正的，人民检察院、人民法院应当要求公安机关予以补正或者作出合理解释。经公安机关补正或者作出合理解释的，可以采用相关证据；不能补正或者作出合理解释的，对相关证据应当依法予以排除，不得作为批准逮捕、提起公诉或者判决的依据。

第二章 提取、扣押

第四条 侦查人员应当对毒品犯罪案件有关的场所、物品、人身进行勘验、检查或者搜查，及时准确地发现、固定、提取、采集毒品及内外包装物上的痕迹、生物样本等物证，依法予以扣押。必要时，可以指派或者聘请具有专门知识的人，在侦查人员的主持下进行勘验、检查。

侦查人员对制造毒品、非法生产制毒物品犯罪案件的现场进行勘验、检查或者搜查时，应当提取并当场扣押制造毒品、非法生产制毒物品的原料、配剂、成品、半成品和工具、容器、包装物以及上述物品附着的痕迹、生物样本等物证。

提取、扣押时，不得将不同包装物内的毒品混合。

现场勘验、检查或者搜查时，应当对查获毒品的原始状态拍照或者录像，采取措施防止犯罪嫌疑人及其他无关人员接触毒品及包装物。

第五条 毒品的扣押应当在有犯罪嫌疑人在场并有见证人的情况下，由两名以上侦查人员执行。

毒品的提取、扣押情况应当制作笔录，并当场开具扣押清单。

笔录和扣押清单应当由侦查人员、犯罪嫌疑人和见证人签名。犯罪嫌疑人拒绝签名的，应当在笔录和扣押清单中注明。

第六条 对同一案件在不同位置查获的两个以上包装的毒品，应当根据不同的查获位置进行分组。

对同一位置查获的两个以上包装的毒品，应当按照以下方法进行分组：

（一）毒品或者包装物的外观特征不一致的，根据毒品及包装物的外观特征进行分组；

（二）毒品及包装物的外观特征一致，但犯罪嫌疑人供述非同一批次毒品的，根据犯罪嫌疑人供述的不同批次进行分组；

（三）毒品及包装物的外观特征一致，但犯罪嫌疑人辩称其中部分不是毒品或者不知是否为毒品的，对犯罪嫌疑人辩解的部分疑似毒品单独分组。

第七条 对查获的毒品应当按其独立最小包装逐一编号或者命名，并将毒品的编号、名称、数量、查获位置以及包装、颜色、形态等外观特征记录在笔录或者扣押清单中。

在毒品的称量、取样、送检等环节，毒品的编号、名称以及对毒品外观特征的描述应当与笔录和扣押清单保持一致；不一致的，应当作出书面说明。

第八条 对体内藏毒的案件，公安机关应当监控犯罪嫌疑人排出体内的毒品，及时提取、扣押并制作笔录。笔录应当由侦查人员和犯罪嫌疑人签名；犯罪嫌疑人拒绝签名的，应当在笔录中注明。在保障犯罪嫌疑人隐私权和人格尊严的情况下，可以对排毒的主要过程进行拍照或者录像。

必要时，可以在排毒前对犯罪嫌疑人体内藏毒情况进行透视检验并以透视影像的形式固定证据。

体内藏毒的犯罪嫌疑人为女性的，应当由女性工作人员或者医师检查其身体，并由女性工作人员监控其排毒。

第九条 现场提取、扣押等工作完成后，一般应当由两名以上侦查人员对提取、扣押的毒品及包装物进行现场封装，并记录在笔录中。

封装应当在有犯罪嫌疑人在场并有见证人的情况下进行；应当使用封装袋封装毒品并加密封口，或者使用封条贴封包装，作好标记和编号，由侦查人员、犯罪嫌疑人和见证人在封口处、贴封处或者指定位置签名并签署封装日期。犯罪嫌疑人拒绝签名的，侦查人员应当注明。

确因情况紧急、现场环境复杂等客观原因无法在现场实施封装的，经公安机关办案部门负责人批准，可以及时将毒品带至公安机关办案场所或者其他适当的场所进行封装，并对毒品移动前后的状态进行拍照固定，作出书面说明。

封装时，不得将不同包装内的毒品混合。对不同组的毒品，应当分别独立封装，封装后可以统一签名。

第十条 必要时，侦查人员应当对提取、扣押和封装的主要过程进行拍照或者录像。

照片和录像资料应当反映提取、扣押和封装活动的主要过程以及毒品的原始位置、存放状态和变动情况。照片应当附有相应的文字说明，文字说明应当与照片反映的情况相对应。

第十一条 公安机关应当设置专门的毒品保管场所或者涉案财物管理场所，指定专人保管封装后的毒品及包装物，并采取措施防止毒品发生变质、泄漏、遗失、损毁或者受到污染等。

对易燃、易爆、具有毒害性以及对保管条件、保管场所有特殊要求的毒品，在处理前应当存放在符合条件的专门场所。公安机关没有具备保管条件的场所的，可以借用其他单位符合条件的场所进行保管。

第三章 称 量

第十二条 毒品的称量一般应当由两名以上侦查人员在查获毒品的现场完成。

不具备现场称量条件的，应当按照本规定第九条的规定对毒品及包装物封装后，带至公安机关办案场所或者其他适当的场所进行称量。

第十三条 称量应当在有犯罪嫌疑人在场并有见证人的情况下进行，并制作称量笔录。

对已经封装的毒品进行称量前，应当在有犯罪嫌疑人在场并有见证人的情况下拆封，并记录在称量笔录中。

称量笔录应当由称量人、犯罪嫌疑人和见证人签名。犯罪嫌疑人拒绝签名的，应当在称量笔录中注明。

第十四条 称量应当使用适当精度和称量范围的衡器。称量的毒品质量不足一百克的，衡器的分度值应当达到零点零一克；一百克以上且不足一千克的，分度值应当达到零点一克；一千克以上且不足十千克的，分度值应当达到一克；十千克以上且不足一百千克的，分度值应当达到十克；一百千克以上且不足一吨的，分度值应当达到一百克；一吨以上的，分度值应当达到一千克。

称量前，称量人应当将衡器示数归零，并确保其处于正常的工作状态。

称量所使用的衡器应当经过法定计量检定机构检定并在有效期内，一般不得随意搬动。

法定计量检定机构出具的计量检定证书复印件应当归入证据材料卷，并随案移送。

法律适用 司法解释

第十五条 对两个以上包装的毒品，应当分别称量，并统一制作称量笔录，不得混合后称量。

对同一组内的多个包装的毒品，可以采取全部毒品及包装物总质量减去包装物质量的方式确定毒品的净质量；称量时，不同包装物内的毒品不得混合。

第十六条 多个包装的毒品系包装完好、标识清晰完整的麻醉药品、精神药品制剂的，可以按照其包装、标识或者说明书上标注的麻醉药品、精神药品成分的含量计算全部毒品的质量，或者从相同批号的药品制剂中随机抽取三个包装进行称量后，根据麻醉药品、精神药品成分的含量计算全部毒品的质量。

第十七条 对体内藏毒的案件，应当将犯罪嫌疑人排出体外的毒品逐一称量，统一制作称量笔录。

犯罪嫌疑人供述所排出的毒品系同一批次或者毒品及包装物的外观特征相似的，可以按照本规定第十五条第二款规定的方法进行称量。

第十八条 对同一容器内的液态毒品或者固液混合状态毒品，应当采用拍照或者录像等方式对其原始状态进行固定，再统一称量。必要时，可以对其原始状态固定后，再进行固液分离并分别称量。

第十九条 现场称量后将毒品带回公安机关办案场所或者送至鉴定机构取样的，应当按照本规定第九条的规定对毒品及包装物进行封装。

第二十条 侦查人员应当对称量的主要过程进行拍照或者录像。

照片和录像资料应当清晰显示毒品的外观特征、衡器示数和犯罪嫌疑人对称量结果的指认情况。

第四章 取　　样

第二十一条 毒品的取样一般应当在称量工作完成后，由两名以上侦查人员在查获毒品的现场或者公安机关办案场所完成。必要时，可以指派或者聘请具有专门知识的人进行取样。

在现场或者公安机关办案场所不具备取样条件的，应当按照本规定第九条的规定对毒品及包装物进行封装后，将其送至鉴定机构并委托鉴定机构进行取样。

第二十二条 在查获毒品的现场或者公安机关办案场所取样的，应当在有犯罪嫌疑人在场并有见证人的情况下进行，并制作取样笔录。

对已经封装的毒品进行取样前，应当在有犯罪嫌疑人在场并有见证人的情况下拆封，并记录在取样笔录中。

取样笔录应当由取样人、犯罪嫌疑人和见证人签名。犯罪嫌疑人拒绝签名的，应当在取样笔录中注明。

必要时，侦查人员应当对拆封和取样的主要过程进行拍照或者录像。

第二十三条 委托鉴定机构进行取样的，对毒品的取样方法、过程、结果等情况应当制作取样笔录，但鉴定意见包含取样方法的除外。

取样笔录应当由侦查人员和取样人签名，并随案移送。

第二十四条 对单个包装的毒品，应当按照下列方法选取或者随机抽取检材：

（一）粉状。将毒品混合均匀，并随机抽取约一克作为检材；不足一克的全部取作检材。

（二）颗粒状、块状。随机选择三个以上不同的部位，各抽取一部分混合作为检材，混合后的检材质量不少于一克；不足一克的全部取作检材。

法律适用 司法解释

（三）膏状、胶状。随机选择三个以上不同的部位，各抽取一部分混合作为检材，混合后的检材质量不少于三克；不足三克的全部取作检材。

（四）胶囊状、片剂状。先根据形状、颜色、大小、标识等外观特征进行分组；对于外观特征相似的一组，从中随机抽取三粒作为检材，不足三粒的全部取作检材。

（五）液态。将毒品混合均匀，并随机抽取约二十毫升作为检材；不足二十毫升的全部取作检材。

（六）固液混合状态。按照本款以上各项规定的方法，分别对固态毒品和液态毒品取样；能够混合均匀成溶液的，可以将其混合均匀后按照本款第五项规定的方法取样。

对其他形态毒品的取样，参照前款规定的取样方法进行。

第二十五条 对同一组内两个以上包装的毒品，应当按照下列标准确定选取或者随机抽取独立最小包装的数量，再根据本规定第二十四条规定的取样方法从单个包装中选取或者随机抽取检材：

（一）少于十个包装的，应当选取所有的包装；

（二）十个以上包装且少于一百个包装的，应当随机抽取其中的十个包装；

（三）一百个以上包装的，应当随机抽取与包装总数的平方根数值最接近的整数个包装。

对选取或者随机抽取的多份检材，应当逐一编号或者命名，且检材的编号、名称应当与其他笔录和扣押清单保持一致。

第二十六条 多个包装的毒品系包装完好、标识清晰完整的麻醉药品、精神药品制剂的，可以从相同批号的药品制剂中随机抽取三个包装，再根据本规定第二十四条规定的取样方法从单个包装中选取或者随机抽取检材。

第二十七条 在查获毒品的现场或者公安机关办案场所取样的，应当使用封装袋封装检材并加密封口，作好标记和编号，由取样人、犯罪嫌疑人和见证人在封口处或者指定位置签名并签署封装日期。犯罪嫌疑人拒绝签名的，侦查人员应当注明。

从不同包装中选取或者随机抽取的检材应当分别独立封装，不得混合。

对取样后剩余的毒品及包装物，应当按照本规定第九条的规定进行封装。选取或者随机抽取的检材应当由专人负责保管。在检材保管和送检过程中，应当采取妥善措施防止其发生变质、泄漏、遗失、损毁或者受到污染等。

第二十八条 委托鉴定机构进行取样的，应当使用封装袋封装取样后剩余的毒品及包装物并加密封口，作好标记和编号，由侦查人员和取样人在封口处签名并签署封装日期。

第二十九条 对取样后剩余的毒品及包装物，应当及时送至公安机关毒品保管场所或者涉案财物管理场所进行妥善保管。

对需要作为证据使用的毒品，不起诉决定或者判决、裁定（含死刑复核判决、裁定）发生法律效力后方可处理。

第五章 送　检

第三十条 对查获的全部毒品或者从查获的毒品中选取或者随机抽取的检材，应当由两名以上侦查人员自毒品被查获之日起三日以内，送至鉴定机构进行鉴定。

具有案情复杂、查获毒品数量较多、异地办案、在交通不便地区办案等情形的，送检时限可以延长至七日。

公安机关应当向鉴定机构提供真实、完整、充分的鉴定材料，并对鉴定材料的真实性、合法性负责。

第三十一条 侦查人员送检时，应当持本人工作证件、鉴定聘请书等材料，并提供鉴定事项相关的鉴定资料；需要复核、补充或者重新鉴定的，还应当持原鉴定意见复印件。

第三十二条 送检的侦查人员应当配合鉴定机构核对鉴定材料的完整性、有效性，并检查鉴定材料是否满足鉴定需要。

公安机关鉴定机构应当在收到鉴定材料的当日作出是否受理的决定，决定受理的，应当与公安机关办案部门签订鉴定委托书；不予受理的，应当退还鉴定材料并说明理由。

第三十三条 具有下列情形之一的，公安机关应当委托鉴定机构对查获的毒品进行含量鉴定：

（一）犯罪嫌疑人、被告人可能被判处死刑的；

（二）查获的毒品系液态、固液混合物或者系毒品半成品的；

（三）查获的毒品可能大量掺假的；

（四）查获的毒品系成分复杂的新类型毒品，且犯罪嫌疑人、被告人可能被判处七年以上有期徒刑的；

（五）人民检察院、人民法院认为含量鉴定对定罪量刑有重大影响而书面要求进行含量鉴定的。

进行含量鉴定的检材应当与进行成分鉴定的检材来源一致，且一一对应。

第三十四条 对毒品原植物及其种子、幼苗，应当委托具备相应资质的鉴定机构进行鉴定。当地没有具备相应资质的鉴定机构的，可以委托侦办案件的公安机关所在地的县级以上农牧、林业行政主管部门，或者设立农林相关专业的普通高等学校、科研院所出具检验报告。

第六章 附 则

第三十五条 本规定所称的毒品，包括毒品的成品、半成品、疑似物以及含有毒品成分的物质。

毒品犯罪案件中查获的其他物品，如制毒物品及其半成品、含有制毒物品成分的物质、毒品原植物及其种子和幼苗的提取、扣押、称量、取样和送检程序，参照本规定执行。

第三十六条 本规定所称的“以上”“以内”包括本数，“日”是指工作日。

第三十七条 扣押、封装、称量或者在公安机关办案场所取样时，无法确定犯罪嫌疑人、犯罪嫌疑人在逃或者犯罪嫌疑人在异地被抓获且无法及时到场的，应当在有见证人的情况下进行，并在相关笔录、扣押清单中注明。

犯罪嫌疑人到案后，公安机关应当以告知书的形式告知其扣押、称量、取样的过程、结果。犯罪嫌疑人拒绝在告知书上签名的，应当将告知情况形成笔录，一并附卷；犯罪嫌疑人对称量结果有异议，有条件重新称量的，可以重新称量，并制作称量笔录。

第三十八条 毒品的提取、扣押、封装、称量、取样活动有见证人的，笔录材料中应当写明见证人的姓名、身份证件种类及号码和联系方式，并附其常住人口信息登记表等材料。

下列人员不得担任见证人：

（一）生理上、精神上有缺陷或者年幼，不具有相应辨别能力或者不能正确表达的人；

（二）犯罪嫌疑人的近亲属，被引诱、教唆、欺骗、强迫吸毒的被害人及其近亲属，以及其他与案件有利害关系并可能影响案件公正处理的人；

（三）办理该毒品犯罪案件的公安机关、人民检察院、人民法院的工作人员、实习人员或者其聘用的协勤、文职、清洁、保安等人员。

由于客观原因无法由符合条件的人员担任见证人或者见证人不愿签名的，应当在笔录材料中注明情况，并对相关活动进行拍照并录像。

第三十九条 本规定自2016年7月1日起施行。

四、最高人民法院《关于审理毒品犯罪案件适用法律若干问题的解释》（节录）

（2016年4月6日最高人民法院公布 自2016年4月11日起施行 法释〔2016〕8号）

第一条 走私、贩卖、运输、制造、非法持有下列毒品，应当认定为刑法第三百四十七条第二款第一项、第三百四十八条规定的“其他毒品数量大”：

（一）可卡因五十克以上；

（二）3，4－亚甲二氧基甲基苯丙胺（MDMA）等苯丙胺类毒品（甲基苯丙胺除外）、吗啡一百克以上；

（三）芬太尼一百二十五克以上；

（四）甲卡西酮二百克以上；

（五）二氢埃托啡十毫克以上；

（六）哌替啶（度冷丁）二百五十克以上；

（七）氯胺酮五百克以上；

（八）美沙酮一千克以上；

（九）曲马多、γ－羟丁酸二千克以上；

（十）大麻油五千克、大麻脂十千克、大麻叶及大麻烟一百五十千克以上；

（十一）可待因、丁丙诺啡五千克以上；

（十二）三唑仑、安眠酮五十千克以上；

（十三）阿普唑仑、恰特草一百千克以上；

（十四）咖啡因、罂粟壳二百千克以上；

（十五）巴比妥、苯巴比妥、安钠咖、尼美西泮二百五十千克以上；

（十六）氯氮卓、艾司唑仑、地西泮、溴西泮五百千克以上；

（十七）上述毒品以外的其他毒品数量大的。

国家定点生产企业按照标准规格生产的麻醉药品或者精神药品被用于毒品犯罪的，根据药品中毒品成分的含量认定涉案毒品数量。

第二条 走私、贩卖、运输、制造、非法持有下列毒品，应当认定为刑法第三百四十七条第三款、第三百四十八条规定的“其他毒品数量较大”：

（一）可卡因十克以上不满五十克；

（二）3，4－亚甲二氧基甲基苯丙胺（MDMA）等苯丙胺类毒品（甲基苯丙胺除外）、吗啡二十克以上不满一百克；

（三）芬太尼二十五克以上不满一百二十五克；

（四）甲卡西酮四十克以上不满二百克；

（五）二氢埃托啡二毫克以上不满十毫克；

（六）哌替啶（度冷丁）五十克以上不满二百五十克；

（七）氯胺酮一百克以上不满五百克；

（八）美沙酮二百克以上不满一千克；

（九）曲马多、γ-羟丁酸四百克以上不满二千克；

（十）大麻油一千克以上不满五千克、大麻脂二千克以上不满十千克、大麻叶及大麻烟三十千克以上不满一百五十千克；

（十一）可待因、丁丙诺啡一千克以上不满五千克；

（十二）三唑仑、安眠酮十千克以上不满五十千克；

（十三）阿普唑仑、恰特草二十千克以上不满一百千克；

（十四）咖啡因、罂粟壳四十千克以上不满二百千克；

（十五）巴比妥、苯巴比妥、安钠咖、尼美西泮五十千克以上不满二百五十千克；

（十六）氯氮卓、艾司唑仑、地西泮、溴西泮一百千克以上不满五百千克；

（十七）上述毒品以外的其他毒品数量较大的。

第三条 在实施走私、贩卖、运输、制造毒品犯罪的过程中，携带枪支、弹药或者爆炸物用于掩护的，应当认定为刑法第三百四十七条第二款第三项规定的“武装掩护走私、贩卖、运输、制造毒品”。枪支、弹药、爆炸物种类的认定，依照相关司法解释的规定执行。

在实施走私、贩卖、运输、制造毒品犯罪的过程中，以暴力抗拒检查、拘留、逮捕，造成执法人员死亡、重伤、多人轻伤或者具有其他严重情节的，应当认定为刑法第三百四十七条第二款第四项规定的“以暴力抗拒检查、拘留、逮捕，情节严重”。

第四条 走私、贩卖、运输、制造毒品，具有下列情形之一的，应当认定为刑法第三百四十七条第四款规定的“情节严重”：

（一）向多人贩卖毒品或者多次走私、贩卖、运输、制造毒品的；

（二）在戒毒场所、监管场所贩卖毒品的；

（三）向在校学生贩卖毒品的；

（四）组织、利用残疾人、严重疾病患者、怀孕或者正在哺乳自己婴儿的妇女走私、贩卖、运输、制造毒品的；

（五）国家工作人员走私、贩卖、运输、制造毒品的；

（六）其他情节严重的情形。

第十五条 本解释自2016年4月11日起施行。《最高人民法院关于审理毒品案件定罪量刑标准有关问题的解释》（法释〔2000〕13号）同时废止；之前发布的司法解释和规范性文件与本解释不一致的，以本解释为准。

五、最高人民法院、最高人民检察院、公安部《关于办理走私、非法买卖麻黄碱类复方制剂等刑事案件适用法律若干问题的意见》（节录）（2012年6月18日最高人民法院、最高人民检察院、公安部公布　自公布之日起施行　法发〔2012〕12号）

一、关于走私、非法买卖麻黄碱类复方制剂等行为的定性

以加工、提炼制毒物品制造毒品为目的，购买麻黄碱类复方制剂，或者运输、携带、寄递麻黄碱类复方制剂进出境的，依照刑法第三百四十七条的规定，以制造毒品罪定罪处罚。

以加工、提炼制毒物品为目的，购买麻黄碱类复方制剂，或者运输、携带、寄递麻黄碱类复方制剂进出境的，依照刑法第三百五十条第一款、第三款的规定，分别以非法买卖制毒物品罪、走私制毒物品罪定罪处罚。

将麻黄碱类复方制剂拆除包装、改变形态后进行走私或者非法买卖，或者明知是已拆除包装、改变形态的麻黄碱类复方制剂而进行走私或者非法买卖的，依照刑法第

法律适用 司法解释

三百五十条第一款、第三款的规定，分别以走私制毒物品罪、非法买卖制毒物品罪定罪处罚。

非法买卖麻黄碱类复方制剂或者运输、携带、寄递麻黄碱类复方制剂进出境，没有证据证明系用于制造毒品或者走私、非法买卖制毒物品，或者未达到走私制毒物品罪、非法买卖制毒物品罪的定罪数量标准，构成非法经营罪、走私普通货物、物品罪等其他犯罪的，依法定罪处罚。

实施第一款、第二款规定的行为，同时构成其他犯罪的，依照处罚较重的规定定罪处罚

二、关于利用麻黄碱类复方制剂加工、提炼制毒物品行为的定性

以制造毒品为目的，利用麻黄碱类复方制剂加工、提炼制毒物品的，依照刑法第三百四十七条的规定，以制造毒品罪定罪处罚。

……

三、关于共同犯罪的认定

明知他人利用麻黄碱类制毒物品制造毒品，向其提供麻黄碱类复方制剂，为其利用麻黄碱类复方制剂加工、提炼制毒物品，或者为其获取、利用麻黄碱类复方制剂提供其他帮助的，以制造毒品罪的共犯论处。

……

四、关于犯罪预备、未遂的认定

实施本意见规定的行为，符合犯罪预备或者未遂情形的，依照法律规定处罚。

五、关于犯罪嫌疑人、被告人主观目的与明知的认定

对于本意见规定的犯罪嫌疑人、被告人的主观目的与明知，应当根据物证、书证、证人证言以及犯罪嫌疑人、被告人供述和辩解等在案证据，结合犯罪嫌疑人、被告人的行为表现，重点考虑以下因素综合予以认定：

1. 购买、销售麻黄碱类复方制剂的价格是否明显高于市场交易价格；
2. 是否采用虚假信息、隐蔽手段运输、寄递、存储麻黄碱类复方制剂；
3. 是否采用伪报、伪装、藏匿或者绕行进出境等手段逃避海关、边防等检查；
4. 提供相关帮助行为获得的报酬是否合理；
5. 此前是否实施过同类违法犯罪行为；
6. 其他相关因素。

六、关于制毒物品数量的认定

……

实施本意见规定的行为，以制造毒品罪定罪处罚的，应当将涉案麻黄碱类复方制剂所含的麻黄碱类物质可以制成的毒品数量作为量刑情节考虑。

多次实施本意见规定的行为未经处理的，涉案制毒物品的数量累计计算。

七、关于定罪量刑的数量标准

……

实施本意见规定的行为，以制造毒品罪定罪处罚的，无论涉案麻黄碱类复方制剂所含的麻黄碱类物质数量多少，都应当追究刑事责任。

八、关于麻黄碱类复方制剂的范围

本意见所称麻黄碱类复方制剂是指含有《易制毒化学品管理条例》（国务院令第445号）品种目录所列的麻黄碱（麻黄素）、伪麻黄碱（伪麻黄素）、消旋麻黄碱（消旋麻黄素）、去甲麻黄碱（去甲麻黄素）、甲基麻黄碱（甲基麻黄素）及其盐类，或者麻黄浸膏、麻黄浸膏粉等麻黄碱类物质的药品复方制剂。

六、最高人民法院、最高人民检察院、公安部《办理毒品犯罪案件适用法律若干问题的意见》（节录）（2007年12月18日最高人民法院、最高人民检察院、公安部公布 自公布之日起施行 公通字〔2007〕84号）

二、关于毒品犯罪嫌疑人、被告人主观明知的认定问题

走私、贩卖、运输、非法持有毒品主观故意中的“明知”，是指行为人知道或者应当知道所实施的行为是走私、贩卖、运输、非法持有毒品行为。具有下列情形之一，并且犯罪嫌疑人、被告人不能做出合理解释的，可以认定其“应当知道”，但有证据证明确属被蒙骗的除外：

（一）执法人员在口岸、机场、车站、港口和其他检查站检查时，要求行为人申报为他人携带的物品和其他疑似毒品物，并告知其法律责任，而行为人未如实申报，在其所携带的物品内查获毒品的；

（二）以伪报、藏匿、伪装等蒙蔽手段逃避海关、边防等检查，在其携带、运输、邮寄的物品中查获毒品的；

（三）执法人员检查时，有逃跑、丢弃携带物品或逃避、抗拒检查等行为，在其携带或丢弃的物品中查获毒品的；

（四）体内藏匿毒品的；

（五）为获取不同寻常的高额或不等值的报酬而携带、运输毒品的；

（六）采用高度隐蔽的方式携带、运输毒品的；

（七）采用高度隐蔽的方式交接毒品，明显违背合法物品惯常交接方式的；

（八）其他有证据足以证明行为人应当知道的。

三、关于办理氯胺酮等毒品案件定罪量刑标准问题

（一）走私、贩卖、运输、制造、非法持有下列毒品，应当认定为刑法第三百四十七条第二款第（一）项、第三百四十八条规定的“其他毒品数量大”：

1. 二亚甲基双氧安非他明（MDMA）等苯丙胺类毒品（甲基苯丙胺除外）100克以上；
2. 氯胺酮、美沙酮1千克以上；
3. 三唑仑、安眠酮50千克以上；
4. 氯氮卓、艾司唑仑、地西泮、溴西泮500千克以上；
5. 上述毒品以外的其他毒品数量大的。

（二）走私、贩卖、运输、制造、非法持有下列毒品，应当认定为刑法第三百四十七条第三款、第三百四十八条规定的“其他毒品数量较大”：

1. 二亚甲基双氧安非他明（MDMA）等苯丙胺类毒品（甲基苯丙胺除外）20克以上不满100克的；
2. 氯胺酮、美沙酮200克以上不满1千克的；
3. 三唑仑、安眠酮10千克以上不满50千克的；
4. 氯氮卓、艾司唑仑、地西泮、溴西泮100千克以上不满500千克的；
5. 上述毒品以外的其他毒品数量较大的。

（三）走私、贩卖、运输、制造下列毒品，应当认定为刑法第三百四十七条第四款规定的“其他少量毒品”：

1. 二亚甲基双氧安非他明（MDMA）等苯丙胺类毒品（甲基苯丙胺除外）不满20克的；
2. 氯胺酮、美沙酮不满200克的；
3. 三唑仑、安眠酮不满10千克的；

4. 氯氮卓、艾司唑仑、地西泮、溴西泮不满100千克的；
5. 上述毒品以外的其他少量毒品的。

七、最高人民法院《全国部分法院审理毒品犯罪案件工作座谈会纪要》（节录）

（2008年12月1日最高人民法院公布　自公布之日起施行　法〔2008〕324号）

为了进一步加强毒品犯罪案件的审判工作，依法惩治毒品犯罪，最高人民法院于2008年9月23日至24日在辽宁省大连市召开了全国部分法院审理毒品犯罪案件工作座谈会。最高人民法院张军副院长出席座谈会并作讲话。座谈会在2000年在南宁市召开的“全国法院审理毒品犯罪案件工作座谈会”及其会议纪要、2004年在佛山市召开的“全国法院刑事审判工作座谈会”和2007年在南京市召开的“全国部分法院刑事审判工作座谈会”精神的基础上，根据最高人民法院统一行使死刑案件核准权后毒品犯罪法律适用出现的新情况，适应审理毒品案件尤其是毒品死刑案件的需要，对最高人民法院“关于全国法院审理毒品犯罪案件工作座谈会纪要”（即“南宁会议纪要”）、有关会议领导讲话和有关审理毒品犯罪案件规范性文件的相关内容进行了系统整理和归纳完善，同时认真总结了近年来全国法院审理毒品犯罪案件的经验，研究分析了审理毒品犯罪案件中遇到的新情况、新问题，对人民法院审理毒品犯罪案件尤其是毒品死刑案件具体应用法律的有关问题取得了共识。现纪要如下：

一、毒品案件的罪名确定和数量认定问题

刑法第三百四十七条规定的走私、贩卖、运输、制造毒品罪是选择性罪名，对同一宗毒品实施了两种以上犯罪行为并有相应确凿证据的，应当按照所实施的犯罪行为的性质并列确定罪名，毒品数量不重复计算，不实行数罪并罚。对同一宗毒品可能实施了两种以上犯罪行为，但相应证据只能认定其中一种或者几种行为，认定其他行为的证据不够确实充分的，则只按照依法能够认定的行为的性质定罪。如涉嫌为贩卖而运输毒品，认定贩卖的证据不够确实充分的，则只定运输毒品罪。对不同宗毒品分别实施了不同种犯罪行为的，应对不同行为并列确定罪名，累计毒品数量，不实行数罪并罚。对被告人一人走私、贩卖、运输、制造两种以上毒品的，不实行数罪并罚，量刑时可综合考虑毒品的种类、数量及危害，依法处理。

罪名不以行为实施的先后、毒品数量或者危害大小排列，一律以刑法条文规定的顺序表述。如对同一宗毒品制造后又走私的，以走私、制造毒品罪定罪。下级法院在判决中确定罪名不准确的，上级法院可以减少选择性罪名中的部分罪名或者改动罪名顺序，在不加重原判刑罚的情况下，也可以改变罪名，但不得增加罪名。

对于吸毒者实施的毒品犯罪，在认定犯罪事实和确定罪名时要慎重。吸毒者在购买、运输、存储毒品过程中被查获的，如没有证据证明其是为了实施贩卖等其他毒品犯罪行为，毒品数量未超过刑法第三百四十八条规定的最低数量标准的，一般不定罪处罚；查获毒品数量达到较大以上的，应以其实际实施的毒品犯罪行为定罪处罚。

对于以贩养吸的被告人，其被查获的毒品数量应认定为其犯罪的数量，但量刑时应考虑被告人吸食毒品的情节，酌情处理；被告人购买了一定数量的毒品后，部分已被其吸食的，应当按能够证明的贩卖数量及查获的毒品数量认定其贩毒的数量，已被吸食部分不计入在内。

有证据证明行为人不以牟利为目的，为他人代购仅用于吸食的毒品，毒品数量超过刑法第三百四十八条规定的最低数量标准的，对托购者、代购者应以非法持有毒品罪定罪。代购者从中牟利，变相加价贩卖毒品的，对代购者应以贩卖毒品罪定罪。明知他人实施毒品犯罪而为其居间介绍、代购代卖的，无论是否牟利，都应以相关毒品犯罪的共犯论处。

盗窃、抢夺、抢劫毒品的，应当分别以盗窃罪、抢夺罪或者抢劫罪定罪，但不计犯罪数额，根据情节轻重予以定罪量刑。盗窃、抢夺、抢劫毒品后又实施其他毒品犯罪的，对盗窃罪、抢夺罪、抢劫罪和所犯的具体毒品犯罪分别定罪，依法数罪并罚。走私毒品，又走私其他物品构成犯罪的，以走私毒品罪和其所犯的其他走私罪分别定罪，依法数罪并罚。

二、毒品犯罪的死刑适用问题

审理毒品犯罪案件，应当切实贯彻宽严相济的刑事政策，突出毒品犯罪的打击重点。必须依法严惩毒枭、职业毒犯、再犯、累犯、惯犯、主犯等主观恶性深、人身危险性大、危害严重的毒品犯罪分子，以及具有将毒品走私入境，多次、大量或者向多人贩卖，诱使多人吸毒，武装掩护、暴力抗拒检查、拘留或者逮捕，或者参与有组织的国际贩毒活动等情节的毒品犯罪分子。对其中罪行极其严重依法应当判处死刑的，必须坚决依法判处死刑。

毒品数量是毒品犯罪案件量刑的重要情节，但不是唯一情节。对被告人量刑时，特别是在考虑是否适用死刑时，应当综合考虑毒品数量、犯罪情节、危害后果、被告人的主观恶性、人身危险性以及当地禁毒形势等各种因素，做到区别对待。近期，审理毒品犯罪案件掌握的死刑数量标准，应当结合本地毒品犯罪的实际情况和依法惩治、预防毒品犯罪的需要，并参照最高人民法院复核的毒品死刑案件的典型案例，恰当把握。量刑既不能只片面考虑毒品数量，不考虑犯罪的其他情节，也不能只片面考虑其他情节，而忽视毒品数量。

对虽然已达到实际掌握的判处死刑的毒品数量标准，但是具有法定、酌定从宽处罚情节的被告人，可以不判处死刑；反之，对毒品数量接近实际掌握的判处死刑的数量标准，但具有从重处罚情节的被告人，也可以判处死刑。毒品数量达到实际掌握的死刑数量标准，既有从重处罚情节，又有从宽处罚情节的，应当综合考虑各方面因素决定刑罚，判处死刑立即执行应当慎重。

具有下列情形之一的，可以判处被告人死刑：(1) 具有毒品犯罪集团首要分子、武装掩护毒品犯罪、暴力抗拒检查、拘留或者逮捕、参与有组织的国际贩毒活动等严重情节的；(2) 毒品数量达到实际掌握的死刑数量标准，并具有毒品再犯、累犯，利用、教唆未成年人走私、贩卖、运输、制造毒品，或者向未成年人出售毒品等法定从重处罚情节的；(3) 毒品数量达到实际掌握的死刑数量标准，并具有多次走私、贩卖、运输、制造毒品，向多人贩毒，在毒品犯罪中诱使、容留多人吸毒，在戒毒监管场所贩毒，国家工作人员利用职务便利实施毒品犯罪，或者职业犯、惯犯、主犯等情节的；(4) 毒品数量达到实际掌握的死刑数量标准，并具有其他从重处罚情节的；(5) 毒品数量超过实际掌握的死刑数量标准，且没有法定、酌定从轻处罚情节的。

毒品数量达到实际掌握的死刑数量标准，具有下列情形之一的，可以不判处被告人死刑立即执行：(1) 具有自首、立功等法定从宽处罚情节的；(2) 已查获的毒品数量未达到实际掌握的死刑数量标准，到案后坦白尚未被司法机关掌握的其他毒品犯罪，累计数量超过实际掌握的死刑数量标准的；(3) 经鉴定毒品含量极低，掺假之后的数量才达到实际掌握的死刑数量标准的，或者有证据表明可能大量掺假但因故不能鉴定的；(4) 因特情引诱毒品数量才达到实际掌握的死刑数量标准的；(5) 以贩养吸的被告人，被查获的毒品数量刚达到实际掌握的死刑数量标准的；(6) 毒品数量刚达到实际掌握的死刑数量标准，确属初次犯罪即被查获，未造成严重危害后果的；(7) 共同

法律适用

司法解释

犯罪毒品数量刚达到实际掌握的死刑数量标准，但各共同犯罪人作用相当，或者责任大小难以区分的；(8) 家庭成员共同实施毒品犯罪，其中起主要作用的被告人已被判处死刑立即执行，其他被告人罪行相对较轻的；(9) 其他不是必须判处死刑立即执行的。

有些毒品犯罪案件，往往由于毒品、毒资等证据已不存在，导致审查证据和认定事实困难。在处理这类案件时，只有被告人的口供与同案其他被告人供述吻合，并且完全排除诱供、逼供、串供等情形，被告人的口供与同案被告人的供述才可以作为定案的证据。仅有被告人口供与同案被告人供述作为定案证据的，对被告人判处死刑立即执行要特别慎重。

三、运输毒品罪的刑罚适用问题

对于运输毒品犯罪，要注意重点打击指使、雇佣他人运输毒品的犯罪分子和接应、接货的毒品所有者、买家或者卖家。对于运输毒品犯罪集团首要分子，组织、指使、雇佣他人运输毒品的主犯或者毒枭、职业毒犯、毒品再犯，以及具有武装掩护、暴力抗拒检查、拘留或者逮捕、参与有组织的国际毒品犯罪、以运输毒品为业、多次运输毒品或者其他严重情节的，应当按照刑法、有关司法解释和司法实践实际掌握的数量标准，从严惩处，依法应判处死刑的必须坚决判处死刑。

毒品犯罪中，单纯的运输毒品行为具有从属性、辅助性特点，且情况复杂多样。部分涉案人员系受指使、雇佣的贫民、边民或者无业人员，只是为了赚取少量运费而为他人运输毒品，他们不是毒品的所有者、买家或者卖家，与幕后的组织、指使、雇佣者相比，在整个毒品犯罪环节中处于从属、辅助和被支配地位，所起作用和主观恶性相对较小，社会危害性也相对较小。因此，对于运输毒品犯罪中的这部分人员，在量刑标准的把握上，应当与走私、贩卖、制造毒品和前述具有严重情节的运输毒品犯罪分子有所区别，不应单纯以涉案毒品数量的大小决定刑罚适用的轻重。

对有证据证明被告人确属受人指使、雇佣参与运输毒品犯罪，又系初犯、偶犯的，可以从轻处罚，即使毒品数量超过实际掌握的死刑数量标准，也可以不判处死刑立即执行。

毒品数量超过实际掌握的死刑数量标准，不能证明被告人系受人指使、雇佣参与运输毒品犯罪的，可以依法判处重刑直至死刑。

涉嫌为贩卖而自行运输毒品，由于认定贩卖毒品的证据不足，因而认定为运输毒品罪的，不同于单纯的受指使为他人运输毒品行为，其量刑标准应当与单纯的运输毒品行为有所区别。

四、制造毒品的认定与处罚问题

鉴于毒品犯罪分子制造毒品的手段复杂多样、不断翻新，采用物理方法加工、配制毒品的情况大量出现，有必要进一步准确界定制造毒品的行为、方法。制造毒品不仅包括非法用毒品原植物直接提炼和用化学方法加工、配制毒品的行为，也包括以改变毒品成分和效用为目的，用混合等物理方法加工、配制毒品的行为，如将甲基苯丙胺或者其他苯丙胺类毒品与其他毒品混合成麻古或者摇头丸。为便于隐蔽运输、销售、使用、欺骗购买者，或者为了增重，对毒品掺杂使假，添加或者去除其他非毒品物质，不属于制造毒品的行为。

已经制成毒品，达到实际掌握的死刑数量标准的，可以判处死刑；数量特别巨大的，应当判处死刑。已经制造出粗制毒品或者半成品的，以制造毒品罪的既遂论处。购进制造毒品的设备和原材料，开始着手制造毒品，但尚未制造出粗制毒品或者半成品的，以制造毒品罪的未遂论处。

五、毒品含量鉴定和混合型、新类型毒品案件处理问题

鉴于大量掺假毒品和成分复杂的新类型毒品不断出现，为做到罪刑相当、罚当其罪，保证毒品案件的审判质量，并考虑目前毒品鉴定的条件和现状，对可能判处被告人死刑的毒品犯罪案件，应当根据最高人民法院、最高人民检察院、公安部2007年12月颁布的《办理毒品犯罪案件适用法律若干问题的意见》，作出毒品含量鉴定；对涉案毒品可能大量掺假或者系成分复杂的新类型毒品的，亦应当作出毒品含量鉴定。

对于含有二种以上毒品成分的毒品混合物，应进一步作成分鉴定，确定所含的不同毒品成分及比例。对于毒品中含有海洛因、甲基苯丙胺的，应以海洛因、甲基苯丙胺分别确定其毒品种类；不含海洛因、甲基苯丙胺的，应以其中毒性较大的毒品成分确定其毒品种类；如果毒性相当或者难以确定毒性大小的，以其中比例较大的毒品成分确定其毒品种类，并在量刑时综合考虑其他毒品成分、含量和全案所涉毒品数量。对于刑法、司法解释等已规定了量刑数量标准的毒品，按照刑法、司法解释等规定适用刑罚；对于刑法、司法解释等没有规定量刑数量标准的毒品，有条件折算为海洛因的，参照国家食品药品监督管理局制定的《非法药物折算表》，折算成海洛因的数量后适用刑罚。

对于国家管制的精神药品和麻醉药品，刑法、司法解释等尚未明确规定量刑数量标准，也不具备折算条件的，应由有关专业部门确定涉案毒品毒效的大小、有毒成分的多少、吸毒者对该毒品的依赖程度，综合考虑其致瘾癖性、戒断性、社会危害性等依法量刑。因条件限制不能确定的，可以参考涉案毒品非法交易的价格因素等，决定对被告人适用的刑罚，但一般不宜判处死刑立即执行。

六、特情介入案件的处理问题

运用特情侦破毒品案件，是依法打击毒品犯罪的有效手段。对特情介入侦破的毒品案件，要区别不同情形予以分别处理。

对已持有毒品待售或者有证据证明已准备实施大宗毒品犯罪者，采取特情贴靠、接洽而破获的案件，不存在犯罪引诱，应当依法处理。

行为人本没有实施毒品犯罪的主观意图，而是在特情诱惑和促成下形成犯意，进而实施毒品犯罪的，属于"犯意引诱"。对因"犯意引诱"实施毒品犯罪的被告人，根据罪刑相适应原则，应当依法从轻处罚，无论涉案毒品数量多大，都不应判处死刑立即执行。行为人在特情既为其安排上线，又提供下线的双重引诱，即"双套引诱"下实施毒品犯罪的，处刑时可予以更大幅度的从宽处罚或者依法免予刑事处罚。

行为人本来只有实施数量较小的毒品犯罪的故意，在特情引诱下实施了数量较大甚至达到实际掌握的死刑数量标准的毒品犯罪的，属于"数量引诱"。对因"数量引诱"实施毒品犯罪的被告人，应当依法从轻处罚，即使毒品数量超过实际掌握的死刑数量标准，一般也不判处死刑立即执行。

对不能排除"犯意引诱"和"数量引诱"的案件，在考虑是否对被告人判处死刑立即执行时，要留有余地。对被告人受特情间接引诱实施毒品犯罪的，参照上述原则依法处理。

七、毒品案件的立功问题

共同犯罪中同案犯的基本情况，包括同案犯姓名、住址、体貌特征、联络方式等信息，属于被告人应当供述的范围。公安机关根据被告人供述抓获同案犯的，不应认定其有立功表现。被告人在公安机关抓获同案犯过程中确实起到协助作用的，例如，经被告人现场指认、辨认抓获了同案犯；被告人带领公安人员抓获了同案犯；被告人

法律适用

司法解释

提供了不为有关机关掌握或者有关机关按照正常工作程序无法掌握的同案犯藏匿的线索，有关机关据此抓获了同案犯；被告人交代了与同案犯的联系方式，又按要求与对方联络，积极协助公安机关抓获了同案犯等，属于协助司法机关抓获同案犯，应认定为立功。

关于立功从宽处罚的把握，应以功是否足以抵罪为标准。在毒品共同犯罪案件中，毒枭、毒品犯罪集团首要分子、共同犯罪的主犯、职业毒犯、毒品惯犯等，由于掌握同案犯、从犯、马仔的犯罪情况和个人信息，被抓获后往往能协助抓捕同案犯，获得立功或者重大立功。对其是否从宽处罚以及从宽幅度的大小，应当主要看功是否足以抵罪，即应结合被告人罪行的严重程度、立功大小综合考虑。要充分注意毒品共同犯罪人以及上、下家之间的量刑平衡。对于毒枭等严重毒品犯罪分子立功的，从轻或者减轻处罚应当从严掌握。如果其罪行极其严重，只有一般立功表现，功不足以抵罪的，可不予从轻处罚；如果其检举、揭发的是其他犯罪案件中罪行同样严重的犯罪分子，或者协助抓获的是同案中的其他首要分子、主犯，功足以抵罪的，原则上可以从轻或者减轻处罚；如果协助抓获的只是同案中的从犯或者马仔，功不足以抵罪，或者从轻处罚后全案处刑明显失衡的，不予从轻处罚。相反，对于从犯、马仔立功，特别是协助抓获毒枭、首要分子、主犯的，应当从轻处罚，直至依法减轻或者免除处罚。

被告人亲属为了使被告人得到从轻处罚，检举、揭发他人犯罪或者协助司法机关抓捕其他犯罪人的，不能视为被告人立功。同监犯将本人或者他人尚未被司法机关掌握的犯罪事实告知被告人，由被告人检举揭发的，如经查证属实，虽可认定被告人立功，但是否从宽处罚、从宽幅度大小，应与通常的立功有所区别。通过非法手段或者非法途径获取他人犯罪信息，如从国家工作人员处贿买他人犯罪信息，通过律师、看守人员等非法途径获取他人犯罪信息，由被告人检举揭发的，不能认定为立功，也不能作为酌情从轻处罚情节。

八、毒品再犯问题

根据刑法第三百五十六条规定，只要因走私、贩卖、运输、制造、非法持有毒品罪被判过刑，不论是在刑罚执行完毕后，还是在缓刑、假释或者暂予监外执行期间，又犯刑法分则第六章第七节规定的犯罪的，都是毒品再犯，应当从重处罚。

因走私、贩卖、运输、制造、非法持有毒品罪被判刑的犯罪分子，在缓刑、假释或者暂予监外执行期间又犯刑法分则第六章第七节规定的犯罪的，应当在对其所犯新的毒品犯罪适用刑法第三百五十六条从重处罚的规定确定刑罚后，再依法数罪并罚。

对同时构成累犯和毒品再犯的被告人，应当同时引用刑法关于累犯和毒品再犯的条款从重处罚。

九、毒品案件的共同犯罪问题

毒品犯罪中，部分共同犯罪人未到案，如现有证据能够认定已到案被告人为共同犯罪，或者能够认定为主犯或者从犯的，应当依法认定。没有实施毒品犯罪的共同故意，仅在客观上为相互关联的毒品犯罪上下家，不构成共同犯罪，但为了诉讼便利可并案审理。审理毒品共同犯罪案件应当注意以下几个方面的问题：

一是要正确区分主犯和从犯。区分主犯和从犯，应当以各共同犯罪人在毒品共同犯罪中的地位和作用为根据。要从犯意提起、具体行为分工、出资和实际分得毒赃多少以及共犯之间相互关系等方面，比较各个共同犯罪人在共同犯罪中的地位和作用。在毒品共同犯罪中，为主出资者、毒品所有者或者起意、策划、纠集、组织、雇佣、指使他人参与犯罪以及其他起主要作用的是主犯；起次要或者辅助作用的是从犯。受雇佣、受指使实施毒品犯罪的，应根据其在犯罪中实际发挥的作用具体认定为主犯或者从犯。对于确有证据证明在共同犯罪中起次要或者辅助作用的，不能因为其他共同犯罪人未到案而不认定为从犯，甚至将其认定为主犯或者按主犯处罚。只要认定为从犯，无论主犯是否到案，均应依照刑法关于从犯的规定从轻、减轻或者免除处罚。

二是要正确认定共同犯罪案件中主犯和从犯的毒品犯罪数量。对于毒品犯罪集团的首要分子，应按集团毒品犯罪的总数量处罚；对一般共同犯罪的主犯，应按其所参与的或者组织、指挥的毒品犯罪数量处罚；对于从犯，应当按照其所参与的毒品犯罪的数量处罚。

三是要根据行为人在共同犯罪中的作用和罪责大小确定刑罚。不同案件不能简单类比，一个案件的从犯参与犯罪的毒品数量可能比另一案件的主犯参与犯罪的毒品数量大，但对这一案件从犯的处罚不是必然重于另一案件的主犯。共同犯罪中能分清主从犯的，不能因为涉案的毒品数量特别巨大，就不分主从犯而一律将被告人认定为主犯或者实际上都按主犯处罚，一律判处重刑甚至死刑。对于共同犯罪中有多个主犯或者共同犯罪人的，处罚上也应做到区别对待。应当全面考察各主犯或者共同犯罪人在共同犯罪中实际发挥作用的差别，主观恶性和人身危险性方面的差异，对罪责或者人身危险性更大的主犯或者共同犯罪人依法判处更重的刑罚。

十、主观明知的认定问题

毒品犯罪中，判断被告人对涉案毒品是否明知，不能仅凭被告人供述，而应当依据被告人实施毒品犯罪行为的过程、方式、毒品被查获时的情形等证据，结合被告人的年龄、阅历、智力等情况，进行综合分析判断。

具有下列情形之一，被告人不能做出合理解释的，可以认定其“明知”是毒品，但有证据证明确属被蒙骗的除外：（1）执法人员在口岸、机场、车站、港口和其他检查站点检查时，要求行为人申报为他人携带的物品和其他疑似毒品物，并告知其法律责任，而行为人未如实申报，在其携带的物品中查获毒品的；（2）以伪报、藏匿、伪装等蒙蔽手段，逃避海关、边防等检查，在其携带、运输、邮寄的物品中查获毒品的；（3）执法人员检查时，有逃跑、丢弃携带物品或者逃避、抗拒检查等行为，在其携带或者丢弃的物品中查获毒品的；（4）体内或者贴身隐秘处藏匿毒品的；（5）为获取不同寻常的高额、不等值报酬为他人携带、运输物品，从中查获毒品的；（6）采用高度隐蔽的方式携带、运输物品，从中查获毒品的；（7）采用高度隐蔽的方式交接物品，明显违背合法物品惯常交接方式，从中查获毒品的；（8）行程路线故意绕开检查站点，在其携带、运输的物品中查获毒品的；（9）以虚假身份或者地址办理托运手续，在其托运的物品中查获毒品的；（10）有其他证据足以认定行为人应当知道的。

十一、毒品案件的管辖问题

毒品犯罪的地域管辖，应当依照刑事诉讼法的有关规定，实行以犯罪地管辖为主、被告人居住地管辖为辅的原则。考虑到毒品犯罪的特殊性和毒品犯罪侦查体制，“犯罪地”不仅可以包括犯罪预谋地、毒资筹集地、交易进行地、运输途经地以及毒品生产地，也包括毒资、毒赃和毒品藏匿地、转移地、走私或者贩运毒品目的地等。“被告人居住地”，不仅包括被告人常住地和户籍所在地，也包括其临时居住地。

对于已进入审判程序的案件，被告人及其辩护人提出管辖异议，经审查异议成立的，或者受案法院发现没有管辖权，而案件由本院管辖更适宜的，受案法院应当报请与有管辖权的法院共同的上级法院依法指定本院管辖。

十二、特定人员参与毒品犯罪问题

近年来，一些毒品犯罪分子为了逃避打击，雇佣孕妇、哺乳期妇女、急性传染病人、残疾人或者未成年人等特定人员进行毒品犯罪活动，成为影响我国禁毒工作成效的突出问题。对利用、教唆特定人员进行毒品犯罪活动的组织、策划、指挥和教唆者，要依法严厉打击，该判处重刑直至死刑的，坚决依法判处重刑直至死刑。对于被利用、被诱骗参与毒品犯罪的特定人员，可以从宽处理。

要积极与检察机关、公安机关沟通协调，妥善解决涉及特定人员的案件管辖、强制措施、刑罚执行等问题。对因特殊情况依法不予羁押的，可以依法采取取保候审、监视居住等强制措施，并根据被告人具体情况和案情变化及时变更强制措施；对于被判处有期徒刑或者拘役的罪犯，符合刑事诉讼法第二百一十四条规定情形的，可以暂予监外执行。

十三、毒品案件财产刑的适用和执行问题

刑法对毒品犯罪规定了并处罚金或者没收财产刑，司法实践中应当依法充分适用。不仅要依法追缴被告人的违法所得及其收益，还要严格依法判处被告人罚金刑或者没收财产刑，不能因为被告人没有财产，或者其财产难以查清、难以分割或者难以执行，就不依法判处财产刑。

要采取有力措施，加大财产刑执行力度。要加强与公安机关、检察机关的协作，对毒品犯罪分子来源不明的巨额财产，依法及时采取查封、扣押、冻结等措施，防止犯罪分子及其亲属转移、隐匿、变卖或者洗钱，逃避依法追缴。要加强不同地区法院之间的相互协作配合。毒品犯罪分子的财产在异地的，第一审人民法院可以委托财产所在地人民法院代为执行。要落实和运用有关国际禁毒公约规定，充分利用国际刑警组织等渠道，最大限度地做好境外追赃工作。

八、最高人民法院《全国法院毒品犯罪审判工作座谈会纪要》（节录）（2015年5月18日最高人民法院发布　自公布之日起实施　法〔2015〕129号）

一、关于进一步加强人民法院禁毒工作的总体要求

依法审理毒品犯罪案件，积极参与禁毒工作是人民法院肩负的一项重要职责任务。长期以来，全国各级人民法院认真贯彻落实中央和国家禁毒委员会的决策部署，扎实履行刑事审判职责，坚持依法从严惩处毒品犯罪，大力加强禁毒法制建设，积极参与禁毒综合治理，各项工作均取得显著成效，为全面、深入推进禁毒工作提供了有力司法保障。同时，应当清醒地看到，受国际毒潮持续泛滥和国内多种因素影响，当前和今后一个时期，我国仍将处于毒品问题加速蔓延期、毒品犯罪高发多发期、毒品治理集中攻坚期，禁毒斗争形势严峻复杂，禁毒工作任务十分艰巨。加强禁毒工作，治理毒品问题，对深入推进平安中国、法治中国建设，维护国家长治久安，保障人民群众幸福安康，实现“两个一百年”奋斗目标和中华民族伟大复兴的中国梦，具有重要意义。各级人民法院要从维护重要战略机遇期国家安全和社会稳定的政治高度，充分认识毒品问题的严峻性、长期性和禁毒工作的艰巨性、复杂性，切实增强做好禁毒工作的责任感、使命感和紧迫感。要认真学习领会、坚决贯彻落实党中央对禁毒工作的一系列重大决策部署和全国禁毒工作会议精神，切实采取有力措施，进一步加强人民法院禁毒工作。

一是毫不动摇地坚持依法从严惩处毒品犯罪。充分发挥审判职能作用，依法运用刑罚惩治毒品犯罪，是治理毒品问题的重要手段，也是人民法院参与禁毒斗争的主要方式。面对严峻的毒品犯罪形势，各级人民法院要继续坚持依法从严惩处毒品犯罪的指导思想。要继续依法严惩走私、制造毒品和大宗贩卖毒品等源头性犯罪，严厉打击毒枭、职业毒犯、累犯、毒品再犯等主观恶性深、人身危险性大的毒品犯罪分子，该判处重刑和死刑的坚决依法判处。要加大对制毒物品犯罪、多次零包贩卖毒品、引诱、教唆、欺骗、强迫他人吸毒及非法持有毒品等犯罪的惩处力度，严惩向农村地区贩卖毒品及国家工作人员实施的毒品犯罪。要更加注重从经济上制裁毒品犯罪，依法追缴犯罪分子违法所得，充分适用罚金刑、没收财产刑并加大执行力度，依法从严惩处涉毒洗钱犯罪和为毒品犯罪提供资金的犯罪。要严厉打击因吸毒诱发的杀人、伤害、抢劫、以危险方法危害公共安全等次生犯罪。要规范和限制毒品犯罪的缓刑适用，从严把握毒品罪犯减刑条件，严格限制严重毒品罪犯假释，确保刑罚执行效果。同时，为全面发挥刑罚功能，也要贯彻好宽严相济刑事政策，突出打击重点，体现区别对待。对于罪行较轻，或者具有从犯、自首、立功、初犯等法定、酌定从宽处罚情节的毒品犯罪分子，根据罪刑相适应原则，依法给予从宽处罚，以分化瓦解毒品犯罪分子，预防和减少毒品犯罪。要牢牢把握案件质量这条生命线，既要考虑到毒品犯罪隐蔽性强、侦查取证难度大的现实情况，也要严格贯彻证据裁判原则，引导取证、举证工作围绕审判工作的要求展开，切实发挥每一级审判程序的职能作用，确保案件办理质量。对于拟判处被告人死刑的毒品犯罪案件，在证据质量上要始终坚持最高的标准和最严的要求。

二是深入推进毒品犯罪审判规范化建设。各级人民法院要结合审判工作实际，积极开展调查研究，不断总结经验，及时发现并解决审判中遇到的突出法律适用问题。各高、中级人民法院要加大审判指导力度，在做好毒品犯罪审判工作的同时，通过编发典型案例、召开工作座谈会等形式，不断提高辖区法院毒品犯罪审判工作水平。最高人民法院对于复核毒品犯罪死刑案件中发现的问题，要继续通过随案附函、集中通报、发布典型案例等形式，加强审判指导；对于毒品犯罪法律适用方面存在的突出问题，要适时制定司法解释或规范性文件，统一法律适用；对于需要与公安、检察机关共同解决的问题，要加强沟通、协调，必要时联合制发规范性文件；对于立法方面的问题，要继续提出相关立法建议，推动禁毒法律的修改完善。

三是不断完善毒品犯罪审判工作机制。各级人民法院要严格落实禁毒工作责任，按照《禁毒工作责任制》的要求和同级禁毒委员会的部署认真开展工作，将禁毒工作列入本单位整体工作规划，制定年度工作方案，抓好贯彻落实。要进一步加强专业审判机构建设，各高级人民法院要确定专门承担毒品犯罪审判指导任务的审判庭，毒品犯罪相对集中地区的高、中级人民法院可以根据当地实际和工作需要，探索确立专门承担毒品犯罪审判工作的合议庭或者审判庭。要建立健全业务学习、培训机制，通过举办业务培训班、组织交流研讨会等多种形式，不断提高毒品犯罪审判队伍专业化水平。要推动与相关职能部门建立禁毒长效合作机制，在中央层面和毒品犯罪集中地区建立公检法三机关打击毒品犯罪联席会议制度，探索建立重大毒品犯罪案件信息通报、反馈机制，提升打击毒品犯罪的合力。

四是加大参与禁毒综合治理工作力度。要充分利用有利时机集中开展禁毒宣传，最高人民法院和毒品犯罪高发地区的高级人民法院要将“6·26”国际禁毒日新闻发布会制度化，并利用网络、平面等媒体配合报道，向社会公众介绍人民法院毒品犯罪审判及禁毒综合治理工作情况，公布毒品犯罪典型案例。要加强日常禁毒法制宣传，充分利用审判资源优势，通过庭审直播、公开宣判、举办禁毒法制讲座、建立禁毒对象帮教制度、与社区、学校、团体建立禁毒协作机制等多种形式，广泛、深入地开展禁毒宣传教育活动。要突出宣传重点，紧紧围绕青少年群体和合成毒品滥用问题，有针对性地组织开展宣传教育工作，增强人民群众自觉抵制毒品的意识和能力。要延伸审判职能，针对毒品犯罪审判中发现的治安隐患和社会管理漏洞，及时向有关职能部门提出加强源头治理、强化日常管控的意见和建议，推动构建更为严密的禁毒防控体系。

二、关于毒品犯罪法律适用的若干具体问题

会议认为，2008 年印发的《全国部分法院审理毒品犯罪案件工作座谈会纪要》（以下简称《大连会议纪要》）较好地解决了办理毒品犯罪案件面临的一些突出法律适用问题，其中大部分规定在当前的审判实践中仍有指导意义，应当继续参照执行。同时，随着毒品犯罪形势的发展变化，近年来出现了一些新情况、新问题，需要加以研究解决。与会代表对审判实践中反映较为突出，但《大连会议纪要》没有作出规定，或者规定不尽完善的毒品犯罪法律适用问题进行了认真研究讨论，就下列问题取得了共识。

（一）罪名认定问题

贩毒人员被抓获后，对于从其住所、车辆等处查获的毒品，一般均应认定为其贩卖的毒品。确有证据证明查获的毒品并非贩毒人员用于贩卖，其行为另构成非法持有毒品罪、窝藏毒品罪等其他犯罪的，依法定罪处罚。

吸毒者在购买、存储毒品过程中被查获，没有证据证明其是为了实施贩卖毒品等其他犯罪，毒品数量达到刑法第三百四十八条规定的最低数量标准的，以非法持有毒品罪定罪处罚。吸毒者在运输毒品过程中被查获，没有证据证明其是为了实施贩卖毒品等其他犯罪，毒品数量达到较大以上的，以运输毒品罪定罪处罚。

行为人为吸毒者代购毒品，在运输过程中被查获，没有证据证明托购者、代购者是为了实施贩卖毒品等其他犯罪，毒品数量达到较大以上的，对托购者、代购者以运输毒品罪的共犯论处。行为人为他人代购仅用于吸食的毒品，在交通、食宿等必要开销之外收取“介绍费”、“劳务费”，或者以贩卖为目的收取部分毒品作为酬劳的，应视为从中牟利，属于变相加价贩卖毒品，以贩卖毒品罪定罪处罚。

购毒者接收贩毒者通过物流寄递方式交付的毒品，没有证据证明其是为了实施贩卖毒品等其他犯罪，毒品数量达到刑法第三百四十八条规定的最低数量标准的，一般以非法持有毒品罪定罪处罚。代收者明知是物流寄递的毒品而代购毒者接收，没有证据证明其与购毒者有实施贩卖、运输毒品等犯罪的共同故意，毒品数量达到刑法第三百四十八条规定的最低数量标准的，对代收者以非法持有毒品罪定罪处罚。

行为人利用信息网络贩卖毒品、在境内非法买卖用于制造毒品的原料或者配剂、传授制造毒品等犯罪的方法，构成贩卖毒品罪、非法买卖制毒物品罪、传授犯罪方法罪等犯罪的，依法定罪处罚。行为人开设网站、利用网络聊天室等组织他人共同吸毒，构成引诱、教唆、欺骗他人吸毒罪等犯罪的，依法定罪处罚。

（二）共同犯罪认定问题

办理贩卖毒品案件，应当准确认定居间介绍买卖毒品行为，并与居中倒卖毒品行为相区别。居间介绍者在毒品交易中处于中间人地位，发挥介绍联络作用，通常与交易一方构成共同犯罪，但不以牟利为要件；居中倒卖者属于毒品交易主体，与前后环节的交易对象是上下家关系，直接参与毒品交易并从中获利。居间介绍者受贩毒者委托，为其介绍联络购毒者的，与贩毒者构成贩卖毒品罪的共同犯罪；明知购毒者以贩卖为目的购买毒品，受委托为其介绍联络贩毒者的，与购毒者构成贩卖毒品罪的共同犯罪；受以吸食为目的的购毒者委托，为其介绍联络贩毒者，毒品数量达到刑法第三百四十八条规定的最低数量标准的，一般与购毒者构成非法持有毒品罪的共同犯罪；同时与贩毒者、购毒者共谋，联络促成双方交易的，通常认定与贩毒者构成贩卖毒品罪的共同犯罪。居间介绍者实施为毒品交易主体提供交易信息、介绍交易对象等帮助行为，对促成交易起次要、辅助作用的，应当认定为从犯；对于以居间介绍者的身份介入毒品交易，但在交易中超出居间介绍者的地位，对交易的发起和达成起重要作用的被告人，可以认定为主犯。

两人以上同行运输毒品的，应当从是否明知他人带有毒品，有无共同运输毒品的意思联络，有无实施配合、掩护他人运输毒品的行为等方面综合审查认定是否构成共同犯罪。受雇于同一雇主同行运输毒品，但受雇者之间没有共同犯罪故意，或者虽然明知他人受雇运输毒品，但各自的运输行为相对独立，既没有实施配合、掩护他人运输毒品的行为，又分别按照各自运输的毒品数量领取报酬的，不应认定为共同犯罪。受雇于同一雇主分段运输同一宗毒品，但受雇者之间没有犯罪共谋的，也不应认定为共同犯罪。雇用他人运输毒品的雇主，及其他对受雇者起到一定组织、指挥作用的人员，与各受雇者分别构成运输毒品罪的共同犯罪，对运输的全部毒品数量承担刑事责任。

（三）毒品数量认定问题

走私、贩卖、运输、制造、非法持有两种以上毒品的，可以将不同种类的毒品分别折算为海洛因的数量，以折算后累加的毒品总量作为量刑的根据。对于刑法、司法解释或者其他规范性文件明确规定了定罪量刑数量标准的毒品，应当按照该毒品与海洛因定罪量刑数量标准的比例进行折算后累加。对于刑法、司法解释及其他规范性文件没有规定定罪量刑数量标准，但《非法药物折算表》规定了与海洛因的折算比例的毒品，可以按照《非法药物折算表》折算为海洛因后进行累加。对于既未规定定罪量刑数量标准，又不具备折算条件的毒品，综合考虑其致瘾癖性、社会危害性、数量、纯度等因素依法量刑。在裁判文书中，应当客观表述涉案毒品的种类和数量，并综合认定为数量大、数量较大或者少量毒品等，不明确表述将不同种类毒品进行折算后累加的毒品总量。

对于未查获实物的甲基苯丙胺片剂（俗称“麻古”等）、MDMA 片剂（俗称“摇头丸”）等混合型毒品，可以根据在案证据证明的毒品粒数，参考本案或者本地区查获的同类毒品的平均重量计算出毒品数量。在裁判文书中，应当客观表述根据在案证据认定的毒品粒数。

对于有吸毒情节的贩毒人员，一般应当按照其购买的毒品数量认定其贩卖毒品的数量，量刑时酌情考虑其吸食毒品的情节；购买的毒品数量无法查明的，按照能够证明的贩卖数量及查获的毒品数量认定其贩毒数量；确有证据证明其购买的部分毒品并非用于贩卖的，不应计入其贩毒数量。

办理毒品犯罪案件，无论毒品纯度高低，一般均应将查证属实的毒品数量认定为毒品犯罪的数量，并据此确定适用的法定刑幅度，但司法解释另有规定或者为了隐蔽运输而临时改变毒品常规形态的除外。涉案毒品纯度明显低于同类毒品的正常纯度的，量刑时可以酌情考虑。

制造毒品案件中，毒品成品、半成品的数量应当全部认定为制造毒品的数量，对于无法再加工出成品、半成品的废液、废料则不应计入制造毒品的数量。对于废液、废料的认定，可以根据其毒品成分的含量、外观形态，结合被告人对制毒过程的供述等证据进行分析判断，必要时可以听取鉴定机构的意见。

(四) 死刑适用问题

当前，我国毒品犯罪形势严峻，审判工作中应当继续坚持依法从严惩处毒品犯罪的指导思想，充分发挥死刑对于预防和惩治毒品犯罪的重要作用。要继续按照《大连会议纪要》的要求，突出打击重点，对罪行极其严重、依法应当判处死刑的被告人，坚决依法判处。同时，应当全面、准确贯彻宽严相济刑事政策，体现区别对待，做到罚当其罪，量刑时综合考虑毒品数量、犯罪性质、情节、危害后果、被告人的主观恶性、人身危险性及当地的禁毒形势等因素，严格审慎地决定死刑适用，确保死刑只适用于极少数罪行极其严重的犯罪分子。

1. 运输毒品犯罪的死刑适用

对于运输毒品犯罪，应当继续按照《大连会议纪要》的有关精神，重点打击运输毒品犯罪集团首要分子，组织、指使、雇用他人运输毒品的主犯或者毒枭、职业毒犯、毒品再犯，以及具有武装掩护运输毒品、以运输毒品为业、多次运输毒品等严重情节的被告人，对其中依法应当判处死刑的，坚决依法判处。

对于受人指使、雇用参与运输毒品的被告人，应当综合考虑毒品数量、犯罪次数、犯罪的主动性和独立性、在共同犯罪中的地位作用、获利程度和方式及其主观恶性、人身危险性等因素，予以区别对待，慎重适用死刑。对于有证据证明确属受人指使、雇用运输毒品，又系初犯、偶犯的被告人，即使毒品数量超过实际掌握的死刑数量标准，也可以不判处死刑；尤其对于其中被动参与犯罪，从属性、辅助性较强，获利程度较低的被告人，一般不应当判处死刑。对于不能排除受人指使、雇用初次运输毒品的被告人，毒品数量超过实际掌握的死刑数量标准，但尚不属数量巨大的，一般也可以不判处死刑。

一案中有多人受雇运输毒品的，在决定死刑适用时，除各被告人运输毒品的数量外，还应结合其具体犯罪情节、参与犯罪程度、与雇用者关系的紧密性及其主观恶性、人身危险性等因素综合考虑，同时判处二人以上死刑要特别慎重。

2. 毒品共同犯罪、上下家犯罪的死刑适用

毒品共同犯罪案件的死刑适用应当与该案的毒品数量、社会危害及被告人的犯罪情节、主观恶性、人身危险性相适应。涉案毒品数量刚超过实际掌握的死刑数量标准，依法应当适用死刑的，要尽量区分主犯间的罪责大小，一般只对其中罪责最大的一名主犯判处死刑；各共同犯罪人地位作用相当，或者罪责大小难以区分的，可以不判处被告人死刑；二名主犯的罪责均很突出，且均具有法定从重处罚情节的，也要尽可能比较其主观恶性、人身危险性方面的差异，判处二人死刑要特别慎重。涉案毒品数量达到巨大以上，二名以上主犯的罪责均很突出，或者罪责稍次的主犯具有法定、重大酌定从重处罚情节，判处二人以上死刑符合罪刑相适应原则，并有利于全案量刑平衡的，可以依法判处。

对于部分共同犯罪人未到案的案件，在案被告人与未到案共同犯罪人均属罪行极其严重，即使共同犯罪人到案也不影响对在案被告人适用死刑的，可以依法判处在案被告人死刑；在案被告人的罪行不足以判处死刑，或者共同犯罪人归案后全案只宜判处其一人死刑的，不能因为共同犯罪人未到案而对在案被告人适用死刑；在案被告人与未到案共同犯罪人的罪责大小难以准确认定，进而影响准确适用死刑的，不应对在案被告人判处死刑。

对于贩卖毒品案件中的上下家，要结合其贩毒数量、次数及对象范围，犯罪的主动性，对促成交易所发挥的作用，犯罪行为的危害后果等因素，综合考虑其主观恶性

和人身危险性，慎重、稳妥地决定死刑适用。对于买卖同宗毒品的上下家，涉案毒品数量刚超过实际掌握的死刑数量标准的，一般不能同时判处死刑；上家主动联络销售毒品，积极促成毒品交易的，通常可以判处上家死刑；下家积极筹资，主动向上家约购毒品，对促成毒品交易起更大作用的，可以考虑判处下家死刑。涉案毒品数量达到巨大以上的，也要综合上述因素决定死刑适用，同时判处上下家死刑符合罪刑相适应原则，并有利于全案量刑平衡的，可以依法判处。

一案中有多名共同犯罪人、上下家针对同宗毒品实施犯罪的，可以综合运用上述毒品共同犯罪、上下家犯罪的死刑适用原则予以处理。

办理毒品犯罪案件，应当尽量将共同犯罪案件或者密切关联的上下游案件进行并案审理；因客观原因造成分案处理的，办案时应当及时了解关联案件的审理进展和处理结果，注重量刑平衡。

3. 新类型、混合型毒品犯罪的死刑适用

甲基苯丙胺片剂（俗称“麻古”等）是以甲基苯丙胺为主要毒品成分的混合型毒品，其甲基苯丙胺含量相对较低，危害性亦有所不同。为体现罚当其罪，甲基苯丙胺片剂的死刑数量标准一般可以按照甲基苯丙胺（冰毒）的 2 倍左右掌握，具体可以根据当地的毒品犯罪形势和涉案毒品含量等因素确定。

涉案毒品为氯胺酮（俗称“K 粉”）的，结合毒品数量、犯罪性质、情节及危害后果等因素，对符合死刑适用条件的被告人可以依法判处死刑。综合考虑氯胺酮的致瘾癖性、滥用范围和危害性等因素，其死刑数量标准一般可以按照海洛因的 10 倍掌握。

涉案毒品为其他滥用范围和危害性相对较小的新类型、混合型毒品的，一般不宜判处被告人死刑。但对于司法解释、规范性文件明确规定了定罪量刑数量标准，且涉案毒品数量特别巨大，社会危害大，不判处死刑难以体现罚当其罪的，必要时可以判处被告人死刑。

（五）缓刑、财产刑适用及减刑、假释问题

对于毒品犯罪应当从严掌握缓刑适用条件。对于毒品再犯，一般不得适用缓刑。对于不能排除多次贩毒嫌疑的零包贩毒被告人，因认定构成贩卖毒品等犯罪的证据不足而认定为非法持有毒品罪的被告人，实施引诱、教唆、欺骗、强迫他人吸毒犯罪及制毒物品犯罪的被告人，应当严格限制缓刑适用。

办理毒品犯罪案件，应当依法追缴犯罪分子的违法所得，充分发挥财产刑的作用，切实加大对犯罪分子的经济制裁力度。对查封、扣押、冻结的涉案财物及其孳息，经查确属违法所得或者依法应当追缴的其他涉案财物的，如购毒款、供犯罪所用的本人财物、毒品犯罪所得的财物及其收益等，应当判决没收，但法律另有规定的除外。判处罚金刑时，应当结合毒品犯罪的性质、情节、危害后果及被告人的获利情况、经济状况等因素合理确定罚金数额。对于决定并处没收财产的毒品犯罪，判处被告人有期徒刑的，应当按照上述确定罚金数额的原则确定没收个人部分财产的数额；判处无期徒刑的，可以并处没收个人全部财产；判处死缓或者死刑的，应当并处没收个人全部财产。

对于具有毒枭、职业毒犯、累犯、毒品再犯等情节的毒品罪犯，应当从严掌握减刑条件，适当延长减刑起始时间、间隔时间，严格控制减刑幅度，延长实际执行刑期。对于刑法未禁止假释的前述毒品罪犯，应当严格掌握假释条件。

（六）累犯、毒品再犯问题

累犯、毒品再犯是法定从重处罚情节，即使本次毒品犯罪情节较轻，也要体现从严惩处的精神。尤其对于曾因实施严重暴力犯罪被判刑的累犯、刑满释放后短期内又

法律适用

司法解释

实施毒品犯罪的再犯，以及在缓刑、假释、暂予监外执行期间又实施毒品犯罪的再犯，应当严格体现从重处罚。

对于因同一毒品犯罪前科同时构成累犯和毒品再犯的被告人，在裁判文书中应当同时引用刑法关于累犯和毒品再犯的条款，但在量刑时不得重复予以从重处罚。对于因不同犯罪前科同时构成累犯和毒品再犯的被告人，量刑时的从重处罚幅度一般应大于前述情形。

（七）非法贩卖麻醉药品、精神药品行为的定性问题

行为人向走私、贩卖毒品的犯罪分子或者吸食、注射毒品的人员贩卖国家规定管制的能够使人形成瘾癖的麻醉药品或者精神药品的，以贩卖毒品罪定罪处罚。

行为人出于医疗目的，违反有关药品管理的国家规定，非法贩卖上述麻醉药品或者精神药品，扰乱市场秩序，情节严重的，以非法经营罪定罪处罚。

九、最高人民检察院关于《非药用类麻醉药品和精神药品管制品种增补目录》能否作为认定毒品依据的批复（2019年4月29日最高人民检察院公布　自公布之日起施行　高检发释字〔2019〕2号）

河南省人民检察院：

你院《关于〈非药用类麻醉药品和精神药品管制品种增补目录〉能否作为认定毒品的依据的请示》收悉。经研究，批复如下：

根据《中华人民共和国刑法》第三百五十七条和《中华人民共和国禁毒法》第二条的规定，毒品是指鸦片、海洛因、甲基苯丙胺（冰毒）、吗啡、大麻、可卡因以及国家规定管制的其他能够使人形成瘾癖的麻醉药品和精神药品。

2015年10月1日起施行的公安部、国家食品药品监督管理总局、国家卫生和计划生育委员会、国家禁毒委员会办公室《非药用类麻醉药品和精神药品列管办法》及其附表《非药用类麻醉药品和精神药品管制品种增补目录》，是根据国务院《麻醉药品和精神药品管理条例》第三条第二款授权制定的，《非药用类麻醉药品和精神药品管制品种增补目录》可以作为认定毒品的依据。

此复。

相关法律法规

一、《中华人民共和国禁毒法》（节录）（2007年12月29日中华人民共和国主席令第79号公布　自2008年6月1日起施行）

第十九条　国家对麻醉药品药用原植物种植实行管制。禁止非法种植罂粟、古柯植物、大麻植物以及国家规定管制的可以用于提炼加工毒品的其他原植物。禁止走私或者非法买卖、运输、携带、持有未经灭活的毒品原植物种子或者幼苗。

地方各级人民政府发现非法种植毒品原植物的，应当立即采取措施予以制止、铲除。村民委员会、居民委员会发现非法种植毒品原植物的，应当及时予以制止、铲除，并向当地公安机关报告。

第二十条　国家确定的麻醉药品药用原植物种植企业，必须按照国家有关规定种植麻醉药品药用原植物。

国家确定的麻醉药品药用原植物种植企业的提取加工场所，以及国家设立的麻醉药品储存仓库，列为国家重点警戒目标。

未经许可，擅自进入国家确定的麻醉药品药用原植物种植企业的提取加工场所或者国家设立的麻醉药品储存仓库等警戒区域的，由警戒人员责令其立即离开；拒不离开的，强行带离现场。

法律适用

相关法律法规

第二十一条 国家对麻醉药品和精神药品实行管制，对麻醉药品和精神药品的实验研究、生产、经营、使用、储存、运输实行许可和查验制度。

国家对易制毒化学品的生产、经营、购买、运输实行许可制度。

禁止非法生产、买卖、运输、储存、提供、持有、使用麻醉药品、精神药品和易制毒化学品。

第二十二条 国家对麻醉药品、精神药品和易制毒化学品的进口、出口实行许可制度。国务院有关部门应当按照规定的职责，对进口、出口麻醉药品、精神药品和易制毒化学品依法进行管理。禁止走私麻醉药品、精神药品和易制毒化学品。

第二十三条 发生麻醉药品、精神药品和易制毒化学品被盗、被抢、丢失或者其他流入非法渠道的情形，案发单位应当立即采取必要的控制措施，并立即向公安机关报告，同时依照规定向有关主管部门报告。

公安机关接到报告后，或者有证据证明麻醉药品、精神药品和易制毒化学品可能流入非法渠道的，应当及时开展调查，并可以对相关单位采取必要的控制措施。药品监督管理部门、卫生行政部门以及其他有关部门应当配合公安机关开展工作。

第二十四条 禁止非法传授麻醉药品、精神药品和易制毒化学品的制造方法。公安机关接到举报或者发现非法传授麻醉药品、精神药品和易制毒化学品制造方法的，应当及时依法查处。

第五十九条 有下列行为之一，构成犯罪的，依法追究刑事责任；尚不构成犯罪的，依法给予治安管理处罚：

（一）走私、贩卖、运输、制造毒品的；

（二）非法持有毒品的；

（三）非法种植毒品原植物的；

（四）非法买卖、运输、携带、持有未经灭活的毒品原植物种子或者幼苗的；

（五）非法传授麻醉药品、精神药品或者易制毒化学品制造方法的；

（六）强迫、引诱、教唆、欺骗他人吸食、注射毒品的；

（七）向他人提供毒品的。

第六十条 有下列行为之一，构成犯罪的，依法追究刑事责任；尚不构成犯罪的，依法给予治安管理处罚：

（一）包庇走私、贩卖、运输、制造毒品的犯罪分子，以及为犯罪分子窝藏、转移、隐瞒毒品或者犯罪所得财物的；

（二）在公安机关查处毒品违法犯罪活动时为违法犯罪行为人通风报信的；

（三）阻碍依法进行毒品检查的；

（四）隐藏、转移、变卖或者损毁司法机关、行政执法机关依法扣押、查封、冻结的涉及毒品违法犯罪活动的财物的。

第六十一条 容留他人吸食、注射毒品或者介绍买卖毒品，构成犯罪的，依法追究刑事责任；尚不构成犯罪的，由公安机关处十日以上十五日以下拘留，可以并处三千元以下罚款；情节较轻的，处五日以下拘留或者五百元以下罚款。

第六十二条 吸食、注射毒品的，依法给予治安管理处罚。吸毒人员主动到公安机关登记或者到有资质的医疗机构接受戒毒治疗的，不予处罚。

第六十三条 在麻醉药品、精神药品的实验研究、生产、经营、使用、储存、运输、进口、出口以及麻醉药品药用原植物种植活动中，违反国家规定，致使麻醉药品、精神药品或者麻醉药品药用原植物流入非法渠道，构成犯罪的，依法追究刑事责任；尚不构成犯罪的，依照有关法律、行政法规的规定给予处罚。

法律适用 相关法律法规

第六十四条 在易制毒化学品的生产、经营、购买、运输或者进口、出口活动中，违反国家规定，致使易制毒化学品流入非法渠道，构成犯罪的，依法追究刑事责任；尚不构成犯罪的，依照有关法律、行政法规的规定给予处罚。

第六十五条 娱乐场所及其从业人员实施毒品违法犯罪行为，或者为进入娱乐场所的人员实施毒品违法犯罪行为提供条件，构成犯罪的，依法追究刑事责任；尚不构成犯罪的，依照有关法律、行政法规的规定给予处罚。

娱乐场所经营管理人员明知场所内发生聚众吸食、注射毒品或者贩毒活动，不向公安机关报告的，依照前款的规定给予处罚。

第六十六条 未经批准，擅自从事戒毒治疗业务的，由卫生行政部门责令停止违法业务活动，没收违法所得和使用的药品、医疗器械等物品；构成犯罪的，依法追究刑事责任。

第六十八条 强制隔离戒毒场所、医疗机构、医师违反规定使用麻醉药品、精神药品，构成犯罪的，依法追究刑事责任；尚不构成犯罪的，依照有关法律、行政法规的规定给予处罚。

第六十九条 公安机关、司法行政部门或者其他有关主管部门的工作人员在禁毒工作中有下列行为之一，构成犯罪的，依法追究刑事责任；尚不构成犯罪的，依法给予处分：

（一）包庇、纵容毒品违法犯罪人员的；

（二）对戒毒人员有体罚、虐待、侮辱等行为的；

（三）挪用、截留、克扣禁毒经费的；

（四）擅自处分查获的毒品和扣押、查封、冻结的涉及毒品违法犯罪活动的财物的。

二、《麻醉药品和精神药品管理条例》（节录）（2005年8月3日中华人民共和国国务院令第442号公布　自2005年11月1日起施行　2013年12月7日第一次修订　2016年2月6日第二次修订）

第二条 麻醉药品药用原植物的种植，麻醉药品和精神药品的实验研究、生产、经营、使用、储存、运输等活动以及监督管理，适用本条例。

麻醉药品和精神药品的进出口依照有关法律的规定办理。

第三条 本条例所称麻醉药品和精神药品，是指列入麻醉药品目录、精神药品目录（以下称目录）的药品和其他物质。精神药品分为第一类精神药品和第二类精神药品。

目录由国务院药品监督管理部门会同国务院公安部门、国务院卫生主管部门制定、调整并公布。

上市销售但尚未列入目录的药品和其他物质或者第二类精神药品发生滥用，已经造成或者可能造成严重社会危害的，国务院药品监督管理部门会同国务院公安部门、国务院卫生主管部门应当及时将该药品和该物质列入目录或者将该第二类精神药品调整为第一类精神药品。

第四条 国家对麻醉药品药用原植物以及麻醉药品和精神药品实行管制。除本条例另有规定的外，任何单位、个人不得进行麻醉药品药用原植物的种植以及麻醉药品和精神药品的实验研究、生产、经营、使用、储存、运输等活动。

第五条 国务院药品监督管理部门负责全国麻醉药品和精神药品的监督管理工作，并会同国务院农业主管部门对麻醉药品药用原植物实施监督管理。国务院公安部门负责对造成麻醉药品药用原植物、麻醉药品和精神药品流入非法渠道的行为进行查处。国务院其他有关主管部门在各自的职责范围内负责与麻醉药品和精神药品有关的管理工作。

省、自治区、直辖市人民政府药品监督管理部门负责本行政区域内麻醉药品和精神药品的监督管理工作。县级以上地方公安机关负责对本行政区域内造成麻醉药品和精神药品流入非法渠道的行为进行查处。县级以上地方人民政府其他有关主管部门在各自的职责范围内负责与麻醉药品和精神药品有关的管理工作。

第六条 麻醉药品和精神药品生产、经营企业和使用单位可以依法参加行业协会。行业协会应当加强行业自律管理。

第七十二条 取得印鉴卡的医疗机构违反本条例的规定，有下列情形之一的，由设区的市级人民政府卫生主管部门责令限期改正，给予警告；逾期不改正的，处5000元以上1万元以下的罚款；情节严重的，吊销其印鉴卡；对直接负责的主管人员和其他直接责任人员，依法给予降级、撤职、开除的处分：

（一）未依照规定购买、储存麻醉药品和第一类精神药品的；

（二）未依照规定保存麻醉药品和精神药品专用处方，或者未依照规定进行处方专册登记的；

（三）未依照规定报告麻醉药品和精神药品的进货、库存、使用数量的；

（四）紧急借用麻醉药品和第一类精神药品后未备案的；

（五）未依照规定销毁麻醉药品和精神药品的。

第七十四条 违反本条例的规定运输麻醉药品和精神药品的，由药品监督管理部门和运输管理部门依照各自职责，责令改正，给予警告，处2万元以上5万元以下的罚款。

收寄麻醉药品、精神药品的邮政营业机构未依照本条例的规定办理邮寄手续的，由邮政主管部门责令改正，给予警告；造成麻醉药品、精神药品邮件丢失的，依照邮政法律、行政法规的规定处理。

第七十五条 提供虚假材料、隐瞒有关情况，或者采取其他欺骗手段取得麻醉药品和精神药品的实验研究、生产、经营、使用资格的，由原审批部门撤销其已取得的资格，5年内不得提出有关麻醉药品和精神药品的申请；情节严重的，处1万元以上3万元以下的罚款，有药品生产许可证、药品经营许可证、医疗机构执业许可证的，依法吊销其许可证明文件。

三、《娱乐场所管理条例》（节录）（2006年1月29日中华人民共和国国务院令第458号公布　自2006年3月1日起施行　2016年2月6日第一次修订　2020年11月29日第二次修订）

第二条 本条例所称娱乐场所，是指以营利为目的，并向公众开放、消费者自娱自乐的歌舞、游艺等场所。

第十四条 娱乐场所及其从业人员不得实施下列行为，不得为进入娱乐场所的人员实施下列行为提供条件：

（一）贩卖、提供毒品，或者组织、强迫、教唆、引诱、欺骗、容留他人吸食、注射毒品；

（二）组织、强迫、引诱、容留、介绍他人卖淫、嫖娼；

（三）制作、贩卖、传播淫秽物品；

（四）提供或者从事以营利为目的的陪侍；

（五）赌博；

（六）从事邪教、迷信活动；

法律适用

相关法律法规

（七）其他违法犯罪行为。

娱乐场所的从业人员不得吸食、注射毒品，不得卖淫、嫖娼；娱乐场所及其从业人员不得为进入娱乐场所的人员实施上述行为提供条件。

第五十四条 娱乐场所违反有关治安管理或者消防管理法律、行政法规规定的，由公安部门依法予以处罚；构成犯罪的，依法追究刑事责任。

娱乐场所违反有关卫生、环境保护、价格、劳动等法律、行政法规规定的，由有关部门依法予以处罚；构成犯罪的，依法追究刑事责任。

娱乐场所及其从业人员与消费者发生争议的，应当依照消费者权益保护的法律规定解决；造成消费者人身、财产损害的，由娱乐场所依法予以赔偿。

规章及规范性文件

一、公安部《关于认定海洛因有关问题的批复》（2002年6月28日中华人民共和国公安部公布　自公布之日起施行　公禁毒〔2002〕236号）

甘肃省公安厅：

你厅《关于海洛因认定问题的请示》（甘公禁毒〔2002〕27号）收悉。现批复如下：

一、海洛因是以“二乙酰吗啡”或“盐酸二乙酰吗啡”为主要成分的化学合成的精制鸦片类毒品，“单乙酰吗啡”和“单乙酰可待因”是只有在化学合成海洛因过程中才会衍生的化学物质，属于同一种类的精制鸦片类毒品。海洛因在运输、贮存过程中，因湿度、光照等因素的影响，会出现“二乙酰吗啡”自然降解为“单乙酰吗啡”的现象，即“二乙酰吗啡”含量呈下降趋势，“单乙酰吗啡”含量呈上升趋势，甚至出现只检出“单乙酰吗啡”成分而未检出“二乙酰吗啡”成分的检验结果。因此，不论是否检出“二乙酰吗啡”成分，只要检出“单乙酰吗啡”或“单乙酰吗啡和单乙酰可待因”的，根据化验部门出具的检验报告，均应当认定送检样品为海洛因。

二、根据海洛因的毒理作用，海洛因进入吸毒者的体内代谢后，很快由“二乙酰吗啡”转化为“单乙酰吗啡”，然后再代谢为吗啡。在海洛因滥用者或中毒者的尿液或其他检材检验中，只能检出少量“单乙酰吗啡”及吗啡成分，无法检出“二乙酰吗啡”成分。因此，在尿液及其他检材中，只要检验出“单乙酰吗啡”，即证明涉嫌人员服用了海洛因。

二、公安部禁毒局《关于非法制造贩卖安钠咖立案问题的答复》（2002年11月5日中华人民共和国公安部公布　自公布之日起施行　公禁毒〔2002〕434号）

甘肃省公安厅禁毒处：

你处《关于非法制造贩卖安钠咖立案标准的请示》收悉，现答复如下：

安钠咖属于《刑法》规定的毒品。根据《刑法》第三百四十七条第一款的规定，贩卖、制造毒品，无论数量多少，都应当追究刑事责任，予以刑事处罚。因此，对于非法制造、贩卖安钠咖的，不论查获的数量多少，公安机关应当按照非法制造、贩卖毒品罪立案侦查。

同时你们《请示》中涉及的案例在全国极为罕见，饭店经营者直接向顾客（主要是过往就餐的汽车司机）推销毒品，犯罪情节恶劣，严重危害社会治安，不仅可以致使顾客吸毒成瘾，而就餐的司机吸食安钠咖后驾驶汽车，其吸毒后产生的不良反应将给交通安全带来很大隐患，随时可能导致严重后果，危及人民生命财产。因此，公安机关应当依法严厉打击此类毒品犯罪活动。

125 非法持有毒品案

概念

本罪是指明知是鸦片、海洛因、甲基苯丙胺或者其他毒品，而非法持有且达到一定数量的行为。

立案标准

根据《刑法》第348条规定，非法持有鸦片200克以上、海洛因或者甲基苯丙胺10克以上或者其他毒品数量较大的，应当立案。“其他毒品数量较大”指：(1) 可卡因10克以上不满50克；(2) 3，4－亚甲二氧基甲基苯丙胺（MDMA）等苯丙胺类毒品（甲基苯丙胺除外）、吗啡20克以上不满100克；(3) 芬太尼25克以上不满125克；(4) 甲卡西酮40克以上不满200克；(5) 二氢埃托啡2毫克以上不满10毫克；(6) 哌替啶（度冷丁）50克以上不满250克；(7) 氯胺酮100克以上不满500克；(8) 美沙酮200克以上不满1000克；(9) 曲马多、γ－羟丁酸400克以上不满2000克；(10) 大麻油1千克以上不满5千克、大麻脂2千克以上不满10千克、大麻叶及大麻烟30千克以上不满150千克；(11) 可待因、丁丙诺啡1千克以上不满5千克；(12) 三唑仑、安眠酮10千克以上不满50千克；(13) 阿普唑仑、恰特草20千克以上不满100千克；(14) 咖啡因、罂粟壳40千克以上不满200千克；(15) 巴比妥、苯巴比妥、安钠咖、尼美西泮50千克以上不满250千克；(16) 氯氮卓、艾司唑仑、地西泮、溴西泮100千克以上不满500千克；(17) 上述毒品以外的其他毒品数量较大的。

本罪是数额犯，构成本罪必须是非法持有毒品数量较大的行为。由于不同种类的毒品所产生的危害不同，因此，对构成数量较大的标准也不一样。对于未达到上述数量标准的，则不构成本罪，不予立案。在司法机关查证犯罪的过程中，如果行为人拒不说明持有毒品的日的，又确实无法证明毒品的真实来源和用途，即可认定其行为构成非法持有毒品罪。

定罪标准

犯罪客体

本罪侵犯的客体是国家对毒品的管制和他人的身体健康。国家禁止任何人非法持有毒品，为此颁布了一系列的法律、法规。我国先后颁布了《药品管理法》《麻醉药品和精神药品管理条例》，这些法规对毒品种植、制造、运输、使用、管理都作了明确、严格的规定，禁止任何人非法持有使用，任何单位和个人未经主管部门批准或许可，持有、保存毒品的行为均违反了国家对毒品管理的规定，而且行为人非法持有的毒品，随时可能流入社会，危害他人的健康。为此，为了维护国家对毒品的管制，保护人民群众的身体健康，对非法持有毒品的行为，必须予以惩处。

本罪的犯罪对象为毒品，即《刑法》第357条所规定的鸦片、海洛因、甲基苯丙胺（冰毒）、吗啡、大麻、可卡因以及国家规定管制的其他能够使人形成瘾癖的麻醉药品和精神药品。行为人将假毒品误认为是真毒品而加以收藏、保存，行为人主观上明知是毒品，而故意违反国家毒品管制，实施非法持有的行为，这属于刑法理论上的对象认识错误。对象认识错误，不影响定罪，仍构成非法持有毒品罪。

定罪标准	犯罪客观方面	本罪在客观方面表现为非法持有一定数量较大的毒品。 所谓非法持有毒品，是指行为人持有毒品时，没有合法的根据；或者说，行为人持有毒品，不是基于法律、法令、法规的规定或允许。如果行为人合法持有毒品，则不构成犯罪。即依法生产、使用、研究毒品的人持有毒品时，是正当行为，不构成犯罪。如医生因病人病情的需要，为使用毒品而持有毒品的，经过有权机关批准从事毒品管理职业的，经过有权机关批准制造毒品后持有毒品或依法运输毒品的，都是合法行为，不构成非法持有毒品罪。 所谓持有毒品，也就是行为人对毒品的事实上的支配。持有具体表现为占有、携带、藏有或者以其他方法持有支配毒品。持有不要求物理上的握有，不要求行为人时时刻刻将毒品握在手中、放在身上和装在口袋里，只要行为人认识到它的存在，能够对之进行管理或者支配，就是持有。持有时并不要求行为人对毒品具有所有权，所有权虽属他人，但事实上置于行为人支配之下时，行为人即持有毒品；行为人是否知道自己具有所有权、所有权人是谁，都不影响持有的成立。此外，持有并不要求直接持有，即介入第三者时，也不影响持有的成立。如行为人认为自己管理毒品不安全，将毒品委托给第三人保管时，行为人与第三者均持有该毒品。持有是一种持续行为，只有当毒品在一定时间内由行为人支配时，才构成持有，至于时间的长短，则并不影响持有的成立，只是一种量刑情节，但如果时间过短，不足以说明行为人事实上支配着毒品时，则不能认为是持有。 非法持有毒品达到一定数量才构成犯罪。也就是说，非法持有鸦片200克以上、海洛因、可卡因或者甲基苯丙胺10克以上或者其他毒品数量较大的。
	犯罪主体	本罪的主体是一般主体，即任何达到刑事责任年龄且具有刑事责任能力的自然人均可成为本罪主体。
	犯罪主观方面	本罪在主观方面表现为故意，即行为人明知是国家禁止非法持有的毒品而故意持有。如果行为人确实不知道自己持有的是毒品，则不构成本罪。非法持有毒品行为人的动机、目的多种多样，因此故意的具体内容不限。有人认为非法持有毒品的行为人主观上必须具有走私、贩卖、运输、制造毒品的意图才构成犯罪。我们认为非法持有毒品罪是针对那些当场查获非法持有一定数量较大的毒品，行为人拒不说明持有毒品的目的、来源，又没有足够证据证明其犯有走私、贩卖、运输、制造毒品的行为或窝藏毒品的行为，而以非法持有毒品罪定罪量刑。如果司法机关能够查明行为人具有走私、贩卖、运输、制造毒品的目的，则其构成走私、贩卖、运输、制造毒品罪。
	罪与非罪	区分罪与非罪的界限，要注意：根据《刑法》第348条规定，非法持有毒品达到一定数量才构成犯罪，如果数量少，情节显著轻微，危害不大的，不认为是犯罪。
	此罪与彼罪	一、本罪与走私、贩卖、运输、制造毒品罪及窝藏毒品罪的界限。行为人实施走私、贩卖、运输、制造、窝藏毒品的行为都是以非法持有为前提的。在司法实践中，有证据能够证实已构成走私、贩卖、运输、制造、窝藏毒品罪中的任何一种罪，即以该罪论处，而不应再定非法持有毒品罪。在犯罪分子拒不供认，又无证据认定构成走私、贩卖、运输、制造、窝藏毒品罪中任何一种罪的情况下，才能认定其构成非法持有毒品罪。另外，还须注意的是，构成非法持有毒品罪有法定的数量标准，达不到法定标准的只能按违法处理。然而构成走私、贩卖、运输、制造、窝藏毒品罪只要有行为即构成犯罪，无需毒品数量达到较大。

定罪标准	此罪与彼罪	二、本罪与盗窃、抢夺、抢劫罪的界限。行为人在实施盗窃、抢夺、抢劫他人财物时附带获取毒品的，如果在来不及清理赃物或不知犯罪所得中有毒品的，应按盗窃罪或抢夺罪或抢劫罪定罪处罚；如果明知获取的赃物中有毒品而非法持有的，应按盗窃罪或抢夺罪或抢劫罪和非法持有毒品罪实行数罪并罚。如果事先明知他人有毒品，而实施盗窃、抢夺、抢劫行为得手后又非法持有的，应以非法持有毒品罪认定。总之，应根据其法律特征划清一罪与数罪的界限。
证据参考标准	主体方面的证据	**一、证明行为人刑事责任年龄、身份等自然情况的证据。** 包括身份证明、户籍证明、任职证明、工作经历证明、特定职责证明等，主要是证明行为人的姓名（曾用名）、性别、出生年月日、民族、籍贯、出生地、职业（或职务）、住所地（或居所地）等证据材料，如户口簿、居民身份证、工作证、出生证、专业或技术等级证、干部履历表、职工登记表、护照等。 对于户籍、出生证等材料内容不实的，应提供其他证据材料。外国人犯罪的案件，应有护照等身份证明材料。人大代表、政协委员犯罪的案件，应注明身份，并附身份证明材料。 **二、证明行为人刑事责任能力的证据。** 证明行为人对自己的行为是否具有辨认能力与控制能力，如是否属于间歇性精神病人、尚未完全丧失辨认或者控制自己行为能力的精神病人的证明材料。
	主观方面的证据	证明行为人故意的证据：1. 证明行为人明知的证据：证明行为人明知自己的行为会发生危害社会的结果；2. 证明直接故意的证据：证明行为人希望危害结果发生。
	客观方面的证据	证明行为人非法持有毒品犯罪行为的证据。 具体证据包括：1. 证明行为人非法占有毒品行为的证据：（1）鸦片；（2）海洛因；（3）吗啡；（4）大麻；（5）甲基苯丙胺；（6）可卡因；（7）大麻烟；（8）度冷丁；（9）福尔可定；（10）安纳加；（11）咖啡因；（12）其他。2. 证明行为人非法携带毒品行为的证据：（1）鸦片；（2）海洛因；（3）吗啡；（4）大麻；（5）甲基苯丙胺；（6）可卡因；（7）大麻烟；（8）度冷丁；（9）福尔可定；（10）安纳加；（11）咖啡因；（12）其他。3. 证明行为人非法藏有毒品行为的证据：（1）鸦片；（2）海洛因；（3）吗啡；（4）大麻；（5）甲基苯丙胺；（6）可卡因；（7）大麻烟；（8）度冷丁；（9）福尔可定；（10）安纳加；（11）咖啡因；（12）其他。4. 证明行为人毒品来源的证据：（1）自己的；（2）他人送与的；（3）祖辈遗留的；（4）其他。5. 证明行为人非法持有毒品情节严重行为的证据。6. 证明行为人因非法持有毒品罪被判过刑罚的证据。
	量刑方面的证据	**一、法定量刑情节证据。** 1. 事实情节：（1）数量大的；（2）其他。2. 法定从重情节；3. 法定从轻减轻情节：（1）可以从轻；（2）可以从轻或者减轻；（3）应当从轻或者减轻。4. 法定从轻减轻免除情节：（1）可以从轻、减轻或者免除处罚；（2）应当从轻、减轻或者免除处罚。5. 法定减轻免除情节：（1）可以减轻或者免除处罚；（2）应当减轻或者免除处罚；（3）可以免除处罚。 **二、酌定量刑情节证据。** 1. 犯罪手段：（1）占有；（2）携带；（3）藏有。2. 犯罪对象。3. 危害结果。4. 动机。5. 平时表现。6. 认罪态度。7. 是否有前科。8. 其他证据。

<table>
<tr><td rowspan="3">量刑标准</td><td>非法持有鸦片 1000 克以上、海洛因或者甲基苯丙胺 50 克以上或者其他毒品数量大的</td><td>处七年以上有期徒刑或者无期徒刑，并处罚金</td></tr>
<tr><td>非法持有鸦片 200 克以上不满 1000 克、海洛因或者甲基苯丙胺 10 克以上不满 50 克或者其他毒品数量较大的</td><td>处三年以下有期徒刑、拘役或者管制，并处罚金</td></tr>
<tr><td>情节严重的</td><td>处三年以上七年以下有期徒刑，并处罚金</td></tr>
</table>

法律适用

刑法条文

第三百四十八条 非法持有鸦片一千克以上、海洛因或者甲基苯丙胺五十克以上或者其他毒品数量大的，处七年以上有期徒刑或者无期徒刑，并处罚金；非法持有鸦片二百克以上不满一千克、海洛因或者甲基苯丙胺十克以上不满五十克或者其他毒品数量较大的，处三年以下有期徒刑、拘役或者管制，并处罚金；情节严重的，处三年以上七年以下有期徒刑，并处罚金。

第三百五十七条 本法所称的毒品，是指鸦片、海洛因、甲基苯丙胺（冰毒）、吗啡、大麻、可卡因以及国家规定管制的其他能够使人形成瘾癖的麻醉药品和精神药品。

毒品的数量以查证属实的走私、贩卖、运输、制造、非法持有毒品的数量计算，不以纯度折算。

司法解释

一、最高人民法院《关于审理毒品犯罪案件适用法律若干问题的解释》（节录）

（2016 年 4 月 6 日最高人民法院公布　自 2016 年 4 月 11 日起施行　法释〔2016〕8 号）

第一条 走私、贩卖、运输、制造、非法持有下列毒品，应当认定为刑法第三百四十七条第二款第一项、第三百四十八条规定的“其他毒品数量大”：

（一）可卡因五十克以上；

（二）3，4－亚甲二氧基甲基苯丙胺（MDMA）等苯丙胺类毒品（甲基苯丙胺除外）、吗啡一百克以上；

（三）芬太尼一百二十五克以上；

（四）甲卡西酮二百克以上；

（五）二氢埃托啡十毫克以上；

（六）哌替啶（度冷丁）二百五十克以上；

（七）氯胺酮五百克以上；

（八）美沙酮一千克以上；

（九）曲马多、γ－羟丁酸二千克以上；

（十）大麻油五千克、大麻脂十千克、大麻叶及大麻烟一百五十千克以上；

（十一）可待因、丁丙诺啡五千克以上；

（十二）三唑仑、安眠酮五十千克以上；

（十三）阿普唑仑、恰特草一百千克以上；

（十四）咖啡因、罂粟壳二百千克以上；

（十五）巴比妥、苯巴比妥、安钠咖、尼美西泮二百五十千克以上；

（十六）氯氮卓、艾司唑仑、地西泮、溴西泮五百千克以上；

（十七）上述毒品以外的其他毒品数量大的。

国家定点生产企业按照标准规格生产的麻醉药品或者精神药品被用于毒品犯罪的，根据药品中毒品成分的含量认定涉案毒品数量。

第二条 走私、贩卖、运输、制造、非法持有下列毒品，应当认定为刑法第三百四十七条第三款、第三百四十八条规定的“其他毒品数量较大”：

（一）可卡因十克以上不满五十克；

（二）3，4－亚甲二氧基甲基苯丙胺（MDMA）等苯丙胺类毒品（甲基苯丙胺除外）、吗啡二十克以上不满一百克；

（三）芬太尼二十五克以上不满一百二十五克；

（四）甲卡西酮四十克以上不满二百克；

（五）二氢埃托啡二毫克以上不满十毫克；

（六）哌替啶（度冷丁）五十克以上不满二百五十克；

（七）氯胺酮一百克以上不满五百克；

（八）美沙酮二百克以上不满一千克；

（九）曲马多、γ－羟丁酸四百克以上不满二千克；

（十）大麻油一千克以上不满五千克、大麻脂二千克以上不满十千克、大麻叶及大麻烟三十千克以上不满一百五十千克；

（十一）可待因、丁丙诺啡一千克以上不满五千克；

（十二）三唑仑、安眠酮十千克以上不满五十千克；

（十三）阿普唑仑、恰特草二十千克以上不满一百千克；

（十四）咖啡因、罂粟壳四十千克以上不满二百千克；

（十五）巴比妥、苯巴比妥、安钠咖、尼美西泮五十千克以上不满二百五十千克；

（十六）氯氮卓、艾司唑仑、地西泮、溴西泮一百千克以上不满五百千克；

（十七）上述毒品以外的其他毒品数量较大的。

第五条 非法持有毒品达到刑法第三百四十八条或者本解释第二条规定的“数量较大”标准，且具有下列情形之一的，应当认定为刑法第三百四十八条规定的“情节严重”：

（一）在戒毒场所、监管场所非法持有毒品的；

（二）利用、教唆未成年人非法持有毒品的；

（三）国家工作人员非法持有毒品的；

（四）其他情节严重的情形。

第十五条 本解释自 2016 年 4 月 11 日起施行。《最高人民法院关于审理毒品案件定罪量刑标准有关问题的解释》（法释〔2000〕13 号）同时废止；之前发布的司法解释和规范性文件与本解释不一致的，以本解释为准。

法律适用　司法解释

二、最高人民法院、最高人民检察院《关于常见犯罪的量刑指导意见（试行）》（节录）（2021年6月17日最高人民法院、最高人民检察院公布　自2021年7月1日起施行　法发〔2021〕21号）

四、常见犯罪的量刑

（二十一）非法持有毒品罪

1. 构成非法持有毒品罪的，根据下列情形在相应的幅度内确定量刑起点：

（1）非法持有鸦片一千克以上、海洛因或者甲基苯丙胺五十克或者其他毒品数量大的，在七年至九年有期徒刑幅度内确定量刑起点。依法应当判处无期徒刑的除外。

（2）非法持有毒品情节严重的，在三年至四年有期徒刑幅度内确定量刑起点。

（3）非法持有鸦片二百克、海洛因或者甲基苯丙胺十克或者其他毒品数量较大的，在一年以下有期徒刑、拘役幅度内确定量刑起点。

2. 在量刑起点的基础上，根据毒品数量等其他影响犯罪构成的犯罪事实增加刑罚量，确定基准刑。

3. 构成非法持有毒品罪的，根据非法持有毒品的种类、数量等犯罪情节，综合考虑被告人缴纳罚金的能力，决定罚金数额。

4. 构成非法持有毒品罪的，综合考虑非法持有毒品的种类、数量等犯罪事实、量刑情节，以及被告人主观恶性、人身危险性、认罪悔罪表现等因素，从严把握缓刑的适用。

三、最高人民法院、最高人民检察院、公安部《办理毒品犯罪案件适用法律若干问题的意见》（节录）（2007年12月18日公布　自公布之日起施行　公通字〔2007〕84号）

二、关于毒品犯罪嫌疑人、被告人主观明知的认定问题

走私、贩卖、运输、非法持有毒品主观故意中的"明知"，是指行为人知道或者应当知道所实施的行为是走私、贩卖、运输、非法持有毒品行为。具有下列情形之一，并且犯罪嫌疑人、被告人不能做出合理解释的，可以认定其"应当知道"，但有证据证明确属被蒙骗的除外：

（一）执法人员在口岸、机场、车站、港口和其他检查站检查时，要求行为人申报为他人携带的物品和其他疑似毒品物，并告知其法律责任，而行为人未如实申报，在其所携带的物品内查获毒品的；

（二）以伪报、藏匿、伪装等蒙蔽手段逃避海关、边防等检查，在其携带、运输、邮寄的物品中查获毒品的；

（三）执法人员检查时，有逃跑、丢弃携带物品或逃避、抗拒检查等行为，在其携带或丢弃的物品中查获毒品的；

（四）体内藏匿毒品的；

（五）为获取不同寻常的高额或不等值的报酬而携带、运输毒品的；

（六）采用高度隐蔽的方式携带、运输毒品的；

（七）采用高度隐蔽的方式交接毒品，明显违背合法物品惯常交接方式的；

（八）其他有证据足以证明行为人应当知道的。

三、关于办理氯胺酮等毒品案件定罪量刑标准问题

（一）走私、贩卖、运输、制造、非法持有下列毒品，应当认定为刑法第三百四十七条第二款第（一）项、第三百四十八条规定的"其他毒品数量大"：

1. 二亚甲基双氧安非他明（MDMA）等苯丙胺类毒品（甲基苯丙胺除外）100克以上；

2. 氯胺酮、美沙酮1千克以上；

3. 三唑仑、安眠酮50千克以上；

4. 氯氮卓、艾司唑仑、地西泮、溴西泮500千克以上；

5. 上述毒品以外的其他毒品数量大的。

（二）走私、贩卖、运输、制造、非法持有下列毒品，应当认定为刑法第三百四十七条第三款、第三百四十八条规定的“其他毒品数量较大”：

1. 二亚甲基双氧安非他明（MDMA）等苯丙胺类毒品（甲基苯丙胺除外）20克以上不满100克的；

2. 氯胺酮、美沙酮200克以上不满1千克的；

3. 三唑仑、安眠酮10千克以上不满50千克的；

4. 氯氮卓、艾司唑仑、地西泮、溴西泮100千克以上不满500千克的；

5. 上述毒品以外的其他毒品数量较大的。

四、最高人民法院《全国法院毒品犯罪审判工作座谈会纪要》（节录）（2015年5月18日最高人民法院公布　自公布之日起实施　法〔2015〕129号）

二、关于毒品犯罪法律适用的若干具体问题

（二）共同犯罪认定问题

办理贩卖毒品案件，应当准确认定居间介绍买卖毒品行为，并与居中倒卖毒品行为相区别。居间介绍者在毒品交易中处于中间人地位，发挥介绍联络作用，通常与交易一方构成共同犯罪，但不以牟利为要件；居中倒卖者属于毒品交易主体，与前后环节的交易对象是上下家关系，直接参与毒品交易并从中获利。居间介绍者受贩毒者委托，为其介绍联络购毒者的，与贩毒者构成贩卖毒品罪的共同犯罪；明知购毒者以贩卖为目的购买毒品，受委托为其介绍联络贩毒者的，与购毒者构成贩卖毒品罪的共同犯罪；受以吸食为目的的购毒者委托，为其介绍联络贩毒者，毒品数量达到刑法第三百四十八条规定的最低数量标准的，一般与购毒者构成非法持有毒品罪的共同犯罪；同时与贩毒者、购毒者共谋，联络促成双方交易的，通常认定与贩毒者构成贩卖毒品罪的共同犯罪。居间介绍者实施为毒品交易主体提供交易信息、介绍交易对象等帮助行为，对促成交易起次要、辅助作用的，应当认定为从犯；对于以居间介绍者的身份介入毒品交易，但在交易中超出居间介绍者的地位，对交易的发起和达成起重要作用的被告人，可以认定为主犯。

两人以上同行运输毒品的，应当从是否明知他人带有毒品，有无共同运输毒品的意思联络，有无实施配合、掩护他人运输毒品的行为等方面综合审查认定是否构成共同犯罪。受雇于同一雇主同行运输毒品，但受雇者之间没有共同犯罪故意，或者虽然明知他人受雇运输毒品，但各自的运输行为相对独立，既没有实施配合、掩护他人运输毒品的行为，又分别按照各自运输的毒品数量领取报酬的，不应认定为共同犯罪。受雇于同一雇主分段运输同一宗毒品，但受雇者之间没有犯罪共谋的，也不应认定为共同犯罪。雇用他人运输毒品的雇主，及其他对受雇者起到一定组织、指挥作用的人员，与各受雇者分别构成运输毒品罪的共同犯罪，对运输的全部毒品数量承担刑事责任。

（三）毒品数量认定问题

走私、贩卖、运输、制造、非法持有两种以上毒品的，可以将不同种类的毒品分别折算为海洛因的数量，以折算后累加的毒品总量作为量刑的根据。对于刑法、司法解释或者其他规范性文件明确规定了定罪量刑数量标准的毒品，应当按照该毒品与海洛因定罪量刑数量标准的比例进行折算后累加。对于刑法、司法解释及其他规范性文件没有规定定罪量刑数量标准，但《非法药物折算表》规定了与海洛因的折算比例的毒品，可以按照《非法药物折算表》折算为海洛因后进行累加。对于既未规定定罪量刑数量标准，又不具备折算条件的毒品，综合考虑其致瘾癖性、社会危害性、数量、纯度等因素依法量刑。在裁判文书中，应当客观表述涉案毒品的种类和数量，并综合认定为数量大、数量较大或者少量毒品等，不明确表述将不同种类毒品进行折算后累加的毒品总量。对于未查获实物的甲基苯丙胺片剂（俗称“麻古”等）、MDMA片剂（俗称“摇头丸”）等混合型毒品，可以根据在案证据证明的毒品粒数，参考本案或者本地区查获的同类毒品的平均重量计算出毒品数量。在裁判文书中，应当客观表述根据在案证据认定的毒品粒数。

对于有吸毒情节的贩毒人员，一般应当按照其购买的毒品数量认定其贩卖毒品的数量，量刑时酌情考虑其吸食毒品的情节；购买的毒品数量无法查明的，按照能够证明的贩卖数量及查获的毒品数量认定其贩毒数量；确有证据证明其购买的部分毒品并非用于贩卖的，不应计入其贩毒数量。

办理毒品犯罪案件，无论毒品纯度高低，一般均应将查证属实的毒品数量认定为毒品犯罪的数量，并据此确定适用的法定刑幅度，但司法解释另有规定或者为了隐蔽运输而临时改变毒品常规形态的除外。涉案毒品纯度明显低于同类毒品的正常纯度的，量刑时可以酌情考虑。

制造毒品案件中，毒品成品、半成品的数量应当全部认定为制造毒品的数量，对于无法再加工出成品、半成品的废液、废料则不应计入制造毒品的数量。对于废液、废料的认定，可以根据其毒品成分的含量、外观形态，结合被告人对制毒过程的供述等证据进行分析判断，必要时可以听取鉴定机构的意见。

五、最高人民检察院关于《非药用类麻醉药品和精神药品管制品种增补目录》能否作为认定毒品依据的批复（2019年4月29日最高人民检察院公布　自公布之日起施行　高检发释字〔2019〕2号）

河南省人民检察院：

你院《关于〈非药用类麻醉药品和精神药品管制品种增补目录〉能否作为认定毒品的依据的请示》收悉。经研究，批复如下：

根据《中华人民共和国刑法》第三百五十七条和《中华人民共和国禁毒法》第二条的规定，毒品是指鸦片、海洛因、甲基苯丙胺（冰毒）、吗啡、大麻、可卡因以及国家规定管制的其他能够使人形成瘾癖的麻醉药品和精神药品。

2015年10月1日起施行的公安部、国家食品药品监督管理总局、国家卫生和计划生育委员会、国家禁毒委员会办公室《非药用类麻醉药品和精神药品列管办法》及其附表《非药用类麻醉药品和精神药品管制品种增补目录》，是根据国务院《麻醉药品和精神药品管理条例》第三条第二款授权制定的，《非药用类麻醉药品和精神药品管制品种增补目录》可以作为认定毒品的依据。

此复。

126 包庇毒品犯罪分子案

概念

本罪是指明知是走私、贩卖、运输、制造毒品的犯罪分子，而向司法机关作假证明掩盖其罪行，或者帮助其毁灭罪证，以使其逃避法律制裁的行为。

立案标准

根据《刑法》第349条的规定，包庇走私、贩卖、运输、制造毒品的犯罪分子的，应当立案。

本罪是行为犯，只要行为人实施了包庇走私、贩卖、运输、制造毒品的犯罪分子的行为，原则上就构成犯罪，应当立案侦查。本罪的犯罪对象是毒品犯罪分子，即实施走私、贩卖、运输、制造毒品犯罪行为应被追究刑事责任的犯罪分子，既包括作案后在逃尚未被逮捕判刑的毒品犯罪分子，也包括被依法逮捕、判刑关押后又逃脱的毒品未决犯和已决犯。如果被包庇人主观恶性不大，涉案毒品数量较小，包庇人的情节显著轻微危害不大，也可以按照《刑法》第13条的规定，不以犯罪论处。

定罪标准		
定罪标准	犯罪客体	本罪侵犯的客体是司法机关同毒品犯罪分子作斗争的正常活动。包庇毒品犯罪分子的社会危害性在于不仅妨碍了司法机关对毒品犯罪分子的及时惩办，而且这种行为使毒品犯罪分子逍遥法外，逃避法律的制裁，继续作恶，危害社会，因此，对包庇毒品犯罪分子的犯罪予以惩处十分必要。
	犯罪客观方面	本罪在客观方面表现为行为人必须具有对走私、贩卖、运输、制造毒品的犯罪分子给予保护，使其逃避法律制裁的行为。这些犯罪分子既包括尚未被抓获而潜逃在外的犯罪分子，也包括已被抓获的已决犯和未决犯。所谓“包庇”，是指向司法机关作假证明掩盖走私、贩卖、运输、制造毒品的犯罪分子罪行，或者帮助其毁灭罪证，以使其逃避法律制裁的行为。司法实践中，如果明知某人是公安机关正在追捕的走私、贩卖、运输、制造毒品的案犯，而仍向其提供资助或者交通工具，帮助该案犯潜逃的，或者帮助毒品犯罪分子毁灭罪迹，隐匿、转移、销毁罪证等，也都是包庇毒品犯罪分子的行为。尽管包庇毒品犯罪分子手段多种多样，但目的只有一个，是帮助毒品犯罪分子逃避法律的制裁。另外，包庇毒品犯罪分子的行为，只能发生在被包庇者实施犯罪之后，并且事先没有通谋。如果事前通谋，事后又包庇的，则属于帮助犯，以共同犯罪论处。事中通谋也属于事先通谋，也应以共同犯罪论处。窝藏走私、贩卖、运输、制造毒品的犯罪分子的，也应当按照本罪处罚。
	犯罪主体	本罪的主体为一般主体，即凡是达到刑事责任年龄且具有刑事责任能力，实施了包庇毒品犯罪分子的人，均可构成本罪。国家机关工作人员包庇毒品犯罪分子的，应从重处罚。
	犯罪主观方面	本罪在主观方面表现为故意，过失不构成犯罪。行为人的动机多种多样，有的是出于亲友之情，有的是出于哥们义气，有的是出于贪图钱财等。无论出于何种动机，只要明知是走私、贩卖、运输、制造毒品的犯罪分子而予以包庇的，均构成本罪。

<table>
<tr><td rowspan="2">定罪标准</td><td>罪与非罪</td><td>区分罪与非罪的界限，要注意：对包庇毒品犯罪分子的犯罪应综合全案各种情况，如果被包庇的毒品犯罪分子所进行的毒品犯罪情节轻微，毒品数量很小，受刑罚处罚较轻，或不需要追究刑事责任，而且包庇毒品犯罪分子的主观恶性也比较小，那么包庇行为本身社会危害性就小，一般不作为犯罪处罚。在实践中要注意正确区分本罪与知情不举行为的界限。“知情不举”是指明知是毒品犯罪分子，而不向司法机关检举揭发，也没有向司法机关作虚假证明，对犯罪分子也不提供积极帮助，表现为消极不作为，这种消极不作为，由于我国法律没有规定知情不举罪，因此不构成包庇毒品犯罪分子罪。</td></tr>
<tr><td>此罪与彼罪</td><td>本罪与包庇罪的界限。二者的主要区别在于包庇的对象不同。前者包庇的对象，必须是走私、贩卖、运输、制造毒品的犯罪分子；而后者所包庇的对象，则是除上述犯罪以外的刑事犯罪分子。</td></tr>
<tr><td rowspan="3">证据参考标准</td><td>主体方面的证据</td><td>一、证明行为人刑事责任年龄、身份等自然情况的证据。
包括身份证明、户籍证明、任职证明、工作经历证明、特定职责证明等，主要是证明行为人的姓名（曾用名）、性别、出生年月日、民族、籍贯、出生地、职业（或职务）、住所地（或居所地）等证据材料，如户口簿、居民身份证、工作证、出生证、专业或技术等级证、干部履历表、职工登记表、护照等。
对于户籍、出生证等材料内容不实的，应提供其他证据材料。外国人犯罪的案件，应有护照等身份证明材料。人大代表、政协委员犯罪的案件，应注明身份，并附身份证明材料。
二、证明行为人刑事责任能力的证据。
证明行为人对自己的行为是否具有辨认能力与控制能力，如是否属于间歇性精神病人、尚未完全丧失辨认或者控制自己行为能力的精神病人的证明材料。</td></tr>
<tr><td>主观方面的证据</td><td>证明行为人故意的证据：1. 证明行为人明知的证据：证明行为人明知自己的行为会发生危害社会的结果；2. 证明直接故意的证据：证明行为人希望危害结果发生。</td></tr>
<tr><td>客观方面的证据</td><td>证明行为人包庇毒品犯罪分子犯罪行为的证据：
具体证据包括：1. 证明行为人包庇走私毒品犯罪分子行为的证据；2. 证明行为人包庇贩卖毒品犯罪分子行为的证据；3. 证明行为人包庇运输毒品犯罪分子行为的证据；4. 证明行为人包庇制造毒品犯罪分子行为的证据；5. 证明行为人因走私、贩卖、运输、制造毒品罪被判过刑罚的证据；6. 证明行为人包庇毒品犯罪分子情节严重行为的证据；7. 证明行为人系缉毒人员而包庇走私、贩卖、运输、制造毒品犯罪分子行为的证据；8. 证明行为人系国家机关工作人员而包庇走私、贩卖、运输、制造毒品犯罪分子行为的证据。</td></tr>
</table>

<table>
<tr><td>证据参考标准</td><td>量刑方面的证据</td><td colspan="2">一、法定量刑情节证据。
1. 事实情节：（1）情节严重；（2）其他。2. 法定从重情节。3. 法定从轻减轻情节：（1）可以从轻；（2）可以从轻或者减轻；（3）应当从轻或者减轻。4. 法定从轻减轻免除情节：（1）可以从轻、减轻或者免除处罚；（2）应当从轻、减轻或者免除处罚。5. 法定减轻免除情节：（1）可以减轻或者免除处罚；（2）应当减轻或者免除处罚；（3）可以免除处罚。
二、酌定量刑情节证据。
1. 犯罪手段：（1）窝藏；（2）转移；（3）隐瞒。2. 犯罪对象。3. 危害结果。4. 动机。5. 平时表现。6. 认罪态度。7. 是否有前科。8. 其他证据。</td></tr>
<tr><td rowspan="3">量刑标准</td><td colspan="2">犯本罪的</td><td>处三年以下有期徒刑、拘役或者管制</td></tr>
<tr><td colspan="2">情节严重的</td><td>处三年以上十年以下有期徒刑</td></tr>
<tr><td colspan="2">缉毒人员或者其他国家机关工作人员掩护、包庇走私、贩卖、运输、制造毒品的犯罪分子的</td><td>从重处罚</td></tr>
<tr><td rowspan="2">法律适用</td><td>刑法条文</td><td colspan="2">第三百四十九条　包庇走私、贩卖、运输、制造毒品的犯罪分子的，为犯罪分子窝藏、转移、隐瞒毒品或者犯罪所得的财物的，处三年以下有期徒刑、拘役或者管制；情节严重的，处三年以上十年以下有期徒刑。
缉毒人员或者其他国家机关工作人员掩护、包庇走私、贩卖、运输、制造毒品的犯罪分子的，依照前款的规定从重处罚。
犯前两款罪，事先通谋的，以走私、贩卖、运输、制造毒品罪的共犯论处。
第三百五十七条　本法所称的毒品，是指鸦片、海洛因、甲基苯丙胺（冰毒）、吗啡、大麻、可卡因以及国家规定管制的其他能够使人形成瘾癖的麻醉药品和精神药品。
毒品的数量以查证属实的走私、贩卖、运输、制造、非法持有毒品的数量计算，不以纯度折算。</td></tr>
<tr><td>司法解释</td><td colspan="2">一、最高人民检察院、公安部《关于公安机关管辖的刑事案件立案追诉标准的规定（三）》（节录）（2012年5月16日最高人民检察院、公安部公布　自公布之日起施行　公通字〔2012〕26号）
第三条　［包庇毒品犯罪分子案（刑法第三百四十九条）］包庇走私、贩卖、运输、制造毒品的犯罪分子，涉嫌下列情形之一的，应予立案追诉：
（一）作虚假证明，帮助掩盖罪行的；
（二）帮助隐藏、转移或者毁灭证据的；
（三）帮助取得虚假身份或者身份证件的；
（四）以其他方式包庇犯罪分子的。
实施前款规定的行为，事先通谋的，以走私、贩卖、运输、制造毒品罪的共犯立案追诉。

二、最高人民法院《关于审理毒品犯罪案件适用法律若干问题的解释》（节录）（2016年4月6日最高人民法院公布　自2016年4月11日起施行　法释〔2016〕8号）
第六条　包庇走私、贩卖、运输、制造毒品的犯罪分子，具有下列情形之一的，</td></tr>
</table>

法律适用 司法解释

应当认定为刑法第三百四十九条第一款规定的“情节严重”：

（一）被包庇的犯罪分子依法应当判处十五年有期徒刑以上刑罚的；

（二）包庇多名或者多次包庇走私、贩卖、运输、制造毒品的犯罪分子的；

（三）严重妨害司法机关对被包庇的犯罪分子实施的毒品犯罪进行追究的；

（四）其他情节严重的情形。

为走私、贩卖、运输、制造毒品的犯罪分子窝藏、转移、隐瞒毒品或者毒品犯罪所得的财物，具有下列情形之一的，应当认定为刑法第三百四十九条第一款规定的“情节严重”：

（一）为犯罪分子窝藏、转移、隐瞒毒品达到刑法第三百四十七条第二款第一项或者本解释第一条第一款规定的“数量大”标准的；

（二）为犯罪分子窝藏、转移、隐瞒毒品犯罪所得的财物价值达到五万元以上的；

（三）为多人或者多次为他人窝藏、转移、隐瞒毒品或者毒品犯罪所得的财物的；

（四）严重妨害司法机关对该犯罪分子实施的毒品犯罪进行追究的；

（五）其他情节严重的情形。

包庇走私、贩卖、运输、制造毒品的近亲属，或者为其窝藏、转移、隐瞒毒品或者毒品犯罪所得的财物，不具有本条前两款规定的“情节严重”情形，归案后认罪、悔罪、积极退赃，且系初犯、偶犯，犯罪情节轻微不需要判处刑罚的，可以免予刑事处罚。

127 窝藏、转移、隐瞒毒品、毒赃案

概念

本罪是指明知是毒品或者毒品犯罪所得的财物而为犯罪分子窝藏、转移、隐瞒的行为。

立案标准

为走私、贩卖、运输、制造毒品的犯罪分子窝藏、转移、隐瞒毒品或者犯罪所得财物的，应当立案。

本罪是行为犯，只要行为人实施了为犯罪分子窝藏、转移、隐瞒毒品或者犯罪所得财物的行为，原则上就构成犯罪，应当立案侦查。

定罪标准		
	犯罪客体	本罪侵犯的客体是国家对毒品的管制和国家司法机关的正常活动。窝藏毒品、毒赃的行为，不仅帮助犯罪分子隐匿罪证，妨害司法机关的调查取证，使犯罪分子逃避法律的制裁，而且为毒品犯罪分子继续犯罪提供物质条件。这些毒品可以随时流入社会，危害他人的身心健康。因此，窝藏、转移、隐瞒毒品、毒赃的犯罪行为具有严重的社会危害性，应依法予以惩处。 本罪的犯罪对象是犯罪分子用作犯罪的毒品、毒赃。所谓毒品是指鸦片、海洛因、甲基苯丙胺、吗啡、大麻、可卡因以及国务院规定管制的其他能够使人形成瘾癖的麻醉药品和精神药品。所谓毒赃，是指犯罪分子进行毒品犯罪所得财物，以及由非法所得获取的收益。非法所得获取的收益，是指利用毒品违法犯罪所得的财物收取孳息或者经营活动所获取的财物，以及有关财产方面的利益，包括金钱、物品、股票、利息、股息、红利以及用毒品犯罪所得购置的房地产、经营的工厂、公司等。这些财物必须是毒品犯罪分子进行毒品犯罪所得，如果是其他犯罪所得，可构成掩饰、隐瞒犯罪所得、犯罪所得收益罪。
	犯罪客观方面	本罪在客观方面表现为行为人为走私、贩卖、运输、制造毒品的犯罪分子窝藏、转移、隐瞒毒品、毒赃的行为。所谓窝藏是指将犯罪分子的毒品、毒赃窝藏在自己的住所或者其他隐蔽的场所，以逃避司法机关的追查。所谓转移主要是指将犯罪分子的毒品、毒赃从一地转移到另一地，以抗拒司法机关对毒品、毒赃的追缴，帮助犯罪分子逃避法律的制裁，或者便于犯罪分子进行毒品交易等犯罪活动。所谓隐瞒是指在司法机关询问调查有关犯罪分子的情况时，自己明知犯罪分子的毒品、毒赃藏在何处，而有意对司法机关进行隐瞒。只要行为人实施了其中任一行为，就构成本罪。窝藏、转移、隐瞒的毒品、毒赃，必须是走私、贩卖、运输、制造毒品的犯罪分子的毒品、毒赃。
	犯罪主体	本罪的主体为一般主体，即凡是达到刑事责任年龄、具有刑事责任能力，实施了窝藏、转移、隐瞒毒品、毒赃的人，均可构成本罪。

<table>
<tr><td rowspan="3">定罪标准</td><td>犯罪主观方面</td><td>本罪在主观方面表现为故意，即行为人明知是用于走私、贩卖、运输、制造的毒品、毒赃而故意予以窝藏、转移、隐瞒。如果事前有通谋的，属于共同犯罪中的帮助犯，以共犯论处。</td></tr>
<tr><td>罪与非罪</td><td>区分罪与非罪的界限，要注意：《刑法》第349条对本罪没有“数额”和“情节严重”的具体规定，从原则上说，窝藏、转移、隐瞒毒品、毒赃的行为都可构成犯罪，但司法实践中，要综合全案情况，具体分析，不能把一切窝藏、转移、隐瞒的行为都认定为犯罪，如果窝藏、转移、隐瞒毒品、毒赃的数量很小，又是初犯、偶犯等，主观恶性较小，一般不作为犯罪处罚。</td></tr>
<tr><td>此罪与彼罪</td><td>一、本罪与掩饰、隐瞒犯罪所得、犯罪所得收益罪的界限。掩饰、隐瞒犯罪所得、犯罪所得收益罪是指明知是犯罪所得及其产生的收益而予以掩饰、隐瞒的行为。首先，本罪保留了掩饰、隐瞒犯罪所得、犯罪所得收益罪的基本性质，所不同的是，本罪的对象是特定的，仅限于毒品和毒赃；而掩饰、隐瞒犯罪所得、犯罪所得收益罪的对象的范围广泛，包括除毒品犯罪以外的所有的刑事犯罪所得及其产生的收益。其次，本罪的法定刑要比掩饰、隐瞒犯罪所得、犯罪所得收益罪的法定刑高，体现了从严打击毒品犯罪的目的。
二、本罪与非法持有毒品罪的界限。二者的区别在于：（1）犯罪动机不同。非法持有毒品罪的主观故意是明知是毒品而非法持有；窝藏、转移、隐瞒毒品、毒赃罪的主观故意是故意为毒品犯罪分子窝藏、转移、隐瞒毒品、毒赃，达到逃避司法机关法律制裁的目的。（2）窝藏、转移、隐瞒毒品、毒赃罪没有数额规定；而非法持有毒品罪规定了数额。窝藏、转移、隐瞒毒品的犯罪分子主要为毒品罪犯窝藏、转移、隐瞒毒品，当然必须先有非法持有毒品的行为，对此，我们认为，如窝藏、转移、隐瞒毒品犯罪人持有的毒品数量达到追究非法持有毒品罪数量的，应以非法持有毒品罪处罚；未达到数量的，可认定为本罪。</td></tr>
<tr><td rowspan="2">证据参考标准</td><td>主体方面的证据</td><td>一、证明行为人刑事责任年龄、身份等自然情况的证据。
包括身份证明、户籍证明、任职证明、工作经历证明、特定职责证明等，主要是证明行为人的姓名（曾用名）、性别、出生年月日、民族、籍贯、出生地、职业（或职务）、住所地（或居所地）等证据材料，如户口簿、居民身份证、工作证、出生证、专业或技术等级证、干部履历表、职工登记表、护照等。
对于户籍、出生证等材料内容不实的，应提供其他证据材料。外国人犯罪的案件，应有护照等身份证明材料。人大代表、政协委员犯罪的案件，应注明身份，并附身份证明材料。
二、证明行为人刑事责任能力的证据。
证明行为人对自己的行为是否具有辨认能力与控制能力，如是否属于间歇性精神病人、尚未完全丧失辨认或者控制自己行为能力的精神病人的证明材料。</td></tr>
<tr><td>主观方面的证据</td><td>证明行为人故意的证据：1. 证明行为人明知的证据：证明行为人明知自己的行为会发生危害社会的结果；2. 证明直接故意的证据：证明行为人希望危害结果发生；3. 证明间接故意的证据：证明行为人放任危害结果发生；4. 目的：（1）获取非法利润；（2）牟利；（3）营利。</td></tr>
</table>

<table>
<tr><td rowspan="2">证据参考标准</td><td>客观方面的证据</td><td colspan="2">证明行为人窝藏、转移、隐瞒毒品、毒赃犯罪行为的证据。
具体证据包括：1. 证明行为人窝藏毒品、毒赃行为的证据：（1）走私；（2）贩卖；（3）运输；（4）制造。2. 证明行为人转移毒品、毒赃行为的证据：（1）走私；（2）贩卖；（3）运输；（4）制造。3. 证明行为人隐瞒毒品、毒赃行为的证据：（1）走私；（2）贩卖；（3）运输；（4）制造。4. 证明行为人窝藏、转移、隐瞒毒品、毒赃情节严重行为的证据：（1）走私；（2）贩卖；（3）运输；（4）制造。</td></tr>
<tr><td>量刑方面的证据</td><td colspan="2">一、法定量刑情节证据。
1. 事实情节：（1）情节严重；（2）其他。2. 法定从重情节。3. 法定从轻减轻情节：（1）可以从轻；（2）可以从轻或者减轻；（3）应当从轻或者减轻。4. 法定从轻减轻免除情节：（1）可以从轻、减轻或者免除处罚；（2）应当从轻、减轻或者免除处罚。5. 法定减轻免除情节：（1）可以减轻或者免除处罚；（2）应当减轻或者免除处罚；（3）可以免除处罚。
二、酌定量刑情节证据。
1. 犯罪手段：（1）窝藏；（2）转移；（3）隐瞒。2. 犯罪对象。3. 危害结果。4. 动机。5. 平时表现。6. 认罪态度。7. 是否有前科。8. 其他证据。</td></tr>
<tr><td rowspan="2">量刑标准</td><td colspan="2">犯本罪的</td><td>处三年以下有期徒刑、拘役或者管制</td></tr>
<tr><td colspan="2">情节严重的</td><td>处三年以上十年以下有期徒刑</td></tr>
<tr><td rowspan="2">法律适用</td><td>刑法条文</td><td colspan="2">第三百四十九条　包庇走私、贩卖、运输、制造毒品的犯罪分子的，为犯罪分子窝藏、转移、隐瞒毒品或者犯罪所得的财物的，处三年以下有期徒刑、拘役或者管制；情节严重的，处三年以上十年以下有期徒刑。
缉毒人员或者其他国家机关工作人员掩护、包庇走私、贩卖、运输、制造毒品的犯罪分子的，依照前款的规定从重处罚。
犯前两款罪，事先通谋的，以走私、贩卖、运输、制造毒品罪的共犯论处。
第三百五十七条　本法所称的毒品，是指鸦片、海洛因、甲基苯丙胺（冰毒）、吗啡、大麻、可卡因以及国家规定管制的其他能够使人形成瘾癖的麻醉药品和精神药品。
毒品的数量以查证属实的走私、贩卖、运输、制造、非法持有毒品的数量计算，不以纯度折算。</td></tr>
<tr><td>司法解释</td><td colspan="2">一、最高人民检察院、公安部《关于公安机关管辖的刑事案件立案追诉标准的规定（三）》（2012年5月16日最高人民检察院、公安部公布　自公布之日起实施　公通字〔2012〕26号）
第四条　［窝藏、转移、隐瞒毒品、毒赃案（刑法第三百四十九条）］为走私、贩卖、运输、制造毒品的犯罪分子窝藏、转移、隐瞒毒品或者犯罪所得的财物的，应予立案追诉。
实施前款规定的行为，事先通谋的，以走私、贩卖、运输、制造毒品罪的共犯立案追诉。</td></tr>
</table>

法律适用

司法解释

二、最高人民法院《关于审理毒品犯罪案件适用法律若干问题的解释》（节录）（2016年4月6日最高人民法院公布　自2016年4月11日起施行　法释〔2016〕8号）

第六条　包庇走私、贩卖、运输、制造毒品的犯罪分子，具有下列情形之一的，应当认定为刑法第三百四十九条第一款规定的“情节严重”：

（一）被包庇的犯罪分子依法应当判处十五年有期徒刑以上刑罚的；

（二）包庇多名或者多次包庇走私、贩卖、运输、制造毒品的犯罪分子的；

（三）严重妨害司法机关对被包庇的犯罪分子实施的毒品犯罪进行追究的；

（四）其他情节严重的情形。

为走私、贩卖、运输、制造毒品的犯罪分子窝藏、转移、隐瞒毒品或者毒品犯罪所得的财物，具有下列情形之一的，应当认定为刑法第三百四十九条第一款规定的“情节严重”：

（一）为犯罪分子窝藏、转移、隐瞒毒品达到刑法第三百四十七条第二款第一项或者本解释第一条第一款规定的“数量大”标准的；

（二）为犯罪分子窝藏、转移、隐瞒毒品犯罪所得的财物价值达到五万元以上的；

（三）为多人或者多次为他人窝藏、转移、隐瞒毒品或者毒品犯罪所得的财物的；

（四）严重妨害司法机关对该犯罪分子实施的毒品犯罪进行追究的；

（五）其他情节严重的情形。

包庇走私、贩卖、运输、制造毒品的近亲属，或者为其窝藏、转移、隐瞒毒品或者毒品犯罪所得的财物，不具有本条前两款规定的“情节严重”情形，归案后认罪、悔罪、积极退赃，且系初犯、偶犯，犯罪情节轻微不需要判处刑罚的，可以免予刑事处罚。

三、最高人民检察院关于《非药用类麻醉药品和精神药品管制品种增补目录》能否作为认定毒品依据的批复（2019年4月29日最高人民检察院公布　自公布之日起施行　高检发释字〔2019〕2号）

河南省人民检察院：

你院《关于〈非药用类麻醉药品和精神药品管制品种增补目录〉能否作为认定毒品的依据的请示》收悉。经研究，批复如下：

根据《中华人民共和国刑法》第三百五十七条和《中华人民共和国禁毒法》第二条的规定，毒品是指鸦片、海洛因、甲基苯丙胺（冰毒）、吗啡、大麻、可卡因以及国家规定管制的其他能够使人形成瘾癖的麻醉药品和精神药品。

2015年10月1日起施行的公安部、国家食品药品监督管理总局、国家卫生和计划生育委员会、国家禁毒委员会办公室《非药用类麻醉药品和精神药品列管办法》及其附表《非药用类麻醉药品和精神药品管制品种增补目录》，是根据国务院《麻醉药品和精神药品管理条例》第三条第二款授权制定的，《非药用类麻醉药品和精神药品管制品种增补目录》可以作为认定毒品的依据。

此复。

128 非法生产、买卖、运输制毒物品、走私制毒物品案

概念

本罪是指行为人违反国家规定，非法生产、买卖、运输醋酸酐、乙醚、三氯甲烷或者其他用于制造毒品的原料、配剂，或者携带上述物品进出境的行为。

立案标准

根据司法解释的规定，违反国家规定，非法生产、买卖、运输制毒物品、走私制毒物品，达到下列数量标准的，应当认定为“情节较重”：(1) 麻黄碱（麻黄素）、伪麻黄碱（伪麻黄素）、消旋麻黄碱（消旋麻黄素）1千克以上不满5千克；(2) 1-苯基-2-丙酮、1-苯基-2-溴-1-丙酮、3，4-亚甲基二氧苯基-2-丙酮、羟亚胺2千克以上不满10千克；(3) 3-氧-2-苯基丁腈、邻氯苯基环戊酮、去甲麻黄碱（去甲麻黄素）、甲基麻黄碱（甲基麻黄素）4千克以上不满20千克；(4) 醋酸酐10千克以上不满50千克；(5) 麻黄浸膏、麻黄浸膏粉、胡椒醛、黄樟素、黄樟油、异黄樟素、麦角酸、麦角胺、麦角新碱、苯乙酸20千克以上不满100千克；(6) N-乙酰邻氨基苯酸、邻氨基苯甲酸、三氯甲烷、乙醚、哌啶50千克以上不满250千克；(7) 甲苯、丙酮、甲基乙基酮、高锰酸钾、硫酸、盐酸100千克以上不满500千克；(8) 其他制毒物品数量相当的。

违反国家规定，非法生产、买卖、运输制毒物品、走私制毒物品，达到前述数量标准最低值的50%，且具有下列情形之一的，应当认定为“情节较重”：(1) 曾因非法生产、买卖、运输制毒物品、走私制毒物品受过刑事处罚的；(2) 2年内曾因非法生产、买卖、运输制毒物品、走私制毒物品受过行政处罚的；(3) 一次组织5人以上或者多次非法生产、买卖、运输制毒物品、走私制毒物品，或者在多个地点非法生产制毒物品的；(4) 利用、教唆未成年人非法生产、买卖、运输制毒物品、走私制毒物品的；(5) 国家工作人员非法生产、买卖、运输制毒物品、走私制毒物品的；(6) 严重影响群众正常生产、生活秩序的；(7) 其他情节较重的情形。

易制毒化学品生产、经营、购买、运输单位或者个人未办理许可证明或者备案证明，生产、销售、购买、运输易制毒化学品，确实用于合法生产、生活需要的，不以制毒物品犯罪论处。

定罪标准

犯罪客体

本罪侵犯的客体是国家对醋酸酐、乙醚、三氯甲烷或者其他用于制造毒品的原料或者配剂进出口的管制和国家对外贸易管制，是复杂客体。用于制造毒品的原料或者配剂，既是医药和工农业生产的原料，又是制造毒品不可缺少的物品。我国政府十分重视对制造毒品的原料或者配剂的进出口管理工作，实行由国家统一归口管理制度，严禁任何单位和个人非法运输、携带制毒化学物品进出国（边）境。近年来，由于泰国、缅甸等国家对有关化学物品的生产、进口、运输、使用等环节进行了严格的管理和控制，境外的制毒犯罪分子有时从我国走私上述物品。为了消除境外生产制造毒品所需要的化学物品的来源，配合国际禁毒斗争，1988年由卫生部、经贸部、公安部、海关总署联合发布了《关于对三种特殊化学品实行出口准许证管理的通知》，规定对醋酸酐、乙醚、三氯甲烷三种化学物品的出口，需持卫生部批准的《特殊化学物品准

定罪标准	犯罪客体	许证》才能出境。根据这一规定，上述三种化学物品就属于国家限制出口的物品，如果不经批准，擅自出口上述物品，就是走私行为。根据《海关法》的规定，运输、携带货物、货币、金银等其他物品，不经过海关进出国（边）境，或经过设关的地方逃避监管、检查的，均属违法。我国1989年加入的《联合国禁止非法贩运麻醉药品和精神药品公约》中第3条第1款规定，明知其用途或目的是生产或制造麻醉药品或精神药品而制造、运输、分销设备、材料或表一和表二所列的化学品，各缔约国应采取可能必要的措施将其故意行为确定其为国内法中的刑事犯罪。我国是该公约的缔约国，所以刑法明文将其规定为独立的犯罪，以利于打击非法运输、携带制毒化学物品进出国（边）境的犯罪分子。 本罪的犯罪对象是国家统一管制的醋酸酐、乙醚、三氯甲烷或者其他用于制造毒品的原料或配剂。至于什么是“其他”，法律没有具体规定，需要国务院有关主管部门做出具体规定。目前，可以参照联合国《公约》中附表所列的几种可用于制造毒品的化学物品，这些物品是麻黄碱、麦角新碱、麦角胺、麦角酸、1－苯基－2－丙酮、伪麻黄碱、醋酸酐、丙酮、邻氨基苯甲酸、乙醚、苯乙醚、哌啶，并规定这些物质可能存在的盐类包括在内。
	犯罪客观方面	本罪的客观方面表现为行为人违反国家规定，非法生产、买卖、运输醋酸酐、乙醚、三氯甲烷或者其他用于制造毒品的原料、配剂，或者携带上述物品进出境的行为。 具体分析包括以下三个方面：（1）违反国家规定，是指行为人违反了《易制毒化学品管理条例》《海关法》的相关规定。如果没有违反上述法规，而是经国家有关部门审核批准，在国家严格限制的范围内，生产、买卖、运输或是携带用于制造麻醉药品、精神物品的原料或者配剂进出境的，属于合法行为，不构成犯罪。（2）所谓运输制毒物品进出境，是指利用飞机、火车、汽车、船只等交通工具，将制毒物品从境外运入境或由境内运往境外，所谓携带制毒物品进出境，是指过境人员将制毒物品随身带入境或者带出境。（3）非法运输、携带进出境的制毒物品，需数量较大，如果数量较小，属于一般违法行为，不构成犯罪。
	犯罪主体	本罪的主体为一般主体，即凡是达到刑事责任年龄、具有刑事责任能力，实施了非法生产、买卖、运输、携带制毒物品进出境的人，均可构成本罪。单位也可成为本罪的主体。
	犯罪主观方面	本罪在主观方面表现为故意，即行为人明知是国家管制的用于制造毒品的原料或配剂，而生产、买卖、运输或者携带进出国（边）境的行为。明知他人制造毒品而为其生产、买卖、运输前款规定的物品的，以制造毒品罪的共犯论处。
	罪与非罪	罪与非罪的界限，关键是看是否达到最高人民法院司法解释所规定的立案标准。
	此罪与彼罪	本罪与走私、贩卖毒品罪的界限。二者的主要区别在于：犯罪对象不同。走私制毒物品罪的犯罪对象是用于制造毒品的原料或者配剂；走私、贩卖毒品罪的犯罪对象是国家管制的能够使人形成瘾癖的麻醉药品和精神药品。

<table>
<tr><td rowspan="3">证据参考标准</td><td>主体方面的证据</td><td>

一、证明行为人刑事责任年龄、身份等自然情况的证据。

包括身份证明、户籍证明、任职证明、工作经历证明、特定职责证明等，主要是证明行为人的姓名（曾用名）、性别、出生年月日、民族、籍贯、出生地、职业（或职务）、住所地（或居住地）等证据材料，如户口簿、居民身份证、工作证、出生证、专业或技术等级证、干部履历表、职工登记表、护照等。

对于户籍、出生证等材料内容不实的，应提供其他证据材料。外国人犯罪的案件，应有护照等身份证明材料。人大代表、政协委员犯罪的案件，应注明身份，并附身份证明材料。

二、证明行为人刑事责任能力的证据。

证明行为人对自己的行为是否具有辨认能力与控制能力，如是否属于间歇性精神病人、尚未完全丧失辨认或者控制自己行为能力的精神病人的证明材料。

三、证明单位的证据。

证明是否属于依法成立并有合法经营、管理范围的公司、企业、事业单位、机关、团体。

证明单位的名称、住所地、性质、法定代表人、单位负责人、业务范围、成立时间等证据材料，如企业营业执照、国有公司性质证明及非法人单位的身份证明等。

四、证明法定代表人、单位负责人或直接责任人员等身份的证据。

法定代表人、直接负责的主管人员和其他直接责任人在单位的任职、职责、负责权限的证明材料等。包括身份证明、户籍证明、任职证明等，如户口簿、居民身份证、工作证、护照、专业或技术等级证、干部履历表、职工登记表、任命书、业务分工文件、委派文件、单位证明、单位规章制度等。

</td></tr>
<tr><td>主观方面的证据</td><td>

证明行为人故意的证据：1. 证明行为人明知的证据：证明行为人明知自己的行为会发生危害社会的结果；2. 证明直接故意的证据：证明行为人希望危害结果发生。

</td></tr>
<tr><td>客观方面的证据</td><td>

证明行为人违反国家规定，非法生产、买卖、运输醋酸酐、乙醚、三氯甲烷或者其他用于制造毒品的原料、配剂，或者携带上述物品进出境的行为。

具体证据包括：1. 证明行为人非法生产醋酸酐、乙醚、三氯甲烷或者其他用于制造毒品的原料、配剂的行为的证据；2. 证明行为人非法买卖用于制造毒品的原料、配剂的行为的证据；3. 证明行为人非法运输用于制造毒品的原料、配剂的行为的证据；4. 证明行为人携带用于制造毒品的原料、配剂的行为的证据；5. 证明行为人明知他人制造毒品而为其生产、买卖、运输用于制造毒品的原料、配剂的行为的证据；6. 证明行为人非法生产、买卖、运输醋酸酐、乙醚、三氯甲烷或者其他用于制造毒品的原料、配剂，或者携带上述物品进出境，情节较重的证据；7. 证明行为人非法生产、买卖、运输醋酸酐、乙醚、三氯甲烷或者其他用于制造毒品的原料、配剂，或者携带上述物品进出境，情节严重的证据；证明行为人非法生产、买卖、运输醋酸酐、乙醚、三氯甲烷或者其他用于制造毒品的原料、配剂，或者携带上述物品进出境，情节特别严重的证据。

</td></tr>
</table>

<table>
<tr><td>证据参考标准</td><td>量刑方面的证据</td><td>一、法定量刑情节证据。
1. 事实情节。2. 法定从重情节。3. 法定从轻减轻情节：（1）可以从轻；（2）可以从轻或减轻；（3）应当从轻或者减轻。4. 法定从轻减轻免除情节：（1）可以从轻、减轻或者免除处罚；（2）应当从轻、减轻或者免除处罚。5. 法定减轻免除情节：（1）可以减轻或者免除处罚；（2）应当减轻或者免除处罚；（3）可以免除处罚。
二、酌定量刑情节证据。
1. 犯罪手段；2. 犯罪对象；3. 危害结果；4. 动机；5. 平时表现；6. 认罪态度；7. 是否有前科；8. 其他证据。</td></tr>
<tr><td rowspan="4">量刑标准</td><td>犯本罪的</td><td>处三年以下有期徒刑、拘役或者管制，并处罚金</td></tr>
<tr><td>情节严重的</td><td>处三年以上七年以下有期徒刑，并处罚金</td></tr>
<tr><td>情节特别严重的</td><td>处七年以上十年以下有期徒刑，并处罚金或者没收财产</td></tr>
<tr><td>单位犯本罪的</td><td>对单位判处罚金，并对其直接负责的主管人员和其他直接责任人员，依照上述规定处罚</td></tr>
<tr><td rowspan="2">法律适用</td><td>刑法条文</td><td>第三百五十条　违反国家规定，非法生产、买卖、运输醋酸酐、乙醚、三氯甲烷或者其他用于制造毒品的原料、配剂，或者携带上述物品进出境，情节较重的，处三年以下有期徒刑、拘役或者管制，并处罚金；情节严重的，处三年以上七年以下有期徒刑，并处罚金；情节特别严重的，处七年以上有期徒刑，并处罚金或者没收财产。
明知他人制造毒品而为其生产、买卖、运输前款规定的物品的，以制造毒品罪的共犯论处。
单位犯前两款罪的，对单位判处罚金，并对其直接负责的主管人员和其他直接责任人员，依照前两款的规定处罚。</td></tr>
<tr><td>司法解释</td><td>一、最高人民法院《关于审理毒品犯罪案件适用法律若干问题的解释》（节录）
（2016年4月6日最高人民法院公布　自2016年4月11日起施行　法释〔2016〕8号）
第七条　违反国家规定，非法生产、买卖、运输制毒物品、走私制毒物品，达到下列数量标准的，应当认定为刑法第三百五十条第一款规定的“情节较重”：
（一）麻黄碱（麻黄素）、伪麻黄碱（伪麻黄素）、消旋麻黄碱（消旋麻黄素）一千克以上不满五千克；
（二）1－苯基－2－丙酮、1－苯基－2－溴－1－丙酮、3，4－亚甲基二氧苯基－2－丙酮、羟亚胺二千克以上不满十千克；
（三）3－氧－2－苯基丁腈、邻氯苯基环戊酮、去甲麻黄碱（去甲麻黄素）、甲基麻黄碱（甲基麻黄素）四千克以上不满二十千克；
（四）醋酸酐十千克以上不满五十千克；</td></tr>
</table>

（五）麻黄浸膏、麻黄浸膏粉、胡椒醛、黄樟素、黄樟油、异黄樟素、麦角酸、麦角胺、麦角新碱、苯乙酸二十千克以上不满一百千克；

（六）N－乙酰邻氨基苯酸、邻氨基苯甲酸、三氯甲烷、乙醚、哌啶五十千克以上不满二百五十千克；

（七）甲苯、丙酮、甲基乙基酮、高锰酸钾、硫酸、盐酸一百千克以上不满五百千克；

（八）其他制毒物品数量相当的。

违反国家规定，非法生产、买卖、运输制毒物品、走私制毒物品，达到前款规定的数量标准最低值的百分之五十，且具有下列情形之一的，应当认定为刑法第三百五十条第一款规定的“情节较重”：

（一）曾因非法生产、买卖、运输制毒物品、走私制毒物品受过刑事处罚的；

（二）二年内曾因非法生产、买卖、运输制毒物品、走私制毒物品受过行政处罚的；

（三）一次组织五人以上或者多次非法生产、买卖、运输制毒物品、走私制毒物品，或者在多个地点非法生产制毒物品的；

（四）利用、教唆未成年人非法生产、买卖、运输制毒物品、走私制毒物品的；

（五）国家工作人员非法生产、买卖、运输制毒物品、走私制毒物品的；

（六）严重影响群众正常生产、生活秩序的；

（七）其他情节较重的情形。

易制毒化学品生产、经营、购买、运输单位或者个人未办理许可证明或者备案证明，生产、销售、购买、运输易制毒化学品，确实用于合法生产、生活需要的，不以制毒物品犯罪论处。

第八条 违反国家规定，非法生产、买卖、运输制毒物品、走私制毒物品，具有下列情形之一的，应当认定为刑法第三百五十条第一款规定的“情节严重”：

（一）制毒物品数量在本解释第七条第一款规定的最高数量标准以上，不满最高数量标准五倍的；

（二）达到本解释第七条第一款规定的数量标准，且具有本解释第七条第二款第三项至第六项规定的情形之一的；

（三）其他情节严重的情形。

违反国家规定，非法生产、买卖、运输制毒物品、走私制毒物品，具有下列情形之一的，应当认定为刑法第三百五十条第一款规定的“情节特别严重”：

（一）制毒物品数量在本解释第七条第一款规定的最高数量标准五倍以上的；

（二）达到前款第一项规定的数量标准，且具有本解释第七条第二款第三项至第六项规定的情形之一的；

（三）其他情节特别严重的情形。

二、最高人民检察院、公安部《关于公安机关管辖的刑事案件立案追诉标准的规定（三）》（节录）（2012年5月16日最高人民检察院、公安部公布 自公布之日起施行 公通字〔2012〕26号）

第五条 ［走私制毒物品案（刑法第三百五十条）］违反国家规定，非法运输、携带制毒物品进出国（边）境，涉嫌下列情形之一的，应予立案追诉：

（一）1－苯基－2－丙酮五千克以上；

法律适用 司法解释

（二）麻黄碱、伪麻黄碱及其盐类和单方制剂五千克以上，麻黄浸膏、麻黄浸膏粉一百千克以上；

（三）3，4－亚甲基二氧苯基－2－丙酮、去甲麻黄素（去甲麻黄碱）、甲基麻黄素（甲基麻黄碱）、羟亚胺及其盐类十千克以上；

（四）胡椒醛、黄樟素、黄樟油、异黄樟素、麦角酸、麦角胺、麦角新碱、苯乙酸二十千克以上；

（五）N－乙酰邻氨基苯酸、邻氨基苯甲酸、哌啶一百五十千克以上；

（六）醋酸酐、三氯甲烷二百千克以上；

（七）乙醚、甲苯、丙酮、甲基乙基酮、高锰酸钾、硫酸、盐酸四百千克以上；

（八）其他用于制造毒品的原料或者配剂相当数量的。

非法运输、携带两种以上制毒物品进出国（边）境，每种制毒物品均没有达到本条第一款规定的数量标准，但按前款规定的立案追诉数量比例折算成一种制毒物品后累计相加达到上述数量标准的，应予立案追诉。

为了走私制毒物品而采用生产、加工、提炼等方法非法制造易制毒化学品的，以走私制毒物品罪（预备）立案追诉。

实施走私制毒物品行为，有下列情形之一，且查获了易制毒化学品，结合行为人的供述和其他证据综合审查判断，可以认定其“明知”是制毒物品而走私或者非法买卖，但有证据证明确属被蒙骗的除外：

（一）改变产品形状、包装或者使用虚假标签、商标等产品标志的；

（二）以藏匿、夹带、伪装或者其他隐蔽方式运输、携带易制毒化学品逃避检查的；

（三）抗拒检查或者在检查时丢弃货物逃跑的；

（四）以伪报、藏匿、伪装等蒙蔽手段逃避海关、边防等检查的；

（五）选择不设海关或者边防检查站的路段绕行出入境的；

（六）以虚假身份、地址或者其他虚假方式办理托运、寄递手续的；

（七）以其他方法隐瞒真相，逃避对易制毒化学品依法监管的。

明知他人实施走私制毒物品犯罪，而为其运输、储存、代理进出口或者以其他方式提供便利的，以走私制毒物品罪的共犯立案追诉。

第六条 ［非法买卖制毒物品案（刑法第三百五十条）］违反国家规定，在境内非法买卖制毒物品，数量达到本规定第五条第一款规定情形之一的，应予立案追诉。

非法买卖两种以上制毒物品，每种制毒物品均没有达到本条第一款规定的数量标准，但按前款规定的立案追诉数量比例折算成一种制毒物品后累计相加达到上述数量标准的，应予立案追诉。

违反国家规定，实施下列行为之一的，认定为本条规定的非法买卖制毒物品行为：

（一）未经许可或者备案，擅自购买、销售易制毒化学品的；

（二）超出许可证明或者备案证明的品种、数量范围购买、销售易制毒化学品的；

（三）使用他人的或者伪造、变造、失效的许可证明或者备案证明购买、销售易制毒化学品的；

（四）经营单位违反规定，向无购买许可证明、备案证明的单位、个人销售易制毒化学品的，或者明知购买者使用他人的或者伪造、变造、失效的许可证明或者备案证明，向其销售易制毒化学品的；

（五）以其他方式非法买卖易制毒化学品的。易制毒化学品生产、经营、使用单位或者个人未办理许可证明或者备案证明，购买、销售易制毒化学品，如果有证据证明确实用于合法生产、生活需要，依法能够办理只是未及时办理许可证明或者备案证明，且未造成严重社会危害的，可不以非法买卖制毒物品罪立案追诉。

为了非法买卖制毒物品而采用生产、加工、提炼等方法非法制造易制毒化学品的，以非法买卖制毒物品罪（预备）立案追诉。

非法买卖制毒物品主观故意中的“明知”，依照本规定第五条第四款的有关规定予以认定。

明知他人实施非法买卖制毒物品犯罪，而为其运输、储存、代理进出口或者以其他方式提供便利的，以非法买卖制毒物品罪的共犯立案追诉。

三、最高人民法院、最高人民检察院、公安部《关于办理走私、非法买卖麻黄碱类复方制剂等刑事案件适用法律若干问题的意见》（节录）（2012年6月18日最高人民法院、最高人民检察院、公安部公布　自公布之日起施行　法发〔2012〕12号）

一、关于走私、非法买卖麻黄碱类复方制剂等行为的定性

以加工、提炼制毒物品制造毒品为目的，购买麻黄碱类复方制剂，或者运输、携带、寄递麻黄碱类复方制剂进出境的，依照刑法第三百四十七条的规定，以制造毒品罪定罪处罚。

以加工、提炼制毒物品为目的，购买麻黄碱类复方制剂，或者运输、携带、寄递麻黄碱类复方制剂进出境的，依照刑法第三百五十条第一款、第三款的规定，分别以非法买卖制毒物品罪、走私制毒物品罪定罪处罚。

将麻黄碱类复方制剂拆除包装、改变形态后进行走私或者非法买卖，或者明知是已拆除包装、改变形态的麻黄碱类复方制剂而进行走私或者非法买卖的，依照刑法第三百五十条第一款、第三款的规定，分别以走私制毒物品罪、非法买卖制毒物品罪定罪处罚。

非法买卖麻黄碱类复方制剂或者运输、携带、寄递麻黄碱类复方制剂进出境，没有证据证明系用于制造毒品或者走私、非法买卖制毒物品，或者未达到走私制毒物品罪、非法买卖制毒物品罪的定罪数量标准，构成非法经营罪、走私普通货物、物品罪等其他犯罪的，依法定罪处罚。

实施第一款、第二款规定的行为，同时构成其他犯罪的，依照处罚较重的规定定罪处罚。

二、关于利用麻黄碱类复方制剂加工、提炼制毒物品行为的定性

以制造毒品为目的，利用麻黄碱类复方制剂加工、提炼制毒物品的，依照刑法第三百四十七条的规定，以制造毒品罪定罪处罚。

以走私或者非法买卖为目的，利用麻黄碱类复方制剂加工、提炼制毒物品的，依照刑法第三百五十条第一款、第三款的规定，分别以走私制毒物品罪、非法买卖制毒物品罪定罪处罚。

三、关于共同犯罪的认定

明知他人利用麻黄碱类制毒物品制造毒品，向其提供麻黄碱类复方制剂，为其利用麻黄碱类复方制剂加工、提炼制毒物品，或者为其获取、利用麻黄碱类复方制剂提供其他帮助的，以制造毒品罪的共犯论处。

法律适用 司法解释

明知他人走私或者非法买卖麻黄碱类制毒物品，向其提供麻黄碱类复方制剂，为其利用麻黄碱类复方制剂加工、提炼制毒物品，或者为其获取、利用麻黄碱类复方制剂提供其他帮助的，分别以走私制毒物品罪、非法买卖制毒物品罪的共犯论处。

四、关于犯罪预备、未遂的认定

实施本意见规定的行为，符合犯罪预备或者未遂情形的，依照法律规定处罚。

五、关于犯罪嫌疑人、被告人主观目的与明知的认定

对于本意见规定的犯罪嫌疑人、被告人的主观目的与明知，应当根据物证、书证、证人证言以及犯罪嫌疑人、被告人供述和辩解等在案证据，结合犯罪嫌疑人、被告人的行为表现，重点考虑以下因素综合予以认定：

1. 购买、销售麻黄碱类复方制剂的价格是否明显高于市场交易价格；
2. 是否采用虚假信息、隐蔽手段运输、寄递、存储麻黄碱类复方制剂；
3. 是否采用伪报、伪装、藏匿或者绕行进出境等手段逃避海关、边防等检查；
4. 提供相关帮助行为获得的报酬是否合理；
5. 此前是否实施过同类违法犯罪行为；
6. 其他相关因素。

六、关于制毒物品数量的认定

实施本意见规定的行为，以走私制毒物品罪、非法买卖制毒物品罪定罪处罚的，应当以涉案麻黄碱类复方制剂中麻黄碱类物质的含量作为涉案制毒物品的数量。

实施本意见规定的行为，以制造毒品罪定罪处罚的，应当将涉案麻黄碱类复方制剂所含的麻黄碱类物质可以制成的毒品数量作为量刑情节考虑。

多次实施本意见规定的行为未经处理的，涉案制毒物品的数量累计计算。

七、关于定罪量刑的数量标准

实施本意见规定的行为，以走私制毒物品罪、非法买卖制毒物品罪定罪处罚的，涉案麻黄碱类复方制剂所含的麻黄碱类物质应当达到以下数量标准：麻黄碱、伪麻黄碱、消旋麻黄碱及其盐类五千克以上不满五十千克；去甲麻黄碱、甲基麻黄碱及其盐类十千克以上不满一百千克；麻黄浸膏、麻黄浸膏粉一百千克以上不满一千千克。达到上述数量标准上限的，认定为刑法第三百五十条第一款规定的“数量大”。

实施本意见规定的行为，以制造毒品罪定罪处罚的，无论涉案麻黄碱类复方制剂所含的麻黄碱类物质数量多少，都应当追究刑事责任。

八、关于麻黄碱类复方制剂的范围

本意见所称麻黄碱类复方制剂是指含有《易制毒化学品管理条例》（国务院令第445号）品种目录所列的麻黄碱（麻黄素）、伪麻黄碱（伪麻黄素）、消旋麻黄碱（消旋麻黄素）、去甲麻黄碱（去甲麻黄素）、甲基麻黄碱（甲基麻黄素）及其盐类，或者麻黄浸膏、麻黄浸膏粉等麻黄碱类物质的药品复方制剂。

四、最高人民法院《全国法院毒品犯罪审判工作座谈会纪要》（节录）（2015年5月18日最高人民法院公布　自公布之日起施行　法〔2015〕129号）

二、关于毒品犯罪法律适用的若干具体问题

（一）罪名认定问题

……

法律适用

司法解释

行为人利用信息网络贩卖毒品、在境内非法买卖用于制造毒品的原料或者配剂、传授制造毒品等犯罪的方法，构成贩卖毒品罪、非法买卖制毒物品罪、传授犯罪方法罪等犯罪的，依法定罪处罚。行为人开设网站、利用网络聊天室等组织他人共同吸毒，构成引诱、教唆、欺骗他人吸毒罪等犯罪的，依法定罪处罚。

（三）毒品数量认定问题

……

制造毒品案件中，毒品成品、半成品的数量应当全部认定为制造毒品的数量，对于无法再加工出成品、半成品的废液、废料则不应计入制造毒品的数量。对于废液、废料的认定，可以根据其毒品成分的含量、外观形态，结合被告人对制毒过程的供述等证据进行分析判断，必要时可以听取鉴定机构的意见。

（五）缓刑、财产刑适用及减刑、假释问题

对于毒品犯罪应当从严掌握缓刑适用条件。对于毒品再犯，一般不得适用缓刑。对于不能排除多次贩毒嫌疑的零包贩毒被告人，因认定构成贩卖毒品等犯罪的证据不足而认定为非法持有毒品罪的被告人，实施引诱、教唆、欺骗、强迫他人吸毒犯罪及制毒物品犯罪的被告人，应当严格限制缓刑适用。

……

相关法律法规

一、《医疗用毒性药品管理办法》（节录）（1988年12月27日中华人民共和国国务院令第23号公布　自公布之日起施行）

第一条　为加强医疗用毒性药品的管理，防止中毒或死亡事故的发生，根据《中华人民共和国药品管理法》的规定，制定本办法。

第二条　医疗用毒性药品（以下简称毒性药品），系指毒性剧烈、治疗剂量与中毒剂量相近，使用不当会致人中毒或死亡的药品。

毒性药品的管理品种，由卫生部会同国家医药管理局、国家中医药管理局规定。

第三条　毒性药品年度生产、收购、供应和配制计划，由省、自治区、直辖市医药管理根据医疗需要制定，经省、自治区直辖市卫生行政部门审核后，由医药管理部门下达给指定的毒性药品生产、收购、供应单位，并抄报卫生部、国家医药管理局和国家中医药管理局。生产单位不得擅自改变生产计划自行销售。

第四条　药厂必须由医药专业人员负责生产、配制和质量检验，并建立严格的管理制度。严防与其他药品混杂。每次配料，必须经二人以上复核无误，并详细记录每次生产所用原料和成品数。经手人要签字备查，所有工具、容器要处理干净，以防污染其他药品。标示量要准确无误，包装容器要有毒药标志。

第五条　毒性药品的收购、经营，由各级医药管理部门指定的药品经营单位负责；配方用药由国营药店、医疗单位负责。其他任何单位或者个人均不得从事毒性药品的收购、经营和配方业务。

第六条　收购、经营、加工、使用毒性药品的单位必须建立健全保管、验收、领发、核对等制度，严防收假、发错，严禁与其他药品混杂，做到划定仓位，专柜加锁并由专人保管。

毒性药品的包装容器必须印有毒药标志。在运输毒性药品的过程中，应当采取有效措施，防止发生事故。

法律适用　相关法律法规

第七条　凡加工炮制毒性中药，必须按照《中华人民共和国药典》或者省、自治区、直辖市卫生行政部门制定的《炮制规范》的规定进行。药材符合药用要求的，方可供应、配方和用于中成药生产。

第八条　生产毒性药品及其制剂，必须严格执行生产工艺操作规程，在本单位药品检验人员的监督下准确投料，并建立完整的生产记录，保存五年备查。

在生产毒性药品过程中产生的废弃物，必须妥善处理，不得污染环境。

第九条　医疗单位供应和调配毒性药品，凭医生签名的正式处方。国营药店供应和调配毒性药品，凭盖有医生所在的医疗单位公章的正式处方。每次处方剂量不得超过二日极量。

调配处方时，必须认真负责，计量准确，按医嘱注明要求，并由配方人员及具有药师以上技术职称的复核人员签名盖章后方可发出。对处方未注明“生用”的毒性中药，应当付炮制品。如发现处方有疑问时，须经原处方医生重新审定后再行调配。处方一次有效，取药后处方保存二年备查。

第十条　科研和教学单位所需的毒性药品，必须持本单位的证明信，经单位所在地县以上卫生行政部门批准后，供应部门方能发售。

群众自配民间单、秘、验方需用毒性中药，购买时要持有本单位或者城市街道办事处、乡（镇）人民政府的证明信，供应部门方可发售。每次购用量不得超过二日极量。

第十一条　对违反本办法的规定，擅自生产、收购、经营毒性药品的单位或者个人，由县以上卫生行政部门没收其全部毒性药品，并处以警告或按非法所得的五至十倍罚款。情节严重、致人伤残或死亡，构成犯罪的，由司法机关依法追究其刑事责任。

第十二条　当事人对处罚不服的，可在接到得罚通知之日起十五日内，向作出处理的机关的上级机关申请复议。但申请复议期间仍应执行原处罚决定。上级机关应在接到申请之日起十日内作出答复。对答复不服的，可在接到答复之日起十五日内，向人民法院起诉。

二、《易制毒化学品管理条例》（节录）（2005年8月26日中华人民共和国国务院令第445号公布　自2005年11月1日起施行　2014年7月29日第一次修订　2016年2月6日第二次修订　2018年9月18日修正）

第三十二条　县级以上人民政府公安机关、负责药品监督管理的部门、安全生产监督管理部门、商务主管部门、卫生主管部门、价格主管部门、铁路主管部门、交通主管部门、市场监督管理部门、生态环境主管部门和海关，应当依照本条例和有关法律、行政法规的规定，在各自的职责范围内，加强对易制毒化学品生产、经营、购买、运输、价格以及进口、出口的监督检查；对非法生产、经营、购买、运输易制毒化学品，或者走私易制毒化学品的行为，依法予以查处。

前款规定的行政主管部门在进行易制毒化学品监督检查时，可以依法查看现场、查阅和复制有关资料、记录有关情况、扣押相关的证据材料和违法物品；必要时，可以临时查封有关场所。

被检查的单位或者个人应当如实提供有关情况和材料、物品，不得拒绝或者隐匿。

法律适用　相关法律法规

第三十三条　对依法收缴、查获的易制毒化学品，应当在省、自治区、直辖市或者设区的市级人民政府公安机关、海关或者生态环境主管部门的监督下，区别易制毒化学品的不同情况进行保管、回收，或者依照环境保护法律、行政法规的有关规定，由有资质的单位在生态环境主管部门的监督下销毁。其中，对收缴、查获的第一类中的药品类易制毒化学品，一律销毁。

易制毒化学品违法单位或者个人无力提供保管、回收或者销毁费用的，保管、回收或者销毁的费用在回收所得中开支，或者在有关行政主管部门的禁毒经费中列支。

第三十四条　易制毒化学品丢失、被盗、被抢的，发案单位应当立即向当地公安机关报告，并同时报告当地的县级人民政府负责药品监督管理的部门、安全生产监督管理部门、商务主管部门或者卫生主管部门。接到报案的公安机关应当及时立案查处，并向上级公安机关报告；有关行政主管部门应当逐级上报并配合公安机关的查处。

第三十五条　有关行政主管部门应当将易制毒化学品许可以及依法吊销许可的情况通报有关公安机关和市场监督管理部门；市场监督管理部门应当将生产、经营易制毒化学品企业依法变更或者注销登记的情况通报有关公安机关和行政主管部门。

第三十六条　生产、经营、购买、运输或者进口、出口易制毒化学品的单位，应当于每年3月31日前向许可或者备案的行政主管部门和公安机关报告本单位上年度易制毒化学品的生产、经营、购买、运输或者进口、出口情况；有条件的生产、经营、购买、运输或者进口、出口单位，可以与有关行政主管部门建立计算机联网，及时通报有关经营情况。

第三十七条　县级以上人民政府有关行政主管部门应当加强协调合作，建立易制毒化学品管理情况、监督检查情况以及案件处理情况的通报、交流机制。

第三十八条　违反本条例规定，未经许可或者备案擅自生产、经营、购买、运输易制毒化学品，伪造申请材料骗取易制毒化学品生产、经营、购买或者运输许可证，使用他人的或者伪造、变造、失效的许可证生产、经营、购买、运输易制毒化学品的，由公安机关没收非法生产、经营、购买或者运输的易制毒化学品、用于非法生产易制毒化学品的原料以及非法生产、经营、购买或者运输易制毒化学品的设备、工具，处非法生产、经营、购买或者运输的易制毒化学品货值10倍以上20倍以下的罚款，货值的20倍不足1万元的，按1万元罚款；有违法所得的，没收违法所得；有营业执照的，由市场监督管理部门吊销营业执照；构成犯罪的，依法追究刑事责任。

对有前款规定违法行为的单位或者个人，有关行政主管部门可以自作出行政处罚决定之日起3年内，停止受理其易制毒化学品生产、经营、购买、运输或者进口、出口许可申请。

第三十九条　违反本条例规定，走私易制毒化学品的，由海关没收走私的易制毒化学品；有违法所得的，没收违法所得，并依照海关法律、行政法规给予行政处罚；构成犯罪的，依法追究刑事责任。

第四十条　违反本条例规定，有下列行为之一的，由负有监督管理职责的行政主管部门给予警告，责令限期改正，处1万元以上5万元以下的罚款；对违反规定生产、经营、购买的易制毒化学品可以予以没收；逾期不改正的，责令限期停产停业整顿；逾期整顿不合格的，吊销相应的许可证：

法律适用

相关法律法规

（一）易制毒化学品生产、经营、购买、运输或者进口、出口单位未按规定建立安全管理制度的；

（二）将许可证或者备案证明转借他人使用的；

（三）超出许可的品种、数量生产、经营、购买易制毒化学品的；

（四）生产、经营、购买单位不记录或者不如实记录交易情况、不按规定保存交易记录或者不如实、不及时向公安机关和有关行政主管部门备案销售情况的；

（五）易制毒化学品丢失、被盗、被抢后未及时报告，造成严重后果的；

（六）除个人合法购买第一类中的药品类易制毒化学品药品制剂以及第三类易制毒化学品外，使用现金或者实物进行易制毒化学品交易的；

（七）易制毒化学品的产品包装和使用说明书不符合本条例规定要求的；

（八）生产、经营易制毒化学品的单位不如实或者不按时向有关行政主管部门和公安机关报告年度生产、经销和库存等情况的。

企业的易制毒化学品生产经营许可被依法吊销后，未及时到市场监督管理部门办理经营范围变更或者企业注销登记的，依照前款规定，对易制毒化学品予以没收，并处罚款。

第四十一条 运输的易制毒化学品与易制毒化学品运输许可证或者备案证明载明的品种、数量、运入地、货主及收货人、承运人等情况不符，运输许可证种类不当，或者运输人员未全程携带运输许可证或者备案证明的，由公安机关责令停运整改，处5000元以上5万元以下的罚款；有危险物品运输资质的，运输主管部门可以依法吊销其运输资质。

个人携带易制毒化学品不符合品种、数量规定的，没收易制毒化学品，处1000元以上5000元以下的罚款。

第四十二条 生产、经营、购买、运输或者进口、出口易制毒化学品的单位或者个人拒不接受有关行政主管部门监督检查的，由负有监督管理职责的行政主管部门责令改正，对直接负责的主管人员以及其他直接责任人员给予警告；情节严重的，对单位处1万元以上5万元以下的罚款，对直接负责的主管人员以及其他直接责任人员处1000元以上5000元以下的罚款；有违反治安管理行为的，依法给予治安管理处罚；构成犯罪的，依法追究刑事责任。

第四十三条 易制毒化学品行政主管部门工作人员在管理工作中有应当许可而不许可、不应当许可而滥许可，不依法受理备案，以及其他滥用职权、玩忽职守、徇私舞弊行为的，依法给予行政处分；构成犯罪的，依法追究刑事责任。

第四十四条 易制毒化学品生产、经营、购买、运输和进口、出口许可证，由国务院有关行政主管部门根据各自的职责规定式样并监制。

规章及规范性文件

一、最高人民法院、最高人民检察院、公安部《关于办理制毒物品犯罪案件适用法律若干问题的意见》（节录）（2009年6月23日最高人民法院、最高人民检察院、公安部公布　自公布之日起施行　公通字〔2009〕33号）

一、关于制毒物品犯罪的认定

（一）本意见中的“制毒物品”，是指刑法第三百五十条第一款规定的醋酸酐、乙醚、三氯甲烷或者其他用于制造毒品的原料或者配剂，具体品种范围按照国家关于易制毒化学品管理的规定确定。

（二）违反国家规定，实施下列行为之一的，认定为刑法第三百五十条规定的非法买卖制毒物品行为：

1. 未经许可或者备案，擅自购买、销售易制毒化学品的；

2. 超出许可证明或者备案证明的品种、数量范围购买、销售易制毒化学品的；

3. 使用他人的或者伪造、变造、失效的许可证明或者备案证明购买、销售易制毒化学品的；

4. 经营单位违反规定，向无购买许可证明、备案证明的单位、个人销售易制毒化学品的，或者明知购买者使用他人的或者伪造、变造、失效的购买许可证明、备案证明，向其销售易制毒化学品的；

5. 以其他方式非法买卖易制毒化学品的。

（三）易制毒化学品生产、经营、使用单位或者个人未办理许可证明或者备案证明，购买、销售易制毒化学品，如果有证据证明确实用于合法生产、生活需要，依法能够办理只是未及时办理许可证明或者备案证明，且未造成严重社会危害的，可不以非法买卖制毒物品罪论处。

（四）为了制造毒品或者走私、非法买卖制毒物品犯罪而采用生产、加工、提炼等方法非法制造易制毒化学品的，根据刑法第二十二条的规定，按照其制造易制毒化学品的不同目的，分别以制造毒品、走私制毒物品、非法买卖制毒物品的预备行为论处。

（五）明知他人实施走私或者非法买卖制毒物品犯罪，而为其运输、储存、代理进出口或者以其他方式提供便利的，以走私或者非法买卖制毒物品罪的共犯论处。

（六）走私、非法买卖制毒物品行为同时构成其他犯罪的，依照处罚较重的规定定罪处罚。

二、关于制毒物品犯罪嫌疑人、被告人主观明知的认定

对于走私或者非法买卖制毒物品行为，有下列情形之一，且查获了易制毒化学品，结合犯罪嫌疑人、被告人的供述和其他证据，经综合审查判断，可以认定其“明知”是制毒物品而走私或者非法买卖，但有证据证明确属被蒙骗的除外：

1. 改变产品形状、包装或者使用虚假标签、商标等产品标志的；

2. 以藏匿、夹带或者其他隐蔽方式运输、携带易制毒化学品逃避检查的；

3. 抗拒检查或者在检查时丢弃货物逃跑的；

4. 以伪报、藏匿、伪装等蒙蔽手段逃避海关、边防等检查的；

5. 选择不设海关或者边防检查站的路段绕行出入境的；

6. 以虚假身份、地址办理托运、邮寄手续的；

7. 以其他方法隐瞒真相，逃避对易制毒化学品依法监管的。

三、关于制毒物品犯罪定罪量刑的数量标准

（一）违反国家规定，非法运输、携带制毒物品进出境或者在境内非法买卖制毒物品达到下列数量标准的，依照刑法第三百五十条第一款的规定，处三年以下有期徒刑、拘役或者管制，并处罚金：

1. 1－苯基－2－丙酮五千克以上不满五十千克；

2. 3，4－亚甲基二氧苯基－2－丙酮、去甲麻黄素（去甲麻黄碱）、甲基麻黄素（甲基麻黄碱）、羟亚胺及其盐类十千克以上不满一百千克；

3. 胡椒醛、黄樟素、黄樟油、异黄樟素、麦角酸、麦角胺、麦角新碱、苯乙酸二十千克以上不满二百千克；

4. N－乙酰邻氨基苯酸、邻氨基苯甲酸、哌啶一百五十千克以上不满一千五百千克；

5. 甲苯、丙酮、甲基乙基酮、高锰酸钾、硫酸、盐酸四百千克以上不满四千千克；

6. 其他用于制造毒品的原料或者配剂相当数量的。

（二）违反国家规定，非法买卖或者走私制毒物品，达到或者超过前款所列最高数量标准的，认定为刑法第三百五十条第一款规定的“数量大的”，处三年以上十年以下有期徒刑，并处罚金。

二、《易制毒化学品进出口管理规定》（节录）（2006年9月21日中华人民共和国商务部令第7号公布　自2006年10月21日起施行　2015年10月28日修订）

第四十一条　县级以上商务主管部门应当按照本规定和其他有关法律、法规规定，严格履行对本地区易制毒化学品进出口的监督检查职责，依法查处违法行为。

第四十二条　县级以上商务主管部门对经营者进行监督检查时，可以依法查看现场、查阅和复制有关资料、记录有关情况、扣押相关的证据材料和物品；必要时，可以临时查封有关场所。

有关单位和个人应当及时如实提供有关情况和材料、物品，不得拒绝或隐匿。

第四十三条　易制毒化学品在进出口环节发生丢失、被盗、被抢案件，发案单位应当立即报告当地公安机关和当地商务主管部门。接到报案的商务主管部门应当逐级上报，并配合公安机关查处。

第四十四条　经营者应当建立健全易制毒化学品进出口内部管理制度，建立健全易制毒化学品进出口管理档案，至少留存两年备查，并指定专人负责易制毒化学品进出口相关工作。

第四十五条　经营者知道或者应当知道，或者得到商务主管部门通知，拟进出口的易制毒化学品可能流入非法渠道时，应及时终止合同执行，并将情况报告有关商务主管部门。

经营者违反本规定或当拟进出口易制毒化学品存在被用于制毒危险时，商务部或省级商务主管部门可对已经颁发的进（出）口许可证予以撤销。经营者应采措施停止相关交易。

第四十六条　经营者应当于每年3月31日前向省级商务主管部门和当地公安机关报告本单位上年度易制毒化学品进出口情况，药品类易制毒化学品进出口经营者还须向当地食品药品监督管理部门报告本单位上年度药品类易制毒化学品进出口情况。省级商务主管部门将本行政区域内的易制毒化学品进出口情况汇总后报商务部。

有条件的经营者，可以与商务主管部门建立计算机联网，及时通报有关进出口情况。

第四十七条　未经许可或超出许可范围进出口易制毒化学品的，或者违反本规定第十二条的，由海关依照有关法律、行政法规的规定处理、处罚；构成犯罪的，依法追究刑事责任。

第四十八条　违反本规定，有下列行为之一的，商务部可给予警告、责令限期改正，并处1万元以上5万元以下罚款：

（一）经营者未按本规定建立健全内部管理制度；

（二）将进出口许可证转借他人使用的；

（三）易制毒化学品在进出口环节发生丢失、被盗、被抢后未及时报告，造成严重后果的。

第四十九条 违反本规定第四十五、四十六条规定的，商务部可给予警告、责令限期改正，并处3万元以下罚款。

第五十条 经营者或者个人拒不接受商务主管部门监督检查的，商务部可责令改正，对直接负责的主管人员以及其他直接责任人员给予警告；情节严重的，对单位处1万元以上5万元以下罚款，对直接负责的主管人员以及其他直接责任人员处1000元以上5000元以下罚款。

第五十一条 自相关行政处罚决定生效之日或者刑事处罚判决生效之日起，商务部可在三年内不受理违法行为人提出的易制毒化学品进出口许可申请，或者禁止违法行为人在一年以上三年以下的期限内从事有关的易制毒化学品进出口经营活动。

第五十二条 商务主管部门的工作人员在易制毒化学品进出口管理工作中有应当许可而不许可、不应许可而滥许可，以及其他滥用职权、玩忽职守、徇私舞弊行为的，依法给予行政处分；构成犯罪的，依法追究刑事责任。

附件：

易制毒化学品进出口管理目录

序号	商品名称	商品编码
第一类		
1.	麻黄碱（麻黄素，盐酸麻黄碱）*	2939410010
2.	硫酸麻黄碱 *	2939410020
3.	消旋盐酸麻黄碱 *	2939410030
4.	草酸麻黄碱 *	2939410040
5.	伪麻黄碱（伪麻黄素，盐酸伪麻黄碱）*	2939420010
6.	硫酸伪麻黄碱 *	2939420020
7.	盐酸甲基麻黄碱 *	2939490010
8.	消旋盐酸甲基麻黄碱 *	2939490020
9.	去甲麻黄碱及其盐 *	2939490030
10.	供制农药用麻黄浸膏粉 *	1302199011
11.	供制农药用麻黄浸膏 *	1302199012
12.	供制医药用麻黄浸膏粉 *	1302199091
13.	供制医药用麻黄浸膏 *	1302199092
14.	其他麻黄浸膏粉 *	1302199093
15.	其他麻黄浸膏 *	1302199094
16.	药料用麻黄草粉 *	1211903910
17.	香料用麻黄草粉 *	1211905010

18.	其他用麻黄草粉 *	1211909910
19.	麻黄碱盐类单方制剂［指盐酸（伪）麻黄碱片，盐酸麻黄碱注射剂，硫酸麻黄碱片］*	3004409010
20.	胡椒醛（洋茉莉醛，3，4－亚甲二氧基苯甲醛、天芥菜精）*	2932930000
21.	1－苯基－2－丙酮（苯丙酮）*	2914310000
22.	3，4－亚甲基二氧苯基－2－丙酮 *	2932920000
23.	黄樟素（4－烯丙基－1，2－亚甲二氧基苯）*	2932940000
24.	异黄樟素（4－丙烯基－1，2－亚甲二氧基苯）*	2932910000
25.	黄樟素 *	3301299010
26.	N－乙酰邻氨基苯酸（N－乙酰邻氨基苯甲酸，2－乙酰氨基苯甲酸）*	2924230010
27.	邻氨基苯酸（氨茴酸）*	2922431000
28.	麦角新碱 *	2939610010
29.	麦角胺 *	2939620010
30.	麦角酸 *	2939630010
	第二类	
31.	苯乙酸 *	2916340010
32.	醋酸酐（乙酸酐）*	2915240000
33.	三氯甲烷（氯仿）	2903130000
34.	乙醚	2909110000
35.	哌啶（六氢哌啶）	2933321000
	第三类	
36.	甲苯	2902300000
37.	丙酮	2914110000
38.	甲基乙基酮（丁酮）	2914120000
39.	高锰酸钾 *	2841610000
40.	硫酸	2807000010
41.	盐酸（氯化氢）	2806100000

注：带 * 号的为国际核查易制毒化学品。

法律适用 规章及规范性文件

三、《药品类易制毒化学品管理办法》（节录）（2010 年 3 月 18 日中华人民共和国卫生部令第 72 号公布　自 2010 年 5 月 1 日起施行）

第四十一条　药品类易制毒化学品生产企业、经营企业、使用药品类易制毒化学品的药品生产企业、教学科研单位，未按规定执行安全管理制度的，由县级以上食品药品监督管理部门按照《条例》第四十条第一款第一项的规定给予处罚。

第四十二条　药品类易制毒化学品生产企业自营出口药品类易制毒化学品，未按规定在专用账册中载明或者未按规定留存出口许可、相应证明材料备查的，由县级以上食品药品监督管理部门按照《条例》第四十条第一款第四项的规定给予处罚。

第四十三条　有下列情形之一的，由县级以上食品药品监督管理部门给予警告，责令限

（一）药品类易制毒化学品生产企业连续停产 1 年以上未按规定报告的，或者未经所在地省、自治区、直辖市食品药品监督管理部门现场检查即恢复生产的；

（二）药品类易制毒化学品生产企业、经营企业未按规定渠道购销药品类易制毒化学品的；

（三）麻醉药品区域性批发企业因特殊情况调剂药品类易制毒化学品后未按规定备案的；

（四）药品类易制毒化学品发生退货，购用单位、供货单位未按规定备案、报告的。

第四十四条　药品类易制毒化学品生产企业、经营企业、使用药品类易制毒化学品的药品生产企业和教学科研单位，拒不接受食品药品监督管理部门监督检查的，由县级以上食品药品监督管理部门按照《条例》第四十二条规定给予处罚。

第四十五条　对于由公安机关、工商行政管理部门按照《条例》第三十八条作出行政处罚决定的单位，食品药品监督管理部门自该行政处罚决定作出之日起 3 年内不予受理其药品类易制毒化学品生产、经营、购买许可的申请。

第四十六条　食品药品监督管理部门工作人员在药品类易制毒化学品管理工作中有应当许可而不许可、不应当许可而滥许可，以及其他滥用职权、玩忽职守、徇私舞弊行为的，依法给予行政处分；构成犯罪的，依法追究刑事责任。

四、国家经济贸易委员会（已撤销）、公安部、国家工商行政管理局（已撤销）《关于加强易制毒化学品生产经营管理的通知》（节录）（2000 年 11 月 21 日公布　自公布之日起施行　国经贸产业〔2000〕1105 号）

一、自本通知下发之日起，凡新设立生产、经营附件一中一类易制毒化学品的企业，必须在取得有关主管部门的批准后，向工商行政管理部门申领营业执照；领取营业执照后，必须向当地县级以上（含县级，下同）公安机关备案并领取备案证明。备案时需注明本企业生产、经营的易制毒化学品品种、生产能力、年度产量计划、主要销售方向等内容。已经取得营业执照的生产、经营附件一中一类易制毒化学品的企业，必须在 2000 年 12 月 15 日前向当地县级以上公安机关备案，并领取生产经营备案证明。

2000 年 12 月 15 日以前未向公安机关备案的企业，不得从事附件一中一类易制毒化学品的生产、经营。

二、购买使用附件一中一类易制毒化学品的单位（不包括易制毒化学品经营单位，但包括科研、医疗机构、学校等单位）应持企业法人营业执照（或事业法人证书、社团法人登记证书）的复印件、单位介绍信和说明用途及年度使用计划的书面材料，向当地县级以上公安机关申领购用证明。

使用单位购买附件一中一类易制毒化学品后不得擅自出售和转让，确需调剂的，应报请当地县级以上公安机关同意并出具证明。

严禁个人购买附件一中一类易制毒化学品。

三、生产、经营企业销售附件一中一类易制毒化学品给经营企业时，应查验经营企业的营业执照和易制毒化学品经营备案证明，并复印该执照、备案证明及如实登记销售品种、数量等留存备查；生产、经营企业销售附件一中一类易制毒化学品给使用单位时，需查验使用单位营业执照（或事业法人证书、社团法人登记证书）和县级以上公安机关出具的易制毒化学品购用证明，并了解购买用途。每一笔购销业务完成后，销售企业要将购用证明和使用单位营业执照（或事业法人证书、社团法人登记证书）复印件留存两年备查。

严禁向无经营备案证明或购用证明单位销售附件一中一类易制毒化学品。

四、仓储企业在开展附件一中一类易制毒化学品仓储业务时，对生产经营企业，应查验其是否具备公安机关出具的易制毒化学品生产经营备案证明；对使用单位，应查验其是否具备公安机关出具的易制毒化学品购用证明。如委托单位未能提供生产经营备案证明或购用证明，各仓储企业不得承储。

五、运输企业（包括个体运输户）在承运附件一中一类易制毒化学品时，应要求委托运输单位提供公安部门出具的易制毒化学品生产、经营备案证明（生产、经营单位）或购用证明（使用单位）。不能提上述证明的，运输企业（包括个体运输户）不得承运。

六、易制毒化学品生产、经营和使用单位应在每年4月底以前将上一年度易制毒化学品的生产、经营和使用情况（品种、数量、流向等）向当地县级以上公安机关报告。各单位要加强自律和防范意识，发现可疑交易应及时报告公安机关。要加强安全防护工作，注意防火、防爆、防盗。

七、各级公安、经贸、工商行政管理等部门要加强对生产、经营、承储、运输和使用易制毒化学品单位的监督检查。对违反上述规定非法生产、经营、承储、运输易制毒化学品和使用单位购买易制毒化学品后擅自出售、转让的，由公安部门会同工商行政管理等部门依法予以查处，违法买卖易制毒化学品构成犯罪的，依法追究刑事责任。

八、对麻黄素类产品的管理依照国家有关规定执行。

附件：一、易制毒化学品分类目录

二、易制毒化学品生产经营备案证明（略）

三、易制毒化学品购用证明（略）

附件一：

易制毒化学品分类目录

一类

1. 麻黄素
2. 3，4－亚甲基二氧苯基－2－丙酮
3. 1－苯基－2－丙酮
4. 苯乙酸
5. 胡椒醛
6. 黄樟脑
7. 异黄樟脑
8. 醋酸酐

二类

9. 三氛甲烷
10. 甲苯
11. 乙醚
12. 丙酮
13. 甲基乙基酮
14. 邻氨基苯甲酸
15. N－酰邻氨基苯酸
16. 麦角酸
17. 麦角胺
18. 麦角新碱
19. 吸啶
20. 高锰酸钾

五、最高人民法院、最高人民检察院、公安部《关于办理邻氯苯基环戊酮等三种制毒物品犯罪案件定罪量刑数量标准的通知》（2014年9月5日最高人民法院、最高人民检察院、公安部公布　自公布之日起施行　公通字〔2014〕32号）

各省、自治区、直辖市高级人民法院，人民检察院，公安厅、局，解放军军事法院、军事检察院，新疆维吾尔自治区高级人民法院生产建设兵团分院，新疆生产建设兵团人民检察院、公安局：

近年来，随着制造合成毒品犯罪的迅速增长，制毒物品流入非法渠道形势严峻。利用邻氯苯基环戊酮合成羟亚胺进而制造氯胺酮，利用1－苯基－2－溴－1－丙酮（又名溴代苯丙酮、2－溴代苯丙酮、α－溴代苯丙酮等）合成麻黄素和利用3－氧－2－苯基丁腈（又名α－氰基苯丙酮、α－苯乙酰基乙腈、2－苯乙酰基乙腈等）合成1－苯基－2－丙酮进而制造甲基苯丙胺（冰毒）等犯罪尤为突出。2012年9月和2014年5月，国务院先后将邻氯苯基环戊酮、1－苯基－2－溴－1－丙酮和3－氧－2－苯基丁腈增列为第一类易制毒化学品管制。为遏制上述物品流入非法渠道被用于制造毒品，根据刑法和《最高人民法院关于审理毒品案件定罪量刑标准有关问题的解释》《最高人民法院、最高人民检察院、公安部关于办理制毒物品犯罪案件适用法律若干问题的意见》等相关规定，现就办理上述三种制毒物品犯罪案件的定罪量刑数量标准通知如下：

一、违反国家规定，非法运输、携带邻氯苯基环戊酮、1－苯基－2－溴－1－丙酮或者3－氧－2－苯基丁腈进出境，或者在境内非法买卖上述物品，达到下列数量标准的，依照刑法第三百五十条第一款的规定，处三年以下有期徒刑、拘役或者管制，并处罚金：

（一）邻氯苯基环戊酮二十千克以上不满二百千克；

（二）1－苯基－2－溴－1－丙酮、3－氧－2－苯基丁腈十五千克以上不满一百五十千克。

二、违反国家规定，实施上述行为，达到或者超过第一条所列最高数量标准的，应当认定为刑法第三百五十条第一款规定的“数量大”，处三年以上十年以下有期徒刑，并处罚金。

129 非法种植毒品原植物案

概念

本罪是指明知是罂粟、大麻等毒品原植物而非法种植且数量较大，或者经公安机关处理后又种植，或者抗拒铲除的行为。

立案标准

非法种植罂粟、大麻等毒品原植物，涉嫌下列情形之一的，应予立案追诉：

（1）非法种植罂粟 500 株以上的；

（2）非法种植大麻 5000 株以上的；

（3）非法种植其他毒品原植物数量较大的；

（4）非法种植罂粟 200 平方米以上、大麻 2000 平方米以上，尚未出苗的；

（5）经公安机关处理后又种植的；

（6）抗拒铲除的。

非法种植罂粟或者其他毒品原植物，在收获前自动铲除的，可以不予立案追诉。

<table>
<tr><td rowspan="2">定罪标准</td><td>犯罪客体</td><td>本罪侵犯的客体是国家对麻醉药品原植物种植的管制。国家历来对非法种植罂粟、大麻等毒品原植物严厉禁止，并先后发布了一系列的法规、规章和规范性文件。《麻醉药品和精神药品管理条例》规定未经批准，任何单位和个人不得种植麻醉药品药用原植物。
本罪的犯罪对象是毒品原植物，即用来提炼、加工成鸦片、海洛因、甲基苯丙胺、吗啡、可卡因等麻醉药品和精神药品的原植物。我国非法种植毒品原植物的情况，主要是罂粟，少数地区也种植大麻。</td></tr>
<tr><td>犯罪客观方面</td><td>本罪在客观方面表现为行为人实施了违反国家有关法规，非法种植毒品原植物数量较大的，或经公安机关处理后又种植以及抗拒铲除的行为。所谓种植，是指播种、施肥、灌溉、割取津液、收取种子等，不论行为人实施了上述全部行为还是只实施了一种行为，都可视为种植。只要有证据证明行为人确实有种植的行为，即使没有成苗，从面积上估算达到法条所规定数量的，也构成本罪。
一、种植数量较大。
二、经公安机关处理后又种植的，是指行为人在公安机关予以治安处罚或强制铲除后，又非法种植毒品原植物的，原则上都应以犯罪论处。如再次种植的数量很小，也可以不作为犯罪论处，构成犯罪的情况下，对以前已作过行政处理的毒品原植物的株数不再累计计算。
三、抗拒铲除，是指非法种植毒品原植物的行为人，采取暴力、暴力相威胁、胁迫或者其他强制手段足以妨碍主管机关铲除毒品的行为，如果采用轻微的抗拒行为，强词夺理、软磨硬泡、言语谩骂等方式不足以妨碍主管机关铲除的，应采用行政处罚的方式，而不应以本罪论处。采用暴力抗拒铲除的行为实质上是妨害公务的行为，我们认为采用暴力、胁迫等其他抗拒方法抗拒铲除，既触犯妨害公务罪，又触犯非法种植毒品原植物罪，属于刑法理论上的牵连犯，从一重罪处断，应按非法种植毒品原植物罪处罚，而不适用数罪并罚。如果使用暴力杀人、重伤的应数罪并罚。</td></tr>
</table>

定罪标准	犯罪主体	本罪的主体为一般主体，即凡是达到刑事责任年龄、具有刑事责任能力，实施了非法种植毒品原植物的人，均可构成本罪。
	犯罪主观方面	本罪在主观方面表现为故意，即行为人明知是制造毒品的原植物而非法种植。过失不构成本罪。不论其目的是营利还是满足个人享用，均构成本罪。
	罪与非罪	区分罪与非罪的界限，关键是看是否达到司法解释所规定的法定情节和数量标准。
证据参考标准	主体方面的证据	**一、证明行为人刑事责任年龄、身份等自然情况的证据。** 包括身份证明、户籍证明、任职证明、工作经历证明、特定职责证明等，主要是证明行为人的姓名（曾用名）、性别、出生年月日、民族、籍贯、出生地、职业（或职务）、住所地（或居所地）等证据材料，如户口簿、居民身份证、工作证、出生证、专业或技术等级证、干部履历表、职工登记表、护照等。 对于户籍、出生证等材料内容不实的，应提供其他证据材料。外国人犯罪的案件，应有护照等身份证明材料。人大代表、政协委员犯罪的案件，应注明身份，并附身份证明材料。 **二、证明行为人刑事责任能力的证据。** 证明行为人对自己的行为是否具有辨认能力与控制能力，如是否属于间歇性精神病人、尚未完全丧失辨认或者控制自己行为能力的精神病人的证明材料。
	主观方面的证据	证明行为人故意的证据：1. 证明行为人明知的证据：证明行为人明知自己的行为会发生危害社会的结果。2. 证明直接故意的证据：证明行为人希望危害结果发生。3. 目的：（1）获取非法利润；（2）牟利；（3）营利。
	客观方面的证据	证明行为人非法种植毒品原植物犯罪行为的证据。 具体证据包括：1. 证明行为人非法种植罂粟、大麻、古柯树行为的证据。2. 证明行为人种植罂粟500株以上不满3000株或者其他毒品原植物数量较大行为的证据。3. 证明行为人经公安机关处理后又种植行为的证据。4. 证明行为人抗拒铲除行为的证据。5. 证明行为人非法种植毒品原植物在收获前自动铲除行为的证据。6. 证明行为人种植毒品原植物数量较大行为的证据：（1）罂粟；（2）大麻；（3）古柯树。7. 证明行为人因走私、贩卖、运输、制造、非法持有毒品罪被判处过刑罚的证据。
	量刑方面的证据	**一、法定量刑情节证据。** 1. 事实情节：（1）数量较大；（2）数量大。2. 法定从重情节。3. 法定从轻减轻情节：（1）可以从轻；（2）可以从轻或者减轻；（3）应当从轻或者减轻。4. 法定从轻减轻免除情节：（1）可以从轻、减轻或者免除处罚；（2）应当从轻、减轻或者免除处罚。5. 法定减轻免除情节：（1）可以减轻或者免除处罚；（2）应当减轻或者免除处罚；（3）可以免除处罚。 **二、酌定量刑情节证据。** 1. 犯罪手段：种植；2. 犯罪对象；3. 危害结果；4. 动机；5. 平时表现；6. 认罪态度；7. 是否有前科；8. 其他证据。

量刑标准		
	犯本罪的	处五年以下有期徒刑、拘役或者管制，并处罚金
	非法种植罂粟3000株以上或者其他毒品原植物数量大的	处五年以上有期徒刑，并处罚金或者没收财产
	非法种植罂粟或者其他毒品原植物，在收获前自动铲除的	可以免除处罚

法律适用

刑法条文

第三百五十一条 非法种植罂粟、大麻等毒品原植物的，一律强制铲除。有下列情形之一的，处五年以下有期徒刑、拘役或者管制，并处罚金：

（一）种植罂粟五百株以上不满三千株或者其他毒品原植物数量较大的；

（二）经公安机关处理后又种植的；

（三）抗拒铲除的。

非法种植罂粟三千株以上或者其他毒品原植物数量大的，处五年以上有期徒刑，并处罚金或者没收财产。

非法种植罂粟或者其他毒品原植物，在收获前自动铲除的，可以免除处罚。

第三百五十七条 本法所称的毒品，是指鸦片、海洛因、甲基苯丙胺（冰毒）、吗啡、大麻、可卡因以及国家规定管制的其他能够使人形成瘾癖的麻醉药品和精神药品。

毒品的数量以查证属实的走私、贩卖、运输、制造、非法持有毒品的数量计算，不以纯度折算。

司法解释

一、最高人民法院《关于审理毒品犯罪案件适用法律若干问题的解释》（节录）（2016年4月6日最高人民法院公布 自2016年4月11日起施行 法释〔2016〕8号）

第九条 非法种植毒品原植物，具有下列情形之一的，应当认定为刑法第三百五十一条第一款第一项规定的“数量较大”：

（一）非法种植大麻五千株以上不满三万株的；

（二）非法种植罂粟二百平方米以上不满一千二百平方米、大麻二千平方米以上不满一万二千平方米，尚未出苗的；

（三）非法种植其他毒品原植物数量较大的。

非法种植毒品原植物，达到前款规定的最高数量标准的，应当认定为刑法第三百五十一条第二款规定的“数量大”。

第十五条 本解释自2016年4月11日起施行。《最高人民法院关于审理毒品案件定罪量刑标准有关问题的解释》（法释〔2000〕13号）同时废止；之前发布的司法解释和规范性文件与本解释不一致的，以本解释为准。

二、最高人民检察院、公安部《关于公安机关管辖的刑事案件立案追诉标准的规定（三）》（节录）（2012年5月16日最高人民检察院、公安部公布 自公布之日起施行 公通字〔2012〕26号）

第七条 ［非法种植毒品原植物案（刑法第三百五十一条）］非法种植罂粟、大麻等毒品原植物，涉嫌下列情形之一的，应予立案追诉：

（一）非法种植罂粟五百株以上的；

（二）非法种植大麻五千株以上的；

法律适用

司法解释

（三）非法种植其他毒品原植物数量较大的；

（四）非法种植罂粟二百平方米以上、大麻二千平方米以上或者其他毒品原植物面积较大，尚未出苗的；

（五）经公安机关处理后又种植的；

（六）抗拒铲除的。

本条所规定的“种植”，是指播种、育苗、移栽、插苗、施肥、灌溉、割取津液或者收取种子等行为。非法种植毒品原植物的株数一般应以实际查获的数量为准。因种植面积较大，难以逐株清点数目的，可以抽样测算每平方米平均株数后按实际种植面积测算出种植总株数。

非法种植罂粟或者其他毒品原植物，在收获前自动铲除的，可以不予立案追诉。

相关法律法规

《麻醉药品和精神药品管理条例》（节录）（2005 年 8 月 3 日中华人民共和国国务院令第 442 号公布　自 2005 年 11 月 1 日起施行　2013 年 12 月 7 日第一次修订　2016 年 2 月 6 日第二次修订）

第八条　麻醉药品药用原植物种植企业应当根据年度种植计划，种植麻醉药品药用原植物。

麻醉药品药用原植物种植企业应当向国务院药品监督管理部门和国务院农业主管部门定期报告种植情况。

第九条　麻醉药品药用原植物种植企业由国务院药品监督管理部门和国务院农业主管部门共同确定，其他单位和个人不得种植麻醉药品药用原植物。

规章及规范性文件

公安部、卫生部（已撤销）《关于严禁非法种植罂粟的通知》（1988 年 3 月 26 日公布　自公布之日起施行　〔88〕公治字 29 号）

各省、自治区、直辖市公安、卫生厅、局：

近几年来，各地公安、卫生等部门在当地党委和政府的统一领导下，互相配合，在禁毒方面作了大量工作，但私种罂粟、吸食毒品的问题仍禁而不绝，并呈蔓延趋势。为了防止烟毒在我国重新泛滥，作好今年铲除罂粟的工作，现通知如下：

一、私种罂粟历来为国家所严禁，各地公安、卫生部门都要将本地私种罂粟的情况摸清并如实向党委、政府报告，采取有力措施查禁。要根据南方、北方不同的种植季节，切实组织足够的力量，深入农村、山区检查、督促铲除罂粟的工作，不能贻误收割季节。对已种植的，要责令本人铲除或强行铲除。对留存的罂粟种子和已收获的大烟果要全部收缴。对私种罂粟者，公安机关按照《治安管理处罚条例》第三十一条的规定，视其情节，处十五日以下拘留，单处或并处三千元以下罚款；构成犯罪的，依法追究刑事责任。

二、各级卫生部门要按照国务院一九八七年十一月二十八日发布的《麻醉药品管理办法》（国发〔1987〕103 号文件）第十一条的规定，切实加强对罂粟壳供应、使用的管理，保证医疗使用，杜绝流弊。对一些擅自收购和出售罂粟壳的医药供应单位要严肃处理，情节严重的，要配合司法机关依法追究单位负责人的法律责任。对在农贸市场上非法出售罂粟种子和罂粟壳或私自买卖的，也要依法从严处理。

三、要根据《国务院关于重申严禁鸦片烟毒的通知》（国发〔1981〕127 号文件）精神，会同有关部门进一步宣传政府关于严禁鸦片烟毒的规定。要使基层的干部、群众都知道任何单位、集体和个人都不得以任何借口私种罂粟，或者私自收购、出售罂粟种子以及制作、吸食鸦片。各地查禁私种罂粟的工作情况请及时报告。

130 非法买卖、运输、携带、持有毒品原植物种子、幼苗案

概念

本罪是指违反国家规定，非法买卖、运输、携带、持有未经灭活的毒品原植物种子或者幼苗，数量较大的行为。

立案标准

非法买卖、运输、携带、持有未经灭活的罂粟等毒品原植物种子或者幼苗，涉嫌下列情形之一的，应予立案追诉：

（1）罂粟种子50克以上、罂粟幼苗5000株以上；

（2）大麻种子50千克以上、大麻幼苗50000株以上；

（3）其他毒品原植物种子、幼苗数量较大的。

定罪标准		
	犯罪客体	本罪侵犯的客体是国家对毒品原植物的管理制度。本罪的犯罪对象是未经灭活的毒品原植物种子或者幼苗。毒品原植物是用来提炼、加工成鸦片、海洛因、甲基苯丙胺、吗啡、可卡因等麻醉药品和精神药品的原植物。未经灭活，也就是能存活的。买卖、运输、携带、持有已经灭活的毒品原植物的种子或者幼苗的，不构成本罪。
	犯罪客观方面	本罪在客观方面表现为行为人实施了违反国家有关法规，非法买卖、运输、携带、持有毒品原植物种子或者幼苗，数量较大的行为。所谓非法买卖，是指以金钱或者实物作价非法购买或者出售未经灭活的毒品原植物种子或者幼苗的行为。所谓非法运输，是指未经国家有关部门批准，私自从事未经灭活的罂粟等毒品原植物种子或者幼苗运输的行为，包括国内运输和在国境、边境非法输入输出。所谓非法携带、持有，是指违反国家规定，没有合法的携带权、持有权而占有、携带、藏有或者以其他方式携带、持有未经灭活的罂粟等毒品原植物种子或幼苗的行为。还必须具备数量较大这一要素。
	犯罪主体	本罪的主体为一般主体，即凡是达到刑事责任年龄、具有刑事责任能力的人，均可构成本罪。
	犯罪主观方面	本罪在主观方面表现为故意，过失不构成本罪。
	罪与非罪	区分罪与非罪的界限，关键是看数量是否较大。
	此罪与彼罪	一、本罪与贩卖、运输毒品罪的界限。二者的主要区别在于犯罪对象不同。本罪的犯罪对象是未经灭活的罂粟等毒品原植物种子或者幼苗；后者的犯罪对象则是经生产、制造出来的毒品成品。

定罪标准	此罪与彼罪	二、本罪与非法种植毒品原植物罪的界限。二者的主要区别在于：本罪是贩卖、运输、携带、持有毒品原植物种子或幼苗的行为；后者是非法种植毒品原植物的行为。行为人若以非法种植毒品原植物为目的，贩卖、运输、携带、持有毒品原植物种子或幼苗的，则这一行为为非法种植毒品原植物的犯罪行为所吸收，构成非法种植毒品原植物罪。若行为人贩卖、运输、携带、持有毒品原植物种子或幼苗的行为是基于营利或其他目的，同时又实施了非法种植毒品原植物的行为，则行为人触犯了两个罪名，应实行数罪并罚。
证据参考标准	主体方面的证据	**一、证明行为人刑事责任年龄、身份等自然情况的证据。** 包括身份证明、户籍证明、任职证明、工作经历证明、特定职责证明等，主要是证明行为人的姓名（曾用名）、性别、出生年月日、民族、籍贯、出生地、职业（或职务）、住所地（或居所地）等证据材料，如户口簿、居民身份证、工作证、出生证、专业或技术等级证、干部履历表、职工登记表、护照等。 对于户籍、出生证等材料内容不实的，应提供其他证据材料。外国人犯罪的案件，应有护照等身份证明材料。人大代表、政协委员犯罪的案件，应注明身份，并附身份证明材料。 **二、证明行为人刑事责任能力的证据。** 证明行为人对自己的行为是否具有辨认能力与控制能力，如是否属于间歇性精神病人、尚未完全丧失辨认或者控制自己行为能力的精神病人的证明材料。
	主观方面的证据	证明行为人故意的证据：1. 证明行为人明知的证据：证明行为人明知自己的行为会发生危害社会的结果。2. 证明直接故意的证据：证明行为人希望危害结果发生。3. 证明间接故意的证据：证明行为人放任危害结果发生。4. 目的：（1）获取非法利润；（2）牟利；（3）营利。
	客观方面的证据	证明行为人非法买卖、运输、携带、持有毒品原植物种子、幼苗犯罪行为的证据。 具体证据包括：1. 证明行为人非法买卖未经灭活的罂粟等毒品原植物种子或者幼苗行为的证据；2. 证明行为人非法运输未经灭活的罂粟等毒品原植物种或者幼苗行为的证据；3. 证明行为人非法携带未经灭活的罂粟等毒品原植物种子或者幼苗行为的证据；4. 证明行为人非法持有未经灭活的罂粟等毒品原植物种子或者幼苗行为的证据；5. 证明行为人非法买卖、运输、携带、持有未经灭活的罂粟等毒品原植物种子或者幼苗数量较大行为的证据；6. 证明行为人因走私、贩卖、运输、制造、非法持有毒品罪被判过刑罚的证据。
	量刑方面的证据	**一、法定量刑情节证据。** 1. 事实情节：（1）数量较大；（2）其他。2. 法定从重情节。3. 法定从轻减轻情节：（1）可以从轻；（2）可以从轻或者减轻；（3）应当从轻或者减轻。4. 法定从轻减轻免除情节：（1）可以从轻、减轻或者免除处罚；（2）应当从轻、减轻或者免除处罚。5. 法定减轻免除情节：（1）可以减轻或者免除处罚；（2）应当减轻或者免除处罚；（3）可以免除处罚。 **二、酌定量刑情节证据。** 1. 犯罪手段：（1）买卖；（2）运输；（3）携带；（4）持有。2. 犯罪对象。3. 危害结果。4. 动机。5. 平时表现。6. 认罪态度。7. 是否有前科。8. 其他证据。

<table>
<tr><td>量刑标准</td><td colspan="2">犯本罪的</td><td>处三年以下有期徒刑、拘役或者管制，并处或者单处罚金</td></tr>
<tr><td rowspan="2">法律适用</td><td>刑法条文</td><td colspan="2">

第三百五十二条 非法买卖、运输、携带、持有未经灭活的罂粟等毒品原植物种子或者幼苗，数量较大的，处三年以下有期徒刑、拘役或者管制，并处或者单处罚金。

第三百五十七条 本法所称的毒品，是指鸦片、海洛因、甲基苯丙胺（冰毒）、吗啡、大麻、可卡因以及国家规定管制的其他能够使人形成瘾癖的麻醉药品和精神药品。

毒品的数量以查证属实的走私、贩卖、运输、制造、非法持有毒品的数量计算，不以纯度折算。

</td></tr>
<tr><td>司法解释</td><td colspan="2">

一、最高人民法院《关于审理毒品犯罪案件适用法律若干问题的解释》（节录）（2016年4月6日最高人民法院公布 自2016年4月11日起施行 法释〔2016〕8号）

第十条 非法买卖、运输、携带、持有未经灭活的毒品原植物种子或者幼苗，具有下列情形之一的，应当认定为刑法第三百五十二条规定的“数量较大”：

（一）罂粟种子五十克以上、罂粟幼苗五千株以上的；

（二）大麻种子五十千克以上、大麻幼苗五万株以上的；

（三）其他毒品原植物种子或者幼苗数量较大的。

第十五条 本解释自2016年4月11日起施行。《最高人民法院关于审理毒品案件定罪量刑标准有关问题的解释》（法释〔2000〕13号）同时废止；之前发布的司法解释和规范性文件与本解释不一致的，以本解释为准。

二、最高人民检察院、公安部《关于公安机关管辖的刑事案件立案追诉标准的规定（三）》（2012年5月16日最高人民检察院、公安部公布 自公布之日起实施 公通字〔2012〕26号）

第八条 ［非法买卖、运输、携带、持有毒品原植物种子、幼苗案（刑法第三百五十二条）］非法买卖、运输、携带、持有未经灭活的罂粟等毒品原植物种子或者幼苗，涉嫌下列情形之一的，应予立案追诉：

（一）罂粟种子五十克以上、罂粟幼苗五千株以上；

（二）大麻种子五十千克以上、大麻幼苗五万株以上；

（三）其他毒品原植物种子、幼苗数量较大的。

</td></tr>
</table>

131 引诱、教唆、欺骗他人吸毒案

概念

本罪是指通过向他人宣扬吸食、注射毒品后的感受等手段，诱使、唆使他人吸食、注射毒品的行为或者用隐瞒事实真相或者用制造假象等方法使他人吸食、注射毒品的行为。

立案标准

根据《刑法》第353条第1款的规定，引诱、教唆、欺骗他人吸食、注射毒品的，应当立案。

本罪是行为犯，只要行为人实施了引诱、教唆、欺骗他人吸食、注射毒品的行为，原则上就构成犯罪，应当立案侦查。对于情节显著轻微危害不大的，可以根据《刑法》第13条的规定，不以犯罪论处，不予立案。

定罪标准		
	犯罪客体	本罪侵犯的客体是复杂客体，不仅侵犯社会治安管理秩序，而且还侵犯了他人的身心健康。吸食、注射毒品对人的身心健康所造成的危害众所周知，并引发诸多社会问题，严重危害社会治安。本罪的对象是未染上吸毒恶习或者虽染上吸毒恶习但已经戒除的人。
	犯罪客观方面	本罪在客观方面表现为行为人通过向他人宣扬吸食、注射毒品后的感觉等方法，非法实施引诱、教唆、欺骗他人吸食、注射毒品的行为。所谓“引诱”，是指以金钱、物质及其他利益，诱导、拉拢原本没有意愿吸毒的人吸食、注射毒品的行为；所谓“教唆”，是指以劝说、授意、怂恿等手段，鼓动、唆使原本没有吸食、注射毒品意愿的人吸食、注射毒品的行为；所谓“欺骗”，是指用隐瞒事实真相或者制造假象等方法，使原本没有吸毒意愿的人上当吸食、注射毒品。如暗地里在香烟中掺入毒品，或在药品中掺入毒品，供人吸食和使用，使他人在不知不觉中染上毒瘾。无论采用什么手段，只要实施了上述行为，就构成本罪，至于被引诱、教唆、欺骗者是否因此成瘾，不是构成本罪的必要条件，但可以作为量刑情节予以考虑。吸食、注射毒品，是指用口吸、鼻吸、吞服、饮用、皮下注射或静脉注射等方法使用毒品。本罪是选择性罪名，三种行为并不要求同时具备，只要行为人实施其中之一的，即可构成本罪。引诱、教唆、欺骗的对象是他人。“他人”既可以是成年人，也可以是未成年人；既可以是吸毒者，也可以是未吸过毒者。
	犯罪主体	本罪的主体为一般主体，即凡是达到刑事责任年龄、具有刑事责任能力的人，均可构成本罪。
	犯罪主观方面	本罪在主观方面表现为故意，过失不构成本罪。目的和动机多种多样，有的是为了贩卖推销毒品；有的是为了报复或者逃避法律制裁的目的；有的是诱使一些干部子弟吸毒；有的是出于控制他人的目的，如犯罪团伙中，吸毒者一旦上瘾，便心甘情愿地受人指使，成为违法犯罪的帮凶；有的是为了长期奸淫妇女，而使其吸毒，达到长期控制的目的，等等。不论行为人出于何种动机和目的，都可构成本罪。

<table>
<tr><td rowspan="2">定罪标准</td><td>罪与非罪</td><td>区分罪与非罪的界限，关键是看是否实施了《刑法》第353条所定之行为。</td></tr>
<tr><td>此罪与彼罪</td><td>一、本罪与一般教唆犯罪的界限。二者有本质区别：(1) 侵犯的客体不同。前者侵犯的客体是复杂客体，即侵害了社会治安管理秩序，又侵害了他人的身体健康；而后者侵犯的客体，则取决于所教唆犯罪的客体，如教唆杀人罪侵犯的客体是他人的生命权利。(2) 罪名不同。前者是一个独立罪名，吸毒行为法律上没有规定为犯罪，而教唆他人吸毒的行为，法律上规定为独立犯罪；而后者则不是独立罪名，对于教唆犯，要按照他所教唆的罪来确定罪名，教唆犯属于共同犯罪。
二、犯本罪致人重伤、死亡的处理。实践中此类案件较多，对此定性认识不一。我们认为，如果具有故意杀人或者故意伤害的故意，那么就是故意杀人罪或故意伤害罪，而引诱、教唆、欺骗他人吸食、注射毒品的行为仅是杀人和伤害的手段而已。如果致人死亡、伤残的，能够查明没有故意杀人或者故意伤害的心理，而对死亡和重伤仅有过失的，应构成过失致人死亡罪、过失致人重伤罪和引诱、教唆、欺骗他人吸毒罪的数罪，应择一重罪处罚。</td></tr>
<tr><td rowspan="3">证据参考标准</td><td>主体方面的证据</td><td>一、证明行为人刑事责任年龄、身份等自然情况的证据。
包括身份证明、户籍证明、任职证明、工作经历证明、特定职责证明等，主要是证明行为人的姓名（曾用名）、性别、出生年月日、民族、籍贯、出生地、职业（或职务）、住所地（或居所地）等证据材料，如户口簿、居民身份证、工作证、出生证、专业或技术等级证、干部履历表、职工登记表、护照等。
对于户籍、出生证等材料内容不实的，应提供其他证据材料。外国人犯罪的案件，应有护照等身份证明材料。人大代表、政协委员犯罪的案件，应注明身份，并附身份证明材料。
二、证明行为人刑事责任能力的证据。
证明行为人对自己的行为是否具有辨认能力与控制能力，如是否属于间歇性精神病人、尚未完全丧失辨认或者控制自己行为能力的精神病人的证明材料。</td></tr>
<tr><td>主观方面的证据</td><td>证明行为人故意的证据：1. 证明行为人明知的证据：证明行为人明知自己的行为会发生危害社会的结果；2. 证明直接故意的证据：证明行为人希望危害结果发生；3. 证明间接故意的证据：证明行为人放任危害结果发生。</td></tr>
<tr><td>客观方面的证据</td><td>证明行为人引诱、教唆、欺骗他人吸毒犯罪行为的证据。
具体证据包括：1. 证明行为人引诱他人吸食、注射毒品行为的证据；2. 证明行为人教唆他人吸食、注射毒品行为的证据；3. 证明行为人欺骗他人吸食、注射毒品行为的证据；4. 证明行为人引诱、教唆、欺骗未成年人吸食、注射毒品行为的证据；5. 证明行为人引诱、教唆、欺骗他人吸毒情节严重行为的证据；6. 证明行为人因走私、贩卖、运输、制造、持有毒品罪被判过刑罚的证据。</td></tr>
</table>

证据参考标准

量刑方面的证据

一、法定量刑情节证据。

1. 事实情节：（1）情节严重；（2）其他。2. 法定从重情节。3. 法定从轻减轻情节：（1）可以从轻；（2）可以从轻或者减轻；（3）应当从轻或者减轻。4. 法定从轻减轻免除情节：（1）可以从轻、减轻或者免除处罚；（2）应当从轻、减轻或者免除处罚。5. 法定减轻免除情节：（1）可以减轻或者免除处罚；（2）应当减轻或者免除处罚；（3）可以免除处罚。

二、酌定量刑情节证据。

1. 犯罪手段：（1）引诱；（2）教唆；（3）欺骗。2. 犯罪对象。3. 危害结果。4. 动机。5. 平时表现。6. 认罪态度。7. 是否有前科。8. 其他证据。

量刑标准

犯本罪的	处三年以下有期徒刑、拘役或者管制，并处罚金
情节严重的	处三年以上七年以下有期徒刑，并处罚金
引诱、教唆、欺骗未成年人吸食、注射毒品的	从重处罚

法律适用

刑法条文

第三百五十三条 引诱、教唆、欺骗他人吸食、注射毒品的，处三年以下有期徒刑、拘役或者管制，并处罚金；情节严重的，处三年以上七年以下有期徒刑，并处罚金。

强迫他人吸食、注射毒品的，处三年以上十年以下有期徒刑，并处罚金。

引诱、教唆、欺骗或者强迫未成年人吸食、注射毒品的，从重处罚。

第三百五十七条 本法所称的毒品，是指鸦片、海洛因、甲基苯丙胺（冰毒）、吗啡、大麻、可卡因以及国家规定管制的其他能够使人形成瘾癖的麻醉药品和精神药品。

毒品的数量以查证属实的走私、贩卖、运输、制造、非法持有毒品的数量计算，不以纯度折算。

司法解释

一、最高人民法院《关于审理毒品犯罪案件适用法律若干问题的解释》（节录）（2016年4月6日最高人民法院公布 自2016年4月11日起施行 法释〔2016〕8号）

第十一条 引诱、教唆、欺骗他人吸食、注射毒品，具有下列情形之一的，应当认定为刑法第三百五十三条第一款规定的“情节严重”：

（一）引诱、教唆、欺骗多人或者多次引诱、教唆、欺骗他人吸食、注射毒品的；

（二）对他人身体健康造成严重危害的；

（三）导致他人实施故意杀人、故意伤害、交通肇事等犯罪行为的；

（四）国家工作人员引诱、教唆、欺骗他人吸食、注射毒品的；

（五）其他情节严重的情形。

二、最高人民法院《全国法院毒品犯罪审判工作座谈会纪要》（节录）（2015年5月18日最高人民法院公布 自公布之日起实施 法〔2015〕129号）

二、关于毒品犯罪法律适用的若干具体问题

（一）罪名认定问题

行为人利用信息网络贩卖毒品、在境内非法买卖用于制造毒品的原料或者配剂、传授制造毒品等犯罪的方法，构成贩卖毒品罪、非法买卖制毒物品罪、传授犯罪方法罪等犯罪的，依法定罪处罚。行为人开设网站、利用网络聊天室等组织他人共同吸毒，构成引诱、教唆、欺骗他人吸毒罪等犯罪的，依法定罪处罚。

132 强迫他人吸毒案

概念

本罪是指违背他人意志，使用暴力、胁迫或者其他强制手段迫使他人吸食、注射毒品的行为。

立案标准

根据《刑法》第353条第2款的规定，强迫他人吸食、注射毒品的，应当立案。

本罪是行为犯，只要行为人违背他人意志，使用暴力、胁迫或者其他方法，实施了迫使他人吸食、注射毒品的行为，原则上就构成犯罪，应当立案侦查。但是，对于情节显著轻微危害不大的，可以根据《刑法》第13条的规定，不以犯罪论处，不予立案。

定罪标准		
	犯罪客体	本罪侵犯的客体是社会治安管理秩序和他人的身体健康，属于复杂客体。强迫他人吸毒，往往使人染上毒瘾，成为吸毒者，而吸毒成瘾严重损害身心健康，使吸毒者身体虚弱、智能减退、人格扭曲，而且吸毒还是艾滋病传播的途径之一。同时，吸毒会诱发盗窃、抢劫、赌博、卖淫等其他违法活动，因此，对强迫他人吸毒的犯罪分子予以惩处是十分必要的。
	犯罪客观方面	本罪在客观方面表现为行为人违背他人的意志，使用暴力、胁迫或者其他强制手段迫使他人吸食、注射毒品的行为。 所谓“暴力”是指犯罪分子对被害人身体实施强制，排除被害人的抵抗，迫使其违背自己的意志吸食、注射毒品。所谓“胁迫”是指犯罪分子以实施暴力相威胁，实行精神强制，使被害人产生恐惧不敢抗拒而吸食、注射毒品。所谓“其他强制方法”是指除了暴力或胁迫方法以外，与暴力、胁迫方法相当的，如酒醉、麻醉药麻醉等方法，使被害人不知抗拒而吸食和注射毒品的行为。强迫他人吸毒的手段多种多样，但无论采取什么手段，客观上行为人只要实施了强迫他人吸毒的行为，就构成本罪，至于被强迫者是否因此成瘾，不是构成本罪的必要条件。对于强迫未成年人吸毒的，从重处罚。 如果行为人以单纯故意杀人或者伤害为目的而强迫他人吸毒，构成故意杀人罪或故意伤害罪，强迫他人吸毒仅是杀人或伤害的手段而已。 如果行为人在强迫他人吸毒后，为灭口而杀人，这样行为人就有了两个犯罪故意，两个犯罪行为，符合两个犯罪构成，应以故意杀人罪与强迫他人吸毒罪实行数罪并罚。 行为人强迫他人吸毒，采用暴力手段，如果致人轻伤的，按强迫他人吸毒罪从重处罚。如果使用暴力行为致人重伤或死亡，行为人对重伤或死亡采取的是一种故意放任的心理态度，应按故意杀人罪（故意伤害罪）从重处罚。 如果行为人强迫他人吸毒后，由于毒量过大，致使被害人重伤或死亡，对被害人重伤或死亡，行为人是一种过失的心理态度，应构成过失致人死亡罪或过失致人重伤罪与强迫他人吸毒罪的想象数罪，应择一重罪处罚。

定罪标准	犯罪主体	本罪的主体为一般主体，即凡是达到刑事责任年龄、具有刑事责任能力的人，均可构成本罪。
	犯罪主观方面	本罪在主观方面表现为故意，过失不构成本罪。即行为人明知是毒品，而故意强迫他人吸毒。强迫他人吸毒的动机多种多样，有的是为了牟利而强迫他人吸毒，有的出于报复，不论行为人的动机如何，只要故意实施了强迫他人吸毒的行为，就可构成犯罪。
	罪与非罪	区分罪与非罪的界限，要注意：此罪没有规定“情节严重”作为必要要件，也就是说只要实施了强迫他人吸毒的行为，原则上就构成本罪。而不论被害人是否吸食、注射毒品或吸食、注射毒品成瘾。但实践中并不是任何强迫他人吸毒的行为都构成犯罪，应综合全案的各种情况，根据《刑法》第 13 条的规定，如果情节显著轻微，危害不大的，不认为是犯罪，可给予行政治安处罚。
	此罪与彼罪	本罪与引诱、教唆、欺骗他人吸毒罪的界限。强迫他人吸毒与引诱、教唆、欺骗他人吸毒在主体、客体、主观方面相同。二者明显的区别在于客观表现上的不同，前者为采取暴力、胁迫等强制性的手段；后者则是用引诱、教唆、欺骗等手段。此外，从犯罪对象上看，前者在暴力、胁迫下违心地吸毒；后者在引诱、教唆、欺骗下，由不愿到情愿吸毒。二者在法定刑上是不同的，要严格加以区分，不能造成重罪轻判或轻罪重判的问题。如果行为人对同一个人同时实施了强迫、引诱、教唆、欺骗的手段，造成他人吸毒的后果，我们认为，应择一重罪处罚，定强迫他人吸毒罪；如果行为人对不同的人分别采取上述手段，促使他人吸毒，则分别构成两个罪名，应予以数罪并罚。
证据参考标准	主体方面的证据	**一、证明行为人刑事责任年龄、身份等自然情况的证据。** 包括身份证明、户籍证明、任职证明、工作经历证明、特定职责证明等，主要是证明行为人的姓名（曾用名）、性别、出生年月日、民族、籍贯、出生地、职业（或职务）、住所地（或居所地）等证据材料，如户口簿、居民身份证、工作证、出生证、专业或技术等级证、干部履历表、职工登记表、护照等。 对于户籍、出生证等材料内容不实的，应提供其他证据材料。外国人犯罪的案件，应有护照等身份证明材料。人大代表、政协委员犯罪的案件，应注明身份，并附身份证明材料。 **二、证明行为人刑事责任能力的证据。** 证明行为人对自己的行为是否具有辨认能力与控制能力，如是否属于间歇性精神病人、尚未完全丧失辨认或者控制自己行为能力的精神病人的证明材料。
	主观方面的证据	证明行为人故意的证据：1. 证明行为人明知的证据：证明行为人明知自己的行为会发生危害社会的结果；2. 证明直接故意的证据：证明行为人希望危害结果发生；3. 证明间接故意的证据：证明行为人放任危害结果发生。

<table>
<tr><td rowspan="2">证据参考标准</td><td>客观方面的证据</td><td colspan="2">证明行为人强迫他人吸毒犯罪行为的证据。
具体证据包括：1. 证明行为人违背他人意志强迫他人吸毒行为的证据。2. 证明行为人使用暴力强迫他人吸毒行为的证据：（1）禁闭；（2）殴打；（3）捆绑；（4）伤害；（5）杀害。3. 证明行为人威胁他人吸毒行为的证据。4. 证明行为人使用“其他方法”强迫他人吸毒的行为：（1）醉酒状态吸食；（2）熟睡之机注射。5. 证明行为人以暴力、威胁或其他方法强迫未成年人吸毒行为的证据。6. 证明行为人因走私、贩卖、运输、制造、非法持有毒品罪被判过刑罚的证据。</td></tr>
<tr><td>量刑方面的证据</td><td colspan="2">一、法定量刑情节证据。
1. 事实情节。2. 法定从重情节。3. 法定从轻减轻情节：（1）可以从轻；（2）可以从轻或者减轻；（3）应当从轻或者减轻。4. 法定从轻减轻免除情节：（1）可以从轻、减轻或者免除处罚；（2）应当从轻、减轻或者免除处罚。5. 法定减轻免除情节：（1）可以减轻或者免除处罚；（2）应当减轻或者免除处罚；（3）可以免除处罚。
二、酌定量刑情节证据。
1. 犯罪手段：（1）暴力；（2）威胁。2. 犯罪对象。3. 危害结果。4. 动机。5. 平时表现。6. 认罪态度。7. 是否有前科。8. 其他证据。</td></tr>
<tr><td rowspan="2">量刑标准</td><td colspan="2">犯本罪的</td><td>处三年以上十年以下有期徒刑，并处罚金</td></tr>
<tr><td colspan="2">强迫未成年人吸食、注射毒品的</td><td>从重处罚</td></tr>
<tr><td>法律适用</td><td>刑法条文</td><td colspan="2">第三百五十三条　引诱、教唆、欺骗他人吸食、注射毒品的，处三年以下有期徒刑、拘役或者管制，并处罚金；情节严重的，处三年以上七年以下有期徒刑，并处罚金。
强迫他人吸食、注射毒品的，处三年以上十年以下有期徒刑，并处罚金。
引诱、教唆、欺骗或者强迫未成年人吸食、注射毒品的，从重处罚。
第三百五十七条　本法所称的毒品，是指鸦片、海洛因、甲基苯丙胺（冰毒）、吗啡、大麻、可卡因以及国家规定管制的其他能够使人形成瘾癖的麻醉药品和精神药品。
毒品的数量以查证属实的走私、贩卖、运输、制造、非法持有毒品的数量计算，不以纯度折算。</td></tr>
</table>

133 容留他人吸毒案

概念

本罪是指为他人吸食、注射毒品提供场所的行为。

立案标准

提供场所，容留他人吸食、注射毒品，涉嫌下列情形之一的，应予立案追诉：

(1) 1 次容留多人吸食、注射毒品的；
(2) 2 年内多次容留他人吸食、注射毒品的；
(3) 2 年内曾因容留他人吸食、注射毒品受过行政处罚的；
(4) 容留未成年人吸食、注射毒品的；
(5) 以牟利为目的容留他人吸食、注射毒品的；
(6) 容留他人吸食、注射毒品造成严重后果的；
(7) 其他应当追究刑事责任的情形。

定罪标准		
定罪标准	犯罪客体	本罪侵犯的客体是社会的正常管理秩序和人们的身心健康。容留他人吸毒，主要是指人们通常所说的开设地下烟馆或变相烟馆的行为。近年来，一些宾馆、饭店、歌舞厅等娱乐场所成为吸毒的场所，导致吸毒人数不断上升，因此，必须对为他人吸毒提供场所的行为予以严厉惩处。
定罪标准	犯罪客观方面	本罪在客观方面表现为行为人实施了容留他人吸毒的行为。所谓容留他人吸毒，是指给吸毒者提供吸毒的场所。既可以是行为人主动提供，也可以是在吸毒者的要求或主动前来时被动提供。既可以是有偿提供，也可以是无偿提供。提供的地点，既可以是自己的住所，也可以是其亲戚朋友或由其指定的其他隐藏的场所，一般则是行为人专门为吸毒者准备的某种比较固定的场所，如利用住宅、居所或租赁他人房屋让他人吸毒；饭店、宾馆、咖啡馆、酒吧、娱乐场所等营业性场所的经营、服务人员利用经营性场所容留他人吸毒；航空器、轮船、火车、汽车的司机管理人员利用交通工具让他人吸毒等。
定罪标准	犯罪主体	本罪的主体为一般主体，即凡是达到刑事责任年龄、具有刑事责任能力的人，均可构成本罪。
定罪标准	犯罪主观方面	本罪在主观方面表现为故意，过失不构成本罪。
定罪标准	罪与非罪	区分罪与非罪的界限，关键是看是否实施《刑法》第354条所定之行为。
定罪标准	此罪与彼罪	本罪与引诱、教唆、欺骗他人吸毒罪、强迫他人吸毒罪的界限。主要区别是客观方面表现不同。容留他人吸毒在客观方面是为自愿吸毒者提供场所的行为；后者则是在违背他人意志的情况下，采取暴力、胁迫等手段引诱、教唆、欺骗他人吸食、注射毒品或强迫他人吸食、注射毒品的行为。

<table>
<tr><td rowspan="5">证据参考标准</td><td>主体方面的证据</td><td colspan="2">一、证明行为人刑事责任年龄、身份等自然情况的证据。
包括身份证明、户籍证明、任职证明、工作经历证明、特定职责证明等，主要是证明行为人的姓名（曾用名）、性别、出生年月日、民族、籍贯、出生地、职业（或职务）、住所地（或居所地）等证据材料，如户口簿、居民身份证、工作证、出生证、专业或技术等级证、干部履历表、职工登记表、护照等。
对于户籍、出生证等材料内容不实的，应提供其他证据材料。外国人犯罪的案件，应有护照等身份证明材料。人大代表、政协委员犯罪的案件，应注明身份，并附身份证明材料。
二、证明行为人刑事责任能力的证据。
证明行为人对自己的行为是否具有辨认能力与控制能力，如是否属于间歇性精神病人、尚未完全丧失辨认或者控制自己行为能力的精神病人的证明材料。</td></tr>
<tr><td>主观方面的证据</td><td colspan="2">证明行为人故意的证据：1. 证明行为人明知的证据：证明行为人明知自己的行为会发生危害社会的结果。2. 证明直接故意的证据：证明行为人希望危害结果发生。3. 证明间接故意的证据：证明行为人放任危害结果发生。4. 目的：（1）获取非法利润；（2）牟利；（3）营利。</td></tr>
<tr><td>客观方面的证据</td><td colspan="2">证明行为人容留他人吸食毒品犯罪行为的证据。
具体证据包括：1. 证明行为人容留他人吸食、注射毒品行为的证据。2. 证明行为人容留他人吸食、注射毒品提供场所行为的证据：（1）自己的房屋；（2）租用的房屋；（3）借用的房屋；（4）店房；（5）汽车；（6）船只。3. 证明行为人容留他人吸食、注射毒品提供方便行为的证据：（1）烟枪；（2）注射器；（3）香烟。4. 证明行为人因走私、贩卖、运输、制造、非法持有毒品罪被判过刑的证据。</td></tr>
<tr><td>量刑方面的证据</td><td colspan="2">一、法定量刑情节证据。
1. 事实情节。2. 法定从重情节。3. 法定从轻减轻情节：（1）可以从轻；（2）可以从轻或者减轻；（3）应当从轻或者减轻。4. 法定从轻减轻免除情节：（1）可以从轻、减轻或者免除处罚；（2）应当从轻、减轻或者免除处罚。5. 法定减轻免除情节：（1）可以减轻或者免除处罚；（2）应当减轻或者免除处罚；（3）可以免除处罚。
二、酌定量刑情节证据。
1. 犯罪手段：（1）提供场所；（2）提供方便。2. 犯罪对象。3. 危害结果。4. 动机。5. 平时表现。6. 认罪态度。7. 是否有前科。8. 其他证据。</td></tr>
<tr></tr>
<tr><td>量刑标准</td><td colspan="2">犯本罪的</td><td>处三年以下有期徒刑、拘役或者管制，并处罚金</td></tr>
<tr><td>法律适用</td><td>刑法条文</td><td colspan="2">第三百五十四条　容留他人吸食、注射毒品的，处三年以下有期徒刑、拘役或者管制，并处罚金。
第三百五十七条　本法所称的毒品，是指鸦片、海洛因、甲基苯丙胺（冰毒）、吗啡、大麻、可卡因以及国家规定管制的其他能够使人形成瘾癖的麻醉药品和精神药品。
毒品的数量以查证属实的走私、贩卖、运输、制造、非法持有毒品的数量计算，不以纯度折算。</td></tr>
</table>

法律适用

司法解释

一、最高人民法院《关于审理毒品犯罪案件适用法律若干问题的解释》（节录）
（2016年4月6日最高人民法院公布　自2016年4月11日起施行　法释〔2016〕8号）

第十二条　容留他人吸食、注射毒品，具有下列情形之一的，应当依照刑法第三百五十四条的规定，以容留他人吸毒罪定罪处罚：

（一）一次容留多人吸食、注射毒品的；

（二）二年内多次容留他人吸食、注射毒品的；

（三）二年内曾因容留他人吸食、注射毒品受过行政处罚的；

（四）容留未成年人吸食、注射毒品的；

（五）以牟利为目的容留他人吸食、注射毒品的；

（六）容留他人吸食、注射毒品造成严重后果的；

（七）其他应当追究刑事责任的情形。

向他人贩卖毒品后又容留其吸食、注射毒品，或者容留他人吸食、注射毒品并向其贩卖毒品，符合前款规定的容留他人吸毒罪的定罪条件的，以贩卖毒品罪和容留他人吸毒罪数罪并罚。

容留近亲属吸食、注射毒品，情节显著轻微危害不大的，不作为犯罪处理；需要追究刑事责任的，可以酌情从宽处罚。

二、最高人民法院、最高人民检察院《关于常见犯罪的量刑指导意见（试行）》（节录）（2021年6月17日最高人民法院、最高人民检察院公布　自2021年7月1日起施行　法发〔2021〕21号）

四、常见犯罪的量刑

（二十二）容留他人吸毒罪

1. 构成容留他人吸毒罪的，在一年以下有期徒刑、拘役幅度内确定量刑起点。

2. 在量刑起点的基础上，根据容留他人吸毒的人数、次数等其他影响犯罪构成的犯罪事实增加刑罚量，确定基准刑。

3. 构成容留他人吸毒罪的，根据容留他人吸毒的人数、次数、违法所得数额、危害后果等犯罪情节，综合考虑被告人缴纳罚金的能力，决定罚金数额。

4. 构成容留他人吸毒罪的，综合考虑容留他人吸毒的人数、次数、危害后果等犯罪事实、量刑情节，以及被告人主观恶性、人身危险性、认罪悔罪表现等因素，决定缓刑的适用。

134 非法提供麻醉药品、精神药品案

概念

本罪是指依法从事生产、运输、管理、使用国家管制的麻醉药品、精神药品的单位和个人，明知他人是吸毒者，而向其提供国家规定管制的能够使人形成瘾癖的麻醉药品、精神药品的行为。

立案标准

依法从事生产、运输、管理、使用国家管制的麻醉药品、精神药品的个人或者单位，违反国家规定，向吸食、注射毒品的人员提供国家规定管制的能够使人形成瘾癖的麻醉药品、精神药品，涉嫌下列情形之一的，应予立案追诉：

（1）非法提供麻醉药品、精神药品达到《刑法》第347条第3款或者《关于审理毒品犯罪案件适用法律若干问题的解释》第2条规定的“数量较大”标准最低值的50%，不满“数量较大”标准的；

（2）2年内曾因非法提供麻醉药品、精神药品受过行政处罚的；

（3）向多人或者多次非法提供麻醉药品、精神药品的；

（4）向吸食、注射毒品的未成年人非法提供麻醉药品、精神药品的；

（5）非法提供麻醉药品、精神药品造成严重后果的；

（6）其他应当追究刑事责任的情形。

定罪标准

犯罪客体

本罪侵犯的客体是国家对麻醉药品、精神药品的管理制度。联合国《一九六一年麻醉药品单一公约》《一九七一年精神药物公约》和《禁止非法贩运麻醉药品和精神药物公约》，都对麻醉药品和精神药物的生产、使用、输出、输入等，做了详细的规定。我国根据实际情况对麻醉药品和精神药物的生产、运输、管理、使用的多个环节作了具体规定，从而建立起一整套管理制度。

犯罪客观方面

本罪在客观方面表现为违反国家规定，向吸毒者提供国家规定管制的能够使人形成瘾癖的麻醉药品、精神药品。毒口分为两大类，一类是麻醉药品，一类是精神药品。麻醉药品根据其来源，分为吗啡类（如生鸦片、精制鸦片、吗啡、海洛因等）、大麻类（如大麻草、大麻油、大麻树脂）、可卡类（包括可卡叶、可卡糊、可卡因等）和合成类（如美沙酮、度冷丁等）。精神药品可分为抑制剂、兴奋剂和致幻剂三类。

一、行为人的提供必须违反了国家有关规定。所谓“违反国家规定”是指违反包括《关于进一步加强对安钠咖管理的通知》,《麻醉药品与精神药品管理条例》,《麻醉药品生产管理办法（试行）》《麻醉药品经营管理办法》等有关规定。

二、必须是向吸食、注射毒品的人提供。如果擅自提供给用于医疗、科研、教学的人以及需要使用麻醉药品、精神药品的病人，尽管违反了法律规定，亦不构成本罪。如果行为人出于故意向走私、贩卖毒品等的毒品犯罪分子提供毒品，也不构成本

定罪标准	犯罪客观方面	罪，而应以走私、贩卖毒品罪或者其他有关的毒品犯罪共犯论处。至于吸毒的人是否已经吸食、注射了行为人所提供的毒品，以及吸食、注射后是否成瘾，则不影响本罪的成立。 三、行为人提供毒品的行为必须利用了职务或工作上的便利。也就是说，利用了自己从事生产、运输、管理、使用上述药品的职务或工作之便利，如医生、药剂师利用职务之便，违反规定向吸毒的人提供麻醉药品或精神药品。如果行为人没有利用职务之便，如医生利用自己熟悉药品库房的机会，深夜从库房盗取药品后或者将自己非法持有如祖传的、受赠的或者通过其他非法手段获得的毒品提供给吸毒的人，则不构成本罪，构成犯罪的，应以他罪如非法持有毒品罪等论处。行为人利用职务之便提供，既可以发生在依法从事生产、运输、管理、使用上述药品的过程中，也可以是在从事上述工作中事先截留在结束之后提供。同时，行为人提供给吸毒者以麻醉药品或精神药品，必须是无偿的。有偿的提供，包括货币交易、以物易物或以毒品换取其他劳务、抵偿债务的，不属于本罪的非法提供行为，其性质实为一种贩卖毒品的行为。
	犯罪主体	本罪的主体为特殊主体，即只能是依法从事生产、运输、管理、使用国家管制的麻醉药品、精神药品的人员和单位。单位也可以成为本罪主体，单位包括生产厂家以及销售、运输、管理、教学科研、医疗等部门。
	犯罪主观方面	本罪在主观方面只能是故意，要求行为人有下列三个方面的明知：（1）明知提供毒品的对象是吸食、注射毒品的人。（2）明知对方是用于吸食或注射。（3）明知自己所提供的是毒品。如果行为人因过失而将毒品提供给他人，造成严重后果的，应以医疗事故罪等追究刑事责任。
	罪与非罪	区分罪与非罪的界限，要注意：本条没有规定具体数量标准。也就是说，原则上只要向吸毒人非法提供毒品，就可构成本罪。但在实践中，并不是对所有非法提供毒品的行为都定罪，而要综合全案各种情况，如偶犯、初犯等情况。根据《刑法》的规定，如果数额较小，情节显著轻微，危害不大的，不认为是犯罪。在实践中，从事生产、运输、管理、使用国家管制的麻醉药品和精神药品的人员或单位违反规定，向他人提供麻醉药品和精神药品没有合法的审批手续，但是确实用于医疗、教学、科研的，不属于犯罪行为，但对于其违法行为，应当给予批评教育或给予行政处理。向走私、贩卖毒品的犯罪分子或者以牟利为目的，向吸毒人提供国家规定管制的麻醉药品或精神药品的，依照《刑法》第 347 条规定定罪处罚。
	此罪与彼罪	本罪与走私、贩卖毒品罪的界限。明知对方是走私、贩卖毒品的犯罪分子，而向其提供国家规定管制的能够使人形成瘾癖的麻醉药品、精神药品的，实际上表现为行为人对走私、贩卖毒品的犯罪分子的帮助，对行为人应当以走私、贩卖毒品罪定罪量刑。以牟利为目的，而向吸食、注射食品的人提供国家管制的麻醉药品、精神药品的行为，实际上是行为人利用工作上的便利所进行的贩卖毒品的行为，应当定为贩卖毒品罪。

<table>
<tr><td rowspan="4">证据参考标准</td><td>主体方面的证据</td><td>一、证明行为人刑事责任年龄、身份等自然情况的证据。
包括身份证明、户籍证明、任职证明、工作经历证明、特定职责证明等，主要是证明行为人的姓名（曾用名）、性别、出生年月日、民族、籍贯、出生地、职业（或职务）、住所地（或居所地）等证据材料，如户口簿、居民身份证、工作证、出生证、专业或技术等级证、干部履历表、职工登记表、护照等。
对于户籍、出生证等材料内容不实的，应提供其他证据材料。外国人犯罪的案件，应有护照等身份证明材料。人大代表、政协委员犯罪的案件，应注明身份，并附身份证明材料。
二、证明行为人刑事责任能力的证据。
证明行为人对自己的行为是否具有辨认能力与控制能力，如是否属于间歇性精神病人、尚未完全丧失辨认或者控制自己行为能力的精神病人的证明材料。
三、证明单位的证据。
证明是否属于依法成立并有合法经营、管理范围的公司、企业、事业单位、机关、团体。
证明单位的名称、住所地、性质、法定代表人、单位负责人、业务范围、成立时间等证据材料，如企业营业执照、国有公司性质证明及非法人单位的身份证明等。
四、证明法定代表人、单位负责人或直接责任人员等的身份证据。
法定代表人、直接负责的主管人员和其他直接责任人在单位的任职、职责、负责权限的证明材料等。包括身份证明、户籍证明、任职证明等，如户口簿、居民身份证、工作证、护照、专业或技术等级证、干部履历表、职工登记表、任命书、业务分工文件、委派文件、单位证明、单位规章制度等。</td></tr>
<tr><td>主观方面的证据</td><td>证明行为人故意的证据：1. 证明行为人明知的证据：证明行为人明知自己的行为会发生危害社会的结果；2. 证明直接故意的证据：证明行为人希望危害结果发生；3. 证明间接故意的证据：证明行为人放任危害结果发生。</td></tr>
<tr><td>客观方面的证据</td><td>证明行为人非法提供麻醉药品、精神药品犯罪行为的证据。
具体证据包括：1. 证明行为人向吸毒的人非法提供麻醉药品、精神药品行为的证据。2. 证明非法提供麻醉药品、精神药品的犯罪主体：（1）单位：①制药厂家；②销售部门；③运输单位；④管理部门；⑤教学单位；⑥科研单位；⑦医疗部门；⑧其他。（2）个人：①药厂职工；②押运人员；③管理人员；④教学人员；⑤医务人员；⑥科研人员；⑦领导；⑧其他。3. 证明行为人非法提供麻醉药品、精神药品的对象：（1）吸食毒品者。（2）注射毒品者。（3）走私毒品者。（4）贩卖毒品者。（5）其他。4. 证明行为人非法提供麻醉药品、精神药品情节严重行为的证据。5. 证明行为人因走私、贩卖、运输、制造、持有毒品犯罪被判过刑的证据。6. 证明行为人其他行为的证据。</td></tr>
<tr><td>量刑方面的证据</td><td>一、法定量刑情节证据。
1. 事实情节：（1）情节严重；（2）其他。2. 法定从重情节。3. 法定从轻减轻情节：（1）可以从轻；（2）可以从轻或者减轻；（3）应当从轻或者减轻。4. 法定从轻减轻免除情节：（1）可以从轻、减轻或者免除处罚；（2）应当从轻、减轻或者免除处罚。5. 法定减轻免除情节：（1）可以减轻或者免除处罚；（2）应当减轻或者免除处罚；（3）可以免除处罚。
二、酌定量刑情节证据。
1. 犯罪手段：（1）违反国家规定；（2）非法提供。2. 犯罪对象。3. 危害结果。4. 动机。5. 平时表现。6. 认罪态度。7. 是否有前科。8. 其他证据。</td></tr>
</table>

量刑标准		
	犯本罪的	处三年以下有期徒刑或者拘役，并处罚金
	情节严重的	处三年以上七年以下有期徒刑，并处罚金
	单位犯本罪的	对单位判处罚金，并对其直接负责的主管人员和其他直接责任人员，依照上述规定处罚

法律适用

刑法条文

第三百五十五条 依法从事生产、运输、管理、使用国家管制的麻醉药品、精神药品的人员，违反国家规定，向吸食、注射毒品的人提供国家规定管制的能够使人形成瘾癖的麻醉药品、精神药品的，处三年以下有期徒刑或者拘役，并处罚金；情节严重的，处三年以上七年以下有期徒刑，并处罚金。向走私、贩卖毒品的犯罪分子或者以牟利为目的，向吸食、注射毒品的人提供国家规定管制的能够使人形成瘾癖的麻醉药品、精神药品的，依照本法第三百四十七条的规定定罪处罚。

单位犯前款罪的，对单位判处罚金，并对其直接负责的主管人员和其他直接责任人员，依照前款的规定处罚。

第三百五十七条 本法所称的毒品，是指鸦片、海洛因、甲基苯丙胺（冰毒）、吗啡、大麻、可卡因以及国家规定管制的其他能够使人形成瘾癖的麻醉药品和精神药品。

毒品的数量以查证属实的走私、贩卖、运输、制造、非法持有毒品的数量计算，不以纯度折算。

司法解释

一、最高人民法院《关于审理毒品犯罪案件适用法律若干问题的解释》（节录）

（2016年4月6日最高人民法院公布　自2016年4月11日起施行　法释〔2016〕8号）

第十三条 依法从事生产、运输、管理、使用国家管制的麻醉药品、精神药品的人员，违反国家规定，向吸食、注射毒品的人提供国家规定管制的能够使人形成瘾癖的麻醉药品、精神药品，具有下列情形之一的，应当依照刑法第三百五十五条第一款的规定，以非法提供麻醉药品、精神药品罪定罪处罚：

（一）非法提供麻醉药品、精神药品达到刑法第三百四十七条第三款或者本解释第二条规定的“数量较大”标准最低值的百分之五十，不满“数量较大”标准的；

（二）二年内曾因非法提供麻醉药品、精神药品受过行政处罚的；

（三）向多人或者多次非法提供麻醉药品、精神药品的；

（四）向吸食、注射毒品的未成年人非法提供麻醉药品、精神药品的；

（五）非法提供麻醉药品、精神药品造成严重后果的；

（六）其他应当追究刑事责任的情形。

具有下列情形之一的，应当认定为刑法第三百五十五条第一款规定的“情节严重”：

（一）非法提供麻醉药品、精神药品达到刑法第三百四十七条第三款或者本解释第二条规定的“数量较大”标准的；

（二）非法提供麻醉药品、精神药品达到前款第一项规定的数量标准，且具有前款第三项至第五项规定的情形之一的；

（三）其他情节严重的情形。

法律适用 司法解释

二、最高人民检察院、公安部《关于公安机关管辖的刑事案件立案追诉标准的规定（三）》（节录）（2012年5月16日最高人民检察院、公安部公布　自公布之日起施行　公通字〔2012〕26号）

第十二条　［非法提供麻醉药品、精神药品案（刑法第三百五十五条）］依法从事生产、运输、管理、使用国家管制的麻醉药品、精神药品的个人或者单位，违反国家规定，向吸食、注射毒品的人员提供国家规定管制的能够使人形成瘾癖的麻醉药品、精神药品，涉嫌下列情形之一的，应予立案追诉：

（一）非法提供鸦片二十克以上、吗啡二克以上、度冷丁（杜冷丁）五克以上（针剂100mg/支规格的五十支以上，50mg/支规格的一百支以上；片剂25mg/片规格的二百片以上，50mg/片规格的一百片以上）、盐酸二氢埃托啡零点二毫克以上（针剂或者片剂20ug/支、片规格的十支、片以上）、氯胺酮、美沙酮二十克以上、三唑仑、安眠酮一千克以上、咖啡因五千克以上、氯氮卓、艾司唑仑、地西泮、溴西泮十千克以上，以及其他麻醉药品和精神药品数量较大的；

（二）虽未达到上述数量标准，但非法提供麻醉药品、精神药品两次以上，数量累计达到前项规定的数量标准百分之八十以上的；

（三）因非法提供麻醉药品、精神药品被行政处罚，又非法提供麻醉药品、精神药品的；

（四）向吸食、注射毒品的未成年人提供麻醉药品、精神药品的；

（五）造成严重后果或者其他情节严重的。

依法从事生产、运输、管理、使用国家管制的麻醉药品、精神药品的人员或者单位，违反国家规定，向走私、贩卖毒品的犯罪分子提供国家规定管制的能够使人形成瘾癖的麻醉药品、精神药品的，或者以牟利为目的，向吸食、注射毒品的人提供国家规定管制的能够使人形成瘾癖的麻醉药品、精神药品的，以走私、贩卖毒品罪立案追诉。

三、最高人民检察院关于《非药用类麻醉药品和精神药品管制品种增补目录》能否作为认定毒品依据的批复（2019年4月29日最高人民检察院公布　自公布之日起施行　高检发释字〔2019〕2号）

河南省人民检察院：

你院《关于〈非药用类麻醉药品和精神药品管制品种增补目录〉能否作为认定毒品的依据的请示》收悉。经研究，批复如下：

根据《中华人民共和国刑法》第三百五十七条和《中华人民共和国禁毒法》第二条的规定，毒品是指鸦片、海洛因、甲基苯丙胺（冰毒）、吗啡、大麻、可卡因以及国家规定管制的其他能够使人形成瘾癖的麻醉药品和精神药品。

2015年10月1日起施行的公安部、国家食品药品监督管理总局、国家卫生和计划生育委员会、国家禁毒委员会办公室《非药用类麻醉药品和精神药品列管办法》及其附表《非药用类麻醉药品和精神药品管制品种增补目录》，是根据国务院《麻醉药品和精神药品管理条例》第三条第二款授权制定的，《非药用类麻醉药品和精神药品管制品种增补目录》可以作为认定毒品的依据。

此复。

法律适用　相关法律法规

一、《麻醉药品和精神药品管理条例》（节录）（2005 年 8 月 3 日中华人民共和国国务院令第 442 号公布　自 2005 年 11 月 1 日起施行　2013 年 12 月 7 日第一次修订　2016 年 2 月 6 日第二次修订）

第三条　本条例所称麻醉药品和精神药品，是指列入麻醉药品目录、精神药品目录（以下称目录）的药品和其他物质。精神药品分为第一类精神药品和第二类精神药品。

目录由国务院药品监督管理部门会同国务院公安部门、国务院卫生主管部门制定、调整并公布。

上市销售但尚未列入目录的药品和其他物质或者第二类精神药品发生滥用，已经造成或者可能造成严重社会危害的，国务院药品监督管理部门会同国务院公安部门、国务院卫生主管部门应当及时将该药品和该物质列入目录或者将该第二类精神药品调整为第一类精神药品。

第四条　国家对麻醉药品药用原植物以及麻醉药品和精神药品实行管制。除本条例另有规定的外，任何单位、个人不得进行麻醉药品药用原植物的种植以及麻醉药品和精神药品的实验研究、生产、经营、使用、储存、运输等活动。

第三十条　麻醉药品和第一类精神药品不得零售。

禁止使用现金进行麻醉药品和精神药品交易，但是个人合法购买麻醉药品和精神药品的除外。

第三十一条　经所在地设区的市级药品监督管理部门批准，实行统一进货、统一配送、统一管理的药品零售连锁企业可以从事第二类精神药品零售业务。

第三十二条　第二类精神药品零售企业应当凭执业医师出具的处方，按规定剂量销售第二类精神药品，并将处方保存 2 年备查；禁止超剂量或者无处方销售第二类精神药品；不得向未成年人销售第二类精神药品。

第六十二条　县级以上人民政府卫生主管部门应当对执业医师开具麻醉药品和精神药品处方的情况进行监督检查。

第六十三条　药品监督管理部门、卫生主管部门和公安机关应当互相通报麻醉药品和精神药品生产、经营企业和使用单位的名单以及其他管理信息。

各级药品监督管理部门应当将在麻醉药品药用原植物的种植以及麻醉药品和精神药品的实验研究、生产、经营、使用、储存、运输等各环节的管理中的审批、撤销等事项通报同级公安机关。

麻醉药品和精神药品的经营企业、使用单位报送各级药品监督管理部门的备案事项，应当同时报送同级公安机关。

第六十四条　发生麻醉药品和精神药品被盗、被抢、丢失或者其他流入非法渠道的情形的，案发单位应当立即采取必要的控制措施，同时报告所在地县级公安机关和药品监督管理部门。医疗机构发生上述情形的，还应当报告其主管部门。

公安机关接到报告、举报，或者有证据证明麻醉药品和精神药品可能流入非法渠道时，应当及时开展调查，并可以对相关单位采取必要的控制措施。

药品监督管理部门、卫生主管部门以及其他有关部门应当配合公安机关开展工作。

第七十三条　具有麻醉药品和第一类精神药品处方资格的执业医师，违反本条例的规定开具麻醉药品和第一类精神药品处方，或者未按照临床应用指导原则的要求使用麻醉药品和第一类精神药品的，由其所在医疗机构取消其麻醉药品和第一类精神药

法律适用

相关法律法规

品处方资格；造成严重后果的，由原发证部门吊销其执业证书。执业医师未按照临床应用指导原则的要求使用第二类精神药品或者未使用专用处方开具第二类精神药品，造成严重后果的，由原发证部门吊销其执业证书。

未取得麻醉药品和第一类精神药品处方资格的执业医师擅自开具麻醉药品和第一类精神药品处方，由县级以上人民政府卫生主管部门给予警告，暂停其执业活动；造成严重后果的，吊销其执业证书；构成犯罪的，依法追究刑事责任。

处方的调配人、核对人违反本条例的规定未对麻醉药品和第一类精神药品处方进行核对，造成严重后果的，由原发证部门吊销其执业证书。

第八十一条 依法取得麻醉药品药用原植物种植或者麻醉药品和精神药品实验研究、生产、经营、使用、运输等资格的单位，倒卖、转让、出租、出借、涂改其麻醉药品和精神药品许可证明文件的，由原审批部门吊销相应许可证明文件，没收违法所得；情节严重的，处违法所得2倍以上5倍以下的罚款；没有违法所得的，处2万元以上5万元以下的罚款；构成犯罪的，依法追究刑事责任。

第八十二条 违反本条例的规定，致使麻醉药品和精神药品流入非法渠道造成危害，构成犯罪的，依法追究刑事责任；尚不构成犯罪的，由县级以上公安机关处5万元以上10万元以下的罚款；有违法所得的，没收违法所得；情节严重的，处违法所得2倍以上5倍以下的罚款；由原发证部门吊销其药品生产、经营和使用许可证明文件。

药品监督管理部门、卫生主管部门在监督管理工作中发现前款规定情形的，应当立即通报所在地同级公安机关，并依照国家有关规定，将案件以及相关材料移送公安机关。

第八十三条 本章规定由药品监督管理部门作出的行政处罚，由县级以上药品监督管理部门按照国务院药品监督管理部门规定的职责分工决定。

二、《反兴奋剂条例》（节录）（2004年1月13日中华人民共和国国务院令第398号公布　自2004年3月1日起施行　2011年1月8日第一次修订　2014年7月29日第二次修订　2018年9月18日修正）

第三十七条 体育主管部门和其他行政机关及其工作人员不履行职责，或者包庇、纵容非法使用、提供兴奋剂，或者有其他违反本条例行为的，对负有责任的主管人员和其他直接责任人员，依法给予行政处分；构成犯罪的，依法追究刑事责任。

规章及规范性文件

一、食品药品监管总局（已撤销）、公安部、国家卫生计生委（已撤销）《关于公布麻醉药品和精神药品品种目录的通知》（2013年11月11日公布　自2014年1月1日起施行　食药监药化监〔2013〕230号）

各省、自治区、直辖市食品药品监督管理局、公安厅（局）、卫生厅局（卫生计生委），新疆生产建设兵团食品药品监督管理局、公安局、卫生局：

根据《麻醉药品和精神药品管理条例》第三条规定，现公布《麻醉药品品种目录（2013年版）》和《精神药品品种目录（2013年版）》，自2014年1月1日起施行。

附件：1.《麻醉药品品种目录》（2013年版）

2.《精神药品品种目录》（2013年版）

麻醉药品品种目录
（2013 年版）

序号	中文名	英文名	CAS 号	备注
1	醋托啡	Acetorphine	25333 - 77 - 1	
2	乙酰阿法甲基芬太尼	Acetyl-alpha-methylfentanyl	101860 - 00 - 8	
3	醋美沙多	Acetylmethadol	509 - 74 - 0	
4	阿芬太尼	Alfentanil	71195 - 58 - 9	
5	烯丙罗定	Allylprodine	25384 - 17 - 2	
6	阿醋美沙多	Alphacetylmethadol	17199 - 58 - 5	
7	阿法美罗定	Alphameprodine	468 - 51 - 9	
8	阿法美沙多	Alphamethadol	17199 - 54 - 1	
9	阿法甲基芬太尼	Alpha-methylfentanyl	79704 - 88 - 4	
10	阿法甲基硫代芬太尼	Alpha-methylthiofentanyl	103963 - 66 - 2	
11	阿法罗定	Alphaprodine	77 - 20 - 3	
12	阿尼利定	Anileridine	144 - 14 - 9	
13	苄替啶	Benzethidine	3691 - 78 - 9	
14	苄吗啡	Benzylmorphine	36418 - 34 - 5	
15	倍醋美沙多	Betacetylmethadol	17199 - 59 - 6	
16	倍他羟基芬太尼	Beta-hydroxyfentanyl	78995 - 10 - 5	
17	倍他羟基 - 3 - 甲基芬太尼	Beta-hydroxy - 3 - methylfentanyl	78995 - 14 - 9	
18	倍他美罗定	Betameprodine	468 - 50 - 8	
19	倍他美沙多	Betamethadol	17199 - 55 - 2	
20	倍他罗定	Betaprodine	468 - 59 - 7	
21	贝齐米特	Bezitramide	15301 - 48 - 1	
22	大麻和大麻树脂与大麻浸膏和酊	Cannabis and Cannabis Resin and Extracts and Tinctures of Cannabis	8063 - 14 - 7 6465 - 30 - 1	
23	氯尼他秦	Clonitazene	3861 - 76 - 5	
24	古柯叶	Coca Leaf		
25	可卡因 *	Cocaine	50 - 36 - 2	
26	可多克辛	Codoxime	7125 - 76 - 0	

法律适用 规章及规范性文件

序号	中文名	英文名	CAS 号	备注
27	罂粟浓缩物 *	Concentrate of Poppy Straw		包括罂粟果提取物 *，罂粟果提取物粉 *
28	地索吗啡	Desomorphine	427 - 00 - 9	
29	右吗拉胺	Dextromoramide	357 - 56 - 2	
30	地恩丙胺	Diampromide	552 - 25 - 0	
31	二乙噻丁	Diethylthiambutene	86 - 14 - 6	
32	地芬诺辛	Difenoxin	28782 - 42 - 5	
33	二氢埃托啡 *	Dihydroetorphine	14357 - 76 - 7	
34	双氢吗啡	Dihydromorphine	509 - 60 - 4	
35	地美沙多	Dimenoxadol	509 - 78 - 4	
36	地美庚醇	Dimepheptanol	545 - 90 - 4	
37	二甲噻丁	Dimethylthiambutene	524 - 84 - 5	
38	吗苯丁酯	Dioxaphetyl Butyrate	467 - 86 - 7	
39	地芬诺酯 *	Diphenoxylate	915 - 30 - 0	
40	地匹哌酮	Dipipanone	467 - 83 - 4	
41	羟蒂巴酚	Drotebanol	3176 - 03 - 2	
42	芽子碱	Ecgonine	481 - 37 - 8	
43	乙甲噻丁	Ethylmethylthiambutene	441 - 61 - 2	
44	依托尼秦	Etonitazene	911 - 65 - 9	
45	埃托啡	Etorphine	14521 - 96 - 1	
46	依托利定	Etoxeridine	469 - 82 - 9	
47	芬太尼 *	Fentanyl	437 - 38 - 7	
48	呋替啶	Furethidine	2385 - 81 - 1	
49	海洛因	Heroin	561 - 27 - 3	
50	氢可酮 *	Hydrocodone	125 - 29 - 1	
51	氢吗啡醇	Hydromorphinol	2183 - 56 - 4	
52	氢吗啡酮 *	Hydromorphone	466 - 99 - 9	
53	羟哌替啶	Hydroxypethidine	468 - 56 - 4	
54	异美沙酮	Isomethadone	466 - 40 - 0	
55	凯托米酮	Ketobemidone	469 - 79 - 4	

序号	中文名	英文名	CAS 号	备注
56	左美沙芬	Levomethorphan	125 – 70 – 2	
57	左吗拉胺	Levomoramide	5666 – 11 – 5	
58	左芬啡烷	Levophenacylmorphan	10061 – 32 – 2	
59	左啡诺	Levorphanol	77 – 07 – 6	
60	美他佐辛	Metazocine	3734 – 52 – 9	
61	美沙酮 *	Methadone	76 – 99 – 3	
62	美沙酮中间体	Methadone Intermediate	125 – 79 – 1	4 – 氰基 – 2 – 二甲氨基 – 4，4 – 二苯基丁烷
63	甲地索啡	Methyldesorphine	16008 – 36 – 9	
64	甲二氢吗啡	Methyldihydromorphine	509 – 56 – 8	
65	3 – 甲基芬太尼	3 – Methylfentanyl	42045 – 86 – 3	
66	3 – 甲基硫代芬太尼	3 – Methylthiofentanyl	86052 – 04 – 2	
67	美托酮	Metopon	143 – 52 – 2	
68	吗拉胺中间体	Moramide Intermediate	3626 – 55 – 9	2 – 甲基 – 3 – 吗啉基 – 1，1 – 二苯基丁酸
69	吗哌利定	Morpheridine	469 – 81 – 8	
70	吗啡 *	Morphine	57 – 27 – 2	包括吗啡阿托品注射液 *
71	吗啡甲溴化物	Morphine Methobromide	125 – 23 – 5	包括其他五价氮吗啡衍生物，特别包括吗啡 – N – 氧化物，其中一种是可待因 – N – 氧化物
72	吗啡 – N – 氧化物	Morphine – N – oxide	639 – 46 – 3	

序号	中文名	英文名	CAS 号	备注
73	1－甲基－4－苯基－4－哌啶丙酸酯	1－Methyl－4－phenyl－4－piperidinol propionate (ester)	13147－09－6	MPPP
74	麦罗啡	Myrophine	467－18－5	
75	尼可吗啡	Nicomorphine	639－48－5	
76	诺美沙多	Noracymethadol	1477－39－0	
77	去甲左啡诺	Norlevorphanol	1531－12－0	
78	去甲美沙酮	Normethadone	467－85－6	
79	去甲吗啡	Normorphine	466－97－7	
80	诺匹哌酮	Norpipanone	561－48－8	
81	阿片*	Opium	8008－60－4	包括复方樟脑酊*、阿桔片*
82	奥列巴文	Oripavine	467－04－9	
83	羟考酮*	Oxycodone	76－42－5	
84	羟吗啡酮	Oxymorphone	76－41－5	
85	对氟芬太尼	Para－fluorofentanyl	90736－23－5	
86	哌替啶*	Pethidine	57－42－1	
87	哌替啶中间体 A	Pethidine Intermediate A	3627－62－1	4－氰基－1－甲基－4－苯基哌啶
88	哌替啶中间体 B	Pethidine Intermediate B	77－17－8	4－苯基哌啶－4－羧酸乙酯
89	哌替啶中间体 C	Pethidine Intermediate C	3627－48－3	1－甲基－4－苯基哌啶－4－羧酸
90	苯吗庚酮	Phenadoxone	467－84－5	
91	非那丙胺	Phenampromide	129－83－9	
92	非那佐辛	Phenazocine	127－35－5	
93	1－苯乙基－4－苯基－4－哌啶乙酸酯	1－Phenethyl－4－phenyl－4－piperidinol acetate (ester)	64－52－8	PEPAP

序号	中文名	英文名	CAS 号	备注
94	非诺啡烷	Phenomorphan	468 - 07 - 5	
95	苯哌利定	Phenoperidine	562 - 26 - 5	
96	匹米诺定	Piminodine	13495 - 09 - 5	
97	哌腈米特	Piritramide	302 - 41 - 0	
98	普罗庚嗪	Proheptazine	77 - 14 - 5	
99	丙哌利定	Properidine	561 - 76 - 2	
100	消旋甲啡烷	Racemethorphan	510 - 53 - 2	
101	消旋吗拉胺	Racemoramide	545 - 59 - 5	
102	消旋啡烷	Racemorphan	297 - 90 - 5	
103	瑞芬太尼 *	Remifentanil	132875 - 61 - 7	
104	舒芬太尼 *	Sufentanil	56030 - 54 - 7	
105	醋氢可酮	Thebacon	466 - 90 - 0	
106	蒂巴因 *	Thebaine	115 - 37 - 7	
107	硫代芬太尼	Thiofentanyl	1165 - 22 - 6	
108	替利定	Tilidine	20380 - 58 - 9	
109	三甲利定	Trimeperidine	64 - 39 - 1	
110	醋氢可待因	Acetyldihydrocodeine	3861 - 72 - 1	
111	可待因 *	Codeine	76 - 57 - 3	
112	右丙氧芬 *	Dextropropoxyphene	469 - 62 - 5	
113	双氢可待因 *	Dihydrocodeine	125 - 28 - 0	
114	乙基吗啡 *	Ethylmorphine	76 - 58 - 4	
115	尼可待因	Nicocodine	3688 - 66 - 2	
116	烟氢可待因	Nicodicodine	808 - 24 - 2	
117	去甲可待因	Norcodeine	467 - 15 - 2	
118	福尔可定 *	Pholcodine	509 - 67 - 1	
119	丙吡兰	Propiram	15686 - 91 - 6	
120	布桂嗪 *	Bucinnazine		
121	罂粟壳 *	Poppy Shell		

注：1. 上述品种包括其可能存在的盐和单方制剂（除非另有规定）。
2. 上述品种包括其可能存在的异构体、酯及醚（除非另有规定）。
3. 品种目录有 * 的麻醉药品为我国生产及使用的品种。

精神药品品种目录
（2013年版）

第一类

序号	中文名	英文名	CAS号	备注
1	布苯丙胺	Brolamfetamine	64638－07－9	DOB
2	卡西酮	Cathinone	71031－15－7	
3	二乙基色胺	3－［2－（Diethylamino）ethyl］indole	7558－72－7	DET
4	二甲氧基安非他明	（±）－2，5－Dimethoxy－alpha-methylphenethylamine	2801－68－5	DMA
5	（1，2－二甲基庚基）羟基四氢甲基二苯吡喃	3－（1，2－dimethylheptyl）－7，8，9，10－tetrahydro－6，6，9－trimethyl－6Hdibenzo［b，d］pyran－1－ol	32904－22－6	DMHP
6	二甲基色胺	3－［2－（Dimethylamino）ethyl］indole	61－50－7	DMT
7	二甲氧基乙基安非他明	（±）－4-ethyl－2，5－dimethoxy-α-methylphenethylamine	22139－65－7	DOET
8	乙环利定	Eticyclidine	2201－15－2	PCE
9	乙色胺	Etryptamine	2235－90－7	
10	羟芬胺	（±）－N－［alpha-methyl－3，4－（methylenedioxy）phenethyl］hydroxylamine	74698－47－8	N－hydroxy MDA
11	麦角二乙胺	（+）－Lysergide	50－37－3	LSD
12	乙芬胺	（±）－N-ethyl-alpha-methyl－3，4－（methylenedioxy）phenethylamine	82801－81－8	N-ethyl MDA

序号	中文名	英文名	CAS 号	备注
13	二亚甲基双氧安非他明	(±) -N, alpha-dimethyl-3, 4-(methylene-dioxy) phenethylamine	42542-10-9	MDMA
14	麦司卡林	Mescaline	54-04--6	
15	甲卡西酮	Methcathinone	5650-44-2(右旋体), 49656-78-2(右旋体盐酸盐), 112117-24-5(左旋体), 66514-93-0(左旋体盐酸盐).	
16	甲米雷司	4-Methylaminorex	3568-94-3	
17	甲羟芬胺	5-methoxy-α-methyl-3, 4-(methylenedioxy) phenethylamine	13674-05-0	MMDA
18	4-甲基硫基安非他明	4-Methylthioamfetamine	14116-06-4	
19	六氢大麻酚	Parahexyl	117-51-1	
20	副甲氧基安非他明	P-methoxy-alpha-methylphenethylamine	64-13-1	PMA
21	赛洛新	Psilocine	520-53-6	
22	赛洛西宾	Psilocybine	520-52-5	
23	咯环利定	Rolicyclidine	2201-39-0	PHP
24	二甲氧基甲苯异丙胺	2, 5-Dimethoxy-alpha, 4-dimethylphenethylamine	15588-95-1	STP
25	替苯丙胺	Tenamfetamine	4764-17-4	MDA
26	替诺环定	Tenocyclidine	21500-98-1	TCP
27	四氢大麻酚	Tetrahydrocannabinol		包括同分异构体及其立体化学变体

法律适用 规章及规范性文件

序号	中文名	英文名	CAS 号	备注
28	三甲氧基安非他明	(±)-3,4,5-Trimethoxy-alpha-methylphenethylamine	1082-88-8	TMA
29	苯丙胺	Amfetamine	300-62-9	
30	氨奈普汀	Amineptine	57574-09-1	
31	2,5-二甲氧基-4-溴苯乙胺	4-Bromo-2,5-dimethoxyphenethyl-amine	66142-81-2	2-CB
32	右苯丙胺	Dexamfetamine	51-64-9	
33	屈大麻酚	Dronabinol	1972-08-3	δ-9-四氢大麻酚及其立体化学异构体
34	芬乙茶碱	Fenetylline	3736-08-1	
35	左苯丙胺	Levamfetamine	156-34-3	
36	左甲苯丙胺	Levomethamfetamine	33817-09-3	
37	甲氯喹酮	Mecloqualone	340-57-8	
38	去氧麻黄碱	Metamfetamine	537-46-2	
39	去氧麻黄碱外消旋体	Metamfetamine Racemate	7632-10-2	
40	甲喹酮	Methaqualone	72-44-6	
41	哌醋甲酯*	Methylphenidate	113-45-1	
42	苯环利定	Phencyclidine	77-10-1	PCP
43	芬美曲秦	Phenmetrazine	134-49-6	
44	司可巴比妥*	Secobarbital	76-73-3	
45	齐培丙醇	Zipeprol	34758-83-3	
46	安非拉酮	Amfepramone	90-84-6	
47	苄基哌嗪	Benzylpiperazine	2759-28-6	BZP
48	丁丙诺啡*	Buprenorphine	52485-79-7	
49	1-丁基-3-(1-萘甲酰基)吲哚	1-Butyl-3-(1-naphthoyl) indole	208987-48-8	JWH-073
50	恰特草	Catha edulis Forssk		Khat

序号	中文名	英文名	CAS 号	备注
51	2，5－二甲氧基－4－碘苯乙胺	2，5－Dimethoxy－4－iodophenethylamine	69587－11－7	2C－I
52	2，5－二甲氧基苯乙胺	2，5 － Dimethoxy-phenethylamine	3600－86－0	2C－H
53	二甲基安非他明	Dimethylamfetamine	4075－96－1	
54	依他喹酮	Etaqualone	7432－25－9	
55	[1－（5－氟戊基）－1H－吲哚－3－基］（2－碘苯基）甲酮	（1－（5－Fluoropentyl）－3－（2－iodobenzoyl）indole）	335161－03－0	AM－694
56	1－（5－氟戊基）－3－（1－萘甲酰基）－1H－吲哚	1－（5－Fluoropentyl）－3－（1－naphthoyl）indole	335161－24－5	AM－2201
57	γ－羟丁酸＊	Gamma-hydroxybutyrate	591－81－1	GHB
58	氯胺酮＊	Ketamine	6740－88－1	
59	马吲哚＊	Mazindol	22232－71－9	
60	2－（2－甲氧基苯基）－1－（1－戊基－1H－吲哚－3－基）乙酮	2－（2－Methoxyphenyl）－1－（1－pentyl－1H－indol－3－yl）ethanone	864445－43－2	JWH－250
61	亚甲基二氧吡咯戊酮	Methylenedioxypyrovalerone	687603－66－3	MDPV
62	4－甲基乙卡西酮	4－Methylethcathinone	1225617－18－4	4－MEC
63	4－甲基甲卡西酮	4－Methylmethcathinone	5650－44－2	4－MMC
64	3，4－亚甲二氧基甲卡西酮	3，4 － Methylenedioxy-N-methylcathinone	186028－79－5	Methylone
65	莫达非尼	Modafinil	68693－11－8	
66	1－戊基－3－（1－萘甲酰基）吲哚	1－Pentyl－3－（1－naphthoyl）indole	209414－07－3	JWH－018
67	他喷他多	Tapentadol	175591－23－8	
68	三唑仑＊	Triazolam	28911－01－5	

第二类

序号	中文名	英文名	CAS 号	备注
1	异戊巴比妥 *	Amobarbital	57 – 43 – 2	
2	布他比妥	Butalbital	77 – 26 – 9	
3	去甲伪麻黄碱	Cathine	492 – 39 – 7	
4	环己巴比妥	Cyclobarbital	52 – 31 – 3	
5	氟硝西泮	Flunitrazepam	1622 – 62 – 4	
6	格鲁米特 *	Glutethimide	77 – 21 – 4	
7	喷他佐辛 *	Pentazocine	55643 – 30 – 6	
8	戊巴比妥 *	Pentobarbital	76 – 74 – 4	
9	阿普唑仑 *	Alprazolam	28981 – 97 – 7	
10	阿米雷司	Aminorex	2207 – 50 – 3	
11	巴比妥 *	Barbital	57 – 44 – 3	
12	苄非他明	Benzfetamine	156 – 08 – 1	
13	溴西泮	Bromazepam	1812 – 30 – 2	
14	溴替唑仑	Brotizolam	57801 – 81 – 7	
15	丁巴比妥	Butobarbital	77 – 28 – 1	
16	卡马西泮	Camazepam	36104 – 80 – 0	
17	氯氮	Chlordiazepoxide	58 – 25 – 3	
18	氯巴占	Clobazam	22316 – 47 – 8	
19	氯硝西泮 *	Clonazepam	1622 – 61 – 3	
20	氯拉酸	Clorazepate	23887 – 31 – 2	
21	氯噻西泮	Clotiazepam	33671 – 46 – 4	
22	氯噁唑仑	Cloxazolam	24166 – 13 – 0	
23	地洛西泮	Delorazepam	2894 – 67 – 9	
24	地西泮 *	Diazepam	439 – 14 – 5	
25	艾司唑仑 *	Estazolam	29975 – 16 – 4	
26	乙氯维诺	Ethchlorvynol	113 – 18 – 8	
27	炔己蚁胺	Ethinamate	126 – 52 – 3	
28	氯氟乙酯	Ethyl Loflazepate	29177 – 84 – 2	
29	乙非他明	Etilamfetamine	457 – 87 – 4	
30	芬坎法明	Fencamfamin	1209 – 98 – 9	
31	芬普雷司	Fenproporex	16397 – 28 – 7	

序号	中文名	英文名	CAS 号	备注
32	氟地西泮	Fludiazepam	3900－31－0	
33	氟西泮 *	Flurazepam	17617－23－1	
34	哈拉西泮	Halazepam	23092－17－3	
35	卤沙唑仑	Haloxazolam	59128－97－1	
36	凯他唑仑	Ketazolam	27223－35－4	
37	利非他明	Lefetamine	7262－75－1SPA	
38	氯普唑仑	Loprazolam	61197－73－7	
39	劳拉西泮 *	Lorazepam	846－49－1	
40	氯甲西泮	Lormetazepam	848－75－9	
41	美达西泮	Medazepam	2898－12－6	
42	美芬雷司	Mefenorex	17243－57－1	
43	甲丙氨酯 *	Meprobamate	57－53－4	
44	美索卡	Mesocarb	34262－84－5	
45	甲苯巴比妥	Methylphenobarbital	115－38－8	
46	甲乙哌酮	Methyprylon	125－64－4	
47	咪达唑仑 *	Midazolam	59467－70－8	
48	尼美西泮	Nimetazepam	2011－67－8	
49	硝西泮 *	Nitrazepam	146－22－5	
50	去甲西泮	Nordazepam	1088－11－5	
51	奥沙西泮 *	Oxazepam	604－75－1	
52	奥沙唑仑	Oxazolam	24143－17－7	
53	匹莫林 *	Pemoline	2152－34－3	
54	苯甲曲秦	Phendimetrazine	634－03－7	
55	苯巴比妥 *	Phenobarbital	50－06－6	
56	芬特明	Phentermine	122－09－8	
57	匹那西泮	Pinazepam	52463－83－9	
58	哌苯甲醇	Pipradrol	467－60－7	
59	普拉西泮	Prazepam	2955－38－6	
60	吡咯戊酮	Pyrovalerone	3563－49－3	
61	仲丁比妥	Secbutabarbital	125－40－6	
62	替马西泮	Temazepam	846－50－4	
63	四氢西泮	Tetrazepam	10379－14－3	

序号	中文名	英文名	CAS号	备注
64	乙烯比妥	Vinylbital	2430-49-1	
65	唑吡坦*	Zolpidem	82626-48-0	
66	阿洛巴比妥	Allobarbital	58-15-1	
67	丁丙诺啡透皮贴剂*	Buprenorphine Transdermal patch		
68	布托啡诺及其注射剂*	Butorphanol and its injection	42408-82-2	
69	咖啡因*	Caffeine	58-08-2	
70	安钠咖*	Caffeine Sodium Benzoate		CNB
71	右旋芬氟拉明	Dexfenfluramine	3239-44-9	
72	地佐辛及其注射剂*	Dezocine and Its Injection	53648-55-8	
73	麦角胺咖啡因片*	Ergotamine and Caffeine Tablet	379-79-3	
74	芬氟拉明	Fenfluramine	458-24-2	
75	呋芬雷司	Furfennorex	3776-93-0	
76	纳布啡及其注射剂	Nalbuphine and its injection	20594-83-6	
77	氨酚氢可酮片*	Paracetamol and Hydrocodone Bitartrate Tablet		
78	丙己君	Propylhexedrine	101-40-6	
79	曲马多*	Tramadol	27203-92-5	
80	扎来普隆*	Zaleplon	151319-34-5	
81	佐匹克隆	Zopiclone	43200-80-2	

注：1. 上述品种包括其可能存在的盐和单方制剂（除非另有规定）。

2. 上述品种包括其可能存在的异构体（除非另有规定）。

3. 品种目录有*的精神药品为我国生产及使用的品种。

二、公安部、国家卫生计生委（已撤销）、国家食品药品监管总局（已撤销）、国家禁毒办《非药用类麻醉药品和精神药品列管办法》（2015年9月24日公布 自2015年10月1日起施行 公通字〔2015〕27号）

第一条 为加强对非药用类麻醉药品和精神药品的管理，防止非法生产、经营、运输、使用和进出口，根据《中华人民共和国禁毒法》和《麻醉药品和精神药品管理条例》等法律、法规的规定，制定本办法。

第二条 本办法所称的非药用类麻醉药品和精神药品，是指未作为药品生产和使用，具有成瘾性或者成瘾潜力且易被滥用的物质。

第三条 麻醉药品和精神药品按照药用类和非药用类分类列管。除麻醉药品和精神药品管理品种目录已有列管品种外，新增非药用类麻醉药品和精神药品管制品种由本办法附表列示。非药用类麻醉药品和精神药品管制品种目录的调整由国务院公安部门会同国务院食品药品监督管理部门和国务院卫生计生行政部门负责。

非药用类麻醉药品和精神药品发现医药用途，调整列入药品目录的，不再列入非药用类麻醉药品和精神药品管制品种目录。

第四条 对列管的非药用类麻醉药品和精神药品，禁止任何单位和个人生产、买卖、运输、使用、储存和进出口。因科研、实验需要使用非药用类麻醉药品和精神药品，在药品、医疗器械生产、检测中需要使用非药用类麻醉药品和精神药品标准品、对照品，以及药品生产过程中非药用类麻醉药品和精神药品中间体的管理，按照有关规定执行。

各级公安机关和有关部门依法加强对非药用类麻醉药品和精神药品违法犯罪行为的打击处理。

第五条 各地禁毒委员会办公室（以下简称禁毒办）应当组织公安机关和有关部门加强对非药用类麻醉药品和精神药品的监测，并将监测情况及时上报国家禁毒办。国家禁毒办经汇总、分析后，应当及时发布预警信息。对国家禁毒办发布预警的未列管非药用类麻醉药品和精神药品，各地禁毒办应当进行重点监测。

第六条 国家禁毒办认为需要对特定非药用类麻醉药品和精神药品进行列管的，应当交由非药用类麻醉药品和精神药品专家委员会（以下简称专家委员会）进行风险评估和列管论证。

第七条 专家委员会由国务院公安部门、食品药品监督管理部门、卫生计生行政部门、工业和信息化管理部门、海关等部门的专业人员以及医学、药学、法学、司法鉴定、化工等领域的专家学者组成。

专家委员会应当对拟列管的非药用类麻醉药品和精神药品进行下列风险评估和列管论证，并提出是否予以列管的建议：

（一）成瘾性或者成瘾潜力；

（二）对人身心健康的危害性；

（三）非法制造、贩运或者走私活动情况；

（四）滥用或者扩散情况；

（五）造成国内、国际危害或者其他社会危害情况。

专家委员会启动对拟列管的非药用类麻醉药品和精神药品的风险评估和列管论证工作后，应当在3个月内完成。

第八条 对专家委员会评估后提出列管建议的，国家禁毒办应当建议国务院公安部门会同食品药品监督管理部门和卫生计生行政部门予以列管。

第九条 国务院公安部门会同食品药品监督管理部门和卫生计生行政部门应当在接到国家禁毒办列管建议后6个月内，完成对非药用类麻醉药品和精神药品的列管工作。

对于情况紧急、不及时列管不利于遏制危害发展蔓延的，风险评估和列管工作应当加快进程。

第十条 本办法自2015年10月1日起施行。

附表：

非药用类麻醉药品和精神药品管制品种增补目录

序号	中文名	英文名	CAS 号	备注
1	N－（2－甲氧基苄基）－2－（2，5－二甲氧基－4－溴苯基）乙胺	2－（4－Bromo－2，5－dimethoxyphenyl）－N－（2－methoxybenzyl）ethanamine	1026511－90－9	2C－B－NBOMe
2	2，5－二甲氧基－4－氯苯乙胺	4－Chloro－2，5－dimethoxyphenethylamine	88441－14－9	2C－C
3	N－（2－甲氧基苄基）－2－（2，5－二甲氧基－4－氯苯基）乙胺	2－（4－Chloro－2，5－dimethoxyphenyl）－N－（2－methoxybenzyl）ethanamine	1227608－02－7	2C－C－NBOMe
4	2，5－二甲氧基－4－甲基苯乙胺	4－Methyl－2，5－dimethoxyphenethylamine	24333－19－5	2C－D
5	N－（2－甲氧基苄基）－2－（2，5－二甲氧基－4－甲基苯基）乙胺	2－（4－Methyl－2，5－dimethoxyphenyl）－N－（2－methoxybenzyl）ethanamine	1354632－02－2	2C－D－NBOMe
6	2，5－二甲氧基－4－乙基苯乙胺	4－Ethyl－2，5－dimethoxyphenethylamine	71539－34－9	2C－E
7	N－（2－甲氧基苄基）－2－（2，5－二甲氧基－4－碘苯基）乙胺	2－（4－Iodo－2，5－dimethoxyphenyl）－N－（2－methoxybenzyl）ethanamine	919797－19－6	2C－I－NBOMe
8	2，5－二甲氧基－4－丙基苯乙胺	4－Propyl－2，5－dimethoxyphenethylamine	207740－22－5	2C－P
9	2，5－二甲氧基－4－乙硫基苯乙胺	4－Ethylthio－2，5－dimethoxyphenethylamine	207740－24－7	2C－T－2
10	2，5－二甲氧基－4－异丙基硫基苯乙胺	4－Isopropylthio－2，5－dimethoxyphenethylamine	207740－25－8	2C－T－4
11	2，5－二甲氧基－4－丙硫基苯乙胺	4－Propylthio－2，5－dimethox－phenethylaminc	207740－26－9	2C－T－7

序号	中文名	英文名	CAS 号	备注
12	2－氟苯丙胺	1－（2－Fluorophenyl）propan－2－amine	1716－60－5	2－FA
13	2－氟甲基苯丙胺	N－Methyl－1－（2－fluorophenyl）propan－2－aminc	1017176－48－5	2－FMA
14	1－（2－苯并呋喃基）－N－甲基－2－丙胺	N－Methyl－1－(benzofuran－2－yl) propan－2－amine	806596－15－6	2－MAPB
15	3－氟苯丙胺	1－（3－Fluorophenyl）propan－2－amine	1626－71－7	3－FA
16	3－氟甲基苯丙胺	N－Methyl－1－（3－fluorophenyl）propan－2－amine	1182818－14－9	3－FMA
17	4－氯苯丙胺	1－（4－Chlorophenyl）propan－2－amine	64－12－0	4－CA
18	4－氟苯丙胺	1－（4－Fluorophenyl）propan－2－amine	459－02－9	4－FA
19	4－氟甲基苯丙胺	N－Methyl－1－（4－fluorophenyl）propan－2－amine	351－03－1	4－FMA
20	1－［5－（2，3－二氢苯并呋喃基)］－2－丙胺	1－（2，3－Dihydro－1－benzofuran－5－yl）propan－2－amine	152624－03－8	5－APDB
21	1－（5－苯并呋喃基）－N－甲基－2－丙胺	N－Methyl－1－(benzofuran－5－yl) propan－2－amine	1354631－77－8	5－MAPB
22	6－溴－3，4－亚甲二氧基甲基苯丙胺	N－Methyl－（6－bromo－3，4－methylenedioxyphenyl) propan－2－amine		6－Br－MDMA
23	6－氯－3，4－亚甲二氧基甲基苯丙胺	N－Methyl－（6－chloro－3，4－methylenedioxyphenyl) propan－2－amine	319920－71－3	6－Cl－MDMA

序号	中文名	英文名	CAS号	备注
24	1－（2，5－二甲氧基－4－氯苯基）－2－丙胺	1－（4－Chloro－2，5－dimethoxyphenyl）propan－2－amine	123431－31－2	DOC
25	1－（2－噻吩基）－N－甲基－2－丙胺	N－Methyl－1－（thiophen－2－yl）propan－2－amine	801156－47－8	MPA
26	N－（1－氨甲酰基－2－甲基丙基）－1－（5－氟戊基）吲哚－3－甲酰胺	N－（1－Amino－3－methyl－1－oxobutan－2－yl）－1－（5－fluoropentyl）－1*H*－indole－3－carboxamide	1801338－26－0	5F－ABICA
27	N－（1－氨甲酰基－2－甲基丙基）－1－（5－氟戊基）吲唑－3－甲酰胺	N－（1－Amino－3－methyl－1－oxobutan－2－yl）－1－（5－fluoropentyl）－1*H*－indazole－3－carboxamide	1800101－60－3	5F－AB－PINACA
28	N－（1－氨甲酰基－2，2－二甲基丙基）－1－（5－氟戊基）吲哚－3－甲酰胺	N－（1－Amino－3，3－dimethyl－1－oxobutan－2－yl）－1－（5－fluoropentyl）－1*H*－indole－3－carboxamide	1801338－27－1	5F－ADBICA
29	N－（1－甲氧基羰基－2－甲基丙基）－1－（5－氟戊基）吲唑－3－甲酰胺	1－Methoxy－3－methyl－1－oxobutan－2－yl－1－（5－fluoropentyl）－1*H*－indazole－3－carboxamide	1715016－74－2	5F－AMB
30	N－（1－金刚烷基）－1－（5－氟戊基）吲唑－3－甲酰胺	N－（1－Adamantyl）－1－（5－fluoropentyl）－1*H*－indazole－3－carboxamide	1400742－13－3	5F－APINACA
31	1－（5－氟戊基）吲哚－3－甲酸－8－喹啉酯	Quinolin－8－yl 1－（5－fluoropentyl）－1*H*－indole－3－carboxylate	1400742－41－7	5F－PB－22
32	1－（5－氟戊基）－3－（2，2，3，3－四甲基环丙甲酰基）吲哚	（1－（5－Fluoropentyl）－1*H*－indol－3－yl）（2，2，3，3－tetramethylcyclopropyl）methanone	1364933－54－9	5F－UR－144

序号	中文名	英文名	CAS 号	备注
33	1-[2-(N-吗啉基)乙基]-3-(2,2,3,3-四甲基环丙甲酰基)吲哚	(1-(2-Morpholin-4-ylethyl)-1*H*-indol-3-yl)(2,2,3,3-tetramethylcyclopropyl)methanone	895155-26-7	A-796,260
34	1-(4-四氢吡喃基甲基)-3-(2,2,3,3-四甲基环丙甲酰基)吲哚	(1-(Tetrahydropyran-4-ylmethyl)-1*H*-indol-3-yl)(2,2,3,3-tetramethylcyclopropyl)methanone	895155-57-4	A-834,735
35	N-(1-氨甲酰基-2-甲基丙基)-1-(环己基甲基)吲唑-3-甲酰胺	N-(1-Amino-3-methyl-1-oxobutan-2-yl)-1-(cyclohexylmethyl)-1*H*-indazole-3-carboxamide	1185887-21-1	AB-CHMINACA
36	N-(1-氨甲酰基-2-甲基丙基)-1-(4-氟苄基)吲唑-3-甲酰胺	N-(1-Amino-3-methyl-1-oxobutan-2-yl)-1-(4-fluorobenzyl)-1*H*-indazole-3-carboxamide	1629062-56-1	AB-FUBINACA
37	N-(1-氨甲酰基-2-甲基丙基)-1-戊基吲唑-3-甲酰胺	N-(1-Amino-3-methyl-1-oxobutan-2-yl)-1-pentyl-1*H*-indazole-3-carboxamide	1445583-20-9	AB-PINACA
38	N-(1-氨甲酰基-2,2-二甲基丙基)-1-戊基吲哚-3-甲酰胺	N-(1-Amino-3,3-dimethyl-1-oxobutan-2-yl)-1-pentyl-1*H*-indole-3-carboxamide	1445583-48-1	ADBICA
39	N-(1-氨甲酰基-2,2-二甲基丙基)-1-戊基吲唑-3-甲酰胺	N-(1-Amino-3,3-dimethyl-1-oxobutan-2-yl)-1-pentyl-1*H*-indazole-3-carboxamide	1633766-73-0	ADB-PINACA

法律适用 规章及规范性文件

序号	中文名	英文名	CAS号	备注
40	1－［（N－甲基－2－哌啶基）甲基］－3－（1－萘甲酰基）吲哚	(1－((1－Methylpiperidin－2－yl)methyl)－1*H*－indol－3－yl)(naphthalen－1－yl)methanone	137642－54－7	AM－1220
41	1－［（N－甲基－2－哌啶基）甲基］－3－（1－金刚烷基甲酰基）吲哚	(1－((1－Methylpiperidin－2－yl)methyl)－1*H*－indol－3－yl)(adamantan－1－yl)methanone	335160－66－2	AM－1248
42	1－［（N－甲基－2－哌啶基）甲基］－3－（2－碘苯甲酰基）吲哚	(1－((1－Methylpiperidin－2－yl)methyl)－1*H*－indol－3－yl)(2－iodophenyl)methanone	444912－75－8	AM－2233
43	N－（1－金刚烷基）－1－戊基吲哚－3－甲酰胺	N－(1－Adamantyl)－1－pentyl－1*H*－indole－3－carboxamide	1345973－50－3	APICA
44	N－（1－金刚烷基）－1－戊基吲唑－3－甲酰胺	N－(1－Adamantyl)－1－pentyl－1*H*－indazole－3－carboxamide	1345973－53－6	APINACA
45	1－（1－萘甲酰基）－4－戊氧基萘	(4－Pentyloxynaphthalen－1－yl)(naphthalen－1－yl)methanone	432047－72－8	CB－13
46	N－（1－甲基－1－苯基乙基）－1－（4－四氢吡喃基甲基）吲唑－3－甲酰胺	N－(2－Phenylpropan－2－yl)－1－(tetrahydropyran－4－ylmethyl)－1*H*－indazole－3－carboxamide	1400742－50－8	CUMYL－THPINACA
47	1－（5－氟戊基）－3－（4－乙基－1－萘甲酰基）吲哚	(1－(5－Fluoropentyl)－1*H*－indol－3－yl)(4－ethylnaphthalen－1－yl)methanone	1364933－60－7	EAM－2201
48	1－（4－氟苄基）－3－（1－萘甲酰基）吲哚	(1－(4－Fluorobenzyl)－1*H*－indol－3－yl)(naphthalen－1－yl)methanonc		FUB－JWH－018

序号	中文名	英文名	CAS 号	备注
49	1－（4－氟苄基）吲哚－3－甲酸－8－喹啉酯	Quinolin－8－yl 1－（4－fluorobenzyl）－1*H*－indole－3－carboxylate	1800098－36－5	FUB－PB－22
50	2－甲基－1－戊基－3－（1－萘甲酰基）吲哚	（2－Methyl－1－pentyl－1*H*－indol－3－yl）（naphthalen－1－yl）methanone	155471－10－6	JWH－007
51	2－甲基－1－丙基－3－（1－萘甲酰基）吲哚	（2－Methyl－1－propyl－1*H*－indol－3－yl）（naphthalen－1－yl）methanone	155471－08－2	JWH－015
52	1－己基－3－（1－萘甲酰基）吲哚	（1－Hexyl－1*H*－indol－3－yl）（naphthalen－1－yl）methanone	209414－08－4	JWH－019
53	1－戊基－3－（4－甲氧基－1－萘甲酰基）吲哚	（1－Pentyl－1*H*－indol－3－yl）（4－methoxynaphthalen－1－yl）methanone	210179－46－7	JWH－081
54	1－戊基－3－（4－甲基－1－萘甲酰基）吲哚	（1－Pentyl－1*H*－indol－3－yl）（4－methylnaphthalen－1－yl）methanone	619294－47－2	JWH－122
55	1－戊基－3－（2－氯苯乙酰基）吲哚	2－（2－Chlorophenyl）－1－（1－pentyl－1*H*－indol－3－yl）ethanone	864445－54－5	JWH－203
56	1－戊基－3－（4－乙基－1－萘甲酰基）吲哚	（1－Pentyl－1*H*－indol－3－yl）（4－ethylnaphthalen－1－yl）methanone	824959－81－1	JWH－210
57	1－戊基－2－（2－甲基苯基）－4－（1－萘甲酰基）吡咯	（5－（2－Methylphenyl）－1－pentyl－1*H*－pyrrol－3－yl）（naphthalen－1－yl）methanone	914458－22－3	JWH－370
58	1－（5－氟戊基）－3－（4－甲基－1－萘甲酰基）吲哚	（1－（5－Fluoropentyl）－1*H*－indol－3－yl）（4－methylnaphthalen－1－yl）methanone	1354631－24－5	MAM－2201

序号	中文名	英文名	CAS 号	备注
59	N－（1－甲氧基羰基－2，2－二甲基丙基）－1－（环己基甲基）吲哚－3－甲酰胺	N－（1－Methoxy－3，3－dimethyl－1－oxobutan－2－yl）－1－（cyclohexylmethyl）－1*H*－indole－3－carboxamide	1715016－78－6	MDMB－CHMICA
60	N－（1－甲氧基羰基－2，2－二甲基丙基）－1－（4－氟苄基）吲唑－3－甲酰胺	N－（1－Methoxy－3，3－dimethyl－1－oxobutan－2－yl）－1－（4－fluorobenzyl）－1*H*－indazole－3－carboxamide	1715016－77－5	MDMB－FUBINACA
61	1－戊基吲哚－3－甲酸－8－喹啉酯	Quinolin－8－yl 1－pentyl－1*H*－indole－3－carboxylate	1400742－17－7	PB－22
62	N－（1－氨甲酰基－2－苯基乙基）－1－（5－氟戊基）吲唑－3－甲酰胺	N－（1－Amino－1－oxo－3－phenylpropan－2－yl）－1－（5－fluoropentyl）－1*H*－indazole－3－carboxamide		PX－2
63	1－戊基－3－（4－甲氧基苯甲酰基）吲哚	（1－Pentyl－1*H*－indol－3－yl）（4－methoxyphenyl）methanone	1345966－78－0	RCS－4
64	N－（1－金刚烷基）－1－（5－氟戊基）吲哚－3－甲酰胺	N－（1－Adamantyl）－1－（5－fluoropentyl）－1*H*－indole－3－carboxamide	1354631－26－7	STS－135
65	1－戊基－3－（2，2，3，3－四甲基环丙甲酰基）吲哚	（1－Pentyl－1*H*－indol－3－yl）（2，2，3，3－tetramethylcyclopropyl）methanone	1199943－44－6	UR－144
66	2－氟甲卡西酮	1－（2－Fluorophenyl）－2－methylaminopropan－1－one	1186137－35－8	2－FMC
67	2－甲基甲卡西酮	1－（2－Methylphenyl）－2－methylaminopropan－1－one	1246911－71－6	2－MMC
68	3，4－二甲基甲卡西酮	1－（3，4－Dimethylphenyl）－2－methylaminopropan－1－one	1082110－00－6	3,4－DMMC

序号	中文名	英文名	CAS 号	备注
69	3－氯甲卡西酮	1－（3－Chlorophenyl）－2－methylaminopropan－1－one	1049677－59－9	3－CMC
70	3－甲氧基甲卡西酮	1－（3－Methoxyphenyl）－2－methylaminopropan－1－one	882302－56－9	3－MeOMC
71	3－甲基甲卡西酮	1－（3－Methylphenyl）－2－methylaminopropan－1－one	1246911－86－3	3－MMC
72	4－溴甲卡西酮	1－（4－Bromophenyl）－2－methylaminopropan－1－one	486459－03－4	4－BMC
73	4－氯甲卡西酮	1－（4－Chlorophenyl）－2－methylaminopropan－1－one	1225843－86－6	4－CMC
74	4－氟甲卡西酮	1－（4－Fluorophenyl）－2－methylaminopropan－1－one	447－40－5	4－FMC
75	1－（4－氟苯基）－2－（N－吡咯烷基）－1－戊酮	1－（4－Fluorophenyl）－2－（1－pyrrolidinyl）pentan－1－one	850352－62－4	4－F－α－PVP
76	1－（4－甲基苯基）－2－甲氨基－1－丁酮	1－（4－Methylphenyl）－2－methylaminobutan－1－one	1337016－51－9	4－MeBP
77	1－（4－甲氧基苯基）－2－（N－吡咯烷基）－1－戊酮	1－（4－Methoxyphenyl）－2－（1－pyrrolidinyl）pentan－1－one	14979－97－6	4－MeO－α－PVP
78	1－苯基－2－甲氨基－1－丁酮	1－Phenyl－2－methylaminobutan－1－one	408332－79－6	Buphedrone
79	2－甲氨基－1－［3，4－（亚甲二氧基）苯基］－1－丁酮	1－（3，4－Methylenedioxyphenyl）－2－methylaminobutan－1－one	802575－11－7	Butylone
80	2－二甲氨基－1－［3，4－（亚甲二氧基）苯基］－1－丙酮	1－（3，4－Methylenedioxyphenyl）－2－dimethylaminopropan－1－one	765231－58－1	Dimethylone

序号	中文名	英文名	CAS 号	备注
81	乙卡西酮	1 – Phenyl – 2 – ethylaminopropan – 1 – one	18259 – 37 – 5	Ethcathinone
82	3，4 – 亚甲二氧基乙卡西酮	1 – （3，4 – Methylenedioxyphenyl） – 2 – ethylaminopropan – 1 – one	1112937 – 64 – 0	Ethylone
83	1 – ［3，4 – （亚甲二氧基）苯基］ – 2 – （N – 吡咯烷基） – 1 – 丁酮	1 – （3，4 – Methylenedioxyphenyl） – 2 – （1 – pyrrolidinyl）butan – 1 – one	784985 – 33 – 7	MDPBP
84	1 – ［3，4 – （亚甲二氧基）苯基］ – 2 – （N – 吡咯烷基） – 1 – 丙酮	1 – （3，4 – Methylenedioxyphenyl） – 2 – （1 – pyrrolidinyl）propan – 1 – one	783241 – 66 – 7	MDPPP
85	4 – 甲氧基甲卡西酮	1 – （4 – Methoxyphenyl） – 2 – methylaminopropan – 1 – one	530 – 54 – 1	Methedrone
86	1 – 苯基 – 2 – 乙氨基 – 1 – 丁酮	1 – Phenyl – 2 – ethylaminobutan – 1 – one	1354631 – 28 – 9	NEB
87	1 – 苯基 – 2 – 甲氨基 – 1 – 戊酮	1 – Phenyl – 2 – methylaminopentan – 1 – one	879722 – 57 – 3	Pentedrone
88	1 – 苯基 – 2 – （N – 吡咯烷基） – 1 – 丁酮	1 – Phenyl – 2 – （1 – pyrrolidinyl）butan – 1 – one	13415 – 82 – 2	α – PBP
89	1 – 苯基 – 2 – （N – 吡咯烷基） – 1 – 己酮	1 – Phenyl – 2 – （1 – pyrrolidinyl）hexan – 1 – one	13415 – 86 – 6	α – PHP
90	1 – 苯基 – 2 – （N – 吡咯烷基） – 1 – 庚酮	1 – Phenyl – 2 – （1 – pyrrolidinyl）heptan – 1 – one	13415 – 83 – 3	α – PHPP
91	1 – 苯基 – 2 – （N – 吡咯烷基） – 1 – 戊酮	1 – Phenyl – 2 – （1 – pyrrolidinyl）pentan – 1 – one	14530 – 33 – 7	α – PVP
92	1 – （2 – 噻吩基） – 2 – （N – 吡咯烷基） – 1 – 戊酮	1 – （Thiophen – 2 – yl） – 2 – （1 – pyrrolidinyl）pentan – 1 – one	1400742 – 66 – 6	α – PVT

序号	中文名	英文名	CAS 号	备注
93	2－（3－甲氧基苯基）－2－乙氨基环己酮	2－（3－Methoxyphenyl）－2－（ethylamino）cyclohexanone	1239943－76－0	MXE
94	乙基去甲氯胺酮	2－（2－Chlorophenyl）－2－（ethylamino）cyclohexanone	1354634－10－8	NENK
95	N，N－二烯丙基－5－甲氧基色胺	5－Methoxy－N，N－diallyltryptamine	928822－98－4	5－MeO－DALT
96	N，N－二异丙基－5－甲氧基色胺	5－Methoxy－N，N－diisopropyltryptamine	4021－34－5	5－MeO－DiPT
97	N，N－二甲基－5－甲氧基色胺	5－Methoxy－N，N－dimethyltryptamine	1019－45－0	5－MeO－DMT
98	N－甲基－N－异丙基－5－甲氧基色胺	5－Methoxy－N－isopropyl－N－methyltryptamine	96096－55－8	5－MeO－MiPT
99	α－甲基色胺	alpha－Methyltryptamine	299－26－3	AMT
100	1，4－二苄基哌嗪	1，4－Dibenzylpiperazine	1034－11－3	DBZP
101	1－（3－氯苯基）哌嗪	1－（3－Chlorophenyl）piperazine	6640－24－0	mCPP
102	1－（3－三氟甲基苯基）哌嗪	1－（3－Trifluoromethylphenyl）piperazine	15532－75－9	TFMPP
103	2－氨基茚满	2－Aminoindane	2975－41－9	2－AI
104	5，6－亚甲二氧基－2－氨基茚满	5，6－Methylenedioxy－2－aminoindane	132741－81－2	MDAI
105	2－二苯甲基哌啶	2－Diphenylmethylpiperidine	519－74－4	2－DPMP
106	3，4－二氯哌甲酯	Methyl 2－（3，4－dichlorophenyl）－2－（piperidin－2－yl）acetate	1400742－68－8	3，4－CTMP
107	乙酰芬太尼	N－（1－Phenethylpiperidin－4－yl）－N－phenylacetamide	3258－84－2	Acetylfentanyl

法律适用 规章及规范性文件

序号	中文名	英文名	CAS 号	备注
108	3，4－二氯－N－［（1－二甲氨基环己基）甲基］苯甲酰胺	3，4－Dichloro－N－（（1－（dimethylamino）cyclohexyl）methyl）benzamide	55154－30－8	AH－7921
109	丁酰芬太尼	N－（1－Phenethylpiperidin－4－yl）－N－phenylbutyramide	1169－70－6	Butyrylfentanyl
110	哌乙酯	Ethyl 2－phenyl－2－（piperidin－2－yl）acetate	57413－43－1	Ethylphenidate
111	1－［1－（2－甲氧基苯基）－2－苯基乙基］哌啶	1－（1－（2－Methoxyphenyl）－2－phenylethyl）piperidine	127529－46－8	Methoxphenidine
112	芬纳西泮	7－Bromo－5－（2－chlorophenyl）－1，3－dihydro－2H－1，4－benzodiazepin－2－one	51753－57－2	Phenazepam
113	β－羟基硫代芬太尼	N－（1－（2－Hydroxy－2－（thiophen－2－yl）ethyl）piperidin－4－yl）－N－phenylpropanamide	1474－34－6	β－Hydroxythiofentanyl
114	4－氟丁酰芬太尼	N－（4－Fluorophenyl）－N－（1－phenethylpiperidin－4－yl）butyramide	244195－31－1	4－Fluorobutyrfentanyl
115	异丁酰芬太尼	N－（1－Phenethylpiperidin－4－yl）－N－phenylisobutyramide	119618－70－1	Isobutyrfentanyl
116	奥芬太尼	N－（2－Fluorophenyl）－2－methoxy－N－（1－phenethylpiperidin－4－yl）acetamide	101343－69－5	Ocfentanyl

注：上述品种包括其可能存在的盐类、旋光异构体及其盐类（另有规定的除外）。

三、公安部、国家食品药品监督管理总局（已撤销）、国家卫生和计划生育委员会（已撤销）《关于将卡芬太尼等四种芬太尼类物质列入非药用类麻醉药品和精神药品管制品种增补目录的公告》（2017 年 1 月 25 日公布　自 2017 年 3 月 1 日起施行）

根据《麻醉药品和精神药品管理条例》《非药用类麻醉药品和精神药品列管办法》的有关规定，公安部、国家食品药品监督管理总局和国家卫生和计划生育委员会决定将卡芬太尼、呋喃芬太尼、丙烯酰芬太尼、戊酰芬太尼四种物质列入非药用类麻醉药品和精神药品管制品种增补目录。

本公告自 2017 年 3 月 1 日起施行。

序号	中文名	英文名	CAS 号	备注
1	丙烯酰芬太尼	N－（1－Phenethylpiperidin－4－yl）－N－phenylacrylamide	82003－75－6	Acrylfentanyl
2	卡芬太尼	Methyl4－（N－phenylpropionamido）－1－phenethylpiperidine－4－carboxylate	59708－52－0	Carfentanyl Carfentanil
3	呋喃芬太尼	N－（1－Phenethylpiperidin－4－yl）－N－phenylfuran－2－carboxamide	101345－66－8	Furanylfentanyl
4	戊酰芬太尼	N－（1－Phenethylpiperidin－4－yl）－N－phenylpentanamide	122882－90－0	Valerylfentanyl

四、公安部、国家食品药品监督管理总局（已撤销）、国家卫生和计划生育委员会（已撤销）《关于将 N－甲基－N－（2－二甲氨基环己基）－3，4－二氯苯甲酰胺（U－47700）等四种物质列入非药用类麻醉药品和精神药品管制品种增补目录的公告》（2017 年 5 月 22 日公布　自 2017 年 7 月 1 日起施行）

根据《麻醉药品和精神药品管理条例》、《非药用类麻醉药品和精神药品列管办法》的有关规定，公安部、国家食品药品监督管理总局和国家卫生和计划生育委员会决定将 N－甲基－N－（2－二甲氨基环己基）－3，4－二氯苯甲酰胺（U－47700）、1－环己基－4－（1，2－二苯基乙基）哌嗪（MT－45）、4－甲氧基甲基苯丙胺（PMMA）和 2－氨基－4－甲基－5－（4－甲基苯基）－4，5－二氢恶唑（4，4′－DMAR）四种物质列入非药用类麻醉药品和精神药品管制品种增补目录。

本公告自 2017 年 7 月 1 日起施行。

序号	中文名	英文名	CAS 号	备注
1	N－甲基－N－（2－二甲氨基环己基）－3，4－二氯苯甲酰胺	3，4－Dichloro－N－（2－（dimethylamino）cyclo hexyl）－N－methylbenza mide	121348－98－9	U－47700

序号	中文名	英文名	CAS 号	备注
2	1-环已基-4-（1，2-二苯基乙基）哌嗪	1-Cyclohexyl-4-（1，2-diphenylethyl）piperazine	52694-55-0	MT-45
3	4-甲氧基甲基苯丙胺	N-Methyl-1-（4-methoxyphenyl）propan-2-amine	22331-70-0	PMMA
4	2-氨基-4-甲基-5-（4-甲基苯基）-4，5-二氢恶唑	4-Methyl-5-（4-methyl-phenyl）-4，5-dihydrooxazol-2-amine	1445569-01-6	4，4′-DMAR

五、公安部、国家卫生健康委员会、国家药品监督管理局（已变更）《关于将4-氯乙卡西酮等32种物质列入非药用类麻醉药品和精神药品管制品种增补目录的公告》
（2018年8月16日公布　自2018年9月1日起施行）

根据《麻醉药品和精神药品管理条例》《非药用类麻醉药品和精神药品列管办法》的有关规定，公安部、国家卫生健康委员会和国家药品监督管理局决定将4-氯乙卡西酮等32种物质列入非药用类麻醉药品和精神药品管制品种增补目录。

本公告自2018年9月1日起施行。

序号	中文名	英文名	CAS 号	备注
1	4-氯乙卡西酮	1-（4-Chlorophenyl）-2-（ethylamino）propan-1-one	14919-85-8	4-CEC
2	1-［3，4-（亚甲二氧基）苯基］-2-乙氨基-1-戊酮	1-（3，4-Methylenedioxyphenyl）-2-（ethylamino）pentan-1-one	727641-67-0	N-Ethylpentylone
3	1-（4-氯苯基）-2-（N-吡咯烷基）-1-戊酮	1-（4-Chlorophenyl）-2-（1-pyrrolidinyl）pentan-1-one	5881-77-6	4-Cl-α-PVP
4	1-［3，4-（亚甲二氧基）苯基］-2-二甲氨基-1-丁酮	1-（3，4-Methylenedioxyphenyl）-2-（dimethylamino）butan-1-one	802286-83-5	Dibutylone
5	1-［3，4-（亚甲二氧基）苯基］-2-甲氨基-1-戊酮	1-（3，4-Methylenedioxyphenyl）-2-（methylamino）pentan-1-one	698963-77-8	Pentylone

法律适用

规章及规范性文件

序号	中文名	英文名	CAS 号	备注
6	1 – 苯基 – 2 – 乙氨基 – 1 – 己酮	1 – Phenyl – 2 – (ethylamino) hexan – 1 – one	802857 – 66 – 5	N – Ethylhexedrone
7	1 – (4 – 甲基苯基) – 2 – (N – 吡咯烷基) – 1 – 己酮	1 – (4 – Methylphenyl) – 2 – (1 – pyrrolidinyl) hexan – 1 – one	34138 – 58 – 4	4 – MPHP
8	1 – (4 – 氯苯基) – 2 – (N – 吡咯烷基) – 1 – 丙酮	1 – (4 – Chlorophenyl) – 2 – (1 – pyrrolidinyl) propan – 1 – one	28117 – 79 – 5	4 – Cl – α – PPP
9	1 – [2 – (5, 6, 7, 8 – 四氢萘基)] – 2 – (N – 吡咯烷基) – 1 – 戊酮	1 – (5, 6, 7, 8 – Tetrahydronaphthalen – 2 – yl) – 2 – (1 – pyrrolidinyl) pentan – 1 – one		β – TH – Naphyrone
10	1 – (4 – 氟苯基) – 2 – (N – 吡咯烷基) – 1 – 己酮	1 – (4 – Fluorophenyl) – 2 – (1 – pyrrolidinyl) hexan – 1 – one	2230706 – 09 – 7	4 – F – α – PHP
11	4 – 乙基甲卡西酮	1 – (4 – Ethylphenyl) – 2 – (methylamino) propan – 1 – one	1225622 – 14 – 9	4 – EMC
12	1 – (4 – 甲基苯基) – 2 – 乙氨基 – 1 – 戊酮	1 – (4 – Methylphenyl) – 2 – (ethylamino) pentan – 1 – one	746540 – 82 – 9	4 – MEAPP
13	1 – (4 – 甲基苯基) – 2 – 甲氨基 – 3 – 甲氧基 – 1 – 丙酮	1 – (4 – Methylphenyl) – 2 – (methylamino) – 3 – methoxypropan – 1 – one	2166915 – 02 – 0	Mexedrone
14	1 – [3, 4 – (亚甲二氧基) 苯基] – 2 – (N – 吡咯烷基) – 1 – 己酮	1 – (3, 4 – Methylenedioxyphenyl) – 2 – (1 – pyrrolidinyl) hexan – 1 – one	776994 – 64 – 0	MDPHP
15	1 – (4 – 甲基苯基) – 2 – 甲氨基 – 1 – 戊酮	1 – (4 – Methylphenyl) – 2 – (methylamino) pentan – 1 – one	1373918 – 61 – 6	4 – MPD

序号	中文名	英文名	CAS号	备注
16	1－（4－甲基苯基）－2－二甲氨基－1－丙酮	1－（4－Methylphenyl）－2－（dimethylamino）propan－1－one	1157738－08－3	4－MDMC
17	3，4－亚甲二氧基丙卡西酮	1－（3，4－Methylenedioxyphenyl）－2－（propylamino）propan－1－one	201474－93－3	Propylone
18	1－（4－氯苯基）－2－乙氨基－1－戊酮	1－（4－Chlorophenyl）－2－（ethylamino）pentan－1－one		4－Cl－EAPP
19	1－苯基－2－（N－吡咯烷基）－1－丙酮	1－Phenyl－2－（1－pyrrolidinyl）propan－1－one	19134－50－0	α－PPP
20	1－（4－氯苯基）－2－甲氨基－1－戊酮	1－（4－Chlorophenyl）－2－（methylamino）pentan－1－one	2167949－43－9	4－Cl－Pentedrone
21	3－甲基－2－［1－（4－氟苄基）吲唑－3－甲酰氨基］丁酸甲酯	N－（1－Methoxy－3－methyl－1－oxobutan－2－yl）－1－（4－fluorobenzyl）－1*H*－indazole－3－carboxamide	1715016－76－4	AMB－FUBINACA
22	1－（4－氟苄基）－N－（1－金刚烷基）吲唑－3－甲酰胺	N－（1－Adamantyl）－1－（4－fluorobenzyl）－1*H*－indazole－3－carboxamide	2180933－90－6	FUB－APINACA
23	N－（1－氨甲酰基－2，2－二甲基丙基）－1－（环己基甲基）吲唑－3－甲酰胺	N－（1－Amino－3，3－dimethyl－1－oxobutan－2－yl）－1－（cyclohexylmethyl）－1*H*－indazole－3－carboxamide	1863065－92－2	ADB－CHMINACA
24	N－（1－氨甲酰基－2，2－二甲基丙基）－1－（4－氟苄基）吲唑－3－甲酰胺	N－（1－Amino－3，3－dimethyl－1－oxobutan－2－yl）－1－（4－fluorobenzyl）－1*H*－indazole－3－carboxamide	1445583－51－6	ADB－FUBINACA

法律适用

规章及规范性文件

序号	中文名	英文名	CAS 号	备注
25	3，3－二甲基－2－［1－（5－氟戊基）吲唑－3－甲酰氨基］丁酸甲酯	N－（1－Methoxy－3，3－dimethyl－1－oxobutan－2－yl）－1－（5－fluoropentyl）－1*H*－indazole－3－carboxamide	1715016－75－3	5F－ADB
26	3－甲基－2－［1－（环己基甲基）吲哚－3－甲酰氨基］丁酸甲酯	N－（1－Methoxy－3－methyl－1－oxobutan－2－yl）－1－(cyclohexylmethyl)－1*H*－indole－3－carboxamide	1971007－94－9	AMB－CHMICA
27	1－（5－氟戊基）－2－（1－萘甲酰基）苯并咪唑	(1－（5－Fluoropentyl）－1*H*－benzimidazol－2－yl)(naphthalen－1－yl) methanone	1984789－90－3	BIM－2201
28	1－（5－氟戊基）吲哚－3－甲酸－1－萘酯	Naphthalen－1－yl 1－（5－fluoropentyl）－1*H*－indole－3－carboxylate	2042201－16－9	NM－2201
29	2－苯基－2－甲氨基环己酮	2－Phenyl－2－(methylamino) cyclohexanone	7063－30－1	DCK
30	3－甲基－5－［2－（8－甲基－3－苯基－8－氮杂环［3，2，1］辛烷基)］－1，2，4－噁二唑	8－Methyl－2－（3－methyl－1，2，4－oxadiazol－5－yl）－3－phenyl－8－aza－bicyclo［3. 2. 1］octane	146659－37－2	RTI－126
31	4－氟异丁酰芬太尼	N－（4－Fluorophenyl）－N－（1－phenethylpiperidin－4－yl）isobutyramide	244195－32－2	4－FIBF
32	四氢呋喃芬太尼	N－Phenyl－N－（1－phenethylpiperidin－4－yl）tetrahydrofuran－2－carboxamide	2142571－01－3	THF－F

法律适用 规章及规范性文件

六、公安部、国家卫生健康委员会、国家药品监督管理局（已变更）《关于将芬太尼类物质列入〈非药用类麻醉药品和精神药品管制品种增补目录〉的公告》（2019年4月1日公布 自2019年5月1日起施行）

根据《麻醉药品和精神药品管理条例》《非药用类麻醉药品和精神药品列管办法》有关规定，公安部、国家卫生健康委员会和国家药品监督管理局决定将芬太尼类物质列入《非药用类麻醉药品和精神药品管制品种增补目录》。“芬太尼类物质”是指化学结构与芬太尼（N－［1－（2－苯乙基）－4－哌啶基］－N－苯基丙酰胺）相比，符合以下一个或多个条件的物质：

一、使用其他酰基替代丙酰基；

二、使用任何取代或未取代的单环芳香基团替代与氮原子直接相连的苯基；

三、哌啶环上存在烷基、烯基、烷氧基、酯基、醚基、羟基、卤素、卤代烷基、氨基及硝基等取代基；

四、使用其他任意基团（氢原子除外）替代苯乙基。

上述所列管物质如果发现有医药、工业、科研或者其他合法用途，按照《非药用类麻醉药品和精神药品列管办法》第三条第二款规定予以调整。

已列入《麻醉药品和精神药品品种目录》和《非药用类麻醉药品和精神药品管制品种增补目录》的芬太尼类物质依原有目录予以管制。

本公告自2019年5月1日起施行。

七、公安部、国家卫生健康委员会、国家药品监督管理局《关于将合成大麻素类物质和氟胺酮等18种物质列入〈非药用类麻醉药品和精神药品管制品种增补目录〉的公告》（2021年3月15日公安部、国家卫生健康委员会、国家药品监督管理局公布 自2021年7月1日起施行）

根据《麻醉药品和精神药品管理条例》《非药用类麻醉药品和精神药品列管办法》有关规定，公安部、国家卫生健康委员会和国家药品监督管理局决定将合成大麻素类物质和氟胺酮等18种物质列入《非药用类麻醉药品和精神药品管制品种增补目录》。

一、合成大麻素类物质。“合成大麻素类物质”是指具有下列化学结构通式的物质：

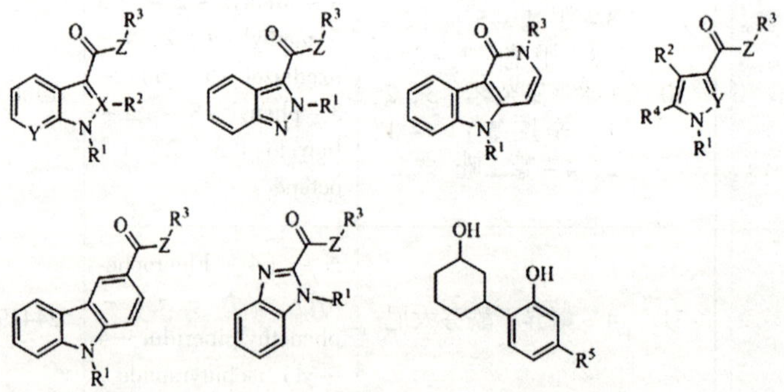

R^1 代表取代或未取代的 C_3-C_8 烃基；取代或未取代的含有1－3个杂原子的杂环基；取代或未取代的含有1－3个杂原子的杂环基取代的甲基或乙基。

R^2 代表氢或甲基或无任何原子。

R^3 代表取代或未取代的 C_6-C_10 的芳基；取代或未取代的 C_3-C_10 的烃基；取代或未取代的含有1－3个杂原子的杂环基；取代或未取代的含有1－3个杂原子的杂环基取代的甲基或乙基。

R^4 代表氢；取代或未取代的苯基；取代或未取代的苯甲基。

R^5 代表取代或未取代的 C3－C10 的烃基。

X 代表 N 或 C。

Y 代表 N 或 CH。

Z 代表 O 或 NH 或无任何原子。

上述所列管物质如果发现医药、工业、科研或者其他合法用途，按照《非药用类麻醉药品和精神药品列管办法》第三条第二款规定予以调整。已列入《麻醉药品和精神药品品种目录》和《非药用类麻醉药品和精神药品管制品种增补目录》的合成大麻素类物质依原有目录予以管制。

二、氟胺酮等 18 种物质。（详见附表）

本公告自 2021 年 7 月 1 日起施行。

附表：

非药用类麻醉药品和精神药品管制品种增补目录

序号	中文名	英文名	CAS 号	备注
1	氟胺酮	2－（2－Fluorophenyl）－2－（methylamino）cyclohexan－1－one	111982－50－4	2－FDCK Fluoroketamine
2	(6a*R*，10a*R*)－3－（1，1－二甲基庚基）－6a，7，10，10a－四氢－1－羟基－6，6－二甲基－6*H*－二苯［b，d］吡喃－9－甲醇	(6a*R*，10a*R*) 3－（1，1－Dimethylheptyl）－6a，7，10，10a－tetrahydro－1－hydroxy－6，6－dimethyl－6*H*－dibenzo［*b*，*d*］pyran－9－methanol	112830－95－2	HU－210
3	1－［3，4－（亚甲二氧基）苯基］－2－丁氨基－1－戊酮	1－（3，4－Methylenedioxyphenyl）－2－（butylamino）pentan－1－one	688727－54－0	N－Butylpentylone
4	1－［3，4－（亚甲二氧基）苯基］2－苄氨基－1－丙酮	1－（3，4－Methylenedioxyphenyl）－2－（benzylamino）propan－1－one	1387636－19－2	BMDP
5	1－［3，4－（亚甲二氧基）苯基］－2－乙氨基－1－丁酮	1－（3，4－Methylenedioxyphenyl）－2－（ethylamino）butan－1－one	802855－66－9	Eutylone
6	2－乙氨基－1－苯基－1－庚酮	2－（Ethylamino）－1－phenylheptan－1－one	2514784－72－4	N－Ethylheptedrone
7	1－（4－氯苯基）－2－二甲氨基－1－丙酮	1－（4－（Chlorlphenyl）－2－（dimethylmino）propan－1－one	1157667－29－2	4－CDMC

法律适用 规章及规范性文件

序号	中文名	英文名	CAS 号	备注
8	2－丁氨基－1－苯基－1－己酮	2－（Butylamino）－1－phenylhexan－1－one	802576－87－0	N－Butyl-hexedrone
9	1－［1－（3－甲氧基苯基）环己基］哌啶	1－（1－（3－Methoxy-phenyl）cyclohexyl）piperidine	72242－03－6	3－MeO－PCP
10	α－甲基－5－甲氧基色胺	1－（5－Methoxy－1*H*－indol－3－yl）propan－2－amine	1137－04－8	5－MeO－AMT
11	科纳唑仑	6－（2－Chlorophenyl）－1－methyl－8－nitro－4*H*－benzo［*f*］［1，2，4］triazolo［4，3－α］［1，4］diazepinte	33887－02－4	Clonazolam
12	二氯西泮	7－Chloro－5－（2－chlorophenyl）－1－methyl－1，3－dihydro－2*H*－benzo［*e*］［1，4］diazepin－2－one	2894－68－0	Diclazepam
13	氟阿普唑仑	8－Chloro－6－（2－fluorophenyl）－1－methyl－4*H*－benzo［f］［1，2，4］triazolo［4，3－a］［1，4］diazepine	28910－91－0	Flualprazolam
14	N，N－二乙基－2－2（2－（4－异丙氧基苯基）－5－硝基－1*H*－苯并［d］咪唑－1－基）－1－乙胺	N，N－diethyl－2－（2－（4－isopropoxybenzyl）－5－nitro－1*H*－benzo［d］imidazol－1－yl）ethan－1－amine	14188－81－9	Isotonitazene
15	氟溴唑仑	8－Bromo－6－（2－fluorophenyl）－1－methyl－4*H*－benzo［f］［1，2，4］triazolo［4，3－a］［1，4］diazepine	612526－40－6	Flubromazolam
16	1－（1，2－二苯基乙基）哌啶	1－（1，2－Diphenylethyl）piperidine	36794－52－2	Diphenidine
17	2－（3－氟基基）－3－甲基码啉	2－（3－Fluorophenyl）－3－methylmorpholine	1350768－28－3	3－FPM 3－Fluorlphenmetrazine
18	依替唑仑	4－（2－Chlorophenyl）－2－ethyl－9－methyl－6*H*－thieno［3,2－f］［1，2，4］triazolo［4，3－a］［1，4］diazepine	40054－69－1	Etizolam

135 妨害兴奋剂管理案

概念

本罪是指引诱、教唆、欺骗运动员使用兴奋剂参加国内、国际重大体育竞赛，或者明知运动员参加上述竞赛而向其提供兴奋剂，情节严重的又或者组织、强迫运动员使用兴奋剂参加国内、国际重大体育竞赛的行为。

立案标准

引诱、教唆、欺骗运动员使用兴奋剂参加国内、国际重大体育竞赛，或者明知运动员参加上述竞赛而向其提供兴奋剂，情节严重的又或者组织、强迫运动员使用兴奋剂参加国内、国际重大体育竞赛的，应当立案。

<table>
<tr><td rowspan="2">定罪标准</td><td>犯罪客体</td><td>本罪侵犯的客体是兴奋剂管理秩序。</td></tr>
<tr><td>犯罪客观方面</td><td>本罪客观上表现为引诱、教唆、欺骗运动员使用兴奋剂参加国内、国际重大体育竞赛，或者明知运动员参加上述竞赛而向其提供兴奋剂，情节严重的又或者组织、强迫运动员使用兴奋剂参加国内、国际重大体育竞赛的行为。
一、引诱、教唆、欺骗运动员使用兴奋剂参加国内、国际重大体育竞赛，情节严重的。这里规定的“引诱”，是指以提高比赛成绩，物质奖励等条件诱使运动员使用兴奋剂。“教唆”是指唆使运动员使用兴奋剂。“欺骗”是指使用欺诈手段使运动员在不知情的情况下使用兴奋剂，如谎称是服用正常药品等。“运动员”，根据国家体育总局《体育运动中兴奋剂管制通则》的规定，是指体育社会团体注册运动员，以及参加政府举办、授权举办或资助的体育比赛或赛事的运动员。“兴奋剂”是指兴奋剂目录所列的禁用物质等，具体包括蛋白同化制剂、肽类激素、有关麻醉药品和刺激剂等。“国内、国际重大体育竞赛”是指《体育法》第26条规定的重大体育竞赛，如奥运会、亚运会、单项世界锦标赛等，具体范围由国务院体育主管部门确定。
二、明知运动员参加国内、国际重大体育竞赛而向其提供兴奋剂，情节严重的。这是帮助运动员在重大体育竞赛中使用兴奋剂的行为。本款规定的“明知”，是指知道或应当知道运动员参加国内、国际重大体育竞赛。“向其提供”，包括向运动员本人提供，也包括通过运动员的教练员、队医等辅助人员向运动员提供。“情节严重”，是指引诱、教唆、欺骗运动员使用兴奋剂或者提供兴奋剂的数量较大，涉及人数较多，给国家荣誉和形象造成不良影响，对运动员健康造成不良影响等，具体可由司法机关制定司法解释确定。
三、关于组织、强迫运动员使用兴奋剂的犯罪的规定。这里规定的“组织”，是指利用管理、指导运动员的机会等，使多名运动员有组织地使用兴奋剂。“强迫”，是指迫使运动员违背本人意愿使用兴奋剂。根据本款规定，组织、强迫运动员使用兴奋剂参加国内、国际重大体育竞赛的行为，即可构成犯罪，没有规定“情节严重的”条件，这是因为组织、强迫使用兴奋剂的行为，比第一款规定的引诱、教唆、欺骗使用兴奋剂和提供兴奋剂的行为社会危害性更大。</td></tr>
</table>

<table>
<tr><td rowspan="4">定罪标准</td><td>犯罪主体</td><td>本罪的主体是一般主体，即凡是达到法定刑事责任年龄、具有刑事责任能力的人，均可构成本罪。</td></tr>
<tr><td>犯罪主观方面</td><td>本罪的主观方面是故意。</td></tr>
<tr><td>罪与非罪</td><td>区分罪与非罪。需要注意的是：1. 在低级别比赛中引诱、教唆、欺骗运动员使用兴奋剂或者明知运动员参加上述竞赛而向其提供兴奋剂，情节严重的又或者组织、强迫运动员使用兴奋剂的，不构成本罪；2. 本罪成立需要情节严重，具体可由司法解释加以明确规定。</td></tr>
<tr><td>此罪与彼罪</td><td>行为人为实施本条规定的构成要件行为，走私兴奋剂目录所列物质的，根据涉案物质是否属于国家禁止进出口的货物、物品：1. 属于国家禁止进出口的货物、物品的，以《刑法》第151条第3款走私国家禁止进出口的货物、物品罪定罪处罚；2. 不属于国家禁止进出口的货物、物品的，应以本罪和《刑法》第153条走私普通货物、物品罪数罪并罚。</td></tr>
<tr><td rowspan="3">证据参考标准</td><td>主体方面的证据</td><td>一、证明行为人刑事责任年龄、身份等事实情况的证据。
包括但不限于身份证明、户籍证明、任职证明、工作经历证明、特定职责证明等，主要用于证明行为人的姓名（曾用名）、性别、出生年月日、民族、机关、出生地、职业（职务）、住所地（居住地）等的证据材料，具体如居民身份证、户口簿、工作证、出生证、专业或技术等级证、干部履历表、职工登记表、护照等。
对于户籍、身份证等材料内容不是的，应提供其他证据材料。外国人犯罪的案件，需要有护照等身份证明材料。人大代表、政协委员犯罪的案件，应当注明身份并附上身份证明材料。
二、证明行为人刑事责任能力的证据。
证明行为人对自己的行为具有辨认、控制能力，如是否属于间歇性精神病人、尚未完全丧失辨认或者控制自己行为能力的精神病人的证明材料。</td></tr>
<tr><td>主观方面的证据</td><td>证明行为人故意的证据：1. 证明行为人明知的证据：证明行为人明知自己的行为会发生危害社会的结果；2. 证明直接故意的证据：证明行为人希望危害结果发生；3. 证明间接故意的证据：证明行为人犯人危害结果发生。</td></tr>
<tr><td>客观方面的证据</td><td>证明行为人妨害兴奋剂管理的证据：1. 证明行为人引诱、教唆、欺骗运动员使用兴奋剂参加国内、国际重大体育竞赛的证据；2. 证明行为人明知运动员参加国内、国际重大体育竞赛而向其提供兴奋剂的证据；3. 证明情节严重的证据；4. 证明行为人组织、强迫运动员使用兴奋剂参加国内、国际重大体育竞赛的证据。</td></tr>
</table>

<table>
<tr><td>证据参考标准</td><td>量刑方面的证据</td><td colspan="2">一、法定量刑情节证据。
1. 事实情节：(1) 情节严重；(2) 其他。2. 法定从重情节。3. 法定从轻减轻情节：(1) 可以从轻；(2) 可以从轻或者减轻；(3) 应当从轻或者减轻。4. 法定从轻减轻免除情节：(1) 可以从轻、减轻或者免除处罚；(2) 应当从轻、减轻或者免除处罚。5. 法定减轻免除情节：(1) 可以减轻或者免除处罚；(2) 应当减轻或者免除处罚；(3) 可以免除处罚。
二、酌定量刑情节证据。
1. 犯罪手段：(1) 违反国家规定；(2) 非法提供。2. 犯罪对象。3. 危害结果。4. 动机。5. 平时表现。6. 认罪态度。7. 是否有前科。8. 其他证据。</td></tr>
<tr><td rowspan="2">量刑标准</td><td colspan="2">犯本罪的</td><td>处三年以下有期徒刑或者拘役，并处罚金</td></tr>
<tr><td colspan="2">组织、强迫运动员使用兴奋剂参加国内、国际重大体育竞赛的</td><td>依照上述规定从重处罚</td></tr>
<tr><td rowspan="2">法律适用</td><td>刑法条文</td><td colspan="2">第三百五十五条之一　引诱、教唆、欺骗运动员使用兴奋剂参加国内、国际重大体育竞赛，或者明知运动员参加上述竞赛而向其提供兴奋剂，情节严重的，处三年以下有期徒刑或者拘役，并处罚金。
组织、强迫运动员使用兴奋剂参加国内、国际重大体育竞赛的，依照前款的规定从重处罚。</td></tr>
<tr><td>司法解释</td><td colspan="2">《最高人民法院关于审理走私、非法经营、非法使用兴奋剂刑事案件适用法律若干问题的解释》①（2019年11月18日最高人民法院公布　自2020年1月1日起施行　法释〔2019〕16号）
为依法惩治走私、非法经营、非法使用兴奋剂犯罪，维护体育竞赛的公平竞争，保护体育运动参加者的身心健康，根据《中华人民共和国刑法》《中华人民共和国刑事诉讼法》的规定，制定本解释。
第一条　运动员、运动员辅助人员走私兴奋剂目录所列物质，或者其他人员以在体育竞赛中非法使用为目的走私兴奋剂目录所列物质，涉案物质属于国家禁止进出口的货物、物品，具有下列情形之一的，应当依照刑法第一百五十一条第三款的规定，以走私国家禁止进出口的货物、物品罪定罪处罚：
（一）一年内曾因走私被给予二次以上行政处罚后又走私的；
（二）用于或者准备用于未成年人运动员、残疾人运动员的；
（三）用于或者准备用于国内、国际重大体育竞赛的；
（四）其他造成严重恶劣社会影响的情形。
实施前款规定的行为，涉案物质不属于国家禁止进出口的货物、物品，但偷逃应缴税额一万元以上或者一年内曾因走私被给予二次以上行政处罚后又走私的，应当依照刑法第一百五十三条的规定，以走私普通货物、物品罪定罪处罚。
对于本条第一款、第二款规定以外的走私兴奋剂目录所列物质行为，适用《最高人民法院、最高人民检察院关于办理走私刑事案件适用法律若干问题的解释》（法释〔2014〕10号）规定的定罪量刑标准。</td></tr>
</table>

① 2020年12月26日公布的《刑法修正案（十一）》规定了妨害兴奋剂管理罪，此司法解释可参考适用。

法律适用

司法解释

第二条 违反国家规定，未经许可经营兴奋剂目录所列物质，涉案物质属于法律、行政法规规定的限制买卖的物品，扰乱市场秩序，情节严重的，应当依照刑法第二百二十五条的规定，以非法经营罪定罪处罚。

第三条 对未成年人、残疾人负有监护、看护职责的人组织未成年人、残疾人在体育运动中非法使用兴奋剂，具有下列情形之一的，应当认定为刑法第二百六十条之一规定的“情节恶劣”，以虐待被监护、看护人罪定罪处罚：

（一）强迫未成年人、残疾人使用的；

（二）引诱、欺骗未成年人、残疾人长期使用的；

（三）其他严重损害未成年人、残疾人身心健康的情形。

第四条 在普通高等学校招生、公务员录用等法律规定的国家考试涉及的体育、体能测试等体育运动中，组织考生非法使用兴奋剂的，应当依照刑法第二百八十四条之一的规定，以组织考试作弊罪定罪处罚。

明知他人实施前款犯罪而为其提供兴奋剂的，依照前款的规定定罪处罚。

第五条 生产、销售含有兴奋剂目录所列物质的食品，符合刑法第一百四十三条、第一百四十四条规定的，以生产、销售不符合安全标准的食品罪、生产、销售有毒、有害食品罪定罪处罚。

第六条 国家机关工作人员在行使反兴奋剂管理职权时滥用职权或者玩忽职守，造成严重兴奋剂违规事件，严重损害国家声誉或者造成恶劣社会影响，符合刑法第三百九十七条规定的，以滥用职权罪、玩忽职守罪定罪处罚。

依法或者受委托行使反兴奋剂管理职权的单位的工作人员，在行使反兴奋剂管理职权时滥用职权或者玩忽职守的，依照前款规定定罪处罚。

第七条 实施本解释规定的行为，涉案物质属于毒品、制毒物品等，构成有关犯罪的，依照相应犯罪定罪处罚。

第八条 对于是否属于本解释规定的“兴奋剂”“兴奋剂目录所列物质”“体育运动”“国内、国际重大体育竞赛”等专门性问题，应当依据《中华人民共和国体育法》《反兴奋剂条例》等法律法规，结合国务院体育主管部门出具的认定意见等证据材料作出认定。

第九条 本解释自2020年1月1日起施行。

相关法律法规

《反兴奋剂条例》（2004年1月13日中华人民共和国国务院令第398号公布　自2004年3月1日起施行　2011年1月8日第一次修订　2014年7月29日第二次修订　2018年9月18日第三次修订）

第一章　总　　则

第一条 为了防止在体育运动中使用兴奋剂，保护体育运动参加者的身心健康，维护体育竞赛的公平竞争，根据《中华人民共和国体育法》和其他有关法律，制定本条例。

第二条 本条例所称兴奋剂，是指兴奋剂目录所列的禁用物质等。兴奋剂目录由国务院体育主管部门会同国务院药品监督管理部门、国务院卫生主管部门、国务院商务主管部门和海关总署制定、调整并公布。

第三条 国家提倡健康、文明的体育运动，加强反兴奋剂的宣传、教育和监督管理，坚持严格禁止、严格检查、严肃处理的反兴奋剂工作方针，禁止使用兴奋剂。

任何单位和个人不得向体育运动参加者提供或者变相提供兴奋剂。

第四条 国务院体育主管部门负责并组织全国的反兴奋剂工作。

县级以上人民政府负责药品监督管理的部门和卫生、教育等有关部门，在各自职责范围内依照本条例和有关法律、行政法规的规定负责反兴奋剂工作。

第五条 县级以上人民政府体育主管部门，应当加强反兴奋剂宣传、教育工作，提高体育运动参加者和公众的反兴奋剂意识。

广播电台、电视台、报刊媒体以及互联网信息服务提供者应当开展反兴奋剂的宣传。

第六条 任何单位和个人发现违反本条例规定行为的，有权向体育主管部门和其他有关部门举报。

第二章 兴奋剂管理

第七条 国家对兴奋剂目录所列禁用物质实行严格管理，任何单位和个人不得非法生产、销售、进出口。

第八条 生产兴奋剂目录所列蛋白同化制剂、肽类激素（以下简称蛋白同化制剂、肽类激素），应当依照《中华人民共和国药品管理法》（以下简称药品管理法）的规定取得《药品生产许可证》、药品批准文号。

生产企业应当记录蛋白同化制剂、肽类激素的生产、销售和库存情况，并保存记录至超过蛋白同化制剂、肽类激素有效期 2 年。

第九条 依照药品管理法的规定取得《药品经营许可证》的药品批发企业，具备下列条件，并经省、自治区、直辖市人民政府药品监督管理部门批准，方可经营蛋白同化制剂、肽类激素：

（一）有专门的管理人员；

（二）有专储仓库或者专储药柜；

（三）有专门的验收、检查、保管、销售和出入库登记制度；

（四）法律、行政法规规定的其他条件。

蛋白同化制剂、肽类激素的验收、检查、保管、销售和出入库登记记录应当保存至超过蛋白同化制剂、肽类激素有效期 2 年。

第十条 除胰岛素外，药品零售企业不得经营蛋白同化制剂或者其他肽类激素。

第十一条 进口蛋白同化制剂、肽类激素，除依照药品管理法及其实施条例的规定取得国务院药品监督管理部门发给的进口药品注册证书外，还应当取得省、自治区、直辖市人民政府药品监督管理部门颁发的进口准许证。

申请进口蛋白同化制剂、肽类激素，应当说明其用途。省、自治区、直辖市人民政府药品监督管理部门应当自收到申请之日起 15 个工作日内作出决定；对用途合法的，应当予以批准，发给进口准许证。海关凭进口准许证放行。

第十二条 申请出口蛋白同化制剂、肽类激素，应当说明供应对象并提交进口国政府主管部门的相关证明文件等资料。省、自治区、直辖市人民政府药品监督管理部门应当自收到申请之日起 15 个工作日内作出决定；提交进口国政府主管部门的相关证明文件等资料的，应当予以批准，发给出口准许证。海关凭出口准许证放行。

第十三条 境内企业接受境外企业委托生产蛋白同化制剂、肽类激素，应当签订书面委托生产合同，并将委托生产合同报省、自治区、直辖市人民政府药品监督管理部门备案。委托生产合同应当载明委托企业的国籍、委托生产的蛋白同化制剂或者肽类激素的品种、数量、生产日期等内容。

境内企业接受境外企业委托生产的蛋白同化制剂、肽类激素不得在境内销售。

第十四条 蛋白同化制剂、肽类激素的生产企业只能向医疗机构、符合本条例第九条规定的药品批发企业和其他同类生产企业供应蛋白同化制剂、肽类激素。

蛋白同化制剂、肽类激素的批发企业只能向医疗机构、蛋白同化制剂、肽类激素的生产企业和其他同类批发企业供应蛋白同化制剂、肽类激素。

蛋白同化制剂、肽类激素的进口单位只能向蛋白同化制剂、肽类激素的生产企业、医疗机构和符合本条例第九条规定的药品批发企业供应蛋白同化制剂、肽类激素。

肽类激素中的胰岛素除依照本条第一款、第二款、第三款的规定供应外，还可以向药品零售企业供应。

第十五条 医疗机构只能凭依法享有处方权的执业医师开具的处方向患者提供蛋白同化制剂、肽类激素。处方应当保存2年。

第十六条 兴奋剂目录所列禁用物质属于麻醉药品、精神药品、医疗用毒性药品和易制毒化学品的，其生产、销售、进口、运输和使用，依照药品管理法和有关行政法规的规定实行特殊管理。

蛋白同化制剂、肽类激素和前款规定以外的兴奋剂目录所列其他禁用物质，实行处方药管理。

第十七条 药品、食品中含有兴奋剂目录所列禁用物质的，生产企业应当在包装标识或者产品说明书上用中文注明"运动员慎用"字样。

第三章 反兴奋剂义务

第十八条 实施运动员注册管理的体育社会团体（以下简称体育社会团体）应当加强对在本体育社会团体注册的运动员和教练、领队、队医等运动员辅助人员的监督管理和反兴奋剂的教育、培训。

运动员管理单位应当加强对其所属的运动员和运动员辅助人员的监督管理和反兴奋剂的教育、培训。

第十九条 体育社会团体、运动员管理单位和其他单位，不得向运动员提供兴奋剂，不得组织、强迫、欺骗运动员在体育运动中使用兴奋剂。

科研单位不得为使用兴奋剂或者逃避兴奋剂检查提供技术支持。

第二十条 运动员管理单位应当为其所属运动员约定医疗机构，指导运动员因医疗目的合理使用药物；应当记录并按照兴奋剂检查规则的规定向相关体育社会团体提供其所属运动员的医疗信息和药物使用情况。

第二十一条 体育社会团体、运动员管理单位，应当按照兴奋剂检查规则的规定提供运动员名单和每名运动员的教练、所从事的运动项目以及运动成绩等相关信息，并为兴奋剂检查提供便利。

第二十二条 全国性体育社会团体应当对在本体育社会团体注册的成员的下列行为规定处理措施和处理程序：

（一）运动员使用兴奋剂的；

（二）运动员辅助人员、运动员管理单位向运动员提供兴奋剂的；

（三）运动员、运动员辅助人员、运动员管理单位拒绝、阻挠兴奋剂检查的。

前款所指的处理程序还应当规定当事人的抗辩权和申诉权。全国性体育社会团体应当将处理措施和处理程序报国务院体育主管部门备案。

第二十三条 运动员辅助人员应当教育、提示运动员不得使用兴奋剂，并向运动员提供有关反兴奋剂规则的咨询。

运动员辅助人员不得向运动员提供兴奋剂，不得组织、强迫、欺骗、教唆、协助运动员在体育运动中使用兴奋剂，不得阻挠兴奋剂检查，不得实施影响采样结果的行为。

运动员发现运动员辅助人员违反前款规定的，有权检举、控告。

第二十四条 运动员不得在体育运动中使用兴奋剂。

第二十五条 在体育社会团体注册的运动员、运动员辅助人员凭依法享有处方权的执业医师开具的处方，方可持有含有兴奋剂目录所列禁用物质的药品。

在体育社会团体注册的运动员接受医疗诊断时，应当按照兴奋剂检查规则的规定向医师说明其运动员身份。医师对其使用药品时，应当首先选择不含兴奋剂目录所列禁用物质的药品；确需使用含有这类禁用物质的药品的，应当告知其药品性质和使用后果。

第二十六条 在全国性体育社会团体注册的运动员，因医疗目的确需使用含有兴奋剂目录所列禁用物质的药品的，应当按照兴奋剂检查规则的规定申请核准后方可使用。

第二十七条 运动员应当接受兴奋剂检查，不得实施影响采样结果的行为。

第二十八条 在全国性体育社会团体注册的运动员离开运动员驻地的，应当按照兴奋剂检查规则的规定报告。

第二十九条 实施中等及中等以上教育的学校和其他教育机构应当加强反兴奋剂教育，提高学生的反兴奋剂意识，并采取措施防止在学校体育活动中使用兴奋剂；发现学生使用兴奋剂，应当予以制止。

体育专业教育应当包括反兴奋剂的教学内容。

第三十条 体育健身活动经营单位及其专业指导人员，不得向体育健身活动参加者提供含有禁用物质的药品、食品。

第四章 兴奋剂检查与检测

第三十一条 国务院体育主管部门应当制定兴奋剂检查规则和兴奋剂检查计划并组织实施。

第三十二条 国务院体育主管部门应当根据兴奋剂检查计划，决定对全国性体育竞赛的参赛运动员实施赛内兴奋剂检查；并可以决定对省级体育竞赛的参赛运动员实施赛内兴奋剂检查。

其他体育竞赛需要进行赛内兴奋剂检查的，由竞赛组织者决定。

第三十三条 国务院体育主管部门应当根据兴奋剂检查计划，决定对在全国性体育社会团体注册的运动员实施赛外兴奋剂检查。

第三十四条 兴奋剂检查工作人员（以下简称检查人员）应当按照兴奋剂检查规则实施兴奋剂检查。

第三十五条 实施兴奋剂检查，应当有2名以上检查人员参加。检查人员履行兴奋剂检查职责时，应当出示兴奋剂检查证件；向运动员采集受检样本时，还应当出示按照兴奋剂检查规则签发的一次性兴奋剂检查授权书。

检查人员履行兴奋剂检查职责时，有权进入体育训练场所、体育竞赛场所和运动员驻地。有关单位和人员应当对检查人员履行兴奋剂检查职责予以配合，不得拒绝、阻挠。

第三十六条 受检样本由国务院体育主管部门确定的符合兴奋剂检测条件的检测机构检测。

兴奋剂检测机构及其工作人员，应当按照兴奋剂检查规则规定的范围和标准对受检样本进行检测。

第五章 法律责任

第三十七条 体育主管部门和其他行政机关及其工作人员不履行职责，或者包庇、纵容非法使用、提供兴奋剂，或者有其他违反本条例行为的，对负有责任的主管人员和其他直接责任人员，依法给予行政处分；构成犯罪的，依法追究刑事责任。

第三十八条 违反本条例规定，有下列行为之一的，由县级以上人民政府负责药品监督管理的部门按照国务院药品监督管理部门规定的职责分工，没收非法生产、经营的蛋白同化制剂、肽类激素和违法所得，并处违法生产、经营药品货值金额2倍以上5倍以下的罚款；情节严重的，由发证机关吊销《药品生产许可证》、《药品经营许可证》；构成犯罪的，依法追究刑事责任：

法律适用 相关法律法规

（一）生产企业擅自生产蛋白同化制剂、肽类激素，或者未按照本条例规定渠道供应蛋白同化制剂、肽类激素的；

（二）药品批发企业擅自经营蛋白同化制剂、肽类激素，或者未按照本条例规定渠道供应蛋白同化制剂、肽类激素的；

（三）药品零售企业擅自经营蛋白同化制剂、肽类激素的。

第三十九条 体育社会团体、运动员管理单位向运动员提供兴奋剂或者组织、强迫、欺骗运动员在体育运动中使用兴奋剂的，由国务院体育主管部门或者省、自治区、直辖市人民政府体育主管部门收缴非法持有的兴奋剂；负有责任的主管人员和其他直接责任人员4年内不得从事体育管理工作和运动员辅助工作；情节严重的，终身不得从事体育管理工作和运动员辅助工作；造成运动员人身损害的，依法承担民事赔偿责任；构成犯罪的，依法追究刑事责任。

体育社会团体、运动员管理单位未履行本条例规定的其他义务的，由国务院体育主管部门或者省、自治区、直辖市人民政府体育主管部门责令改正；造成严重后果的，负有责任的主管人员和其他直接责任人员2年内不得从事体育管理工作和运动员辅助工作。

第四十条 运动员辅助人员组织、强迫、欺骗、教唆运动员在体育运动中使用兴奋剂的，由国务院体育主管部门或者省、自治区、直辖市人民政府体育主管部门收缴非法持有的兴奋剂；4年内不得从事运动员辅助工作和体育管理工作；情节严重的，终身不得从事运动员辅助工作和体育管理工作；造成运动员人身损害的，依法承担民事赔偿责任；构成犯罪的，依法追究刑事责任。

运动员辅助人员向运动员提供兴奋剂，或者协助运动员在体育运动中使用兴奋剂，或者实施影响采样结果行为的，由国务院体育主管部门或者省、自治区、直辖市人民政府体育主管部门收缴非法持有的兴奋剂；2年内不得从事运动员辅助工作和体育管理工作；情节严重的，终身不得从事运动员辅助工作和体育管理工作；造成运动员人身损害的，依法承担民事赔偿责任；构成犯罪的，依法追究刑事责任。

第四十一条 运动员辅助人员非法持有兴奋剂的，由国务院体育主管部门或者省、自治区、直辖市人民政府体育主管部门收缴非法持有的兴奋剂；情节严重的，2年内不得从事运动员辅助工作。

第四十二条 体育社会团体、运动员管理单位违反本条例规定，负有责任的主管人员和其他直接责任人员属于国家工作人员的，还应当依法给予撤职、开除的行政处分。

运动员辅助人员违反本条例规定，属于国家工作人员的，还应当依法给予撤职、开除的行政处分。

第四十三条 按照本条例第三十九条、第四十条、第四十一条规定作出的处理决定应当公开，公众有权查阅。

第四十四条 医师未按照本条例的规定使用药品，或者未履行告知义务的，由县级以上人民政府卫生主管部门给予警告；造成严重后果的，责令暂停6个月以上1年以下执业活动。

第四十五条 体育健身活动经营单位向体育健身活动参加者提供含有禁用物质的药品、食品的，由负责药品监督管理的部门、食品安全监督管理部门依照药品管理法、《中华人民共和国食品安全法》和有关行政法规的规定予以处罚。

第四十六条 运动员违反本条例规定的，由有关体育社会团体、运动员管理单位、竞赛组织者作出取消参赛资格、取消比赛成绩或者禁赛的处理。

运动员因受到前款规定的处理不服的，可以向体育仲裁机构申请仲裁。

第六章 附 则

第四十七条 本条例自2004年3月1日起施行。

法律适用

规章及规范性文件

《反兴奋剂管理办法》(节录)(2014 年 11 月 21 日中华人民共和国国家体育总局令第 20 号公布　自 2015 年 1 月 1 日起施行)

第二条　本办法所称兴奋剂,是指年度《兴奋剂目录》所列的禁用物质和禁用方法。

本办法所称兴奋剂违规包括以下情形:

(一) 检测结果阳性;

(二) 使用或者企图使用兴奋剂;

(三) 逃避、拒绝或者未能完成样本采集;

(四) 违反行踪信息管理规定;

(五) 篡改或者企图篡改兴奋剂管制环节;

(六) 持有禁用物质或者禁用方法;

(七) 从事或者企图从事兴奋剂交易;

(八) 对运动员施用或者企图施用兴奋剂;

(九) 组织使用兴奋剂;

(十) 使用兴奋剂违规人员从事运动员辅助工作;

(十一) 其他法律法规或者国家体育总局的规范性文件明确将其规定为兴奋剂违规的行为。

第十条　国家反兴奋剂机构按照有关法律法规和本办法的规定,组织实施兴奋剂检查与检测,实施对涉嫌兴奋剂违规的调查、听证、结果管理和监督,负责兴奋剂检测实验室的建设和管理,开展反兴奋剂科学研究、宣传教育和社会服务,参与反兴奋剂综合治理,组织开展反兴奋剂国际交流,监督各级各类体育组织开展反兴奋剂工作。

第十二条　国家运动项目管理单位按照有关法律法规和本办法负责所属运动项目的反兴奋剂工作,明确反兴奋剂工作职责和责任,提高管理人员反兴奋剂意识和能力,加强对国家队运动员训练和比赛的反兴奋剂宣传教育和管理,监督地方运动项目管理单位履行反兴奋剂职责。

国家运动项目管理单位应当设立专门的部门或者配备专职人员负责反兴奋剂工作。

第十八条　兴奋剂检查包括:

(一) 列入国家年度兴奋剂检查计划的检查;

(二) 经国家反兴奋剂机构批准或者同意的委托检查;

(三) 国家体育总局指定或者授权开展的其他检查。

第二十条　禁止未经国家体育总局或者其授权部门批准的兴奋剂检查;禁止无检查权单位或者个人以兴奋剂检查的名义采集运动员样本的行为。

第二十一条　国家体育总局、地方各级人民政府体育主管部门、国家反兴奋剂机构、全国性体育社会团体、国家运动项目管理单位、运动员管理单位有权依据法律法规和本办法,对涉嫌兴奋剂违规的行为开展调查。

国家反兴奋剂机构应当收集、评估和利用信息与情报,对其中可能存在的兴奋剂违规开展调查。重大、复杂的兴奋剂事件,由国家体育总局组织国家反兴奋剂机构和相关单位开展调查。

第二十二条　兴奋剂检查、调查工作人员履行兴奋剂检查、调查职责时,有权依法进入体育训练场所、体育竞赛场所、运动员和辅助人员驻地等。有关单位和人员应当予以配合,不得拒绝、阻挠。

第二十三条 全国性体育社会团体、运动员管理单位应当及时向国家体育总局、国家反兴奋剂机构报送以下相关信息：

（一）国际体育组织对所属运动员实施的兴奋剂检查信息；

（二）国际体育组织查出的兴奋剂违规；

（三）所属国际体育组织反兴奋剂规则和要求；

（四）所属国际体育组织注册检查库名单；

（五）其他需要报送的相关信息。

第二十七条 国家反兴奋剂机构负责对本办法第十八条第一项、第二项兴奋剂检查（不含国际比赛）进行结果管理，第三项兴奋剂检查由国家体育总局决定结果管理的主体。

第二十八条 发生兴奋剂违规，由对运动员实施注册管理的全国性体育社会团体等有关单位依据《体育运动中兴奋剂管制通则》及其章程对运动员和辅助人员作出取消比赛成绩和参赛资格、停赛、禁赛等处罚，对相关运动员管理单位作出警告、停赛、取消参赛资格等处罚。

非注册运动员发生兴奋剂违规，依照有关规定作出处理，有关体育社会团体在应当给予的禁赛期内不予注册。

运动员发生兴奋剂违规，还应当处罚直接责任人和主管教练员。

第三十条 全国性体育社会团体、兴奋剂检查委托方等有关单位应当在接到兴奋剂违规通知之日起3个月内作出处理决定。当事人申请召开听证会的，全国性体育社会团体、兴奋剂检查委托方等有关单位应当在接到听证会结论通知后的1个月内作出处理决定。

案情复杂的，经国家体育总局批准，可以适当延长，但延长期限最多不超过6个月。

有关单位逾期不作出处理的，国家体育总局可以授权国家反兴奋剂机构处理。

第三十二条 发生兴奋剂违规，由体育主管部门对相关运动员管理单位通报批评；情节严重的，还应当追究运动员管理单位行政负责人和负有责任的主管人员的责任。

相关人员属于国家工作人员的，应当依法给予警告、记过直至开除的处分。体育主管部门可以按照有关法律、法规和本办法，制定兴奋剂违规人员处分实施细则。

第三十四条 处于禁赛期的运动员和辅助人员，禁止从事运动员辅助工作和体育管理工作，禁止使用政府所属或者资助的体育场馆设施进行训练，取消与体育相关的政府津贴、补助或者其他经济资助，取消体育系统各类奖励、奖项、荣誉称号、职称、科研项目的申报和评比资格。情节严重的，在禁赛期满后4年内，取消参加体育系统各类奖励、奖项、荣誉称号、职称、科研项目的申报和评比资格。

故意使用兴奋剂，情节严重的运动员和辅助人员在禁赛期满后4年内，不得以任何身份入选国家队。

第三十八条 运动员在国家队、国家集训队训练期间或者代表国家参赛期间发生的兴奋剂违规，主管教练员应认定为国家队主管教练员。有直接责任人的，按照调查情况认定运动员管理单位；无直接责任人的，运动员管理单位应认定为国家运动项目管理单位。

运动员在国家队、国家集训队训练期间或者代表国家参赛期间发生的兴奋剂违规，经调查与运动员所属单位无关的，不对运动员所属单位作出处罚。

法律适用

规章及规范性文件

第四十条 各级各类体育运动学校运动员发生兴奋剂违规的，给予该校警告处分并通报批评，建议和督促有关部门给予该学校和相关人员其他处分；属于国家高水平体育后备人才基地的，取消该学校下周期国家高水平体育后备人才基地命名资格。

各级各类体育运动学校 12 个月内累计发生 2 例以上兴奋剂违规的，除按照上款规定给予处分外，对已命名为国家高水平体育后备人才基地的，取消命名。

第四十一条 运动员禁赛期间违规参赛的，或者退役运动员违规参赛的，由体育主管部门给予运动员管理单位、负有责任的国家或者地方运动项目管理单位以下处分：

（一）责令停止违规参赛；

（二）通报批评；

（三）依法给予负有责任的主管人员和相关人员警告、记过的处分。

第五十二条 本办法所称的情节严重包括以下情形：

（一）因兴奋剂违规被禁赛 4 年以上的；

（二）代表国家队参加奥运会、亚运会等重大国际赛事期间发生兴奋剂违规的；

（三）全国综合性运动会预赛和决赛期间发生兴奋剂违规的；

（四）组织、强迫、欺骗、教唆运动员使用兴奋剂的；

（五）对未成年运动员施用兴奋剂的；

（六）抗拒、阻挠兴奋剂检查、调查的；

（七）造成其他严重后果的。

136 组织卖淫案

概念 **本罪是指以招募、雇佣、强迫、引诱、容留等手段，纠集并控制多人从事卖淫活动的行为。**

立案标准 **组织他人卖淫的，应当立案。**

定罪标准		
	犯罪客体	本罪侵犯的客体是复杂客体，它既破坏了社会治安管理秩序，又侵犯了他人的人身权利。卖淫嫖娼活动一向为我国法律、法规所禁止。组织他人卖淫的行为比一般的引诱、容留妇女卖淫行为更加严重，并直接破坏了社会治安管理秩序，败坏了社会风气。本罪的犯罪对象是“他人”，而且不是指一个人，而是指多人。根据我国有关法律的规定，“他人”主要指妇女，但同时还包括不满 14 周岁的幼女以及男性。如果犯罪对象是 14 周岁以下的幼女，应以引诱幼女卖淫罪论处。
	犯罪客观方面	本罪在客观方面表现为实施了组织、策划、指挥他人卖淫的行为。 组织，是指发起、建立卖淫集团或卖淫窝点，将分散的卖淫行为进行集中和控制，并在其中起组织作用的行为。例如，将分散的卖淫人员串联组合成一个比较固定的卖淫集团；将歌舞厅、洗浴中心、饭店、酒吧、旅店、出租汽车等组织成为卖淫或者变相卖淫的场所等等，即属于比较常见的组织卖淫行为。策划，是指为组织卖淫活动进行谋划布置、制订计划的行为。如为组织卖淫集团制订计划、拟订具体方案、物色卖淫妇女的行为，以及为建立卖淫窝点而进行的选择时间、地点、设计伪装现场等行为。策划行为是为组织犯的重要参谋决策行为，对于完成特定的犯罪具有重要的作用，因而是一种重要的广义的组织行为。指挥，是指行为人在实施组织他人卖淫活动中起领导、指挥作用，如实际指挥、命令、调度卖淫活动的具体实施等。指挥是直接实施策划方案、执行组织者意图的实行行为，对于具体施行组织卖淫活动往往具有直接的决定作用。 上述组织、策划、指挥三种行为，都是组织卖淫的行为，都具有明显的组织性，行为人只要具备其中一种或者数种行为，就可认定其实施了组织卖淫行为。 组织他人卖淫的具体手段，主要是招募、雇佣、强迫、引诱、容留等手段。“招募”，是指在社会上物色对象，网罗、招收、聚集卖淫妇女；“雇佣”，是指用金钱收买妇女从事卖淫活动；“强迫”，是指违背妇女意志，用精神威胁、肉体折磨、摧残等方法，强迫和逼使妇女卖淫；“引诱”，是指采用欺骗和诱惑、勾引的方法，促使妇女卖淫；“容留”，是指为卖淫妇女提供场所。“多人”，是指三人以上。从司法实践来看，这种犯罪主要有两种形式：一种是设置卖淫场所，包括设置变相的卖淫场所，如以开办饭店、旅馆为名招募他人在该场所卖淫；另一种是没有固定的场所，只是通过控制卖淫人员有组织地进行卖淫活动。不论哪种形式，只要实施了组织他人卖淫的行为，即构成本罪。因此组织卖淫活动，既可以是指行为人设置一定的场所，公开或隐

<table>
<tr><td rowspan="4">定罪标准</td><td>犯罪客观方面</td><td>蔽地向嫖娼者提供服务；也可以是指没有固定的场所，但行为人通过自己掌握控制卖淫人员流动地向嫖娼者提供性服务。在实践中，由于卖淫行为本来是非法的活动，所以组织卖淫也多以隐蔽的方式进行，但无论如何，其行为的根本特征就是行为人以比较固定的方式进行组织卖淫活动，即控制特定的卖淫人员进行实质上的卖淫活动。仅仅参与有组织的卖淫活动，而本人所处的地位是受控制和被指挥的地位的，不属于组织他人卖淫的行为。</td></tr>
<tr><td>犯罪主体</td><td>本罪的犯罪主体是一般主体，即凡达到刑事责任年龄、具有刑事责任能力的自然人均可构成本罪。但构成本罪，必须是卖淫的组织者，即俗称的“老鸨”、“窝主”。既可以是一人，也可以是多人，但必须注意的是，本罪的主体和犯罪集团首要分子的概念不同。本罪的主体是犯罪构成的主要要件之一，而后者有时仅为量刑的情节。这里所说的组织者，有的是犯罪集团的首要分子；有的是临时纠合在一起进行组织卖淫的不法分子；有的是纠集控制几个卖淫人员从事卖淫活动的个人。组织者可以是一个人，也可以是几个人，关键是看其在卖淫活动中是否起组织者的作用。协助组织者不能成为本罪的主体。作为卖淫的被组织者，也不能成为本罪的主体。</td></tr>
<tr><td>犯罪主观方面</td><td>本罪在主观方面是直接故意，即行为人明知自己是在实施组织他人进行卖淫活动的行为，并且明知这种组织行为会造成危害社会的结果，而希望或者放任这种结果的发生。通常情况下，组织卖淫的动机是为了非法牟利，但法律并未将此作为要件加以规定，没有排除为了其他复杂动机而构成此罪的可能性。</td></tr>
<tr><td>罪与非罪</td><td>区分罪与非罪的界限，主要从两方面看：其一，是否有组织他人卖淫的故意；其二，是否实施了组织他人卖淫的行为。如果没有组织他人卖淫的故意或者没有实施组织他人卖淫的行为，不构成犯罪。如有些饭店、酒店等服务人员卖淫，其负责人虽有放松管理的行为，但只要不具有组织他人卖淫的故意，也没有组织他人卖淫的行为，不能认为其构成犯罪。</td></tr>
<tr><td rowspan="2">证据参考标准</td><td>主体方面的证据</td><td>一、证明行为人刑事责任年龄、身份等自然情况的证据。
包括身份证明、户籍证明、任职证明、工作经历证明、特定职责证明等，主要是证明行为人的姓名（曾用名）、性别、出生年月日、民族、籍贯、出生地、职业（或职务）、住所地（或居所地）等证据材料，如户口簿、居民身份证、工作证、出生证、专业或技术等级证、干部履历表、职工登记表、护照等。
对于户籍、出生证等材料内容不实的，应提供其他证据材料。外国人犯罪的案件，应有护照等身份证明材料。人大代表、政协委员犯罪的案件，应注明身份，并附身份证明材料。
二、证明行为人刑事责任能力的证据。
证明行为人对自己的行为是否具有辨认能力与控制能力，如是否属于间歇性精神病人、尚未完全丧失辨认或者控制自己行为能力的精神病人的证明材料。</td></tr>
<tr><td>主观方面的证据</td><td>证明行为人故意的证据：1. 证明行为人明知的证据：证明行为人明知自己的行为会发生危害社会的结果。2. 证明直接故意的证据：证明行为人希望危害结果发生。3. 目的：（1）获取非法利润；（2）牟利；（3）营利。</td></tr>
</table>

证据参考标准	客观方面的证据	证明行为人组织卖淫犯罪行为的证据。 具体证据包括：1. 证明组织者组织他人卖淫行为的证据：（1）招募；（2）雇佣；（3）拉拢；（4）引诱；（5）容留；（6）欺骗；（7）其他手段。2. 证明组织者组织他人卖淫情节严重行为的证据。3. 证明旅馆业、饮食服务业、文化娱乐业、出租汽车业等单位的人员，利用本单位条件，组织他人卖淫行为的证据。4. 证明上述单位的领导组织他人卖淫行为的证据。
	量刑方面的证据	**一、法定量刑情节证据。** 1. 事实情节：（1）情节严重；（2）情节特别严重。2. 法定从重情节。3. 法定从轻减轻情节：（1）可以从轻；（2）可以从轻或者减轻；（3）应当从轻或者减轻。4. 法定从轻减轻免除情节：（1）可以从轻、减轻或者免除处罚；（2）应当从轻、减轻或者免除处罚。5. 法定减轻免除情节：（1）可以减轻或者免除处罚；（2）应当减轻或者免除处罚；（3）可以免除处罚。 **二、酌定量刑情节证据。** 1. 犯罪手段：（1）招募；（2）雇佣；（3）引诱；（4）欺骗；（5）其他。2. 犯罪对象。3. 危害结果。4. 动机。5. 平时表现。6. 认罪态度。7. 是否有前科。8. 其他证据。
量刑标准	犯本罪的	处五年以上十年以下有期徒刑，并处罚金
	情节严重的	处十年以上有期徒刑或者无期徒刑，并处罚金或者没收财产
法律适用	刑法条文	**第三百五十八条** 组织、强迫他人卖淫的，处五年以上十年以下有期徒刑，并处罚金；情节严重的，处十年以上有期徒刑或者无期徒刑，并处罚金或者没收财产。 组织、强迫未成年人卖淫的，依照前款的规定从重处罚。 犯前两款罪，并有杀害、伤害、强奸、绑架等犯罪行为的，依照数罪并罚的规定处罚。 为组织卖淫的人招募、运送人员或者有其他协助组织他人卖淫行为的，处五年以下有期徒刑，并处罚金；情节严重的，处五年以上十年以下有期徒刑，并处罚金。 **第三百六十一条** 旅馆业、饮食服务业、文化娱乐业、出租汽车业等单位的人员，利用本单位的条件，组织、强迫、引诱、容留、介绍他人卖淫的，依照本法第三百五十八条、第三百五十九条的规定定罪处罚。 前款所列单位的主要负责人，犯前款罪的，从重处罚。
	司法解释	**一、最高人民检察院、公安部《关于公安机关管辖的刑事案件立案追诉标准的规定（一）》（节录）**（2008年6月25日最高人民检察院、公安部公布 自公布之日起施行 公通字〔2008〕36号 2017年4月27日修正） **第七十五条** ［组织卖淫案（刑法第三百五十八条第一款）］以招募、雇佣、强迫、引诱、容留等手段，组织他人卖淫的，应予立案追诉。 **二、最高人民法院、最高人民检察院、公安部、司法部《关于依法惩治拐卖妇女儿童犯罪的意见》**（2010年3月15日最高人民法院、最高人民检察院、公安部、司法部公布 自公布之日起实施 法发〔2010〕7号） 18. 将妇女拐卖给有关场所，致使被拐卖的妇女被迫卖淫或者从事其他色情服务的，以拐卖妇女罪论处。

法律适用 司法解释

有关场所的经营管理人员事前与拐卖妇女的犯罪人通谋的，对该经营管理人员以拐卖妇女罪的共犯论处；同时构成拐卖妇女罪和组织卖淫罪的，择一重罪论处。

……

20. 明知是被拐卖的妇女、儿童而收买，具有下列情形之一的，以收买被拐卖的妇女、儿童罪论处；同时构成其他犯罪的，依照数罪并罚的规定处罚：

（1）收买被拐卖的妇女后，违背被收买妇女的意愿，阻碍其返回原居住地的；

（2）阻碍对被收买妇女、儿童进行解救的；

（3）非法剥夺、限制被收买妇女、儿童的人身自由，情节严重，或者对被收买妇女、儿童有强奸、伤害、侮辱、虐待等行为的；

（4）所收买的妇女、儿童被解救后又再次收买，或者收买多名被拐卖的妇女、儿童的；

（5）组织、诱骗、强迫被收买的妇女、儿童从事乞讨、苦役，或者盗窃、传销、卖淫等违法犯罪活动的；

（6）造成被收买妇女、儿童或者其亲属重伤、死亡以及其他严重后果的；

（7）具有其他严重情节的。

三、最高人民法院、最高人民检察院《关于办理组织、强迫、引诱、容留、介绍卖淫刑事案件适用法律若干问题的解释》（2017年7月21日最高人民法院、最高人民检察院公布　自2017年7月25日起施行　法释〔2017〕13号）

为依法惩治组织、强迫、引诱、容留、介绍卖淫犯罪活动，根据刑法有关规定，结合司法工作实际，现就办理这类刑事案件具体应用法律的若干问题解释如下：

第一条　以招募、雇佣、纠集等手段，管理或者控制他人卖淫，卖淫人员在三人以上的，应当认定为刑法第三百五十八条规定的“组织他人卖淫”。

组织卖淫者是否设置固定的卖淫场所、组织卖淫者人数多少、规模大小，不影响组织卖淫行为的认定。

第二条　组织他人卖淫，具有下列情形之一的，应当认定为刑法第三百五十八条第一款规定的“情节严重”：

（一）卖淫人员累计达十人以上的；

（二）卖淫人员中未成年人、孕妇、智障人员、患有严重性病的人累计达五人以上的；

（三）组织境外人员在境内卖淫或者组织境内人员出境卖淫的；

（四）非法获利人民币一百万元以上的；

（五）造成被组织卖淫的人自残、自杀或者其他严重后果的；

（六）其他情节严重的情形。

第三条　在组织卖淫犯罪活动中，对被组织卖淫的人有引诱、容留、介绍卖淫行为的，依照处罚较重的规定定罪处罚。但是，对被组织卖淫的人以外的其他人有引诱、容留、介绍卖淫行为的，应当分别定罪，实行数罪并罚。

第四条　明知他人实施组织卖淫犯罪活动而为其招募、运送人员或者充当保镖、打手、管账人等的，依照刑法第三百五十八条第四款的规定，以协助组织卖淫罪定罪处罚，不以组织卖淫罪的从犯论处。

在具有营业执照的会所、洗浴中心等经营场所担任保洁员、收银员、保安员等，从事一般服务性、劳务性工作，仅领取正常薪酬，且无前款所列协助组织卖淫行为的，不认定为协助组织卖淫罪。

法律适用 司法解释

第五条 协助组织他人卖淫，具有下列情形之一的，应当认定为刑法第三百五十八条第四款规定的“情节严重”：

（一）招募、运送卖淫人员累计达十人以上的；

（二）招募、运送的卖淫人员中未成年人、孕妇、智障人员、患有严重性病的人累计达五人以上的；

（三）协助组织境外人员在境内卖淫或者协助组织境内人员出境卖淫的；

（四）非法获利人民币五十万元以上的；

（五）造成被招募、运送或者被组织卖淫的人自残、自杀或者其他严重后果的；

（六）其他情节严重的情形。

第六条 强迫他人卖淫，具有下列情形之一的，应当认定为刑法第三百五十八条第一款规定的“情节严重”：

（一）卖淫人员累计达五人以上的；

（二）卖淫人员中未成年人、孕妇、智障人员、患有严重性病的人累计达三人以上的；

（三）强迫不满十四周岁的幼女卖淫的；

（四）造成被强迫卖淫的人自残、自杀或者其他严重后果的；

（五）其他情节严重的情形。

行为人既有组织卖淫犯罪行为，又有强迫卖淫犯罪行为，且具有下列情形之一的，以组织、强迫卖淫“情节严重”论处：

（一）组织卖淫、强迫卖淫行为中具有本解释第二条、本条前款规定的“情节严重”情形之一的；

（二）卖淫人员累计达到本解释第二条第一、二项规定的组织卖淫“情节严重”人数标准的；

（三）非法获利数额相加达到本解释第二条第四项规定的组织卖淫“情节严重”数额标准的。

第七条 根据刑法第三百五十八条第三款的规定，犯组织、强迫卖淫罪，并有杀害、伤害、强奸、绑架等犯罪行为的，依照数罪并罚的规定处罚。协助组织卖淫行为人参与实施上述行为的，以共同犯罪论处。

根据刑法第三百五十八条第二款的规定，组织、强迫未成年人卖淫的，应当从重处罚。

第八条 引诱、容留、介绍他人卖淫，具有下列情形之一的，应当依照刑法第三百五十九条第一款的规定定罪处罚：

（一）引诱他人卖淫的；

（二）容留、介绍二人以上卖淫的；

（三）容留、介绍未成年人、孕妇、智障人员、患有严重性病的人卖淫的；

（四）一年内曾因引诱、容留、介绍卖淫行为被行政处罚，又实施容留、介绍卖淫行为的；

（五）非法获利人民币一万元以上的。

利用信息网络发布招嫖违法信息，情节严重的，依照刑法第二百八十七条之一的规定，以非法利用信息网络罪定罪处罚。同时构成介绍卖淫罪的，依照处罚较重的规定定罪处罚。

引诱、容留、介绍他人卖淫是否以营利为目的，不影响犯罪的成立。

引诱不满十四周岁的幼女卖淫的，依照刑法第三百五十九条第二款的规定，以引诱幼女卖淫罪定罪处罚。

被引诱卖淫的人员中既有不满十四周岁的幼女，又有其他人员的，分别以引诱幼女卖淫罪和引诱卖淫罪定罪，实行并罚。

第九条 引诱、容留、介绍他人卖淫，具有下列情形之一的，应当认定为刑法第三百五十九条第一款规定的“情节严重”：

（一）引诱五人以上或者引诱、容留、介绍十人以上卖淫的；

（二）引诱三人以上的未成年人、孕妇、智障人员、患有严重性病的人卖淫，或者引诱、容留、介绍五人以上该类人员卖淫的；

（三）非法获利人民币五万元以上的；

（四）其他情节严重的情形。

第十条 组织、强迫、引诱、容留、介绍他人卖淫的次数，作为酌定情节在量刑时考虑。

第十一条 具有下列情形之一的，应当认定为刑法第三百六十条规定的“明知”：

（一）有证据证明曾到医院或者其他医疗机构就医或者检查，被诊断为患有严重性病的；

（二）根据本人的知识和经验，能够知道自己患有严重性病的；

（三）通过其他方法能够证明行为人是“明知”的。

传播性病行为是否实际造成他人患上严重性病的后果，不影响本罪的成立。

刑法第三百六十条规定所称的“严重性病”，包括梅毒、淋病等。其他性病是否认定为“严重性病”，应当根据《中华人民共和国传染病防治法》《性病防治管理办法》的规定，在国家卫生与计划生育委员会规定实行性病监测的性病范围内，依照其危害、特点与梅毒、淋病相当的原则，从严掌握。

第十二条 明知自己患有艾滋病或者感染艾滋病病毒而卖淫、嫖娼的，依照刑法第三百六十条的规定，以传播性病罪定罪，从重处罚。

具有下列情形之一，致使他人感染艾滋病病毒的，认定为刑法第九十五条第三项“其他对于人身健康有重大伤害”所指的“重伤”，依照刑法第二百三十四条第二款的规定，以故意伤害罪定罪处罚：

（一）明知自己感染艾滋病病毒而卖淫、嫖娼的；

（二）明知自己感染艾滋病病毒，故意不采取防范措施而与他人发生性关系的。

第十三条 犯组织、强迫、引诱、容留、介绍卖淫罪的，应当依法判处犯罪所得二倍以上的罚金。共同犯罪的，对各共同犯罪人合计判处的罚金应当在犯罪所得的二倍以上。

对犯组织、强迫卖淫罪被判处无期徒刑的，应当并处没收财产。

第十四条 根据刑法第三百六十二条、第三百一十条的规定，旅馆业、饮食服务业、文化娱乐业、出租汽车业等单位的人员，在公安机关查处卖淫、嫖娼活动时，为违法犯罪分子通风报信，情节严重的，以包庇罪定罪处罚。事前与犯罪分子通谋的，以共同犯罪论处。

具有下列情形之一的，应当认定为刑法第三百六十二条规定的“情节严重”：

（一）向组织、强迫卖淫犯罪集团通风报信的；

（二）二年内通风报信三次以上的；

（三）一年内因通风报信被行政处罚，又实施通风报信行为的；

<table>
<tr><td rowspan="2">法律适用</td><td>司法解释</td><td>

（四）致使犯罪集团的首要分子或者其他共同犯罪的主犯未能及时归案的；

（五）造成卖淫嫖娼人员逃跑，致使公安机关查处犯罪行为因取证困难而撤销刑事案件的；

（六）非法获利人民币一万元以上的；

（七）其他情节严重的情形。

第十五条　本解释自2017年7月25日起施行。

</td></tr>
<tr><td>相关法律法规</td><td>

《娱乐场所管理条例》（节录）（2006年1月29日中华人民共和国国务院令第458号公布　自2006年3月1日起施行　2016年2月6日第一次修订　2020年11月29日第二次修订）

第十四条　娱乐场所及其从业人员不得实施下列行为，不得为进入娱乐场所的人员实施下列行为提供条件：

（一）贩卖、提供毒品，或者组织、强迫、教唆、引诱、欺骗、容留他人吸食、注射毒品；

（二）组织、强迫、引诱、容留、介绍他人卖淫、嫖娼；

（三）制作、贩卖、传播淫秽物品；

（四）提供或者从事以营利为目的的陪侍；

（五）赌博；

（六）从事邪教、迷信活动；

（七）其他违法犯罪行为。

娱乐场所的从业人员不得吸食、注射毒品，不得卖淫、嫖娼；娱乐场所及其从业人员不得为进入娱乐场所的人员实施上述行为提供条件。

第四十三条　娱乐场所实施本条例第十四条禁止行为的，由县级公安部门没收违法所得和非法财物，责令停业整顿3个月至6个月；情节严重的，由原发证机关吊销娱乐经营许可证，对直接负责的主管人员和其他直接责任人员处1万元以上2万元以下的罚款。

</td></tr>
</table>

137 强迫卖淫案

概念 **本罪是指以暴力、胁迫、虐待以及其他强制手段迫使他人卖淫的行为。**

立案标准 强迫他人卖淫的，应当立案。

定罪标准		
定罪标准	犯罪客体	本罪侵犯的客体是复杂客体，它既破坏了社会治安管理秩序，又侵犯了他人的人身权利。卖淫嫖娼活动一向是我国法律、法规所禁止的，对于组织、强迫他人卖淫的行为比一般的引诱、容留妇女卖淫行为更加严重，并直接破坏了社会治安管理秩序，败坏了社会风气。本罪的犯罪对象为不分年龄、性别的多个他人。既包括女性，也包括男性。但在实践中强迫他人卖淫的犯罪对象主要是妇女，但也包括其他人。
	犯罪客观方面	本罪在客观方面表现为违背他人意志，强迫他人进行卖淫活动的行为。这是本罪的本质特征，也是与引诱、容留、介绍卖淫行为的主要区别。所谓强迫他人进行卖淫活动，是指使用暴力、胁迫或者其他强制方法，即直接采取暴力的手段，或者以使用暴力相威胁、利用从属关系相胁迫等，使被害人失去人身自由，不能反抗或不知反抗而违心地忍辱屈从，被迫在其控制下进行卖淫活动。一般来说，使用暴力手段是指行为人对被害人采取殴打、捆绑、绑架等行为进行身体强制控制，使其不能反抗；使用胁迫手段是指行为人对被害人采取威胁、恐吓等行为施加精神上压力，使其由于内心恐惧与担忧而不敢反抗；使用其他强制手段是指行为人采取虐待等行为使其无力反抗或不敢反抗。实践中常常是多种手段并用的强迫行为。无论采取哪种手段，只要卖淫者不是出于自愿，而是在被逼迫下从事了卖淫活动，即构成强迫卖淫罪。
	犯罪主体	本罪的主体是一般主体，既可以是一人，也可以是多人，但必须注意的是，本罪的主体和犯罪集团首要分子的概念不同。本罪的主体是犯罪构成的主要要件之一，而后者有时仅为量刑的情节。
	犯罪主观方面	本罪在主观方面是直接故意，即行为人明知自己的行为是在强迫他人卖淫活动，并认识到强迫行为是违背他人意志的，却积极实施这种行为，追求这种结果的发生。通常情况下，强迫卖淫的动机是为了非法牟利，以营利为目的，但法律并未作为要件加以规定，没有排除为了其他复杂动机而构成此罪的可能性，如为了报复而强迫他人卖淫等。
	罪与非罪	区分罪与非罪的界限，要注意：一、是否存在强迫他人卖淫的故意；二、是否实施了强迫他人卖淫的行为。如果强奸行为与强迫他人卖淫行为之间没有联系，则应当分别定罪，实行并罚。若强迫他人卖淫又有杀害、伤害、强奸、绑架等犯罪行为的，依照数罪并罚的规定处罚。

<table>
<tr><td rowspan="2">定罪标准</td><td>罪与非罪</td><td>一、什么是情节严重。如强迫多人卖淫或多次强迫他人卖淫，造成被强迫卖淫的重伤、死亡或者其他严重后果的。
二、关于什么是“情节特别严重”，《刑法》未作具体规定。根据立法精神并参照有关司法解释，“情节特别严重”，是指在前述五种情形中的特别严重的情形，而不能超出这五种情形再扩大范围。</td></tr>
<tr><td>此罪与彼罪</td><td>本罪与引诱、容留、介绍他人卖淫罪的界限。本罪与引诱、容留、介绍他人卖淫罪的关键区别在于使用了暴力等强制手段对被害人进行强迫，违背了被害人的意志。因此，两者在犯罪客体和客观行为要件方面都有不同之处。</td></tr>
<tr><td rowspan="3">证据参考标准</td><td>主体方面的证据</td><td>一、证明行为人刑事责任年龄、身份等自然情况的证据。
包括身份证明、户籍证明、任职证明、工作经历证明、特定职责证明等，主要是证明行为人的姓名（曾用名）、性别、出生年月日、民族、籍贯、出生地、职业（或职务）、住所地（或居所地）等证据材料，如户口簿、居民身份证、工作证、出生证、专业或技术等级证、干部履历表、职工登记表、护照等。
对于户籍、出生证等材料内容不实的，应提供其他证据材料。外国人犯罪的案件，应有护照等身份证明材料。人大代表、政协委员犯罪的案件，应注明身份，并附身份证明材料。
二、证明行为人刑事责任能力的证据。
证明行为人对自己的行为是否具有辨认能力与控制能力，如是否属于间歇性精神病人、尚未完全丧失辨认或者控制自己行为能力的精神病人的证明材料。</td></tr>
<tr><td>主观方面的证据</td><td>证明行为人故意的证据：1. 证明行为人明知的证据：证明行为人明知自己的行为会发生危害社会的结果。2. 证明直接故意的证据：证明行为人希望危害结果发生。3. 目的：（1）获取非法利润；（2）牟利；（3）营利。</td></tr>
<tr><td>客观方面的证据</td><td>证明行为人强迫卖淫犯罪行为的证据。
具体证据包括：1. 证明行为人强迫他人卖淫行为的证据：（1）女；（2）男；（3）未成年人。2. 证明行为人强迫他人卖淫情节严重行为的证据。3. 证明行为人强迫未成年人卖淫行为的证据。4. 证明行为人违背他人意志强迫卖淫行为的证据。5. 证明行为人采用殴打、捆绑、按捺、禁闭等危及人身安全和自由的手段迫使他人卖淫行为的证据。6. 证明行为人采用扬言进行报复、加害亲属、揭发隐私等方法相威胁迫使他人卖淫行为的证据。7. 证明行为人利用与被强迫人的教养关系、从属关系以及被强迫人孤立无援的处境进行挟持等迫使其卖淫行为的证据。8. 证明行为人以经常进行侮辱、咒骂、令其超体力劳动、有病不给治等摧残、折磨等进行虐待迫使他人卖淫行为的证据。9. 证明行为人利用被强迫人患病之机或者采用醉酒、药物麻醉等方法，迫使他人卖淫行为的证据。10. 证明旅馆业、饮食服务业、文化娱乐业、出租汽车业等单位的人员，利用本单位条件，强迫他人卖淫行为的证据。11. 证明前项所列单位的领导强迫他人卖淫行为的证据。12. 证明行为人强迫他人卖淫情节特别严重行为的证据。</td></tr>
</table>

证据参考标准

量刑方面的证据

一、法定量刑情节证据。

1. 事实情节：（1）强迫他人卖淫情节严重；（2）强迫他人卖淫情节特别严重；（3）其他。2. 法定从重情节。3. 法定从轻减轻情节：（1）可以从轻；（2）可以从轻或减轻；（3）应当从轻或者减轻。4. 法定从轻减轻免除情节：（1）可以从轻、减轻或者免除处罚；（2）应当从轻、减轻或者免除处罚。5. 法定减轻免除情节：（1）可以减轻或者免除处罚；（2）应当减轻或者免除处罚；（3）可以免除处罚。

二、酌定量刑情节证据。

1. 犯罪手段：（1）暴力；（2）胁迫；（3）虐待；（4）其他。2. 犯罪对象。3. 危害结果。4. 动机。5. 平时表现。6. 认罪态度。7. 是否有前科。8. 其他证据。

量刑标准

犯本罪的	处五年以上十年以下有期徒刑，并处罚金
情节严重的	处十年以上有期徒刑或者无期徒刑，并处罚金或者没收财产

法律适用

刑法条文

第三百五十八条 组织、强迫他人卖淫的，处五年以上十年以下有期徒刑，并处罚金；情节严重的，处十年以上有期徒刑或者无期徒刑，并处罚金或者没收财产。

组织、强迫未成年人卖淫的，依照前款的规定从重处罚。

犯前两款罪，并有杀害、伤害、强奸、绑架等犯罪行为的，依照数罪并罚的规定处罚。

为组织卖淫的人招募、运送人员或者有其他协助组织他人卖淫行为的，处五年以下有期徒刑，并处罚金；情节严重的，处五年以上十年以下有期徒刑，并处罚金。

第三百六十一条 旅馆业、饮食服务业、文化娱乐业、出租汽车业等单位的人员，利用本单位的条件，组织、强迫、引诱、容留、介绍他人卖淫的，依照本法第三百五十八条、第三百五十九条的规定定罪处罚。

前款所列单位的主要负责人，犯前款罪的，从重处罚。

司法解释

一、最高人民检察院、公安部《关于公安机关管辖的刑事案件立案追诉标准的规定（一）》（节录）（2008年6月25日最高人民检察院、公安部公布 自公布之日起施行 公通字〔2008〕36号 2017年4月27日修正）

第七十六条 ［强迫卖淫案（刑法第三百五十八条第一款）］以暴力、胁迫等手段强迫他人卖淫的，应予立案追诉。

二、最高人民法院、最高人民检察院《关于办理组织、强迫、引诱、容留、介绍卖淫刑事案件适用法律若干问题的解释》（节录）（2017年7月21日最高人民法院、最高人民检察院公布 自2017年7月25日起施行 法释〔2017〕13号）

第六条 强迫他人卖淫，具有下列情形之一的，应当认定为刑法第三百五十八条第一款规定的“情节严重”：

（一）卖淫人员累计达五人以上的；

（二）卖淫人员中未成年人、孕妇、智障人员、患有严重性病的人累计达三人以上的；

（三）强迫不满十四周岁的幼女卖淫的；

法律适用

司法解释

（四）造成被强迫卖淫的人自残、自杀或者其他严重后果的；

（五）其他情节严重的情形。

行为人既有组织卖淫犯罪行为，又有强迫卖淫犯罪行为，且具有下列情形之一的，以组织、强迫卖淫“情节严重”论处：

（一）组织卖淫、强迫卖淫行为中具有本解释第二条、本条前款规定的“情节严重”情形之一的；

（二）卖淫人员累计达到本解释第二条第一、二项规定的组织卖淫“情节严重”人数标准的；

（三）非法获利数额相加达到本解释第二条第四项规定的组织卖淫“情节严重”数额标准的。

第七条 根据刑法第三百五十八条第三款的规定，犯组织、强迫卖淫罪，并有杀害、伤害、强奸、绑架等犯罪行为的，依照数罪并罚的规定处罚。协助组织卖淫行为人参与实施上述行为的，以共同犯罪论处。

根据刑法第三百五十八条第二款的规定，组织、强迫未成年人卖淫的，应当从重处罚。

第十条 组织、强迫、引诱、容留、介绍他人卖淫的次数，作为酌定情节在量刑时考虑。

第十三条 犯组织、强迫、引诱、容留、介绍卖淫罪的，应当依法判处犯罪所得二倍以上的罚金。共同犯罪的，对各共同犯罪人合计判处的罚金应当在犯罪所得的二倍以上。

对犯组织、强迫卖淫罪被判处无期徒刑的，应当并处没收财产。

相关法律法规

《娱乐场所管理条例》（节录）（2006年1月29日中华人民共和国国务院令第458号公布　自2006年3月1日起施行　2016年2月6日第一次修订　2020年11月29日第二次修订）

第十四条 娱乐场所及其从业人员不得实施下列行为，不得为进入娱乐场所的人员实施下列行为提供条件：

（一）贩卖、提供毒品，或者组织、强迫、教唆、引诱、欺骗、容留他人吸食、注射毒品；

（二）组织、强迫、引诱、容留、介绍他人卖淫、嫖娼；

（三）制作、贩卖、传播淫秽物品；

（四）提供或者从事以营利为目的的陪侍；

（五）赌博；

（六）从事邪教、迷信活动；

（七）其他违法犯罪行为。

娱乐场所的从业人员不得吸食、注射毒品，不得卖淫、嫖娼；娱乐场所及其从业人员不得为进入娱乐场所的人员实施上述行为提供条件。

第四十三条 娱乐场所实施本条例第十四条禁止行为的，由县级公安部门没收违法所得和非法财物，责令停业整顿3个月至6个月；情节严重的，由原发证机关吊销娱乐经营许可证，对直接负责的主管人员和其他直接责任人员处1万元以上2万元以下的罚款。

138 协助组织卖淫案

概念 **本罪是指为组织卖淫的人招募、运送人员或者有其他协助组织他人卖淫行为的行为。**

立案标准 **在组织卖淫的犯罪活动中，帮助招募、运送、培训人员3人以上，或者充当保镖、打手、管账人等，起帮助作用的，应予立案追诉。**

定罪标准		
	犯罪客体	本罪侵犯的客体是社会主义的社会风尚和社会治安管理秩序。组织卖淫罪是一种严重的犯罪行为，而协助组织卖淫虽不是组织他人卖淫，但却在组织他人卖淫的犯罪活动中起了重要作用。特别是有些协助者的行为手段恶劣，造成的后果特别严重。因而对协助组织他人卖淫的行为予以惩处，有利于震慑这类犯罪分子，维护社会治安。
	犯罪客观方面	本罪在客观方面表现为为组织卖淫的人招募、运送人员或者有其他协助组织他人卖淫行为的行为。这里所说的“协助”是指帮助组织者组织他人卖淫。这种“协助”行为可以发生在组织他人卖淫活动的各个环节，表现形式也多种多样。例如，有的为组织他人卖淫者充当保镖，为其看家护院，把门放风，以逃避公安机关惩处；有的为组织他人卖淫者充当管账人，为其收钱管账。这些行为与直接组织他人卖淫的行为构成了组织他人卖淫犯罪活动的整体，是组织他人卖淫的共同犯罪中起辅助作用的帮助行为。
	犯罪主体	本罪的主体是一般主体。在组织他人卖淫的共同犯罪中，协助组织他人卖淫的可以是一个人，也可以是多个人。
	犯罪主观方面	本罪在主观方面是故意犯罪，即行为人明知其他犯罪分子在进行组织他人卖淫的犯罪活动而故意予以协助。如果行为人对组织他人卖淫者及自己帮助犯的身份不明知，不构成犯罪。本罪的犯罪目的是多种多样，不一定是为了营利。
	罪与非罪	区分罪与非罪的界限，要注意把握两点： 一、在组织他人卖淫的犯罪中，除组织者以外，其他成员非常复杂，他们的行为是否构成协助组织卖淫罪，有时很难掌握。实践中可以从以下几方面把握协助组织卖淫罪与非罪的界限：(1) 行为人主观上是否明知自己是在实施协助组织他人卖淫的行为。本罪是故意犯罪，如果行为人受他人蒙骗，根本不知自己的行为是在协助组织他人卖淫，则不能构成犯罪。(2) 行为人客观上是否实施了协助组织他人卖淫的行为。如果行为人实施了协助组织他人卖淫的行为，如充当打手、保镖等，则其行为构成协助组织卖淫罪。如果行为人所实施的行为不是协助组织他人卖淫的行为，例如，为组织卖淫者充当杂役，提供个人生活服务，危害不大，不应视为协助组织卖淫的行为，不认为是犯罪。

<table>
<tr><td rowspan="2">定罪标准</td><td>罪与非罪</td><td>二、实践中，许多协助组织他人卖淫的行为是通过实施其他犯罪行为而实现的，如有的使用暴力强迫他人卖淫，有的采用强奸手段迫使妇女就范，有的对不服从压榨、欺侮的卖淫人员施以暴力，甚至伤害、杀人等。这些行为就其性质而言，虽然都属于协助组织卖淫，但同时触犯强迫他人卖淫罪、强奸罪、故意伤害罪、故意杀人罪等其他罪名，这种情况属于想象竞合犯，应从一重罪处罚。</td></tr>
<tr><td>此罪与彼罪</td><td>一、本罪与组织卖淫罪的界限。协助组织卖淫，顾名思义，是组织卖淫的帮助犯，或者说是共同犯罪的从犯。由于《刑法》对协助组织卖淫的行为单独加以规定，处理时就要注意区别两罪的不同点。二者的主要区别：一是客观方面表现不同。本罪表现为为组织卖淫的人招募、运送人员或者有其他协助组织他人卖淫行为的行为，对组织他人卖淫行为只起辅助或间接作用；后者则表现为直接将愿意出卖自己的肉体的人组织起来进行卖淫的行为。二是主观故意不同。本罪只有协助组织卖淫的故意；而后者具有组织他人从事卖淫的故意。三是行为针对的对象不同。本罪行为对象是组织他人卖淫的人及用于组织卖淫的工具；而后者是针对那些卖淫的人员。
二、本罪与包庇罪的界限。旅游业、饮食服务业、文化娱乐业、出租汽车业等单位的人员，在公安机关查处卖淫嫖娼活动时，为违法犯罪分子通风报信的，广义上也是一种包庇行为，对这种行为，《刑法》第362条规定，应按《刑法》第310条规定的包庇罪定罪处罚。二者的主要区别在于事前是否通谋。如果事前有通谋的，则应定为组织卖淫罪等罪名的共犯；如果事前没有通谋，而纯系在组织卖淫犯罪完成之后的一种帮助行为，则应定为包庇罪，而不能定协助组织卖淫罪。</td></tr>
<tr><td rowspan="2">证据参考标准</td><td>主体方面的证据</td><td>一、证明行为人刑事责任年龄、身份等自然情况的证据。
包括身份证明、户籍证明、任职证明、工作经历证明、特定职责证明等，主要是证明行为人的姓名（曾用名）、性别、出生年月日、民族、籍贯、出生地、职业（或职务）、住所地（或居所地）等证据材料，如户口簿、居民身份证、工作证、出生证、专业或技术等级证、干部履历表、职工登记表、护照等。
对于户籍、出生证等材料内容不实的，应提供其他证据材料。外国人犯罪的案件，应有护照等身份证明材料。人大代表、政协委员犯罪的案件，应注明身份，并附身份证明材料。
二、证明行为人刑事责任能力的证据。
证明行为人对自己的行为是否具有辨认能力与控制能力，如是否属于间歇性精神病人、尚未完全丧失辨认或者控制自己行为能力的精神病人的证明材料。</td></tr>
<tr><td>主观方面的证据</td><td>证明行为人故意的证据：1. 证明行为人明知的证据：证明行为人明知自己的行为会发生危害社会的结果；2. 证明直接故意的证据：证明行为人希望危害结果发生。</td></tr>
</table>

证据参考标准

客观方面的证据

证明行为人协助组织卖淫犯罪行为的证据。

具体证据包括：1. 证明行为人协助组织他人卖淫行为的证据：(1) 以招工为名帮助组织者招募、诱骗妇女卖淫；(2) 为组织者诱使他人卖淫充当“皮条客”，勾引嫖客，牵线搭桥；(3) 为组织者充当保镖，为其看守护院，望门把风；(4) 为组织者充当打手，协助其强迫妇女卖淫、逼良为娼，对不顺从的人大打出手；(5) 为组织者充当管账人，收支卖淫活动的收入；(6) 为组织者进行招募、雇用、引诱、强迫、欺骗、容留他人卖淫。2. 证明行为人协助组织他人卖淫情节严重行为的证据。

量刑方面的证据

一、法定量刑情节证据。

1. 事实情节：(1) 情节严重；(2) 其他。2. 法定从重情节。3. 法定从轻减轻情节：(1) 可以从轻；(2) 可以从轻或者减轻；(3) 应当从轻或者减轻。4. 法定从轻减轻免除情节：(1) 可以从轻、减轻或者免除处罚；(2) 应当从轻、减轻或者免除处罚。5. 法定减轻免除情节：(1) 可以减轻或者免除处罚；(2) 应当减轻或者免除处罚；(3) 可以免除处罚。

二、酌定量刑情节证据。

1. 犯罪手段：(1) 引诱；(2) 强迫；(3) 欺骗；(4) 其他。2. 犯罪对象。3. 危害结果。4. 动机。5. 平时表现。6. 认罪态度。7. 是否有前科。8. 其他证据。

量刑标准

犯本罪的	处五年以下有期徒刑，并处罚金
情节严重的	处五年以上十年以下有期徒刑，并处罚金

法律适用

刑法条文

第三百五十八条第四款 为组织卖淫的人招募、运送人员或者有其他协助组织他人卖淫行为的，处五年以下有期徒刑，并处罚金；情节严重的，处五年以上十年以下有期徒州，并处罚金。

司法解释

一、最高人民检察院、公安部《关于公安机关管辖的刑事案件立案追诉标准的规定（一）》（节录）（2008年6月25日最高人民检察院、公安部公布 自公布之日起施行 公通字〔2008〕36号 2017年4月27日修正）

第七十七条 ［协助组织卖淫案（刑法第三百五十八条第四款）］在组织卖淫的犯罪活动中，帮助招募、运送、培训人员3人以上，或者充当保镖、打手、管账人等，起帮助作用的，应予立案追诉。

二、最高人民法院、最高人民检察院《关于办理组织、强迫、引诱、容留、介绍卖淫刑事案件适用法律若干问题的解释》（节录）（2017年7月21日最高人民法院、最高人民检察院公布 自2017年7月25日起施行 法释〔2017〕13号）

第四条 明知他人实施组织卖淫犯罪活动而为其招募、运送人员或者充当保镖、打手、管账人等的，依照刑法第三百五十八条第四款的规定，以协助组织卖淫罪定罪处罚，不以组织卖淫罪的从犯论处。

在具有营业执照的会所、洗浴中心等经营场所担任保洁员、收银员、保安员等，从事一般服务性、劳务性工作，仅领取正常薪酬，且无前款所列协助组织卖淫行为

法律适用	司法解释	的，不认定为协助组织卖淫罪。 **第五条** 协助组织他人卖淫，具有下列情形之一的，应当认定为刑法第三百五十八条第四款规定的“情节严重”： （一）招募、运送卖淫人员累计达十人以上的； （二）招募、运送的卖淫人员中未成年人、孕妇、智障人员、患有严重性病的人累计达五人以上的； （三）协助组织境外人员在境内卖淫或者协助组织境内人员出境卖淫的； （四）非法获利人民币五十万元以上的； （五）造成被招募、运送或者被组织卖淫的人自残、自杀或者其他严重后果的； （六）其他情节严重的情形。

139 引诱、容留、介绍卖淫案

概念

本罪是指利用金钱、物质等手段诱使他人卖淫，或者为卖淫者提供卖淫场所，或者通过引见等方式在卖淫者和嫖客之间进行撮合介绍的行为。

立案标准

引诱、容留、介绍他人卖淫，涉嫌下列情形之一的，应予立案追诉：

（1）引诱、容留、介绍 2 人次以上卖淫的；

（2）引诱、容留、介绍已满 14 周岁未满 18 周岁的未成年人卖淫的；

（3）被引诱、容留、介绍卖淫的人患有艾滋病或者患有梅毒、淋病等严重性病；

（4）其他引诱、容留、介绍卖淫应予追究刑事责任的情形。

定罪标准	犯罪客体	本罪侵犯的客体是社会治安管理秩序和社会风尚。引诱、容留、介绍他人卖淫的行为促使卖淫嫖娼活动日益蔓延，破坏了社会的道德风尚，破坏了社会治安管理秩序，具有严重的社会危害性，因此必须对之进行严厉惩处。本罪的犯罪对象是他人，即可以是行为人以外的任何人，既包括女人，也包括男人。如果不涉及他人，行为人本人卖淫嫖娼的，不构成本罪。
	犯罪客观方面	本罪在客观方面表现为引诱、容留、介绍他人卖淫的行为。所谓引诱，是指以金钱、物质的报酬或者不良生活方式的诱惑为手段，勾引、劝诱、招引他人进行卖淫活动的行为。其结果可以是以卖淫者跟从行为人从事卖淫活动，也可以是另行从事卖淫活动。所谓容留，是指为卖淫者提供固定的或者不固定的、短期的或者长期的卖淫场所。可以是为牟取非法利益而提供，也可以是为其他目的而提供；可以是提供固定的长期的场所，也可以是提供不固定的移动场所。这里所说的“容留”，既包括在自己所有的、管理的、使用的、经营的固定场所，如私人住宅、宾馆、洗浴、饭店、餐厅、歌厅、理发店等场所容留卖淫，嫖娼人员从事卖淫嫖娼活动，也包括在流动场所，如汽车、轮船中容留他人卖淫、嫖娼。所谓介绍，是指为卖淫者和嫖娼者从中引见、沟通、撮合，提供媒介，致使卖淫活动在本无联系的卖淫者和嫖娼者之间进行，使卖淫嫖娼行为得以实现的行为，即所说的“拉皮条”。其动机也有为牟利分成和其他目的之分。 本罪是选择性罪名。以上三种行为只要具备一种即可构成本罪，同时具备两种以上的，也构成本罪一个罪名，不以数罪并罚处理。
	犯罪主体	本罪的主体是一般主体，凡达到刑事责任年龄、具有刑事责任能力的人，均可构成本罪。
	犯罪主观方面	本罪在主观方面表现为直接故意且大多具有营利的目的。行为人明知自己的行为是为了促成卖淫活动的发生而积极追求这种活动的发生。一般情况下，引诱、容留、介绍他人卖淫是为了谋取非法利益，但也存在以追求变态生活方式为目的和动机等情况。

<table>
<tr><td rowspan="2">定罪标准</td><td>罪与非罪</td><td>区分罪与非罪的界限，要注意把握以下几点：
一、不是所有的引诱、容留、介绍他人卖淫的行为均构成本罪，情节较轻的引诱、容留、介绍他人卖淫行为一般不构成本罪。
二、本罪与自愿卖淫行为的界限。引诱、容留、介绍卖淫的犯罪主体是卖淫者与嫖娼者以外的第三人，如果是卖淫者自己招揽生意或者相互介绍、容留卖淫的，则不构成本罪。</td></tr>
<tr><td>此罪与彼罪</td><td>一、本罪与组织卖淫罪的界限。两者在客观方面有相同之处，即客观方面都可以表现为引诱、容留、介绍他人卖淫的行为。两罪的区别在于：构成本罪只要求行为人实施了引诱、容留、介绍他人卖淫的行为，不需要其他客观要件；组织卖淫罪则不同，行为人不但要有引诱、容留、介绍他人卖淫的行为，还必须对卖淫活动进行具体的策划、领导、指挥和安排，而且，后行为作为客观要件要比前行为更为关键。
二、本罪与强迫卖淫罪的界限。首先表现在客观方面，两者行为方式不同。本罪在客观方面表现为以金钱或者其他利益诱使他人卖淫或为卖淫者与嫖客之间进行介绍、牵线搭桥；强迫卖淫罪则是采用了暴力、胁迫、虐待等强制手段迫使他人卖淫的。其次是犯罪对象不同。本罪的犯罪对象既可以是有卖淫恶习者，也可以是无卖淫习性的人；而强迫卖淫罪的犯罪对象则只能是无卖淫习性或不愿意卖淫的人。</td></tr>
<tr><td rowspan="3">证据参考标准</td><td>主体方面的证据</td><td>一、证明行为人刑事责任年龄、身份等自然情况的证据。
包括身份证明、户籍证明、任职证明、工作经历证明、特定职责证明等，主要是证明行为人的姓名（曾用名）、性别、出生年月日、民族、籍贯、出生地、职业（或职务）、住所地（或居所地）等证据材料，如户口簿、居民身份证、工作证、出生证、专业或技术等级证、干部履历表、职工登记表、护照等。
对于户籍、出生证等材料内容不实的，应提供其他证据材料。外国人犯罪的案件，应有护照等身份证明材料。人大代表、政协委员犯罪的案件，应注明身份，并附身份证明材料。
二、证明行为人刑事责任能力的证据。
证明行为人对自己的行为是否具有辨认能力与控制能力，如是否属于间歇性精神病人、尚未完全丧失辨认或者控制自己行为能力的精神病人的证明材料。</td></tr>
<tr><td>主观方面的证据</td><td>证明行为人故意的证据：1. 证明行为人明知的证据：证明行为人明知自己的行为会发生危害社会的结果。2. 证明直接故意的证据：证明行为人希望危害结果发生。3. 目的：（1）获取非法利润；（2）牟利；（3）营利。</td></tr>
<tr><td>客观方面的证据</td><td>证明行为人引诱、容留、介绍卖淫犯罪行为的证据。
具体证据包括：1. 证明行为人引诱他人卖淫行为的证据；2. 证明行为人容留他人卖淫行为的证据；3. 证明行为人介绍他人卖淫行为的证据；4. 证明行为人引诱、容留、介绍他人卖淫情节严重行为的证据。</td></tr>
</table>

证据参考标准

量刑方面的证据

一、法定量刑情节证据。

1. 事实情节：(1) 情节严重；(2) 其他。2. 法定从重情节。3. 法定从轻减轻情节：(1) 可以从轻；(2) 可以从轻或者减轻；(3) 应当从轻或者减轻。4. 法定从轻减轻免除情节：(1) 可以从轻、减轻或者免除处罚；(2) 应当从轻、减轻或者免除处罚。5. 法定减轻免除情节：(1) 可以减轻或者免除处罚；(2) 应当减轻或者免除处罚；(3) 可以免除处罚。

二、酌定量刑情节证据。

1. 犯罪手段：(1) 提供场所；(2) "拉皮条"；(3) 施以钱、物；(4) 其他。2. 犯罪对象。3. 危害结果。4. 动机。5. 平时表现。6. 认罪态度。7. 是否有前科。8. 其他证据。

量刑标准

犯本罪的	处五年以下有期徒刑、拘役或者管制，并处罚金
情节严重的	处五年以上有期徒刑，并处罚金

法律适用

刑法条文

第三百五十九条第一款 引诱、容留、介绍他人卖淫的，处五年以下有期徒刑、拘役或者管制，并处罚金；情节严重的，处五年以上有期徒刑，并处罚金。

第三百六十一条 旅馆业、饮食服务业、文化娱乐业、出租汽车业等单位的人员，利用本单位的条件，组织、强迫、引诱、容留、介绍他人卖淫的，依照本法第三百五十八条、第三百五十九条的规定定罪处罚。

前款所列单位的主要负责人，犯前款罪的，从重处罚。

司法解释

一、最高人民检察院、公安部《关于公安机关管辖的刑事案件立案追诉标准的规定（一）》（节录）（2008年6月25日最高人民检察院、公安部公布 自公布之日起施行 公通字〔2008〕36号 2017年4月27日修正）

第七十八条 ［引诱、容留、介绍卖淫案（刑法第三百五十九条第一款）］引诱、容留、介绍他人卖淫，涉嫌下列情形之一的，应予立案追诉：

（一）引诱、容留、介绍二人次以上卖淫的；

（二）引诱、容留、介绍已满十四周岁未满十八周岁的未成年人卖淫的；

（三）被引诱、容留、介绍卖淫的人患有艾滋病或者患有梅毒、淋病等严重性病。

（四）其他引诱、容留、介绍卖淫应予追究刑事责任的情形。

二、最高人民法院、最高人民检察院《关于常见犯罪的量刑指导意见（试行）》（节录）（2021年6月17日最高人民法院、最高人民检察院公布 自2021年7月1日起施行 法发〔2021〕21号）

四、常见犯罪的量刑

（二十三）引诱、容留、介绍卖淫罪

1. 构成引诱、容留、介绍卖淫罪的，根据下列情形在相应的幅度内确定量刑起点：

(1) 情节一般的，在二年以下有期徒刑、拘役幅度内确定量刑起点。

(2) 情节严重的，在五年至七年有期徒刑幅度内确定量刑起点。

2. 在量刑起点的基础上，根据引诱、容留、介绍卖淫的人数等其他影响犯罪构成的犯罪事实增加刑罚量，确定基准刑。

3. 旅馆业、饮食服务业、文化娱乐业、出租汽车业等单位的主要负责人，利用本单位的条件，引诱、容留、介绍他人卖淫的，增加基准刑的10%－20%。

4. 构成引诱、容留、介绍卖淫罪，根据引诱、容留、介绍卖淫的人数、次数、违法所得数额、危害后果等犯罪情节，综合考虑被告人缴纳罚金的能力，决定罚金数额。

5. 构成引诱、容留、介绍卖淫罪的，综合考虑引诱、容留、介绍卖淫的人数、次数、危害后果等犯罪事实、量刑情节，以及被告人主观恶性、人身危险性、认罪悔罪表现等因素，决定缓刑的适用。

三、最高人民法院、最高人民检察院《关于办理组织、强迫、引诱、容留、介绍卖淫刑事案件适用法律若干问题的解释》（节录）（2017年7月21日最高人民法院、最高人民检察院公布　自2017年7月25日起施行　法释〔2017〕13号）

第八条　引诱、容留、介绍他人卖淫，具有下列情形之一的，应当依照刑法第三百五十九条第一款的规定定罪处罚：

（一）引诱他人卖淫的；

（二）容留、介绍二人以上卖淫的；

（三）容留、介绍未成年人、孕妇、智障人员、患有严重性病的人卖淫的；

（四）一年内曾因引诱、容留、介绍卖淫行为被行政处罚，又实施容留、介绍卖淫行为的；

（五）非法获利人民币一万元以上的。

利用信息网络发布招嫖违法信息，情节严重的，依照刑法第二百八十七条之一的规定，以非法利用信息网络罪定罪处罚。同时构成介绍卖淫罪的，依照处罚较重的规定定罪处罚。

引诱、容留、介绍他人卖淫是否以营利为目的，不影响犯罪的成立。

引诱不满十四周岁的幼女卖淫的，依照刑法第三百五十九条第二款的规定，以引诱幼女卖淫罪定罪处罚。

被引诱卖淫的人员中既有不满十四周岁的幼女，又有其他人员的，分别以引诱幼女卖淫罪和引诱卖淫罪定罪，实行并罚。

第九条　引诱、容留、介绍他人卖淫，具有下列情形之一的，应当认定为刑法第三百五十九条第一款规定的“情节严重”：

（一）引诱五人以上或者引诱、容留、介绍十人以上卖淫的；

（二）引诱三人以上的未成年人、孕妇、智障人员、患有严重性病的人卖淫，或者引诱、容留、介绍五人以上该类人员卖淫的；

（三）非法获利人民币五万元以上的；

（四）其他情节严重的情形。

第十条　组织、强迫、引诱、容留、介绍他人卖淫的次数，作为酌定情节在量刑时考虑。

第十三条　犯组织、强迫、引诱、容留、介绍卖淫罪的，应当依法判处犯罪所得二倍以上的罚金。共同犯罪的，对各共同犯罪人合计判处的罚金应当在犯罪所得的二倍以上。

对犯组织、强迫卖淫罪被判处无期徒刑的，应当并处没收财产。

第十四条　根据刑法第三百六十二条、第三百一十条的规定，旅馆业、饮食服务

司法解释

业、文化娱乐业、出租汽车业等单位的人员，在公安机关查处卖淫、嫖娼活动时，为违法犯罪分子通风报信，情节严重的，以包庇罪定罪处罚。事前与犯罪分子通谋的，以共同犯罪论处。

具有下列情形之一的，应当认定为刑法第三百六十二条规定的“情节严重”：

（一）向组织、强迫卖淫犯罪集团通风报信的；

（二）二年内通风报信三次以上的；

（三）一年内因通风报信被行政处罚，又实施通风报信行为的；

（四）致使犯罪集团的首要分子或者其他共同犯罪的主犯未能及时归案的；

（五）造成卖淫嫖娼人员逃跑，致使公安机关查处犯罪行为因取证困难而撤销刑事案件的；

（六）非法获利人民币一万元以上的；

（七）其他情节严重的情形。

法律适用 相关法律法规

一、《中华人民共和国治安管理处罚法》（节录）（2005年8月28日中华人民共和国主席令第38号公布 自2006年3月1日起施行 2012年10月26日修正）

第六十六条 卖淫、嫖娼的，处十日以上十五日以下拘留，可以并处五千元以下罚款；情节较轻的，处五日以下拘留或者五百元以下罚款。

在公共场所拉客招嫖的，处五日以下拘留或者五百元以下罚款。

第六十七条 引诱、容留、介绍他人卖淫的，处十日以上十五日以下拘留，可以并处五千元以下罚款；情节较轻的，处五日以下拘留或者五百元以下罚款。

二、《娱乐场所管理条例》（节录）（2006年1月29日中华人民共和国国务院令第458号公布 自2006年3月1日起施行 2016年2月6日第一次修订 2020年11月29日第二次修订）

第十四条 娱乐场所及其从业人员不得实施下列行为，不得为进入娱乐场所的人员实施下列行为提供条件：

（一）贩卖、提供毒品，或者组织、强迫、教唆、引诱、欺骗、容留他人吸食、注射毒品；

（二）组织、强迫、引诱、容留、介绍他人卖淫、嫖娼；

（三）制作、贩卖、传播淫秽物品；

（四）提供或者从事以营利为目的的陪侍；

（五）赌博；

（六）从事邪教、迷信活动；

（七）其他违法犯罪行为。

娱乐场所的从业人员不得吸食、注射毒品，不得卖淫、嫖娼；娱乐场所及其从业人员不得为进入娱乐场所的人员实施上述行为提供条件。

第四十三条 娱乐场所实施本条例第十四条禁止行为的，由县级公安部门没收违法所得和非法财物，责令停业整顿3个月至6个月；情节严重的，由原发证机关吊销娱乐经营许可证，对直接负责的主管人员和其他直接责任人员处1万元以上2万元以下的罚款。

140 引诱幼女卖淫案

概念 本罪是指利用金钱、物质等手段引诱不满 14 周岁的幼女卖淫的行为。

立案标准 引诱不满 14 周岁的幼女卖淫的，应当立案。

定罪标准		
定罪标准	犯罪客体	本罪侵犯的客体是社会治安管理秩序和幼女身心健康的权利。犯罪对象是不满 14 周岁的幼女。由于未满 14 周岁的幼女的生理发育尚未完全成熟，引诱其卖淫，严重损害其身心健康，故应依法惩处。
	犯罪客观方面	本罪在客观方面表现为引诱不满 14 周岁的幼女卖淫的行为。所谓引诱，是以金钱、物质或者其他手段，勾引、诱使幼女出卖肉体的行为。其他手段如帮助办理城市户口、外出旅游等。
	犯罪主体	本罪的主体是一般主体，即凡是达到刑事责任年龄、具有刑事责任能力的自然人均可构成本罪主体。
	犯罪主观方面	本罪在主观方面表现为故意，即行为人明知对方是不满 14 周岁的幼女，而引诱其卖淫。在实际情况中，情况比较复杂，有些犯罪分子明知是幼女，有的犯罪分子明知可能是幼女，也有的犯罪分子不择手段，不计后果不分是否幼女。因此，只要实际上被引诱的是幼女，便认定为引诱幼女卖淫罪。
	罪与非罪	区分罪与非罪的界限，关键是看是否实施了引诱不满 14 周岁幼女卖淫的行为。
	此罪与彼罪	一、本罪与组织卖淫罪的界限。组织卖淫罪中的被组织者可能有幼女，该幼女也可能是由于受引诱而卖淫的。在这种情况下，应当将引诱幼女卖淫的行为，作为组织卖淫罪的从重情节予以考虑，而不再单定引诱幼女卖淫罪。 二、本罪与强奸罪的界限。行为人引诱幼女向自己卖淫的，应当以强奸罪定罪处罚，不认定为引诱幼女卖淫罪。

<table>
<tr><td rowspan="5">证据参考标准</td><td>主体方面的证据</td><td colspan="2">一、证明行为人刑事责任年龄、身份等自然情况的证据。
包括身份证明、户籍证明、任职证明、工作经历证明、特定职责证明等，主要是证明行为人的姓名（曾用名）、性别、出生年月日、民族、籍贯、出生地、职业（或职务）、住所地（或居所地）等证据材料，如户口簿、居民身份证、工作证、出生证、专业或技术等级证、干部履历表、职工登记表、护照等。
对于户籍、出生证等材料内容不实的，应提供其他证据材料。外国人犯罪的案件，应有护照等身份证明材料。人大代表、政协委员犯罪的案件，应注明身份，并附身份证明材料。
二、证明行为人刑事责任能力的证据。
证明行为人对自己的行为是否具有辨认能力与控制能力，如是否属于间歇性精神病人、尚未完全丧失辨认或者控制自己行为能力的精神病人的证明材料。</td></tr>
<tr><td>主观方面的证据</td><td colspan="2">证明行为人故意的证据：1. 证明行为人明知的证据：证明行为人明知自己的行为会发生危害社会的结果。2. 证明直接故意的证据：证明行为人希望危害结果发生。3. 目的：（1）获取非法利润；（2）牟利；（3）营利。</td></tr>
<tr><td>客观方面的证据</td><td colspan="2">证明行为人引诱幼女卖淫犯罪行为的证据。
具体证据包括：1. 证明行为人利用金钱引诱幼女卖淫行为的证据；2. 证明行为人利用物质引诱幼女卖淫行为的证据；3. 证明行为人利用其他手段引诱幼女卖淫行为的证据。</td></tr>
<tr><td>量刑方面的证据</td><td colspan="2">一、法定量刑情节证据。
1. 事实情节：（1）情节严重；（2）其他。2. 法定从重情节。3. 法定从轻减轻情节：（1）可以从轻；（2）可以从轻或者减轻；（3）应当从轻或者减轻。4. 法定从轻减轻免除情节：（1）可以从轻、减轻或者免除处罚；（2）应当从轻、减轻或者免除处罚。5. 法定减轻免除情节：（1）可以减轻或者免除处罚；（2）应当减轻或者免除处罚；（3）可以免除处罚。
二、酌定量刑情节证据。
1. 犯罪手段：（1）金钱；（2）物质；（3）其他。2. 犯罪对象。3. 危害结果。4. 动机。5. 平时表现。6. 认罪态度。7. 是否有前科。8. 其他证据。</td></tr>
<tr></tr>
<tr><td>量刑标准</td><td colspan="2">犯本罪的</td><td>处五年以上有期徒刑，并处罚金</td></tr>
<tr><td>法律适用</td><td>刑法条文</td><td colspan="2">第三百五十九条第二款 引诱不满十四周岁的幼女卖淫的，处五年以上有期徒刑，并处罚金。
第三百六十一条 旅馆业、饮食服务业、文化娱乐业、出租汽车业等单位的人员，利用本单位的条件，组织、强迫、引诱、容留、介绍他人卖淫的，依照本法第三百五十八条、第三百五十九条的规定定罪处罚。
前款所列单位的主要负责人，犯前款罪的，从重处罚。</td></tr>
</table>

法律适用

司法解释

一、最高人民检察院、公安部《关于公安机关管辖的刑事案件立案追诉标准的规定（一）》（节录）（2008年6月25日最高人民检察院、公安部公布　自公布之日起施行　公通字〔2008〕36号　2017年4月27日修正）

第七十九条　［引诱幼女卖淫案（刑法第三百五十九条第二款）］引诱不满十四周岁的幼女卖淫的，应予立案追诉。

二、最高人民法院、最高人民检察院《关于办理组织、强迫、引诱、容留、介绍卖淫刑事案件适用法律若干问题的解释》（节录）（2017年7月21日最高人民法院、最高人民检察院公布　自2017年7月25日起施行　法释〔2017〕13号）

第八条　引诱、容留、介绍他人卖淫，具有下列情形之一的，应当依照刑法第三百五十九条第一款的规定定罪处罚：

（一）引诱他人卖淫的；

（二）容留、介绍二人以上卖淫的；

（三）容留、介绍未成年人、孕妇、智障人员、患有严重性病的人卖淫的；

（四）一年内曾因引诱、容留、介绍卖淫行为被行政处罚，又实施容留、介绍卖淫行为的；

（五）非法获利人民币一万元以上的。

利用信息网络发布招嫖违法信息，情节严重的，依照刑法第二百八十七条之一的规定，以非法利用信息网络罪定罪处罚。同时构成介绍卖淫罪的，依照处罚较重的规定定罪处罚。

引诱、容留、介绍他人卖淫是否以营利为目的，不影响犯罪的成立。

引诱不满十四周岁的幼女卖淫的，依照刑法第三百五十九条第二款的规定，以引诱幼女卖淫罪定罪处罚。

被引诱卖淫的人员中既有不满十四周岁的幼女，又有其他人员的，分别以引诱幼女卖淫罪和引诱卖淫罪定罪，实行并罚。

141 传播性病案

概念 本罪是指明知自己患有梅毒、淋病等严重性病而进行卖淫嫖娼的行为。

立案标准 明知自己患有梅毒、淋病等严重性病卖淫、嫖娼的，应当立案。

定罪标准		
	犯罪客体	本罪侵犯的客体是复杂客体，即破坏了社会治安管理秩序和他人身体健康的权利。卖淫、嫖娼是国家法律严厉禁止的行为。行为人为了赚取钱财，或者为了报复社会，置国家法律于不顾，仍然进行卖淫、嫖娼活动，严重扰乱了社会秩序。行为人在明知自己患有梅毒、淋病等严重性病的情况下，仍然进行卖淫、嫖娼活动，其行为将直接传播性病，对他人的身体健康造成危害。为了维护良好的社会风气和良好的社会治安秩序，保护人们的身体健康，对明知自己患有梅毒、淋病等严重性病仍决意卖淫、嫖娼的犯罪行为，必须依法严厉打击。
	犯罪客观方面	本罪在客观方面表现为行为人在患有严重性病的情况下，实施卖淫或者嫖娼的行为。本罪是行为犯，只要行为人在明知自己患有严重性病的情况下，故意实施了卖淫、嫖娼行为，即构成犯罪。至于实际是否已造成他人染上性病的结果，不影响本罪的成立。行为人通过其他方式，如通奸姘居、恋爱等，将性病传播给他人的，不构成本罪。
	犯罪主体	本罪的主体是特殊主体，即患有严重性病的人。此处所说的“严重性病”，主要指梅毒、淋病、艾滋病等。至于其他严重性病的范围，应在《传染病防治法》和卫生部门作为性病监测的性病的范围内从严掌握，不能将普通性病作为严重性病，防止扩大打击面。
	犯罪主观方面	本罪在主观方面是故意，即明知自己患有严重性病依然进行卖淫或嫖娼。具备下列情形之一的，可以认定为“明知”：第一，有证据证明曾到医院就诊，被诊断为患有严重性病的；第二，根据本人的知识和经验，能够知道自己患有严重性病的；第三，通过其他方法能够证明被告人是明知的。如果行为人确实不知道自己患有严重性病而卖淫的，不构成本罪。
	罪与非罪	区分罪与非罪的界限，要注意：根据《刑法》第360条第1款的规定，司法实践中应主要从以下几方面区分：（1）行为人是否患有严重性病。现在，国际公认的性传播疾病有二十多种，我国卫生部门提供的材料中认定为性病的有十多种。其中属于严重性病的性病有艾滋病、梅毒、淋病等。卖淫、嫖娼者只有患有严重性病，才有可能构成传播性病罪。患有性病，若不属于严重性病，也不能构成本罪。（2）行为人客观上是否实施了卖淫、嫖娼行为。如果行为人实施了将自己的肉体提供给他人淫乐以换取钱财，或交付钱财换取他人肉体供自己淫乱的行为，则有可能构成传播性病罪；如

<table>
<tr><td rowspan="2">定罪标准</td><td>罪与非罪</td><td>果行为人是在夫妻性生活或通奸、恋爱等关系中将性病传染给他人，由于客观上不存在卖淫、嫖娼行为，不构成传播性病罪。（3）行为人主观上是否明知自己患有严重性病。如果行为人不明知自己患有严重性病，即使实施了卖淫、嫖娼行为，也不构成本罪。（4）行为人是否自愿实施了卖淫、嫖娼行为。行为人虽患有严重性病，也实施了卖淫、嫖娼行为，但不是出于自愿，而是被强迫的，由于主观上没有犯罪故意，也不构成传播性病罪。</td></tr>
<tr><td>此罪与彼罪</td><td>本罪与故意伤害罪的界限。二者的区别在于：（1）侵害的客体不同。传播性病罪侵害的客体是双重客体，即社会治安管理秩序和他人身体健康；故意伤害罪侵害的客体只是他人的身体健康。（2）行为表现不同。传播性病罪必须采取卖淫、嫖娼的行为形式；故意伤害罪则一般采取暴力等行为形式和特定情况下的不作为形式。（3）主观故意的内容不同。传播性病罪的故意内容，有的是为了赚取钱财；有的是为了满足淫欲；有的也可能是以卖淫、嫖娼传播性病方式伤害他人身体健康的故意；故意伤害罪在主观方面则只是意图给他人身体健康造成伤害。</td></tr>
<tr><td rowspan="4">证据参考标准</td><td>主体方面的证据</td><td>一、证明行为人刑事责任年龄、身份等自然情况的证据。
包括身份证明、户籍证明、任职证明、工作经历证明、特定职责证明等，主要是证明行为人的姓名（曾用名）、性别、出生年月日、民族、籍贯、出生地、职业（或职务）、住所地（或居所地）等证据材料，如户口簿、居民身份证、工作证、出生证、专业或技术等级证、干部履历表、职工登记表、护照等。
对于户籍、出生证等材料内容不实的，应提供其他证据材料。外国人犯罪的案件，应有护照等身份证明材料。人大代表、政协委员犯罪的案件，应注明身份，并附身份证明材料。
二、证明行为人刑事责任能力的证据。
证明行为人对自己的行为是否具有辨认能力与控制能力，如是否属于间歇性精神病人、尚未完全丧失辨认或者控制自己行为能力的精神病人的证明材料。</td></tr>
<tr><td>主观方面的证据</td><td>证明行为人故意的证据：1. 证明行为人明知的证据：证明行为人明知自己的行为会发生危害社会的结果。2. 证明直接故意的证据：证明行为人希望危害结果发生。3. 目的：（1）获取非法利润；（2）牟利；（3）营利。</td></tr>
<tr><td>客观方面的证据</td><td>证明行为人传播性病犯罪行为的证据。
具体证据包括：1. 证明行为人明知自己有严重性病而卖淫行为的证据：（1）淋病；（2）梅毒；（3）艾滋病；（4）其他。2. 证明行为人明知自己有严重性病而嫖娼行为的证据：（1）淋病；（2）梅毒；（3）艾滋病；（4）其他。</td></tr>
<tr><td>量刑方面的证据</td><td>一、法定量刑情节证据。
1. 事实情节。2. 法定从重情节。3. 法定从轻减轻情节：（1）可以从轻；（2）可以从轻或者减轻；（3）应当从轻或者减轻。4. 法定从轻减轻免除情节：（1）可以从轻、减轻或者免除处罚；（2）应当从轻、减轻或者免除处罚。5. 法定减轻免除情节：（1）可以减轻或者免除处罚；（2）应当减轻或者免除处罚；（3）可以免除处罚。
二、酌定量刑情节证据。
1. 犯罪手段：（1）卖淫；（2）嫖娼；（3）其他。2. 犯罪对象。3. 危害结果。4. 动机。5. 平时表现。6. 认罪态度。7. 是否有前科。8. 其他证据。</td></tr>
</table>

量刑标准		
	犯本罪的	处五年以下有期徒刑、拘役或者管制，并处罚金

刑法条文

第三百六十条 明知自己患有梅毒、淋病等严重性病卖淫、嫖娼的，处五年以下有期徒刑、拘役或者管制，并处罚金。

法律适用 · 司法解释

一、最高人民检察院、公安部《关于公安机关管辖的刑事案件立案追诉标准的规定（一）》（节录）（2008年6月25日最高人民检察院、公安部公布 自公布之日起施行 公通字〔2008〕36号 2017年4月27日修正）

第八十条 ［传播性病案（刑法第三百六十条第一款）］明知自己患有梅毒、淋病等严重性病卖淫、嫖娼的，应予立案追诉。

具有下列情形之一的，可以认定为本条规定的“明知”：

（一）有证据证明曾到医疗机构就医，被诊断为患有严重性病的；

（二）根据本人的知识和经验，能够知道自己患有严重性病的；

（三）通过其他方法能够证明是“明知”的。

二、最高人民法院、最高人民检察院《关于办理组织、强迫、引诱、容留、介绍卖淫刑事案件适用法律若干问题的解释》（节录）（2017年7月21日最高人民法院、最高人民检察院公布 自2017年7月25日起施行 法释〔2017〕13号）

第十一条 具有下列情形之一的，应当认定为刑法第三百六十条规定的“明知”：

（一）有证据证明曾到医院或者其他医疗机构就医或者检查，被诊断为患有严重性病的；

（二）根据本人的知识和经验，能够知道自己患有严重性病的；

（三）通过其他方法能够证明行为人是“明知”的。

传播性病行为是否实际造成他人患上严重性病的后果，不影响本罪的成立。

刑法第三百六十条规定所称的“严重性病”，包括梅毒、淋病等。其它性病是否认定为“严重性病”，应当根据《中华人民共和国传染病防治法》《性病防治管理办法》的规定，在国家卫生与计划生育委员会规定实行性病监测的性病范围内，依照其危害、特点与梅毒、淋病相当的原则，从严掌握。

第十二条 明知自己患有艾滋病或者感染艾滋病病毒而卖淫、嫖娼的，依照刑法第三百六十条的规定，以传播性病罪定罪，从重处罚。

具有下列情形之一，致使他人感染艾滋病病毒的，认定为刑法第九十五条第三项“其他对于人身健康有重大伤害”所指的“重伤”，依照刑法第二百三十四条第二款的规定，以故意伤害罪定罪处罚：

（一）明知自己感染艾滋病病毒而卖淫、嫖娼的；

（二）明知自己感染艾滋病病毒，故意不采取防范措施而与他人发生性关系的。

142 制作、复制、出版、贩卖、传播淫秽物品牟利案

概念

本罪是指以牟利为目的，制作、复制、出版、贩卖、传播淫秽物品的行为。

立案标准

1. 以牟利为目的，制作、复制、出版、贩卖、传播淫秽物品，具有下列情形之一的，应当立案：

（1）制作、复制、出版淫秽影碟、软件、录像带50~100张（盒）以上，淫秽音碟、录音带100~200张（盒）以上，淫秽扑克、书刊、画册100~200副（册）以上，淫秽照片、画片500~1000张以上；

（2）贩卖淫秽影碟、软件、录像带100~200张（盒）以上，淫秽音碟、录音带200~400张（盒）以上，淫秽扑克、书刊、画册200~400副（册）以上，淫秽照片、画片1000~2000张以上；

（3）向他人传播淫秽物品达200~500人次以上，或者组织播放淫秽影、像达10~20场次以上；

（4）制作、复制、出版、贩卖、传播淫秽物品，获利5000~10000元以上。

2. 以牟利为目的，利用互联网、移动通讯终端制作、复制、出版、贩卖、传播淫秽电子信息，具有下列情形之一的，应当立案：

（1）制作、复制、出版、贩卖、传播淫秽电影、表演、动画等视频文件20个以上的；

（2）制作、复制、出版、贩卖、传播淫秽音频文件100个以上的；

（3）制作、复制、出版、贩卖、传播淫秽电子刊物、图片、文章、短信息等200件以上的；

（4）制作、复制、出版、贩卖、传播的淫秽电子信息，实际被点击数达到1万次以上的；

（5）以会员制方式出版、贩卖、传播淫秽电子信息，注册会员达200人以上的；

（6）利用淫秽电子信息收取广告费、会员注册费或者其他费用，违法所得1万元以上的；

（7）数量或者数额虽未达到第1项至第6项规定标准，但分别达到其中两项以上标准一半以上的；

（8）造成严重后果的。

利用聊天室、论坛、即时通信软件、电子邮件等方式，实施上述行为的，依照《刑法》第363条第1款的规定，以制作、复制、出版、贩卖、传播淫秽物品牟利罪定罪处罚。

3. 以牟利为目的，通过声讯台传播淫秽语音信息，涉嫌下列情形之一的，应予立案追诉：

（1）向100人次以上传播的；

（2）违法所得1万元以上的；

（3）造成严重后果的。

4. 明知他人用于出版淫秽书刊而提供书号、刊号的，应予立案追诉。

定罪标准		
	犯罪客体	本罪侵犯的客体是国家对文化市场的管理制度和良好的社会风尚。淫秽物品是腐蚀人们灵魂的精神鸦片，对人们的思想、道德风尚和社会治安具有极大腐蚀和破坏作用。因此，国家在制定一系列行政规定，加强文化市场管理的同时，还需要通过刑罚手段来惩罚这种破坏文化管理制度和社会道德风尚的犯罪行为。犯罪对象是淫秽物品。根据《刑法》第367条的规定，所谓淫秽物品是指具体描绘性行为或者露骨宣传色情的诲淫性的书刊、影片、录像带、录音带、图片、视频文件、音频文件、电子刊物、电子信息及其他淫秽物品。但有关人体生理、医学知识的科学著作不是淫秽物品。包含有色情内容的有艺术价值的文学、艺术作品不视为淫秽物品。
	犯罪客观方面	本罪在客观方面表现为制作、复制、出版、贩卖、传播淫秽物品的行为。 一、制作淫秽物品的行为。制作淫秽物品，是指通过某种方式导致淫秽物品产生的行为。制作淫秽物品的行为有四个要素：一是行为带有创作性或原创性。淫秽物品可以看作是行为人的作品，行为人将一定的想法、观念或情感通过构思、取舍、选择、安排、设计或组合在淫秽物品中表现出来。因而淫秽物品所具有的特征“诲淫性”，即是行为人在制作中的主观见之于客观的过程，是一种严重违背社会道德、破坏社会管理秩序的创作行为。二是通过某种方式，利用某种手段，例如，编写、摄制、绘制、雕刻、研制、设计等手段。制作不同的淫秽物品会因其载体不同或物质形式不同而有其特殊的手段。如制作淫具，就可能有设计、研制、试验、组装、生产等一系列行为方式；制作淫药，就可能有采集原料、配制、实验、生产等一系列行为方式。三是利用某种有形形式，即要有一定的载体或某种淫秽物品是一种实物。有形形式包括：文字形式，如书刊、报纸，以及剧本等；绘画形式，如图片；音像形式，如电影；摄影形式，如照片、电视、录像、录音，国际互联网也可看作是这一形式；实物形式，如雕塑、淫具、淫药等。淫秽物品具有有形形式，使之与非有形形式的淫秽行为（如表演），宣扬淫秽内容的口头作品区分开来，这也有利于正确定罪与量刑，以及和其他罪的界限。四是制作行为能够产生一定的结果，即淫秽物品可能的或现实的被产生出来，见之于世，这也是行为人制作行为所追求的，因而也就与单纯的停留在意识活动范畴的构思、揣摩区分开来，对于后者是不能认为是犯罪的。 二、复制淫秽物品的行为。所谓复制，指以印刷、复印、临摹、拓印、录像、翻录、翻拍等方式将某一物品制作多份的行为。复制淫秽物品，指对已有的淫秽物品进行仿造或重复制作，使之再现。其特征表现为：一是复制行为没有原创性或创作性。即行为人是对已有的淫秽物品进行仿造，而该淫秽物品可能是别人创作出来的或行为人已经创作出来的。例如，翻录淫秽录像，就是利用一定的设备将已有的淫秽内容转录下来，行为没有原创性或创作性是复制行为的最显著的特征，从而将其与本罪中的制作淫秽物品的行为区分开来。二是复制行为往往具有重复性。即行为人利用同一的方式（有时可能运用几种方式）将已有的淫秽物品仿造为多个。这也是复制行为危险性的集中体现，行为人利用某种复制手段将淫秽物品的数量增多，为其广泛散播创造了可能。 三、出版淫秽物品的行为。出版，指将作品编辑加工后，经过复制向公众发行。出版淫秽物品的行为，是指出版单位以合法名义编辑、印刷、发行淫秽书刊、图片和音像制品。其特征主要包括三个方面：一是行为主体是出版单位，即经国家出版管理部门审批登记，经所在地工商行政管理机关注册并领取了营业执照的出版单位，如各类出版社、杂志社、报社、音像出版社等。在我国，除国家批准的出版单位外，任何

定罪标准	犯罪客观方面	单位和个人不得出版在社会上公开发行的图书、报刊、图像出版物。因此，如果不是出版单位外的其他单位、个人制作、发行淫秽书刊和音像制品，则应区分不同情形视为制作行为或复制行为。二是出版淫秽物品须以合法名义。出版单位在社会上公开发行出版物，是国家正式批准的，即享有合法的行政许可，因而其出版淫秽物品形式上是合法的，如具有国家统一的书号，其发行、流传也是公开的。当然，并不能因为其出版行为具有合法名义而否认其实质的违法，因而以合法名义出版的某些个人印刷、发行淫秽出版物的行为没有什么本质上的不同，即都是为国家法律所禁止的。三是出版的淫秽物品限于出版物。即限于文字型、绘画型、摄影型、音像型淫秽物品，而对实物型淫秽物品则无所谓“出版”的。例如，淫秽的雕塑可能由制作工艺美术品的单位制作、复制，但其将之推向社会则不能认为是出版。 四、贩卖淫秽物品的行为。贩卖淫秽物品的行为，指向特定的人或不特定的人有偿转让淫秽物品的行为。这主要包括出售和交换两种方式。其特征有二：一是贩卖淫秽物品行为的对象是特定的或不特定的人。对特定的人的贩卖行为，表现为行为人与该特定人具有较为固定的或长期的交易关系，如批发淫秽物品；对不特定人的贩卖行为，表现为行为人非固定性地向他人有偿转让淫秽物品，如零售淫秽物品。显然后者较前者具有更强的扩散性。二是贩卖淫秽物品的行为，以获得现实的对价为目的。 五、传播淫秽物品的行为。传播淫秽物品的行为，是指以公开的或半公开的方式在一定范围内广泛散布淫秽物品的行为。其特征为：一是相对公开性。即在一定范围内不加隐蔽地向多数人散布。二是扩散性。即行为人利用同一个或同一种淫秽物品反复地、多次地向多数人散布。三是广泛性。即传播行为的作用是很广泛的，尤其本罪中行为人是以牟利为目的，其为牟利必然尽可能扩大传播面以赚取高额利润。四是方式的多样性。具体方式包括播放、出租、出借、承运、邮寄、携带等等。播放，一般是指对音像型淫秽物品的传播，例如播放淫秽录像；出租，指收取一定的租金，让别人暂时使用淫秽物品，例如出租淫秽书刊，出租淫秽录像带或激光视盘；出借，指将淫秽物品借出，例如出借淫具；承运，即代为运输；邮寄，指通过邮电部门传递；携带，指随身持有淫秽物品。近年来随着国际互联网的普及，一些不法分子利用互联网传播淫秽物品，其社会危害性更大且犯罪手段隐蔽，是一种新的传播方式。
	犯罪主体	本罪的犯罪主体是一般主体，包括个人和单位。事业单位、国家机关、社会团体如果实施了制作、复制、出版、贩卖、传播淫秽物品的行为，亦构成本罪的主体。对单位犯本罪的，对其直接负责的主管人员和其他直接责任人员，依照本条的规定处罚，并对单位判处罚金。
	犯罪主观方面	本罪在主观方面表现为故意，即明知是淫秽物品而进行制作、复制、出版、贩卖、传播，并且必须以牟利为目的。至于行为人是否已经实际取得了利益，获利多少，并不影响本罪的构成，可作为量刑情节加以考虑。
	罪与非罪	区分本罪和一般非法行为、不良行为的界限，要注意：除了对以非法牟利动机传播淫秽物品的行为另行规定为犯罪以外，《刑法》对一般非牟利性的制作复制淫秽物品行为未予以规定。也就是说，本罪的构成以具有牟利目的为条件。因为在这种情况下，制作、复制、出版、贩卖、传播淫秽物品的规模通常是比较大的，给社会造成的不良后果也比较严重。在实践中出现过有的人出于思想意识的堕落等原因制作一些淫秽的书画物品，收藏、阅读、观看甚至在小范围内传递淫秽物品，如果情节轻微危害不大的，不应以犯罪处理。

证据参考标准	主体方面的证据	**一、证明行为人刑事责任年龄、身份等自然情况的证据。** 包括身份证明、户籍证明、任职证明、工作经历证明、特定职责证明等，主要是证明行为人的姓名（曾用名）、性别、出生年月日、民族、籍贯、出生地、职业（或职务）、住所地（或居所地）等证据材料，如户口簿、居民身份证、工作证、出生证、专业或技术等级证、干部履历表、职工登记表、护照等。 对于户籍、出生证等材料内容不实的，应提供其他证据材料。外国人犯罪的案件，应有护照等身份证明材料。人大代表、政协委员犯罪的案件，应注明身份，并附身份证明材料。 **二、证明行为人刑事责任能力的证据。** 证明行为人对自己的行为是否具有辨认能力与控制能力，如是否属于间歇性精神病人、尚未完全丧失辨认或者控制自己行为能力的精神病人的证明材料。 **三、证明单位的证据。** 证明是否属于依法成立并有合法经营、管理范围的公司、企业、事业单位、机关、团体。 证明单位的名称、住所地、性质、法定代表人、单位负责人、业务范围、成立时间等证据材料，如企业营业执照、国有公司性质证明及非法人单位的身份证明等。 **四、证明法定代表人、单位负责人或直接责任人员等的身份证据。** 法定代表人、直接负责的主管人员和其他直接责任人在单位的任职、职责、负责权限的证明材料等。包括身份证明、户籍证明、任职证明等，如户口簿、居民身份证、工作证、护照、专业或技术等级证、干部履历表、职工登记表、任命书、业务分工文件、委派文件、单位证明、单位规章制度等。
	主观方面的证据	证明行为人故意的证据：1. 证明行为人明知的证据：证明行为人明知自己的行为会发生危害社会的结果。2. 证明直接故意的证据：证明行为人希望危害结果发生。3. 目的：（1）获取非法利润；（2）牟利；（3）营利。
	客观方面的证据	证明行为人制作、复制、出版、贩卖、传播淫秽物品牟利犯罪行为的证据。 具体证据包括：1. 证明行为人制作淫秽物品牟利行为的证据：（1）淫秽音像制品；（2）淫秽读物；（3）淫秽图照；（4）淫秽实物；（5）淫秽游戏机软件；（6）其他淫秽物品。2. 证明行为人复制淫秽物品牟利行为的证据。3. 证明行为人出版淫秽物品牟利行为的证据。4. 证明行为人贩卖淫秽物品牟利行为的证据。5. 证明行为人传播淫秽物品牟利行为的证据。6. 证明行为人制作、复制、出版、贩卖、传播淫秽物品牟利情节严重行为的证据。7. 证明行为人制作、复制、出版、贩卖、传播淫秽物品牟利情节特别严重的证据。
	量刑方面的证据	**一、法定量刑情节证据。** 1. 事实情节：（1）情节严重；（2）情节特别严重。2. 法定从重情节。3. 法定从轻减轻情节：（1）可以从轻；（2）可以从轻或减轻；（3）应当从轻或者减轻。4. 法定从轻减轻免除情节：（1）可以从轻、减轻或者免除处罚；（2）应当从轻、减轻或者免除处罚。5. 法定减轻免除情节：（1）可以减轻或者免除处罚；（2）应当减轻或者免除处罚；（3）可以免除处罚。 **二、酌定量刑情节证据。** 1. 犯罪手段：（1）制作；（2）复制；（3）出版；（4）贩卖；（5）传播。2. 犯罪对象。3. 危害结果。4. 动机。5. 平时表现。6. 认罪态度。7. 是否有前科。8. 其他证据。

<table>
<tr><td rowspan="4">量刑标准</td><td colspan="2">犯本罪的</td><td>处三年以下有期徒刑、拘役或者管制，并处罚金</td></tr>
<tr><td colspan="2">情节严重的</td><td>处三年以上十年以下有期徒刑，并处罚金</td></tr>
<tr><td colspan="2">情节特别严重的</td><td>处十年以上有期徒刑或者无期徒刑，并处罚金或者没收财产</td></tr>
<tr><td colspan="2">单位犯本罪的</td><td>对单位判处罚金，并对其直接负责的主管人员和其他直接责任人员依上述规定处罚</td></tr>
<tr><td rowspan="2">法律适用</td><td>刑法条文</td><td colspan="2"> 第三百六十三条第一款　以牟利为目的，制作、复制、出版、贩卖、传播淫秽物品的，处三年以下有期徒刑、拘役或者管制，并处罚金；情节严重的，处三年以上十年以下有期徒刑，并处罚金；情节特别严重的，处十年以上有期徒刑或者无期徒刑，并处罚金或者没收财产。 第三百六十六条　单位犯本节第三百六十三条、第三百六十四条、第三百六十五条规定之罪的，对单位判处罚金，并对其直接负责的主管人员和其他直接责任人员，依照各该条的规定处罚。 第三百六十七条　本法所称淫秽物品，是指具体描绘性行为或者露骨宣扬色情的诲淫性的书刊、影片、录像带、录音带、图片及其他淫秽物品。 有关人体生理、医学知识的科学著作不是淫秽物品。 包含有色情内容的有艺术价值的文学、艺术作品不视为淫秽物品。 </td></tr>
<tr><td>司法解释</td><td colspan="2"> 一、最高人民法院、最高人民检察院《关于利用网络云盘制作、复制、贩卖、传播淫秽电子信息牟利行为定罪量刑问题的批复》（2017年11月22日最高人民法院、最高人民检察院公布　自2017年12月1日起施行　法释〔2017〕19号） 各省、自治区、直辖市高级人民法院、人民检察院，解放军军事法院、军事检察院，新疆维吾尔自治区高级人民法院生产建设兵团分院、新疆生产建设兵团人民检察院： 近来，部分高级人民法院、省级人民检察院就如何对利用网络云盘制作、复制、贩卖、传播淫秽电子信息牟利行为定罪量刑的问题提出请示。经研究，批复如下： 一、对于以牟利为目的，利用网络云盘制作、复制、贩卖、传播淫秽电子信息的行为，是否应当追究刑事责任，适用刑法和《最高人民法院、最高人民检察院关于办理利用互联网、移动通讯终端、声讯台制作、复制、出版、贩卖、传播淫秽电子信息刑事案件具体应用法律若干问题的解释》（法释〔2004〕11号）、《最高人民法院、最高人民检察院关于办理利用互联网、移动通讯终端、声讯台制作、复制、出版、贩卖、传播淫秽电子信息刑事案件具体应用法律若干问题的解释（二）》（法释〔2010〕3号）的有关规定。 二、对于以牟利为目的，利用网络云盘制作、复制、贩卖、传播淫秽电子信息的行为，在追究刑事责任时，鉴于网络云盘的特点，不应单纯考虑制作、复制、贩卖、传播淫秽电子信息的数量，还应充分考虑传播范围、违法所得、行为人一贯表现以及淫秽电子信息、传播对象是否涉及未成年人等情节，综合评估社会危害性，恰当裁量刑罚，确保罪责刑相适应。 此复。 </td></tr>
</table>

二、最高人民法院、最高人民检察院《关于办理利用互联网、移动通讯终端、声讯台制作、复制、出版、贩卖、传播淫秽电子信息刑事案件具体应用法律若干问题的解释（二）》（节录）（2010年2月2日最高人民法院、最高人民检察院公布　自2010年2月4日起施行　法释〔2010〕3号）

第一条　以牟利为目的，利用互联网、移动通讯终端制作、复制、出版、贩卖、传播淫秽电子信息的，依照《最高人民法院、最高人民检察院关于办理利用互联网、移动通讯终端、声讯台制作、复制、出版、贩卖、传播淫秽电子信息刑事案件具体应用法律若干问题的解释》第一条、第二条的规定定罪处罚。

以牟利为目的，利用互联网、移动通讯终端制作、复制、出版、贩卖、传播内容含有不满十四周岁未成年人的淫秽电子信息，具有下列情形之一的，依照刑法第三百六十三条第一款的规定，以制作、复制、出版、贩卖、传播淫秽物品牟利罪定罪处罚：

（一）制作、复制、出版、贩卖、传播淫秽电影、表演、动画等视频文件十个以上的；

（二）制作、复制、出版、贩卖、传播淫秽音频文件五十个以上的；

（三）制作、复制、出版、贩卖、传播淫秽电子刊物、图片、文章等一百件以上的；

（四）制作、复制、出版、贩卖、传播的淫秽电子信息，实际被点击数达到五千次以上的；

（五）以会员制方式出版、贩卖、传播淫秽电子信息，注册会员达一百人以上的；

（六）利用淫秽电子信息收取广告费、会员注册费或者其他费用，违法所得五千元以上的；

（七）数量或者数额虽未达到第（一）项至第（六）项规定标准，但分别达到其中两项以上标准一半以上的；

（八）造成严重后果的。

实施第二款规定的行为，数量或者数额达到第二款第（一）项至第（七）项规定标准五倍以上的，应当认定为刑法第三百六十三条第一款规定的“情节严重”；达到规定标准二十五倍以上的，应当认定为“情节特别严重”。

第二条　利用互联网、移动通讯终端传播淫秽电子信息的，依照《最高人民法院、最高人民检察院关于办理利用互联网、移动通讯终端、声讯台制作、复制、出版、贩卖、传播淫秽电子信息刑事案件具体应用法律若干问题的解释》第三条的规定定罪处罚。

利用互联网、移动通讯终端传播内容含有不满十四周岁未成年人的淫秽电子信息，具有下列情形之一的，依照刑法第三百六十四条第一款的规定，以传播淫秽物品罪定罪处罚：

（一）数量达到第一条第二款第（一）项至第（五）项规定标准二倍以上的；

（二）数量分别达到第一条第二款第（一）项至第（五）项两项以上标准的；

（三）造成严重后果的。

第三条　利用互联网建立主要用于传播淫秽电子信息的群组，成员达三十人以上或者造成严重后果的，对建立者、管理者和主要传播者，依照刑法第三百六十四条第一款的规定，以传播淫秽物品罪定罪处罚。

第四条　以牟利为目的，网站建立者、直接负责的管理者明知他人制作、复制、出版、贩卖、传播的是淫秽电子信息，允许或者放任他人在自己所有、管理的网站或者网页上发布，具有下列情形之一的，依照刑法第三百六十三条第一款的规定，以传播淫秽物品牟利罪定罪处罚：

法律适用 司法解释

（一）数量或者数额达到第一条第二款第（一）项至第（六）项规定标准五倍以上的；

（二）数量或者数额分别达到第一条第二款第（一）项至第（六）项两项以上标准二倍以上的；

（三）造成严重后果的。

实施前款规定的行为，数量或者数额达到第一条第二款第（一）项至第（七）项规定标准二十五倍以上的，应当认定为刑法第三百六十三条第一款规定的“情节严重”；达到规定标准一百倍以上的，应当认定为“情节特别严重”。

第五条 网站建立者、直接负责的管理者明知他人制作、复制、出版、贩卖、传播的是淫秽电子信息，允许或者放任他人在自己所有、管理的网站或者网页上发布，具有下列情形之一的，依照刑法第三百六十四条第一款的规定，以传播淫秽物品罪定罪处罚：

（一）数量达到第一条第二款第（一）项至第（五）项规定标准十倍以上的；

（二）数量分别达到第一条第二款第（一）项至第（五）项两项以上标准五倍以上的；

（三）造成严重后果的。

第六条 电信业务经营者、互联网信息服务提供者明知是淫秽网站，为其提供互联网接入、服务器托管、网络存储空间、通讯传输通道、代收费等服务，并收取服务费，具有下列情形之一的，对直接负责的主管人员和其他直接责任人员，依照刑法第三百六十三条第一款的规定，以传播淫秽物品牟利罪定罪处罚：

（一）为五个以上淫秽网站提供上述服务的；

（二）为淫秽网站提供互联网接入、服务器托管、网络存储空间、通讯传输通道等服务，收取服务费数额在二万元以上的；

（三）为淫秽网站提供代收费服务，收取服务费数额在五万元以上的；

（四）造成严重后果的。

实施前款规定的行为，数量或者数额达到前款第（一）项至第（三）项规定标准五倍以上的，应当认定为刑法第三百六十三条第一款规定的“情节严重”；达到规定标准二十五倍以上的，应当认定为“情节特别严重”。

第七条 明知是淫秽网站，以牟利为目的，通过投放广告等方式向其直接或者间接提供资金，或者提供费用结算服务，具有下列情形之一的，对直接负责的主管人员和其他直接责任人员，依照刑法第三百六十三条第一款的规定，以制作、复制、出版、贩卖、传播淫秽物品牟利罪的共同犯罪处罚：

（一）向十个以上淫秽网站投放广告或者以其他方式提供资金的；

（二）向淫秽网站投放广告二十条以上的；

（三）向十个以上淫秽网站提供费用结算服务的；

（四）以投放广告或者其他方式向淫秽网站提供资金数额在五万元以上的；

（五）为淫秽网站提供费用结算服务，收取服务费数额在二万元以上的；

（六）造成严重后果的。

实施前款规定的行为，数量或者数额达到前款第（一）项至第（五）项规定标准五倍以上的，应当认定为刑法第三百六十三条第一款规定的“情节严重”；达到规定标准二十五倍以上的，应当认定为“情节特别严重”。

第八条 实施第四条至第七条规定的行为，具有下列情形之一的，应当认定行为人“明知”，但是有证据证明确实不知道的除外：

（一）行政主管机关书面告知后仍然实施上述行为的；

（二）接到举报后不履行法定管理职责的；

（三）为淫秽网站提供互联网接入、服务器托管、网络存储空间、通讯传输通道、代收费、费用结算等服务，收取服务费明显高于市场价格的；

（四）向淫秽网站投放广告，广告点击率明显异常的；

（五）其他能够认定行为人明知的情形。

第九条 一年内多次实施制作、复制、出版、贩卖、传播淫秽电子信息行为未经处理，数量或者数额累计计算构成犯罪的，应当依法定罪处罚。

第十条 单位实施制作、复制、出版、贩卖、传播淫秽电子信息犯罪的，依照《中华人民共和国刑法》《最高人民法院、最高人民检察院关于办理利用互联网、移动通讯终端、声讯台制作、复制、出版、贩卖、传播淫秽电子信息刑事案件具体应用法律若干问题的解释》和本解释规定的相应个人犯罪的定罪量刑标准，对直接负责的主管人员和其他直接责任人员定罪处罚，并对单位判处罚金。

第十一条 对于以牟利为目的，实施制作、复制、出版、贩卖、传播淫秽电子信息犯罪的，人民法院应当综合考虑犯罪的违法所得、社会危害性等情节，依法判处罚金或者没收财产。罚金数额一般在违法所得的一倍以上五倍以下。

第十二条 《最高人民法院、最高人民检察院关于办理利用互联网、移动通讯终端、声讯台制作、复制、出版、贩卖、传播淫秽电子信息刑事案件具体应用法律若干问题的解释》和本解释所称网站，是指可以通过互联网域名、）P 地址等方式访问的内容提供站点。

以制作、复制、出版、贩卖、传播淫秽电子信息为目的建立或者建立后主要从事制作、复制、出版、贩卖、传播淫秽电子信息活动的网站，为淫秽网站。

三、最高人民法院、最高人民检察院《关于办理利用互联网、移动通讯终端、声讯台制作、复制、出版、贩卖、传播淫秽电子信息刑事案件具体应用法律若干问题的解释（一）》（2004 年 9 月 3 日最高人民法院、最高人民检察院公布　自 2004 年 9 月 6 日起施行　法释〔2004〕11 号）

为依法惩治利用互联网、移动通讯终端制作、复制、出版、贩卖、传播淫秽电子信息、通过声讯台传播淫秽语音信息等犯罪活动，维护公共网络、通讯的正常秩序，保障公众的合法权益，根据《中华人民共和国刑法》《全国人民代表大会常务委员会关于维护互联网安全的决定》的规定，现对办理该类刑事案件具体应用法律的若干问题解释如下：

第一条 以牟利为目的，利用互联网、移动通讯终端制作、复制、出版、贩卖、传播淫秽电子信息，具有下列情形之一的，依照刑法第三百六十三条第一款的规定，以制作、复制、出版、贩卖、传播淫秽物品牟利罪定罪处罚。

（一）制作、复制、出版、贩卖、传播淫秽电影、表演、动画等视频文件二十个以上的；

（二）制作、复制、出版、贩卖、传播淫秽音频文件一百个以上的；

（三）制作、复制、出版、贩卖、传播淫秽电子刊物、图片、文章、短信息等二百件以上的；

（四）制作、复制、出版、贩卖、传播的淫秽电子信息，实际被点击数达到一万次以上的；

法律适用 司法解释

（五）以会员制方式出版、贩卖、传播淫秽电子信息，注册会员达二百人以上的；

（六）利用淫秽电子信息收取广告费、会员注册费或者其他费用，违法所得一万元以上的；

（七）数量或者数额虽未达到第（一）项至第（六）项规定标准，但分别达到其中两项以上标准一半以上的；

（八）造成严重后果的。

利用聊天室、论坛、即时通信软件、电子邮件等方式，实施第一款规定行为的，依照刑法第三百六十三条第一款的规定，以制作、复制、出版、贩卖、传播淫秽物品牟利罪定罪处罚。

第二条 实施第一条规定的行为，数量或者数额达到第一条第一款第（一）项至第（六）项规定标准五倍以上的，应当认定为刑法第三百六十三条第一款规定的"情节严重"；达到规定标准二十五倍以上的，应当认定为"情节特别严重"。

第三条 不以牟利为目的，利用互联网或者移动通讯终端传播淫秽电子信息，具有下列情形之一的，依照刑法第三百六十四条第一款的规定，以传播淫秽物品罪定罪处罚：

（一）数量达到第一条第一款第（一）项至第（五）项规定标准二倍以上的；

（二）数量分别达到第一条第一款第（一）项至第（五）项两项以上标准的；

（三）造成严重后果的。

利用聊天室、论坛、即时通信软件、电子邮件等方式，实施第一款规定行为的，依照刑法第三百六十四条第一款的规定，以传播淫秽物品罪定罪处罚。

第四条 明知是淫秽电子信息而在自己所有、管理或者使用的网站或者网页上提供直接链接的，其数量标准根据所链接的淫秽电子信息的种类计算。

第五条 以牟利为目的，通过声讯台传播淫秽语音信息，具有下列情形之一的，依照刑法第三百六十三条第一款的规定，对直接负责的主管人员和其他直接责任人员以传播淫秽物品牟利罪定罪处罚：

（一）向一百人次以上传播的；

（二）违法所得一万元以上的；

（三）造成严重后果的。

实施前款规定行为，数量或者数额达到前款第（一）项至第（二）项规定标准五倍以上的，应当认定为刑法第三百六十三条第一款规定的"情节严重"；达到规定标准二十五倍以上的，应当认定为"情节特别严重"。

第六条 实施本解释前五条规定的犯罪，具有下列情形之一的，依照刑法第三百六十三条第一款、第三百六十四条第一款的规定从重处罚：

（一）制作、复制、出版、贩卖、传播具体描绘不满十八周岁未成年人性行为的淫秽电子信息的；

（二）明知是具体描绘不满十八周岁的未成年人性行为的淫秽电子信息而在自己所有、管理或者使用的网站或者网页上提供直接链接的；

（三）向不满十八周岁的未成年人贩卖、传播淫秽电子信息和语音信息的；

（四）通过使用破坏性程序、恶意代码修改用户计算机设置等方法，强制用户访问、下载淫秽电子信息的。

第七条 明知他人实施制作、复制、出版、贩卖、传播淫秽电子信息犯罪，为其提供互联网接入、服务器托管、网络存储空间、通讯传输通道、费用结算等帮助的，对直接负责的主管人员和其他直接责任人员，以共同犯罪论处。

法律适用 司法解释

第八条 利用互联网、移动通讯终端、声讯台贩卖、传播淫秽书刊、影片、录像带、录音带等以实物为载体的淫秽物品的，依照《最高人民法院关于审理非法出版物刑事案件具体应用法律若干问题的解释》的有关规定定罪处罚。

第九条 刑法第三百六十七条第一款规定的“其他淫秽物品”，包括具体描绘性行为或者露骨宣扬色情的诲淫性的视频文件、音频文件、电子刊物、图片、文章、短信息等互联网、移动通讯终端电子信息和声讯台语音信息。

有关人体生理、医学知识的电子信息和声讯台语音信息不是淫秽物品。包含色情内容的有艺术价值的电子文学、艺术作品不视为淫秽物品。

四、最高人民法院《关于审理非法出版物刑事案件具体应用法律若干问题的解释》（节录）（1998年12月17日最高人民法院公布　自1998年12月23日起施行　法释〔1998〕30号）

第八条 以牟利为目的，实施刑法第三百六十三条第一款规定的行为，具有下列情形之一的，以制作、复制、出版、贩卖、传播淫秽物品牟利罪定罪处罚：

（一）制作、复制、出版淫秽影碟、软件、录像带五十至一百张（盒）以上，淫秽音碟、录音带一百至二百张（盒）以上，淫秽扑克、书刊、画册一百至二百副（册）以上，淫秽照片、画片五百至一千张以上的；

（二）贩卖淫秽影碟、软件、录像带一百至二百张（盒）以上，淫秽音碟、录音带二百至四百张（盒）以上，淫秽扑克、书刊、画册二百至四百副（册）以上，淫秽照片、画片一千至二千张以上的；

（三）向他人传播淫秽物品达二百至五百人次以上，或者组织播放淫秽影、像达十至二十场次以上的；

（四）制作、复制、出版、贩卖、传播淫秽物品，获利五千至一万元以上的。

以牟利为目的，实施刑法第三百六十三条第一款规定的行为，具有下列情形之一的，应当认定为制作、复制、出版、贩卖、传播淫秽物品牟利罪“情节严重”：

（一）制作、复制、出版淫秽影碟、软件、录像带二百五十至五百张（盒）以上，淫秽音碟、录音带五百至一千张（盒）以上，淫秽扑克、书刊、画册五百至一千副（册）以上，淫秽照片、画片二千五百至五千张以上的；

（二）贩卖淫秽影碟、软件、录像带五百至一千张（盒）以上，淫秽音碟、录音带一千至二千张（盒）以上，淫秽扑克、书刊、画册一千至二千副（册）以上，淫秽照片、画片五千至一万张以上的；

（三）向他人传播淫秽物品达一千至二千人次以上，或者组织播放淫秽影、像达五十至一百场次以上的；

（四）制作、复制、出版、贩卖、传播淫秽物品，获利三万至五万元以上的。

以牟利为目的，实施刑法第三百六十三条第一款规定的行为，其数量（数额）达到前款规定的数量（数额）五倍以上的，应当认定为制作、复制、出版、贩卖、传播淫秽物品牟利罪“情节特别严重”。

第九条 为他人提供书号、刊号、出版淫秽书刊的，依照刑法第三百六十三条第二款的规定，以为他人提供书号出版淫秽书刊罪定罪处罚。

为他人提供版号，出版淫秽音像制品的，依照前款规定定罪处罚。

明知他人用于出版淫秽书刊而提供书号、刊号的，依照刑法第三百六十三条第一款的规定，以出版淫秽物品牟利罪定罪处罚。

法律适用　司法解释

第十六条　出版单位与他人事前通谋，向其出售、出租或者以其他形式转让该出版单位的名称、书号、刊号、版号，他人实施本解释第二条、第四条、第八条、第九条、第十条、第十一条规定的行为，构成犯罪的，对该出版单位应当以共犯论处。

第十七条　本解释所称“经营数额”，是指以非法出版物的定价数额乘以行为人经营的非法出版物数量所得的数额。

本解释所称“违法所得数额”，是指获利数额。

非法出版物没有定价或者以境外货币定价的，其单价数额应当按照行为人实际出售的价格认定。

第十八条　各省、自治区、直辖市高级人民法院可以根据本地的情况和社会治安状况，在本解释第八条、第十条、第十二条、第十三条规定的有关数额、数量标准的幅度内，确定本地执行的具体标准，并报最高人民法院备案。

五、最高人民检察院、公安部《关于公安机关管辖的刑事案件立案追诉标准的规定（一）》（节录）（2008年6月25日最高人民检察院、公安部公布　自公布之日起施行　公通字〔2008〕36号　2017年4月27日修正）

第八十二条　［制作、复制、出版、贩卖、传播淫秽物品牟利案（刑法第三百六十三条第一款、第二款）］以牟利为目的，制作、复制、出版、贩卖、传播淫秽物品，涉嫌下列情形之一的，应予立案追诉：

（一）制作、复制、出版淫秽影碟、软件、录像带五十至一百张（盒）以上，淫秽音碟、录音带一百至二百张（盒）以上，淫秽扑克、书刊、画册一百至二百副（册）以上，淫秽照片、画片五百至一千张以上的；

（二）贩卖淫秽影碟、软件、录像带一百至二百张（盒）以上，淫秽音碟、录音带二百至四百张（盒）以上，淫秽扑克、书刊、画册二百至四百副（册）以上，淫秽照片、画片一千至二千张以上的；

（三）向他人传播淫秽物品达二百至五百人次以上，或者组织播放淫秽影、像达十至二十场次以上的；

（四）制作、复制、出版、贩卖、传播淫秽物品，获利五千至一万元以上的。

以牟利为目的，利用互联网、移动通讯终端制作、复制、出版、贩卖、传播淫秽电子信息，涉嫌下列情形之一的，应予立案追诉：

（一）制作、复制、出版、贩卖、传播淫秽电影、表演、动画等视频文件二十个以上的；

（二）制作、复制、出版、贩卖、传播淫秽音频文件一百个以上的；

（三）制作、复制、出版、贩卖、传播淫秽电子刊物、图片、文章、短信息等二百件以上的；

（四）制作、复制、出版、贩卖、传播的淫秽电子信息，实际被点击数达到一万次以上的；

（五）以会员制方式出版、贩卖、传播淫秽电子信息，注册会员达二百人以上的；

（六）利用淫秽电子信息收取广告费、会员注册费或者其他费用，违法所得一万元以上的；

（七）数量或者数额虽未达到本款第（一）项至第（六）项规定标准，但分别达到其中两项以上标准的百分之五十以上的；

（八）造成严重后果的。

司法解释

利用聊天室、论坛、即时通信软件、电子邮件等方式，实施本条第二款规定行为的，应予立案追诉。

以牟利为目的，通过声讯台传播淫秽语音信息，涉嫌下列情形之一的，应予立案追诉：

（一）向一百人次以上传播的；

（二）违法所得一万元以上的；

（三）造成严重后果的。

明知他人用于出版淫秽书刊而提供书号、刊号的，应予立案追诉。

法律适用　相关法律法规

《音像制品管理条例》（节录）（2001 年 12 月 25 日中华人民共和国国务院令第 341 号公布　自 2002 年 2 月 1 日起施行　2011 年 3 月 19 日第一次修订　2013 年 12 月 7 日第二次修订　2016 年 2 月 6 日第三次修订　2020 年 11 月 29 日第四次修订）

第三条　出版、制作、复制、进口、批发、零售、出租音像制品，应当遵守宪法和有关法律、法规，坚持为人民服务和为社会主义服务的方向，传播有益于经济发展和社会进步的思想、道德、科学技术和文化知识。

音像制品禁止载有下列内容：

（一）反对宪法确定的基本原则的；

（二）危害国家统一、主权和领土完整的；

（三）泄露国家秘密、危害国家安全或者损害国家荣誉和利益的；

（四）煽动民族仇恨、民族歧视，破坏民族团结，或者侵害民族风俗、习惯的；

（五）宣扬邪教、迷信的；

（六）扰乱社会秩序，破坏社会稳定的；

（七）宣扬淫秽、赌博、暴力或者教唆犯罪的；

（八）侮辱或者诽谤他人，侵害他人合法权益的；

（九）危害社会公德或者民族优秀文化传统的；

（十）有法律、行政法规和国家规定禁止的其他内容的。

第四十条　出版含有本条例第三条第二款禁止内容的音像制品，或者制作、复制、批发、零售、出租、放映明知或者应知含有本条例第三条第二款禁止内容的音像制品的，依照刑法有关规定，依法追究刑事责任；尚不够刑事处罚的，由出版行政部门、文化行政部门、公安部门依据各自职权责令停业整顿，没收违法经营的音像制品和违法所得；违法经营额 1 万元以上的，并处违法经营额 5 倍以上 10 倍以下的罚款；违法经营额不足 1 万元的，可以并处 5 万元以下的罚款；情节严重的，并由原发证机关吊销许可证。

143 为他人提供书号出版淫秽书刊案

概念 本罪是指违反国家出版法规为他人提供书号，致使淫秽书刊得以出版的行为。

立案标准 为他人提供书号、刊号和音像制品版号，出版淫秽书刊、淫秽音像制品的，应当立案。

定罪标准		
定罪标准	犯罪客体	本罪侵犯的客体是国家对出版事业的管理秩序和社会治安管理秩序。首先，行为人违反国家对书号管理的规定，出卖或者向他人提供了国家标准书号，侵犯了国家对书刊出版的管理活动。其次，当被出卖的书号用于出版淫秽书刊时，客观上又造成了淫秽物品的广泛传播，从而又进一步侵犯了社会管理秩序。近年来，一些出版单位为了牟取暴利，不按国家规定，对书号申请人的身份、目的、书号的使用范围以及书稿的内容不进行认真审查，随意向他人提供书号，甚至公开出卖书号，致使大量淫秽书刊出版，在社会上蔓延，危害极大。对此，必须予以打击，才能确保出版书刊的质量，维护正常的出版秩序。本罪的对象是书号，也包括期刊号。所谓书号，是指中国标准书号，是国家新闻出版管理部门为了对图书出版进行管理而设置的图书出版"许可证"，一个国际标准书号（ISBN）和一个图书分类号两部分组成。其中国际标准书号是中国标准书号的主体，可以独立使用。国际标准书号由组号（代表出版者的国家、地理区域、语种或其他分细特征，如中国的组号为7）、出版者（代表组区内的具体出版者，如人民出版社为01）、书名号（代表某出版者出版的具体出版物）和校验位（用以检查ISBN编号转录过程中的错误）组成。图书分类号由图书所属学校的分类号和该类号下的种次号两段组成。书号，是图书出版上市的通行证，任何书刊必须有统一的编号，才可以印刷、出版发行。依照国家的有关规定，书号只能由出版机关自己使用。只有在协作出版的情况下，才允许出版机构将书号提供给他人。而协作出版国家有专门规定，其范围只限于学术著作、自然科学和工程技术方面的著作。协作出版的对象也只限于国家科研、教学单位、机关和国有企业事业单位，不能是集体和个人。协作出版的书稿也要经过出版社终审终校。如果违反上述规定，无论是以协作出版的名义，还是以其他名义向他人提供书号，都是违法的。为他人提供书号出版淫秽书刊的行为，直接违反国家关于书号的管理规定，使淫秽书刊得以出版，成为淫秽书刊传播的一个重要原因，毒化社会道德风尚，危害社会治安，所以应追究行为人的刑事责任。
	犯罪客观方面	本罪在客观方面表现为违反国家有关新闻出版的管理规定，实施了为他人提供书号、刊号和音像制品版号的行为，并且造成了淫秽书刊、淫秽音像制品出版的结果。这里所说的他人，主要是非出版单位或者个人。首先，行为人违反国家管理规定，向他人提供书号、刊号和音像制品版号。所谓提供书号，是指将出版单位的书号提供给其他单位或个人，主要是非出版单位或个人。可以是提供一个书号，也可以提供多个书号。只要行为人实施了向他人提供书号的行为，并造成淫秽书刊借此书号出版的后

<table>
<tr><td rowspan="4">定罪标准</td><td>犯罪客观方面</td><td>果，不论其提供的是一个书号还是多个书号，也不论淫秽出版物的出版数量大小，都可以构成本罪。如果行为人故意编造书号，冒名出版，则不构成本罪。最高人民法院的司法解释中增加了“提供刊号”和“音像制品版号”的行为亦构成本罪的规定。其次，行为人提供的书号、刊号和音像制品版号已被他人用于出版淫秽书刊、音像制品。如果行为人提供了书号、刊号和音像制品版号，他人没有出版淫秽书刊、音像制品，即该书号、刊号和音像制品版号未被用于出版淫秽书刊、音像制品，则不构成本罪。</td></tr>
<tr><td>犯罪主体</td><td>本罪的犯罪主体可以是个人，也可以是单位。由于一般人和单位不掌握书号，所以能够提供书号进而构成本罪的，主要是国家出版单位及其工作人员或有接触书号的职业方面的人员。此外还有两种情况：（1）出版社主管部门的领导指令或变相指令将书号提供给他人；（2）接受出版社提供书号的人，又将书号提供给他人用以出版淫秽书刊，也构成本罪。</td></tr>
<tr><td>犯罪主观方面</td><td>本罪在主观方面是过失犯罪，即行为人应当预见到自己提供的书号、刊号和音像制品版号可能是他人用以出版淫秽书刊和音像制品而没有预见，或者预见到他人可能出版淫秽书刊和音像制品而轻信能够避免。行为人提供书号、刊号和音像制品版号是有意的，但对造成淫秽书刊和音像制品出版的结果是出于过失。如果行为人明知是用于出版淫秽书刊、音像制品而提供书号、刊号和音像制品版号的，应根据《刑法》第363条第1款的规定，依照出版淫秽物品牟利罪论处。</td></tr>
<tr><td>罪与非罪</td><td>一、正确认定淫秽书刊。（1）要正确区分淫秽书刊与色情出版物的区别。根据国家新闻出版署的规定，色情出版物是指在整体上不是淫秽的，但其中一部分内容有淫秽的成分，对人特别是未成年人的身心健康有影响，并且缺乏艺术价值和科学价值的出版物。提供书号出版色情出版物的，只是违法行为，不构成犯罪。（2）要正确区分淫秽书刊与“夹杂淫秽内容的出版物”的界限。所谓“夹杂淫秽内容的出版物”，是指在出版物中夹杂着低级庸俗，妨害社会公德，缺乏艺术价值和科学价值，会对青少年身心健康产生危害的内容，但尚不能定性为淫秽、色情的出版物，如描写性心理、性行为，宣传性自由、性开放的观念，具体描写腐化堕落的行为，足以导致青少年仿效的，具体描写诱奸、通奸、淫乱、卖淫细节的，具体描写与性行为有关的梅毒、淋病、艾滋病等疾病，令普通人厌恶的等。提供书号出版此类书刊，同样也只属于违法行为，不构成本罪。淫秽与含淫秽、色情内容而具有艺术价值的文艺作品、表现人体美的美术作品、有关人体的解剖生理知识、生育知识、疾病预防和其他有关性知识、性道德的自然科学和社会科学作品不同。对于后者根据1988年国家新闻出版署《关于认定淫秽及色情出版物的暂行规定》的规定，不属于淫秽色情出版物。（3）要严格区分淫秽书刊与含淫秽、色情内容而具有艺术价值的文艺作品、表现人体美的美术作品、有关人体的解剖生理知识、生育知识、疾病预防和其他有关性知识、性道德等自然科学和社会科学作品的界限。根据国家的有关规定，后者不属于淫秽色情出版物。同时，应当注意本罪是过失犯罪，为他人提供书号，还要求他人利用其提供的书号出版了淫秽书刊的，才构成犯罪。如果行为人为他人提供书号，他人没有出版书刊或者出版的不是淫秽书刊，均不构成犯罪。如果淫秽书刊正在印刷过程中，被有关部门发现，勒令停止印刷，没有造成出版发行后果的，也不认定为犯罪。但对已经印刷的淫秽物品，必须查封销毁。</td></tr>
</table>

<table>
<tr><td rowspan="2">定罪标准</td><td>罪与非罪</td><td>二、构成为他人提供书号出版淫秽书刊罪并不以购买书号的人构成出版淫秽物品牟利罪为必要条件。一般来说，购买书号的人出版了淫秽书刊的，才追究提供书号者的刑事责任。但是，《刑法》并没有规定为他人提供书号出版淫秽书刊罪必须以购买书号的人构成出版淫秽物品牟利罪为必要条件。购买书号出版淫秽书刊的人也可能因为犯罪情节较轻不构成犯罪，在这种情况下，即使购买者不构成犯罪，但只要购买者利用该书号出版了淫秽书刊，提供书号者就可能构成犯罪。当然，对于购买者出版淫秽书刊是否构成犯罪的问题，也反映了提供者的行为造成的社会危害后果的大小。这对为他人提供书号出版淫秽书刊罪的行为人的量刑是有影响的，也是应当在量刑时考虑的。</td></tr>
<tr><td>此罪与彼罪</td><td>本罪与出版淫秽物品牟利罪的界限。本罪为过失犯罪，即提供书号时，并不知道是用于出版淫秽书刊；后者则是一种故意犯罪，且具有牟利目的。如果明知他人是用于出版淫秽书刊而故意向其提供书号的，则应以后者论处。本罪在客观方面表现为违反国家关于书号的管理的规定，为他人提供书号、出版淫秽书刊的行为；后者则不具有为他人提供书号的行为。</td></tr>
<tr><td rowspan="2">证据参考标准</td><td>主体方面的证据</td><td>一、证明行为人刑事责任年龄、身份等自然情况的证据。
包括身份证明、户籍证明、任职证明、工作经历证明、特定职责证明等，主要是证明行为人的姓名（曾用名）、性别、出生年月日、民族、籍贯、出生地、职业（或职务）、住所地（或居所地）等证据材料，如户口簿、居民身份证、工作证、出生证、专业或技术等级证、干部履历表、职工登记表、护照等。
对于户籍、出生证等材料内容不实的，应提供其他证据材料。外国人犯罪的案件，应有护照等身份证明材料。人大代表、政协委员犯罪的案件，应注明身份，并附身份证明材料。
二、证明行为人刑事责任能力的证据。
证明行为人对自己的行为是否具有辨认能力与控制能力，如是否属于间歇性精神病人、尚未完全丧失辨认或者控制自己行为能力的精神病人的证明材料。
三、证明单位的证据。
证明是否属于依法成立并有合法经营、管理范围的公司、企业、事业单位、机关、团体。
证明单位的名称、住所地、性质、法定代表人、单位负责人、业务范围、成立时间等证据材料，如企业营业执照、国有公司性质证明及非法人单位的身份证明等。
四、证明法定代表人、单位负责人或直接责任人员等的身份证据。
法定代表人、直接负责的主管人员和其他直接责任人在单位的任职、职责、负责权限的证明材料等。包括身份证明、户籍证明、任职证明等，如户口簿、居民身份证、工作证、护照、专业或技术等级证、干部履历表、职工登记表、任命书、业务分工文件、委派文件、单位证明、单位规章制度等。</td></tr>
<tr><td>主观方面的证据</td><td>证明行为人过失的证据：1. 证明行为人应当预见自己的行为可能发生危害社会的结果；2. 证明疏忽大意的过失的证据；3. 证明过于自信的过失的证据：工作严重不负责任。</td></tr>
</table>

<table>
<tr><td rowspan="2">证据参考标准</td><td>客观方面的证据</td><td colspan="2">证明行为人为他人提供书号出版淫秽书刊犯罪行为的证据。
具体证据包括：1. 证明行为人提供书号行为的证据；2. 证明行为人为他人提供书号出版淫秽书刊行为的证据。</td></tr>
<tr><td>量刑方面的证据</td><td colspan="2">一、法定量刑情节证据。
1. 事实情节。2. 法定从重情节。3. 法定从轻减轻情节：（1）可以从轻；（2）可以从轻或减轻；（3）应当从轻或者减轻。4. 法定从轻减轻免除情节：（1）可以从轻、减轻或者免除处罚；（2）应当从轻、减轻或者免除处罚。5. 法定减轻免除情节：（1）可以减轻或者免除处罚；（2）应当减轻或者免除处罚；（3）可以免除处罚。
二、酌定量刑情节证据。
1. 犯罪手段：（1）提供书号；（2）出卖书号；（3）其他。2. 犯罪对象。3. 危害结果。4. 动机。5. 平时表现。6. 认罪态度。7. 是否有前科。8. 其他证据。</td></tr>
<tr><td rowspan="2">量刑标准</td><td colspan="2">犯本罪的</td><td>处三年以下有期徒刑、拘役或者管制，并处或者单处罚金</td></tr>
<tr><td colspan="2">单位犯本罪的</td><td>对单位判处罚金，并对其直接负责的主管人员和其他直接责任人员依上述规定处罚</td></tr>
<tr><td rowspan="2">法律适用</td><td>刑法条文</td><td colspan="2">第三百六十三条第二款　为他人提供书号，出版淫秽书刊的，处三年以下有期徒刑、拘役或者管制，并处或者单处罚金；明知他人用于出版淫秽书刊而提供书号的，依照前款的规定处罚。
第三百六十六条　单位犯本节第三百六十三条、第三百六十四条、第三百六十五条规定之罪的，对单位判处罚金，并对其直接负责的主管人员和其他直接责任人员，依照各该条的规定处罚。</td></tr>
<tr><td>司法解释</td><td colspan="2">一、最高人民法院《关于审理非法出版物刑事案件具体应用法律若干问题的解释》（节录）（1998 年 12 月 17 日最高人民法院公布　自 1998 年 12 月 23 日起施行　法释〔1998〕30 号）
第九条　为他人提供书号、刊号，出版淫秽书刊的，依照刑法第三百六十三条第二款的规定，以为他人提供书号出版淫秽书刊罪定罪处罚。
为他人提供版号，出版淫秽音像制品的，依照前款规定定罪处罚。
明知他人用于出版淫秽书刊而提供书号、刊号的，依照刑法第三百六十三条第一款的规定，以出版淫秽物品牟利罪定罪处罚。
第十六条　出版单位与他人事前通谋，向其出售、出租或者以其他形式转让该出版单位的名称、书号、刊号、版号，他人实施本解释第二条、第四条、第八条、第九条、第十条、第十一条规定的行为，构成犯罪的，对该出版单位应当以共犯论处。

二、最高人民检察院、公安部《关于公安机关管辖的刑事案件立案追诉标准的规定（一）》（节录）（2008 年 6 月 25 日最高人民检察院、公安部公布　自公布之日起施行　公通字〔2008〕36 号　2017 年 4 月 27 日修正）
第八十三条　［为他人提供书号出版淫秽书刊案（刑法第三百六十三条第二款）］为他人提供书号、刊号出版淫秽书刊，或者为他人提供版号出版淫秽音像制品的，应予立案追诉。</td></tr>
</table>

一、新闻出版署（已撤销）《关于认定淫秽及色情出版物的暂行规定》（1988年12月27日公布 自公布之日起施行 〔88〕新出办字第1512号）

第一条 为了实施《国务院关于严禁淫秽物品的规定》和《关于重申严禁淫秽出版物的规定》，明确淫秽及色情出版物的认定标准，特制定本暂行规定。

第二条 淫秽出版物是指在整体上宣扬淫秽行为，具有下列内容之一，挑动人们的性欲，足以导致普通人腐化堕落，而又没有艺术价值或者科学价值的出版物：

（一）淫亵性地具体描写性行为、性交及其心理感受；

（二）公然宣扬色情淫荡形象；

（三）淫亵性地描述或者传授性技巧；

（四）具体描写乱伦、强奸或者其他性犯罪的手段、过程或者细节，足以诱发犯罪的；

（五）具体描写少年儿童的性行为；

（六）淫亵性地具体描写同性恋的性行为或者其他性变态行为，或者具体描写与性变态有关的暴力、虐待、侮辱行为；

（七）其他令普通人不能容忍的对性行为的淫亵性描写。

第三条 色情出版物是指在整体上不是淫秽的，但其中一部分有第二条（一）至（七）项规定的内容，对普通人特别是未成年人的身心健康有毒害，而缺乏艺术价值或者科学价值的出版物。

第四条 夹杂淫秽、色情内容而具有艺术价值的文艺作品；表现人体美的美术作品；有关人体的解剖性生理知识、生育知识、疾病防治和其他有关性知识、性道德、性社会学等自然科学和社会科学作品，不属于淫秽出版物、色情出版物的范围。

第五条 淫秽出版物、色情出版物由新闻出版署负责鉴定或者认定。新闻出版署组织有关部门的专家组成淫秽及色情出版物鉴定委员会，承担淫秽出版物、色情出版物的鉴定工作。

各省、自治区、直辖市新闻出版局组织有关部门的专家组成淫秽及色情出版物鉴定委员会，对本行政区域内发现的淫秽出版物、色情出版物提出鉴定或者认定意见报新闻出版署。

第六条 本规定所称的出版物包括书籍、报纸、杂志、图片、画册、挂历、音像制品及印刷宣传品。

本规定所称的普通人是指生理和精神正常的成年人。

第七条 本规定由新闻出版署负责解释。

第八条 本规定自公布之日起施行。

二、新闻出版总署（已撤销）《关于认定淫秽与色情声讯的暂行规定》（2005年1月31日公布 自公布之日起施行 新出法规〔2005〕61号）

第一条 本规定所称声讯，是指利用固定网电话传送的声音等信息。

第二条 淫秽声讯是指在总体上宣扬下列内容，足以挑动、引诱普通人产生性欲的声音等信息：

（一）淫亵性地具体描述性行为、性交及其心理感受；

（二）淫亵性地描述或者传授性技巧；

（三）具体描述乱伦、强奸或者其他性犯罪手段、过程或者细节；

（四）具体描述少年儿童性交，或者具体描述成年人与少年儿童的性行为；

（五）淫亵性地具体描述同性恋的性行为或者其他性变态行为；

（六）具体描述与性变态有关的暴力、虐待、侮辱行为；

（七）淫亵性地突出描述性器官；

（八）淫亵性地传送有关性行为的声响；

（九）其他令普通人不能容忍的对性行为、性器官的淫亵性描述。

第三条 色情声讯是指具有部分淫秽内容，对普通人特别是未成年人的身心健康有毒害的声音等信息。

第四条 描述表现人体美的美术作品，介绍具有艺术价值的文学作品、有关人体解剖生理知识以及生育知识、疾病防治和其他性知识、性道德、性社会学等的自然科学和社会科学作品，不属于淫秽、色情声讯。

第五条 受公安部门、电信管理部门等部门的请求，新闻出版总署或者省、自治区、直辖市新闻出版行政部门对淫秽、色情声讯作出鉴定。

公安部门、电信管理部门等部门请求新闻出版总署或者省、自治区、直辖市新闻出版行政部门鉴定淫秽、色情声讯，须提交载明案件名称、声讯台名称、所截取声讯的时间和长度的鉴定委托书，同时提供足够清晰和时间长度的声讯材料。

新闻出版总署或者省、自治区、直辖市新闻出版行政部门应当组织有关专家组成淫秽、色情声讯鉴定委员会或者指定专门机构，承担淫秽、色情声讯的鉴定工作。

淫秽、色情声讯鉴定委员会或者被指定的专门机构根据公安部门、电信管理部门的委托书，对所提供的声讯材料作出鉴定，制作鉴定书送委托的公安部门或者电信管理部门等部门。

第六条 本规定所称普通人系指生理和精神正常的成年人。

第七条 本规定由新闻出版总署负责解释。

第八条 本规定自公布之日起施行。

144 传播淫秽物品案

概念

本罪是指不以牟利为目的，传播淫秽的书刊、影片、录像带、录音带、图片或者其他淫秽物品，情节严重的行为。

立案标准

1. 传播淫秽的书刊、影片、音像、图片或者其他淫秽物品，涉嫌下列情形之一的，应予立案追诉：

（1）向他人传播300至600人次以上的；

（2）造成恶劣社会影响的。

2. 不以牟利为目的，利用互联网、移动通讯终端传播淫秽电子信息，涉嫌下列情形之一的，应予立案追诉：

（1）数量达到制作、复制、出版、贩卖、传播淫秽物品牟利案的定罪标准中二、1～5相应数额的2倍以上的；

（2）数量分别达到制作、复制、出版、贩卖、传播淫秽物品牟利案的定罪标准中二、1～5两项以上标准的；

（3）造成严重后果的。

利用聊天室、论坛、即时通信软件、电子邮件等方式，实施上述行为的，应予立案追诉。

定罪标准		
	犯罪客体	本罪侵犯的客体是社会治安管理秩序和社会风尚。在社会上传播淫秽物品对于人民特别是青少年的身心健康会造成危害，也极易诱发违法犯罪活动。依法打击在社会上传播淫秽物品的犯罪行为，对于维护社会治安，净化社会环境，保护人民的身心健康，促进精神文明，无疑具有重要意义。本罪的对象包括各种淫秽物品，如各种淫秽的书刊、报纸、画片、影片、录像带、录音带、淫秽玩具、娱乐用品以及印刷、雕刻有淫秽文字、图案的生活用品等。
	犯罪客观方面	本罪在客观方面表现为传播书刊、影片、音像、图片或者其他淫秽物品，情节严重的行为。所谓传播，主要指出借、播放、展示、赠送、散发、交换、讲解等行为，一般是指在公开的场合如在公共场所传播，或者在较大范围内对较多的人或不特定的人传播。传播可以是公开的，也可以是秘密的。本罪的传播方式包括播放、出借、运输、携带、展览、发表等。播放行为，一般是指对音像型淫秽物品的传播。由于《刑法》第364条第2款将组织播放淫秽音像制品的行为独立成罪，因而这里所指的“播放”限于非组织性的播放行为。出借行为，即指出借人转移淫秽物品的占有，由借用人在一定时期内使用该淫秽物品的行为，必须是不以牟利为目的，行为人也不具有获取对价的目的。运输行为，即指用交通工具将淫秽物品从一个地方运输到另一个地方。携带行为，即指行为人随身带有一定数量的淫秽物品。如果行为人携带淫秽物品是为自用的，则不能认为是犯罪。展览行为，即陈列以供他人观看。展览是一种静态

定罪标准	犯罪客观方面	的展示，行为人将淫秽物品较为固定地置于一定的空间内，招揽或引诱不特定的或特定的多数人前来观看。发表行为，即公之于众，公之于不特定的多数人。邮寄行为，指通过邮电部门传递淫秽物品，如利用信件夹带等。利用计算机网络技术的传播行为，《计算机信息网络国际联网安全保护管理方法》规定，任何单位和个人不得利用国际互联网制作、复制、查阅和传播淫秽的信息。如果行为人有这种行为，情节较轻的给予行政处罚，构成犯罪的，依法追究刑事责任。上述行为，都必须是不以牟利为目的，如果以牟利为目的，则构成传播淫秽物品牟利罪。根据法律规定，传播淫秽物品的行为，必须是情节严重的才构成犯罪。所谓情节严重，在司法实践中，主要是指多次地、经常地传播淫秽物品；所传播的淫秽物品数量较大；虽然传播淫秽物品数量不大、次数不多，但被传播的对象人数众多，造成的后果严重；在未成年人中传播，造成严重后果的等。
	犯罪主体	本罪的主体是一般主体，既可以是自然人，也可以是单位。
	犯罪主观方面	本罪在主观方面只能是故意，行为人不必出于牟利目的，即行为人明知传播的对象是国家明令禁止传播的淫秽物品，却仍然进行传播。如果行为人因工作责任心不强，粗心大意，误将有关淫秽内容的书刊、图片等发行出去，则不构成本罪。本罪还不以牟利为目的，如以牟利为目的，则构成传播淫秽物品牟利罪。
	罪与非罪	区分罪与非罪的界限，要注意以下几点： 一、严格认定淫秽物品的范围。有关人体生理、医学知识的科学著作不是淫秽物品，包含有色情内容的有艺术价值的文学、艺术作品不视为淫秽物品。 二、严格掌握传播的概念。对于个人收藏或者在亲友间传播的，应予以批评教育并收缴其淫秽物品，不构成本罪。从传播的对象和范围方面，传播淫秽物品罪是指向相对不特定的人传播。这和私下的个人之间传递、交换信息有原则的区别，是更具有社会意义的信息传递过程，使淫秽物品中所承载的不良信息以一定的规模向普遍的受害者传播，从而具有较大的社会危害性。当然，个人之间个别的传播是淫秽物品传播的渠道之一，但从其规模来看仍处于个人行为的范畴之内，不具有刑法上所说的危害社会管理秩序的社会危害性，从刑法的功能和效益方面出发没有必要将其作为犯罪处理。从传播的情节严重程度方面，传播淫秽物品罪是指造成了一定的社会危害后果的传播行为。 三、严格把握“情节严重”这一要件。传播淫秽物品的行为对社会的危害，就在于使一定的社会成员接受不良信息，产生恶劣的社会影响。如果这种影响没有达到一定程度，传播淫秽物品的行为就没有造成严重的社会危害，不构成犯罪。判断这种严重的影响即危害后果的标准为：是否在较大范围内造成影响，即传播淫秽物品的对象是否是大量的；是否在较大的程度上造成了现实的影响后果，即传播淫秽物品的对象是否发生了思想意识和行为的恶性转变。本罪的社会危害性体现在淫秽物品在社会上传播，对社会道德风尚造成破坏。如果在亲友之间、家庭成员之间传看、传抄淫秽音像、书刊的，或者传播的范围较小，观看的人数较少的，不构成犯罪。可视情节轻重，给予批评教育或者治安处罚。

<table>
<tr><td>定罪标准</td><td>此罪与彼罪</td><td>本罪与传播淫秽物品牟利罪的界限。《刑法》将传播淫秽物品的犯罪分为两个罪名，规定在不同的条文当中。其中规定在第363条中的传播淫秽物品牟利罪是指以牟利为目的传播淫秽物品的犯罪行为；传播淫秽物品罪则是非牟利目的并且传播淫秽物品情节达到一定严重程度的犯罪行为。二者的区别是：其一，主观方面的目的不同。本罪不以牟利为目的，而传播淫秽物品牟利罪以牟利为目的。其二，客观方面的行为方式和后果不同。有一定的传播数量、质量和危害后果才构成本罪；其三，情节严重程度要求不同。情节比较严重的才构成本罪。</td></tr>
<tr><td rowspan="3">证据参考标准</td><td>主体方面的证据</td><td>一、证明行为人刑事责任年龄、身份等自然情况的证据。
包括身份证明、户籍证明、任职证明、工作经历证明、特定职责证明等，主要是证明行为人的姓名（曾用名）、性别、出生年月日、民族、籍贯、出生地、职业（或职务）、住所地（或居所地）等证据材料，如户口簿、居民身份证、工作证、出生证、专业或技术等级证、干部履历表、职工登记表、护照等。
对于户籍、出生证等材料内容不实的，应提供其他证据材料。外国人犯罪的案件，应有护照等身份证明材料。人大代表、政协委员犯罪的案件，应注明身份，并附身份证明材料。
二、证明行为人刑事责任能力的证据。
证明行为人对自己的行为是否具有辨认能力与控制能力，如是否属于间歇性精神病人、尚未完全丧失辨认或者控制自己行为能力的精神病人的证明材料。
三、证明单位的证据。
证明是否属于依法成立并有合法经营、管理范围的公司、企业、事业单位、机关、团体。
证明单位的名称、住所地、性质、法定代表人、单位负责人、业务范围、成立时间等证据材料，如企业营业执照、国有公司性质证明及非法人单位的身份证明等。
四、证明法定代表人、单位负责人或直接责任人员等的身份证据。
法定代表人、直接负责的主管人员和其他直接责任人在单位的任职、职责、负责权限的证明材料等。包括身份证明、户籍证明、任职证明等，如户口簿、居民身份证、工作证、护照、专业或技术等级证、干部履历表、职工登记表、任命书、业务分工文件、委派文件、单位证明、单位规章制度等。</td></tr>
<tr><td>主观方面的证据</td><td>证明行为人故意的证据：1. 证明行为人明知的证据：证明行为人明知自己的行为会发生危害社会的结果；2. 证明直接故意的证据：证明行为人希望危害结果发生；3. 证明间接故意的证据：证明行为人放任危害结果发生。</td></tr>
<tr><td>客观方面的证据</td><td>证明行为人传播淫秽物品犯罪行为的证据。
具体证据包括：1. 证明行为人传抄、传借淫秽物品行为的证据；2. 证明行为人交换、赠予淫秽物品行为的证据；3. 证明行为人展示、散发淫秽物品行为的证据；4. 证明行为人播放、讲解淫秽物品行为的证据；5. 证明行为人复印淫秽物品行为的证据；6. 证明行为人向未成年人传播淫秽物品行为的证据；7. 证明行为人传播淫秽物品情节严重行为的证据；8. 证明行为人以其他方式传播淫秽物品行为的证据。</td></tr>
</table>

<table>
<tr><td rowspan="1">证据参考标准</td><td>量刑方面的证据</td><td colspan="2">

一、法定量刑情节证据。

1. 事实情节：（1）情节严重；（2）其他。2. 法定从重情节。3. 法定从轻减轻情节：（1）可以从轻；（2）可以从轻或减轻；（3）应当从轻或者减轻。4. 法定从轻减轻免除情节：（1）可以从轻、减轻或者免除处罚；（2）应当从轻、减轻或者免除处罚。5. 法定减轻免除情节：（1）可以减轻或者免除处罚；（2）应当减轻或者免除处罚；（3）可以免除处罚。

二、酌定量刑情节证据。

1. 犯罪手段：传播；2. 犯罪对象；3. 危害结果；4. 动机；5. 平时表现；6. 认罪态度；7. 是否有前科；8. 其他证据。

</td></tr>
<tr><td rowspan="3">量刑标准</td><td colspan="2">犯本罪的（传播面达 300 至 600 人次）</td><td>处二年以下有期徒刑、拘役或者管制</td></tr>
<tr><td colspan="2">向不满 18 周岁的未成年人传播淫秽物品的</td><td>从重处罚</td></tr>
<tr><td colspan="2">单位犯本罪的</td><td>对单位判处罚金，并对其直接负责的主管人员和其他直接责任人员，依上述规定处罚</td></tr>
<tr><td rowspan="2">法律适用</td><td>刑法条文</td><td colspan="2">

第三百六十四条第一款 传播淫秽的书刊、影片、音像、图片或者其他淫秽物品，情节严重的，处二年以下有期徒刑、拘役或者管制。

第三百六十四条第四款 向不满十八周岁的未成年人传播淫秽物品的，从重处罚。

第三百六十六条 单位犯本节第三百六十三条、第三百六十四条、第三百六十五条规定之罪的，对单位判处罚金，并对其直接负责的主管人员和其他直接责任人员，依照各该条的规定处罚。

</td></tr>
<tr><td>司法解释</td><td colspan="2">

一、最高人民法院、最高人民检察院《关于办理利用互联网、移动通讯终端、声讯台制作、复制、出版、贩卖、传播淫秽电子信息刑事案件具体应用法律若干问题的解释（二）》（节录）（2010 年 2 月 2 日最高人民法院、最高人民检察院公布 自 2010 年 2 月 4 日起施行 法释〔2010〕3 号）

第二条 利用互联网、移动通讯终端传播淫秽电子信息的，依照《最高人民法院、最高人民检察院关于办理利用互联网、移动通讯终端、声讯台制作、复制、出版、贩卖、传播淫秽电子信息刑事案件具体应用法律若干问题的解释》第三条的规定定罪处罚。利用互联网、移动通讯终端传播内容含有不满十四周岁未成年人的淫秽电子信息，具有下列情形之一的，依照刑法第三百六十四条第一款的规定，以传播淫秽物品罪定罪处罚：

（一）数量达到第一条第二款第（一）项至第（五）项规定标准二倍以上的；

（二）数量分别达到第一条第二款第（一）项至第（五）项两项以上标准的；

（三）造成严重后果的。

第三条 利用互联网建立主要用于传播淫秽电子信息的群组，成员达三十人以上或者造成严重后果的，对建立者、管理者和主要传播者，依照刑法第三百六十四条第一款的规定，以传播淫秽物品罪定罪处罚。

第四条 以牟利为目的，网站建立者、直接负责的管理者明知他人制作、复制、出版、贩卖、传播的是淫秽电子信息，允许或者放任他人在自己所有、管理的网站或

</td></tr>
</table>

法律适用 司法解释

者网页上发布，具有下列情形之一的，依照刑法第三百六十三条第一款的规定，以传播淫秽物品牟利罪定罪处罚：

（一）数量或者数额达到第一条第二款第（一）项至第（六）项规定标准五倍以上的；

（二）数量或者数额分别达到第一条第二款第（一）项至第（六）项两项以上标准二倍以上的；

（三）造成严重后果的。

实施前款规定的行为，数量或者数额达到第一条第二款第（一）项至第（七）项规定标准二十五倍以上的，应当认定为刑法第三百六十三条第一款规定的“情节严重”；达到规定标准一百倍以上的，应当认定为“情节特别严重”。

第五条 网站建立者、直接负责的管理者明知他人制作、复制、出版、贩卖、传播的是淫秽电子信息，允许或者放任他人在自己所有、管理的网站或者网页上发布，具有下列情形之一的，依照刑法第三百六十四条第一款的规定，以传播淫秽物品罪定罪处罚：

（一）数量达到第一条第二款第（一）项至第（五）项规定标准十倍以上的；

（二）数量分别达到第一条第二款第（一）项至第（五）项两项以上标准五倍以上的；

（三）造成严重后果的。

二、最高人民法院、最高人民检察院《关于办理利用互联网、移动通讯终端、声讯台制作、复制、出版、贩卖、传播淫秽电子信息刑事案件具体应用法律若干问题的解释（一）》（2004年9月3日最高人民法院公布　自2004年9月6日起施行　法释〔2004〕11号）

为依法惩治利用互联网、移动通讯终端制作、复制、出版、贩卖、传播淫秽电子信息、通过声讯台传播淫秽语音信息等犯罪活动，维护公共网络、通讯的正常秩序，保障公众的合法权益，根据《中华人民共和国刑法》《全国人民代表大会常务委员会关于维护互联网安全的决定》的规定，现对办理该类刑事案件具体应用法律的若干问题解释如下：

第一条 以牟利为目的，利用互联网、移动通讯终端制作、复制、出版、贩卖、传播淫秽电子信息，具有下列情形之一的，依照刑法第三百六十三条第一款的规定，以制作、复制、出版、贩卖、传播淫秽物品牟利罪定罪处罚。

（一）制作、复制、出版、贩卖、传播淫秽电影、表演、动画等视频文件二十个以上的；

（二）制作、复制、出版、贩卖、传播淫秽音频文件一百个以上的；

（三）制作、复制、出版、贩卖、传播淫秽电子刊物、图片、文章、短信息等二百件以上的；

（四）制作、复制、出版、贩卖、传播的淫秽电子信息，实际被点击数达到一万次以上的；

（五）以会员制方式出版、贩卖、传播淫秽电子信息，注册会员达二百人以上的；

（六）利用淫秽电子信息收取广告费、会员注册费或者其他费用，违法所得一万元以上的；

（七）数量或者数额虽未达到第（一）项至第（六）项规定标准，但分别达到其中两项以上标准一半以上的；

（八）造成严重后果的。

利用聊天室、论坛、即时通信软件、电子邮件等方式，实施第一款规定行为的，依照刑法第三百六十三条第一款的规定，以制作、复制、出版、贩卖、传播淫秽物品牟利罪定罪处罚。

第二条 实施第一条规定的行为，数量或者数额达到第一条第一款第（一）项至第（六）项规定标准五倍以上的，应当认定为刑法第三百六十三条第一款规定的“情节严重”；达到规定标准二十五倍以上的，应当认定为“情节特别严重”。

第三条 不以牟利为目的，利用互联网或者移动通讯终端传播淫秽电子信息，具有下列情形之一的，依照刑法第三百六十四条第一款的规定，以传播淫秽物品罪定罪处罚：

（一）数量达到第一条第一款第（一）项至第（五）项规定标准二倍以上的；

（二）数量分别达到第一条第一款第（一）项至第（五）项两项以上标准的；

（三）造成严重后果的。

利用聊天室、论坛、即时通信软件、电子邮件等方式，实施第一款规定行为的，依照刑法第三百六十四条第一款的规定，以传播淫秽物品罪定罪处罚。

第四条 明知是淫秽电子信息而在自己所有、管理或者使用的网站或者网页上提供直接链接的，其数量标准根据所链接的淫秽电子信息的种类计算。

第五条 以牟利为目的，通过声讯台传播淫秽语音信息，具有下列情形之一的，依照刑法第三百六十三条第一款的规定，对直接负责的主管人员和其他直接责任人员以传播淫秽物品牟利罪定罪处罚：

（一）向一百人次以上传播的；

（二）违法所得一万元以上的；

（三）造成严重后果的。

实施前款规定行为，数量或者数额达到前款第（一）项至第（二）项规定标准五倍以上的，应当认定为刑法第三百六十三条第一款规定的“情节严重”；达到规定标准二十五倍以上的，应当认定为“情节特别严重”。

第六条 实施本解释前五条规定的犯罪，具有下列情形之一的，依照刑法第三百六十三条第一款、第三百六十四条第一款的规定从重处罚：

（一）制作、复制、出版、贩卖、传播具体描绘不满十八周岁未成年人性行为的淫秽电子信息的；

（二）明知是具体描绘不满十八周岁的未成年人性行为的淫秽电子信息而在自己所有、管理或者使用的网站或者网页上提供直接链接的；

（三）向不满十八周岁的未成年人贩卖、传播淫秽电子信息和语音信息的；

（四）通过使用破坏性程序、恶意代码修改用户计算机设置等方法，强制用户访问、下载淫秽电子信息的。

第七条 明知他人实施制作、复制、出版、贩卖、传播淫秽电子信息犯罪，为其提供互联网接入、服务器托管、网络存储空间、通讯传输通道、费用结算等帮助的，对直接负责的主管人员和其他直接责任人员，以共同犯罪论处。

第八条 利用互联网、移动通讯终端、声讯台贩卖、传播淫秽书刊、影片、录像带、录音带等以实物为载体的淫秽物品的，依照《最高人民法院关于审理非法出版物刑事案件具体应用法律若干问题的解释》的有关规定定罪处罚。

第九条 刑法第三百六十七条第一款规定的“其他淫秽物品”，包括具体描绘性行为或者露骨宣扬色情的诲淫性的视频文件、音频文件、电子刊物、图片、文章、短信息等互联网、移动通讯终端电子信息和声讯台语音信息。

法律适用

司法解释

有关人体生理、医学知识的电子信息和声讯台语音信息不是淫秽物品。包含色情内容的有艺术价值的电子文学、艺术作品不视为淫秽物品。

三、最高人民法院《关于审理非法出版物刑事案件具体应用法律若干问题的解释》（节录）（1998年12月17日最高人民法院公布　自1998年12月23日起施行　法释〔1998〕30号）

第十条第一款　向他人传播淫秽的书刊、影片、音像、图片等出版物达三百至六百人次以上或者造成恶劣社会影响的，属于“情节严重”，依照刑法第三百六十四条第一款的规定，以传播淫秽物品罪定罪处罚。

第十六条　出版单位与他人事前通谋，向其出售、出租或者以其他形式转让该出版单位的名称、书号、刊号、版号，他人实施本解释第二条、第四条、第八条、第九条、第十条、第十一条规定的行为，构成犯罪的，对该出版单位应当以共犯论处。

四、最高人民检察院、公安部《关于公安机关管辖的刑事案件立案追诉标准的规定（一）》（节录）（2008年6月25日最高人民检察院、公安部公布　自公布之日起施行　公通字〔2008〕36号　2017年4月27日修正）

第八十四条　［传播淫秽物品案（刑法第三百六十四条第一款）］传播淫秽的书刊、影片、音像、图片或者其他淫秽物品，涉嫌下列情形之一的，应予立案追诉：

（一）向他人传播三百至六百人次以上的；

（二）造成恶劣社会影响的。

不以牟利为目的，利用互联网、移动通讯终端传播淫秽电子信息，涉嫌下列情形之一的，应予立案追诉：

（一）数量达到本规定第八十二条第二款第（一）项至第（五）项规定标准二倍以上的；

（二）数量分别达到本规定第八十二条第二款第（一）项至第（五）项两项以上标准的；

（三）造成严重后果的。

利用聊天室、论坛、即时通信软件、电子邮件等方式，实施本条第二款规定行为的，应予立案追诉。

相关法律法规

《中华人民共和国未成年人保护法》（节录）（1991年8月4日中华人民共和国主席令第50号公布　2006年12月29日第一次修订　2012年10月26日修正　2020年10月17日第二次修订）

第五十条　禁止制作、复制、出版、发布、传播含有宣扬淫秽、色情、暴力、邪教、迷信、赌博、引诱自杀、恐怖主义、分裂主义、极端主义等危害未成年人身心健康内容的图书、报刊、电影、广播电视节目、舞台艺术作品、音像制品、电子出版物和网络信息等。

第五十二条　禁止制作、复制、发布、传播或者持有有关未成年人的淫秽色情物品和网络信息。

第一百二十九条　违反本法规定，侵犯未成年人合法权益，造成人身、财产或者其他损害的，依法承担民事责任。

违反本法规定，构成违反治安管理行为的，依法给予治安管理处罚；构成犯罪的，依法追究刑事责任。

145 组织播放淫秽音像制品案

概念 | 本罪是指组织播放淫秽的电影、录像、录音等音像制品的行为。

立案标准 | 有下列行为之一的，应当立案：

（1）组织播放淫秽音像制品达 15 至 30 场次以上的；

（2）组织播放淫秽音像制品，造成恶劣社会影响的。

定罪标准		
定罪标准	犯罪客体	本罪侵犯的客体是社会治安管理秩序和社会风尚。本罪的对象，只限于淫秽的音像制品，如淫秽的影片、激光视盘、录像带、录音带、幻灯片、存储有淫秽内容的计算机软件等。组织播放淫秽音像制品，是传播淫秽物品的一种具体形式。这种传播方式比其他的传播方式更直接、更形象、更有刺激性、腐蚀性，且传播对象往往面广人多，危害也更大，所以《刑法》将这种行为单独规定，并较之传播淫秽物品罪规定了更重的法定刑，体现了对这种犯罪从严惩处的立法精神。
	犯罪客观方面	本罪在客观方面表现为组织播权淫秽的电影、影碟、录像、录音等音像制品的行为。具体包括三个方面的内容：（1）组织播放，即事先邀请多人来观看或者收听淫秽音像制品。其主要特征在于事先串连、召集再安排他人收听收看，而且召集人数较多，行为人扮演的是播放组织者的角色。（2）组织播放的只能是淫秽的电影、影碟、录像、录音等音像制品。（3）只要实施了组织播放淫秽音像制品行为达到一定标准的，不论是否引起危害结果，均构成犯罪。如果诱发了违法犯罪活动或引起其他严重后果的，可在量刑时从重考虑。至于在什么场所播放，对构成本罪没有影响。但如果只对个别人播放，不构成犯罪。提供淫秽音像制品、播放工具、播放地点的行为，视具体情节，可以构成本罪的共犯。
	犯罪主体	本罪的主体为一般主体，可以是个人，也可能是单位。个人犯罪应当追究刑事责任的，只能是“组织播放者”，参与观看的人不构成犯罪。
	犯罪主观方面	本罪在主观方面只能是故意，即行为人明知是淫秽音像制品，组织播放危害社会，而且自觉地去实施这种行为，并且希望或放任危害结果的发生。犯罪动机、目的如何，一般不影响本罪的成立。本罪不以牟利为目的，如果出于牟利的目的，组织播放淫秽音像制品的，则不构成本罪，视情节可定为制作、复制、出版、贩卖、传播淫秽物品牟利罪。本罪不能由过失构成。如果行为人对工作严重不负责任，误将淫秽影片、光盘、电视片、幻灯片、录像带组织播放，造成严重后果的，应按相应其他罪名论处。
	罪与非罪	区分罪与非罪的界限，要注意：本罪的处罚对象是“组织播放者”，即在播放的故意、人员的召集、设备的提供等过程中起主要作用的人。至于一般的参与者和观看者，均不构成本罪。对于因审查不严等过失而播放了具有淫秽内容的音像制品的，也

<table>
<tr><td rowspan="2">定罪标准</td><td>罪与非罪</td><td>不能按本罪定罪。组织播放淫秽音像制品的行为本身具有相当大的社会危害性。因此,《刑法》并未把“情节严重”作为构成犯罪的必备要件。但这并不意味着一切组织播放音像制品的行为都按犯罪处罚。如果只是偶尔组织播放,数量较小,影响不大,不宜以犯罪论处。</td></tr>
<tr><td>此罪与彼罪</td><td>一、本罪与制作、复制、出版、贩卖、传播淫秽物品牟利罪的界限。二者的区别是:(1)主观目的不同。后者必须以牟利为目的;而本罪不以牟利目的作为必备要件。(2)行为对象不同。本罪的对象仅指淫秽的音像制品;而后者的对象包括一切淫秽物品。(3)行为表现不同。后者为选择性罪名,可表现为制作、复制、出版、贩卖、传播等多种行为;而本罪则表现为组织播放(传播的一种形式)的行为。根据《刑法》第364条第3款的规定,制作、复制淫秽的音像制品组织播放的,依照本罪从重处罚。
二、本罪与传播淫秽物品罪的界限。两者的区别是:(1)两罪所规定的淫秽物品的范围不同。本罪规定的淫秽物品的范围只是淫秽电影、录像等音像制品;而传播淫秽物品罪所规定的范围不仅包括淫秽的音像制品,而且还包括淫秽书刊、照片等其他淫秽物品。(2)两罪的犯罪行为方式不同。本罪的犯罪行为方式要求具有组织播放的行为,即要有召集众人观看的行为;而传播淫秽物品罪的犯罪行为方式较前者多,它包括出借、传阅等多种传播行为方式。(3)两罪的犯罪标准不同。本罪是行为犯,只要行为人组织实施了播放淫秽音像制品的行为,原则上就构成本罪;而传播淫秽物品罪则只有在情节严重的情况下,才构成犯罪。</td></tr>
<tr><td>证据参考标准</td><td>主体方面的证据</td><td>一、证明行为人刑事责任年龄、身份等自然情况的证据。
包括身份证明、户籍证明、任职证明、工作经历证明、特定职责证明等,主要是证明行为人的姓名(曾用名)、性别、出生年月日、民族、籍贯、出生地、职业(或职务)、住所地(或居所地)等证据材料,如户口簿、居民身份证、工作证、出生证、专业或技术等级证、干部履历表、职工登记表、护照等。
对于户籍、出生证等材料内容不实的,应提供其他证据材料。外国人犯罪的案件,应有护照等身份证明材料。人大代表、政协委员犯罪的案件,应注明身份,并附身份证明材料。
二、证明行为人刑事责任能力的证据。
证明行为人对自己的行为是否具有辨认能力与控制能力,如是否属于间歇性精神病人、尚未完全丧失辨认或者控制自己行为能力的精神病人的证明材料。
三、证明单位的证据。
证明是否属于依法成立并有合法经营、管理范围的公司、企业、事业单位、机关、团体。
证明单位的名称、住所地、性质、法定代表人、单位负责人、业务范围、成立时间等证据材料,如企业营业执照、国有公司性质证明及非法人单位的身份证明等。
四、证明法定代表人、单位负责人或直接责任人员等的身份证据。
法定代表人、直接负责的主管人员和其他直接责任人在单位的任职、职责、负责权限的证明材料等。包括身份证明、户籍证明、任职证明等,如户口簿、居民身份证、工作证、护照、专业或技术等级证、干部履历表、职工登记表、任命书、业务分工文件、委派文件、单位证明、单位规章制度等。</td></tr>
</table>

<table>
<tr><td rowspan="3">证据参考标准</td><td>主观方面的证据</td><td colspan="2">证明行为人故意的证据：1. 证明行为人明知的证据：证明行为人明知自己的行为会发生危害社会的结果；2. 证明直接故意的证据：证明行为人希望危害结果发生；3. 证明间接故意的证据：证明行为人放任危害结果发生。</td></tr>
<tr><td>客观方面的证据</td><td colspan="2">证明行为人组织播放淫秽音像制品犯罪行为的证据。
具体证据包括：1. 证明行为人组织播放淫秽电影行为的证据；2. 证明行为人组织播放淫秽录像行为的证据；3. 证明行为人组织播放淫秽录音行为的证据；4. 证明行为人组织未成年人播放淫秽音像制品行为的证据；5. 证明行为人组织播放淫秽音像制品情节严重行为的证据；6. 证明行为人组织播放淫秽音像制品场次的证据。</td></tr>
<tr><td>量刑方面的证据</td><td colspan="2">一、法定量刑情节证据。
1. 事实情节：（1）情节严重；（2）其他。2. 法定从重情节。3. 法定从轻减轻情节：（1）可以从轻；（2）可以从轻或减轻；（3）应当从轻或者减轻。4. 法定从轻减轻免除情节：（1）可以从轻、减轻或者免除处罚；（2）应当从轻、减轻或者免除处罚。5. 法定减轻免除情节：（1）可以减轻或者免除处罚；（2）应当减轻或者免除处罚；（3）可以免除处罚。
二、酌定量刑情节证据。
1. 犯罪手段：（1）组织；（2）播放。2. 犯罪对象。3. 危害结果。4. 动机。5. 平时表现。6. 认罪态度。7. 是否有前科。8. 其他证据。</td></tr>
<tr><td rowspan="4">量刑标准</td><td colspan="2">犯本罪的（播放 15 ~ 30 场以上或造成恶劣社会影响）</td><td>处三年以下有期徒刑、拘役或者管制，并处罚金</td></tr>
<tr><td colspan="2">情节严重的</td><td>处三年以上十年以下有期徒刑，并处罚金</td></tr>
<tr><td colspan="2">制作、复制淫秽的电影、录像等音像制品组织播放的</td><td>从重处罚</td></tr>
<tr><td colspan="2">单位犯本罪的</td><td>对单位判处罚金，并对其直接负责的主管人员和其他直接责任人员，依上述规定处罚</td></tr>
<tr><td>法律适用</td><td>刑法条文</td><td colspan="2">第三百六十四条第二款　组织播放淫秽的电影、录像等音像制品的，处三年以下有期徒刑、拘役或者管制，并处罚金；情节严重的，处三年以上十年以下有期徒刑，并处罚金。
第三百六十四条第三款　制作、复制淫秽的电影、录像等音像制品组织播放的，依照第二款的规定从重处罚。
第三百六十六条　单位犯本节第三百六十三条、第三百六十四条、第三百六十五条规定之罪的，对单位判处罚金，并对其直接负责的主管人员和其他直接责任人员，依照各该条的规定处罚。</td></tr>
</table>

法律适用

司法解释

一、最高人民法院《关于审理非法出版物刑事案件具体应用法律若干问题的解释》（节录）（1998年12月17日最高人民法院公布　自1998年12月23日起施行　法释〔1998〕30号）

第十条第二款　组织播放淫秽的电影、录像等音像制品达十五至三十场次以上或者造成恶劣社会影响的，依照刑法第三百六十四条第二款的规定，以组织播放淫秽音像制品罪定罪处罚。

二、最高人民检察院、公安部《关于公安机关管辖的刑事案件立案追诉标准的规定（一）》（节录）（2008年6月25日最高人民检察院、公安部公布　自公布之日起施行　公通字〔2008〕36号　2017年4月27日修正）

第八十五条　［组织播放淫秽音像制品案（刑法第三百六十四条第二款）］组织播放淫秽的电影、录像等音像制品，涉嫌下列情形之一的，应予立案追诉：

（一）组织播放十五至三十场次以上的；

（二）造成恶劣社会影响的。

146 组织淫秽表演案

概念

本罪是指组织进行诲淫性的淫秽表演的行为。

立案标准

以策划、招募、强迫、雇用、引诱、提供场地、提供资金等手段，组织进行淫秽表演，涉嫌下列情形之一的，应予立案追诉：

（1）组织表演者进行裸体表演的；

（2）组织表演者利用性器官进行诲淫性表演的；

（3）组织表演者半裸体或者变相裸体表演并通过语言、动作具体描绘性行为的；

（4）其他组织进行淫秽表演应予追究刑事责任的情形。

定罪标准		
	犯罪客体	本罪侵犯的客体是社会治安管理秩序和社会风尚。在社会上组织淫秽表演对于群众的身心健康会造成危害，也极易诱发违法犯罪活动。依法打击组织淫秽表演的犯罪行为，对于维护社会治安，净化社会空气，保护群众的身心健康，促进精神文明，具有重要意义。
	犯罪客观方面	本罪在客观方面表现为行为人实施了组织淫秽表演的行为。所谓组织，是指行为人以策划、指挥、招募、雇用、引诱、容留等手段纠集、控制他人进行淫秽表演活动。所谓淫秽表演，指诲淫性的演出，如脱衣舞、裸体舞、性交表演等。它是指通过表演者的语言、动作来具体描绘性行为或者露骨地宣传色情的诲淫性的演出。淫秽表演的观众必须是多人，不能是个别人。被组织者是男人还是女人，是多个人还是单个人，在什么场所表演，对构成本罪没有影响。随着互联网的发展，出现了利用视频聊天室进行淫秽表演的违法犯罪。此外，应正确掌握“情节严重”的情形。在司法实践中，情节严重一般是指多次组织淫秽表演的；以暴力、胁迫或者其他手段强迫他人进行淫秽表演的；社会影响极为恶劣的；观看人数多、表演时间长、表演内容极其淫荡的；等等。
	犯罪主体	本罪的主体是一般主体，包括个人和单位。本罪的主体是淫秽表演的组织者，而非表演者。实践中一般是文化娱乐场所、饮食服务行业的经营者，如歌厅、舞厅、夜总会的老板。
	犯罪主观方面	本罪在主观方面出于故意。犯罪动机可能是多种多样的，比如，为了牟利，或者为了招揽生意，为商品作广告，等等。实践中组织他人进行淫秽表演的目的，一般是为了牟利，但也可以是出自其他目的，有的是为了招揽生意；有的是为了促销产品；有的是为了满足特殊观众的要求以获取某种不正当利益等。构成本罪并不要求行为具有明确的目的。只要行为人主观上具有组织他人进行淫秽表演的故意即构成犯罪。即不论行为人主观动机如何，只要实施了组织淫秽表演的行为，即可构成本罪。

定罪标准	罪与非罪	区分罪与非罪的界限，要注意：首先应划清淫秽表演与夹杂有一些色情内容的表演的区别。二者的主要区别在于：从内容上看，淫秽表演无所谓故事情节，整体上是淫秽内容。夹杂色情内容的表演，一般有表现的主题，有一定的故事情节，只是在表现某一剧情时有一些色情内容。从表现方式上看，淫秽表演是赤裸裸的表演性行为、暴露生殖器或用生殖器吸硬币、酒瓶等；而夹杂有淫秽内容的表演，在表现性行为时，往往比较含蓄，有所遮掩，不暴露性器官；从给人的感受上看，淫秽表演只带给人以性欲刺激，夹杂有色情内容的表演主要使观众感受全剧的主题，而不仅仅是获得情欲上的刺激。
	此罪与彼罪	一、本罪与组织播放淫秽音像制品罪的界限。二者在侵犯的客体、主体和主观方面都基本相同，主要区别在于：前者在客观方面表现为行为人组织淫秽表演的行为；而后者表现为行为人组织播放音像制品的行为。 二、本罪与聚众淫乱罪的界限。聚众淫乱罪，是指行为人聚集男女多人进行集体淫乱的行为。由于聚众淫乱也可以出现于公开场合，而本罪在客观形式上也可以表现为男女多人公然在一起进行性交展示等淫乱活动，且两罪都具有组织性质，因而具有形式上的相似性。区分两罪的关键是：（1）本罪中被组织者进行淫秽活动的目的在于表演，或者更确切地说，行为人将这些表演者组织起来，意在让他人进行淫秽表演，并由此决定了这种行为的公开性，即为组织内部以外的其他人能够看到、听到，且行为人主观上一般具有牟利的目的；而聚众淫乱罪尽管可以发生于公开场合，但聚众淫乱的行为并不在于进行表演供他人观赏，而在于行为人以及参加淫乱活动的人自己的某种精神上的满足，以填补其精神空虚，不具有牟利的目的。（2）在行为表现方式上，本罪中除进行性淫乱行为以外，常见的方式多为脱衣舞、裸体舞表演；而聚众淫乱罪中淫乱行为虽常伴有脱衣、裸体行为，但这种行为主要在于为淫乱服务，行为内容主要是男女性交以及其他有关淫秽下流的行为。（3）在犯罪主体上，本罪只处罚淫秽表演的组织者，对淫秽表演者不予定罪处罚；而聚众淫乱罪处罚的则是首要分子或多次参加者。（4）本罪中组织者往往并不直接参与淫秽表演；而在聚众淫乱罪中，首要分子一般直接参与淫乱活动。司法实践中，行为人在组织他人进行淫乱活动的同时又组织他人进行观看的，此种情况下，行为人虽有两个犯意，但一般认为只构成一个组织淫秽表演罪，因为若将聚众淫乱的行为单独抽出，组织淫秽表演中，仅有组织观众的行为无以成立犯罪，而即使没有组织观众观看的行为，则行为人已单独地构成聚众淫乱罪，结合两方面考虑，宜以组织淫秽表演罪定罪。
证据参考标准	主体方面的证据	**一、证明行为人刑事责任年龄、身份等自然情况的证据。** 包括身份证明、户籍证明、任职证明、工作经历证明、特定职责证明等，主要是证明行为人的姓名（曾用名）、性别、出生年月日、民族、籍贯、出生地、职业（或职务）、住所地（或居所地）等证据材料，如户口簿、居民身份证、工作证、出生证、专业或技术等级证、干部履历表、职工登记表、护照等。 对于户籍、出生证等材料内容不实的，应提供其他证据材料。外国人犯罪的案件，应有护照等身份证明材料。人大代表、政协委员犯罪的案件，应注明身份，并附身份证明材料。 **二、证明行为人刑事责任能力的证据。** 证明行为人对自己的行为是否具有辨认能力与控制能力，如是否属于间歇性精神病人、尚未完全丧失辨认或者控制自己行为能力的精神病人的证明材料。

证据参考标准	主体方面的证据	**三、证明单位的证据。** 证明是否属于依法成立并有合法经营、管理范围的公司、企业、事业单位、机关、团体。 证明单位的名称、住所地、性质、法定代表人、单位负责人、业务范围、成立时间等证据材料，如企业营业执照、国有公司性质证明及非法人单位的身份证明等。 **四、证明法定代表人、单位负责人或直接责任人员等的身份证据。** 法定代表人、直接负责的主管人员和其他直接责任人在单位的任职、职责、负责权限的证明材料等。包括身份证明、户籍证明、任职证明等，如户口簿、居民身份证、工作证、护照、专业或技术等级证、干部履历表、职工登记表、任命书、业务分工文件、委派文件、单位证明、单位规章制度等。
	主观方面的证据	证明行为人故意的证据：1. 证明行为人明知的证据：证明行为人明知自己的行为会发生危害社会的结果；2. 证明直接故意的证据：证明行为人希望危害结果发生；3. 证明间接故意的证据：证明行为人放任危害结果发生。
	客观方面的证据	证明行为人组织进行淫秽表演犯罪行为的证据。 具体证据包括：1. 证明行为人组织进行淫秽表演行为的证据：（1）诲淫形体；（2）诲淫动作。2. 证明情节严重的证据。
	量刑方面的证据	**一、法定量刑情节证据。** 1. 事实情节：（1）情节严重；（2）其他。2. 法定从重情节。3. 法定从轻减轻情节：（1）可以从轻；（2）可以从轻或减轻；（3）应当从轻或者减轻。4. 法定从轻减轻免除情节：（1）可以从轻、减轻或者免除处罚；（2）应当从轻、减轻或者免除处罚。5. 法定减轻免除情节：（1）可以减轻或者免除处罚；（2）应当减轻或者免除处罚；（3）可以免除处罚。 **二、酌定量刑情节证据。** 1. 犯罪手段：组织淫秽表演；2. 犯罪对象；3. 危害结果；4. 动机；5. 平时表现；6. 认罪态度；7. 是否有前科；8. 其他证据。
量刑标准	犯本罪的	处三年以下有期徒刑、拘役或者管制，并处罚金
	情节严重的	处三年以上十年以下有期徒刑，并处罚金
	单位犯本罪的	对单位判处罚金，并对其直接负责的主管人员和其他直接责任人员，依上述规定处罚
法律适用	刑法条文	**第三百六十五条** 组织进行淫秽表演的，处三年以下有期徒刑、拘役或者管制，并处罚金；情节严重的，处三年以上十年以下有期徒刑，并处罚金。 **第三百六十六条** 单位犯本节第三百六十三条、第三百六十四条、第三百六十五条规定之罪的，对单位判处罚金，并对其直接负责的主管人员和其他直接责任人员，依照各该条的规定处罚。

法律适用

司法解释

最高人民检察院、公安部《关于公安机关管辖的刑事案件立案追诉标准的规定(一)》(节录)(2008年6月25日最高人民检察院、公安部公布 自公布之日起施行 公通字〔2008〕36号 2017年4月27日修正)

第八十六条 [组织淫秽表演案(刑法第三百六十五条)]以策划、招募、强迫、雇用、引诱、提供场地、提供资金等手段,组织进行淫秽表演,涉嫌下列情形之一的,应予立案追诉:

(一)组织表演者进行裸体表演的;

(二)组织表演者利用性器官进行诲淫性表演的;

(三)组织表演者半裸体或者变相裸体表演并通过语言、动作具体描绘性行为的;

(四)其他组织进行淫秽表演应予追究刑事责任的情形。